# 春秋史话

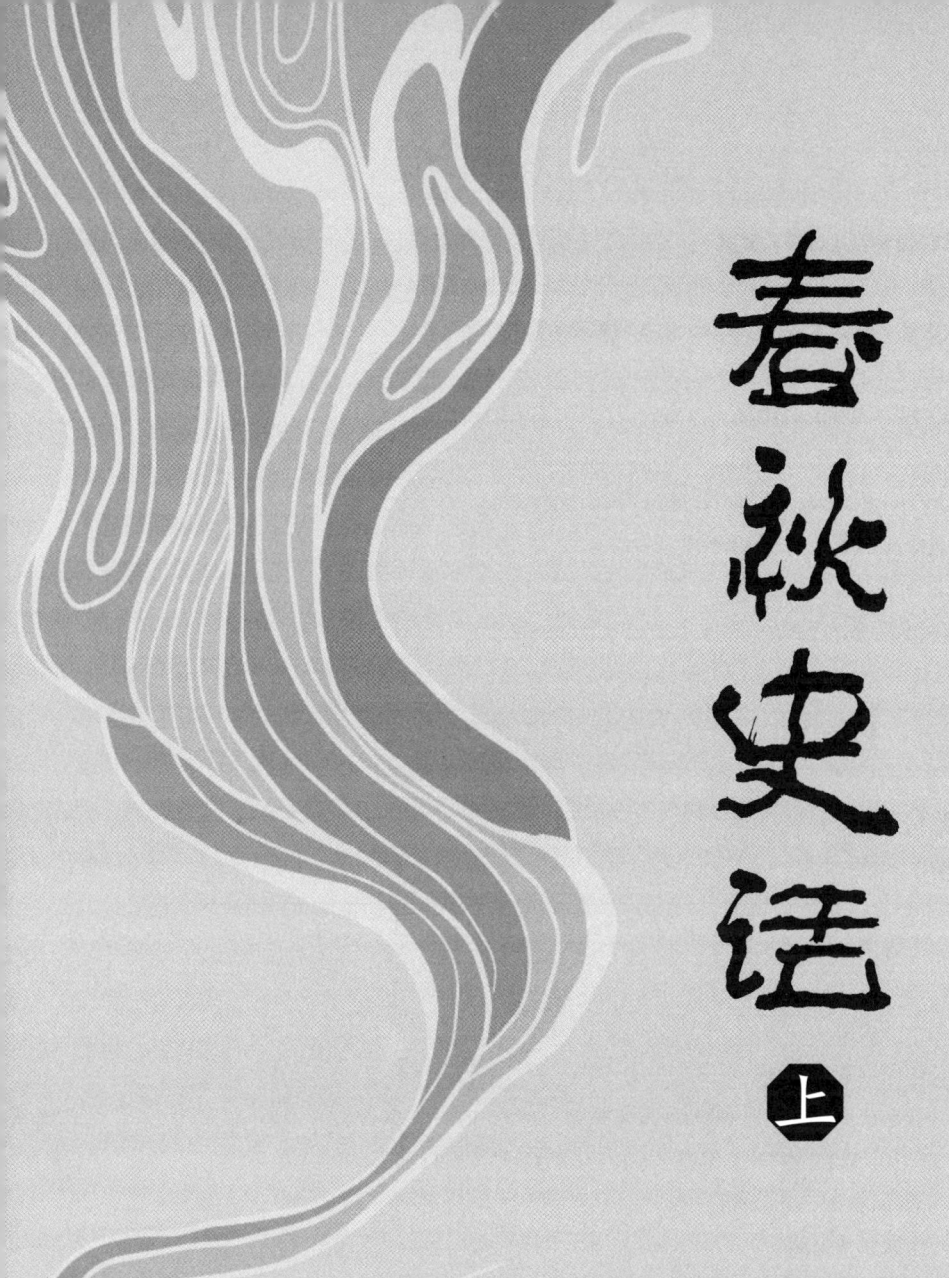

余灵灵　罗旻 著

上

中国书籍出版社
China Book Press

图书在版编目（CIP）数据

春秋史话 / 余灵灵, 罗旻著. -- 北京：中国书籍出版社, 2024.2

ISBN 978-7-5068-9182-0

Ⅰ.①春… Ⅱ.①余… ②罗… Ⅲ.①中国历史—春秋时代—通俗读物 Ⅳ.①K225.09

中国版本图书馆CIP数据核字（2022）第165032号

## 春秋史话（上）

余灵灵　罗旻　著

| 责任编辑 | 王志刚 |
|---|---|
| 责任印制 | 孙马飞　马　芝 |
| 封面设计 | 东方美迪 |
| 出版发行 | 中国书籍出版社 |
| 地　　址 | 北京市丰台区三路居路 97 号（邮编：100073） |
| 电　　话 | （010）52257143（总编室）（010）52257153（发行部） |
| 电子邮箱 | chinabp@vip.sina.com |
| 经　　销 | 全国新华书店 |
| 印　　刷 | 北京睿和名扬印刷有限公司 |
| 开　　本 | 710毫米×1000毫米　1/16 |
| 字　　数 | 852千字 |
| 印　　张 | 50.75 |
| 版　　次 | 2024年2月第1版　2024年2月第1次印刷 |
| 书　　号 | ISBN 978-7-5068-9182-0 |
| 定　　价 | 158.00元（上、下） |

版权所有　翻印必究

# 目　录

引　子　专利虐民厉王丧权，好大喜功宣王种祸⋯⋯⋯⋯⋯⋯⋯⋯ 1
第一章　幽王乱制失国丧命，平王迁都周祚得存⋯⋯⋯⋯⋯⋯⋯⋯ 9
第二章　秦襄公晋封诸侯，秦文公经营西土⋯⋯⋯⋯⋯⋯⋯⋯⋯⋯ 13
第三章　郑桓公谋及后世，郑武公不废嫡长⋯⋯⋯⋯⋯⋯⋯⋯⋯⋯ 17
第四章　求谏言卫武自省，歌淇奥百姓和集⋯⋯⋯⋯⋯⋯⋯⋯⋯⋯ 21
第五章　晋文侯功在周室，晋昭侯祸及子孙⋯⋯⋯⋯⋯⋯⋯⋯⋯⋯ 25
第六章　长幼争兄弟阋墙，君臣斗周郑交恶⋯⋯⋯⋯⋯⋯⋯⋯⋯⋯ 31
第七章　宋宣穆仁德立嗣，卫石碏大义灭亲⋯⋯⋯⋯⋯⋯⋯⋯⋯⋯ 35
第八章　礼乐征伐自诸侯出，宋陈蔡卫党同伐异⋯⋯⋯⋯⋯⋯⋯⋯ 39
第九章　鲁隐违制子臧进谏，桓王失礼卿士遭报⋯⋯⋯⋯⋯⋯⋯⋯ 43
第十章　齐僖介入四方调停，郑伯假命东征北伐⋯⋯⋯⋯⋯⋯⋯⋯ 47
第十一章　理外事郑伯显气度，处内政庄公失德刑⋯⋯⋯⋯⋯⋯⋯ 51
第十二章　鲁隐怀仁暗遭毒手，宋殇狭隘死于非命⋯⋯⋯⋯⋯⋯⋯ 55
第十三章　郑庄修好重礼结鲁，鲁桓贪誉取鼎于宋⋯⋯⋯⋯⋯⋯⋯ 59
第十四章　周郑再斗王师败北，楚国崛起楚武称王⋯⋯⋯⋯⋯⋯⋯ 63
第十五章　随黄不从楚武试刀，芮国内乱秦宁东进⋯⋯⋯⋯⋯⋯⋯ 67
第十六章　鲁国宫廷太子庆生，郑庄身后诸君争立⋯⋯⋯⋯⋯⋯⋯ 71
第十七章　父母无道卫子取义，兄妹通奸鲁桓丧生⋯⋯⋯⋯⋯⋯⋯ 77
第十八章　江汉纷争楚武逞雄，中原不宁王公求财⋯⋯⋯⋯⋯⋯⋯ 81
第十九章　匹嫡耦国桓王酿祸，悖逆无常襄公乱齐⋯⋯⋯⋯⋯⋯⋯ 85
第二十章　各为其主管鲍谋国，重整家业齐桓登场⋯⋯⋯⋯⋯⋯⋯ 89
第二十一章　率众郊迎桓公礼贤，以诚相待管仲相齐⋯⋯⋯⋯⋯⋯ 93
第二十二章　急于求成齐桓兴兵，重在务本曹刿论战⋯⋯⋯⋯⋯⋯ 97
第二十三章　哀叹邓息引狼入室，可怜宋公戏言丧生⋯⋯⋯⋯⋯⋯ 101
第二十四章　国力增齐桓主盟会，内外斗郑厉再登基⋯⋯⋯⋯⋯⋯ 105
第二十五章　再会盟齐桓霸诸侯，继父业楚文归宿命⋯⋯⋯⋯⋯⋯ 109

| 第二十六章 | 惠王贪王叔争上位，兄弟残楚成露锋芒 | 113 |
| --- | --- | --- |
| 第二十七章 | 陈国内乱陈完奔齐，晋侯伐戎晋献种祸 | 117 |
| 第二十八章 | 齐桓公受赐封侯伯，晋公子因间居边城 | 121 |
| 第二十九章 | 楚令尹侵郑遇联军，齐桓公救燕伐山戎 | 125 |
| 第 三 十 章 | 齐桓亲邻周公受献，鲁庄身后庆父作乱 | 128 |
| 第三十一章 | 内史过借神论兴衰，齐桓公发兵救邢难 | 132 |
| 第三十二章 | 晋太子败狄为逃死，卫懿公好鹤终丧生 | 136 |
| 第三十三章 | 卫文迁都诸侯相助，晋献伐虢虞公前导 | 141 |
| 第三十四章 | 觊觎中原楚成伐郑，统领诸侯齐桓立威 | 146 |
| 第三十五章 | 骊姬乱晋申生屈死，献公摘瓜二子出奔 | 150 |
| 第三十六章 | 轻举妄动王郑昏乱，唇亡齿寒虞虢皆亡 | 154 |
| 第三十七章 | 齐楚拉锯蔡许从楚，秦国崛起百里相秦 | 157 |
| 第三十八章 | 星变日食齐桓纳谏，慎终如始管仲进言 | 162 |
| 第三十九章 | 洮邑集会襄王固位，葵丘盟誓诸侯立规 | 165 |
| 第 四 十 章 | 晋国大夫各党新主，秦穆君臣择立晋君 | 168 |
| 第四十一章 | 欲善彰恶鬼神不佑，背约嗜杀晋惠无行 | 173 |
| 第四十二章 | 受命不敬晋惠失礼，因书论事内史预言 | 176 |
| 第四十三章 | 襄王礼贤管仲辞让，诸侯备戎桓公攘夷 | 179 |
| 第四十四章 | 秦救晋灾晋拒秦籴，晋败韩原秦获晋侯 | 182 |
| 第四十五章 | 携子将女穆姬履薪，以德报怨秦伯和晋 | 186 |
| 第四十六章 | 五石陨落六鹢退飞，诸侯集会晋子质秦 | 191 |
| 第四十七章 | 管仲既殁奸邪并起，齐桓身后众子争立 | 194 |
| 第四十八章 | 朝三暮四郑文朝楚，以退为进卫文立威 | 198 |
| 第四十九章 | 宋襄争霸诸侯会盟，秦穆灭梁楚人伐随 | 201 |
| 第 五 十 章 | 不鼓不列宋襄败绩，无备无能鲁僖溃军 | 205 |
| 第五十一章 | 过眼烟云襄惠弃世，遍尝五味重耳出山 | 209 |
| 第五十二章 | 诸侯各异礼与不礼，重耳亲筮吉为大吉 | 214 |
| 第五十三章 | 嫁女设宴秦穆礼宾，渡河息乱晋文登基 | 217 |
| 第五十四章 | 宽宏大量晋文免祸，狷介耿直介推隐身 | 221 |
| 第五十五章 | 天家内乱襄王出奔，晋侯卜筮秦晋勤王 | 225 |
| 第五十六章 | 晋侯请隧襄王赐田，文公理政晋国崛起 | 229 |

| 第五十七章 | 卫文灭邢郑文杀子，秦晋伐郚秦楚相争 | 233 |
| 第五十八章 | 齐鲁争霸鲁援楚师，宋国被难晋作三军 | 236 |
| 第五十九章 | 伐卫破曹晋军救宋，联齐结秦文公布局 | 239 |
| 第六十章 | 退避三舍城濮对决，献俘受命晋文称霸 | 243 |
| 第六十一章 | 宁武处乱愚不可及，晋文召君不足为训 | 247 |
| 第六十二章 | 秦晋伐郑烛武退师，鲁分曹田晋作五军 | 251 |
| 第六十三章 | 卫侯迁都晋楚媾和，郑商劳军秦师无功 | 255 |
| 第六十四章 | 疲兵受袭秦师败绩，文嬴请命三帅归秦 | 258 |
| 第六十五章 | 中原纷乱晋襄出手，令尹遭逸楚穆弑父 | 261 |
| 第六十六章 | 秦军再败国政得修，鲁文尊父祭祀失礼 | 265 |
| 第六十七章 | 渡河焚舟秦晋再战，结鲁释卫晋楚争强 | 269 |
| 第六十八章 | 秦善任人称霸西戎，楚灭蓼六拓土淮南 | 272 |
| 第六十九章 | 秦穆人殉民歌黄鸟，晋臣纷争错立新君 | 276 |
| 第七十章 | 公族势盛宋国内乱，诸侯集会赵盾与盟 | 280 |
| 第七十一章 | 楚穆北进宋昭受辱，鲁国胜狄鄋瞒渐亡 | 283 |
| 第七十二章 | 对峙河曲秦晋又战，奔走中原鲁文求成 | 287 |
| 第七十三章 | 赵盾安王调停邾鲁，齐懿杀侄为祸鲁曹 | 291 |
| 第七十四章 | 四方叛楚苍天降灾，一鸣惊人楚庄为政 | 295 |
| 第七十五章 | 宋襄夫人杀昭立文，郑穆臣子书简陈情 | 298 |
| 第七十六章 | 鲁文归天襄仲柄国，齐懿被弑齐惠登基 | 301 |
| 第七十七章 | 季文史克谏言鲁宣，武氏穆氏作乱宋国 | 304 |
| 第七十八章 | 楚晋会战晋军败北，郑宋交手宋师不敌 | 308 |
| 第七十九章 | 晋灵不君赵穿弑主，赵盾蒙恶董狐直书 | 311 |
| 第八十章 | 楚庄伐戎问鼎周郊，郑穆刘兰命归黄泉 | 314 |
| 第八十一章 | 郑灵丧生郑襄得立，楚相作乱楚庄平叛 | 317 |
| 第八十二章 | 吴越盟楚晋殄赤狄，陈灵无道楚复封陈 | 320 |
| 第八十三章 | 楚国北伐郑襄肉袒，晋军南渡楚庄求和 | 325 |
| 第八十四章 | 晋难敌楚狼狈撤军，楚轻胜晋不为已甚 | 331 |
| 第八十五章 | 楚庄围宋清丘遗讥，赤狄侵晋景公灭潞 | 335 |
| 第八十六章 | 秦桓伐晋魏氏败秦，鲁国初税丘甲遍鲁 | 339 |
| 第八十七章 | 晋人献俘晋臣和周，楚庄择傅申叔论道 | 343 |

| 第八十八章 | 士会致政郤克逞怒，宣公既薨鲁臣内斗 | 346 |
| 第八十九章 | 王臣背信王师败绩，诸侯联盟齐军不敌 | 350 |
| 第九十章 | 臣彰君恶宋以人殉，王辞晋献楚赖众胜 | 355 |
| 第九十一章 | 郑败诸侯楚归荀罃，鲁盟晋卫晋作六军 | 359 |
| 第九十二章 | 晋地山崩晋国迁都，郑许互讼郑伯盟晋 | 362 |
| 第九十三章 | 宋国内乱诸侯侵宋，楚师北伐晋国联吴 | 365 |
| 第九十四章 | 晋景乱命诸侯怀贰，郑成摇摆晋楚缓争 | 369 |
| 第九十五章 | 郑国轻君莒国恃陋，晋景梦鬼诸侯离心 | 373 |
| 第九十六章 | 王卿争政晋臣争田，鲁宋联姻晋楚结盟 | 376 |
| 第九十七章 | 为臣不敬卿士取祸，晋厉绝秦诸侯联军 | 379 |
| 第九十八章 | 曹成杀嫡子臧辞立，郑室再乱卫国种祸 | 382 |
| 第九十九章 | 楚背晋盟宋室纷争，许迁国都三郤乱晋 | 385 |
| 第一○○章 | 郑人伐宋侯伯出兵，楚师援郑晋楚争锋 | 388 |
| 第一○一章 | 轧内结外叔孙被逐，以下盖上郤氏夸功 | 393 |
| 第一○二章 | 郑国侵晋诸侯伐郑，臣子乱齐晋厉自乱 | 397 |
| 第一○三章 | 君臣罹难咎由自取，悼公继位再霸诸侯 | 401 |
| 第一○四章 | 郑楚侵宋晋下彭城，诸侯筑城郑背楚盟 | 405 |
| 第一○五章 | 联吴抗楚中原扩盟，荐贤守职君臣强晋 | 409 |
| 第一○六章 | 尊秩守序鲁臣论礼，抚戎来远晋卿谏君 | 413 |
| 第一○七章 | 鲁获附庸得失参半，陈叛楚盟进退两难 | 417 |
| 第一○八章 | 一再进逼齐国灭莱，两面讨好郑臣惹祸 | 420 |
| 第一○九章 | 宋逢天灾鲁遇人丧，齐无良相晋有贤臣 | 425 |
| 第一一○章 | 秦楚伐晋诸侯会吴，偪阳灭国侯伯封宋 | 430 |
| 第一一一章 | 楚郑伐宋诸侯伐郑，郑国内乱王卿争权 | 433 |
| 第一一二章 | 鲁作三军三分公室，郑倚两方两面得罪 | 437 |
| 第一一三章 | 鲁君守礼周王求后，晋臣辞让楚共谦谥 | 441 |
| 第一一四章 | 士匄纳言季札辞立，联军渡泾晋臣分歧 | 445 |
| 第一一五章 | 君臣乱卫卫献出亡，吴人败楚楚康安民 | 449 |
| 第一一六章 | 齐鲁相争邾莒从齐，宋臣效贤晋平立威 | 453 |
| 第一一七章 | 联军伐齐荀偃遂愿，鲁臣纪功臧纥谏言 | 458 |
| 第一一八章 | 子孔乱郑灵公乱齐，诸侯和齐陈蔡自乱 | 462 |

目 录

| 第一一九章 | 丧失底线咎由自取，常怀敬戒善恶有报 | 467 |
| 第一二〇章 | 身死言立文仲不朽，智临德上臧纥出亡 | 471 |
| 第一二一章 | 晋臣不和党同伐异，栾氏及祸根败枝亡 | 475 |
| 第一二二章 | 灵王阻水太子论史，单公敬让叔向言德 | 480 |
| 第一二三章 | 刚愎自用齐庄伐晋，陪臣作乱崔杼弑君 | 484 |
| 第一二四章 | 君臣暗弱楚师无功，将士大度晋军逞威 | 489 |
| 第一二五章 | 内政混乱晏婴韬晦，外交斡旋子产成名 | 493 |
| 第一二六章 | 联军东进齐人求和，卫臣内应献公复位 | 496 |
| 第一二七章 | 郑国伐陈子产献捷，楚师攻郑君臣退让 | 501 |
| 第一二八章 | 吴楚相争吴王身死，楚秦联兵晋国服众 | 505 |
| 第一二九章 | 楚臣晋用声子谏言，守礼谦恭韩氏将兴 | 509 |
| 第一三〇章 | 晋卿争田晋臣进谏，崔氏内乱崔杼身亡 | 513 |
| 第一三一章 | 审时度势南北弭兵，因言察志郑卿赋诗 | 517 |
| 第一三二章 | 滥赏错罚宋平不明，朝觐奔丧鲁襄如楚 | 522 |
| 第一三三章 | 蔡无明主郑有能臣，齐逐庆氏君行赏赐 | 527 |
| 第一三四章 | 郑宋遇灾贤臣赈粮，出访鲁国季札观乐 | 531 |
| 第一三五章 | 晋平城杞鲁国离心，王室有乱宋廷受灾 | 535 |
| 第一三六章 | 同室操戈郑臣内斗，中庸守礼子产当政 | 539 |
| 第一三七章 | 仿建楚宫襄公去世，不毁乡校子产理国 | 543 |
| 第一三八章 | 诸侯再盟令尹遭议，叔孙有难赵武求情 | 547 |
| 第一三九章 | 大夫争女郑国又乱，秦君逐弟楚尹篡位 | 553 |
| 第一四〇章 | 楚篡晋弱吴兴鲁守，莒乱滕丧燕逃齐衰 | 557 |
| 第一四一章 | 晋平染疾医和论因，赵武身亡韩起出访 | 561 |
| 第一四二章 | 晏婴论齐叔向论晋，君臣朝晋郑伯朝楚 | 566 |
| 第一四三章 | 晋允退让平公纳谏，楚合诸侯灵王骄纵 | 569 |
| 第一四四章 | 鲁国雨雹大夫论灾，穆子不终季孙得势 | 573 |
| 第一四五章 | 晋楚联姻薳氏进谏，子产改革郑筑刑鼎 | 577 |
| 第一四六章 | 楚师侵吴劳而无功，灵王筑台奢靡甚过 | 580 |
| 第一四七章 | 日食分野君卿殒命，梦筮相合卫国立嗣 | 585 |
| 第一四八章 | 齐国伐燕子产息事，郑臣不宁陈哀自尽 | 589 |
| 第一四九章 | 晋君失德难逃其命，良臣箴言可解纷争 | 593 |

| 第一五〇章 | 齐臣相争陈氏萌志，楚国围蔡灵王种祸 | 596 |
| 第一五一章 | 宋元继位晋昭登基，鲁昭失礼公室愈卑 | 601 |
| 第一五二章 | 郑葬简公晋灭肥国，鲁有乱宰楚无明君 | 604 |
| 第一五三章 | 臣子复仇陈蔡复国，楚灵自缢平王登基 | 609 |
| 第一五四章 | 晋会诸侯齐鲁顺服，盟约贡赋子产陈情 | 613 |
| 第一五五章 | 楚王安民莒国内乱，晋国克鼓天子乐忧 | 617 |
| 第一五六章 | 进退有度子产论理，郑卿赋诗韩起观志 | 621 |
| 第一五七章 | 鲁徕邾郯君论官，晋灭陆浑周朝渔利 | 625 |
| 第一五八章 | 异常天象四国火灾，谨循人道子产断事 | 629 |
| 第一五九章 | 平王信谗错杀伍奢，太子进药致死许君 | 633 |
| 第一六〇章 | 和而不同晏婴进谏，仰人鼻息蔡国日衰 | 637 |
| 第一六一章 | 华向发难作乱宋国，卫臣泄愤累及灵公 | 641 |
| 第一六二章 | 宋国内乱华氏奔楚，邾鲁纷争叔孙守节 | 644 |
| 第一六三章 | 发行重币贱物害民，铸造大钟劳民伤财 | 648 |
| 第一六四章 | 王朝内乱周室二分，吴楚相争平王失策 | 653 |
| 第一六五章 | 诸侯集会赵鞅问礼，鸜鹆来巢鲁昭出奔 | 659 |
| 第一六六章 | 齐鲁交战鲁乱未息，敬王复位子朝奔楚 | 665 |
| 第一六七章 | 吴国伐楚鱄诸刺僚，士鞅贪贿鲁君受辱 | 669 |
| 第一六八章 | 祁杨灭族晋风日坏，魏氏守德晋铸刑鼎 | 673 |
| 第一六九章 | 鲁昭失位薨于乾侯，吴王侵楚问计伍员 | 678 |
| 第一七〇章 | 吴越交兵晋史预言，成周筑城宋薛龃龉 | 683 |
| 第一七一章 | 楚相贪婪蔡唐离心，晋臣索贿会盟不果 | 687 |
| 第一七二章 | 吴蔡兴兵楚昭出亡，随国庇楚包胥求秦 | 691 |
| 第一七三章 | 秦国出兵楚昭回都，三桓衰落阳虎篡权 | 695 |
| 第一七四章 | 晋失诸侯齐鲁互攻，鲁有乱臣三桓受挫 | 700 |
| 第一七五章 | 齐晋交战齐鲁会盟，晋卫互攻鲁齐交好 | 704 |
| 第一七六章 | 郑政不稳郑杀邓析，宋国内乱鲁堕三都 | 709 |
| 第一七七章 | 权臣相斗晋国内乱，卫妃淫乱太子出奔 | 713 |
| 第一七八章 | 朝会失礼鲁国死君，世仇得复夫差逞志 | 717 |
| 第一七九章 | 楚国伐蔡蔡国迁吴，齐卫援范晋郑交战 | 721 |
| 第一八〇章 | 卫子辞嗣齐景遗祸，鲁国火灾季孙害嫡 | 726 |

# 目 录

第一八一章　不禳不祀楚昭明理，绝地天通大夫论道⋯⋯⋯⋯⋯⋯⋯⋯⋯ 730
第一八二章　畏强凌弱鲁吴结盟，尊制诫子季妇守礼⋯⋯⋯⋯⋯⋯⋯⋯⋯ 734
第一八三章　宋国灭曹齐悼被弑，郑臣取祸晋国伐齐⋯⋯⋯⋯⋯⋯⋯⋯⋯ 739
第一八四章　吴开邗沟艾陵败齐，越豢吴人子胥殒命⋯⋯⋯⋯⋯⋯⋯⋯⋯ 743
第一八五章　卫臣谋私孔子回国，吴晋会盟歃血争先⋯⋯⋯⋯⋯⋯⋯⋯⋯ 747
第一八六章　吴王争霸霸权虚置，越国侵吴吴越媾和⋯⋯⋯⋯⋯⋯⋯⋯⋯ 751
第一八七章　二宰相争齐陈弑君，君臣反目向魋反叛⋯⋯⋯⋯⋯⋯⋯⋯⋯ 755
第一八八章　陈臣不辱鲁臣折齐，卫国内乱子路丧生⋯⋯⋯⋯⋯⋯⋯⋯⋯ 759
第一八九章　难得安生卫庄被弑，不堕尊严楚臣论宝⋯⋯⋯⋯⋯⋯⋯⋯⋯ 763
第一九〇章　孔子逝世鲁哀致诔，孙胜乱国叶公定楚⋯⋯⋯⋯⋯⋯⋯⋯⋯ 766
第一九一章　齐盟邾鲁晋国制齐，楚防周边越国犯楚⋯⋯⋯⋯⋯⋯⋯⋯⋯ 771
第一九二章　审时度势范蠡谋事，虚心纳谏勾践复国⋯⋯⋯⋯⋯⋯⋯⋯⋯ 775
第一九三章　发动全民勾践备战，告祭伍员夫差自尽⋯⋯⋯⋯⋯⋯⋯⋯⋯ 780
第一九四章　君臣反目卫侯出亡，景公辞世宋昭得立⋯⋯⋯⋯⋯⋯⋯⋯⋯ 785
第一九五章　徒劳奔走哀公辞世，盛极而衰知氏灭亡⋯⋯⋯⋯⋯⋯⋯⋯⋯ 789
尾　声　名存实亡诸侯谢幕，实至名归权卿登台⋯⋯⋯⋯⋯⋯⋯⋯⋯⋯⋯ 793
后　记⋯⋯⋯⋯⋯⋯⋯⋯⋯⋯⋯⋯⋯⋯⋯⋯⋯⋯⋯⋯⋯⋯⋯⋯⋯⋯⋯⋯ 795
参考书目⋯⋯⋯⋯⋯⋯⋯⋯⋯⋯⋯⋯⋯⋯⋯⋯⋯⋯⋯⋯⋯⋯⋯⋯⋯⋯⋯ 796

# 引　子　专利虐民厉王丧权，好大喜功宣王种祸

历史上所谓春秋时期，始自西周灭亡、平王东迁之年，即公元前770年，一般以周敬王卒年为其下限，即公元前476年。因为此前的公元前481年，《春秋》记事结束，而史上所称春秋时期，便源自《春秋》一书之名。春秋时期是一个礼坏乐崩、诸侯争霸的时期，而此后的数十年间，战国七雄之赵、魏、韩迅速崛起，三家分晋，齐国陈氏迅速壮大，最终代齐，大国纷争，历史进入了史称战国的时期。本书将以《左传》为经，以《国语》《史记》等其他古籍为纬，并参考一些考古研究成果等，力图比较全面地综述历史上的春秋时代。

西周的灭亡虽然主要是因幽王乱制，但冰冻三尺，非一日之寒，西周乱象早已萌生。西周的败亡与幽王恣肆暴虐的祖父厉王脱不开干系。周为姬姓，厉王名胡，是自周武王发建立西周王朝后的第十位王。古人往往将天象与人事联系起来看待，因此由厉王的一生追溯到他出生之年的天降之灾。据南北朝沈约注《竹书纪年》记载，孝王"七年冬，大雨雹，江、汉水"，附注曰"江、汉水，是年，厉王生"。周孝王七年，据范文澜《中国通史·西周纪年表》，为公元前878年；而据夏商周断代工程研究结果，孝王在位六年，其在位最后一年为公元前886年。本书公元前纪年均据范文澜所定年表。沈约所以注"是年，厉王生"，暗示厉王出生伴随着天象反常，江河泛滥，六畜不宁。

厉王并非无所事事的昏君，1978年陕西省扶风县出土的厉王㝬簋，其上铭文表明厉王是立志绍兴周王室的。铭文曰："王曰：有余佳小子，余亡康昼夜，经拥先王，用配皇天，簧荐朕心，施于四方。希余以义士献民，称执先王宗室。"从铭文的落款可知，此簋制于厉王十二年，约公元前846年。然而厉王兴国之举，与王者之正道南辕北辙，为西周百姓带来了灾难，以至于日后的史书记载中，厉王只留下了一个暴君形象。

那么，厉王当政究竟为周王朝及其子民带来了哪些灾难呢？厉王的暴政首先表现在王室专利方面。所谓专利，便是垄断财物，与民争利。周王治下的荣国，其国君荣公就追求垄断国中的一切财物。他搜刮了百姓财物，自然可以

用来讨好厉王以求荣宠。据《竹书纪年》记载，厉王元年，约公元前857年，便任用荣公为王朝重臣。据《国语·周语》记载，周大夫芮伯由此感叹王室将会走向衰微。芮伯指出："荣公只知与民争利，却不知大难将至。利为百物所生，天地所载，如果有人垄断，必定会遭祸害。百物所生、天地所成之物，天地间百物亦皆可取之，岂可垄断？与民争利引发众怒，又不对祸难有所防备，以这种方法教王，王朝还能长治久安吗？王者应当遵循中道，将天下之利散布于举国上下，使神人百物均能获利，无过亦无不及。即便如此布施，王者依旧要常怀畏惧之心，畏惧民情民怨。因此《周颂·思文》中赞颂后稷'思文后稷，克配彼天。立我蒸民，莫匪尔极'。便是言后稷文德，可配上天，以文德推行中道，可养育万民。《大雅·文王》中所称赞文王'陈锡载周'，是言因文王美名天下传扬，因此上天赐他光大周邦。正因为后稷、文王能广施恩惠，知畏惧祸难，因此能承载周祚，延续至今。如今，王却要学垄断之法，岂能长久？匹夫专利，民众尚且视之为盗寇，王者专利，天下还会有人归顺吗？若任用荣公，王朝必会衰败。"但厉王听不进芮伯的谏言，一心效仿荣公专利，因此重用荣公，以行国政。据《竹书纪年》，但厉王继位初年，建成夷宫，命卿士荣夷公主持落成典礼。可见厉王对荣夷公的重用。

厉王宠信荣公，与民争利，自然会逐渐引发国人诸多非议，王卿召公因此劝谏厉王。厉王暴虐，非但不听召公劝谏，反而重刑弹谤。厉王弭谤，成为厉王暴政的又一典型事件。据《竹书纪年》，厉王继位第八年，开始监察弹谤。据《国语·周语》记载，厉王重用卫国巫师监察众人，凡巫师所举非议朝政之人，厉王一律诛杀。厉王为何任用巫师呢？可以想见，比起任用大臣监察，任用巫师监察更能震慑百姓，因为大臣只能监察百姓表露的言行，而巫师则被认为可以参透人心。于是，据《国语》记载，国人非但不敢公开议论王朝是非，私下也不敢有所表露，相互见面，顶多只敢以目光打个招呼。全国上下鸦雀无声后，厉王感觉非常良好，高兴地向召公道："朕现在已经消除了各种非议，众人都不敢随便讲话了！"召公回答道："这只是阻障了民间的议论，并非真正消除了各种非议。"召公道："防民之口，甚于防川。河流拥塞，堤坝崩溃，必多伤人；民言阻塞，民情激愤，必伤社稷。因此治水必须加以疏导，治民必须让民众发言，倾听民声。"召公又列举先贤制定的古制劝告厉王，所谓天子听政，就是要听取方方面面的声音，"使公卿至于列士献诗，瞽献曲，史献书，师箴，瞍赋，矇诵，百工谏，庶人传语，近臣尽规，亲戚补察，瞽史教诲，耆艾修之，而后王斟酌焉。是以事行而不悖"。召公强调："大地有山川，以宣地气，一切财用由之所出；平原湿地行灌溉，衣食所需由之所生。民之有口，口之宣言，犹如宣地气、导灌溉一样，决定着社稷的兴衰。行善，便是行民心之所向，防败，便是防民情之所背，这样，才能如地气得以宣发，田地得以灌溉，才能使国民丰衣足食，财用不竭。百姓心之所想，宣之于口，见之于行，又怎么可以阻塞呢？若阻塞百姓之口，又能支撑多久呢？"

向来忠言逆耳，厉王只图当下获利，根本听不进召公的忠言。召公为召康公之后，世袭王卿，老成谋国，德高望重，召公之言尚不能入厉王之耳，举国上下便再无直言进谏之人。之后不过数年，厉王治下的国人，即王城中的民众，便举行暴动，起而反抗，致使厉王丢掉王位，仓皇出逃。国人之所以能有力量驱逐厉王，是因为国人是与周王室同宗或具有利害关系之人，周制规定了他们的权利与义务，国人除了在王城与王畿居住、获得俸禄与谋生获利的权利外，在王室无法决定是否抵御外敌、是否迁都、立谁做王位继承人等重大问题时，他们在国人大会上享有表决权；国人的义务是平时每年参加军事演习，战时成为王朝的作战人员。正因为他们能参与政治表决，并拥有军事经验，因此国人造反，能赶走失去民心的厉王。据《竹书纪年》，厉王逃亡到彘邑，十四年后，崩于此地。彘邑在今山西省霍州市。

根据《逸周书·谥法解》，"致戮无辜曰厉"。厉王杀人弭谤，是杀戮无辜，"厉"之谥号恰如其分。所谓谥号，是中国古代对国君的盖棺论定。国君死后，臣子们要根据他生前的所作所为，对他做出恰如其分的评价。这种评价必须客观公正，不夸功，不掩过，即便是新君也不能随意改变众臣公议的谥号。谥号是对于死者的舆论评价，使得一代代国君为避免死后的恶名，而注重自身德行；谥号更是对新君的警示压力，提醒他应当如何修德为政，才能避免使自己与子孙蒙羞的恶谥，在历史上留下英名。拟定谥号不夸功是很难做到的，因为谥号不仅是对国君的评价，也暗含着对这一代臣子的评价，臣子很难避免自己的情感寄托。但在注重名位的春秋时代，从天子卿士到各国大夫，基本尚能遵循谥法的原则，比较尊重历史事实，不为尊者隐讳。因此，尽管今天留存下来的历史记载有限，我们尚能从谥号上了解一位天子或诸侯的生平概况。

从厉王专利与厉王弭谤的历史记载，可以使我们看到我国古代制度的两个方面。一方面，我国古代圣贤在制度建设方面不可谓不尽心竭力，为数千年中国社会的连续性奠定了基础；另一方面，王权最终决定一切的制度无法避免王朝的衰亡。

古代圣贤制定的议政听政规则是很全面、很有道理的，召公阐述的古制清楚地表明了这一点。之所以"使公卿至于列士献诗"，是因为公卿都是获得周王封地之王亲国戚与重臣，于情于理于职于责，都应当使所封之地的政事民情上达天听；列士文武各有所长，各自为王差遣，勤劳王事，自应当将各自所见所闻传达于天子。献诗便是公卿列士使得下情上达的一种恰当形式。古代献诗，除了用于祭祀天地祖宗的颂歌外，主要内容不是歌功颂德，而是表现民风，以利教化；陈述下情，以利政治；劝谏天子，以保善政。诗，从形式上看，语言简洁，朗朗上口，雅俗共赏，不失礼仪；从内容上看，可言风俗，可陈民情，可叙可议，可讽可谏，因此是公卿列士进行陈述与规劝、并表现自身责任与才识的十分恰当的方式。诗的这种陈情与讽谏功能，在中国封建社会，特别是唐、宋时代，一直为士大夫阶层所保持并光大，为后世留下诸多传世诗篇。

"史"，据《周礼·天官·宰夫》，"掌官书以赞治"。史官是负责保存前代与当代各类典籍文书与治理实例，为君王提供治国依据的。历史事件的前因后果特别是处置方式，是君王行政的重要参考。最初，统治者更多地是依靠巫祝占卜问神，作为处理各种事件的依据。逐渐地，关于历代的典籍文书与治理实例的记载，以及关于事件因果联系的历史记载逐渐增多，统治者可以不再一味依靠巫祝，而是更多地参照前人的处置方式。于是史官便逐渐独立于巫祝，与巫祝共同承担起为君王统治提供参考依据的职责。"史献书"，便是为君王提供历史记载与先贤言行作为依据，以供决策所需。

"师"，据《礼记·文王世子》，"师也者，教之以事而喻诸德者也"。能够提供箴言，喻理于事的"师"，或可能通晓天象，或可能精于占卜，或可能博古通今，或可能德高望重，他们因身份而自重，也为王公大臣乃至天子所尊重，因此他们提供的箴言，指明的事理，在君王决策中起着重要作用。

瞽、瞍、矇基本都属于盲人，只是矇者还有残存视力。盲人一般听觉发达，因此于音乐与记忆方面常常有其天赋，让盲人作曲、诵诗属于人尽其用。特别是盲人不会察言观色，因此由盲人根据诗的内容制作并演奏乐曲，或歌或诵公卿列士所献之诗作、师所献之箴言，便不受王侯与大臣脸色与暗示的影响，可以将下情原原本本地上达天听。这更是古代圣贤人尽其用的妙法。

"百工"，据《周礼·冬官·考工记》，"审曲面埶，以饬五材，以辨民器，谓之百工"。即百工是审视各种材质、予以分门别类、以制作各类器具之人，他们都有一套依据古制、综合经验的行事规则，如果王侯与大臣要行违反古制或违反常识之事，百工便有责任提出谏言。例如，《国语·鲁语》中便有匠师庆谏鲁庄公丹楹刻桷的记载。鲁庄公要将其父桓公庙宇的柱子漆成红色，并要在方形椽头雕刻花纹，匠师庆谏道："臣闻，为使后人不陷于不善之举，先圣王公早为后世立法。他们为后世昭明先君善德之名，使后世引为借鉴，能够坚持不懈，以图长久。如今先君简朴，今上奢侈，会使先君善名湮灭。丹楹刻桷非但于君上无益，且有堕先君之德。"这一记载说明，当时的百工是可以对王侯提出规劝的。

依据当时的听政制度设计，庶人虽然难得晋见王侯与重臣，但对于关系国计民生的大事也有进言的权利。他们可以通过"谤木"表达自己的主张，也可以通过直接管理他们的官员或列士来传递他们的意见。至于王侯的近臣，自然有规劝天子的责任，而王侯的宗亲，更有纠察王政的责任。如此听取各方面意见后，再由德高望重，尤其文德深厚的帝师起草文件，由天子最终决定。这种兼听的古代听政形式，允许公卿列士乃至庶人议论政事，可谓古代的民主集中制，而允许上至公卿下至士庶劝谏君王，可谓古代的监察方法。先贤制定的这些方法，虽然常常得不到贯彻，但这种国家兴亡匹夫有责的政治理念，要求统治者兼听明断的社会诉求，和敢于直言劝谏的士大夫精神，却在数千年中一直保持下来。不论政治制度有何变动，不论环境有何不同，履行对君王的规谏，成为封建时代士大夫精英们表现责任与胆识的一种自觉行为，这种行为对皇权形成了很大的制约。这是古代中国文官制度非常成熟并得以存续数千年的重要原因。

回到西周败亡的话题。西周的败亡，厉王之子，号称中兴之主的宣王其实也责无旁贷。周宣王名靖，是西周第十一位王。厉王出逃之时，太子靖险些被杀。据《史记》记载，当时太子藏于召公家中，国人得知，便包围召公之家。召公道："昔日我数次劝谏，君王不从，因此招致此难。如今国人要杀太子，君王或许会以为我借此泄私愤。侍奉国君，虽有危难不当怨恨，虽有愁怨不当发泄，何况侍奉周王！"于是召公以自己的儿子代替太子赴死，救下太子靖。根据《竹书纪年》，在国人暴动之后，厉王去世之前，依旧以厉王某年纪年，然而在厉王出逃、宣王得立之前，有一段"共伯和"执政的记载："十三年，王在彘，共伯和摄行天子事。……二十六年，大旱。王陟于彘。周定公、召穆公立太子靖为王。共伯和归其国。遂大雨。"《史记》则以"共和"纪年，以为"共和"是召公与周公二相共同执政，并且记载厉王在位年数也与《竹书纪年》不同。但不论是年代多少，是谁执政，这一期间无疑在某种程度上收拾了厉王留下的烂摊子，为宣王平稳继位奠定了基础。因此宣王执政时期才有了中兴气象。宣王谥"宣"，"圣善周闻曰宣"。可见周臣对宣王评价甚高。但宣王并非名副其实的中兴之主，他虽然在平定戎、夷方面有其武功，却渐渐好大喜功，指手画脚，疏于政事，不耐细务，既未能藏富于民，也未能持续增强国力。

宣王即位初年，先后命臣子西破西戎，北伐玁狁，南征荆蛮，并亲自率师东讨徐戎，平定四方，巩固统治，颇有中兴之势。据《竹书纪年》记载，宣王元年，即公元前827年，宣王便"复田赋，作戎车"，即调整田赋，准备兵车。宣王三年，"命大夫仲伐西戎"。《小雅·出车》歌道，"天子命我，城彼朔方。赫赫南仲，玁狁于襄""赫赫南仲，薄伐西戎""赫赫南仲，玁狁于夷"，诗中所描述的周王命将士出兵抗击玁狁，及其歌颂南仲攘戎伐戎、平定玁狁的功绩，便是宣王年间之事。宣王五年，"尹吉甫师师伐玁狁，至于太原"。太原位于宗周镐京西北，泾水上游，（今甘肃省平凉市东的泾川县、镇原县一带。）《小雅·六月》便记叙并歌颂了尹吉甫的此次出征。诗云："玁狁匪茹，整居焦获。侵镐及方，至于泾阳。"即是说，玁狁已经渡过了泾水，矛头直指镐京。于是王师紧急出征，"薄伐玁狁，至于太原。文武吉甫，万邦为宪"。吉甫此次出征，一直打到泾水上游的太原，将玁狁赶了回去，吉甫的文治武功，可以为诸侯垂范。《竹书纪年》还记载了宣王五年的另一次出征，便是"方叔帅师伐荆蛮"，这在《小雅·采芑》中有所描述，"方叔莅止，其车三千""方叔率止，其乘四骐""蠢尔蛮荆，大邦为仇。方叔元老，克壮其犹"。《竹书纪年》又记载宣王六年，"召穆公帅师伐淮夷""王帅师伐徐戎"，淮夷在今天的淮河流域下游，徐戎在今天的江苏省洪泽湖北。《小雅·黍苗》便是歌颂召虎帅师平定南方，诗云"悠悠南行，召伯劳之""烈烈征师，召伯成之""召伯有成，王心则宁"。《大雅·江汉》更描述了气势磅礴的征淮场面，歌颂宣王与召虎的功绩。诗的首章与二章云："江汉浮浮，武夫滔滔。匪安匪游，淮夷来求。既出我车，既设我旟。匪安匪舒，淮夷来铺。‖江汉汤汤，武夫洸洸。经营四方，告成于王。四方既平，王国庶定。时靡有争，王心载宁。"上述征讨都取得了胜利，因此宣王有了"中兴之主"的名声。

但宣王在建立武功之后，开始骄傲，喜欢干预诸侯内政。虽说普天之下，莫非王土，率土之滨，莫非王臣，但诸侯与天子的关系，主要是名分上的君臣关系，诸侯国的内政外交都有其独立性。只有天子与诸侯、诸侯与诸侯之间都恪守名分，相互尊重，才能求得天下太平。然而宣王却依仗武功，随意干涉诸侯国内政，导致"诸侯从是而不睦"，纷争四起。

据《竹书纪年》，就在宣王成就东征西讨的武功之后，宣王八年，当鲁武公敖来朝时，宣王钦定了鲁国的继承人。《国语·周语》对于此事有比较详细的记载。鲁武公带长子括与少子戏朝见宣王，宣王喜欢鲁武公的少子戏，便指定戏为鲁国储君。周朝卿士樊仲父向宣王进谏道："王不可立戏为鲁国储君。王者出令不顺，必会有人违犯王令，违犯王令，王必诛之，因此王者出令，不可不顺。出令不顺，民将不从，民之不从，令将不行，令之不行，则政事将不成。弃长立幼，是为不顺，行事不顺，民众便会背弃君王。自古以来，以下事上、以少事长为顺，反之为逆。如今天子立诸侯少子为储君，乃是教天下行逆。若鲁公遵从此令，诸侯起而效之，将会使立嫡立长之祖制不存，先王之令不得执行；而若鲁公不从此令，则王必定要以鲁公不从王令而讨伐鲁公，这其实等于是在声讨破坏祖制的王自身。如此，讨伐不是，不讨伐亦不是，会使王自身陷于两难境地，希望王能慎重考虑。"但最终宣王还是指定戏为鲁国储君，为日后鲁国争夺国君之位埋下了祸根。据《国语》记载，鲁武公死后，鲁人杀懿公戏，立括之子伯御。据《竹书纪年》记载，宣王二十一年，约公元前807年，鲁公子伯御弑其君懿公戏。之后，宣王三十二年，约公元前796年，王师伐鲁，杀伯御，立懿公之弟称，是为孝公。《国语》记载道："诸侯从是而不睦。"

随着执政时间延长，宣王于内政方面开始怠于礼制和农事。据《竹书纪年》记载，宣王二十九年，约公元前799年，宣王"初不籍千亩"，开始不依古制行籍田之礼。民以食为天，籍田之礼，在农事为重的传统社会，更有着极为重要的地位。据《国语·周语》记载，虢文公就此事规谏宣王道："民之大事在农，祭祀神灵祖宗的丰盛食物出于农事，黎民百姓生息繁衍离不开农事，政事军事供给均基于农事，天下和睦依靠农事，财用蕃殖始于农事，国计民生与教化民风均有赖于农事。因此，农官是重臣，籍田之礼是大礼，在行籍田礼时，王者必须唯农是务。"

当然，籍田之礼是非常繁琐的。仪式化是表现信仰、崇拜和虔诚所必需的群体行为。为表现对于天地神灵的尊崇，对于农事农功的注重，籍田之礼的仪式非常隆重，因此也十分繁琐。

宣王"不籍千亩"，或是将籍田之礼简化，不再斋戒多日，也不再翻耕千亩之地，或者是完全废除了籍田之礼，总之是不按照礼制规定，率领公卿大夫乃至士庶人等，行千亩籍田之礼。虢文公认为，籍田之礼是"媚于神而和于民"的要务，不行籍田之礼，就会"匮神乏祀而困民之财，将何以求福用民"？但是，既躁动又懒惰的宣王不耐烦这种繁琐的仪式，故而不听虢文公劝谏，开始不行千亩籍田之礼。籍田仪式的省略，意味着农事不受重视，这肯定会影响周王朝的国力。此后，据《竹书纪年》记载，宣王三十三年，即公元前795年，"王师伐太原之戎，不克"，三十八年"王师及晋穆侯伐条戎、奔戎，王师败逋"。条戎与奔戎应当都在大河以东的黄土高原，因此宣王才与晋侯共同讨伐。三十九年，"王师伐姜戎，战于千亩，王师败逋"。不重农耕，懈怠政事，国力自然削弱，武备亦会怠惰，因此导致了连续几年征战失败，而征战失败，又伤害了周王朝的民心与元气。

宣王疏于内政的另一大证据便是宣王四十年的"料民"之举。据《国语·周语》记载，"宣王既丧南国之师，乃料民于太原"。所谓"料民"，便是查户口，数人头。仲山父劝谏宣王"民不可料"。古代无需料民，便可知民之多少，因为有司民即民政之官，掌握民众生老病死之数；有司商掌握姓氏之官，掌握赐族赐姓人数；有司徒即掌兵之官，掌握军旅人数与训练情况；有司寇即掌刑之官，掌握死刑徒刑人数；有牧人掌握祭祀牺牲之数；有场人掌握场圃收入之数；有廪人掌握谷物出入之数。因此，人口多少、生死，财物出入、往来，君上皆可掌握。慎重政事，以籍田之礼治理农事，农闲之际行狩猎军训之事，均可获知国家人口与储备，何必行料民之事？料民之举会连带出两个问题：一是等于承认天子自身不修内政，对于国计民生胸中无数；二是等于昭告天下国家有事而国力不足，使得诸侯轻视王室。如今宣王出台料民之举，显然表明自天子至卿士，都未能尽职尽责。宣王因长年怠于内政，胸中无数，在他感到兵力不足、国力不足之后，试图加大从百姓处攫取的力度，并补充兵员，因此坚持"料民"。此举非但没有中兴王室，反而加速了王朝的败亡。

因此可以说，西周灭亡，自厉王与宣王时代便埋下了祸根。

# 第一章　幽王乱制失国丧命，平王迁都周祚得存

周幽王，名宫湦，是周宣王之子，西周王朝的第十二位王，西周王朝便终结于他之手。幽王似乎命中注定是要败亡的。他出生备受质疑，登基又逢山川有变，本就令国中生疑，而他的宫廷生活又后妃失序，以至于废嫡立宠，招来姻亲不满，诸侯侧目。最终，他众叛亲离，被申侯与犬戎联兵弑杀于骊山。幽王死后谥"幽"，便是对他一生的基本评价。根据《逸周书·谥法解》，"壅遏不通曰幽，动祭乱常曰幽"，幽王确实恰如其谥。

幽王可能是个早产儿。据《汲冢琐语》所载故事，幽王的母亲是宣王元妃，怀孕一个月便生下幽王，因此不敢将儿子抱给宣王。宣王就此事召公卿与太史们询问，史臣们回答道："早产的如果是男婴，身体发育不全，骨骼发育不完备，也就罢了，如果身体发育全面，骨骼发育完备，则于天子不利，将来必会亡国。"宣王道："那就放弃了吧。"此时有一位名仲山甫的大臣道："天子年纪已长，却一直无子，这或许已经表示上天不佑周邦了。如今有了儿子又要抛弃，难道没有儿子就好吗？况且卜筮之言也就是姑妄听之，何必定要听从！"宣王想想，老而无子，家国无嗣，亦非有福，便打消了弃子念头。

上述故事肯定有极大的夸张成分，但或许含有一些隐喻。宣王多年无子，元妃生子又与孕期相差甚远，或许暗示着后宫有淫乱之事。王后在忐忑中孕育的生命，或许导致幽王的确是个早产儿。宣王虽然没有抛弃这个儿子，但恐怕多少有心理阴影，不会宠爱这个儿子。幽王虽然没有明显的身体欠缺，但恐怕心理并不健全。

宣王在与诸侯田猎时被人射杀。终于，使幽王敬畏的父王不在了，他突然登上了至高无上的王位。但他毕竟年少，登基后所托非人。据《竹书纪年》，幽王登基元年便"锡太师尹氏皇父命"，而皇父是时人诟病的卿士。《诗·小雅·十月之交》中便控诉皇父"彻我墙屋"，使"田卒污莱"。诗中还列举了掌管农事与教化的司徒番，掌管邦国治理的太宰家伯，掌管王家膳食的膳夫仲允，掌管爵禄废置、生杀予夺的内史聚子，掌管马政的趣马蹶，掌管教育王室

子弟、监察朝廷礼制得失的师氏橚，这些居于要职之卿大夫，以及后宫娇艳的妻子，均为祸国殃民之人。从《竹书纪年》记载来看，只有幽王叔父王子多父，即后来的郑桓公，才是幽王真正能够依靠之臣。幽王登基第二年，王子多父与晋文侯共同伐鄫取得胜利，是有史记载幽王年间唯一成功之事。

幽王身边多佞臣，必然导致政事混乱；而幽王年间又恰逢天灾频繁，因此导致民不聊生。且看史书中记载的幽王登基后的各种事件吧。

首先，我们可以看看史书关于天象与自然灾害的记载。古人认为异常的天象与自然灾害是上天示警，预示人事的变化，因此史书非常注重记载这类天象与自然灾害。根据《竹书纪年》，幽王登基第二年，"泾、渭、洛竭。岐山崩"。岐山为周朝发祥之地，岐山崩，流经岐山周原一带的泾水、渭水、洛水，或因山崩阻塞而枯竭，或因天旱而枯竭，这种灾害，自然会给周人心理留下难以抹去的阴影。而面对严重的自然灾害，幽王不知体恤民生，减轻赋税，反而反其道行之，于幽王二年"初增赋"。在自然灾害之年增加赋税，只会导致民不聊生。第三年，"王嬖褒姒。冬，大震电"。第四年，"夏六月，陨霜"。冬季震电，即下雷暴雨，而夏季下霜，说明气候异常。这些记载显然将时令不正与幽王怠政联系了起来。至第六年，"冬十月辛卯朔，日有食之"。古人畏惧日食，因为古人认为月朔即初一本当阴微而阳盛，出现日食，说明阳甚至不能胜过微弱之阴，因此是亡君亡国之兆。作于两周之交的《小雅·十月之交》中，便将日食当作"日月告凶"，并描述了上述这些自然灾害："烨烨震电，不宁不令。百川沸腾，山冢崒崩。高岸为谷，深谷为陵。哀今之人，胡憯莫惩。"在诗人眼中，天象与灾难明确预示了幽王本人、他的人民、他的国家都前程堪忧。

其次，我们可以看看周朝臣子们当时的议论。《国语·周语》中记载，周大夫伯阳父认为三川皆震，是周朝将亡的征兆。他认为，天地之气，不能失序，若失序，天下必乱。地震便是由于阳气为阴气所逼，伏而不能出、不能升造成的。如今三川地震，是阳气为阴气所压迫。阳气为阴气所压迫，必定会阻塞川源，川源阻塞，国家必亡。水土不润，财用匮乏，国家怎能不亡！当年伊水、洛水枯竭，夏朝灭亡；河水枯竭，殷商灭亡。如今周朝之德，正如夏商两代末世，川源又遭阻塞，民用必然枯竭。他预言周朝在十二年内就将灭亡。果然，幽王失国就在十年之后。

伯阳父是从天象地气方面得出国家将亡结论的，而《国语·郑语》中记载的周太史伯与郑桓公的对话，则从人事方面分析周朝将亡。郑桓公看到天时不和，人事纷乱，因此问太史伯周王朝是否将会败亡。太史伯回答要点如下：周王朝将要败亡。如今周王在用人上弃置高明之人，而喜好谄媚之人，厌恶正直之人，而亲近昏聩固陋之人。周王去和取同，不听诤谏之言，只听附和之言，"和实生物，同则不继""声一无听，物一无文"，弃和取同，是"天夺之明"。朝中重用虢石父这样的谗佞之臣，后宫宠幸褒姒这样的邪僻之妾，亲近优伶，听信妇言，加之刚愎自用，离败亡就不远了。

再次，我们还可以看看周朝卿大夫与诸侯们的行动。《国语·郑语》中记载周太史伯与郑桓公的对话，起因是郑桓公看到王室处于多事之秋，对身家前程深感忧惧，因此请教太史伯如何逃死。太史伯在指出周将败亡的同时，分析了成周东南西北各诸侯国的情形，建议郑桓公经营成周之东洛水、济水、颍水、河水之间的地带，以图避祸并发展。郑桓公是宣王之弟，幽王之叔，也是幽王的股肱之臣，并且深得民心。然而就是这样一位重臣，也感到国之将亡，回天乏力，因而在私下探讨自身及家族的利益与前程。

《小雅·十月之交》，讽刺王卿皇父作为国家重臣，不事王事，而是致力于在东都成周畿内营建自己的都城向邑，非但将宗庙东迁于向，更想方设法聚敛财富，选择富人为其卿士，让有车马之人均迁往向邑，不留一个有用之人来守护天子。皇父虽然自私贪利，然而，据《竹书纪年》，皇父作都于向是在幽王废太子之后，皇父如此行为或许也是为求自保。

至于幽王因废后、废太子而得罪的老丈人申侯，因为接纳和支持废太子宜臼，面对幽王的作为，便不是避祸的问题，而是势不两立了。而幽王登基后曾经讨伐过的鄫国，自然很容易成为申国的盟邦。据《竹书纪年》，幽王五年，王"世子宜臼出奔申"。八年，幽王以褒姒为后，"立褒姒之子曰伯服为太子"。由此申侯与幽王反目成仇。申国为姜姓之国，鄫国为姒姓之国。幽王九年，申侯出访鄫国和西戎，显然是去结盟抗周。而幽王自然不允许申侯庇护被废太子，因此幽王十年，幽王召集诸侯，会盟于太室山，即今天的嵩山，并于当年讨伐申国。殊不知此时申、鄫与犬戎同盟的力量已经不容小觑，王师伐申只能加剧申国的敌对倾向。

综合史书记载，幽王即位后，天时地利人和均不具备，败亡已成趋势。但是，就是在这样的情势下，幽王却还不知保地利，修人和，依旧行逆礼制、逆人心之事。幽王以废太子逃亡于申为由号召伐申，在他看来理直气壮，而在诸侯看来却并非理由充分，因为太子宜臼与申后并无失德之事，幽王因宠褒姒废王后和太子才是于情于理有亏。这样召集的王师自然不足以保证征战胜利。幽王十一年，前771年，在申侯、鄫人、西夷、犬戎联兵攻打镐京时，幽王再燃烽火，诸侯之兵均未来勤王，幽王被杀于骊山脚下。骊山是秦岭山脉的一个支脉，古今名称未变，位于今西安市临潼区。

幽王虽然无道，但周王朝自建立开始便封邦建国，分封了数十个同宗邦国作为周王朝的屏障，这些同姓邦国虽然不满王室，却也不可能动摇王室取而代之，并且，立国三百年的周王朝为天下共主，也得到了异姓诸侯的认同，因此姬姓诸侯们及其联姻的异姓诸侯们，大多依旧愿奉周王室为天下共主。但在立谁继承王位的问题上，各路诸侯有不同的选择。据清华大学收藏战国竹简《系年》记载，"邦君、诸正乃立幽王之弟余臣于虢，是携惠王。立廿又一年，晋文侯仇乃杀惠王于虢"。据此记载，当时大多诸侯当公推幽王之弟余臣为王。这或许因为原太子宜臼之外祖父申侯联合西夷、犬戎攻打镐京，乃引狼入室之祸首，因此已废太子宜臼继位不能服众，况且宜臼年幼，诸侯们自然不能让大权落在申侯手中。清华简《系年》所载余臣为邦君、诸正所立，不见于其他史书记载，或是因为宜臼最终取得正统地位后有意抹杀携王当时的正统性。据《竹书纪年》，"申侯、鲁侯、许男、郑子立宜臼于申，虢公翰立王子余臣于携"。可见东周初年确实存在二王并立，且二王并立的局面长达二十年之久。后携王被晋文侯所杀，宜臼的正统地位才得以确立，是为周平王。从携王谥"惠"、平王谥"平"可见，携王口碑并不差，只是平王最终获得了正统地位，携惠王之谥号便不得保留。

经西戎践踏掠夺，镐京已是满目疮痍，西戎的威胁更令人心惊，因此，惠王立于携，平王立于申，均不在宗周丰京、镐京之地。据史书记载，平王得立后，便依靠各路诸侯护送，来到东都洛邑，时为公元前770年。洛邑在今天的河南省洛阳市内。据《尚书·洛诰》记载，周公告成王，"我卜河朔黎水，我乃卜涧水东，瀍水西，惟洛食；我又卜瀍水东，亦惟洛食"。东都成周自当建于涧水瀍水之间、瀍水之东，洛水之阳。平王东迁时，率兵护送平王的诸侯有晋文侯、郑武公、卫武公和后来受封为诸侯的秦襄公。携王被杀后，平王确立了正统地位，也成就了这些诸侯的功名。

# 第二章　秦襄公晋封诸侯，秦文公经营西土

秦国得以立国，与中原诸侯并列，首功当推秦襄公；而秦国得以崛起，能与中原诸侯争雄，则是秦文公等一系列秦君的功劳。

秦的祖先最早成名之人是帝舜时代辅佐大禹治水的伯益。据《史记·秦本纪》记载，大禹治水功成之后，帝舜赏赐大禹，大禹则道："非我一人能成此功，也是大费辅佐之功。"于是帝舜为大费赐婚，又赐嬴氏，并预言其后嗣能够出人头地。大费即伯益，婚配的是姚姓之女。夏、商、周三代之时，姓与氏是有区别的。姓标志血缘所属，氏标志男子身份，女子有姓无氏，男子身份卑贱者有名无氏。君王赐某人氏，一般是因功因职赏赐，抬高某人身份。因此同姓可以有不同的氏。可以封地、职爵、先祖名字中谋字为氏，以标志另立一宗，并标志其贵族身份。然而到了汉代，姓与氏已经不加区分了，司马迁《史记》中便言，"舜赐姓嬴氏"，将姓与氏混同。

据《史记》记载，伯益生有二子，少子若木的后裔费昌，在夏桀之时离开夏朝投奔殷商，在汤武与夏桀战于鸣条时为汤武御车，为殷商功臣。长子大廉的后裔中衍曾为殷帝太戊御车，其后世也有功于殷商。因此嬴姓于殷商之世便多显贵，有嬴姓诸侯。至周朝，中衍后裔中又出了最善御车的造父，为周穆王御车，曾一日千里以救徐夷之乱。周穆王封其于赵城，后世便以赵为氏。赵氏后裔非子善于养马，为周孝王在汧水、渭水之间繁衍马匹。非子为其父大骆之庶子，周孝王本想指定非子继承大骆封爵，但大骆嫡妻为申侯之女，申侯向孝王道："我先祖娶骊山之女，生女嫁与伯益后人，因姻亲关系归顺周朝，保周朝西陲稳定。如今大骆又娶我女，生嫡子成。申国与大骆再度结亲，西戎皆服，所以周王朝得保平安。请王慎重考虑。"申侯依仗与骊山戎的姻亲关系，威胁孝王，孝王只好打消此念。但孝王道："昔者伯益为帝舜主管畜牧，牲畜蕃息，故帝舜封土赐姓；如今伯益后世为朕蕃息马匹，朕也要封土于他。"便封非子于秦邑，并让他复续嬴姓之祀，号称秦嬴。周厉王时，西戎反叛，灭秦两支。到周宣王时，宣王以七千王师交付于秦氏后人，支持秦人讨伐西戎，收

复西陲，并封之为西垂大夫。后世所言秦、赵同宗，便言两国均为伯益后裔。

至周穆王时，犬戎与周王朝产生了矛盾。据《竹书纪年》载，周穆王十二年、十七年，穆王均兴兵讨伐犬戎；《国语·周语》亦载，因周穆王无由征伐犬戎，失德失礼于犬戎，犬戎自此不再尊奉周王朝。

据三国时期韦昭注《国语》，周朝祖制，方圆千里之内谓之甸服，即《商颂·玄鸟》所云"邦畿千里"，甸服之内均为王田，应当贡献周王每日祭祀祖考之用，若子民有错，王便可以动用刑罚。其外五百里谓之侯服，为邻近邦畿的诸侯国，应当贡献周王每月祭祀曾祖、高祖之用，若不供奉，王便可以发兵讨伐。再外五百里谓之宾服，是约方圆两千五百里之内的诸侯国，应当贡献周王每季祭祀有大功于后世的祖宗之用，若不遵法典，王应当派人征讨。再外五百里谓之要服，为蛮夷所居，应当每年进贡用于郊祀的贡品，六年前来朝王一次，若是蛮夷不遵礼制，王应当派遣使者去谴责。最外五百里为荒服，为戎狄所居，每位首领终身只需来觐见周王一次，承认周王朝为天下共主，若是戎狄不来觐见，王也只能行文昭告并增修德行，不能劳民远征。

周王朝制定的这种礼制规范有其道理。邦畿之内的臣民百姓，受封于王的诸侯，多为同姓同宗、姻亲之族、先贤名臣之后，与王室有千丝万缕的关系，于宗法之制、君臣之礼，都要求其服从王朝制度与命令，如有不服从者，则是破坏了王朝赖以立基的封邦建国礼制，必须予以惩罚。而要服与荒服的蛮夷戎狄，血缘上与周王朝没有多少关系，地域上处于遥远荒凉之地，利益上无根本利害冲突，兴兵征伐非但无益，且劳民伤财，因此只是以言辞谴责昭告，以示权威与怀柔。

周穆王决定以不享为由征伐犬戎，逾越了祖宗制定的荒服不贡的礼制。因此，穆王的卿士祭公规劝穆王不要出兵。祭公首先以先王之行规劝穆王，"先王耀德不观兵"。祭公指出，甲兵需要不误农时来养，并按时操练，顺时而动，才能显示威力；炫耀武力，轻举妄动，便会失去威慑作用。因此周公作《颂》道："载戢干戈，载櫜弓矢。我求懿德，肆于时夏，允王保之。"（《周颂·时迈》）他又举周祖后稷、不窋的例子，认为先王以德励民，敦厚其行，约之以礼，使其务利避害，怀德畏威，因此能保有并不断壮大基业。至于武王，也以光大先人之德为要，其对商用兵，是因商王帝辛为民所恶。可见先王并不崇尚武力，而是体恤民忧，为民除害。祭公又详述先王之制，五服之规，指出犬戎首领并未不朝失礼，并且秉性淳厚，王责其不进贡而无理征伐，是不遵先王之训。但是周穆王不听劝谏，率师征伐犬戎，虽然"得四白狼、四白鹿以归"，却导致犬戎自此不朝。

周幽王失国身死，此时的西垂大夫是日后被周平王封为诸侯的秦襄公。幽王兵败，秦襄公率兵勤王；平王东迁，秦襄公又引兵护送。于是周平王封秦襄公为诸侯，为其赐爵，并赐岐、丰之地。据《史记》记载，平王道："西戎无道，侵夺我岐、丰之地；秦能驱逐西戎，即可拥有其地。"据《竹书纪年》，周平王二年，"赐秦、晋以邠、岐之田"。岐、丰之地在渭水流域，邠即豳，在泾水之东，这些都只是虚封之地，并非实封之地，因为幽王之乱后，周王朝已经失去其崛起之地岐、丰，也失去了其祖先发祥之地豳。因此平王给予秦襄公的只是诸侯的名分，秦襄公只有夺回岐、丰之地，才能真正拥有这片封地。平王封秦、晋以虚地，也摆平了其他救周和护驾有功的诸侯，如郑武公、卫武公，他们明白秦、晋所得的封地为虚，真要名副其实，是需要用武力去拼取的。那里地处边陲，远离他们的封国，他们并不眼热。

然而，秦襄公的最大收获是得以跻身诸侯之列。从此，秦国可以使用诸侯国的祭祀礼仪，且可与中原各诸侯国以平等的礼仪进行邦交活动，这在尊崇祖先、注重礼制的春秋初期，对于秦国的内政外交具有很大的意义。对内，秦襄公获得诸侯之封足以凝聚并振奋秦人之心，对外，秦国得以与中原诸侯各国并列，可以少受歧视。

但是，秦襄公获得平王所封岐、丰之地，是以生命为代价的。受封之后，秦襄公念念不忘收复祖先之地，收复西周发祥之地，勤于政事，劳于军事。周平王五年，即公元前766年，秦襄公伐西戎至岐山，死于岐山。根据《逸周书·谥法解》，"辟地有德曰襄。甲胄有劳曰襄"，襄公之谥，当是纪念他披甲胄、辟秦土、助王室、有功勋。

据《史记》记载，襄公之子秦文公继承父业，开疆辟土，经营都邑，置史纪事，制定法律，教化人民，稳定西陲，兢兢业业半个世纪，终于使秦国得以比肩诸侯。秦文公少年即位，狩猎之时，来到汧水与渭水汇合之处，触景生情，向众人道："昔日周王赐我先人秦嬴城邑于此，也正是基于此地，父考得以受封诸侯。"于是秦文公请占卜者占卜，卜得吉卦后，决定建造城邑，经营此地。据《竹书纪年》，周平王十年，"秦迁于汧、渭"。据《史记·封禅书》，秦文公东迁后，梦见黄蛇自天而垂，其口止于鄜衍。文公命史敦占卜，史敦答道："此为上帝之征兆，国君当在此祭祀上帝。"于是秦文公便在此建造鄜畤，以三牲大礼祭祀西方之白帝。汧水于今天名为千河，在陕西省宝鸡市千阳县、陈仓区境内。汧水与渭水汇合之处，便在宝鸡市陈仓区。

秦文公不忘父志，帅兵伐戎，收复西土，终于将西戎赶出了原来的岐周之地。据《竹书纪年》，周平王十八年，即公元前753年，"秦文公大败戎师于岐，来归岐东之田"。秦文公收复西周故地岐山一带之后，并不贪图土地，而是主动将岐山以东的土地献与周王室，当是以示不忘君恩。据《竹书纪年》，周平王二十四年，秦文公建陈宝祠。据《汉书·郊祀志》言，秦文公获一宝石，神若雄雉，其声殷殷，以致野鸡夜鸣，于是在此建祠，名曰"陈宝"，即《水经注》之"陈宝鸡鸣祠"。"宝鸡"一名即由此而来。秦文公谥"文"，是对其功业与品行的充分肯定。《逸周书·谥法解》曰："经纬天地曰文，道德博厚曰文，学勤好问曰文，慈惠爱民曰文，锡民惠礼曰文，锡民爵位曰文。""文"之谥号，是对一代君王诸侯的最高评价，获此谥号的，史上并不多见。此后，秦国在襄公、文公两代奠定的基础上发展起来。

# 第三章　郑桓公谋及后世，郑武公不废嫡长

郑桓公是周厉王少子、周宣王之弟，郑国是由郑桓公始封为诸侯国的，这在史书的记载中是相同的。郑桓公之名，据《史记·郑世家》记载为"友"，而据《竹书纪年》，则称为"多父"。或许"多父"为其字，抑或许两名金文字形有相似之处，古书记载有误。据《史记》记载，周宣王二十二年，即公元前806年，宣王封其弟友于郑。而据《竹书纪年》记载，宣王"二十二年，王锡王子多父命居洛"。幽王二年，即公元前780年，"晋文侯同王子多父伐郐，克之。乃居郑父之丘，是为郑桓公"。其后，两书记载基本相同，《竹书纪年》记载，幽王"八年，王锡司徒郑伯多父命"。《史记》亦载"幽王以为司徒"，只是没有确切的年代。郑桓公之死，《竹书纪年》记载，"十一年春正月，申人、鄫人及犬戎入宗周，弑王及郑桓公"。《史记》记载"犬戎杀幽王于骊山下，并杀桓公"。可见郑桓公当时尚在镐京。

幽王乱制，大厦将倾，郑桓公自然独木难支，为保全子孙，他向周太史伯求教如何避难，并按照太史伯的谋划行事，经营成周附近河洛之间，使其子孙得以发展。但他本人一直履行其司徒的职责，并未抛弃幽王东行避难，最终殉幽王之难。根据《逸周书·谥法解》："辟土服远曰桓。""桓"的谥号当是褒赞郑桓公征讨郐国有"辟土服远"之功。

《国语·郑语》记载了郑桓公与周太史伯的对话。

在太史伯看来，镐京与宗周地区，王室式微，戎、狄之势，已不可遏，因此无处可以避难。而到中原地区，则只有济水、河水、洛水、颍水之间可以经营。太史伯指出，这个地区的诸侯国，国土较大的是河水之南、洛水之东的姬姓之国东虢，与溱水、洧水之阳的妘姓之国郐国，两国之君皆恃地理位置险要，非但不修德行，有轻慢王室与诸侯之心，并且禀性贪婪。如果郑公以王室有难为由，将妻子儿女送往这两个诸侯国，再多以钱财贿赂，两国国君不可能不许，也不敢不许。太史伯还分析道：王室日益衰微，两国之君便会日益骄横贪婪，将来必然会违背诺言，此时，郑公以司徒权势，率领成周地区爱戴司徒

的军旅与民众加以讨伐，则攻无不克。拿下这两个诸侯国，则周边邬、弊、补、舟、依、鯈、历、华八国非公莫属。如此，前有华国为屏，后有河水为障，左右有济水与洛水护卫，祭祀芣山、騩山之神，南饮溱水、洧水，善加治理，可以长久。太史伯所言虢国为东虢，位于制邑，控制虎牢关，是周王室东部的重要屏障；郐国在新郑西北，故城遗址在今天新密市曲梁乡，现存城墙高约5—7米，墙基宽约2—4米，西临溱水，面积约为十四五万平方米，可见郐国只是一个小诸侯国。

郑桓公当时应当只是想使家人能够避难，并没有想谋取同宗的城邑，况且东虢国西邻成周，乃是非之地，因此有些疑虑，便又问太史伯道："避往南方可行吗？"太史伯便为郑桓公分析了南方的形势。南方荆楚之地的芈姓为祝融之后，祝融乃高辛氏之火正，所谓"祝融"，"祝"乃开端之意，"融"乃光明之意，祝融开启光明，因此有大德于民。从历史上来看，有大功者，子孙必能彰显于世。虞舜能听知和风，因时顺气，养育万物；夏禹能平整水土，使万物各序其位；商契能推行教化，协和百姓；周之后稷能播植谷蔬，衣食人民，因此，他们的后裔都能为王为侯。祝融之后有八姓，或者在夏、商、周三朝之时便被灭族，或窜于夷、狄之地未受教化，即便在周受封之姓，也被封于边远，不可能兴旺，只有芈姓，虽从蛮俗，却有修德建功之人，因此芈姓应当便是祝融后世中能够振兴的氏族。此外，辅佐尧帝的伯夷之后，姜姓之族，辅佐舜帝的伯益之后，嬴姓之族，其后世也尚未显达，周朝衰败之后，此两姓也必然会有显达之时。

太史伯的上述分析，不仅使郑桓公放弃了向南方避难的想法，且不会产生向东、西方向避难之想，只想避难的桓公便又提出前往母舅的谢国之西避难。谢国地处成周与荆蛮之间，在申、吕之南，邓、随之北，西边多汉水支流，有数万户人口，自足有余。此地居于南北交通要道，即今天河南省南阳之地。但太史伯道，此地民风不正，贪婪不仁，不可寄托。倒是谢国之北一些小国，国君骄奢，百姓怠惰，如果更换人君去治理教化，比较容易，并且可得长久。

太史伯的层层分析，帮助郑桓公下了决心。最终，桓公将妻儿钱财托付到东虢国与郐国。两国国君正好要借机巴结执政司徒，结果不仅虢国、郐国划出土地，而且周边邬、弊、补、舟、依、鯈、历、华八邑亦划出土地，借予郑桓公家族。桓公家人妥善经营这些地方，成为后世的发祥之地。

作为郑国始封之君的郑桓公，据史书记载，其文治能和集百姓，武功有征讨之功，其德能殉王难，其谋能荫庇后世，是一代英主。郑桓公死于幽王之难后，其子掘突继位，便是郑武公。

史书对郑武公的记载虽然不多，但就仅有的记载也可以想见，郑武公也是一代英主。郑桓公死难之时，郑武公尚未婚配，年纪应当不大。郑武公婚配是在十年之后。然而就是尚在青少年时期的郑武公，毅然率兵勤王，与晋文侯、卫武公、秦襄公共同护送周平王东迁洛邑。郑桓公死于幽王之难，郑武公又勤王有功，周平王自然要予以回报。据《竹书纪年》载，平王三年，即公元前768年，平王命郑武公承袭父职，为周朝司徒。这既是顺理成章，也是投桃报李。在此之后，郑武公依据先前太史伯为郑桓公所做的谋划，于平王四年灭东虢国与郐国，稳固了自己于中原的立足之地。平王六年，"郑迁于溱、洧"。郑都称"新郑"，当是因原封地为郑邑，因此将新都命名为"新郑"。新郑位于洧水之阳，正是太史伯建议郑桓公图谋之地。据《谥法解》，"刚强直理曰武""威强叡德曰武""克定祸乱曰武"，符合对郑武公的评价。

郑武公于国事当机立断，于家事也不含糊。郑武公夫人为姜姓申国申侯之女，后世称其武姜。姜氏生长子时难产，婴儿脚先落地，武公便为长子取名寤生。姜氏难产受惊，因此不喜欢这个儿子。三年之后，姜氏又生次子段，便将全部心血倾注于次子。两个儿子逐渐长大，均为嫡出，姜氏便向武公提出立次子段为储君的要求。武公深知嫡长制对于国家稳定很重要，西周幽王废嫡长立庶幼以致失国的前车之鉴历历在目，因此断然拒绝了夫人姜氏的要求。况且长子寤生不仅聪慧，而且沉着，不失储君风范，也坚定了武公以寤生为储君的决心。要知道，姜氏曾多次提出立幼主张，但凡武公有一念之差，不立聪明沉着的长子寤生，而立次子段，即便段与寤生一样聪慧，一样沉着，也绝非国家之福：首先，身受不公待遇的长子会心中不服，转而私下经营自身势力，试图夺回嫡长应有的权势；其次，臣子们会或有所不平，去辅佐被冷落的嫡长子，或暗存私心，顺势辅佐获得储君之位的次子。如此，必定导致兄弟相争甚至兄弟相残，导致臣子拉帮结派、国家分裂。遇事果断又思虑深远的郑武公是不会做出如此不明智决定的。正是郑武公不溺爱夫人幼子，当断则断，坚持立长，才使得郑国非但免于分崩离析，而且于三世之内便强大起来。

据传《诗经·郑风》首篇《缁衣》，便是歌颂郑武公与郑桓公的。缁衣是经过多次染色的丝帛，是卿士之服。《周礼·冬官考工记》"钟氏"中记载了"染纁术"，"三入为纁，五入为緅，七入为缁"，郑玄注"染纁者，三入而成。

· 19 ·

又再染以黑，则为緅。……又复再染以黑，乃成缁矣"。纁为黄而兼赤之色，緅为青赤色，缁为黑色。因黑色纯正，且工艺繁复，因此为卿士朝服。《毛诗正义》言，"《缁衣》，美武公也。父子并为周司徒，善于其职，国人宜之，故美其德，以明有国善善之功焉"。诗歌赞美"缁衣之宜""缁衣之好""缁衣之席"，是因热爱身着缁衣的主人，为之"改为""改造""改作"缁衣，是愿其主人久居其职。诗歌显然倾注了歌者的深情。由此可见郑国两代国君的作为深得臣民之心，为郑国成为春秋初年的大国奠定了基础。

## 第四章　求谏言卫武自省，歌淇奥百姓和集

两周之交，曾经于历史舞台上引人注目的还有卫国的卫武公。卫武公名和，是卫国立国后的第十位国君。他不仅参与了协助平王东迁、拯救周王朝的历史事件，其个人品质也得到了卫国百姓的歌颂。

卫国是与两周王朝共始终的老牌诸侯国，在历史传承中出现过几位比较有名的国君。首先是卫国始封之君，周文王少子康叔。据《史记·卫康叔世家》记载，为存殷祚，"以殷余民封纣子武庚禄父，比诸侯，以奉其先祀勿绝"。这说明古代尊崇祖先与血统的宗法制度，不仅尊崇自家的祖先与血统，也尊重其他族姓包括敌对族姓的祖先与血统。这便是孔子后来力图推崇的"兴灭国，继绝世，举逸民"。这种存先朝血统的做法，比之后世帝王灭绝前朝血统的做法合人性得多，也说明当时改朝换代者自认顺应天命的自信与气度。当然，武王也想到了殷商遗民是否顺从的问题，"为武庚未集，恐其有贼心，武王乃令其弟管叔、蔡叔相武庚禄父，以和其民"。果真，武王的担心是有道理的，"武王既崩，成王少，周公旦代成王治，当国。管叔、蔡叔疑周公，乃与武庚禄父作乱，欲攻成周。周公旦以成王命兴师伐殷，杀武庚禄父、管叔，放蔡叔，以武庚殷余民封康叔为卫君，居河、淇间故商墟"。即是说，周公镇压了武庚禄父的叛乱，但并没有杀绝殷商遗族，而是将这一部分殷商遗族加以收编，并入卫国，封其弟康叔为卫君。卫国的都城便是殷商故城朝歌，位于今河南省淇县。据《史记·卫康叔世家》云，因康叔年少，周公旦作《康诰》告诫康叔："必求殷之贤人、君子、长者，问其先殷所以兴，所以亡，而务爱民。"又作《酒诰》，"告以纣所以亡者以淫于酒，酒之失，妇人是用，故纣之乱自此始"。又"为《梓材》示君子可法则"。康叔到卫地后，尊周公之命，和集百姓，民众大悦。周成王执政后，康叔曾任周王朝司寇，为王朝重臣。据《左传》鲁定公四年记载的卫国大祝子鱼的一段话，于成王年间，康叔所受封赐甚高，仅次于周公后裔。大祝之位乃为世袭，子鱼言卫国历史应当不虚。可见西周初年卫国在诸侯国中居于重要地位。

卫国历史上另一位著名的国君便是西周末年、东周初年在位的卫武公。西周末年，犬戎杀周幽王，卫武公将兵助周平犬戎，立下大功，平王命武公由侯爵晋升为公爵。公是王以下的最高爵位，卫国地位由此更加上升。卫武公在位五十五年，除率兵勤王建立武功外，内政亦有功绩可道，《史记》谓之"修康叔之政，百姓和集"。《卫风·淇奥》篇，便是卫人歌颂武公的诗篇。《淇奥》歌道："瞻彼淇奥，绿竹猗猗。有匪君子，如切如磋，如琢如磨。瑟兮僩兮，赫兮咺兮，有匪君子，终不可谖兮。‖瞻彼淇奥，绿竹青青。有匪君子，充耳琇莹，会弁如星。瑟兮僩兮，赫兮咺兮，有匪君子，终不可谖兮。‖瞻彼淇奥，绿竹如箦。有匪君子，如金如锡，如圭如璧。宽兮绰兮，猗重较兮，善戏谑兮，不为虐兮。"诗歌以淇水湾旁绿竹茂盛起兴，一为写实，淇水之湾，竹林成片；一为喻义，竹之挺拔，竹之柔韧，喻君子之品行，竹可制器，竹可成册，喻文化之载体。在如此幽雅的环境中，一位文采出众的君子，在切磋琢磨他的学问。他冠带旁坠着如玉之石，一方面表明他身份尊贵，一方面表明他不越礼制，因为此种装饰天子用玉，诸侯只能用如玉之石。缝缀于他皮帽上的饰品如闪耀的小星，映衬出他耳聪目明。他德行纯正，如金如锡，品质温润，如圭如璧。他既矜持威严，又宽和包容，既含幽默，又不刻薄。如此君子自然值得歌颂。

武公的品行端正与其勤政，不仅在卫国备受称颂，在其他诸侯国也广为传扬。《国语·楚语》中，有楚国左史倚相以卫武公年老依旧勤政为例来劝谏申公子亹的记载。卫武公乘车外出，行止必有勇士规谏；在朝廷之中，必有师长执典教诲；依几而坐，必有臣工诵读谏言；寝室起居，必有近身侍御诵读箴言；祭祀用兵，必有太师、太史相赞；宴饮之时，必有乐师、瞽矇讽诵时势。能够如此克己勤政的国君，确实值得颂扬。据《国语》记载，武公如此行事尚恐有失礼仪，又作诗《懿》以自儆。据韦昭注《国语》，认为"《懿》，《诗·大雅·抑》之篇也"。《毛诗序》言，"《抑》，卫武公刺厉王，亦以自儆也"。据三家诗序记载，《小雅·宾之初筵》亦为卫武公所作，不过毛氏认为是"卫武公刺幽王也"，而韩氏则认为是"卫武公饮酒悔过也"。卫武公的这些诗作，当可以印证《淇奥》中对武公学养与修养的歌颂。

《抑》一诗较长，共有十二章，针对当时"颠覆厥德，荒湛于酒"的迷乱之政，武公自儆警人，要自点滴做起，"夙兴夜寐，洒扫庭内"，进而"修尔车马，弓矢戎兵""质尔人民，谨尔侯度""慎尔出话，敬尔威仪"。武公非常看重君子的言行，自诫诫人"白圭之玷，尚可磨也。斯言之玷，不可为也"，因为"无言不仇，无德不报"，并告诫其他统治者，"听用我谋，庶无大悔"，否则，"天方艰难，曰丧厥国"。此诗不仅印证了《国语》关于武公谨言慎行、克己勤政的记载，也印证了卫国臣民《淇奥》所歌不虚。

《宾之初筵》一诗五章，先描述了有序进行的射礼、祭礼，"宾之初筵，左右秩秩""笾豆有楚，殽核维旅""酒既和旨，饮酒孔偕""籥舞笙鼓，乐既和奏""温温其恭""威仪反反"。然后笔锋一转，描写宴饮过度的无序之状，"舍其坐迁""不知其秩""乱我笾豆""载号载呶""彼醉不臧，不醉反耻"。武公以此提醒统治者上下必须遵守礼制，凡事不可无度，既是警世，也是自儆。

卫武公虽然得到国人的爱戴，却并不自傲。据《国语·楚语》记载楚国左史之言，直至晚年，卫武公依旧勤政不辍。"昔卫武公年数九十有五矣，犹箴儆于国，曰：'自卿以下至于师长士，苟在朝者，无谓我老耄而舍我，必恭恪于朝，朝夕以交戒我；闻一二之言，必诵志而纳之，以训导我。'"做了一辈子国君的武公，在耄耋之年尚能虚心求谏，请求臣民"交戒""训导"，确实值得后人敬仰。当一个国家处于人治阶段时，特别是处于我国古代以"修身、齐家、治国、平天下"为善政理念的时代，统治者的个人品质、修养、能力与魅力，对于赢得民心，推行教化，招徕远人，是十分重要的。

与武公之治时隔百年，卫国又出现了一位有为之君卫文公，使得卫国得以中兴，此为后话。正因为有明智的国君以身作则推行教化，卫国的民风在武公之后二百年，仍旧得到称赞。据《左传》襄公二十九年记载，吴公子季札在鲁国观摩周乐，"为之歌《邶》《鄘》《卫》，曰：'美哉，渊乎！忧而不困者也。吾闻卫康叔、武公之德如是，是其《卫风》乎？'"可见卫国诗歌至春秋时代仍不失为雅正之音。

然而，卫武公一生并非白璧无瑕。据《史记》记载，卫武公当年曾弑兄篡位。周宣王十五年，卫僖侯薨，世子余立为国君。卫僖侯生前宠爱世子余之弟公子和，因此经常赐予公子和大量钱财。公子和有了大笔钱财，便用以笼络文武之士为己所用。卫僖侯死后，世子余得立。但就在世子余安葬僖侯之时，公子和的武士出其不意地于墓地攻击世子余，世子余逃入僖侯墓道，不得已自杀于僖侯墓中。卫国臣民便将世子余安葬于僖侯之旁，谥号共伯，立公子和为卫侯，就是武公。但唐代司马贞所著《史记索引》则认为，"此说盖非也"，"盖太史公採杂说而为此记耳"。其理由是,"季札美康叔、武公之德。又《国语》称武公年九十五矣,犹箴诫于国,恭恪于朝,倚几有诵,至于没身,谓之睿圣。又《诗》著卫世子恭伯蚤卒,不云被杀。若武公杀兄而立,岂可以为训而形之于国史乎?"然而同是唐代孔颖达的《毛诗注疏》则采纳了《史记》的记载:"案《世家》云'武公以其赂赂士,以袭攻共伯',而杀兄篡国,得为美者,美其逆取顺守,德流于民,故美之。齐桓、晋文皆篡弑而立,终建大功,亦皆类也。"孔颖达不好明言的是,唐太宗便是弑兄屠弟乃至逼父退位才得以承继大统的,但也不失为一代英明之主。或许正是因为卫武公、齐桓公、晋文公乃至唐太宗都深知自身背负有历史污点,因此格外注重克己勤政,注重"修、齐、治、平",来弥补自身罪愆,获取身后好评,所谓"逆取顺守,德流于民"。

# 第五章　晋文侯功在周室，晋昭侯祸及子孙

　　晋国始封之君是武王之子、成王之弟叔虞。据《竹书纪年》，周成王八年，"冬十月，王师灭唐，迁其民于杜"，十年，"王命唐叔虞为侯"，将原唐国封予叔虞。《史记·晋世家》记载了关于叔虞出生与受封的机缘。"初，武王与叔虞母会时，梦天谓武王曰：'余命女生子，名虞，余与之唐。'及生子，文在其手曰'虞'，故遂因命之曰虞。武王崩，成王立，唐有乱，周公诛灭唐。成王与叔虞戏，削桐叶为珪以与叔虞，曰：'以此封若。'史佚因请择日立叔虞。成王曰：'吾与之戏耳。'史佚曰：'天子无戏言。言则史书之，礼成之，乐歌之。'于是遂封叔虞于唐。唐在河、汾之东，方百里，故曰唐叔虞。"汾水流域是河东富饶之地，又或许因为叔虞受封并非成王本意，因此其受封第二年便力图证明自己，据《竹书纪年》，"唐叔献嘉禾，王命唐叔归禾于周文公"。关于唐叔虞，史书再无记载。据《竹书纪年》，周康王九年，"唐迁于晋，作宫而美，王使人让之"。由此或可说明，唐叔虞治理下的唐国能与周边狄人和平相处，因此河东多年无战事，才使得他儿子继位后可以于晋水边大兴土木建造华美宫殿；或亦可说明，唐叔虞对儿子教导无方，使得儿子建造宫殿在规制上超越礼制，以致受到周康王的谴责。此后史书关于晋国国君事迹几无记载，只有《竹书纪年》记载周宣王十六年，"晋迁于绛"，再就是宣王三十八年，"王师及晋穆侯伐条戎、奔戎，王师败逋"。

　　晋穆侯是晋国第九代国君。据《左传》记载，穆侯夫人姜氏于穆侯伐条戎、奔戎期间生太子，晋穆侯或因战败，给太子取名为仇。后姜氏又生一子，取名为成师。晋国大夫师服道："国君为儿子取名实在奇怪！名是规定德与义的，德与义是礼制的核心，礼制是政治的根本，政治用以规范民众行为。名正言顺，则民众服从，反之则乱。自古以来，以佳偶为妃，以怨偶为仇。如今太子名仇，是谓两立者，少子名成师，是谓组成大军，此为祸乱之兆。长兄一支将会衰微。"

　　果真如师服所言，据《竹书纪年》，周宣王四十三年，即公元前785年，"晋

穆侯费生薨，弟殇叔自立，世子仇出奔"。四年之后，周幽王元年，"晋世子仇归于晋，杀殇叔。晋人立仇，是为文侯"。虽然太子仇最终得国，文侯之后，晋国确实内乱不断。晋文侯得以谥"文"，表明其在位时能够行德政。他见著于史书的功绩与周王朝命运有关。

据《竹书纪年》记载，周幽王二年，即公元前780年，晋文侯同王子多父伐郐，克之。此次征伐当是受命于幽王的，可见晋文侯与郑桓公都是周幽王倚重之臣，是西周末年支撑王朝的支柱之一。正因为如此，王室有难，晋文侯继续勉力支撑王室，于周平王元年，"晋侯会卫侯、郑伯、秦伯，以师从王入于成周"。即晋文侯首倡，会同卫武公、郑武公、秦襄公率兵护送平王东迁。周平王因此对晋文侯大加赏赐，据史书记载，《尚书·文侯之命》便是平王为赏赐晋文侯所作。晋文侯也得以与秦襄公一样，获得平王所赐的土地。当然，与平王赐予秦国的岐、丰之地一样，赐予晋国的豳地当时也为西戎侵占。

晋文侯对于周王朝的功绩，不仅在于会同诸侯保护平王迁都，还在周平王二十一年，即公元前750年，"杀王子余臣于携"，使东周王朝得以统一。据《竹书纪年》记载，幽王"十一年春正月，日晕。申人、鄫人及犬戎入宗周，弑王及郑桓公。犬戎杀王子伯服，执褒姒以归。申侯、鲁侯、许男、郑子立宜臼于申。虢公翰立王子余臣于携"。据清华大学收藏战国竹简《系年》记载，"邦君、诸正乃立幽王之弟余臣于虢，是携惠王"。因此东周初年，出现了二王并立的局面。申侯是太子的外祖父，自然要立自己的外孙。其他诸侯或许认为，宜臼本为太子，并无失德之举，因此听从申侯倡议拥立宜臼。西虢公翰立王子余臣为周王，自然是为了自身利益，却也是事出有因。幽王废嫡立庶固然不当，但申侯因此联合西戎杀入宗周更为不当，可视为叛乱之举；太子宜臼逃入申国固然出于自保，但不论是否赞同申侯兴兵，申侯以太子宜臼为号召联戎兴兵却是事实。以此非议宜臼、另立周王也有道理。当此乱世，诸侯们各自出于自身利益、出于自己的主张另择新主，并无更多正义与不义之分。

此后，东迁的周平王居于中原，得到了当时中原地区各主要诸侯国的拥护，被视为正统，西虢公所立的王子余臣自然便被视为不义。晋文侯得赐豳地，在岐山东北，泾水以东，晋国要实际拥有这片土地，自然要派人西渡河水经营河西。而西虢公所立携王余臣，所居之城便在渭水之畔。于是，晋文侯清除携王余臣，既帮助周平王去除心腹之患，又有利于自身在河西的拓展，乃是一举两得之事。

## 第五章 晋文侯功在周室，晋昭侯祸及子孙

晋文侯仇破除了师服所言名字带来的坏运，但其弟成师在晋文侯之后也确有大成。晋文侯薨于周平王二十五年，即公元前746年，太子伯文得以继立，是为晋昭侯。据《左传》记载，"惠之二十四年，晋始乱，故封桓叔于曲沃"。鲁惠公二十四年即公元前745年时，晋昭侯不能掌控整个晋国，国内开始动乱，于是只能与强势的叔父达成妥协，把晋国始封之地、也是境内最大的城池曲沃封予叔父成师，史称曲沃桓叔，桓为谥号。据20世纪末21世纪初的考古发现，证明自晋国首封之君叔虞之子燮父，至晋文侯，晋国九代国君均葬于曲沃。史书记载，春秋时代晋君即位，均须于曲沃宗庙举行仪式，可见曲沃乃晋国发祥之地。今天，此地建立了晋国博物馆。将宗庙所在且比晋国都城翼城还大的曲沃封予桓叔，等于给晋君自身制造了一个强大的对手，给曲沃桓叔创造了极为有利的篡政条件。晋国大夫师服议论道："国家要巩固，必须本大而末小。天子拥有天下分封诸侯，诸侯分封卿大夫，卿大夫建立侧支，士有隶属的子弟，庶人、工、商各有其亲疏，这一切都本末等级分明，因此在以下事上，无觊觎之心。如今晋侯为甸服诸侯，却在国中建国，弱本强末，晋国还能长久吗？"果然，晋国之乱只是暂时平息，自此之后却愈演愈烈。曲沃桓叔本是晋穆侯所宠之子，在晋国根基深厚，如今又名正言顺地得到晋国发祥的曲沃城邑，自然更滋长了夺权的野心。此后，曲沃桓叔逐步经营，实行惠民之政，笼络士人之心，名声大震，晋国不少人都心向往之。

不过数年，周平王三十二年，即公元前739年，曲沃桓叔在晋室中的心腹、晋国大夫潘父便于晋国都城绛城发难，弑杀晋昭侯，联络曲沃桓叔，要迎曲沃桓叔入主绛城。春秋初年，礼制渐坏，却尚未崩，人心尚思古制，正统观念尚固，原来形成的公室利益集团也尚未瓦解，因此，晋国卿大夫乃至国人，多数不能接受曲沃桓叔的篡位之举。于是晋国大夫起兵抗拒桓叔，居然击退了不可一世的曲沃桓叔武装。桓叔兵败退守曲沃，晋国臣民于绛城拥立昭侯之子平，是为孝侯，并诛杀潘父。晋孝侯将绛改名为翼，因此史书也将曲沃与绛城的对立记载为曲沃与翼城的对立。

晋孝侯的一生是悲惨的一生，他在父亲的血泊中即位，又倒在自己的血泊之中。唯一的安慰是，他等到了既为仇人又是叔祖的曲沃桓叔的死亡。曲沃桓叔死于周平王四十年，晋孝侯八年。但继而代之的桓叔之子鱓是一个更可怕的敌人。鱓的谥号为"庄"，史称曲沃庄伯。曲沃桓叔尽管试图夺权，却有待于别人发难，没有完全跳到前台；曲沃庄伯则自己登台唱上主角，完全不把

晋侯放在眼里。周平王四十七年，晋孝侯十五年，曲沃庄伯攻打翼城，弑杀孝侯。又一次，晋国臣民站在了晋侯一边，兴兵攻打曲沃庄伯，庄伯不能稳定局势，只好退守曲沃，继续经营。晋国臣民又立孝侯之弟郄为国君，即为鄂侯。

鄂侯即位于周平王四十八年，即公元前723年，此时曲沃庄伯势力已成，晋君已经退无可退。因此，鄂侯虽然在位时间不长，却敢于反击曲沃庄伯，甚至主动攻伐曲沃。据《竹书纪年》，周桓王元年，即公元前719年，"十月，庄伯以曲沃叛，伐翼。公子万救翼，荀叔轸追之，至于家谷。翼侯焚曲沃之禾而还。翼侯伐曲沃，大捷。武公请成于翼，至相而还"。可见鄂侯还是试图有所作为的，居然迫使曲沃庄伯求和。但就在晋室似乎看到希望的时候，鄂侯不幸去世，晋人立鄂侯之子光为君，是为晋哀侯。据《左传》记载，周桓王二年春，"曲沃庄伯以郑人、邢人伐翼，王使尹氏、武氏助之"。夏，"曲沃叛王"。秋，"王命虢公伐曲沃，而立哀侯于翼"。可见曲沃庄伯已经不仅攻打晋国公室，而且因周桓王帮助晋国公室，他不惜公开反叛周王朝。此时的周桓王力图显示王室主持公道的形象，因此先命尹氏、武氏帮助晋国公室，又命虢公讨伐破坏礼制的曲沃庄伯。

曲沃庄伯于周桓王四年去世。他去世后，其子称继位，是为曲沃武公。此时，或许因翼城的晋国公室一度强硬，又有周王朝援助，因此原来依附于曲沃的一些城邑又背叛了曲沃。但曲沃武公较之其父、祖更为强硬，据《竹书纪年》记载，他建立了一个军的武装。根据《周礼·夏官·司马》，"凡制军，万有二千五百人为军。王六军，大国三军，次国二军，小国一军"。曲沃武公建立一个军，乃公然以诸侯国自居。据《史记》记载，哀侯八年，哀侯曾试图夺取周边地盘，重振晋室，但国力兵力不支的晋室不仅没能扩大自己的地盘，反而使得一些城邑完全投靠了武公。周桓王十一年，晋哀侯九年，曲沃武公联合其他城邑进攻翼城，俘虏了哀侯，并于次年弑杀哀侯。据《逸周书·谥法解》，"蚤孤短折曰哀"，晋哀侯一生占尽早孤短折，确实悲哀。

哀侯可以得到告慰的，是有忠臣愿与他共同赴死。据《国语·晋语》记载，哀侯大夫栾共子，其父栾宾为曲沃桓叔之师，因此曲沃武公弑杀哀侯后，想免栾共子一死，对栾共子道："我要向天子举荐你，让天子任命你为晋国上卿，掌握晋国政权。"栾共子则道："古人有言，'民生于三，事之如一'。父亲生身，尊师教育，君王给禄。没有父亲便没有我的生命，没有食俸便没有我的今天，没有教育便不知生活的道理，所以对于君、父、师，要视之如一，并事之如一。对于君、父，要以死报效。以生命报答养育之恩，以全力报效君父与师长的赐予，是为人臣、为人子之道。假如我敢以个人利益抛弃为人之道，你还能用什么道理来训导于我？你是因为知我忠心事君，因此想免我一死，但如果我肯依附于曲沃，岂非成为不忠之人？对国君不忠之人，对你又有什么用呢？"于是，栾共子坚持战斗到死。栾共子秉持的是士人的忠君气节，正是这种"民生于三，事之如一"的古训，使得许多人不肯接受势力强大的曲沃武公的胁迫，依旧忠于日渐衰弱的晋室。

哀侯虽然被杀，翼城人依旧拒斥曲沃武公，又立哀侯之子，后世称为小子侯。两年之后，曲沃武公诱杀了小子侯。周桓王十四年，桓王又命虢公讨伐曲沃。曲沃武公怕犯众怒，再次退居曲沃。虢公与翼城人便立哀侯之弟缗为晋侯。此后的晋侯只是名义上的晋君，两年之后，曲沃武公占领翼城，晋君开始流亡，晋室名存实亡。

曲沃武公经过多年扩张经营，事实上已经占领了晋国大部分领土，却没有取得相应的名分，周桓王还曾两次派虢公征讨行为过分越矩的曲沃武公。但到桓王末年，曲沃武公占领晋国已成事实，桓王虽然无实力命人再去讨伐曲沃武公，却始终未承认曲沃武公对晋国的统治权。即是说，在周平王与周桓王之世，虽然周王室已经衰落，诸侯们已开始不遵王命，但天子却依旧在努力维持着周朝的礼制与名分。

而到了东周第三任王周庄王元年，即公元前696年，据《竹书纪年》记载，"曲沃尚一军，异于晋"。即是说曲沃武公实际上取得了独立于晋国的地位。由于史书记载不详，故可以作这样的猜测：或许是周王朝与曲沃武公妥协，即曲沃武公退出翼城，翼城依旧以晋侯缗为晋君，而周王朝承认曲沃独立于晋国的地位。这说明曲沃武公的势力不可遏制，也说明周天子开始随波逐流，不再坚持周王朝的礼制。

到了东周第四任王周僖王年间，更开启了王室自坏礼制的先例。据《竹书纪年》记载，周僖王三年，即公元前679年，曲沃武公攻入翼城，杀晋侯缗，将晋国宝器献于周僖王。这是曲沃武公对于周王朝礼制与名分的又一次挑战。然而周僖王在曲沃武公贿赂之下，其处置方式比周庄王更退了一步，不仅不维持礼制规定，反而"命武公以一军为晋侯"，即给予弑君篡位的曲沃武公以封侯的待遇，即为晋武公。周僖王的这种行为，使王室自坏礼制，自毁名分，陷于令不能行、禁不能止、名不符实的尴尬境地，还无疑助长了诸侯国之间、各诸侯国大夫与诸侯之间、大夫之间的争夺之风。此后的周王室不可避免地逐渐成为强势诸侯国的附庸。

## 第六章　长幼争兄弟阋墙，君臣斗周郑交恶

晋文侯、卫武公、郑武公和秦襄公等一代人依旧秉持传统观念，恪守礼制，尊奉王室，但他们的后代就未必了。随着王室实力无可挽回地削弱，诸侯势力不可遏制地强大，尊王守制的周礼规范逐渐动摇，扩充实力的利益争夺更加公开。于是造成父子反目、兄弟阋墙、君臣争斗、诸侯相攻这样一种礼坏乐崩的局面。郑庄公便是于兄弟之争、君臣之斗中都取得成功的一代雄主。《左传》开篇的隐公元年，便记载了郑庄公兄弟争斗的过程。

郑庄公名寤生，为郑桓公之孙、郑武公之子。他身为嫡长子，却由于其母武姜生他时难产，因此对他不喜。武姜不爱长子寤生，并试图劝说武公废长立幼，或许寤生一直在压抑的环境中长大。虽然其父武公坚持立长，保全了他的储君地位，但不能消除他内心灰暗的阴影。他工于心计，善于权谋，处于春秋动乱之世，却恰好成就了他的功业。

郑庄公生于周平王十四年，即公元前757年，平王二十七年郑武公去世时，他不满十四岁。他即位的第二年，母亲姜氏便为刚满十二岁的小儿子叔段讨要封地，要郑庄公将制邑封给段。制邑地处险要，在汜水之西，其西两里处有虎牢关，据传为周穆王蓄养老虎之地。制邑于今天河南省荥阳市西北、黄河南岸的汜水镇。此处自古是兵家必争之地，当时又是遏制郑国与成周的交通要道，郑庄公于公于私都不能将如此要邑封给叔段。于公，他不能把这样一个军事要塞让一个小孩子去管理；于私，他不能把这样一个重要城邑交给一个潜在的竞争对手。于是郑庄公用冠冕堂皇的理由对母亲道："制邑乃是兵家必争之地，是险要之地，东虢国君便死于此地，弟弟不宜处此险地，其他地方母亲可任意挑选。"姜氏便又为叔段讨要郑国内地最大的城邑——京邑。京邑位于今荥阳市东南京襄城遗址。京邑周边开阔，耕地较多，处于郑国都城新郑与制邑之间的郑国腹地，虽然城池规模超常，郑庄公却乐得顺水推舟。明面上，他可以上对母亲下对臣民表现出一个兄长对弟弟的关怀；暗地里，他可以随时掌控京邑并在必要之时切断京邑与外界的联系。于是叔段被封于京邑，人称京城大叔。

郑国大夫祭仲向郑庄公进谏道："诸侯国国都，城墙每边不得超过九百丈长，其他城邑，城墙每边不得超过三百丈长，超过三百丈便会成为国家的潜在威胁。根据周朝制度，诸侯国内部城邑，大邑城墙每边不得超过三百丈，中邑城墙每边不得超过一百八十丈，小邑城墙每边不得超过一百丈。如今京邑规模超过三百丈，对国君不利。"郑庄公却道："母亲非要如此，我又如何能避害呢？"祭仲道："国君无论如何做，姜氏都不会满足，不如早作处置，以免形成尾大不掉的态势。草木蔓延尚且难除，何况是国君得宠之弟？"郑庄公则道："多行不义必自毙，姑且待之。"

商代的一尺等于今天的15.8厘米，有出土商尺为证，且商代使用10进制，这样一丈便等于今天的1.58米。周代的一丈略长于商代，约为1.7米。如此，九百丈约为1500米，三百丈约为500米。而京邑的规模超过三百丈，即其面积超过25万平方米，虽然或许也才是新郑的几分之一，却违背了周朝城池规制，或许会对郑国都城新郑造成威胁。因此祭仲向郑庄公提出谏言。

但叔段长大后，不满足受封之地，向西北扩张，令郑国西北边境小邑与边民依附于自己。这一举动无疑是不将国君庄公放在眼里。郑国大夫公子吕向郑庄公道："国家不能有两个国君，国君打算怎么办？如果国君打算将国家交给叔段，那么就请准许我去辅佐叔段，如果国君不打算将国家交给叔段，那么就请早日除掉叔段，不要使民众生出二心。"郑庄公则道："不用我出手，叔段也会自取其祸。"

叔段看到庄公没有反应，便逐步将巴结自己的小邑收归己有，将势力扩张到郑国东北一带。公子吕又向郑庄公道："该出手了，否则叔段实力雄厚了，便会有更多的城邑归附于他。"郑庄公不以为然道："不义于君，不亲于兄，实力再雄厚，也断没有不败的道理。"

叔段经过多年经营，周平王四十九年，郑庄公二十二年，三十多岁的叔段准备突袭都城新郑，而姜氏则准备做内应派人开启城门。这些其实都没有瞒过郑庄公的耳目。郑庄公知道了他们起事的具体时间后，向左右辅佐之臣道："现在可以出手了！"他命令公子吕率领兵车二百乘，步兵两千人攻打京邑。见国君派兵攻城，京邑原本被蒙蔽或被裹挟的民众便背弃了叔段，开城投诚。或许京邑西北方向已经被郑庄公派兵扼守，抑或许东南有叔段的势力，叔段逃向了新郑东南的鄢邑。庄公又命攻下鄢邑。因此《春秋》书曰："郑伯克段于鄢。"据《左传》解，"大叔出奔共"，即逃到了大河以北的小国共国，在今天河南省辉县境内。而据《公羊传》与《谷梁传》则解为郑伯杀段于鄢。不论叔段结局如何，他们兄弟之间的争斗以郑庄公完胜而告终。

鄢邑原为鄢国都城，于今天河南省鄢陵县北，如今尚存残留的古城墙遗址。如今考古发现其外城规模约有140多万平方米，内城有2.7万平方米，城基宽6米，城高约5米，即约为周朝的三丈高。然而鄢邑虽有高墙，却不足以抵抗郑庄公所派的诸侯国之师。

母亲姜氏从来偏心，竟然要置庄公于死地，庄公自然十分愤懑。况且，郑庄公容忍了弟弟二十多年，毕竟没有绝情，而是母亲和弟弟将事情做绝。因此，郑庄公在激愤中命将姜氏迁出都城，安置到城颍，并立誓道："不至黄泉，永不相见！"城颍于今天河南省临颍县西北。城颍虽然仍在颍水之北，却已是郑国南部的偏远之地。由此可见郑庄公的决绝。

然而过后，郑庄公颇有悔意。镇守颍水上游颍谷邑的颍考叔知道后，便以进献贡品为名去见庄公。颍谷邑在今天河南省登封市境内，也是郑国的偏远之地。庄公收下颍考叔的贡品，按规矩赐颍考叔以酒肉。颍考叔有意将肉放置一旁，引得庄公发问。颍考叔早已想好对答之词，道："小人有母，日常只吃小人预备的食物，从未尝过国君赐予的食物，请国君允许我将此肉带回去给母亲尝尝。"庄公有感于颍考叔的孝道，叹道："你有母亲，唯独我没有母亲！"颍考叔故作惊讶地道："国君何出此言？"庄公便将当年气愤之下所立誓言告诉颍考叔，并且道出了自己的悔意。颍考叔听后道："国君大可不必烦心！如果国君命人掘地至泉，建造宫室，然后与老夫人相见，谁又能非议国君此举呢？"

郑庄公便命人依照颍考叔所言，于地下建造宫室，与母亲姜氏相见。庄公入隧道拜见母亲，赋诗道："大隧之中，其乐也融融。"姜氏当也早有悔意，悔不该与长子为敌，而断送了宠子的前程，拆散了本应其乐融融的一家。如今长子捐弃前嫌，她也愿重续亲情。于是她与庄公共同出了隧道，也赋诗道："大隧之外，其乐也洩洩。"以此回应庄公表达的和谐欢乐，道出了自己豁然舒畅的心情。正是颍考叔提出的巧妙方法，使庄公母子开始相互感受从未感受过的血缘亲情。《左传》借君子之口称赞颍考叔道："颍考叔，纯孝也，爱其母，施及庄公。《诗》曰'孝子不匮，永锡尔类'，其是之谓乎！"即是说，孝顺之人子孙绵延，上天会永远赐福孝顺之人。

庄公虽然妥善处置了家事，但他遇事计较、处事苛刻、工于心计的秉性并没有改变。在处理与诸侯的关系、即或与周天子的关系上，他也往往后发制人，睚眦必报。解决了国内的后顾之忧，他更有资本于乱世中竞争了。

叔段篡权失败后，其子公孙滑逃往卫国，请求卫国帮助。卫桓公出兵帮助公孙滑占领了郑国北部边境、大河之南的廪延，这是叔段曾经经营之地。廪延邑于今天河南省延津县东北。郑庄公早已袭父亲武公之职，与同为卿士的虢公共同行政。在郑国受到卫国威胁之时，庄公便动用王室之师与虢国之师，帮助郑国攻打卫国。第二年，庄公又命郑国大夫攻打卫国南部边境，以报复卫国。

周平王末年，平王感到郑庄公权力过大，想重用虢公以分郑庄公之权。郑庄公感到平王有分权之举，便去质问平王。平王居然惧怕庄公到如此地步，以致否认将国事交予虢公处理。本来，郑庄公为天子重臣，握有大权，常居本国之时，便应当主动让自己的儿子留在王城为质，以释天子之疑。但在平王晚年，为平息庄公疑虑，平王竟然与郑国交换人质，将王子狐质于新郑，换取郑公子忽质于王城。这对周王而言，等于将自己降低到与诸侯平起平坐的地位。

周平王五十一年，即公元前720年，周平王驾崩。平王谥"平"，据《逸周书·谥法解》，"治而清省曰平""执事有制曰平""布纲治纪曰平"，平王毕竟是东周第一位王，自然可以称他"执事有制""布纲治纪"。周平王之子林继位，成为东周王朝的第二位王，是为周桓王。

周桓王即位后，桓王与王室都想倚重虢公，来平衡郑庄公的权力。郑庄公立刻给这个新即位的天子一个下马威。平王驾崩后仅仅一个月，夏收时节，庄公便命郑国大夫祭足率领士兵将周王畿内温邑的麦子收归己有；秋收之时，又命军士将成周之地的谷物收归郑国之仓。天子重臣公然挑衅天子权威、侵占天子利益，无疑沉重打击了天子的权威，助长了诸侯争斗之风。

时之君子评论道："信不由中，质无益也。明恕而行，要之以礼，虽无有质，谁能间之？苟有明信，涧、溪、沼、沚之毛，蘋、蘩、蕴藻之菜，筐、筥、锜、釜之器，潢、汙、行潦之水，可荐于鬼神，可羞于王公，而况君子结二国之信，行之以礼，又焉用质？《风》有《采蘩》《采蘋》，《雅》有《行苇》《泂酌》，昭忠信也。"的确，言不由衷，互换质子并无用处，如能明恕道，守礼制，不必交换人质，相互之间的关系也无人能够离间。古人祭祀或进献于王公，可以用涧边、溪边、沼泽边或水中沙洲上生长的野菜，可以用池塘中生长的蘋、蘩、藻类等水生之菜，可以用筐、锅等平常器皿，可以用沟渠之水以致路旁积水，可见古人敬鬼神与贵人，不在于敬献珍奇佳肴，而在于心诚。同理，结盟结信亦在于心诚，心不诚，结盟、互质均将无用。

# 第七章　宋宣穆仁德立嗣，卫石碏大义灭亲

　　在世风日下、人心不古、亲朋反目的年代，也不乏崇尚先贤、恪守古制、注重德行之人。宋国宣公与穆公两兄弟便是如此。宋宣公名力，是宋国第十三位国君，宋穆公名和，是第十四位国君。

　　宣公与穆公兄弟立嗣以义，要从他们的祖先说起。据《史记·宋微子世家》，宋国为子姓之国，始封之君是商纣王的庶兄微子，周初，他因贤明而作为殷祚继承人受封宋国，都于商丘。此地为殷商先祖契的封地与葬地，因而得名，殷商立国时也曾在这一带定都。殷商末年，纣王暴戾淫乱，微子作为纣王长兄，多次进谏，均不被采纳。眼看殷商有亡国之象，微子不知当殉死还是出亡，便去请教当时的贤者箕子与比干。这两人都是纣王的叔伯辈，也是重臣，都为纣王不纳谏言而忧虑。箕子认为，作为先王后裔，如能使国家得以治理，虽死无憾；但即便殉死，国家终将不治，则不如离去。微子听取了箕子之言。

　　但箕子与比干都没有离开殷都。箕子之贤，在于他能见微知著，洞察时势，又能全君臣之义，不彰君恶。箕子道："为人臣者，谏君不纳，便负气而去，是彰君之恶，而取悦民众，我不忍为。"于是他披头散发，佯装疯癫，以此脱离朝政。比干之贤，则在于为民请命，直言谏君。他认为，君王有过，臣子不能以死谏诤，是置无辜民众于劫难，因此依旧直言相谏。纣王恨其以圣贤自居，于是索性恶人做到底，道："听说圣人心有七窍，不知是否？"命人剖杀比干以观其心。

　　微子最后总结出为人臣、为人子之道：父子有骨肉之情，君臣属君臣之义。父亲有过，为子三谏不听，则当随之哭之；君王有过，人臣三谏不听，则已尽到道义，可以选择离开。这种做法为传统社会的士人所奉行。微子因此也被称作先贤。

　　武王克商之后，封纣王之子武庚禄父延续殷商之祀，武庚叛乱被杀后，成王与周公改封有贤明声誉的微子延续殷祀，并迁部分殷民于宋地，于是，微子成为宋国始封之君。因其仁义贤明，深得宋国民众爱戴。微子去世时，因其嫡

子早亡，便立自己的弟弟衍继承国君之位，是为微仲。嫡子去世，不立嫡孙，而立君王之弟，是殷商古制，商朝有多次兄终弟及的传位之例。这一古制很有道理：君王去世，嫡子、嫡孙若年纪尚小，或治理经验欠缺，自然不足以服人，为国祚稳固计，立弟是一个可行的选择，可以避免主少国疑的窘境。

正是因为有此古制，周平王四十二年，即宋宣公十九年，公元前729年，宋宣公去世前，虽有太子与夷，却力主立自己的弟弟公子和为嗣君。据《史记》记载，宋宣公道："父死子继，兄终弟及，乃天下通义，我立和为嗣君。"宋宣公谥"宣"，当是赞美他"圣善周闻"。宣公之弟公子和再三谦让，最后才接受了嗣君之位，便是宋穆公。

周平王五十一年，即公元前720年，是为宋穆公九年。穆公一病不起，于是他召见大司马孔父嘉。《左传》记载了他们之间的对话。穆公道："先君宣公舍太子与夷而立寡人，此事寡人不敢忘。若托大夫之福，寡人能得善终，见到先君，先君问到与夷，寡人将如何答复他呢？所以，寡人死后，请你要立与夷为君，以主宰社稷。如此，寡人虽死，亦无悔矣！"孔父嘉道："群臣都愿意侍奉公子冯。"公子冯乃穆公之子。穆公则道："不能立冯。先君以寡人为贤，故使寡人主持社稷。若寡人摈弃德行，不将君位让与与夷，岂非不能彰显先君之德，岂非不贤？寡人不贤，岂非不能彰显先君之明？寡人又岂能不去发扬光大先君之德？你千万不要湮没先君之德！"穆公立下遗嘱之后，又让公子冯出居郑国。于是孔父嘉在穆公去世后率群臣立与夷为君。穆公所以谥"穆"，当是赞扬他"布德执义""中情见貌"。

宣、穆两君不立己出，互让君位，后人以为义举。时之君子评论道："宋宣公可谓知人。立其弟穆公，而其子还能享有君位，是因为立嗣为义。"又引《商颂·玄鸟》赞扬道："殷受命咸宜，百禄是荷。"就是言殷商父死子继，兄终弟及，皆授命以义，因此能够承载更多的福禄。但是有嫡子而让贤，虽可视为义举，却破坏了周代确立的嫡长制度，可能导致后代争夺的苦果。只有人情、道德约束，没有制度、法典约束，事情是不可长久的。与夷虽然继承了君位，却于十年后被杀，因此谥号"殇公"，而继承君位的恰是穆公之子冯，即宋庄公。宣、穆两君的谦让，造成的却是二子相残的惨剧。此为后话。

就在宋国兄弟相让之时，卫国上演了一幕兄弟相残的闹剧。

卫庄公名扬，是卫武公之子，卫国第十一位国君。他娶齐庄公之女为夫人，史称庄姜。"庄"为卫庄公之谥，"姜"为夫人娘家之姓。庄姜美惠，卫人为之作《硕人》一诗，赞她明眸皓齿，顾盼动人。但庄姜无子，卫庄公又娶陈君之女厉妫与其妹戴妫。"厉"与"戴"当为二女之谥，"厉"为恶谥，"戴"则为美谥。据《逸周书·谥法解》，"典礼不塞曰戴"。庄公以戴妫之子公子完为庄姜之子，并立为太子，以全礼制，故有此谥。庄公去世，太子完继位，是为卫桓公。

卫庄公还有一子，为宠妾所生，名叫州吁，喜欢习武，因其母而得宠于庄公。卫国大夫石碏向庄公进谏道："臣闻爱子，必教其道义仁孝，戒其骄奢淫逸。骄奢淫逸，必至邪路。而所以会骄奢淫逸，乃宠幸太过。若国君要立州吁，便做决定，若不立州吁，则宠爱过甚便是种祸。得宠而能不骄奢，或惯于骄奢而能接受身份地位的降低，或身份地位降低而能不怀怨恨，或怀恨而能克制，这样的人太少了！贱妨贵，少凌长，远间亲，新间旧，小加大，淫破义，是所谓六逆；君义，臣行，父慈，子孝，兄爱，弟敬，是所谓六顺。去顺而存逆，便会加速祸事到来，因此必须去逆行顺。"庄公不听石碏谏言。石碏之子石厚也经常与州吁交游，石碏无法制止，便告老还乡。

卫庄公去世，卫桓公继位，赶走了州吁，平平稳稳地做了十几年国君。但庄公埋下的祸根却在蔓延滋长：州吁一直在经营自己的势力，最终野心膨胀，弑兄篡位。这是周桓王元年，即公元前719年之事，此年为卫桓公十六年。这是《春秋》史书上记载的第一个被弑国君。《史记·太史公自序》言春秋"弑君三十六，亡国五十二，诸侯奔走不得保其社稷者不可胜数"。州吁弑君，开春秋历史上弑君之端。

州吁很有头脑，他为安定臣民，便树敌于外，同时"求宠于诸侯"，借助外力安定国内。他选择了与卫国有世仇，与天子有近怨，与诸侯有摩擦的郑国作为目标，煽动伐郑。他派遣使者去宋国，向宋殇公道："如今宋君之政敌公子冯在郑国，如果以宋国为主出兵攻打郑国，我们卫国可以出兵出饷，我国的盟友陈国与蔡国也会出兵。"宋殇公果真会同四国军队包围了新郑东门，威胁郑国，五日之后退兵而去。

但是，州吁将矛头向外之举不足以安定国民，因为战争受害最深的是国民。出征的军士被迫背井离乡，军队的粮饷来自征收的赋税；战争的伤亡会产生大量孤儿寡母和伤残士卒。《邶风·击鼓》描写了卫国军士的心境。诗曰："击鼓其镗，踊跃用兵。土国城漕，我独南行。‖从孙子仲，平陈与宋。不我以归，忧心有忡。‖爰居爰处，爰丧其马。于以求之？于林之下。‖死生契阔，与子成说。执子之手，与子偕老。‖于嗟阔兮，不我活兮！于嗟洵兮，不我信兮！"此诗流传千古，除悲怨哀凉，情深意切外，也反映出卫国动荡的军心民情。州吁弑君自立，还要驱使国民为之作战，自然更不足以安定人心。

　　州吁不能稳固统治，便让石厚去向石碏请教安民的方法。石碏对其子石厚道："去朝见天子，获得天子认可，自然可以安定民心。"石厚问道："如何才能觐见天子？"石碏道："如今陈公（陈桓公）在天子处甚受宠信，卫国与陈国和睦，你可陪同州吁去拜访陈公，有他疏通，何愁不能觐见天子？"石厚便陪同州吁去拜访陈桓公。石碏马上派人去向陈桓公道："卫国是个小国，我已老迈，无能为力。州吁、石厚二人为弑君乱臣，望陈国帮助擒此二人。"陈国眼见州吁寡助，出于道义，也出于自身利益，便擒住州吁、石厚二人，交给卫国处置。卫国派右宰赴濮邑杀了州吁。石碏大义灭亲，派家臣獳羊肩赴陈国杀了石厚。卫国人迎立桓公之弟晋，是为卫宣公。

　　《左传》引时之君子的评论道：石碏乃纯臣，古之所谓"大义灭亲"，便谓如石碏之举。"大义灭亲"这一成语便出自此处。

# 第八章　礼乐征伐自诸侯出，宋陈蔡卫党同伐异

周桓王元年，即公元前719年，经卫国州吁的煽动，以宋殇公、陈桓公为首，率本国与蔡国和卫国的军队攻打郑国。这便是后来孔子哀叹的"天下无道""礼乐征伐自诸侯出"。据杨伯峻先生于《春秋左传注》中引清人方苞《春秋传说汇纂》云："此诸侯会伐之始，亦东诸侯分党之始。"诸侯会盟的参与国常有变动，虽然经常打着周王室的旗号，但实质都是利益的争夺。这次攻郑的举动便是如此。如前所述，卫国州吁煽动此次行动是为了转移国内因他弑君篡位而引发的矛盾，而宋殇公之所以积极行动，则是由于要借此威慑郑国，除掉自己的政敌、被郑国收留的宋穆公之子冯。那么，陈国与蔡国又是为何呢？

陈国先祖为虞舜的后人。据《史记》云，舜娶帝尧之女，居于妫水之滨，因此后人以妫为姓。舜将天下传于禹，禹封舜之子商均为诸侯。夏、商之时，舜的后裔所封时断时续。武王克商之后，遍封古代圣贤后裔，找到一位名叫妫满的舜的后裔，封于陈，以继帝舜香火。这妫满便是周代陈国始封之君。陈国的历史，史书记载不多，只知在春秋初年，陈国第十位国君为陈平公，第十一位国君为陈文公，之后由陈桓公继位，是陈国的第十二位国君。从谥号来看，陈文公应当比较贤明，能得民心，而陈桓公应当在武功方面值得称颂。从卫州吁煽动宋殇公攻打郑国，要拉上陈国，可见陈国有一定的武力基础，而陈桓公欣然出兵，可见他也以武功自诩。从州吁与石厚寄希望于陈桓公代他们在周天子那里疏通，可见周天子比较听信陈桓公，或者说周天子要拉拢陈桓公。因为协助周王室东迁的各大诸侯国，周天子如今都无法依靠：晋国内部一直不得安宁，郑国新近与桓王翻脸，卫国自武公之后国势日衰且国内动乱，秦国又远在西方。因此周天子应当比较看重武功方面有所建树的陈桓公。

据《左传》记载，陈桓公与诸侯出兵伐郑。郑国或许对四国联军夹攻有所忌惮，因与陈国并无宿仇，因此请求与陈国媾和，但陈桓公不允。陈桓公之弟公子佗谏道："亲仁、善邻，国之宝也。国君当允许郑国求和。"陈桓公则

道："宋国、卫国才为我国之患，郑国能奈我何？"由此亦可见陈桓公之自负。陈国为郑国之邻，在郑国东南，与郑国接壤，国土面积当小于郑国不少，按照常理不应当与郑国作对，以免将来遭到报复。因此时之君子评论道："善不可失，恶不可长。其陈桓公之谓乎！长恶不悛，祸将自至。虽欲避祸，亦将不及。《商书》曰，'恶之易也，如火之燎于原，不可乡迩，其犹可扑灭？'古之良史周任有言，'为国家者，见恶，如农夫之务去草焉，芟夷蕴崇之，绝其本根，勿使能殖，则善者信矣'。"火之燎原，不可扑灭，因此不可玩火；野草积聚，不绝根本，不可尽除。陈桓公听信卫国乱臣贼子之言轻易举兵，是助恶而不是除恶，因此的确遭到了报应。

两年之后，陈国果然遭受郑国报复，损失颇大。陈桓公吃亏之后，终于同意与郑国结盟。但公子佗赴郑国盟誓，歃血时心不在焉。公子佗，字五父。郑国大夫洩驾见状道："五父必不免祸，因为他盟誓时不怀诚意。"果然日后公子佗杀太子自立，却不免惹祸上身。

那么蔡国又为何出兵呢？陈桓公之母为蔡侯之女，而且陈桓公又娶了蔡国之女，因此两国为世代姻亲。据《史记》记载，蔡国始封之君初为武王之弟蔡叔度，他因与管叔鲜挟武庚作乱而被褫夺封号，流放他乡。蔡叔度的儿子公子胡修德行善，名声良好。周公得知后，便将公子胡举荐到自己长子伯禽的封地鲁国为卿士，以考察公子胡为人行事。公子胡不负周公举荐，将鲁国治理得井井有条。周公便向成王建议，恢复蔡国封地，将公子胡封于蔡国，以继承蔡叔之祀。这便是蔡国第二位始封之君，史称蔡仲。蔡仲之后，直至春秋时代，蔡国历史上并无青史留名的英主。此时为蔡国第十一位国君蔡宣侯考父晚年。

据《左传》记载，周桓王元年，以宋殇公、陈桓公为首，蔡国与卫国参与的四国大军开入郑国，却只逗留了五天，攻打郑国都城的东门。郑国自武公之后又经过庄公多年经营，实力不容小觑，因此四国联军从上到下更多地只是象征性讨伐一下而已。

这年秋天，以宋殇公、陈桓公为首的诸侯再次伐郑，宋国想请求鲁国发兵共同攻打郑国。此前，鲁隐公曾问大夫众仲，卫国州吁能否成功，众仲道："臣只闻以德和民，不闻以乱和民。以乱，便如缫丝乱搅，不得头绪。州吁依仗甲兵，行事残忍。依仗甲兵，臣民不附；行为残忍，亲者不从。众叛亲离，断难成功。兵者如火，玩火而不能止，必将自焚。州吁弑其君，又虐用其民，不行善德，不举善政，欲以乱成事，必难免其祸。"因为鲁国君臣有此判断，因此当宋国请求鲁国发兵时，鲁隐公不允。然而鲁国大夫公子翚坚持出兵与诸侯伐郑，最终公子翚会同诸侯之师夺取郑国所取王田之禾。

开启诸侯会伐之后，中原大地战乱不断。周桓王二年四月，睚眦必报的郑庄公出兵侵犯卫都郊外，以报复四国兴兵攻打郑国的东门之役。卫国则向南燕国借兵攻打郑国。南燕国乃黄帝之后，姞姓，位于今河南省延津县东北。郑国大夫祭足、原繁、洩驾率领三军列阵南燕军队之前，而郑庄公之二子公子忽与公子突则暗中绕至南燕军队之后。南燕军队畏惧郑国三军，又不曾防备身后郑国两位公子所率的制邑之兵。六月，公子忽与公子突率制邑之兵于北制打败南燕军队。时之君子评论南燕轻易出兵："不备不虞，不可以师。"

同年冬天，郑国又借邾国之请报复宋国。邾国位于宋国东北，靠近鲁国，位于今山东省邹县境内。当初宋国侵占了邾国田地，如今宋、郑结仇，邾国国君便派人赴郑国向郑庄公请求道："请贵君攻打宋国以泄愤释恨，我国愿为向导。"或许因有邾国之请，郑庄公便可利用王卿身份，动用王师。郑国以王师与邾国军队会合，共同讨伐宋国，一举攻入宋都外城，以报复宋国等四国攻打郑国的东门之役。

宋殇公见形势危急，派遣使者赴鲁国告急。本来，宋国与鲁国交恶，在鲁惠公晚年，鲁国尚与宋国交兵，以致鲁惠公丧葬草率，鲁国于隐公元年十月改葬惠公。但鲁隐公执政后致力于改善两国关系，于隐公元年九月赴宿邑与宋国结盟，又于隐公四年与宋公会面。因鲁、宋两国交好，隐公闻知郑国、邾国军队已经攻入宋国外城，便准备发兵救援。此时恰好宋国使者到来。鲁隐公问道："郑国军队如今攻至哪里？"或许使者怕将形势危急的实情告知鲁国，鲁国君臣畏惧，不肯发兵；或许使者不愿道出宋国不堪一击的窘困实情，总之使者未以实情相告，而是答道："郑国军队尚未攻至我国都城。"鲁隐公对使者不以实情相告非常恼怒，便不肯发兵救援。鲁隐公向使者道："贵君有命，命寡人同恤社稷之难。如今寡人问于使者，却答道郑国军队并未攻至贵国国都。如此，社稷无难，便非寡人应当闻知与干预之事。"

郑庄公动用王师，意在教训宋国，并不想也不可能灭亡宋国。郑国与邾国回师之后，宋国又出兵伐郑，包围郑国长葛，以报复郑国攻入宋都外城。宋国又于第二年秋攻下长葛（今河南省长葛市境内）。郑国与宋国由此结下多年之仇。

春秋初年中原地区的诸侯混战，一些小国也主动或被动卷入了战争。如当时为鲁国附庸的郏国，因为宋国夺取了郏国土地，因此向郑国求援，郑庄公派王师与郏国联合伐宋。郏国是一个小国，当时尚未接受周王朝的册封，却因不甘受欺辱，主动加入了混战。郕国也加入了战争。郕国始封之君是武王之弟，始封可能在王畿之内，或在东周时改封于今河南省濮阳市境内。郕国趁卫国之乱侵入卫国，后又遭到卫国报复。以后，郕国又因不奉王命会师伐宋，遭到齐国、郑国的讨伐。郕国卷入战争，完全是国君不识时务所致。主动加入战争的还有息国。息国为姬姓之国，初封为姬姓者何人，已不可考，位于今河南省息县西南。在中原各国战乱不断之时，息侯不自量力，于周桓王八年进攻郑国，最终息国大败。《春秋》评论道，君子是以知道息国将亡，"不度德，不量力，不亲亲，不徵辞，不察有罪。犯五不韪，而以伐人，其丧师也，不亦宜乎？"的确，论德论力，息国远不如郑国，息、郑都是姬姓之国，息国不亲同姓之国，不辨是非，不察有罪，贸然攻打郑国，是自取其败。

# 第九章　鲁隐违制子臧进谏，桓王失礼卿士遭报

　　《春秋》一书记事自鲁隐公元年始。这年为周平王四十九年，公元前722年。鲁隐公是鲁国第十四位国君，名息姑，为鲁惠公庶长子，代嫡子允摄政。从《左传》记载来看，鲁隐公总体上是一位明智、守礼的国君。

　　古代国之大事，在祀与戎，因此古人将祭祀礼仪看得极重。鲁隐公在祭祀礼仪、名器赠予、外交事务等大多数问题上，是非常慎重的。鲁隐公三年，隐公生母声子卒。因为声子不是鲁惠公正夫人，隐公恪守礼制，不向诸侯发讣告，下葬之后，隐公不返哭于祖庙，全部葬礼结束后，亦未将声子牌位袝于祖庙。鲁隐公并不因自己摄政，便抬高生母地位，是表明最终将归政于嫡子。

　　在礼仪方面有所不明，鲁隐公便咨询重臣。隐公五年，鲁惠公夫人仲子之庙落成，在筹备落成典礼时，隐公向众仲询问典礼献舞的礼制规定。典礼将舞"万舞"。众仲答道："天子八佾，诸侯六佾，大夫四佾，士二佾。乐舞是为了节律八音，导行八风。"所谓八佾，为八列，每列八人。所谓八音，为金、石、丝、竹、匏、土、革、木八种不同材质所制乐器。所谓八风，乃东北炎风，东方滔风，东南薰风，南方巨风，西南凄风，西方飂风，西北厉风，北方寒风。众仲依据礼制认为，惠公夫人庙中献舞，当少于八佾。隐公并非不知天子八佾、诸侯六佾之区别，而是因为当初成王特许鲁国祭祀周公用天子之礼，因而鲁国祭祀典礼亦用八佾。但此次是为夫人之庙献舞，最终鲁隐公根据众仲建议，首次使用六佾。

　　然而，即便鲁隐公在多数时候能够坚守周礼制度，也不时有失礼之举。周桓王二年，即公元前718年，鲁隐公五年春，隐公想去鲁宋交界的棠邑观看捕鱼。棠邑又记载为唐邑，在今天山东省鱼台县西北的武台村。依据周礼，此事是违时违制之举。所谓违时，是指根据周礼规定，只能在春蒐、夏苗、秋狝、冬狩之时教民习武，而在此农闲时节之外，不可随意田猎捕捉。所谓违制，是指国君必须行周礼规定之事，既不可僭越礼制，也不可自降身份，随意行走。因此，隐公的叔父、后世称为臧僖伯的公子彄（字子臧）坚决反对隐公此行，

并将此事上升到是否坚持礼制、能否杜绝乱政的高度。他向隐公进谏道:"凡与祭祀和兵戎无关之事,均非大事,凡与祭祀和兵戎无关之物,均非要物,作为国君,都不应参与其间。作为国君,要引导百姓言行依据法度,应用器物依据礼制。不依据法度礼制行事,便是乱政。经常乱政,国家必败。因此春蒐、夏苗、秋狝、冬狩,皆于农闲之时,此时教民习武。每三年于郊外大演,整军进城,入告宗庙,慰问将士,计算所获。演习时车服旌旗必须文采鲜明,昭明贵贱,区分等级,少长有序,讲习威仪。其肉不入祭器之鸟兽,其皮革、齿牙、骨角、毛羽不用以制作礼器之鸟兽,国君不射猎,此乃古制。获取山林川泽所出产的制作一般器物之材,乃皂隶之事,官吏之责,非国君当为。"根据臧僖伯所言,捕鱼之事显然不在国君应当关注的范围。臧僖伯是隐公叔父,且言之有理,隐公不好直接驳其面子,便又找出理由道:"我是要去巡视边境。"臧僖伯知道隐公不会遏制观渔兴致,因此借口有病,不去参与违背礼制之事。《左传》还记载,隐公曾两度在春季下令加固两座城邑。正是农忙时节,又无战争需要,也是违时之举。

但鲁隐公还是守礼且有自省之心。臧僖伯于当年冬天去世,隐公道:"叔父对寡人怀有不满,寡人不敢忘。"于是下令将臧僖伯葬礼提高一个等级。可见隐公对自己的言行有所悔过。

在尊奉王室方面,鲁隐公更是遵循礼制,不敢怠慢。隐公六年冬,即公元前717年,京师来告饥荒,为此隐公向宋国、卫国、齐国和郑国购买粮食,以解京师之急。周王室不就近向卫国、郑国告急,路远迢迢向鲁国告急,亦可见鲁国是最听命于周王室的。

《左传》还记载了鲁隐公在外交上以礼化解纷争的一件事。鲁隐公十一年,滕侯与薛侯同时来访,在交往礼节上发生纷争。滕国与薛国都是小国,滕国都城在今天山东省滕州市级索镇滕城村,薛国都城在今天滕州市张汪镇皇殿岗村,两地直线距离不到二十公里,可见两国规模都很小。越是小国之君,越怕遭人歧视,因此在觐见之礼先后上互不相让。薛侯要求先行进见,其理由是,薛国乃先封之国,因此当进见在先。薛国之祖为夏朝车正之官,受封于夏朝,为任姓之国。而滕侯则道,薛国并非周王朝同姓,乃是庶姓,而滕国先祖非但为王朝宗亲,且是周王朝的卜正,为卜官之长,因此进见不可后于薛侯。鲁隐公便派大夫公子翚向薛侯言道:"两位国君都尊重寡人,那么就依据我朝谚语,'山有木,工则度之;宾有礼,主则择之'。依据周朝会盟,同姓同宗在先，异姓姻亲在后。假若寡人拜访薛国，也不敢与任姓诸国并列序齿。如果薛公体谅寡人，便请允许滕公先行觐见。"由于隐公言之有理且言辞客气，薛侯便不再与滕侯相争。可见鲁国君臣在外交方面不失礼仪。

春秋初年的鲁国可谓最守礼制，连周王室也不如鲁国。周平王末年，王室便开始自坏礼制。据《左传》记载，周平王四十九年，鲁隐公元年秋七月，平王派遣大夫宰咺送来为鲁惠公与正妻仲子助葬之物。此一举便两处违礼。周礼规定，诸侯停灵柩五个月下葬，天子停灵柩七个月下葬。如今隐公已经继位七个月以上，周王才派人送来助葬之物，已是违礼；而此时仲子尚未去世，周王却已送来助葬之物，更是失礼。周平王五十一年三月，平王驾崩，王室在秋天派大夫武氏之子到鲁国求取助葬之物。天子驾崩，诸侯均当吊丧并送葬，然而王室不当自降身份求取助葬之物，王室索取助葬之物不合礼制。

周桓王三年，郑庄公准备依据礼制，朝拜周王，与王室重新修好。但周桓王却不以礼对待前来觐见的郑庄公。的确，郑庄公曾违反礼制，两度抢收周王室粮食，并由此引发诸侯间战争，使得诸侯们更无心也无暇顾及朝贡王室，周桓王无法不恼怒这个郑庄公。但国政外交无小事，即便天子也必须依据礼制行事。郑庄公固然失礼在先，然而如今改过，前来朝拜，作为天子，须显示天子气度，不能于朝臣前失礼。且如此疏远诸侯，于王室不利。王卿向周桓王进谏道："周室东迁，郑国出过力，像晋国、郑国这样的诸侯国，应该是我们的依靠。我们善待他们，尚且唯恐他们不来，如今郑公来了而王失礼于他，以后他还会来吗？"王室日益衰微，桓王却负气使性，的确不是明智之举。

礼制的核心是等级制，将天下万物都纳入一个有序的系统。维护礼制便是维护这个系统的稳定。虽然稳定能为这个系统中的各个阶层都带来利益，但越处于这个系统的上层，其获得的利益就越大。因此，最应当维护这个系统的是周王室及其诸侯近臣。春秋战国数百年，周王室力量早已衰微，其所以能够维持，所依靠的便是周室的名分与尚存的礼制。诸侯争雄数百年，除扩充实力外，很大程度上也是为获取盟主、霸主的名分。作为天子、王臣与诸侯，不遵名分，自坏礼制，是自取其辱、自取其败。

礼制规定虽然是有等级的，但要求所有人遵守礼制这一点上却是平等的。下对上要行礼，上对下要还礼，任何人都要依据礼制规范行事，如果自恃身份高贵，待人不能以礼相待，便会使人感觉受到歧视而产生报复心理。桓王卿士凡伯便因失礼而遭到了报复。春秋初年，在周天子势力范围内，各诸侯国与蛮夷戎狄是杂处的，因此一些蛮夷戎狄也会来朝拜周天子，以求得和平共处。曾有一支戎人携带财帛来朝拜天子。依据礼制，他们在朝拜天子之后，要拜访公卿，而公卿应当设宴招待并回赠财帛。这批戎人拜访了卿士凡伯，而凡伯没有以礼相待。凡伯此举，完全没有王卿风范，非但不从大局着眼，为王朝安抚笼络戎人，还表现得不守礼制，贪财吝啬。戎人睚眦必报，周桓王四年，凡伯在受桓王之命访问鲁国后回京途中，被戎人劫持到了戎地。这对于王室和凡伯，都是极丢面子之事。

上述事件说明，虽然在礼坏乐崩的年代，但周王室与各诸侯国相互之间，甚至与戎狄之间，在政治与外交方面，还是需要维持基本礼制的，否则会予人口实，遭到报复。

# 第十章　齐僖介入四方调停，郑伯假命东征北伐

诸侯会伐，没有永久的盟友和敌人，也没有永久的中立。第一轮诸侯会伐的结束，与郑庄公调整对外政策有关。他首先调整了对周天子的态度。周桓王三年冬，即公元前717年，郑庄公始赴王城朝见周王。其次，郑庄公以战求和，既占据主动，又有理有节。桓王三年，郑庄公伐陈斩获颇多，但于第二年便与陈国、宋国媾和。

处于强势的郑庄公调整对外政策，使得一直中立的鲁国也开始调整对外关系。宋、陈、蔡、卫四国伐郑之后，宋国曾想邀请鲁国再次伐郑，鲁隐公不愿介入。到了周桓王四年，鲁隐公七年，郑国先后与宋国、陈国媾和，鲁隐公便征伐曾追随郑国攻宋的小国邾国，向宋国示好。郑、宋修好，郑、鲁修好，邾国便成为这些大国的牺牲品。

此一轮诸侯会伐的结束，还有赖于齐僖公的调停。齐僖公名禄父，于周平王四十年继位，他是齐国历史上第十三位国君，其父为齐国在位时间最长的庄公，齐庄公在位六十四年。

齐国始封之君是辅佐文王、武王夺取天下的姜太公"姜尚"。据唐司马贞《史记索隐》引三国时蜀国谯周之言，姜姓为"炎帝之裔，伯夷之后，掌四岳有功"。据《史记》，"虞、夏之际封于吕，或封于申，姓姜氏。……尚其后苗裔也。本姓姜氏，从其封姓，故曰吕尚"。作为股肱之臣，他受封齐国，成为周王朝稳定东土的柱石。齐国国都在今天山东省淄博市临淄区齐都镇。齐国为东夷故地，姜太公治理齐国，因其风俗，简其礼仪，鼓励工商，便利鱼盐，使民心归顺，国力强盛。周公东征平乱后，成王使召康公特命姜太公"东至海，西至河，南至穆陵，北至无棣，五侯九伯，实得征之"，即特赐太公于周朝东部疆域之内代天子征伐之权。据司马贞《史记索隐》，"旧说穆陵在会稽，非也。按今淮南有故穆陵门，是楚之境。无棣在辽西孤竹"。据此，穆陵并非今天山东省沂水县南齐长城遗址的穆陵关，而是楚国北境的关隘。成王此命确立了齐国东方诸侯之伯的地位。此后虽然齐国亦有内乱，但直至春秋初年，其东方大

国的地位从未动摇过。周室东迁，晋、卫内乱，郑国树敌，宋国挫败，鲁国保守，齐国君臣或许感到齐国出头的机会来了，于是开始积极介入诸侯会盟，平息各种争端。

此时齐国的国君为齐僖公。依据《逸周书·谥法解》，"有伐而还曰僖""质渊受谏曰僖""慈惠爱亲曰僖"，补注中尚有"小心畏忌曰僖"。僖公应当是一位谨慎、慈惠的守成之君，他积极采取外交行动，或许是时势使然。《史记》只记载了僖公的一件事。僖公之弟夷仲年去世后，他非常疼爱夷仲年之子公孙无知，无知的一切俸禄起居服饰等均依照太子规制，表达他思念亡弟、疼爱侄子的亲情，但在太子诸儿与公孙无知心中却埋下了相互攀比争斗，乃至痛恨之根。太子诸儿继位后，撤除无知原有的一切秩服待遇，无知因此记恨在心，以至于十多年后使人杀死是为襄公的诸儿，此是后话。僖公谥"僖"，当是指其为人善良。或许在调停诸侯纷争时，他也释放出了一定善意。

周桓王五年，齐僖公十六年，即公元前715年，齐僖公替郑国出面与宋、卫讲和。一年之前，郑国与宋、陈已经讲和，但郑、卫尚未讲和。齐国与郑国交好，因此齐僖公出面为郑国与宋、卫两国修好，与宋殇公、卫宣公同至周天子属地温邑结盟。温邑位于今河南省温县西南招贤乡。诸侯至周天子属地结盟，既尊重天子，也可表示郑重，因此《左传》述评为"礼也"。但郑国作为主要的当事一方，却没有出席此次会盟。各国的动机或可推测如下。齐国有北戎之患，为此齐僖公两年前刚与鲁隐公捐弃前嫌，修两国之好。如今他出面调停，也是为了结好于中原诸侯，助齐国防御北戎。宋国虽已与郑国讲和，但也愿意乘机与齐国修好，宋殇公赠予卫宣公钱帛，请求让他先与齐僖公会面，可见宋国的积极主动。而宋、郑已经讲和，卫国自然不愿独自面对郑国，且卫国与齐国北部面临同样的戎狄问题，自然也乐于与齐国修好。而在郑国方面，郑庄公虽然调整对外关系，不愿四处树敌，但依旧怀有号令诸侯的雄心，不愿与宋、卫平等会盟。因此他乐得接受齐国的调停，自己置身事外，以便日后可进可退。于是就出现了如此怪事：当事国一方不出面，而由齐国调停交战双方。

古时盟誓自有一套仪式。先要在地上挖好坑，一般以牛为牺牲，杀于坑中，割其左耳，盛入盘中，取其血盛入称作敦的容器中。然后宣读盟约，告之于神。宣读毕，会盟者每人微饮敦中之血，谓之歃血。最后，将盟约正本放置牺牲之上掩埋，会盟者各持盟约副本。这就是所谓"歃血之盟"。盟誓仪式虽然隆重，但到春秋时代也已经形同虚设。中原大地甚至并没有因这几个大国之间的盟约而享有一年的平静。

据《左传》记载，会盟刚刚一年，即周桓王六年，郑庄公便以王命讨伐宋国。冠冕堂皇的理由是宋殇公不按照礼制朝拜天子。其实，当时的诸侯，包括郑庄公本人，基本上都已经不守此礼；更过分的是，郑庄公还曾两度抢夺周天子畿内的粮食。但是，郑庄公是世袭的天子卿士，可以借天子的号令讨伐他国。可见郑国之前与宋、卫、陈等国讲和，只是郑庄公避免四面树敌的权宜之计，一旦形势许可，他还想要建立自己的霸权。于是中原数国之间又开始了新一轮的攻伐。

周桓王六年，郑国攻打宋国，未有胜负。郑庄公便以王命派遣使者号召鲁国、齐国等国，使鲁、齐也介入其间。桓王六年冬，鲁国与齐国为伐宋之事进行会商，并于第二年春与郑庄公会盟。入夏，郑庄公、齐僖公与鲁国大夫公子翚率师攻打宋国。因郑庄公、齐僖公都亲自率师攻伐，鲁隐公也随后赶到，并率师首先打败宋军。郑庄公为伐宋主谋，攻下宋国郜邑与防邑后，将此两邑交付鲁国，以示自己奉王命讨伐宋国，并非为私利。郜国本有北郜邑与南郜邑，两城相距仅一公里，南郜邑或为郜国原都城，或许在春秋初年为宋国占有，宋国郜邑即指此城。但郜国尚未灭国，或许迁都于北郜邑延续国祚。郜邑位于今山东省成武县东南。防邑在今天成武县东，防城寺遗址所在地，两邑的直线距离不足二十公里。由于郜邑原本不属于宋国，两邑又都靠近鲁国，郑庄公便将其划归鲁国。时之君子评论道，郑庄公"于是乎可谓正矣"，因为他以王命讨伐违制之国，却不贪其土地。

郑国军队尚未回到国都，宋、卫两国便乘郑国防务空虚入侵郑国，又告知蔡国共同出兵攻打戴国。戴国与宋国同宗，处于郑、宋之间，在河南省民权县东北。宋国与戴国接壤，自卫国南部出兵戴国也不远，但位于今河南省上蔡县的蔡国出兵伐戴路途较远。于是这三个国家攻下戴国之后便发生了矛盾。或许蔡桓公事先不知道宋国和卫国军队先在郑国有所斩获，蔡国军队路远迢迢赶来，瓜分戴国时却收益不大，蔡桓公便与宋、卫两国反目。此时，郑国军队随后而来，包围了三国驻扎在戴国的军队。三国不能协同作战，被郑国一举歼灭，并顺势取了戴国。郑国军队又乘胜攻入宋国，以报宋师入郑之仇。

中原诸国之间的不和引发了戎狄的觊觎与劫掠。周桓王六年，北戎渡河侵郑。北戎居于大河之北，与晋、卫、邢、北燕等国杂处，晋、卫内乱，郑国又四面树敌，北戎便有机可乘。郑庄公不怯中原诸国，却有些担心能否应对北戎。因为中原各国战法相似，都是车战为主，步兵为辅，战车在前冲杀，步兵随后掩进。而戎人久居山谷之地，经济落后，少有兵车，其步兵在丘陵、河谷等处却移动灵活，不易防备。郑庄公道："我们依靠兵车作战，戎人却依靠步兵作战，就怕他们从后面突袭。"而公子突为庄公出了一个好主意。公子突就是日后继承庄公的郑厉公。他颇有军事才能，建议道："可以派一名将领前去诱敌，我方设三面埋伏。派去的将领要勇而无刚，他勇敢，便敢于出击，无刚，便不以退兵为耻，让他迅速出击，迅速退兵。戎人缺乏整体训练，不讲军纪，胜则争利，互不相让，败则逃生，互不相救。他们看到我方败退，必定各自争先赶来追击，遇到我们伏击后，必定各自逃命，后军先撤。他们争相逃跑，没有后援，我们便可乘胜追击，打败他们。"郑庄公按此排兵布阵，数面夹击，大败戎兵，得胜而归。

  郑庄公以王命号令中原各诸侯国，联合齐、鲁等国，征伐不从号令的国家，奠定了郑国在春秋初年的大国地位。有人认为，郑庄公应当列入春秋五霸。但与齐桓公、晋文公相比，郑庄公只能算作小霸。

# 第十一章　理外事郑伯显气度，处内政庄公失德刑

　　郑庄公在取得一系列军事胜利后，奠定了其号令中原诸侯的小霸主地位。此后，周桓王八年，即公元前712年，郑庄公又与鲁隐公、齐僖公共谋讨伐许国，理由是许庄公对天子不恭。许国是姜姓之国，位于今河南省许昌市一带。姜姓是最古老的姓氏之一，相传炎帝生于黄土高原的姜水，以此水为姓。炎帝后裔伯益辅佐大禹治水有功，受封于吕国，于是姜姓迁于中原地区。历经夏、商两朝，至西周年间，有齐、吕、许、申等十几个姜姓之国，而到了东周年间，周王朝式微，诸侯争霸，姜姓之国除齐国外，其余诸国都只能在大国的夹缝中求得生存。许国与郑国比邻，自然便成为郑国控制的对象。

　　周桓王八年入秋之后，郑、齐、鲁三国军队联合讨伐许国。此次是郑国军队一马当先攻入了许国，许庄公弃城逃往卫国。攻下许国之后，齐僖公鉴于郑庄公上次将郜邑与防邑交付鲁国，此次讨伐许国鲁隐公又很积极，且齐国与许国之间隔着鲁、宋、郑三个国家，僖公也无意于许地，因此便乐得向鲁隐公建议，将许国土地归于鲁国。但与上次讨伐宋国获取宋国的郜邑与防邑不同，许国是个诸侯国，此次是攻下了许国的都城，占有许国都城便是灭许国的行为。鲁隐公或许因循礼制，不愿担负灭许国之名，因此，据《左传》记载，鲁隐公回答齐僖公道："是你们谴责许侯对天子不恭，鲁国才与你们两国讨伐许国。如今，既然许国已经服罪，就当允许他们改过。因此虽然你建议将许地归于鲁国管辖，我却不敢从命。"于是，齐僖公与鲁隐公便将许国交予郑庄公。

　　郑庄公如今也知道，要获得号令诸侯的霸权，不能与王和诸侯争利，更不能争一城一池的得失，而是要征服各诸侯国的人心。因此在许国问题上，郑庄公表现出了他的气度。据郑庄公考察，许国大夫百里应当是能够任事之人，于是他让百里尊奉许庄公之弟许叔，到许国都城东部居住，并对百里道："如今是上天惩罚许国，是鬼神对许侯不满，因此假借寡人之手惩处你们，否则，像寡人这样连齐家都不能胜任之人，怎敢来管许国之事？寡人仅有一弟，寡人尚且不能做到与之和睦相处，致使他逃亡国外，四处寄居度日，寡人又怎么可

能长久占据许国？你且尊奉许叔，安抚百姓，我再派公孙获来协助于你。将来寡人去世，上天或许会撤销对许国的惩罚，让许侯重新治理许国。那时，或许只有我们两国能相互扶持。因此，不要让他国插手许国之事，同我郑国争夺此地。若将来我的子孙忙于挽救郑国危亡之时，那时还能顾得上你们许国吗？你要明白，寡人将许国托付于你，不仅是为许国着想，也是为我郑国的边防着想。"

随后，郑庄公派郑国大夫公孙获驻于许国都城西部，与许国大夫百里共同管理许国事务。庄公私下对公孙获道："你千万不要将身家财货都置于此地，此处并非能够久留之地。我死之后，你可速速离开此地。王室式微，先君于此建立新城，但不能挽回姬周子孙日益败落的趋势。许国姜姓，为太岳之后，如果上天已经厌弃姬周，我们将来还有能力与许国争夺吗？因此你要做好准备。"由此看来，郑庄公心中十分明白，周王朝衰败已成定势，作为姬周子孙，他现在四处征伐，一是勉力保持姬周势力，一是尽量实现自身抱负，而对于子孙能否永保权势与富贵，他已经不作奢望。因此，对于同气连枝的公孙获，他交代的底牌是，一旦郑国失势，赶紧远走高飞，以免覆巢之下无完卵。

郑庄公在处理对外关系上既显出其气度，又显出其手腕，还显出宅心仁厚。因此《左传》借君子之口称赞郑庄公，"于是乎有礼。礼，经国家，定社稷，序民人，利后嗣者也。许，无刑而伐之，服而舍之，度德而处之，量力而行之。相时而动，无累后人，可谓知礼矣"。礼是经纬国家、安定社稷、有利后嗣的制度，许国不讲礼制，因此要加以讨伐，许国顺服，因此不能穷追不舍，许叔与百里有德行，便以他们来继续管理许国，郑国不可能长期控制许国，因此要根据时势，保全郑国族亲。郑庄公的如此安排，可谓周全。

在对待内政方面，郑庄公虽有手腕，但《左传》也借君子之言，谓郑庄公"失政刑矣"。这是因为讨许前后，庄公事先不能抑制大臣嫉贤妒能，以致伐许战争中郑国内部发生暗箭伤人之事；事后又不能严肃政刑，告慰忠勇之臣，所以为君子批评为"既无德政，又无威刑"。

郑庄公讨伐许国之前，在太庙举行颁授兵器的仪式。古代寓兵于民，除了守卫城邑的士兵外，并没有常备军，打仗或戍边时才从国人中征调士兵。为防止兵器流落民间，造成动乱，各诸侯国平时都将兵器藏于太庙，在举行大规模演习和对外战争时才颁发给士兵。授兵仪式除了颁发兵器，还有祈求鬼神保佑、向祖先宣誓的意义，是非常严肃的场合。但是就在郑庄公举行授兵仪式之时，发生了将领争车之事。

争车发生在大夫公孙阏与边关守将颍考叔之间。这位颍考叔，便是为庄公解决与母亲姜氏见面问题的颍考叔。从颍考叔侍奉母亲之言可以看出，他或许已经丧父，没有显赫的家世。多年以来，他只是恪尽职守，依靠军功，得任边城守卫的官职。而公孙阏，字子都，是庄公同宗，郑国大夫，地位自然高于没有贵族身份的边城守将颍考叔。《诗经·郑风·山有扶苏》中所歌子都，是位美男，可见郑人公认公孙阏貌美。出身显赫，职为大夫，身长貌美，风流倜傥，这样一位公子公孙，向来是人们奉承的对象，从来没人想要与他争夺什么。然而多年镇守边关的颍考叔，不服养尊处优、自负骄傲的公孙阏，不愿将自己看中的兵车让与公孙阏，自恃有力，不待驾辕，拉车便跑。骄横跋扈惯的公孙阏岂能忍让，大怒之下，拔戟追去。来到城中大道，公孙阏追赶不上，众目睽睽之下，自然感觉大失颜面，越发恼羞成怒。大约就在此时，公孙阏便决计要报复不知高下的颍考叔。

争车之事不了了之。公孙阏与颍考叔都跟随庄公征讨许国。颍考叔敢于与公孙阏争战车，自然有其武功本领。在攻打许国都城时，颍考叔奋勇争先，手擎庄公大旗，攀登云梯，抢上城楼。眼见颍考叔就要立下头功，公孙阏妒火中烧，心生毒念，拈弓搭箭，射向城楼，颍考叔应声坠下城楼。郑国大夫瑕叔盈拾起大旗，攀上城楼，挥动旗帜，大声呼喊："我主已经登上城楼！"于是郑国士兵个个奋勇，攀登云梯，许国军士丧失斗志，弃城不守。郑国士兵很快打开城门，大军涌入，许国都城落入郑国之手。

攻下许国都城后，将士们自然会对颍考叔背后中箭之事议论纷纷。谁都明白，本来攻下许国都城，首功当属颍考叔，如今颍考叔没有死于敌手，却死于自家军队的暗箭，将士们自然要求庄公惩处暗箭伤人的罪魁。公孙阏与颍考叔争车在前，颍考叔在将要立下首功之时死于非命，以郑庄公对臣子的了解，以他的心机与洞察力，不会不知道是谁能够并且敢于在此时刻对颍考叔暗下杀手，但是，他却佯作不知。郑庄公或许考虑，公孙阏有同宗之亲，不愿对其加以追究，况且颍考叔已死，即便追究公孙阏，也不能让颍考叔起死回生，加之眼下用兵频繁，公孙阏乃是可用之才，不能在此用人之际与同宗发生隔阂，因此他不愿真正查明事情真相。但是，作为国君，他必须给作战用命的将士们一个交代，以稳定军心；必须给颍考叔特殊的荣誉，以安慰死者。于是，他想出以巫术方法来诅咒暗害颍考叔之人，以平息将士们的愤怒，安慰死者的灵魂。

春秋之时，一百名士兵称为一卒，二十五人称为一行。郑庄公命每卒贡献雄猪一头，每行则或者贡献狗，或者贡献鸡，用来祭祀神灵，诅咒射死颍考叔之人。这种求神弄鬼之事，自然骗不了明眼之人。因此《左传》引君子评价道："失政刑矣。政以治民，刑以正邪。既无德政，又无威刑，是以及邪。邪而诅之，将何益矣。"即是说，公孙阏暗箭伤人之事，是由于庄公不行德政，又没有威刑，因此臣子才会有这样的恶行。对这种恶行只是行诅咒，于政事、刑事均无补益。

但郑庄公不失为一代枭雄。他有韬略，有胆量，有气度，也有阴谋，有霸道，有心计，他联合齐、鲁，讨伐宋、卫这两个中原大国以及许、郲等小国，奠定了郑国在春秋初年的大国地位，使得郑国后来居上，称雄一时。

# 第十二章　鲁隐怀仁暗遭毒手，宋殇狭隘死于非命

　　鲁国虽为礼仪之邦，但鲁国历史上却不乏弑君篡位的血腥之举。据《竹书纪年》与《史记》记载，西周昭王年间，鲁幽公为其弟鲁微公弑杀；西周宣王年间，鲁懿公为其侄子伯御弑杀。所谓弑，是下位之人杀君上。伯御执政十一年后为周宣王讨伐并诛杀，因其不得周天子的承认，因此无谥号。春秋初年的鲁隐公，是鲁国历史上被弑杀的第三位国君，也是《春秋》记载中被弑杀的第二位国君。

　　鲁隐公是鲁惠公的长子，却非嫡出。鲁惠公元妃为孟子，即子姓的宋国国君之长女。不幸的是孟子并未生育便撒手人寰。其后，同为宋女嫁与惠公为妾的声子，生育了惠公长子息姑，即后来代嫡子摄政的鲁隐公。此后，惠公又娶宋武公之女仲子为正室。据说仲子生来手掌纹路有"鲁夫人"三字，因此宋、鲁两国再次结亲，仲子嫁与鲁惠公为夫人，生嫡子允，即后来的鲁桓公。鲁隐公的悲剧在于身为庶长，摄政守成，颇能服众，因而见疑于嫡。

　　据《左传》记载，周桓王八年，鲁隐公十一年，即公元前712年，鲁国大夫公子翚弑隐公。公子翚字羽父，当为鲁国先君之后，因此称公子。春秋时代，称公子、公孙者，均为先君之后。从《左传》记载的下述两件事来看，公子翚为人强势，在鲁国朝廷颇有影响力。一件事发生在周桓王元年，宋国、陈国、蔡国、卫国联合讨伐郑国时，公子翚向鲁隐公建议与四国联手伐郑，隐公不允。但由于公子翚力主固请，最终得到隐公默许，公子翚领兵出征。另一件事发生在周桓王五年，鲁国司空无骇去世，无骇祖上当为鲁国国君之后，其本人为公孙之子，生前无氏，因此公子翚请隐公赐无骇以谥号并赐氏。鲁隐公询问众仲，众仲道："天子立有德之人为诸侯，因其所生赐姓，封之土地并命之氏。诸侯封大夫，以其字为谥，后人以为氏。有功之官，可以官职为氏；有封邑者，可以邑名为氏。"于是隐公便以无骇是公子展之孙，命之为展氏。由此两事，可见公子翚在鲁国朝廷的影响。

　　公子翚既然能够影响鲁国朝廷，甚至左右隐公，自然滋生了攫取更大权

力的野心。见隐公于内政外交有所作为，便私下讨好隐公道："百姓都称颂我君，国君应当顺应民意，自立为君。"他建议由他自己帮助隐公杀掉惠公嫡子、隐公异母弟允，如此隐公将来便无须还政，便可长居君位，作为回报，他要求隐公任命他为太宰，执掌相印。隐公是仁义之君，明确回答道："只是因为允弟年幼，我才代为执政，待允弟成年，必将还政于允。我已派人营建养老之所菟裘，即将还政于允，离开国都去菟裘养老。"隐公表示还政以后便离开国都，可见隐公是真心要还政于允。公子翚原本以为他的提议是基于他们君臣各自获益，可以一拍即合，谁知被隐公一口回绝。这一结果使得公子翚心中忐忑：既没有讨好隐公，又有可能被嫡子允得知而得罪于未来的新君。于是公子翚一不做，二不休，又去向允进谗言，说是隐公恋权，不愿还政，想要除掉嫡子允。结果允为了自己的君位动了杀心，请公子翚择机弑杀隐公。

鲁隐公为公子期间，曾在与郑国交战期间被郑国俘获，囚禁在郑国大夫尹氏家中。鲁隐公一方面贿赂尹氏，一方面向尹氏供奉的神祇祈祷。或许是贿赂起了作用，或许是尹氏从其供奉的神祇那里得到了什么启示，或许是隐公言行获得了尹氏好感，尹氏居然为了隐公舍弃了在郑国的地位，随同当时只是庶公子的隐公来到鲁国。此后，隐公不忘尹氏之神的庇佑之恩，一直在鲁国供奉尹氏之神，并按时斋戒祭祀。十一月间，公子翚趁隐公祭祀期间斋戒后宿于大夫𫍯氏家中时，派人刺杀了隐公，然后嫁祸于𫍯氏，一面立允为新君，一面派兵诛杀𫍯氏。隐公谥"隐"，据《逸周书·谥法解》，"不显尸国曰隐。隐拂不成曰隐"。"隐，哀之也。"对于隐公而言，在其位，谋其政，但行事低调，或为"不显尸国"，其退让不成，以致身死，确实可哀。

在隐公被弑后一年多被弑的宋殇公，其被弑则当是咎由自取。宋殇公与夷是宋宣公嫡子，宋宣公去世前不立与夷，而定要坚持立弟弟和为储君，或许是与夷年幼，抑或是宋宣公认为与夷不足以托付国事，而弟弟和贤明有德，所以才坚持"兄终弟及"。穆公临终前坚持要将君位传给与夷，但与夷继位后的所作所为，实在有负于宣、穆二公。宋宣公与宋穆公虽然并无大的作为见著于现存的史书记载，但从他们的谥号可知，臣子对二人的评价是很好的。而殇公在史书上留下的，却都是负面的记载。据《逸周书·谥法解》，"短折不成曰殇"，然而宋殇公被弑之时应已经成年，因为宋穆公在位九年，宋殇公继位之时至少该有十几岁了，他本人在位十年，是应当为宋国政事负责的。

据《左传》记载，"宋殇公立，十年十一战，民不堪命"。宋殇公首次对外作战,是受卫国弑君并试图篡位的州吁煽动,联合四国攻打郑国,宋殇公的目的是要除去自己潜在的政敌、寄居郑国的宋穆公之子冯。十年之中的十一战,绝大多数都与郑国有关。殇公的此种心胸,相比宣公"圣善周闻",和穆公"布德执义""中情见貌",可谓缺德少量。宋殇公一旦启动了对外战争,最终结局便不是他能够左右的了。周桓王元年,即公元前719年,以宋国为首的四国联军首次伐郑,围困郑国东门五日,同年又攻郑抢夺了郑国的粮食,这两次战争宋国虽然似乎小胜,但之后却遭郑国报复,互有胜败。而到了桓王六年,郑庄公以周王之命讨伐宋国之后,宋国便渐处于不利地位。但宋殇公依旧倾国家之力去挑起新的战端,攻打对方阵营的小国,并伺机报复郑国,最终导致桓王八年的大败。可以说,殇公之败,败在其心胸狭隘,睚眦必报,也败在其才具不备,不识时势。

殇公不知务本。殇公已经名正言顺地继承了宋君之位,掌握了国家政权,而其政治对手也已经避居国外。殇公已经占尽了天时地利。此时他只需勤政爱民,鼓励农事,不难巩固地位,争取民心,稳定政权。但他却不知务本,而想依靠外力,依靠武力,去扼杀潜在政敌,稳固统治,结果劳民伤财,丧失民心,适得其反。

殇公不能容人。殇公非但不容潜在的对手公子冯,也不容其他诸侯保持中立。于是他使自己的盟友越来越少。在宋、郑互攻时,宋国使者未以实情相告,因此鲁隐公没有出兵相助。虽然之后鲁隐公曾想挽回与宋国的关系,但殇公记恨在心,疏远鲁国,导致鲁隐公最终与宋国断绝关系。宋、卫、蔡三国本为盟国,但就在共同攻伐戴国获胜之后,盟国却分崩离析,反使郑国得以一国兵力包围并战胜三国之师,如此在两日之内便转胜为败,宋殇公作为盟国主导者,自然难辞其咎。

殇公不识时势。殇公既然与郑国为敌,在周、郑不和之际,便应该格外注重与周天子的关系,以便争取周王和更多诸侯的支持。但殇公非但不尊重周王朝,还四处树敌,恃强凌弱,以致让郑庄公抓到其不敬周王的把柄,借王命号召诸侯讨伐宋国。在宋国失败后,殇公依旧不知进退,试图重整旗鼓报复郑国,最终遭到惨重失败。

殇公不具才能。于军事战略与兵法战术方面,殇公非但不能纵横捭阖,而且可以说丝毫不具备基本常识。从军事战略而言,战而不胜,不如不战;从兵法战术而言,伤其十指,不如断其一指。而殇公攻伐他国,轻易举兵,目标不明，或略有小胜便班师，或劫掠一番即回国，根本没有确定的战略目标。一旦休战，又轻信盟约，而不能进一步结交各诸侯国，改善宋国的外交环境。

殇公还不能用人。殇公是因穆公托付孔父嘉执行其遗嘱，由孔父嘉辅佐登位的。孔父嘉乃是穆公为殇公留下的辅政之臣，是殇公的股肱之臣。但可以肯定的是，殇公并没有给予孔父嘉应有的尊重，更没有赋予他以足够权威，因此才导致孔父嘉被杀。宗室之子华父督因贪恋孔父嘉之妻的美貌，造舆论将宋国兵连祸结归咎于孔父嘉，并率人攻杀他，霸占了孔父嘉之妻。试想，如果孔父嘉大权在握，深受君恩，怎敢有人觊觎其娇妻，怎会左右无人而惨遭杀害？孔父嘉被杀，殇公才感到痛惜，斥责华父督不该擅杀重臣，而华父督则一不做二不休，索性弑杀殇公，而迎立公子冯，自己也得以大权在握，当上宋国之相。殇公不能治国安民，最终导致自身被弑，与其不能用人有很大关系。宋殇公是《春秋》历史上被弑杀的第三位国君。

# 第十三章　郑庄修好重礼结鲁，鲁桓贪誉取鼎于宋

周桓王三年，即公元前717年，郑庄公为缓和与周天子的关系，开始朝拜桓王。此时的郑庄公已经年届不惑，更加成熟，他改变了强硬的外交手段，开始致力于结交诸侯，修复关系。鲁国便是郑庄公注重结交的目标之一。

郑国与鲁国是有宿怨的。在鲁惠公时期，郑国与鲁国曾有摩擦，以致兵戎相见。鲁隐公摄政后，便四处外交。隐公元年，即公元前722年，隐公先与邻国邾国盟约，随后又与宋国媾和。鲁国与宋国本为姻亲之国，但鲁惠公末年，两国起了争端，鲁国军队曾攻入宋国，打败过宋国军队。隐公借此优势，与宋国讲和，重新建立了正常的交往关系。宋、郑交恶后，宋国曾求助于鲁国，但隐公基本保持中立。因此郑庄公便试图与鲁国修好，以改善邦交环境。

郑庄公开始是想与鲁国交易，换取各自的利益。或许是在平王东迁之后，因郑武公护驾有功，周平王将离泰山较近的祊邑赐予郑桓公，作为天子祭祀泰山时的助祭之地。祊邑只是在天子驾临祭祀泰山时在此地沐浴斋戒，平时的管理与收益则归郑国。但因周王朝东迁之后日渐衰微，泰山祭祀仪式实际已经废弃，祊邑收益全归郑国所有。这本来对郑国无害，但祊邑远离郑国本土，管理与收益本就不便，郑国与邻国结怨后，管理与收益更加不便。因此郑庄公便想将祊邑与其他国家交换。鲁国乃周公嫡系传承，周公为周成王经营成周洛邑多年，周成王年间，成王便将洛邑附近的许田赐予周公，因此鲁国一直拥有许田的管理与收益权，并在洛邑建有周公别庙。但许田远离鲁国本土，管理与收益也很不方便。于是，郑庄公便想以郑国的祊邑，来交换鲁国的许田，以换取各自便利。

祊邑位于今山东省费县东的许由城村，此处有约12万平方米的夯土城址遗迹，称作许由城，是延续了鲁国飞地许田之名。许田位于今河南许昌市东北的许田村，据说许田为帝尧时代高洁隐士许由隐居拓荒之地，因此称许田。有此历史传说，因此山东费县今天所称作许由城村的地名也有其渊源。

据《左传》记载，周桓王五年，即公元前715年，郑庄公派使者到鲁国进

行交涉。郑庄公提出，将来天子要祭祀泰山，郑国不再承担助祭之责，而由鲁国担任，郑国愿意将祊邑交予鲁国管理，希望鲁国能同意由郑国提供周公别庙的祭祀供品，将许田交付郑国管理。郑庄公一定是想，让鲁国承担天子助祭，是有其名而无其责的纯粹名利双收的获益之事，而由郑国承担周公别庙祭祀供品，却是一年四季必不可少实际承担责任之事，鲁国应当不会不同意。因此郑庄公便派郑国大夫宛将祊邑的管理权移交给了鲁国。但诸侯国之间不经天子决定，私下交换天子赐予的土地，显然是违背礼制之举。或许鲁隐公有所顾虑，虽然没有拒绝祊邑的管理权，却没有交出许田的管理权。由于郑国战事不断，此事便拖延下来。

鲁隐公被弑后，鲁桓公元年，郑国与鲁国都有进一步修好之意，因此郑庄公与鲁桓公在第三方——卫国之地垂邑会面。垂邑位于卫国东南部，离卫齐、卫鲁边界均很近，在今天山东省甄城县东南刘堌堆。郑庄公提出，郑国愿意以祊邑加上珍贵的玉璧与鲁国交换许田，由郑国祭祀周公，鲁桓公欣然接受。天子赐地私相授受，在鲁隐公处尚有顾忌，而鲁桓公则已经不再顾及周朝的礼制了。并且鲁桓公还有更遭非议之举。

周桓王十年，即公元前710年，宋国华父督杀孔父嘉，弑殇公，实为乱臣贼子之举，但由于华父督从郑国迎立公子冯，即宋庄公，讨好了郑国，又以大量财物贿赂郑、齐、鲁、陈等国，得到了各大国的认可，所以居然当上了宋国之相。华父督贿赂鲁国的，是郜国大鼎。郜国始封之君是文王之子，因此是姬姓之国。郜国地处鲁、宋之间，即今天的山东省成武县东南郜鼎集。郜国有南北两座相距仅一公里的城池，西周末年或春秋初年间，南郜邑为宋国所占，成为宋国之邑城。鲁隐公末年，鲁国与郑国等国伐宋，鲁国攻下南郜邑，郑庄公便将它划归鲁国。如今华父督为了讨好鲁国，将宋国从南郜邑夺得的郜鼎献给鲁国。

鲁桓公获得郜鼎后大喜，命将郜鼎取回鲁国，陈列于太庙之内，以示功绩。这显然是违背周朝礼制之举。相传夏禹曾收九州之铜，铸成九鼎，以一鼎代表一州。夏禹功成铸鼎，于是鼎便成为代表国家的重器，不仅是纪功表功的礼器，而且是象征统治权力的传国重器，所谓"定鼎"，便是取得统治权。按照周朝礼制，礼乐征伐自天子出，则灭国移鼎之事只能出自天子，诸侯不得相互征伐，更不得随便灭亡他国，图取他国社稷重器。

将郜国传国之器公然陈列在鲁国太庙，对于此等违制之举，号称礼仪之邦的鲁国国内自然会有批评的声音。鲁国臧僖伯之子、大夫臧孙达谏道："为人君者，言行必须昭示德与义，杜绝违背德义的行为，这样才能成为百官的榜样。即便如此，为君者依旧应当有所畏惧，畏惧因失德而失国，所以必须为子孙树立榜样。庙堂不覆以瓦而覆以茅草，辂车不覆以皮革而铺以草席，肉食不调以五味而煮之以白水，主食不食舂米而食糙米，这些做法都是昭示节俭之德。但祭祀服饰、祭祀用品则不可简约，天子与诸侯的礼服、冠冕、笏饰、服饰等，必须尊卑有度，不可偏废。"臧孙达所言的这些服饰，其质地、颜色、大小、花纹、数目等方面，古代一直有着严格的规定。例如，天子用笏质地为玉，长三尺，诸侯用笏质为象牙，较天子之笏为短，大夫与士用笏为竹，且更加短，大夫之笏饰以鲛鱼皮与士区分。天子所用束腰大带为生丝带，大红为里，全带两侧饰以彩帛，诸侯大带亦为生丝带，但无红色之里，全带两侧亦饰彩帛，大夫亦用生丝带，但只下垂部分饰以彩帛，士则用熟丝带，不饰彩帛。这是因为，生丝不脱胶，因此织出锦缎挺括，熟丝则脱胶柔软，适于制作内衣。束腰为饰品，因此讲究鲜艳与挺括，而不必讲究舒适。天子与诸侯可穿皮底加木底双层底的鞋，卿大夫在着礼服的场合穿双层底鞋，平时则穿单层皮底鞋，士则只能穿单层皮底鞋。天子固定冠带用玉笄，两旁所坠充耳为玉质，诸侯之笄与充耳则以似玉之石为之。其余如马缨、旌旗的旒带数目，自天子以下也各有不同，天子十二旒，公九旒，侯伯七旒，子男五旒；刀鞘、刀把的装饰也各不相同。再如天子衣裳卤簿等，上面的日月星辰，山水龙虫等图像，以及卤簿的鸾铃之属，都具有其象征意义，是诸侯卿大夫不能僭越的。臧孙达依据凡此种种规制言道："所谓君德，便是既节俭自律，又不失礼制规定，如此君临百官，才能威慑百官，使得百官不敢违反礼制。如今国君违背德义，将受贿所得的郜鼎置于太庙，是明示百官可以僭越礼制。如此，以后若百官违反礼制，国君还能诛伐他们吗？国家之败，败在官吏。官吏失德，便无法杜绝贿赂之风。将郜鼎置于太庙，还有比此更加败坏礼制的行为吗？"臧孙达还指出，武王克商之后，将夏禹制作的九鼎迁到洛邑，尚且引发诸如伯夷、叔齐这样的义士非议，何况国君将昭示违礼乱制的受贿礼器置于太庙！但桓公根本听不进臧孙达的谏言，将郜国之鼎置于太庙作为奉献给祖先的礼器，作为炫耀自己功绩的证明。此后的鲁国，较之隐公时代的鲁国，自然在遵守礼制等方面大有退步。素有礼仪之邦称谓的鲁国尚且如此，其他诸侯国便更加不守礼制了。

臧孙达便是谏鲁隐公不可至棠邑观鱼的臧僖伯的儿子。臧僖伯是鲁孝公之子，鲁惠公之弟，惠公与隐公时代任鲁国重臣，以知礼著称。臧孙达继承了其父的知礼守礼品格，因此在鲁桓公失礼之时敢于进谏。周朝内史得知臧孙达进谏之事，评论道："臧孙达的后裔可以长期享受鲁国爵禄了！国君有违礼制，不忘谏之以德。"果然，鲁国大夫中，臧氏所享爵禄达二百年以上。

# 第十四章　周郑再斗王师败北，楚国崛起楚武称王

对于郑庄公以王命号令诸侯，纵横捭阖，霸气十足，周桓王一直心怀芥蒂。周桓王八年，即公元前712年，《左传》记载："王取邬、刘、蒍、邘之田于郑，而与郑人苏忿生之田：温、原、樊、隰郕、欑茅、向、盟、州、陉、隤、怀。"这些城邑均于今天河南省境内，邬邑于洛阳市偃师区西南；刘邑于洛阳市偃师区西南陶家村一带，有刘国故城遗址；蒍邑于洛阳市孟津区东北；邘邑于焦作市沁阳市西北的邘台村，有邘国故城遗址；温邑于焦作市温县西南招贤乡，有温国故城遗址；原邑于济源市境内；樊邑于济源市境内；隰郕于焦作市武陟县西南；欑茅于新乡市获嘉县境内；向邑于济源市南；盟邑于孟州市南；州邑于温县东北；陉邑于沁阳市西北；隤邑于获嘉县北；怀邑于武陟县境内。

这是周桓王强加于郑国的不平等交易。《左传》记载道，时之君子因此知桓王必定失去郑国。恕道，为德之则，礼之经。苏氏早已叛王，王已失去对苏氏十二邑的控制，却以己所没有占有之土地，交换他人的土地，他人不来朝见，不是理所应当的吗？所谓恕道，孔子后来总结为"己所不欲，勿施于人"。桓王以自己失去的城邑交换郑国城邑，自然引发郑国不满，周郑矛盾进一步加深。

因郑庄公在一定程度上对周桓王采取妥协态度，桓王开始膨胀。在经营多年之后，桓王再次削去郑庄公的权力。周桓王十三年，即公元前707年，桓王免除了郑庄公左卿之职，以周公黑肩取而代之，并依旧以虢公为右卿。郑庄公自然便不来朝见了。于是桓王以此为由，组织王师亲征郑国。桓王亲自担任中军主帅率领王师，以虢公林父为右军主将，率领蔡国与卫国的兵马，以周公黑肩为左军主将，率领陈国的军队，三路兵马浩浩荡荡讨伐郑国。

其实，桓王此次组织讨伐，并未占有天时地利与人和。周王朝已经走向衰落，天时已经不在王室。王师远征，又不占地利。而此时的郑庄公经过多年经营，已经与齐国、鲁国等中原大国相互之间取得了默契。据《左传》记载，桓

王曾派使者前往鲁国，却没有记载使者的使命。可以猜测，桓王或许是想得到鲁国的帮助，但鲁国却没有在天子与郑国之间做出明确选择，而是保持中立。所以桓王并不占有诸侯之人和。况且，陈桓公新丧，桓公之弟佗杀太子自立，陈国正处于不稳定的内乱时期，军队的战斗力可想而知。桓王动用陈国军队，劳师远征，也不占有军队之人和。而桓王讨伐的又是多年各处征战的郑国，因此并无胜算。

郑国的公子突又一次显示了他的军事才能。他请郑庄公分三个方阵迎战王师，以左侧方阵迎战虢公林父所率的右军，以右侧方阵迎战周公黑肩所率的左军。他说："左军是陈国兵马，陈国内乱，军士必无斗志，我们掩杀过去，他们必定逃跑。中军天子的兵马看到后，也必定引起混乱。右军是蔡国与卫国的人马，战斗力本就不强，也会争相撤退。这样，我们便可集中兵力攻打中军的王师，一举成功。"郑庄公认为公子突的建议很有道理，便依此行事，以公子忽为右阵之将，以祭足为左阵之将，自率中军并以原繁、高渠弥为辅佐，来迎战王师。郑国将军队结成鱼丽之阵。所谓鱼丽之阵，当是以二十五乘兵车居前，以伍卒为后，弥补兵车之间的空隙，联合杀敌。

两军对阵，郑庄公命令挥动旌旗，擂起战鼓，以左右两个矩阵同时出击。王师阵营左右二军的陈国、蔡国和卫国军队均纷纷败退，争相逃跑，中军桓王所率王师也开始混乱。郑国左右两路兵马并不去追赶陈、蔡、卫等国败兵，而是转而夹击桓王中军。在郑国三路兵马的围攻之下，王师大败。郑庄公的大夫祝聃射中桓王之肩，桓王虽然受伤，尚能带伤指挥王师撤退。祝聃见王师败退，请庄公下令追击，庄公则道："君子并不想凌驾于他人之上，更何况凌驾于天子之上！我们此战只是自救，只要保得郑国免于亡国，就足够了。"于是下令收兵。晚上，郑庄公派祭足去慰问受伤的桓王以及桓王手下。

郑庄公如此行事，表明他能够恰到好处地把握政治与军事之度。王师来伐，他不能不战而降，他若不战而降，便是自认有罪，称雄诸侯的前功尽弃，但他又不能大胜王师，以招来天下嫉恨，因此他只能小胜即止，寻求双方以体面的方式罢兵。他派人慰劳王师，便是要给足桓王面子和理由，使桓王收手退兵。此时的郑庄公，已经感到了南方楚国的威胁，他要防止两面受敌的危险，最好的方法便是既显示自己的强大，又显示自己深知进退。这场战争最终以郑庄公需要的局面结束。

周桓王经此一败，再无力向郑国发难。桓王十五年，被桓王让与庄公的原属苏忿生的盟邑与向邑，先是倒向郑国，之后又背叛郑国，因此招致郑国联合齐、卫两国的讨伐。盟邑、向邑向桓王求助，桓王既然将此两邑划归郑国，自然不好插手，只得将两邑不愿归属郑国之民迁于郏邑，而将盟邑、向邑土地让与郑国。

郑庄公对楚国的担心很快成为事实，就在周桓王伐郑的第二年，即公元前706年，楚国便向汉水以东拓展，入侵随国。据《史记·楚世家》记载："楚之先祖出自帝颛顼高阳。"高阳为黄帝之孙，昌意之子。高阳的重孙重黎为帝喾高辛氏之火正，掌管民事，功劳甚大，使得天下光明，于是帝喾命曰"祝融"。祝为大，融为明。之后共工氏作乱，帝喾派遣重黎诛伐，重黎没有诛尽共工氏，因此帝喾诛重黎，而让其弟吴回为重黎之后，任火正，为祝融。吴回之子陆终生子六人：长子名昆吾，次子名参胡，三子名彭祖，四子名会人，五子名曹姓，六子名季连，芈姓，楚国便为季连之后。昆吾氏于夏朝时曾为侯伯，后为商汤所灭。彭祖氏于殷商时曾为侯伯，于殷末被灭。季连之孙穴熊，其后裔式微，或在中国，或在蛮夷。周文王时，季连后裔鬻熊，事文王如父。其重孙熊绎于成王时，成王"封熊绎于楚蛮，封以子男之田，姓芈氏，居丹阳。楚子熊绎与鲁公伯禽、卫康叔子牟、晋侯燮、齐太公子吕伋俱事成王"。熊绎的数世后裔熊渠处于周夷王时代，王室衰微，诸侯不朝，相互征伐，熊渠甚得江汉之民心。熊渠道："我蛮夷也，不与中国之号谥。"于是自立为王，并立其长子康为句亶王，次子挚红为鄂王，少子执疵为越章王，皆在楚蛮之地。周厉王时，厉王暴虐，熊渠畏厉王伐楚，自去王号。周宣王年间，熊渠之重孙熊霜死，其余重孙三人争立，最终熊徇得立。熊徇之孙熊仪立，是为若敖。周平王年间，熊仪之子熊坎立，是为霄敖。熊坎之子熊眴立，是为蚡冒。之后，周平王三十年，熊眴去世，其弟熊通杀侄自立，是为楚武王。

楚武王野心勃勃，稳固汉水流域，伺机北进觊觎中原。周桓王十四年，楚武王三十五年，楚国伐随。据《史记》记载，随人道："我无罪。"楚武王道："我蛮夷也。如今诸侯反叛王室，相侵相杀，我有甲兵，因此欲参与中国政事，请王室加我爵位，尊我封号。"随国为姬姓之国，因此楚武王让随人赴成周请尊楚子。但王室不允，随国回告楚国。楚武王三十七年，熊通怒道："我祖先鬻熊，乃文王之师，早卒。成王举拔我先公，赐子男爵位之田，令居楚地，蛮夷皆服。周王不加封爵位，我便自尊。"于是熊通自立为楚王，与随国盟约之后撤军。从此楚国开始向汉水以东地区拓展。熊通自立为王，死后谥"武"，史称楚武王。

## 第十五章　随黄不从楚武试刀，芮国内乱秦宁东进

楚国攻打随国，《左传》与《史记》所记载时间相同，事件却有所不同。据《左传》记载，周桓王十四年，即公元前706年，楚武王侵随。楚国最初建都丹阳，楚武王后期迁都于郢。丹阳或言在今天湖北省宜昌市秭归县东南，或言在宜昌市枝江市东北，或言先都秭归后迁枝江。楚国都城一直不离江水流域，郢都在今天荆州市荆州区。公元前706年前后，不论楚国都丹阳或郢，楚国势力均在汉水以西。

随国始封之君是与周王朝同姓、又为文王四友之一的南宫适，所封之地扼守重要的南北交通要道，在今天湖北省随州市。楚国侵随，或许只是想威慑随国，亦知尚不具备力量占领与巩固汉水以东的随国之地，因此侵随之后，楚武王便派遣使者赴随都和谈，楚国军队则驻扎于随国瑕邑，等待和谈结果。楚国使者薳章为楚蚡冒之子，楚武王之侄，以食邑薳邑为氏，因称薳章，薳氏后世亦多为王臣。随国面对楚国兵临城下，自然求之不得楚国罢兵，便派遣少师赴楚营和谈。

楚国宗室斗伯比向楚武王提出建议。斗伯比为若敖熊仪少子，武王之叔，封于斗邑，为楚国斗氏之祖，斗氏一度为楚国望族。斗伯比向楚武王道："我国一直不能拓展到汉水以东，我有办法。我国一直在扩充兵力，装备兵器，试图用武力征服汉水以东。汉水以东诸国害怕我们，因此比较齐心，很难离间他们。以我之见，汉水以东的诸侯国，随国为大，如果使随国张扬起来，必然会抛弃那些小国，小国也会疏远随国。这样，我们楚国的机会就来了。随国少师骄傲奢侈，我们就从他那里打开缺口。我们应当对他示弱，让他自满。"但是楚国大夫熊率且比认为，随国有贤臣季梁，这种方法不起作用。斗伯比则道："只要让随国少师获得随君的信任，后事可图。"于是楚武王按照斗伯比的计划，收敛楚军锋芒，迎接随国少师，向随国少师示弱。

随国少师果真上了楚国人的当，回去对随侯道，楚国军队并不像传言那样强大，又主动求和，因此不足畏惧。他请随侯下令乘楚国班师之际出兵追击

楚军。季梁向随侯谏道:"天时已使楚国强大,如今楚国故作弱态,就是要引诱我们上当。国君为何急于出兵与楚国交战?臣闻,弱小之国所以能对敌强大之国,乃因小国遵循天道,大国骄奢淫逸。所谓天道,便是国君对民众尽心尽力,对神祇诚实守信。国君设法为民众谋利,便是忠于民众,祝史向鬼神不虚美国君,便是对鬼神诚信。如今我国百姓饥寒,而国君还在尽力满足自己的欲望,祝史浮夸矫饰,蒙骗神祇,随国如此,怎么还能对楚国用兵?"

随侯反驳道:"祭祀神祇,我用作牺牲的牛是纯色健壮的全牛,用作祭祀的谷物也十分丰盛,怎能说对神祇不够诚信?"

季梁道:"民众乃神祇之主。因此圣贤之君先安定民众,然后侍奉鬼神。祭祀神祇,之所以要奉上肥硕的牺牲,是告诉神祇,我们的民力保存完好,六畜繁盛健壮,没有羸弱疾病;之所以要奉上洁净丰盛的谷物,是告诉神祇,我国不害农时,民和年丰;之所以要奉上醇香的美酒,是告诉神祇,我国上下都遵守醇厚的美德,没有违心谄媚之事。只有不误三季农时,体恤民力,谨修五教,使得父义、母慈、兄友、弟恭、子孝,和睦九族,使得亲疏有度,并且身心洁净,恭敬事神,才能使得百姓和集,鬼神降福,内外政事有所成就。如今民众各怀心思,鬼神失去主导,国君虽然独享丰盛衣食,并将丰厚的祭品奉献于神祇,又怎能算作国家有福呢?国君姑且修清明之政,亲汉阳诸兄弟之国,才能免除来自荆楚的灾难。"随侯终于听进了季梁的忠言,内修政事,外交诸侯,使得楚国暂时终止了攻伐随国的计划。

但征服随国、插足中原是楚国的既定方针,两年之后,周桓王十六年,楚国又兴兵伐随。起因是楚武王于楚地沈鹿召集江汉流域诸侯集会,随国与黄国没有到会。沈鹿位于今湖北省钟祥市东,可见当时楚国势力已经达到汉水以东。黄国位于今河南省信阳市潢川县西北,虽于淮水之南,但尚不在刚刚越过汉水的楚国势力范围之内。随国为姬姓之国,黄国为嬴姓之国。据考古成果证明,随国与曾国为一国两名。从湖北省枣阳市曾侯墓区考古发现明器铭文,可知随、黄两国为姻亲之国。此时楚武王已经称王,随国和黄国的怠慢之举令楚武王极为不快,于是一方面派遣史臣谴责黄国,一方面兴兵讨伐随国,驻军于汉水与淮水之间。

季梁向随侯建议先礼后兵,先向楚国求和,楚国不允再战不迟。季梁认为这样既可以激发民众的保国热情与斗志,也可以使敌方懈怠。但少师则主张即刻应战,向随侯建议速战速决,不可放走楚人。随侯听信了少师建议,亲自出征。

两军相遇之后，季梁建议道："楚人与中原之人不同，楚人尚左，我君一定要在左师，不与楚王相遇，而猛力攻打其右师，楚人右师一定较弱，在我们的猛力攻打下必定会败退。只要其右师败退，楚人全军也就会败退。"但少师主张随侯要正面迎战楚王。随侯又一次听从了少师的意见。结果随军大败，随侯逃走，少师被俘。

随国吃了败仗，只能向楚国求和。楚武王想乘势灭掉随国，但斗伯比却建议见好就收。斗伯比向楚武王道："我们俘虏了随国少师，其实是替随国除去了痼疾，没有少师的随国，我们现在尚无法攻克。"楚武王听取了斗伯比的意见，接受了随国的请求，盟约之后班师回国。

随国作为一个小国，随侯名字、谥号均不见于史书记载，然而《左传》却记载其贤臣季梁谏君言行，可见季梁思想与言行在当时的影响。季梁无疑深受西周政治思想的影响，明确提出民众为神祇之主，在神人关系、天人关系方面主张以人为主，这是敬天保民思想的发展。季梁的思想又因记载于《左传》而影响到后世政治思想。可见西周文化早已深入江汉流域，《诗序》"文王之道，被于南国"所言不虚。

在楚国将目光投向汉水之东的同时，居于西部边陲的秦国经过多年经营发展，也开始探向中原地区寻找立足之地。秦文公在位五十年，文公太子卒于文公之前，此时的秦君为秦文公之孙秦宁公。据《史记》记载，秦宁公二年，徙居平阳，同时派遣兵马攻打荡社。秦宁公二年为周桓王六年，公元前714年。平阳于渭水之阳，位于今陕西省宝鸡市陈仓区。荡社，据唐司马贞《史记索隐》，为成汤之胤、号称亳王的西戎之君所居之邑。据传荡社于今天陕西省西安市东南。第二年，秦国继续攻打荡社，亳王逃往戎地，秦国灭荡社。秦国占据荡社之后，便可直下桃林塞，进入中原。桃林塞泛指陕西潼关以东、河南函谷关以西的狭长地带。

周初，曾封同姓芮国为畿内国。芮国史上留名的是厉王时期的芮良夫，《国语》记载他曾劝谏厉王不要任用荣夷公，不能效仿荣夷公专利。《逸周书·芮良夫解》记载他向厉王进谏之言。他还作《桑柔》一诗，针砭周厉王时期的乱象，"乱生不夷，靡国不泯。民靡有黎，具祸以烬"。周王朝东迁之后，周平王时期的五十余年间，芮国不见于史书记载。芮国于春秋时期始见于记载的，便是周桓王十一年的芮国之乱。据《左传》记载，此时芮国国君名万，其母芮姜厌恶万拥有许多内外宠幸之人,于是将其驱逐出芮都。芮伯万只能出居魏国。芮国位于今陕西省大荔县东南,魏国位于山西省芮城县境内。或许芮国内乱让秦国找到了东进理由,于是第二年秋,秦国侵芮。但是由于秦国小看了芮国,因此秦军吃了败仗。

芮国内乱,芮伯万固然有错,但其母芮姜驱逐芮伯万另立新君亦是乱制之举。或许周桓王从芮国之乱看到了拉拢秦国、以备抗衡中原诸侯的机会,因此邀请秦国共同出兵魏国。秦国自然不甘心败于小国芮国,且欲继续向东发展,得到桓王之命,当然愿意出兵。于是,据《左传》记载,周桓王十二年冬,王师、秦师包围魏国,捉拿芮伯回周都。周桓王出兵干涉芮国内乱,当是想借助秦国力量,稍微提高一些王室威望;而将芮伯掌握在自己手中,则是想以芮伯为棋子,使王朝在芮国以及周边国家的问题上可进可退。周桓王谥"桓",当是他在位期间,曾出兵试图平定晋国之乱,出兵讨伐郑国,出兵平息芮国之乱,而桓王数度出兵,唯有此次出兵魏国是胜利之举。芮伯后在秦国帮助下回国,但芮国最终为秦国所灭,此均为后话。

# 第十六章　鲁国宫廷太子庆生，郑庄身后诸君争立

如前所述，鲁桓公同意与郑庄公交易，将天子赐地私相授受，又欣然接受宋国贿赂，将郜国之鼎置于鲁国太庙，表明他在名利面前已经不再顾及周朝礼制。然而，鲁桓公虽已在尊王守制层面违背周礼，却在其宫廷生活层面依旧奉行周礼，以维持礼乐之邦的尊荣。

据《左传》记载，周桓王十四年，即鲁桓公六年，桓公嫡长子诞生。嫡长子诞生，是鲁国宫廷大事，依据周朝礼制，国君见太子，当用太牢之礼，即用牛、羊、猪三牲；而且，国君见太子，要占卜士人中吉者抱负太子，可见其隆重。至于为太子命名，桓公也极为慎重，在命名前请教学问深厚的鲁国大夫申繻，何为古人命名的要义。

申繻道，命名有五要，即信、义、象、假、类。所谓信，便是以与生俱来之事物为名，如以生日、声音、掌纹等为名；所谓义，便是以德义命名，取其高尚之意；所谓象，便是以类似之事物命名，取其像物之意；所谓假，便是假借于物用以命名，取其象征之意；所谓类，便是取之于父祖用以命名，取其类似之意。

自周朝制定详细礼仪制度以来，古人对名便极其重视。申繻所言这命名五要，便体现了古人以命名寄托对下一代的期望。取名以信，是认为下一代的命运已由天定，只要取信于天，相信天命，便有其前程。取名以义，是对下一代的道德品行寄予厚望。取名以象，既因象物而有信的含义，又因比喻而有义的寄托，可谓对下一代充满关爱。取名以假，多是期望将象征美好的事物投射于下一代身上。而取名以类，则是期望下一代既能承继父祖之辈，又能青出于蓝而胜于蓝。

但以上是一般而言对下一代的命名，针对鲁桓公所咨询的为太子取名一事，申繻又道："太子命名又有六不，即不以本国国名命名，不以本国官名命名，不以本国山川之名命名，不以疾病命名，不以牲畜命名，不以礼器命名。这是因为，周朝历来礼敬鬼神，有其避讳。君王死后，便会成为祖宗神，便需

避其名讳。因太子之名最终是要避讳的，所以若太子以本国国名为名，因国名不能废，则太子之名终将被废；若太子以官名为名，则将来为避死者之讳，此官名必将被废；若太子以山川之名为名，则将来为避死者之讳，此山川之名必将被废；若太子以牲畜之名命名，则将来此祭祀之牲必将被废，与此相关的礼仪也将被废；而若太子以礼器为名，则将来运用此种礼器的礼仪必将被废。"申繻举例道："例如，晋僖侯名司徒，因此晋国后来废除司徒之职；宋武公名司空，因此宋国后来废除司空之职；我国则以先君献公（名具）与武公（名敖）废除了两座山名。所以国中重要事物均不可以用来为太子命名，以免将来因避讳造成麻烦。"桓公最后决定为太子命名为"同"，因为太子生日，也是桓公生日。既取以信为名之意，又取类父之意。可见桓公对嫡长子降生极为重视。

王侯之名的避讳，或许起源于周朝。周朝的文王名昌，武王名发，是两个极为常用的褒义字。以避讳为礼敬的做法，或许是在周公制定周礼的过程中形成的，成王名诵，似乎取名时尚未考虑避讳的需要。而成王之后，因有避讳要求，历代周王之名便多为生僻之字。成王之子康王名钊，便应考虑了避讳需要。康王之子穆王名满，虽非生僻字，却并非不可避讳之字。穆王满之后，历代周王之名便基本都用生僻字，共王名繄扈，懿王名囏，孝王名辟方，夷王名燮，厉王名胡，宣王名靖，幽王名宫涅，基本不易因避讳而造成麻烦。孝王辟方之名似乎并没有考虑避讳，当是因孝王为共王繄扈之弟，本无太子名分，无避讳需要，他是夺侄孙夷王燮的储君之位登基的。以后历代帝王之家多用生僻之字为名，或登上王位后改名，多半都考虑到避讳的需求。

相比王侯之家生儿有取名的麻烦，王侯死后继承人能否顺利继位更为麻烦。周桓王十九年，即公元前701年，郑庄公走到了生命的尽头。他在位四十三年，使郑国成为春秋初期大国之一。但他似乎没有嫡子，并未明确君位传承。《左传》中有时称公子忽为大子忽，但并非之后一直称大子忽，这似乎意味着郑庄公并未正式立其为太子。确实，庄公的长子忽与次子突各有千秋。公子忽年长，且有军功；公子突军事谋略突出，庄公生前常采纳其计策。他们生母均非元妃，但母国各有背景，又都受宠。于是他们之间的权位之争就难以避免了。

公子忽之母是邓国之女，是由郑庄公非常信任的大夫祭足为庄公迎娶来的。公子忽不是嫡子，但因年长，较早参与国事。周桓王率王师伐郑时，他担

## 第十六章　鲁国宫廷太子庆生，郑庄身后诸君争立

任郑国迎战王师的三个战阵的右军主将。春秋时代中原地区尚右，右军地位仅次于郑庄公亲自率领的中军，据此可以看出他的能力与他在庄公心目中的分量。此战以郑国军队完胜告终，公子忽自然功不可没。此战后第二年，公子忽又率师助齐伐戎，大败戎师，俘获戎师两帅大良与少良，斩首披甲戎兵三百人，并将战俘与戎兵首级献予齐国。这可谓他在军事外交方面立下的又一功劳。因此，庄公去世后，祭足便立公子忽为郑君。

但公子忽虽然勇武过人，缺点也很突出，他为人孤傲固执，气量狭窄，不守礼制，缺乏政治谋略。他曾两次拒绝与齐国联姻，这在以联姻发展与巩固自身势力的春秋时代绝不多见。齐僖公致力于中原外交，两次试图将女儿嫁予公子忽，却均被拒绝。第一次，齐僖公想将爱女文姜嫁予他，他客气地回绝了。在别人看来，与齐国这样的大国联姻是件求之不得的好事，况且文姜美貌。公子忽却道："各人有各人的配偶，齐国是大国，齐国公主不是我的配偶。况且《诗》云'自求多福'，我的前程自取决于我，与大国无干。"第二次，公子忽助齐大败北戎后，齐僖公又想嫁女予他，他再度辞婚。他的理由是："我受君命帮助齐国抗击北戎，如果娶齐国公主，就像因战争而得婚配，劳民娶妻，民众会如何看待我？"公子忽回绝与齐国联姻，与其孤傲性格有关。或许因他母亲为小国之女，他并非嫡子，尽管自视颇高，也确有才能，受到庄公器重，但他心中依旧有母邦为小国、自己为庶出的阴影，因此立志要依靠自身博取前程，拒绝与大国攀亲。第二次辞婚，祭足曾劝说于他，祭足道："公子必须应允婚事！国君多宠姬，如果公子没有大国援助，便无法得到拥立。其余几位公子也可以为君。"但公子忽不为所动。或许公子忽不但有才，而且相貌堂堂，因此齐僖公才总想将女儿嫁给他，这从公子忽的谥号中可以看出。他死后谥"昭"，根据谥法，"昭德有劳曰昭。圣文周达曰昭"。古人认为有脱漏，尚有"容仪恭美曰昭"。或许其容貌也加重了他的孤傲与自负。

公子忽另一个缺点是气量狭窄。戎患是当时中原北方诸国的共同之患，中原主要国家都出兵帮助齐国戍边。打败北戎后，齐国作为主人，自然不能怠慢这些帮助自己防备北戎的诸侯军队，于是以粮食与肉类慰劳各国军队。鲁国为公认的礼仪之邦，因此齐国人请鲁国大夫来拟定慰劳的先后次序。鲁国大夫便以周朝封爵先后为次序。郑国因封爵最晚，便排到了最后。公子忽大怒。他认为这次抗击北戎，郑国功劳最大，理应先受犒劳。他对此事耿耿于怀，数年后，遇到机会，他便要求齐国出兵，并联合卫国，共同讨伐鲁国。由此可见他气量

不大，或许这也是郑庄公最终没有明确以公子忽为太子的一个原因。

公子忽还不守礼制。他于周王处为人质时，被陈桓公看中，欲将女儿许配于他。郑庄公应允了婚事。周桓王五年，公子忽赴陈国迎娶陈国公主回国，未至祖庙告祭，便行夫妻之实。当时陈国大夫陈鍼子送亲至郑国，评论道："如此行事，不可为正式婚姻。欺祖、非礼之举，如何能蕃衍子孙？"日后公子忽果然未能享有郑国祭祀。

公子突是郑庄公的次子，其母为宋国雍氏之女雍姞，虽然不是诸侯之女，但因雍氏家族在宋国很有地位，雍姞有母邦可依靠，亦为郑庄公宠爱。史书虽然没有记载公子突本人曾统兵作战，却记载了他很有军事谋划才能。郑国反击北戎之战与郑国对抗王师之战，均有赖于公子突的谋划。可见公子突是一个很有头脑和谋略之人。但是，他似乎一直在公子忽的阴影之下。对抗王师，他为庄公策划了三个矩阵的方案，但最终率兵作战的是公子忽；庄公去世，祭足首先想到要立的也是公子忽。他作为次子，似乎本来与君位无缘。

公子突既然有谋略，自然不甘心退让。他不像公子忽那样孔武自负，而是精于算计，善于找出对方弱点，借助他人力量。他母亲的家族便是他的助力。于是事情发生了转折，宋国绑架了祭足，威胁他如果不立公子突，就要取他的性命。最终公子突得立，是为郑厉公。本来上位有望的公子忽只好逃奔卫国。

但公子突也有明显的缺点，便是翻脸无情，刻薄寡恩。他靠宋人的力量上位，但不过是相互利用，关系难以长久。他继位的第二年，郑、宋之间便发生了战争。宋人自恃帮助厉公获取君位，不断向他索取约定的财物，于是厉公翻脸，联合纪、鲁等国与宋国等开战。宋国则先联合齐、燕两国抵抗，后又联合齐、蔡、卫、陈等国共同讨伐郑国，攻入并焚烧了郑国东门渠门，一度攻入城内大道。联军退出郑都后，又扫荡郑国东郊，占领牛首邑。宋还将郑国太庙之椽拆下，运回宋国，用作宋郊卢门之椽。本来郑、宋两国在郑庄公、宋殇公时便结下仇怨，此种拆毁敌国祖庙的行动更加深了仇怨。

郑厉公是靠祭足等卿大夫拥立得以继位的。祭足作为庄公委以重任之臣，又拥立新君后，很容易越俎代庖，擅权专权。郑厉公自恃有谋略，继位之后想有一番作为，祭足这样的卿大夫便成为束缚他手脚的障碍，于是他必除之而后快。但祭足为两朝重臣，虽然专权，却非反叛，郑厉公不便公开下手，便拉拢祭足的女婿大夫雍纠，让他伺机除掉祭足。雍纠想出一策：正值初夏，约岳父到郊外宴饮，翁婿小聚，祭足不会多带随从，便好伺机下手。但雍纠居然将此事透露给其妻。雍纠夫人心中万分纠结，不知该帮助丈夫还是父亲。情急之下，她去请教母亲："父亲与丈夫谁更亲近？"祭足夫人见她问得奇怪，或许猜测到她的难言之隐，便向女儿道："对于女人来说，每个男人都可以作为丈夫，但父亲只有一个，丈夫怎能与父亲相比呢？"雍纠夫人便向父亲道："翁婿相聚，雍纠却不在家中而在郊外设宴，我感觉此事蹊跷，所以特来提醒父亲。"祭足一听便知雍纠要对他不利，于是先下手为强，杀了雍纠，抛尸郊外。厉公知道阴谋败露，祭足不会善罢甘休，只得出奔蔡国。他出奔时带上了雍纠的尸首，叹道："谋及妇人，也是该死。"郑厉公逃亡，鲁国、宋国、卫国、陈国支持郑厉公复位，四国国君率师伐郑。第二年，鲁侯、宋侯、卫侯、陈侯、蔡侯又率师伐郑。宋国还借兵予厉公，支持厉公长居于郑国边地靠近蔡国的栎邑。栎邑在今天河南省禹州市。或许宋国等国打着支持厉公的旗号，实则亦有分裂郑国、削弱其力量之意。

厉公出奔的同年，公子忽回到郑国，于第二年即国君位，是为昭公。昭公为公子时，厌恶郑国大夫高渠弥，曾力谏庄公不要以高渠弥为卿，但庄公不听。昭公得立之后，高渠弥害怕昭公有一天会除掉自己，便先下手为强，借冬狩之际射杀了昭公。由此看来，昭公虽然一直厌恶高渠弥，却并未要除之而后快，否则他不可能丝毫没有防备之心。昭公性格孤傲又缺乏政治谋略，是他遭到不测的重要原因。

昭公死后，祭足与高渠弥又立庄公之子公子亹为郑国国君。据《史记》记载，公子亹得立后，齐国齐襄公邀请诸侯相会。公子亹当年因年轻气盛，与时为齐国太子的齐襄公结下仇怨，祭足提醒公子亹不要去参加盟会。公子亹则道："如今外有强盛的齐国，内有居于栎邑的公子突，如我不应邀前往，齐国必将会同诸侯讨伐我，立公子突为郑国国君。所以不如我便前去。去了未必受辱，况且事情也不至于坏到那种程度。"祭足老奸巨猾，恐此行不测，托病未随同公子亹前往齐国，是高渠弥作为陪同一起去的。因为双方之前的过节，公子亹到了齐国，端着架子，不行宾主之礼。他以郑国国君自居，认为诸侯会盟按常理不应有失，却忘记了齐襄公喜怒无常，不可以常理揣度。齐襄公一怒之下，令埋伏的武士杀了公子亹，车裂高渠弥。公子亹刚被立为国君不到一年，便死于非命。但以他的脾气，确实也不能成为其父亲那样能屈能伸的政治家。高渠弥杀郑昭公，至此也遭到报应。

公子亹之后，祭足又迎立昭公之弟公子仪。此后很长时间内，郑国国政实际上操纵在祭足等卿大夫手中。公子仪虽然在位达十四年之久，却因后来郑厉公复位而没有谥号。

# 第十七章　父母无道卫子取义，兄妹通奸鲁桓丧生

春秋时期的礼坏乐崩，不仅体现在诸侯争斗、兄弟相残的男人世界，和后妃倾轧、姬妾争宠的内庭后宫，还体现在男女大防、人伦底线被公开破坏等方面。这些在《诗》与《左传》中得到了充分的反映。

据《左传》记载，卫国宣公为太子时，喜欢上了父亲庄公之妾夷姜，与之通奸，生了儿子急子。宣公继位后，立夷姜为夫人，立急子为太子，以右公子职为太子师傅。急子成人后，宣公为急子与齐国订下婚事。待到使者为急子迎回齐国公主后，宣公见新妇美貌，便做出荒唐之举，自己娶了这个齐国公主，即宣姜，而给急子另议婚事。据说，为此，卫国人作《新台》一诗讽刺宣公。诗中道："新台有泚，河水㳽㳽。燕婉之求，籧篨不鲜。‖新台有洒，河水浼浼。燕婉之求，籧篨不殄。"新台为宣公所筑高台，作乐的是丑陋的老夫与美貌的少妻。籧篨为恶丑之疾，一说为癞蛤蟆。卫人以此讽刺年老乱伦的宣公。

宣公有新欢之后，厌弃了夷姜，或许又因夺了急子的新妇，难以面对急子，便开始厌恶他。宣姜为宣公生了公子寿与公子朔，宣公便更加讨厌急子。宣公以左公子洩为寿与朔的师傅，与急子平分秋色。夷姜通奸在前，遭弃在后，自缢身死，急子地位更岌岌可危。公子朔想夺太子之位，常向宣公进谗言构陷急子，宣公再次做出更加荒唐之举。他派急子出使齐国，交付他一面白旄，又让人私下找来强盗，去卫、齐两国的边界暗杀持白旄者。他想用这种方法除掉急子，将太子之死推诿于强盗，避免因废太子而可能引发的朝廷震动、臣子议论。

宣姜的大儿子公子寿是恪守孝悌的仁义君子，他知道了父母的阴谋后，便私下跑去告诉异母兄长急子，让急子逃走。急子一方面愚孝，一方面无奈，他向弟弟道："如果我违背父命，哪里还能有我立足之地呢？除非有一个无父之国能接纳我。"急子所持的观念，便是一些古人奉行的呆板的忠孝观念：君要臣死，臣不得不死；父要子亡，子不得不亡。公子寿见兄长不听劝告，便以饯行为名向兄长敬酒，将急子灌醉。他或许认为，是自己的生母和弟弟经常在父

亲面前进谗言，导致父亲要杀害亲生儿子。既然兄长要尊奉孝道，不如由自己来行孝道，一方面换取太子性命，一方面替父母和弟弟赎罪。于是他取了急子的旌旐向齐国奔去。到了卫、齐边界，强盗见有持白旄的公子过来，便将其杀死。急子酒醒之后，不见了公子寿与白旄，猜到弟弟代自己前往齐国，便急匆匆赶去。在边界之地，他恰好见到强盗刚刚杀死公子寿，尚未离开。他万念俱灰，向强盗道："你们杀错了人，错杀了我的弟弟。现在我是来求死的，请杀了我吧！"毫无怜悯之心的强盗又把急子杀了。之后公子朔当上了太子，便是之后的卫惠公。

三位公子的师傅右公子职与左公子洩哀痛两位公子之惨死，从此与公子朔即后来的卫惠公结怨。周庄王元年，即公元前696年，卫惠公四年，左、右两公子联手立急子同母弟公子黔牟，迫使卫惠公出奔齐国。卫惠公既为齐国公主之子，齐国自然支持惠公，而且依据礼制，臣子更立国君为非礼之举，因此，卫惠公最终在齐襄公的支持下，于周庄王八年至九年，借助齐国、鲁国、宋国、陈国、蔡国之力联合伐卫，得以复位。卫惠公放逐公子黔牟于周王畿，放逐大夫宁跪于秦国，杀右公子职、左公子洩。时之君子认为左、右二公子立黔牟，是没有度察本末。能固位之人，非但需要立本，且要散枝，否则孤立无助，因此立国君不可勉强。卫惠公复位之后，至其去世之年，二十年间，除参加周王卿单伯与齐桓公以王命召集的会盟，并随之出兵外，并无参与诸侯之间的相互征伐，或许正因如此，才得谥"质柔受谏"之"惠"。

卫国人对急子与公子寿之死深感惋惜，作诗哀悼他们，这诗便是《二子乘舟》。诗云："二子乘舟，汎汎其景。愿言思子，中心养养。‖二子乘舟，汎汎其逝。愿言思子，不瑕有害。"诗描写两人乘船渐渐远去，叙述了诗人心中的挂念，但愿二子远离祸难。一般认为，此诗道出了卫人的惋惜与思念。但清代方玉润在《诗经原始》中又分析了另一层意思，即诗人暗含对于二子行为的谴责。诗人以二子泛舟，表达愿二子远行，认为这样既可远祸，又可掩饰双亲之恶。方玉润认为，孝子事亲，应当符合道理，于天理人情均无伤害；如果不通权变，像此二子之行，非但伤害自身，而且也陷双亲于不仁不义。方玉润认为，在这方面堪作楷模的人是虞舜，既能躲避父亲的伤害，不使家庭发生人伦之祸，还能启发他人的道德之心，才是真正的孝子。

据《史记》记载，舜为"盲者子，父顽，母嚚，弟傲，能和以孝"。其父名瞽叟，其母早亡。瞽叟继娶，后母生象。瞽叟溺爱后妻，夫妇两人经常想除掉舜。舜顺事父母，行为笃谨，采取小杖受、但逃避杀身之祸的办法，使得父母欲杀之，而不可得手，欲求之，则常在左右。一次，瞽叟让舜上粮库翻修房顶，待舜爬上房顶，瞽叟抽掉梯子并放火焚仓，企图烧死舜。舜用两顶斗笠为两翼，跳下免死。后来，瞽叟又让舜凿井，舜凿井时在横向挖好一洞，通向其他井。待井挖得够深之后，瞽叟与象便向下填土，企图活埋舜，但舜从横洞得以逃生。瞽叟与象以为舜已死，便开始分舜的家产，象想要舜的两个妻子，即帝尧的两个女儿，答应将家产分给父母。象随后占据了舜的居室，并得意地摆弄舜留下的琴。这时舜回到家中，令象极为震惊，忙以思念兄长为掩饰。舜并没有揭穿他们，而是依旧孝顺父母，友爱兄弟。

舜的这种做法可谓中国智慧，不仅适用父子之间、君臣之间，也可推广至上下级之间、朋友之间、人们交往之间，是中国人保全自身也保全他人的一种伦理行为方式，也是孔子倡导的"中庸"行为方式。

卫国二子虽是愚孝，但二人年纪尚轻，遇事自然不可能思虑周全，且从信念角度，堪称舍生取义，因此卫人之诗还是以同情为主。

卫国宫廷有乱伦之事，鲁国宫廷也不平静。鲁桓公娶文姜，实则是为自己带来了祸难。文姜是齐襄公的异母妹妹，颇有姿色，很受其父僖公宠爱。文姜出嫁时，齐僖公居然不顾礼制规定，亲自送她到鲁国境内。据周礼规定，诸侯国嫁女，如嫁予对等的诸侯国，嫁诸侯的姊妹，由上卿送之，嫁诸侯之女，由下卿送之；如嫁予大国，虽诸侯之女，亦由上卿送之，嫁予小国，则由上大夫送之；如嫁女于天子，则诸卿共同送之，但诸侯自身不送。齐僖公亲自送女出嫁，其实是抬高了鲁国的地位，但也表明僖公爱女之情。文姜在齐国时，便与异母兄长即后来继位的襄公关系暧昧，嫁至鲁国后，与齐襄公依然藕断丝连。齐襄公邀鲁桓公到齐国，文姜随行。鲁国大夫申繻道："女子出嫁之后，男子娶妻之后，宜有界限，不得轻易亵渎规矩。这样才能称作有礼。如果乱了规矩，必会败家。"

周庄王三年，鲁桓公十八年，鲁桓公携文姜到齐国后，文姜又与齐襄公通奸。桓公发觉后，怒责文姜，或许进而怀疑太子同是否自己亲生之子。文姜或许是怕鲁桓公将来会废掉太子同，于是跑到齐襄公处哭诉。齐襄公为了给文姜出气，也为了替文姜确保太子同的地位，便让力士公子彭生对付桓公。齐襄公约鲁桓公宴饮，将桓公灌得半醉，命公子彭生送桓公回馆驿。公子彭生借扶桓公登车之时暗中用力，造成桓公严重内伤。待桓公回到馆驿，众人要扶桓公下车时,发现桓公已经丧命。鲁国国君莫名其妙薨于齐国,鲁国人自然要求齐国做出交代。鲁国人道:"我君敬畏齐君之威,不敢贪图安逸,千里迢迢来齐国修好。然而盟约既成,国君却不再回来。如果齐国对此不能做出交代,恐怕会使诸侯憎恨齐国。请齐国杀彭生以告慰我君。"齐襄公为了平息桓公之死引发的事端,便杀掉了公子彭生。

鲁桓公之死,不像卫国二子之死,人们更多的不是惋惜,而是嘲讽,《诗·齐风》中便有数篇讽刺诗篇。作为一个国君,不能约束夫人,还带着夫人去情人之国,与情敌修好,又死于情敌之手,固然可悲,但也确实难以令人因其可怜而感到同情。然而,鲁桓公谥"桓",他还是有其不惧外强、多方征战的刚强一面。他曾多次率师出征。就在其被杀前一年,当齐国侵犯鲁国疆土,守疆之吏来报告时,他强硬道:"疆场之事,自当慎守,备其不虞。他国来犯,自然当战,何须来报?"或许,他对齐国的这种强硬态度也是他被杀的原因之一。

# 第十八章　江汉纷争楚武逞雄，中原不宁王公求财

虽然楚武王已自称王，楚国强大起来，但江汉地区仍不乏敢于挑战楚国的诸侯国，继随国之后尚有邓国。邓国为曼姓之国，商王武丁首封其叔父，赐姓曼。周代当是延续殷商之封。邓国地处汉水流域，位于今河南省邓州市与湖北省襄阳市境内，考古发现邓国古城位于襄阳市，城墙周长约3150米，此规模当为一小诸侯国。邓国地处中原与荆楚之间，当中原战乱、楚国崛起之际，便需要在南北夹缝中寻求生存之机。据《左传》记载，周桓王十五年，谷伯与邓侯路远迢迢跑到鲁国拜访。谷国位于今湖北省谷城县境，与邓国相邻。他们或许还拜访了其他大国，目的是在北方寻求靠山。北方诸侯自然不愿见到楚国强大，因此，邓国与谷国或许得到了某些大国的允诺。

楚国的崛起影响了整个江水与汉水流域。江水上游，约于今天鄂西、陕南至重庆市辖区内，有巴国。巴国臣服于殷商王朝后，开始与中原往来。周崛起后，巴人参与伐纣，被赐姬姓。《左传》称巴国之君为巴子。子是对小国或要服、荒服之君的指称，如楚国国君则称楚子。周桓王十七年，即公元前703年，巴子派使者韩服到楚国陈情，希望与邓国交好。或许由于巴、邓两国都参加了一年前楚武王发起的沈鹿会盟，楚武王并不反对，派楚国使者道朔引领巴国使者去邓国。但在邓国南部边境的鄾地，两国使者被鄾人袭杀，财物被劫。

江汉流域事实上的盟主楚武王决定向邓国要个说法。他拿出盟主的风度，先礼后兵，派使者薳章前去谴责邓国。邓国自恃有中原大国作为倚靠，竟然并不认错。楚国与巴国当然不能善罢甘休，楚武王便派楚国大夫斗廉会同巴国军队包围了鄾。邓国也派邓国大夫养甥和聃甥率军援助鄾人。但邓国军队或许不想与强大的楚军为敌，因此只攻打巴人，二者难分高下。于是斗廉施了一计。他将楚国军队横列于巴国军队之中，当邓国军队攻过来时，他便指挥楚国军队撤退。邓国军队不知是计，乘势驱赶，将背后暴露给了巴人。斗廉再指挥楚国军队反身与巴国军队一起夹击，大败邓师，进而击溃了鄾人。

然后又有郧国挑头与楚国作对。周桓王十九年，楚国莫敖（即司马）屈瑕

想与轸、贰两国结盟，这两个国家于郧国一南一北，轸国于今天湖北省应城市境内，贰国于广水市境内。郧国与随国交好，感到楚国的威胁后，便陈兵轸国边界，并联合随国、绞国、州国、蓼国准备讨伐楚国。绞国在汉水上游，于今天湖北省十堰市郧阳区西北，蓼国于河南省南部唐河县境内，随国于湖北省随州市境内，郧国于安陆市境内，州国于监利县境内。这五个国家，正好对楚国形成了一个半月形包围圈。郧国请其他四国派兵与郧国合兵一处，对抗楚国。

对于五国将要联兵，屈瑕表示担心，但斗廉认为不必担忧。斗廉道："如今郧国军队驻扎在其境内，防守必定松懈，日夜盼望其余四国兵马到来，并未做临战准备。以我之计，莫敖屯兵于我国境内郊郢，以防御四国之兵，而我则率领一支精锐之师，连夜奔袭郧国。郧人如今依赖其城邑，盼望联军的到来，因其有所依赖与期待，定不会顽强作战。如果我们能打败郧国军队，那么其余四国军队便会自动撤退。"屈瑕道："既然要主动进攻，我们何不请王派兵增援？"斗廉道："军队作战在于齐心协力，不在人多。当初殷商不敌周武王，您当知晓。周武王只有兵车三百，虎贲三千，殷商军队倾巢而出，又有何用？"屈瑕仍不放心，提议卜卦。斗廉自信地道："卜卦是为决疑，我们没有疑问，卜卦作甚？"屈瑕同意了斗廉的计策。斗廉领兵突袭郧国军队，在郧地蒲骚打败了郧师。于是，其余四国之师各自打道回国，楚国得以从容地与轸、贰两国结盟，向中原诸侯国示威。楚国莫敖屯兵之地郊郢，位于湖北省钟祥市境内；蒲骚位于应城市境内。

周桓王二十年，即公元前700年，楚国为破郧国等五国联盟，出兵攻打位于最西端汉水上游的绞国。绞国都邑在汉水之阳，北部倚山。楚军远道而来，给养不足，绞国军队驻扎城里，以逸待劳，楚军并无优势。楚军攻打绞国南门不克，所需柴禾要到绞国都城北部山中砍伐。按照常规情况，派出部分士兵砍柴，需要派出更多的士兵护卫，以防敌方袭击。然而屈瑕设下一计：派出士兵砍柴时不设护卫，诱引绞国军队出城追捕。绞国为中断楚军的柴草供应，自然中计。第一天，绞国军队捉到了三十名楚军砍柴士兵。第二天，绞国出动更多军队追赶楚军砍柴士兵，而楚军早已趁夜色在城北山下埋伏，专等绞国军队出城，便围追堵截。绞军大败，终于被楚国逼迫，订立了城下之盟。

就在楚国军队讨伐绞国之时，又有一个小国向楚国挑战，就是罗国。罗国是熊姓之国，当是楚之同宗，同为祝融之后。其都城位于今湖北省宜城市西。楚国军队路过罗国附近的彭水时，罗人想伏击楚军，数次派大夫伯嘉侦察楚国军情，但最终没有动手。楚国对罗国的动静一清二楚，第二年，莫敖屈瑕便兴师讨伐罗国。斗伯比送行之后，向左右道："莫敖此次趾高气扬，心浮气躁，必然失败。"于是他觐见楚武王，建议增派军队作为后援接应，并派人督察楚军。武王认为，楚国已经尽出精锐，怎么还会需要增兵？便没有采纳斗伯比的建议。

武王回到后宫，与夫人邓曼提起此事。邓曼道："斗大夫所言主旨并非让大王增兵，而是要大王不忘以信抚民，以德训下，而以刑震慑莫敖。莫敖因蒲骚之战以少胜多，会自以为是，轻视罗国。斗大夫自然知道楚国精锐已倾巢而出，让大王增派人手，是让大王恩威并用，派人去训导、震慑与安抚军队，以德教育军官，并明令莫敖假如丧师辱国，绝不宽容。如果不加镇抚，只恐军队懈怠。"楚武王听了邓曼的话，恍然大悟，急忙派人去追赶莫敖屈瑕，但已经来不及了。

屈瑕此次率师出征，下令道："有谏言者，必请军法！"于是各级军官都不敢进谏。军队到达鄢水，渡水时毫无秩序，且于上游、下游不设护卫。军队到达罗国时，等待他们的是罗国军队与庐戎的夹击。骄纵无序的楚军大败，傲慢独断的屈瑕自觉无颜面对楚王，自尽于荒谷。荒谷于今天湖北省江陵县西。其余败军之将先后逃回楚国，自动囚禁在冶父，等待楚武王发落。楚武王叹道："此次兵败，是孤家之罪。"于是赦免了众位将领。冶父位于今湖北省江陵县南。

楚国多年来于江汉流域所向无敌，此次居然败于小小的罗国，证明"骄兵必败"，是千古不变的真理。正是接二连三的小国挑战和楚国的一朝失败，一定程度上减缓了楚国向中原扩张的步伐。

居于洛邑的周桓王自然尚未感受到来自南方的威胁，中原与楚国无领土接壤的许多诸侯国也并没有感到楚国的压力。或者，他们虽然有所感知，却既无雄心也无能力化解，一味贪图享受，醉生梦死。

周桓王继位于郑庄称雄、王室衰落之际，王室财力日益捉襟见肘，所谓人穷志短，仓廪不足，荣辱不顾。本来，礼乐征伐由天子出，相关器物都应当由天子赏赐予诸侯，诸侯无须进贡这些器物给周王。但是桓王末年，他居然派遣使者，要求鲁国进贡大辂。本来，天子日常用度由王畿供奉，各路诸侯则以地方特产供奉，天子不应私下向诸侯求财。但是，东周王室王畿田亩所剩无几，各路诸侯不再供奉天子，而是各自扩充实力与地盘。桓王曾想重振王室，亲自率师征伐郑国,结果铩羽而归。此后,再无雄心的桓王便转而经营后宫,求亲求财。

周王求财,一些诸侯也是同样。虞国国君便因此身败名裂。虞国是姬姓之国,是与太伯一起让国于文王之父季历的仲雍后裔。其都城位于今山西省平陆县北的古城村,是扼守中条山脉的通道之一。虞国的近邻晋国多年来一直内部争斗,大河之南的郑国则不插手河北之事,环境尚可称平静。但虞公不思富民强国,只图聚敛财宝。虞公之弟虞叔有一块美玉,虞公便向他索要。虞叔婉言拒绝,但因周人有谚"匹夫无罪,怀璧其罪",便有些后怕。他道:"我要此美玉何用,难道用来买祸吗?"便将玉献给虞公。后来,虞公又向虞叔索取一把宝剑。虞叔非常气愤道:"国君简直贪得无厌!他贪得无厌,我便没有立足之地。"于是他不再隐忍,起兵攻打虞公。虞公对亲弟弟尚且贪婪,对臣民自然更加索取无度,不得都邑民心,被迫逃往其他城邑。

有雄心者称兵掠地,无雄心者周边求财,完全是利益主导着各路诸侯的行为,这便是春秋乱象的缩影。

# 第十九章　匹嫡耦国桓王酿祸，悖逆无常襄公乱齐

周桓王一生基本无大作为，却酿祸于其身后。桓王在世时，宠爱少子王子克，将王子克托付于执政的周公黑肩照应。据《左传》记载，周朝大夫辛伯向桓王及执政周公黑肩进谏道："并后、匹嫡、两政、耦国，乱之本也。"所谓并后，便是将嫔妾的地位抬举到与王后并列，并后的结果常常是听信宠妾之言，废嫡立庶，导致祸乱，例如幽王宠褒姒而废太子宜臼，导致西周的灭亡。所谓匹嫡，便是给予少子或庶子与太子同样的待遇，匹嫡的结果常常是导致身后嫡庶争位，兄弟相残，例如卫庄公宠爱庶子州吁，导致卫国内乱。所谓两政，便是朝廷有与宰相抗衡之臣，两政的结果是宠臣擅权，朝政失序。所谓耦国，便是朝臣擅权类似二主，或国中另有超过都城的大邑，这会导致尾大不掉的后果。这些都是祸乱国家的根本原因。

在辛伯看来，宠爱王子克，便是匹嫡，而周公黑肩独掌政权，没有左右相分权制衡，容易形成与王权对抗的专权之臣，便是耦国。然而桓王与周公黑肩均未重视辛伯的谏言。事情的发展果真如辛伯所言。桓王驾崩后，周庄王佗继位。周公黑肩专权，很快与新君形成矛盾。周庄王三年，周公黑肩想弑庄王，另立桓公宠爱的王子克。辛伯知道了此事，立刻向庄王禀报。于是庄王与辛伯抢先下手，杀了周公黑肩。王子克则逃至南燕国避难。庄王只杀了周公黑肩一人，而逼走了王子克，将桓王遗留的匹嫡与耦国的问题同时解决，这种解决方法无疑有赖于辛伯的策划：既杜绝了权力之争，又保存了兄弟情分。

齐僖公也遗留下匹嫡问题，虽然齐襄公继位赶走堂兄弟公孙无知，实则没有彻底解决，以致多年后襄公被弑。当然这与襄公心胸狭窄、言行无常、自身品行不良有关。

齐襄公为太子时便喜怒无常，好与人斗，行事悖逆，品性不良。继位之后，将他作为太子时的恩怨情仇又全部带入国事之中。襄公为太子时，曾与郑国公子亹结怨。襄公继位后，居然借诸侯集会之时埋伏武士杀掉了刚刚继位的郑国新君公子亹。襄公为太子时，曾与其妹文姜暧昧，文姜出嫁鲁桓公之后，

他依旧借两国国君会面之时私下与文姜通奸。鲁桓公发觉奸情，谴责文姜之后，襄公居然指使人暗害桓公。只此两事，便可知齐襄公之道德品行与为人处事。

鲁桓公死后，夫人文姜几乎每年都往返于齐、鲁之间，与齐襄公私会，这已经成为公开的秘密。《齐风·南山》便是讥刺齐襄公、文姜与鲁桓公的："南山崔崔，雄狐绥绥。鲁道有荡，齐子由归。既曰归止，曷又怀止？‖葛屦五两，冠緌双止。鲁道有荡，齐子庸止。既曰庸止，曷又从止？‖蓺麻如之何？衡从其亩。取妻如之何？必告父母。既曰告止，曷又鞠止？‖析薪如之何？匪斧不克。取妻如之何？匪媒不得。既曰得止，曷又极止？"据清代方玉润《诗经原始》解，第一章刺齐襄公，邪媚之兽雄狐，南山求偶求配，既然妹妹已有归宿，又何必还要挂怀；第二章刺文姜，葛编之鞋成对，系冠之缨成双，既然已为人妻，又何必顺从兄长；第三、四两章刺鲁桓公，娶妻有父母之命，媒妁之言，既然已经娶其为妻，又为何让她穷其所欲？《齐风·敝笱》，讥刺鲁桓公不能防止文姜淫乱。诗以敝笱为喻，敝笱即破损的鱼篓，在水堤上放下破损的鱼篓，自然不能困住大鱼，鱼儿总能自由出入。诗云："敝笱在梁，其鱼鲂鳏。齐子归止，其从如云。‖敝笱在梁，其鱼鲂鱮。齐子归止，其从如雨。‖敝笱在梁，其鱼唯唯。齐子归止，其从如水。"文姜就是这样带着如云如雨如水的仆从，大模大样地出入鲁国，去与兄长齐襄公私通。还有《载驱》一首，讥刺文姜于桓公死后，行为更加放荡，竟然"翱翔""游敖"在通往齐国的大道上，乐而忘返。诗云："载驱薄薄，簟茀朱鞹。鲁道有荡，齐子发夕。‖四骊济济，垂辔沵沵。鲁道有荡，齐子岂弟。‖汶水汤汤，行人彭彭。鲁道有荡，齐子翱翔。‖汶水滔滔，行人儦儦。鲁道有荡，齐子游敖。"文姜或许多少心中有愧。据《左传》记载，鲁庄公六年，齐、鲁等国出兵助卫惠公复位后，卫惠公以卫国国宝献予齐襄公，而文姜请襄公将卫国宝物归予鲁国。她或许想以此弥补对鲁国的亏欠。

《春秋》于鲁庄公七年的记载，居然除了关于夫人姜氏与齐侯两次相会之外，便只有异常天象或天灾之记载。"七年春，夫人姜氏会齐侯于防。""冬，夫人姜氏会齐侯于谷。"防为鲁邑，谷为齐邑。"夏四月辛卯，夜，恒星不见。夜中，星陨如雨"。这是关于流星雨的记载。"秋，大水。无麦、苗。"周历之秋，为农历之夏，由于水灾，麦子颗粒无收，秋禾全部淹没，两季庄稼全部遭殃。或许《春秋》作者刻意让读者将天象与人事联系起来。

## 第十九章　匹嫡耦国桓王酿祸，悖逆无常襄公乱齐

由齐襄公的行为可知，齐国陷于内乱是迟早之事。周庄王十一年，齐襄公十二年，襄公终于遭到了行事无常的报应。一年前，襄公派齐国大夫连称与管至父戍守渠丘，承诺瓜熟时节去，瓜熟时节回。渠丘位于齐都临淄西北，即今天淄博市临淄区西北，离齐都不远。一年期满，襄公并未派人召回他们。他们请求襄公派人接替，襄公却不应允。戍守将士的不满情绪日益增大，连、管两人便谋划起事，拥立公孙无知。连称有堂妹在宫中为妾，一直不得恩宠，于是他们让她留意襄公的行踪，通报于他们。公孙无知许诺，等到事成，便以她为夫人。

冬天，襄公出行田猎，遇到一只大野猪。侍从中有人叫道："那不是公子彭生吗？"公子彭生是受襄公指使杀害鲁桓公之人，后又被襄公所杀以平息鲁国的愤怒。襄公自知亏欠公子彭生，听得公子彭生之名，便大怒道："彭生敢来见我？"举箭便射。野猪以后蹄为支撑，前蹄举起，形如人状，发出叫声。襄公见野猪真像人一样站立起来，又听侍从纷纷说是公子彭生，颇感恐惧，慌乱之中跌下车来，跌伤了脚，丢掉了鞋。

回到行宫，喜怒无常的襄公迁怒于侍从费，让他去找回鞋子。在旷野中丢失的鞋子自然难以寻找，费只得回宫如实禀报。襄公便将全部怒气发泄到侍从费的身上，鞭打得费背脊上都是血痕。费正要出宫，正巧遇到起事之人正手握刀戟要闯进宫门，毫无准备的费立刻被他们拿下。费向他们道："我刚刚莫名其妙受到鞭打，因此我是不会向着国君而反抗你们的。"说着让他们看了他背上的伤痕。于是起事的人相信了他。费向他们建议道，由他先进去察看情况，再招呼他们进来，起事的人同意了他的建议。费虽然被襄公泄怒鞭打，但他是忠义之人。他返回宫中禀报襄公，并将襄公藏了起来。他又反身操起武器，到门口抵挡起事之人，至死没有退进门槛。起事之人杀掉了费及其他反抗的侍从，闯入寝室，杀死了床上之人。但当他们掀开被子看时，发现死者并非襄公，而只是一名叫孟阳的侍从。他们到处搜索，发现襄公藏在门后，便将其杀死。

襄公虽然有诸多可气可恨之处，却有许多侍从愿意为他而死，可见他为人并非一无是处，起码没有众叛亲离。襄公谥"襄"，依据谥法，"辟地有德曰襄，甲胄有劳曰襄"，即是说，襄公对于齐国即使没有功劳，也有苦劳。襄公在位期间确实战事比较频繁。据《左传》记载，周庄王二年、齐襄公三年春，鲁桓公与齐襄公、纪侯会盟，调停齐、纪旧怨，孰知入夏齐国便入侵鲁国边境。

· 87 ·

这或许是襄公行事无常所致。鲁桓公得到疆吏来报，回答得非常干脆："疆场之事，慎守其一，而备其不虞。既然来犯，必要抵御，何须禀报？"鲁桓公第二年携夫人赴齐国，当是试图修好，却不料为齐襄公使人所杀。周庄王八年，齐襄公九年，齐国与鲁、宋、陈、蔡会同伐卫。周庄王十一年，齐襄公十二年，齐、鲁包围郕国，郕国降齐。襄公之谥，当因这几次战争。就在这年冬天，襄公为公孙无知弑杀。

  公孙无知或许还不如襄公。公孙无知被立之后或许没有多少卿大夫支持，因此不出数月便被人杀死。据《史记》记载，诛杀公孙无知之人转告齐国的大夫们："公孙无知弑君自立，人人得而诛之，请诸位大夫更立公子中的恰当人选，我等当唯命是从。"此时的齐国，便陷入了僖公另外二子公子纠与公子小白争立的局面。

# 第二十章　各为其主管鲍谋国，重整家业齐桓登场

齐襄公被弑，公孙无知自立后又被杀，一时间齐国竟然无君。齐僖公一共有三个儿子，公子诸儿、公子纠、公子小白。据《左传》记载，因襄公诸儿继位后行为无常，公子小白之师鲍叔牙道："君使民慢，乱将作矣。"于是奉公子小白离开齐国去莒国避祸。公孙无知弑襄公引起齐国内乱，公子纠之师管仲与召忽便保护公子纠离开齐国前往鲁国避难。如今齐国无君，公子纠与公子小白便都有了机会，于是双方师傅各为其主，展开了争夺，尽管三人是知己知彼的朋友。

《管子·大匡》记叙了管仲、鲍叔牙与召忽在齐僖公时的一番谋略。公子小白成人后，齐僖公任命鲍叔牙为其师傅，鲍叔牙婉辞谢绝，称病不出。时任公子纠师傅的管仲与召忽一同去看望鲍叔牙，见他并无病容，便问他为何称病不出。鲍叔牙道："古人道，'知子莫若父，知臣莫若君'，如今看来，国君已经知道臣之无能，因此让我这无能之臣担任公子小白的师傅。"召忽向鲍叔牙道："你固辞不出好了，我向国君担保你病重，免你之责。"管仲却道出了不同意见："你不能长久称病不出。我们都是以社稷宗庙为重的人，不能因事情有难度而不去做，也不能长期称病赋闲。最终三位公子谁能够成为新君，尚未可知，你应当去担任公子小白的师傅！"召忽反驳道："鲍叔牙不能出任公子小白的师傅！我们三人对于齐国而言，如同鼎有三足，去一便不可立。而公子小白日后必不得立。"管仲则道："未必。国人憎恶公子纠的生母，此种憎恶之情已经延及公子纠本人，国人怜悯公子小白丧母，这是民情。公子诸儿虽然年长却不肖。因此事情将来怎样尚未可知。将来可以安定齐国之人，若不是公子诸儿与公子纠，便只有公子小白。依我看来，公子小白为人确实没有小智小虑，却有大智谋。若不是我管夷吾，没人能够包容得了他。如果上天不佑，加祸齐国，公子纠虽然得以继立，却无济于事。待到那时，要匡定社稷，不依靠你鲍叔牙辅佐公子小白，又能依靠谁呢？"在管仲看来，正因为他们三人是好友，又身系未来齐国之命运，因此他们三人分别辅佐公子纠与公子小白，将来共同

理国的可能便增加一倍。而召忽非常不以为然道："若干年后，若国君占卜嗣君，立公子纠，此后有人违背君命，夺去公子纠之位，虽然得到天下，我也不会再苟活于人世，更不必授我齐国之政。我立志取义，受君命则不改初衷，公子纠如不得立，我必将为公子纠而死！"管仲也说出了自己的志向："我夷吾作为臣子，将会接受君命，效命于社稷，岂能为公子纠一人而死！如果社稷崩溃，宗庙被毁，祭祀断绝，则夷吾便会殉死。如果此三者尚存，则夷吾一定要活。夷吾生，则对齐国有利，死，则对齐国不利。"鲍叔见管仲言之凿凿，信誓旦旦，便问道："那应当如何？"管仲道："只要你接受君命即可。"于是，鲍叔牙许诺接受僖公的任命，充当小白的师傅。

鲍叔牙请教管仲应当如何对待公子小白。管仲道："作为人臣，不能尽心尽力，便不能成为国君的亲信。不能成为国君的亲信，则向国君建议谏言他会听不进去。如果国君不听建议与谏言，社稷就不能安定。因此，作为人臣，便当没有二心。"鲍叔牙听从了管仲的意见，开始尽心竭力辅佐公子小白。

据《史记》记载，公孙无知死后，齐卿高子与国子私下召小白回国，因为小白自小与高子友善。鲁国得知公孙无知死讯，也发兵护送公子纠回齐国。鲁国生怕公子纠落后，为保险起见，派遣管仲带一支人马于半路截杀公子小白。两支人马厮杀之际，管仲抓住机会，张弓搭箭射向公子小白。箭射中了公子小白的带钩，此时公子小白表现出了大智慧，他一惊之下顺势躺倒，并咬破舌头口吐鲜血，佯死车中。这边护送的人马见公子小白中箭，忙护住公子小白夺路逃走。那边管仲见截击得手，便就此收兵。待管仲引兵去得远了，公子小白才起身命手下快马加鞭赶路到达临淄，得立为国君。

待鲁庄公率军亲自护送公子纠到达乾时河谷时，齐国兵马已经严阵以待，鲁国兵败于乾时。据《左传》记载，鲁庄公丢弃兵车，其车御与车右以庄公之旗引诱齐军，庄公则在将士们的保护下改乘传乘快车，才得以脱身。鲍叔牙为了除掉公子小白的政敌，同时保护自己的朋友管仲与召忽，向战败的鲁国要求道："公子纠乃我君之亲人，我君不忍，请鲁国代为除之；管仲、召忽是我君之仇人，请将二人交付齐国由我君亲自处置。"鲁国兵败无奈，只好杀掉了公子纠。召忽殉公子纠而死，管仲自请囚禁回国，鲍叔牙便将管仲囚禁回国。进入齐国境内，鲍叔牙便解开管仲的束缚，与他一同回到都城，并向公子小白推荐管仲，言他治理之才高于高僖。鲍叔牙的建议最终被采纳。

公子小白在鲍叔牙辅佐下，在高子、国子支持下，得以继位，他便是历史上有名的春秋五霸之首齐桓公。据《管子·大匡》记载，齐桓公十分信任鲍叔牙，向鲍叔牙请教如何安定社稷。鲍叔牙道："国君如果能得到管仲与召忽，便能够安定社稷。"齐桓公道："可他们两人都是我的敌人啊！"鲍叔牙便向齐桓公讲述了管仲当年对于谁能继位的分析以及管仲的志向。齐桓公道："如今我还有可能得到管仲吗？"鲍叔牙道："如果国君及时召管仲，应当可以得到管仲，时间一长便不可能了。鲁国大夫施伯知道管仲有治国韬略，他一定会让鲁君重用管仲来治理鲁国。施伯知道，如果管仲接受鲁国聘任的话，就能削弱齐国。如果管仲不接受鲁国聘任，那么迟早会返回齐国。那时施伯就会杀了管仲。"齐桓公有些着急，问道："管仲会不会接手鲁国国政呢？"鲍叔牙肯定地回答道："不会。管仲之所以不殉死于公子纠，是为了安定齐国社稷。如果接手鲁国政事，便要削弱齐国。管仲事君不会有二心，虽然他知道不接受鲁国的安排，便只有死路一条，但他也决计不会接受鲁国的任命。"齐桓公道："他过去辅佐的是公子纠，对于我也能没有二心吗？"鲍叔牙直率地回答道："管仲并非是为了国君，而是为了先君。他对于您自然不如对公子纠亲，他对于公子纠尚且不会殉死，自然更不会为国君您殉死，他只会殉社稷。国君您若是想要安邦定国，那么一定要赶紧召回管仲。"桓公叹道："恐怕来不及了！怎么办？"鲍叔牙分析道："施伯为人小心谨慎，国君如果立刻派人讨要管仲，他怕结怨于齐国，就一定不敢杀掉管仲。"

鲁国这边施伯果真向鲁庄公建议道："管仲辅佐公子纠不成，如今有急难之事，我君可以将鲁国政事交付于他。他如果接受任命，就可以削弱我们的老对头齐国。他如果不接受任命，我们就杀了他。我们杀他既可以讨好齐国，表现与齐国同仇敌忾，又对我们自己有利，除去一个日后可能与我们为敌的强大对手。"鲁庄公认同此建议。

但鲁国还未来得及与管仲谈及此事，齐国使者已经到来，向鲁庄公道："管仲与召忽，是我君的敌人，曾经射伤过我们国君。如今他们二人在逃贵国，我君想要生擒他们。如果贵国不将人犯交付我国，便是与我君为敌。"面对齐国使者的强硬态度，施伯思虑再三，主张交还管仲。他向鲁庄公道："我听说齐君既放荡，又骄横，虽然得到贤人，也未必能够重用。即便齐君能重用管仲，管仲能够成事，则管仲为天下圣贤，他返回齐国，天下都在他掌控中，岂独对我鲁国不利？而如果今天杀了管仲，管仲之友鲍叔必定不会善罢甘休，如果鲍叔为难我们鲁国，我们必定无法对抗。所以不如将管、召二人送予齐国。"于是，鲁庄公便让人捆绑了管、召二人交予齐国使者。

路上，管仲问召忽："回齐国你怕不怕？"召忽道："我有何惧怕？我没有随公子纠去，就是要等尘埃落定。现在公子小白继位，要以你为左相，必定以我为右相。虽然他要用我，但杀我之君而用我之身，是再次侮辱于我，我必定不从。如今之计，你为生臣，我为死臣。我现在知道我可执政于万乘之国，我舍生赴死，公子纠可谓有死臣了。而你将来会让齐国称霸诸侯，公子纠可谓有生臣了。死者成就义行，生者成就功名。你我生死有分，今后你努力吧！"到齐国境内后，召忽便自刎身亡。时人评价道："召忽之死，胜于其生；管仲之生，胜于其死。"可见管、召二人各得其所。

# 第二十一章　率众郊迎桓公礼贤，以诚相待管仲相齐

　　齐桓公赖鲍叔牙之谋，高子、国子之力继位之后，便要拜鲍叔牙为相。据《管子·小匡》记载，鲍叔牙诚心诚意地推辞道："臣只是庸臣，国君只要使臣不至于有冻饿之虞，便是对臣的恩惠了。若国君要治理国家，则并非为臣能力所及，只有依靠管仲。"鲍叔牙陈述管仲的五大长处道："臣不如管仲有五处：理政宽惠爱民，臣不如也；治国不失权柄，臣不如也；言行忠信以结交诸侯，臣不如也；制定礼义使四方效法，臣不如也；甲胄加身，鼓槌在握，立于军门，号令军民，臣不如也。欲治子民，必重父母，管仲便是民之父母。"

　　鲍叔牙与管仲自年轻时便相识相交，相知甚深。管鲍之交是千古称颂的话题。据《史记》记载，管仲成名之后，曾对鲍叔牙有极高的评价。管仲道："我年轻贫困之时，与鲍叔经商分财，我经常给自己多分，鲍叔知我家贫如洗，不以为我本性贪婪。我年轻为鲍叔谋事之时，曾经因判断错误而使得我们更加穷困，鲍叔知时势有所利亦有所不利，不以为我天生愚钝。我曾经三次入仕，三次遭到国君驱逐，鲍叔不以为我不肖，知我入仕不逢其时。我曾经三次参战，三次逃走，鲍叔不以为我怯懦，知我有老母在堂。公子纠之败，召忽殉死，我受辱被囚，鲍叔不以为我无耻贪生，知我不羞小节，知我耻于不能成就功名，扬名天下。生我者父母，知我者鲍叔！"

　　鲍叔牙竭力向桓公举荐管仲，可以说，没有鲍叔牙的举荐，便没有管仲的功名。鲍叔牙能谦让即将到手的权力，且不惜自我贬抑，竭力推荐管仲，说明鲍叔牙心胸宽广，忠心为国。而鲍叔牙能够如此举荐的管仲，其道德品行与治世才能定当不在鲍叔牙之下。齐桓公十分信任鲍叔牙，因此也十分相信鲍叔牙之言。既然鲍叔牙力荐管仲，在从鲁国接回管仲时，桓公便决定亲自到郊外迎接，以显示自己的诚心。

　　据《管子·小匡》描述，齐桓公亲至临淄郊外迎接管仲，管仲则披发左袒，并使人手持刀斧站立其后，以示甘受斧钺之刑。桓公数次令刀斧手退下，然后道："请整齐衣冠，我将与你正式相见。"管仲则再拜稽首道："公之所赐，

虽死感恩。"所谓稽首之礼,是跪拜礼中最为隆重之礼,左手压右手行拱手礼,同时下跪,拱手至地,两手相叠伏地,额头叩于手背,稍作停顿,再缓缓起身。管仲行礼之后,君臣二人携手而归,行礼于祖庙,宴饮于宫廷,论政于朝堂,既成就了君臣的一段佳话,更成就了齐国的宏图霸业。

  桓公与管仲不仅相互以礼相遇,更是相互以诚相待。然而,君臣的地位总是不平等的,管仲必须首先了解桓公的胸襟与底线。桓公沐浴斋戒,诚心拜管仲为相,管仲则对桓公进行了首次试探。据《管子·大匡》记载,桓公拜管仲为相后问管仲道:"可以佐我安定社稷了吗?"管仲答道:"国君若是成就霸业,则社稷可安定;国君若不能成就霸业,则社稷不可安定。"桓公听后道:"我不敢有此宏图大志,只想安定齐国社稷。"管仲再次强调安定社稷必须成就霸业,桓公也再次否定了成就霸业的宏图大志,强调他只想安定齐国。于是管仲便表示,如此他绝不能接受相位。管仲道:"国君免臣一死,乃臣之大幸。但是臣不殉公子纠,就是为了安定社稷。要安定社稷,国君便一定要成就霸业,否则无法最终安定社稷。如果不能安定社稷,我作为臣子,不敢贪图国家俸禄与权力,而不殉公子纠。"说完之后,他转身便向门外走去。桓公见管仲就要走出门口了,忙叫住管仲,此时的桓公已经急出了一身汗,向管仲道:"好了好了,你定要我成就霸业,我勉力而行便是!"见桓公情急立志,管仲便再拜稽首道:"今日国君立下霸主之志,臣便领命辅佐之职。"于是起身立于相位,开始号令职官行事。管仲对桓公的此次试探,是试探桓公的胸襟、气魄与格局,也是试探桓公对自己的信任程度。

  桓公对成就霸主志向心存忐忑,数日后便向管仲坦陈了自己的弱点。于是管仲对桓公进行了又一次试探。据《管子·小匡》记载,桓公向管仲坦陈:"寡人有三大恶嗜,不知还能否胜任一国之君?"管仲道:"臣并未听说。"桓公道:"寡人不幸嗜好田猎,夙夜出猎,不多获禽兽绝不回宫,致使诸侯使者不得觐见,有司百官不得禀事。"管仲道:"这的确是糟糕的嗜好,但并非致命的嗜好。"桓公又道:"寡人不幸好酒,夜以继日宴饮,致使诸侯使者不得觐见,有司百官不得禀事。"管仲道:"这的确也是糟糕的嗜好,但也并非致命的嗜好。"桓公又道:"寡人有亏于德性,不幸好色,与姑姊妹有染,致使她们不嫁。"所谓的姑姊妹,是指父亲的姐妹,即桓公承认自己有乱伦行为。管仲道:"这的确是糟糕的嗜好,但也并非致命的嗜好。"桓公以为管仲阿谀奉承,便作色道:"此三种恶嗜尚且可以容忍,难道还有更致命的恶嗜吗?"管仲不慌不忙道:"为人君者,唯有优柔寡断,遇事不敏为致命弱点。优柔寡断,会失去臣民拥戴,遇事不敏,则不能处事。"桓公听后非常高兴,便道:"好!来日定要同你好好讨论国家大事。"管仲则道:"现在便正是时候,何须等待来日!"于是桓公便请管仲建议国事。管仲向桓公建议道:"公子举为人博闻强记,熟悉礼仪,好学谦逊,当请他出使鲁国,结交鲁国。公子开方为人灵活,言辞犀利,当请他出使卫国,结交卫国。曹孙宿小事谨慎,多能因循,外貌恭敬,善于辞令,正合荆楚之俗,当请他前往荆楚,结交荆楚。"桓公一一首肯。于是管仲即刻派遣此三人出使,然后才告退。管仲此次试探,是在了解到桓公坦诚相待、不讳己恶的基础上,试探桓公容人和用人的度量,也试探桓公赋予自己的用人之权有多大。

桓公不仅坦陈自己的恶嗜,也不避讳先君襄公的弊病。一天桓公向管仲言道:"昔日先君襄公不仅增修楼台,广拓园池,饮酒作乐,田猎无度,而且怠慢国事,不听国政,卑贤侮士,唯宠后宫。九妃六嫔,婢妾数千,食必膏粱,衣必锦绣,而边关军士冻饿,则不闻不问;淘汰之游车,才用作戎车;嫔妾之余食,才发作粮饷;近倡优侏儒,远贤良之臣。所以国家无所增益,且日见乱象,我深恐宗庙逐渐蒙尘,社稷将不血食。请问如今应当怎样做?"管仲祖上乃姬姓同宗,因此列举祖宗德行道:"过去我们周朝先王昭王、穆王,效法文王、武王的功业,成就了自身的名望。他们的治理,首先选拔邦中有道德品行之人,将其事迹画为图像,悬挂在宫阙城门之处,用来作为百姓的纲纪,教化百姓;同时,将其事迹编纂成册,原原本本讲明本末道理。用嘉奖赏赐的方法劝民行善,用告诫刑罚的方法杜绝恶行,清除令旗之灰尘,用以镇抚民众,作为百姓纲纪。"管仲所言的方法,是教化先行,伴以赏罚。他以德治与法治并行的方法治理国家。

管仲履行相职三个月后,借论百官之际,表现了他知人善任的能力,同时也向桓公坦陈了自己的长处与不足。管仲道:"升降揖让,进退裕如,言辞刚柔有度,臣不如隰朋,请任命他为大行,结交诸侯。开荒屯粮,辟土扩城,聚集人口,能尽地利,臣不如宁戚,请任命他为大司田。开疆拓土,车马有序,士不旋踵,一鼓作气,使三军将士视死如归,臣不如王子城父,请任命他为大司马。决狱断案,不杀无辜,不诬无罪,臣不如宾胥无,请任命他为大司理。犯颜进谏,进言必忠,不避死亡,不图富贵,臣不如东郭牙,请任命他为大谏之官。此五人的才德,臣都有不如之处,但他们也不能取代夷吾。国君若想治国强兵，则用此五人便足矣。若想成霸主事业，则自有夷吾。"自此，齐国在管仲的治理下日益强盛，成就了齐桓公的霸主事业。

　　管仲既为我国古代大政治家、实践家，又为大思想家。管仲治理齐国，留下了许多值得后人借鉴的理论与经验，《管子》一书应当是管仲弟子门人初辑，战国中后期管仲学派再编之书，后者是在吸取了儒、道、法、兵诸家思想的基础上，对管仲的理论与实践的总结和发展。可惜，秦始皇焚书，使《管子》一书零落。但汉初依旧可见其书，贾谊、晁错便称述并借鉴了管仲的思想与实践。继而，汉武帝独尊儒术，又使《管子》一书尘封，未像孔孟之书那样得以广泛注疏流传。虽然魏晋唐宋乃至明清，《管子》一书也不乏辑录、注释与研究，但始终未能形成规模。这不能不说是中国政治经济思想发展史上的损失。

# 第二十二章　急于求成齐桓兴兵，重在务本曹刿论战

　　桓公与管仲君臣之间需要磨合。很快，君臣之间便发生了矛盾。据《管子·大匡》记载，桓公认为，既然要称霸诸侯，便必须修兵革。但管仲认为，大修兵革的时机尚未到来，必须首先养民富民，然后才能富国强兵。管仲向桓公道："先修兵革，则齐国危矣。此举内夺民用，民必贫困，外激斗勇，民必易乱，频于用兵，民必多怨，外侵诸侯，仁义之士将不入齐国。"鲍叔牙也劝桓公听取管仲的意见。但是桓公自继位后，不听规劝，刚愎自用，性急躁动的性格缺陷突出了。自从他立志成就霸业后，他用在田猎酒色上的心思确实少了，却急功近利，急于成就业绩，根本听不进两位臣子的意见。鲍叔牙问管仲："当初国君许诺你成就霸业，如今国家政事更加混乱，你准备怎么办？"管仲道："我们的国君虽然躁动放荡，却并非不明事理。等些时候，他自己便会明白的。"鲍叔牙担心道："等他自己悔悟，国事岂非不好收拾？"管仲道："我一直在照应国事，怎会让国事混乱？有你我二人，诸侯也不会轻易来犯，因此我们尚可等待国君幡然悔悟，然后才能共图大业。"

　　就在齐桓公继位的第二年春，即周庄王十三年，公元前684年，齐桓公便迫不及待地发动了对鲁国的战争，报鲁国发兵助公子纠之仇。管仲进谏道："臣听说，善于掌管国家的国君，不应当勤于用兵，不应当忌惮受辱，不应当行动过当，如此才能够安定社稷。勤于用兵，忌惮受辱，行动过当，则社稷危矣。"但此时管仲刚刚任相，还未显示出其治国才能，因此桓公并不能完全听进管仲的意见。况且头一年鲁庄公亲自领兵企图护送公子纠入齐国继位，尚且兵败，桓公认为鲁国不堪一击，执意发兵攻打鲁国。

　　鲁庄公本来就想报乾时一战之仇，当即准备发兵应战。《左传》与《国语》均记载了鲁国人曹刿的事迹。曹刿本是一介布衣，但胸有谋略。据《左传》记载，听说鲁国要迎战齐国，曹刿便准备去求见庄公，为国出力。乡邻们道："国家大事是每日肉食的卿大夫们考虑之事，与你何干，你为何要跻身其间？"曹刿道："肉食者脑满肠肥，不通事理，不能远谋。"他不顾乡邻的劝

阻与讥笑，来到都城求见鲁庄公。曹刿问庄公道："国君凭什么来应战？"庄公道："吃穿用度，我并不独享，必定分给臣民。"曹刿道："小恩小惠，不能遍施众人，民众未必听从号令。"庄公又道："礼敬神明的牺牲与玉帛，我不敢不依照礼制，也不敢妄自增添，我是诚心诚意敬奉神明。"曹刿道："这只是小的诚信，不是普遍惠民的大诚信，神明未必护佑。"庄公又道："我还有一处可以争取民心，便是我断狱虽然不能详察，但必以实情决断。"曹刿听后道："心中装有民众，可以一战。刿请随从征战。"

鲁庄公与曹刿同乘一辆兵车，来到齐鲁边境的长勺之地。庄公准备击鼓出战，曹刿则道："不要击鼓进兵。"等到齐国军队第三次击鼓发动进攻时，曹刿才道："可以击鼓进军了！"鲁军一鼓作气，齐军败退。庄公准备指挥鲁国军队掩杀过去，曹刿又制止道："且慢！"他跳下战车，察看了对方的辙迹，又登上战车横木扶手，眺望远去的齐军，然后对庄公道："国君可以挥师追击了！"鲁国乘胜追击，大败齐军。

战后，鲁庄公问曹刿这样做的缘故。曹刿道："作战靠的是勇气。一鼓作气，再而衰，三而竭。齐国军队士气渐衰，而我们的士兵养精蓄锐，因此能够战胜他们。齐国是大国，颇难预测他们是否有伏兵。我看到他们的车辙印迹乱了，旗子倒了，就知道我军可以放心地挥师穷追。"可见曹刿的见识。

在《管子》一书中，还记载有曹刿对鲁国的另一件功劳，但此事不见于《左传》。据《管子·大匡》记载，长勺之战的第二年，齐桓公又修兵备甲，兵员十万人，战车五千乘，要征服鲁国。管仲劝谏道："国君不在德行上竞争，而在甲兵上竞争，齐国就危险了！天下诸侯，具备十万甲兵的国家并不鲜见。如今，我们想以齐国兵力压服诸侯，则就国内而言，会因劳民伤财而失去民心，会使百姓因仓廪不足而不知荣辱；就国外而言，会导致各诸侯国对我戒备，这样，怎么能让齐国长治久安呢？"但齐桓公不听管仲之言，决意发兵攻打鲁国。

鲁国国力弱于齐国，因此不敢应战，而是采取退避之策，只在离国都五十里处设立关卡，自请降为齐国的附庸国，以此换取齐国不再入侵。齐桓公答应了鲁国的请求。于是鲁国使者要求两国会盟，使者道："鲁国是小国，向来不陈甲兵。齐君如果率领盔甲之士与我君会盟，在各国诸侯看来，便是两国交兵，鲁国所便为城下之盟。如此，我们两国不如不结盟约。所以请齐君不要率领盔甲之士前来会盟。"桓公也答应了。管仲劝谏道："国君不可如此行事。

## 第二十二章 急于求成齐桓兴兵，重在务本曹刿论战

齐国发兵鲁国，诸侯已经心生怨恨，如今鲁国退避，国君便应就此退兵。若国君为获取鲁国土地与贡物，削弱鲁国，则诸侯会认为国君贪婪。将来我们与诸侯打交道，小国会齐心协力，大国会加强防备，这对我们称霸诸侯很不利。"但齐桓公为眼前利益所蒙蔽，听不进管仲劝谏。管仲再谏道："如果国君定要削弱鲁国，可以就此进兵。但国君绝不能答应鲁国要求，不率盔甲之士去与鲁侯会盟。曹刿为人，坚强心狠，国君不能轻信。"但齐桓公依旧不听，不带甲兵和武器去与鲁庄公会盟。

鲁庄公与曹刿则都怀揣短剑去赴会。两国国君登上高台后，鲁庄公从怀中抽出短剑，向齐桓公道："如今鲁国国境已经退至距国都只有五十里处，齐国若再相逼，无非大家同归于尽！"他左手指向齐桓公，右手指着自己，又道："同是赴死，我就死在你的面前！"管仲想要阻拦，以便使桓公脱身，曹刿抽出剑来当阶而立，大声道："两位国君要改地图，谁也不能过来！"管仲向桓公道："请国君归还鲁国之地，以汶水为两国国境。"最终齐桓公认可了以汶水为界的方案，撤兵回国。《战国策》与《史记》均记有此事，却不见于《左传》，因此史家认为或是附会之说，情节如小说家笔墨。但长勺之战确为曹刿之功，历来为史家与兵家称颂。

《左传》记述了曹刿谏庄公的另一件事，那是鲁庄公二十三年之事，即公元前671年。鲁庄公准备赴齐国观摩祭祀社神并进行阅兵的活动。庄公此举不合礼制。根据周代礼制，天子非为弘扬德义，不行巡狩；诸侯非为民众大事，不得出行；卿不受命于君，不得越境。曹刿进谏道："国君不可赴齐国参与此种活动。礼是用来规范民众的。集会是为训示上下之间的规则，制定财用节度；朝见是为明确等级礼仪，序列长幼贵贱秩序；征伐是为讨伐不守礼制者。诸侯朝见天子，天子巡狩四方。非此类活动，国君不当参与。国君行为，必书于史册，史官记下不合礼制的行动，后世将会如何看待？"但庄公不纳其谏。曹刿以庶民参政，能于《左传》有如此篇幅的记载，当属罕见，说明他对鲁国的功劳。

据《左传》记载，长勺之战鲁国获胜后，同一年夏，齐国与宋国再次发兵攻打鲁国。鲁国大夫公子偃道："宋师不整，可以击败。宋国兵败，齐国必还。请允许臣率军攻打宋国军队。"然而鲁庄公却不同意。公子偃私自从都城雩门出城，给马匹蒙上虎皮，率先攻击宋军。鲁庄公见公子偃已经出战，便率大队人马随后出战。据《礼记·檀弓上》记载，鲁庄公率军与宋军战于乘丘。

乘丘为鲁国之邑，在今天山东省济宁市兖州区西北。此战鲁庄公以县贲父为车御，卜国为车右。马惊，鲁庄公坠车，军队溃败。相从的佐车将庄公救上车。庄公认为是车御县贲父无能，怒道："没有卜卦选择车御，因有此败。"县贲父道："从来未败，今日战败，乃是缺乏勇气。"于是驾车与卜国冲入敌阵奋力拼杀，二人皆战死。最终鲁军大败宋军。战后，圉人洗马，发现马股之间嵌有流矢。庄公得知马惊原因，道："原非二人之罪。"为表彰二人奋勇杀敌，为国雪耻，于是亲自为二人致悼词表彰其功绩，并加谥号。按照周礼，士无谥号，据《礼记》记载，"士之有诔，自此始也"。

# 第二十三章　哀叹邓息引狼入室，可怜宋公戏言丧生

据《左传》记载，周庄王七年，楚武王五十一年，公元前690年，楚武王在多年休养生息之后，准备再次向北进兵随国。楚武王斋戒之后，于太庙告祭祖宗，颁发兵器。之后他去后宫告诉夫人邓曼，他感觉心慌。邓曼叹道："这是大王福禄已尽。物盈则溢，物满则荡，此乃天道。先王知道大王福禄已尽，所以在大王将要率军出征之时，警戒大王。如果此番出征不折损兵将，大王薨于行在，就是国家之福了。"武王果真死于军中。武王在位已经五十一年，他是杀侄夺位的，即便当时再年轻，如今也当年近古稀，这在古代算是相当长寿了。

楚武王亲征，楚国令尹斗祁、莫敖屈重随同左右。令尹相当于宰相，莫敖则相当于大司马。他们怕武王去世的消息一旦外泄，内部难免军心动荡，外部难免敌人袭击，于是决定秘不发丧。他们命令大军继续开进，逢山开道，遇水架桥，逼近随都，安营扎寨。随国畏惧，向楚国求和。于是屈重假借奉武王之命入随国和谈，迫使随国订立了有利于楚国的城下之盟。之后，楚国军队以得胜者的姿态班师，待渡过汉水之后，斗祁与屈重才大张旗鼓地为楚武王发丧。

楚武王薨，儿子熊赀继位，是为楚文王。楚文王继位第二年，即公元前688年，便向北拓展。楚文王的第一个目标是申国。申国地处河南省南阳市北，不与楚国接壤。在楚国与申国之间，还有邓国、蓼国等小国。邓国位于南北交通要道，湖北省襄阳市襄樊区有邓国古城址。邓国与楚国是姻亲，因此楚国借道邓国去攻打申国。

邓祁侯与其妹邓曼不同，邓曼虽为女子，却有政治眼光，而邓祁侯虽为一国之君，却缺乏政治眼光。楚文王借道北伐，邓祁侯非常高兴。他向左右道："楚王是我的外甥，要好好设宴接待。"邓祁侯的三个外甥骓甥、聃甥与养甥都主张借宴请之机杀掉楚文王，但邓祁侯不许。此三人或许是邓祁侯其他姐妹的儿子，但为了邓国的利益，他们主张杀掉这个对邓国有极大威胁的姨表兄弟。他们说："楚国两代国君都将目光盯着北方，将来灭亡邓国的定是此人！

国君如果不早日除掉此人，将来一定会追悔莫及，还是趁机将他除掉吧！"邓祁侯则道："如果我杀掉外甥，旁人会怎么看我？人人都会唾弃我！难道你们让我成为人人唾弃之人吗？"三位外甥则道："国君如果不听从我们的谏言，将来邓国社稷不保，宗庙不得祭祀，难道国君便不会被人唾弃吗？"但邓祁侯拿定主意款待外甥楚文王，决不允许任何人伤害于他。后来正如邓祁侯的三位外甥所言，不到十年，邓国便为楚国所灭。

愚蠢的国君总是犯同样愚蠢的错误。继邓国之后，息侯与蔡侯也犯了同样的错误。蔡国与陈国是世代姻亲，蔡哀侯又娶了陈国公主。息侯也要娶陈国公主，将与蔡哀侯成为连襟。陈国是妫姓之国，国都地处颍水之北，今河南省周口市淮阳区有春秋时代的陈国故城遗址。蔡国与息国均为姬姓之国，蔡都地处汝水之北，今河南省上蔡县西有蔡国都城遗址；息都地处淮水以北，今河南省息县西南有息国故城遗址。陈国公主嫁予息侯，必须经过蔡国境内。当嫁予息侯的息妫路过蔡国时，蔡哀侯大约听说息妫貌美，向左右道："我的小姨子来了。"让手下请息国迎亲队伍进城招待。按照周朝礼制，蔡哀侯不应见出嫁途中的小姨子，但他不仅见了小姨子，而且还举止轻佻。息侯自然十分恼怒。以息国之力不足以与蔡国抗衡，于是息侯向楚国求助，向楚国献计道："请楚国出兵佯作伐我息国，我们便向蔡国求助，这样，楚国便有理由讨伐蔡国了。"对于息侯这种有利于楚国向北用兵的建议，楚文王自然不会拒绝。于是楚文王借息国之道直逼蔡国，并俘获了蔡哀侯。

蔡哀侯为报复息侯，向楚文王乞怜。他向楚文王描述息妫美貌，诱得楚文王动心。楚文王回国之际趁息侯没有防备拿下了息侯，随即灭掉了息国。息侯请楚文王助他，其实就是引狼入室，无论蔡哀侯是否以息妫的美貌相诱惑，楚文王迟早是要灭掉息国，向中原挺进的。

息妫确实貌美，楚文王一见钟情，将她带回楚国，后又立为夫人。息妫为楚文王生了两个儿子囏与頵，頵便是后来的楚成王。息妫虽然贵为楚文王夫人，却一直不肯言语。楚文王百般宠爱，息妫终于道出了心中的纠结："我为妇人，身事两位夫君，纵然免于身死，又有何颜面开口？"楚文王不检讨自己夺人之妻的不对，只怪罪蔡哀侯的挑拨与引诱。为讨息妫顺心，楚文王兴兵伐蔡。于是蔡哀侯引诱楚国灭掉息国的行为也遭到了报应。时之君子评论道："《商书》所谓'恶之易也，如火之燎于原，不可乡迩，其犹可扑灭'者，其如蔡哀侯乎！"

## 第二十三章　哀叹邓息引狼入室，可怜宋公戏言丧生

不仅国君的愚蠢行为会带来灭顶之灾，国君的戏谑言行也会导致杀身之祸。宋闵公捷便由于戏言恼人而遭杀身之祸，这是周庄王十五年，公元前682年之事。宋国有一勇武的大夫南宫万，在与鲁国的战争中被鲁庄公之箭射伤，被庄公车右歂孙俘获。后经宋国请求，南宫万被放回宋国。但宋闵公没有好生安抚南宫万，反而与他戏谑道："过去我一直敬你是个勇士，如今你成了鲁国的俘虏，我可再不会敬重你了！"南宫万强压下满心不快，依旧当他的宋国大夫。据《公羊传》记载，宋闵公与南宫万下棋，一干后宫美女陪伴在侧。南宫万有意无意道："鲁侯的温文尔雅与相貌气度是无人能及的，天下诸侯中最适宜为国君的，只有鲁侯！"闵公听闻此言自然感到刺耳，况且他最在意的宠妾就在身旁，他便反唇相讥，指着南宫万道："此人便是鲁国的俘虏。"又向南宫万道："这就是你当鲁国俘虏的原因吗？因为鲁侯的相貌气度，你就当鲁国俘虏了？"南宫万听得闵公又以他被俘讥笑于他，恼羞成怒，一下子拧断了闵公的脖子。闻知南宫万弑杀闵公，大夫仇牧持剑赶来，与南宫万遇于宫门，南宫万侧手劈去，居然将仇牧头颅击碎，牙齿嵌在宫门上。南宫万奔至东宫外，遇到太宰华督，又杀了太宰。随后，南宫万与其弟南宫牛等人立公子游为君。朝局动荡，公子们大多向东逃往同宗所居的萧邑，闵公之弟公子御说则向北逃往亳邑。南宫万之弟南宫牛与同党猛获随后率军攻打亳邑。

萧邑为宋室同宗萧叔所居，萧叔收留众位公子后，号召同宗讨伐南宫万。宋戴公、武公、宣公、穆公、庄公的后裔都起而响应，借曹国之兵讨伐南宫万，杀南宫牛于军中，攻入宋国都城，杀了公子游。萧叔率领同宗拥立闵公之弟御说为君，是为宋桓公。

南宫万逃往陈国。他用车拉着母亲，只用一天时间便到达了陈国，可见其强壮。要知道宋都商丘在河南省商丘市，而陈国都城宛丘在周口市，两地直线距离有两百多里。南宫万逃到陈国后，宋国贿赂陈国，向陈国要人。陈国使美人计用酒灌醉南宫万，用犀牛皮将他包裹捆扎起来，交付宋国。南宫万力大无穷，不断挣扎，等到宋国之时，他已经撑破了犀牛皮，手脚都伸了出来。宋国人将南宫万剁成肉酱。

南宫万同党猛获逃往卫国。宋国向卫国要人，卫国本不欲交出猛获，大夫石祁子道："应当将猛获交于宋国。天下人皆憎恨恶人，宋人憎恶南宫万，而我国却要保护他的同伙，即便我们能保护他，又有何益？我国得到一人而失去一国，与恶人为党而不与善辈结好，这不是卫国的长远之计。"于是卫国将猛

获交付宋国。宋国之乱得以平息。

宋闵公是因逞口舌之利而惹祸上身的。其实他还是有长处的。头一年夏天，宋、鲁交兵，宋军尚未列阵，鲁国便大军压上，宋军败退。天不佑宋，入秋之后，宋国遭受水灾，鲁庄公依礼派人到宋国进行慰问，宋闵公也依礼回答鲁国使者。闵公道："孤实是不能敬畏天命，乃至天降灾害，有劳贵国国君挂怀，实在有负贵国国君。"

鲁国大夫臧文仲臧孙辰对宋闵公罪己做出了高度评价。臧孙辰道："宋其兴乎！禹、汤罪己，其兴也悖焉；桀、纣罪人，其亡也忽焉。"夏禹罪己之事，不见于史书记载，《论语·尧曰》篇记载了商汤祈雨之辞："朕躬有罪，无以万方；万方有罪，罪在朕躬。"夏桀罪人，当指其杀直言进谏的宰相关龙逄，商纣罪人，当指其杀直言进谏的王子比干。臧孙辰还据周礼道："列国有凶事，国君称孤，乃为礼。敬畏天命，遵守礼制，乃宋国之幸。"后闻宋闵公罪己之辞，出于其弟公子御说，臧哀伯臧孙达道："是宜为君，有恤民之心。"公子御说继位，即宋桓公。宋桓公是宋国比较有作为的一位国君，追随齐桓公南征北伐，为稳定中原、巩固宋国疆域做出了贡献。

# 第二十四章　国力增齐桓主盟会，内外斗郑厉再登基

齐桓公自从以管仲为相，便开始根据管仲的方案治理齐国。管仲初为齐相时，便为桓公设计了民事与军事结合的国家管理制度，以及经济管理制度。这就是《国语》《管子》中均记载的"参其国而伍其鄙，定民之居，成民之事，陵为之终，而慎用六柄"。

所谓"参其国而伍其鄙"，是将国家分为二十一个乡，从事商业与手工业之乡六个，士与农人之乡十五个。士农十五乡分为三组，五乡为一组，一组归属国君，一组归属上卿高子，一组归属上卿国子。修兵革，是由士农之乡每五乡组成一军，工商之乡不出兵员。商业设立乡官管理，手工业设立族官管理，泽地设立虞官管理，山林设立衡官管理。管仲认为，寓兵于民的体制有利于军士同心。因为一伍之人，世代为邻，少年相识，可以有福同享，有难同当，因此守则固，战则强，并能生死相救，有这样的三万士兵，便可横行天下。

所谓"定民之居，成民之事"，便是将士农工商四民分别安置，不使杂处。管仲认为，四民杂处，便会相互影响，议论纷纷，容易生出事端。管仲还提出，根据土地的差异制定不同的赋税标准，百姓便会安土重迁；整顿好军旅操练，百姓便不会怠惰；非时不允许入山林川泽，百姓便不会非时渔猎樵斫；山地井田公平分配，百姓便不会生怨恨之心；爱惜民力，不夺民时，百姓便能富足；祭祀有度，不过度用牺牲，牛马就能繁衍。而所谓"陵为之终"，即死有所葬。所谓"六柄"，即生、杀、贫、富、贵、贱，慎用六柄，就是慎用生杀予夺之权。这些都是小农经济稳定社会秩序的重要措施。

齐桓公认为管仲的这些措施都很好，因此便开始按照管仲的方案治理国家。桓公念念不忘要图霸业，他问管仲："我修治国内政事，以图干预天下之事，是否可行？"管仲答："当然可以。"桓公继续问道："那么治理国家除了定民之居，成民之事外，还应当从哪里着手？"管仲肯定地答："从爱民着手。"桓公又问："爱民之道应当如何？"于是管仲又提出了他的规划："首先，要使民众相亲相爱，要从每个家族内部的修治开始，使得家族内部做事相连，财禄相

关，这样民众便会相亲相爱。其次，要赦免旧罪，修立旧宗，继嗣无后之家，使得能够繁衍生息更多人口。第三，要减刑省罚，轻赋薄敛，使民生富裕。第四，要实行举荐，推举贤士，推行教化，使民懂礼。第五，要政令如山，出令不改，以正民俗民风。这五个方面便是爱民之道。"桓公道："百姓富裕，民众相亲，那么我还能命令他们吗？你曾经说过，百姓过分富裕，便不好使用了。"管仲道："用民之道，要善于引导，恩威并施，宽严并济。既要以财货之道引导其求富，也要以工商之道引导其消费，这样就能掌握民众。同时要提高贤士地位，以开民智，以行教化。既不行苛政苛刑，宽以待民，又言出必信，令出必行。使民众既敬又畏，便是使民之道。"以管仲的观点，爱民是为了使民，而使民又是为了进一步强国富民，这是一个良性循环的过程。

周僖王胡齐元年，即齐桓公继位五年，公元前681年，齐国国力有了明显增长。于是，齐桓公开始试图主导中原诸侯国，表现为召集诸侯会盟，平定宋国南宫万弑闵公造成的内乱。虽然宋国内乱主要是靠宋国宗族力量平定的，但在其后也得到了诸侯联盟的支持。《左传》中记载："（鲁庄公）十有三年春，齐侯、宋人、陈人、蔡人、邾人会于北杏。"这里之所以只称齐侯，而其余诸侯称某（国）人，当是因为这是齐桓公主持的会盟，不同于过去数国国君平等会盟，并且一般还要请天子的代表。这是周朝历史上诸侯主持会盟的开端。在这年夏天，齐桓公便把不听命于他，不参加他召集的会盟的遂国灭了，以显示齐国的强势地位。

在齐桓公因主持平定宋国内乱的诸侯会盟初露头角时，春秋初期大国之一郑国也发生了内乱，但很快便自己安定了。周僖王二年，即公元前680年，蛰伏多年的郑厉公终于又得以进入郑国都邑，成功复位。郑厉公占据的栎邑在今天的河南省禹县，离郑国都邑新郑直线距离虽然不过百十里，却隔着颍水与洧水两条河，郑厉公要涉过栎邑东边的颍水虽无困难，但要涉过新郑西南的洧水却不容易，因此直接攻打郑国都城并不方便。但这一年，潜伏爪牙忍受多年的郑厉公得到了机会。据《左传》记载，他的人马在郑国南部颍水之南的大陵地区，即今天的河南省漯河市临颍县北，俘获了公子仪的臣子傅瑕。傅瑕向郑厉公道："如果国君能够放我回去，我将设法让国君进入国都。"郑厉公让傅瑕歃血盟誓，然后将傅瑕放了回去。郑厉公应当是算计好了，放走傅瑕对他没有什么损失：如果傅瑕能够履约，他就能兵不血刃回到都邑；如果傅瑕不能履约，他再发兵攻打也不迟。

## 第二十四章 国力增齐桓主盟会，内外斗郑厉再登基

傅瑕回到都邑新郑之后，不但设法杀掉了公子仪，并且斩草除根，将公子仪的两个儿子一并杀掉，因为公子仪毕竟继位十几年，都邑百姓应当已经认可了他。然后，傅瑕派人请郑厉公重新入主新郑。《左传》并没有记载傅瑕此举有无同谋，也没有记载郑国其他大夫的作为，可能郑国的大夫们为了自身的利益都默认了傅瑕的行为。

郑厉公复位之后，便开始清洗郑国臣子。他的第一个目标便是傅瑕，理由是傅瑕怀有二心。杀傅瑕之后，厉公又拿自己的伯父开刀。他派人去见其伯父原繁，代为传达他对原繁的指责："傅瑕事君不忠，事子仪而杀子仪是有二心，投靠于我其实依旧怀有二心。依据周朝刑罚规定，他是罪有应得。迎我入主而无二心之人，我皆许以上大夫之职位，我自然愿意伯父也能如此。但是我被迫出奔，伯父不将国中事情相告；我重回都邑，伯父又不想帮助我，表明伯父与我从不一心，我深以为恨。"郑厉公或许认为，原繁不会忠于自己，自己也不能原谅原繁，但又不想背上屠戮长辈之名，因此派人传出如此狠话，意思是依据周朝刑罚，原繁本就该死，如果告饶，或许能留住性命，但决计不能再食君禄。原繁自然明白厉公的意思，决意以死表明不与心胸狭窄的厉公合作。他让来使转复厉公道："先君桓公命我先人司理宗人之事。子仪为君，社稷有主，当此之时，如有外心，如此二心，可有更甚？况且，先王有嗣，社稷有主，国内之民，谁不为臣？臣事国君，不生二心，乃循天道，更循古制。子仪在位，已十四年，如私下阴谋，背主纳君，如此行事，岂非二臣？庄公之子，尚存八人，皆仿君行，图谋入主，许人官职，劝人二心，以君观之，该当如何？臣已知命，自当认命。"原繁为保全郑国宗室与臣民，说出这样一番道理，既是指责厉公不该于郑国稳定之际引发内乱，争权夺利，也是谏言厉公不要以怨恨之心实行报复，屠戮无辜。之后，据《左传》记载，他便悬梁自尽。而《史记》则记载，原繁为厉公所杀，且先于杀傅瑕。厉公谥"厉"，当是因他"致戮无辜"。

关于郑厉公复位，《左传》还记载了一个当时流传的故事。说是在郑厉公复位六年之前，有两条蛇在新郑的南门中争斗，最终外面侵入的蛇将原来盘踞在城门中的蛇咬死了。或许当时两条蛇的争斗引起了许多人的围观，因为蛇虫在城门闹市争斗毕竟少见。后来，当郑厉公重新入主新郑时，人们想起了两蛇争斗之事，于是这一象征性隐喻便流传开来。这一隐喻故事甚至传到了鲁国。鲁庄公问申繻道："真有妖吗？"申繻道："人看到他畏忌之物，便会感觉其显现

妖气。妖由人而起。人如果没有软肋，妖便不会兴起；人如果违反常理，妖便会兴风作浪。所以说有妖。"申繻借此事向庄公进言，只要国君言行端庄，国家便不会生出妖孽之事。在春秋早期，申繻便能有这样的认识，说明中国古代士大夫的思想水平。

郑厉公重新入主郑国，坐稳位子后，又翻出老账，处置了当年参与雍纠之乱的臣子。当时厉公忌恨重臣祭足专权，想拉拢祭足之婿雍纠除掉祭足，不料事败，祭足杀雍纠，迫使厉公仓皇出奔。众臣在祭足率领下迎回公子忽继位，后又拥立公子仪继位，致使厉公流亡在外十数年。厉公算老账，牵扯之人自然不少。郑庄公之弟共叔段之孙为避祸事，出奔在外。三年之后，郑厉公或许因诸事尚遂心意，或许因年龄增长，戾气稍消，向左右道："我不能让共叔无后于郑。"于是派人将共叔段之孙迎回郑国。

# 第二十五章　再会盟齐桓霸诸侯，继父业楚文归宿命

周僖王三年，公元前679年，齐桓公继位的第七年，据《春秋》记载："齐侯、宋公、陈侯、卫侯、郑伯会于鄄。"鄄邑在今天山东省菏泽市鄄城县。对于鄄邑之会，《左传》所做的说明为："复会焉，齐始霸也。"《左传》以这一年作为齐桓公称霸的开端，当是因齐国已经能够号令诸侯。这从《春秋》后一年的记载中可以证明。据《春秋》记载，周僖王四年冬，诸侯于幽邑会盟，参加者有齐桓公、鲁庄公、宋桓公、陈宣公、卫惠公、郑厉公、许穆公、滑国国君、滕国国君。许国为姜姓之国，都城在今天河南省许昌市东；滑国为姬姓之国，都于费邑，即河南省偃师市东南的春秋滑国故城；滕国亦为姬姓之国，山东省滕州市西南有滕国故城遗址。据《左传》记载，此次会盟当是为调停当年夏天宋国、齐国、卫国联合伐郑之事，因郑国趁宋国、齐国、邾国于头一年冬伐郳国之时侵略了宋国。齐国帮助宋国伐郑之后，便于冬天召集诸侯会盟，平定争端。可见齐国于中原诸侯国之间的威信与作用。

齐国之所以能在桓公继位的短短七年中成为诸侯盟主，且看桓公与管仲都做了些什么。

内政方面，桓公采纳了管仲的方案，富国安民。桓公在管仲的建议下整顿内政，调整行政结构，使之与战时军事编制紧密结合起来，同时实行各种惠民政策，增强国力。

外交方面，桓公采取管仲的睦邻政策，结盟安邦。齐桓公二年，桓公因鲁国支持公子纠而急于报复鲁国，却被鲁国打败。此后，桓公听取管仲的建议，采取结交诸侯的政策。桓公五年，借平定宋国内乱之机，齐桓公不仅发起与宋、陈、蔡、邾等国的会盟，之后又邀鲁庄公会盟。对于没有应邀参加会盟的遂国，齐桓公马上给予颜色，将之并入自己的版图。

桓公注重与周王室的关系，诸侯联合行动请天子令。齐国与周王室历来为姻亲，周庄王十四年，齐桓公三年，齐国与周王室再续姻亲。周王室嫁女，均由礼仪之邦鲁国主持，于是齐桓公便亲往鲁国迎娶王姬，抬高规格，充分照

顾了王室的体面。周庄王末年，宋国南宫万弑闵公，酿成宋国内乱，给了齐桓公以联合诸侯的机会。第二年春，即周僖王元年，齐桓公与中原诸侯国宋国、陈国、蔡国、邾国会盟，目的是平定宋国内乱。继而宋国背约，于是，齐国、陈国、曹国等出兵伐宋，齐桓公并请周王出师，以示尊王。周僖王乐得表现天子的权威，周僖王二年，他派单伯率人会同齐国等诸侯国共同伐宋，并派单伯在同年冬天莅临齐、宋、卫、郑这几个中原大诸侯国会盟。齐桓公邀请天子出兵，是桓公与天子双赢的策略，从桓公方面看，桓公使得诸侯师出有名，他俨然成为主持诸侯会盟的侯伯；从周王方面看，有诸侯请命与拥戴，乐得派人出兵，多少也能为王室争得些颜面。齐桓公为后人所推崇，是因为他与后人挟天子以令诸侯之举不同，他是尊天子以令诸侯。

关于霸诸侯之说，《左传》成公二年中曾提及："四王之王也，树德而济同欲焉；五伯之霸也，勤而抚之，以役王命。"西晋杜预《春秋左氏经传集解》认为，四王乃指"禹、汤、文、武"，五伯乃指"夏伯昆吾，商伯大彭、豕韦，周伯齐桓、晋文"。此解当是依据汉代经学家之解。《毛诗正义·诗谱序》提及，"五霸之末，上无天子，下无方伯，善者谁赏？恶者谁罚？纪纲绝矣"。"五霸"即"五伯"。唐人孔颖达引证古人关于"五霸""五伯"之解。据古人云："霸犹把也，把天子之事也。"伯为"长也，谓与诸侯为长也"。孔颖达疏云："五伯者，三代之末，王政衰微，诸侯之强者以把天子之事，与诸侯为长，三代共有五人。"孔颖达引东汉经学家服虔之言："五伯，谓夏伯昆吾，商伯大彭、豕韦，周伯齐桓、晋文也。"又证之以《国语·郑语》："昆吾为夏伯矣，大彭、豕韦为商伯矣。"又引《论语》曰："管仲相桓公，霸诸侯。"孔颖达认为，《诗谱序》所言"五霸之末"，"正谓周代之霸齐桓、晋文之后"，又证之以《公羊传》僖公元年曰："'上无天子，下无方伯，天下诸侯有相灭亡者，桓公不能救，则桓公耻之。'是齐桓、晋文能赏善罚恶也。其后无复霸君，不能赏罚，是天下之纲纪绝矣。"由古人之解可以看到，所谓霸者，是指秩序的制定与维持者，而并非肆意横行者。将五霸解为春秋五霸"齐桓、晋文、宋襄、秦穆、楚庄"，则当起于唐人陆德明之《经典释文》。

齐桓公在历史舞台上闪亮登场的同时，楚文王也在竭力继续楚武王的事业。郑厉公复位后，自然要向各国派遣使者，告知郑国之事。但郑厉公复位后没有马上派出使者通告楚国。这正好给了觊觎中原的楚文王以讨伐理由。楚国以郑厉公缓告其复位一事，从邦交礼仪方面提出质问，认为郑国对楚国不尊重，并以此为由，于周僖王四年，即公元前678年，兴兵讨伐郑国。当然，此时楚国并无实力单独与中原诸侯国为敌，因此楚国的讨伐主要是象征性的、试探性的。楚国军队只是到达了郑国边境的栎邑，喧嚣了一阵，便鸣金收兵了。因为此时楚国在江汉流域还有诸多不安定因素。

楚文王的心腹之患是巴国。当初，楚文王为安定江汉流域，曾与巴国修好，联合巴国共同讨伐江汉流域不顺从楚国的申国。申国地处现在的河南省南阳市北，位于江汉流域与中原各国之间。楚国要向中原拓展，就必须收服这些横在中间的小国。或许楚国将领颐指气使，不能善待巴国军队，导致巴国将士与楚国反目，反过来攻打楚国之邑那处。那处位于今湖北省荆门市西南。当时那处的居民为两部分人，一是当地原有居民，一是楚武王时期灭权国后迁来的权国旧民。武王灭权国之后，将权国变为楚国的县，但武王派去任县尹的斗缗却在权国旧民的支持下背叛楚国，于是武王用兵包围权国旧邑，杀了斗缗，将权国旧民迁于那处。可以想见，权国旧民不趁势起事就是好的，决计不会诚心实意地帮助楚人抵抗巴军。于是，巴人很快便占领了那处，之后又从那处进攻楚国郢都北门。郢都地处今天湖北省荆州市北。那处的楚国县尹阎敖从水路逃回楚都，楚文王正在气头上，便下令杀了阎敖。楚文王没有料到，阎敖族人不仅为阎敖叫屈，更在不平情绪下联络巴人，共反楚王。第二年春，楚文王决定亲率大军抵御巴人进攻，不料巴人与阎敖族人的联军大败楚军。

楚文王收拾军队回到郢都。当时郢都守门的大阍名叫鬻拳，他原本可能是楚国的武将。鬻拳非常忠诚，也非常固执。一次，不知为了何事，他向楚王进谏，楚王不纳。鬻拳坚持认为自己的意见正确，居然不惜兵谏，迫使楚王接受他的谏言。待到楚王按照他的谏言行事后，他又向楚王以及所有大臣坦陈自己有罪。他道："举兵威胁国君，这是大罪，即便国君能够原谅我，我也不能原谅自己。"随后他便斩掉了自己的双脚。楚王与楚国臣民感念他的忠勇，让他担任都城主管城门之官"大阍"。当楚文王收拾残军回城时，这位大阍不开城门，或许他认为战败之师是没有资格回到郢都的。楚文王对这位无脚将军、都城大阍无可奈何，或许自己也感觉如此回都城会在国人中丧失威信，便调转军队去攻打远在今天河南省潢川县的黄国。黄国位于淮水之南，楚国认为应当是自己的势力范围，但黄国却一直不顺从楚国的号令。

或许黄国军力不强，或许楚国哀兵必胜，楚文王北伐黄国非常成功，大败黄国之军。但楚国尚无实力吞并淮水流域的小国，因此此战只是教训性质，目的在于找回失落的面子，因此战胜便止。楚文王得胜回师，却染上了疾病，病死于班师途中。楚文王与楚武王一样，均死于军旅，或许是楚文王的宿命，亦表明楚国称王之后两代国君均致力于开疆辟土，至死方休。鬻拳闻文王薨，或许后悔自己逼文王北伐，以致文王病死军中，抑或认为文王像武王一样死于军中，是死得其所，鬻拳的心思已不可知。后人知道的是，他与百官一起，将文王葬于冢室，祭奠之后，他便自尽于墓前。他的行为，当是表示愿意追随文王于地下，以全君臣之义，抑或为表示悔过，以赎自身难恕之罪。

# 第二十六章　惠王贪王叔争上位，兄弟残楚成露锋芒

周僖王胡齐是于公元前681年继位的，在位五年，公元前677年，周僖王驾崩，其子阆继位，是为周惠王。周僖王与其父周庄王虽然乏善可陈，但除了宠幸爱妾这种君王常犯的错误外，却也不见史书记载他们有更多的失德乱政之事。但仅仅是宠幸爱妾，便会留下祸根，这在春秋历史上已不少见。周僖王驾崩之后，周王室发生内乱，便是周庄王宠幸爱妾遗留下的祸患，周惠王本人失德则是引发祸乱的导火索。

自从周王室东迁以来，王室失去了大片土地，也失去了自身的尊严。据《左传》记载，从周桓王时起，王室便向诸侯索取贡品，而周惠王继位之后，各方诸侯势力更增，惠王不敢向诸侯索取贡品，便沦落到开始向身边臣子索要钱财的地步。惠王先是要拓展他蓄养飞禽走兽的园囿，便将大夫蒍国种植菜蔬瓜果的园圃划归己有。之后，惠王看到大夫边伯的庭院靠近王宫，又将边伯的庭院据为己有。看到大夫们并不敢违抗自己，惠王感觉良好，贪心更大，又强占了大夫子禽祝跪和詹父的田产。贪婪的惠王到处霸占臣子的家业田产，还嫌自己手中钱财不够，又开始克扣身边臣子的俸禄。他小气不肯花钱，又嫌膳食不丰，便削去了掌管王宫膳食的大夫石速的俸禄。惠王的所作所为自然引起大夫们普遍不满。周桓王之时，桓王便不尊重和保护臣子们的私产。当时，桓王看中了郑国的邬、刘、蒍、邘几个城邑的田地，便把这原来属于郑国的田产据为己有，但按照桓王的想法，他并不是无偿占有郑国之地，他慷他人之慨，将不属于王室掌控的苏氏之田温、原、絺、樊、隰郕、欑茅、向、盟、州、陉、隤、怀十二个城邑的土地划归郑国，让苏氏与郑国去争夺。苏氏对此自然愤愤不满。于是，对周惠王不满的蒍国、边伯、石速、詹父、子禽祝跪五大夫便依靠早已对王室不满的苏氏，企图推翻惠王，另立新王。这便是五大夫之乱。

五大夫要另立的新王，便是周庄王宠儿、惠王的叔父王子颓。当初周庄王有一个姚姓宠妾，生王子颓。王子颓因其母亲得宠，自小便也得宠，庄王专门请大夫蒍国担任王子颓的师傅。如今，以蒍国为首的五大夫起事，自然便会拥

立王子颓。这王子颓也是利令智昏，不知进退，起了夺位之心。但是，尽管周惠王贪婪成性，周朝大多臣子依旧奉惠王为正统，五大夫攻伐惠王并未得势，只得逃到苏氏的温邑，由苏氏保护王子颓逃往卫国。之后，卫国与南燕国起兵拥护王子颓，讨伐惠王，逼得惠王出逃郑国。于是卫、燕两国之师助五大夫立王子颓为周王。

郑厉公本是强势之君，又因周惠王逃至郑国，便出面调停王室矛盾。但此时五大夫已经作乱，王子颓已经自立为王，卫、南燕两国已经参与其事，王室内乱已经不可调停。无奈，郑厉公只好让周惠王暂住他曾经营十几年的栎邑。等到时机成熟，郑厉公又奉惠王到王城之东的成周。成周是周公经营多年的城邑，有数百年历史、传统与王朝器物。惠王将成周的宗室宝器全部带到了郑国，以示正统的延续。

王子颓登基一年之后，认为王位已经坐稳，便在宴请五大夫之时，让乐工舞伎奏演历代乐舞，非但违背礼制，更是沉溺享乐。当时乐舞，有相传黄帝时代的云门、大卷，唐尧时的大咸，虞舜时的大韶，夏禹时的大夏，商汤时的大濩，和周武王时的大武。这些乐舞均为大典时所演奏，王子颓于平日宴请臣子，让乐工舞伎演奏全套乐舞，本就是违礼之举，加之整日沉迷于乐舞，更是王者大忌。

郑厉公听到关于王子颓沉溺于舞乐的传闻，便去见虢国之君，商议帮助惠王复位之事。郑厉公道："我听得常言道，哀乐失时，殃咎必至。如今王子颓歌舞不倦，实为酿祸。按照周朝礼制，司寇行刑之日，君王应当素食，但如今王子颓却哀乐失时，行刑之日尚终日饮食歌舞，岂非幸灾乐祸？王子颓篡夺王位，已是自取灭顶大祸，身在祸中而无忧患意识，必有大患将至。虢君身为王卿，何不在王子颓败象已显之时帮助周王复位呢？"虢公道："郑君之言正合我意，我自当帮助周王复位。"于是，郑、虢二君相约起兵，共同辅佐周惠王复位。周惠王四年，即公元前673年，郑、虢二君率兵攻打王城。果然不出郑厉公所料，王子颓因沉溺于吃喝玩乐，他的人马已经不堪一击。很快，王城便被攻下，郑厉公奉惠王自王城南门入王城，虢公率兵自王城北门入王城，两支兵马攻入王宫，杀死了篡位的王子颓与作乱的五大夫，帮助惠王恢复了王位。

郑厉公为周惠王立下了天大的功劳，成为惠王的红人后，便也僭越礼制，在宫廷西阙宴请惠王，席上准备了全套乐舞。自然，郑厉公也得到了惠王的奖赏。周惠王将虎牢关以东，原来郑武公经营、后郑国又失去之地，悉数赐予了郑国。时人便有评论道："郑伯效尤，亦将有咎。"即是说郑厉公是在步王子颓与五大夫的后尘，僭越礼制，必然会导致灾祸。时隔数月，郑厉公薨，似乎印证了时人的评说。如后人所言，"生于忧患，死于安乐"真是千古箴言。虢公自然也受到赏赐。据《左传》记载，惠王赴虢国巡狩，虢公为惠王于玤邑修建了宫殿，惠王便将周邑酒泉赏赐予虢国。

周惠王在经历了偌大的波折后，却一点长进都没有，行事依旧那样小气，又那样随意。郑厉公宴请惠王，惠王只赐予了一件鏧鉴，而虢公请惠王赐予器皿，惠王便赏赐了一尊饮酒之爵。在时人的眼中，鏧鉴更多为妇人之物，而酒爵乃王公之家的礼器，孰轻孰重一目了然。如果周惠王对于诸侯臣子上心，对于自己的左右卿士，自然不会有如此厚此薄彼之举，无奈周惠王眼中只有自己，没有旁人，当然不会对赏赐诸侯臣子有所权衡。就像他随意夺取臣子的家产一样，他也随意地赏赐臣子。周惠王的随意行为，为郑厉公之子郑文公深深记恨。

其实在周惠王元年，惠王刚刚继位时，便于应酬赏赐上失礼。当年虢公与晋献公朝见惠王，惠王非常高兴，便赐予二人玉珏五双，马三匹。惠王虽为笼络诸侯，此举却双重失礼。一是虢公、晋侯二人名位不同，不当赐予同等赏赐；二是赏赐之数当为双数，按等级递减亦为双数。惠王登基之初便如此不循礼制，随意行赏，经历波折之后也丝毫没有长进，可见其一生不可能有所作为。惠王谥"惠"，据《逸周书·谥法解》，"柔质受谏曰惠"。惠王之谥，当是因惠王并无大恶，尚能听进臣子之言，但终其一生应是无所建树。

在东周王朝叔侄争位的同时，楚国则上演了兄弟相残的惨剧。周惠王二年，即公元前675年，楚文王薨，其子熊囏继位，史称堵敖熊囏。《左传》与《国语》对于堵敖熊囏在位几年的事迹没有记载，而据《史记》记载，堵敖熊囏五年，熊囏要杀其兄弟熊頵，熊頵逃往随国。之后，熊頵在随国帮助下袭击楚国，杀了熊囏，自立为王，是为成王。楚成王是一位雄才大略的诸侯王，他在位期间楚国获得了很大的发展空间。

楚成王继承了其父、祖的雄心，却改变了其父、祖对中原地区的策略。他即位之后，便结交诸侯，纳贡天子。据《春秋》鲁庄公二十三年记载，"荆人来聘"。这一年是楚成王元年，周惠王六年，公元前671年。楚国能向鲁国派遣使者，自然也会向中原其他国家派遣使者，据《史记》载，楚成王"初即位，布德施惠，结旧好于诸侯"。不仅如此，楚成王还向周天子纳贡示好。在周室式微而惠王又贪利的情况下，楚成王之举大大博得了周惠王的好感，乃至周惠王特赐胙肉于楚成王，并宣谕楚成王："镇尔南方夷越之乱，无侵中国。"于是，楚国得以在江汉流域乃至江淮流域发展势力，日后成为春秋战国时代拥有土地面积最大的诸侯国。

# 第二十七章　陈国内乱陈完奔齐，晋侯伐戎晋献种祸

周惠王五年，陈宣公杵臼二十一年，即公元前672年，陈国太子御寇被杀。据《史记》，陈宣公宠爱嬖妾，想传位于宠妾之子，便杀了太子。太子御寇平素与其堂叔公子完关系密切，但两人之间其实是有世仇的。太子御寇之父陈宣公是陈桓公少子。陈桓公薨，其弟佗杀侄自立，是为陈厉公。陈厉公七年，桓公的三个儿子与蔡国人合谋杀死厉公，相继即位，是为陈利公、陈庄公与陈宣公。公子完是陈厉公在位第二年所生，论辈分是陈宣公之太子御寇的堂叔父。然而太子御寇与公子完能够惺惺相惜，忘却世仇。御寇被杀，公子完便逃往齐国。

据《左传》，公子完到齐国之后，齐桓公久闻他的贤名，要拜他为卿，他力辞不受，道："我乃流亡之臣，幸得贵国宽政，赦免流亡之罪，使臣得释重负，此皆国君之恩惠。臣在贵国受惠如此，怎敢觊觎贵国高位，使贵国臣子难免非议国君重用流亡之人？我誓死不敢受此高位。"公子完还引《诗》曰："翘翘车乘，招我以弓。岂不欲往？畏我友朋。"此章为不见于《诗》三百篇的逸诗。他引此诗表明他深知进退，处事周全。首先他以"招我以弓"表明自己甘居"士"的身份，其次表明愿意为齐桓公效劳，最后表明必须顾及同为臣子的朋辈感受。齐桓公便任命公子完为工正，即管理百工的职官。

公子完在齐国，均以礼待上下人等，以确保立身之地。《左传》记载了他与齐桓公的礼尚往来。齐桓公宴请公子完，公子完也依礼回请桓公。天色已暗，桓公兴致未尽，让人去掌灯，公子完便阻止道："臣宴请国君之前卜卦，只卜了白昼为吉，未曾卜夜间卦象，因此不敢令人掌灯。"公子完宛转劝谏桓公宴乐不可过度，既显自身礼义修养，也成全了桓公不失礼义。时之君子评论道："酒以成礼，不继以淫，义也；以君成礼，弗纳于淫，仁也。"可见公子完时评甚好。

《左传》好记述卜筮预言等事，关于公子完及其后人，有两次非常详尽的卜筮记载。公子完降生后，陈厉公便请周朝史官为他筮卦，得"观"之

"否"。本卦为"观"卦，坤下巽上，但自下而上第四爻出现老阴，为变爻，当变为阳爻，于是之卦为"否"卦，即坤下乾上。由于第四爻为变爻，解卦当注重此爻之爻辞"观国之光，利用宾于王"。周朝史官解卦道："利用宾于王，即利于为国君之上客。"那么，他会在陈国有大作为吗？根据卦象，不在陈国，而在异国；而且，并非他本人，而是其子孙。因为光是来自远处、他处的照耀者。坤为土，巽为风，乾为天。"观"之"否"，是风变为天，在土地上，二至四爻又出现了山。山中之材，在天光照耀下，居于土地之上，最接近至尊，是谓"观国之光，利用宾于王"。"否"卦乾在上，坤在下，象征君臣各在其位，臣子贡奉珍品玉帛，为国君上客，是谓"宾于王"。"观"卦言观，为旁观而非在自身，因此应在其后世。"观"卦风行于土上，因此当着落在异国。此异国一定是姜姓之国。姜姓为太岳之后，只有山岳能够配天。但是，物不能有两者并大匹敌，所以要等陈国衰败，公子完之后裔才能昌盛。《左传》为证明周朝史官所筮精准，又记述了陈国两次被灭，均伴随着公子完之后裔在齐国得势。此为后话。

《左传》还记载了关于公子完娶妻的卜筮。陈国大夫懿氏想将女儿嫁给公子完，懿氏之妻便卜了一卦，卦象为吉。卦辞道："凤皇于飞，和鸣锵锵。有妫之后，将育于姜。五世其昌，并于正卿。八世之后，莫之与京。"凤凰展翅，雄雌和鸣，预示这是一段好婚姻。妫姓的陈氏之后将在姜姓之国繁衍，五世之后会升至卿位，八世之后便无人可匹敌。公子完的后裔于春秋战国之交完成了"田氏代齐"，夺取了齐国姜姓的国君位置。后世史书分别称二者为姜齐与田齐。

晋国在曲沃武公即晋武公取代晋室之后，很快又产生了新矛盾。周惠王元年继位的晋献公诡诸是晋武公之子，自曲沃桓叔起已经是第四代了。献公即位后赴成周朝见周王，以巩固名分。然而，他日益感到他的同宗叔伯兄弟们都在经营势力，威胁公室权威，便与大夫士蒍商议对策。士氏为帝尧后裔，周代居杜邑，后周宣王错杀杜伯，其子逃至晋国，为士师，因以士为氏。据《左传》，士蒍向晋献公献计道："先除去桓、庄之众公子中最有计谋的富子，群公子便将分化瓦解。"士蒍设法逢迎众位公子，取得他们的信任，然后分别在他们那里进富子的谗言，使得众公子都欲除掉富子。等到富子被除之后，士蒍又挑拨众公子，杀掉了桓叔之族的游氏二子。士蒍利用人的嫉妒心，不到两年，便除掉了桓、庄两族众公子中的佼佼者，于是他向献公道："国君让我做的事情已经完成，再过两年，国君便不会再有忧患了。"士蒍又斩草除根，鼓动众公子杀掉游氏一族，并建议他们加固聚邑城墙，全部居住到聚邑。众公子认为他是在帮助他们聚集力量，实际上他是在帮助献公创造围剿众公子的条件和理由。晋献公八年冬天，献公发兵包围了聚邑，尽杀桓、庄两族众公子，稳固了自己的君位。

心腹之患除去后，晋献公不听忠言，做了一件为后人种下隐患的事。《国语·晋语》记载了此事始末。晋献公要伐骊戎，大夫史苏卜卦后道："胜而不吉。"献公询问原因，史苏答道："此卦为牙齿衔骨之象。衔骨，怕鲠在喉，且卦象暗含有口，或有齿牙口舌之谗为害，会使得民众离心离德。"献公道："寡人不受口舌谗言，谁敢挑拨是非？"史苏道："挑拨离间之言必定甜蜜，入耳入心，又怎能防备呢？"但献公不听史苏之言，决意征伐骊戎，果然取胜，得骊戎所献二女。

献公征伐得胜，又抱得美人归，非常得意，大宴群臣。宴席上，他让掌管宾主礼仪的司正给史苏满斟一杯酒。献公道："饮完此杯，不许吃菜。出兵前你说'胜而不吉'，我得胜了，因此赏你一杯酒，但并无不吉，因此罚你不能吃菜。攻克敌人，又得美妃，还有更大的吉事吗？"史苏将酒饮尽，再拜稽首，道："卦兆如此，不敢不告。卜卦有纲纪，官职有操守，若不据实以告，臣还有何面目事君？国君应当乐成吉事，防备凶事，无论有无凶事，防备总无害处。若有凶事，有备无患。臣卜此卦若不准，乃国家之福，岂敢惧怕惩罚？"

宴会之后，史苏又向诸位大夫道："有男兵必有女兵。我们晋国以男兵获胜，戎人将必以女兵胜晋。这如何是好？"大夫里克问道："会怎么样？"史苏道："古时夏桀征伐有施氏，有施氏进献妹喜，其亡夏之功可与商相伊尹相当。殷纣征伐有苏氏，有苏氏进献妲己，其亡商之功可以与辅佐武王的胶鬲相当。周幽王征伐有褒氏，褒人进献褒姒，褒姒有宠，生伯服，与虢石甫结党，幽王驱逐太子而立伯服，致使太子奔申，于是申人、鄫人联合西戎，伐周亡周。如今国君不修德，又宠幸戎女，难道不是在重蹈三代末代之王的覆辙吗？我所卜卦兆是，挟以衔骨，齿牙为猾。我卜的是伐骊戎，龟兆所应为离散，离散不吉，国家可能分裂。若非戎女占有晋国，便不会有挟持之兆。若非戎女得到君宠，便不会有衔骨之兆与弄口舌害人之事。而若戎女得到君宠占有国家，虽有齿牙交错，谁又能不服从呢？诸侯服从戎狄，不是失败又是什么？从政者不可不引以为戒！否则，国家必亡！"

大夫郭偃道："三代之亡是一定的。君王纵情淫惑，穷极奢侈，直至灭亡，都不知以史为鉴。如今晋国乃偏远小国，有大国在旁，虽欲纵欲奢侈，邻国与上卿都会教导晋君的。晋国会遭劫难，却不会亡国。殷商末年，有铭文曰：'嗛嗛之德，不足就也，不可以矜，而只取忧也。嗛嗛之食，不足狃也，不能为膏，而只罹咎也。'小德小惠不足以使人归就，不足以矜持，因此可忧；少量衣食不足以贪，不足以自肥，而只会获咎。骊姬作乱，只是获咎而已，谁能服从于她？我听说，能于乱中聚集民众与财物之人，必须有长期谋划，赢得人心，终身守礼守义，德被后嗣，有天命守护。如今骊姬不能居安处危，不可谓能谋；以口齿害人，不可谓得人；为一己私利为害国家，妄求获益，不可谓懂礼守义；以邀宠获怨，不可谓有德；同类少而树敌多，不可谓有天佑。骊姬即便为乱，亦如隶农，为人耕作而已。"

大夫士蒍道："与其劝诫，不如早做准备，做好准备，临事不乱。"可见晋国大夫都对献公宠爱骊姬心怀忧虑，对晋国日后的内乱也都有心理准备。

# 第二十八章　齐桓公受赐封侯伯，晋公子因间居边城

齐桓公继位之后，听取管仲建议，对内轻税赋，养民力，并改善吏治，实行教化。据《管子·大匡》记载，"桓公践位十九年，弛关市之征，五十而取一。赋禄以粟，案田而税，二岁而税一。上年什取三，中年什取二，下年什取一，岁饥不税，岁饥弛而税"。关市五十税一，无疑能够鼓励工商；田地隔年收税，按田取税，丰年多取，饥年不取，无疑照顾到农人利益。如此若干年下来，齐国国力自然增强。为保证士农工商的利益，齐国还加强吏治，使各级官吏不敢压制下情不使上达。齐国规定：庶人有合理要求或有下情上达，官吏不为之办理或传达，超过七日，便要囚禁办事官吏；庶人要出入国境，官吏不为之办理，超过五日，便要囚禁办事官吏；而如果贵族有合理要求或有下情上达，或要出入国境，官吏超过三日不为之办理，便要囚禁办事官吏。对官吏要求如此严格，官吏自然不敢不尽心办理职分之内的差事，不敢刁难百姓，齐国国内商业与手工业自然繁荣，与各国商业往来自然发达。对齐国而言，关市之征薄敛广收，可增益国家收入，又可藏富于民，于国于民两利。

在对外政策方面，管仲建议桓公重睦邻，立威信。据《左传》记载，周僖王二年、三年、四年齐桓公三次召集诸侯会盟，在诸侯国中初露锋芒。之后，齐国与鲁国及他国之间又发生过矛盾，齐国曾发兵讨伐鲁国等国。但后来，齐国在管仲建议下开始调整对外关系。据《管子·小匡》记载，齐桓公曾与管仲探讨过对外关系。齐桓公认为齐国内政外交皆已稳定，提出要安定四方，管仲则提出安定四方必先亲邻，要划定疆界，归还以前占领的邻国土地，不要收受各国财货，还要多予各国美物，这样才能睦邻亲邻。桓公问道："若寡人要南征，当以哪个国家为主要盟友？"管仲答道："要以鲁国为主。要归还鲁国的常、潜两地，使鲁国遇到水灾能够泄洪于海，又能自河渚引水至沟渠，还能依傍山岳为屏障。"据谭其骧主编的《中国历史地图集》标注，常、潜两地离泗水不远，当与鲁国水道泄洪或引水有关。桓公又问："若寡人西征，当以哪个国家为主要盟友？"管仲答道："要以卫国为主。要归还卫国的台、原、姑与七

里等地，使卫国遇到水灾能够泄洪于海，又能自河渚引水至沟渠，还能依傍山岳为屏障。"桓公再问："若寡人北伐，当以哪个国家为主要盟友？"管仲答道："要以燕国为主。要归还燕国的柴夫、吠狗两地，使燕国遇到水灾能够泄洪于海，又能自河渚引水至沟渠，还能依傍山岳为屏障。"管仲让桓公归还的卫、燕之地也当在两国的泄洪或引水的水路左近。《国语·齐语》记载与《管子》同。不收受各国财货，却多予各国美物，这还只是小恩小惠，而水利与水害对农耕社会有着极大的影响，齐国能够考虑邻国兴水利、防水害的问题，睦邻亲邻便是水到渠成之事。

以齐鲁关系为例，据《春秋》记载，自周惠王五年、即齐桓公十四年之后，齐、鲁多次互访、会盟，这应当是在调整两国关系。周惠王五年，先是鲁国使者赴齐国结盟，后是鲁庄公"如齐纳币"；周惠王六年，鲁庄公先"如齐观社"，后又与"齐侯遇于谷"；周惠王七年，鲁庄公"如齐逆女"。庄公亲赴齐国"纳币"并迎亲，赴齐国"观社"，虽然这些举动不合礼制，却是为表现尊重齐国。周惠王九年，鲁庄公"会宋人、齐人伐徐"；周惠王十年，鲁庄公"会齐侯、宋公、陈侯、郑伯同盟于幽""会齐侯于城濮"。由于《春秋》为鲁国史，记述自然以鲁侯为主，其实周惠王九年的伐徐与十年的会盟，应当是以齐桓公为主的。因为《左传》记载，周惠王十年，"王使召伯廖赐齐侯命，且请伐卫"，《史记》也记载，"惠王十年，赐齐桓公为伯"。

周天子赐齐桓公为伯，并非赐爵，而是赐其为方伯或曰侯伯，即为诸侯之伯，诸侯之长，诸侯之霸。正是由于有了周天子的赐命，第二年，即周惠王十一年，"齐人伐卫""卫人败绩"。之后，又有齐国、鲁国、宋国救郑御楚，也是以齐国为主。从《春秋》记载看，此时齐国已经成为中原诸侯的召集者，周惠王赐齐侯命，是顺理成章之事。

在齐桓公号令中原诸侯之时，偏居一隅的晋国正在走向内乱。据《左传》记载，晋献公先娶贾国之女，但无子嗣。他为太子时，与其父晋武公之妾齐姜苟合，生子申生，献公继位后，立申生为太子。以后，献公又娶了两位戎女，大戎女狐姬生重耳，小戎女生夷吾。再后来，便是献公伐骊戎，得骊戎所献二女。骊姬生奚齐，其娣生卓子。

骊姬并非像褒姒、妲己那样，只是依靠美色获得君王的欢心，骊姬很有心计。她想要借献公之宠立奚齐为储君，但知道靠她一己之力不够，因此便勾结献公宠臣梁五与东关嬖五。他们知道，妨碍奚齐为储君的并非只有太子申生，还有其他几位年纪较长的公子，因此他们非但针对太子申生，也针对其他几位公子。他们并非直接构陷太子申生与其他公子，而是采取逢迎献公的方式进言道："曲沃城是国君祖上发祥之地，宗庙所在；另外，蒲邑、北屈和南屈，是防范戎狄的边境重邑，这些重要的城邑均不可没有宗室之人主事。宗庙所在之地没有嫡亲骨肉主事，则百姓不知敬畏；边境重邑没有宗室至亲主事，则戎狄易生侵掠之心。戎狄觊觎，百姓怠惰，都是国家大患。国君如果让太子主管曲沃城邑，让公子重耳与公子夷吾镇守蒲邑与二屈，对内可以在百姓中树立宗室的威望，使百姓心生敬畏，不敢懈怠，对外可以使戎狄心生畏惧，不敢进犯，可谓两全之计。况且，戎狄疆域广阔，我们晋国何不扩张国土，多设城邑，也能彰显我君的功德。"

此时的晋国都于绛，即翼城，在今天山西省临汾市翼城县东南，尚有西周至春秋时期的晋国故城遗址；曲沃城在今天临汾市曲沃县，城北有自西周晋武侯、成侯、历侯、靖侯、僖侯、献侯、穆侯、文侯的墓葬，说明曲沃是晋国宗庙所在；蒲邑在今天临汾市西北吕梁山南麓的隰县；北屈在临汾市西的吉县。曲沃与晋都翼城相隔不远，而蒲邑与二屈都在晋国西北边境的山区。

骊姬与献公宠臣的这一套说辞，表面看来全都是为国为君着想，其实是为将太子申生、公子重耳和夷吾都调离都城，以利于将来离间献公与太子和公子们的亲情，帮助骊姬之子登上储君之位。晋献公自然为他们的说辞所动，认为将儿子们派往各地要邑，有助于晋国巩固边防，也便于晋国开疆拓土，便将太子申生派往曲沃，将公子重耳派驻蒲邑，将公子夷吾派驻二屈，唯独留下了骊姬与其娣的儿子。

《史记》的记载与《左传》有所不同。据《史记》记载，是晋献公自己要废太子，因此寻找理由将太子与诸公子都打发出了都邑。但从《左传》编年记载看，数年之后，即周惠王十六年，公元前661年，晋献公"作二军，公将上军，大子申生将下军"。如此看来，晋献公派太子镇守曲沃已有时日，当时应当并未想要废太子，而且让太子率领军队，似乎亦并未想要废太子。但亦有一说，即晋献公让申生率领军队，是将申生作为臣子对待，而不是作为储君对待。

无论晋献公作何打算，他将儿子们派往外地后，自然方便了骊姬与梁五、东关嬖五向他进谗言，离间献公与太子的关系。据《国语·晋语》记载，献公伐骊戎之前为献公卜卦的史苏，此时又向其他晋国大夫们道出忧虑。他道：

"如今祸乱已生。国君以骊姬为夫人，百姓不满至极。过去国君劳动百姓，是为百姓谋利益，所以百姓能够拥戴，都愿尽忠报效，勤劳国事，虽死无恨。如今国君劳动百姓，只是为自身利益，百姓对外不能从征伐中获利，对内憎恶国君贪图享受，贪恋女色。上下皆已离心离德。如今骊姬又生男孩，难道这是天道使然？天命加深对国君的毒害，百姓厌恶国君，国家必乱。只有国君能够好行善事，憎恶恶事，喜闻乐事，安于宁静，才能保证长治久安。伐木不伐其根，枝桠必会复萌；阻水不塞源头，水流必会复流；灭祸不毁根基，事态必会复乱。如今国君灭骊戎首领，却宠养其女，此乃祸事之基，宠养其女，又纵其所欲，此女必思报复，更加纵欲，虽为美女，却怀恶心。国君爱其美色，必然用情，而此女得君之情，必增其欲望，纵其恶心，必定祸国殃民。"按照史苏的分析，晋国内乱就在眼前。

## 第二十九章　楚令尹侵郑遇联军，齐桓公救燕伐山戎

周惠王十一年，即公元前666年，楚成王兴兵伐郑。楚国北进中原，是楚武王、文王的既定目标，楚成王自然也以此为目标，只不过成王在力量不足的情况下采取了迂回之策，结交了一些中原诸侯国。此次北伐，起因不在楚成王，而在楚文王夫人与令尹子元。

当时楚国令尹是楚武王之子、楚文王之弟子元。据《左传》记载，楚文王夫人原为息国息侯夫人，因其美貌而被楚文王所夺。文王去世之后，子元看中了文王夫人，便在宫廷之侧建了自己的馆舍，在馆中令乐工舞伎奏演万舞。万舞有文舞与武舞，文舞执籥执羽，舞乐悠扬；武舞执干执戚，振铎为节。子元为制造动静，引诱文王夫人，便在馆中让人演奏并舞蹈武舞。文王夫人听到乐舞，哭道："先君文王以此乐舞演习兵戎，如今令尹不思复仇，而于我未亡人之侧演奏乐舞，怎可与先君相比！"侍从将文王夫人的话告诉了令尹子元，子元道："妇人尚且不忘仇人，我反而忘了国恨家仇！"于是下决心继承文王未竟之业，选定郑国为其讨伐目标。令尹子元之所以以郑国为目标，当是此前楚文王曾与郑国结怨。当年郑厉公复位，并未及时告知楚国，楚文王以郑国轻视楚国为由攻打郑国。此后郑国加入以齐国为首的中原诸侯联盟。此次楚国伐郑，亦是向中原诸侯联盟挑衅。

周惠王十一年秋，楚国令尹子元以六百乘兵车伐郑。子元亲为前军主帅，前军将领还有斗御彊、斗梧、耿之不比，以斗班、王孙游、王孙喜为后军，可谓军容浩荡。楚国前军车马顺利地突入了郑国都邑的外城之门，涌上外城大道街市，却发现内城闸式城门高悬，却不见多少守军。楚人认为这是郑国的空城之计，用以诱敌，便相互以楚语交流，退出外城。子元道："看来郑国有高人。"

楚国以六百乘兵车伐郑，郑国当然不可能毫无察觉，早已派人向中原各诸侯国求救。齐国、鲁国与宋国的兵马前来救郑。据《管子·大匡》记载，当夷狄侵扰齐国时，齐国向诸侯国求救，大诸侯国出兵车二百乘，步卒两千人，小

诸侯国出兵车一百乘，步卒一千人，齐国则出兵车一千乘。战后赢得的车马甲兵财货，都给予小诸侯国，而所得领土，则就近分予大诸侯国。齐桓公的这种互助互利的分配方式，加之领受王命，自然能够号召诸侯。此次齐、鲁诸国救郑，或许各国即是按此约定出兵车步卒。据《左传》记载，"楚师夜遁"。可见诸侯兵力强于楚国。郑国人本想乘势追赶楚军，但探子来报，楚国所弃营帐中已有乌鸦出入。可见楚军南逃之迅速。楚军此次虽然侵入郑国都城，却并无收获，当是一次劳民伤财之举。

楚令尹子元无功而返，不仅不思总结教训，反而故态复萌，变本加厉，不再居住在自己建造的馆舍，而是直接住到宫中。斗射师向子元进谏，子元非但不听，还将斗射师铐下。令尹如此行事，众臣自然不满，尤其斗氏不满。于是斗班寻机杀了子元。子元毕竟是文王之弟，长期执掌楚国相位，他的死不能不引起楚国上下的震动。为平息楚国内乱，新上任的令尹斗谷於菟自毁其家，以纾国难。毁家纾难，当然可以视作他的高风亮节，但也可以视作他的无奈，他不这样做，斗氏便无法掌控楚国。

在帮助郑国抵御楚国入侵之后，周惠王十三年，即公元前664年，齐桓公二十二年，齐桓公又北伐山戎。齐国北部一直有戎人侵扰，齐桓公继位后，周惠王三年，齐桓公十二年，即公元前674年，齐国便开始伐戎。但周惠王十三年齐国伐戎，已经不是为了齐国自身抵御戎人，而是为救援燕国。

燕国在齐国之北，更是久受戎害。在齐国伐戎之前，齐桓公与鲁庄公曾经于济水会商，据《左传》记载，"谋山戎也。以其病燕故"。据《史记》记载，当时山戎伐燕，燕国向齐国告急，于是齐桓公为救燕国而北伐山戎。而据《管子·大匡》记载，齐桓公曾向诸侯宣言："狄人无道，犯天子令，来侵齐国。为天子故，敬天之命，当抗狄救齐。然北州诸侯不至，上不听天子号令，下无礼于诸侯，因此寡人请讨伐北州诸侯。"诸侯皆许诺。于是齐桓公北伐令支国，攻克凫之山，斩孤竹国君，并遇山戎。这显然与《左传》记载齐桓公为燕国伐山戎有所不同。然终齐桓公之世，《左传》再无记载齐国伐山戎之事，因此《史记》《管子·大匡》所记征伐山戎，便当在《左传》记载的这一年。或许齐桓公北伐，既为帮助燕国抵御山戎，也为荡平北地不听命于周天子及其代言人齐桓公的诸侯国。《管子》《史记》均记载，齐桓公不但帮助燕国抗击山戎，还帮助燕国重修召公之法，履行对周天子的职责。

齐桓公所救的燕国，是春秋时代的北燕。春秋时代还有南燕国，为姞姓之国，黄帝之后，都邑在今天河南省延津县东北，是一个小国。而北燕是一个大国，为周王室同姓姬姓之国，首封之君为召公奭。召公后裔与周公后裔相同，长子就任封国，历代为诸侯，次子留在周王室，历代为王卿。因此赴燕国就封的是召公的嫡长子克。北京琉璃河西周燕国墓出土的克罍与克盉记载克受封之事，便是可靠证据。据克罍与克盉记载，克受封于匽，后世称燕，当为同音之误。北燕都于蓟，即今天的北京市西南地区，蓟城西北角在今天白云观一带，东南角在虎坊路一带。北燕亦曾都于临易，在今天的河北省雄安新区容城县东南。山戎地界在燕山一带，今天的河北省北部、辽宁省南部地区。而在燕国东部，还有两个小国，即孤竹与令支。孤竹殷商时期便已立国，国都在今天的河北省秦皇岛市卢龙县东南，或许因地域关系，与山戎关系密切；令支或为山戎之国，国都在今天的河北省唐山市迁安市西。以这两个小国的地理位置，他们很可能不买周王朝的账。于是，齐桓公在帮助北燕抗击山戎时，也不失时机地剿灭了这两个地处边远的小国，并斩杀了孤竹国君。

曾与齐桓公商议北伐救燕的鲁国，最终没有出兵，因为鲁国君臣害怕深入蛮荒之地会遭遇不测。确实，齐桓公北伐途中曾多次遇险。据《韩非子·说林上》记载，齐国军队在北伐孤竹途中，曾经迷路。此时，随同桓公北伐的管仲建议利用老马的能力寻找归途。于是齐国军队放开军中老马的羁绊，让老马自由而行，大军则跟随其后，终于找到了正确归途。这便是著名的"老马识途"的故事。齐国军队北伐当是在冬春之季，深入北地后，还曾遇到进入大山没有水源的困境。是跟随北伐的左相隰朋解决的问题。隰朋道："蚂蚁冬天居于山之阳坡，夏天居于山之阴坡，如果蚂蚁洞口堆得一寸之高的土壤，则其地下一仞必定有水。"于是军士们便据蚁穴挖地，果然寻得了水源。周代的一仞，为度量单位，后人或说为八尺，或说为七尺，或说为五尺六寸。总之，齐军在隰朋的指导下掘井取水，解决了山中宿营的水源问题。

齐桓公北伐成功，不仅为燕国撑腰，也提高了齐国声威，巩固了齐桓公的霸主地位。齐桓公与管仲因此受到后世好评。孔子便曾论管仲与桓公之功："管仲相桓公，霸诸侯，一匡天下，民到于今受其赐。微管仲，吾其被发左衽矣。"即是说，管仲助齐桓公成为诸侯之伯，匡正天下秩序，使中原百姓世代受益，没有管仲，中原或许便会被戎狄占领，民众被迫遵从戎俗，尽改华夏发式与服装。

## 第三十章　齐桓亲邻周公受献，鲁庄身后庆父作乱

据《左传》记载，周惠王十四年，即公元前663年，齐桓公北伐得胜而归。齐桓公决定将战俘献予鲁国。但是此举是不合礼制的。周礼规定，礼乐征伐自天子出，征伐所得当献予天子，诸侯之间不能相互献捷、献俘、献缴获的宝物。齐桓公虽然一直打着"尊王攘夷"的旗号，其实心中已经不尊天子了，此举不足为怪。况且鲁国有周公之庙，规格与王庙相同，齐桓公向周公之庙献捷，也可不视同于诸侯国之间相互献捷。总之，周天子对齐桓公此举并无异议。

礼仪之邦的鲁庄公晚年也多有违背礼制之举。鲁庄公二十三年至二十四年，庄公修葺其父桓公之庙，不仅将楹柱漆为朱红色，而且还在椽头进行雕刻，这些均为非礼之举。据《谷梁传》，天子诸侯房屋楹柱用微青黑色，大夫用青色，士用黄色，用朱色为非礼。天子宫庙之椽皆只细磨，不加雕刻，椽头雕刻亦为非礼。《左传》记载，大夫御孙谏道："臣闻，'俭，德之共也；侈，恶之大也'。先君有大德，而国君将其置于大恶，似乎不妥！"然而庄公未纳谏言。

鲁庄公二十四年，庄公娶齐国哀姜，命同姓大夫之妇与哀姜相见时，执玉帛为礼。此又为非礼之举。大夫御孙再次进谏。根据《礼记·曲礼下》所记，男子相见，"凡挚，天子鬯，诸侯圭，卿羔，大夫雁，士雉，庶人之挚匹""妇人之挚，椇、榛、脯、脩、枣、栗"。男子相见时所执之物，不仅体现身份贵贱等级，还让执者不忘自己身份职责。据西汉董仲舒《春秋繁露·执贽》解："玉至清而不蔽其恶，内有瑕秽，必见之于外，故君子不隐其短，不知则问，不能则学，取之玉也……故公侯以为贽。""羔有角而不任，设备而不用，类好仁者；执之不鸣，杀之不谛，类死义者；羔食于其母，必跪而受之，类知礼者；故羊之为言犹祥与！故卿以为贽。""大夫用雁。雁乃有类于长者，长者在民上，必施然有先后之随，必俶然有行列之治，故大夫为贽"。东汉班固《白虎通》又解，"羔，取其群而不党"。"雉，取其不可诱之以食，挠之以威，死

不可畜也。士行威介守节，死义不当移"。庶人执匹，据唐孔颖达注《礼记正义》，"匹，鹜也。野鸭曰凫，家鸭曰鹜，鹜不能飞腾，如庶人但守耕稼而已"。女子"所以用此六物者，榛训法也；榛训至也；脯，始也；修，治也；枣，早也；栗，肃也。妇人有法，始至，修身早起，肃敬也"。御孙认为，男女之别，乃国之大节，不能因夫人而乱此礼节。然而庄公依旧不纳谏言。

庄公二十五年夏，有日食，庄公命于社稷坛击鼓用牲。秋，鲁国水灾，庄公又命于社稷坛与城门击鼓用牲。这些均为非礼之举。一是击鼓当于朝上，二是非日食月食，不击鼓，三是天灾祭献只用玉帛之礼，不用牺牲之礼。鲁国数礼并用，当属病急乱投医。

周惠王十五年，即公元前662年，鲁庄公即将走到生命尽头。庄公有儿子公子般与公子启方，均非嫡出。公子般之母为孟任。孟任美貌，鲁庄公在驾临党氏封地时见到孟任，便尾随孟任至其住所，孟任闭门拒绝庄公，庄公便许其为夫人，于是孟任割臂与庄公盟誓。但孟任最终没有成为庄公的嫡夫人。庄公的嫡夫人为娶于齐国的哀姜，是一种政治联姻。公子启方之母为叔姜，乃哀姜之娣。庄公去世时公子启方至多不过七八岁，鲁庄公自然立年长的公子般为嗣君。但公子般或许性情急躁。据《左传》记载，一次，在鲁国演习求雨的仪式时，庄公之女去观看仪式，鲁国宫廷的圉人，即掌管养马之人，名荦，在墙外引诱调戏她。此事被公子般撞见，于是公子般便让人鞭打荦。庄公知道此事后向公子般道："你鞭打荦，还不如杀掉荦。荦身强力壮，举重投掷无人能及。"庄公向来谨慎，认为像荦这样的人不应当使他怀恨记仇。后来公子般死于荦之手，可见庄公所虑大有道理。

鲁庄公要为太子选择辅弼之人。庄公有三位弟弟，大弟庆父，二弟叔牙，小弟季友。《左传》与《史记》都记载庄公征求两位弟弟的意见。庄公先问弟弟叔牙道："寡人身后当以谁来管理鲁国？"叔牙道："父死子继，兄终弟及，在我国始终如此。庆父有才，可立为嗣君，君又何忧？"庄公又召小弟季友，问了同样的问题。季友道："臣弟誓死拥立公子般。"庄公有意无意告诉季友道："刚才叔牙说'庆父有才'，让我立庆父。"季友听闻此言，便派人以君命命令叔牙，让他等待大夫鍼巫，又派鍼巫给叔牙服用毒酒。季友让鍼巫对叔牙道："你喝了此杯酒，便能保存后代于鲁国，不然，你依旧要死，且后代也不能保全。"于是叔牙饮了此酒，死于回家路上。之后，季友兑现诺言，立叔牙一支为叔孙氏。庄公薨后，季友按照庄公遗命，立公子般为君。

据《史记》记载，庆父与哀姜私通，欲立哀姜之娣叔姜之子开（即启方），便寻机对公子般下手，趁公子般于母家党氏为庄公守孝时，庆父指使圉人荦杀死公子般。季友猝不及防，无力对抗，便出奔外祖之家陈国。于是，庆父便立公子开为鲁君，是为闵公。公子般继位只有两月，因此无谥号。

据《左传》记载，鲁闵公继位元年，便与齐桓公盟约，让桓公请季友回到鲁国。齐桓公答应了鲁闵公的请求，派人到陈国请季友回鲁国。闵公在都邑近郊等待季友回国，说明闵公之诚心。而季友也不负闵公之邀，返回鲁国。齐桓公派宗室仲孙湫赴鲁国察看国情，仲孙湫回到齐国向齐桓公道："不去庆父，鲁难未已。"桓公问道："如何才能除掉庆父？"仲孙湫答道："鲁难不已，其将自毙。国君可以待其自毙。"齐桓公关注鲁国国事，还有自己的打算，又问仲孙湫道："我们可以趁势拥有鲁国吗？"仲孙湫明确答复道："不可以。因为鲁国如今依旧秉承周礼，以周礼为本。臣听闻，'国将亡，本必先颠，而后枝叶从之'。鲁国不抛弃周礼，便不可轻易撼动。国君应当平息鲁难，亲近鲁国。国君亲近有礼之国，借助厚重之国，离间内部不和之国，颠覆君臣昏乱之国，才是霸王手段。"仲孙湫是认为，鲁国新君虽然幼稚，但鲁国尚有卿大夫维持国家制度，礼制未乱，根本未坏。于是桓公听取了仲孙湫的意见，依旧与鲁国保持良好关系。

鲁难确实未已。闵公的师傅夺了鲁国大夫卜齮的田地，闵公尚为孩童，自然没有禁止其师傅的所作所为。其时庆父与哀姜通奸频繁，两人密谋弑闵公而使庆父得立。正巧卜齮的不满给了庆父以挑唆的机会，卜齮弑闵公，鲁难又起。季友奉闵公之弟公子申逃往邾国。鲁国臣民视庆父为乱臣贼子，均欲诛杀庆父，因此庆父非但没有得立为君，而且被迫逃往莒国。这也印证了仲孙湫的判断：鲁人依旧遵循礼制，鲁国根本并未败坏。此后，季友奉公子申回鲁国继位，是为鲁僖公。季友采取贿赂手段，向莒国索要庆父，莒国将庆父交予鲁国。庆父入鲁国境内后，让子侄辈与他交好的公子鱼为他求情保命。季友能够为保庄公后嗣，毒杀拥戴庆父的三哥叔牙，自然更不能饶过希冀自立的二哥庆父。公子鱼求情不成，哭着去见庆父。庆父听到公子鱼的哭声，便知事情不成，于是自缢而死。哀姜早见情势不对，便逃往邾国。由于哀姜深深介入了鲁国内乱，齐桓公为示齐国之公正，从邾国召回哀姜，或许考虑到哀姜为鲁国新君的长辈，怕鲁国不好处置，便杀掉哀姜，将哀姜尸体交予鲁国。鲁国君臣自然感激齐桓公大义灭亲之举，帮助鲁国解决了难题，便请齐国允许礼葬哀姜。

这既是为鲁君的面子,也是给齐国以面子。鲁难便这样得以平息。

　　季友在平息鲁难中居功至伟。据《左传》记载,季友佐鲁,此为命定。季友之父鲁桓公在即将得少子时,请有名的卜者为儿子卜卦。卜者道:"当为男儿,取名为友,位于国君之右;为鲁国重臣,为宫室之辅。季氏灭亡,则鲁国不昌。"鲁桓公自然寄希望于这个少子,便又请人筮卦。所得之卦为大有之乾。大有之卦为乾卦在下,离卦在上,因有变爻,而变为乾卦,乾卦为乾下乾上。因此筮者言道:"同于其父,受敬如国君。"因为乾为父,离为子,因有变爻离变为乾,即子同于父。又因为乾为君,因此此子当为人敬若国君。待季友生下时,手掌有文为"友",因此桓公更加相信卜筮之言,为少子取名为友。或许桓公一直以卜筮之言期待于他的少子,季友在这种期待下成长,以社稷栋梁自许,因此真的成为桓公期待的国之重臣,真的能够左右鲁国的命运。季氏一族对鲁国的深远影响自此开始。

## 第三十一章　内史过借神论兴衰，齐桓公发兵救邢难

周惠王十五年，即公元前660年，惠王宫廷中有过一场讨论，主题便是神祇降临的问题。神降之事发生在虢国的莘邑。

虢国首封之君为周文王的两位弟弟，分别封为东虢国君与西虢国君。东虢国君为虢仲，都邑位于河南省荥阳市东北，春秋初年为郑武公所灭。西虢国君为虢叔，都邑位于陕西省宝鸡市东。东虢与西虢是守护西周王朝的两个重要封国。后在厉王、宣王年间，或许因厉王之乱，抑或因宣王年间讨伐淮夷需要，西虢东迁至上阳。三门峡市东南有上阳城遗址，古城遗址北黄河南岸有虢国墓地，现已建成虢国博物馆。上阳城西北方黄河岸北，有虢国重邑下阳，后为晋国占领，导致虢国最终灭亡。西虢东迁时在原地留下一支成为一个小邦国，后为秦国所灭。东迁的西虢一直为王室所倚重。平王末年至桓王年间，两代天子均倚重虢公，之后的虢公又有助惠王复位之功，为惠王讨伐叛臣樊皮。因数代虢公有功于王室，使得惠王时期的虢公骄奢起来。

据《左传》记载，周惠王十五年，有神降临莘邑。莘邑为虢国东南之邑，于今天河南省三门峡市陕州区。周惠王召内史过询问。内史之职，属于《周礼》中春官序列，"掌王之八枋之法，以诏王治。一曰爵，二曰禄，三曰废，四曰置，五曰杀，六曰生，七曰予，八曰夺。执国法及国令之贰，以考政事，以逆会计。掌叙事之法，受纳访以诏王听治。凡命诸侯及孤卿大夫，则策命之。凡四方之事书，内史读之"。内史的职责是辅助大宗伯执掌国法，所谓"八枋"即治国之"八柄"。大宗伯之职在事神鬼与司人事，作为宗伯之辅的内史，其职责着重于人事。内史的主要职责是精通礼制与典籍，备王顾问；书记王命，诵读奏章。内史因此见多识广。内史过便是颇有见地之人。

周惠王问："为什么莘邑会有神祇降临？过去也曾有过神祇降临之事吗？"内史过道："国之将兴，明神降之，监其德也；将亡，神又降之，观其恶也。故有得神以兴，亦有以亡。虞、夏、商、周皆有之。"《国语》记载内史过的回答："神祇显现，或是兴兆，或是亡兆。夏朝之兴，火神祝融降临于高山之

巅；夏朝之亡，带来灾难的火神回禄显现于聆隧之地。商朝之兴，凶兽梼杌数现于商兴之丕山；商朝之亡，神兽夷羊现身于牧野。周朝之兴，凤凰鸣于岐山；周朝之衰，冤死的杜伯之神射杀宣王于镐京。这些鬼神现身之事都是见诸史册的。"

内史过所举夏商周三代之事例，基本均见于《竹书纪年》记载。"夏道将兴，草木畅茂，青龙止于郊，祝融之神降于崇山。"夏桀"三十年……冬，聆隧灾"。商汤代夏，"梼杌之神，见于邳山"。殷纣末世，则"夷羊见"。周文王时，"有凤凰衔书，游文王之都"。唯杜伯之神射杀宣王不见于《竹书纪年》。

据《国语》记载，惠王又问道："如今现身的是何神祇？"内史过答道："昔年周昭王娶房国之女为后。房后失德，就像其祖先丹朱一样，结果丹朱与房后匹配，房后生穆王满。丹朱之神降临，预示了周代子孙的祸福。神祇一心依附于人，不会远徙，如此看来，如今降临之神或为丹朱之神？"

内史过所言房国，始封之君为虞舜所封帝尧之子丹朱，房国位于今河南省驻马店市遂平县。周昭王王后是房国公主，丹朱后裔。所谓房后失德，与丹朱之神相配生王子满，或许意味着房后在昭王南征或出巡期间与人私通怀孕，遂借口是梦到其先祖丹朱之神而有子。即便昭王与群臣有所怀疑，也不可能有证据。况且，《诗经·大雅·生民》歌颂了后稷之母姜嫄履天帝拇趾印迹生后稷的神迹，既然有先祖之例，群臣自然不敢随便提出怀疑。昭王第三次南征死于汉水，丧失六师，在这举国惊惶之际，更无人会对王后嫡子即位提出异议。或许在内史过看来，本来鬼神不应享受异族的祭祀，但丹朱既然无德，其神就可能去获取他人的享祀，既然丹朱之神曾凭借房后生子实际享受了西周王室的祭祀，那么他不会向远处迁徙，还会降临某地去获取额外的享祀。因此，如今降临在莘邑的神，或许又是丹朱之神。

丹朱为失国之人，自然被看作降祸之神，因此惠王非常关心此神降祸于何处，降祸于谁，便又问道："应在谁身上？"内史过答道："应在虢国。"惠王又问："为何应在虢国？"内史过答道："臣闻，有道而有神降，会有福事降临；淫秽而有神降，会招来祸事。莘邑为虢国之邑，如今虢君荒淫，该当亡国。"惠王再问内史过："我当如何对待此事？"内史过道："当令太宰与太祝、太史带领丹朱之姓狸姓之人，以牺牲、谷粟、玉帛前往祭献，但不要对此神有所祈祷。"内史过是让惠王敬鬼神而远之。内史过应该知道，神不会享受异族祭祀，君王也不应祭祀异族之神。但既然丹朱之神显灵，还是礼敬为好。

· 133 ·

周惠王听从内史过的建议,派太宰忌父率领太祝、太史,以牺牲和玉器前往虢国祭献莘邑之神。内史过也随同前往。虢公也派虢国的祝、史前去祭献,并向神祈求获利。内史过回朝后向惠王禀告道:"虢国必亡。祭献必须精诚,亲民必须保民。心怀贪欲而去祭献,企图求福,神祇必定会降祸;不亲万民而只是役使民众,民众必定会背弃他。如今虢公为贪图享乐而使得民众匮乏,为求私利而使民众离心、神祇愤怒,要想延续国祚,岂非难上加难!"

据《左传》记载,虢公派祝应、宗区、史嚚前往祭献。据说神祇答应将赐予土地。史嚚的认识比内史过更加深刻,他叹道:"虢国将亡!古人有言,国之将兴,听于民;国之将亡,听于神。所谓神,乃是聪明正直而始终如一者,根据人之行为而赐予福祸。虢君德薄,又怎能得到土地呢?"由此记载来看,春秋时代的史官,与巫、祝已经根本不同,他们根据历史经验为君王提供咨询意见,认识水平明显高于一般卿大夫。四年之后,虢国果然被晋国所灭。

只有无德且无能之君才会格外祈求神祇降福,有德且有能力的国君则是依靠自身。春秋第一霸主齐桓公,不仅依靠自己国家君臣同心,君民同心,使得齐国民富国强,更将天下兴衰担负于自己肩上。周惠王十五年冬,狄人伐邢国。第二年春,齐桓公便发兵救援邢国。

邢国是姬姓之国,首封之君是周公第四子,其都邑原为殷商城邑,在河北省邢台市西南。进犯邢国的狄人当是赤狄,传说赤狄着赤色衣裳。赤狄居于太行山脉,北至山西省昔阳县境内,南至长治县境内,甚或南至中条山,都散居有赤狄部落。太行山为黄土高原东部屏障,赤狄居于太行山中,相对于地处平原的邢国、卫国等国,颇有居高临下之势;且太行自古只有八陉可通平原,赤狄占据太行山要冲,要侵掠平原各诸侯国,更有出入之便。因此赤狄多年为平原诸侯国之患。

当邢国向齐国求救时,管仲力主救邢伐狄。据《左传》记载,管仲向齐桓公及其齐国卿大夫们道:"戎狄乃豺狼之辈,贪得无厌;诸夏乃兄弟之邦,不可抛弃。终日宴饮,乃是饮鸩,不可怀恋。《诗》云:'岂不怀归?畏此简书。'(《小雅·出车》)是说将士们都怀恋故土,怕的就是书于竹简的告急文书。告急文书是同仇敌忾、相互体恤、相互救助的号召。如今邢国递来告急文书,臣恳请国君接受简书,火速援助邢国。"周惠王十六年春,齐国首次救援邢国。

狄人占据地理优势,不时侵掠邢国。周惠王十八年,齐桓公又与宋桓公和曹昭公亲自率师渡过济水，再次救援邢国。大约是赤狄已经占据了邢国都城，占尽地理优势，齐国与邢国之间则隔着当时的河水与河水泛滥区，齐国等国无法帮助邢国恢复故土。于是，齐桓公便在齐国边境建筑夷仪城安置邢侯，保存邢国社稷。这就是《春秋》记载的"齐师、宋师、曹师城邢"。诸侯之师帮助邢国迁移百姓与国之器用，完全是施以援手，丝毫未取邢国的器用与财货。而且，据《管子·大匡》记载，"桓公筑夷仪以封之，予车百乘，卒千人"。即是说齐国非但没有索取保护费用，还赠予邢国车乘与兵员。据《左传》的记述："凡侯伯，救患、分灾、讨罪，礼也。"即诸侯之伯应当承担的责任是：诸侯国有难，当领头发兵救难；诸侯国有天灾，当筹集粮帛赈灾；诸侯国相互攻伐，当站在公正立场上率领诸侯联盟讨伐不正当的一方。齐桓公率诸侯之师救助邢国，与此前帮助燕国攻打山戎、此后帮助郑国讨伐楚国一样，确实承担起了侯伯的责任。

## 第三十二章　晋太子败狄为逃死，卫懿公好鹤终丧生

自从晋献公宠骊姬之后，骊姬便勾结外嬖、伶人等开始为太子申生制造陷阱，以构陷太子，达到立骊姬之子奚齐的目的。

周惠王十六年，即公元前661年，晋献公扩充军队为二军。据《周礼》记载："凡制军，万有二千五百人为军。王六军，大国三军，次国二军，小国一军。"一军有兵车五百乘。据《左传》记载，周僖王四年，即公元前678年，僖王"使虢公命曲沃伯以一军为晋侯"，是周王朝正式承认曲沃庄伯吞并晋国。但当时周僖王只允许晋国有一军的建制。到了周惠王十六年，即公元前661年，晋献公十六年，晋献公攻打周边的耿国、霍国与魏国，自作主张扩充军队，成立两军。晋献公自己率领上军，而命太子申生率领下军，以赵夙为献公车御，以毕万为车右，灭了耿国、霍国与魏国。献公还军之后，为太子申生重新修筑曲沃城池，又将耿国之地赐予赵夙，将魏国之地赐予毕万，命二人皆为大夫。据《水经注》，耿国于殷商时期曾为祖乙之都，在汾水之南，"汾水又西迳耿乡城北，故殷都也……杜预曰，平阳皮氏县东南耿乡是也"，于山西省河津市东南。赵夙为周穆王车御造父后裔。魏国在山西省芮城县境，芮城县北有古魏城遗址。毕万为周文王庶子后裔，因始封之君被周武王封于毕国，称毕公高，因此后世以毕为氏。毕国或于西周末年为西戎所灭，毕氏后裔流落各地。霍国首封之君为文王之子，封地于山西省霍州市，霍州市西南有古霍国遗址。晋献公灭耿、魏、霍三国后，晋国国土向西、南、北三个方向都有所拓展。

《左传》中记载了晋国掌卜大夫郭偃对毕万的预言："毕万的后裔必定会强盛。万是大的整数，魏是高大之意。以魏地赏赐毕万，是上天为其开启通达之门。天子拥有百万民众，因此称兆民，诸侯拥有上万民众，因此称万民。如今得魏，又有万数，必定会拥有民众。"据《左传》记载，毕万准备赴晋国入仕时，曾经筮卦，得"屯"之"比"。屯卦震下坎上，震为雷，坎为水，为雷声萌动，第一爻为变爻，由阳爻变为阴爻，得到比卦，坤下坎上，坤为地，坎为水，为地上有水。周大夫辛廖为他推测吉凶，道："此为吉卦。屯卦为万物

始生，充满艰难，然而它意味积聚，意味专一坚持；比卦为亲密接触，上下相应，难道还有更加吉祥的卦象吗？后世必定能够蕃衍昌盛。震为雷，为车，为足，为长男；变为坤，坤为土，为马，为母；坎为水，为众。车从马而行，足遵循道路，长男有为，有母庇护，又能合众，自然能够长久。坤为地，因此能够居安，震为雷，因此有威武肃杀之象，此为公侯之卦。毕公高的子孙必定能复为公侯。"果然，毕万与赵夙的后裔最终成为战国七雄魏国与赵国的国君。

曾经帮助晋献公稳固君位、诛杀献公同族诸公子的晋国大夫士蒍道："太子不得立为储君了。分太子以曲沃城池，命太子率领军旅，位列人臣之首，还如何得立为储君？太子不如出逃，以免获罪。像吴太伯那样，不也可以？还能保持贤名。谚语道，'心苟无暇，何恤乎无家？'上天若保佑太子，太子不必留在晋国。"可惜太子申生虽然谨慎，却不知避难。

第二年，即晋献公十七年，献公派太子申生攻打东山皋落氏。皋落氏为赤狄一支，其都城在今天山西省垣曲县东南皋落乡。据《国语·晋语》所述，派太子申生攻打赤狄，乃与骊姬私通的优伶施的计谋。他让骊姬向献公吹枕边风。半夜，骊姬向献公表现出既万般委屈又为国为君之状，向献公泣道："妾闻太子申生非常仁厚，又能驭众，并且宽惠爱民，但他都是有目的的。太子以为国君受我迷惑，必将乱国，他会为了国家，强行胁迫于国君。如今国君尚在，将如何面对此事？还是杀了我吧，不要因为区区贱妾，而造成国家动乱，百姓遭殃。"献公道："太子爱民，难道就不爱他父亲了吗？"骊姬道："臣妾就怕他爱民而不爱父亲。臣妾听说，仁字当先与国字当先不同。仁字当先，爱亲便是仁；国字当先，利国才是仁。所以为民便无私亲，唯民众是亲。只要有利于民众，有利于国家安定，岂会惧怕国君？为了民众不敢爱亲，民众便会更加拥护，况且太子还可以用日后的善行，来掩盖他弑亲的恶行。为使众人获得更多利益而弑君，谁又会阻拦他呢？杀亲人而并不危害旁人，谁又会背叛他呢？太子与众人均可获益，太子遂其志，众人得其利，谁又不想太子早日登基呢？即便忠君之人，也难免受到蛊惑。如今有人将国君看作商纣王，如果纣王有一个好的太子，不等周武王起兵便先杀掉纣王，以免彰显纣王之恶，导致国家败亡。纣王同样是死，却不必假手周武王，而且殷商社稷尚能保存，今日之人岂能知道纣王善恶？如此看来，国君还能无忧无虑吗？等到大难到来，忧虑还来得及吗？"献公听得如此一番言语，心中自然忧惧，便问骊姬道："依你之见应当如何？"骊姬道："国君便称老病，将国柄交予太子。太子得到政权，能够遂

· 137 ·

他志向，便不会再难为国君了。国君细细想来，自曲沃桓叔以降，有谁曾经爱亲人了？只有无情无亲，才能兼并晋都翼城。"献公道："我绝不能将权柄授予太子。我有武有威，所以能够凌驾于周边诸侯。我健在而失去权柄，便不可谓武；我有子而不能控制，便不可谓威。我若将权柄交予太子，诸侯必然会见弃，诸侯见弃，必然会危害我国。失去权柄又危害国家之事，我绝不能容忍。你不必担忧，我将慢慢图谋。"

骊姬趁机建议道："皋落之狄经常侵扰我国边境，使百姓不得耕种放牧，国家仓廪不实，且有丧失疆土之忧。国君何不派遣太子伐狄，看他能否果断用兵，能否和集百姓。如果他不能战胜狄人，便可以定其罪名。如果他能够战胜狄人，则说明他善于用人，所求更多，国君便要小心谋划了。太子如果得胜，届时诸侯惧怕，边境得安，仓廪充实，四邻臣服，疆界得固，国君亦将获利。而且我们还能知道他能力如何。太子胜与不胜，对我们都好处甚多。"于是献公便按照骊姬所言，派太子申生率兵伐狄。

《左传》与《国语》均记载了太子申生伐狄之事。据《左传》记载，伐狄之前，晋大夫里克曾向献公进谏道："太子身负守护祖庙、社稷之重任，所以称为"冢子"。君出行，则太子留守，他人留守，则太子可从君而行。太子从君而行，是谓抚军，太子留守，是谓监国，此乃古制。率兵出征，专断谋略，号令军旅，乃国君与正卿之事，非太子之事。率兵必得主帅下令，太子为主帅，若禀国君之命，则难以树立威望，若独断专行，则难免显得不孝于君上，因此太子不可以率兵。国君任命不当，太子不能立威，这都于国不利。臣闻我军将与皋落氏战，望国君不要让太子率军。"献公则道："寡人有的是儿子，还不知立谁为嗣君呢！"

里克去见太子。太子问道："君父要废我吗？"里克则向太子道："国君让你治理曲沃，又让你领兵，你只需担心自己能否履行职责。国君有何理由要废你？况且，作为儿子，怕的是不孝，而不应怕不得立。修身养性，不苛责他人，自然能够免于祸事。"里克恪守为臣尽忠之道，在国君面前为太子说话，在太子面前则不言国君的是非。

献公命太子申生率师伐皋落之狄，赐太子以偏衣。所谓偏衣，乃左右之色不同之衣，一边为国君服色，另一边则为臣子服色。献公还赐太子金玦配饰。所谓玦，为环状而有缺口之饰品。太子车御为狐突，车右为先友；下军之将为罕夷，车御为梁馀子养，车右为先丹木；军尉为羊舌大夫。出征路上，先

## 第三十二章　晋太子败狄为逃死，卫懿公好鹤终丧生

友向太子道："身着偏衣，手握兵权，建立功勋，在此一行，太子当努力！君赐偏衣，似无恶意；兵权在握，可以免祸；骨肉亲情，可保无事，又有何忧虑？"狐突则叹道："国君选择的时令，可以证明国君有肃杀之意；国君所赐的衣服，可以表明国君心目中太子的地位。国君所赐的配饰，可以反映国君的内心。若国君敬慎行事，当选择春夏颁命与行赏；若国君看重太子，当赐予纯色衣服；若国君行事中正，当赐予太子合乎礼仪的配饰。如今国君于年终颁命与行赏，乃为终结之举；赏赐偏衣，乃表明疏远太子；赐予金玦，乃是已经不存中正之心。时令选择终结之时，且冬季预示肃杀；偏衣表明疏远，显示亲情凉薄；金表示冰冷，玦表示决绝，哪一样是显示国君恩遇的？况且国君要求'尽敌而反'，即便勉力而行，难道还能杀尽狄人吗？"梁余子养道："率军之人，受命于庙，受脤于社，当服制服。赐予偏衣，命运可知。死而不孝，不如逃亡。"罕夷道："偏衣为怪服，金玦表决绝。国君已生废立之心，太子即便得胜回朝，也已无可挽回。"先丹木也道："此种偏衣，狂人尚且不穿！况且国君要求'尽敌而反'，敌岂可尽？即便能杀尽敌人，宫内宫外都有谗人，太子如今不如出走。"众将领都想让太子出走，但羊舌大夫却道："不能逃走。违背君父之命，是为不孝，抛弃国家大事，是为不忠。虽知国君凉薄，不忠不孝亦不可取。太子不当避难，哪怕死于其事！"羊舌大夫之言，合乎太子申生的秉性，因此申生最终听取了羊舌大夫之言。

太子申生率军来到稷桑，狄人前来迎战，太子便要与狄人开战。狐突谏道："不可开战。昔日辛伯曾向周桓公黑肩进言道，'内宠并后，外宠二政，嬖子配嫡，大都耦国，乱之本也'。周桓公不听，所以遇难。臣也听闻，国君好外宠，则大臣危殆，好内宠，则嫡子危殆，社稷危殆。如今乱之根本已经生成，还能立你为嗣君吗？与其置身危险之地，加速祸事到来，不如奉行孝道，顺从君父之意，远离宫廷，以安社稷，也可免军民兵戈之难。"但太子申生则道："不可如此行事。国君用我，并非抬爱我，而是试探我心。所以赐我奇服，予我权柄，又好言安慰。言语甘甜，其中必苦，谗言已入君父之心，君父已生废立之心。虽然谗言如蛇蝎，又如何能够逃避？不如便战。不战而回，我罪更大。我若战死，犹能留名。"

将领们见太子申生主意已定，便悉心辅佐，大败狄人，得胜而归。但果真宫廷内外谗言更多，太子申生非但未能免于骊姬等人的构陷，还愈加引发了献公的猜忌。狐突因申生不听其言，知祸事难免，因此闭门不出。太子申生虽然

· 139 ·

暂时逃过一劫，但其被废已指日可待。

春秋时代，西北方与狄人为邻的卫国，与邢国、晋国一样，也面临狄人的侵扰。太行山中的狄人东侵邢国得手后，便又南侵卫国。此时卫国国君为卫懿公。卫懿公名赤，为卫惠公之子。懿公谥"懿"，据谥法，"温柔圣善曰懿"，可见懿公是一位温和善良的国君。但懿公有一特殊癖好，便是饲养仙鹤。当然，仙鹤的体态与动姿确实优雅，所以自古人们就喜欢仙鹤，在商代著名的武丁皇后妇好墓出土的玉佩中，便有仙鹤的造型。但卫懿公好鹤有些病态，他为了彰显鹤的身份，抑或怕鹤着凉，怕鹤受到风吹日晒，让人替鹤披上锦绣，并让鹤乘坐有篷之车。要知道当时只有大夫以上官爵才有资格坐有篷之车。懿公此举不仅玩物丧志，而且重物轻人，引起臣民普遍不满。狄人入侵卫国，国家按户征兵，授以兵器，但被征的国人都道："国君之鹤受君厚禄，让鹤去作战吧！我们怎么有资格作战呢？"国人纷纷丢掉兵器，四下逃亡。此时的懿公痛定思痛，决心与社稷共存亡，并捍卫自己的尊严。他将玉玦交予大夫石祁子，表示让石祁子决断国事，将令箭交予大夫宁庄子，表示让宁庄子号令守军。他命两人守护国都，道："你们以此帮助国家，选择对国家有利的措施行事。"他又将绣衣赐予夫人，让夫人听从两位大夫的决断，决定自己的生死。随后懿公自己登上兵车，以渠孔为车御，以子伯为车右，以黄夷为前锋，以孔婴齐殿后，率领兵马出城迎敌，与狄人战于荥泽。此时卫都于原商都朝歌，在今天河南省鹤壁市境内淇河东岸、卫河之西，荥泽在浚县卫河之西，也在黄河故道之西。兵员不足的卫国兵马不敌来势汹汹的狄人，卫军大败。但卫懿公始终不令大纛倒下，因此遭到狄人猛烈的攻击与凶残的报复。懿公最终不仅被狄人所杀，还被狄人尽食其肉。此战狄人俘获了卫国的两位太史华龙滑与礼孔，二人道："我二人乃卫国太史，掌管卫国祭祀等大事，只有让我们先回都邑，才能使得卫国投降。"于是狄人放二人先入卫都。二人回到都邑，告诉守城大夫，国君已经殉国，抵御已是徒劳。于是大夫们商议，趁夜色带领国人逃亡。第二天狄人发现卫人已逃，便又尾随追击，于大河之北再败卫人。最终卫国国都只有七百三十人被宋桓公派船只趁夜色迎至大河之南，卫国自此被迫迁都于大河之南。

# 第三十三章　卫文迁都诸侯相助，晋献伐虢虞公前导

　　卫国惨败于狄人，赖有大河，才使狄人无法将卫人斩尽杀绝。据《左传》记载，有赖宋桓公接应，逃亡的卫人才得以夜渡大河，摆脱了狄人的追杀。而渡过大河之人只有男女七百三十人。加上大河之北卫国共邑、滕邑追随渡河之人，也才五千人。这五千卫国臣民在卫国的曹邑立卫宣公之孙申为君，是为戴公。共邑于今天河南省辉县，滕邑在今河南省新乡市至鹤壁市一带，曹邑在今河南省滑县东。当时黄河由荥阳之北转向东北方向，在今天的滑县分为两支，均流经今天的浚县、内黄县境内，因此当时的曹邑在黄河南岸。

　　戴公乃卫宣公之孙，却又是宣公夫人宣姜之子。当初卫宣公杀太子急，使宣姜所生公子朔得立，是为卫惠公。卫惠公薨，其子得立，是为卫懿公。如今卫懿公死，惠公一支当已无后，卫国人同情太子急与为太子急而死的公子寿，然而二人并无后裔，便立急子同母之弟昭伯之子申，即戴公。当年卫宣公死后，齐国人为巩固齐国在卫国的势力，强迫昭伯与宣公夫人宣姜通奸，结果生下儿女五人，全都成为春秋历史上有名的人物。长女齐子为齐僖公之宠妾，长子为卫戴公，次子为卫文公，次女为宋桓夫人，小女为许穆夫人。卫戴公谥"戴"，据谥法，"爱民好治曰戴。典礼不塞曰戴"。或许戴公得立，不仅因他为公室之后，更因为他平素对民众比较仁慈。但戴公继位两月便薨，卫人又立戴公之弟燬为君，便是历史上颇有名气的卫文公。

　　但卫国公室淫乱之事终归为卫人不齿，卫人作诗《墙有茨》讽刺昭伯与宣姜的这种子不子、母不母的关系，而主要是讽刺宣姜。《墙有茨》云："墙有茨，不可扫也。中冓之言，不可道也。所可道也，言之丑也。‖墙有茨，不可襄也。中冓之言，不可详也。所可详也，言之长也。‖墙有茨，不可束也。中冓之言，不可读也。所可读也，言之辱也。"墙上的蒺藜，不可清除，不可遏制；宫闱之言，不可对人道，因为太丑，太过羞辱。《鹑之奔奔》云："鹑之奔奔，鹊之彊彊。人之无良，我以为兄！‖鹊之彊彊，鹑之奔奔。人之无良，我以为君！"讽刺宣姜不如鹑鹊，亦讽刺公室父子、兄弟争斗。卫国公室内

斗、淫乱，的确到了令臣民无法高看的地步。

卫国得以于大河之南重立新都，延续国祚，是得到众诸侯国帮助的。宋国的宋桓公夫人是卫国戴公与文公的妹妹，因此宋国在帮助卫国方面很是积极，宋桓公亲自率军接应卫国逃亡之人。齐桓公则作为诸侯之伯，在帮助燕国抵御山戎，帮助邢国抗击赤狄之后，又派卫姬所生公子无亏率领兵车三百乘，甲士三千人帮助卫人戍守曹邑，并赠予卫国新君马匹若干，祭祀礼服五套，赠予卫国牛、羊、猪、鸡、狗等禽畜各三百只，以作繁衍之用，木材若干，以造门窗之用，还赠予卫君夫人鲛鱼皮轩车一乘，锦缎三十匹。鲁僖公继位后，亦曾派兵帮助卫国筑城。

但并非中原诸侯都对卫国伸出援助之手，许国为卫国的姻亲，却没有帮助卫国。许穆公夫人是卫国戴公的妹妹，她作《载驰》一诗，对许国大夫们所定国策表示不满。诗云："载驰载驱，归唁卫侯。驱马悠悠，言至于漕。大夫跋涉，我心则忧。‖既不我嘉，不能旋反。视尔不臧，我思不远。既不我嘉，不能旋济。视尔不臧，我思不閟。‖陟彼阿丘，言采其蝱。女子善怀，亦各有行。许人尤之，众穉且狂。‖我行其野，芃芃其麦。控于大邦，谁因谁极？大夫君子，无我有尤。百尔所思，不如我所之。"许穆夫人乘坐马车赴曹邑吊唁卫侯，这在当时不合礼制，因此许国大夫们都不赞成。但许穆夫人坚持前往，认为她的想法实际，思路开阔，并无过错。不仅卫国，许国将来也必定要向大邦求助，要认清谁能依靠，谁能主持公道，她认为她所想的最为周到。因卫国南渡之后，宋国、齐国等均向卫国提供援助，宋桓公与许穆公为连襟，齐国又为许穆夫人外祖之邦，因此许穆夫人想趁诸国帮助卫国之际，也能使许国与诸国拉近关系，特别是与齐国拉近关系，使得许国将来有所依靠。尤其是许国与郑国历来关系紧张，郑国因受楚国压力而与齐国亲近，如果许国不能与齐国拉近关系，前景堪忧。许穆夫人或许认为自己的身份能在协调这些关系中起到作用，而许国大夫们拘泥于礼法，认识不到借机协调许国与中原诸侯国关系的重要性，都阻止她回卫国吊唁，因此她作诗抒发自己的情志与忧思。由许穆夫人的诗作可以看出许穆夫人的见识，可谓巾帼不让须眉。

许穆夫人的兄长卫文公担负起了重建卫国的重任。为中兴卫国，卫文公一方面与民同甘共苦，衣布衣，戴布帽，一方面承担国君职责，率领国人发掘山川物产，引导农桑，优惠百工，广开商路，劝民敬孝，鼓励学问，训导官吏，任贤使能。文公元年，卫国只有兵车三十乘，而到文公末年，卫国已经有兵车三百乘。这种发展使得卫文公赢得了国内外的尊重，也使得卫国能够继续立于中原诸侯之林。

或许因大河之北的卫国人迁至河南后，先确定的都城曹邑无法容纳这么多人口，因此卫文公带领国人在楚丘建设新都，楚丘在滑县东北。卫人所作之诗《定之方中》，便描述并歌颂了卫文公带领国人建立卫国新都与宫室之事。诗云："定之方中，作于楚宫。揆之以日，作于楚室。树之榛栗，椅桐梓漆，爰伐琴瑟。‖升彼虚矣，以望楚矣。望楚与堂，景山与京。降观于桑。卜云其吉，终焉允臧。‖灵雨既零，命彼倌人，星言夙驾，说于桑田。匪直也人，秉心塞渊，騋牝三千。"诗的开篇言定星于黄昏居于南天正中，正是夏历十月之时，定星又谓营室，言此时营造宫室房屋合于时令，亦合于礼制。文公于此时率领臣工观日度向，于楚丘营造宫室。周围种上榛、栗、桐、梓、漆等树，以备将来制造琴瑟等乐器，这是重建国家礼乐制度的重要条件。这一章歌颂文公营造宫室合乎礼制，也合乎民望。新都的建设，乃为凝聚卫国百姓之心的举措。第二章描述文公率人登山观测营造的高低，又下山观察农桑的实情，卜卦为吉，预兆不虚。第三章描述春天时雨已降，星空之夜预示着次日为晴天，文公命车夫第二天早早套上马车，到田间与民共享时雨的喜悦。这位正直的人，心思深远，还养了马匹三千。清代方玉润将此诗对文公的赞美归纳为，"始则验中星而重天时，继则升墟陇而察地利，终则教树畜而尽人力"。可见卫文公所以谥"文"，是因他经纬国家，慈惠爱民，使卫国得以中兴。

在传统的人治社会，一国之君的品德与才干，确实对国家兴亡、公室安危起着重要作用。如小国莒国，因得鲁国贿赂，将庆父交予鲁国，之后莒国国君贪得无厌，借此又向鲁国索取财物，惹得鲁国翻脸，派遣公子友于郦邑打败莒人，并俘获莒君之弟挐。鲁僖公为此赏赐公子友汶阳之田及费邑。莒国除兵败受辱外，一无所获。汶水在曲阜之北，泰山东南，汶阳之田当在泰山之南，汶水之北，今天的泰安市境内；而费邑则在曲阜东南，今天的费县之北。

虢君更是因其盲目骄傲，不恤百姓，导致最终失国。虢国位于今河南省三门峡市、灵宝市一带，国都上阳位于今三门峡市，如今在虢国墓地建有虢国博物馆。虢国又于黄河以北的山西省平陆县有险固的下阳城邑。虢国东邻东周王畿,地理位置十分重要，且有尚武传统，是东周王朝的重要依靠之一。虢国北邻虞国，西北则与晋国交界。在晋国内乱之时，虢国自然没有北方的威胁，但当晋国消除内乱，向外扩张后，虢君仍未能正视晋国崛起对虢国带来的威胁。

据《左传》记载，虢君自恃有实力，在周惠王九年，即公元前668年，于秋季与冬季两次入侵晋国。然而晋国在此前一年便已解决桓、庄二族的众公子问题。因此周惠王十年，晋献公想要讨伐虢国，以复虢国入侵之仇。但大夫士蒍进谏道："不要轻易征伐虢国。虢公骄傲，他胜我国后，必然更加骄纵奢侈，不顾民众利益。等到他失去民心，届时我们再行征伐，还会有人帮他抵御我们吗？自古礼、乐、慈、爱，都是战争的储备，在具体事情上要考虑民众的利益，要用礼乐之教和集百姓，要像爱护亲人那样爱护他们，他们临丧要与他们同哀，并使他们有能力举丧祭祀，这样，当国君需要之时，才能使用百姓，使他们心甘情愿出力。如今虢君不思养民，最终会丧失民心。"

数年之后，据说有神降于虢国莘邑，周朝内史与虢国太史都认为此乃虢国亡国之兆。但虢君大约将此看作吉兆，没有丝毫自警。周惠王十七年，即公元前660年，虢公又打败了渭汭之地的犬戎，于是更加不可一世。虢国大夫舟之侨叹道："无德而得禄，乃是灾祸。灾祸就要来了。"于是他举族逃出虢国，奔往晋国。

《国语·晋语》还记载了在此前后，使得舟之侨决定举族外迁的另一件事。虢君做了一个梦，梦见他在太庙，见一神人面生白毛，手如虎爪，执钺而立，立于西门之上。他十分恐惧，想要逃走，却听神道："不要走！天帝有令，使晋入于尔门。"于是他稽首下拜。醒来之后，虢君便召太史嚚来占梦。太史嚚道："国君所描述，当为西方白虎金正之官蓐收，乃天界主刑杀之神，象征天意。"按照太史嚚之意，这个梦显然是凶兆。虢君自然对如此占梦十分不满，于是下令囚禁了太史嚚。虢君或许认为晋入虢国乃是晋国臣服于虢国，便按照自己的意图，让臣民百姓都来恭贺他得此梦。舟之侨向族人道："大家都说虢国将要灭亡，如今我知道其原因了。国君不加思量，居然让臣民恭贺大国之入，这对虢国究竟有何益处？我闻先贤之言，大国有道，小国入大国，是谓臣服；小国倨傲，大国入小国，是谓诛伐。民众一直痛恨国君奢侈，以至于时有抗命。如今国君自圆其梦，必将更加奢侈，这是天夺其鉴，而增其病。民众本已痛恨国君之行事，上天又使得国君日益迷惑，以至于让臣民共贺大国来诛之兆。如今虢君宗室衰微，又疏远诸侯，内外无亲，谁会救他？我不忍眼看虢国之亡！"于是他举族迁往晋国。六年之后，虢国灭亡。

据《左传》记载，周惠王十九年，即公元前658年，晋国大夫荀息向献公建议，将晋国屈邑所产之马，与垂棘所产之璧，赠予虞君，换取晋国借道虞国,以便攻伐虢国。因为晋国要伐虢国,需要穿过中条山脉,而虞国国都夏墟,正扼守中条山的一条通路,因此晋国要假道虞国。晋国的屈邑即北屈,位于河东,是晋国牧马之地,出产北方好马。晋献公认为马与玉璧,这些都是晋国之宝,岂能白白送与虞君。荀息道:"只要借得虞国之道,这些宝物就像寄存在那里一样。"献公道:"虞国尚有贤臣宫之奇呢!"荀息则道:"宫之奇为人懦弱,不能强谏,而且他与虞君关系过于密切,即便谏言,虞君也不会听他的。"于是献公便派荀息去与虞国交涉。荀息向虞君道:"昔日冀国不讲道义,从颠軨入侵贵国,攻打贵国鄍邑三门。我们当初征伐并削弱冀国,实在是为了你们虞国。如今虢国不讲道义,在晋国边境建筑堡垒,入侵我国南部边境。我们希望借道虞国,讨伐虢国。"虞公感到此事对虞国无害,且有马匹玉璧可得,不仅答应了晋国的要求,而且主动提出作为讨伐虢国的先头部队。宫之奇向虞公进谏不要借道晋国,虞公不听。晋国得到虞国允许后,献公便派大夫里克、荀息率军与虞国军队会合,共同讨伐虢国,灭虢国下阳。

冀国,或言在今天河津市境内,或言在稷山县境内,或言在芮城县境内。晋国之前讨伐冀国,自然是为扩张晋国自身的势力范围。虞国的颠軨在中条山脉,鄍邑在今天平陆县北,三门即黄河的砥柱山,在今天三门峡水库中。虞国凭借中条山与黄河天险,具有地理优势。虞国单凭此地理优势,或许尚能在一段时间内自保。但虞国国君一方面贪婪,另一方面大约对虢国在大河之北坚固的下阳城堡感到如刺在喉,希望除去,因此积极出兵,想借晋国之力拔掉此刺。但正是虞国此举引狼入室,导致失国。此为后话。

虢君虽败于晋、虞两国,丢掉大河之北的下阳,逃至大河之南,但兵力尚存。同年秋天,戎人侵虢,虢君于大河之南的桑田击败戎人。虢国似乎恢复了国力。然而晋国大夫卜偃道:"虢国必亡。下阳为虢国宗庙所在,然而夏阳丢了虢君却不着急。如今虢君又击败了戎人,建立了功业,会更加骄傲。这是上天夺去了虢君的明鉴,增加其恶行。他必定轻视晋国,而不会去爱护与抚恤他的国民。这样下去,不出五年,虢国必亡。"果然,四年之后,虢国被晋国灭亡。

## 第三十四章　觊觎中原楚成伐郑，统领诸侯齐桓立威

周惠王十一年，楚国伐郑不成，反被诸侯联军逼迫退兵。之后，据《左传》记载，自周惠王十八年，即公元前659年，楚国连续三年征伐郑国。楚成王继位初年，曾一反楚武王、文王不时向北用兵的做法，向周天子进贡，并向中原诸侯国示好。或许中原诸国一直将楚国视作南蛮，对楚国示好表示并不积极响应，加之齐桓公作为诸侯之伯，起到了稳定并凝聚中原诸国的作用，楚成王的示好外交并未达到楚国所期望的效果。于是楚成王便改变了策略，开始对郑国发动攻势，试图通过惩戒郑国，争取使中原南部诸国能够疏离齐国，投向楚国。

周惠王十八年楚国伐郑，齐桓公马上召集鲁僖公、宋桓公、郑文公、曹昭公与邾国国君于宋国会盟，商议救郑讨楚之事。或许楚国见中原诸侯国反应迅速，因此退兵。第二年冬，楚国再次出兵郑国，并俘获了郑国宗室成员。楚国第二次伐郑之前，齐桓公就召集中原南部诸侯会盟，当是准备对付楚国。参加此次会盟的，除召集者齐桓公外，还有宋桓公、江国与黄国国君。江国为嬴姓之国，在淮水之北，今天河南省驻马店市正阳县有江国故城遗址；黄国也是嬴姓之国，在淮水之南，今天河南省潢川县西有黄国故城遗址。这两个诸侯国时时受楚国威胁，自然要向中原诸侯、特别是向领袖诸侯的齐国靠拢。齐桓公又于来年秋天再次主持四国会盟，商议对付楚国。

周惠王二十年冬，楚国再次出兵伐郑，郑文公想要同楚国媾和。但郑国大夫孔叔劝文公不要向楚国屈服，理由是齐国为楚国伐郑之事三次召集诸侯会盟，想要帮助郑国，不顾齐国的努力而与楚国媾和，乃是对于齐国不讲德信，将会导致郑国日后的灾祸。孔叔之言确有道理，如果郑国与楚国订立城下之盟，是背弃了齐国、宋国等积极准备救助郑国的诸侯国，将来必然会为中原诸侯国孤立。

事情正如郑国大夫孔叔所预料的那样，就在楚国第三次伐郑之后，周惠王二十一年春，即公元前656年，齐桓公便率领诸侯之师先伐蔡国，后伐楚国。

各诸侯国均为国君亲自率师,有鲁僖公、宋桓公、陈宣公、卫文公、郑文公、许穆公、曹昭公。这么多诸侯亲自率师随同齐桓公出征,可见齐桓公在诸侯中的威望。

但齐桓公率师入侵蔡国,是存有私意的。齐桓公有三位夫人,一位是王姬,一位是徐嬴一位是蔡姬。蔡姬是蔡侯之妹,可能生性好动,并且胆大。一天蔡姬与齐桓公在狩猎的园囿中荡舟,她故意晃动船只,齐桓公感到害怕,脸色都变了,让她停下来不要再晃动船只了,但蔡姬不听,依旧晃动船只。齐桓公怒不可遏,便将蔡姬打发回国。但齐桓公并没有休退蔡姬,或许只想惩戒一下。蔡姬既然胆大,自然不甘受辱,回蔡国后便自作主张再嫁。蔡姬此举扫了齐桓公的颜面,因此齐桓公要趁向楚国举兵之时,顺便教训一下蔡国。蔡国这样一个小国自然经不住这么多诸侯联军的入侵,一击即溃。于是诸侯联军乘胜讨伐楚国。

面对中原八国联军的讨伐,楚成王派使者质问齐桓公为何率诸侯出兵。楚成王让使者代言道:"君处北海,寡人处南海,风马牛不相及,想不到齐君会来到寡人之地,却是何故?"管仲代齐桓公道:"昔日召康公曾代天子命我先君太公道,东至于海,西至于河,南至于穆陵,北至于无棣,对四方诸侯,你都有征伐之权,以辅助周王室。长期以来,楚国不贡苞茅,使得王室祭祀无苞茅缩酒,这是寡人征伐楚国的理由之一。昔日昭王南征,再未回朝,这是寡人征伐楚国的理由之二。"楚国使者答道:"不贡苞茅,是寡君之罪,今后不敢不贡。昭王南征不返,则齐君当去质问汉水,而与楚国无关。"因为周昭王南征是于汉水覆舟,溺毙于汉水的。齐桓公不听楚使的解释,继续挥师南下,扎营于楚国北塞。

楚成王又派将军屈完与联军谈判。联军之师退至召陵,依山扎营,陈兵于山前。召陵在今天河南省漯河市召陵区,有召陵故城遗址。齐桓公邀屈完共同登车观览。齐桓公采取的是软硬兼施的手法,他向屈完道:"出兵楚国,岂是为了寡人?寡人愿意重修先君之好。楚君与寡人共同修好如何?"屈完道:"齐君为我国社稷求福,抚慰寡君,自然是寡君之愿。"齐桓公又指着联军炫耀道:"以这样的军队作战,谁能抵御?以这样的军队攻城,什么样的城池不能攻克?"屈完身为楚国使者,自然不能堕了楚王之威,便强硬地答道:"齐君若以德安抚诸侯,谁敢不服?齐君若以武力征服诸侯,则楚国以方城山为城,以汉水为护城之河,贵军虽然人数众多,却无用武之地。"其实双方都旨在威慑对方,都知道真正打起来并无必胜把握,因此均无意于即刻开战。最终,屈完与各路诸侯共同盟约,双方罢兵。由于有齐国作为中原诸侯的砥柱,楚国向北推进的步伐再一次停顿。

齐国回师之时,陈国大夫辕涛涂向郑国大夫申侯道:"联军之师由陈国、郑国经过,定会征集粮饷,于两国不利。我们最好建议他们走东路,沿海北归,这样还可以向东夷炫耀武力。"申侯答应了。于是辕涛涂便去向齐桓公建议道:"齐君既然已经慑服南蛮,何不从东海之滨回师,再慑服东夷。"齐桓公好大喜功,自然听得进去,准备从东路回师。但申侯去见齐桓公时,则表示反对从东路回师。申侯道:"出兵已有时日,将士已经疲惫,若从东路回师,军需不易保障,遇到劲敌恐怕难以抵挡。如果从陈国、郑国之间回师,由两国供应粮草麻鞋,可保证军需。"申侯如此建议,或许是为郑国着想,不得罪齐国。齐桓公听了申侯的建议非常高兴,便慷他人之慨,让郑文公将虎牢关封给申侯。齐桓公当然也意识到了辕涛涂的建议并非出于好意,如果联军回师真的出现不测,将陷入军队疲惫、军需匮乏的危机中。齐桓公怒从心起,不但派人捉拿了辕涛涂,还在秋天兴兵讨伐陈国。诸侯自然都认为陈国不忠于联军,纷纷响应齐国。辕涛涂本想免除陈国受联军的滋扰,最后却为陈国带来了兵祸。陈国当然不可能抵抗以齐国为首的诸侯联军,便服罪求和。最后齐桓公又表现大度,将辕涛涂放回陈国。这种收放自如的做法,更稳固了他的侯伯地位。

辕涛涂自此深恨申侯,但表面隐忍不发,依旧交好于申侯。在申侯受封虎牢之后,他向申侯建议道:"虎牢实乃侯伯所赐,你应当在虎牢重新筑城,传其名声,使子孙永记。我可以为你向诸侯们建议。"此事除了涉及郑文公的利益,与其他诸侯无涉,诸侯们看齐桓公面子,自然乐观其成。申侯得到虎牢重地,原也得意,便于虎牢重新筑起城池。申侯本是申国人,最初有宠于楚文王。楚文王临死前,给了申侯一块玉璧,这块玉璧不仅珍贵,还是通关凭证。楚文王对申侯道:"只有我最了解你。你垄断财货,贪得无厌,你从我这里求取财货,我从不怪罪于你。但我的后人恐会向你索回更多的东西,你难免有难。我死之后,你速速离开楚国,不要去小国,小国难于容你。"等到楚文王葬礼毕,申侯便匆忙离开楚国,来到郑国。在郑国,申侯又有宠于郑厉公。申侯自然依旧钻营财货,或许郑文公早已看在眼中,恨在心里。辕涛涂借面见郑文公之机,向郑文公道:"申侯牢固地修筑虎牢城池,是有不臣之心。"郑文公赐予申侯虎牢重地,本就是难却齐桓公的面子,听了辕涛涂的挑拨,更对申侯不

· 148 ·

满。于是，过了两年，郑文公便借机杀了申侯。楚国的令尹斗谷於菟听到申侯死讯，道："古人有言，'知臣莫若君'，此言分毫不差。"的确，楚文王看透了申侯，也告诫过申侯，但最终申侯还是贪图利益，以致身死。

在联军回师途中，许穆公薨。许穆公本是男爵，因薨于军中，得以侯爵之礼下葬。根据周礼规定，凡是诸侯薨于朝觐、会盟，晋爵位一级，死于王事，晋爵位两级，用以褒奖勤劳王事。中原诸侯联军在齐桓公率领下征讨楚国，齐桓公的征伐之权是受命于周天子的，因此许穆公被看作死于王事。周朝诸侯爵位自高至低，分别为公、侯、伯、子、男，据《孟子·万章》，"子、男同一位"，因此许穆公于男爵升至侯爵，当是晋升了两级。许穆公生前可能并无更多作为，从许穆夫人所作《载驰》一诗中当可看出，许穆公及其许国大夫们都不是有见地有担当之辈，但因许穆公死于王事，死后却得以极尽哀荣。许穆公死后的哀荣，与其说是来自周天子，不如说是来自齐桓公。

## 第三十五章　骊姬乱晋申生屈死，献公摘瓜二子出奔

当初晋献公宠爱骊姬，要立为夫人。立夫人乃大事，自然需要占卜。据《左传》记载，晋献公让卜者卜卦，卦象不吉。献公又让筮者筮卦，卦象乃吉。献公道："遵从所筮卦象。"卜者向献公进言道："蓍草与龟甲相比，自然是龟甲更灵验，不如遵从龟甲之象。卦象爻辞道，专则生变，盗主之公羊。卦象爻辞还道，貌似香草，实为蕕草，其味恶臭，其臭长久。所卜之事，定不可行！"但献公卜筮只不过是为循惯例，只要卜筮之中有吉卦，他便有了理由。于是他便立骊姬为夫人。

骊姬既然被立为夫人，又生子奚齐，立奚齐为太子便是早晚之事。《国语·晋语》详述了骊姬伙同伶人施计谋害太子申生之事，并描述了晋国一些大夫的态度。周惠王二十年，即公元前657年。骊姬又一次提及太子申生在谋取君位之事，让献公及时除掉太子。献公道："我自然不忘要废太子，但太子尚无可加之罪。"或许献公尚未决定废掉太子申生，这是其推诿之言；或许献公已经决定废掉太子申生，这是其示意之言。骊姬自然领会要为太子申生罗织罪名。

骊姬找伶人施商议。骊姬道："国君已经许诺我，要杀太子立奚齐。但恐难过大夫里克一关，怎么办？"施笑道："只需一日，我便能搞定里克。你为我准备一只烤羊，我去与他喝酒。我是优伶，言语无忌。"施带着烤羊找里克宴饮，并起舞助兴。他向里克妻子笑道："你来招待我，我来教你丈夫如何事君。"于是他边舞边歌："大夫侍主，不如鸟乌。人皆集于苑，己独栖于枯。"里克笑道："苑指什么？枯木又指什么？"施道："子以母贵，母为夫人，子为储君，岂非聚集百鸟之苑吗？母亲已死，子又有谤，岂非病树枯木吗？"

施走之后，里克无法入眠。夜半时分，里克召施问道："你刚才是戏言，还是有所耳闻？"施道："自然是有所耳闻。国君已经许诺骊姬，要杀太子而立奚齐，他们计谋已定。"里克道："我听从君命而杀太子，于心不忍。依旧与太子交往，我又不敢。我取中立态度可以免祸吗？"施道："当然可以。"

## 第三十五章　骊姬乱晋申生屈死，献公摘瓜二子出奔

第二日清晨，里克便去见好友大夫丕郑，道："伶人施告诉我，国君已经打定主意要立奚齐为太子。"丕郑问道："你是怎么回答他的？"里克道："我说我持中立态度。"丕郑道："可惜啊！你不如说不相信国君会行废立，这样尚能巩固太子的地位，离间骊姬的党羽，或许能够动摇他们的信心。他们有所动摇，或许便可各个击破。如今你说你持中立态度，这其实是增强了他们的信心，这便无法阻止他们了。"里克叹道："出口之言追悔莫及。况且骊姬心中无所忌惮，我们又如何能挫败他们？你打算怎么办？"丕郑虽然为里克剖析得明白，谈到自己时则道："我没有自己的意见。我事君，君心便是我心。一切主张与操控均不在我。"里克道："为太子而弑君，有利于自己，并以此为直道，我不敢为。抑制自己心志，从君所为，废除太子，为自身谋利，我不能为。我只能退避回家。"第二天，里克便称病不朝。朝中大夫大约多数都采取里克与丕郑的态度，骊姬的阴谋自然能够得逞。

据《左传》记载，周惠王二十一年，骊姬向太子申生道："昨天晚上，你君父梦见了你母亲齐姜，要你速去祖庙祭祀！"申生便去曲沃宗庙祭祀其母，按照礼制将胙肉带回献予君父。献公在申生从曲沃回宫之际出外狩猎，六日之后才回宫中。骊姬在胙肉与酒中放入毒药。等到献公回宫，将酒肉献予献公。献公将酒祭之于地，地面马上拱起；将胙肉给狗吃，狗当场毙命；又将酒给侍奉的小臣饮，小臣也当场毙命。骊姬哭道："天啊！是太子所为。"申生知道遭到陷害，便逃往新城。献公恼怒之下命处决太子师傅杜原款。

有人向申生道："你可以去向国君申辩，国君自然能够辨明是非。"申生道："君父没有骊姬，寝不安稳，食不甘味。我如果分辩，骊姬便有诬陷之罪。君父已老，君父不乐，我亦不乐。"有人又向申生道："你为什么不能到国外避难？"申生道："我背负弑父之名而外逃，谁能接纳于我？"

据《国语》记载，申生还道："我如果逃亡国外，人们便会将太子逃亡的原因归于国君，这是将怨恨之情加于国君。彰显君父之恶，为诸侯所取笑，有哪个国家能够接纳我？在国内受困于父母，在国外受困于诸侯，是双重受困。背弃国君，避罪流亡，是为逃死。我听闻圣贤之言，'仁不怨君，智不重困，勇不逃死'。如果君父认定我有罪，逃亡必将加重罪行。因逃亡而获重罪，是为不智；为逃死而加怨于君，是为不仁；有罪而不敢受死，是为无勇。逃亡会加深怨恨，罪孽不可加重，死亡不可逃避，我将听从命运的安排。"

申生的师傅杜原款死前让小臣圉将他的临终之言转告太子申生。他道：

"款本不才，缺乏智慧，不能教人，以至于死。款不能深知君心，让太子弃位去国，隐于他乡。款谨慎狷介，有所不为，不敢陪太子出奔他国，太子遭谗言又不敢辩白，使太子陷于大难。款本不惜一死，却要与进谗言之人同担此恶名。我闻圣贤之言，君子不失忠君爱国之情，不以申辩反驳谗言，哪怕谗言导致身死，犹能保存忠孝之名。太子要以此自勉！死必遗爱，死后为民众思念，不也值得吗？"聆听着师傅的临终遗言，申生郑重地做出了承诺。

献公杀太子师傅杜原款后，并未派人去新城捉拿太子。但骊姬已经走到这一步，自然不能容忍申生再活在世上。骊姬去见申生，哭道："你能忍心弑杀君父，自然更不会在乎国人！对君父残忍而宣称为百姓好，有谁会喜欢这样的人？弑杀君父而宣称有利于国人，有谁会为他驱遣？这些行为都是百姓所恶，天人都不能容忍你苟活于世！"

或许申生想到，事情再不结束，只能彰显君父不慈，自己不孝，既然君父与骊姬不会改变，他们的地位也不能动摇，就只有以自己之死来了结太子投毒案。这样就可以避免臣民分裂，避免君父为难，同时也成全自己的忠孝之道。于是申生选择了自缢。为表明他无愧于天地神灵，无愧于祖宗，他选择在新城宗庙中自缢。临死之前，他让他的臣子猛足告诉狐突："申生有错，不听伯氏之言，以至于死。申生并不惜死，但是，君父已老，国家多难，伯氏再不出山，君父将怎么办？伯氏如能出山辅佐我君，申生虽死无悔！"申生死后，国人谥其为"共"，称为"共君"。"共"与"恭"通假。根据《逸周书·谥法解》，"敬事供上曰恭""芘亲之阙曰恭"，当是赞美他"敬事供上""芘亲之阙"。

骊姬也不能放过公子重耳与夷吾。公子重耳与公子夷吾来朝见君父，得知骊姬已经向献公进谗言道："太子申生谋逆之事，重耳与夷吾都是知道的。"于是，公子重耳逃回了蒲城，公子夷吾逃回了二屈。

据《左传》记载，蒲城与二屈之城，是献公封重耳、夷吾两位公子时，下令大夫士蔿为两位公子建筑的。城筑好后，夷吾发现所筑城中填有木柴，便去禀告献公。献公谴责士蔿玩忽职守，士蔿则叩拜道："臣闻'无丧而慼，忧必仇焉；无戎而城，仇必保焉'。并无丧事而感到忧戚，忧戚必会应验而来；并无戎狄而建筑城池，仇敌必会用以自保。既然如今并无戎狄，城池或许会被仇寇用以自保，又何必谨慎为之？作为职官，不遵君命，不去筑城，是为不敬；筑城坚固，或资仇敌，是为不忠。丧失忠敬，如何事君？《诗》云：'怀德惟宁，宗子惟城。'(《大雅·板》)仁慈怀德便能安宁,宗室之子便是城池。若我君敬修德行,维系宗子之心,国家安定稳固,又何须建筑城池?如果不出三年便要用兵,再谨慎筑城又有何用?"他退出宫廷后赋诗道:"狐裘龙茸,一国三公,吾谁适从?"的确,宗子们各有封地城池,让大夫们该何去何从?

两位公子逃回自己的领地,献公下令寺人披攻打蒲城,追杀重耳,亦令人攻打二屈,追杀夷吾。蒲城百姓皆愿为保护公子重耳而战,但重耳向百姓们道:"君父之命不可抗,谁要抵抗,谁就是我的敌人!"重耳翻墙而逃,追杀重耳的寺人披只斩下了他的袍袖。重耳逃往舅家北狄。公子夷吾在二屈坚守自保一年之久。献公命大夫贾华再次攻打二屈,身边之人劝其逃往梁国,因为梁国靠近秦国,将来可以依靠秦国。于是夷吾逃往梁国。骊姬阴谋虽然得逞,但好景不长,此为后话。

· 153 ·

## 第三十六章　轻举妄动王郑昏乱，唇亡齿寒虞虢皆亡

周惠王自私贪财，昏庸无能，但赖齐桓公协调中原诸侯关系，抵御蛮夷戎狄，也平稳地度过了他的执政春秋。可是，昏庸的惠王晚年因听信惠后之言，企图废太子郑而立少子带，几近引发风波。

据《左传》记载，惠后妫姓，原是陈国公主，为惠王登基之后，于惠王元年，由虢公、晋献公、郑厉公派遣原庄公赴陈国为惠王迎娶的。或许因惠后宠爱少子，多吹枕边之风，使得惠王生出废长立幼之念。齐桓公既然辅佐周室安定天下，天子家事并非私事，自然也在作为侯伯的桓公的关注范围。得知惠王起了废立之心，齐桓公便于周惠王二十二年，即公元前655年，于首止召集诸侯会盟，并请太子莅临，造成诸侯拜会太子的事实，以此确保太子的地位，以诸侯国的力量安定天子家事。

周惠王不满意齐桓公召集诸侯会盟，使他废太子之事难以实施，便从中作梗。诸侯即将会盟之际，惠王派周公宰孔召见郑文公，向郑文公许诺道："我允许你顺从楚国，再让晋国帮助郑国，这样，你便可以摆脱齐国，郑国便可获得安宁。"周惠王虽然无能，但多年居于王位，自然也懂得要平衡各诸侯势力来确保自己意图能够实现，因此他要扶持郑国与晋国来平衡齐国的势力。

郑文公听闻王命如此，自然愿意。郑国多年以来，不朝见侯伯齐桓公，眼见齐国号召力日强，此次郑文公原本准备去参加诸侯会盟，因为他担心再不朝见齐桓公会招致灾祸，如今有了周王撑腰，他怕朝见齐侯对周王不好交代，便想逃盟回国。又是当年劝郑文公不与楚国媾和的孔叔劝郑文公不能逃避诸侯会盟。孔叔道："国君不可轻举妄动，轻举妄动，必然失去亲朋，失去亲朋，大难必至。等到祸事临头，国君再想与诸侯结盟，必然会附带很多条件，失去很多东西。到那时国君必定会后悔。"但是郑文公不听孔叔的劝谏，居然来不及率领他的军队，只携亲随逃离了诸侯会盟。郑文公逃盟一事，使得郑国日后成为中原诸侯众矢之的。

郑文公逃盟，楚国便可以放心向北用兵。楚国令尹斗谷於菟趁弦国不备

之机，灭了弦国。弦国于淮水之南，今天的河南省光山县境内，自然是楚国向北拓展的首选之地。弦国之君毫无远虑，因此遭到灭国之灾，只好逃往邻近的黄国。多年来，楚国一直想震慑中原地区邻近楚国的一批小国，但因齐桓公为核心的中原诸侯联盟声势已大，这些小国在楚国压力下一边倒地投靠了齐国。弦国或是隗姓之国，江国、黄国、道国、柏国均为弦国的姻亲之国，江国于今河南省正阳县境内，黄国于潢川县境内，道国于确山县境内，柏国于舞钢市境内，虽然除黄国在淮水之南外，江国、道国、柏国三国都处于淮水之北，但楚国势力既然已经达到今天漯河市的召陵区，这些淮北小国就无不在楚国的威胁之下，因此这几个国家早已投靠了齐国。弦国国君或许正是恃有这些姻亲之国，因此不顺从楚国，但又对楚国不加防备，以致遭到灭国之祸。

却说北方的晋国得到周惠王的默许，自然不会放过这一向外扩张的机会。周惠王二十二年，晋国实施假道虞国征伐虢国、回师再灭虞国之计。

宫之奇向虞君进谏道："虢国是虞国的屏障，虢国灭亡，虞国必定紧随其后被灭亡。晋国野心不可助长，兵戎之祸不可轻启。上次晋国假道伐虢，便已经助长了晋国的野心，开启了兵祸之端，岂能再次借道于晋国？谚语道，'辅车相依，唇亡齿寒'，正是比喻虢国与虞国这样的关系！"虞君则道："晋国是我的同宗，岂会害我？"宫之奇道："吴太伯、虞仲与季历，都是太王古公亶父之子，因季历之子姬昌有瑞圣之兆，太伯不肯继位，乃至逃亡，所以没有被立为嗣。虞君乃虞仲的后代，虢仲、虢叔，是季历之后代，为文王卿士，功勋彪炳，著于典策，藏于盟府。虢君为虢仲、虢叔的后代，虞国与虢国是同宗，晋国能够灭虢国，又怎么会善待虞国？况且虞国与晋之亲，能亲过曲沃桓叔和曲沃庄伯与晋君的关系吗？桓、庄的后代有何罪行？晋君屠戮桓、庄之族，不就是因为桓、庄两族势力大吗？如此血亲关系，就因为受宠势大，便遭屠戮，更何况虞国拥有一国之势！"宫之奇列举历史上三国之间都有血缘关系，说明晋国能够攻打虢国，便不会放过虞国，又列举晋国近些年间宗族之间的相互倾轧，说明晋君连叔伯后代都不放过，又怎会顾忌遥远的同宗？虞君自然没有充足的理由反驳宫之奇，便抬出神祇保佑之说。他向宫之奇道："我一直礼敬神明，从来不乏丰厚洁净的享祀，神明一定会保佑虞国的。"宫之奇道："臣闻先贤之言，鬼神并不亲人，而是惟德是依。所以《周书》曰，'皇天无亲，惟德是辅'。（逸书）又曰，'黍稷非馨，明德惟馨'。（《尚书·君陈》）又曰，'民不易物，惟德系物'。（逸书）缺乏德行，百姓不和，神祇不享。神祇所依，唯在于德。而且，如果晋国灭了虞国，也礼敬神明，祭祀馨香，难道神就不受吗？"但虞君依旧不听宫之奇的劝谏，执意答应晋国的要求。

于是，宫之奇率领全族去西山避难。宫之奇叹道："虞国已经没有来年了！晋国灭亡虞国，就在此次举兵伐虢之机，晋国已经用不着再次举兵了！"

晋军毫不费力地渡过了大河，晋献公举兵围困了南虢的上阳。上阳在今天河南省三门峡市。据《左传》记载，晋献公问郭偃道："我们能够攻下上阳吗？"郭偃为晋国大夫，善于占卜，他答道："能够攻克。"献公又问什么时候能够攻克，郭偃引用当时的童谣做出回答：童谣云，"丙之晨，龙尾伏辰；均服振振，取虢之旂。鹑之贲贲，天策焞焞，火中成军，虢公其奔"。所谓"丙之晨"，便是丙子日的清晨；所谓"龙尾伏辰"，龙尾是苍龙七宿的第六宿尾宿，有九颗星，辰为日月交会之时，日行于尾宿，龙尾之光为日所夺，伏而不现。"均服振振，取虢之旂"，均服即黑色戎服，预示晋国军容大振，夺虢国之旗。"鹑之贲贲"，乃鹑火欲飞状，鹑火为朱雀七宿的第三宿柳宿，有八颗星；"天策焞焞"，是言苍龙七宿的尾宿中的天策星近日无光。"火中成军，虢君其奔"，即鹑火出现于南方时举兵，虢君便只有逃亡了。卜偃解释道："这应当在夏正九十月之交，丙子清晨，日在尾宿，月在天策，鹑火在南方之时。"果真，虢国于夏正十月初一被灭，虢君逃往京师。

晋国军队回师之时，又借道虞国，顺手灭掉了虞国。虞君还没有虢君幸运，因为丝毫没有准备，所以被晋国俘虏。晋献公或许根本看不起这昏庸的虞君，居然将虞君与虞国大夫井伯当作奴仆，在将女儿嫁予秦穆公时，以虞国君臣作为秦穆姬的媵侍，极尽羞辱虞国君臣之能事。晋献公大约因所灭为同宗，因此保存了虞国的祭祀。晋献公知道周惠王贪财，因此将虞国应向王室进献的贡品照样进献给周惠王，以拉近与周王室的关系。

由于虞君愚蠢，不听宫之奇谏言，使得晋国假道虞国一举灭掉虢、虞两国。这便是历史上有名的"唇亡齿寒"的故事。晋国也由于这种扩张，成为春秋历史上迅速崛起的大国。

## 第三十七章　齐楚拉锯蔡许从楚，秦国崛起百里相秦

郑文公逃离会盟，不仅挑战了齐桓公的权威，也激起了各路诸侯不满，据《左传》记载，第二年，即周惠王二十三年，在齐桓公的率领下，鲁僖公、宋桓公、陈宣公、卫文公、曹昭公均亲自率军讨伐郑国，诸侯联军围困了新城。新城于今河南省新密市东南。

郑国在周惠王的授意下背弃与中原诸侯的会盟，自然会与楚国交好，楚国得以与中原大国郑国交好，等于北进步伐跨出了一大步，自然要巩固与郑国的关系。郑国受到中原诸侯围攻，楚国便采取围困许国以救郑国的措施，逼迫以齐桓公为首的中原诸侯联军去救援许国，而从郑国撤军。为能与以齐桓公为首的中原诸侯联军匹敌，楚成王亲自率军北上。

许僖公是一个平庸无能的国君，不待中原诸侯联军赶来相救，便已经在蔡穆侯的引领下赴武城投降了楚国。武城位于今河南省南阳市北。自从齐桓公因蔡姬改嫁向蔡国兴师问罪之后，蔡穆侯便投向了楚国。现在南北两大阵营交锋，蔡穆侯为报复齐桓公与中原诸侯，并向楚成王显示自己的才干，便利用与许僖公的关系劝许僖公向楚国求降。许僖公虽然保国无能，却会迎合作秀。他让人将自己反绑，脖上套索，口中含璧，表示自己已经是活死人。他又让许国大夫们穿上孝服，让士抬上棺材，表示为自己服丧送终，以如此一队形同出殡的君臣队伍来降楚成王。

楚成王看到如此一行队伍，问楚国大夫逢伯道："这是什么意思？"逢伯道："昔日武王克商，微子启便如此行事。武王亲自为微子解开绳索，受其玉璧，并为微子行除恶之礼，焚烧了棺材，还封微子于殷商旧地。"楚成王便按照周武王对待微子的方式，也亲手为许僖公解下了颈上绳索，解开了反绑的双臂，收下僖公所含玉璧，焚掉士大夫们抬来的棺材，并为僖公行驱祸祈福之礼，以此表示对于降者的尊重。楚成王模仿周武王的所作所为，是想以此示范，收服这一地带的小国君臣。

联军伐郑，楚国围许，联军救许，许国降楚，结果是联军劳而无功。齐桓

公自然心有不甘。于是第二年春，齐桓公不及与诸侯会盟，便独自决定派军队伐郑。由于齐国出兵迅速，郑国已经来不及向楚国求援。这时，一贯主张结好于齐国的孔叔再次向郑文公进言道："谚语云，'心则不竞，何惮于病？'心志不强，还怕屈辱吗？国君既不能示强，又不能示弱，所以会处此困境。如今国家危亡，请国君向齐国顺服吧！"郑文公道："我知道齐国为什么会来征讨，你先耐心等待，我自有主张。"孔叔道："如今朝不保夕，如何还能等待？"

郑文公的算盘是，既然如今不能抵御齐国，而要屈服于齐国，便可趁讨好齐国之机，借助齐国的力量清理郑国内部。于是郑文公借机杀了拥有虎牢关的申侯，并借此派人向齐桓公通禀，向齐桓公表示顺服。他派人向齐桓公解释道，申侯拥有虎牢之后，大修城池，图谋不轨。或许还将郑国所以倒向楚国的原因也推给申侯。齐桓公自然不在乎申侯这样一个郑国大夫的死活。郑文公此举即便不能讨好齐桓公，也有很大收获，即收回了虎牢之地。

齐桓公在举兵挟制郑国之后，管仲建议道："以礼感召二心之国，以德怀柔远方之国，不违德、礼，无人不归顺。"于是桓公召集鲁、宋、陈、郑等国于鲁地会盟，并将齐国特产分送各诸侯国。鲁国、宋国国君均亲自前来，陈国、郑国则是太子前来。郑国太子华或许受郑文公的启发，想趁机在郑国扩张自己的势力，便向齐桓公道："郑国的洩氏、孔氏、子人氏三个氏族，一向违抗君命，去年逃盟一事便出自他们的主张。如果齐君能够为郑国除去此三个氏族，使得郑国与齐国永结和好，我可以保证我们郑国今后会如同齐国属臣般行事，唯齐君马首是瞻。这样非但是我们郑国之福，对齐君也很有利。"齐桓公认为能够就此使得郑国不再敢离心离德，确是好事，便想应承，但管仲谏言道："国君是以礼与信会合诸侯的，不可言行不正。作为儿子，不可以僭越其父自行其是，这就是礼；作为臣子，践行君命，等待时机完成使命，这就是信。弃礼背信，乃为大奸大恶之人。郑太子华言行弃礼背信，故不可应。"桓公则道："去岁诸侯讨伐郑国并未告捷，如今郑国国内君臣之间、国君与太子之间有嫌隙，我们利用此嫌隙，有何不可？"管仲道："国君如能安抚以德，告诫以训，严辞拒绝，然后率领诸侯讨伐郑国，郑国背盟在先，如今有覆国之危，岂能不惧？而如果偕同子华这般奸佞之人，驾临郑国，郑国上下都会认为此举不义，他们占据正理，便会无所畏惧。而且国君会合诸侯，要崇尚德信，如果有奸邪之辈在列，如何能够服众，又如何能够训示后人？会合诸侯，各国均要记载诸侯之德、刑、礼、义，各国记载有奸人临会，国君召集的诸侯之盟便会作废。举行会盟而使各国史官不好记载，显然是会盟德义有欠缺。国君不能答应子华！郑国定要受会盟的制约。子华既为太子，居然企图依靠大国力量来削弱自己国家，必定难免可悲下场。况且郑国尚有叔詹、堵叔、师叔三位贤人为政，他国不可能离间郑国君臣。"于是，齐桓公拒绝了郑太子华的建议。此事传出，郑国君臣都知道了太子华的野心与罪行，因此太子华日后下场悲惨。郑文公君臣或许因齐国为首的诸侯联盟压力，或许也因齐桓公行事能够服众，因此主动请求与齐国结盟。

齐国与楚国反复拉锯，争夺中原诸侯国，与此同时，西方的秦国在迅速崛起。秦国自秦襄公受封为诸侯，秦文公悉心经营，之后又由历代秦君不断拓展，成为可以与中原大诸侯国比肩的西方大国。到了秦穆公年间，即公元前659年至前621年，秦国又得到了长足的发展。

据《史记》记载，秦穆公任好是秦成公之弟，而秦成公又是秦宣公之弟，秦宣公有九个儿子，秦成公有七个儿子，但他们都没有立自己的儿子为储君，而是将国君之位传给了弟弟。秦成公与秦宣公为何不将君位传于自己的儿子，已不可考，但秦国有立弟不立子的先例，从先例来看，或许是为避免嫡子年幼，君权旁落，不利于秦国的稳定与发展。

为秦国发展奠定基础的秦文公执政五十年，他去世后，由于太子早亡，因此立太孙为嗣君，是为秦宁公。秦宁公当时只有十岁，他在位时的一些举措当是臣子们做出的。秦宁公在位时，将秦国国都由西垂东迁平阳。西陲为秦国始封之地，在今天甘肃省礼县境内；平阳在今天陕西省宝鸡市陈仓区内。之后，又讨伐并灭了成汤后裔所建之邑荡社，促进了秦国向东发展。荡社在今天西安市东南。秦宁公去世时，秦国大庶长弗忌、威垒、三父废太子（即后来的武公），立五岁的宁公幼子出子为秦君，或许他们是想要长期操控秦国的政权。秦国的大庶长相当于其他国家的相，是辅佐国君管理国家的最高长官，如此大权在握，他们或许不愿年长的新君继位，但太子年龄亦当不大。六年之后，他们又派人杀掉出子，复立原太子，是为秦武公。

秦武公是秦国又一位有为国君。在秦武公年间，即公元前697年至前678年，秦国又一次开疆辟土。他即位元年，便东伐戎人彭戏氏，至于今陕西省华山脚下，直逼秦川通往中原的桃林要塞。继位十年，他又西伐邽、冀之戎，在其地设县。邽于今甘肃省天水市秦州区，冀于天水市甘谷县，秦武公伐邽、冀，当是巩固秦国的发祥之地西陲。秦武公不仅开疆辟土，也清理内政，他继位第三年，便以擅杀出子的罪名诛杀三父等，并且诛杀三父等三族。于内政外事都能杀伐决断的武公在位二十年，虽然有一子，却没有立儿子为嗣君，而是立其弟为嗣君，即为秦德公。或许武公便是因自身经历，怕儿子年轻，不能降服大臣，导致国家动荡。秦德公卜卦，迁居雍城，后代子孙得以饮马于大河。于是秦国迁都雍城。雍城于今陕西省凤翔区，有雍城遗址。秦德公在位两年便去世了，他的三个儿子相继得立，便是宣公、成公与穆公。

秦穆公又是一位有为之君，他即位元年，即公元前659年，便亲自率军攻伐茅津之戎，并取得胜利。茅津在大河之北，属今天山西省平陆县境，河对岸便是属河南省的三门峡市。茅津戎当在此处活动，可见秦穆公已经东出桃林要塞，染指中原地带了。秦穆公还与晋国联姻，迎娶了晋献公之女、太子申生之姐，即秦穆姬，以利于秦国在西方的发展与巩固。秦穆公更为突出的长处是善于用人，使得秦国一时人才济济。

百里奚原本是虞国大夫，《史记》中记载了这样一个故事。晋献公灭虞国，俘虏了虞君与虞国大夫百里奚，后晋国公主嫁予秦穆公，百里奚作为媵侍陪嫁到秦国。百里奚耻为媵侍，逃离秦国，来到楚国边境，楚国人擒住了他。秦穆公素闻百里奚贤明，得知他被楚人擒住后，想重金将他赎回秦国，又怕楚人知道百里奚有本事，扣住他为楚国服务，于是想了一条计策。穆公派人去楚国，用五张羊皮赎百里奚。使者并不知情。穆公让使者向楚国人道："百里奚是秦国夫人的媵侍，逃亡在外，如今听说被你们楚人捉住，秦君特意让我来赎回百里奚，交予夫人处置。"当时，百里奚已经七十岁了，楚国人并不了解这个老翁，以为他真的就是一个在逃的媵侍，便让秦国人用五张羊皮赎走了他。回到秦国后，秦穆公亲自为他解去绳索，向他请教国事。百里奚道："臣乃亡国之臣，何劳秦君顾问！"穆公道："虞君不用你，因此虞国亡国，亡国之责不在于你。"穆公再三礼敬百里奚，并再三请教于他。百里奚见穆公真心纳贤，便将自己的见解和盘托出，与穆公谈论了整整三日。穆公得到贤才，便授以国政，号"五羖大夫"。

百里奚受到秦穆公赏识与重用后，投桃报李，向穆公推荐蹇叔。百里奚道："臣的才能远不及蹇叔，只是蹇叔的贤明不为世人所知。臣曾经在齐国游学，因为穷困，在铚邑乞食，是蹇叔收留我，使我得以免于饥寒交迫。臣在齐国时，想要投靠自立为齐国国君的公孙无知，是蹇叔制止我，使我得以免于齐国之难。臣到了天子畿内后，得知王子颓喜欢牛，便以养牛来希冀进身，当王子颓要用我时，又是蹇叔制止我，使我离开天子畿内，得以不受王子颓篡位牵连，保全性命。臣投靠虞君，蹇叔又制止我。我知道虞君并不会重用我，但我贪图禄爵，因此便留在了虞国。臣一再因蹇叔的告诫得以逃脱祸难，唯独一次没有听蹇叔的告诫，便罹于祸难。因此臣知道蹇叔贤明通达，见识深远。"于是，秦穆公便派人送上厚礼，欢迎蹇叔，封蹇叔为上大夫。

但是，《孟子·万章上》所言，否定了百里奚为晋国俘虏，成为晋国公主陪嫁媵侍的说法，指出百里奚是主动离开虞国去秦国的。书上记载，万章问孟子道："有人说，百里奚讨价五张羊皮，将自己卖给秦国饲养牲畜之人，替秦国人养牛，试图得到秦穆公的任用。这种说法可信吗？"孟子道："这种说法不可信，是好事之徒编造出来的。百里奚是虞国人，当晋国用骏马与玉璧为代价，借道虞国讨伐虢国时，宫之奇去劝谏虞君，为避免唇亡齿寒，不可借道于晋国，而百里奚却不进谏言，因为他知道虞君不会纳谏。他去秦国时已经七十岁了，难道不知道用替人喂牛来求得进身，是一生之污点吗？这能说是智者所为吗？他知道虞君不可谏，因此才离开虞国而奔秦国。知道虞君不可谏，因而不谏，能说他没有智慧吗？知道虞国即将灭亡，因而选择离开，能说他没有智慧吗？他在秦国得到推举，知道秦穆公是有为之君而辅佐穆公，能说他没有智慧吗？他辅佐秦穆公扬名天下，流芳后世，不贤明的人能够做到吗？出卖自己来就国君，乡中洁身自好之人都不屑为之，贤能之人会这样做吗？"

《史记》与《孟子》中都提到了百里奚初到秦国的身价是五张羊皮，可见他当时并不为人赏识。而且据《史记》记载，百里奚一直不问是非、不计后果、不择手段地希求进身，他确是能人，却并非有所为有所不为的贤人。况且，史书中并无更多关于他在秦国建功立业的记载。史书记载百里奚以五张羊皮的身价相秦，与其说是赞美百里奚的才识，不如说是赞美秦穆公的贤明，能够招揽各种人才。

## 第三十八章　星变日食齐桓纳谏，慎终如始管仲进言

　　周惠王二十二年九月，公元前655年8月19日，中原地区发生日全食。《上海博物馆藏战国楚竹书》（五）首篇"競建内之"篇，记载了齐桓公与鲍叔牙、隰朋的对话。"競建"是对朝廷之事进言，"内之"是谏君王之过失。此篇开篇为齐桓公正在隰朋与鲍叔牙的陪同下田猎，发生了日全食现象。古代人们都认为，天象预示着人事，日食等反常现象，是天象告警，警示国君与国家会有灾难发生，以促使国君反省自身，整饬吏治，施行仁政。既然日食告警，必定人事有祸。况且日将食尽，天光暗淡，齐桓公自然深感不安。他问鲍叔牙与隰朋："日食是因为什么？"鲍叔牙答道："是星变。齐国或有兵灾。"据《史记·天官书》记载，古人认为，"日变修德，月变省刑，星变结和"。应对日月星变，"太上修德，其次修政，其次修救，其次修禳，正下无之"。鲍叔牙回答星变，或许是回避桓公当修德的问题，抑或是为劝谏桓公谨慎用兵，外交当以结和为主。当然，鲍叔牙与隰朋首先将星变的原因揽到包括自己的臣子们身上，隰朋道："此乃群臣之罪也。昔日殷商高宗武丁祭祀太祖成汤，有雉鸟鸣于鼎耳，高宗召见大臣祖乙，询问道：'雉鸟鸣于鼎耳，是何缘故？'祖乙答道：'昔日先君祭祀，祭祀完毕，命行先王之法，废先王之所废，行先王之所行，废先王所行者，死，不行王命者，死。不出三年，外逃之民纷纷返回乡里。这些都是由于祭祀得福。'后高宗得傅说，命其为相，汲汲不休遵循先王之法，于是天下得安。"隰朋之意大约是说，齐桓公因无祖乙、傅说这样的辅佐，所以导致星变。或许也暗含指责齐桓公的某些变革有些过头，或用兵有些过度，均非先王之法。

　　当然，鲍叔牙与隰朋在揽下责任之后，还是要更明确地劝谏齐桓公的。于是鲍叔牙继续解释星变："星变预示将来齐国会有兵戎之事，会影响国君声名。"齐桓公听后道："原来如此，还可以挽救吗？"隰朋回答道："国君行为无道，不践善行，能够罪己吗？"齐桓公道："错在寡人，不怪你们，是寡人不行仁恕之道。"隰朋又继续向齐桓公进言道："昔日圣贤告诫君王，上天不现圣

贤，大地不现真龙，当诉诸鬼神曰：天地抛弃我，群臣不进谏，远者不来归，当修之于乡邦，如此才能从善去祸。"桓公道："过去寡人不自知行为不善，如今内则失去百姓，外则贻笑诸侯，岂不是令你们担忧之事？如此尚能支撑局面，岂非你们操劳的结果？"

或许齐桓公多年号令内外，无不服从，因此故步自封，自以为是，长期听不得臣子的劝谏了。此次日食，令齐桓公有所自省，给了鲍叔牙与隰朋以进谏机会。鲍叔牙与隰朋听闻桓公上述自省之言，决计进一步进言，因此他们再拜桓公，或许既是赞颂桓公明鉴，又是愧疚自身不谏，然后起身道："国君行为无道，纵犬马于乡间，田猎无度，还以竖刁与易牙为左右亲随，此二人形成朋党，结交狐朋狗友，以朋党标准结交或攻讦。"鲍叔牙和隰朋还谏言齐桓公要行正道，远小人。齐桓称霸多年，听惯了阿谀奉承，恰逢日食，深恐灾变即将发生，值此之际，听到逆耳的忠言，深感二人的忠贞之情，对自己滋长的恶行深感惭愧。

那么，为鲍叔牙与隰朋所憎恶、而为齐桓公宠信的竖刁与易牙，是何等人物呢？据《史记》记载，在管仲重病之时，齐桓公曾向管仲询问他身边臣子谁可为相。桓公先问："易牙如何？"管仲答道："此人杀亲生之子以逢迎国君，不合乎人之常情，不可用为相。"桓公又问："开方如何？"管仲答道："此人背叛亲人以逢迎国君，不合乎人之常情，不可用为相。"桓公再问："竖刁如何？"管仲答道："此人自宫以逢迎国君，不合乎人之常情，不可用为相。"易牙善于烹调，听齐桓公说只有人肉未曾尝过，便杀死自己的亲生儿子，烹饪后献给齐桓公品尝。公子开方在齐国为官，十几年未曾回家探亲。竖刁得知齐桓公后宫治理得不好，便自宫进宫为齐桓公打理后宫事务。可见竖刁、开方、易牙之辈，均为残忍钻营之辈，均非善良仁厚之人。

管仲特别强调，为人臣者，要有平常人之心性情感，是非常有道理的。首先，常人的心性是从仁孝的亲情出发的，能够推己及人，己所不欲，勿施于人，具有这种心性，才能处理好人与人、国与国之间的关系；其次，常人心性是从做好身边的事情着手的，没有攀龙附凤的机会，也就不必阿谀奉承，不会好高骛远，就会从实际出发；第三，常人心性就是百姓的心性，不合常人心性，做事就会背离百姓的心性喜好，就不会为百姓所接受，就不能安定国家，使民富足。

齐桓公这次是因日食听进了鲍叔牙与隰朋的进谏，但随着桓公威望日益提高，桓公年龄日益增大，他对政事日益倦怠，而更多追求享乐。桓公作为公子小白时，有太子，有兄长，继位无望，本来就是一个注重吃喝玩乐的公子哥儿，是齐国内乱，是臣子相助，使他登上了国君之位，由于他包容大度，能够用人，最终成为诸侯之伯。但自小惯常的享受，是他一生没有放弃的心性与习惯。老之将至，来日无多，对享乐的追求更与日俱增。《管子·中匡》记载了这样一件事情。

自齐桓公以管仲为相，数十年来，齐桓公尊管仲为仲父，对管仲言听计从。及至桓公年老依然如此。一次，桓公命人挖掘新井，井挖好后，又命用柴草编织井盖，用以盖在井口之上，以防井水污染。桓公用此井水盥洗沐浴，命人以此井水炊饮酿造，以示洁净，自己居深宫焚香斋戒，不逞口福女色之欲，以表诚敬，然后请管仲宴饮，行酒礼。管仲到来之后，桓公执爵，夫人奉樽，三酌之后，管仲便起身离席退出。桓公大怒，向在座臣子道："寡人斋戒十日，行酒礼以尊管仲，寡人自认洁身已极，诚敬之至，仲父居然不告而退，此乃何故？"鲍叔牙、隰朋见桓公发怒，便离席而出，追上管仲，向管仲道："国君发怒了。"于是，管仲回到宫廷，站到屏风之前。桓公正值气头，对管仲不予理睬。过了一会儿，管仲站至中庭，桓公依旧不予理睬。又过了一会儿，管仲又站到堂前，此时桓公怒气稍平，也不好再不理睬管仲，便道："我斋戒十日，行酒礼以敬仲父，自以为已经洁净自身，脱于罪行。仲父不辞而出，不知何故？"管仲答道："臣闻，沉迷舞乐享受，必会带来忧愁，耽于五味口福，必会失德失行，怠慢朝会听政，必会延误政事，有害国家大事，必定危及社稷。臣所以敢不告而退。"的确，古代重礼乐之制，但斋戒时日过度，礼乐时间过长，其实亦是违背礼制，妨碍政事。齐桓公听得管仲之言，忙亲自下堂迎向管仲道："我并非私自偷闲，仲父年长，我亦衰老，所以愿行宴乐，以慰仲父。"管仲道："臣闻，壮者不可怠惰，老者亦不可偷闲，顺应天道，必得善终。古代三王之所以不得不借助武力平定天下，均因祸乱积聚已久。国君怎能怠政偷安！"说罢转身而去，桓公忙以宾客之礼相送。

齐桓公正因为有管仲、鲍叔牙、隰朋这样既是贤能之臣又是诤谏之臣的辅佐，经常听到规劝之言，所以才能富民治国，领袖诸侯，成就一代霸主之业。

# 第三十九章　洮邑集会襄王固位，葵丘盟誓诸侯立规

周惠王二十四年，即公元前653年，已近年终之时，周惠王驾崩。据《左传》记载，太子郑因惠王宠爱少子带，心中一直惴惴不安，乃至惠王驾崩后怕自己不能顺利继位，因此秘不发丧，而派遣使者向齐桓公求助。于是，齐桓公于第二年春，以王室名义在曹国洮邑召集诸侯会盟。洮邑位于今河南省濮阳县东南。鲁僖公、宋桓公、卫文公、许僖公、曹共公都参加了会盟，陈国因陈宣公年龄大，出行不便，因此由太子款代为与盟。郑文公两年前逃离中原诸侯的会盟，倒向楚国方面，因此，前一年为以齐桓公为首的中原诸侯联军讨伐郑国，使得郑文公感受到了中原诸侯的强大压力。如今，中原诸侯再次会盟，并没有知会郑国，郑文公又感到了压力，于是向王室、向齐桓公与中原诸侯国请求准许郑国参与会盟，表示对齐桓公侯伯地位的顺服。此次诸侯会盟确立了周太子郑的嗣君地位，于是太子郑正式继位，是为周襄王。

十数年来，齐桓公领袖诸侯，匡扶王室，北伐戎狄，救邢助燕，南征荆蛮，稳定中原。据《管子·大匡》记载，在齐桓公助燕北伐之后，管仲让齐桓公先教诸侯为民聚食，于是，齐桓公要求各诸侯国要储备三年的粮食，粮食有余，再修兵革，如兵革不足，齐国可以发派兵卒来助。待到各诸侯国都做到粮食、军备储备充足之后，管仲又让齐桓公对诸侯提出更高要求。这些要求便是著名的葵丘之盟的主要内容。

葵丘之盟于周襄王二年，即公元前651年举行。该年夏天，齐桓公约请王室太宰周公，与鲁僖公、宋襄公、卫文公、郑文公、许僖公、曹共公等诸侯至于葵丘，一为增强诸侯之间的团结，一为会商中原诸侯盟约之事。葵丘是宋国之邑，位于今河南省民权县东北。此地处于王畿、鲁、宋、卫、郑、曹、许几国的圆心地区，而离齐国最远，齐桓公选择这样的地方作为会商之地，当是充分考虑到各个诸侯国的感受，诚心要促成葵丘之盟。并且为郑重起见，先于葵丘召开了这个协商会议。此次仅仅是协商，并非正式会盟。而各国诸侯均亲自前往，也说明各国诸侯非常重视订立盟约，也非常尊重齐桓公的侯伯地位。比

如宋襄公刚刚继位，尚在服丧期间，且宋桓公尚未下葬，但宋襄公依旧亲自参加此次会商。

周襄王对齐桓公召集此次会商非常满意，更兼前一年也正是由于齐桓公召集诸侯会盟，才使他得以顺利登上王位，因此特地派遣周公宰孔赐予齐桓公胙肉。这是对齐桓公的特殊荣宠礼遇。据《左传》记载，周公宰孔对齐桓公道："天子祭祀文王与武王之后，派遣我将胙肉赐予伯舅。"周公宰孔称齐桓公为伯舅，是因为齐国乃是与周王朝通婚的异姓诸侯。对于年长的同姓诸侯，周天子称其为伯父或叔父，而对通婚的异姓诸侯，则称伯舅或叔舅。齐桓公得赐胙肉，便要降阶下拜。此时宰孔又道："天子还有令，天子道，伯舅年高，操劳王事，加赐一级，无须下拜！"但齐桓公道："天威就在眼前，小白岂敢贪天子之命，不下拜？"然而据《国语》《管子》《史记》等记载，皆言齐桓公是听从管仲之言才下堂拜谢天子赐胙的。且《左传》亦记载周公宰孔之后对齐桓公的评价，认为桓公不务德而专事征伐，流露出对齐桓公的不满，或许也可说明齐桓公确实表现出了骄态。

这年秋天，齐桓公又召集诸侯于葵丘会盟。《孟子·告子下》中记载了会盟的五项主要内容："初命曰：'诛不孝，无易树子，无以妾为妻。'再命曰：'尊贤育才，以彰有德。'三命曰：'敬老慈幼，无忘宾旅。'四命曰：'士无世官，官事无摄。取士必得，无专杀大夫。'五命曰：'无曲防，无遏籴，无有封而不告。'"前四条是对于各国内政而言的。"无易树子，无以妾为妻"，是要求诸侯不要废已立的太子，不要以妾为妻，以杜绝宠妾宠子觊觎储位，动摇国本。这是针对国君治家而言的。而以下几条则是针对诸侯施政而言的。"尊贤育才，以彰有德"，是要求各国诸侯尊重人才，表彰有德之人，施行教化；"敬老慈幼，无忘宾旅"，是要求各国诸侯施行仁政，尊老慈幼，善待宾客旅客；"士无世官，官事无摄。取士必得，无专杀大夫"，是对诸侯任用官吏而言的，要求士的官职不能世袭，履行公事不得兼职，取士必须得当，不得专断杀戮大夫。士阶层量才录用，可升可降，既为士阶层的上升提供了空间，为延续统治提供了人才保障，也防止了官吏阶层冗员的产生；而不杀戮大夫，延续世卿世禄，既杜绝了其他人对大夫职禄的觊觎，也保障了统治集团内部对国君的限制，从而保障了统治集团的稳定。第五条"无曲防，无遏籴，无有封而不告"，是要求诸侯国之间要和睦相处，不要相互设防，不要禁止外国采购粮食用于救灾等需要，不要自行封赏而不告知天子。诸侯国的卿大夫，虽为诸侯封赏，但封赏必须告知天子，诸侯国的卿大夫在天子面前自称陪臣，以强化"普天之下莫非王土，率土之滨莫非王臣"的大一统观念与体制。在五条盟约之外，还对缔约各国之间关系规定了重要一条，"凡我同盟之人，既盟之后，言归于好"。即要求各国既往不咎，从此结好。葵丘会盟所订立的条约，是要求各国在保障经济与军备的基础上，稳定政治，实施教化，互通有无，友好相处。齐桓公称霸为后世所称道，除了他尊王攘夷、稳定中原的功绩外，听从管仲建言，帮助中原各诸侯国恢复经济，增强军备，稳定政治，推行教化，倡导睦邻，平息动乱，也常受后世赞颂。《管子》一书所记载的统治经验，很多便是对齐桓公之世治理实践的总结。

  《左传》除记载了葵丘之盟，还专门记载了晋献公未能参加会盟的原因。晋献公是因为生病，耽误了行程。会盟结束后，周公宰孔在回洛邑的途中，正遇到赶来参加会盟的晋献公。宰孔对晋献公道："晋君可以不必去参加会盟了。齐侯不务仁德，勤于用兵，北伐山戎，南伐荆楚，如今又西来葵丘会盟。他是否东征，尚不可知，但西来会盟，则可断定他目前不会向西用兵。齐侯用兵之处都因当地有乱。如今晋君的当务之急，是要务必平定本国之乱，稳定晋国政事，倒是不必到处活动。"从周公宰孔对晋献公的此番言语看，他应当知道晋献公赴会的原因。晋献公匆匆赴会，当是因为看到新登基的周襄王不同于周惠王，周惠王曾想让晋国和郑国与齐国抗衡，而周襄王为太子直至登基，都完全依靠齐桓公，况且，郑国受到诸侯联军讨伐后，已经改变策略，倒向齐桓公，积极参与齐桓公召集的会盟，晋国如果不与会盟，显然是藐视齐桓公的权威，且自外于中原诸侯。晋献公不想让齐国有西征的理由，因此不顾年老体病，赶赴葵丘会盟。当晋献公听了周公宰孔的分析后，便打道回府了。一是因为会盟已经结束，二是因为获悉齐桓公不会向西用兵，三是听从宰孔劝告，回去平息因杀太子申生而引发的混乱。这一内乱不平息，又因违犯齐桓公倡导的"无易树子，无以妾为妻"的规范而造成，或许会引发齐桓公向晋国用兵。

  《国语》还记载，周公宰孔见晋献公后，对随从道："晋君命将不久。晋国以霍山为城，以汾水、河水、涑水、浍水为池，戎人、狄人环绕四周。但即便国土广袤，如果倒行逆施，又有谁会惧怕他们？如今晋侯既不考量齐侯是否德行圆满，也不考量诸侯强弱之势，轻易放弃其保守治理，而长途奔波，这是迷失心智的表现。人一旦迷失心智，便不会长久了。"果然，晋献公尚未能够稳定国内局面，便于当年九月去世。晋献公薨，晋国内乱不可避免。

## 第四十章　晋国大夫各党新主，秦穆君臣择立晋君

晋献公逼死太子申生、立奚齐为嗣之后，力图保住奚齐的嗣君之位，任命大夫荀息为奚齐的师傅。荀息便是建议献公用马匹与玉璧贿赂虞君假道伐虢之人，可见是有谋略之人，因此得到献公重视。据《左传》记载，献公赴葵丘之盟未及，回到晋国后便一病不起，于是召太子之师荀息道："朕将年幼弱小的太子奚齐托付于你了，你会全心全意辅佐他吗？"荀息稽首答道："臣愿竭尽全力，始终忠贞不贰。若臣能辅佐幼主，稳定朝局，那是托国君之灵保佑幼主；若朝局不稳，幼主失位，臣当以死谢罪。"荀息的答复，表明他深知献公身后朝局不会稳定，但为报答献公托孤之情，明知不可为而为之。献公也知自己身后朝局难定，要的便是荀息的忠心，便问道："你所谓的忠贞是指什么？"荀息道："利于公室之事，竭尽全力去办，便是尽忠；使亡君无悔，对新君无愧，便是保贞。"献公便将后事托付给了荀息。当时，虽然奚齐的年龄可能也不算小了，因为献公五年伐骊戎得骊姬，献公十六年作二军之前，骊姬便已经开始离间献公与太子申生的关系，献公薨则是在二十六年，奚齐起码有十几岁了。但献公知道，自己身后，朝中臣子多会拥护重耳或夷吾，奚齐只靠后宫与内侍是无法坐稳君位的。他只能将希望寄托在荀息等臣子的忠贞上。

《左传》与《国语》都记载了晋国大夫们参与的公子们嗣位之争，《国语》记载故事性更强。晋献公薨后，晋国大夫里克想杀掉奚齐，迎回重耳、夷吾。他试探荀息的态度道："申生、重耳、夷吾三公子冤情了然，如今追随公子们的人必然不肯罢休，且外有强秦为辅，内有晋人呼应，你如何处之？"荀息道："国君死而杀其孤，我决计不为。我已准备一死。"里克道："即便你拼上一死，也于事无益。如果以你的一死，能换来奚齐继位，自然可以，但如果你死之后，奚齐照样被废，你死有什么意义？你又何必死呢？"荀息则道："昔日先君问我将如何事奉新君，我以忠贞对答。我已经向先君做出了承诺。既然要实践诺言，就不能爱惜生命。虽然我死于事无益，又怎么能逃避呢？况且每个人都有自己的信念与操守，我能制止你们吗？"

里克又问丕郑："三位公子的党徒要杀孺子奚齐，你打算如何？"丕郑道："荀息怎么说？"里克道："荀息要殉奚齐。"丕郑道："您当勉力而行。两位国士所图，自然无不遂愿。我将助您一臂之力。您可率领申生下军的共华、贾华、叔坚、骓歂、累虎、特宫、山祁七位大夫等待我的策应。我让狄国、秦国来动摇奚齐的地位。我们拥立德薄之人为君，可以获得重酬，至于德厚之人，我们可以不让他回国。如此，晋国岂非是我们的天下？"丕郑想趁拥立新君之机，由他与里克掌握晋国的实权。里克则与丕郑不同，他有道德底线。他道："不可如此行事。人们常说，义是利的基础，贪是怨的原因。废义，则利无基础；贪婪，则怨恨滋生。奚齐难道得罪了民众吗？都是因为骊姬蛊惑国君，蒙骗国人，诬陷公子，夺其利益，使国君迷乱，听信谗言，致使公子们亡命他乡，无罪的太子死于非命；致使晋国贻笑于诸侯，使晋国百姓怀恨在心。这恐怕就像河川堵塞，一旦溃决，无可挽救。因此，杀孺子奚齐而立逃亡的公子，是为安定民心，消除忧患，争取诸侯的援助。拥立新君，诸侯认为合乎道义，便肯施以援手，百姓由衷认可，便能令行禁止，国家才能安定巩固。若我们杀储君赖以致富，不仅是贪利，而且违背道义。贪利则民众怨恨，背义则富贵不保。贪图财富而招致民怨，搅乱国事而置身危境，是会为史书记载的，这样做不可能长久。"丕郑听了这番道理，便向里克做出了承诺。

未等献公丧事毕，里克便与丕郑联手杀了奚齐。荀息要为奚齐殉死，别人劝他道："你不如立公子卓，再辅佐他。"荀息便立骊姬之娣之子公子卓。里克自然也不罢手，又于朝堂之上杀掉了公子卓，并且杀掉了骊姬。于是荀息便自杀了。时之君子引《诗·大雅·抑》中诗句评价荀息道："《诗》之所言，'白圭之玷，尚可磨也；斯言之玷，不可为也'。"荀息没有食言，没有玷污自己的言行。

杀了奚齐和卓子之后，里克与丕郑让大夫屠岸夷去狄国禀告公子重耳："如今国家动乱，百姓纷扰，国家动乱之时才有望获得君位，民众纷扰之时方显出治理才能，公子何不回国呢？我们为公子铺平道路。"重耳与舅舅狐偃商议道："里克想接我回国继承君位。"狐偃道："不可。树木挺拔在于根本，始不培根，终必枯萎。一国之君，必须知晓喜怒哀乐之度，用以训导百姓。不哀君丧，却谋求君位，难以成功；乘国家之乱，入危乱之地，必将自取灭亡。以丧事得国，必然以丧事为乐，以丧事为乐，必定视人生为哀。以动乱而回国，必然见乱而喜，见乱而喜，必定败坏道德。这些都违背了喜怒哀乐之度，又如何训导百姓呢？不能训导百姓，又如何君临百姓呢？"但重耳却不想放弃这个机会，他反问道："如果不是丧事，我岂能有机会继承君位？如果不是动乱，谁会来迎我回国？"狐偃则道："我闻，丧乱分大小。大丧大乱之际，不可轻举妄动。父母去世，是为大丧，兄弟相谗，是为大乱。如今正处此种境地，所以很难成功。"最终公子重耳接受了舅舅狐偃的劝告，接见使者时道："承蒙你来看望我这个逃亡之人。君父在世，我不能尽洒扫义务；君父去世，我又不能临棺椁守丧，因为这样会加重我的罪过，并且辱及大夫。所以我只能辞谢你们的好意。稳定国家的人，要亲民睦邻，顺应民心。但求有利于百姓，邻国愿帮助援立，大夫们都能服从，重耳也不敢违拗。"

就在屠岸夷禀告公子重耳的同时，公子夷吾的党徒吕甥与郤称也派大夫蒲城午去梁国，报告夷吾。蒲城午向公子夷吾道："你可以厚礼贿赂秦人，请他们助你回国继位，我们在国内策应。"夷吾向大夫冀芮道："吕甥想要迎我回国。"冀芮道："勉力为之吧。国家动乱，民众纷扰，大夫们没有恒定的主意，我们不能失去这一机会。不是政局混乱，怎有机会回国？不是国家危难，何须拥立新君以安百姓？幸好你是国君之子，是大夫们所寻之人。动乱方起，百姓纷扰，此时谁会提防我们？大夫们并无恒定的主意，如果多数人主张立你为国君，谁能不从？你何不用晋国所有的财富来贿赂诸侯们与大夫们，不要怕国库空虚，只求得回国继位，继位之后，可重新聚敛财富。"于是，公子夷吾出见使者时，居然向蒲城午再拜稽首，郑重表示感谢拥戴，愿回国继位，自然，也包括对拥立的大夫们爵禄的许诺。

吕甥在得知公子夷吾的态度后，便向众大夫们倡议："国君已死，晋国自立新君，实是我等不敢擅做主张之事，但恐拖延时间长了，诸侯谋算我国，而直接从国外召回一位公子，立为新国君，又怕民众心中各有所敬，更加重了纷乱。不如请秦国帮助我国立一位新君。"由于秦国为晋国的姻亲，与晋国关系较好，大夫们便纷纷表示同意。于是，晋国臣子们便委派大夫梁由靡出使秦国，向秦穆公道："上天降祸晋国，国中谗言纷起，涉及先君后嗣。公子们深怀忧惧，隐匿国外，无所依托。如今先君薨逝，祸乱日甚。托您神威，鬼神降善，罪人骊姬遭到报应，如今晋国群臣不敢安宁，只待您的命令。国君若能惠顾晋国，不忘先君之好，敬请收留一位逃亡公子，并助他继承君位，以便延续晋国祭祀，镇抚国家与民众。四方诸侯听闻您这样做，谁能不敬畏您的威势，同时赞赏您的仁德？始终蒙您厚爱，受您重赐，晋国群臣受您大恩大德，有谁不愿成为供您驱使的外臣呢？"

秦穆公答应了梁由靡的请求。派遣使者之前，穆公召见大夫百里奚与公孙枝，问道："晋国动乱，朕当派谁去重耳与夷吾二位公子处，考察哪一位适宜立为新君，以解决晋国紧迫的嗣君问题呢？"百里奚道："请国君派公子縶去。公子縶聪敏知礼，待人恭敬又明察细微。聪敏足以熟谙谋略，知礼适合充当使者，恭敬不会有误君命，明察可判断应立谁为君。国君应当派他前往。"

于是秦穆公便派公子縶去狄人那里吊慰公子重耳。公子縶道："寡君派我来慰问公子。公子本有逃亡之忧，如今又遭丧父之痛。我闻，得国常在国丧之时，失国亦常在国丧之时。机不可失，丧不可久，请公子仔细考虑！"重耳将公子縶之言告诉舅舅狐偃。狐偃道："此时不可谋位。既已抛弃亲人，逃亡在外，背负不孝之名，谁人愿意亲近？只有讲求仁信，才能取得他人信任，得到民众亲近。因为拥立这样的人为君，民众才不会面临危殆。君父刚刚去世，灵柩依然在堂，便谋图利，谁人会认为我们仁德？其他公子也有继位权利，我们如果侥幸继位，谁人会认为我们诚信？不仁不信，又怎能长久呢？"于是，公子重耳再见公子縶时便道："承蒙贵国之君派你前来吊慰我这逃亡之人，并有意助我回国。但重耳流亡在外，父死不得哭丧于灵前，已是不孝，又何敢图谋继位，玷污贵君义举呢？"说完再拜而不稽首，哭泣着起身，退往后堂。此后不再私下回访公子縶。

公子縶告辞之后，又去梁国，像吊慰公子重耳一样吊慰公子夷吾。夷吾对冀芮道："秦国要帮助我了！"冀芮道："公子当勉力而行。逃亡之人不能洁身自好，洁身自好大事不成。如今晋国非我所有，我又何必爱惜其国土财物？能够入主晋国，不患没有土地财物！公子当以重礼酬谢秦人，尽你所能，不要吝惜财货！其他公子也有继位权利，我们若能侥幸继位，有何不可？"于是，公子夷吾再见公子縶，再拜稽首，起而不哭，退往后堂。此后夷吾又私下回访公子縶，向公子縶道："中大夫里克愿助我为君，我将把汾阳百万亩良田赐予他。丕郑也愿助我为君，我将把负蔡七十万亩良田赐予他。秦君如能助我，我当无需复待天命！我这流亡之人如能祭扫宗庙，安定社稷，还希图什么国土？秦君自然有的是土地城池，但我要再奉上河东五座城邑。并不是因为秦君没有如此城邑，而是为秦君东游大河之时，不会遇到为难着急之事。我愿意执鞭牵马，跟随在秦君车后。另外送上黄金八百两、玉佩六双，自然不敢用此薄礼来报答公子，请赏给左右随从。"

公子絷回到秦国，向秦穆公汇报了二位公子的言行。穆公道："朕当助公子重耳，重耳仁德。他再拜而不稽首，是不贪图君位。起而哭泣，是爱他的父亲，是为孝子。之后不私自拜访，是不贪图私利。"公子絷则道："国君之言差矣！您如果助立晋君是为成全晋国，可立一位仁德公子。您如果助立晋君是为扬名天下，则不如立不仁的公子以扰乱晋国，然后可进可退，可以再次改变晋国命运。臣闻，为行仁德助立别国之君，与为示武威助立别国之君，有所不同。为行仁德，自然要助立有德者，为示武威，则要助立顺从者。"于是秦国准备助立公子夷吾。

冀芮为求秦国支持，去拜见秦穆公。穆公问冀芮道："公子夷吾在晋国国内依仗谁？"冀芮答道："臣闻，逃亡之人没有党徒，有党之人必有仇敌。公子夷吾年幼之时，不喜游艺，虽然争强，从不为过，及其年长，依旧如此，不党不争，不务其他。因此，公子夷吾出亡国外，并未结怨国人，立他为君，晋国民众皆能安心。夷吾无党无争，才能又不出众，若不倚仗秦君，又能倚仗谁呢？"冀芮为让秦穆公放心，将公子夷吾描述成不党不争亦无出众才能的谦谦君子。

但公孙枝在冀芮的言辞中却分析出了公子夷吾及其臣子的虚弱之处。秦穆公征询公孙枝的意见，问道："我们便支持夷吾如何？"公孙枝答道："臣闻，'唯则定国'，只有言行合乎规则，才能安定国家。《诗》云，'不识不知，顺帝之则'（《大雅·皇矣》），此为赞颂文王顺天应人之德；又云，'不僭不贼，鲜不为则'（《大雅·抑》），此为歌颂诚信待人、不害他人之人，均可为人楷模。无好无恶，乃是要不忌不争。而如今公子夷吾与大夫冀芮言语之间多忌人之能，而又欲在人之上，要使之为政长久，恐怕很难。"穆公道："忌人之能，必定多怨，又如何能够久居人上？这样对我们秦国有利。"

在公子絷的启发之下，秦穆公选择助立公子夷吾为晋君。而率师来平定晋国之乱的齐国大夫隰朋代表霸主齐桓公，也同意以夷吾为君。或许齐桓公与秦穆公有相似的考虑，不能立一位英明仁德之君，以免培养一个潜在的对手。于是，公子夷吾得遂其愿，顺利地登上了晋国的君位，是为晋惠公。

# 第四十一章　欲善彰恶鬼神不佑，背约嗜杀晋惠无行

《国语·晋语》记载了如下之事。晋惠公夷吾继位之后，为表现自己仁德，下令以太子仪礼重新安葬申生。申生生前被逼，死后未按太子规制下葬。或许棺椁较薄，因此改葬之时臭味外泄。这在当时之人看来，是新君欲行其善，反彰己恶。国人传言，晋惠公与献公贾夫人有染，申生不欲无礼不孝之人为其改葬，因此以恶臭表示自己的不满。于是国人传诵这样一段韵文："正礼无报。谁使世子，有是恶臭？为者不诚，礼葬不受。国无刑罚，窃位侥幸。不行改正，其命将倾。民之所怀，民之所畏，各有所聚，以待其归。欲叹而去，故土难离，不得安宁，心之哀兮。十四年后，其政不存。在狄公子，是吾所依。镇抚国家，天子所倚。"听到民间传诵后，善于占卜并预言的大夫郭偃道："善之难为，一至于此！国君改葬共世子申生，原以为善，却彰己恶。人之内心美好，必会表现于外，传扬于民，受到民众爱戴。反之，人之内心丑恶，亦会表现于外，传扬于民，招致民众憎恶。所以言行不可不慎。十四年后，国君嗣子将被诛戮。二七之数已经为民众所知。公子重耳是继位之人吗？征兆已经显现于民间。公子重耳将要回国！"

《左传》则记载了另一件鬼神之事。周襄王三年秋，重耳外祖父狐突来到晋国宗庙所在的曲沃，遇见已故太子申生。太子命狐突登车为车御，向狐突道："夷吾无礼，我已请上帝恩准，将晋国给予秦国，秦国会祭祀于我。"狐突疑道："臣闻，神不享异类，民不祀异族。您的祭祀岂非会断绝？况且国民何罪，以致亡国？您之所言，乃不合德刑、断绝祭祀之举，望您仔细思量！"申生答应重新向上帝请命，对狐突道："七日之后，于曲沃城西见一巫者，便是见我。"狐突允诺，申生于是不见。七天之后，狐突前往城西，巫者告之："上帝许我惩罚有罪之人，他将败于韩原之地。"即是说，上帝要惩罚夷吾。

《国语》与《左传》所记载的民谣与鬼神之事，或许细节为后人附会，然而仍可表明，晋惠公即位之后，晋国舆论对他不利。

晋惠公非但私德有亏，最主要的是缺乏政治家言出必信的胸襟与道德。他

继位之后，便自食其言，不守承诺，既没有赐予里克、丕郑土地，更不划拨应允秦国的城池。于是，《国语·晋语》记载了民间流传这样一则民谣："佞之见佞，果丧其田。诈之见诈，果丧其赂。得之而狃，终逢其咎。丧田不惩，祸乱其兴。"民谣是指，伪善自私的大夫里克与丕郑，遇到伪善自私的国君夷吾，最终没有得到夷吾许诺的良田；行诈的秦君，面对行诈的晋君，结果没有得到晋君许诺的城池财帛；夷吾虽然得国，却承先君恶习，有乱伦之举，终将自取其咎；丕郑不得土地，妄图更立新君，落得被杀下场。大夫郭偃听闻民谣后道："善哉！众人之口，祸福之门。所以君子应当省察民心，依据民心行动，遵守规则，谋而后动，把握尺度，有所不为，临事才能成功。谋于内而度于外，常省察而不怠倦，每日自省学习，此乃戒备之道。"

晋惠公不仅缺乏政治家言出必信的胸襟与道德，还缺乏用人与包容的气度，忌惮前朝重臣。他继位之后，忌惮里克在朝中权势，便起了杀心。据《左传》记载，他派人去杀里克，让使者向里克传话："非你，我不能登位。虽然如此，你杀奚齐、卓子两位国君，又杀荀息一位大夫，当你的国君，岂非很难？"里克让来人回复惠公道："没有废，何来立？欲加之罪，何患无辞？臣认命就是。"于是里克伏剑自杀。此时丕郑正好被派往秦国，为晋国暂缓划予秦国城池、给予财帛之事致谢秦国，因此得以逃过此劫。

晋惠公忌惮前朝重臣，是他内心恐惧、不自信的表现。他的继位并非名正言顺，论年龄他上面有兄长，论才能他在兄弟中并不出色，无论立长立贤都轮不到他，他的继位是刻意谋划的，虽然并无害人的阴谋，但以晋国城邑讨好秦国，却也并非光明正大之事。他知道他是靠一些投靠他的大臣趁乱拥立的，大臣们能拥立他，便也能废他甚至杀他而改立其他公子，大臣里克便杀掉了前两位继位的公子，因此他心中忌惮里克。他杀里克一是因为忌惮，二是想要立威。但不能真正掌控朝局而靠杀大臣立威，是不可能真正建立威望的。

晋惠公还缺乏用人与包容的气度，更缺乏自省与罪己的勇气，总是将错误归于他人。他杀里克，继而后悔，便将过错归于辅佐他的冀芮，道："芮，是你使我错杀社稷重臣。"冀芮是为晋惠公继位出谋并出力之人，晋惠公尚且说怪罪便怪罪，其他臣子听说此事，自然会感到心寒。

据《国语·晋语》记载，郭偃听说此事后，对惠公与冀芮君臣二人都极其不以为然，他道："不为谋国而建言杀人者是冀芮，不图社稷而下令杀人者是国君。不为谋国而建言为不忠，不图社稷而杀人为不祥。不忠之人，受君之罚；

不祥之人，罹天之祸。受君之罚，或当受戮；罹天之祸，则将无后。有志于道者，勿忘于此，否则祸将不远。"后来果如郭偃所言，冀芮被杀，惠公绝嗣。

却说丕郑借出使秦国之机向秦穆公建议道："吕甥、郤称、冀芮主张违背与秦国之约，秦君可以重礼召他们来秦国，将他们滞留于秦国，再出兵护送公子重耳入晋，臣等作为内应，逼迫晋君出逃。"秦穆公便派大夫泠至去晋国送礼，并会见三位大夫。

丕郑偕同泠至回到晋国，泠至将秦穆公的礼物送至吕甥、郤称与冀芮府上。冀芮对惠公道："我们派遣丕郑出使，礼品甚薄，而秦君回报，却如此丰厚，必定是丕郑让秦君诱我入秦。不杀丕郑，他必发难。"于是君臣决定，杀丕郑的同时，还要诛杀党同里克、丕郑的七舆大夫共华、贾华、叔坚、骓歂、累虎、特宫、山祁等。丕郑回国之后，听说惠公杀了里克，便去见大夫共华，与共华探讨自己入宫觐见国君是否安全。共华此时尚不知灾祸将近，对丕郑道："我等皆不在都邑，所以并未遭难，你受命出使秦国，入宫复命应当无事。"丕郑见除里克之外，其他大夫都安然无恙，便丧失警惕，进宫面君。进宫之后，惠公便命人杀了丕郑。

大夫共赐得知丕郑被杀，立刻到共华府上对共华道："祸事将至，你当赶紧离开！"共华却道："丕夫子进宫，乃是听从我之意见。如今我只能等待祸事降临。"共赐道："谁又知道此事为你的主意？"共华则道："不能那样做。既知有难，背弃朋友，是为不信；既为人谋，陷人困境，是为不智；既然困人，不能死之，是为无勇。背负三大恶行，又将何处立足？请你快走，我将待死。"最后共华等七舆大夫均被惠公命人杀戮。

丕郑之子丕豹出逃秦国，向秦穆公道："晋君大失人心，他不仅违背与秦君之约，不予秦国他所允诺的城池，还忌惮国中大夫，擅杀大臣里克，以致群臣离心。如今，晋君又杀外臣之父及七舆大夫，而这些臣子的党徒占了半个国家。秦君若出兵讨伐晋国，有这些大夫的党徒作为内应，晋君必定只能逃亡。"秦穆公则道："晋君真的失尽人心，又怎能杀人？况且他罪不至死。罪足以死，则不能居位，能够居位，则罪不足死。胜败无常。如今你等皆出国避祸，谁又能赶走晋君？待我徐徐图之。"秦穆公是要等晋国内部矛盾激化，他好再立新的晋君，使秦国不仅对晋国居功，而且在诸侯中立威。

## 第四十二章　受命不敬晋惠失礼，因书论事内史预言

据《左传》记载，周襄王四年，晋惠公二年，这年春天，周襄王派遣召武公、内史过赴晋国赐命晋惠公。晋惠公在接受襄王赐命，接受天子所赐玉圭时，表现怠惰。或许是因为晋惠公出逃日久，疏于礼仪，或许是因为他对礼仪远不及对现实利益重视。内史过回京师后向襄王禀报道："晋侯将会无后。王赐晋侯命，晋侯却在接受瑞玉时表现怠惰，这是自弃，岂能有后？礼为国之根本，敬为礼之载体。不敬，则礼不行，礼不行，则上下昏乱，如何能够长久？"

《国语·周语》更详细地记载了事情的经过与内史过的评论。在召武公与内史过代表襄王赐晋侯命时，晋国吕甥、郤芮为晋惠公之相，助惠公行礼，君臣表现都很失礼。惠公手握行礼之圭玉，手臂举得过低，虽然下拜，却未稽首。所谓稽首，即下拜时拱手至地，头亦随之至地，并停留一段时间，以示对授礼人的尊崇。惠公行礼时的这种怠惰表现非但失礼，且可视作无视周王。

内史过回王城之后，向襄王报告道："晋国不会亡国，但晋君必定无后，而且吕甥、郤芮亦不能免祸。"襄王问道："是何缘故？"内史过便引经据典说明他的判断。内史过引《夏书》，"众非元后，何戴？后非众，无与守邦"。即是说，民众没有至高至善之王，将尊奉何人？君王没有民众，便无人值守邦国。内史过又引商书《汤誓》，"余一人有罪，无以万夫；万夫有罪，在余一人"。《汤誓》为商汤征伐夏桀时所作告将士书，然而流传下来的《汤誓》中并无此言，而在克夏之后昭告天下的《汤诰》中，有类似之言，"其尔万方有罪，在予一人；予一人有罪，无以尔万方"。是商汤向上帝祈祷，众人有罪，请上天只降罪于他，他一人有罪，请上天不要罪及众人。内史过再引商书《盘庚》曰："国之臧，则惟汝众。国之不臧，则惟余一人，是有逸罚。"流传下来的商书《盘庚》中有"邦之臧，惟汝众；邦之不臧，惟予一人有佚罚"。《盘庚》为盘庚为迁都告民众书，言邦国有善，当归于民众，邦国不善，则当惩罚盘庚一人。

第四十二章 受命不敬晋惠失礼，因书论事内史预言

　　内史过所引文句均出自《尚书》。《尚书》自古被推崇为经典，其中多有名言，被视作贤明的统治者应当遵守的最高准则。这是我国古代君主制下贤明的国君关于国君与民众责权关系的认定。既然治理的决策权在于国君，那么治理过程与治理结果的责任也应当由国君承担，若国君治理国家失误，国君应当承担最主要的责任，接受上天的惩罚，亦即接受民众的惩罚，因为《尚书》记载的武王伐商誓师所作《泰誓》中有言，"天视自我民视，天听自我民听"。上天将会根据民心决定对国君的奖惩。

　　内史过引数段《尚书》之言后作了长篇论述，他道："因此，为万民之长的国君差遣民众时，不可不慎。民众所关心的大事，唯有祭祀与兵戎，先王知晓祭祀与兵戎必须依靠民众，因此去除私心，以协和民众，惠及民众。国君要以中正之心，度察他人之心；明确事物法则，用以教诲他人；立义使众人信服，并推而广之。国君去除私心，心境自然洁净；国君以己度人，言行自会忠恕；国君昭明物则，万物顺序有礼；国君立义有信，自可保持诚信。国君作为万民之长，役使民众之道在于，内心洁净，和谐民众；言行忠恕，立信于民；遵守礼制，事事顺遂；诚信立身，无往不胜。如今晋侯初即位，便违背对秦国、对大臣许下的贿赂，虐杀周围之人，是背弃诚信；不敬王命，是背弃礼制；将其所恶强加于人，是背弃忠恕；心中充满恶念，是背弃内心洁净。晋侯四德皆违，远者不至，近者不和，何以守卫国家？"

　　内史过又道："古时，先王既得天下，尊崇上帝、尊崇日月明神，敬行祭祀，春分于东门外祭祀朝日，秋分于西门外祭祀夕月，以此仪式教导民众事奉君王。诸侯于春、秋两季受命于天子，君临其民众；大夫与士每日恪守其职责，以儆戒之心守其官职；庶人、工、商各守其业，恭敬侍奉上位者。如此，先王犹恐有所闪失，因此制定不同等级的舆服，制定区分名分的旗帜，作为等级与名分的标志，并规定六贽、六币、六瑞、六节加重等级区分，确定班次、爵位、贵贱以明确次序，并嘉奖美行，表彰功勋。"

　　所谓六贽，为古人正式觐见时所呈送的礼品，诸侯执皮帛，卿执羔羊，大夫执雁，士执雉，即野鸡，庶人执鹜，即鸭，工、商执鸡。

　　所谓六币，亦为觐见时所献之物，亦为以等级而定，以马配圭，圭为典礼所执上尖下方的玉器；以皮配璋，皮为虎皮，璋为半圭形玉器；以帛配璧，帛为丝织品，璧为扁平环形玉器；以锦配琮，锦为三色以上纬线织品，琮为内圆外方筒形玉器；以绣配琥，绣为布帛上刺绣织品，琥为雕作虎形的玉器；以黼

· 177 ·

配璜，黼为布帛上绣黑白相间花纹，璜为半璧形玉器。

所谓六瑞，为正式典礼所执表示身份之物，王用瑱圭，长一尺二寸，瑱作镇音，象征安定四方；公用桓圭，长九寸，雕刻华表饰文，以示为君王四方之柱；侯用信圭，长七寸，雕刻人形，表示慎行保身；伯用躬圭，长七寸，雕刻人鞠躬状，表示尊上不亢；子用五寸穀璧，雕刻粟米之纹；男用五寸蒲璧，雕刻蒲席之纹。

所谓六节，为使臣出使、通关所用凭证，山中之国用虎形符节，农耕之国用人形符节，水乡之国用龙形符节，此三种符节皆为铜制；道路通行用旌节，关隘通行用符节，城邑四门用管节，此三种符节皆为竹制。

所有贽、币、瑞、节，均为表明身份地位和社会秩序所用。在服饰之外增加这些觐见所持与出入所凭，是为进一步明确社会等级身份，一方面使持有者时刻牢记自己的身份与职责，同时获得他人尊敬，一方面使他人可以监督持符节者的行为，规范持有者的行为，不使其僭越，也不使其沦落。

内史过继续道："因为散漫、谪贬、懈怠而受到惩处，或流放边地之人，尚且要被放逐蛮、夷之国，受斧钺、刀墨之刑，诸侯自身又怎可过度放纵呢？况且晋侯本非嗣君，得到国君之位，勤勉戒惧地保守其位，尚且应当担忧有不足之处；若随心所欲，疏远其邻国秦国，欺凌其自家国民，而又不尊敬天子，又如何能够保守其基业？晋侯执圭玉时手臂举得过低，是废弃拜谒之礼，跪拜而不稽首，是欺君罔上。废弃拜谒之礼无以自重，欺君罔上则会失去民众。上天对于人间之事会降下吉凶之象，责任重大且食禄丰厚者必会很快遭到报应。所以晋侯欺君，他人也将欺他；晋侯不能自重，他人也将弃他。晋国大臣享晋君俸禄，而不行劝谏，反而阿谀奉承，也必定会遭报应。"

但晋惠公毕竟在接受周王赐命后，名正言顺地成为晋国新君。他或许想在天子与诸侯面前表现一番，于是这年夏天，在得知戎人劫掠王城后，晋惠公立即率兵勤王。与此同时，西方的秦穆公一直想东出秦塞，跻身于中原诸侯之列，因此在周王室危难之时，也学先祖秦襄公，起兵勤王，以显示秦国的作用。其实，没有秦、晋的援兵，戎人也未能占领王城，否则周襄王不可能依旧占据王城。当然，秦、晋救周伐戎，起到了逼退戎人部落联兵的作用。其间，晋惠公还试图为周王室与戎人媾和，然而并未收到成效。

# 第四十三章　襄王礼贤管仲辞让，诸侯备戎桓公攘夷

周襄王即位前后，中原正处于多事之秋：南部楚国日益强盛，西北戎狄不断侵扰，郑国摇摆中原不安，晋国内乱牵动各国。同时，王室内部又不安定：周惠王宠爱幼子带，太子郑（即襄王）储位不稳，周襄王是依靠以齐桓公为首的诸侯拥戴，才得以继承王位的。周朝天下的这种内外纷扰，开启了戎人部落联合侵掠之端，乃至若干年间，王畿与各诸侯国都为戎人所扰。

据《左传》记载，周襄王四年，即公元前649年，扬、拒、泉、皋、伊、雒之地的戎人部落联合侵掠京师。伊、雒之戎自然处于伊水、雒水之间，而扬、拒、泉、皋之戎也处于离成周不远的今天河南省洛阳市境内，因此他们得以焚烧王城东门，攻入王城劫掠。而戎人肇事之端，是王子带的诱引。王子带由于周惠王的宠爱，自然拥有王室所有的各种珍宝，然而他最想拥有的，是能够支配王室一切的王位。王子带在惠王时便受封于甘邑，位于今洛阳市南。他未能继位，心有不甘，便利用财货收买王畿附近的戎人部落，诱引戎人攻打王城，企图赶走襄王，自己登位。

周襄王自然不能容忍王子带联合戎兵侵掠王城的行为，于第二年起兵讨伐居于甘邑的王子带。王子带不能抵挡天子兵马，于是逃往齐国，求齐桓公调停。此时戎乱未息，扬、拒、泉、皋、伊、雒之戎既然入过王城，自然更加觊觎王城的繁华与财物，依旧跃跃欲试。于是齐桓公派管仲与隰朋率军震慑戎人，分别为王室、晋国与戎人媾和。齐国的实力震慑了戎人，况且王子带已经逃亡，戎人便接受了齐国的调停，退回原住地。

周襄王以上卿之礼宴请管仲，管仲见状，恭辞不受。管仲道："管仲乃微贱陪臣。齐国有天子所命二位上卿国子与高子在，若朝觐时节国子与高子前来朝觐，天子又将以何种礼节宴请他们呢？因此陪臣不敢受此礼仪。"周朝礼制规定，大诸侯国可设置三位卿士，两位由天子任命，一位由国君任命。齐国的国子、高子，乃由天子任命的世袭上卿，而管仲只是由齐桓公任命的下卿。管仲恪守礼制，因此固辞周襄王以上卿之礼的款待。管仲自称陪臣，是因为管仲

乃齐桓公之臣，非天子之臣。诸侯与王室公卿为天子之臣，向天子称臣；诸侯国之卿大夫向诸侯称臣，向天子则称陪臣；诸侯国卿大夫之家臣向卿大夫称臣，向诸侯则称陪臣。所谓陪臣，乃臣子陪同主人觐见主人之主人时的自称。

周襄王见管仲不受上卿之礼，又道："论亲疏朕当称卿为舅，并且朕非常赞赏卿之功勋。朕受卿恩德，永志不忘。朕命卿为齐国之相，请卿务必接受朕命！"因为王室早有对国子、高子的世袭任命，襄王不好再正式任命管仲为上卿，但襄王依旧表达了抬举管仲之意，即以王命使管仲履行原职，管仲便也成为受王命之臣。最终，襄王表达了王命之意，管仲则仍旧接受了下卿之礼，襄王与管仲都没有违背礼制。因此时之君子称颂管仲："管仲不忘其上，确为岂悌君子，有神明保佑，管氏确当祭祀不绝。"据《史记》记载，管仲十世皆受齐禄。

王室遭受戎难，造成了戎狄蛮夷共扰中原之势。就在居于伊、雒二水之间的戎人侵掠王城的同一年冬天，楚国趁机攻打黄国，理由是黄国不向楚国进贡。黄国位于淮水之南，今天的河南省潢川县境内，不知何时曾依附于楚国，但自从齐桓公称霸中原以来，黄国开始靠拢齐国，并参加齐国等中原诸侯国针对楚国的会盟。据《谷梁传》记载，齐国与黄国、江国结盟时，管仲曾告诫齐桓公道："江、黄两国距离齐国远而距离楚国近，如果楚国攻打两国，我们不能救援，便不好再主持诸侯之盟。"但齐桓公不听管仲之言，遂与江国、黄国结盟。黄国自恃有齐国等中原大国撑腰，自然不再向楚国进贡物品，黄国国君道："从楚国郢都到我黄国，有九百里之遥，楚国能拿我黄国怎样？"但黄国国君忽视了，黄国处于淮水南岸，与楚国之间并无更多屏障，而与齐国之间距离非但倍于与楚国之间的距离，而且隔着泗水、睢水、丹水、沙水、颍水、汝水等大河，齐国救援黄国鞭长莫及。楚国乘中原混乱之机进攻黄国，于第二年夏便灭了黄国。

中原地区戎难尚未平息，又受到楚国威胁，借此时机，淮夷向杞国滋事。淮夷是居于淮水下游徐州之南扬州之北广大地域的夷人部族，未受中原王化影响，不受周朝天子节制，时常侵扰诸侯封地。据《竹书纪年》，夏代帝相之时，便有"征淮夷"的记载，西周成王年代，又有"奄人、徐人及淮夷入于邶以叛"的记载，有"王师伐淮夷"的记载，厉王年间，有"淮夷侵洛"的记载，宣王年间，有"召穆公帅师伐淮夷"的记载，可见淮夷一直不曾受中原王朝节制。春秋乱世，淮夷自然也少不了给中原诸国带来侵扰。

杞国为姒姓之国，姒姓为夏禹后裔。杞国是一个古老的诸侯国，最初受封于商汤之时，封地在雍丘，即今天的河南省杞县。周武王克商之后，寻找夏禹后裔，重新封于杞国。大约西周年间，杞国东迁，曾迁于今山东省新泰市境，有出土文物为证：自清末出土的杞伯青铜器后，又多次出土陶器与青铜器。西周末年，杞国当与邾国毗邻，有"文革"期间出土的厉王时期杞国人制作的邾曹鼎为证。

由于杞国临近齐国与鲁国，因此淮夷侵杞，是齐国与鲁国的心头之患。周襄王六年，即公元前647年，齐桓公为此召集诸侯集会。鲁僖公、宋襄公、陈穆公、卫文公、郑文公、许僖公、曹共公参加了集会。齐桓公召集诸侯集会的地点是卫国的咸邑，地处中原各诸侯国之中，位于今河南省濮阳县东。第二年春，即周襄王七年春，各诸侯国便出人出力，于齐国边境之地建筑缘陵城，将杞国都城迁于缘陵，即今天胶东半岛潍坊市南坊子区。杞国得到了齐国的庇护，也成为齐国的附庸。

咸邑集会，除商议助杞抗夷外，还商议了诸侯戍周之事。这也是集会的一个重要原因。戎乱不息，周王室时时受到威胁，与其临时召集诸侯联军，不如各诸侯国派遣兵卒为周王室戍守王畿，增强周王室的兵力。集会之后，齐桓公便派仲孙湫送戍卒到王畿之地。此前，齐桓公曾派仲孙湫朝见襄王，并让他顺便为王子带求情，希望襄王召回王子带。但仲孙湫朝见之后并未提及王子带一事。回齐国后，仲孙湫向齐桓公道："天子怒气未消，大约需要十年左右时间，没有十年，天子不会召回王子带。"果然，襄王召回王子带是于十年之后。可见仲孙湫预事之明，避免了周襄王与齐桓公之间的矛盾。

戎、夷之难未息，狄人又侵犯郑国，而楚国则于灭黄国之后，又兴兵攻打徐国。周襄王八年初，即公元前645年，楚国出兵徐国。徐国位于今安徽省泗洪县，邻近淮夷，楚国敢于攻打徐国，可见楚国于淮水流域的扩张实力。自齐桓公称霸，徐国便靠拢中原诸侯，靠拢齐国，且徐国与齐国为姻亲之国，因此齐桓公立即于齐地牡丘召集诸侯会盟，商讨救助徐国，鲁僖公、宋襄公、陈穆公、卫文公、郑文公、许僖公、曹共公参加了会盟。牡丘在今天山东省聊城市茌平区。牡丘会盟之后，各诸侯国均派大夫率师救援徐国。之后，齐国与曹国又兴兵攻打楚国附庸国厉国，以救徐国之危。厉国或在今天河南省鹿邑县境内。但是，此次楚国出兵志在必胜，而徐国则过于依赖中原诸侯援兵，缺乏背水一战的勇气，中原诸侯出兵又属匆忙，救徐并不成功，因此，这年冬天，楚国打败了徐国。赖有中原诸侯的支援，徐国并未被灭。

## 第四十四章　秦救晋灾晋拒秦籴，晋败韩原秦获晋侯

中原王室与诸侯多有人祸之时，西北的秦、晋之地则接连发生天灾。周襄王六年，即公元前647年，晋国因连年歉收，发生饥荒。周襄王七年，秦国又因歉收发生饥荒。《左传》与《国语》对此均有记载。

晋国首先遭灾。于是晋国派遣使者请求籴粮。秦穆公询问大夫公孙枝道："给不给晋国粮食？"公孙枝答道："国君本就有恩于晋君，如今再粜粮予晋国，是为重恩。而晋君本就对其百姓无所施恩，如果晋君受我君重恩不予回报，即便在晋国国内，也必定失去人心。晋君如今有求于我君，因而听命于我君，正是天道使然。如果我君不予晋国粮食，天也终将会予之粮食，而且将来内外舆论谴责晋君不报秦国恩德，晋君便会有了说辞。所以不如粜粮与他，以收服晋国百姓。晋国百姓对秦君心悦诚服，如果晋君不服从秦国，我们就有理由颠覆他。那时晋国百姓谁会听他调遣？他失去民心，必定败北。"秦穆公又问百里奚，百里奚答道："各国都会遇到天灾，体恤邻国，帮助救灾，是行天道。遵循天道，必有后福。"但投奔秦国的晋国大夫丕郑之子丕豹反对救助晋国，主张趁晋国遭灾之时发兵攻打晋国。秦穆公反问道："晋君不善，其民何罪？"最终决定粜粮于晋国。

自秦国向晋国运粮，被称作"汎舟之役"。从秦国都城雍城到晋国都城绛城，运粮船队沿渭水顺流而下，至渭河汇入大河处转而向北，逆大河而上，再向东折向汾水。一路船只延绵不绝，甚为壮观。

第二年，秦国粮食歉收，遭遇饥荒，秦国向晋国提出了籴粮的请求。晋国大夫对此事有两种意见。大夫庆郑主张粜粮于秦国，他向惠公道："背恩失亲，幸灾失仁，贪利不祥，怒邻不义。不亲，不祥，不仁，不义，四德皆失，何以守国？"大夫虢射则反对粜粮予秦国，他讥笑道："皮之不存，毛将焉附？"意谓道德只是附着在实利之上的点缀。庆郑又道："背信弃义，背叛邻国，将来一旦晋国有难，谁还会来帮助我们？不讲信义，必有后患，丧失援助，必然自毙。"虢射则道："我们不予秦国许诺的城池在前，与秦国已经结怨，此

次即便籴粮予秦,也不可能冰释前怨,反倒资助了敌人,所以不如不要籴粮予他。"庆郑又道:"背信弃义,幸灾乐祸,必定为百姓抛弃。晋国百姓况且如此,何况秦人?"但晋惠公听不进庆郑之言,决定关闭商路,不予秦国粮食。庆郑退下后叹道:"国君早晚会后悔这一决定的!"

晋国不籴粮予秦国,再一次表现出晋惠公不讲信义。当初,秦国保晋惠公入晋继承君位,秦穆夫人曾通过晋惠公夫人嘱托惠公将出逃的数位公子都接回晋国。但晋惠公继位后,怕其他公子回晋国于他不利,没有接纳众位公子,失信于他的长姐秦穆夫人。晋惠公为求晋国大夫帮助他继位,许诺大夫里克、丕郑等良田,但后来非但没有兑现诺言,还杀害了帮助他继位的这两位大夫。晋惠公为取得秦国帮助回国继位,主动提议献予秦国河东五座城池,但最终都没有划归秦国。晋惠公这种言而无信的品格,不仅招来秦人怨恨,也使晋国臣民离心。本来在这年秋天,晋国的沙鹿山崩,晋国大夫郭偃便预言:"晋国数年内将有大祸,接近亡国。"如今晋惠公更加孤立。

秦穆公自然不能容忍晋惠公这种背信弃义的做法,因此于周襄王八年举兵伐晋。秦穆公举兵之前,请卜人徒父卜卦。徒父卜得吉卦,曰:"涉河,侯车败。"穆公让徒父详加解释。徒父道:"此卦大吉。晋君将于三败之后,被秦俘获。其卦为蛊卦,蛊卦巽下艮上,卦辞曰,'千乘三去,三去之余,获其雄狐'。千乘三去,指晋君兵败三次;获其雄狐,指晋君将被俘获。"徒父又从内卦与外卦加以解释,所谓内卦,指下面三爻,所谓外挂,指上面三爻。一般卜卦,内卦代表卜卦之方,外卦代表敌对之方。徒父解释道:"蛊卦内卦为风,外卦为山,秋日出兵,风过山下,必定卷落其果实,攫取其木材,彼山果实尽落,木材尽亡,不为败象,又待如何?所以我军必克晋。"

果然,秦晋三次交战,晋军皆败。晋惠公问庆郑道:"秦人已经深入晋地,该当如何?"庆郑答道:"秦军深入晋地,难道不是国君帮助他们深入的吗?事已至此,还能如何?"惠公见庆郑有顶撞之意,便对庆郑加以斥责。惠公请卜者卜卦随车出征之人,卜得庆郑随车为吉,但惠公弃庆郑不用,以公室之后步扬为车御,以大夫家仆徒为车右,以郑国所产之马驾辕。庆郑又忍不住劝谏道:"戎事为大事,当使国产之马。生于本土,懂我人心,安于邦人驯服,习惯国中道路,因此能够任凭驱使。如果驾乘异邦之马从事戎事,一旦马匹临战惊惧,会不服驾驭,违反人意。一旦马匹狂躁起来,外强中干,不知进退,不能周旋,国君必定后悔!"但惠公依旧不听庆郑之言。

九月，晋惠公亲自率领晋军迎战秦军，派遣大夫韩简视察两军对阵状况。韩简回报道："秦师人数少于我师，但奋勇之士倍于我师。"惠公问道："这是何故？"韩简直言不讳地答道："国君当年往梁国避难，得到了秦国的资助；国君能够回晋国继位，得到了秦国的支持；前年我国饥荒，得到了秦国的粮食。秦国三次有恩于我国，而我们无所回报，因此秦国人前来讨回公道。如今我们要与他们为敌，我军懈怠，秦军奋勇，战斗力不止胜我一倍。"惠公道："今天倘若寡人不率军击敌，秦强我弱必定成为常态。一兵一卒尚且不可随其怠惰，何况一国之师？"随后便下令韩简挑战秦军，让韩简向秦穆公传话道："昔日贵君恩惠，寡人并未敢忘。寡人不才，但尚能聚集民众，且众人同心求战。贵君若能还军，此乃寡人所愿；贵君若不还军，寡人也无可退避。"秦国应战。但韩简自觉晋国理亏，料到晋军必败，退回时向左右道："此战若得为秦国俘虏而不死，便是大幸。"

秦国大夫公孙枝向秦穆公进谏道："昔日我君不立公子重耳，而立夷吾，是我君不立有德之人，而立顺服之人。已经错立夷吾，若再不能战胜他，岂不为诸侯见笑？国君为何不待他自己败亡？"穆公道："是啊！昔日我不立重耳而立夷吾，是我不立有德之人，而立臣服之人。然而当初公子重耳不肯回国，我又能怎样呢？如今夷吾杀重臣，背约定，以怨报德，难道便没有天道了吗？如果天行有道，我必胜之！"于是穆公登上兵车，挥师进击。

晋军与秦军战于韩原。韩原一说在陕西省韩城市东，一说在山西稷山县境内。韩原之战前，晋国已经三战皆败，晋惠公言秦军已经深入晋国内地，如此看来，韩原当在山西境内。韩原之战，晋惠公的马车陷入泥中，进退不得。晋惠公大声呼救。庆郑道："忘恩背德，刚愎自用，既以卜卦，却废吉卜，不听劝谏，自求其败，为何要逃？我的兵车也不可能成为国君的避难之所！"于是自顾自驰骋而去。韩简的兵车以梁由靡为车御，虢射为车右，向秦穆公的车乘迎去。此时庆郑高呼："不要与秦君纠缠，快去救护国君！"韩简车乘赶来救护惠公，结果非但未救成惠公，晋国君臣均被秦军俘获，而秦穆公则安然回到军中。据《吕氏春秋》言，秦穆公得以脱险，是由于有一批曾受穆公恩典的土著拼死救护穆公。而据《史记》记载，是秦穆公所蓄壮士打败晋军，穆公得以逃脱，而晋君被俘。《左传》则只是记载秦穆公得以脱身，晋君被俘。看来虽然秦军士气高昂，晋军也并非不堪一击，公孙枝的担忧不无道理。如果不是庆郑放弃战斗，且不救惠公，晋惠公未必被俘，秦穆公却有被晋军俘获的可能。但

· 184 ·

这也恰恰说明晋惠公无道，臣子不能与他一心，所以才落得兵败被俘的结果。

然而晋惠公所言，他尚能聚集臣民，也并非虚言。惠公被俘后，晋国大夫们披头散发，跟随在秦军之后，以示无颜面对，却依然对晋君不离不弃。秦穆公派人向晋国大臣们道："你们忧戚什么？寡人与晋君西行，不过是为了践行你们晋国的妖梦，岂有其他过分之举？"所谓妖梦，是指晋太子申生曾经向其外公狐突显灵，指斥夷吾无礼，因此请求天帝将晋国给予秦国，他将享秦国祭祀。秦穆公的意思是，既然晋国前太子曾向天帝祈祷要将晋国给予秦国，则晋君只有来到秦国，才能破此梦兆。晋国大夫们听闻秦穆公之言后，均再三下拜，行稽首之礼，道："秦君立于天地之间，天地均闻秦君之言，群臣于下风有礼。"于是秦人将晋国君臣都带回了秦国。

## 第四十五章　携子将女穆姬履薪，以德报怨秦伯和晋

秦穆公夫人穆姬是晋太子申生的姐姐，穆姬听得秦穆公俘虏了晋惠公，怕穆公伤害到晋惠公，也怕母邦受辱，便带着太子䓨、次子弘与女儿简、璧一同登上柴堆，表示要自焚。据《左传》记载，穆姬让侍从持哀服迎接穆公，表示自己已无生意。她让侍从转告穆公道："上天降灾，使得婢子夫家与母邦两国之君不以玉帛相见，而以兵戎相见。婢子不忍见此结果。若晋君早上入秦国国门，则婢子晚上便死；如果晋君晚上入秦国国门，则婢子早上便死。请国君裁夺！"

当初，晋惠公在秦穆公的帮助下入主晋国之时，穆姬曾通过惠公夫人嘱咐惠公，让惠公回国后将献公诸公子都请回晋国，好生对待。但晋惠公登基属于投机之举，生怕其他公子夺他君位，因此根本没有按照长姐的嘱托，将众位公子请回国内，反而严加防范，不接纳众公子回国。穆姬由此对晋惠公生怨。但如今晋惠公处于危难之中，穆姬作为长姐，对惠公又生怜悯之心。并且，穆姬出于自尊，也不愿母邦受到损害，母邦之君受到羞辱，因此以自己与儿女的性命相要挟，要秦穆公放过晋惠公。秦穆公本来只想羞辱一下晋惠公，使晋国臣服于秦国，并没有想要晋惠公性命，穆姬的行为使得穆公只好放弃了原来的打算，将晋惠公安置于西周时期遗留下的灵台。

秦国国都雍城在今天宝鸡市凤翔区，此地有雍城遗址，灵台则在今天西安市长安区内，两地相距甚远。当时秦国的大夫们都认为应当把晋惠公带回国都。秦穆公则道："俘获晋侯，是丰厚的收获，但会发生丧事，这丰厚的收获又有何用？你等大夫们又能得到什么呢？况且晋人以忧戚之情打动我，以天地之鉴来约束我。不考虑晋人的忧戚，会加深他们对秦国的愤怒；不履行我的诺言，便违背天地之鉴。加深晋人愤怒，秦国难以承当，违背天地之意，我或有不祥，因此早晚一定要放晋君回国的。"

秦穆公回到都城后，为如何处置晋惠公与众大夫商议。《国语·晋语》详细记载了大夫们的意见。穆公问诸位大夫道："杀晋君，或放逐他，或放他回

国，或让他复位，怎样做对秦国更有利？"公子繁道："杀他更有利。放逐他，恐他会结交诸侯；放他回国，则于秦国不利；复他之位，则他君臣合作，对国君不利。因此不如杀了他。"公孙枝则道："不可杀晋君。我们在韩原羞辱了晋国将士，又杀掉他们的国君，加重他们的国耻，会导致晋人儿子思念报杀父之仇，臣子思念报杀君之仇。天下诸侯也会以秦国为患！"公子繁道："我们并不是无理由杀晋君，我们将立公子重耳取而代之。晋君无道，天下皆闻，重耳仁义，天下皆知。秦国得以战胜晋国，乃孔武之证明；杀无道之君而立有道之君，乃仁义之表现；战而胜之并杜绝后患，乃明智之行为。"公孙枝则道："我们羞辱了晋国将士，又说我们立有道之人君临你们，此事恐怕行不通。若行不通，必定被诸侯嘲笑。战胜晋国却被诸侯嘲笑，不可说孔武；杀其弟而立其兄，若重耳感恩于我而忘却其亲人，不可谓仁义；若重耳不忘其亲，秦国则是再次施恩而不得好报，不可谓明智。况且古人有云，不要轻启祸端，不要恃乱取利，不要加重怨怒。加深别人怨怒，最终会难当其怨怒；凌辱他人，最终会招致祸患。"穆公问道："依你之见该当如何？"公孙枝道："不如放晋君回国，与晋国缔结和约，复其君位，但以其嫡子做人质，这样秦国便可没有后患。"

秦穆公虽然决定不杀晋惠公，但也要挫灭晋国君臣的志气，因此一直软禁惠公。晋惠公在忧虑气恼中不由得想到一件往事。当初，晋献公为嫁女予秦国而筮卦，得"归妹"之"睽"。"归妹"为兑下震上，变为"睽"，为兑下离上。史苏占卜道："不吉。爻辞曰，'士刲羊，亦无衁也；女承筐，亦无贶也。西邻责言，不可偿也。"归妹"之"睽"，犹无相也'。"古代婚礼有刺羊、承筐之礼，刺羊无血，承筐无实，因此不吉。嫁女于西邻，得不偿失。"归妹"为嫁女之卦，"睽"为乖离怪异之卦，嫁女变为乖离，自然不吉。"归妹"之"睽"，震变为离，亦可看作离变为震。《左传》记载了出自史苏之口，却显然是后人附会的爻辞："为雷为火，为嬴败姬。车脱其輹，火焚其旗，不利行师，败于宗丘。'归妹''睽'孤，寇张之弧。侄其从姑，六年其逋。逃归其国，而弃其家，明年其死，于高梁之虚。"即是说，"震"为雷，"离"为火；"震"为东北，乃晋正位，"震"变为"离"，失其方位，预示败象。"震"为车，车脱其輹，则不为车；"离"为火，火焚其旗，不利出师。"归妹"嫁女，"睽"为孤离，嫁女遇寇，终为人夺。侄从其姑，远离本帮，六年逃亡，归国弃家，却终将难免于死。想到此事，晋惠公道："先君如果听从史苏占卦，寡人不会沦落至此!"随侍的韩简则道:"龟甲为象,蓍草为数。物生而后有象,有象而后繁衍,繁衍而后有数。先君败德,并非筮数导致,即便听从史苏占卦,便能避害吗?《诗》云,'下民之孽,匪降自天。噂沓背憎,职竞由人'。"(《小雅·十月之交》)韩简只是不好说,导致今天尴尬局面的,正是惠公自己。

　　三个月之后,晋惠公终于听说秦国将与晋国讲和,便派郤乞回国告诉吕甥这个消息,并且让吕甥亲赴秦国迎他回国。吕甥很有谋略,让郤乞在晋国朝会上对国人道:"国君派我来告诉大家,秦国将放我回来,但我不足以敬奉社稷,请你等卜卦改立子圉为君。"又让郤乞代表惠公将公田赏赐群臣,取悦众人。借众人感动之际,吕甥道:"国君身处异邦,却并不忧心自身,而为群臣担忧,可谓慈惠之至。我们应当为国君做些什么?"群臣问道:"我们能做些什么呢?"吕甥道:"韩原一战败北,晋国兵甲尽失。如果我们增收赋税,修治兵甲,辅佐太子,作为国君后援,让四方诸侯得知,晋国失去国君又有新君,群臣和睦,兵甲更多,友邦便会勉励我们,敌国便会畏惧我们,岂非对晋国有益?"众臣子皆感振奋,于是各邑均积极整饬军备。

　　吕甥安排好国事,便去秦国迎接惠公。秦穆公问吕甥道:"晋国臣民和睦吗?"吕甥回答道:"并不和睦。"穆公又问道:"为何不和?"吕甥回答道:"我国小民不念国君之罪,而是耻于国君被俘,哀悼战死的父兄子弟,他们不惧征收赋税修治兵甲,拥立子圉为新君,众人皆道,宁可侍奉齐国与楚国,甚至侍奉戎狄,让他们援助我们,定要向秦国复仇!我国君子思念国君,亦知国君之罪,他们亦不惧征收赋税修治兵甲,等待秦君之命,他们道,必报秦君恩德,誓死不存二心。所以臣民彼此不和。臣待国人和解,因此来迟。"秦穆公道:"你不来,我也会送回贵君。晋人认为秦国会将晋君如何?"吕甥回答道:"小民认为晋国结怨于秦,秦国岂能放过我君?君子则不然,认为晋国知罪,秦国必定会送回我君。"穆公问:"他们为什么会这样想?"吕甥回答道:"小民只是怨恨秦国,而不想国君之过,因此愿意跟随新君报复秦国,认为国君不能免难。君子则不然,他们道,我们国君当初能够回国,是秦君的恩惠。我君有负于秦君,因此秦君才俘虏了他。我君背恩,秦君能俘虏他,我们顺服之后,秦君便也能释放他。德行莫厚于此,恩惠莫大于此,政刑莫威于此。韩原之战,使臣服者怀恩,背叛者畏刑,秦国便可以称霸诸侯。既扶助晋君而不能成全他,或废黜晋君而不起用他,便会使恩德化为怨恨,秦君断不会如此!"秦穆公听了吕甥如此一番话,自然受用,道:"寡人之意正是如此。"于是做足姿态

第四十五章 携子将女穆姬履薪，以德报怨秦伯和晋

善待晋惠公，改软禁为款待，按诸侯之礼，馈赠七牢。

吕甥之所以故意夸大晋国臣民间的意见不合，是将两国关系的两种可能性尽量摆在秦穆公面前。他要让秦穆公知道，穆公以前对晋国的恩德，在晋国民众中已经淡忘，如今的晋国民众只想为战死的父子兄弟报仇，如果秦穆公再对晋国施压，晋国已有新君，晋国民众定然万众一心与秦国血战到底。他也要让秦穆公知道，晋国有识之士依旧记得秦穆公的恩德，也深知晋君的错误，他们清楚两国利害所在，不希望两国为敌，而希望缓和两国关系，如果秦穆公能够放过晋国君臣，晋国君臣定然不会再做出伤害两国关系的行动。虽然放晋惠公回国复位，是秦穆公的既定方针，但吕甥的一番话还是对秦穆公对待晋惠公的态度，对挽回晋惠公的颜面，起到了一定作用。秦穆公再一次以德报怨，放过了晋国君臣。

秦穆公能够以德报怨，而晋惠公是绝不会以德报怨的。晋惠公回国尚未还都，第一件事便是杀庆郑以雪恨。在晋惠公尚未回国时，晋大夫蛾析对庆郑道："国君被俘，你之罪过。如今国君将回，你还等待什么？"庆郑道："我闻军队溃败，战将当死，主将被俘，军士当死。此两条军规我未做到，又误导他人，致使国君被俘，有此三项大罪，岂能逃避？国君如能回来，我将等待受刑，以使国君得以遂愿；国君如不能回来，我将独自率兵讨伐秦国，救不回国君，死不旋踵。此乃我所待。我若逃走得遂私意，使国君抱憾，乃悖逆行为。国君的行为悖逆，尚会失国，何况臣子？"可见庆郑是个性情中人，因国君不听劝谏，一度不顾国君安危以泄愤，而造成战败与国君被俘的结果后，则敢于承担自己的责任。

晋惠公回到国都郊外，听说庆郑尚在，便命家仆徒召他来见。晋惠公道："庆郑有罪，还留在都城作甚？"庆郑道："臣怨恨国君。国君归国继位后，如能报答秦君恩德，便不会使秦晋交恶；两国交恶，如能听取谏言，便不会发生战争；战争发生后，如能够选用良将，便不至失败。如今战败，自然要诛戮罪人，有罪之人不能伏法，便不能守此封疆。臣因此等待就刑，以成全国君政令。"晋惠公当然不会罪己，更恨庆郑占据道义，令他难堪，立即下令处死庆郑。庆郑又道："臣子直言，乃守臣道；国君刑杀得当，乃国君圣明。臣子守道而国君圣明，乃国家利益所在。国君即便不杀臣，臣也必定自杀。"此时蛾析进言道："臣闻主动服罪受刑之臣，当赦其罪而用以报仇。国君何不赦免庆郑，命他去报秦国之仇？"梁由靡反对道："不可。晋国如此行事，难道秦国

· 189 ·

便不能如此行事？况且交战不胜，以不正当的手段去报仇，是谓不武；出战不利，回国后又欲起兵，是谓不智；媾和之后背信弃义，是谓不信；不守刑法扰乱国政，是谓不威。庆郑出战不能获胜，回国不利于治国，且一旦再败，会危及太子，不如杀之。"惠公赞同道："必须杀了庆郑，不能让他自杀！"家仆徒也不忍庆郑受刑，便道："国君不计前嫌，臣子甘受刑戮，此种名声要比诛杀庆郑更好。"梁由靡则道："国君的政令刑法，要用以治理民众。庆郑不听命令擅自进退，触犯了政令；为遂私意致使国君被俘，触犯了刑法。庆郑害国乱政，不能让他逍遥法外！况且临战自退，退而自杀，臣子如其所愿，国君失于政刑，以后又怎能驭人？"于是惠公命司马说行刑。司马说召来三军将士，列举庆郑罪状道："韩原之战全军宣誓，扰乱军阵违抗军令者死；主将被俘而军士面目无伤者死；谣言惑众者死。如今庆郑扰乱军阵违抗军令，其罪一也；擅自进退，其罪二也；误导梁由靡，放走秦君，其罪三也；国君被俘，你却无伤，其罪四也！庆郑，你就刑吧！"庆郑道："司马说，三军将士均在，我能坐以待刑，难道还怕受伤吗？用刑好了！"惠公待斩了庆郑之后，才入国都绛城。

从《国语》关于惠公斩庆郑的记载，可以看到，惠公之所以能够稳坐君位，并非因其贤能，而是因其有如此臣子。就庆郑而言，作为晋臣，虽然不该在两军交战时意气用事，擅离战场，放走秦君，致使惠公被俘，但他能坦陈其罪，遵守国法，引颈待刑，以成君威，可谓胸襟坦荡。就蛾析与家仆徒而言，感庆郑忠直，有不忍之心，婉转为之陈情，可谓仁厚之人。而就梁由靡而言，善于理性分析，坚持政纪国法，能够匡正君臣，可谓铁面之臣。晋惠公正是由于有谏臣、直臣、仁厚之臣、铁面之臣的共同辅佐，才能坐稳君位。而晋惠公本人的德行才能则与这些臣子相差甚远。他怨恨庆郑而不检讨自己，急于雪恨而不待返回宫廷，于庆郑已抱必死之志时依旧不能宽容庆郑，大失为君之道，与庆郑敢于承担臣子之责的行为相比，看不到惠公有担负国君职责的德行与能力。惠公谥"惠"，乃为臣子的溢美之词。

秦晋交战这年，晋国又遇饥荒，秦穆公又赠送粮食给晋国。秦穆公道："我憎恶晋君，但我怜惜晋国之民。我曾闻唐叔受封，箕子言'其后必大'。晋国当可期冀。姑且立德，以待晋之贤能。"

## 第四十六章　五石陨落六鹢退飞，诸侯集会晋子质秦

周襄王九年，即公元前644年，宋国接连发生了史书必定记载的奇事。先是正月间宋国陨落了五块陨石，此事罕见，足以引发举国关注，而之后"六鹢退飞"过宋都的奇观，更令人瞩目。所谓"鹢"，按照后人解释，是类似鹭鸶的水鸟。据《左传》与《史记》的记载，六鹢退飞是由于风大。但大风会刮着水鸟退飞，似乎没有科学依据。因此有人认为那退飞之鸟只可能是蜂鸟，因为世界上只有蜂鸟可以退飞。而且，有些种类的蜂鸟是在冬天迁徙的。但蜂鸟体态小，巨蜂鸟体长也只有20余厘米，与鹭鸶类水鸟体态相差太大；且蜂鸟迁徙是成群的，不会只有六只；更何况蜂鸟分布于美洲特别是南美洲，我国并无蜂鸟。既然现代人依旧无法解释古人看到的"六鹢退飞"奇事，古人更会将此事与上天预示祸福吉凶联系起来，因此史书上会郑重记载此事，并记载对此事吉凶的看法。

此时宋国国君是宋襄公，他已经继位多年。宋襄公是宋桓公之子，是比较有名的仁慈谦让的国君，为太子时起就表现出这种品性。周襄王二年，即公元前651年，宋桓公在位三十一年后，走到了生命尽头。宋桓公是宋国历史上不甘寂寞、较有作为的国君。他继位于宋国南宫万之乱后。虽然他继位靠的是以齐桓公为首的中原诸侯在齐邑北杏会盟，平定宋乱，然则他在继位初年，居然敢于背此盟约，与齐国为首的中原诸侯联盟对立，而在这年夏天，齐国已经教训了未赴会盟的遂国，灭了遂国。宋桓公的背盟，招致来年春天齐国率陈、曹两国联兵伐宋。宋桓公与以齐国为首的中原诸侯的对立，是靠周王室派大夫单伯调解的。此后，宋桓公或许认清了形势，成为齐桓公的有力盟军。周惠王九年，即公元前668年，宋国与齐国、鲁国会同讨伐徐戎；周惠王十八年，即公元前659年，在齐国率领下，宋国、曹国救邢国，败赤狄，迁邢都；同年又在齐国率领下，宋国、鲁国、郑国、邾国商议救郑抗楚；周惠王二十一年，即公元前656年，在齐国率领下，鲁国、宋国、陈国、卫国、郑国、许国、曹国联兵伐楚，楚国要求议和，遂结召陵之盟；周襄王元年，即公元前652年，齐桓

公率鲁、宋、卫、许、曹君及陈世子与周大夫盟于洮邑,以固襄王之位。可以说,宋桓公一生与中原诸侯结盟南征北伐,攘夷抗戎,共扶王室,稳定中原,功不可没。

助周襄王巩固王位之后,宋桓公一病不起,诸公子轮流于榻前尽孝。太子兹父(即宋襄公)尽心侍奉君父,在桓公向他嘱托身后之事时,他竭力推举庶出长兄目夷嗣位。他向桓公道:"目夷年长,为人仁慈,宜立为储君。"桓公又召见目夷,以兹父建议立他为储君之事征询他的意见。目夷听后竭力推辞,向桓公道:"要说仁慈,以君位相让,能有比此更大的仁慈吗?儿臣不及太子兹父。况且舍嫡立庶,与祖制不合,名不正言不顺,请君父三思。"桓公本来就无更换储君之意,于是太子兹父此议作罢。或许桓公询问兹父与目夷关于储君的意见,仅仅是为了考察两兄弟之间是否能做到孝悌。

宋国是殷商后裔,古老的礼仪之邦,殷商末年,尚且出了王子比干、箕子、微子等贤人,至春秋时代,又有以义立嗣的宋宣公、宋穆公兄弟,忠义孝悌的德行在宋国一直得以倡导。从太子兹父与庶长兄目夷相互谦让君位来看,宋桓公不仅有其武略,且治家有方。见到兄弟二人谦让君位,宋桓公可得以瞑目。

太子兹父继位,是为宋襄公。宋襄公继承的是宋桓公巩固的宋国基业,有一个良好的基础。并且,宋襄公有一位既仁慈又有见识的兄长目夷。宋襄公之前向其父桓公推荐其庶兄目夷,并非作秀,而是确实看重目夷仁义。襄公登基后,便以目夷为左师。此时的宋国,以右师、左师、司马、司徒、司城、司寇为六卿,右师与左师相当于相位。目夷也不负宋襄公,成为宋襄公的得力臣子。据《左传》记载,"于是宋治"。目夷,字子鱼,其后裔以鱼为氏,鱼氏得以世代为宋国左师。

然而,在宋襄公继位七年,宋国在诸国中实力与作用直逼鲁国时,宋国却发生了如此不可思议的五石陨落、"六鹢退飞"的奇事。恰在此时,周王室内史叔兴访问宋国,于是宋襄公便向内史叔兴请教"六鹢退飞"是何征兆。宋襄公问道:"六鹢退飞,是吉兆还是凶兆?吉凶之事会应在何处?"内史叔兴答道:"今年鲁国多丧事,明年齐国将有乱。国君将会得到诸侯拥戴,但不能善始善终。"告辞之后,内史叔兴向左右言道:"宋君不该有如此之问。六鹢退飞,乃阴阳造化之事,与吉凶无关。吉凶是由人事决定的。"叔兴自然知道,一般人问吉凶之事,都想要听吉祥之言,但他并未迎合襄公心思,而是告诫襄公要警惕他的事业不能善始善终。或许宋襄公只听进去了内史叔兴所言齐、鲁都面临多事之时，宋国将有取而代之之势，因而以后宋襄公便更加积极地参与诸侯之间的事务，并积极组织诸侯之间的会盟。

但是，在齐桓公在世之时，诸侯会盟依旧由齐国主持。就在宋都发生"六鹢退飞"奇观的这年秋天，周襄王因戎乱又起，向齐桓公告急，齐桓公向诸侯征集军士为王畿戍守。这年冬天，齐桓公又因淮夷觊觎鄫国而于淮地会议。鲁僖公、宋襄公、陈穆公、卫文公、郑文公、许僖公、曹共公与邢侯参加了会议。会议一是决定向东征讨淮夷，二是决定为鄫国筑城，以防备淮夷。鄫国是夏代少康次子的封国，夏代时封于今河南省方城县境内，周代改封于今山东省临沂市西南兰陵县境内，有鄫国故城遗址。来年春天，齐国军队会同徐国军队讨伐附庸于楚国的英氏国，以报两年前楚国攻打徐国之仇。英氏为皋陶后裔，其国或言在今天大别山北麓，安徽省金寨县与六安市之间，或言在河南省固始县南，总之在淮水之南。齐国与徐国军队跨过淮河，深入楚国势力范围，是想对楚国施压，以求得南方的相对平定，齐国好腾出力量东征淮夷。然而，讨伐淮夷与为鄫国筑城两事都由于齐国有乱便半途而废。

就在齐国为首的中原诸侯忙于平定东南之乱，保证中原安宁之时，西北方的秦晋两个大国恢复了和平共处。两年前晋君被秦军俘获，晋惠公被迫兑现了让予秦国的河东之邑。之后秦国于河东设立官署，征收河东税赋。晋国为表示顺服于秦国，让太子圉到秦国充当人质。秦穆公为示大度，也为控制晋太子圉，将女儿嫁予太子圉，并将河东之地归还晋国。

当年晋惠公逃亡梁国时，梁国国君将女儿嫁予晋惠公。梁国为西周末年、东周初年所封的嬴姓之国，都城位于今陕西省韩城市境内。梁国是一个小国，将女儿嫁予落难的晋国公子，并不辱没梁国，还可当作投资。梁侯女儿梁嬴孕期已过，却仍未生产。梁国卜招父和他的儿子便为梁嬴卜卦，卜招父的儿子卜出梁嬴将生一男一女。而卜招父补充道："是的。但男者为人臣，女者为人妾。"当时晋惠公尚在避难，此卜并非出人意料。为破此卜，晋惠公采取以贱破贱、以不祥破不祥的方法，为儿子取名为圉，为女儿取名为妾。所谓圉者，乃养马之人，意为此子长大只能从事下等职业。古人认为，将低贱、不祥之名常挂嘴边，当可破除不祥的预言，消除不祥之事端，所谓见怪不怪，其怪自败。但结果是公子圉一生最终未摆脱卜卦所预言、名字所蕴含之不祥命运。

## 第四十七章　管仲既殁奸邪并起，齐桓身后众子争立

　　齐桓公领导各诸侯南征北伐，尊王攘夷，稳定中原，功在社稷。但是此时的齐桓公已入老年，而管仲已撒手西归，因此发生了周王室内史叔兴所预言的内乱。

　　管仲临死之前，不忘国事，而国事自是以人事为主，因此管仲最后向齐桓公进谏，让齐桓公近君子而远小人。《管子·小称》记载了管仲对齐桓公的最后谏言。管仲病重，齐桓公前往探病，同时向管仲询问其身后政事。齐桓公道："仲父如今病情加重，如果仲父一病不起，发生不测，仲父还有什么话要教导于我？"管仲答道："即便国君不问，臣也要有所进言。但即便我说了，国君也做不到。"齐桓公信誓旦旦道："仲父命我向东，我便向东，仲父命我向西，我便向西。仲父命我，我怎敢不从？"于是管仲起身道："臣愿国君远易牙、竖刁、堂巫、公子开方。"管仲接着道："易牙是雍国人，以调和五味、烹饪食物服侍国君，国君一次酒后言道，如今遍尝百味，只有婴儿尚未尝过，于是易牙将他的长子烹饪后献于国君。人之常情，皆爱其子，不爱其子，怎会爱君？"管仲又道："国君爱女色，后宫多佳丽，难免相互嫉妒。于是竖刁自宫，入得宫中，为国君管理后宫。人之常情，皆爱其身，不爱其身，怎会爱君？公子开方乃卫国人，为国君之臣十五年，不归家探亲。而齐国与卫国毗邻，数日便可往返。人之常情，皆爱其亲，不爱其亲，怎会爱君？"至于堂巫，管仲以前便进过谏言，管仲曾向桓公道："生死有命。国君不当相信堂巫所谓能知生死、能治苛病，而应当守住根本，听天任命。如果依赖堂巫，堂巫便会以此控制国君。"但桓公一直将信将疑。最后管仲总结道："臣闻，造作伪善终将暴露，掩盖缺点不能长久。平日伪善，尚不能持久，终其一生，必将显露本性。"桓公听了管仲的话，感到甚有道理，便应承下来。

　　管仲死后，齐桓公为管仲举办了隆重的葬礼。葬礼已毕，齐桓公想到管仲生平的功绩和临终的谏言，对易牙等四人恶感顿起，便下令罢免了四人的官职。但是，时隔不久，没了堂巫，桓公时常感到身体不适，烦躁不安；没了易

## 第四十七章　管仲既殁奸邪并起，齐桓身后众子争立

牙，桓公时常感到饮食无味，口福不再；没了竖刁，桓公时常为宫中纷争搅得头昏脑胀，坐卧不宁；而没了公子开方，朝廷之事也陷于混乱。桓公叹道："如仲父之圣贤，也有判断不合理之时！"于是恢复了四人的职务。

管仲去世不过两年，此四人便囚禁桓公，作乱齐国。他们将桓公囚禁于宫中，不许任何人出入，要活活困死桓公。有一名宫女惦记桓公，从一处洞穴中爬入宫中，去见桓公。桓公问道："寡人在宫中，饿了没有吃的，渴了没有喝的，什么东西都没有，到底是怎么回事？"宫女答道："易牙、竖刁、堂巫、公子开方四人要瓜分齐国，如今城内道路都被封锁了。公子开方将一万七千五百户籍给予了卫国，国君将没有食物了！"桓公想到在管仲辅佐下，当日齐国与他自己的辉煌，想到今后齐国之乱与他自己的悲惨下场，叹道："可悲啊！还是仲父这样的圣人所见长远！仲父地下无知则已，若仲父地下有知，我有何面目去见仲父！"最终，他以头巾覆面而身亡，以示无面目见管仲于地下。齐桓公死后十一天，有蛆虫爬出门户，人们才知桓公已死，便用门板草草埋葬了桓公。或许《管子》的记载有些夸张，但齐桓公确实不得善终。

据《左传》记载，齐桓公有三位夫人：王姬、徐嬴、蔡姬。三位夫人都没有生育儿子，但齐桓公内宠甚多，有六位如夫人，都生育了儿子。年长的卫姬生育公子无亏，字武孟；年少的卫姬生育公子元，即后来的齐惠公；郑姬生育公子昭，即后来的齐孝公；葛嬴生育公子潘，即后来的齐昭公；密姬生育公子商人，即后来的齐懿公；宋华子生育公子雍。由于无嫡出之子，因此桓公曾与管仲商议，以公子昭为太子，并将公子昭托付于宋襄公。这当是因为宋襄公仁慈名声在外，也因为宋国实力提升。

但是，管仲死后，桓公也已年老体衰，于是众公子都在其母亲、阉人及其党羽的支持下进行谋取嗣君之位的明争暗斗。卫共姬，即年长的卫姬，宠信易牙，又勾结日夜在后宫的竖刁，极尽谄媚蛊惑之能事，诱使桓公答应立无亏为嗣君。桓公出尔反尔，自然会使得众公子相互不服，结党争斗。据《史记》记载，桓公薨，五子相互攻伐，无人入宫料理后事，以致桓公尸体卧于床上六十七日，尸体上的虫子都爬出了门窗。应当是由于把持内宫的卫共姬、易牙与竖刁占据了内廷优势，杀戮了一批不服从他们的官吏，立公子无亏为新君后，才收殓桓公尸身。公子昭逃往宋国寻求帮助。

据《左传》记载，第二年初，宋襄公便联合曹共公，以及卫国、邾国的兵马讨伐齐国。公子无亏主要是由宠妾与阉人拥立的，在齐国国内没有臣民的

· 195 ·

基础，加之他的继位引来诸侯联军的讨伐，因此，到了三月份，他便被齐国人杀掉了，连谥号都没有。齐国臣民本来想根据桓公与管仲的安排，听从以宋襄公为首的诸侯联军的主张，立公子昭为君，但由于其余四位公子的党羽不肯罢手，他们的党徒与诸侯联军开始交战，此间还有狄人的介入。狄人或许是某位齐国公子及其党羽请来抵挡诸侯联军的。邦交方面从来没有永久的朋友，也没有永久的敌人，大多都是由利益驱动的。但是，即便齐国公子们不但组织了部分齐国兵马，还招来了外援，依旧无济于事。内乱后的齐国臣民四分五裂，国力不再强大，五月份，以宋国为首的诸侯联军便于齐地甗邑打败了齐国众公子指挥的兵马，将公子昭送回齐国，并立为新君，是为齐孝公。甗邑位于今山东省济南市。直至八月，齐国内乱基本平定，孝公才将桓公正式安葬。

齐国的内乱，显然是由于齐桓公年老昏聩导致的。此前，齐桓公召集葵丘之盟后，威望达到顶峰，便开始骄傲，想要在泰山封禅。据《史记》记载，管仲劝阻道："自古在泰山封禅的有七十二家，夷吾所记有十二家，有无怀氏、虙羲、神农、炎帝、黄帝、颛顼、帝喾、尧、舜、禹、汤、周成王，他们都是受天命然后封禅。"齐桓公道："寡人北伐山戎，过孤竹；西伐大夏，涉流沙，束马悬车，上卑耳之山；南伐至召陵，登熊耳山以望江汉。兵车之会三，而乘车之会六，九合诸侯，一匡天下，诸侯莫违我。昔三代受命，亦何以异乎？"所谓兵车之会，是率军队会盟出征，所谓乘车之会，是不率军队的会盟。史书记载的兵车之会，为周僖王元年、齐桓公五年平宋乱；周惠王二十一年、齐桓公三十年侵蔡伐楚；周惠王二十三年、齐桓公三十二年伐郑。乘车之会为周僖王二年、齐桓公六年会于鄄；次年又会于鄄；第三年同盟于幽；周惠王二十二年、齐桓公三十一年会于首止；周襄王元年、齐桓公三十四年盟于洮；次年会于葵丘。一匡天下，指定襄王太子之位。齐桓公领袖诸侯、匡扶周室功劳不可谓不大，但要登泰山封禅，却为僭越之举，因此管仲又以事相谏道："古时封禅，要用鄗上黍米，六穗嘉禾，江淮灵茅，东海所献的比目鱼，西海所献的比翼鸟，要有不召而至的嘉瑞十五种。如今凤凰麒麟不来，嘉谷不生，却是蓬蒿藜莠茂盛，不祥的鸱枭数次到来，此种情形如何能封禅？"管仲力谏，方才阻止了桓公自我膨胀的破坏礼制之举。

管仲去世的那年，隰朋也去世了。齐桓公不仅一下子失去了左膀右臂，而且失去了约束，加之本人老迈昏聩，离不开女色，离不开巫医，也离不开谄媚

## 第四十七章 管仲既殁奸邪并起，齐桓身后众子争立

之人，逐渐为这些人所包围，所左右，偏听偏信，出尔反尔，致使众子争位，齐国内乱。当然，齐国内乱管仲也有一定责任，他对齐国内政外交，甚至对周王朝与中原诸侯，都功不可没，但他却没有帮助齐桓公解决好嗣君的问题，以致齐国自桓公之后，一蹶不振多年。

## 第四十八章　朝三暮四郑文朝楚，以退为进卫文立威

　　齐桓公的去世，破坏了原来以齐国为中心的中原诸侯平衡，也破坏了以齐国为核心的中原诸侯引力场，于是中原开始动荡，各国各自诉诸自身利益，新一轮的角逐开始了。

　　郑文公本来就与齐国为核心的中原诸侯联盟若即若离，只是后来迫于齐国及其诸国的压力，才不得不参加中原诸侯联盟，如今齐桓公已死，齐国已乱，中原诸侯联盟接近瓦解，再没有一个举足轻重的诸侯国可以制约郑国了，于是郑文公开始按照自己的意愿决定郑国的未来。据《左传》记载，齐桓公去世的第二年，郑文公便去拜访楚成王。在此之前，郑国虽曾与楚国交往，但郑国国君却未曾拜访过楚王。

　　中原大国郑国国君专程来拜访楚王，楚成王自然非常得意。为显示楚国结交盟友非常慷慨，也为显示楚国的实力，楚成王以居高临下的姿态，赐予郑国青铜原材料若干。当时属于礼乐与兵戎的国家大事所需礼器、兵器，都是用青铜铸造的，赠送青铜原材料，当属非常贵重的礼品。由此可见，楚成王拉拢郑文公用心极深。但后来楚成王又后悔了，因为青铜原材料毕竟是能够用来制造兵器的，如果郑国用这些青铜原材料制作了兵器，将来两国一旦反目，原本为结好郑国的赐铜之举岂不成了资敌之举？但已经送出的礼物不好要回，于是楚成王要求就楚国赐铜不得制作兵器，与郑文公郑重盟约。

　　郑文公回国后，的确信守了与楚成王的盟约，并没有将楚国赐铜用于制作兵器，而是制作了三口大钟。对于楚国赠送的这批铜材，郑文公或许为之煞费苦心。国之大事，在祀与戎。贵重的铜材不得制作兵器，便当制作成礼器，用于祭祀。但以楚国赐铜制作礼器，用于祖庙祭祀，未必能合先祖之意。毕竟受赐于楚国与受赐于天子不同，将楚国赐予铜材制作礼器，岂非会有辱先君？用于宫廷宴饮亦不妥，以楚国铜材制作宫廷礼器，似乎乃拜楚国之赐，有失郑君身份。最后，郑文公决定将楚国赐铜制作三口大钟。或许一方面好向楚国交代，一方面也提醒自己警惕与各路诸侯的关系。

## 第四十八章 朝三暮四郑文朝楚，以退为进卫文立威

中原霸主存在的时候，与中原各国杂处的戎、狄尚且不断侵扰，如今，中原霸主的缺失，更使戎、狄敢于大胆挑衅了。就在郑文公拜访被中原诸侯视作蛮夷的楚国这年，即公元前642年冬天，北方的狄人伙同邢国开始向卫国进攻。邢国近些年才从被狄人赶出家园的一蹶不振中有所恢复，开始参与中原诸侯联盟的活动，谁知如今却与狄人联合，向卫国进攻。

卫国是多年前因狄人进攻，才从大河之北迁到了大河之南。在卫文公的治理下，国力恢复得较快，因此在十多年中一直积极参与中原诸侯联盟的行动，成为齐国比较有力的支持者。但卫国即便迁都大河之南，也没有幸免于狄人的侵扰。此次狄人伐卫，或许是因这年初，卫国参与了宋襄公联合曹国、卫国、邾国共同伐齐的战争。诸侯联军是为了平定齐桓公去世后齐国内乱，帮助齐国公子昭回国继位。而正在诸侯联军获胜之时，狄人却插进来帮助齐国为乱的众公子。狄人当是受齐国某位公子之邀，帮助该公子争夺君位。齐国之乱被宋国为首的诸侯联军平定后，狄人自然不甘心无所收获。狄人本就经常侵扰卫国，于是入冬之后，狄人便乘河水枯水、河面变窄且封冻的时机，偕同邢国报复卫国，围住了卫国之地菟圃。菟圃当于今河南省长垣市或滑县境内。

或许卫国宗室中有人对卫文公出兵协助宋国平定齐国内乱，因而引来狄人报复有所不满，或许宗室中有人反对对狄人用兵，主张保守卫都，放弃菟圃，因此卫文公做出如下之举。卫文公提出，如果父兄子弟中有人能够更好地主持卫国政事，他愿意让贤。然后，他将此动议交付国人讨论。根据《周礼》记载，大司徒之职，有"若国有大故，则致万民于王门，令无节者不行于天下"。小司寇之职，首要便是"掌外朝之政，以致万民而询焉。一曰询国危，二曰询国迁，三曰询立君"。据汉代郑玄注，"大故谓王崩及寇兵""国危谓有兵寇之难；国迁谓徙都改邑也；立君谓无冢嫡选于庶也"。即是说，每当国家大事不决，便当召集国人共同决议。国人便是都邑之人。卫文公便是据此行事，将他的去留交付国人决议，并当众表态：如果宗室有人能够治理好国家，他本人愿意听从新君命令。结果众人依旧拥护卫文公，不同意更立新君。因为卫文公十几年中使卫国重新比肩于中原诸侯各国。卫文公以国人决议的形式集中并巩固了君权，于是决定出兵訾娄，抗击狄人与邢国之兵。訾娄位于今河南省滑县西南。当卫国决心与狄人决战后，狄人便退却了。卫文公由此更提升了他在国内的威望。

《诗·鄘风·干旄》据说便是赞美卫文公时的大臣的，因为卫文公遵道

行善，所以其臣子们也多好善。《干旄》诗云："孑孑干旄，在浚之郊。素丝纰之，良马四之。彼姝者子，何以畀之？‖孑孑干旟，在浚之都。素丝组之，良马五之。彼姝者子，何以予之？‖孑孑干旌，在浚之城。素丝祝之，良马六之。彼姝者子，何以告之？"诗歌借描述浚邑城郊车马往来的景色，一说是表现文公臣子们有德好善，因此贤者愿意与之言善；一说是表现文公好贤，派遣臣子以车马仪仗访问并招聘贤者。理解的歧义关键在于每章最后两句中的"姝者"所指，前者将其理解为好善之臣，在野贤士见到卿大夫们的马车来访，愿意向臣子们进言；后者将其理解为在野贤士，是臣子们尊奉国君之命，驾驭着不同等级的马车去拜访并招聘贤士。两种意思均可解释得通。诗歌所言地点是浚邑，表现出不同等级臣子都在勤劳王事：在郊区田野是两匹马所驾之车，因此以四缕素丝为马辔，这是大夫等级所乘之马车；在都邑或城中是三匹马所驾之车，因此以五缕或六缕素丝为马辔，三匹马本当使用六缕素丝为马辔，但有时可讲两匹马的这是上马辔合一，因此亦可用五缕素丝，这三匹马所驾之车，为大夫或卿士等级所乘之马车。诗歌点明了所描写的地点，是在大河之南。这种和谐的场景，美好的情感，或许便是卫文公时的诗歌。如果卫文公时臣民能够如此和谐，则国民支持卫文公，包括支持卫文公对外作战，是不难理解的。

据《左传》记载，在卫国抗击邢人、狄人入侵的第二年，卫国准备讨伐邢国，以报头年邢人与狄人入侵菟圃之仇，但这年恰逢卫国大旱。卫文公请卜者祭祀山川，并进行卜卦，结果卦象不吉。内忧外患使卫文公难以决断。这时臣子宁庄子建议道："昔日周地饥荒，武王克殷后，周地即迎来丰年。如今邢国无道，诸侯无伯，上天或许是要让卫国讨伐无道的邢国？"卫文公听从了宁庄子的建议，决定起兵伐邢。出师之后，卫国果然迎来了久盼的雨水。

比较郑文公与卫文公两位同时代同谥号为"文"的国君，郑文公从气度、气节、才干等方面都较之卫文公逊色不少。郑文公大多是在周王室、齐桓公与楚成王之间投机，还经常投机不成。郑文公谥"文"，当是郑国臣子的溢美之谥。卫文公则不仅重建了卫国，还使卫国得以与其他诸侯国抗衡，并且从宁庄子的建议看，齐桓公去世后，卫国也并非没有跃跃欲试争霸诸侯的企图。

## 第四十九章　宋襄争霸诸侯会盟，秦穆灭梁楚人伐随

齐桓公去世的第二年，宋襄公因齐国内乱召集诸侯伐齐，促成齐国人杀掉由宠妾与佞人所立的公子无亏，确立了公子昭即齐孝公的正统地位。宋襄公踌躇满志，自认为可以担当新的霸主。

据《左传》记载，周襄王十二年春，宋国俘虏了滕宣公婴齐。夏六月，宋襄公召集曹共公与邾文公于曹国会盟，或许是为了继续解决东夷侵略鄫国的事端。由于齐国内乱，诸侯联军帮助鄫国筑城戍守之事半途而废。此次会盟的结果并不圆满。或许曹国并不十分关心东夷举动，因为曹国与东夷之间还隔着鲁、宋两个大国及其一些小国。宋国与东夷共饮一水，宋国在睢水上游，东夷占据睢水下游，因此宋国必须考虑夷患问题。宋襄公或许对与曹、邾两国结盟对抗东夷失去了信心，因此想改变齐桓公联合诸侯抗击东夷的做法，转而用祭祀神社以保社稷、讨好东夷以求太平的做法，与东夷和平共处。

鄫国为姒姓之国，大禹后裔，山东省兰陵县有鄫国故城遗址。鄫国是一个在东夷威胁之下，有求于中原诸侯的小国，鄫侯得知宋国、曹国、邾国会盟之后，急忙就近赶来与邾国会盟，以期得到帮助。邾文公派人向宋襄公征询意见。宋襄公指使邾文公以送上门来的鄫侯为牺牲，在次睢祭坛行祭祀仪式，祭祀睢水水神，求得保护社稷，并立威于诸侯，与东夷和平共处。宋国为殷商后裔，殷商本有以人为牺牲的祭祀传统，入周以后，受周朝人本文化的影响，已废除了人牲祭祀，但宋襄公这一有仁慈之誉的国君，竟然为了在小国中立威，并讨好东夷，指使邾国使用鄫国国君作为人牲进行祭祀，此举确实令人发指。

宋襄公的长兄目夷听到宋襄公让邾国杀鄫侯以为牺牲后，叹道："古代用六畜祭祀，尚且六畜不能相互替代，小事不用大牲畜，如今怎敢用人为牺牲？祭祀的目的就是为了人。归根到底，民众是神灵之主，用人为牺牲，难道民众能够享用吗？齐桓公继兴三个亡国，因此得以联合诸侯，即便如此，尚有仁人义士谴责他德薄。如今国君举行一次会盟，就俘虏了滕国国君，又以鄫国国君为牺牲来祭祀昏淫之鬼，如此行事，想求霸业，不是太难了吗？能得善终便是

侥幸。"目夷所言六畜,为马、牛、羊、猪、狗、鸡。所言齐桓公继兴三个亡国,当是指鲁国、卫国与邢国。齐桓公平定鲁国庆父之乱,为鲁国保存宗庙之祀;率领诸侯帮助卫国筑楚丘城,保存卫国宗庙社稷;率领诸侯帮助邢国迁都,筑夷仪城保存邢国宗庙社稷。

这年秋天,宋襄公发兵征讨曹国,包围了曹国。因为夏天宋、曹、邾三国会盟时,曹国或许不仅不积极,还在礼节上有所欠缺。目夷向宋襄公进谏道:"当初周文王因得知崇侯虎丧失德行,因而讨伐崇侯虎,攻打月余,崇军不降。于是周文王退而修德,普及教化,然后再次讨伐崇国,结果崇国很快就投降了。"随后,目夷引用了《诗》中对文王的歌颂:"刑于寡妻,至于兄弟,以御于家邦。"即是说文王垂范于妻子、兄弟,因此能够统治国家。目夷谏道:"如今国君自身德行有缺,而去讨伐其他诸侯,会有什么样的结果呢?国君不如内省,退而修德,待到德行无缺,然后领袖诸侯。"但是宋襄公并没有细细思考兄长的建议,依旧将目光放在争霸上,而不放在修德上。

就在宋襄公试图争霸之时,其余无争霸之想,或暂时不可能争霸的诸侯们则倾向于维持原状,不认可宋襄公的作为,不愿奉宋襄公为诸侯之伯。在宋襄公出手滕国、曹国之后,陈穆公提请诸侯修好,不忘齐桓公之德。这显然是不以宋襄公为然。在陈穆公提议下,这年冬天,鲁国、陈国、蔡国、楚国、郑国于齐国会盟,表示不忘齐桓公之德,维护中原的安定。陈国是一个小国,没有争霸的实力,陈穆公一方面不想中原再起动荡以危及本国,一方面也不愿意将来听从宋襄公的指挥,因此作此动议。鲁国为周公之后,在诸侯序列中是排名最靠前的,虽然也是一个大国,却从来不是一个强国,鲁僖公即便有所想法,也只能当诸侯会盟的名义上的召集人,不敢轻易诉诸武力。蔡国因齐桓公的蔡姬夫人得罪于桓公之后,二十年来,早已被齐桓公边缘化,蔡穆公后来十几年一直未参与中原诸侯会盟,而是倒向了楚国。如今,蔡庄公继位数年,终于在齐桓公死后得以参加中原诸侯国的会盟,于蔡国而言,亦可看作回归中原诸侯联盟。当然,蔡国参与会盟,也是由于楚国参与会盟,因为自从齐桓公孤立蔡国以后,蔡国必须寻求顺从楚国来保护自己。此次会盟最值得注意的是楚国的参加,在此之前,楚国一直以中原诸侯联盟对立面的面貌出现。这当然是因为作为楚国强大对手的齐桓公去世,楚国想进一步向北发展,因此楚成王又重启继位之初与中原诸侯修好的措施,以图日后打拉结合向北发展。因为楚国与盟,向来摇摆不定的郑文公,此次毫不犹豫地参与了会盟。

## 第四十九章　宋襄争霸诸侯会盟，秦穆灭梁楚人伐随

东方诸国像筐中之蟹，相互钳制，每一个国家都很难得到充分发展，而西方秦国则比较自由地发展强大起来。秦国每每看准机会，便会向东发展一步。这次的目标是梁国。梁国是秦国的同姓之国，受封于西周宣王年间，秦国要发展，便不再顾及同姓同宗之国了。

梁国很快被秦国灭亡，是由于梁国国君的昏庸行为。或许梁侯不作，梁国还不会死得这样快。在春秋历史上，梁国曾经在东周第二个王周桓王十七年时，跟随王卿虢仲、芮侯、荀侯、贾侯攻打过曲沃武公，为周王室效过力。此任梁侯在晋献公晚年时，曾接受过公子夷吾避难，并将女儿嫁予夷吾。梁国地处大河之西，今天陕西省韩城市之南，东临大河，西靠梁山，应当是一个比较容易自保的小国。梁侯或许认为，梁国与秦国是同宗，又有梁山可依靠，因此西部无忧；梁国与晋国是姻亲，又隔大河，因此东部也无忧。于是他多次下令于南北筑建新城，一方面拓展土地，一方面拱卫梁都。梁侯动员民众的方式是号称"某寇将至"，因此需要筑城。却长期未见有敌人入侵。梁国人口有限，没有对新辟土地的迫切需求，民众又安土重迁，新筑之城无人愿意移民，便成废城。梁侯这种不断动用民力，大兴徭役的做法，日久自然会引发民众不满，但梁侯非但不警醒，还用非常残酷的连坐法来管制百姓。据西汉董仲舒《春秋繁露·王道篇》所言，梁国国君规定，一家逃亡，杀五家之人，因此国内日益空虚。秦国因发展较快，有对土地的需求，便夺取了梁国于梁都西南所筑的无人新城，称为新里，以安置秦国移民。梁侯所言的"狼"果然来了，梁侯又以"秦将侵我"来号召民众加固城池，修筑宫外壕沟。此时的梁国之民一怕秦人真的攻打梁都，二不愿再为梁国公室出力，于是一哄而逃。梁国都城毫无防御地展现在了秦人面前。此时秦穆公再不拿下梁国，似乎都对不起梁国民众与梁国的空城。

没有了齐桓公的制约，南方的楚国在与中原诸侯会盟之后，便开始收拾不顺从楚国的小诸侯国。周襄王十三年，即公元前640年，楚国又攻打随国。随国一直处于楚国的威胁之下，进入春秋时代，楚已经多次伐随。随国虽然曾与楚国媾和，但实际上一直不肯对楚国俯首帖耳。这一次，随国又与汉水之东的一些小诸侯国公开叛离楚国，因此招来楚国征伐。楚国令尹斗谷於菟亲自率军征伐随国，声势浩大，却很快接受了随国的求和。看来楚国出兵，主要是威慑性的，并没有真正想要灭掉随国。楚成王与斗谷於菟当是感到，楚国尚无充足的力量一一灭掉江汉流域的小诸侯国，如果真有灭国之举，或许会加大各国

对楚国的离心力，因此，以声势浩大的军事优势威慑那些企图叛离楚国阵营的小诸侯国，才是上策。于是有了此次由斗谷於菟亲自率军的气势汹汹又点到为止的伐随之举。

　　《左传》记载了时之君子对随国之叹："随之见伐，不量力也。量力而动，其过鲜矣。善败由己，而由人乎哉？《诗》曰：'岂不夙夜，谓行多露。'"诗句见于《国风·召南》，意为，为何不趁夜色行路，是畏路上露水很多。意指行动必须考虑条件。然而随国与汉水之东小国的叛离楚国，固然是不自量力，但也不得不如此，因为早晚他们都会被楚国吞并，结盟叛楚比起被各个击破，未尝不值得一试。倒是不自量力地争取霸主地位的诸侯国，其失败完全是由己而不由人。

## 第五十章　不鼓不列宋襄败绩，无备无能鲁僖溃军

宋襄公太想争霸了。然而中原诸侯已经在陈穆公倡导下会盟一次了，却没有邀宋国参加。于是，宋襄公想由他召集一次诸侯会盟。上次中原诸侯会盟是在齐国，表示对齐桓公的纪念，而且楚国的参加表明，楚国已经为中原诸侯国所接纳，因此，宋襄公一方面不得不对齐国有所表示，以得到中原诸侯国的认可，一方面鉴于楚国的实力，不得不对楚国表现尊重。据《左传》记载，周襄王十四年，即公元前639年，这年春天，宋襄公向齐国、楚国请求会盟，准备与齐国、楚国在宋国的鹿上会盟。鹿上在今天安徽省阜南县。宋襄公的兄长目夷叹道："小国去争主持会盟，是自取其祸。宋国或许会因此亡国，如果只是战败，便属万幸。"鲁国大夫臧孙辰听到宋襄公欲召集会盟的消息后道："与人同欲则可，欲人从己则败。"可见宋襄公自不量力。

宋襄公没有料到，楚国同意由他召集诸侯会盟，是个陷阱。这年秋天，宋襄公兴致勃勃地在宋国盂邑召集诸侯会盟。盂邑在河南省睢县。楚成王、陈穆公、蔡庄公、郑文公、许僖公、曹共公参加了会盟。从与会的诸侯看，基本都是追随或顺从楚国的。因此在宋地会盟，宋襄公不仅不能掌控局面，倒使楚成王反客为主，并绑架了宋襄公以讨伐宋国。正应了目夷之言："国君欲望太过，事情的发展不会满足他的欲望。国君祸在眼前！"直至这年冬天，楚国才释放了宋襄公。

关于楚国捉放宋襄公之事，《公羊传》记载与《左传》有所不同，故事性更强。据《公羊传》记载，宋襄公与楚成王相约乘车相会，目夷向襄公建议道："楚乃蛮夷，强而无义，请国君率军队前往。"宋襄公则道："不可。寡人与楚侯相约乘车之会，非兵车之会。"便未率军队前往，楚国则埋伏军队，擒住宋襄公，以他为人质攻打宋国。宋襄公对此倒并非没有准备，他交代目夷道："你回去守卫国家！如今国家就是你的国家。我不听你的建议，以至于此！"目夷答道："国君即便不以国家相托付，国家也是臣的国家。"于是目夷逃回宋国严防死守。楚国人喊话道："你们不投降，我们便杀掉你们的国君！"宋人则

回答道:"我们依赖社稷神祇,已经立了新君!"楚国人便放了宋襄公。宋襄公获释后并没有回国,而是去了卫国。目夷派人转告襄公:"我为国君守住了国家,国君为何不回?"之后目夷便去迎回了襄公。

目夷认为,此次国君被楚国擒住,尚不足以让他接受教训。果然,宋襄公并没有接受教训,周襄王十五年夏,宋襄公联合卫文公、许僖公和滕国国君,共同兴兵伐郑。目夷叹道:"祸事来临了!"

郑国受到宋国攻击,楚国当然不能坐视不救,否则就不会再有诸侯国倒向楚国阵营。楚国以直接攻打宋国的办法救郑国之危。宋襄公移师准备与楚国决战。大司马公孙固谏道:"上天早已抛弃殷商,国君想复兴殷商,是不能成功的,不如放弃吧!"宋襄公既有取代齐桓公的想法,又有复兴殷商之裔的想法,自然不会听从臣子之言。

入冬之后,宋襄公准备与楚国军队在泓水北岸决战。泓水故道于河南省柘城县境内,在商丘西南方向。在泓水北岸决战,地理位置对宋国非常有利,宋国是以逸待劳,楚国则需要渡河背水一战。但宋襄公却生生将这场本可以获胜的战斗指挥输了。综合《左传》与《公羊传》,事情大约是这样的。宋军抵达战场,并已经列好了阵仗,这时楚军只有部分士兵渡过了泓水,许多士兵正在渡河。宋军司马公孙固请示宋襄公道:"敌众我寡,趁他们尚未完全渡过河,我们出击吧!"宋襄公则道:"不能出击!君子不据险扼人。"楚军全部渡过了泓水,正在列阵之时,公孙固又请示宋襄公道:"趁他们尚未列好阵,我们出击吧!"宋襄公依旧道:"不能出击!我闻,君子不鼓不列。"即敌人尚未排好阵型,不可击鼓进军。楚军排好战阵后,依靠强大的兵力与背水一战的勇气,大败宋军,宋襄公大腿中箭,近卫被歼。

宋军大败而归,举国上下都埋怨宋襄公。宋襄公却道:"君子不伤伤兵,不捉拿有白发者。古代用兵,不以险阻求胜。我们为殷商后裔,不能向尚未列阵的敌军进攻。"听了宋襄公迂腐的辩解,其兄目夷道:"国君不懂战争。遇到楚国这样的强敌,我们能够据险,能够趁他们未列阵而出击,是天助我们。据险扼守,鼓其不列,有何不可?即便如此,我们还怕不能取胜呢。强者作为我们的敌人,虽然年老,遇到擒住,有何不可?我们让士兵知耻,教士兵作战,是让他们杀敌。敌人受伤,但没有死,如何让士兵不再伤他?因为他反过来尚能伤害我们的士兵!如果怜悯伤者,不如不伤他们,如果怜悯老者,不如投降他们。用兵是为有利于我,于我不利,为何还要用兵?击鼓是因声鼓舞士气,

第五十章 不鼓不列宋襄败绩，无备无能鲁僖溃军

不趁势而鼓，还如何鼓舞士气？只要有利于我方，就可以据险；只要能够鼓舞士气，就可以鼓其不列。"可见宋国有明白之臣。但由于宋襄公的迂腐，又强要称霸，不仅使宋军大败，他自己也付出了生命代价。第二年，他便由于伤势复发而死。

鲁僖公也有非常明白的臣子，鲁僖公处事的成败，也与他听不听劝谏有关。周襄王十四年，即公元前639年，鲁国大旱，僖公想焚巫与尪以求雨。古代的巫以舞蹈与神祇沟通，请求神祇降临或请求神祇降福；尪则是鸡胸仰头的残疾人，古人认为尪面朝天，上天怜悯他们，怕雨水灌入他们的鼻孔，因此就不降雨。僖公想以焚巫与尪求雨，一是带有惩罚性质的，因为巫未能请求神祇降雨，而尪则阻止了上天降雨；二是带有乞求性质的，即派遣巫与尪直接去见神祇，请求上天降雨。鲁国大夫臧孙辰进谏道："此种方法不能减轻旱灾。我们应当加固城郭，节约粮食，减省开支，勤劳稼穑，劝富施舍，这些才是当今要务。巫、尪又能做什么呢？上天如果要杀他们，就不会生出他们，所以杀他们不合天意；他们如果能够为灾为害，那么焚杀他们，他们岂不是更要发难了？"臧孙辰提出的救灾措施，是国家和社会各阶层都动员起来的救灾方式。加固城郭是国家行为，一方面防备外敌趁机入侵，一方面使灾民通过出工获得赈济。节省粮食与开支，是国家通过制度对全社会做出硬性规定。劝富人施舍，是国家对全社会的动员，能够部分解决灾民衣食问题，同时防止贫富对立带来的社会不稳定。可见古代便有一套完整救灾运作方式。臧孙辰谥"文"，可见鲁国对他评价之高。

但鲁僖公并非遇事都能听从臣子的进谏。鲁国周边有几个风姓小国，任国、宿国、须句国、颛臾国，均为大皞即伏羲氏之后，他们祭祀大皞，祭祀济水，并一直尊奉中原王室。任国都城在山东省济宁市微山县，宿国都城在东平县宿城村，须句都城在东平县西北，而颛臾都城在平邑县。邾国为曹姓之国，为颛顼后裔，夏禹的功臣之后，首封于夏代，再封于周代，都城在曲阜市，离鲁国都城甚近。这些国家原本为鲁国附庸国。但此年冬天，邾国居然出兵灭了须句国。须句国与鲁国是姻亲，鲁僖公的母亲便是须句国公主，须句国君逃往鲁国。僖公母亲成风向僖公道："须句祭祀大皞与济水，是周天子指定的祭祀，尊崇并保护这些祭祀，为周礼所要求。须句以小国寡民，世代服侍周天子，保护这些小国，也是周礼的要求。蛮夷乱华夏，是周朝之祸。如果能够重新帮助须句立国，一方面，是尊崇并保护大皞、济水的祭祀，一方面，也能帮

助周朝摆脱蛮夷扰乱之祸。"于是，鲁僖公出兵讨伐邾国，于来年春天夺回须句国都，交还给须句国君。

邾国不甘心失败，于秋天兴兵攻打鲁国。鲁僖公因冬春之际出兵轻而易举地从邾国手中为须句夺回了都城，因此认为对邾国根本无须加以防备。臧孙表进谏道："国家无论大小，都不可轻视。如果没有准备，虽然大国兵众，也不能保证每战必胜。《诗》曰：'战战兢兢，如临深渊，如履薄冰。'（《小雅·小旻》）又曰：'敬之敬之！天惟显思，命不易哉！'（《周颂·敬之》）以先王之明智仁德，保守天命尚且艰难，履行政事尚且战战兢兢，何况我们小国！国君不要看邾国弱小，蜂虫尚且能以毒伤人，何况国家！"但鲁僖公不听臧孙表谏言。鲁国没有认真备战，待到与邾国交战，鲁国大败，连鲁僖公都丢盔卸甲。《左传》记载，"邾人获公胄，县诸鱼门"。邾国将鲁僖公的头盔悬于邾国城门之上，使鲁国大丢颜面。这就是鲁僖公不听劝谏的结果。

# 第五十一章　过眼烟云襄惠弃世，遍尝五味重耳出山

周襄王十六年，即公元前637年，或许诸侯头上笼罩着煞星，一年中居然有三位诸侯谢世。他们是宋襄公、晋惠公与杞成公。

宋襄公薨于夏天，据《左传》记载，"伤于泓故也"。宋襄公所伤，恐怕既伤在身，又伤在心。令宋襄公伤心之事或许主要是，他力图以古人之道争霸，国内国外却都无人理解。失败的宋襄公不仅要承受国内的千夫所指，还成为各国诸侯的笑柄。而获胜的楚国却在大行非礼无道，无人阻止。

不知何时，郑文公娶了楚国芈氏为夫人，早已成为姻亲之国。此次楚国采取攻宋救郑的策略解除了宋国对郑国的威胁，狠狠地教训了宋国，郑国自然感激涕零。楚军回师，郑文公夫人芈氏、姜氏远出都城慰劳楚成王，楚成王令人将生擒的宋国俘虏与杀死的宋人之耳向郑国人炫耀。时之君子认为，郑国与楚国举措都不合礼制。因为礼制规定，妇人迎送宾客，不应出门，即便见兄弟，也不应出门，而郑文公的两位夫人却不仅出门，而且出城。礼制还规定，兵戎之事，要远离妇人，更何况将妇人迎入军中。不过郑国与楚国此举或许还不会令宋襄公伤心欲绝，因为郑文公夫人违背礼制出门，丢的应当是郑国的颜面，楚成王将郑文公夫人迎入军中，将来倒霉的当是楚国军队——因为古人之所以规定兵戎之事远离妇人，是认为女人主阴，对兵戎不利，其实是因为军士接近女人，容易涣散军纪，动摇军心。或许令宋襄公伤心的是，郑文公将楚成王迎入郑都新城，以高规格的国宴之礼宴请楚成王。并且楚成王回国之时，又纳了两位郑国公主。违背中原礼制的楚成王受到中原大国郑国如此规格的接待，既令宋襄公愤懑，又令宋襄公伤心：非但殷商古礼不存，周礼不能节制蛮夷，中原诸侯居然以接待上公之礼节迎逢蛮夷，而他试图振兴中原礼制秩序的一切努力却付之东流。非但如此，中原诸侯不仅不援助宋国，相反，于宋国兵败的第二年春天，齐国还兴兵伐宋，因为在陈穆公提议感念齐桓公业绩之时，宋国没有赴齐国会盟。宋襄公便是在这种身心俱伤之下告别了人世。当时也有郑国臣子不满楚国无礼之举。郑国大夫叔詹道："楚王或许不得好死。为礼男女无

别，无别不可谓礼，将如何获得善终？"《左传》作者认为，诸侯因此知道楚王不能称霸。

宋襄公争霸之业不过五年，如过眼烟云，转瞬即逝，在历史上留下的更多是其迂腐的笑柄。晋惠公费尽心机登上晋君宝座，统治晋国十多年，在历史上也没有留下什么好评，而是彰显了其无德无信的言行，印证了时人断其无后的预言。继齐桓公之后，在春秋历史上留下浓重笔墨的，是晋惠公之兄晋文公重耳。关于公子重耳流亡与回国之经历，《左传》《国语》《史记》均有详细记载。

晋惠公薨后，其子圉继位，是为晋怀公。子圉是在一年多前从秦国逃回晋国的。当时，子圉听说晋惠公病，便与夫人怀嬴商议。他向怀嬴道："我母家乃梁国，现已为秦国所灭，秦国对我并不看重，我在晋国又无内援，一旦君父一病不起，国内大夫或会另立储君。"因此他准备逃回晋国。他征求怀嬴意见道："你同我一起回晋国吗？"怀嬴道："你为晋国太子，屈居秦国，你想回去，自是应当。我国国君让婢子服侍于你，为你梳洗，是为使你安心。婢子跟你回晋，乃放弃国君之命。因此婢子不敢跟从。但婢子亦不敢泄露太子行踪。"于是子圉便只身逃回了晋国。

晋怀公继位之后，便下令晋国大夫士人不得追随流亡公子，限定日期，如果这些人不回晋国，则诛杀无赦。重耳外祖狐突的两个儿子狐毛与狐偃一直追随重耳逃亡在外，狐突没有召回他们。这年冬天，晋怀公令人捉拿狐突，向他道："将你儿子召回晋国，我便可赦免于你。"狐突答道："儿子能够入仕，父亲当教之以忠，此乃古制。入仕之始，名字书写于策，主人授以证物。若怀有二心，乃是重罪。如今臣的儿子，名字书于公子重耳的名策，已有多年。若我召他们回来，是教他们怀有二心。作为父亲，教子不忠，何以事君？若国君不滥加刑罚，是国君之明断，也是为臣之所愿。而如果国君滥加刑罚，谁又能免？请国君决断吧！"晋怀公不能容忍狐突违命，便杀了狐突。晋怀公此举表明他是一个既刚愎自用又十分不自信的人，他听不得谏言，不能容人，有意无意地用这种刚愎的外表掩盖他对掌控晋国的不自信。如果他能自信，便没有必要害怕逃亡十几年的重耳，没有必要召回重耳身边的随从。正是他的不自信与刚愎自用，给了公子重耳以机会。如果说晋国的老臣对晋惠公还能维护，如今对晋怀公则离心离德了。老臣郭偃称病不上朝，向旁人道："《周书》有言，'乃大明，服'。（《尚书·康诰》）国君圣明，臣子乃服。如今国君不明，杀人逞

## 第五十一章 过眼烟云襄惠弃世，遍尝五味重耳出山

威，要想服众，岂不太难？民众不见国君仁德，只闻国君杀人，这样的国君还能保存子嗣吗？"

当年公子重耳逃亡至其母邦狄人之邦，狄人之间相互攻伐，将俘获的另一氏族的狄女叔隗、季隗送与公子重耳。公子重耳娶了季隗，而将叔隗配予跟随他的赵衰为妻，赵衰与叔隗的儿子便是日后晋国有名的权臣赵盾。当时追随公子重耳的除了赵衰，还有狐突之子狐毛、狐偃，以及颠颉、魏犫、胥臣等人。

重耳在狄人处，一晃居住了十二年。古人以岁星即木星纪年，即以相对不动的恒星为坐标来观测岁星在天空的运动，正好约十二年绕天一周，所以以十二年为一纪。重耳等人已经在狄人处居住了一纪，大家都有些怠惰了。于是狐偃向众人道："昔日我们来到这里，并非认为这里很好，而是认为在这里可以酝酿大事。我曾经说过，去容易到达的地方，设法获得资财，得以休养生息，我们便可安定。如今我们安定的时间长了，久安思止，思止日久，志向便消。所以我们要有所行动了！我们当初不去投奔齐国、楚国，是因为路途遥远。如今我们经过一纪的休养生息，可以远行了。"此时齐桓公尚在，狐偃便建议到齐国去。狐偃道："齐国一直想与晋国拉近距离，如今管仲已殁，齐侯已老，为佞臣包围，无人匡正政事，因此会更加怀旧。如此，他必然会怀念管仲之谋，求得远人服从。我们在他老年时去拜会他，老人容易亲近，我们就可以亲近他，取得齐国的支持。"众人都认为狐偃说得很对，于是决定去齐国。重耳向季隗道："你等我二十五年吧，如果我二十五年不回，你就再嫁。"季隗道："我已经二十五岁了，如果再等二十五年，我便行将就木了。但我会一直等你的。"

重耳一行人走出太行，路过卫国，卫文公因有邢、狄之虞，对重耳没有以礼相待。卫国正卿宁庄子宁速谏道："礼制乃国之纲纪，亲亲以维系人心，行善则可以立德。国无纲纪不可长久，民心不系社稷不稳，不能立德事业不成。此三者国君当慎重对待，不可抛弃！晋国公子是仁善之人，且为卫国同宗，国君不加礼遇，是抛弃尊礼、亲亲、善善三大德行。臣请国君慎重考虑。卫国首封之君康叔乃文王之子，晋国首封之君唐叔乃武王之子。武王立周，建有大功，上天将护佑武王后人。若姬姓周朝不绝后嗣，守护天赐社稷者必为武王之后。而武王之后，只有晋国昌盛，晋室后裔，只有公子重耳仁德。如今晋君无道，天将庇佑有德，将来能守住晋国宗庙社稷之人，必定是公子重耳。若他能回国复位，修养德行，镇抚民众，必能成为诸侯之伯，讨伐无礼之国。国君若

不及早图谋，卫国将被讨伐。臣忧惧后果，不敢不尽言利害。"但卫文公不听宁速之言。

由于卫文公对公子重耳没有以礼相待，公子重耳一行经过卫国无人护送照应。他们一行路过卫国五鹿地区，只能向当地人讨饭。五鹿当在今天河北省大名县与河南省清丰县一带。一次他们向田边的农夫讨食，结果农夫向他们的碗中投了一块土块。重耳大怒，举起马鞭便要打那农夫。狐偃知道，此时他们沿途不能与人冲突，以免带来不必要的麻烦，并且，此时他们还需要激励信心，以免他们的事业半途而废。于是狐偃制止了重耳之举，并向重耳恭喜道："此乃天赐！民众以国土相送，夫复何求？上天行事，必降其兆，主公一纪之后，必获此土地。你们记下我这话。当岁星在寿星及鹑尾时，我们将获得这片国土。上天是让农夫将此兆头告知我们，当岁星行诸寿星之时，我们必将称霸诸侯。天道之数由此开始。有此土地，或许便在戊申之日，因为戊为土，申为申广土地。"说罢他拜上苍，拜主公，将此土块收起。狐偃的一席话，将一件令人丧气之事，转变为一种对将来的期望，无疑激励起了一行人的士气，于是他们继续向齐国而去。

果真如狐偃所料，齐桓公亲切地接待了重耳一行，并将女儿嫁予重耳为妻。齐桓公还送二十乘车给重耳。重耳在齐国衣食住行都得到了齐国的悉心安置，使他几乎乐而丧志。齐桓公这种安置，不知是喜爱公子重耳欲留他在齐国久住，还是试图以安乐窝束缚公子重耳，以免他将来成为齐国敌人。作为曾经的强人、如今的老人，齐桓公的心思是不好猜测的。一年之后，齐桓公去世，齐国一度内乱，此时的重耳已经对世事不闻不问，只想享受舒适生活，不想再四方游历结交诸侯，图谋返回晋国成就霸业。狐偃知道如今的齐国已经不能指望，又看到公子重耳渐渐安乐丧志，怕重耳乐不思返，便与赵衰等人一起商议如何劝说重耳振作起来，谋求回国重整晋国。他们在桑树下商议之时，不料重耳夫人身边采桑养蚕之女在树丛中将他们的话全都偷听了去。养蚕女将他们的谋划告诉了桓公之女、重耳夫人姜氏，姜氏怕此女将狐偃他们的计划泄露出去，狠心杀死了此女。

姜氏向重耳道："你的随员们要让你走，偷听他们商议的侍女已经被我杀了。你一定要听从他们的建议，不能三心二意，三心二意不能成功。《诗》云：'上帝临女，无贰尔心'。（《大雅·大明》）先王多么明智，三心二意怎能成功？你是由于逃晋国之难，来到此地。自从你离开晋国，晋国无一年安宁，民众无承平之君。上天没有灭亡晋国，晋国又无其他公子，那么拥有晋国，非公子还能有谁？你要努力，天予不取，必有其咎。"但重耳却道："我不走了，我要老死于此。"姜氏道："不可。《周诗》云：'莘莘征夫，每怀靡及。'（《小雅·皇皇者华》）他们昼夜兼程，不暇坐卧，尚且畏惧时日逼人，何况纵欲怀安，怎能成功？人不求成功，又岂能成功？岁月不舍昼夜，人又怎能安处？周朝亦有《书》言：'怀与安，实疚大事。'怀恋偷安，将毁大事。《郑诗》云：'仲可怀也，人之多言，亦可畏也。'（《郑风·将仲子》）昔日妾身曾闻管敬仲有言：'上流之民，畏惧权威；末流之民，随心所欲；中行之民，将从己心，又思权威。畏惧权威之人，乃可自己立威；权威得立，乃可罚罪。随心所欲之人，权威不立，陷于有罪，流于末流。所以我将取中。我从《郑诗》之言，既从己心，亦畏人言。'管敬仲便是这样纪纲齐国，辅佐先君，成就霸业的。如果抛弃这种做法，岂非难以成功？如今齐国政败，晋国无道，公子随员忠心谋事，公子得晋国之日不会长久了。君临国家，可为民众谋利，若不这样做，乃非人道。齐国将败，不可久留；晋民思安，时不可失；随员谋国，忠不可弃；安逸享乐，不可留恋，公子必须立即行动起来。我闻晋国始封之时，岁星在大火星。殷商主大火星。殷商享国有三十一代君王，瞽史曾纪录道：'晋国之嗣，将如商数。'如今晋国才十四世，尚未及半数。公子如今是晋国唯一的公子，必当拥有晋国，怎么能留恋此地呢？"虽然夫人姜氏苦口婆心，但重耳依旧不肯谋求回国。

于是，姜氏与狐偃商议，将重耳用酒灌醉，扶至车上，离开齐国。重耳醒后，持戈追击狐偃，并大叫道："如果事情不成，我要吃你的肉！"狐偃一边逃，一边道："如果事情不成，我还不知会死在哪里，难道公子还能与豺狼争食？如果大功告成，公子难道还会缺少美味佳肴？狐偃之肉既腥又臊，又怎么能入口？"公子重耳就是这样，在狐偃等人的推动下，在其妻姜氏的支持下，开始了他周游列国的旅程。

## 第五十二章　诸侯各异礼与不礼，重耳亲筮吉为大吉

　　公子重耳周游列国的经过，《左传》与《国语》均有记载，《国语》记载更为详细。公子重耳一行自齐国来到曹国，曹共公非但没有礼遇重耳，还为了满足其好奇心偷窥重耳洗浴，可谓无礼之极。曹共公听说公子重耳"骿胁"，即肋骨并在一起，如同一块大骨一样，便想一探究竟。他偷偷来到重耳住所，待重耳洗浴时，隔帘偷窥。此种行径为人不齿，但曹共公却丝毫没有愧疚之心。曹国大夫僖负羁的妻子向丈夫言道："我看晋国公子是个贤明之人，他的随员都是相国之才，以其中一人为相，便可得到晋国。有这些人辅佐，公子重耳必将返回晋国。他返回晋国，必定能称霸诸侯。他称霸诸侯，必定要讨伐无礼之国。讨伐无礼之国，曹国首当其冲。你还不尽早结交于公子重耳？"于是僖负羁借给公子重耳送食物之时，将玉璧置于盘中送上。公子重耳接受了食物，却私下返还了玉璧。

　　僖负羁向曹共公进谏道："晋国公子在此，他的地位与国君相当，难道不应该以礼相待吗？"曹共公则道："诸侯逃亡的公子多了，哪个不路过曹国？逃亡公子都无礼数，我焉能做到全部以礼相待？"虽然僖负羁讲出很多道理，但曹共公不听劝谏。

　　重耳一行到宋国时，受到了热情招待。宋襄公不愧仁义之君，赠送二十乘车马予公子重耳。这与宋国司马公孙固有关。公孙固与重耳友善，因此向宋襄公道："晋国公子虽在逃亡，却不失仁善，对狐偃像对待父亲一样，对赵衰像对待师傅一样，对贾佗像对待兄长一样。狐偃是公子重耳之舅，慧智有谋，胸怀韬略；赵衰是先君车御赵夙之弟，文史见长，忠贞不贰；贾佗为公室之后，多识善断，恭敬守礼。此三人辅佐重耳，重耳待三人为父兄师长，言行经常向他们咨询，自幼及长学习不倦，可谓知礼。帮助有礼之人，必有好报。"公孙固引《商颂》道："汤降不迟，圣敬日跻。"乃言商汤礼贤下士，圣敬之道上达天听。公孙固希望宋襄公能礼敬晋国公子。宋襄公本重礼义，又好仁义之名，于是，便有了赠车马之举。

## 第五十二章 诸侯各异礼与不礼，重耳亲筮吉为大吉

但当公子重耳一行到达郑国时，又受到了轻视，郑文公并不以礼接待。郑国大夫叔詹进谏道："臣闻，亲天之所助，用先君之训，礼师长兄弟，资穷困贫弱，上天便会降福。如今晋国公子有三项福祚，上天或许将会为他开启成功之门。自古同姓不婚，以防子孙不衍。狐氏为唐叔之后，重耳为狐姬之子，与晋同姓，本当不能蕃殖，但重耳自幼及长，才智出众，离国避祸，举止得当，长久以来，未闻有瑕，此乃一项福祚。重耳多年流离在外，本为流亡之身，难以再入宗庙，但晋国长期不治，如今兄弟九人，唯有重耳在世，此乃又一项福祚。晋侯积怨，内外弃之；重耳载德，狐、赵为之谋，此乃第三项福祚。《周颂》曰'天作高山，大王荒之'。（《周颂·天作》）荒之，乃大之。宏大天之所作，可谓亲天之所助。晋国与郑国，乃同宗兄弟，我先君武公曾与晋文侯勠力同心，股肱周室，护送平王。平王亲赐盟约信物，让两国世代相扶。若我君要亲天之所助，重耳能得三项福祚，可谓得天之所助；若我君要继承先君之业，晋国文侯之功，先君武公之业，可谓先君之业；若我君要礼敬师长兄弟，晋、郑之亲，平王遗命，我君与重耳可谓兄弟之亲；若我君要资助穷困贫弱，晋公子自幼离国，周游列国，可谓穷困。如今我们不行此四种善举，就不怕日后有祸吗？请国君细细思量！"从郑文公投向楚国，便可见郑文公相当势利。或许他根本没有将重耳这个流亡公子放在眼里，因此听不进叔詹劝谏。叔詹又进言道："如果国君不礼遇他们，则请国君杀掉他们。谚语曰，'黍稷无成，不能为荣。黍不为黍，不能蕃庑。稷不为稷，不能蕃殖。所生不疑，唯德之基'。"叔詹的意思是，或者，黍稷均死，不会抽穗，杀掉重耳，以绝强敌；或者，种黍得黍，种稷得稷，礼与不礼，祸福自取。如果郑文公没有将重耳一行放在眼里，当然也就不会听取叔詹的这一意见。况且郑文公或许也不愿背负杀害逃亡公子的名声。

重耳一行又来到楚国。楚成王以中原礼节并以国君规格招待重耳。重耳想要推辞，不敢接受如此隆重的礼节，但狐偃道："此乃天命，公子不妨安享。身为流亡之人，而有人以国君之礼宴请，并非地位相当之人，而有人以人君之礼相待，若不是天意，又有谁会启发楚王作如此安排？"宴会之后，楚成王问重耳道："公子如能回到晋国，将如何报答我呢？"重耳再拜稽首道："美女玉帛，楚君不缺，羽旄齿革，楚地自生。流到晋国之物，均为楚国之余，我又何以能报楚君？"楚成王道："虽然如此，不谷依旧想听你的想法。"重耳道："若借楚君神灵与吉言，我能回到晋国，将来晋、楚遇于中原征战之时，我将退避

· 215 ·

三舍。若楚军不回，我才敢执鞭驰马，取弓搭箭，与君周旋。""退避三舍"的成语典故便出自重耳对楚成王的承诺。古代行军，一般每天行进三十里便宿营，退避三舍，便是退避九十里。

事后，楚国令尹子玉向楚成王建议道："请杀掉晋国公子。不杀，他返回晋国，将来率军，必定会是令楚军畏惧的对手。"楚成王则道："不可。若楚军畏惧，是我修德不足。我修德不足，杀他又有何用？上天佑楚，谁能使楚军畏惧？天不佑楚，晋国之地，难道便没有才干的国君吗？公子重耳聪敏通达，通晓文辞，身处困境，不卑不谄，并有能人相辅，是有天佑。天之所兴，谁能废之？"子玉又道："那就以狐偃为质。"楚成王道："不可。《曹诗》云，'彼己之子，不遂其媾'。（《曹风·候人》）是言有过失之人，将不能长享福禄。尤而效之，尤又甚焉。效尤非礼。"后来，姬圉从秦国逃回晋国后，秦穆公请公子重耳去秦国，楚成王便以厚礼送公子重耳去秦国。

公子重耳曾经亲自筮卦，以观自己的前程。筮得内卦为屯，即震下坎上，外卦为豫，即坤下震上。屯卦中震为内卦，豫卦中震为外卦，震卦阴爻之数不变，预示无所变化。筮史占道："不吉。闭而不通，无所作为。"胥臣则道："吉。根据《周易》，皆利建侯。不拥有晋国，辅佐王室，安能建侯？我们筮的是'尚有晋国'，筮得'利建侯'，表明得国，此乃大吉！震为车，坎为水，坤为土，屯卦为厚，豫卦为乐。内卦外卦均有车，车行内外；豫卦内卦为坤，坤为顺；屯卦三至五爻，豫卦二至四爻，为艮，艮为山；屯卦本就有坎，豫卦三至五爻为坎，坎为水，水在山上，流而不竭，意味财源不竭。两卦有泉、有土、有厚、有乐，不是有国，何以当之？震为雷，为车；坎为水，为众。内卦为主，主卦为雷与车，坎卦在上，因此尚水与众。车有震，乃有武威；众顺从，乃有文德。文武具备，厚之至也，故为屯。内卦屯卦爻辞曰，'元亨利贞，勿用有攸往，利建侯'。内卦为主，主卦为震，震为雷，为长男，当为诸侯，故曰元；坎为水，为众，众人顺从，故曰亨；震雷有动，车动而上，有威，故曰利贞。车上水下，车行有威，众人顺从，当为诸侯之伯。小人之事不成，必然遇坎壅塞，故曰'勿用有攸往'，只一人之行。众顺而有武威，故曰'利建侯'。外卦豫卦，坤在下为母，震在上为长男，母老子强，故曰豫。爻辞曰，'利建侯行师'。居能乐，出能威，此二卦，均为得国之卦。"胥臣的一番解释，无疑增强了重耳及一干人的信心。

# 第五十三章　嫁女设宴秦穆礼宾，渡河息乱晋文登基

《左传》与《国语》均记载了秦穆公善待公子重耳并帮助重耳继承晋国君位之事，不过侧重与详略不同。

公子重耳到秦国后，秦穆公便将女儿并陪嫁媵女五人嫁予重耳，五人中有先前嫁予太子圉即晋怀公的女儿怀嬴。从晋怀公圉那里论起，怀嬴本是重耳的侄媳。怀嬴既为媵侍，重耳便让她酓水盥洗，盥洗完毕，不待怀嬴奉上手巾，重耳便挥手甩水，或许将水洒在怀嬴身上。怀嬴怒道："秦、晋可谓匹敌，公子为何以我为卑？"重耳在人屋檐下，不敢不低头，便除去冠服，将自己禁闭起来。此事惊动了秦穆公，秦穆公上门来见重耳，对重耳道："寡人嫡女，唯此女最有才。因有子圉之辱，只能委屈她为陪嫁。要再替她成婚，恐怕播其恶名。不然，不至于此。因此不敢以正婚之礼嫁予公子。有辱公子，寡人之罪。听凭公子处置。"

古代帝王诸侯之间联姻，都以政治利益为标准。秦穆公当初将他最喜爱也是最有才干的女儿嫁予晋太子圉，是为了拉拢晋太子圉，控制晋国，如今又以这个怀嬴作为媵妾予重耳，是看中重耳将来能够成为晋君。秦穆公虽然嘴上说尊重重耳的选择，但其实他知道在表明他十分重视怀嬴后，重耳应当不会拒绝怀嬴。

但重耳还是较为率性，他真的不想娶怀嬴。或许是因为怀嬴曾是他的侄媳这重尴尬的身份，或许是因为怀嬴的性格过于强势。胥臣针对重耳可能的理由，说明婚配一是为了生育，二是为了政治联姻，其他可不作考虑。重耳又去问舅舅狐偃，狐偃道："如今你要夺人之国，娶其妻又何妨，要以秦君之命是从。"重耳又问赵衰，赵衰道："《礼志》曰，'将有请于人，必先有入焉。欲人之爱己也，必先爱人。欲人之从己也，必先从人。无德于人，而求用于人，罪也'。如今公子婚媾以从秦君，就要受其所好，亲之爱之，听从于秦，报之以德，我们唯恐不能如此，此事还有何疑问？"于是，重耳行聘礼，重新迎娶了怀嬴。

秦穆公将今后晋国的希望寄托在公子重耳身上，对重耳礼遇有加，以国君之礼对待重耳。一次，秦穆公宴请公子重耳，重耳让狐偃随行，但狐偃道："我不如赵衰礼仪周正，文辞流畅，让赵衰陪同吧。"因为这种礼尚往来的场合，宾主礼仪细节都不可或缺，否则非但是对对方的不敬，也是对自身的不自重，而且，此种场合往往要以《诗》言志，或以《诗》宛转地表达意思，赋诗双方都要充分表现其敏捷与才华。赵衰陪同重耳，果然礼仪周正。享礼之后的第二天，还要行宴饮，秦穆公向秦国大夫们道："为礼而不能完成礼仪，是耻辱；行礼过程中真情与外表相违，是耻辱；华而不实，是耻辱；不度己力而轻言施恩，是耻辱；施恩不成，也是耻辱。耻辱之门不闭，不可以受封。礼仪得当，则无须用兵。你们在此五方面定要慎重！"

来日的宴会上，秦穆公赋《采菽》一诗。《小雅·采菽》描写的场景是，来自四方的诸侯朝王，王行赐命与赏赐，与诸侯同乐。《采菽》描写的场景虽然是诸侯朝王，王行赏赐，却是用民间的眼光看待此事，而非用王室笔墨叙述此事。《诗》中先是以百姓视角猜测天子将会赏赐诸侯们什么物品，描写诸侯们到来时的热闹场景，然后反复祝福"乐只君子"，将有"天子命之""福禄申之""天子葵之""福禄膍之"。穆公赋此诗可看作借此欢乐场景，表示对公子重耳前程的祝福。于是赵衰让重耳下堂拜谢。秦穆公也依礼下堂辞谢。赵衰道："秦君以天子赐命诸侯之礼仪加于重耳之身，重耳怎敢有此念想，怎敢不下堂拜谢？"公子重耳回到堂上，赵衰便让重耳赋《黍苗》。《小雅·黍苗》是歌颂召伯之诗，表现召伯勤劳王事之功，慰劳将士之心，将士感恩之情。其第一章言"芃芃黍苗，阴雨膏之。悠悠南行，召伯劳之"。待重耳赋诗之后，赵衰道："公子重耳仰望秦君，就像黍苗仰望阴雨一样。如果秦君能荫庇滋润黍苗，使之成长为嘉谷，献予宗庙，那都是仰仗秦君之力。秦君如能光大先君襄公之荣耀，东渡大河，匡扶周室，此乃重耳所盼。重耳如能在秦君润泽下养成仁德品性，祭祀宗庙，入主晋国，接受封疆，重耳定会追随秦君。秦君如能放心任用重耳，四方诸侯，谁敢不谨慎小心地听从秦君之命？"秦穆公赞叹道："他自能得到这些，岂是单靠寡人！"于是秦穆公赋《鸠飞》。《鸠飞》为《小雅·小宛》的第一章，为表怀念先人并继承先人之志。诗云："宛彼鸣鸠，翰飞戾天。我心忧伤，念昔先人。明发不寐，有怀二人。"穆公以此表明，他有志仿效襄公，成就功业。重耳赋《沔水》一诗："沔彼流水，朝宗于海。"（《小雅·沔水》）以海喻秦，不仅表达自己归顺之意，且喻意秦穆公将为诸侯众望所归。穆公自然高兴，又赋《六月》一诗。《小雅·六月》前面五章描写与歌颂尹吉甫辅佐周宣王北伐驱逐猃狁的历史事件，最后一章描写尹吉甫得胜回朝举行宴会的情景。秦穆公赋此诗当然可即家宴之景，其蕴意可以理解为穆公希望公子重耳能像尹吉甫那样辅佐自己，成就一段佳话；亦可理解为穆公以尹吉甫自许，成功之后设宴招待忠孝之友公子重耳；还可理解为赞扬公子重耳将来必能称霸诸侯"以匡王国""以定王国""以佐天子"。秦穆公赋诗之后，赵衰高声道："重耳拜赐！"于是公子重耳下至堂下再拜。秦穆公也忙下台阶表示辞让。此时赵衰道："秦君称赞公子重耳可以辅佐天子，重耳岂敢怠惰，岂敢不唯德是从！"如此回答既提高了公子重耳的声誉，又赞许了秦穆公的眼光与用意。就这样，秦穆公与公子重耳便通过赋诗，将各自的想法淋漓尽致地表达了出来。

晋惠公薨，晋怀公心胸狭窄，不能服众，公子重耳的机会来了。他在秦穆公扶助下准备东渡大河，回归晋国。来到河边，狐偃将重耳给他的玉璧还给重耳，道："臣牵马执鞭追随公子巡行天下，获罪甚多。臣犹自知，何况公子？公子若不忍让我死，请允许我从此离开。"重耳道："不与舅父同心，有如此璧。"说着便将玉璧扔到河中。

这时，晋国大夫董因已经赶到河边迎接公子重耳一行。重耳问道："我这次回来可能成功？"董因回答道："去年岁星于大梁，国君恰在大梁；今年国君受命，岁星恰于实沈。实沈之域，晋人所居，晋国由此而兴。如今正应于国君，事无不成。国君出行之时——离晋与离狄之时，是岁星在大火星之年。大火星为阏伯之星，即大辰星。大火星乃农祥之星，周之祖先后稷据此以成农事，晋之始祖唐叔于岁星在大火之星时受封。瞽史记载曰，唐叔后世子孙将继承先祖，如谷物蕃衍，定能得到晋国。我筮卦，得'泰'之八，有封侯之象，是谓天地配亨，小往大来。预示子圉出奔，国君入主。时命如此，怎会不能成功？且您于岁星在大火时出走，又于岁星在实沈时回国，非但为晋国祥兆，亦为天之大纪之数。国君稳操胜券，必能称霸诸侯，荫庇子孙。国君不必担忧。"于是重耳一行便取道向晋都而行。

公子重耳一行在秦国军队相助下，先是包围了令狐邑，令狐邑人不战而降。令狐邑位于今山西省临猗县境内。一行人又不战进入桑泉邑，桑泉邑位于今山西省临猗县境内。然后他们又轻取了臼衰邑，臼衰邑位于今山西省永济市境内。晋怀公向北逃往高梁邑，高梁邑位于今山西省临汾市东北。吕甥、冀芮率军驻扎于庐柳邑，准备抵御秦国人护送的公子重耳的人马。庐柳邑位于今山西省临猗县北。秦穆公派公子絷去与晋军交涉，之后，晋军便不战而退，退驻郇邑，郇邑位于今山西省临猗县境内。于是，公子重耳派狐偃与秦国、晋国的大夫在郇邑盟约，驻防晋军全部降于公子重耳。公子重耳一行人渡河不出半月，重耳便已来到晋军中。随后，军队护送重耳前往曲沃。在公子重耳准备回国之前，秦穆公与重耳应当已经派人在晋国造足了舆论，因此重耳得以顺利来到曲沃，于曲沃武公庙中祭祀先祖，即晋君位，是为晋文公。晋怀公虽然早已出逃至高梁邑，却最终没有逃脱晋文公派人追杀，死于高梁邑。

## 第五十四章　宽宏大量晋文免祸，狷介耿直介推隐身

晋文公继位之后，险些遭到暗杀。《左传》《国语》均记载了此事。一天，寺人披请求进见晋文公。寺人是天子和诸侯宫中的内侍，寺人披在《国语》中被记载为寺人勃鞮。寺人披在当年曾奉晋献公之命前往蒲城追杀晋文公，晋文公翻墙逃走时，寺人披抓住他的袍袖挥刀砍去，砍下了一只袍袖。晋文公忆及往事，拒绝接见，并派人指责寺人披。晋文公令人代言道："当初骊姬向献公进谗言构陷于我，你于屏内试图射杀我。我困于蒲城，献公命令两日之内到达蒲城追杀我，你当日便赶至蒲城。我出奔后，久居狄人之处，与狄君在渭水边打猎，惠公得知，命你四日之内赶赴渭水边刺杀我，你第三日便赶到渭水。虽有国君之令，你为何行动如此迅速？你屡屡困我，而我与你并无旧怨。当初在蒲城追杀于我，那只被你斩下的袍袖还在。请你回去细想，改日再见！"寺人披回答道："小臣原本以为国君已经懂得君臣之道，所以敢于回国继位。如今看来，国君尚未懂得君臣之道，很快便会再次面临出奔。作为臣子，要忠心事君，作为国君，要善恶分明。为君有为君之则，为臣有为臣之则，此乃不变之古训。献公、惠公，均为臣主，二君所恶之人，臣当受命除之。除君之所恶，当竭其所能，岂能有二心？如今国君临朝，岂无所恶？伊尹放逐太甲，太甲改过，遂为明君；管仲曾射桓公，桓公弃怨，以管仲为相，遂成霸业。乾时之战，管仲射箭正中桓公带钩，较之我斩下国君袍袖，更为接近要害，而桓公并无怨言，用管仲为相，成就君臣一世英名。国君之德所能覆盖之处，为何不能更加宽裕？憎恶忠臣，君位岂能长久？国君不能明白为君之道，便不可能坐稳君位。国君若念旧恶，便不可得众人归附，我本刑余之人，又有何畏惧？国君不见我，终会后悔！"

侍从将寺人披的这番话报告给晋文公，晋文公认为很有道理，便同意接见寺人披。寺人披便将吕甥与郤芮的一个阴谋报告给文公。原来，晋惠公与怀公的近臣吕甥与郤芮对文公回国心怀畏惧，暗中与惠公、怀公死党商议，试图遣人焚烧宫室，诱文公出宫救火，刺杀文公。于是，晋文公秘密出行，去秦地王

城见秦穆公，告知吕甥等的作乱阴谋。王城原为戎王之城，此时已经成为秦国城邑。或许秦穆公一直在经营秦国东部，又因送晋文公入晋国即位不久，晋国尚未完全安定，因此秦穆公率军驻留于秦国河西之地王城。秦穆公与晋文公商议，因为吕甥他们是在暗处，因此只能等他们出手，才能捉拿他们。吕甥他们在宫廷放火之后，遍寻不见文公，于是追至大河沿岸。秦穆公早已派人在河边守候，将他们诱杀。正是由于晋文公对于寺人披宽宏大量，使自己躲过一劫。晋文公此行从秦国接回了夫人，秦穆公又送晋文公卫士三千人，以充实晋国的护卫力量。

晋文公曾有一名童仆名叫头须，专门为文公保管财物。晋文公当年出奔，头须没有跟随文公出逃，而是偷盗了财物潜藏在晋国。以后，他将这些财物都用来设法让晋文公回国。文公回国之后，头须求见。晋文公推托说正在洗头，不便接见。头须对文公侍从道："洗头之时心乃朝下，心反则意图乃反，难怪我不能得见。留在晋国之人为家国社稷之守，跟随在外之人乃牵马执鞭之仆，两者均是为国为君，何必怪罪留守之人？身为国君而仇视匹夫，畏惧国君之人便太多了！"文公侍从将头须这番话告诉文公，于是文公立即接见了他。晋文公能够重视小人物的意见，因此成为一代明君。

晋文公登基之后，自然要赏赐群臣，特别要赏赐十几年来追随他左右之人。追随他左右的一些人自然也居功自傲，或明言或暗示向晋文公讨要封赏。晋文公在外十几年的随行臣子中，有一人名叫介之推，他没有向文公提及封赏，也唯独他没有得到文公的封赏。但是他恰恰是应当得到重赏的人之一，因为文公于逃亡途中饥饿至极，无力行动时，介之推曾割下自己大腿之肉烧给文公吃，使文公得以保持体力。然而《左传》《国语》《史记》均未记载介之推割股之事，此事或为后人附会。文公登基后，介之推看到文公左右之人以功臣自居，争名夺利，极不以为然。据《左传》《史记》记载，他道："献公有九子，如今只有新君在世。惠公、怀公均无后嗣，国内国外都遗弃了他们。但上天不使晋国绝嗣，晋国必会有君。主持晋国祭祀，岂非唯有新君？这是上天立他为君，而这些争功之人却以为是自己的力量，岂非大错特错？偷窃他人财物，尚且被称为盗，何况贪天之功以为己功？在下位者将贪功之罪看作理所当然，在上位者对奸佞之人给予高官厚禄，上下相互蒙骗，我实在难与他们相处。"介之推之母道："你为何不去求个封赏？如此贫困至死，又能怨谁？"介之推答道："明知错误而去效法，其罪更大。况且我口出怨言，便不能食其俸禄。"他母亲道："总当让他们明白你的做法。"介之推则道："语言是身之文饰。身之将隐，何用文饰？做出宣言让人明白，岂非亦是追求显达？"他母亲非常通情达理，向儿子道："你果真能够如此，我与你一起归隐。"他们隐居山野，死于穷困。有人提醒晋文公介之推十几年追随左右功不可没，晋文公便派人寻找介之推，然而遍寻不见。于是，晋文公便将绵上之田封予介之推，并道："以此标志吾之过失，并旌表善人。"

《吕氏春秋·纪·介立》篇中也特别记载了介之推的事迹，称之为介子推，其事迹与《左传》《史记》记载亦有所不同。晋文公回国后，介子推不肯受赏，赋诗曰："有龙于飞，周遍天下。五蛇从之，为之丞辅。龙反其乡，得其处所。四蛇从之，得其露雨。一蛇羞之，桥死于中野。"随后将此诗悬挂于宫门，退隐山中。文公得知后道："此必介子推也。"于是微服出宫，令士庶人等寻找介子推，并悬赏道："有能得介子推者，爵上卿，田百万。"有人在山中见一人背负大锅，不知便是介子推，于是问道："请问介子推安在？"介子推答道："介子推不欲现身而欲隐退，我怎能知道？"于是遁入深山，终身不出。介子推可谓超凡脱俗。而据《史记》记载，那首诗是怜惜介子推的人所作，诗曰："龙欲上天，五蛇为辅。龙已升云，四蛇各入其宇。一蛇独怨，终不见处所。"晋文公寻不见介子推，听闻介子推避入绵上山中，便将环绵上山之田全部封予介子推，名为介推田，山名为介山。

而西汉刘向《新序·节士》所述又有所不同。晋文公回国后，宴请士大夫，以狐偃为将，以艾陵为相，授田百万。介之推则未封爵位。酒过三巡，介之推举杯起身道："有龙矫矫，将失其所。有蛇从之，周流天下。龙既入深渊，得其安所。蛇脂尽干，独不得甘雨。此何谓也？"文公恍然大悟道："此乃寡人之过。明日寡人将封爵于你，并封你土地。"介之推道："臣闻君子之道，求来之位，有道之士不居；争来之财，廉洁之士不受。"文公道："是你等使我得以回国，我定要成就你等功名。"介之推道："臣闻君子之道，为人子而不能帮助父亲，则不敢继承父业；为人臣而为君所遗忘，则不敢立于朝廷。臣并无所求。"之后，介之推便遁入介山。晋文公使人寻之不得，深为自责，三个月不入寝室，终年呼介之推之名。因介之推不肯出山，寻之不见，有人便出谋焚山，逼其出山。但焚山之后，介之推依然不出，焚死于山中。后人或因此故事，又附会出寒食节之所以不举火，是因晋文公下令禁火三日，以纪念介之推。

介之推的事迹，或许当以《左传》所记更符合历史真实，后人所记演义成分更大。据《左传》记载，公子重耳奔狄之时，从者为狐偃、赵衰、颠颉、魏犨、胥臣。据《史记》所载，追随者有贤士五人，为赵衰、狐偃、贾佗、先轸、魏犨，还有不名者数十人。《国语》则具体记载了狐偃、赵衰、胥臣在重耳流亡与周游时所起的作用，并记载了他人将狐偃、赵衰、贾佗赞美为"三材"，却未记载介之推的事迹。而据《吕氏春秋》与《史记》中所引之诗，似乎史书记名的五位贤者中当有介之推。但事实上介之推当是一般随从，因此史书未记其名，晋文公会将其遗忘。赋诗之事，当为后人附会。这种附会代表了后人的推崇。

## 第五十五章　天家内乱襄王出奔，晋侯卜筮秦晋勤王

当初被齐桓公费尽心机保护下来的周襄王非但不是有为之王，守成也尚且不足，难怪其弟王子带一直没有放弃对王位的觊觎。就对外关系而言，齐桓公去世后，周襄王本当与各大诸侯国搞好关系，一旦王畿有乱，可以有所依赖，但周襄王恰恰忽略了与邻近的郑国的关系。就王室内部而言，周襄王既然一直提防王子带，便不能再让后宫出现混乱，但周襄王恰恰不能安定后宫，导致内忧外患。

周郑不和是由滑国问题引起的。滑国邻近郑国，为西周时期所封姬姓之国。滑国曾都于河南省滑县，后迁都于洛阳市偃师区东南，成为郑国的附庸，其地尚有滑国故城遗址。齐桓公去世后，各大国之间争斗，使得小国难免卷入其间。滑国便是如此。据《左传》记载，周襄王十三年，即公元前640年，滑国背叛郑国、倒向卫国，郑国派遣公子士与大夫洩堵寇率军讨伐滑国，于是滑国再次倒向郑国。但此后，滑国又倒向卫国。周襄王十七年，郑国由公子士、洩堵俞弥率军再次讨伐滑国。大约是因为滑国向襄王求救，于是周襄王便出面，派大夫伯服、游孙伯到郑国为滑国讲情，让郑国不要进攻滑国。

滑国位于郑国肘腋之间，郑文公绝不能允许滑国倒向郑国的宿敌卫国。另外，当初郑厉公与虢公共同帮助周惠王复位，周惠王赐予虢公酒爵，而赐郑厉公鬶鉴，郑文公认为这是对郑厉公的侮辱。如今郑文公认为周襄王偏袒卫、滑两国，而且怀疑滑国背叛郑国，乃襄王暗中鼓励。郑文公非但不听周襄王之令，还扣留了伯服与游孙伯。

周襄王为滑国与郑国调和不成，使者被扣，王室颜面不存，自然愤怒，于是准备召狄人相助讨伐郑国。富辰进谏道："不可如此行事。臣闻，最高明之人以德安抚百姓，其次亲亲，由此及彼，推恩及远。从前周公感伤管叔、蔡叔不得善终，因此将土地分封给族亲作为周朝屏障。管、蔡、郕、霍、鲁、卫、毛、聃、郜、雍、曹、滕、毕、原、酆、郇各国，均为文王之嗣；邢、晋、应、韩各国，为武王之嗣；凡、蒋、邢、茅、胙、祭各国，为周公之嗣。召穆

公召虎担忧周德衰微，于是集合宗族于成周，作诗《常棣》云，'常棣之华，鄂不韡韡。凡今之人，莫如兄弟'。《常棣》第四章云，'兄弟阋于墙，外御其侮'。如此，兄弟之间虽有些微怨愤，却不废亲情。如今天子不忍小怨，抛弃与郑国的亲情，将待如何？酬劳功勋，亲近血亲，体恤近臣，尊敬贤达，乃为大德。听信聋聩之人，盲从暗昧之人，结交固陋之人，任用愚恶之人，乃为大恶。弃德尚恶，乃为大祸。就郑国而言，有护佑平王东迁、扶助惠王复位之功，郑国始封之君为厉王之子、宣王之弟，为周之血亲，郑国国君弃用宠臣而任用良善，在姬姓诸侯中与王室关系最近，兼具四种德性。就狄人而言，耳不听五声唱和是为聋聩，目不辨五色华章是为暗昧，心不效德义规范是为固陋，口不道忠信之言是为愚恶，兼具四种奸恶。周室德被天下时，尚且道'凡今之人，莫如兄弟'，所以分封建制。周室怀柔天下时，尚且惧有外侮，而抵御外来侵犯莫如亲亲，因此以宗室亲属作为周室屏障。召穆公亦作此言。如今周室恩德已衰，又改变周公、召公之行，听从各色奸恶之人，岂非不可？百姓未曾忘记祸乱，天子却又挑起祸端，岂是效仿文王、武王之举？"但周襄王不听劝谏，派遣大夫颓叔、桃子率狄人伐郑。

这年夏天，狄人进攻郑国，占领栎邑。周襄王为表示感谢，要以狄人之女隗氏为王后。富辰又劝谏道："不可如此行事。臣闻，'报者倦矣，施者未厌'，受惠之人再三报恩已经倦怠，施恩之人希求回报却尚未满足。狄人本性贪婪，君王此举又会启动他们的贪欲。女子德行没有准则，妇人怨恨没有终结，狄人必定成为祸患。"《国语·周语》详细记载了富辰的谏言："婚姻乃祸福的阶梯，娶女有利于本国会带来福气，有利于外邦则会带来祸事。如今王娶狄女，是有利于狄人，岂非取祸的阶梯？昔日挚国、畴国，为奚仲、仲虺后裔，养育了王季之妃、文王之母大任；杞国、缯国为夏禹之后，养育了文王之妃、武王之母大姒；齐国、许国、申国、吕国为四岳之后，养育了太王之妃、王季之母大姜；陈国乃武王所封虞舜后裔，武王将长女、成王之姐嫁予虞胡公，这些婚姻均有利于邦国，为睦邻与亲亲之举。昔日鄢国之亡，是因娶了仲任之女；密须之亡，是因其女伯姞；郐国之亡，是由于郐国夫人叔妘与郑武公私通；聃国之亡，是由于娶了同姓的郑国公主；息国之亡，是由于娶了美貌的陈妫；邓国之亡，是由于嫁女邓曼为楚武王夫人，所生文王灭了邓国；罗国之亡，是由于所娶季姬；卢国之亡，是由于嫁女荆妫于楚国，这些婚姻均利外邦而离间亲族。"但是襄王执意要娶隗氏为王后，没有听取富辰的谏言。

## 第五十五章　天家内乱襄王出奔，晋侯卜筮秦晋勤王

王子带作乱事败，逃至齐国请齐桓公讲情。最终，襄王恢复王子带封地与爵位，封于甘邑。后王子带死后谥"昭"，史称甘昭公。王子带虽然获得襄王赦罪，重获封地与爵位，却不思感恩，又与襄王王后隗氏私通。襄王因此废了隗氏后位，招致狄人不满。

周大夫颓叔、桃子相互商议道："当初我们奉王命率领狄人作战，如今王废隗后，狄人未得好处，定会怨恨我们。"于是，颓叔与桃子改奉王子带，反身攻打襄王。襄王侍卫准备抵御，襄王道："如果杀死王子带，先王后将会说我什么？宁可让诸侯来慢慢图谋。"可见襄王虽然昏庸，却不愿沾染兄弟的鲜血。周襄王逃离王城，逃至周邑坎欿，坎欿在今天河南省巩义市。后襄王得国人帮助又返回王城。

这年秋天，颓叔、桃子尊奉王子带，率领狄人军队进攻王畿，大败周室军队，并俘虏了周公忌父、原伯、毛伯、富辰。周襄王为避祸，来到郑国的氾邑。氾邑于河南省许昌市襄城县南，因周襄王曾经居此，故后称襄城。王子带携隗氏住在温邑。

周襄王来到郑国后，便派遣使者向鲁国、晋国、秦国等大诸侯国求助。赴鲁国的使者代襄王向鲁僖公道："不谷不德，得罪母亲宠子王子带。如今不谷避处郑国氾邑，谨将此事告知叔父。"周襄王自称不谷，乃合罪己避祸之礼。臧文仲代鲁僖公道："天子蒙尘于外，岂敢不即刻前去问候左右。"周襄王又派大夫简师父告知晋国，派大夫左鄢父告知秦国。

周襄王来到郑国，郑文公尽管对王室不满，却也没有失了礼数。郑文公率郑国大夫孔将鉏、石甲父、侯宣多至氾邑检查侍奉襄王的职官与器具，然后听取郑国当地政事。郑文公的举措，完全合乎礼制。

秦穆公得知周襄王为避祸离开王城后，决定出师护送襄王返回京师。晋国得知襄王避祸后，狐偃道："要称霸诸侯，莫如勤王。如此可以得到诸侯信任，而且合乎大义。国君要继续文侯事业，立信于诸侯，如今正是机会。"于是，晋文公让郭偃卜卦。郭偃卜卦后道："大吉。遇黄帝战于阪泉之兆。"黄帝与炎帝阪泉之战，是统一中原之战，因此晋文公道："我担当不起。"郭偃道："周虽德衰，礼制未改。如今之王，便是古代之帝。"郭偃的意思是，如今王室兄弟相争，就如黄帝炎帝之争，并非让文公承担黄帝之任，而是辅佐周王振兴王室。晋文公便又让筮卦。郭偃筮卦，得"大有"之"睽"。"大有"卦乾下离上，"睽"卦兑下离上，"大有"之"睽"，第三爻为变爻，"大有"第三

爻爻辞为"公用享于天子，小人弗克"。郭偃道："吉。得'公用享于天子'之卦，预示战胜之后天子将设宴招待，还有比此更大之吉吗？"此卦"大有"之"睽"，"乾"变为"兑"，乃天变为水，"离"卦不变，"离"乃为火，为日。因此郭偃又道："此卦天变为水，承受阳光的照耀，岂非可理解为天子谦恭迎接国君？""大有"变为"睽"而又返回"大有"，即周王遇变而又复位，也是理所当然。如此，郭偃便将"睽"卦的乖离、不顺的意思淡化，促成了晋文公勤王的决心。

晋文公率领晋国军队来到大河边迎接秦军，婉言谢绝了秦国出兵，自己则率领晋国军队顺流而下，驻军阳樊，阳樊在今天河南省济源市东南。晋文公以右师包围王子带所在的温邑，温邑在今天河南省温县西南；以左师迎接襄王。或许俘虏王子带后，晋文公为避免周襄王不好处置，因此在周襄王默许下并不将王子带送回京城，而是杀死于隰城。晋文公这种举动是代天子解忧，不会受到任何方面的非议。

# 第五十六章　晋侯请隧襄王赐田，文公理政晋国崛起

　　晋文公助周襄王复位之后，正式朝见襄王。周襄王以宫廷美酒享赐晋文公，并让晋文公回敬自己，以示与文公亲近。借此机会，晋文公向周襄王提出，请准许在自己死后可以用挖好墓道的隧葬方式下葬。以隧葬方式下葬是王的下葬方式，诸侯则不能有墓道。或许因王室失去了太多土地、财货和权势，周襄王将王室仅存的礼制与名分看得很重，因此不应允晋文公的请求。据《左传》记载，周襄王道："隧葬乃王葬制度。周朝尚未被替代，如果出现两王，应当也是叔父不愿看到的事情。"《国语·周语》更详细地记载了周襄王的话。襄王道："昔日先王拥有天下，以方圆千里为甸服，以供上帝、山川、百神祭品，以支持百姓与万民的用度，以备不时之需。其余土地则分配给公、侯、伯、子、男，使他们均能安居，以顺从天地秩序，不使相互侵扰，先王岂有自身私利？先王内宫中不过九嫔，朝廷不过九卿，佣人不过足以祭祀神祇而已，岂敢放纵声色口腹之欲，败坏法度？亦只有生前死后服饰器物的色彩与纹饰，因君临百姓有所区别，此外天子与诸侯百姓有何两样？如今上天降灾祸于周室，余一人只能守护王室，又因过失劳动叔父。但是如因余一人私人原因，以先王仅存之物作为酬劳，则叔父将受到天下人的憎恶。此非余一人之物，否则，余一人何敢吝啬？先民以佩玉节制步速步幅，因有言道，'改玉改行'，变换佩玉就要改变步速步幅。叔父如能光大美德，更姓改服，创制天下，自可自立规矩，以天子礼法镇抚百姓，余一人即便流放荒远之地，亦是无可推脱。若仍是姬姓拥有天下，叔父依旧位列公侯，以恢复先王制度为职责，先王体制便不可更改。叔父勉力光大美德，自会享有先王之物，余何敢因私而改先王章法，以致有愧于天下？如此，余将置先王与百姓于何地？怎能再行政令？若不然，叔父有土地而自行隧葬，余又怎能禁止？"周襄王这一番话，可谓情理兼备，刚柔并济，晋文公于是不再请求隧葬。

　　由此历史记载，可见周襄王与晋文公都将礼制与名分看得很重。晋文公辞谢了周天子赐予土地财物，而是请求隧葬，表明他最看重的便是礼制与名

分，他宁可要求抬高他能享受的礼仪规格，求得高于诸侯的名分，而不要实际利益。周襄王拒绝晋文公使用超出诸侯规格的礼仪，宁可多予土地财物，也不允许晋文公使用超过一般诸侯的葬礼规格，表明周襄王最看重的也是礼制与名分。比较晋文公而言，周襄王更看重礼制与名分。周襄王的一番话讲得非常实在，周天子除了礼仪服饰上不同于诸侯外，其他财物并不比诸侯更多，因此他不能在祖宗留下的标志周王室地位的唯一礼制等级上让步。其实，此时的大诸侯国论财物兵力，都已经超过周王室，之所以各大诸侯都要以尊王勤王的功勋来争霸诸侯，便是由于周室的名分尚无人能动摇。周襄王虽然平庸无能，但对这一点还是非常清楚的，因此他绝不能同意诸侯享有类似天子的礼仪。

周襄王不允许晋文公使用天子规制的葬制，但对晋文公还是不吝赏赐。据《左传》记载，他将阳樊、温、原、欑茅四邑田地赐予晋文公，而据《国语》记载，还赐予晋文公州、陉、絺、组四邑。阳樊与原邑在今天河南省济源市，温邑与州邑在温县，欑茅在获嘉县或辉县一带，陉邑与絺邑在沁阳市。由此，晋国的国土拓展到大河北岸，晋国名正言顺地走出了太行山，与王畿毗邻，名副其实地跻身于中原诸侯。晋国将此片土地称为南阳。但周襄王赐予晋国之地上的民众一直隶属于王畿，自高身份，并不服从晋国管理，于是晋文公以软硬兼施的手段收服了这里的民众。

先是阳樊人不服从晋国管理。晋文公派军队包围了阳樊。阳樊人苍葛道："天子认为晋君有德有能，所以让晋君来管理阳樊。但阳樊人思念天子之德，因此没有服从晋国管理。民众均看晋君如何广施恩德安抚我们，使民众不生叛离之心。如今晋君却要毁我宗庙，屠戮民众，休怪我们不服！军队征讨的应是骄纵不敬的蛮、夷、戎、狄，因此才可动用武力。我等弱小的阳樊人，未习晋君政令，所以未能服从管理。晋君如能惠及民众，只需派遣官吏前来晓喻，谁敢抗命？何必动用军队！晋君以武力震慑，难道不会因穷兵黩武而陷于困顿吗？臣闻，武力不可炫耀，文德不可隐匿。炫耀武力将丧失威严，隐匿文德则教化不昭。阳樊人不再属于王室甸服，又遇晋君炫耀武力，因此惊惧。否则，我们岂敢只顾自己！况且阳樊并无被驱逐的恶民，均为天子之父兄甥舅，晋君既以安定王室为责，怎能对王室血亲与姻亲如此苛刻？这里的民众将何所归依？"晋文公承认苍葛言之有理。但晋文公刚刚建立功勋，得受天子赐田，自然不能轻易放弃，况且一地不服，便会引起连锁反应，晋国便无法真正拥有南阳。于是晋文公下令，晋国只要阳樊土地，阳樊之民可以自愿迁徙。这样，不服晋国管理之人可以离开，不愿离开之人，便要听从晋国管理。晋文公既然给予了这里民众以选择的自由，阳樊之乱便渐渐平息。

继阳樊之后，原邑之民也不归顺晋国。据《左传》记载，这年冬季，晋文公命令军队携带三天粮食，包围原邑。三天之后，原邑之人仍旧不降。于是晋文公便下令撤军。间谍从邑中出来，报告道：再有一两天，原邑便要降了。于是将士们建议再等等看。晋文公道："信用乃国家之宝，民众所赖。得到原邑而失去信用，用什么来庇护百姓？失信便会所失更多。"当晋国退兵三十里后，原邑便降了。晋文公为南阳地区能够长治久安，便将原伯迁往晋国内地的翼城，准备派遣得力之人去治理新得的城邑。晋文公问寺人披派谁赴任合适，可见寺人披自向晋文公报告吕甥、郤芮的行刺阴谋后，深得晋文公信任，成为文公的近臣。寺人披向晋文公推荐道："昔日国君周游列国，赵衰追随国君，为国君携带食物，一路上有时与主上分道而行，虽忍饥挨饿，却不敢动用国君之食。"寺人披的意思是，赵衰十分忠诚，必会为文公守卫好晋国的国土。于是晋文公任命赵衰为原邑大夫，任命狐突之孙、狐毛之子狐溱为温邑大夫。

晋文公不仅言出必信，而且从善如流。据《国语·晋语》记载，周襄王避难之初，狐偃向晋文公建言道："如今民众知亲亲而未知守义，国君何不行尊王之举教民以义？若国君不助周王复位，秦国便会扶助周王，国君便会失去尊奉周王的机会，又如何能使诸侯信服？不能修身，又不能尊王，王将如何依靠于国君？国君继承文侯之业，建立武公之功，开拓国土，安定疆域，在此一举，国君当扶助周王。"晋文公采纳了狐偃之言，便开始贿赂草中之戎与丽土之狄，开启晋国东进之路。草中之戎或为晋东南以游牧为生的戎人，丽土之狄当是晋东南山区依附土地为生的狄人。

晋文公登基之后，还致力于修治内政。他废除旧债，减轻赋税，广施恩德，惠及孤寡；拯救困乏，起用下士，匡济贫穷，资助无产；减轻关税，修治道路，便利通商，宽免劳役；鼓励农桑，劝富济贫，减省国用，储物备荒；改良器用，推行教化，敦厚民性，养成民德；举贤任能，制定规章，确立秩序，培育美德；昭显勋族，慈爱亲戚，加誉贤良，尊重贵臣；奖励有功，敬事老人，礼遇宾客，亲近故旧。胥、籍、狐、箕、栾、郤、柏、先、羊舌、董、韩等晋地十一大姓，均任职外朝；姬姓贤良，掌握内廷；异姓能人，管理地方。

公卿享贡，大夫食邑，士受禄田，平民自食其力，工商之官食官禄，士以下皂隶各食职禄，家臣食大夫的加田。晋文公的这些举措，既合乎周礼要求，又满足民众要求，因此晋国政清民安，财用充足，为晋文公日后称霸奠定了基础。

## 第五十七章　卫文灭邢郑文杀子，秦晋伐郜秦楚相争

　　自齐桓公去世后，各诸侯国便开始频繁地相互攻伐，各国都不得安宁。周襄王十一年，即公元前642年，邢国联合狄人共同伐卫，包围卫国菟圃；第二年卫国伐邢，报复菟圃之役；周襄王十四年，狄人又帮助邢国伐卫。二十年前，赤狄侵掠邢国，是齐桓公率领诸侯救助邢国，并帮助邢国迁都避难，保存社稷。但如今邢国却与狄人联合，共同攻打卫国。可见非但诸侯之间，即便诸侯与戎狄之间，都没有永远的朋友，也没有永远的敌人。由于邢国两次联合狄人攻打卫国，卫国自然要积蓄力量报复。到了周襄王十八年，卫国经过数年积蓄力量，一举灭了邢国。

　　卫文公灭邢，是由于邢国首先发难，联合狄人攻打卫国，但卫文公灭邢之举，在当时还是受舆论谴责的，因为卫文公所灭是同为姬姓的诸侯国。此前虽然晋国灭了虢国与虞国，但时人认为虢国与虞国有罪当伐。邢国的行为似乎还不应遭到灭国的报应。然而当时的卫国人，深受邢国与狄人进犯之苦，自然支持卫国灭邢。据《左传》记载，卫文公灭邢之前，卫国人礼至向卫文公建议道："不能控制邢国的守城之官，是不可能攻下邢国的。请允许我同我的弟弟前往邢国谋个官职，以便作为内应。"卫文公自然应允。礼氏兄弟当为能干之人，邢国作为一个小国，本来缺乏人才，于是兄弟二人很容易便得到了邢国的重用。当周襄王十八年卫国军队攻伐邢国时，邢国守城之官国子率人巡城，礼氏兄弟二人陪同国子巡城，二人寻得机会，从两边挟持国子出城，杀掉了国子。邢国守城军队失去主帅，再无士气，邢国很快为卫所灭。事后礼至制作青铜器并作铭文，记载了自己的功勋："余掖杀国子，莫余敢止。"当他挟持国子时，守城将士居然无人敢于上前阻止。由此可见邢国上下并不齐心。邢国以这样的民心军情与他国为敌，无异于自取灭亡。然而，就在卫文公灭邢之后，文公也耗尽了毕生精力，走到了生命的终点。他为君二十五年，其业绩为国人称颂，因此谥"文"。

　　与卫文公一直为外患所扰有所不同，郑文公除有外患，还有内忧，这内忧

不是来自臣民，而是来自儿子。当初齐桓公召集诸侯会盟时，郑太子华与会，试图借助齐桓公的力量除去他想要除去的郑国大夫，齐桓公听从管仲意见加以拒绝。郑太子华因有野心，引起了郑文公与臣子们的警惕，后于周襄王九年时被郑文公所除。子华之弟子臧因此逃往宋国。子臧为逃亡之身，却不知收敛，好收集以鹬毛为装饰的帽子。鹬为水滨候鸟，夏季于北方繁殖，冬季迁徙南方，因此古人认为鹬能知天候。以鹬毛装饰的帽子，为知晓天文者才能冠带。子臧好收集此种帽子，或许是真的懂些天文，抑或是用以结交通晓天文之人，以求流亡国外能安身立命，但此举不仅招摇，而且有谋事之嫌。因为古代只有王侯才关注天象，以求顺天应命或禳避天灾，其他人关注天象，便有企图夺位之嫌疑。郑文公知道子臧在外招摇，非常不满，便指使强盗诱杀子臧，于陈国、宋国之间将他杀死。子臧为文公之妃陈妫之子，因此逃亡宋国之后，会来往于陈国、宋国之间。在掌控统治权力、清除异己方面，王侯之家最为无情，对父子兄弟也绝不手软。郑文公为保权力，便先后杀死了自己的两个儿子。但因其保证了国家安定，因此依旧得到"文"的美谥。

在中原诸国内外混乱之际，西方的秦晋已悄然崛起。晋文公扶助周襄王复位后，得到周襄王所赐南阳大片土地，或许引得秦国眼热，秦国便要求与晋国联手攻打秦国东南的小国鄀国，以拓展秦国疆土。晋文公依靠秦穆公得以继承晋国君位，又由于秦穆公的相让，使他在扶助襄王复位中立下大功，受赐大片土地，因此他必须报答秦穆公，自然应允与秦国联合出兵。鄀国位于秦楚之间，国都在商密，即今天河南省淅川县，在秦国出武关通往荆楚的要道上。秦国若能得到此地，不仅可直逼楚国，还可绕道回师中原。鄀国或为楚国的附庸，又地处要塞，楚国自然不能坐视不管。于是楚国申公斗克、息公屈御寇以申邑、息邑军队于商密之北戍守商密。申公斗克字子仪，息公屈御寇字子边。《左传》记载了息国于周僖王二年，即公元前680年为楚国所灭，或许此时楚文王便封屈氏于息邑。楚国伐申之年，为周庄王九年，即公元前688年，虽未记载申国灭于何年，但大约便在伐申之后，或许此后申邑便为楚文王封予斗氏。斗氏与屈氏为楚王室倚重的望族，得此息、申封邑，既为楚国北部屏障，又为楚国北进先锋。如今中原诸侯不敢进犯荆楚势力范围，却不曾想西部的秦国自汉水流域顺势而下，与楚国争夺小国。

秦晋军队当是知道楚军颇有实力，因此并没有强攻，而是运用了计谋。秦晋军队绕过商密北边的析邑，从丹水湾处转向商密。他们捆绑了一些秦军士

## 第五十七章　卫文灭邢郑文杀子，秦晋伐鄀秦楚相争

兵，伪作鄀国析邑俘虏，于黄昏时分逼近商密城下，有意让商密守军看到，却又让他们看不清楚。入夜，秦晋军队掘地杀牲，使人假扮斗克与屈御寇，伪装秦晋将领与斗克、屈御寇歃血盟誓。商密之人见此情景非常恐惧，相互议论道："秦军已经占领析邑，申、屈戍守之人已经背叛楚国！"于是鄀国人便向秦军投降。秦晋军队拿下鄀国，便回师析邑，俘虏了申公斗克、息公屈御寇，得胜而回。楚国令尹子玉得知后率军追赶秦军，却已望尘莫及。此时楚国令尹为成得臣，子玉为其字。

汉水与江水流域是楚国的势力范围，如今秦国染指汉水上游，自然使楚国感到强烈不安。因此楚国开始进一步威慑汉水与江水上游，以确保后方无虞。为肃清后方，巩固疆域，楚国拿夔国开刀。夔国本是楚国同宗，位于今湖北省秭归县境内江水之北。楚人奉祝融与鬻熊为楚国先祖。楚人是黄帝之孙帝颛顼高阳氏之后，其重孙重黎为帝喾高辛氏之火正，使人间得到光明，因此被帝喾命为祝融。后由于未能平定共工氏作乱，帝喾诛杀重黎，又以其弟吴回为祝融。吴回有孙六人，长孙昆吾氏一支，夏、商两代曾为侯伯；第三孙彭祖氏一支，殷商时曾为侯伯；第六孙季连氏一支，季连苗裔鬻熊，在周文王时代尊崇文王为父，成为周代所封楚国之祖。因此楚国世代祭祀祝融与鬻熊。

夔国虽为楚国同宗，却于西周末年早已另立门户。夔国最初的国君为周夷王时代楚国国君熊渠之嫡子熊挚，因有恶疾，不得立为嗣君，于是别居于夔邑，为楚国附庸。后他自立为君，自外于楚国，不祭祀楚国与夔国的共同祖先祝融与鬻熊。楚国曾经派人谴责夔国，夔国却回答道："我国先王熊挚本为嫡子，因为有疾，祈于鬼神，而鬼神却不能免除他的疾病，因此先王自我流放至夔邑。先王既然不能拥有楚国，楚国先祖鬼神也不能保佑于他，我们为何还要祭祀楚国的祖先神？"夔国不祀祝融与鬻熊由来已久，楚国一直没有进一步申饬讨伐。但如今楚国要威慑汉水与江水上游，便以夔国不祀祝融与鬻熊为由出兵攻打夔国。周襄王十九年，楚国令尹子玉与司马斗宜申率兵灭了夔国。楚国灭夔，独占江上之险，巩固了后方，又于汉水之南筑城，绵延上千里，直至汝水、淮水流域，巩固楚国西北疆土，西北防秦国，北部防中原诸侯。如今通过航空遥感技术，尚能辨认出当时楚国城墙的走向与遗址，可见当时楚城墙之规模。

· 235 ·

## 第五十八章　齐鲁争霸鲁援楚师，宋国被难晋作三军

齐孝公德能远不如齐桓公，又无管仲、隰朋、鲍叔牙这样的贤能之臣，但齐孝公没有自知之明，依旧认为齐国是诸侯领袖，对于冒犯齐国威望之事必要给予颜色。据《左传》记载，周襄王十八年冬，鲁僖公二十五年，鲁僖公与卫成公、莒国大夫庆在鲁国洮邑会盟。莒国为少昊后裔，盈姓之国，今天山东省莒县尚有莒国故城遗址。洮邑离曲阜不远，在山东省泗水县境内。之前，在鲁僖公元年，莒国因将鲁国庆父交还鲁国后再次向鲁国索贿，导致鲁国不满，征伐莒国。至此积怨已二十余年。周襄王十八年卫文公灭邢之后，卫文公薨，卫成公继位。或许为使卫国能与宋、郑抗衡，卫成公注重经营与鲁国关系，因此出面调停鲁国与莒国矛盾。周襄王十九年春，鲁僖公又与莒兹平公、卫国大夫宁庄子宁速于莒国向邑会盟，重温前一年洮邑之盟。鲁国与卫国、莒国频繁交往与会盟，在齐孝公看来，是对齐国的不尊，于是以此为由出兵伐鲁。

周襄王十九年春，齐国军队绕道侵犯鲁国西部边境，鲁僖公率军驱逐并追赶齐国军队，一直追到齐国的鄎邑，却没有追上。鄎邑在今山东省平阴县东阿镇西。到了夏天，齐国出动更多兵马，由齐孝公亲自率领，攻打鲁国北部边境，即泰山一带。鲁僖公派展喜携带酒食前去北部边境犒劳齐国军队，一方面暗示鲁国愿意化干戈为玉帛，一方面也暗示鲁国有所准备。据《国语·鲁语》记载，此谋出于展喜之兄展禽。展禽居于柳下，谥惠，后也称柳下惠。最初，臧文仲臧孙辰想以辞令使齐国退兵，便与展禽商议。展禽道："我闻，大国要教化小国，小国要侍奉大国，这样才能抵挡祸乱，未闻可以言辞抵挡他国来伐。小国自视高明，激怒大国，只能使大国将祸事加诸己身。祸乱在前，辞令又有何用？"臧孙辰道："国家危机，可用之物，均可一试。以你的辞令去行贿赂，是否可行？"于是展禽让其弟展喜前往劳师。

展喜来到鲁国边境见齐孝公道："寡君不才，不能侍奉贵国边境官吏，以致齐侯盛怒，率军队露宿敝国郊野，寡君特使微臣前来慰劳。"齐孝公道："鲁国人恐慌了吧？"展喜答道："我国小民确实恐慌，君子则不然。"齐孝公道：

## 第五十八章 齐鲁争霸鲁援楚师，宋国被难晋作三军

"如今鲁国房屋空空，田地荒芜，还有何恃？"展喜道："我们所恃乃二位先君之职守，昔日成王之命。昔日周公与太公两位先君股肱周王室，辅佐成王，成王慰劳两位辅臣，特赐两位盟约，'女股肱周室，以夹辅先王，赐女土地，质之以牺牲，世世子孙无相害也！'盟约至今藏于国府，由太史掌管。贵国桓公因此联合诸侯，解决纠纷，灭祸救灾，这些举措都是恢复与弘扬太公职责。贵君即位，诸侯均盼齐君遵循桓公之业。君子皆道，即便鄙国有罪，齐君来讨，只要我们能够知罪，必定不会灭我社稷。齐国岂会贪图土地而背弃先王之命？背弃先王之命又如何像桓公那样镇抚诸侯？因为君子不惧。"齐孝公被展喜以先王之命相要，以桓公之业相劝，以齐君声名相诱，无言以对，只好撤军。

鲁僖公在派展氏兄弟施展外交手段的同时，又派东门襄仲与臧孙辰赴楚国求援。为使楚国出兵北方，臧孙辰向楚国令尹子玉讲了许多齐国与宋国的不是。齐、宋两国本就与楚国结怨甚深，楚国向北拓展正是碍于这些中原诸侯国不容，如今有鲁国伸出求援之手，楚国自然不会放过这一机会。这年冬天，楚国令尹子玉、司马子西率师伐宋，包围了宋国缗邑。同时，楚国又借兵予鲁国，鲁国便以楚国兵力攻下了齐国边境之谷邑。谷邑也在平阴县东阿镇。

鲁国之所以向楚国求援对付齐国，还因为齐桓公的七个儿子如今都在楚国当大夫。当初齐桓公薨，众子争立，齐孝公得到以宋国为首的诸侯相助，才得继位。齐桓公的其他儿子逃亡国外，先后均被楚国收留。如今，齐桓公的这些儿子成为楚国与鲁国用以对付齐国的棋子。鲁国与楚国联军攻下齐国谷邑后，便将齐国公子雍安置于谷邑，以易牙为之辅佐，而以楚国申公叔侯率军为之戍守。以齐国公子为主人，容易获得齐人同情，而以楚军戍守，与鲁国相为犄角，使鲁国能有效防止齐国侵扰，楚国则在中原腹地打入一枚楔子。

鲁国援引楚国进入中原，也想以鲁国的礼制名声再借助楚国的军事力量，获取召集诸侯会盟的地位。第二年即周襄王二十年夏，齐孝公薨，尽管齐鲁之间刚刚动过刀兵，但鲁僖公依旧按照周礼，虽有仇怨，不废丧事，为齐孝公吊丧，在道义上占据制高点。同年冬天，鲁国发起诸侯会盟，楚成王、陈穆公、蔡庄公、郑文公与许僖公参加了会盟。鲁僖公召集会盟，是为了在实际上成为诸侯会盟的盟主。但陈、蔡、郑、许四国参加多半还是看楚王面子。

楚国当然不会以此为满足，扩大楚国在中原的影响，最终争霸诸侯甚至取代周王，才是楚国的目的。周襄王二十年秋，楚国便准备再次对宋国动手。楚国能够有足够兵力投入中原，一方面，是因为楚国灭了汉水与淮水流域的一些

小国，且陈、蔡、郑、许等中原诸侯国也倒向楚国，楚国北部已无威胁；另一方面，是因为楚国新近通过向江水上游用兵灭了夔国，巩固了自己的后方。

据《左传》记载，为向中原用兵，楚成王命令楚国前令尹子文在楚国睽邑练兵，而命令令尹子玉在蒍邑练兵。子文只在早晨练兵，并且始终未杀一人；而子玉练兵一练就是一天，鞭打七人，以箭贯耳三人。元老们都祝贺子文，认为他推荐子玉接班是识人善举。子文招待他们饮酒。蒍贾年纪尚小，非但迟到，且不祝贺。子文问他，他回答道："不知为何要贺。您将政权交付子玉，说是为安定国家。然而安定于内而失败于外，可谓有所收获？子玉将来对外作战失败，您要负举荐之责，举荐不当，以致败国，有何可贺？子玉刚愎无礼，不能治民，率兵车超过三百乘，恐怕便不能全师回国。如子玉能得胜班师，再贺不迟。"日后令尹子玉果然在与晋国交战中导致楚军大败，故而自杀。

这年冬天，楚成王联合陈穆公、蔡庄公、郑文公、许僖公率领军队包围宋国，宋国派宋庄公之孙公孙固赴晋国告急。这给予了晋国以出兵河南的理由。晋文公与大臣们商议时，晋国大夫先轸道："国君报答宋襄公赠送马匹之恩，救援宋国被困之难，在中原诸侯中立威，成就一代霸主之业，就在此举。"狐偃道："曹国已经倒向楚国，楚国新近又与卫国结亲，如果攻打曹、卫两国，楚国必定要派兵救援，则齐国与宋国便可免于楚国进攻。"

晋国于被庐点兵，设立三个军。晋文公与大臣们商议元帅人选。赵衰道："郤縠可担任元帅。他闻礼、乐则喜，见《诗》《书》则爱。《诗》《书》乃道义之府；礼、乐乃道德准则；道德礼义，乃利益之本。《夏书》曰，'赋纳以言，明试以功，车服以庸'。（《尚书·益稷》）纳其言，试其效，然后酬以车马服饰，国君不妨一试！"于是晋文公以郤縠率领中军，以郤溱为副。晋文公要以狐偃率领上军，狐偃则道："臣兄狐毛才智胜于臣下，年纪又长，狐毛不在其位，臣下不敢领命。"于是文公以狐毛率领上军，而以狐偃为副。晋文公任命赵衰为卿，率领下军，赵衰则提出当让予栾枝、先轸。晋文公便以栾枝率领下军，以先轸为副。晋文公又以荀林父为车御，以魏犨为车右。

晋国臣子谦让，将士同心，狐偃与赵衰功不可没。晋文公登基后，狐偃向晋文公进言，首先要使得民众安居乐业，知晓礼制，看重信义。狐偃还促成了晋文公扶助襄王复位之行，与平定原邑之乱时的守信行为。在晋文公点兵拜将之际，狐偃、赵衰率先辞让，使将士不仅明确尊卑秩序，而且懂得谦和团结。晋文公正是有了这样的臣子与军队，才能称霸诸侯。

## 第五十九章　伐卫破曹晋军救宋，联齐结秦文公布局

　　周襄王二十年，公元前633年冬，楚成王联合陈穆公、蔡庄公、郑文公、许僖公率军队包围宋国，宋国向晋国告急，于是晋文公正好有理由进军中原。晋文公即位时当有四十来岁，因此急于成就一番事业。据《左传》记载，晋文公继位第二年，便想发动民众有所作为，狐偃劝阻道："国君尚未使民众懂得道义，亦未使民众安居乐业。"周襄王逃出王城避难时，狐偃又力主文公出兵勤王。因为狐偃认为这样一方面可以教导民众懂得道义，一方面可以使民间能者建功立业。成就扶助襄王之功后，晋文公再打算有所作为，狐偃再次劝阻道："民众尚不懂诚信，尚不堪大用。"恰好有征伐原邑之役，晋文公为向晋国军民显示诚信，包围原邑三天撤兵，不但赢得了晋国军民之心，也赢得了原邑百姓之心。于是晋国民间交易，民众皆能做到明码实价，不求暴利。晋文公认为民众已知道义与诚信，应当可以驱使民众建功立业了，狐偃又道："民众尚不懂礼制秩序，没有恭敬之心。"恰值宋国告急，于是晋国举行大阅兵，建立三军，明确官秩与职责。狐偃与赵衰居功不傲，谦让官职，自然使得上下心生敬重；晋军明确官秩与职守，自然使将士能够遵守秩序。晋国军队因此强大起来，晋国也因此强大起来，这为晋文公的霸业奠定了基础。

　　为救援宋国，晋文公准备出兵攻打曹国。因为曹国新近倒向楚国阵营，攻打曹国可以分散楚国的兵力，解宋国之围；也因为出兵曹国，可以报当年曹共公偷窥晋文公沐浴之辱。

　　曹国都城位于今山东省定陶县西北，卫国都城楚丘位于今河南省滑县东，今天的河南省濮阳市一带均为卫国领地，卫国灭邢之后，又将国土拓展到邢地，即今天的山东省聊城市一带。晋国东出太行进军曹国，借道卫国是最佳路线。于是晋国为出兵曹国向卫国借路。卫国一方面已与楚国结亲，一方面又因曹国新近加入楚国阵营，自然不能答应有损盟邦之事。卫国不肯借道，晋文公只好回师国内，南渡大河，绕道进军。这次，晋文公便不仅要攻打曹国，顺便也要教训卫国。

晋国军队首先攻取了卫国的五鹿邑。五鹿邑在今天的河北省大名县与河南省清丰县一带。晋国攻取五鹿，有双重意义，一是为教训卫国，更重要的是为应验晋国的吉兆。当初晋文公还是流亡的公子重耳时，路过卫国，卫文公非但没有礼遇晋文公，还受到卫国农民的侮辱。晋文公路过卫国五鹿地区，饥渴难耐，向一农夫讨食，结果农夫向他碗中放了一块土块。当时晋文公羞怒难当，但狐偃却道："此乃天赐！民以国土相送，夫复何求？上天行事，必降其兆，我们将获得这片国土，且必将称霸诸侯。"如今晋国取卫国五鹿，便可应当初狐偃的预言，无疑对于晋国君臣是一大鼓舞。

但晋国出兵也有不顺，出兵两月，中军主帅郤縠病亡。于是，晋文公擢拔原下军副帅先轸率领中军，因为先轸德才兼备，才不在栾枝之下，而先前则甘为下军副帅。晋文公又提拔胥臣为下军副帅。晋文公知人善任，又得晋国臣子一心辅佐，自然无往而不胜。

晋国军队攻取五鹿，制约卫国，乘胜东进，包围曹国，齐国与鲁国便都不能坐视了。晋国出兵是为解宋国之围，也是助齐国一臂之力。因为齐国与鲁国争斗，鲁国以楚国为援，支持齐国逃亡公子回国，威胁到刚刚登基的齐昭公，因此齐昭公求援心切，路远迢迢赶来与晋文公结盟。晋文公与齐昭公反客为主，就在卫地敛盂结盟。敛盂在今天河南省濮阳市东南。得知晋、齐两国要结盟，卫成公一改年初不允借路的倨傲姿态，请求参加盟约，晋文公自然不允。卫成公向晋国求和不成，又想依附楚国，但卫国百姓不愿舍晋亲楚，因为中原民众一直视楚人为蛮族。于是卫国臣民赶走了卫成公，向晋国示好。但卫成公并未逃离卫国，而是居于卫地襄牛。襄牛当在今天山东省范县境内。

鲁僖公更不敢坐视晋齐结盟。鲁国向楚国求援后，为讨好楚国，便派公子买率军帮助卫国戍守。如今晋国攻取了卫国的五鹿，楚国人救援卫国不成，鲁僖公眼看晋国得势，便派人杀了公子买，以向晋国示好。鲁僖公又派人向楚国人解释道："公子买戍守之期未到，私自撤兵，因此该当军法。"鲁僖公如此出尔反尔，两面讨好，可见不是有担当有作为之君。可怜公子买死于非命，还落得私自撤兵的罪名。

晋文公与齐昭公结盟后，更无他顾之忧，于是指挥包围曹国的军队攻城。曹国立国多年，国都城防巩固，守军拼死抵抗，晋国士兵战死者众多。曹军将晋军士兵尸体陈列于城上，以动摇晋国军心。晋文公眼看士兵战死者众，继续攻城，无异于驱士兵送死，若放弃攻城，劳师东征将功亏一篑，因此忧心忡忡。晋文公身边的士兵道:"应当将晋国军队驻扎在曹国人墓地上。"于是晋文公便下令迁营至曹人墓地。曹国人怕晋军掘他们的祖坟,非常恐惧,非但不敢激怒晋军,还将死于攻城的晋军遗体装入棺材运出城来。晋军则趁曹军恐惧,大举攻城,破城而入。

曹国为姬姓之国,首封之君为武王之弟叔振铎。晋文公攻下曹国都城,想要灭掉同姓的曹国,必须有充分的理由。晋文公君臣想出的理由如下:首先,谴责曹国任人之滥,区区小国却有大夫以上三百人,用人如此之滥,却不任用贤良僖负羁。其次,谴责当年晋文公路过曹国,曹共公偷窥晋文公沐浴,甚为无礼。

当年,曹共公对晋文公无礼,小臣僖负羁为晋文公送餐时,悄悄将玉璧置于食盒中暗送予晋文公,文公虽然退回玉璧,却不忘其于自己落难之时的相赠之恩。因此,晋军进城后,文公便下令不得擅入僖负羁家,并赦免其族人。据《韩非子·十过》记载,晋军攻城前,文公便让人告知僖负羁将其家标识出来,将令晋军不得入内。结果曹国人得知后,主动保护僖负羁家的便有七百余户。大约曹国人对自己的国君并不满意,对曹国也并无信心,因此想通过保护僖负羁家,来减轻晋军入城后对曹国人的敌意。虽然晋文公命令晋军不得惊扰僖负羁一家,曹国人为自保也帮助保护他们,但僖负羁家还是难免灾难。

晋文公有两个臣子魏犨与颠颉,他们曾追随晋文公流亡十几年,自认为没有功劳亦有苦劳。但晋文公点兵拜将时,以德才为据,所任的郤縠、郤溱、栾枝、先轸等将帅,均非追随晋文公十几年漂泊在外之人。魏犨与颠颉二人未得重用,本就愤愤不平,如今看到晋文公竟然对一个卫国小臣的赐璧之举念念不忘,却从未对他们二人有特殊恩遇,因此怒道:"不为有功之人着想,还言什么报答?"于是二人放火烧了僖负羁家。公然违抗晋文公的军令,自然令文公非常愤怒,定要处置肇事之人。魏犨此战胸部受伤,晋文公本想杀他,又爱惜他的才干,便派人去慰问,同时观察病情,如果伤势很重,便准备杀了他。魏犨跟随文公多年,自然知道文公此举之意,于是捆紧胸部出见使者道:"借国君威灵,我岂有不宁!"说着向上跳跃多次,又向前跳远多次,以示自己身体强壮矫健如故。晋文公得知魏犨带伤尚能跳跃,便饶恕了他,而杀颠颉以号令全军,以舟之侨作为车右取代魏犨。

晋国本想以攻打曹、卫来解宋国之围,但楚国却并未从宋国撤军,而是加紧围困宋国。宋国派大夫门尹般赴晋军告急。晋文公与将领们商议道:"宋国告急，不救宋国，宋国会与我绝交，请求楚国撤军，楚国不会答应。与楚国作战，盟国齐国与秦国又未应承。如何是好？"先轸道："让宋国放弃与我国接触，而去贿赂齐国与秦国，让他们两国出面请求楚国撤军。如今曹君在我之手，我们将曹、卫田地分予宋国。楚国与曹、卫交好，见其国土被瓜分，定然不会答应齐国与秦国的请求。齐国与秦国受宋国贿赂，自然对楚国不肯罢兵不满。这样齐国与秦国必定会与楚国开战！"晋文公听从了先轸的建议，将曹国与卫国的田地划分给了宋国。晋文公君臣如此布局，便是想巩固与齐国的结盟，增进与秦国的联合，共同对抗楚国阵营。

# 第六十章　退避三舍城濮对决，献俘受命晋文称霸

其实不仅晋文公不愿单独与楚国交锋，楚成王也不愿与晋国交锋。据《左传》记载，楚成王在申邑住下，让申公叔侯不再戍守齐国的谷邑，又让令尹子玉从宋国撤军。楚成王道："千万不要追逐晋国军队！晋侯在外十九年，如今果然得到晋国。他遍尝险阻艰难，洞悉民情真伪。上天假之年寿，不因流离所折，上天为其除害，惠公怀公俱亡，上天所置，岂可轻废？兵书《军志》曰，'允当则归'，凡事适可而止。《军志》又曰，'知难而退'，又曰'有德不可敌'。此三条原则，均符合晋国现状。"

然而楚国令尹子玉不听成王之命，派遣斗椒向成王请战道："此战不敢言必有功劳，但为堵塞奸佞之口。"子玉之所以定要一战，是因为蔿贾曾言子玉不能治民，不能率军。子玉为证明自身定要求战。楚成王见子玉不听命令，非常恼怒，只加派给他西广、东宫以及若敖的一百八十辆战车，加上子玉原本围困宋国的军队当能勉力一战。

子玉得到成王派遣的为数不多的军队，或许有些进退两难，便想以体面方式解决问题。他派大夫宛春到晋军通告："请恢复卫侯君位，将土地退还曹国，楚军便解除对宋国的包围。"狐偃道："子玉无礼！他只是臣子，向我国君保证的，只是解除对宋国包围一项，而要求国君承诺的，却是复卫侯之位与还曹国之地两项。岂能国君取一而臣子取二？子玉授我以柄，我们不可失却此次开战之机。"先轸则道："应当答应他的要求。礼的要求是安定，楚人一句话安定三国——卫国、曹国与宋国，而我们一句话便破除安定。如此是我们无礼，根据什么作战呢？不答应楚国要求，乃抛弃宋国；我们既为救援宋国而又抛弃宋国，如何对诸侯交代？楚国向三国施恩，而我们遭三国怨恨，怨仇如此之多，又怎样应战呢？我们不如私下答应恢复曹国与卫国领土，离间两国与楚国关系，再拘留宛春激怒楚国，让楚国先开启战端，我们再慢慢谋划。"晋文公听取了先轸的建议，于是囚禁宛春于卫国，私下允诺恢复曹、卫领土。于是曹、卫便与楚国绝交。

子玉知是晋国阴谋，非常愤怒，便撤宋国之围而追逐晋军。晋文公下令撤退，军吏不解道："国君退避他国之臣，此乃耻辱；况且楚军出师已久，将士疲惫，我军为何避而不战？"狐偃道："军队作战，当理直气壮，理亏便气衰，岂在出师时间长短？假如没有楚国帮助国君，就没有我们的今天。退避三舍，乃为报恩。忘恩负义，背信食言，我们理亏，楚国有理，况且楚军士气高涨，并非疲惫之师，若我们退却，楚军亦回师，不正合我意？若楚军不回师，我君避退，而楚臣进犯，便是他们理亏。"于是晋军退避三舍。一舍为一宿，一般军队行军日行三十里，退避三舍，便是连续退兵三天，达九十里。这样晋国军队便从曹国都城曹邑向北退兵至城濮。曹邑在今天山东省定陶县，城濮则在鄄城县。楚军见晋军已退，想要回师，但子玉坚决不同意。

晋文公、宋成公、齐国大夫国归父、崔夭、秦穆公之子小子憖全都驻扎于城濮。楚军则凭借丘陵之险安营扎寨。晋文公听士兵们念诵歌谣道："休耕田里，绿草蓁蓁；舍其旧田，来谋新田。"文公心中犯疑。这时狐偃道："决心战吧！战而获胜，必定得到诸侯拥护；若不胜，我国有山河之险，定然无祸！"晋文公道："如何面对楚国之恩？"栾枝道："汉水以北姬姓诸国，全为楚国所灭。岂能只念楚国小惠，忘记同姓大耻？自然当战。"但晋文公依旧犹疑不决。文公做了一梦，梦见他与楚王搏斗，楚王伏在他身上咀嚼他的脑髓，因此非常恐惧。狐偃得知文公梦境后，恭喜文公道："此乃大吉。我仰得上天，楚伏地请罪。我脑为柔，彼齿为刚，我们可以以柔克刚。"

楚国令尹子玉急不可耐，派大夫斗勃去晋军请战，言道："请与贵国将士做一次角力游戏，贵君可于车上观览，我陪贵君一同观览。"晋文公让栾枝答道："寡君已知贵方之意。楚君恩惠，未曾敢忘，所以退避至此。我们以为贵国大夫也已退兵，岂有臣子敢挡国君？既然贵军穷追，劳烦大夫言与贵军将帅，备好战车，忠于国事，明晨相见。"

晋国有战车七百辆，马匹披挂装备齐全。既然准备决战，文公便来到阵前，登上了莘国废城观看军容。莘国为夏、商两朝古国，于周朝已经被灭，故城在今天曹县之北，定陶县之南。晋文公察看军情后道："长幼有序，士气可用。便命令伐木，多造武器。"来日，晋军在莘北摆开阵势，以先轸、郤溱率领的中军对阵楚军中军，以狐毛、狐偃率领的上军对阵楚军左师，以下军统帅栾枝率领部分下军对阵楚军右师，下军副帅胥臣率领其余下军对阵陈、蔡两国军队。楚国方面令尹子玉以斗宜申率左师，斗勃率右师，自己以若敖的一百八十辆兵车为中军,道:"今天必定要歼灭晋军。"

晋国下军副帅胥臣将虎皮蒙在马身上,率先率领下军攻打陈、蔡两国军队。陈、蔡两国军队本不善战,见怪兽奔来,争相逃命。狐毛将前军分为两队拦击陈、蔡两国溃散之军。两军开战之后,栾枝让后面的兵车拖着树枝扬起尘土,佯作逃走,引诱楚军。楚军右师追击晋军,先轸、郤溱便率领中军拦腰截击。狐毛、狐偃率领上军夹攻斗宜申的左师,楚军左师溃败。于是子玉只得下令收兵,得保中军不败。

在与晋国交战之前,子玉自己制作了琼弁玉缨,但并没有使用。古代天子用具饰玉,诸侯公卿用具饰如玉之石。子玉以琼玉装饰皮帽,自然是僭越之举。他战前曾做一梦,梦见大河之神对他道:"将琼弁玉缨献予我,我将赐你孟诸之滨的草泽。"孟诸泽,是宋国泽地,位于今山东省曹县之南,河南省商丘市之北。按古人看来,河神托梦当是收其僭越之物,以救楚国之师。但子玉却未将琼弁玉缨奉献予河神。子玉之子成大心、子玉同宗斗宜申让荣黄前去劝谏,但子玉不听。荣黄道:"即便赴死,有利国家,尚且当为,何况只是奉献美玉?与国家相比,美玉只能视作粪土。如果奉献琼弁玉缨于我军有利,有何可惜?"但子玉依旧不听。荣黄出来告诉成大心与斗宜申:"并非神明会让令尹失败,令尹不以民众之事为重,乃是自取失败!"

多少年来,楚国对外用兵大多获胜,此次兵败,不仅令尹子玉,而且楚成王,都要对楚国上下有所交代。然而子玉在兵败之后却没有罪己的表示。于是楚成王派使臣对子玉道:"申、息子弟伤亡如此,大夫回国,如何向申、息父老交代?"斗宜申、成大心为子玉遮掩,对使臣道:"得臣本要自裁,是我等阻拦道,当受国君之戮。"子玉自觉再无生路,便于楚国边境连谷自尽。日后晋文公闻得子玉自尽,蔿吕臣为令尹,喜形于色道:"再无人来为害于我。蔿吕臣为令尹,只是维护自己,并非胸怀大志,为国为民。"晋军得胜之后,休整三天,食用的全部是楚军败退抛弃的粮草,然后班师。

晋师到达郑国衡雍,于河南省原阳县西。此次楚国出兵,郑文公派军队为楚国助战。如今楚军战败,郑文公畏惧,便派人向晋国求和。晋文公已败楚国,便不与郑国计较,派栾枝与郑文公订立盟约。之后,晋文公与郑文公又正式于衡雍盟约。郑国又倒向晋国。

晋文公一战成名,周襄王看到了可以依靠的力量,便亲自劳军。晋文公于郑国的践土邑为天子建造了一座行宫,以迎接天子驾临。践土位于今荥阳市东北。晋文公将楚国战俘献予周襄王，共计四马披甲之战车百辆，步兵千人。此为尊王守礼之举。行献俘之礼时，周襄王以郑文公为上相，用周平王时以郑武公为相对待晋文侯的礼仪对待晋文公，并接受晋国献俘。之后，周襄王以享礼享晋文公以酒，并让文公回敬自己，以示荣宠与亲近。周襄王命太宰王子虎、内史叔兴父用策书任命晋文公为侯伯，赐予文公天子之大辂、戎车以及相应服饰，红漆弓一把，红漆箭百枝，黑漆弓十把，黑漆箭千枝，黑小米加香草酿造的酒一卣，勇士三百人，并让他们代向晋文公致意道："天子对叔父道，遵从王命，以安诸侯，以惩王恶。"晋文公按照礼仪，辞谢三次，然后受命，道："重耳再拜稽首，敬谢天子重赏与策命。"晋文公接受策书后率军回晋。晋文公于践土三次朝见周王，献俘、受享、接受策命，奠定了其霸主地位。

## 第六十一章　宁武处乱愚不可及，晋文召君不足为训

晋国战胜楚国之后，召集各诸侯国于践土盟约，鲁僖公、齐昭公、宋成公、蔡庄公、郑文公与莒国国君均亲赴会盟。卫成公不敢亲自赴会，而让大夫元咺奉成公之弟叔武为执政，赴会盟约。卫成公当初不肯借道让晋国之师援救宋国，因而得罪晋文公，为晋军与国人所迫，逃至卫邑襄牛。如今卫成公眼见楚国兵败，自己无所依仗，便想出逃楚国。孰知楚令尹子玉自缢，国政有变，卫成公便改奔陈国。陈穆公的情况与卫成公相似，都曾投向楚国阵营，见楚国战败，又向中原诸侯靠拢。陈穆公亲自赴会，但或许到迟，未尝盟约。陈穆公或因奔波疲劳，或许还有心理压力，一个多月后便薨了。

践土之盟后，诸侯奉周襄王回京城。襄王命太宰王子虎与诸侯于朝廷盟约。盟约中言："诸侯皆为安定王室，因此诸侯不得相互为害。违此盟约，明神共诛，使其军队陨败，不能享国，祸及玄孙，老幼无遗。"此盟对于一度追随楚国的陈国、蔡国、郑国、卫国等诸侯国有利。此盟显然是得到晋国同意的，晋文公也因其表现出的大度，得到时人好评。《左传》记载道："君子谓是盟也信，谓晋于是役也，能以德攻。"即晋国做到了以德胜人。

此后，卫成公得以在晋文公的默许下，由其大夫宁武子宁俞帮助回到卫国。宁俞谥"武"，因此史称宁武子。宁武子代表卫成公与臣民们在卫国的宛濮盟誓，宛濮位于今河南省长垣县西南。宁武子说服臣民们道："上天降祸卫国，使国君与臣民不和，故而遭此忧患。如今天意佑我，使国君臣民抛弃成见，得以互相协商。"宁武子要君臣双方换位设想一下：若无人留居卫国，谁来守护社稷？若无人跟随国君四处奔走，谁来保护国人财产？宁武子的意思是，留在卫国的臣民，有最终为卫国守土的功劳，而国君及其追随者出奔在外，则有通过斡旋保全人民与财产的功劳。既然都于国家有功，如今天意佑卫，双方便应携手保全卫国。宁武子继续道："由于过去双方不和，因此如今于神明面前盟誓，以求天意佑卫。自今盟誓之后，随侍国君在外奔走者，不要依仗事君的功劳，留居卫国之人，也不要害怕获罪。若有人违背盟约，必遭祸

患。明神与先君,对其必加诛戮。"卫国上下得知宁武子代表国君与臣民的这一盟誓,不再有叛逆之心,于是卫成公得以平安回国复位。

宁武子由于其为人及安定卫国的功绩,得到孔子好评:"宁武子,邦有道则知,邦无道则愚。其知可及也,其愚不可及也。"(《论语·公冶长》)即是说,宁武子在国家政治清平时,其表现出的智慧,是别人可以达到的,而在国家政治动乱时,表现出的大智若愚,是别人达不到的。程颐认为,孔子所谓愚不可及,乃是在邦无道时,能韬晦免患。朱熹进一步注解道:"卫文公有道,宁武子无事可现,因此表现出的智慧他人可以做到。卫成公无道,至于失国,宁武子周旋邦国臣民之间,尽心竭力,不避艰险,其所行之事,为智巧之士所回避而不肯为,而能保全自身,辅佐国君,与智巧之士相比,可谓其愚不可及。"

同样帮助卫成公复位的大夫元咺,便不能像宁武子那样大智若愚,保全自身。卫成公出奔在外时,有人在卫成公面前进谗言道:"元咺已立叔武为君。"此时,元咺之子元角追随卫成公出奔,卫成公听信谗言,派人杀了元角。但元咺并未因此不遵成公命令,依旧奉事叔武摄政。然而最终元咺却无法在卫国立足,乃至出逃至晋国。据《左传》记载,卫成公急于回国,早于约定日期回到国内,宁武子在成公之前便先到国都,此时大夫长牂把守城门,以宁武子为国君使者,便与他同乘一辆车进入国都。城门既无值守,作为成公前驱的公子歂犬与公子华仲便直驱入城。此时执政的成公之弟叔武正要沐浴,听说国君回来,非常高兴,手握头发迎了出来。结果前驱公子歂犬却把他射死了。卫成公知道弟弟叔武并无叛逆之罪,枕在尸身上大哭。公子歂犬见状试图逃走,成公派人将他杀死。叔武死于非命,元咺自然心惊,于是逃往晋国。而《公羊传》记载与此不同,据《公羊传》记载,卫文公在世时曾驱逐卫成公,而立叔武,但叔武辞立。卫成公出逃之后,叔武恐他人得立,成公日后不得复位,因此自立为执政。他赴践土会盟,并治理卫国,最终迎回成公。成公回国之后却道:"叔武篡位。"元咺争辩道:"叔武无罪!"但成公仍然杀了叔武。于是元咺出奔晋国。《左传》记载为卫成公美言,而《公羊传》记载则言卫成公之恶,无论成公到底如何行事,逼走元咺总是事实。

元咺到晋国后,向晋文公控诉卫成公杀戮无辜之罪。晋文公出面裁判卫国君臣诉讼。君臣之间的诉讼,国君自然不会与臣子对簿公堂。因此卫成公以宁武子为辅相,以鍼庄子代表卫成公坐庭,而以士荣为答辩人。卫成公没有胜诉。于是晋国杀士荣，斩鍼庄子双足，宁武子则因忠诚免于惩罚。晋国拘捕了卫成公，将他送至京师，关于囚室，而让宁武子负责供给成公衣食。元咺得到晋国支持，回国后立公子瑕。

据《国语·周语》记载，本来晋文公想除掉卫成公，但又不想承担擅杀罪名，因此请周襄王下令诛杀卫成公。周襄王道："不能诛杀。为政当自上而下，上位决断，下位行政，秩序不逆，上下无怨。如今叔父您为政不顺，岂非不当？君臣之间，不当诉讼，元咺虽直，不可听信。君臣互讼，父子亦将互讼，岂非无上无下？叔父您听任无上无下，乃为一不顺。为了臣子杀君，是何刑罚？有法不遵，乃为二不顺。叔父会合诸侯，而行双重逆政，我恐怕叔父难以为继。并非我因私要保卫侯，实是理当如此。"晋文公听得周襄王此言，只好将卫成公交付王室。而周襄王也要给予晋文公面子，因此便囚禁了卫成公。

元咺立公子瑕，既然得到晋国支持，自然遵从晋国之意。因此晋文公依旧想除掉卫成公，彻底控制卫国。据《左传》记载，周襄王二十三年，晋文公派遣医者衍去酖杀卫成公。宁武子识破衍的言行后，重金贿赂医者衍，让衍不下重药，保全成公性命。

卫成公要想回国复位，必须寻求内应。卫成公派人贿赂大夫周歂与冶廑道："如能迎我回国，我以你们为卿。"周歂与冶廑便合谋杀了元咺与公子瑕及其弟公子仪，将卫成公迎回卫国。卫成公回国之后，入太庙祭祀先君，周歂与冶廑穿着卿士服饰，即将入太庙接受任命。周歂先入太庙，行至门口，发病而死。冶廑惊恐，辞去卿位。元咺固然死于非命，周歂与冶廑也未得善终，唯独宁武子得以保全自身。

晋国打败楚国后的同年冬天，晋文公在周襄王赐予的温邑召集会盟。与会的有齐昭公、鲁僖公、宋成公、蔡庄公、郑文公、陈共公、莒国国君、邾国国君及秦穆公，此乃秦穆公第一次参加中原诸侯会盟，因此班次在后。据《史记》记载，晋文公欲率领诸侯朝见周王，怕有人不服，因此让人以狩猎之名请周襄王到河阳，然后率领诸侯朝拜襄王。按照礼制，诸侯朝王，应赴王城。无论出于何种原因，晋文公安排襄王赴河阳，乃轻天子之举。因此孔子评论道："以臣召君，不可以训。故书曰'天王狩于河阳'，言非其地也，且明德也。"孔子认为，晋文公以臣召君，不足为训。《春秋》书写周王狩猎，是为周襄王讳，为晋文公隐，而颂扬晋文公安定王室之功德。

晋文公打败楚国、左右卫国之后，又立即召集诸侯围攻许国。晋文公此举非但不恤民众与将士，且为自身带来疾病。这时，因追随楚国惴惴不安的曹共公看到了机会。曹共公派寺人侯獳贿赂晋国掌管卜筮的筮史，让他向晋文公进言道："齐桓公召集诸侯会盟，乃为异姓诸侯封建城邑；而如今国君召集诸侯会盟，乃为灭同姓诸侯。曹国始封之君曹叔振铎，乃文王之子，晋国始封之君唐叔虞，乃武王之子。联合诸侯灭同姓兄弟之邦，不合周礼；曾经许诺恢复曹、卫两国，却只复卫国，不复曹国，不讲信义；曹、卫同罪，惩处却异，不合刑罚。礼以行义，信以守礼，刑以正邪。舍此三者，君将如何？"晋文公闻得此言，深以为然，于是复曹共公之君位，在许国召集诸侯会盟，之后率诸侯回师。

# 第六十二章　秦晋伐郑烛武退师，鲁分曹田晋作五军

　　晋文公成为诸侯之伯，获得征伐之权，自然要惩治背离自己的诸侯，以树立自己的权威。在制服卫国与曹国之后，晋文公便开始整治中原诸侯国中最早倒向楚国的郑国。晋文公与郑国结怨，一是由于郑文公背叛晋国帮助楚国；二是由于当初出奔在外，郑文公对他没有以礼相待。

　　据《左传》记载，践土之盟的第二年，晋国再次召集诸侯会盟，一为重温践土之盟，二为商议讨伐郑国。王子虎代表周王莅盟，诸侯国中只有鲁僖公亲自赴盟，其余各国均由卿大夫与盟。晋国狐偃、宋国公孙固、齐国国归父、陈国辕涛涂、秦国小子憖与蔡国人参加会盟。

　　周襄王二十三年春，晋国军队入侵郑国，试探郑国反应。同年秋天，晋文公联合秦穆公率领军队包围郑国，晋军驻扎于函陵，在今天河南省新郑市北，秦军驻扎于汜南，在今天河南省中牟县南。郑国大夫佚之狐向郑文公道："国家危殆。若国君派遣大夫烛之武去见秦君，必定能使秦军退去。"郑文公听取了佚之狐的建议，请烛之武去见秦君，烛之武推辞道："臣壮年之时，尚且不如别人，如今臣已老迈，更加无能为力。"郑文公道："我过去未能用你，如今形势危急才求助于你，此乃我之过错。然而郑国灭亡，对你也不利。"于是，烛之武应允了文公之请。借助夜色，烛之武让人用绳索将自己坠到城外，去见秦穆公。

　　烛之武向秦穆公道："如今秦、晋两军包围郑国，郑国已知自己必亡。如果灭亡郑国而对秦君有利，的确值得劳师动众。但隔过他国而以远方土地作为秦国边邑，秦君亦知其不易。那么，秦君为何要用灭亡郑国来增加邻国土地呢？邻国实力的增强，便是秦国实力的削弱。而如果今天秦君赦免郑国，让郑国得做招待秦人东行的东道主，使者往来，供其所需，解其困乏，对秦君无害，秦君何乐不为？况且秦君曾有恩于晋君，晋惠公曾允诺将焦、瑕两邑划归秦国，然而他早晨渡河回国，晚间便立版筑城，防备秦国。此事秦君自然知道。"秦穆公当然不会忘记此事。当初晋惠公为求秦穆公助他得立为晋君，非

但贿赂以财物，还主动提出将河东五座城邑划归秦国。焦邑位于今河南省三门峡市陕州区，瑕邑位于今河南灵宝市，是晋国河南之地，均位于交通要道。晋惠公回国即位后，自然不舍得这些城邑，便以种种理由迟迟不兑现承诺。秦晋交战，晋惠公被俘，秦国才获得了对河东城邑的管理权。但后来秦穆公为与晋国修好，又主动放弃了河东城邑。烛之武在帮助秦穆公回忆秦、晋之交的历史后，继续针对现实情况道："晋国贪得无厌，岂有满足？如今晋国已向东方的郑国开疆拓土，自然也会肆意向其西方扩张。而向西不损害秦国，还能向何处攫取土地？如今秦国正在做损害自己而有利于晋国之事，请秦君仔细考虑。"烛之武的此番话深深触动了秦穆公，于是秦穆公转而与郑国结盟，并派遣大夫杞子、逢孙、杨孙帮助郑国戍守，自率军队回国。郑国的灭顶之灾被烛之武对秦穆公的一番言语化解掉一半。

秦军撤军，狐偃请命追击秦军。晋文公道："不可与秦国开战。如果没有秦国之力，我们不会有今天的地位。依仗他人之力，却又损害于他，此乃不仁；失去同盟之国，此乃不智；以相互攻伐代替相互结盟，此乃不武。我们只能回师。"

但晋文公还留有控制郑国的一手，他进军郑国时带着郑国的公子兰，公子兰为郑文公的庶子。据《史记》记载，郑文公有三位夫人，有宠子五人，便发生了诸侯之家常见的储位之争。五位宠子先后获罪，都被郑文公诛杀。郑文公不再相信任何儿子，便将所有公子都驱逐出国。当时公子兰便投奔了晋文公。公子兰侍从晋文公非常恭谨，深得晋文公爱怜。公子兰自然希望能够回国继承君位，晋文公也希望如此。此次晋文公出兵伐郑，公子兰虽然依旧追随晋文公，但请求不参与包围郑国的行动，因此留在后方。虽然秦国撤兵，但郑国之困尚未解除，郑国自然急于求和。晋文公便利用郑国求和之机，意欲郑国以公子兰为嗣君。因知晋文公善待公子兰，郑国大夫们也想迎回公子兰作为嗣君，以求晋文公退兵。郑国大夫石甲父道："我曾听闻，姞姓乃后稷元妃，其后当有兴者。公子兰之母便是姞姓后裔。如今国君嫡子皆死，庶子中公子兰最贤。晋国兵临城下，从晋国迎回公子兰立为嗣君，对郑国最为有利！"的确，郑国迎回公子兰，既满足了晋文公的意愿，能使晋国退兵，又解决了郑国无嗣君的难题，稳固郑国国本，可谓一举两得。于是，郑文公派遣石甲父与侯宜多迎公子兰回国为嗣君，晋文公则同意与郑国讲和。秦晋联军包围郑国，最终和平解决。

## 第六十二章 秦晋伐郑烛武退师，鲁分曹田晋作五军

晋文公数年中几度出兵勤王平乱，成就霸业，自然也要向齐桓公看齐，对各诸侯国赏罚分明。如今，对于追随楚国的曹、卫、郑等国已经惩处，便要将所削曹、卫之地赏赐给有功的诸侯。鲁国因其遵守礼制，积极参加诸侯会盟，又因其调解晋、卫冲突，使天子与晋文公都能满意，自然当受奖赏。

鲁僖公派臧孙辰前往接收济水之西的曹国土地，途中在鲁国的重馆邑驿站住宿。重馆在今天山东省鱼台县。据《国语·鲁语》记载，重馆邑驿丞对臧孙辰道："晋君新为侯伯，必然想巩固与诸侯的关系，所以分割有罪之国的土地赐予诸侯。各诸侯国无不希望分到土地，定会争先恐后亲近晋国。晋君不会按照诸侯间原有次序来分配，定会倾向于对其恭敬、亲近之国。因此您一定要迅速前往。鲁国位次本就在前，又能先到，诸侯谁能企及？但倘若您路途多耽搁，恐怕便来不及了。"臧文仲听从驿丞建议，日夜兼程赶赴晋国。果然，晋文公将济水以西洮邑以南原来曹国的大片土地划归鲁国。曹国济水以西、洮邑以南之地在今天山东省菏泽市境内。臧文仲回鲁国复命，并为驿丞请功道："分得许多土地，是重馆邑驿丞之功劳。臣听闻，善行昭彰，虽贱当赏；恶行显露，虽贵当罚。如今由于驿丞之言，扩大了国家疆土，其善昭彰，请国君奖赏于他。"于是鲁僖公擢拔驿丞，赐予他大夫爵位。

晋文公为加强晋国军力，抵御戎狄侵扰，控制中原诸侯，同时擢拔有功之臣，又一次扩军阅兵，建立上、下新军，扩至五军，并以赵衰为卿。据《国语·晋语》记载，晋文公一直想要重用赵衰，但赵衰却一直谦让。当初晋国置三军，晋文公征求臣子们意见谁可担任元帅，赵衰推荐郤縠。赵衰道："郤縠年已五十，为学日笃。先王法典乃德义府库，重德行义为生民之本。践行法典，笃志德义，便不会忘记百姓。"文公采纳了赵衰的建议，任郤縠为帅。文公认为赵衰堪负重任，准备任命赵衰为卿，赵衰却推辞道："栾枝忠贞谨慎，先轸足智多谋，胥臣多闻博识，皆可担任辅佐，臣不如他们。"于是晋文公任命栾枝为下军主帅，先轸为副。晋文公依旧想以赵衰为卿，赵衰又推辞道："助天子复位，示民以义；伐原退兵，示民以信；扩军阅兵，示民以礼，均为狐偃之谋。狐偃以德治民，功效显著，堪当大用。"于是晋文公任命狐偃为卿，狐偃则推举狐毛，最终文公任命狐毛为上军主帅，狐偃为副。狐毛死后，文公再次任命赵衰代替狐毛统帅上军，赵衰又推辞道："城濮之战，先且居辅佐治军有功当赏，且如我之人，尚有箕郑、胥婴、先都。"于是文公任命先且居为上军主帅。最后文公道："赵衰三次辞让，所让皆社稷之臣。不用辞让之

人，便是废除德义。"于是晋文公因赵衰之故，在清原举行阅兵，扩为五军，任命赵衰为新上军主帅，以箕郑为副，任命胥婴为新下军主帅，以先都为副。可见晋文公置五军，是为扩充军力，但亦是因人设事，提拔赵衰等社稷之臣。晋国有一批赵衰这样谦让为国的臣子，是晋文公称霸的决定性因素。

## 第六十三章　卫侯迁都晋楚媾和，郑商劳军秦师无功

　　中原纷乱，给了狄人以侵掠各诸侯国的机会。晋国如今兵力最强，能够抵御狄人侵扰，齐国也尚能抗狄自保，但自身原本不强，又在晋楚之争中伤了元气的卫国，抵御狄人侵掠便比较吃力了。据《左传》记载，周襄王二十四年，即公元前629年，卫国再次迁都，自楚丘迁至帝丘。帝丘是颛顼之墟，故名帝丘，夏帝启之孙夏相曾在此居住。其地位于今河南省濮阳县西南。

　　卫国迁都帝丘之前，曾经卜卦，结果为迁都于帝丘，卫国能享国祚三百年。因此卫成公决定迁都于此。迁都之后，卫成公梦见卫国始封之君康叔对他道："相夺予享。"古代君民都安土重迁，卫成公迁都，虽然卜卦得吉，但或许心中仍有不安。帝丘曾于夏代为帝相居住过，后帝相被弑，或许葬于此地。夏、商时代，帝丘或许再未成为封国的都邑，夏代陵墓自然荒芜。如今卫国迁都于此，是否能够得到卫国祖先的庇佑，是否搅扰夏代陵寝，或许卫成公心中纠结。日有所思，夜有所梦，因此卫成公梦见卫国始封之君康叔道，夏相夺了他的祭祀。古代国之大事，唯祀与戎。祖先祭祀被外人所夺，意味着祖先不得血食，不能再保佑其子孙后代，意味着国祚受损，卫成公自然心焦。神鬼相争，人无法直接干预。或许卫成公认为，夏相夺康叔之享，是因为夏相陵墓祭祀久废，不得血食，因此才会抢夺先祖康叔之享。于是卫成公命祭祀夏相。但是，祭祀祖宗以外的鬼神，是不合乎周礼的。宁武子宁俞谏道："鬼神不享非其族类的祭祀。杞国、鄫国乃夏朝之后，祭祀夏相当是他们之事。夏相在帝丘早已断绝祭祀，这并非卫国的过错。诸侯之国所当祭祀，乃周公所定，我们不能违背成王、周公之命。请国君收回祭祀夏相之命。"

　　帝丘虽于夏、商时代便已荒废，却给东周的卫国带来了稳定。东周初期，由于狄患，卫都自大河之北的沫邑迁至大河之南的曹邑，卫文公又将卫都迁至楚丘。而当卫国再次迁都帝丘后，国祚远不止卜卦的三百年，至秦统一才被灭国，享国祚四百余年。此为后话。卫国迁都后的第二年，因狄人自乱，卫出兵复仇，狄人不得已求和。卫国与狄人订立盟约，暂时获得了安定。

狄人侵扰的压力，多少增强了中原诸侯国之间的联系，并且促使中原诸侯国缓和与楚国的关系。楚国自从城濮兵败，新任令尹斗章无意北进，因此寻机与晋国媾和。而晋国因中原狄人侵扰，也有与楚国媾和之需。于是晋、楚两国开始外交往来。

周襄王二十五年，即公元前628年冬，春秋历史上第二位霸主晋文公薨，其子驩即位，是为晋襄公。而在晋文公去世前，郑文公于此年夏天薨，公子兰即位，是为郑穆公。郑文公虽然不是一位有德有才的国君，却统治郑国达四十五年之久；晋文公虽然统治晋国只有九年，却成就了晋国领导诸侯的地位。他们的去世，打破了诸侯国之间刚刚建立的平衡，新一轮的纷争又开始了。

当初秦国从郑国撤兵时，曾留下杞子等三位大夫助郑国戍守。或许秦穆公留下三位大夫，不仅是帮助郑国戍守，也是在中原国家插入楔子。如今郑文公去世，杞子认为秦国吞并郑国的时机到了向秦穆公报告："郑国人让我掌管他们都城北门的钥匙，如果秦国悄悄进兵，便可占领郑国国都。"秦穆公得此报告，去与蹇叔商议。蹇叔便是百里奚推举的见识过人的贤人，曾数次劝止百里奚从事不宜之事。蹇叔听后道："劳师远袭，臣所未闻。臣闻，突袭国都，兵车突袭不过百里，步兵奔袭不过三十里，如此才能保持军队气势与兵力，迅速进兵，消灭敌人，即便撤军，也能速退。如今兴师动众长途奔袭，臣认为不可能成功。届时我军疲惫力衰，而郑国会早有防备。因为我军有所行动，郑国必定知道，奔袭而无用武之地，士兵必定心生抵触。国君试想，军行千里，谁人不知？"但蹇叔之言不合秦穆公心思。穆公召令将领孟明视、西乞术、白乙丙集结军队于东门外，准备奔袭郑国。孟明视为百里奚之子，名视，字孟明。蹇叔哭道："孟子，我看到出师而看不到班师了！"秦穆公听到后很生气，派人对蹇叔道："你知道什么？如果你六十来岁便死，你墓上树木已可合抱了。"蹇叔之子也在军队，蹇叔哭着送他道："晋国军队必定在崤山攻击我军，崤山有两座山陵，南陵为夏后皋之墓，北陵为文王避风雨之处。你必定会死在两座山陵之间，我会去那里收你的尸骨。"蹇叔所言崤山，为秦军东出桃林塞后必经之地，此地是晋国大河之南的山陵关隘。蹇叔所言崤山两陵，是为西崤山与东崤山，均有数里至十数里的坡路，车马难行。因此蹇叔断言晋军会趁秦军疲兵回师之时在那里设伏，秦军将有灭顶之灾。

秦国军队一路东进，车马路过王城北门。王侯将帅的兵车，主帅在中，御

## 第六十三章 卫侯迁都晋楚媾和，郑商劳军秦师无功

者在左，持兵器者在右，而一般兵车，御者在中，射者在左，持戈盾者在右。按照礼制，普通兵车路过王城，唯御者不下，驾车前行，射者与车右都应解甲下车步行，以示敬意。但秦国兵车路过王城北门时，左右持弓箭戈盾的士兵只摘下头盔，并未解甲，也并未收好兵器，下车致意后便跳上车去，以示勇武。三百辆战车都没有遵守礼制。当时王孙满年纪尚小，看到后颇为不满，对周襄王道："秦国军队轻佻无礼，必定失败。轻佻则寡谋，无礼则疏漏。进入险境，疏漏寡谋，怎能不败？"

秦国军队到达滑国，滑国乃姬姓小国，位于今河南省偃师县东南。正巧郑国商人弦高准备赴成周贸易，逗留于滑国。弦高得知秦军前往攻打郑国，一方面派人加急向郑国报信，一方面自己冒充郑国使者与秦军将领周旋。弦高献予秦军将领四张牛皮作为引礼，又送十二头牛劳军，向秦军将领道："寡君听闻你们准备进军经过敝国，特派小臣犒劳你们军队。敝国贫匮，如军队驻留，只能准备一天的食品供应，准备离开则负责一夜的保卫。"滑国于太室山之北，今天的嵩山之北，离郑国都城新郑尚有两三百里路程。秦国将领们没有想到，郑国居然早已知道秦军东进，并派人路远迢迢前来劳军。本是长途奔袭郑国，郑国已有准备，便不可能再有偷袭的效果，因此秦军必须改变作战准备。秦国将领们更没有想到，其实前来劳军的，并非郑国使者，而是郑国一名普通商人，他假冒使者之名，正是为了迷惑秦军。如果此时秦军加速进军，赶在郑国人报信之前去攻打郑国，郑国真有可能措手不及。但秦军将领们相信了弦高之言，因此犹豫了。

孟明视通盘考虑之后，向众将领们道："郑国已经有所准备，我们不能对突袭抱有希望。攻打郑国无必胜把握，包围郑国又无后援兵马粮草，我们只能回师。"秦军兴师动众却劳而无功，便顺手灭了滑国，原路折返。

郑国方面郑穆公接到报告后，便派人去探察杞子等人所居客馆，发现他们已将行李用具装车，将武器磨砺好，将马匹喂饱，将粮草备足。郑穆公知道他们将作为秦国内应，便派皇武子上门道歉："大夫们久居敝邑，粮肉牲畜均已告罄。知道你们为此将准备离开。但郑国还有原圃，犹如秦国有具囿，大夫们可去那里自己猎取麋鹿，也使敝国得以休养生息，如何？"杞子等人知道计谋败露，便只能逃离郑国。或许他们因未完成任务而不敢遂回秦国，抑或回秦国路途遥远，于是杞子去了齐国，逢孙、杨孙去了宋国。秦国路远迢迢的奔袭，便这样被一位郑国商人设法瓦解了。

· 257 ·

## 第六十四章　疲兵受袭秦师败绩，文嬴请命三帅归秦

晋国由于晋文公去世，一直处于对外戒备状态。据《左传》记载，在晋文公移灵曲沃时，灵柩刚出绛都，棺柩之中有声如牛。郭偃让卿大夫们下拜，道："国君有命，将有西方之师经过我国境，届时攻击，必获大捷。"君命之言，当为郭偃杜撰，但自秦国背弃与晋国之盟而帮助郑国戍守防晋之后，晋国自然会一直戒备秦国，探听秦国动向，准备向秦国发难。郭偃或许在得知秦军情报之后，在为晋文公移灵之时，借文公之命激励晋国臣民。

得知秦军长途奔袭不成，败兴而归，一些大臣认为这是天赐晋国的机会。先轸道："秦君不听蹇叔之言，因贪婪而劳师动众，如今疲兵回师，此乃上天给予晋国的机会。天之所予，不可不取；敌之疲兵，不可放纵。放走敌人，必生祸患；违背天意，难图吉祥。因此我们一定要攻打秦军。"栾枝则道："我文公得以回国，乃秦国之力，我们尚未报答秦国恩惠，反而攻打秦国军队，置文公于何地？"先轸道："晋国国丧，秦国不示哀悼，反而灭我们同姓之滑国。秦国无礼在先，有何恩惠可言？我闻，一日纵敌，数世为患。我们是为子孙后代打算，此话可对文公交代。"于是晋襄公发布出兵命令，并会同晋南地区的姜戎共同截击秦军。

此时晋国尚未安葬文公，于是晋襄公将一身白色丧服染成黑色，亲为主帅，以梁弘为车御，莱驹为车右，率领晋国军队于崤山设伏。崤山山道狭窄，又为坡道，不利于秦军车马自东向西行进。晋军本就占领山道两旁高地，占据地形优势，又是以逸待劳，准备充分，得以前后夹击秦军，将秦军包围在狭窄的山谷中，加之晋国新君亲自率军，又以晋文公之丧为号召，晋军自然加倍奋勇。此役晋军彻底消灭了疲惫的秦军，俘虏了三名将领孟明视、西乞术与白乙丙。晋军获胜之后，全军着黑色丧服安葬晋文公，晋国从此以黑色为丧服。据《史记·秦本纪》，孟明视为秦相百里奚之子，而西乞术与白乙丙为蹇叔之子。他们出征之时，百里奚与蹇叔曾哭送他们。可见百里奚与蹇叔都有料事之明。

## 第六十四章 疲兵受袭秦师败绩，文嬴请命三帅归秦

晋襄公得胜班师后，母亲文嬴却无喜色。文嬴为秦穆公之女，嫁予晋文公为妻，是襄公嫡母。文嬴向晋襄公道："孟明视等秦国将帅邀功，挑拨我们两国国君之间的关系。秦君觉悟之后，就会逮捕他们，秦君恼恨这些将帅，对他们食肉寝皮秦君尚不满足，又何须劳我君兴师动众去讨伐他们呢？如今我们既然俘获了这些将领，将他们放回秦国，让秦君诛杀他们，以使秦君快意，如何？"晋国此战已经大大削弱了秦军，晋襄公认为目的已经达到，又不好拒绝母亲，便放回了秦国三位将领。

先轸上朝，问起秦国战俘之事，晋襄公道："母亲为秦国提出请求，我便放了他们。"先轸极为愤怒，叫道："国君赖勇武之人，力擒他们于战场，却听信妇人谎言，轻易将他们放了，此举乃伤我将士而助我敌人！如此晋国就要亡了！"先轸不顾襄公在上，愤而将痰吐于朝廷上。

襄公也知放走秦军将领不妥，便派阳处父追赶他们。阳处父追至大河之滨时，孟明视等三人已经上船。阳处父灵机一动，解下车左骖马，以晋襄公的名义赠予他们，试图诱使他们回岸。孟明视等自然不会上当，孟明视于船上稽首道："承蒙贵君恩典，不以囚臣祭鼓，而使归国受戮，寡君如诛我等，死后名声不朽，我君如效法贵君，加恩赦免我等，我等三年之后，必会前来拜谢贵君恩赐。"孟明视所谓拜谢，实为预下战书。阳处父此时已经无能为力，只能眼看孟明视等人逃脱。

秦国这边早已得知秦军惨败，三帅被俘。秦穆公身穿素服，住在郊外。见到被释放之将士，秦穆公大哭道："孤家未听蹇叔之言，致使你等受辱，此乃孤家之罪！"孟明视等自然自请处罚，但秦穆公并不撤掉孟明视等人的职务。秦穆公道："此乃孤家之过，三位大夫何罪？而且我不能以一次过错便无视你等功业。"回到朝中，许多大夫都认为此次秦军全军覆灭，乃孟明视之罪，应当杀孟明视以正刑罚。秦穆公则道："此乃孤家之罪！"秦穆公引周厉王时卿士芮良夫之诗云："大风有隧，贪人败类。听言则对，诵言如醉。匪用其良，覆俾我悖。"此首诗为《大雅·桑柔》之第十三章，为讽刺厉王好利之作。"大风有隧"，形容风之迅疾。诗之大意为：贪婪之人会很快败坏敦厚之德，听到顺耳之言便会立刻答应，听人诵读《诗》《书》便会如醉不闻，因此不用良善之言，反行悖逆之行。秦穆公自责道："《诗》中所言贪婪败事，如同在说孤家。实在是因孤家贪婪，害了孟夫子！孟夫子何罪之有？"于是秦穆公继续以孟明视等为将帅。秦穆公此举，深得孟明视等几位大夫之心，因此数年后几位大夫

率领秦军奋勇作战，一雪前耻。此为后话。

晋国虽然大败秦军，却未能慑服周围的狄人。狄人反而趁晋国用兵之后疲军之际东渡大河，攻打晋国，深入晋国箕邑，即今天山西省蒲县东北。晋襄公又亲自率军在箕邑打败狄军。此战之前，先轸便抱必死之心，因为他对自己于君前无礼深感悔恨。他向左右道："我为凡夫俗子，在国君面前放肆，却未受到惩罚，但我岂能不自行惩罚？"因此，他在投入战斗时，摘下头盔，冲入狄军，死于战场。战后狄人请和，送回先轸首级，先轸面色如生。

此战郤缺俘虏了白狄首领。郤缺亦名冀缺，当初胥臣出使，经过冀邑，看到郤缺于田中除草，妻子为他送饭，两人相敬如宾。于是胥臣邀郤缺一同回到国都。胥臣对晋文公道："敬乃德之集中体现，敬人之人必有德行。我们要用德行治理百姓，因此请国君任用郤缺。臣闻，出门如见宾客，任事如行祭祀，乃为仁之准则。"晋文公道："其父冀芮为惠公之党，欲加害于我，乃有罪之人，朝廷能用冀芮之子吗？"胥臣答道："舜诛戮了鲧，却提拔鲧之子禹。管仲为齐桓公之敌，桓公却任他为相并获得成功。《康诰》曰，'父不慈，子不祗，兄不友，弟不共，不相及也'。所谓'不相及'，是指罪不相及。《诗》云，'采葑采菲，无以下体'。（《诗·邶风·谷风》）是言采收蔓菁、芜菁，自当不弃其根，不因其埋于土中而不取。国君当选择人才的可用之处，而不论其出身。"于是晋文公便任命郤缺担任下军大夫。此战郤缺俘获了白狄首领，立下大功。胥臣能够自小事见大节，有知人之明与举荐之力，有贤臣之德；晋文公能不记前仇，采纳谏言，任用贤才，有明君之风。晋国君臣能如此举荐任用贤才，为晋国的发展壮大奠定了基础。

晋襄公从箕邑回朝，以三命——即最高级别任命，任先轸之子先且居为中军之帅，以慰先轸之灵；以再命——即次高级别任命，将先茅之县赏予胥臣。晋襄公对胥臣道："推举郤缺，是你的功劳。"襄公又以一命任郤缺为卿，又赐予他冀邑。晋襄公虽然不如其父大胆提拔，知人善任，却也能奖惩得当，不亏欠功臣。晋国因此得以保持强盛。

## 第六十五章　中原纷乱晋襄出手，令尹遭谗楚穆弑父

晋文公虽然去世，但晋国老臣尚在，实力不减，尤其崤山一战，完胜秦国，更坚定了晋国君臣树立新君侯伯权威的信心。于中原纷乱之时，要在诸侯中立威，动用武力是不可或缺的。将秦国打回关中之后，晋襄公君臣要选择的是拿中原哪个诸侯国开刀。

晋国首先选择的是弱小的许国。据《左传》记载，周襄王二十六年，晋襄公元年，即公元前627年，这年冬天，晋国就联合陈国、郑国讨伐倒向楚国的许国。楚国自然要援助许国。楚国令尹斗勃直接发兵攻打陈国与蔡国。陈国与蔡国很快便与楚国媾和，于是楚国集中兵力攻打郑国。楚国攻郑，是因为如今的郑穆公为晋国所立，自然唯晋国是从，楚国对郑国的多年拉拢失效，因此想以武力迫使郑国人驱逐郑穆公，接纳楚国想立的郑公子瑕。公子瑕亦为郑文公庶子，在郑文公驱逐众公子时逃往楚国。楚国军队攻打郑国都城远郊的桔柣之门，公子瑕的战车于周氏之汪这一池塘翻车，为郑人髡屯擒住，献予郑穆公。公子瑕死，郑文公夫人将他安葬在邬城之下。邬城便是当年郑武公所灭的邬国都城，今天河南省新密市东有邬国故城遗址。公子瑕死，此战不论楚国胜败，都达不到扶持亲楚政权的目的了。

蔡国倒向楚国，自然又为晋国不容，于是晋襄公派阳处父讨伐蔡国。蔡国既然倒向楚国，楚国便有保护之责，于是令尹斗勃率军前去救援。楚军与晋军隔泜水对峙，泜水位于今河南省，现名沙河。阳处父见双方均进退两难，便派人对斗勃道："我闻，'文不犯顺，武不避敌'。若令尹想打，则我后退三十里，待贵军渡河列阵，何时开战由你决定。或者，贵君后退三十里，待我率军渡河列阵，然后开战。否则，两军劳师费财，均无益处。"阳处父随即命套马备车，等待楚国退兵。楚国这边斗勃想要渡河决战，成大心则道："不能渡河！晋人不讲信用，若乘我们正在渡河攻击我们，那时战败，后悔何及？不如让他们渡河。"于是楚军后退三十里。这边阳处父见楚军后退，向将士们宣布道："楚军逃了！"于是他率军回国。楚军本为阻止晋军攻打蔡国，见晋军撤兵，

斗勃便也率军回都。

除许国、蔡国之外，晋国选择讨伐的是卫国。卫国是晋国的宿敌，却不是晋国的对手，卫国曾倒向楚国，与中原各国不和，正好可以作为晋国出手讨伐的对象。晋国寻找理由向卫国开刀。理由非常好找，晋国知会各诸侯国：晋文公被天子策命为侯伯之后，诸侯奉天子命，均朝拜晋文公，卫侯却不赴晋国朝拜；再者，卫侯不奉王命，不奉侯伯之命，便派遣宗室孔达侵略郑国緜邑、訾邑、匡邑。如今晋侯丧期已满，决定遍告诸侯，讨伐卫国。

周襄王二十七年，晋襄公率领晋军来到大河以北的南阳之地，先且居建议："如果我们像卫侯那样，不请天子之令便行征伐，会铸成大错。因此请国君觐见天子，请天子之令，而为臣跟随军队，待国君请令。"于是晋襄公便于温邑朝见周襄王。得到王命，晋襄公便派先且居、胥臣讨伐卫国。晋军包围了卫国戚邑，随后攻下了戚邑，并俘虏了卫武公四世孙昭子。戚邑位于今河南省濮阳市区。

卫成公派人向陈国求助。陈国是个小国，地处今天河南省淮阳市，不可能在武力上帮助卫国。陈共公向卫国使者道："你们转而攻打晋国，然后我出面为两国媾和。"卫成公胸无韬略，居然听信了陈共公的建议，派孔达率兵进攻晋国。这无疑是自取其败。晋国又将五鹿之南的戚田也纳入自己的疆界。戚田离卫国都城帝丘很近，戚田在今天濮阳市北，帝丘在濮阳市西南。时之君子认为，卫国国事不自主，而谋于他国，极为不慎。直至第二年，卫成公将孔达交予陈共公，孔达成为卫成公的替罪羊，陈共公执孔达献予晋国，以讨好晋国，请求晋国同意与卫国讲和。晋卫矛盾以晋国胜利而告一段落。

本来，中原混乱对城濮战败的楚国而言，是复仇的机会，然而楚国却因太子商臣与令尹斗勃的矛盾，并没有把握好此次机会。这是因为雄才大略的楚成王晚年也犯了诸侯易犯的通病，解决不好立嗣的问题。

楚成王最初想以商臣为太子，征求斗勃的意见。斗勃，字子上，此时尚未担任令尹。斗勃不看好商臣，因此向楚成王道："君王尚在壮年，而且内宠又多，立商臣易，日后如废，必有祸乱。以往可见，楚国立嗣，常立少子。况且商臣此人，目如胡蜂，声如豺狼，乃残忍之人，不可立为太子。"当时楚成王没有听从斗勃的意见，依旧立商臣为太子。楚成王此事虽未听从斗勃之言，却十分看重斗勃，在成得臣与蒍吕臣之后，任命斗勃为令尹。当初斗勃不建议以商臣为太子，如今商臣已为太子，且商臣既然为人残忍，必图报复。听信太子或听从令尹，全在楚成王一念之间。

楚国救蔡抗晋，因晋国阳处父使计，使楚国自动退兵三十里待战，晋国则不战而退，因此楚晋两军并未交战。此战本无所谓胜负，楚国也未折损兵马，斗勃已解蔡国之围，回师并无不妥。但太子商臣却借此诬告斗勃，向楚成王道："子上接受晋国贿赂，因此避敌，此乃楚国的耻辱。子上有罪，且罪莫大焉！"或许楚成王原本是想报城濮兵败之仇，见令尹斗勃退兵心中不快，因此居然听信了太子商臣的谗言，杀了斗勃。

杀斗勃后，楚成王或许认清了太子商臣的阴谋与残忍，便想废黜太子商臣，立商臣之弟王子职为嗣君。商臣听到消息，向其老师潘崇请教道："如何才能得知确切消息？"潘崇道："太子设宴招待江芈，但要表示不敬，且看江芈如何反应。"江芈为成王之妹，商臣之姑。商臣在招待江芈时不以晚辈身份表示尊敬，自然引起江芈愤怒。江芈怒责道："下贱的东西！难怪君王要杀你而立职做太子。"商臣将江芈之言告诉潘崇，道："父王的确要废我立职。"商臣自然想要老师潘崇拿主意，而潘崇不便明言，便反问商臣道："你能事奉公子职吗？"商臣久为太子，自然不甘失去其位，便道："不能。"潘崇又问道："你能出逃国外吗？"出逃国外自然便是彻底放弃太子之位，且更无出头之日，商臣答道："不能。"潘崇便再问道："你能办大事吗？"商臣领会了老师之意，便下决心道："能。"

在老师潘崇的启发下，商臣率领太子宫卫士包围成王宫殿，逼成王自尽。成王请求吃熊掌后自尽。因熊掌难熟，炖熊掌费时较长，或许成王想以此拖延时间，等待救援。商臣自然怕夜长梦多，拒不答应。成王无奈，自缢宫中。太子商臣与群臣为成王谥号曰"灵"，成王死不瞑目，改谥"成"，成王乃瞑目。据《逸周书·谥法解》："死而志成曰灵。乱而不损曰灵。极知鬼事曰灵。不勤成名曰灵。死见鬼能曰灵。好祭鬼神曰灵。"或许商臣取其"死而志成""乱而不损"之意，抑或楚成王晚年好事鬼神。又据此书，"安民立政曰成"。显然"成"之谥号可谓美谥。成王死后，太子商臣继位，是为楚穆王。楚穆王将他为太子时的房屋财物赐予潘崇，以潘崇为太师，并掌管宫中警卫法令。

据《左传》记载，当年楚国范邑巫者矞似曾对楚成王、令尹子玉即成得臣、与司马子西即斗宜申三人道："三位皆将死于非命。"城濮战败，楚成王先是派人申饬成得臣，后想到矞似之言，又即刻派人阻止成得臣死，却为时已晚。楚成王亦派人制止斗宜申自尽，因其自尽绳索断，而使者恰好赶到，因此斗宜申得以不死。成王便以斗宜申为商公。商邑在今天陕西省丹凤县西。后斗宜申或许听到什么不利于他的流言，他未受楚王之命，便沿汉江顺流而下，正要进入郢都，恰逢成王于渚宫下来，不期而遇。斗宜申害怕成王怪罪，便解释道："臣免于死，又有谗言，道臣将逃亡，因此臣特地前来，准备伏法而死。"楚成王为安抚他，便任命他为工尹。或许因他感念成王免死之恩，成王被弑之后，欲为成王报仇，抑或因穆王刻毒难于伺候，斗宜申与仲归（字子家）密谋弑杀穆王。穆王得知两人之谋，于周顷王二年杀此二人。楚成王与成得臣、斗宜申三人果然均死于非命。

# 第六十六章　秦军再败国政得修，鲁文尊父祭祀失礼

据《左传》记载，周襄王二十八年，即公元前625年，秦穆公派孟明视率军攻打晋国，以复崤山之仇。晋襄公亲自率师，以先且居率领中军，赵衰为副，王官无地为车御，狐鞫居为车右，与秦军战于彭衙。彭衙乃秦国河西之地，在今天陕西省白水县北。或许由于崤山一战秦军惨败，扬言复仇，因此晋国一直对西方的秦国加强防备，秦军尚未出境，晋军便已后发先至，越境迎击。此役秦军再次铩羽而归。于是晋人道此乃秦国"拜谢之战"。

此战晋襄公从前的车右狼瞫立了首功。当初于崤山作战时，梁弘为晋襄公车御，莱驹为车右。作战的第二天，晋襄公缚住了秦国战俘，让莱驹用戈去斩杀。俘虏大声呼叫，莱驹惊惧，失落手中之戈。狼瞫拾戈斩杀俘虏，并抓住莱驹追上襄公战车。车右本为勇武之士，为主帅攻击敌人，抵挡来犯之敌。莱驹临阵失戈，显然失去了车右的资格。于是此后晋襄公便以狼瞫作为车右。与白狄在箕地作战时，先轸弃用狼瞫，而以续简伯为车右。勇士狼瞫感到此乃奇耻大辱，极为愤怒。狼瞫之友道："为何不以死相争？"狼瞫道："我必须死得其所。"他的朋友道："我同你一起发难，如何？"狼瞫则道："《周志》有言，'勇则害上，不登于明堂'。如果凭一股勇气伤害在上位者，便不配列于朝堂庙堂。死于非义，并非勇敢；死于国事，才是大勇。我以勇猛得车右之职，如果因非勇而被黜，亦是应当。如果我以将帅不了解我发难，则将帅罢黜我便是得当，便证明将帅是了解我的。你等着看吧！"到达彭衙，狼瞫率领部下冲进秦军队伍，死于战斗。晋军跟随狼瞫一行冲开之血路一路掩杀，大败秦军。时人认为，狼瞫可谓君子。《诗·小雅·巧言》云："君子如怒，乱庶遄沮。"是说君子之怒，可以止乱。《诗·大雅·皇矣》云："王赫斯怒，爰整其旅。"文王赫然震怒，于是整顿军队。是说怒而不作乱，转怒于敌，可谓君子。

秦军大败而还，但秦穆公依旧任用孟明视。孟明视进行了反省，决定修明政事，厚施于民。得知秦国加紧修行政事，赵衰对晋国大夫们道："如果秦军再来挑战，一定要避其锋芒。秦国由于畏惧而增修德行，如此则不可抵挡。

· 265 ·

《诗》曰：'毋念尔祖，聿修厥德。'（《诗·大雅·文王》）即言怀念祖先，修明德行。孟明视当是想到应该如此。念念不忘增进德行，修明政事而不懈怠，这样的国家我们岂能抵挡？"晋国有赵衰这样的明臣，狼瞫这样的勇士，故能够立于不败之地。

晋国自然保持侯伯的尊严。鲁文公孝满之后，未到晋国拜见晋襄公，晋国以此为由谴责鲁国。鲁文公只好赴晋国朝拜。晋国对鲁文公迟到的朝拜不以为然，便派遣阳处父与鲁文公盟誓。晋臣与鲁君盟誓，在外交上不对等，是对鲁文公的侮辱，然而鲁文公也只好接受。

鲁文公虽然在晋受辱，却能决定国内大事。这年秋天，鲁国于太庙举行五年一次大祫，即于太庙合祭祖先。宗伯夏父弗忌坚持将鲁僖公的神位置于鲁闵公的神位之前。论嫡庶，鲁闵公为嫡，鲁僖公为庶，论为君之序，鲁闵公在前，鲁僖公在后。但夏父弗忌道："我见新鬼大，旧鬼小，先大后小，便是顺序。使圣贤升位，是为明智。明智、顺序，合于礼制。"鲁僖公为鲁文公之父，鲁文公自然同意。

时之君子认为此为失礼之举。礼必须合乎秩序。祭祀乃国家大事，不遵次序，乃不合礼制。子虽圣明，不能先于其父享受祭品，此乃礼制次序，由来已久。所以禹不能先于鲧，汤不能先于契，文王、武王不能先于不窋。宋国以帝乙为祖，微子享祀不能先于帝乙；郑国以厉王为祖，桓公享祀不能先于厉王，此为尊崇祖宗。故而《鲁颂》云："春秋匪解，享祀不忒，皇皇后帝，皇祖后稷。"即谓祭祀不能懈怠，祭于伟大的上帝，祭于伟大祖先后稷。君子所谓"礼"，便是后稷虽亲，却先祀上帝。《诗》云，"问我诸姑，遂及伯姊"。（《邶风·泉水》）君子所谓"礼"，便是姊妹虽亲，却先问候姑母。这便是礼制次序。

《左传》还记载了孔子对臧孙辰的评论，认为臧孙辰没有制止此种不合次序的祭祀，乃其不智。孔子评价道："臧文仲，其不仁者三，不知者三。下展禽，废六关，妾织蒲，三不仁也。作虚器，纵逆祀，祀爰居，三不知也。"下展禽，是使展禽即柳下惠屈居下位；废六关，是设立关卡以征税收；妾织蒲，是家属织蒲贩卖与民争利。孔子认为不立贤人，多征关税，与民争利，是不仁之举。作虚器，是建造不合王侯规制的大屋饲养灵龟；纵逆祀，是纵容升僖公之神位；祀爰居，是祭祀名为爰居的海鸟，是为淫祀。孔子主张"敬鬼神而远之"，认为违制饲养灵龟，默认祭祀失序，妄用民间滥祀，均是不智之举。

## 第六十六章　秦军再败国政得修，鲁文尊父祭祀失礼

《国语·鲁语》详细记载了展禽论祭祀爰居非施政之宜。海鸟爰居在鲁国都城东门外停留三日，臧孙辰命国人祭祀爰居。展禽道："臧孙为政迂阔不知其要。祭祀乃国之大制，而制度决定执政成败。因此敬慎祭祀乃国之大典。如今无故增加祭祀，并非为政所宜。圣王制定祭祀制度，祭祀为民立法者，祭祀以死勤劳王事者，祭祀以功安定国家者，祭祀能御大灾者，祭祀能平大患者。不在此列，便不在祀典。"展禽列举了炎黄至三代所祀，皆是如此。炎帝烈山氏（即列山氏或厉山氏）拥有天下时，有子名柱，能种植百谷百蔬，担任百谷之官，治理农事。自炎黄至夏代均祭祀后稷柱。所谓"后"者，即为"君"、为治理之意。夏朝兴起，姬姓周族之弃能承后稷之业，故而商朝亦尊其为谷神，祀之为后稷。炎帝后裔共工氏担任九州方伯，其子句龙辅佐黄帝担任土官，治理九州土地，因称后土，后人祀之为社。所谓"社稷"一词，便是由此而来。黄帝，即帝轩辕，为百物命名，使人民明白事理，并共同拥有财富。颛顼，即黄帝之孙帝高阳，能继承黄帝功业。帝喾，即黄帝之曾孙帝高辛，能按照日、月、星辰运行制定历法，使民安居。帝尧，即帝喾庶子陶唐氏放勋，能使刑法公平，为民立极。帝舜，为颛顼后裔，为有虞氏重华，勤劳民事，死于苍梧之野。鲧，为颛顼后裔，禹之父，防堵洪水，失败被诛；而禹能行德，并继承改进鲧的事业。契，为尧之司徒，殷商祖先，能行教化，和集百姓。冥，为契之六世孙，为夏朝水官，勤于职守而死于水中。汤，为冥之九世孙，以宽仁治民，放逐夏桀。稷，即周之弃，勤播百谷，死在山间。文王，文德昭彰，武王，除暴安民。所以，有虞氏祭昊天于圆丘，是谓"禘"，以黄帝配享；祭上帝于南郊，是谓"郊"，以尧配享；祭五帝于明堂，是谓"祖"，以颛顼配享；而祭舜于宗庙，是谓"宗"。夏后氏祭昊天于圆丘，以黄帝配享；祭上帝于南郊，以鲧配享；祭五帝于明堂，以颛顼配享；而祭禹于宗庙。商人祭昊天于圆丘，以舜配享；祭上帝于南郊，以冥配享；祭五帝于明堂，以契配享；而祭汤于宗庙。周人祭昊天于圆丘，以喾配享；祭上帝于南郊，以稷配享；祭五帝于明堂，以文王配享；而祭武王于宗庙。慕，即舜之后人虞思，为夏之诸侯，能循颛顼功业，因此为有虞氏报德祭祀，是谓"报"。杼，为禹后七世，能循禹之功业，因此为夏后氏报德祭祀。上甲微，为契后八世，汤之先人，能循契之功业，因此为商人报德祭祀。高圉，为后稷之十世；大王，为高圉之曾孙古公亶父，能循后稷功业，因此为周人报德祭祀。展禽道："禘、郊、祖、宗、报这五种祭祀，均有国家祭祀典章。此外，所祀社稷山川之神，皆为有功于万民

· 267 ·

者；所祀圣明贤哲之人，皆有明德，为百姓信服；所祀日月星辰，皆为万民瞻仰；所祀地上五行，即金木水火土，皆为生殖所需；所祀九州名山川泽，皆为财用所出。非为此类，不在祀典。如今海鸟至此，原因不详，而为之祭祀，并以为国典，此举乃不仁不智。仁者论功，智者知物。无功而祀之，非仁之举；不知而不问，非智之举。"展禽最后判断道："陆地鸟兽，常知避灾，或许海上有灾亦未可知。"

果然，这一年海上多大风，冬季偏暖。臧孙辰虽有不智之举，却能闻过而喜，闻展禽之言后道："祭祀爰居，实为我之过错。季子之言，不可不效法。"于是让人将展禽之言书于为官之简册传于后世。

## 第六十七章　渡河焚舟秦晋再战，结鲁释卫晋楚争强

秦穆公伐郑不成，败于晋国，之后对晋国复仇，又败于晋国。秦国连败，无疑提升了晋国威望。据《左传》记载，周襄王二十八年，即公元前625年，这年夏天，为晋国讨伐卫国，晋、鲁、宋、陈、郑五国于郑邑垂陇会盟。垂陇在今天河南省郑州市古荥镇。参加会盟的有晋国大夫士榖、鲁国大夫公孙敖、宋成公、陈共公、郑穆公。此次为晋国大夫首次主持诸侯会盟，而宋、陈、郑三国国君却亲自莅临，可见晋国威望大增。这年冬天，晋、宋、陈、郑四国联合伐秦。晋国已与秦国结怨，郑国险受秦国侵略，宋、陈两国虽未与秦国结怨，但既与晋国结盟，因此参与联军。只有鲁国虽与晋国结盟，却依旧游离于盟国争战。

四国联军，晋国以先且居率军，宋国以庄公之子公子成率军，陈国以辕选率军，郑国以公子归生率军。四国联军西渡大河，攻取秦国洛水以东的汪邑与彭衙，汪邑在今天陕西省澄城县，彭衙在白水县。

秦穆公对于诸侯联军侵扰河西自然不能善罢甘休，便于第二年，即周襄王二十九年，率军伐晋。秦穆公率军渡过大河后，便焚毁渡船，以示破釜沉舟之决心。穆公亲自率军，又有如此决心，加之前两年秦国在两次兵败后勤修内政，秦军自然势不可当。秦军攻取了王官邑，之后又攻取郊邑，两邑或于今山西省临猗县、闻喜县一带。眼见秦军锋芒正锐，逼近晋国都城，晋军便闭城不出，不予应战。于是秦军便南下至茅津渡河。茅津在今天山西省平陆县西南。秦军不西渡大河回国，而是南渡大河，为的是赴当年崤战之地，为死亡的秦军将士封筑大墓，以志纪念。秦穆公此举是为对死于其贪大喜功之举的将士有所交代。无论当初秦穆公如何贪大喜功，不听劝谏，但此次封祭战死将士，确是赢得民心之举。封祭之后，秦穆公便率军回国。

中原纷乱，给予新即位的楚穆王以北进机会。楚穆王逼死王父楚成王，自然并非仁善之辈，又新近上位，要树立威望，便与中原诸侯激烈争夺起来。周襄王二十九年春，晋国、鲁国、宋国、陈国、卫国、郑国联兵攻打沈国，因

为沈国倒向楚国一方。沈国为周公后裔，其封地位于颍水之南，汝水之北，今天河南省平舆县境内，有传世青铜器为证。沈国倒向楚国，表明楚国势力已经越过淮水，到达汝水、颍水流域，对中原诸侯国形成极大威胁。因此中原诸侯联合起来以教训沈国。沈国为一小国，自然不能抵抗中原诸侯联军，沈军溃败。

同年秋天，楚国为报复中原诸侯，出兵包围江国。江国为嬴姓之国，位于淮水北岸，今天河南省正阳县境内，邻近为楚文王所灭之息国。江国本为楚国嘴边之食，如今楚国为向北扩展，并报复中原诸侯，便出兵江国。江国向中原侯伯晋襄公告急，晋国便派遣先仆伐楚救江。同时，晋襄公又将此事禀告周襄王，于是同年冬季，王室卿士王叔桓公、晋国大夫阳处父率军讨伐楚国，攻打楚国方城之关。

由于王叔桓公与阳处父进攻楚国方城，楚国大夫、受封为息公的子朱便放弃对江国的包围，前来增援方城守军。王叔桓公与阳处父见江国之围已解，况方城易守难攻，便收兵回师。

晋国南下攻楚，西向防秦，同时与两个大国为敌，自然更要协调好与中原诸侯国的关系。前一年，晋国曾以鲁文公不朝侯伯为由谴责鲁国，结果鲁文公及时赴晋朝拜晋襄公，并接受了同晋国大夫阳处父盟约的屈辱之盟。如今，晋襄公对自己这种外交失礼的行为有所悔悟，试图巩固与鲁国的结盟关系，便请鲁文公赴晋重新订立盟约。这一次，鲁文公到晋国后，晋襄公亲自与鲁文公盟誓，并设享礼招待鲁文公。晋襄公于宴会上赋小雅诗中之《菁菁者莪》。诗曰："菁菁者莪，在彼中阿。既见君子，乐且有仪。‖菁菁者莪，在彼中沚。既见君子，我心则喜。‖菁菁者莪，在彼中陵。既见君子，锡我百朋。‖泛泛杨舟，载沉载浮。既见君子，我心则休。"外交场合赋诗，一方面可以断章取义，一方面亦可引申其意，究竟如何理解，可为聆听者自解。晋襄公设宴招待鲁文公时赋此诗，从字面断义，可理解为襄公"既见君子，乐且有仪""既见君子，我心则喜""既见君子，我心则休"。于是，鲁国大夫叔孙得臣让鲁文公降阶再拜，并代文公言道："小国接受大国之命，岂敢不敬慎礼仪？晋君赐我君以享礼，令我君臣无比喜悦。小国之乐，均为大国所赐。"晋襄公也依礼降阶辞谢。两位国君再登阶上堂，以成拜礼。鲁文公为答谢晋襄公，赋大雅诗中之《嘉乐》。诗云："假乐君子，显显令德，宜民宜人。受禄于天，保右命之，自天申之。‖千禄百福，子孙千亿。穆穆皇皇，宜君宜王。不愆不忘，率由旧章。‖威仪抑抑，德音秩秩。无怨无恶，率由群匹。受福无疆，四方之纲。‖之纲之纪，燕及朋友。百辟卿士，媚于天子。不解于位，民之攸塈。"此诗一般认为是歌颂周成王的，鲁文公赋此诗，是借来歌颂晋襄公"显显令德，宜民宜人""威仪抑抑，德音秩秩""之纲之纪，燕及朋友"，祝福襄公"千禄百福，子孙千亿""受福无疆"。鲁文公赋此诗，自然不仅是即景即兴，更有阿谀奉承之意。

晋襄公不仅交好于鲁国，还为释卫国之怨，放回卫国大夫孔达。于是，卫成公便亲赴晋国拜谢，以成卫、晋之好。之后，同卫国一样被晋国削减国土的曹国曹共公也赴晋国朝见晋襄公。晋国于是基本安定了中原诸侯。周襄王三十年秋，晋襄公率军讨伐秦国，以报复前一年秦穆公率军伐晋，攻取晋国王官邑。晋军西渡大河，包围了秦国的邧邑与新城。此两座邑城在陕西洛水之东，邧邑于今天澄县南，而新城于澄县东北。

就在晋国与秦国再次开战之际，楚国灭亡了江国。江国是嬴姓之国，因此当秦穆公得知江国被灭后，便身着素服，避开正寝，居于偏室，减膳撤乐。秦穆公此举已超过哀悼礼仪的要求，因此大夫们劝谏穆公适可而止。秦穆公道："同姓之国被灭，虽然不能救援，岂能不哀怜之？我亦是自警。"时之君子评论道：《诗》云，"惟彼二国，其政不获；惟此四国，爰究爰度"，秦穆公便是如此。此诗为大雅《皇矣》之句，意指夏、商二国，不得人心，因此四方诸侯之国，要探讨其不得人心之因，及早图谋。此处引用，乃称赞秦穆公能够自警。秦穆公至晚年尚能自警，秦国之壮大便不会止步。

## 第六十八章　秦善任人称霸西戎，楚灭蓼六拓土淮南

秦国在秦穆公手中能够强大起来，是因为秦穆公能用人善纳谏。虽然穆公并不能采纳所有的谏言，但他能够用人、容人，历来为史家所称道。除穆公任用百里奚、蹇叔、孟明视等人外，《史记》等古籍还记载了秦穆公任用由余的故事。

由余祖先是晋国人，或言是幽王之子伯服的后人，总之为姬姓子孙，却久居戎地。戎王闻秦穆公贤明，便派由余考察秦国。秦穆公向由余展示秦国宫室建筑与国库财富。由余参观后则道："如此宫殿，如此财富，若使鬼神建筑，鬼神聚敛，鬼神亦须劳心劳力；若使人为之，则烦劳百姓，人民痛苦更深。"秦穆公对由余的回答既有所不满，又有所不解，便问道："中国以诗书礼乐与法度为政，尚且时有动乱，而今戎夷无诗书礼乐与法度，要想治理好国家，不是更难了吗？"由余笑道："正是由于中国以诗书礼乐与法度为政，成为中国动乱的根源。黄帝制定礼乐法度，率先垂范，也仅仅达到小治。及其后世，日益骄奢淫逸，治者以法度之威督责于民，人民贫困疲惫之极，便会抱怨治者不行仁义，上下交相怨而争相篡，至于杀戮灭族，皆为其果。戎夷则不然。治者以淳德待其民，人民怀忠信事其上。治理国政犹如对待自身，不知所以治，才是圣人之治。"

由余的观点虽然不同于秦穆公原来所接受的治国思想，但穆公认为他言之有理。于是秦穆公私下问内史廖道："我闻邻国有圣人，乃敌国之忧。如今由余贤明，自然为我之害，我当如何？"内史廖道："戎王地处偏僻，未闻中国之声。我君可试着赠送其美女乐伎，以夺戎王之志；为由余请功请勋，以离间他们君臣之间的关系；留由余长住，以延误由余归国之期。戎王见由余逾期不归，必感奇怪，必疑由余。他们君臣有间，我们便有机会获得由余。而且戎王一旦贪图享乐，必然怠于政事。"于是秦穆公便与由余联席而坐，传器而食，详细询问戎地地形军情，同时令内史廖送乐伎两佾十六人予戎王。戎王接受乐伎后非常高兴，终年耽于享乐。此时秦穆公才送由余回国。由余数谏戎王，戎

王不听，穆公又屡次派人邀请由余，于是由余便归顺了秦国。秦穆公以上宾之礼礼遇由余。

周襄王三十年，秦穆公三十七年，秦国用由余计谋，派遣孟明视等将领率兵攻打戎王，兼并戎狄等十二国，拓地千里，于是秦穆公称霸西戎。周天子派遣召公去秦国，赐予秦穆公金鼓表示祝贺。但《春秋》与《左传》于此年只记载了晋侯伐秦，并未记载秦穆公胜戎人之事。然而秦穆公在位时拓展疆土当是事实，或因秦地偏远，因此不见于鲁史记载。

但在秦国战胜晋国后，《左传》曾记载了时之君子对秦穆公善于用人的评论：秦穆公作为国君，用人不拘一格，且用人不疑；孟明视作为臣子，努力不懈，敬畏慎思。时之君子引《诗》曰："于以采蘩？于沼于沚。于以用之？公侯之事。"（《召南·采蘩》）此诗意谓泽野之物可堪大用，关键在于昭明忠信。引用此诗，意谓秦穆公以忠信待人，因此人才能为他所用。又引《诗》曰："夙夜匪解，以事一人。"（《诗·大雅·文王有声》）引用此诗，意谓孟明视便是日夜不懈，事于穆公。秦国君臣如此，秦国自然能迅速强大起来。

秦国在向西北拓展的同时，也向汉水流域扩张自己的势力。鄀国是汉水流域的一个小国，位于秦楚势力交界之处，即今天的河南省淅川县西。处于两大强国之间的鄀国，本来依附于楚国，秦晋伐鄀之后，鄀国倒向秦国，但后又倒向楚国。鄀国虽是小国，却处于秦岭余脉之端，是出入秦岭的南北交通要道。秦国若出兵武关，沿丹水而下，便可直逼鄀国。而从鄀国再向东南，原本是已为楚国所灭的邓国之地，邓国及其周边，地处平原与丘陵，无险可守。当初秦晋伐鄀，便是为了占领此地，形成对楚国的威胁。楚国自然必须力挺鄀国，才能更好地守护楚国汉水流域的疆域。周襄王三十一年，秦穆公三十八年，秦国再次出兵，占领鄀国都城，鄀国自此南迁国都，迁至今天湖北省宜城市东南，彻底依附于楚国。

楚国虽然在汉水上游受到秦国威胁，但在淮水流域向北推进却很顺利。两年前，楚国包围江国，虽然因王师与晋国军队攻打楚国方城，因而暂时放弃围困江国，但来年楚国依旧灭亡了江国。楚国灭江，震动了淮水流域的小国，这些小国自然会为自身的生存做出反应。

淮水之南的六国，据《左传》记载，为皋陶之后，六国都城于今天安徽省六安市金安区，有古城遗址。在淮水流域平原的南端。六国本与楚国隔大别山之险，又隔淮水流域一系列小国，因此不易受到楚国威胁，但当淮水流域两岸的息国、黄国与江国先后为楚国所灭，六国便无所可恃。六国为保自身生存，便投靠淮水下游的东夷。东夷为未接受中原文化教化的民族，分为若干支，居于淮水下游，泗水以东，胶东半岛等地。但楚国并没有给六国等小国以机会，楚国派遣成大心、仲归率领军队灭了六国。

淮水南岸的蓼国，为庭坚之后。庭坚一说为皋陶之字，一说为颛顼苗裔中有才干之人，为颛顼八恺之一。一般认为，庭坚便是皋陶，但也有人认为，庭坚与皋陶实为二人。史书称赞庭坚者甚少，八恺之其余七人，史书亦无甚记载，事迹不详。而史书记载皋陶者则多，《史记·五帝本纪》与《夏本纪》均记述了皋陶的业绩。显然皋陶与庭坚功业与历史地位不同，当为二人。但庭坚既为颛顼八恺之一，自然亦有其历史地位。蓼国首封或在夏朝，或许为西周再封。蓼国都城位于今河南省固始县东北。在息国、黄国、江国被灭之后，蓼国便已危如累卵。果然，楚国派遣公子燮率军攻打蓼国，很快便灭了蓼国。

鲁国的臧孙臣得知六国与蓼国被灭，哀叹道："皋陶、庭坚祭祀已绝！国君不立德行，人民不得援助，可悲可叹！"因为六国始封之皋陶，乃是以德为主以刑为辅治理人民的。据《史记·五帝本纪》记载，舜以皋陶为大理，掌管刑狱，舜任命道："蛮夷猾夏，寇贼奸轨。汝作士，五刑有服，五服三就，五流有度，五度三居：维明能信。"当时蛮夷侵扰华夏，盗贼违法作乱，因此舜要求担任刑狱之官的皋陶要严明刑法，使民信服。所谓五刑，在先秦指墨、刖、劓、宫、大辟五种刑罚。舜要求皋陶施行五刑必须得当，大罪施于野，士民之刑施于市，大夫之刑施于朝；若宽免五刑，改为流放，则须远近有度。而据《史记·夏本纪》记载，皋陶主张的是昭信仁德、辅以刑法的教化方法。皋陶曾在舜的朝堂上阐述过自己的主张。皋陶道："君王必须昭信仁德，使得治理方略明确，臣民和谐。君臣都要敬慎修身，深思远虑，敦和九族，获取圣贤辅佐。要从自身做起，由近及远。"皋陶还提出君臣都要知人、安民。禹插言道："这些要求，舜帝也难做到。知人则智，能知人善任；安民则惠，黎民将怀念。能智能惠，何忧作乱的驩兜，何须远迁有苗，何畏巧言佞人？"禹的意思是，舜帝如果能够做到知人与安民，就无须忧惧驩兜作乱，无须迁徙三苗。皋陶继续阐述道："的确难以做到。但确有九种德行，亦有德言。便是'宽而栗，柔而立，愿而共，治而敬，扰而毅，直而温，简而廉，刚而实，彊而义'。即宽厚而又坚定，怀柔而又正直，怀抱希冀而又言行恭谨，能够治下而又能够敬上，驯顺而又果决，耿直而又温和，简易而又廉洁，刚毅而又诚实，顽强而又行义。"皋陶认为，每日宣明三种德行，日夜践行，士便能保有家庭；每日严肃恭敬地践行六种德行，用以佐政，诸侯便可保有封国。具备九种德行并普遍施行，便可使德才之人居官任职，使吏民严肃恭谨地做事。不能用淫邪歪道教导民人。如果让不适当之人居于官位，便是扰乱天命大事。上天要惩罚有罪之人，便要用五刑惩处罪人。禹同意皋陶所言，认为如果按皋陶之言行事，定会做出成绩。皋陶又谦虚道："我才智浅薄，只望有助于推行治道。"臧孙辰认为，皋陶的后裔丢弃了皋陶要求国君所应当具备的德行，因此导致灭国。

## 第六十九章　秦穆人殉民歌黄鸟，晋臣纷争错立新君

　　周襄王三十二年，秦穆公三十九年，雄才大略的秦穆公薨。秦穆公知人善任，纳谏自省，修治内政，开拓疆土，功绩可圈可点，却在死后留下为后人病诟之柄，即是人殉。《左传》记载，"以车氏之三子奄息、仲行、鍼虎为殉，皆秦之良人也。国人哀之，为之赋《黄鸟》"。

　　《黄鸟》诗云："交交黄鸟，止于棘。谁从穆公？子车奄息。维此奄息，百夫之特。临其穴，惴惴其栗。彼苍者天，歼我良人！如可赎兮，人百其身！‖交交黄鸟，止于桑。谁从穆公？子车仲行。维此仲行，百夫之防。临其穴，惴惴其栗。彼苍者天，歼我良人！如可赎兮，人百其身！‖交交黄鸟，止于楚。谁从穆公？子车鍼虎。维此鍼虎，百夫之御。临其穴，惴惴其栗。彼苍者天，歼我良人！如可赎兮，人百其身！"《诗》以山上往来于飞，落于枣、桑、荆树上的黄鸟起兴，叹息奄息、仲行、鍼虎三位百夫莫当的英雄为穆公陪葬。诗人走近墓地，惴惴不安，哀叹苍天，灭秦良人，诗人知道，如能赎回英雄之命，民间自有百身愿替。《黄鸟》一诗，有哀思，有悲愤，有歌颂，有心愿，声情尽致，可见诗人对人殉的血泪控诉，可见贤良永在人心。

　　时之君子评论道："秦穆之不为盟主也宜哉！死而弃民。先王违世，犹诒之法，而况夺之善人乎？"又引《大雅·瞻卬》曰："人之云亡，邦国殄瘁。"《瞻卬》一诗为刺君王之作，此句言失去贤良，国之将亡。时之君子继续评论道："古代帝王自知寿命不长，因此遍寻圣哲，树立教化，区分名位，著书立说，制定法度，陈列准则，建立仪表，昭明法典，教民不贪，委任常职，导以礼制，因地制宜，使上下都有能够依凭的规则，之后帝王便能放心听由天命寿数。穆公未尝遗留善法于后世，反而收其良臣赴死，自是难以为诸侯之伯，'君子是以知秦之不复东征也'。"秦国向东拓展就此告一段落。

　　秦穆公薨后，其宿敌晋襄公亦薨。晋襄公去世前，原五军统帅与副帅十去其八，郤溱、狐偃、胥缨、先轸、赵衰、栾枝、先且居、胥臣均已亡故，晋国于周襄王三十二年春将五军减为三军，结束长达九年的五军编制。晋襄公任

## 第六十九章　秦穆人殉民歌黄鸟，晋臣纷争错立新君

命狐偃之子狐射姑为中军主帅，赵衰之子赵盾为副。此时晋国重臣太傅阳处父自卫国回国，建议襄公改变阅兵地点，并改任中军主帅。据《左传》记载，阳处父为赵衰之属，因此党同赵氏，向襄公言道："赵盾能干，任用能人，有利国家。"据《公羊传》，阳处父向襄公谏言："任狐射姑，民众不悦，不利于将兵。"襄公便改变了任命。《谷梁传》记载更详：晋国将向狄人用兵，以狐射姑为帅，以赵盾为副。阳处父道："不可。自古君王任命臣子，当使仁者辅佐贤者，不当使贤者辅佐仁者。赵盾贤，射姑仁，所以如此任命甚为不当。"于是襄公向射姑道："我本来任命赵盾辅佐于你，而今我任命你来辅佐赵盾。"据《左传》，中军主帅在卿位中为高，因此赵盾开始主持国政。赵盾制定制度，昭明刑法，断理刑狱，督捕逃犯，重视契约，治理乱政，规范礼制，荐拔人才，并将此举措推广全国。

晋襄公去世后，太子夷皋年幼，群臣欲立年长之子。在立谁为新君的问题上，臣子们起了争执。赵盾道："立公子雍。"公子雍乃襄公庶弟，为文公所喜爱。赵盾的理由是："公子雍仁善且年长，又为文公喜爱，而且亲近秦国。而秦国为晋国旧日友邦。立善良之人则社稷稳固，臣民追随长者则名正言顺，立仁爱之人则人民孝悌，结交旧日友邦则邦国安宁。正因为立新君为难事，所以当立长君。能固、能顺、能孝、能安，有此四德，必能纾难。"狐射姑则道："不如立公子乐。辰嬴（即怀嬴）侍奉怀公、文公二君，立辰嬴之子，百姓必能安定。"赵盾则道："辰嬴卑贱，班次行九，其子有何威望？"晋文公嫡夫人为文嬴，襄公之母偪姞排二，季隗排三，公子雍之母杜祁排四，齐姜排五，其余秦之媵妾与辰嬴排六、七、八、九。或许因为辰嬴曾嫁予怀公，因此再嫁文公时班次在媵妾最后。赵盾又道："为二君之妾，可谓淫。同为文公之子，公子雍曾出仕秦国，秦国为强邻，而公子乐则出仕陈国，陈国地处偏僻。母淫子僻，自无威望；陈国既小且远，自无以为援，如何保国安民？杜祁因襄公之故，母以子贵，让偪姞排位在前；又因狄人为晋国强邻，让季隗排位在前，因此排位第四。杜祁贤良，故而文公爱其子雍。公子雍出仕秦国，为秦国亚卿。秦乃大国，足以为援；母贤子爱，足以于人民中建立威望。立公子雍有何不可？"臣子们或许私心不重，因为立长不利于他们把持朝政。

赵盾不仅在朝堂之上力主立公子雍，而且很快见诸行动。他派先蔑、士会到秦国去迎回公子雍。荀林父劝先蔑不要答应这一差事，荀林父道："夫人、太子均在，而求国君于外，此事断然行不通。你可以称病不去。不然，将来会

惹祸上身。以大夫代理卿之职务,前往迎接便可以了,何必由你前往?我们同朝为官,岂能看你惹祸上身?"但先蔑不听从劝告。荀林父又为先蔑赋《大雅·板》之三章,诗云:"我虽异事,及尔同寮。我即尔谋,听我嚣嚣。我言维服,勿以为笑。先民有言,询于刍荛。"意为你我虽各司其职,却是同僚,与你商议,你不听忠告。我道实情,你当作谈笑。古人有言,当听于耆老。

狐射姑也派人前往陈国迎接公子乐。赵盾得知后,派人于晋国郫邑截杀了公子乐。郫邑位于今山西省垣曲县东南。狐射姑认为,他不能主持晋国大政,乃阳处父改变襄公任命之故,便派狐鞫居杀死了阳处父。

阳处父死后,赵盾要为其报仇,下令杀了狐鞫居。狐射姑见形势不妙,逃往狄人之地。赵盾派臾骈将狐射姑的妻子儿女都送过去。一方面可以表现他的仁义,另一方面也断了狐射姑回国的念想。狐射姑曾在阅兵之时羞辱过臾骈。臾骈手下皆欲杀尽狐射姑族人,臾骈制止道:"不能杀戮其族。我闻《前志》有曰,'敌惠敌怨,不在后嗣,忠之道也'。赵夫子礼待于他,我为夫子宠臣,怎么可以携私怨报私仇?恃宠行事非勇,报怨添仇非智,以私害公非忠。舍却智、忠、勇,我又何以事赵夫子?"臾骈亲自押送,将狐射姑的妻子儿女与器用财货都送至狄境。赵盾与臾骈如此行事,晋国官场纷争才未使晋国内乱。

秦康公在送公子雍回晋国时,向公子雍道:"当年文公回国,没有多带侍卫,故而有吕甥、冀芮之乱。"因此秦康公赠予公子雍许多侍卫。但公子雍回国后却并没有坐上君位。

太子夷皋之母穆嬴整日抱着太子在朝堂上啼哭,诉说道:"先君何罪?太子何罪?舍嫡子不立,而求诸于外,将先君与太子置于何地?"出得朝堂,便抱着太子到赵盾住所,向赵盾叩首道:"先君将此子托付于你时道,此子倘若有才,是受你所赐;此子若是不才,也只能怨你。先君虽去,言犹在耳。你弃世子不立,却待如何?"赵盾与众位大夫都惧怕穆嬴,怕受诛杀,于是改变迎立公子雍的决定,而立夷皋,是为晋灵公。同时晋国大臣们决定发兵抵御秦国护送公子雍的兵马。于是,朝臣中箕郑留守,赵盾统帅中军,先且居之子先克为副,荀林父为上军之副,先蔑统帅下军,先都为副,步招为车御,戎津为车右,迎击秦国护送公子雍的兵马。到达晋国堇阴,赵盾道:"若我们接受秦国送归的公子雍,则对待秦国当如贵宾;若我们不接受秦国送归的公子雍,则对待秦国当如敌寇。我们既然不接受秦国送归的公子雍,则出师拒秦当兵贵神速,否则秦国将会设法强行护送公子雍入主晋国。争取主动,抑制对方,此乃兵家善谋；驱逐敌人，如同追击逃亡者，此乃兵家战法。"于是赵盾便于堇阴进行临战训导，厉兵秣马，让将士们饱餐之后，趁夜色进军，于令狐邑击败措手不及的秦军，并追逐秦军至刳首。此三邑均在河东晋地，堇阴在今天山西省闻喜县境内，令狐、刳首两地均在临猗县境内。

既然晋国已经立晋灵公为君，当初赴秦国迎接公子雍，并伴随公子雍回国的先蔑与士会，便与公子雍一样被晋国大臣们出卖了，只能逃往秦国。但士会在秦国并不与先蔑来往。随行之人道："能一起逃亡至此，却不能在此相见，何须如此？"士会道："我与他同罪，却非同志，何必见面？"直至日后回国，士会也没有与先蔑见面。

晋国立孺子灵公为君，朝政大权便渐渐落入赵盾之手，晋国自此开启了权臣柄国的局面。

## 第七十章　公族势盛宋国内乱，诸侯集会赵盾与盟

周襄王三十三年，即公元前620年，宋成公薨，其子杵臼立，是为宋昭公。宋昭公之立或许并不顺利，《史记》记载宋成公之弟公子御杀太子自立，宋人又杀公子御而立成公之少子杵臼。《左传》无此记载。但从宋昭公的行为与后来宋襄公夫人的行为看，宋成公薨后宋国政局并不稳定。

《左传》记载，宋昭公准备驱逐公族公子。司马乐豫道："不可如此行事。公族乃公室枝叶，如去枝叶，则树干树根便无所荫庇。葛藟尚能遮蔽其根本，因此君子以它为喻，何况国君？"乐豫所言君子以葛藟为喻，是指《诗·王风·葛藟》之喻。《葛藟》诗云："绵绵葛藟，在河之浒。终远兄弟，谓他人父。谓他人父，亦莫我顾。‖绵绵葛藟，在河之涘。终远兄弟，谓他人母。谓他人母，亦莫我有。‖绵绵葛藟，在河之漘。终远兄弟，谓他人昆。谓他人昆，亦莫我闻。"诗歌感叹葛藟蔓延，生于水边，虽能自生，却无乔木可依。以他人为父母兄弟，他人却无所关顾。据《诗序》云，此诗乃讽刺周道日衰，弃其九族。乐豫继续道："去除枝叶，便是俗话所谓本可庇荫，却用斧削。如此行事必惹祸患，国君当深思。国君如行仁德亲近诸公子，诸公子皆是股肱之臣，谁敢怀有二心？为何要驱逐他们呢？"宋昭公不听乐豫之言。

宋昭公不能和睦公室，自然惹来公室之乱。进入春秋时代，宋国已经经历了七代十位国君，分别是宋戴公、宋武公、宋宣公、宋穆公、宋殇公、宋庄公、宋闵公、宋桓公、宋襄公、宋成公。宋昭公是第十一位国君。宋国公族经数代经营，力量自不容小觑。据《左传》记载，穆公、襄公的后裔率领都城百姓攻打昭公宫廷，于宫中杀了庄公之孙公孙固与公孙郑。可见宋国公族分裂。此时宋国六卿均为公室子孙，宋庄公之子公子成为右师，宋襄公庶兄目夷之子公孙友为左师，宋戴公玄孙乐豫为司马，宋桓公之孙鳞矔为司徒，宋桓公之子公子荡为司城，宋戴公之玄孙华御事为司寇。他们官职在身，并未陷入公室纷争，因此能出面调停公室矛盾。乐豫为调停公室矛盾，主动放弃司马职位，让予昭公之弟公子印。昭公即位，安葬被杀诸公子公孙。《春秋》记载"宋人杀

其大夫"，并未记载作乱者名字，是因杀人者人数众多，亦未书被杀者名字，是因为死者无罪。《春秋》记载的潜台词，当是指责宋昭公开启祸事之端。

宋襄公夫人乃周襄王之姐，宋昭公之祖母，但并非宋昭公之亲祖母。大约本来昭公与祖母关系就不亲密，加之襄公后裔参与公室纷争，率人攻打宫廷，因此昭公对其祖母宋襄公夫人不以礼相待。宋襄公夫人自然不满，便依靠戴公后裔，杀昭公党羽。戴公后裔在公室中应当早已被边缘化，自然愿意依靠襄公夫人。公族争斗中被杀者有襄公之孙公孙孔叔、公孙钟离以及昭公之弟大司马公子卬。大司马公子卬临死依旧手握符节，表示不辱君命，因此《春秋》特书其官职，"宋人杀其大夫司马"，以示褒赞。此时司城为荡意诸，他出逃鲁国，出逃前将符节交予昭公府人。鲁文公依旧以招待宋国司城的礼节接待并安置荡意诸，而不以他为逃亡之臣，对于随之逃亡之人，亦按照原官职予以任命。《春秋》亦书荡意诸官职，"宋司城来奔"，表示褒赞。宋国臣子能如此遵守礼制规定，说明宋国礼制保存尚好，或许宋国灭亡较晚，也是因其能存礼制，大多君臣依旧能循礼制规范。

晋国虽然在晋襄公薨后也出现立嗣纷争，但与宋国公族争斗不同，晋国是大臣之间争斗。但晋国有权臣赵盾，不仅很快稳定了晋国的政局，而且依旧保持晋国于诸侯中的强势地位。周襄王三十三年，狄人侵犯鲁国，鲁文公派遣使者向晋国告援。赵盾马上派人到狄人处，通过狐射姑见到狄人执政邓舒，向邓舒提出谴责。可见赵盾依旧使晋国继续承担霸主之责。赵盾虽然安定了晋国政局，并保持了晋国在诸侯中的强势地位，但其为人却不如其父赵衰。《左传》记载了曾与其共事的狐射姑对赵盾的评价，或许恰如其人。邓舒问狐射姑道："赵衰、赵盾孰贤？"狐射姑道："赵衰，冬日之日也；赵盾，夏日之日也。"冬日之日温暖人民，夏日之日则暴晒百姓。可见赵盾之强势可畏。

同年秋天，因晋侯新立，中原诸侯在郑国扈邑会盟，齐昭公、宋成公、卫成公、陈共公、郑穆公、许昭公、曹共公均赴会，鲁文公虽也赴会，却是迟到。因晋灵公尚在襁褓，因此赵盾赴会，与各国诸侯会盟。自此，赵盾不仅在国内巩固了其摄政地位，也向诸侯昭明了其摄政地位。

诸侯会盟之后，晋卿郤缺向赵盾道："昔日卫国与中原诸侯不睦，故而削其土地分予诸侯，如今卫国已与中原诸侯和睦相处，当将所削之地还给卫国。背叛天子侯伯而不加讨伐，无以示威；顺服天子侯伯而不施怀柔，无以示恩。不示威严，不表怀柔，无以昭明德行，而不昭明德行，何以主持会盟？您作为晋国正卿，主持诸侯之事，如不力行仁德，将何以建立威望？"郤缺引《夏书》曰："戒之用休，董之用威，劝之以《九歌》，勿使坏。"意为以美善之事训诫，以威严刑律督查，以夏启《九歌》勉励，不让其向恶。郤缺道："所谓《九歌》，便是九功之德皆可颂扬。而所谓九功，便是六府、三事。所谓六府，乃水、火、金、木、土、谷；所谓三事，乃正德、利用、厚生。秉持道义，践行九功，谓之德与礼。无德无礼，便无可歌。若您之德行没有可歌，谁肯归服？何不使归服之人歌颂您呢？"赵盾深以为然，便于来年春天派大夫解扬将晋国所占的匡邑、戚邑归还给卫国。匡邑本为卫国城邑，曾为郑国所占，又为卫国夺回，后为晋国所占，城邑于今天河南省长垣县西南；戚邑则于今天河南省濮阳市。此后，晋国又将大河之南申邑与虎牢邑之地归还郑国，申邑在今天河南省荥阳市西北，虎牢在荥阳市汜水镇。

赵盾在向中原诸侯示恩的同时，也不忘向中原诸侯示威。周襄王三十四年秋，晋国出兵讨伐鲁国，理由是一年前诸侯会盟，鲁文公迟到。随即鲁文公派遣鲁国大夫东门襄仲即公子遂拜会赵盾，以补鲁侯迟到的扈地之盟。

但赵盾在外与中原诸侯会盟之际，他在晋国的地位受到了晋国一些大夫的挑战。大夫箕郑父、先都、士榖、梁益耳、蒯得五人于国内作乱。晋襄公末年阅兵时，本要晋升箕郑父、先都，箕郑父原为新上军之副，先都为新下军之副，还要以士榖、梁益耳为中军主、副帅。但中军副帅先克进言道："狐偃、赵衰有追随文公、辅佐两代国君的功勋，不可偏废狐、赵氏族。"于是晋襄公便以赵盾、狐射姑将中军。后先克又夺蒯得之田。于是这些对现行任命与待遇不满的大夫们便结成同盟，共同发难，杀了先克。但不足半年，赵盾便平息内乱，先杀了先都、梁益耳，后又杀了箕郑父、士榖与蒯得。至此赵盾在晋国的地位已不可动摇。赵盾死后谥"宣"，据《逸周书·谥法解》，"圣善周闻曰宣"，赵盾能谥"宣"，可见他对晋国内政外交及保持晋君侯伯地位的贡献。

## 第七十一章　楚穆北进宋昭受辱，鲁国胜狄郪瞒渐亡

　　秦晋令狐邑之战的第二年，即周襄王三十四年，公元前619年，秦军伐晋，攻取武城，以报复晋国出尔反尔于令狐邑截击秦军。武城为晋国河西之地，在今天陕西省华县东北。周顷王二年春，即公元前617年，晋军讨伐秦国，攻取大河之西的少梁。少梁于陕西省韩城市南，本为梁国都城，周襄王十二年，梁国为秦国所灭，少梁归属于秦国。但就在晋国攻下少梁的同年夏天，秦康公率军伐晋，攻下晋国河西的北徵，北徵在陕西省澄城县西南。

　　北方两个大国秦国与晋国不断相互攻伐，给了南方的楚国以向北拓展的机会。据《左传》记载，周顷王壬臣元年，即公元前618年，楚国大夫范山向楚穆王建议道："如今晋君年少，心志不在称霸诸侯，正是楚国图谋北方的机会。"于是楚穆王率军屯兵狼渊，攻打郑国。狼渊为郑国之地，位于河南省许昌市西南。可见楚国势力已跨过汝水与颍水，郑国南部已无屏障。楚国俘获了郑国的三位大夫公子坚、公子龙与乐耳。郑国向楚国求和。晋国赵盾、鲁国公子遂、宋国华耦、卫国孔达与许国大夫共同出兵救援郑国，却为时已晚，楚军已经得胜班师。公子遂为鲁庄公之子，东门氏，字仲，死后谥"襄"，因此也称东门遂、东门襄仲。华耦为宋大夫华御事之子。孔达为卫国大夫。

　　同年夏天，因陈国顺服于晋国，楚国伐陈，攻占壶丘。壶丘于今天河南省新蔡县东南。同年秋天，楚穆王又派遣公子朱自东夷攻打陈国。陈国都城位于颍水、沙水之北，今天的河南省周口市淮阳区有陈国故城遗址。陈国虽然战胜了远来的楚国军队，并俘获了楚公子茷，但陈国惧怕楚国继续用兵，因此派遣使者前往楚国求和。第二年，陈共公与郑穆公都亲赴楚国息邑拜见楚穆王，息邑在今天河南省息县西南。这年冬天，在楚穆王统领下，楚国、陈国、郑国、蔡国联兵屯于陈国厥貉，准备攻打宋国。厥貉位于今河南省周口市项城市之南。

　　宋国司寇华御事向宋昭公道："楚国想要削弱我国，我们主动服软如何？何必等他们兵临城下？实在是我等臣子无能，致使楚军来伐，但民众何罪，将

罹此难？"于是华御事率人迎接楚穆王，慰劳楚国等国联军，并表示随时听候楚王命令。华御事还安排各国诸侯与将领陪同楚穆王到宋都商丘东北的孟诸泽畔田猎。田猎自然以楚穆王为主，宋昭公为右盂，郑穆公为左盂，左右成圆阵合围狩猎。楚国期思邑公复遂为右司马，公子朱与文之无畏为左司马，执行军法，命清晨以马车载取火燧石柴草前往田猎。以往宋昭公田猎，都是臣子将领为他合围驱赶猎物，如今让他为楚王驱赶猎物，他肯定心中不满，或许也不熟悉合围兵法，因此违背了楚穆王的田猎命令。于是左司马文之无畏便下令鞭挞宋昭公的车御，并于全军示众。有人向文之无畏道："宋侯乃一国之君，不可侮辱。"文之无畏道："我为执法，并非要逞强凌驾于宋侯。《诗》云，'刚亦不吐，柔亦不茹''毋纵诡随，以谨罔极'。诗意便是不避强横。我何敢爱惜生命而放弃职守？"文之无畏所引之诗，前者为《大雅·烝民》章五之句，全章为："人亦有言，柔则茹之，刚则吐之。维仲山甫，柔亦不茹，刚亦不吐。不侮矜寡，不畏强御。"意为：古人有言，柔软之物食之，刚硬之物吐之；只有仲山甫，柔软之物不食，刚硬之物不吐，不欺鳏寡，不畏强悍。后者为《大雅·民劳》之句，意为不要听从诡诈欺骗之语，要谨慎防止无准则法纪。司马的职责之一便是执行军纪。文之无畏赋诗明志，表示他身为司马，要效法仲山甫，不欺弱者，不畏高位，既然执法，便要遵循规则。

楚穆王使郑国、陈国、宋国等国臣服后，便又回师讨伐远在汉水上游的麇国。麇国为楚国的附庸，楚穆王要求麇君随同楚军北伐，但麇君却逃厥貉之会，因此楚穆王回师征讨麇国。麇国都城位于汉水南岸，今天湖北省与陕西省交界处。楚穆王派遣成大心率军攻打麇国城邑防渚，防渚位于今湖北省房县，成大心大败麇国军队。楚穆王又派遣太师潘崇率军再次攻伐，直逼麇国都城锡穴，锡穴位于今陕西省安康市白河县东南。麇国又成为楚国附庸。

但楚国伐麇的第二年夏天，楚国令尹成大心去世，成得臣的另一儿子成嘉继任令尹。值此楚国高层有变之时，江水下游的偃姓群舒又背叛了楚国。偃姓同宗舒国有六支，为舒庸、舒蓼、舒鸠、舒龙、舒鲍、舒龚，统称群舒，分别居于安徽省舒城县、庐江县一带。新任令尹成嘉亲率楚军平定群舒叛乱，俘虏了舒国之君与宗国国君。之后，又率军北上，包围与群舒同姓之国巢国，应当是为彻底解决江水下游的不安定因素。巢国于安徽省寿县境内。

就在西方秦晋两国相互攻伐，南方楚国向北挺进之时，北方狄人也趁机侵扰齐、鲁、宋等中原诸侯国。周顷王三年，即公元前616年，北狄一部鄋瞒侵扰齐国。鄋瞒居住地或云在济水之北,今天山东省西北;或云在河北省南部。鄋瞒侵掠齐国之后,又侵掠鲁国。鲁文公使人占卜,卜得以叔孙得臣追击鄋瞒乃吉。于是以叔孙得臣为帅,以侯叔夏为车御,以绵房甥为车右,以富父终甥为驷乘,即车右副手,迎战并追击鄋瞒,于鹹地击败鄋瞒,俘虏长狄首领侨如。富父终甥用戈将侨如杀死。叔孙得臣命将侨如首级埋于鲁国都城之北靠西之门子驹之门,此举或许是为了震慑西北方的鄋瞒。叔孙得臣为自己儿子取名侨如,此举或许是效仿当初宋武公命名城门而纪功。当初宋武公之世,鄋瞒侵扰宋国,宋武公命司徒皇父充石率军御敌,耏班为皇父充石车御,公子谷甥为车右,司寇牛父为驷乘,最终败狄于长丘,俘虏长狄缘斯。此战甚为激烈,皇父充石与公子谷甥、司寇牛父皆战死,于是宋武公以都城城门赏赐耏班,命名为耏门,以此纪功,并让耏班得食耏门之税。宋武公以功臣之名命名城门以纪功臣之功,叔孙得臣则以敌方首领之名命名自己的儿子,以纪自己之功。

之后若干年中,晋国灭潞,俘虏侨如之弟焚如;齐国御狄,俘虏侨如之弟荣如;卫国驱狄,俘虏侨如之弟简如,于是鄋瞒部族灭亡。

鲁国以一国之力战胜北狄,当得益于鲁文公继位后鲁国的和睦外交,使鲁国得以休养生息,增强国力。周襄王二十七年,鲁文公元年,襄王派遣毛伯卫来赐文公命,文公立即派遣叔孙得臣赴成周拜谢天子赐命,于天子处不失礼数。鲁文公二年,晋以文公不朝侯伯讨伐鲁国,文公立即赴晋国朝见。次年文公又赴晋国与侯伯盟誓。文公五年,派遣叔孙敖访晋。文公六年,又派遣季孙行父访晋。季孙行父临行之前,得知晋襄公抱恙,于是请准备逢丧之礼。随从之人问道:"备此何用?"季孙行父道:"以备不虞,乃古人之教。临事不备,将处困境,备而不用,又有何害?"结果他们一行赴晋,恰逢晋襄公之丧,于是更换丧礼服饰用具等,因此不失礼仪。晋襄公葬礼,鲁文公又派遣公子遂赴晋国送葬,对侯伯礼数周到。鲁文公七年,晋国赵盾于扈邑召集诸侯会盟,文公迟到,导致第二年晋国讨伐鲁国,文公立刻派遣公子遂前去拜会晋国执政赵盾,补扈邑之盟。

除对天子与侯伯之外,鲁国还竭力与各国发展友好关系。鲁文公元年,文公派遣公孙敖出访齐国,《左传》记载,新君即位,卿大夫出访,乃是遵守礼制,践修旧好,结交外援,和睦邻邦,以保卫社稷,行忠、信、卑让之道。文公二年,又派遣公子遂赴齐国,为文公娶齐国公主行聘礼,与舅甥之国再度结好,加强联姻。此外,鲁国还与陈、莒等国结好。鲁文公六年,季孙行父访问陈国，迎娶陈国公主。文公七年，公子遂又聘莒国公主。因为此时，鲁国的公孙敖与公子遂产生了矛盾。事情的经过是，徐国伐莒，莒国请求与鲁国结盟。公孙敖赴莒国莅盟，并为公子遂迎娶莒国公主。到达莒邑鄢陵，他见莒国公主美貌，便自娶为妻。公子遂非常气愤，向鲁文公请求攻打公孙敖。文公准备同意，叔孙惠伯谏道："臣闻，'兵作于内为乱，于外为寇'。乱所伤者，均为自家之人。如今臣子作乱，国君不禁，招来外寇，如何是好？"于是文公制止了公子遂，让叔孙惠伯前去调解。惠伯劝公子遂放弃莒女，又劝公孙敖遣返此女，使二人恢复兄弟情义。正因为鲁国和睦内外，并非军事强国的鲁国才能战胜北狄。

## 第七十二章　对峙河曲秦晋又战，奔走中原鲁文求成

秦晋互伐，楚国扩张，北狄侵扰，中原不宁。但在这种乱局中，鲁国的外交却仍有所成。据《左传》，周顷王三年，鲁文公十一年，即公元前616年，于头年继位的曹文公来朝见鲁文公；第二年，杞桓公来朝，此为他继位二十多年后首次来鲁国朝见；同年秋天，滕昭公来朝，此亦为他首次来朝见鲁国国君。曹国位于今山东省菏泽市定陶区，杞国位于今山东省潍坊市境内，滕国位于今山东省滕州市境内，有滕国故城遗址。三国均为鲁国之邻。鲁国能获周边小国尊重，声名便也能传至远方。周顷王四年，秦康公派大夫西乞术访问并告知鲁国，秦国将要讨伐晋国。东门襄仲（即公子遂）受文公之命，行辞玉礼仪，向西乞术道："贵国国君不忘秦鲁先君之好，派遣使者光临鲁国，镇抚鲁国社稷，赠予圭璋大器，寡君敬请辞玉不受。"西乞术回答道："敝国薄礼，不值辞谢。寡君愿在周公、鲁公大庙求得福禄，派遣下臣持我国先君之礼器，送与执事，以为祥瑞信物，相约友好。礼品虽轻，却承载寡君之命，缔结两国之好，因此才敢以此赠送。"于是东门襄仲辞谢三次而受。东门襄仲向鲁文公道："若无如此君子，岂能治理国家？秦虽偏远，却非鄙陋。"于是鲁国重礼赠予西乞术。鲁国睦邻邦交迎来了远方之客，秦国远交近攻的策略也收到效果。

秦国为报复晋国令狐之战，周顷王四年冬，秦康公亲自率军攻打晋国，攻取羁马，即今天山西省芮城县西、风陵渡北。晋国由赵盾率中军，荀林父为副；郤缺率上军，臾骈为副；栾枝之子栾盾率下军，胥臣之子胥甲为副；范无恤为赵盾车右，在河曲迎战。河曲即山西省境内黄河向东拐弯处。臾骈道："秦军东渡大河，兵秣不能持久，请主帅下令高筑壁垒，巩固军营，以逸待劳。"赵盾听从了臾骈的建议。

秦军自然试图速战速决，秦康公问士会道："如何才能与晋军速战？"士会回答道："必定是赵盾新近提拔的部下臾骈之谋，企图使我军疲惫。赵氏有一堂弟名穿，为晋襄公之婿，年少受宠，不懂军事，好勇狂妄，不服臾骈为上军之

副。如今赵穿在上军,如果派勇而无刚之人袭击上军,诱其轻进,或许得与晋军交战。"士会原为晋国大夫,出使秦国请公子雍回国继位,后因晋国改变态度,拒绝秦国护送公子雍回晋国,他便也不得归晋,只能成为秦国谋士。秦康公为与晋军一战,采纳士会的计谋,并投玉璧于大河,求河神保佑战之能胜。

于是秦康公袭击晋军上军,又佯败下来。赵穿追赶秦军不及,回营后怒道:"携粮披甲,就为与敌一战。敌人来犯而不出击,等待什么?"军中校吏道:"为待敌军疲劳。"赵穿道:"我不懂计谋,我独自出战。"便率部出战。赵盾道:"秦军若俘虏赵穿,便是俘虏晋卿。秦国得胜,我将如何回报晋国父老?"便命令晋军全部出战,交替退兵。入夜,秦军派使者向晋国将领道:"两国将士皆不愿退兵,请于明日战场相见。"臾骈道:"使者眼神不安,声音失常,是惧怕我们,秦军将要逃遁。我们挥师将他们逼至河边,定可得胜。"胥甲、赵穿却挡住营门大喊道:"死伤士兵尚未收容,便要进军,乃不仁之举。不待约定之期将人逼至险地,乃无勇之举。"于是晋军停止追击,秦军趁夜色逃遁。秦军退回河南之后,又进逼晋国河南之瑕邑,位于今河南省灵宝市西。秦军在此作战,便无粮秣不接、背水一战之险。

晋国派遣大夫詹嘉驻守瑕邑,防守桃林要塞。晋国大臣们担心秦国继续任用士会,对晋国不利。于是晋国六卿避人耳目,于都邑之郊诸浮相会。赵宣子赵盾道:"士会在秦,贾季(狐射姑)在狄,祸患将至,如何是好?"中行桓子荀林父道:"请回贾季,他本为狄人,了解境外之事,且其父子犯(狐偃)有大功于晋。"郤缺道:"贾季好作乱,杀太傅阳夫子(阳处父),罪过不小。不如请士季(士会)回国。士季能处下而知耻,处柔而不受侵犯,智谋可用,且无罪过。"于是晋国派遣魏寿余假作以魏邑叛晋,引诱士会回国。魏邑位于今山西省芮城县境内。晋国故意囚禁魏寿余的家人,独使他夜里逃走。魏寿余来到秦国,请求献上魏邑,秦康公自然答应。魏寿余在朝会上踩士会之脚以示意。秦康公率领军队驻扎于河西,魏邑之人在河东。魏寿余向秦康公请求道:"请派一位能够与魏邑官员交谈的河东之人,与我一起先过河商议。"秦康公便派士会前往。士会推辞道:"晋人如虎狼。若晋人背其诺言,不放臣回秦,不仅下臣将死,妻子儿女也将被秦国诛戮。这无益于秦君,我也会后悔莫及。"秦康公道:"放心去吧!若晋国背弃诺言,我必送还你家人,河神为证!"于是士会便与魏寿余东渡大河。秦国大夫绕朝将一简册送予士会道:"不要以为秦国无人才,我的计谋不被采用罢了。"渡河之后,魏邑之人拥士会欢呼而归。秦康公履行承诺,派人送还士会的家人。士会留在秦国的族人以后改姓刘氏。秦晋此番交手,兵戎与计谋都较晋国略输一筹。

晋国略胜一筹,与其主帅赵盾为人行事有关。据《国语·晋语》记载,赵盾举荐韩献子韩厥,灵公任命韩厥为司马。河曲之战时,赵盾命人驾驭他的战车,干扰了军队序列,韩厥派人拘捕并诛杀了御车之人。众人都道:"韩厥一定要倒霉。赵盾刚升其官职,他便杀了赵盾的车御,谁还能保他平安?"但赵盾召见韩厥,以礼相待。赵盾道:"我闻事君之人以义相交,而不结党营私。忠君守信,为国荐贤,乃以义相交。徇私举荐,乃结党营私。军纪不能违犯,不包庇违犯军纪之人,便是义。我荐你于国君,但怕你不能胜任。被荐之人不能胜任,结党营私何其严重!臣事国君却结党营私,我何以执政?我因此借此事考察于你。你努力吧!若坚持这样去做,将来掌管晋国之人,非你还能有谁?"赵盾又遍告大夫们道:"诸位可以祝贺我了!我举荐韩厥非常恰当,我现在知道自己可以不犯结党营私之罪了。"

较之晋国以狡诈计谋骗秦康公放走士会,礼仪之邦鲁国则比较遵守信义,也影响到周边小国。邾国邾文公便是信守仁义的典范,因此以小国之君得谥号为"文"。邾文公曾为迁都至绎邑而占卜吉凶。史官道:"迁都绎邑,利人民,不利国君。"邾文公道:"利人民,便利于孤家。上天生养百姓,为其设立国君,也是为利于百姓。人民获利,孤家必然同样获利。"左右臣子道:"不迁都,国君可延长寿命,国君为何不为?"邾文公道:"国君之命在于养民。寿命长短,乃命中注定。万民如能获利,迁都便是,吉莫大焉!"于是邾国迁都于绎邑。但迁都后,邾文公一病不起,薨于新都。邾文公在位五十一年,不可谓短寿,亦不可谓无功。时之君子认为,邾文公乃知命之君。《左传》对小国之君皆称为子,特称邾文公,是肯定邾文公爱民之举。

鲁文公谥"文",亦是对其言行的肯定。据《左传》,鲁文公赴晋国朝见侯伯,途经卫国,卫成公于卫地沓邑会见鲁文公,请鲁文公为卫国向晋国求和,于是鲁文公成就了晋卫两国之和。鲁文公回国途中路过郑国,郑穆公于郑地棐邑会见鲁文公,也请鲁文公为郑国向晋国求和,于是鲁文公返回晋国成就了晋郑两国之和。可见鲁文公遵从周朝礼制秩序,热心于调停中原诸侯国之间的矛盾。

郑穆公在棐邑宴请鲁文公。棐邑在今天河南省尉氏县北,可见郑人特意于鲁文公回国时迎候。宴会上郑国大夫公子归生赋《小雅·鸿雁》一诗。公子归生，字子家。诗之首章云："鸿雁于飞，肃肃其羽。之子于征，劬劳于野。爰及矜人，哀此鳏寡。"意为鲁君如鸿雁般劳碌奔波，乃是怜惜如郑国这样的孤独之国。鲁国大夫季文子季孙行父谦虚道："寡君亦不免孤独。"并赋《小雅·四月》作答。诗之首章云："四月维夏，六月徂暑。先祖匪人，胡宁忍予？"意为鲁文公出行多时，何忍再劳其往返远行？此言似有推辞之意。于是公子归生又赋《鄘风·载驰》之章四。诗云："我行其野，芃芃其麦。控于大邦，谁因谁极？"意为郑国期盼援引大国帮助，但能够指望依靠谁呢？只能依靠鲁君。最后季孙行父赋《小雅·采薇》之章四作答。诗云："彼尔维何？维常之华。彼路斯何？君子之车。戎车既驾，四牡业业。岂敢定居？一月三捷。"意为君子之车，硕马已驾，岂敢安居，来日报捷。表明鲁君答应了郑国的请求。于是郑穆公拜谢鲁文公，鲁文公再答拜郑穆公，以成宴饮之礼。《左传》于鲁文公年代，鲁国多有引《诗》的记载，亦可见文公崇尚诗书礼乐之教，谥号为"文"恰如其分。

## 第七十三章　赵盾安王调停邾鲁，齐懿杀侄为祸鲁曹

周顷王六年，即公元前613年，周顷王崩，周匡王班即位。然而《春秋》居然没有记载这样一件周王朝的大事。据《左传》解释，周顷王崩后，太宰周公阅与王孙苏争夺执政之权，因此，没有向外发布讣告。无论崩、薨、祸、乱，王朝与各诸侯国的大事，都应当向其他国家通告，因为各诸侯国均在周王朝管理的范围内。不告是一种不敬的表现。周王朝没有发讣告，因此《春秋》没有记载，以表示对不敬行为的惩戒。由天王驾崩不发讣告一事，可见王朝乱到一定程度。王朝不宁，当是侯伯出面调停建立威望的机会。

晋国既然在鲁国居间调停下同意了卫国、郑国请和的要求，在周王室重臣争执不下之际，自然要拿出侯伯风范安定王室及中原诸侯。这年六月，赵盾再次代晋灵公出面，与鲁文公、宋昭公、陈灵公、卫成公、郑穆公、许昭公、曹文公于宋国新城会盟。新城在今天河南省商丘市西南。一方面，是因为卫国、郑国既然再度归顺晋国，便当巩固盟约；一方面，周顷王崩，王室多事，中原诸侯当求一致，安定王室；再一方面，晋国试图干预朱文公薨后邾国立谁为新君。

王朝重臣争执不下，新继位的周匡王既无威望又主意不定。于是周公阅与王孙苏准备诉诸侯伯晋君，其实便是让赵盾来决断王朝公卿之争。周匡王先是许诺倚重王孙苏，而后又派遣卿士尹氏与大夫聃启赴晋国为周公阅诉冤。或许周匡王谁都不想得罪，因此两面讨好。周匡王的所作所为表明他不是明断的天子，周王室的威望只会越来越低。而代晋灵公执政的赵盾却具备侯伯风范，居然毫不费力便平息了两位王朝重卿的争执，使他们各安其位。

仁慈爱民的邾文公在位五十一年，他的儿子自然年纪不小。邾文公先后有两位夫人，元妃齐姜，生邾定公；次妃晋姬，生捷菑。邾文公去世后，邾国人立定公。定公为元妃之子，立嫡并无不妥。但或许定公与捷菑本来有矛盾与竞争，定公本人或者朝中大臣不能容捷菑，或许捷菑本人与左右之人竞位未得，感到心虚，捷菑逃往外祖之家晋国。赵盾自然愿意帮助捷菑立为邾国国

君,以利于晋国在东方的利益,于是动用诸侯联军八百乘兵车护送捷菑回邾国继位。而诸侯联军所以听命,当由于这年春天,邾国讨伐鲁国,引起与鲁国交好的诸侯国不满。邾国所以讨伐鲁国,是因邾文公去世,鲁国派遣使者吊唁,却礼仪不周,引起邾国不满。如今晋国号召诸侯国伐邾,与鲁国交好的诸侯国自然响应。但面对诸侯联军,邾国大臣坚持立定公,提出元妃之子为嫡出且年长,自当立为国君。可见邾国大臣有其骨气,当不堕邾文公名声。抑或邾国大臣已立定公,自然有其利益在其中,因此坚持不能改立。晋国赵盾能代行侯伯之事,且能使各路诸侯服从于他,自然不仅有其行事能力,而且能做到比较公正。虽然他此次出兵本想扶持捷菑为邾国国君,但见邾国大臣行事名正言顺,便放弃了原来的主意。他向左右道:"邾人名正言顺,如果不按邾人之言行事,后果不吉。"最终他接受了邾国立定公为君的事实,率领诸侯联军无功而返。

虽然晋国安定王室、聚会诸侯,但春秋乱象依旧愈演愈烈。据《春秋》记载,"秋七月,有星孛入于北斗"。《左传》记载,"周内史叔服曰:'不出七年,宋、齐、晋之君皆将死乱'"。孛星为彗星的一种,古人区分孛星与彗星,孛星光芒短而光强,有蓬蓬勃勃之状,而彗星光芒长而光较弱,似扫帚状。古人认为北极星为天帝,而北斗七星为天帝之诸侯,他们观察到有较强光芒的孛星经过北斗,自然会认为天上之诸侯受到侵扰,预示与其相应的天下之诸侯会遭遇祸事。周内史有以上预言,一方面因其观察到异常天象,一方面也是因其看到春秋乱象不可收拾的局面,诸侯国君死于内乱已不罕见。据现代天文学家推算,《春秋》此次彗星的记载,为世界上关于哈雷彗星的最早记录。

就在孛星入于北斗的同月,齐国公子商人便弑君自立,是为齐懿公。四年之后,齐懿公又因其荒淫残暴被人弑杀。这年五月,齐昭公薨。昭公之妃昭姬为鲁公主,生子舍,但因昭姬不得昭公之宠,因此舍在齐国并无威望。齐昭公薨,舍即位,因其软弱无依,即位两月便被其叔父公子商人弑杀。公子商人为齐桓公之子,齐孝公与齐昭公之弟。齐桓公去世后,因其三位夫人皆无所出,因此庶兄弟几人曾争夺君位。公子商人争夺君位失败后,若干年来,散尽家财,聚士养士,普施恩惠。家财散尽,他又借贷于国君与国库,继续他的养士施恩行动。如今眼见新君软弱,便起杀侄夺位之心。七月的一天夜里,公子商人弑杀了新君舍。

公子商人弑杀新君之后,假意要将君位让予兄长公子元。公子元为齐桓公与少卫姬之子。公子元看穿了公子商人的虚情假意，道："你对君位蓄谋已久。你为君，我能安居臣位事君；若我为君，你怎会安于臣位事我？岂非会使你再度积蓄仇怨，将来我能免于子舍的命运吗？还是你来做国君吧！"

因公子商人弑杀新君，齐国臣民一时不能接受公子商人为君。但公子商人既然聚士养士，广施恩惠，自然也为不少人所拥护。眼见有一定影响力的公子元不肯继位，昭公又后继无人，卿士大夫与国人最终只能接受公子商人为新君，是为齐懿公。公子元始终不称公子商人为"公"，而称为"夫己氏"，即"其人""那人"之意。

齐懿公于宫廷能杀侄自立，于外交也必定强硬。齐懿公所弑子舍，为鲁文公之妹昭姬所生，因此齐国已于鲁国种下仇恨的种子。齐懿公立后，鲁国东门襄仲派人请周匡王出面让齐国放回昭姬，道："既杀其子，留其母何用？请将她发回鲁国。"但周匡王派去的单伯被齐国扣留，并且齐国还拘留了昭姬。齐国结怨鲁国之后，于第二年秋发兵攻打鲁国西部边境。鲁国向晋国告援，于是，以晋国为首，晋灵公、宋昭公、卫成公、蔡庄公、陈灵公、郑穆公、许昭公、曹文公于郑国扈邑会盟，扈邑在今天河南省原阳县境内。扈邑会盟是为巩固新城之盟，并准备讨伐无故出兵攻打鲁国的齐国。鲁文公因齐国攻打鲁国，因此未离国参加诸侯会盟。齐懿公知道齐国不敌诸侯联军，便派人贿赂晋灵公，于是诸侯并未组织联军讨齐。齐国虽然看周匡王之面将昭姬送回鲁国，但齐懿公得知诸侯不会前来讨伐齐国后，又于冬季再度出兵攻打鲁国西部边境。并且，因曹文公按照礼制规定，每五年朝拜鲁国一次，与鲁国交好，齐懿公便又发兵攻打曹国，并攻入曹国外城。曹国都城在今天山东省菏泽市定陶区。

鲁国季文子季孙行父评论齐懿公道："齐侯难免遭祸！拘留天子使者，征伐无罪之邦，自身无礼，却伐礼仪之邦，理由竟是'你为何行礼？'礼乃顺应天道而制定。自己违反礼制，违反天道，还加祸于人，决难免祸！"季孙行父引《小雅·雨无正》云："胡不相畏？不畏于天。"意为小人不敬畏上天。季孙行父道："君子不虐幼贱，乃因畏于天。"他又引《周颂·我将》云："畏天之威，于时保之。"意为敬畏天威，天自保护。季孙行父道："不畏于天，天必不保。杀侄自立，以乱取国，即便奉礼守身，犹恐不得善终，多行无礼，必无善终。"

鲁国屡受齐国侵扰，鲁文公又生病，于是派遣季孙行父赴齐国阳谷拜见齐懿公，以求结友好之盟。阳谷于今天山东省阳谷县与东平县一带。齐懿公认为与季孙行父盟约，双方不对等，因此道："等鲁君康复之后吧。"鲁文公又派遣东门襄仲向齐懿公行贿，才得以与齐懿公在齐国郪丘订立盟约。郪丘或于齐国都城临淄不远，在今天淄博市临淄区内。但一年之后，齐国又出兵攻打鲁国西部边境。于是，鲁文公亲自赴齐国谷邑与齐懿公结盟，并于年底派遣东门襄仲赴齐国答谢谷邑之盟。谷邑在今天平阴县东阿镇。东门襄仲回国后向鲁文公禀告道："臣闻齐人将侵掠鲁国，食鲁人之麦。但据臣观察，似不可能。因为齐君语言苟且。臧文仲有言曰：'君言苟且，必将死亡。'"果然，第二年夏天，齐懿公为其仆从弑杀。此为后话。

# 第七十四章　四方叛楚苍天降灾，一鸣惊人楚庄为政

周匡王二年，即公元前611年，是楚庄王旅三年。楚庄王为楚穆王之子，即位初年并无作为。到了他即位三年时，据《左传》记载，楚国发生大饥荒。楚国的灾害为四周久受楚国欺压的戎蛮各族带来了报复的机会。山夷自楚国的西南攻打楚国，直逼楚邑阜山；又自东南攻打楚国，抵达阳丘，以进攻訾枝。之后庸国人率领庸国附近群蛮背叛楚国，麇国人率领百濮聚于选邑，也准备攻打楚国。楚国西部与南部均遭攻击，自然更恐北方中原诸侯趁势南下，因此将楚国于申邑、息邑所建城邑的北门紧紧关闭。

庸国都城位于今湖北省竹山县境内。庸国祖先为帝颛顼后裔，或许在夏代便已封国，起码是在殷商时代的封国，土地面积广大，国力强盛，这在《尚书·牧誓》的记载中可见。武王伐商时，率领军队于商郊牧野誓师，号召本国将士及追随他讨伐殷商的各国各族之人，操起干戈矛盾，奋勇前进杀敌。武王所提及的各国首先便是庸国。庸国在商代与西周初年，其国力在南方诸国中或当首屈一指。从《牧誓》行文可见，庸国排在蜀国之前，更在羌、髳、微、卢、彭等国之前，而《牧誓》中最后提及的濮人，应当尚未立国，处于部落联盟状态。庸国跟随武王伐纣，当是因为庸国与中原王朝有联系，而与地处西北的周关系更深。

麇国因前些年被楚国攻伐，虽然暂时顺服于楚国，但在楚国出现灾难时，自然要借机报复。便鼓动濮人一起反叛楚国。濮人当为居住于今天重庆市东部、湖北省西部以及湖南省西北部的各种族群，或许尚未形成邦国，他们曾与周边的庸国人、蜀国人一起帮助周人攻打殷商。这些南方的国家与部落为周王朝的建立立过功劳，但他们有自己的生活方式，因此他们帮助周王朝确立统治后，并没有进入中原地区，而是一直保有自己的领地，游离于中原文化边缘。在西周时期，他们与中原王朝关系应当是相对松散的，他们于周王朝属于要服、荒服之国，只需名义上尊崇周天子为王，六年朝拜周天子一次，甚至终身朝拜周天子一次，周王朝对他们国家或部落的内部治理均不闻不问，因此他们

有着极大的独立性。但自从楚国强大起来后，与楚国邻近的庸国和与楚国毗邻的百濮便开始受到楚国的威胁与倾轧。因楚国强大，他们原本只能退让，如今楚国灾荒，他们自然想趁机报复楚国。

楚国面临国内饥荒和周围部落国家的反叛，君臣便商议迁都阪高，因为阪高地势险要。阪高或于今天湖北省当阳市东北。蔿贾道："不可迁都阪高。我们能去之地，敌人也能随之而去。不如我们主动讨伐庸国。麋国与百濮认为我们遭受饥荒不能出兵，因此攻打我们。若我们出兵，他们必然害怕，便会退去。百濮散居各处，届时各回各邑，自然无人再谋伐我。"此时楚庄王表现出国君的定力与魄力，他听取了蔿贾的意见，出兵讨伐庸国。果真如蔿贾预见，看到楚国依旧拥有实力，半月之后，百濮便各自罢兵。楚国出兵伐庸之举，尚未开战，便兵不血刃地解决了南方百濮的威胁。

俗话说兵马未动，粮草先行。楚国饥荒，无粮草可征，于是君臣商定，出兵不征粮草，大军所到之地，就地解决粮草。这是楚庄王魄力的再次体现。楚军从郢都出发一路向北，到庐邑后，每到一地，便开仓出粮，将士同食。庐邑位于今湖北省襄阳市西南。之后，楚军驻扎于汉水南岸的句澨，在今天的湖北省十堰市境内。楚军派遣庐戢梨攻打庸国，直抵庸国方城。庸国方城位于今湖北省竹山县东，山顶平坦，四面险固，方城筑于山南，易守难攻。庸人凭借山城，驱逐楚军，并囚禁了庐戢梨。三天之后，庐戢梨逃归，报告道："庸国军队人数众多，群蛮亦聚于方城，不如再调发更多兵马，同时出动楚王亲军，合兵之后再行进攻。"楚国大夫师叔道："不行。姑且与之再战，使之骄傲。敌军骄傲，我军愤怒，便可战胜敌人。先君蚡冒便是这样征服陉隰的。"于是楚军又与庸人和群蛮接战，七战七败。蛮人中只有裨、儵、鱼人还在追赶楚军。庸人道："楚国不堪一战了。"于是庸国不再戒备森严。

楚庄王乘坐驿站的传车，至临品与楚军会合。临品在今天湖北省十堰市。楚庄王将楚军分作两队进攻庸国。斗椒从石溪出发，子贝从仞邑出发，应当是准备一路绕过庸国方城，对庸国形成两面夹击。并且，楚国除了自己出动两路大军之外，还联合秦国与巴国军队，共同攻打庸国。楚庄王亲临前线，并联合巴、秦，是他魄力的又一次体现。群蛮见楚国力量依然强大，便纷纷与楚庄王结盟，或退兵或反水，于是楚国联合各方势力灭了地处群山之中占据有利地势的庸国。

楚庄王在继位的第三年处置内政外交的手段，被称为"一鸣惊人"之举。

## 第七十四章 四方叛楚苍天降灾，一鸣惊人楚庄为政

据《左传》记载，楚庄王即位之初，令尹子孔、太傅潘崇准备袭击群舒，让公子燮与申公子仪即斗克留守，令尹与太傅则率军进攻舒蓼。谁知公子燮与斗克两人都心怀不满，趁楚军出动、郢都空虚之时发动叛乱。斗克曾被囚于秦国，秦国在殽地战败，派他回楚国向楚国求和，以共同对付晋国。媾和以后，斗克的欲望没有得到满足，因此心怀不满。而公子燮则是求为令尹未成有所不满，因此两人发动叛乱。他们加筑郢都城墙用以自保，并派人刺杀令尹子孔，但未成功。眼看郢都难以立足，两人挟持楚庄王离开郢都，准备去商密另立新都。商密于今天河南省淅川县之西。庐邑大夫庐戢梨与叔麇设计引诱他们，最终杀了斗克与公子燮。

或许楚庄王即位后便看到朝中重臣不和，自己难有作为，因此整日饮酒作乐，不务朝政。据《史记·楚世家》记载，楚庄王即位之后，日夜作乐，不发施政号令，却下令道："有敢于谏言者死无赦！"但大夫伍举依旧闯宫进谏。只见楚庄王左手怀抱郑姬，右手怀抱越女，四周钟磬琴瑟，乐伎舞女环绕。伍举道："臣有一谜语要进献我王。有鸟居于高阜，三年不飞不鸣，此为何鸟？"庄王道："三年不飞，一飞冲天；三年不鸣，一鸣惊人。请你退下，我知你意。"但数月过去，庄王更加淫佚放纵。大夫苏从又入宫进谏。庄王道："你没有听到我的诏令吗？"苏从答道："臣愿舍身而使君贤明。"于是楚庄王停止淫乐，开始听政，诛杀数百罪人，擢升数百功臣，任用伍举、苏从管理政事，举国上下均感振奋。当年楚国便灭亡了庸国。但《史记》记载或许有误，因为伍举为伍子胥之祖父，与楚庄王年代不合。但此故事或有其事，不过进谏者不是伍举。

《韩非子·喻老》记载：楚庄王临政三年，不出号令，不问政事。右司马为庄王车御，与庄王猜谜。右司马道："有鸟居南方山上，三年不展翅，不飞不鸣，默默无声，此为何鸟？"庄王道："三年不展翅，是为长羽翼；不飞不鸣，是为观察民众态度。如今虽然不飞，一飞必然冲天；如今虽然不鸣，一鸣必将惊人。你放心，我知道。"半年之后，楚庄王开始听政，废黜十人，起用九人，诛杀五人，擢拔隐士六人，邦国大治。以后楚庄王讨伐齐国，战胜晋国，联合诸侯，称霸天下。韩非子评论道："庄王不为小害善，故有大名；不早见示，故有大功。故曰'大器晚成，大音希声'。"韩非所言废黜十人，起用九人，诛杀五人，擢拔隐士六人，或比《史记》所言诛杀数百罪人，擢升数百功臣，更为接近事实。

## 第七十五章　宋襄夫人杀昭立文，郑穆臣子书简陈情

　　宋国的宋昭公，从即位之年便企图驱逐群公子，除去可能威胁他君位之人，可见昭公不仁；昭公即位后，对其祖母宋襄夫人不敬，可见昭公不孝；宋国大夫高哀原封于萧邑镇守边地，后昭公升其为卿士，结果高哀认为昭公不义，因此逃离宋国，投奔鲁国，可见昭公不义；楚人来伐，昭公既不敢强硬地御敌于国门之外，又不能恭敬顺事楚王，进退失据，以致自身受辱，可见昭公不智。

　　相比宋昭公，昭公庶弟公子鲍则显得仁孝周全。公子鲍以礼待人，乐善好施。宋国发生饥荒，他将家中粮食全部用来施舍。对年纪七十以上国人，皆赠送饮食，且按时令加送珍贵食品。他关注朝政，没有一天不数次进出六卿之门；他礼贤下士，躬身对待国中有才之人。他亲亲睦族，对桓公后裔子孙，均加周济。公子鲍的这些行为，或是出于仁善本性，但抑或为沽名钓誉。公子鲍还有着招人喜爱的外貌，《左传》言其"美而艳"，以致年逾花甲的宋襄公夫人居然想与之私通。公子鲍不肯行此隔代乱伦之事。但襄公夫人依旧属意于公子鲍，帮助他行施舍之举。或许此时襄公夫人便有意以公子鲍取代宋昭公。昭公既无仁德之行，因此国人都顺从襄公夫人拥护公子鲍。

　　此时，华督曾孙华元为右师，公孙友为左师，华耦为司马，鳞鱹为司徒，荡意诸为司城，公子朝为司寇。当初，司城公子荡死，其子公孙寿本当袭其父职，却请辞司城之职，请求让其子荡意诸担任。公孙寿对别人道："国君无道，我官位接近国君，怕引祸上身。但如果我们这一分支无人担任官职，家族便无所庇护。因此，我姑且让儿子代我担任司城，使我缓死。这样，虽然失去儿子，却可保全家族。"与无道之君为臣，公孙寿意图舍子保族，其情可悯。他行如此不得已之举，也说明昭公疑心极重，公室子孙与朝中大臣均有朝不保夕的后顾之忧。国君令人恐惧至此，便离其自身灭亡不远了。

　　襄公夫人准备让宋昭公去孟诸田猎。孟诸于宋都东北，襄公夫人让昭公出行，是为乘机杀他。但宋昭公毕竟为君多年，自有眼线报知。昭公知道以后，

## 第七十五章　宋襄夫人杀昭立文，郑穆臣子书简陈情

出行时带上了全部珍宝。荡意诸向昭公建议道："何不逃往诸侯那里？"宋昭公此时却十分明白，他回绝道："既然我得不到大夫、祖母以及国人之心，诸侯谁肯接纳我？况且既为人君，再做人臣，生不如死。"昭公将其珍宝全部赐予左右随从，让他们另谋出路。昭公此举说明他并非恣肆暴戾、唯我独尊之人，他的过错主要是疑心太重，不能容人，不知进退，不能安民。如今他见大势已去，便决意遣散左右，不使他们做无谓的牺牲，他独自面对死亡，可谓本性依旧仁厚。

襄公夫人派人告诉司城荡意诸，让他不要再追随昭公，荡意诸则回答道："既为其臣，而逃其难，又怎能事奉新君？"他决意忠心事主，事一而终。襄公夫人或许只为扶公子鲍上位，不欲多行诛杀，或许爱惜人才，想为新君保留旧臣，因此派人劝说荡意诸避祸。但荡意诸或许因为年轻，因为意气，不像其父公孙寿那样老谋深算，或许因重名节，为保自己与家族声誉，因此选择了从君而死。

宋昭公去孟诸田猎，行至半路，襄公夫人所派之人便弑杀了他。荡意诸殉昭公而死。《春秋》记载"宋人弑其君杵臼"，《左传》解为由于宋君无道，因此记载称其名。

宋昭公死后，公子鲍顺利即位，是为宋文公。宋文公以同母弟继荡意诸为司城。华耦死后，又以荡意诸之弟荡虺为司马。于是宋国国内得以安定。第二年春，晋国荀林父、卫国孔达、陈国公孙宁、郑国石楚联军讨伐宋国，讨伐的理由自然是：为何弑君？但最终，宋国贿赂晋国，抑或有因宋国国内稳定的原因，晋国等四国联军同意立宋文公而撤兵。此后，晋侯于晋国黄父举行阅兵仪式，又于大河南岸郑国的扈邑会合诸侯，告知平定宋国之事。黄父于今天山西省翼城县境内，扈邑于今天河南省原阳县境内。于是宋文公得以立身于中原诸侯，施展其才能。

晋灵公认为郑穆公背晋而亲楚，因此于诸侯集会拒绝会见郑穆公。郑公子归生书函一册，历数郑国顺事晋国之事，派遣使者去晋国向赵盾陈情。信中写道："我君即位三年之时，便召蔡侯与他一起事奉贵国国君。同年九月，蔡侯来到敝国，准备前去朝拜晋侯。当时敝国发生侯宣多造成的祸难，因此我君当时不能与蔡侯一同前往贵国。同年十一月，消灭侯宣多之后，我君便即刻随同蔡侯朝见侯伯。"公子归生所述此事，乃郑穆公初立的几年中发生之事。侯宣多曾参与拥立穆公，因此居功自傲，恃宠专权，以致为祸政事。当年郑穆公为

· 299 ·

平定内乱，因此推迟朝拜晋君。

公子归生继续写道："我君立十二年，归生相辅我君嫡长子夷，赴楚国请求陈侯一同朝见贵国国君。"公子归生所述，是当时楚国攻打郑国、陈国，郑穆公与陈共公屈服于楚国，与楚穆王和蔡庄公于厥貉集会，谋伐宋国。后因小国麇国逃会，而宋国主动臣服，因此楚国转而伐麇。而郑国、陈国又因晋国压力倒向晋国。因而有郑国储君与陈侯朝见晋君一事。公子归生又写道："我君立十四年，我君朝晋，完成说服陈国臣服晋国之事。我君立十五年，陈侯从敝国前去朝见贵国国君。我君立十七年，烛之武赴贵国，相嗣君夷前往朝见贵国国君；同年我君又前去朝见贵国国君。陈、蔡两国紧临楚国而不敢对晋国有二心，正是由于敝国的缘故。为何我们如此事奉贵国国君，仍不能免祸？我君在位期间，一次朝见贵国先君襄公，两次朝见现今晋君。嗣君夷也与我们几位臣子接踵而至贵都绛城。虽我郑国以小事大，却也没有比我国对贵国更尊敬的。如今你们大国却道：你未能使我称心如意。如此敝国只有等待灭亡。"

公子归生陈述罢事实，又摆出道理，写道："古人有云，'畏首畏尾，身其余几？'我们自始至终皆怀敬畏，其间又怎会不敬贵国。古人又云'鹿死不择音'。鹿既无处可逃，何来呦呦之鸣？小国事奉大国，若大国以德相待，小国自然是懂得礼数，善始善终；若大国不以德相待，小国便如困鹿一般，铤而走险，否则又能有何选择？贵国之命没有准则，郑国自知面临灭亡，只有准备让全体将士待命儵邑，以待贵国之命。"

公子归生最后写道："我国文公二年，曾赴齐国朝见。文公四年，因为齐国进攻蔡国，我国与楚国讲和。我国处于齐、楚大国之间，屈从于强国之命，岂乃我国之罪？大国如果不念小国之难，我们无可逃避命运。"

其实，公子归生书信虽以陈情为主，却也软中带硬。"鹿死不择音""无可逃命"，均为软中带硬的言辞，"铤而走险"，列兵于晋、郑边境的儵邑，待晋国之命，更是表明晋国若不善待郑国，郑国便将直面自己的命运，更显得义正辞严。赵盾读罢郑国公子归生的陈情书简，便派巩朔到郑国讲和修好。并派赵穿、公壻池赴郑为人质。郑国太子夷与石楚则赴晋国为人质。公子归生的一函书简，化解了郑国的危机。

## 第七十六章　鲁文归天襄仲柄国，齐懿被弑齐惠登基

　　周匡王四年，即公元前609年，鲁文公与齐懿公这一对冤家对头都走到了生命尽头。据《左传》记载，这年春天，齐懿公发布了出兵鲁国的命令，并规定了出兵的日期，却因病未能成行。医者道，齐侯不待秋天便将死亡。这对鲁国来说是个好消息。鲁国君臣一直极为关注齐国的一举一动，当鲁文公得知齐懿公患病的消息后，便让卜者卜卦，并祈祷道："希望齐君等不到出兵之日！"叔仲惠伯将所卜之事言于龟，谓之令龟。卜楚丘占卜之后道："齐侯等不到出兵之日，然而齐侯却非死于疾病。"卜楚丘又道："但国君听不到齐侯死讯。令龟之人亦会遭祸。"果真，到了二月，鲁文公猝死。

　　鲁文公薨后，鲁国国事为臣子所操控。鲁文公有两位夫人，元妃为齐国公主，生子公子恶与公子视，次妃为敬嬴，生子公子俀。公子俀年龄长于嫡子恶。敬嬴与东门襄仲即公子遂私下勾结，将公子俀托付于东门襄仲。鲁文公的猝死，给臣子们选择嗣君留下了空间。东门襄仲想废嫡子恶，立公子俀，但叔仲惠伯不答应，坚持立嫡子恶。东门襄仲为鲁庄公之子，鲁文公之伯父；叔仲惠伯为鲁庄公之弟叔牙之孙。两人均为鲁桓公后裔，鲁国重臣，但东门襄仲权势更盛。

　　东门襄仲为立公子俀，去见齐侯，请求齐侯同意鲁国立公子俀为新君，而不立齐国公主所生嫡子。此时齐懿公已薨，齐惠公新即位。本来，嫡子恶既然为齐国公主所生，齐国应当支持立嫡子恶，而且根据立嫡制度，立嫡子恶顺理成章。但新继位的齐惠公或许想通过助立公子俀来控制鲁国新君，因此同意了东门襄仲的请求。因为立嫡子恶乃依照祖制，显示不出齐国的作用，而立公子俀为鲁国新君，不仅显示了齐国的威势，而且能向鲁国新君示恩。东门襄仲得到了毗邻大国齐国的支持，便杀了嫡子恶与公子视，立公子俀为鲁君，是为鲁宣公。由此东门襄仲进一步掌控了鲁国国政。

　　鲁文公元妃姜氏因二子被杀，只能返回齐国。鲁国乃她伤心之地，她自然不会再回来了。离开鲁国国都时，她经过街市，哭道："天啊！襄仲无道，

杀嫡立庶。"鲁国人十分同情她,街市人们都随之哭泣。鲁国人因此称其为哀姜。

东门襄仲为扫除支持公子恶与公子视的势力,以新君名义召见叔仲惠伯,要杀叔仲惠伯。惠伯家宰公冉务人劝阻叔仲惠伯进宫,向惠伯道:"进宫必死。"叔仲惠伯则道:"死于君命,死得其所。"公冉务人再劝道:"若真是君命,可以赴死;若并非君命,为何要从?"但叔仲惠伯不听劝阻,坚持入宫。东门襄仲使人在宫中杀死叔仲惠伯,将尸首埋于马粪之中。公冉务人见事情已经无可挽回,便事奉叔仲惠伯的妻子儿女逃亡蔡国。叔仲惠伯之死,也应了卜楚丘的预言:"令龟之人亦会遭祸。"鲁庄公在世时,其弟季友曾经应允保全叔牙后代,因此,不久鲁国复立叔仲惠伯之子为叔仲氏,以延续其在鲁国的后嗣与爵禄。

东门襄仲能够决定立谁为新君,可见其在鲁国势力之大。之前鲁国权臣,都无东门襄仲这般权势。鲁僖公在位前期,鲁桓公之少子、鲁庄公之小弟季友为相,辅佐僖公治理鲁国。而鲁僖公在位后期,鲁国执政乃为鲁桓公之孙、庆父之子公孙敖。然而公孙敖的好色为自己种下了祸根,使得东门襄仲对公孙敖怀有夺妻之恨。在权力的诱惑下,在怨恨的作用下,最终东门襄仲取代公孙敖掌握了鲁国的执政权。

在鲁文公年间,徐国征伐莒国,莒国向鲁国求援。鲁国派遣公孙敖出使莒国,与莒国结盟。公孙敖此次出使还担负一项任务,便是为东门襄仲迎娶莒国公主。到达莒国鄢陵(今山东沂水县境内),公孙敖登临城楼,见此女美貌,居然自己娶了此女。此前,公孙敖已经娶了两位莒国公主,先娶戴己,生子文伯,又娶其娣声己,生子惠叔。戴己死后,公孙敖还想娶莒女,但被莒国以声己当继戴己为继室,加以拒绝,便为东门襄仲聘了莒国公主。此次公孙敖将为襄仲所聘之女据为己有,东门襄仲自然愤怒,便请文公允许讨伐公孙敖。此时,叔仲惠伯出面劝阻。叔仲惠伯便是季友毒杀的庄公之弟叔牙之孙,为叔仲氏,名彭生,谥惠,因此史称叔仲惠伯。叔仲惠伯道:"臣闻,'兵作于内为乱,于外为寇。寇犹及人,乱自及也'。"即是说,与国外动刀兵,双方都会有伤亡,而于国内动刀兵,死伤皆为同宗之人。叔仲惠伯又道:"如今臣子内乱,国君不加禁止,必定会遭到外敌觊觎,将来如何应对?"于是鲁文公便没有允许东门襄仲出兵讨伐公孙敖。叔仲惠伯又说服东门襄仲放弃此女不娶,说服公孙敖也放弃此女不娶,使堂兄弟二人和好如初。但这种和好只是表面的,两人心结难解。

第二年，周襄王崩，鲁文公派遣公孙敖代表鲁君前去吊丧，而派遣东门襄仲与晋国赵盾盟于衡雍，又与狄戎盟于暴邑。衡雍于今天河南省原阳县西，暴邑于原阳县西南。眼见东门襄仲周旋于大邦，公孙敖或许恐襄仲将来报复自己，抑或贪恋莒女美色，便未赴王城完成使命，而是带着财帛逃亡莒国。于是鲁国大权渐渐落入东门襄仲之手。以致鲁文公薨，东门襄仲居然能掌握文公众子的生杀大权，杀嫡立庶，扶宣公上位。

东门襄仲确有本事，不仅能斡旋于各大诸侯国之间，而且善于识人。鲁文公末年，他曾出使齐国，拜谢齐懿公亲至齐国谷邑，与鲁文公结盟。回国之后，东门襄仲向鲁文公禀报道："臣闻齐国将侵略我国，齐人将食鲁国之麦。以臣观之，在可预见的将来，此事不可能发生。齐君言辞苟且，先大夫臧文仲有言，国君苟且，死日可待。"果然齐懿公死于第二年。可见东门襄仲确有见识。

齐懿公应了卜楚丘的预言，死于非命。杀死齐懿公的是其车御邴歜与骖乘阎职。齐懿公一贯恣肆暴戾，为公子时，曾与邴歜之父争夺田地，未能得到。待他即位后，便命掘出邴歜之父的尸体砍去双足，但懿公却又任命邴歜为他的车御。齐懿公见阎职之妻貌美，便夺阎职之妻，却又让阎职做他的骖乘。齐懿公掌控臣民之后，更以虐人为乐，并习以为常，却不知如此作孽，乃自取其祸。这年夏天，齐懿公于都城之外申池游玩。邴歜、阎职于池中沐浴。大约受懿公影响，仆从也以虐人为乐。邴歜用马鞭笞打阎职，引起阎职愤怒。邴歜奚落道："别人夺你妻子，不见你怒，鞭笞一下，又有何伤？"阎职反讥相道："比之砍其父双足而不敢抱怨之人又如何？"两人相互勾起伤心之事，于是共同策划，弑杀懿公，将尸体藏于竹林中。两人潜回城中，赴宗庙告祭，然后逃亡。

齐懿公横死于外，或许尚未立太子，齐国大臣们便有了选择新君的机会。齐国大臣因懿公的残暴不仁，废懿公之子，赴卫国迎立懿公之兄、桓公之子公子元为国君，是为齐惠公。齐惠公是齐桓公之子中第四个被立为国君的。

## 第七十七章　季文史克谏言鲁宣，武氏穆氏作乱宋国

　　鲁国不但有东门襄仲这样的强势之臣，还有数位善谏之臣，他们是维护鲁国内政外交礼制秩序的功臣。季文子季孙行父与太史克便是这样的臣子。

　　莒纪公有了太子仆后，又生公子季佗。莒纪公喜爱少子季佗，因此废黜太子仆。莒纪公不仅废长立幼，而且还有许多不合礼制之举，引起国人不满。周匡王四年，太子仆依靠国人之力弑杀纪公，拿了纪公的宝玉投奔鲁国，将宝玉献予鲁宣公，企图得到鲁国的庇护与支持。据《国语·鲁语》记载，鲁宣公派遣仆人将手书命令传达于季孙行父，命令道："莒国太子不惧为吾之故杀其国君，而以其宝玉来献，可见莒国太子爱吾之深。代吾赐予其邑城。今日定要授之，不得违背此令！"太史克遇见仆人，见到宣公的手书命令后，便将这一手书命令更改为："莒国太子杀其国君，而窃其宝玉来献，不自知其凶顽，想要接近我们，替我将其放逐东夷。今日必须执行，不得违背此令！"次日，职官复命，宣公见处置情况完全违背自己的命令，便责问仆人。仆人将太史克更改命令之事告诉了宣公。宣公命人拘捕太史克，问道："违抗君命，该当何罪，你也应当知道！"太史克答道："臣岂止知道，臣乃拼死奋笔改书命令！臣闻，毁弃礼制规则是害仁，掩盖害仁行为乃匿罪，盗窃宝贵器物为内乱，利用内乱所盗宝物之人为奸邪。莒太子会使我君成为匿罪奸邪之人，因此不能不驱逐。臣违抗君命，亦不可不处死。"宣公听后道："是我贪心，非你之罪。"于是赦免了太史克。

　　《左传》也记载了鲁宣公命赐予莒太子城邑，并命令道："今日便要授予！"但《左传》记载是季孙行父纠正了鲁宣公的错误命令。季孙行父乃鲁庄公之弟季友之孙，其谥为"文"，因此史称季文子。他在鲁国居于重臣之位，为鲁国上卿。《左传》记载，鲁宣公命当日必须授予莒国太子城邑，而季孙行父却命司寇道："今天便要将其赶出国境。"鲁宣公见季孙行父违反君命，便诘问缘故。季孙行父为开导新君宣公，特请太史克代为回答宣公。《左传》的记载当更加可靠，因为《左传》记载了太史克的长篇议论。

太史克道：“先大夫臧文仲教导行父事君之礼，行父遵礼行事，不敢弃置。行父言道，见到以礼事君之人，便事奉他，如同孝子奉养父母一样；见到事君无礼之人，要诛戮他，如同鹰鹯追逐鸟雀一样。”太史克继续道："周公所制《周礼》曰，'则以观德，德以处事，事以度功，功以食民'。意思是，以礼制规则观察德行，以德行论处事情，以事情结果衡量功劳，以功劳取食于民。周公所作《誓命》曰，'毁则为贼，掩贼为藏，窃贿为盗，盗器为奸。主藏之名，赖奸之用，为大凶德，有常，无赦。在九刑不忘'。即毁弃礼制规则害仁，掩盖害仁行为匿罪，偷窃他人财物为盗，盗窃宝贵器物为奸。有匿罪名声，以奸人盗窃之宝器获利，乃大凶德，有明令之刑，不可赦免。有大凶德者，适用于大辟、宫、刖、劓、墨、流、赎、鞭、扑九刑之一，亦不可妄加刑罚。"太史克又道："季孙行父仔细观察莒太子仆，乃不可效法之人。孝敬、忠信为吉德，盗窃、藏奸为凶德。莒仆其人，如以孝敬之德为准则，则他弑杀君父；如以忠信之德为准则，则他偷窃宝玉。莒仆其人，效法盗贼；莒仆其器，便是奸盗之证。若保护此人而利用其器物，便是匿罪。以此训导人民，人民便会陷入昏乱，无所法则。莒仆行为不居善德，均属凶德，因此要将他驱逐。"

太史克引证历史典范道："昔日黄帝之孙高阳氏颛顼有富于才德的子孙八人：苍舒、隤敳、梼戭、大临、龙降、庭坚、仲容、叔达，他们言行中正，圣明通达，器宇恢宏，智虑深远，见微知著，言信行果，性纯志笃，心实意诚，世人称之为八恺。黄帝曾孙高辛氏帝喾有富于才德的子孙八人：伯奋、仲堪、叔献、季仲、伯虎、仲熊、叔豹、季狸，他们忠诚勤谨，恭敬纯美，周详慈爱，惠人宽和，世人称之为八元。此十六个家族，世代传承美德，不坠前世声名。在尧的时代，尧未能提举他们。舜为尧臣，荐拔八恺，使之担任管理土地之官。他们处理各种事务，无不有序，以致天下太平。又荐拔八元，使赴四方宣扬五种教化，父义，母慈，兄友，弟恭，子孝，于是内至升平，外和夷狄。"

太史克又引证历史上的反面例证道："昔日帝鸿氏有不成才之子，掩蔽仁义，包庇奸贼，好行凶德，与恶物同类，与不效德义、不讲忠信、不行友爱之人为伍，天下人民称之为浑敦。少皞氏有不成才之子，毁灭信义，抛弃忠诚，矫饰恶言，掩盖恶行，喜进谗言，隐匿奸佞，诬陷盛德之人，天下人民称之为穷奇。颛顼氏有不成才之子，不可教训，不听善言，悉心教诲，他愚顽不化，置之不理，他更不言忠信，鄙视明德，搅乱常道，天下人民称之为梼杌。此三个家族，世代传承其凶恶，加重其坏名声。至于尧的时代，尧不能驱逐他们。缙云氏有不成才之子，贪于饮食，贪图财货，纵欲崇侈，贪得无厌，积聚粮财，无所节制，不予孤寡，不济贫困，天下人民将其与三凶并列，称之为饕餮。舜为尧臣，于四方城门招贤礼宾，流放四个凶恶家族，将浑敦、穷奇、梼杌、饕餮驱逐至四方荒远之地，让他们抵御魑魅妖邪。"

太史克总结道："尧崩而天下同心拥戴舜为天子，是因为他荐拔十六相，并除去四凶。所以《虞书》列举舜之功绩曰，'慎徽五典，五典克从'，是谓舜谨慎弘扬五常之教，万民便能恪守五教，而不违背教化；曰'纳于百揆，百揆时序'，是谓从事各种事务，各种事务均有条不紊，而无荒废之事；曰'宾于四门，四门穆穆'，是于四方城门招贤礼宾，远方来宾皆恭敬肃穆，而无凶顽之人。舜正是由于荐拔十六相、驱逐四凶，建此二十项大功，而成为天子。如今季孙行父虽然没有得到一位有才之人，却除去了一个凶顽之人。与舜之功业相比，已是二十分之一，总可免于有咎！"于是鲁宣公无言以对。

《国语》还记载了太史克劝谏鲁宣公的一件事。夏天，鲁宣公于泗水用渔网捕鱼，太史克见到后，割断渔网，向宣公道："古代大寒之后至惊蛰之时，掌管川泽之官才使用渔网和竹笼，捕捉大鱼、鳖蜃等水产，先荐于宗庙，再让国人捕食，以有助于宣发阳气。鸟兽怀子，鱼类成长之时，为帮助鸟兽生长繁殖，掌管山林之官便禁止用网捕捉鸟兽，而以矛刺取鱼鳖，晒成肉干，夏天食用。鸟兽长大，其时鱼鳖开始繁殖，掌管川泽之官便禁止下网捕鱼，以蓄养水产，而用陷阱和鸟网猎取鸟兽，以供应宗庙祭祀。此外，山中砍柴不伐树苗，水边割草不割嫩草，水中捕鱼禁捕幼苗，田野捕兽不猎幼小，树上捕鸟保护雏卵，地下捕虫不捉幼虫，使万物繁衍生息，乃古人教诲。如今鱼方怀子，国君不令鱼长，反下网捕，真乃贪得无厌！"

宣公听了太史克的这番话，道："是我错了，里革纠正我，是为善举。这副渔网，使我懂得治理国家之法。请执事之人将网保存起来，使我永远不忘。"宣公能有如此态度，可谓贤明。乐师存侍奉在侧，向宣公道："保存渔网，不如将里革留在身边，这样更可时刻提醒国君不忘善治。"里革便是太史克之字。

与鲁国能够安定公室不同，宋国自成公去世，昭公继位，便开始内乱。先是昭公欲除去威胁他君位的公族势力，引发穆公、襄公之庶支率国人攻打昭公，杀昭公之党公孙固、公孙郑。之后襄公夫人又与戴公之庶支华氏、乐氏、

## 第七十七章 季文史克谏言鲁宣，武氏穆氏作乱宋国

皇氏联合，杀昭公之党孔叔、公孙钟离与公子卬。矛盾的积累，直至宋襄夫人最终杀昭公而立文公。此举自然不可能彻底解决宋国公族问题，反而激化了矛盾，又一次引发宋国内乱。

宋武公之族与昭公之子商议，准备拥戴文公母弟、司城公子须，以发动叛乱。但叛乱没有成功，宋文公用霹雳手段杀死了胞弟须与昭公之子，并派遣戴公之族皇氏、乐氏、华氏，庄公之族仲氏，桓公之族向氏、鱼氏、荡氏、鳞氏，一同攻打躲入司马华耦馆舍的武公之族，最终将武公、穆公之族全部驱逐出境。文公惩治首犯，驱逐胁从，而未采取斩尽杀绝的手段，当是顾及同宗之情，也是为不再激化矛盾。之后，文公任庄公之孙公孙师为司城，任戴公曾孙乐吕为司寇，调和宗室矛盾，使得宋国内乱基本平定。

## 第七十八章　楚晋会战晋军败北，郑宋交手宋师不敌

　　自周匡王班元年，即公元前612年，自此以降数年中，齐国懿公、宋国文公、鲁国宣公、齐国惠公，均即位于血泊之中，因此这些国家均需要拉拢贿赂毗邻大国，以睦邻的外交手段安定国内政局。《左传》便记载了这些国家的多次外交贿赂活动。齐、鲁处于对立之中，诸侯本因齐国侵犯鲁国而要联合出兵攻打齐国，但由于齐国贿赂各国，于是作罢。后因齐、鲁两国国君均于非常状态下继位，国内都不稳定，因此双方都需要化解矛盾，以求相互承认与支持。鲁宣公即位后，鲁国先派季孙行父贿赂齐国，请求会盟；随后鲁宣公亲自与齐惠公会盟，相互承认对方君位；之后，鲁宣公又派东门襄仲赴齐国答谢齐君，随后齐国便得到了鲁国济西之田。济西之田为鲁国得自曹国之地，如今鲁国用以贿赂齐国。宋文公即位更属非正常，晋国本以侯伯之尊要率领诸侯攻打宋国，最终却因宋国贿赂晋灵公并接受晋国盟约而承认了宋文公的地位。

　　据《国语·晋语》记载，宋昭公被弑，晋卿赵盾请出兵讨伐宋国，其言铿锵。当时，晋灵公道："出兵伐宋，并非晋国当务之急。"赵盾道："天地之序为大，君臣之序其次，此乃祖宗明训。如今宋人弑君，既反天地君臣之序，又违治国安民法则，天必诛之。晋国既为盟主，而不代天惩罚，当惧天将降罪。"晋灵公便应允了出兵之举。于是，赵盾代灵公于太庙发号施令，召集将领，告诫乐正，令三军备齐钟鼓，将行讨伐。赵盾之弟大夫赵同问道："国有大事，不安抚百姓，而备齐钟鼓，却是为何？"赵盾道："大罪讨伐之，小罪警惧之，偷袭乃为欺凌，讨伐必备钟鼓，声讨其罪。打仗要用錞于与丁宁两种军中乐器，警告其人民。偷袭秘而不宣，是为让对方无备。如今宋人弑君，罪莫大焉！明言声讨，犹恐宋人不闻，备齐钟鼓，是为明尊君法则。"赵盾一面派人知会各国诸侯，一面整饬军容，鸣钟击鼓而行，率军讨伐宋国。

　　即便是晋国如此郑重其事的代天惩罚之举，依旧在贿赂外交中偃旗息鼓。中原诸侯国之间贿赂之风盛行，实际上动摇了晋国的侯伯地位。郑穆公看到晋国行事出尔反尔，认为晋国不可交，于是倒向楚国阵营，楚国又有了向北发展

的机会。

据《左传》记载，楚国拿倒向晋国阵营的陈国开刀。陈国国都位于颍水之北，即今天的河南省淮阳市境内。陈国长期以来隶属于楚国阵营，其倒向晋国，是因为在陈共公去世时，楚国不曾派人赴陈国吊丧，安葬陈共公时，楚国亦不曾派人参加葬礼。陈灵公认为楚国不以诸侯之礼对待陈国国丧，是过于轻视陈国，因此陈灵公便接受晋国与中原诸侯的盟约，成为晋国阵营中的一员。此次楚国北伐，除攻打陈国外，也将兵锋指向宋国。宋国于宋昭公之时，曾一度屈从于楚国，后又回归晋国阵营。宋国国都在今天河南省商丘市境内，楚国既然已经渡过颍水攻打陈国，便已经逼近宋国边境。晋国作为中原诸侯之伯，在陈、宋两国受到楚国威胁之时，自然要出兵救助。于是，晋国赵盾率军前往。

赵盾一面率领晋国军队出征，一面遣人联合宋、陈、卫、曹等国共同出兵，采取攻打楚国盟国郑国的举动迫使楚国从宋、陈两国撤军。宋文公、陈灵公、卫成公、曹文公均亲自率兵，与晋师至郑国棐林，攻打郑国。棐林位于今河南省尉氏县境内，邻近郑国国都新郑，因此楚国必救。楚国派遣蒍贾救郑，蒍贾率军北上迎敌，与以晋国为首的诸侯联军相遇于郑国的北林，北林在今天中牟县境内。诸侯联军居然不敌楚军，晋国大夫解扬还被楚国俘虏。于是晋国退兵。

晋国败于楚国后，赵盾便想与西方秦国讲和，解除后顾之忧，以利与楚国再战。赵穿建议道："我们出兵攻打秦国的附庸国崇国，迫使秦国出兵援崇，趁机向秦国提出媾和的要求。"崇国或在陕西省渭南市境内。孰知赵穿率军攻打崇国，或许秦国认为晋国不足为惧，或许秦国识破赵穿计谋，秦国出兵帮助崇国，并不答应晋国媾和的要求。晋国赵穿计谋不成，只得收兵回国。赵穿之计非但未成，还招来第二年秦国伐晋。

楚国战胜诸侯联军之后，又派郑国的公子归生攻打宋国，宋国派右师华元、司寇乐吕率兵抵御。两军于宋国边邑大棘交战，宋军溃败。大棘在今天河南省商丘市睢县境内。郑军斩杀宋军百人，还缴获宋军兵车四百六十乘，俘虏将士二百五十人，华元成为郑国俘虏，乐吕战死，尸首也被郑人取得。战后，宋国以兵车一百辆、毛色漂亮的马匹百匹，送予郑国以赎华元。兵车马匹仅送去一半，华元便逃了回来。

宋军之败，首先败于主帅车御临阵背叛，将主帅兵车驱入敌阵，致使主帅被俘。战前，主帅华元杀羊犒赏士兵，却没有给他的车御羊斟。与郑军交战时，羊斟道："前日之羊，由你做主；今日之战，由我做主。"说罢驱车进入郑军阵中，于是宋军大乱，乃至溃败。时之君子评论道："羊斟简直不是人，由于私怨，使国家战败，百姓受害，还有比之当受更重的刑罚吗？《诗》所谓'人之无良'，便是指羊斟这样的人，残害百姓以使自己快意。"

宋军之败，也败于用人不当，主帅华元不具备为将治军的才能。大战之前犒赏将士，当无遗漏，华元却遗漏了自己视为左膀右臂之人。平时用人失察，居然以羊斟这样小肚鸡肠之人为左右，致使国家兵败，自己被俘。战后逃回国内，去见羊斟，华元居然依旧对羊斟抱有幻想，问道："是马不受驾驭才会如此吧？"羊斟回答道："不是马，是人。"羊斟回答之后便逃往鲁国。

宋军之败，或许还有当初导致宋襄公失败的因素，便是滥施仁义。宋人狂狡迎战郑人，郑人失足落井，狂狡将戟倒过来，以戟柄授予郑人，将郑人救出于井，结果郑人反戈一击，俘虏了狂狡。时之君子评论狂狡行为道："抛弃礼制，违背命令，该当被俘。战争中，当昭明果敢刚毅精神，服从命令，便是守礼，杀敌便是果敢，能够果敢便是刚毅。若不能做到果敢刚毅，便会被杀戮。"

宋国或许因数次内乱，导致人才不济，抑或为平衡公室各族的关系，因此依旧重用华元。战后宋国筑城，以华元为主持，视察建筑工程。筑城之人歌道："鼓着眼，腆着肚，弃盔甲，逃归复。连鬓胡，长满腮，弃盔甲，逃回来。"华元让他的骖乘对筑城之人道："有牛有皮，犀牛尚多，弃甲何妨？"筑城之人道："纵有牛皮，丹漆何来？"于是华元向左右道："走吧！他们嘴多，我们嘴少。"由此亦可见华元不善治军，威望全无。宋国以这样的人为重臣，自然不足以安内攘外。

第二年，秦国报复晋国伐崇之役，出兵包围晋国焦邑。焦邑位于今河南省三门峡市陕州区，为兵家必争之地。赵盾出兵救焦邑之围，迫使秦国退兵。随后，赵盾便于大河之南聚集晋国兵力，会同诸侯之师讨伐郑国，以报复郑国大棘伐宋之役。

楚国斗椒主动率军救郑，斗椒道："欲得诸侯，岂能畏难？"赵盾见楚郑联手，晋国及诸侯联军未必能胜，便谋划道："若敖氏族于楚国独强，必将遭嫉，我们且示弱，以使其更加骄横，加速其祸患到来。"于是晋国再次退兵。从晋国与敌对国家数度交手的结果来看，这段时间晋国的计谋与实力均不敌对手。

# 第七十九章　晋灵不君赵穿弑主，赵盾蒙恶董狐直书

晋国数度不敌秦、楚，除了将帅不如晋文公时代人才济济，与国君晋灵公昏聩不仁亦有很大关系。晋灵公行事非但毫无为君之道，甚至毫无人道。据《左传》记载，他加重万民税赋，以民脂民膏换做颜料彩绘墙壁；他淫邪无度，为自己取乐，竟然从高台上用弹丸打人，以观看人们躲避弹丸作乐。更有甚者，一次厨子所煮熊掌不熟，灵公杀死厨子，置于簸箕里，让妇人顶着簸箕走过外朝。赵盾与士会看到死人之手，问起杀人缘故，均感忧心，准备进谏。士会对赵盾道："你去进谏，若国君不听，则再无人可以继续进谏了。请让会先去谏言，若国君不听，你再继续劝谏。"士会进宫求见灵公，晋灵公不以君臣之礼接见士会，直至士会来到檐下，登上台阶，灵公才抬头道："寡人知错，将会改正。"士会叩首答道："人孰无过，知错能改，善莫大焉。《诗》云，'靡不有初，鲜克有终'。(《大雅·荡》)凡人行事，难有始有终。因此能够改过之人很少。但愿国君能够善始善终，则岂但群臣有保障，江山社稷亦有保障。《诗》又云，'衮职有阙，惟仲山甫补之'。(《大雅·烝民》)是言仲山甫能弥补周王过失。国君能够补过，国君社稷便不会毁损。"

晋灵公尽管口头答应改正过错，但行动上却不改过。赵盾屡次进谏，晋灵公很是厌烦，便起了杀心，派鉏麑去刺杀赵盾。鉏麑清晨前去行刺，赵盾府中无人值守，卧室房门已经打开，赵盾穿戴整齐，准备入朝，因时间尚早，正闭目养神。鉏麑见状退将出来，叹气道："不忘恭敬，勤于国事，堪为万民之主。刺杀万民之主，便是不忠；但放弃国君使命，便是不信。如今无论如何，我必居其一，不如便死。"于是他撞槐树而死。

晋灵公见派人刺杀不成，便准备亲自动手。晋灵公召赵盾入宫，赐其饮酒。同时埋伏好甲士，准备击杀赵盾。赵盾的车右提弥明发现了灵公的阴谋，大步上堂道："臣子侍宴，酒过三爵，便是失礼！"于是扶赵盾下堂。灵公呼獒扑向赵盾，提弥明与獒搏斗，杀死了獒。赵盾奚落灵公道："弃人而用犬，犬虽猛，却有何用？"一面与甲士搏斗，一面夺门而出。提弥明则为保护赵盾，

死于甲士刀剑之下。

《公羊传》亦记载此事,但与《左传》有所出入。《公羊传》未记载鉏麑之名,只是记载"勇士某者",受晋灵公派遣前去刺杀赵盾。他进入赵盾府邸大门,未见有人值守,进入内宅之门,依旧未见有人值守,登上厅堂,仍然未见有人,俯视东侧屋内,只见赵盾在吃鱼汤泡饭。勇士叹道:"夫子真乃仁德之人!我进入您府邸大门,未见有人值守,进入内宅之门,依旧未见有人值守,登上厅堂,仍然未见有人,由此可见您平易近人;您为晋国重卿,却吃鱼汤泡饭,由此可见您生活俭朴。国君派我来刺杀您,但我不忍心杀您。如此,我亦不能回去面见国君。"于是勇士刎颈而死。灵公闻讯大怒,更欲杀掉赵盾,但已没有合适人选可供派遣。灵公便在宫中埋伏下甲士,以宴请之名召赵盾入宫。赵盾的车右祁弥明是国中力士,勇武地跟随赵盾入宫,立于堂下。赵盾食毕,灵公道:"听说赵卿之剑十分锋利,请卿予我一观。"赵盾起身,准备献上佩剑,祁弥明在堂下高声叫道:"赵盾,既已饱食,就当告退,何故在君前拔剑?"赵盾猛然醒悟到,这是灵公设下的圈套,忙三步并作两步下堂。灵公豢养了一条周地巨獒,此时灵公呼巨獒追逐赵盾。巨獒越阶而下,去追赵盾。祁弥明迎上前去,飞起一脚,踢断巨獒脖颈。赵盾看到后高声道:"国君之獒,不如臣下之獒!"然而此时宫中埋伏的甲士们闻鼓声跃起,准备伏击赵盾。此时甲士中冲出一人,抱起赵盾将他送至车上。赵盾回头问道:"你为何要相助于我?"甲士道:"您曾经在桑树之下赐我饮食,救我一命。"赵盾问道:"你叫什么名字?"甲士答道:"难道您不知道国君为谁埋伏甲士?您赶紧驾车走吧,何必问我名字。"赵盾驱车出宫,甲士们并没有上前阻拦。

《左传》记载,助赵盾脱逃的甲士名叫灵辄。赵盾问他为何帮助自己,甲士回答道:"我乃翳桑饥汉。"当年赵盾在首阳山打猎,居住于翳桑之地。一天看见灵辄倒在地下,便问他有何疾病。灵辄道:"我已三天未曾果腹。"赵盾便拿食物予灵辄,灵辄只吃了一半,而留下了另一半。赵盾询问其故,灵辄道:"我离家为人做事已经三年,不知母亲是否安然,如今离家已近,请允许我将此食物留予母亲。"赵盾让他将食物吃完,又为他准备了一筐饭与肉,放入袋中给他。后来灵辄做了晋灵公的甲士。如今他见恩人遇难,便倒戈相助。赵盾脱险之后,询问灵辄姓名住处,灵辄不予回答而退,随后逃亡。

赵盾逃离都城,准备出国避祸。赵盾堂弟赵穿,为晋襄公之婿,或许见灵公企图擅杀大臣而打抱不平，或许怕灵公擅杀祸及自身，便寻机在桃园杀死了晋灵公，并派人追回赵盾。

赵盾此时尚未出境，便回到晋都。赵盾执掌朝政多年，又得民心，因此顺理成章恢复了卿位，主持朝局。书写国史的太史董狐记载道："赵盾弑其君。"将此记载在朝廷上公布。赵盾道："事情并非如此。"太史董狐回答："您是正卿，逃亡未尝出境，回朝不惩凶手，弑君者非您是谁？"赵盾叹道："呜呼！《诗》云：'我之怀矣，自诒伊戚。'因我怀恋国家，却给我带来忧戚。此诗所言便正是我。"

孔子评论道："董狐，古之良史也，书法不隐。赵宣子，古之良大夫也，为法受恶。惜也，越境乃免。"孔子称赞董狐是良史，因为他秉笔直书，不加隐讳；称赞赵盾是良大夫，却因为法度而蒙受恶名。孔子十分为赵盾可惜，因为如果赵盾逃亡国外，便可免于弑君恶名。就人心人情而言，不论赵穿弑灵公出于什么目的，结果其实于国于民于赵盾都有利，但就法理法度而言，不依礼制，私自弑君，即便结果于国家社稷无害，也为制度不容。孔子推崇礼制，故作此感叹。

赵盾恢复执政地位后，派遣赵穿赴成周迎回晋襄公之弟公子黑臀，立为国君，是为晋成公。晋成公按照晋制于即位之时赴曲沃武公之庙朝拜祭祀。之后，晋成公改变了晋国无公族的惯制，设立公族之官。当初，骊姬为祸晋国时，曾让献公行诅咒仪式，在祖宗神明之前立誓，世代不许公族公子于晋国受田受封。从此晋国没有公族，亦无管理公族之官。晋成公即位后，或许不再准备驱逐公族公子，于是设置公族大夫管理公族事务。成公将公族大夫一职授予卿之嫡子，分封田地，又授予卿之庶子以官职。晋国从此有了公族、余子、公行三种官职。

赵盾为赵衰追随晋文公在狄之时所娶狄女叔隗所生，晋文公回国后，又嫁女赵姬予赵衰。赵姬贤良，坚持请赵衰接叔隗与赵盾回晋国，并将赵盾立为嫡长子。因此原本赵盾当封为公族大夫，但赵盾请求晋成公封异母之弟赵括为公族大夫。赵盾道："赵括乃君姬氏之爱子。若没有君姬氏，臣便为狄人了。"君姬氏便是赵姬，与成公为姐弟，为赵括之母。如此亲戚关系，晋成公自然同意。因赵盾将公族大夫让予赵括，并让赵括统帅自己的旧族，因此赵盾便为余子待遇，掌管旄车之族。由此可见赵盾深知感恩，人品高尚。正因为作为执政的赵盾如此行事，因此晋国上下能够团结，晋国能够继续保持强盛。

## 第八十章　楚庄伐戎问鼎周郊，郑穆刈兰命归黄泉

楚庄王继位以来，对外军事上一直处于优势，因此更坚定了向北拓展的步伐。此时的楚国，国力可比齐桓公时代的齐国，强于晋文公时代的晋国。但齐桓公称霸诸侯，举的是尊王攘夷的旗帜，晋文公称霸诸侯，其尊王程度与公义程度都逊于齐桓公，但依旧尊重周王朝的名义权威。而楚国自楚武王之时便已称王，经过数代楚王的经营，如今楚国事实上成为与周王朝相抗衡的国家。如果说，齐桓公、晋文公对外出兵，在很大程度上还因为公义，或名义上出于公义，而楚国出兵，则无论名实，都只考虑楚国自身的利益。如果说，春秋初期的齐桓公、晋文公时代，尚有诸侯之伯在一定程度上秉承公义，率领诸侯尊王攘夷，或征讨不义，到楚国强大并介入中原诸侯国间关系之后，诸侯国间战争便更多地与尊王攘夷无关，而是为了各自的利益，因此孟子谓"春秋无义战"。楚国的四处征伐，更与尊王攘夷无关，且在中原诸侯国看来，楚国依旧属蛮夷之邦。

据《左传》记载，周定王瑜元年，即公元前606年，楚庄王率军征伐陆浑之戎，至于洛水。陆浑之戎或居于今天河南省伊川县境内。楚庄王此举或许表面上是为尊王攘夷，但实际上是炫耀军力，这从楚庄王此后之举可见。楚庄王于征伐陆浑之戎后，陈兵于王畿之疆，无疑是向中原王朝示威。周王朝如今地盘狭小，兵力不足，只能采取示弱之法对待强大的楚国。因此周定王派遣王孙满前去慰劳楚庄王。

楚庄王踌躇满志，向王孙满问九鼎之大小、轻重，表示对代表王权之鼎很感兴趣，似有移动九鼎之意。虽然周朝实力衰弱，却不乏人才，王孙满便自幼见识过人，如今作为王臣出使，自然不能堕了天家颜面。王孙满借楚庄王问九鼎大小、轻重之机，晓喻楚庄王，要想掌握最高权力，不在运用武力夺取器物，而在施行仁德之政。王孙满道："拥有九州在于其德之大小轻重，而不在于鼎本身之大小轻重。昔日夏朝德盛之时，禹命将远方之物画为图像，命九州方伯进贡铜器，铸造九鼎，并将万物图像铸于鼎上，使民众能知何为神物，何

为恶物。因此民众进入山林川泽，便不会遇到如魑魅魍魉等恶物。此举能够使上下和谐，以承天赐。及至夏朝末年，夏桀无德，因此九鼎被迁于商，商拥有九鼎前后达六百年。及至商纣暴虐，鼎又被迁至周朝。九鼎迁徙表明，若君王德行美善光明，鼎虽小亦重，不可撼动；若君王奸邪昏乱，鼎虽大亦轻，以致被移。上天保佑明德之人，必有定数。周成王将九鼎置于成周郏鄏，卜卦结果为传世三十代，享国七百年，此乃天命。如今周朝虽然德衰，天命却无改变。鼎之轻重，旁人不得动问。"

古人认为鼎乃代表天命所属，代表王权归属，因此后世将夺取政权、夺取天下之举称为问鼎。在笃信占卜、笃信天命的时代，王孙满之言确实可以部分打消楚庄王问鼎中原的意图。但楚庄王虽然没有将兵锋直接指向周王朝，却依旧不断向北扩展。在征服陆浑之戎后，楚庄王便将兵锋指向郑国。这是因为年初晋国新君晋成公继位后，君臣要重新建立晋国侯伯的威信，因此出兵攻打倒向楚国的郑国，郑国于是又倒向晋国。晋国派遣士会赴郑国结盟，郑国成为晋国阵营中的一员。郑国倒向晋国，在楚庄王看来是背叛楚国的行为，因此率军攻打郑国。

郑穆公在两个大国的夹缝之中，在左右为难的境况之下去世了。郑穆公是郑文公之庶子，名兰。当初，郑文公有一妾，乃南燕国之公主，名燕姞。据说，她曾梦见天使赠她一支兰花，并对她言道："我乃伯儵，为你祖先。特赐兰一支作为你之子。因为兰花有国色天香，佩戴兰花，别人便会爱你如兰花。"不久，文公见到燕姞，赠她一支兰花，并让她侍寝。燕姞向文公道："妾无德才，幸而却能怀子。若不信，可以兰花作为凭证。"后燕姞生穆公，便因天使之言与文公赠花之举取名为兰。

郑穆公之父郑文公好女色，多淫荡。曾与其叔父公子仪之妃陈妫通奸，生公子华、公子臧。公子华或因年长，或因其母得宠，曾被郑文公立为太子。但公子华企图讨好齐国，以达到他掌控郑国的目的，为郑文公及其朝臣所警惕，因此数年后郑文公让人将公子华诱骗到郑地南里杀死了他。其弟公子臧因此逃往宋国，郑文公又派人将公子臧杀死在陈、宋两国交界处。

郑文公娶江国公主为妃，生公子士，本来或许可能被立为太子，但公子士却无太子之命。郑文公派遣公子士前往楚国朝见楚王，不知为何，楚国用药酒酖他，他尚未离开楚国，便毒发身亡。郑文公还娶了一名苏国公主，生公子瑕、公子俞弥。俞弥早夭。公子瑕遭郑文公厌恶，因此不得立为太子。后来，郑文公随着年龄增长，疑心愈重，最终驱逐众公子，不立嗣君。

郑文公驱逐众公子时，公子兰逃亡晋国，由于其事奉晋文公恭谨有礼，深得晋文公喜爱。当年晋文公讨伐郑国，公子兰随行，但请求不直接参加对郑之战，得到晋文公应允。在郑国面临晋国讨伐危机时，郑国大夫石甲父向郑文公建议道："臣曾听闻，姬、姞实为佳偶，其子孙必定蕃衍。姞，乃吉人，为后稷元妃。如今公子兰为姞姓之女所生，为姞姓外甥，他本人又得到大国晋国的庇佑，表明上天或许要起用他。他将来必定会做国君，他的后代必能蕃盛。若我们接纳他为太子，便可保佑继续稳固上天之宠，并保郑国子孙繁衍。"石甲父的建议于郑国社稷有利，于郑文公无害，且能解晋国兵临城下之急。得到郑文公认可后，石甲父便与孔将鉏、侯宣多迎回了公子兰，郑国君臣于太庙盟誓，立公子兰为太子。晋国自然愿意由晋国扶持的公子兰回郑国继位，因此同意与郑国媾和。郑文公薨，公子兰继位，即为郑穆公。

郑穆公继位之后，一直处于晋国与楚国两大强国的挤压之中，如今更是外患不断，又为疾病困扰，难以解脱。不知是有人有意无意割了宫中兰花，还是郑穆公想赌天命，或者想弃世解脱，命人割了宫中兰花。郑穆公看着宫中残余的兰花道："我以兰花而生，若兰花死，我亦将亡？"此后他病重身亡。郑穆公与其说是死于刈兰，不如说是死于左右为难的心病：他因晋文公之势得以回国被立为太子，继承君位，晋国有恩于他，他当站在晋国阵营，但当楚国强大之后，他便不得不在两个大国之间周旋，在两个大国夹缝中求生存，左右为难，进退失据。郑穆公一生并无大的失德劣迹，只是性格软弱，又处于大国争霸的艰难之时，因此一生无功业可言。

# 第八十一章　郑灵丧生郑襄得立，楚相作乱楚庄平叛

郑穆公去世后，太子夷得立，是为郑灵公。郑国已经数代软弱，只求自保，因此郑灵公没有父祖的榜样激励；郑灵公又不像其父郑穆公那样曾经寄人篱下，因此没有郑穆公谨慎守礼。比起其父祖，郑灵公更为不肖。

据《左传》记载，郑灵公在位仅仅一年，便被臣子弑杀，这是周定王二年，公元前605年之事。此时郑国在楚国的压力下又与楚国交好。楚国人送了一只大甲鱼给郑灵公。公子宋与公子归生正要进见灵公，公子宋的食指忽然不自主地抽动起来，于是公子宋就伸手给公子归生看，并道："以往我遇到此种情况，一定可以尝到美味。"进宫之后，见到厨师正准备切剁甲鱼，两人便相视而笑。郑灵公问他们为何发笑，公子归生便将方才两人言行告诉了灵公。等到厨师将甲鱼炖熟，郑灵公将甲鱼赐予大夫们品尝的时候，却又偏偏不赐予公子宋。郑灵公或许只是玩笑，想让公子宋的预言落空，但更有可能是故意让公子宋难堪。郑灵公谥"灵"，根据《逸周书·谥法解》，"不勤成名曰灵"，言其本性不良，不能见贤思齐。可见郑灵公本性不仁，待人不善。公子宋既为公子王孙，自然脾气亦大，便不顾礼仪，伸出手指在鼎中一蘸，以示尝到甲鱼羹之味，然后转身便走。郑灵公见公子宋有意冒犯，自然发怒，居然起了杀公子宋之心。可见郑灵公本性非但不仁，且可谓残暴。公子宋得知郑灵公准备对他不利，便去与公子归生商议，想要抢先下手。可见公子宋亦非良善之辈。公子归生道："即便牲畜老了，尚且忌惮下手去杀，何况向国君下手！"但公子宋威胁要反诬公子归生，揭发公子归生试图对国君不利。公子归生害怕两人之言无以对证，只好屈从于公子宋。于是公子宋与公子归生便合谋于这年夏天弑杀了郑灵公。由于公子归生地位高于公子宋，因此《春秋》记载道："郑公子归生弑其君夷。"时之君子评论公子归生道："仁而不武，无能达也。"公子归生不忍弑君，乃有仁心，但他不能讨伐试图弑君的公子宋，是缺乏勇武，因此不能达到仁的境界。的确，存有仁念，却不敢有所担当，难免与为恶者同流合污。公子归生非但不能达到仁的境界，还在史书上留下弑君恶名。且据《左

传》记载，数年后公子归生去世，郑国人因其弑灵公之罪，破其棺暴其尸，并驱逐其一族。

郑灵公被弑，郑国臣子面临择立新君的问题。臣子们大多或许认为穆公庶子公子去疾比较贤明，因此主张立公子去疾为君。公子去疾推辞道："以贤明而论，去疾不足；以顺序而论，公子坚年长。"公子去疾能够谦让君位，主张按顺序立长，确实表现其品行贤良。于是郑国臣子们便立公子坚为新君，是为郑襄公。郑襄公因庶长而立，或许惧怕其他公子窥视君位，君位不稳，便想驱逐穆公群公子，只允许公子去疾留居郑国。公子去疾不同意，他对襄公道："穆公一族自当保全，此乃去疾夙愿。如要驱逐穆公一族，则当全部驱逐，为何独留去疾？"公子去疾能劝谏郑襄公保全群公子，表明自己与群公子祸福同享，亦可见其品行贤良。郑襄公本性不坏，又受公子去疾影响，便放弃了驱逐穆公群公子的想法，并封他们均为郑国大夫。

即便郑国日渐衰落，君臣疲于应对南北两大强国，却依旧有不识时务者试图执掌郑国大权。周定王四年，郑襄公二年，郑国公子曼满向周王朝王子伯廖表示，想让周王室助他成为郑国之卿。王子伯廖向旁人道："无德而贪，其在《周易》丰之离，弗过之矣。"丰卦为离下震上，离卦为离下离上，"丰"之"离"，第六爻由阴爻变为阳爻，丰卦第六爻爻辞曰："丰其屋，蔀其家，阒其户，阒其无人，三岁不觌，凶。"意为大其房屋，遮蔽阳光，探查其屋，寂静无人，三年不见，其人必亡。果然，第三年，郑国杀公子曼满。

郑国只是公室内乱，未动刀兵，楚国则是臣子叛乱，动了刀兵。楚国令尹斗椒斗子越，与司马蒍贾不和。起因是斗般为令尹时，斗椒为司马，蒍贾为工正。蒍贾向楚王进谗言，杀斗般，并建议斗椒为令尹，自己为司马。后斗椒厌恶蒍贾，便聚集若敖氏族的力量，将蒍贾包围在轑阳邑，杀死了他。轑阳或于今天河南省南阳市境内。蒍贾或许在官场争斗中曾进谗言排斥异己，但他确实有其见识才干。在楚国国内饥荒、四周反叛时，正是他提出楚国主动出击的建议，使得楚国摆脱四方反叛的被动局面，百濮退兵，庸国被灭。斗椒杀蒍贾，主要是为泄私愤，而并非为安社稷。斗椒之后的行为则证明他不仅泄私愤，而且有野心。他于轑阳杀死蒍贾后，一不做二不休，屯兵于烝野，准备攻打楚庄王。烝野或于南阳市新野县境内。斗椒显然已经将其军队向南开进了。楚庄王本想与斗椒讲和，愿意以文王、成王、穆王三代楚王子孙为质，换取楚国太平。楚庄王此举已经给了斗椒以台阶与保证，表明王室公族愿与若敖氏族和平共处。但斗椒却不答应。于是楚庄王被迫屯兵漳澨，准备平息若敖氏之乱。漳澨于今天湖北省荆门市境内。面对若敖氏族反叛，楚庄王先礼后兵，有理有节，自然能够争取公室与各大氏族的支持。最终，楚庄王与若敖氏决战于皋浒。皋浒或于今天的河南省襄樊市境内。两军对阵，楚庄王亲自击鼓进军，斗椒张弓搭箭射向庄王，箭矢力道强劲，飞过车辕，穿过鼓架，击中鸣金之钲。见一箭不中，斗椒搭箭再射，箭锋依旧激越，飞过车辕，正中车盖中央。庄王手下士兵见状十分惊惧，纷纷后退。此时庄王则不避矢锋，派人向全军将士宣言："先君文王攻克息国，获得良矢三支，伯棼窃去两支，如今已经用尽。"伯棼为斗椒之字。庄王通告全军斗椒良矢已尽，是为激励将士斗志。可见庄王有勇有谋。庄王号令全军后，又击鼓进军，最终歼灭了若敖氏。

当初，楚国令尹子文之弟、楚国司马子良生斗椒。子文见到斗椒后道："定要杀死此子！此子有熊虎之状、豺狼之声，不杀，将来必定会导致若敖氏族灭亡。谚语云，'狼子野心'，此子乃狼，岂能蓄养？"但斗椒乃子良亲生，子良自然不同意。族中有如同虎狼之孩，成为子文忧心之事，临死之前，子文聚集族人，向众人道："若将来斗椒执政，便要迅速离开楚国，不要等待灾难降临！"他流泪道："鬼尚且求食，若敖氏之鬼将不得食！"果然，斗椒为令尹执政后，擅杀大臣，起兵反叛，导致若敖氏族被灭。

但若敖氏虽灭，却仍有后裔得以于楚国继续繁衍。若敖氏之祖娶邧国之女，生斗伯比。若敖死后，斗伯比随其母育于邧国，与邧国公主私通，生子文。邧国夫人让人将子文抛弃于云梦泽，却有雌虎将其喂养。邧国国君田猎，见此场面，因恐惧而归。夫人将抛弃女儿私生子之事告诉邧君，邧君便让人将子文抱回，并将女儿嫁予斗伯比为妻。楚人将奶称作"谷"，将老虎称作"於菟"，因此将此子称作斗谷於菟。斗谷於菟就是子文。

斗椒叛乱之时，子文之孙楚国箴尹克黄正巧出使齐国，不在国内。所谓箴尹，乃楚国谏官。能为谏官者，一般都比较刚正。克黄回国途经宋国时，得知国内叛乱、若敖氏被灭的消息。随从人员道："我们不能回去。"克黄则道："背弃君命之人，谁会接受？君乃天，覆盖万物，谁能逃避？"于是他依旧回国复命，并主动去司法官处投案。楚庄王忆及斗谷於菟治理楚国的功绩，向臣子们道："子文若没有后代，如何劝人为善？"于是庄王恢复克黄官职，并改其名为"生"。在注重血缘关系的社会，宗族中因一人而兴族，或因一人而灭族之事很多，楚国若敖氏之生灭便是如此。其生于斗谷於菟，灭于斗椒，又再生于斗谷於菟。

## 第八十二章　吴越盟楚晋殆赤狄，陈灵无道楚复封陈

自楚庄王一鸣惊人之后，楚国对外战争胜多败少，于是楚国容不得周边国家不听楚国号令。据《左传》记载，周定王二年、三年、四年，楚国连续三年伐郑，便是因郑穆公时代与郑襄公初年郑国服从晋国而不顺服于楚国。楚国当然更容不得公开反叛。然而正是由于楚国四面用兵，自然便有附庸国认为楚国兵锋暂时不会指向自己，因此企图摆脱楚国控制。群舒叛楚便是其试图摆脱楚国控制的又一次尝试。周定王六年，即公元前601年，位于今安徽省舒城、庐江一带的群舒叛楚，结果楚国出兵灭了舒蓼，震慑了群舒，与群舒重新划定了疆界。

楚国向东拓展，还有一大收获，便是与长江下游吴国与富春江流域越国盟约。吴、越两国首次出现于《左传》记载。吴国为姬姓之国，首封之君为周太王之子太伯。据《史记》记载，太伯、仲雍为周太王子，季历之兄。因季历贤明，且其子姬昌有圣贤之象，因此太王想立季历为嗣，以便能传位于姬昌。太伯、仲雍二人为成全太王心愿，成全周邦兴盛，便逃往荆蛮之地，文身断发，以表示自己不堪大用，为太王立季历为嗣创造条件。季历得立为王季，之后姬昌得立，便是文王。太伯到荆蛮之后，自号勾吴。因其仁义，有上千户荆蛮归顺于他，立他为吴太伯。太伯无子嗣，太伯之后，其弟仲雍得立，仲雍的子孙继承太伯、仲雍之业，经营吴国。武王克商之后，因太伯与仲雍有让位之贤，因此寻找太伯、仲雍之后，以为之封邦建国。最后于吴地寻得仲雍重孙周章，周章已为吴君，于是武王便正式封其为吴君，并封周章之弟虞仲于夏墟，亦为诸侯。此虞国便是为晋献公所灭之虞国。吴国则在此时才为《左传》所记载。吴国日后成为春秋后期的一个强国，此是后话。越国祖先为大禹后裔，夏帝少康庶子，封于会稽，守大禹之祀。越国于春秋后期亦成为一个强国。吴、越两国因与中原隔有徐夷、群舒等小国与部落，或与中原几无交往，因此之前不见于《春秋》记载。

在楚国东征北伐之时，晋国除不时与中原诸侯会盟以巩固诸侯联盟外，还

以出兵讨伐投向楚国的陈国与摇摆不定的郑国来威慑诸侯。但晋国自身不断遭到赤狄的侵扰。周定王四年，即公元前603年，赤狄进攻晋国，包围晋国怀邑与邢丘。怀邑位于今河南省武陟县西南，邢丘位于今河南省温县东。晋成公欲出兵讨伐赤狄，荀林父道："让赤狄用兵，他们用兵，必定加重其民众负担，待其恶贯满盈，国力疲困，便可致其死地。即如《周书》所言，'殪戎殷'，待殷纣恶贯满盈、殷商国力疲困时一举歼灭殷商。"赤狄见晋国不出兵抵御，于第二年又入侵晋国向阴邑，夺取向阴之地的秋收果实。向阴邑在今河南省济源市西南。晋国不断受到赤狄侵扰，便与晋国周边的白狄媾和，以免四面受敌。晋国采取的与白狄和平共处、听任赤狄侵扰的策略，终于收到了效果：白狄部落较为分散，又都为赤狄所奴役，晋国毕竟是大国，因此白狄部落都向晋国靠拢，以寻求庇护。据《左传》记载，本来，晋国臣子打算召集白狄各部落首领来晋国会盟，但郤缺道："我闻，德不足以服远人，便当以劳服远人；自己不勤劳国事，又怎能求远人服我？能勤劳国事，才能延续国祚。国君当亲往狄地会见狄人。"他还引诗云，"文王既勤止"。（《周颂·赉》）他补充道："文王尚且勤劳国事，何况德行不足之人。"晋成公听了郤缺之言，便于周定王九年，即公元前598年，亲赴狄地欑函会见白狄首领，于是众白狄部落均表示臣服于晋。晋国与白狄交好，为其日后剪灭赤狄奠定了基础。

在晋国与楚国两个大国夹缝中求生存的陈国，本来外部环境不好，国君还一代不如一代。及至陈灵公，更是无德无行。《国语·周语》记载了周王卿士单襄公对于陈国的评论。于大火星晨现的夏正十月，单襄公出使楚国，路经陈国，见到一片衰败景象。秋草枯黄阻路，难以通行。掌管迎送宾客的候人不在边境迎候，掌管城池道路的司空不去巡视道路。湖沼不修堤，河渠不架桥。本应九月筑就的场圃尚未筑就，田野中堆有谷物，本该入仓的粮食没有入仓。路旁没有树木，田地很少翻耕。来到驿站，掌管宾客膳食的膳夫不供应食物，掌管客馆的里宰不安排住处。邑内无旅馆，郊县无客舍。而小民却要为夏氏家族修筑观景之台。到了陈国都城，陈灵公与其卿孔宁、仪行父戴着楚地流行之帽到夏氏家玩乐，却不接见单襄公。

单襄公回朝后向周定王道："陈侯不遭祸患，国家定会灭亡。"周定王问道："是何缘故？"单襄公大段引述先王之典的各种规定，指出陈灵公完全荒废了先王之典。历代贤明国君都要劝民农桑，不夺农时，但陈国情况恰恰相反。单襄公道："角星朝现，云雨气尽，寒露肃杀；亢、氐之间，天根朝现，河流干涸；氐星朝现，草木凋零；房星朝现，时乃霜降；大火朝现，清风告寒。因此先王之教曰，雨季结束修整道路，河流干涸修造桥梁，草木凋谢储藏果实，霜降来临备好冬衣，清风至则修缮城郭宫室。因此《夏令》曰，九月清路，十月架桥。秋收之后，修建仓廪，备好箕铲，营室星黄昏居于当空，便可动土修筑城墙，大火星初现，便可修建房屋。因此先王能够不耗钱财而广施恩惠。如今陈国，大火朝见时道路却被枯草阻塞，郊野谷场已被废弃，湖沼不修坡堤，河流不备舟桥，荒废了先王之教。周朝制度规定，路旁种树以标明道路，郊外定点提供食宿以接待行人。城郊有放牧之场，边境有寄寓之所，洼地有茂盛水草，园囿有林木池沼，以防备灾荒。其余土地均作农田，农家没有闲置的农具，田野没有丛生的杂草。不夺农时，不劳民伤财。百姓生活优裕，衣食不匮，安居乐业，劳而不疲。城中居民各司其职，郊县民众劳作有序。可如今的陈国，道路无法辨认，杂草覆盖农田，庄稼无人入仓，百姓疲于为国君享乐而劳作，完全抛弃了先王法制。"

单襄公还历数了陈国官吏之不负责任，他道："周朝《秩官》云，地位对等之国有来使，当由关尹通报，行人手持符节相迎，候人引路入都城，卿士到郊外迎接慰劳，门尹洒扫门庭，如有祭祀之事，宗祝陪同祭祀，司里安排住宿，司徒调派仆役，司空视察道路，司寇查禁奸盗，虞人提供食材，甸人供应柴草，火师照看火烛，水师提供盥洗，膳宰呈送熟食，廪人送上粮米，司马备齐草料，工人检修车辆，百官各司其职，宾至如归。因此大小宾客均感满意。如大国来使，则接待规格提高一等，更加恭敬。王朝官员到来，当由各部门正职接待，由上卿监督。如果天子巡视，则由国君亲临监督。虽然我并无才能，但为王室宗亲，奉王命借道陈国，然而官员却不来接待，是蔑视先王所定官秩。"

单襄公还特别强调陈灵公本人也不守先王礼制。单襄公道："先王之令有曰，天道赏善罚淫，因此凡我封国，不得违背天道，不得怠惰荒淫，各守法典，以承天赐。如今陈侯不念承嗣之典，抛弃夫人妃嫔，带领卿大夫在夏姬之处淫乐，岂非亵渎姬姓？陈国乃武王长女后裔，却抛弃周朝冠冕，争戴楚冠出入，简慢礼制礼服，亦违背了先王之令。勉力遵循昔日先王之教，犹恐有坠先人之德，若荒废先王之教，抛弃先王礼制，蔑视先王秩官，违反先王政令，又何以守国？陈国地处大国之间，而废教、弃制、蔑视秩官、违背政令，岂能长久？"

## 第八十二章 吴越盟楚晋殆赤狄，陈灵无道楚复封陈

《左传》也记载了陈灵公与朝臣一起与寡妇夏姬通奸之事。夏姬乃郑穆公之女，陈国大夫御叔之妻。夏姬美貌，御叔死后，陈灵公与其卿孔宁、仪行父都看中了夏姬，均与之通奸。或许君臣都以能被美人收于石榴裙下沾沾自喜，不以为耻，反以为荣，君臣之间居然因与夏姬通奸而多了共同的话题。他们都贴身穿着夏姬的汗衫，在朝廷上相互取笑，拿着肉麻当有趣。大夫泄冶实在看不下去，便私下向陈灵公进谏道："君与卿公然淫乱，臣民便无所效法。而且君臣如此，名声不好。国君还是把女人内衫收起来吧！"陈灵公敷衍道："我会改过。"陈灵公其实非但不改，还将泄冶之言告诉孔宁、仪行父两人。孔宁与仪行父居然要求杀死泄冶，而陈灵公居然不加禁止。孔宁与仪行父得到了陈灵公的默许，便合谋杀了泄冶。作为一国之君的陈灵公，便是这样远君子而亲小人的。孔子对此事评论道："《诗》云，'民之多辟，无自立辟'，其泄冶之谓乎！"孔子所引《诗》为《大雅·板》之句，意为民多邪辟，国家危殆，便不要再居此地，以免危及自身。孔子一贯主张"危邦不入，乱邦不居。天下有道则见，无道则隐"，因此并不褒扬泄冶的行为。的确，若君臣能够公然在朝上以淫乱之事相互打趣，说明陈国朝政混乱到无以复加的程度，并非几句谏言能够奏效。然而泄冶或许以身许国，因此依旧知其不可为而为之。

陈灵公与孔宁、仪行父既然公然与夏姬淫乱，便不避出入夏氏宅院。夏姬与御叔有一子名夏征舒，陈灵公君臣出入夏宅与夏姬淫乱居然不避夏征舒。一次，陈灵公与孔宁、仪行父在夏宅饮酒，灵公对仪行父道："征舒长得像你。"仪行父回答道："也像国君。"君臣相互打趣，将夏征舒当作数姓之子，夏征舒自然十分愤怒。灵公回去时，夏征舒从马厩里用箭射死了灵公。孔宁、仪行父便逃往楚国。

依据周代礼制，礼乐征伐只能自天子出，诸侯胡作非为，自有天子或侯伯征讨，诸侯之间不得相互征讨，臣子更不得以下犯上，自行弑杀。夏征舒弑君，给了楚庄王以出兵征讨陈国的理由，然而楚国的征讨权，也并非出自天子。在陈灵公被弑杀的第二年冬，楚庄王以陈国少西氏作乱为由，攻打陈国。少西氏乃夏征舒之氏。楚庄王派人晓谕陈国人："不要惊慌，楚国要讨伐的只是少西氏。"楚国军队进入陈国后，杀夏征舒，并将他车裂于栗门。随后楚庄王将陈国设置为楚国之县。此时陈国太子午正在晋国，因此免祸。

楚国大夫申叔时出使齐国返回楚国，向楚庄王复命后便告退。楚庄王派人谴责他道："夏征舒无道，弑杀陈君。我率领诸侯加以讨伐诛杀，诸侯、县公

· 323 ·

都来庆贺，唯独你不来庆贺，是何缘故？"申叔时问道："可以申述理由吗？"楚庄王道："可以。"申叔时便道："夏征舒弑君，其罪大矣。征讨并诛戮夏征舒，乃君王义举。但人亦有言，有人牵牛径入旁人之田，便夺其牛，不也很过分吗？牵牛径入旁人之田，固然有错；但夺其牛，惩罚过重。诸侯之所以跟随君王讨伐陈国，是为讨伐有罪之人。如今君王将陈国设置为楚国之县，在旁人看来，征伐陈国便成为君王贪图陈国财富之举。用讨伐有罪号召诸侯，而以贪图他国财富告终，恐怕不好吧？"楚庄王还是比较讲道理，乐于纳谏的，便道："所言甚是！我未尝听得此番言论。如今归还陈国土地，可以吗？"申叔时答道："这便是我辈小人所言，取诸其怀而又予之。"当然，将从他人怀中夺取之物归还他人，总胜于不再归还。楚庄王听取了申叔时的谏言，重新封立陈国，并从晋国迎回陈国太子午，是为陈成公；又将从陈国逃至楚国的孔宁与仪行父送回陈国。楚庄王本来认为讨伐陈国乃是义举，陈君不君，因此他将陈国作为楚国之县，如今他听取申叔时的谏言，将陈国土地归还陈国，并为陈国立新君，自然更认为自己是行义举，要纪念征讨并复封陈国的功勋，使楚国与陈国的后人铭记。因此楚庄王从陈国每一乡带一人回楚国，集中于一地居住，称为夏州，以示楚国对陈国的功劳与恩惠。夏州于江、汉合流之间，在今天湖北省武汉市江汉区。

# 第八十三章　楚国北伐郑襄肉袒，晋军南渡楚庄求和

晋国自晋成公继位以来，在赵盾辅佐下，君臣合力重振晋侯侯伯之威。据《左传》，晋成公即位元年，即公元前606年，便亲自率军讨伐倒向楚国的郑国，迫使郑国向晋国求和。晋国之武力尚不足以战胜楚国，因此晋国不断巩固中原诸侯联盟以对抗楚国。周定王五年，即公元前602年，晋成公与鲁宣公、宋文公、卫成公、郑襄公、曹文公于黑壤会盟，黑壤又名黄父，位于今山西省翼城县东北乌岭。周定王七年，即公元前600年，晋成公又与宋文公、卫成公、郑襄公、曹文公于郑地扈邑会盟。扈邑位于今日河南省新乡市原阳县西。

周定王七年冬，郑国在晋国郤缺率军援助下，于郑地柳棼打败楚军，举国振奋，唯独公子去疾感到忧虑，认为战胜楚国将招来更大的灾祸。郑国战胜楚国后的次年，又与楚国媾和，导致晋国不满。晋国联合宋、卫、曹等国共同伐郑，郑国又与诸侯联军媾和。同年冬天，楚庄王因郑国倒向晋国而讨伐郑国，晋国派遣士会救郑，在颍水之北驱逐楚国军队。此后中原诸侯联盟派遣军队帮助郑国戍守。来年春天，楚庄王再次伐郑，攻打栎邑，栎邑即今河南省禹州市。郑公子去疾道："晋国、楚国均不务德而以武力争强，谁来我们便服从谁。他们皆不守信，我们为何要守信？"因此郑国便又倒向楚国。这年夏天，楚庄王与陈、郑结盟。此后郑国再次倒向晋国阵营。

楚庄王恼怒郑国出尔反尔，决定好好教训郑国。周定王十年春，即公元前597年，楚庄王亲自率军围困郑国都城半月有余。郑襄公让人卜卦能否求和，卦象不吉；卜卦哭告祖庙并陈兵车于街巷，以示决战不降，卦象为吉。于是全城之人皆聚太庙大哭，守城将士亦在城上大哭。楚庄王深知哀兵必胜，便暂时退兵。于是郑国人修缮城墙，加强防守。然后楚国再次进军，围城三月，终于拿下了郑国都城。

楚军从郑都皇门进入，来到都城大路。郑襄公肉袒牵羊迎接楚庄王，以示臣服。郑襄公道："孤家不能秉承天意，事奉君王，致使君王怀怒来到敝国，

此孤家之罪，岂敢不唯命是听？君王若将孤家掳到江南，放逐海边，则听凭君王发落。君王若灭郑国社稷，将郑地赐予诸侯，以郑国人为奴，亦听任君王发落。若君王顾念从前盟誓之好，郑国承厉王、宣王、桓公、武公之福，得以不灭社稷，重新事奉君王，郑国将等同于楚国诸县，此乃君王恩惠，孤家所愿，却非孤家所敢期望。请君王考虑。"楚庄王的左右皆道："不可允诺，已得郑国，岂可赦免？"楚庄王则道："郑君能屈居人下，必能取信其民，任用其民，其将来有望！"于是命楚军退兵三十里，允许郑国求和。楚庄王派遣潘尪入郑国结盟，郑国则以公子去疾赴楚国充当人质。

夏六月，晋国出兵救郑。荀林父率中军，先縠为副；士会率上军，郤克为副；赵朔率下军，栾书为副。晋国三军主帅与副帅均为卿。赵括、赵婴齐为中军大夫，巩朔、韩穿为上军大夫，荀首、赵同为下军大夫。韩厥为司马。先縠为先且居之子，先轸之孙；郤克为郤缺之子；赵括、赵婴齐为赵盾异母之弟。晋军到达大河之滨，闻知郑国已与楚国媾和，荀林父便想回师，道："救郑已迟，何用再劳民伤财？待楚军回国，我们再进军郑国，讨其怀二，为时未晚。"荀林父曾担任中行官职，以官职为氏，谥桓，因此史称中行桓子。

士会赞同荀林父的意见道："好。我闻用兵之道，趁隙而动，不违德、刑、政、事、典、礼，便将无敌。因此此次应当罢兵。"接着，他总结了楚国强盛的原因。士会道："楚君伐郑，不违德刑。楚君怒郑背己，又怜其卑屈。郑国背叛，因而讨伐，郑国顺服，便行赦免，既不违德，又能用刑。讨伐背叛，乃刑；怀柔顺服，乃德，楚君可谓德刑皆立。楚君伐郑，不违政事。去岁伐陈，今岁入郑，民不疲惫，君不遭怨，乃政令有恒。按时授兵，商贾、农、工不失其业，步兵车兵关系和睦，民事军事互不相犯，可谓不违时势。楚君以蒍敖为令尹，择楚国善典而行，军队调动有序，右军追随主将车辕所指，左军为预备，前军以旄旌指示方向，并防备不虞，中军权衡，后军精兵殿后，各级军官据其旌旗所指而行动，军事政教不待训诫均已完备，此乃善用典则。楚君选拔人才，同姓选于亲近支脉，异姓选于世代旧臣，荐拔不忘贤人，赏赐不忘功臣。优惠老者，施舍旅客。君子小人，各有规定服饰。以传统礼仪尊重贵者，以森严等级制约贱者。于是礼制乃顺。楚国德立、刑行、政成、事时、典从、礼顺，如何能敌？"士会又向荀林父建议道："见可而进，知难而退，乃治军良政。兼并弱者，进攻昏昧，乃用兵良法。您还是整顿军政、遵循兵法吧！

## 第八十三章 楚国北伐郑襄肉袒，晋军南渡楚庄求和

我国要立威，可攻打弱小昏昧之国，为何要进攻楚军？汤相仲虺有言，'取乱侮亡'，即言兼并暗昧。诗之周颂《酌》篇云，'於铄王师，遵养时晦'，即言攻取昏昧。周颂《武》篇云，'无竞惟烈'，是言武王功业无可比拟。您当安抚弱者，进攻昏昧，效仿武王功业。"士会此论实是谋国之言。他曾受封于随邑、范邑，谥号为武子，史称随武子、范武子。

但先縠道："不可回师。晋国所以能称霸诸侯，是由于将士孔武，臣子得力。如今晋国失去诸侯，难称有力；有敌而不加追逐，难称孔武。在我们手中失去霸主地位，不如去死。已经整军出动，闻敌强大便退却，非大丈夫所为。身为军队统帅如此行事，你们可以，我却不愿。"于是先縠率领其军南渡大河。先縠食邑为彘，因此人称彘子。

荀首道："彘子之军危矣。《周易》'师'之'临'有言，'师出以律，否臧，凶'。""师"卦为"坎"下"坤"上，"临"卦为"兑"下"坤"上。由"师"变"临"，乃"师"卦初六由阴爻变为阳爻，而"师"卦初六爻辞便是"师出以律，否臧，凶"。意为师出必有律令，否则结果必凶。行事顺其道成功为"臧"，反其道为"否"。荀首解释卦象道："众散为弱，川壅为泽。""坎"有众象，"坎"卦变，乃有离散之象；"兑"为少女，有柔弱之象；"坎"变为"兑"，因此言众散为弱。"坎"为川，"兑"为泽，"坎"变为"兑"，因此言川壅为泽。所谓律，乃指以律令号召，当如臂使指。反之，则律令败坏。"坎"为川，川水不息，因而充盈，"兑"为泽，川塞为泽，泽易枯竭，众又离散，所以为凶。荀首总结卦象道："'临'卦为水之不行，壅塞为泽，如今不从主帅，军令不行，其壅塞与离散岂有更甚？彘子若遇敌，必将失败。彘子本人虽然免于战死，必定会罹大难。"荀首为荀林父之弟，封于智邑，谥庄，史称智庄子（知庄子）。

韩厥对荀林父道："彘子如以偏师失陷，您的罪过便大了。您为元帅，军队不听命令，为谁之罪过？失去属国，丧失军队，其罪甚重；不如进军，战事不捷，罪可分担。与其一人承担罪责，不如六人共同承担，岂不好一些吗？"韩厥谥献，史称韩献子。韩厥的建议触动了荀林父的私心，荀林父刚刚担任中军主帅，不愿初次出兵就落得军队不听号令的名声，便听从韩厥建议，率领晋国军队全部渡河。

楚庄王北上的军队驻扎于郔邑，在今郑州市北。沈尹率中军，公子婴齐率左军，公子侧率右军，准备饮马大河，以示北伐胜利，然后回国。闻晋军渡

· 327 ·

河,楚庄王想即刻回师,宠臣伍参欲迎战晋军。令尹孙叔敖不欲战,向庄王道:"去岁入陈国,今岁入郑国,军队并非无事。战而不胜,食伍参之肉亦难以抵偿!"伍参则道:"若战胜,便证明孙叔没有谋略。战而不胜,我的肉会在晋军那里,岂能吃到?"但孙叔敖已经回车,倒转旌旗向南。伍参又向楚庄王道:"晋国执政乃新人,不能令行禁止。其副手先縠刚愎不仁,不肯听令。晋军三帅不能专权,无人号令将士,军队该何去何从?此次迎战,晋军必败。况且君王为堂堂一国之君,回避晋臣,此乃耻辱,又将楚国置于何地?"楚庄王自然怕背负惧晋怯战、有辱楚国的名声,便下令让孙叔敖改辕向北,驻军管邑,以待晋军。管邑于今天的河南省郑州市。

晋军驻扎于敖、鄗两山之间,位于今河南省郑州市古荥镇与荥阳市北邙乡。郑国派遣皇戌出使晋军,言道:"郑国顺从楚国,是为保社稷,并非对晋国有二心。楚军屡胜,因而骄傲,且其师已疲劳,防御松懈。你们率晋国军队攻击他们,郑国军队作为后备,楚师必败。"先縠向荀林父道:"打败楚军,驯服郑国,在此一举。一定要答应郑国的请求。"栾书则道:"楚君自从征服庸国以来,没有一天放松对国家的治理,他教导人民生计不易,祸患不测,必须时刻戒备。楚君也没有一天不加强对军队的管理,告诫军队胜利不能永保,商纣也曾百战百胜,而终究灭国。他还以楚国先祖若敖、蚡冒筚路蓝缕的事迹来教导将士。楚君箴言曰,'民生在勤,勤则不匮',因此不可谓楚国骄傲。先大夫子犯(狐偃)曾言,'师直为壮,曲为老'。楚郑已和,我们此行不合仁德;我们理曲,楚国理直,因此不可谓楚国师老、师疲。楚君亲兵战车分为左、右两广,各有战车三十辆。右广先驾,等到中午,左广接替,直至晚间;左、右近臣轮流值夜,以防意外,因此不可谓楚军无备。子良(公子去疾)为郑国良材;师叔(潘尪)乃楚人推崇。师叔入郑结盟,子良为质于楚,可见楚、郑亲和。如今郑国劝我们作战,我们战胜楚国,他们便来归顺,我们不胜,他们就去归顺楚国,这是以我们为赌注!郑人之言不可听从。"栾书谥武,史称栾武子。

但赵括、赵同均赞同先縠的意见,道:"率师前来,是为迎敌。战胜敌人,得到属国,更待何时?当从彘子之言!"荀首道:"原(赵同)、屏(赵括),乃咎由自取之徒。"赵朔也道:"栾伯之言为善。践行其言,必使晋国国运长久。"但最终晋军仍准备与楚军一战。

楚庄王派遣楚国少宰拜见晋军将帅道:"寡君少年便遭凶险,不善辞令。

楚国先君成王、穆王曾出入此径，以教导并安定郑国，岂敢得罪晋国？你等无须久留！"表示楚国并不愿与晋国为敌。士会答道："昔日平王命我先君文侯道：'与郑夹辅周室，毋废王命！'如今郑国不循天子之令，寡君派遣臣等质问郑国，岂敢劳楚国官员迎送？谨在此拜谢楚君之命。"表示晋国也无意与楚国为敌。但先縠认为士会言语奉承楚国，特地派遣赵括追上楚国少宰道："我国官员言辞不当。寡君派遣臣等到郑国，是为消除大国行迹，并命令臣等不得避敌。臣等不能违背君命。"其言辞直指驱逐楚军，楚国君臣自然明白。

楚庄王再次派遣使者向晋国求和，晋人应承，并约定盟约日期。但不知为何，楚国的许伯驾车，乐伯持弓箭在左，摄叔为车右，向晋军单车挑战。此种单车挑战一般为开战的前奏。许伯道："我闻单车挑战，御者要疾驰，使旌旗披靡，迫近敌人营垒，然后驰回。"乐伯道："我闻单车挑战，车左要以利箭射敌，并代御者执辔，御者下车，整齐马匹，整理马鞍，然后驰回。"摄叔道："我闻单车挑战，车右进入敌垒，杀敌割耳，抓获俘虏，然后驰回。"最后三人都根据自己所言完成任务。晋军一路追赶，并派两支队伍左右夹攻。乐伯左边射马，右边射人，使晋军左右两路无法前进。乐伯只剩一支箭时，有麋鹿出现在前，乐伯射麋鹿正中背部。善射者射猎物，箭矢必由背部射入。晋国鲍癸追赶楚国战车，乐伯让摄叔将麋鹿献给鲍癸道："今岁时令不到，当奉献的禽兽未至，谨以它作为您随从的膳食。"于是鲍癸阻止部下不再追赶，道："楚军车左善射，车右善于辞令，都是君子。"因此许伯等三人都免于被晋军所俘。如此，两国尚有言和余地。

楚军来人单车挑战，晋军将士便也跃跃欲试。晋国魏锜曾请求为公族大夫，未获恩准，因此心怀怨怒，试图败坏晋军。他请求单车挑战，未获允许，便又请求出使，却去向楚军下了战书。魏锜返回时，楚国的潘党在后追逐。来到荥泽，魏锜见六只麋鹿，便射杀一只，回车献予潘党，道："您有军务在身，猎人恐怕不能供给新鲜猎物，谨以此献给您的随从。"潘党下令不再追赶魏锜。晋国赵穿之子赵旃曾求卿位，未获恩准，又对放走楚国单车挑战之人心怀不满，于是也请求出使。郤克道："此两人心中怀恨，其行为或不可控。如不加防备，我军必败。"先縠趁机发泄对主帅的不满："郑人劝战，我们不敢听从；楚人求和，我们又不能结好。率军却无既定方略，多加防备又有何用？"士会道："有备无患。若两人激怒楚军，楚军乘机掩袭，我们便会丧师辱国。

不如加以防备。如楚人前来修好，我们便撤除戒备与之结盟，无损于两国交好。如楚人带着恶意而来，我们有了防备，便不会失败。即使诸侯相见，军队守备也不可撤除，以为警备。"先縠却不同意。于是晋军既不确定己方使者是否能准确传达愿意订盟的意图，更不确定楚军会采取何种态度，当断不断，当备不备，既失去对敌先机，也未作应有的防备，一旦开战，晋军的失败不可避免。

# 第八十四章　晋难敌楚狼狈撤军，楚轻胜晋不为已甚

　　《左传》详细记述了晋楚之战的过程。赵旃本是去请楚军派人商议媾和之事的，但他于夜里来到楚军驻地，铺席坐于楚军军门之外，而派遣其部下进入军门。此举或许是要向晋国证明自己的勇敢，抑或要刺激楚军以达到自己对晋国泄愤的目的。他这种不明举动令楚人认为是挑战，于是楚庄王准备应战。庄王卫队战车一广三十辆，分为左、右两广。右广于鸡鸣时驾车，到中午卸甲；左广接替右广，于日落时卸甲。许偃御右广王车，养由基为车右；彭名御左广王车，屈荡为车右。因是夜晚，楚庄王乘坐左广王车追逐赵旃。赵旃弃车跑入林中，屈荡与之搏斗，得到了他的盔甲与裳。晋人怕魏锜与赵旃二人激怒楚军，派兵车前来迎回他们，正遇追逐魏锜的潘党，潘党远望尘土飞扬，便派人驰告主帅："晋军来了！"楚人害怕庄王陷入晋军阵中，便出兵排阵。孙叔敖此时坚决地道："必须进军！宁可我们迫近敌人，不可让敌人迫近我们。《诗》云，'元戎十乘，以先启行'。"（《小雅·六月》）《军志》曰，'先人有夺人之心'，便是要先行冲开敌人队伍，要压迫敌人。"于是楚师急速进军，压迫晋军。荀林父未曾为帅，因无防备，不知所措，慌忙于军中击鼓宣布："先过河者有赏。"实则是宣布先败退者有赏。赵婴齐派先遣他的部下于大河准备船只，所以败而先渡。于是中军、下军互相争夺船只，先上船者用刀砍断后来攀船者的手指，船中断指堆积，可用手捧。

　　晋军争渡时，唯有士会率领的上军列阵不动。楚国工尹齐率领右阵将士追逐晋国下军。楚国的左阵以唐国之师为主。楚庄王派唐狡与蔡鸠居向唐惠侯道："不谷无德而贪功，因此遭遇强敌，此乃不谷之罪。但楚国若不能获胜，亦是唐君之羞。请借唐君之福，以助楚军成功。"随后派遣潘党率领后备战车四十辆，跟随唐侯充实左阵，迎战晋国上军。郤锜问道："我们抵御吗？"士会道："楚军士气正盛，若楚军集中兵力对付我们上军，我们上军必会被歼，不如收兵后撤。我们上军亦退，一可分担战败责任，二可保全士兵生命，岂不更好？"于是士会亲自为上军殿后，全师而退。此前，士会派遣巩朔、韩穿率领

七队伏兵埋伏在敖山之前,因此上军不败。

晋军狼狈撤退,有战车陷入坑中无法前行。楚军非但不捉拿他们,反而教晋人撤出车前横木,使车得以前行。行走不远,马又盘旋不进,楚人又教他们拔掉旌旗,去掉车轭,晋人战车才得以撤逃。但晋军却要面子,回过头道:"我们不像某大国之人有多次逃跑的经验!"

赵旃以他的两匹良马所驾之车帮助兄长与叔父逃跑,而以其他的马驾车返回。路遇敌人无法逃脱,便弃车入林。逢大夫与其子乘车,嘱二子不要回头,试图装作未见赵旃。其子回顾道:"赵老头在后面。"逢大夫心中恼怒,让其二子下车,并指着一棵树道:"我会在此收你们尸首。"逢大夫将上车之索交予赵旃,赵旃才得以登车逃脱。第二天,逢大夫按照标志前去收尸,两具叠压的尸首就在树下。因赵旃任意而为之故,使逢大夫失去了两个儿子。

楚国大夫熊负羁俘获了荀首之子荀䓨,荀首率领部属返回营救,魏锜御车,下军士兵大多跟着返回营救。荀首每次射箭,从自己箭囊抽到利箭,便插入魏锜箭囊。魏锜怒道:"不去寻子,反惜蒲柳,董泽之蒲柳,岂会用完?"荀首则道:"不用他人之子,我子岂能复得?因此利箭不能随便射出。"荀首射中楚国连尹襄老,得其尸首,装入车中;射中公子谷臣,将其俘虏过来,以备战后可以交换俘虏。

双方交战之时,楚庄王遇见右广,准备换乘右广。屈荡阻止道:"君王乘坐左广开始作战,一定要乘坐它结束战争。"从此楚王乘广改为以左广为先。

黄昏时分,楚军驻扎邲邑。邲邑在敖山与鄋山之间。晋国剩余军队已溃不成军,夜晚渡河,喧嚣一夜。第二天,楚军辎重到达邲邑,之后军队又驻扎于衡雍,衡雍在原阳县西。潘党道:"君王何不堆砌晋军尸首建筑京观,以显示武功?臣闻,战胜敌人之后,必要建筑京观以示子孙,让子孙不忘武功。"所谓京观,便是将敌人尸首埋在一起,在其上封筑高台,立木于台上,书写纪功表,以示武功。楚庄王道:"你不懂得其道理。前人造字,止戈为武。武王克商,作《周颂》曰,'载戢干戈,载櫜弓矢。我求懿德,肆于时夏,允王保之'。意为收敛干戈,收藏弓箭,追求美德,纳于礼乐,成就王业,保有天下。又作《武》篇,其末章云,'耆定尔功'。谓武王伐纣,以定武功。其三章云,'铺时绎思,我徂维求定'。意为布文王之德,前往伐纣,只为求得安定。其六章云,'绥万邦,屡丰年'。意为安定万邦,迎接丰年。武王用武,乃用以禁止暴力,收拾干戈,安定万民,和谐万邦,丰富财物,因此要让子孙不忘其武功。如今我让两国士兵尸骨遍野，此为暴力；显耀武力使诸侯畏惧，便不能收拾干戈；使用暴力而不收拾干戈，岂能保障安泰？尚有敌对的晋国存在，岂能巩固功业？违背人民意愿之事尚多，万民如何能安？无德而勉强与诸侯相争，何以和众？乘人之危利己，安于战乱求荣，如何丰富财物？武有七德，我却全无，何以昭示子孙？至先王宗庙，以事功告祭先王便罢，此战不足以为武功。古代圣明之王讨伐对上不敬者，取其祸首杀之，因此封筑其坟以示惩恶。如今晋国无罪，其将士皆尽忠为国死于君命，岂能建造京观以示惩恶？"古代征战，均迁先君庙主载于专车随行，战胜便向先君告成。于是楚庄王祭祀河神，并建先君之庙，告祭后回师楚国。

这次战役起因，乃郑国大夫石制将楚军引入郑国，企图分割郑国，立公子鱼臣为君。战后郑人杀死了公子鱼臣与石制。时之君子评论道："《史佚书》有言，'勿怙乱'，是言不要怙乱而利己，所言便是石制一类人。《诗》云：'乱离瘼矣，爰其适归？'（《小雅·四月》）动乱离散，岂有归宿？动乱离散当归罪于怙乱获利之人！"

晋军回国之后，荀林父主动请死，晋景公想要首肯。士贞子谏道："不可应允。城濮之战，晋军连续三日吃楚军遗留之粮，文公却依旧面带忧色。左右之人道，遇到喜事却仍忧愁，若遇到忧事反要喜悦吗？文公道，得臣（令尹子玉）犹在，忧思不尽。困兽犹斗，何况一国之相？等到楚国杀了子玉，文公喜于未来可知，向左右道，无人再来危害晋国了。楚王杀相，乃是晋国再次胜利，楚国再次失败，楚国因此历成王、穆王两世都不强盛。如今的失败或许是上天要警示晋国，但如果杀林父，便是使楚国再次胜利，晋国再次失败，这样恐怕会使晋国长久不得强盛！林父事奉国君，进思尽忠，退思补过，乃捍卫社稷之人，如何能杀？他的失败，如日月之蚀，不损其光明！"于是晋景公恢复了荀林父的职位。

这年冬天，楚庄王率军攻打萧国。萧国为宋国同姓子姓之国，是宋国附庸。因此宋国华椒率领蔡国军队去救萧国。萧国位于今安徽省萧县西北。萧国囚禁了楚国的熊相宜僚与公子丙。楚庄王得知后，派人前往萧国道："不要杀他们，我即退兵。"但萧国人依旧杀了他们。楚庄王十分愤怒，下令包围萧国都城。萧军溃败。申公巫臣向楚庄王禀告道："士兵大多感到寒冷。"楚庄王便巡视三军，抚慰并勉励将士。三军将士倍感温暖，如同覆盖丝棉被一样。于是进军逼近萧国都城。

萧国大夫还无社知道萧国必败,于是在阵前对楚国大夫司马卯道:"请申叔展来见。"申叔展为楚国大夫,与还无社相识。还无社阵前求见申叔展,自然有求救之意,申叔展心中明白。申叔展见还无社后问道:"你们有酒药吗?"还无社道:"没有。"申叔展又问:"有川芎吗?"还无社道:"没有。"申叔展再问:"得了风湿病怎么办?"还无社意识到申叔展让他到低洼处避难,便道:"见到枯井便可救我。"申叔展道:"你在井上放条草绳,有向井而哭之人便是我。"第二天,萧军溃败。申叔展见到一口井上有草绳,便放声号哭,将还无社救出。

楚人帮助晋人驱出陷入坑中的战车,楚国大夫救了萧国大夫的性命,楚庄王对晋军并未全力一战,均说明楚国虽然为自身利益出兵北伐,四处逞强,但楚庄王是明智的,他攻伐昏昧,尊重敌手,不为已甚,颇有大国之君的风范。

## 第八十五章　楚庄围宋清丘遗讥，赤狄侵晋景公灭潞

萧国位于丹水之北，今安徽省萧县西北，与宋国比邻。萧国受楚国围攻时，宋国借蔡国军队救援，因此，楚庄王打败萧国之后，挥师伐宋。

在楚穆王与宋昭公时，楚、宋两国便已结怨。楚庄王与宋文公时，楚、宋两国再次结怨，楚庄王对宋国一直耿耿于怀。据《左传》，周定王十二年，即公元前595年，楚庄王遣申舟赴齐国，特意嘱咐道："不要向宋国借道。"即路过宋国而不申请通行。他派公子冯赴晋国，也嘱咐他不要向郑国借道。申舟便是楚穆王与宋昭公于孟诸田猎时得罪宋国的文之无畏。申为其食邑，舟为其字，文为其谥号。申舟道："郑国明白，宋国懵懂，赴晋的使者无碍，我则必死。"楚庄王道："宋人杀你，我必伐宋。"申舟将儿子申犀托付于楚庄王，便出使齐国，途经宋国时果然被扣留。宋国右师华元道："经过我国而不请求借道，乃视我国为楚国鄙远之县，楚国既有此心，早晚会灭亡我国。我们杀不杀楚国使者，都会遭到攻打。不论我们做什么，楚国都有亡我之心。"他下令杀了申舟。楚庄王闻讯拂袖而起，下令出兵。侍者赶至前庭，才替庄王穿上鞋子，追至寝宫门外，才给庄王递上佩剑，而庄王的车马更不及准备，直至蒲胥街市才追及庄王。于是楚庄王挥师攻宋。

楚国攻打萧国时，中原诸侯国曾于卫国的清丘盟会，在今河南省濮阳市东南。清丘之会，晋国先縠、宋国华椒、卫国孔达及曹国大夫共同盟约，约定相互救恤灾祸，讨伐背盟之国。这是春秋历史上首次由各国卿大夫参与的会盟，是外交方面陪臣执国命的开始。此后各国先后背盟，时之君子评论道："清丘之盟，惟宋国可以免于讥议。"

不久卫国便背弃盟约。宋国遵守盟约，讨伐依附楚国的陈国，卫国则助陈御宋。卫国与盟的孔达道："先君成公与陈国有约，必须救援。若晋国因此伐卫，可以杀我。"一年后，孔达的确死于背盟。

但在孔达死前，晋国与盟大夫先縠便因罪被杀。本来，晋国救郑而败于楚国，主要责任在于先縠，荀林父自请晋景公降罪，景公没有处置他，也就没有

降罪其他将领。此战本可避免,因郑国已与楚国媾和,中军主帅荀林父主张回师,但副帅先縠不遵军纪,私自率领部下渡河,致使晋军被迫全部跟进。以晋国军力,本不至于惨败,士会等人也曾建议谨慎防备,又是先縠轻敌,使晋军大部溃退。先縠自知罪责重大,为逃避惩罚,他回国后便与赤狄勾结,企图里应外合巩固自身地位。赤狄一度攻入晋国清原邑,但最终未对晋国构成更大威胁。先縠此罪暴露,晋国便开始追究其先前的罪责,终于灭其全族。时之君子评论道:"恶之来也,己则取之",便是指先縠这样的人。

晋国在肃清内部并消除狄患后,为显示侯伯地位,派出使臣谴责卫国,因为卫国不助盟国宋国,反而助楚国阵营的陈国。使者向卫国君臣道:"如果卫国不能惩处罪魁祸首,晋国便将出兵讨伐。"孔达便向卫穆公道:"苟利社稷,罪责我担,请拿我向晋国交代。我为执政,应当承担致使大国来讨的责任。我愿以死谢罪。"于是孔达自缢而死。卫国向晋国报告孔达已经伏罪,获得晋国赦免。卫国还告知各诸侯国:"寡君有不良之臣孔达,挑拨我国与大国的关系,现已服罪。谨此告知。"卫国君臣善待孔达之子,为之娶妻成家,承袭其父爵禄。

楚庄王为申舟复仇而包围宋国,宋国派遣大夫乐婴齐赴晋国告急。晋景公欲派军队救援宋国,臣子伯宗则劝阻道:"不可出兵助宋。古人有言曰,'虽鞭之长,不及马腹'。上天授命楚国,我们不能与之争强。晋国虽强,岂能违天?谚语云:'高下在心。'处理事务当由心裁定。川泽纳污,山野藏兽,美玉掩瑕,国君忍辱,此乃天道。国君当等待时机!""鞭长莫及"的成语当出此古谚。晋景公听了伯宗之言,便不再发兵救宋,而是派遣大夫解扬赴宋,让宋国不要降楚,并欺骗宋国道:"晋国已举全国之兵,不日将至。"解扬路经郑国,郑国亲楚,便拘押他献予楚国。楚庄王重赂解扬,让他告诉宋国,晋国不派援军,使宋国断绝念想。解扬却不答应。楚庄王数次劝说,解扬这才应承。他按照楚人安排登上楼车,向宋国人喊话,传达的却是晋君之言。楚庄王非常恼怒,准备杀掉解扬,派人对他道:"你既已答应不谷,却出尔反尔,是何缘故?并非我不讲信用,而是你不讲信用。速去受刑吧!"解扬回答道:"臣闻,国君能制定并发布命令便是义,臣子接受命令要守信,信载义而行就是利。谋不失利,以卫社稷,才是卿大夫所为。为义不能两面讲信,行信不能接受两方命令。君王贿赂为臣,是不知信者当不受二命。受国君之命出使,至死不能废弃君命,岂可受贿?臣所以答应您,是为借机完成我君之命。以死完成君命,

## 第八十五章 楚庄围宋清丘遗讥，赤狄侵晋景公灭潞

乃臣之福分。寡君有守信之臣，下臣能死得其所，夫复何求？"楚庄王听此慷慨陈词，便放他回国。晋国作为盟主，没有发兵救宋，违背了承诺相互救助的清丘之盟，因此清丘之盟为时之君子所讥讽。

为诸侯之伯的晋君如此行事，其余诸侯更是取利不取义。鲁国的仲孙蔑对鲁宣公道："臣听闻小国免于开罪大国，便要拜访大国并进献财物，因此有庭中陈列礼物上百之说。朝拜并献功，献上各色佳美之物，附带额外礼品，均是为谋求免罪。若大国诛讨之后，小国再行贿赂，则来不及免祸。如今楚国屯兵于宋，国君应该及早图谋！"鲁宣公便派遣公孙归父携带礼品赴宋国拜见楚庄王。鲁国一直是中原诸侯联盟的参与者，如今讨好楚国，显然失去了其立场。

楚庄王围宋半年多，准备撤军。申舟之子申犀拦在楚庄王马前稽首道："无畏（申舟）自知必死，依旧不废王命，君王却言而无信。"楚庄王无言以对。申叔时正为楚庄王御车，献计道："我们在此建造房屋，让农人耕种田地，宋国见我军誓不罢休，必然会听命于大王。"楚庄王便命军队做出长期安营扎寨的姿态。宋人惧怕楚国长期围困宋都，便派华元于夜里进入楚营，登上公子侧的床，叫他起来，道："寡君派我将宋国的困难情况告诉你，我们城中已经换子而食，拆骨以爨。但我国宁可灭国，也不签城下之盟。你们退兵三十里，宋国便唯命是从。"公子侧惧怕华元逼迫，便与华元盟誓，之后报告楚庄王。于是楚军退兵三十里，宋国派人到楚营求和，华元作为人质。两国盟誓曰："我无尔诈，尔无我虞。""尔虞我诈"的成语便出自此。

晋景公震慑卫国之后，又因邲役期间郑国倒向楚国，出兵伐郑。晋国出兵时通告诸侯，于郑国边境举行阅兵仪式之后回国。这是荀林父的计谋。荀林父向景公道："向郑国展示我国军容，让郑国主动前来归顺。"郑国果然惧怕，但并未倒向晋国，而是更加依附楚国。郑国派遣子张到楚国代替子良为质。子良便是公子去疾。当初郑国臣子们要立公子去疾为郑君，公子去疾推辞，郑国君臣认为公子去疾有让国之礼，便召他回国。郑襄公也亲自前往楚国，谋划对付晋国。

其实，晋国并不想真正向卫、郑用兵，他们真正要动用武力解决的肘腋之患是赤狄。赤狄虽曾与晋国联姻并盟约，却数次侵扰晋国。赤狄首领潞子婴儿的夫人是晋景公的姐姐，狄相酆舒执政时却杀了她，伤了潞子婴儿的眼睛。此次赤狄又勾结先縠攻入晋国内地，晋景公十分恼怒，决定攻打赤狄。大夫们都劝谏道："不可攻打。赤狄的执政酆舒有三项显著才能，不如等他死后再用

兵。"大夫伯宗却支持景公攻打赤狄，道："必须讨伐赤狄。狄人执政有五条罪状，才干虽大，有何补益？首先，他不祭祀祖先；其次，他嗜酒；第三，他废黜狄之贤人仲章，侵夺黎国土地；第四，虐杀我们公主伯姬；第五，伤狄君之目。他依仗才能却不行美德，更增其罪。继任之人或许将会敬奉德义，祭祀神明，巩固其国运，届时我们又以何理由讨伐？不去攻伐有罪之人，而要待其后继者，若后继者理直气壮，而我们却去讨伐，恐怕难行！其实，依仗才能与人众，乃亡国之道，商纣便因此被灭。天违反时令便生灾害，地违反物性便生妖孽，人违反道德便生祸乱。而人间有祸乱，便会引发妖孽与灾祸发生。所以'正'字反过来便是'乏'字。上述反常之事在狄人处均有显现，我们自当讨伐。"晋景公决定出兵讨伐赤狄。由于诸白狄已与晋国结盟，赤狄十分孤立。最终，荀林父在曲梁大败赤狄，灭赤狄之潞国。曲梁在今河北省邯郸市东北广府镇，此地为平原，赤狄无险可据。潞国国相酆舒逃往卫国，被正想讨好晋国的卫国人送予晋国，最终死于晋人之手。

# 第八十六章　秦桓伐晋魏氏败秦，鲁国初税丘甲遍鲁

周定王十三年，即公元前594年，据《左传》记载，秦桓公东渡洛水，进攻晋国，驻扎于辅氏邑。辅氏邑位于今陕西省大荔县东。这应当是秦国趁两个月前晋国与赤狄开战之机，攻打晋国。此时晋景公正在晋国稷邑练兵，以进一步肃清赤狄势力。晋军东进潞氏势力范围，攻取了被潞氏占领的黎国国土，复立了黎侯。黎国原在今天山西省长治市潞城区境内，复立的黎国在长治市黎城县境内。此举表明晋国为侯伯之国，征伐乃为扶弱惩恶，并非贪恋他国土地，但原来狄人的土地，自然并入了晋国版图。晋军平定了晋国东部的潞氏赤狄之后，回师西渡大河，到达洛邑，对抗秦军。洛邑位于今陕西省大荔县东南洛水入于大河之处。晋国大夫魏颗迎战秦军，于辅氏打败秦军，并俘获了秦国力士杜回。

魏颗能够得胜，是得到了当地人的帮助。当初，魏颗之父魏武子魏犨有一爱妾，未曾生子。魏犨病时，吩咐魏颗道："我死之后，将她改嫁。"但当魏犨病危时，又向魏颗道："我死之后，一定要让她殉葬！"等到魏犨死后，魏颗将其父的爱妾嫁了，向他人道："病危则神志不清，我遵从他清醒时的嘱咐。"辅氏之战，魏颗看到一位老人将草打结，以绊马之腿，拦住杜回之路。杜回被绊倒在地，因此成为晋军俘虏。入夜，魏颗梦见老人对他道："我乃你遣嫁之女的父亲。你执行你先人清醒时之嘱咐，让我女儿改嫁，我结草作为报答。"成语"结草衔环"，其中结草便出自《左传》记载的这个故事。结草是否此女子之父所为，或许存疑，但魏颗看到一位老人将草打结，绊倒杜回，或为事实。当是当地人有意帮助晋军抵挡秦军，故有此行为。

晋景公因清除狄患，赏予荀林父狄国奴隶一千户，而赏予士贞子瓜衍之县。瓜衍之县在今天山西省孝义市北。景公向士贞子道："吾获得狄国土地，乃你之功。没有你，吾已经失去伯氏（荀林父），将无伯氏之功。"因为当初晋楚交战，荀林父作为中军主帅，没有管住副帅先縠，导致战局被动，全军战败。荀林父自请死罪，晋景公本想答应，是士贞子劝说晋景公赦免荀林父，于

是景公让荀林父仍任原职。羊舌职对景公恩赏得当非常赞赏，道："《周书》所谓'庸庸祗祗'，所言便是封赏恰当。所谓'庸庸'，便是用可用之才，所谓'祗祗'，便是敬可敬之人。"羊舌职继续道："士伯（士贞子）认为中行伯（荀林父）为可用之才，国君信其言，并认为士伯可用，此乃具备明德。文王所以创立周朝，不过如是。《诗》曰，'陈锡哉周'，即是歌颂文王能施恩天下。遵循此道，何事不成？"

春秋时期各国之间相互攻伐，重要原因便是各诸侯国对于土地与人口的需求。宗族分封制与爵位世袭制，造成诸侯国君掌握的可用于分封的土地与人口越来越少；各国主动扩张与被动防御对财力物力的需求越来越大，国家必须通过增加赋税来保持国力，以承担日益庞大的军事与外交开支。在秦、晋、齐、楚等大国以武力扩张攫取土地与人口时，宿称礼仪之邦的鲁国因其礼制约束较多，尚文致使武备较弱，加之地处春秋时代大国的包围之中，非但从观念上与实力上不可能对外扩张，从地理环境上也不可能对外拓展。为立于诸侯之林，保持鲁国既有的地位，不被其他大诸侯国看轻，鲁国只能依靠国内开源节流。鲁宣公十五年，即公元前594年，鲁国实行"初税亩"，便是增加国家税收的措施。

"初税亩"在当时是受到秉持周礼之人诟病的措施。《左传》评论道："初税亩，非礼也。谷出不过藉。以丰财也。"原来征税之法，所征谷物不出藉田。所谓藉田，是借助民力耕种之田，即所谓公田。《小雅·大田》第三章云"有渰萋萋，兴雨祈祈。雨我公田，遂及我私。彼有不获稚，此有不敛穧，彼有遗秉，此有滞穗，伊寡妇之利"。诗中明确有公田私田之分，而且表明当时人们的观念是先公后私；而不论公田与私田中，有未割干净的禾穗和割下却未捆扎的禾穗，即田中遗留的禾穗，都可以为老弱孤寡所取。根据《左传》的说法，初税亩所征之税超出了藉田即公田的范围，因此认为这种做法不合礼制。

《公羊传》解释并评论道："初者何？始也。税亩者何？履亩而税也。初税亩何以书？讥。何讥尔？讥始履亩而税也。何讥乎始履亩而税？古者什一而藉。古者曷为什一而藉？什一者，天下之中正也。多乎什一，大桀小桀；寡乎什一，大貊小貊。什一者，天下之中正也。什一行而颂声作矣。"大貊小貊为古代北方民族，传说他们税率低于十一税。所谓"税亩""履亩而税"，汉人何休解释为，"宣公无恩信于民，民不肯尽力于公田。故履践案行，择其善亩谷最好者，税取之"。《公羊传》抨击"初税亩"的做法，是认为古代十税其一，税率公正，超过什一，便为桀纣之举。认为初税亩征税高于十取其一，即高于井田制所征税率。何休认为初税亩是按照农户种植得最好的田亩征税，总之均高于井田制的税率。

《谷梁传》解释更加详细："初者始也。古者什一，藉而不税。初税亩，非正也。古者三百步为里，名曰井田。井田者，九百亩，公田居一。私田稼不善，则非吏；公田稼不善，则非民。初税亩者，非公之去公田，而履亩十取一也，以公之与民为已悉矣。古者公田为居，井灶葱韭尽取焉。"《谷梁传》指出古代王室、公室是借助民力耕种公田，所谓"藉田"，便是借助民力耕田。古代实行的是井田制，井田九百亩，其中公田一百亩，收成归公室，其余为分配给农人的私田，收成归农人。私田庄稼长势不好，责任在官吏督导不善，征用民力过度，公田庄稼长势不好，责任在农民不尽力。"初税亩"，是公田与私田均按亩纳税。古代农民居舍建筑于公田之中，葱韭菜类本也出自公田。因此公田私田全部按亩纳税，实际上加重了农民的负担。古人认为，这种与民争利的做法，违背古制，因此不足取。《谷梁传》关于初税亩的解释当最为明确。

鲁国实行初税亩，或许是因社会财富的增长，使人私欲增多，人心不古，耕种公田不力，因此需要将税赋摊入民田；或许是公室征用民力过度，农户对公室失去信心，因此怠于公田劳作；或许是一些地区因人口增长，所开垦的荒地未曾纳入原井田方法计算，为了平均税收，重新制定税制；或许因一些地区土地抛荒，田地需要重新分配，为了奖励耕种，亦需重新制定税制。总之当时土地、人口、生产力均发生变化，需要采取新的税收办法。而新的税收按亩征税，应当起到了鼓励移民，鼓励开垦荒地，鼓励提高生产能力的作用。当然，初税亩的出发点是扩大公室税收，古人认为这是与民争利，因此加以抨击。初税亩的实践虽然鼓励生产，促进了社会财富增长，但自然会导致人的私欲膨胀，加剧社会纷争，古人也看到了这一点，因此对凡是以利益导向的社会政策都加以抨击。

鲁国不但实行"初税亩"，还于鲁成公元年，即公元前590年，"作丘甲"，即实行军赋或军制改革。《左传》记载"作丘甲"，乃"为齐难故"，即是为防备齐国而为。《公羊传》认为，《春秋》所以记载"作丘甲"，乃是讥刺，"讥始丘使也"，即开始以丘为单位摊派军赋。丘为古代行政单位，据《周礼》记载，九夫为井，四井为邑，四邑为丘，四丘为甸。原来军赋以甸为单位摊派，"作丘甲"改为以丘为单位摊派，也加重了农民负担。

"作丘甲"或许也是鲁国不得已的军赋改革，在各国加强军备的春秋时代，军力不足，自然难以立足于诸侯之林，诸多小国被灭便是前车之鉴。但以周代传统观点看，不恤百姓，穷兵黩武，都是违反古代圣贤以德服人古训的，凡加重税赋之举，都在抨击之列。

## 第八十七章　晋人献俘晋臣和周，楚庄择傅申叔论道

据《左传》记载，周定王十三年，即公元前594年，晋国灭潞之后，晋景公派遣赵同赴周朝献俘，以示尊王。赵同为赵衰之子，赵盾之异母弟。或许因是重臣之子，重臣之弟，自小优越，因此向周天子献俘表现不恭。王季子刘康公对赵同的行为十分看不惯，道："不出十年，原叔（赵同）必获大咎。因为上天已经夺去了他的魂魄。"

第二年，晋景公乘灭潞之胜，又派遣士会率军灭了赤狄甲氏与留吁铎辰。之后派士会再次向周定王献俘。晋景公向周定王请求，请赐予士会服黻衣带礼冠，命其率领中军，并任太傅。周定王答应了晋景公的请求，士会成为天子任命的大夫，地位进一步提高。由于士会公正威严，于是晋国的盗贼都逃往秦国。可见士会是一位不可多得的治国良才。晋国大夫羊舌职道："我曾闻，'禹称善人，不善人远'，便指如此行事。《诗》云，'战战兢兢，如临深渊，如履薄冰'（《小雅·小旻》），便是因善人在上。善人在上，则国无侥幸之民。谚语道，'民之多幸，国之不幸'，便因没有善人在位，国民均怀侥幸之心，因此便无人勤勉于国事，而多行鸡鸣狗盗之事。"

晋国两次献俘，乃是尊王之举。但此时的周王室不仅江河日下，且内乱不止。先是王孙苏与召氏、毛氏争夺执政地位，因为三人均为王卿，因此争执不下，于是王孙苏便指使王子捷杀了召戴公与毛伯卫，立召戴公之子召襄继承卿位。第二年夏，成周宣榭失火，并非天灾，而是人祸，但不知是无意之祸，还是有意之祸。或许因为宫廷失火，又使人心动荡，有人重新追究召公与毛公遇难之事，王室又乱。王孙苏失势，逃往晋国。晋国以诸侯之伯的地位恢复了王孙苏王卿之位，晋景公又派士会赴成周调解王室纠纷。士会自然不辱使命。

士会调解王室之乱有功，周定王设享礼招待士会，周大夫原襄公为天子相礼。享礼之上有一小插曲。享礼所上俎中为带骨之肉。或许过去士会参加享礼所见，乃上半头牲畜，且宾主皆不食用，如今见上带骨之肉，且请其食用，士会或许怕失礼，因此私下问为何请食带骨之肉。周定王听到后，便向士会道：

· 343 ·

"季氏，你未曾听说过吗？天子享礼有享，乃上摆而不食的半头牲畜，即所谓'体荐'；有宴，乃上可以食用的带骨之肉，即所谓'折俎'。天子招待诸侯，当设享，天子招待诸侯之卿，当设宴。此乃王室之礼。"周定王乐于向陪臣津津乐道王室礼仪，自然是为显示王室礼仪体面。周王朝如今实力不存，仅存礼仪形式，因此更需要重视这种形式，以保存王家体面。士会作为晋国执政大臣，则虚心学习周朝礼制，回晋国后，更加注重典礼，完善晋国礼制。

明智的国君与卿大夫都注重学习成制，以期前人经验为我所用。楚庄王作为一代有为之君，不仅注重自身德行修养，也注重培养太子。《国语·楚语》记载了楚庄王为太子请师傅之事。楚庄王委派士亹为太子箴的师傅，士亹辞道："微臣不才，不能对太子有所裨益。"庄王道："你的德行有助于使他向善。"士亹答道："仁善在太子，太子欲善，善人将至；太子不欲善，便不会用善人。因此唐尧有丹朱，虞舜有商均，夏启有五观，商汤有太甲，文王有管叔、蔡叔，均为不肖子孙。这五位君王，都有大德，却都有奸邪子孙。难道他们不想子孙为善？是因为不能教导他们为善。民人纷乱，可加教训。但如蛮、夷、戎、狄，则不顺服已久，中原国家无法使他们顺服。"或许士亹看出太子箴并非可教之人，因此强调太子并非都可教导，并且竭力推辞为太子傅。但尽管士亹推辞，楚庄王最终还是让士亹为太子傅。

士亹向申公叔时请教如何为太子傅，叔时道："教之《春秋》，以扬善抑恶，诫勉其心；教之《世》，以明先王世系，为其昭示明德，警示昏暗，使其行为有所敬畏；教之《诗》，为其宣扬先王美德，发明其志向；教之《礼》，使其知上下尊卑之则；教之《乐》，荡涤其身心污秽，使其沉稳而不轻浮；教之《令》，使其能够评论百官职事；教之《语》，使其明德，知先王务必以德治国；教之《故志》，使其懂得兴亡之事而有所戒惧；教之《训典》，使其知保护宗族，行为符合道义。"

申公叔时所言之书，均为当时君臣必读之书，为国君与卿大夫世家教育子弟之书。《春秋》为史书，周代各诸侯国均有自己的史书，有不同名称。《孟子·离娄上》记述道："王者之迹熄，而《诗》亡，《诗》亡然后《春秋》作。晋之《乘》，楚之《梼杌》，鲁之《春秋》，一也。其事则齐桓、晋文，其文则史。孔子曰：'其义则丘窃取之矣。'"据此，晋国的史书名《乘》，取其驾驭、统治之意；楚国的史书名《梼杌》，当取其木之横断面之意；鲁国的史书名《春秋》，取其纪年之意。这些史书，记载的都是诸如齐桓公、晋文公等诸侯之事，书中文字均为历史。《世》为记述王侯世系之书。《诗》为先王品德与业绩之颂歌，诸侯卿大夫相互交往之唱和，诸侯卿大夫对上位者的讽谏，以及士大夫采集民间风土民俗以资教化之诗歌。《礼》为规定礼制即社会秩序之书，《乐》为以礼仪乐舞启迪身心，潜移默化熏陶品性之书。《令》为记述法典与时令之书。《语》为记述先圣先贤修身治世之语录。《故志》为总结成败教训之书。《训典》为记录五帝与先王诰令之书。如今上述古书只有《诗》《礼》与鲁《春秋》相对完整，其余古书或在其他书中保存了一些引文，已不可见全书之貌，或已湮灭在历史长河中。

申叔时继续道："若这样教诲太子不听，依旧行为失当而不加改正，则以咏物讽谏劝导他，寻找贤良之士辅佐他。若其行为能改正却不恒定，则身体力行带动他，诵读法典规范他，以淳厚之德巩固他。若其德行巩固却不能明达事理，则阐明推己及人的忠恕之道，引导其忠心；阐明立身长久的诚信之道，引导其诚信；阐明节度中正的信义之道，引导其行义；阐明上下等级的礼仪之制，引导其守礼；阐明恭顺克俭的孝顺之道，引导其行孝；阐明敬畏戒惧的处事之道，引导其处事；阐明仁善慈爱的仁德之道，引导其怀仁；阐明利人利物的文德，引导其崇文；阐明铲恶除暴的武德，引导其尚武；阐明如何权衡情理意志，引导其慎加惩罚；阐明如何做到公正无私，引导其公平行赏；阐明临事划一严肃，引导其明断事物。如果这样教诲依旧不成，则事不可为。因为吟诵诗歌相助他，以威仪引导他，以言行影响他，以行动辅佐他，以节义约束他，以恭敬监督他，以勤勉劝导他，以孝顺灌输他，以忠信启迪他，以德音激发他，如此全面教导依旧无效，则其并非可教之人，岂能教导成功？如此太子即位，您便引退，自己引退还可获得他人敬重，否则只会常怀忧惧之心。"

申公叔时论教导太子，可以看作申公叔时论为君之道、治国之道。此乃周朝教化之道，其核心是治国以仁德为主，刑罚为辅，尊崇礼制，文武并重。楚国亦以此种治国之道教导嗣君，说明中原周朝文化已为周边国家与地区接受。此后，此种治国之道一直是中国传统政治文化的核心。

## 第八十八章　士会致政郤克逞怒，宣公既薨鲁臣内斗

据《左传》记载，周定王十五年春，晋景公派遣郤克赴齐国，请齐顷公参加晋国将要主持的会盟。郤克为郤缺之子，有跛腿残疾。齐顷公为讨好其母萧同叔子，用帷幕遮挡，让萧同叔子在帷幕后观看跛子晋使。郤克跛足登堂，萧同叔子便于厢房中笑出声来。让妇人藏于大堂厢房偷窥外国使者，本就违背礼制，极不严肃，妇人于厢房讥笑外国使者，更为辱人之举。郤克极为愤怒，下得堂来发誓道："不雪此辱，不再渡河！"郤克先行回国，让栾京庐于齐国待命，向栾京庐道："不完成在齐国的使命，不要回国复命。"郤克回到晋国，请晋景公下令讨伐齐国，晋景公没有应允，于是又请求由他带领家族兵丁讨伐齐国，晋景公也不应允。

齐顷公并不认为他行为不妥，得罪了侯伯使者。他应允派遣使者参加晋国召集的断道会盟。断道会盟，是为讨伐背叛中原联盟的国家，因为此时郑国、陈国、蔡国都依附于楚国了。断道位于晋国，大致位于今山西省沁县南，或是今天河南省济源市境内。从便于召集中原诸侯看，当于济源市境内。齐顷公派出了强大的使者阵容，派遣高宣子高固、晏桓子晏弱、蔡朝与南郭偃四位臣子参加会盟。因郤克左右了晋国政事，高固知郤克怀恨，到达卫国敛盂，在今天河南省濮阳市东，不敢再前往晋国，遂逃回齐国。之后晋国又召集诸侯于卷楚会盟，此次会盟拒绝齐人参加。卷楚或离断道不远。晋人于野王逮捕了晏弱，野王位于今河南省沁阳市；于原邑逮捕了蔡朝，原邑位于今济源市北；于温邑逮捕了南郭偃，温邑位于今温县西。楚国斗椒之子苗贲皇，于楚国灭若敖氏时逃奔晋国，晋国封以苗邑，位于今济源市西南，因此称苗贲皇。苗贲皇路过，见到晏弱被捕，回去对晋景公道："晏子何罪？以前诸侯顺事我国先君，均争先恐后，如今皆道晋国大臣不讲信用，因此诸侯皆有二心。齐国国君恐怕不得我国礼遇，因此不来，而派遣四名大臣来。大臣左右随从有人劝阻道，国君不往，晋国定会拘禁我国使者。因此高子到达敛盂便逃回齐国。其余三人道，宁被处死，不能因我们断绝了国君友好之意。为此他们甘冒危险而来。我们本应

## 第八十八章 士会致政郤克逞怒，宣公既薨鲁臣内斗

善意迎接他们，使前来之人怀念我们，但我们却逮捕了他们，以证明齐人劝阻是对的，我们岂非已经铸成大错？错而不改，长久不肯释放被捕齐臣，使他们后悔来到晋国，这样对晋国有何益处？让逃回之人有逃走的理由，而伤害前来赴盟之人，使诸侯惧怕晋国，又如何领袖诸侯？"晋景公采纳了谏言，放松了对三位齐国使者的看管，三人先后逃回齐国。

士会因封于范地，谥"武"，史称范武子。士会打算告老还乡，召其子士燮，士燮谥"文"，史称范文子。士会对士燮道："燮儿，我闻，喜怒之情，发于言表，能合礼法，如此之人，少之又少，而相反之人，却是极多。《诗》云，'君子如怒，乱庶遄沮。君子如祉，乱庶遄已'。(《小雅·巧言》)君子如怒，祸乱或许很快遏制；君子如喜，祸乱或许很快停止。君子之喜怒，是为阻止祸乱。而若不是阻止祸乱，必定增添祸乱。郤子或许是想阻止齐国祸乱。然而如果不是阻止祸乱，我怕他会增添祸乱！我要告老还乡，让位于郤子，以便他能够满足心愿。这样，祸乱或可解除。你日后追随晋国卿大夫，唯有恭敬从事。"《国语·晋语》记载士会对士燮道："郤子愤怒已极，不能发泄于齐国，必会宣泄于晋国。因此我准备向国君交还执政权，让郤子执政，以便满足他惩治齐国的心愿，不要将其愤怒宣泄于国内。"士会谋事为国，不恋卿位，确为晋国良臣。

《国语·晋语》还记载了士会教育其子士燮的一件事。士会致政后，一天士燮退朝回府甚晚，士会问他为何迟归，士燮道："有一秦国客人在朝堂上以隐语发问，大夫们不能对答，而我能对答其三个问题。"士会怒道："卿大夫们并非不能回答秦人问题，而是谦让长者回答。你小子怎能三次盖过朝中大夫？我不在朝堂，晋国将要被你等小子毁了！"说罢挥杖殴打教训士燮。这也说明士会退让之道。晋国能领袖诸侯，与其数代臣子中均有谦恭的重臣不无关系。正因为主政之臣能够谦让，而非相互恶性竞争，才使得晋国朝堂不致混乱无序。

晋国士会乃主动放弃执政地位，以利国家，鲁国公孙归父则试图利用君宠清除鲁国"三桓"势力，以利公室。虽然目的均是为维护国君与国家，其手段则不同。鲁国的公孙归父乃东门襄仲之子，由于其父襄仲杀文公嫡子，而立文公庶子宣公，因而受到宣公宠信。公孙归父认为鲁国仲孙、叔孙、季孙"三桓"权势过盛，威胁公室，因此欲去"三桓"，以伸张公室的权力。所谓"三桓"，乃鲁桓公之庶支，鲁庄公之庶、嫡兄弟。鲁桓公庶长子庆父因作乱谋位

· 347 ·

被杀，谥"共"，又称共仲，其后为仲孙氏，长子又称"孟"，故又称孟孙氏；次子叔牙，其后为叔孙氏；嫡少子季友，谥"成"，其后为季孙氏。由于三氏皆为桓公之后，因此称"三桓"。

公孙归父与宣公策划，让宣公派其赴晋国访问，试图借晋国的力量放逐"三桓"。但不巧的是，没等公孙归父出访晋国成功，鲁宣公薨。季文子季孙行父在朝堂上声称："使我鲁国杀嫡立庶，失去强国援助之人，便是襄仲！"季孙行父意欲放逐东门襄仲后人公孙归父。臧宣叔臧孙许怒道："当时不能治襄仲之罪，其后人何罪？你既要放逐他，便由我去放逐。"于是将东门氏家族逐出鲁国。

公孙归父回国路上，到达笙邑，闻东门氏被逐。笙邑位于今山东省菏泽市北。于是，公孙归父便筑土为坛，遮以帷幕，向其副职行复命之礼。据《仪礼》规定，使者出访，而国君薨，使者回国当于已薨国君灵柩之前复命。公孙归父得知举族被逐，便让副职代君居于正位，向其复命，再由副职回去于先君灵柩前复命，以完成复命之礼。公孙归父复命之后，去外衣左袒，以麻束发，于臣子之位顿足哭君，以全君臣之礼。之后他便逃亡齐国。《春秋》记载"归父还自晋"，因他为卿，因此照例记名，是对他不辱君命、不废礼仪的赞许。

关于东门氏公孙归父被逐，《国语·周语》记载有周王室卿士刘康公的评论，认为是东门氏不守臣道，过于奢侈，不知收敛。作为鲁宣公的宠臣，或许的确如此。周定王八年，刘康公曾受王命访问鲁国，并向鲁国大夫赠送礼物。季文子季孙行父、孟献子仲孙蔑均很俭朴，叔孙宣子叔孙侨如、东门襄仲之子公孙归父则很奢侈。回朝之后，周定王问刘康公鲁国大夫哪位贤明，刘康公回答："季孙氏、仲孙氏可在鲁国长久保持其地位，而叔孙氏、东门氏将会败亡。即便氏族不亡，本人必定不能免祸。"周定王问道："是何原因？"刘康公答道："臣闻，为臣必守臣道，为君必守君道。君道既要宽厚，又要严正，既要普施，又要惠爱；臣道要忠敬、谨慎、谦恭、俭朴。为君执政通达，为臣堪当重任，善名才能长久，国家才能长治。如今季孙氏、仲孙氏俭朴，财用能足，无敛于民，家族可得荫庇。叔孙氏、东门氏奢侈，奢侈便不会体恤贫困，贫困者不得体恤，忧患定会降临，因为不恤民众者，也会不顾君上。作为人臣而极尽奢侈，使家国不堪负担，是走向败亡之路。"周定王问道："他们还能维持多久？"刘康公答道："东门氏地位不如叔孙氏，却过分奢侈，不可能连续两朝享有俸禄；叔孙氏地位不如季孙氏、仲孙氏，也过分奢侈，所以不可能连续三朝享有俸禄。如果他们早死，其氏族可免，若他们作孽多年，其氏族定会败亡。"果然如刘康公所料，东门氏先被逐，后叔孙氏亦逃亡国外，此是后话。

鲁宣公薨后，成公黑肱即位。成公年幼，以其十四年后方才娶妻，可见其即位之时为幼龄之童。于是成公年间，鲁国政权实际为卿大夫操控。

## 第八十九章　王臣背信王师败绩，诸侯联盟齐军不敌

春秋时代，戎狄一直对中原地区形成威胁，据《左传》记载，周定王十七年，即公元前590年春，戎人又侵扰王畿。晋景公派遣大夫詹嘉为周天子调解与戎人的冲突。事后周定王派遣单襄公赴晋国拜谢。此时王季子刘康公心存侥幸，想趁戎人不备进攻他们。叔服道："背弃盟约，欺瞒晋国，注定失败。背弃盟约不祥，欺瞒大国不义，神人不助，何以取胜？"但刘康公不听劝阻，执意进攻茅戎。茅戎地处山西省平陆县境内。结果刘康公败于徐吾氏之地。

齐国准备援引楚国军队攻打鲁国，鲁国便派遣臧孙许赴晋国与晋景公于晋地赤棘结盟。臧孙许自晋国回鲁国后，于当年冬天，下令整顿军赋，修筑城郭，完善防御。臧孙许道："齐国与楚国结好，而我国新近与晋国结盟。晋国与楚国争夺盟主，齐国军队定会来犯。即便晋国进攻齐国，楚国也必定会救援。齐、楚两国将共同与我国为敌。预见祸患而有所防备，祸患便可以消除。"

来年春天，齐顷公果然率军攻打鲁国北部边境，包围龙邑。龙邑于山东省泰安市东南。齐顷公的宠臣卢蒲就魁攻打龙邑城门，被龙邑人将他俘获。齐顷公派人向龙邑人道："不要杀他，我与你们盟誓，不入你们境内。"龙邑人不听，杀了卢蒲就魁，暴尸城上。齐顷公大怒，亲自击鼓，激励齐国兵士攀登城墙，夺取龙邑。两军大战三日，齐军攻占了龙邑。随后向南进军，抵达鲁国巢丘，巢丘当离龙邑不远。

卫穆公为支援鲁国，派遣孙桓子孙良夫、石成子石稷、宁相、向禽将率卫军入侵齐国，与齐国军队相遇。石稷为石碏四世孙。石稷想要回师，孙良夫道："不可回师。我们奉命率师伐齐，遇敌便回，如何向国君交代？若知道我军不能作战，则当初不应出兵。如今既然与敌相遇，不如一战。"但卫国军队一战便败。石稷向孙良夫道："军队战败，您如果不稍作逗留顶住敌军，等待士兵重新集结，将会全军覆没。您丧失了军队，如何向国君复命？"孙良夫等人畏惧齐军，均不作答。石稷又道："您乃卫国之卿。损失了您，是卫国的耻辱。您率领众人撤退，我留下御敌。"石稷通告军中，来了不少援军战车，以

## 第八十九章 王臣背信王师败绩，诸侯联盟齐军不敌

鼓舞士气。齐国军队见败退的卫国士兵重新集结，便停止追击，在鞫居驻扎，鞫居为卫地，在今河南省封丘县东。卫国新筑大夫仲叔于奚救了孙良夫，孙良夫等人得全身而退。新筑在今河北省邯郸市魏县南。

由于仲叔于奚救孙良夫等有功，卫穆公将城邑赏赐予仲叔于奚。仲叔于奚辞谢不受，而请求能以诸侯礼仪悬挂乐器，装饰辂车。卫穆公应允了仲叔于奚的请求。古代天子钟磬乐器四面悬挂，谓之"宫县（悬）"，诸侯钟磬除去南面，三面悬挂，谓之"曲县"，大夫乐器两面悬挂，谓之"判县"，士只于东面悬挂，谓之"特县"。仲叔于奚请"曲县"礼仪，乃是僭越。孔子对此事评论道："非常可惜，不如多给他城邑。唯有礼器与名位，不能假借于人，而必须由国君掌握。赋予名位便是赋予威信，守信便可保守礼器，礼器蕴含礼制秩序，礼制用来推行道义，道义能够产生利益，利益用以治理百姓，此乃为政大节。若将名位、礼器假借他人，便是将政权给予他人。失去政权，便会失去国家，衰败无法阻止。"

孙良夫赴晋国请求晋国出兵援助。鲁国臧孙许也到晋国请求晋国出兵援助。郤克因在齐国受辱，决意向齐国用兵。晋景公应允派兵车七百乘。郤克道："此乃城濮之战的战车数。当时有先君之明，有先大夫之才干，因此得胜。我与先大夫相比，不足为其仆役。请发兵车八百乘。"晋景公应允。于是郤克率领中军，士燮辅佐上军，栾书率领下军，韩厥为司马，出兵救援鲁国与卫国。臧孙许迎接晋军，作为向导；季孙行父率领鲁国军队与他们会合。

晋国军队到达卫国境内，司马韩厥执掌军法，要斩杀违反军纪之人。郤克得知后，驱马赶去，想要救下那人，但韩厥已斩那人。于是郤克令人将尸首于军中示众，对他仆从道："我这样做是为司马分担骂名。"晋国将帅能够同心同德，是晋国军队能够胜敌的重要原因。

齐国军队，得胜班师。晋、鲁、卫联军在郤克率领下，于卫国莘邑获知齐军踪迹，一路追赶。莘邑位于今山东省莘县东北。齐国军队行至齐国靡笄山下安营扎寨，靡笄山在今山东省济南市长清区。齐顷公遣人至联军营寨向郤克道："你率领贵国军队光临敝国，敝国军队虽然不强，但请在明晨一较高低。"郤克回答道："晋国与鲁国、卫国，乃同宗兄弟之国，他们前来求告道，有大国终日于敝国泄愤。寡君不忍同宗受辱，派臣子们前来向大国求情，但寡君不准我军长留贵国。我们只能前进不能后退。您的命令我们自当遵守。"齐顷公道："大夫允诺，乃寡人所愿；若不许，也会兵戎相见。"

齐国高固单车挑战，用石头扔向晋军士兵，抓住晋军士兵，坐上晋国战车，将桑树根系于车上，巡行齐营，向将士们道："想要勇气之人可以购买我剩余的勇气！"

第二天清晨，齐国军队与晋、鲁、卫三国联军双方于鞌地排开阵势。鞌地位于今济南市西。邴夏为齐顷公车御，逢丑父为车右。晋国解张为郤克车御，郑丘缓为车右。齐顷公道："待我消灭敌人之后再用早餐。"于是马不披甲，驰向晋军。战斗非常激烈。郤克受了箭伤，血流至靴，却擂鼓不断。他向左右道："我受伤了！"解张道："交战开始，箭便射穿了我的手与肘，我折断箭杆依旧御车，左侧车轮已染成红黑色，怎敢言受伤？您也忍着些吧！"郑丘缓道："交战开始，如遇危险，我必下车推车，您可知道？但您的确受伤了！"解张道："军队耳目，在我旗鼓，进退从之。只要此车有人镇守，便可完成战事。岂能因一点伤痛败坏国君大事？身披盔甲，手执武器，本就赴死，受伤离死尚远，您尽力而为吧！"于是解张将马缰并入左手，右手拿鼓槌帮郤克击鼓。晋国有如此猛将，帅车奔跑不停，全军紧跟着冲杀，追赶齐军，绕华不注山追逐了三周。华不注山即今济南市华山公园。

头天晚上，司马韩厥梦见父亲子舆对他言道："明日要避免立于战车左右两侧。"韩厥并非主帅，于战车上不应立于车中，而应立于车左，车中为车御之位。韩厥因有此梦，便与车御调换，于中间驾驭战车。他驾车追逐齐顷公。顷公车御邴夏道："射那御车之人，此人乃君子。"齐顷公道："既然称他为君子，又放箭射他，不合礼制。"于是射其车左，车左坠于车下。又射其车右，车右死于车中。晋国大夫綦毋张失去战车，追上韩厥之车道："请让我乘您的战车。"上车之后，綦毋张站于车左，韩厥用肘推他，綦毋张又站于车右，韩厥又用肘推他，让他站于身后。韩厥弯腰放稳车右的尸体。趁韩厥弯腰之际，逢丑父与齐顷公换了位置。古代戎服，国君与将佐相同，因此逢丑父与齐顷公互换位置，韩厥不能分辨。齐顷公车驾将要到达华不注山下之华泉时，骖马被树木绊住，车驾被迫停下。战前，逢丑父睡于栈车，一条蛇从车下爬上，他用小臂打蛇，小臂受伤。他隐瞒了此事。由于手臂受伤，他不能推车前进，被韩厥追上。韩厥走上前去，再拜稽首，捧酒杯加玉璧献上，道："寡君派臣子们替鲁、卫两国求情，并道，不要让军队陷入齐国土地。下臣不幸，恰在军旅，两军交战，不能逃避。况且，下臣也恐奔走逃避，会成为两国国君的耻辱，且有辱战士名声。臣虽无能，暂摄此职。"逢丑父居中，让齐顷公下车，到华泉去取水。郑周父驾驭副车，宛茷为车右，载着齐顷公逃走。

战后韩厥向主帅郤克献上逢丑父，晋人已知所俘并非齐君，郤克便下令杀逢丑父。逢丑父叫道："自今以后再无代替国君受难之人了！今日有这样一人在此，还要被杀吗？"郤克道："不畏死亡以使其君免于祸患，如此之人，杀之不祥。我要赦免逢丑父，以勉励事君之人。"

齐顷公逃回后，不忘逢丑父护主之情。为寻找逢丑父，顷公亲自率军三进三出敌军阵营。每次进出敌方阵营时，齐国将士都簇拥护卫。齐顷公的举动也感动了敌军将士。当顷公率兵进入晋国的狄人军营时，狄人士兵都抽出戈、盾保护顷公。顷公率兵进入卫国军营，卫军对他们亦不加伤害。齐顷公寻逢丑父不见，便从徐关回国。徐关位于今山东省淄博市淄川区。见到守军，齐顷公道："你们努力吧！齐军战败了！"前驱开道，让一女子让路，此女子问道："国君免于祸难了吗？"将士道："国君得免。"女子又问道："锐司徒免于祸难了吗？"将士道："司徒得免。"女子道："君父得免，我复何求？"说罢便跑开了。齐顷公见她先君后父，认为她很懂礼节。日后查询，乃知为主防守的司徒之妻，于是赐她以石窌邑。石窌在今山东省长清区东南。

晋军一路追赶齐军，自丘舆进入齐国，进攻马陉。丘舆与马陉均位于今山东省淄博市境内。齐顷公派遣国佐以纪国之甗、玉磬与土地贿赂晋国及鲁国、卫国，对国佐道："若晋国不同意讲和，就听凭他们。"国佐送去财宝，郤克认为如此不足以媾和，他提出条件："一是要以萧同叔子作为人质，二是齐国境内田陇全部改为东西向。"郤克提出以萧同叔子为人质，是为雪耻，提出田垄改为东西向，是利于晋国由西向东进军。国佐回答道："萧同叔子不是别人，是寡君之母。如若对等而言，便是晋君之母。您于诸侯中发号施令，而定要以诸侯之母为人质，您将王命置于何地？以诸侯之母为质，是以不孝来号令诸侯。《诗》云，'孝子不匮，永锡尔类'。（《大雅·既醉》）只有不乏孝子，才可后嗣不绝。若以不孝号令诸侯，恐怕背离道德准则吧？并且，先王划定疆界，治理天下，因地制宜，分布物产。故《诗》云，'我疆我理，南东其亩'。（《小雅·信南山》）如今您领袖诸侯，却要田垄全部东向，只为有利于晋国兵车进出，不顾水土之宜，恐怕并非先王政令吧？违反先王之政不合道义，如何能当盟主？舜、禹、汤、武四王能为天下之主，是因树立德政，满足诸侯共同愿望；夏伯昆吾、商伯大彭、豕韦、周伯齐桓、晋文，五伯能领袖诸侯，是因勤劳王事，安抚诸侯。如今您想会合诸侯，却为满足无止境的欲望。《诗》

云,'布政优优,百禄是遒'。(《商颂·长发》)行政宽和,福禄齐聚。您却政事苛刻,福禄尽抛,这对诸侯又有何害?若您一意孤行,寡君便有理由令使臣告知您,您率领贵国军队光临敝国,敝国虽不富有,却用微薄军赋犒劳贵军。我军战败,是畏惧贵君之威。您若为齐国之福,不亡我社稷,修两国旧好,则我国不敢爱惜先君旧器与土地,可奉献于贵君。您若不允,我们就请求收拾残兵败将,背城一战。敝国有幸战胜,也会依从贵国;何况不幸而败,哪敢不唯命是听?"

鲁、卫两国大夫均劝谏郤克道:"如今齐国怨恨我们。齐国死亡之人,均为齐侯亲近。您若不答应齐国请求,齐国必定更加仇恨我们。纵然是您,又有何求?您得到齐国国宝,我们得到失地,此次征讨便很荣耀了。齐国与晋国均为上天所授,难道总是晋国得胜吗?"郤克答应了鲁、卫的请求,向国佐道:"群臣率领兵车,来为鲁、卫两国求情。若使我等有理由向寡君复命,便是贵君恩惠。敢不从命?"

晋国郤克与齐国国佐在爰娄盟会,爰娄距齐国都城临淄只有五十里,在今天淄博市桓台县。晋国让齐国归还鲁国汶阳之田。晋国已树立威望,郤克已雪耻,鲁、卫两国得收回国土,三国目的均已达到,自然可达成盟约。此时鲁成公已经来到军中,主要为会见郤克,答谢晋国援助,并与晋国结盟。鲁成公于齐邑上鄍会见郤克,上鄍于阳谷县北。鲁成公赐予郤克、士燮、栾书三军主帅以先辂与三命之服。天子、诸侯之车称辂,天子、诸侯赐予卿大夫之车也称辂。辂有三等,大辂、先辂、次辂。鲁成公所赐乃二等辂。其余司马、司空、舆帅、候正、亚旅等将领也得到鲁成公所赐一命之服。

晋军回国,士燮走在最后。其父士会道:"你不知道我在盼望你吗?"士燮答道:"出师有功,国人欢天喜地迎接。先入国都,众所瞩目,成了代替主帅接受荣誉,所以我不敢先入。"士会点头道:"你能谦让,将来可免于祸患。"

晋国其他将帅也有谦让美德,而不居功自傲。郤克进见景公,景公道:"这是你的功劳啊!"郤克答道:"能够获胜,乃国君教导,诸位将领努力,臣又有何功劳?"士燮进见景公,景公像对待郤克一样嘉奖慰劳他。士燮答道:"此乃上军主帅荀庚之命,中军主帅郤克节制,燮又有何功劳?"栾书进见景公,景公也如同慰劳郤克、士燮一样嘉奖慰劳他。栾书答道:"此乃燮之指示,将士用命,书又有何功劳?"晋国将帅能够如此谦虚,不仅可使自己免祸,也是晋国军队能够获胜的重要原因。

# 第九十章　臣彰君恶宋以人殉，王辞晋献楚赖众胜

　　周定王十八年，宋文公二十二年，即公元前589年，宋文公薨。据《左传》记载，"始厚葬"。所谓厚葬，一是指葬仪超出诸侯规制，二是指用人殉葬。宋文公墓穴以蜃灰与木炭铺垫于棺椁之外，用于防潮。蜃为蚌蛤，其煅烧成灰，主要成分为石灰，作用与木炭相同。以木炭置于墓穴，为当时诸侯卿大夫常用之物，而以蜃灰置于墓穴，据《周礼·地官》记载，仅用于天子。宋文公陪葬马车之数目亦多于诸侯陪葬马车数目，其他陪葬品数目亦多于诸侯陪葬。更有甚者，宋文公之椁用天子宗庙建筑造型，其棺木装饰，亦为天子规制。宋文公葬仪还以人殉葬。宋国为殷商后裔，但进入周代，亦已废除人殉，因此《左传》记载"始用殉"。

　　时之君子评论道：华元、乐举"于是乎不臣"。因为臣子当为国君除乱解惑，当冒死谏诤。如今华元、乐举，于国君生前放纵其作恶，于国君死后增添其奢侈，是将国君置于邪恶之渊，因此不臣。

　　卫穆公薨后，卫国则是按照诸侯规制举行丧仪。卫穆公与宋文公薨于同一年，晋国三位将帅恰于引兵回国途中，便前去吊唁。根据周礼，诸侯派遣卿大夫至别国吊唁，吊唁者当登堂哭吊。但晋国三帅却是路过，未奉君命。晋、卫刚刚联军伐齐，如今卫君薨，晋国三帅如过卫国而不吊唁，于情理不合，而因事出突然，他们未奉君命，不得登堂哭吊，于是从权于大门之外哭吊。卫国人亦于门外迎接他们，内眷则在门内陪哭。因对待晋国三帅以此礼仪，卫国遂对待他国来吊唁者均以此礼仪接待，直至穆公下葬。

　　晋国战胜齐国之后，晋景公派遣大夫巩朔赴成周进献战胜齐国的战利品，周定王不接见，派遣单襄公辞谢道："蛮夷戎狄，不奉王命，沉迷酒色，败坏法度，天子有令讨伐，则有献捷之礼。天子亲自接受献捷，并加以慰劳，以惩罚不敬，勉励有功。同姓兄弟之国，异姓甥舅之国，相互侵犯，败坏周制，王命讨伐，事后汇报情况即可，不必献捷，以表示尊敬亲近，禁止淫邪。如今叔父顺利成功，功在齐国，不派受天子任命之卿来镇抚王室，而派遣使者来抚慰

余一人。巩伯于王室中没职务,前来献捷,违反先王礼制。我虽然对巩伯心存好感,又岂敢废弃旧典,有辱叔父?齐国为甥舅之国,太公之后,叔父攻打齐国,是否因齐国放纵私欲激怒了叔父?或是齐国已经不可劝谏教诲?"巩朔对天子之问不能回答。于是周定王将接待晋使之事交付三公,降低礼仪规格,以侯、伯胜敌派遣大夫告捷之礼接待巩朔。周定王接见巩伯不行享礼,而只设宴饮,以示并非正式享礼。但周定王又不想得罪晋国使臣,因此私下赠送巩朔礼品,让相礼者向巩朔道:"此举不合礼制,不要记载于史册。"周定王如此对待晋国派大夫来献捷一事,是为维护天家颜面,又不得罪晋国。

晋国与鲁、卫联军战胜齐国,作为齐国盟友的楚国自然不能坐视。楚庄王与鲁宣公薨于同年,楚共王继位,尚未成年。楚国出兵援齐之前,令尹子重道:"如今国君年少,群臣又不如先大夫,因此必须军队人数众多方可取胜。《诗》云,'济济多士,文王以宁'。(《大雅·文王》)文王尚且依赖人众,何况我辈?先君庄王嘱托我们道,不能德被远方,不如施惠于民,体恤百姓,很好地使用他们。"于是楚国清查户口,免除欠税,施舍鳏夫,救济困乏,赦免罪人,安定国内。然后动员全部军队,连同楚王亲兵全部出动,北上援齐。因楚共王年少,未随楚军北伐,由彭名驾驭楚王之车,蔡景公作为车左,许灵公作为车右,主帅之位则依旧保留给楚共王。蔡、许两位国君亦尚未成年,均勉强行了冠礼。楚国与蔡、许联军就这样浩浩荡荡出征北伐。

这年冬天,楚军入侵卫国,随即于蜀邑入侵鲁国。蜀邑位于今山东省汶上县西南。鲁成公派臧孙许去楚军求和。臧孙许错误地认为楚军只是路过,便辞道:"楚军远离本国,出师已久,即将退兵。没有功劳,而接受退楚师之荣誉,臣子不敢。"结果楚军攻至阳桥,阳桥在今天泰安市境内。鲁军眼看抵挡不住,孟献子仲孙蔑便请求前去行贿求和。仲孙蔑以木工、缝纫工、织工各一百人送予楚军,又以公子衡作为人质,请求两国缔结友好之盟。于是楚国应允与鲁国讲和。

十一月,楚国公子婴齐与鲁成公、蔡景公、许灵公、秦国右大夫说、宋卿右师华元、陈卿公孙宁、卫卿孙良夫、郑卿公子去疾、齐国大夫、以及曹、邾、薛、鄫等国大夫,在蜀邑会盟。会盟之国之多,超过以前各次诸侯会盟,甚至西方秦国亦来参加,却独缺晋国。鲁、卫、宋等国是畏惧楚国,才背着晋国私下与楚国结盟,均缺乏诚意。

鲁国与楚国结盟是为避当下之难,公子衡自然清楚,楚军回师经过宋国

第九十章　臣彰君恶宋以人殉，王辞晋献楚赖众胜

时，他趁机逃回鲁国。公子衡此举遭到臧孙许的谴责，臧孙许道："衡父不能忍耐几年，随即逃归，此乃置鲁国于不顾，国家怎么办？谁来承受祸患？衡父后代定会承受祸患！因为他抛弃了国家。"

楚国倾国出动，晋国看楚国人马很多，因此避免与楚国交锋。时之君子评论道："众人之势，不可遏止。大夫为政，尚可利用势众战而胜之，何况贤明国君善于驭众？《泰誓》所谓商纣有亿兆夷人，但离心离德，周朝虽则人数不多，却十人同心，便是因为众心所归。"时之君子不以为晋国不出头乃抛弃中原诸侯之举，反而认为避开楚国之势，乃明智之举。

楚共王虽然未到冠礼之年，却能明断事理。对申公巫臣事件的处理便证明其明断。当初楚庄王征讨陈国夏氏，灭陈国后，想纳夏姬为妾。申公巫臣道："君王不可纳夏姬。君王召集诸侯，是为讨伐有罪；如今接纳夏姬，便为贪恋美色。贪恋美色乃淫，淫将受到大罚。《周书》曰，'明德慎罚'，文王因此创立周朝。宣明道德，是为崇尚道德，谨慎惩罚，是为去除刑罚。若发动诸侯之军，最终满足私欲，因此而受到大罚，是为不谨慎。君王应当慎重考虑！"楚庄王是明智之君，善于纳谏，于是此事作罢。公子侧亦见夏姬美貌，想娶夏姬，巫臣劝阻道："夏姬乃为不祥之人。三个男人接连因她而死，先亡子蛮，又害御叔，再杀灵侯；她又使其子夏南受戮，使孔宁、仪行父逃亡在外，使陈国灭亡，还有比她更为不祥之人吗？人生本就不易，难道想要不得善终？天下多美貌女子，何必定要娶她？"于是公子侧便也作罢。楚庄王将夏姬赐予连尹襄老，结果连尹襄老死于邲邑之战，楚军未夺回其尸首。连尹襄老之子黑要与夏姬私通。申公巫臣虽然劝谏他人不纳夏姬，自己却派人向夏姬道："回郑国娘家去，我将娶你。"又派人从郑国召唤她道："你可迎回襄老尸首，但定要亲自来接。"于是夏姬借郑人之言求告于楚庄王。楚庄王问申公巫臣是否可放夏姬回国，巫臣答道："此言可信。知罃之父，乃晋成公宠臣中行伯（荀林父）之弟，新近任晋国中军副帅，与郑国的皇戌甚有交情。他非常喜爱知罃，定会通过郑国人向楚国提出归还公子谷臣，归还连尹襄老的尸首，请求楚国释放知罃。郑人因邲邑之战害怕晋人报复，因此要讨好晋国，一定会答应晋国的要求。"于是，楚庄王便让夏姬回郑国。夏姬动身之前，对送行之人道："不得襄老尸首，我便不再回来。"待夏姬回郑国，申公巫臣向郑国聘夏姬为妻，郑襄公允诺。楚共王即位后，决定北伐，派遣巫臣访问齐国，并将出兵日期告诉齐国。巫臣携带全部家财上路。申叔跪跟随父亲申叔时将到郢都，路遇巫臣，申

· 357 ·

叔跪道："怪哉！夫子肩负军事重任，确当有戒惧之心，却又带幽会之喜色，是准备带着他人之妻私奔吧！"果然，巫臣出访齐国后路过郑国，派副使将齐国礼物带回楚国，自己却带着夏姬走了。巫臣准备逃往齐国，恰闻齐国刚刚战败，便向左右道："我不能留居于不打胜仗之国。"于是逃往晋国，因郤克族侄郤至的关系，在晋国为臣。

公子侧得知巫臣成为晋国大夫，便向楚共王建议以巨款贿赂晋国，要求晋国永不录用巫臣。楚共王道："不要如此！巫臣为自己谋划，的确不对，但他为先君谋划，却很忠诚。忠诚，可以巩固社稷，护佑甚多。因此他功大过小。况且，他若能有利于晋国，虽然我们送去重礼，晋国会同意不用他吗？他若无益于晋国，晋国也会弃之不用，我们又何必求晋国永不录用他？"从楚共王的此番言论，可见楚共王虽然年轻，却很有见识。

# 第九十一章　郑败诸侯楚归荀罃，鲁盟晋卫晋作六军

　　如果说齐桓公、晋文公时代，诸侯国还是侯伯独霸的气象，那么到了楚庄王一鸣惊人之后，便打破了晋国独强的格局，形成晋楚争霸的局面，而且楚国日益强大，已经介入大河流域，更多的中原诸侯国在晋、楚之间摇摆，使得中原地区战祸连绵。周定王十八年，即公元前589年，先是晋、鲁、卫三国联军胜楚国盟国齐国，再是楚国援助齐国，攻打卫国与鲁国，随后楚国居然与鲁、秦、宋、陈、卫、郑、齐、曹、邾、薛、鄫等国于鲁国蜀邑会盟，与盟之国多于齐桓公、晋文公时代，虽然一些国家并非甘心倒向楚国，而是迫于楚国压力，但亦可见楚国势力之强。

　　晋国自然不能眼看楚国势力深入中原，于是，据《左传》记载，周定王十九年，即公元前588年，晋景公亲自率军，以复邲役之仇为号召，联合鲁、宋、卫、曹等国讨伐亲近楚国的郑国。因晋景公亲自率军，因此鲁成公、宋共公、卫定公、曹宣公均亲自率军，于郑国伯牛邑会合，共同征讨郑国。郑穆公之子公子偃领兵抵御，令东部边境军队于鄤邑设伏，于丘舆击败诸侯联军。伯牛、鄤邑与丘舆当都在郑国东部。郑国战胜之后，便派遣皇戌赴楚国献捷。郑国还乘战胜诸侯联军之势，由公子去疾出兵讨伐许国，因为许国自恃有楚国庇护，不再侍奉郑国。

　　晋、鲁、宋、卫、曹五路诸侯亲自率军征讨郑国，却败于郑国，有郑国占据地利的原因，有各路诸侯各怀心思的原因，但或许也有晋景公傲慢轻敌的原因，因为前一年晋国率领诸侯联军刚刚战胜武力一直比较强盛的齐国。晋景公失败之后尚不知自警，第二年鲁成公赴晋国朝见晋景公，晋景公或许欺鲁成公年少，对鲁成公不加礼敬。本来楚国势力日增，晋景公当礼贤诸侯，争取人心，以巩固晋国的霸主地位，但晋景公却自恃为侯伯，对来朝诸侯不以礼相待。鲁卿季孙行父道："晋侯必定难免祸患。《诗》云，'敬之敬之，天惟显思，命不易哉'。(《周颂·敬之》)必须常怀敬畏，天理昭昭，保命唯敬。晋侯欲保天命，在于诸侯，岂可不敬诸侯？"鲁成公于晋国未受应有的礼遇，回

国之后便想背叛晋国，结交楚国，季孙行父加以劝阻。季孙行父道："不可背晋盟楚。晋侯虽然无道，但其侯伯地位不可背叛。晋为大国，大臣和睦，与我邻近，诸侯服从，因此不可背叛。史佚之《志》曰，'非我族类，其心必异'。楚虽强大，非我族类，岂会爱我？"鲁成公这才作罢。就是由于晋景公的傲慢，险些失去盟国。

晋景公虽然才能有限还不知自警，但晋国臣子确实人才济济，而且后备有人。晋臣人才济济，一方面辅佐晋国确保大国地位，一方面却使得晋侯公室日益萎缩，此是后话。自晋楚邲邑之战后，晋楚相争均为援助盟国，双方并未直接交战。如今晋国知庄子荀首已为中军副帅，于是提出将楚国被俘的公子谷臣放回楚国，连同连尹襄老尸首也归还楚国，以此换回其子荀罃。由于荀首已为中军副帅，楚国便应允了晋国的请求。此时荀罃在楚国拘禁已近十年，楚共王在送别荀罃时问道："你怨恨我吗？"荀罃回答道："两国交战，微臣不才，不胜其任，以为俘虏。楚国并未以我祭鼓，让我回国，即便回国即遭杀戮，也是楚君恩惠。微臣不才，又敢怨谁？"楚共王道："那么会对我报德吗？"荀罃回答道："两国各为图谋社稷，解民之难，抑止愤怒，互相原谅，释放囚俘，以结友好。两国通好，非臣能为，如何报德？"楚共王依旧追问道："你回去后，何以报答我？"荀罃回答道："微臣既无所怨恨，贵君亦无可颂德，无怨无德，不知所报。"楚共王道："尽管如此，定要将你想法告诉不谷。"荀罃答道："承君之福，被囚之身得以归晋，若寡君加以诛戮，臣死且不朽。若寡君恩惠赦免微臣，将微臣赐予贵君之外臣、臣之父荀首，父亲请寡君之命，将微臣戮于宗庙，臣亦死且不朽。若寡君并无诛戮之命，微臣得以继承父职，顺序晋升，率领偏师，保卫国土，虽遇楚君，亦不敢有违寡君之命，尽忠竭力，无有二心，尽臣之职。此乃我之所报。"荀罃虽然长期为楚国阶下之囚，却不堕其志，回答不卑不亢，使楚共王大加感叹。楚共王道："晋有如此之臣，不可与之相争。"楚共王对荀罃重加礼遇，送其回国。

荀罃在楚国时，曾与一郑国商人密谋，郑国商人准备将荀罃藏于袋中带出楚国。计谋已定，尚未动身，楚国便应允晋国送回荀罃。这位商人后来来到晋国，荀罃待他非常好，仿佛商人确实救了自己。此商人乃信义之人，道："我无其功，岂敢贪图其实？我乃小人，不能如此欺罔君子。"于是商人为不受荀罃的格外关照，离开晋国去了齐国。可见荀罃在楚国时与这位商人交往，当是对这位商人品行非常了解，双方都未曾看错人。

## 第九十一章 郑败诸侯楚归荀罃，鲁盟晋卫晋作六军

晋国在与鲁、宋、卫、曹联军伐郑失败后，几国都感到郑国、齐国、楚国等国的压力，因此均寻求加强各国之间的友好往来，并巩固昔日几国间的联盟。鲁成公亲自赴晋国，拜谢晋国帮助鲁国反击齐国，迫使齐国归还了鲁国的汶阳之田。这是鲁国尊重侯伯的表示。卫国则由孙良夫率领卫国军队，追随晋国郤克讨伐赤狄残余势力。这是卫国听命于侯伯的行动。晋国也注重与盟国的关系。晋景公派遣荀林父之子荀庚前往鲁国访问，重温前年针对齐楚联合的赤棘之盟。卫国在加强与晋国关系的同时，也加强与鲁国的关系。卫定公派遣卫卿孙良夫前往鲁国访问，重温鲁宣公时代卫国与鲁国之盟。

晋国与卫国两国使者同时到达鲁国，鲁成公在接待方面感到犯难，不知应当将哪国使者排在前面。鲁成公向臧孙许询问道："中行伯（荀庚）于晋国，位次排列第三；孙子（孙良夫）于卫国，位为上卿，应该让谁在前？"臧孙许答道："次国之上卿，相当于大国之中卿，次国之中卿，相当于大国之下卿，次国之下卿，相当于大国之上大夫。小国之上卿，相当于大国之下卿，小国之中卿，相当于大国之上大夫，小国之下卿，相当于大国之下大夫。位次上下如此，此乃古制。卫国相对晋国而言，不能算次国，只能算作小国，因为晋国是盟主，晋国使者理当在先。"于是鲁成公先与晋国使者荀庚结盟，第二日与卫国使者孙良夫结盟。晋、卫两国均无异议，因为鲁国如此行事合乎礼制。

晋国为赏伐齐之功，也为增强军力，将三军扩为六军。韩厥为新中军主帅，赵括为副帅，巩朔为新上军主帅，韩穿为副帅，荀骓为新下军主帅，赵旃为副帅。韩厥、赵括、巩朔、韩穿、荀骓、赵旃均为卿。如此，晋国便有十二卿。

晋景公提拔新六卿之后，恰巧齐顷公赴晋国朝见。将要举行授玉仪式时，郤克快步走上堂来道："齐侯此行，是为妇人之笑而表歉意吗？寡君不敢当。"晋景公以享礼招待齐顷公时，齐顷公注视着韩厥。韩厥道："国君认识韩厥吗？"齐顷公道："服装变了。"在晋齐交战时，韩厥身着戎服，驱车追赶齐顷公，只因齐顷公车右逢丑父与顷公换位，才使顷公免遭韩厥俘虏，因此齐顷公当对韩厥印象很深。见齐顷公认识自己，韩厥便登阶上堂，举杯敬顷公道："当时微臣所以不惜一死，奋勇追逐，就是为两位国君在此堂上饮宴！"韩厥之意，所谓不打不相识，两国真正遇到对手，旗鼓相当，才能真正言和。韩厥的外交辞令，既不失侯伯之卿的身份，又顾全了齐顷公的颜面，冲淡了因郤克对齐顷公的讥讽造成的尴尬。可谓言谈举止得当。可见晋国扩为六军，确因人才济济。

## 第九十二章　晋地山崩晋国迁都，郑许互讼郑伯盟晋

周定王二十一年，公元前586年，晋景公十四年，晋国梁山崩塌。梁山大致位于今山西省河津市境内禹门口，总之当在禹门口之北的黄河沿岸。《春秋》与《左传》仅记"梁山崩"，而《公羊传》与《谷梁传》还记载梁山崩导致大河壅塞。《公羊传》言："梁山者何？河上之山也。梁山崩，何以书？记异也。何异尔？大也。何大尔？梁山崩，壅河三日不沵。"《谷梁传》亦言："壅遏河三日不流。"

山崩河塞乃大事，据《左传》记载，晋景公用传车召见大夫伯宗。所谓传车，乃古代驿站专用车辆。路上，伯宗让一辆载重车避让，大声道：为传车让路。赶车之人道："与其等我让路，不如走小路更快。"伯宗问他是哪里人，赶车人道："绛城人。"于是伯宗便问绛城之事。赶车人道："梁山崩塌，国君要召见伯宗商议。"伯宗问赶车人应当如何应对，赶车人道："山有朽坏而崩。又能如何？国家必须依赖山川，因此山崩川竭，国君就要为之减膳，食不杀牲，菜不丰盛，饮食撤乐，还要为之素服，不着华丽衣裳，穿戴白衣白帽，出行乘坐无纹饰之车，令举国停止奏乐，国君还要离开寝宫居于郊外，陈列祭祀之物献予山川之神，由太史宣读祭文。也就如此而已。即便伯宗，又能如何？"伯宗请赶车人进见晋景公，赶车人不允。伯宗便将赶车人之言告诉晋景公，晋景公依言而行。由上述故事可见，孔子云"礼失而求诸野"，是春秋社会动荡分化时期的一个现象。

山崩河壅之后，晋国开始计划迁都。晋都原本在绛城，大夫们都主张迁往靠近盐池的郇、瑕之地。大夫们言道："定要迁居郇、瑕氏之地，那里土地肥沃，物产丰饶，靠近盐池，于国有利，于君乐居，如今迁都，必选此地。"韩献子韩厥此时为新中军主帅，同时掌管宫中之事。晋景公退朝，按照礼仪向群臣作揖，然后退入内朝，韩厥便跟随入内。景公站于正寝外之庭院，问韩厥道："迁都郇、瑕之地如何？"韩厥答道："不可迁于郇、瑕之地。郇、瑕之地土薄水浅，污秽之物容易积聚。污秽之物积聚，居民便会忧愁，居民忧愁，身体

便会羸弱，身体羸弱，便会有风湿肿痛之疾。不如迁至新田，新田土厚水深，居住新田不易生病，汾水、浍水可以冲走污秽，而且那里百姓习惯服从，于子孙十世有利。山、泽、林、盐，乃国家宝藏，国家富饶，百姓便会骄奢淫逸。迁都靠近宝藏，臣民与国争利，公室便会贫困，并非于君有利。"晋景公闻韩厥之言非常高兴，便听从韩厥建议，决定迁都新田。

郇、瑕之地位于今山西省运城市临猗县南，盐湖之北，涑水流域平原，是山西全省唯一一块海拔低于500米的平原，自古著名的河东盐池便位于此地。韩厥看到，如将都城迁至此地，晋国上至名门望族，下至士、工、商贾，便会云集于此，发掘盐池之利，如此不但会使这里水土恶化，积聚污浊，会使百姓因发掘盐池之利，而染上风湿之病，还会使望族便于获利，使国人孜孜汲利，败坏官风民风。因此他竭力劝阻晋景公迁都于郇、瑕之地，而主张迁于新田。新田位于今山西省侯马市西，为汾水、浍水汇合之处，既有灌溉取水之便，又有水路交通之利，确为黄土高原定都的不错选择。从韩厥的迁都建议，可见当时晋臣的远见卓识。韩厥谥"献"，据《逸周书·谥法解》，"博闻多能曰献。聪明睿哲曰献"。韩厥不愧此谥。国家都城为政治文化中心，但不必为经济中心，一旦政治中心与经济中心合一，公室望族易于获利，官、商易于勾结，统治阶层必定腐败，绝非国家长远利益。

但并非晋国大臣均如韩厥那样一心为国为君，赵氏子孙便自取其祸。赵盾之异母弟赵婴齐，与赵盾之子赵朔之寡妻赵庄姬私通，即叔叔与侄媳私通。此事为赵盾其他两位异母弟赵同、赵括得知，便要将赵婴齐放逐齐国。赵婴齐为中军大夫，赵括此时则已升为新中军副帅，为卿。赵婴齐向赵同、赵括道："我在，因此栾氏不能作乱。我若离开，我的两位兄弟便有忧患了！人各有所能，有所不能，我虽然不能守礼，但我能镇住栾氏，你们放过我有何害处？"但赵同、赵括坚持驱逐赵婴齐。

赵婴齐梦见天使向他言道："祭祀于我，我保佑你。"他去请教士贞子，士贞子未置可否。士贞子向旁人道："神明保佑仁德之人，降祸淫逸之人。淫荡而未得惩罚，便是福佑。祭祀岂能免祸？"但赵婴齐依旧想通过祭祀天使得到天使庇佑。然而祭祀的第二天，赵婴齐便去世。三年之后，赵同与赵括因赵庄姬谗言被杀，赵氏家族零落。

郑国在战胜以晋景公为首的诸侯联军入侵后，趁势由公子去疾率军攻打许国。许国为姜姓之国，都于许邑，位于今河南省许昌市东。许国原为郑国附庸，自投向楚国后，依仗楚国不再顺事郑国。因此郑国攻打许国，侵夺许国田地，又于第二年由公孙申率军至郑、许边境重新划定疆界。这次许国有所准备，于展陂击败郑国军队。展陂位于今河南省许昌市西北。郑国自然不甘败于小国，此时郑襄公薨，于是新继位的郑悼公亲自率军征伐许国，夺取许国鉏任、泠敦之田，两地离许都不远，均在今河南省许昌市境内。

郑国伐许，给了晋国伐郑以理由。晋国栾书率领中军，荀首为副，士燮为上军之副，以救许为名，攻打郑国，夺取郑国的氾邑与祭邑。氾邑位于今河南省荥阳市西，祭邑位于今河南省郑州市，有祭城遗址。

晋国伐郑，楚国便派遣公子侧率军救郑。公子侧到达郑国后，许灵公便赶赴郑国诉讼。郑悼公以皇戌代言，与许灵公在公子侧面前争辩不休。公子侧无法决断，于是向郑悼公与许灵公道："二位国君若敬重寡君，便请二位国君赴楚国，寡君将与我国大臣共同聆听二位国君之言，自然能够平息争议。我不足以为二位国君平息诉讼。"

第二年，即周定王二十一年，许灵公先至楚国，诉讼郑国不是。随即，郑悼公亦赴楚国诉讼。郑悼公败诉，楚国人拘禁了皇戌与公子发。于是郑悼公回国之后，便派遣公子偃赴晋国求和。同年秋天，郑悼公赴晋国垂棘与赵同盟约。由于郑国顺服晋国，重归中原诸侯阵营，年底，晋景公特意于郑国之邑虫牢召集中原诸侯会盟，虫牢位于今河南省封丘县北。此次会盟是郑国倒向楚国阵营多年以后，首次参加以晋国为首的中原诸侯会盟。参加会盟的有侯伯晋景公，诸侯鲁成公、齐顷公、宋共公、卫定公、郑悼公、曹宣公、杞桓公和邾国国君，规模可观。

郑国回归中原诸侯阵营后，自然要靠拢晋国。第二年春天，郑悼公便按照礼制，赴晋国朝拜侯伯，并拜谢两国结盟，拜谢晋国允许其参加中原诸侯会盟。公子偃作为郑悼公的外交礼仪之相。古代之堂坐北朝南，堂上东、西有两根大柱，称为东楹与西楹。宾主地位相当，行授玉之礼，当在堂上两楹之中进行。若宾客身份低于主人，则行授玉之礼，当在偏东楹之侧进行。郑悼公是来朝见侯伯，自然不敢以平等身份行礼。但郑悼公于偏东楹之处行礼便可，偏偏郑悼公快步走至东楹之东行礼，乃过于自卑。士贞子道："郑伯如此不自重，其命休矣！他目光飘忽，走路很快，不能安坐己位，其命不会长久。"果然，同年六月，郑悼公薨。

## 第九十三章　宋国内乱诸侯侵宋，楚师北伐晋国联吴

　　据《左传》记载，周定王二十一年，即公元前586年，宋国文公之子公子围龟原本于楚国当人质，如今回到宋国，右师华元宴请他。在公子围龟赴楚国为质之前，华元曾往楚国为质。或许公子围龟心中怨恨因华元归国而使自己为质，为发泄心中怨气，要求擂鼓呼叫出华元大门，再擂鼓呼叫而入，并道："此乃演习进攻华氏。"公子围龟为宋共公之兄弟，因其言行无状，宋共公便将其杀了。

　　晋景公因郑国归顺，与诸侯商议再次会盟，巩固中原同盟，宋共公派遣向为人以公子围龟事件为由而辞会。此举自然不仅得罪了晋国，而且得罪了郑国等国。第二年春，晋国伯宗、夏阳说，卫国孙良夫、宁相，郑国人，伊洛之戎、陆浑之戎、蛮氏联合入侵宋国。伊洛之戎活动于伊水与洛水之间，陆浑之戎居于伊水之畔，即今河南省嵩县、伊川县境内，蛮氏居于汝水之畔，今河南省汝阳县境内。联军驻扎于卫国鍼邑，离卫都帝丘不远，在今河南省濮阳市境内。卫国人对鍼邑未加防守，夏阳说便建议袭击卫国，向伯宗道："虽然不能侵入卫国，但多获俘虏，即便有罪也罪不至死。"伯宗道："不能入侵卫国。卫国相信晋国，因此军队驻扎卫邑郊外，卫国不加防备，如果袭击他们，乃为不讲信用。虽然多获俘虏，但使晋国失去信义，将来晋国何以获得诸侯拥戴？"虽然伯宗制止了侵卫行动，但或许卫国人觉察到晋国军队想顺手牵羊，待晋军回师之时，卫国人登城防备。

　　晋国率领几路兵马进攻宋国，虽然得胜而回，但宋国并未顺从求和。因此，当鲁国使者公孙婴齐访问晋国时，晋景公又命鲁国讨伐宋国。入秋之后，鲁国孟献子仲孙蔑、叔孙宣伯叔孙侨如率兵入侵宋国。

　　就在晋国率领中原诸侯讨伐不听号令的宋国时，楚国因郑国投靠晋国而由令尹子重（公子婴齐）率军攻打郑国。晋国派遣中军主帅栾书率军救援郑国。晋国军队与楚国军队于郑国绕角相遇。绕角位于今河南省鲁山县东南。于是楚军折返回国。晋军趁势入侵蔡国。蔡国向楚国求援，楚国派公子申、公子成就

近率领申邑、息邑守军救援蔡国,于桑隧抵御晋军。桑隧位于今河南省确山县东。赵同、赵括向栾武子栾书请求迎战楚军,栾书想要应允。知庄子荀首、范文子士燮、韩献子韩厥均劝谏道:"不能应战。我们来救援郑国,楚军避开我们不战,因此我们来到蔡国,此乃我军转移目标。我们不停地挑战,激怒了楚军,却不一定能战胜他们,即便获胜,亦非好事。我们整军而出,仅仅打败楚国申、息两县守军,有何光荣?不幸战而不胜,则耻辱过甚。不如回师。"栾书听取了荀首等三人的建议,下令晋军回师。

当时军中将帅多数主战。有人对栾书道:"圣人与众同欲,因此成功。您何不从众?您为执政,应当斟酌众人意见。您的辅佐群卿有十一人,主张不战者仅仅三人,想作战者为多数。《商书》曰:'三人占,从二人。'自当取其多数。"栾书道:"同为主张善事,确实要服从多数。从善,乃众人所主张。三人即为众,三位大臣可谓众矣,主张不战。服从他们,难道不可以吗?"当时,栾书为中军主帅,荀首为副,荀庚为上军主帅,士燮为副,郤锜为下军主帅,赵同为副,韩厥为新中军主帅,赵括为副,巩朔为新上军主帅,韩穿为副,荀骓为新下军主帅,赵旃为副。除荀首、士燮、韩厥外,其余众卿均主战,栾书能够听从三人谏言,择善而从,可见其不愧于执政的魄力与心胸。

荀首、士燮与韩厥在提出回避与楚军交锋的同时,又提出回师时攻打沈国。晋军俘虏了沈国国君。沈国位于河南省驻马店市平舆县北。就此事,时之君子评论道:"从善如流,处置得当。诗云,'恺悌君子,遐不作人?'(《大雅·旱麓》)谦谦君子,何不育人?育人有功,是为求善。"正是由于有荀首、士燮、韩厥这样深知进退的明智之臣,有栾书这样的从善如流的果决执政,因此晋国能够立于不败之地。

第二年,楚国令尹子重又率师伐郑,军队驻扎于氾邑,此氾邑为南氾,离楚国方城不远,位于今河南省襄城县境内。于是中原诸侯再次救援郑国。郑国得到中原诸侯帮助,变得强硬起来。郑国共仲、侯羽包围楚军,俘获郧公钟仪,并将他献予晋国。晋国人将钟仪带回晋国,囚禁于军中府库。

诸侯联军援助郑国战胜楚国后,中原诸国于卫国马陵再次会盟,以巩固虫牢之盟。马陵在今天河北省大名县境内。以晋景公为首,鲁成公、齐顷公、宋共公、卫定公、曹宣公、杞桓公、莒国与邾国国君均亲自赴盟,莒国顺服齐国之后,为齐国附庸,齐国既然顺服于晋国,莒国便追随齐国参与晋国为首的会盟。

## 第九十三章 宋国内乱诸侯侵宋，楚师北伐晋国联吴

多年以来，楚国依山建筑方城，巩固楚国北部防御，楚国北出方城容易，中原诸侯想要南攻方城却十分不易。楚国依仗方城，出入中原，始终掌握着攻伐中原诸侯国的主动权。晋国为首的中原诸侯联盟虽然齐心协力也能够战胜楚国，却一直处于被动防守的地位。此时，由于原为楚臣的申公巫臣为楚国所逼，自愿为晋国效力，自东部给楚国找来麻烦，使楚国开始有旁顾之忧。

申公巫臣很有韬略与计谋，但多出谋划，难免得罪于人。十年前楚国围宋战胜之后，楚师回国，左尹子重请求以申邑、吕邑土地作为赏田。申与吕本为西周王朝所封姜姓之国，均在今天河南省南阳市境内，春秋初年先后为楚国所灭，成为楚国之县。楚庄王本已应承左尹子重的请求，但申公巫臣谏道："不可。申、吕两邑，为征收军赋之地，此二地军赋为防御北方之用。若将两邑赐予私人，国家便失去其军赋，两邑也便失去楚国北部重邑的作用，晋国与郑国军队便可直逼汉水。"楚庄王便没有将申、吕两邑赐予左尹子重，子重由此怨恨巫臣。此后，公子侧想娶夏姬，申公巫臣劝阻他，后来却自己娶了夏姬逃往晋国，公子侧因此也怨恨巫臣。楚共王即位后，令尹子重与公子侧联合，杀了巫臣族人子阎、子荡与清尹弗忌以及襄老之子黑要，瓜分了他们的家产。子重获得了子阎的家产，让沈尹与王子罢瓜分子荡家产，公子侧获得了黑要与清尹弗忌的家产。巫臣在楚国的族人被灭，他痛心疾首，从晋国写信给令尹子重与公子侧二人，言道："你们以谗邪贪婪事奉国君，杀戮无辜，我一定要让你们疲于奔命而死。"

这年春天，发生了吴国进攻郯国之事，最终郯国与吴国媾和。吴国虽为周室同姓之后，但因与中原并无往来，被中原诸侯认为是蛮夷之邦。郯国靠近鲁国，位于今山东省郯城县境内。因此吴国入侵郯国，为鲁国震惊，鲁国季文子季孙行父道："中国不能震慑蛮夷，蛮夷入侵，无人对此忧虑，乃因中原无霸主！《诗》云，'不吊昊天，乱靡有定'。（《小雅·节南山》）上天不善，动乱不安，所言便是此种情况！居上之人不善，百姓谁不受乱？我们离亡国不远了！"时之君子听闻季孙行父之言，评论道："如此知道戒惧，便不会亡国。"

吴国向郯国用兵，却使居于晋国的申公巫臣看到了中原诸侯牵制楚国的机会。巫臣原为楚国谋臣，自然非常了解楚国国情，自从楚国平定群舒，又与吴、越结盟之后，楚国便无东部之忧。如今吴国不安于现状，如果将这股躁动势力引向楚国，既可减轻吴、楚对中原的压力，又可使楚国令尹于中原与东部之间疲于奔命，实现他的复仇计划。

于是巫臣向晋景公请求出使吴国，结交吴国，共同对付楚国。晋景公首肯了巫臣的计划。巫臣不愧谋臣，到吴国之后，便讨得吴君寿梦的喜欢。于是吴国便与晋国通好。巫臣率领晋国三十辆兵车到吴国，留十五辆予吴国，并赠予吴国射手与御者，教吴人使用兵车，布置战阵，让他们背离楚国。巫臣将其子狐庸留在吴国，负责晋国与吴国的邦交事务。于是，吴国开始将其矛头指向西方，进攻楚国、巢国与徐国。自此，楚国令尹子重开始疲于奔命，抵御吴军，救援巢、徐。中原诸侯马陵会盟之时，吴军居然攻入州来，州来位于今安徽省淮南市凤台县。于是令尹子重不得不自郑国赶往救援。令尹子重与公子侧居然在一年之中，七次奔命抵御东、北两方之敌。此后，原来附庸于楚国的东部蛮夷，逐步均为吴国收入其麾下，吴国开始强大，得与中原诸侯国平等往来。

## 第九十四章　晋景乱命诸侯怀贰，郑成摇摆晋楚缓争

晋景公能够用人纳谏，并不昏庸，但出尔反尔，亦非明君。据《左传》记载，周简王三年，即公元前583年，晋景公派遣国卿、新上军副帅韩穿赴鲁国知会鲁国，将汶阳之田归于齐国。这或许因为齐国这几年对晋国表示尊重，抑或因为晋国想倚重齐国的力量，于是想将汶阳之田划归齐国。季文子季孙行父设酒宴为韩穿饯行，与韩穿私下交谈。季孙行父道："大国依据道义作为盟主，因此诸侯感恩怀德，惧怕讨伐，无有二心。汶阳之田，原属敝国，为齐国所侵，是你们晋国讨伐齐国，令齐国将此田归还敝国。如今又有不同之令，要将此田划归齐国。小国所盼，小国所念，乃大国以信用推行道义，以道义实现命令。若不讲信用，不立道义，四方诸侯，能不涣散？《诗》云：'女也不爽，士贰其行。士也罔极，二三其德。'（《卫风·氓》）是言女子无过，男子二心。士无准则，三心二意。晋国于七年之中，对汶阳之田，一予一夺，前后不一，岂非三心二意？男人三心二意，尚且丧失配偶，何况侯伯？侯伯必须以德服人，却三心二意，岂能长久为诸侯之伯？《诗》云：'犹之未远，是用大简。'（《大雅·板》）是谓无有远见，因之必须力谏。我怕晋国不能深谋远虑，因而失去诸侯，所以私下向你进言。"

据《公羊传》所载，晋国之所以胁迫鲁国将汶阳之田划归齐国，是因齐顷公七年之中的表现。七年之前齐师于鞌役大败，齐顷公回国之后，吊唁死者，探视伤者，七年之中不饮酒、不食肉。晋景公闻后道："哎呀！怎能让一国之君七年不饮酒、不食肉？请各诸侯国将齐国侵占之地还给齐国！"虽然齐顷公战败之后能够罪己抚人，但毕竟是齐国侵占他国之田，无论齐君是否能够改过图治，都没有道理让他国将齐国强占的土地再奉送给齐国。

由于晋景公向鲁国、卫国等国提出了上述不合理的要求，即将鞌役之后各国从齐国讨还的土地重新划归齐国，因此各诸侯国对晋国生了二心。晋国君臣看到各诸侯心生不满，自然也生畏惧之心，于是晋景公于第二年在卫国蒲邑召集诸侯会盟，重温马陵之盟。蒲邑位于今河南省长垣县东。鲁成公、齐顷

公、宋共公、卫定公、郑成公、曹宣公、杞桓公与莒国国君参加会盟。鲁国季孙行父认为，侯伯必须以德服人，因此向晋国范文子士燮道："晋国如今就德行而言，已不能称强，重温昔日之盟又有何用？"士燮答道："勤以抚之，宽以待之，强以驭之，盟以约之，柔以服之，贰而伐之，可谓次等德行。"晋国为显示侯伯招来远国、安定四方的作用，此次召集会盟，首次邀请吴国与盟，然而吴君却未赴盟。

吴国未赴会盟，或许是因对晋国不满。在会盟之前，晋国曾派遣士燮赴鲁国访问，商议讨伐郯国，因为郯国顺事吴国而非顺事晋国。鲁成公君臣害怕讨伐郯国会激怒吴国，难免殃及鲁国，因此贿赂士燮，请求从缓讨伐。士燮不肯答应，回答道："君命至上，失信不立。邦交之礼，不得私馈，公私之事，不能两全。若鲁君后于诸侯出师，寡君便不能再侍奉鲁君。我只能如此回复寡君。"季孙行父闻言，惧怕晋国怪罪，便派遣臧孙许率兵会同诸侯讨伐郯国。郯国既然投靠吴国，晋国率领中原诸侯伐郯，便是针对吴国。或许吴国因此不来赴盟。此后，秦国军队与白狄相继进攻晋国，也是因诸侯对晋国有二心之故。

晋景公非但处理诸侯国之间关系过于随意，处理国内人事也非常不慎。赵婴齐因与赵庄姬通奸，被其兄长赵同与赵括放逐齐国，未行便死。赵庄姬耿耿于怀，利用与晋景公的姐弟关系诬陷赵同与赵括。她向景公道："原（赵同）与屏（赵括）将要作乱。"栾氏、郤氏为赵庄姬作证。赵同与赵括本来依仗赵盾之势，不将旁人放在眼里，或许得罪于栾氏与郤氏，因此栾氏与郤氏乐见削弱赵氏势力，便附和赵庄姬。于是，晋景公下令讨伐赵同、赵括，灭其族，并将赵氏之田赐予祁奚。赵武为赵朔与赵庄姬之子，跟随赵庄姬住于景公宫中，因此得免。事发之后，韩厥向晋景公谏言道："成子（赵衰）于晋国有功勋，宣子（赵盾）对国家忠诚，而他们于晋国却无后代，如此，为善之人将会恐惧。夏商周三代贤明君王，皆能保持天禄数百年，其中岂无邪辟之君？皆有赖于祖先圣明贤哲，昭明法典，才免于亡国。《周书》曰，'不敢侮鳏寡'，以此昭明道德，我们应当效法。"晋景公于处置失当之后倒是能够纳谏，便立赵武为赵氏继承人，归还了赵氏田地。

郑国这几年本来已经回归中原诸侯阵营，但或许因为一些国家对晋国起了二心，原本摇摆于南北两个阵营之间的郑国便又开始了新一轮摇摆。

郑国本来是配合晋国军事行动的。周简王二年，即公元前584年，楚国令尹子重率师伐郑，晋景公、齐顷公、宋共公、卫定公、曹宣公、杞桓公、莒君与邾君共同率军救郑，之后于马陵会盟。第二年，晋景公又派遣栾书率军攻打蔡国，随后又攻打楚国，俘虏了楚国大夫申骊。此次行动，郑成公便会合晋军。他率军攻打楚国阵营的许国之东门，俘获甚多。

楚国由于东部吴国崛起的压力，北部以晋国为首的中原诸侯联盟的压力，因此于周简王四年，派人以重礼贿赂郑国，请求与郑国重新结好。或许见到中原诸侯国对晋国怀有二心，因此郑成公又想与楚国修好，便与楚国公子成于邓邑相会。邓邑原为邓国都城，后为楚国所灭，位于今湖北省襄阳市西北邓城村。

但郑成公不想得罪晋国，因此入秋之后，郑成公又赴晋国。晋景公为了惩罚他倒向楚国，在铜鞮拘禁了他。铜鞮位于今山西省沁县南。晋景公在拘禁郑成公之后，便派遣栾书率兵伐郑，郑国派遣伯蠲求和，晋景公命杀了伯蠲。此举不合礼制。两国交兵，不斩来使，使者应当可以来往两国之间。

楚令尹子重率军入侵陈国以救郑国。陈国一直追随楚国，或许此时陈国见晋军数度南侵，便倒向了晋国。在晋、楚两个大国挤压下，中原南部的小诸侯国均如郑国一样摇来摆去，成为晋、楚拉锯战的牺牲品。

一个人、一个偶然事件让晋、楚关系出现了转机，这个人便是前两年被郑国俘虏献予晋国的楚国郧公钟仪。一天晋景公视察军用仓库，见到钟仪，询问道："头戴南冠而被囚禁者为何人？"所谓"南冠"，即楚国等南方人所戴之帽。因钟仪头戴南冠，被囚于晋，因此后人往往以"南冠"指代囚犯。职官回答晋景公道："乃郑国所献楚国俘虏。"晋景公让人将他释放出来，召见于他并加慰问。钟仪非常懂礼，对景公再拜稽首。景公问他族姓，他回答道："乃伶（伶）人。"即乐官。景公又问道："能奏乐吗？"钟仪答道："此乃先人职官，自己岂敢从事其他职事？"景公命人与之琴，他便弹奏南方乐曲。晋景公问道："楚君什么样？"钟仪答道："此非小人能知。"景公再三追问，钟仪答道："其为太子时，庄王设立师、保教导他，每日早晨向婴齐（令尹子重）请教，晚上向侧（司马子反）请教。其余之事我不知道。"晋景公将钟仪之言告诉了士燮。士燮道："此楚囚乃君子。言称先人职官，不忘根本；乐奏家乡乐调，不忘故旧；称道楚君为太子之时，并非阿谀；称二卿之名，以示尊君。不忘根本乃仁，不忘故旧乃信，没有私心乃忠，尊崇国君乃敏。以仁处事，以信守之，以忠成之，以敏行之。虽临大事，必能成功。国君何不放他回去，让他结成晋、楚之好？"晋景公听从士燮的建议，对钟仪重加礼遇，让他回楚国为两国媾和。

晋、楚交兵多年，两国均感疲惫。因此这年底，楚共王便派大宰公子辰赴晋国，回拜晋国之致意，并请缔约修好。晋、楚相争暂时缓和。

# 第九十五章　郑国轻君莒国恃陋，晋景梦鬼诸侯离心

周简王四年，晋景公十八年，郑成公三年，即公元前582年，郑成公先赴楚国邓邑与楚国公子成会面，贿赂楚国以求媾和，之后，又怕得罪晋国，因此再赴晋国朝拜。晋国因郑国的亲楚行为，将郑成公扣留在铜鞮。铜鞮在今天山西省沁县南。郑成公被扣留之后，据《左传》记载，郑国公孙申谋划道："我们出兵包围许国，以示郑国尚能用兵。并且，我们佯装将要另立国君，暂时不派使者赴晋国，晋国见我国不急于迎回国君，扣留国君无用，定会放国君回来。"于是，郑国军队包围了许国，向晋国表示他们并不急于迎回郑成公。

以国君作为筹码，轻言国君废立，自然不妥。公孙申的谋划给郑国带来了动乱。第二年春，公子班得知公孙申的计谋，便立成公庶兄公子繻为国君。但仅仅一个月，郑国另有一批人杀公子繻，而立郑成公太子髡顽，迫使公子班逃亡许国。尽管郑国国内动乱，但公孙申的计谋对晋国确实产生了效果。栾书向晋景公道："如今郑人立了新君，我们拘留的乃是郑国一个普通人，于我们何益？我们不如借郑国擅立国君讨伐郑国，将他们的国君送回，以此与郑国媾和。"晋景公病重，于是晋国立太子州蒲为君，会合诸侯讨伐郑国。郑穆公之子公子喜，字子罕，他主张以襄公庙中之钟贿赂晋国。之后穆公之子子然与诸侯在郑邑脩泽结盟。脩泽位于今河南省原阳县境内。郑国又以穆公之子公子騑赴晋国作为人质，公子騑字子驷。于是，晋国释放了郑成公。郑穆公的几个儿子，在辈分上为郑成公之叔伯辈，在平息此次郑国内乱中所起作用较大，逐渐地，穆公之子以子罕、子驷为首，有七人共同把持了郑国朝政，史称七穆。

郑成公回国之后，便讨伐擅立国君之人，杀公孙申及其弟公孙禽。公孙申兄弟或许并未想要扰乱郑国，或许的确想使郑成公平安归来，而且他们的计谋也收到了郑国所期望的结果，但他们没有料到的是，有人会借假立新君的机会行真立新君之实，会给公室带来纷争混乱，他们也没有料到，郑成公回国后对此谋划十分恼怒，他们兄弟二人成为计划成功后的牺牲品。《左传》引时之君子评论道："忠固然是美德，但所忠非人，且其人不善。"

郑国臣子因谋划不周使自己失去生命，而莒国国君则因没有远虑使国家崩溃。申公巫臣被晋景公派往吴国，曾向莒国借路。巫臣与莒国国君来到莒国渠丘的护城河边。渠丘在今天山东省日照市西南。巫臣向莒君道："城太破旧了。"莒君道："敝国偏僻简陋，居于蛮夷之地，有谁会觊觎敝国呢？"巫臣道："哪个国家没有狡猾之人想开辟疆土？正因如此，所以如今大国才会多。小国有思虑周全者，也有放纵不备者，因此导致或存或亡。勇敢之人依旧要关闭好内外门户，何况国家？"但莒君却未曾听进申公巫臣之言。

第二年冬，楚国令尹子重伐陈救郑，之后，又从陈国进攻莒国，包围渠丘。渠丘城池破败，国人溃散，逃往莒城。莒城于今天山东省日照市莒县。于是楚军进入渠丘。但莒国渠丘民众虽然溃败，莒国人也有所收获，俘虏了楚国公子平。本来，这是莒国与楚国媾和的一个筹码，但莒国没有很好地利用。楚国令尹子重派人向莒国人道："不要杀他，我们归还你们的俘虏。"但莒国人或许因为丢失渠丘而愤怒，杀了公子平。于是楚国军队包围莒邑。莒邑城墙也很破败，不能很好地防守，很快莒邑军民溃败。最终，楚军一直攻至莒国北部的郓邑。郓邑位于今山东省沂水县北，为莒国与鲁国长期相争之邑，此时为莒国所有。莒国全境溃败，便是因为莒国没有防备之故。

时之君子评论道："依仗偏僻简陋，不设防备，乃罪中之大罪；防范意外，乃善中之大善。莒国依仗地处偏僻，城邑简陋，不修城郭，十二天之内，被楚军攻克其三邑，便是因为没有防备！《诗》云，'虽有丝麻，无弃菅蒯；虽有姬姜，无弃蕉萃；凡百君子，莫不代匮'。"（逸诗）所言即是虽非良材，有备无患。丝麻有丝麻的作用，蔓草有蔓草的用途；家中虽有雍容华贵妻妾，也不要抛弃憔悴的妻妾。即便君子，总有缺此少彼之时。再僻再陋，也有被人觊觎的可能，也有被人需要之时，只有防备他人来犯，同时防备不时之需，才能确保始终安然。

周简王五年，即公元前581年，晋景公病重。晋景公梦见一个厉鬼，披发及地，捶胸而跳，向景公道："杀我之孙，尔乃不义。我请求上帝，并得到允许，特来复仇！"厉鬼毁坏宫门与寝宫之门闯将进来。景公恐惧，逃进内室，厉鬼又毁内室之门。景公惊醒，召见桑田巫人。巫人所言与景公所梦相同。景公问道："如何？"巫人道："国君吃不到新麦了！"景公病重，派人赴秦国请医生。秦桓公派医缓为晋景公诊病。医缓尚未到达，景公又做一梦，梦见疾病变成两个小童，一个道："他是好医生，恐怕会伤害我们，往哪里逃？"另一个道：

"我们躲在肓上膏下,岂能奈何我们?"古代医学将心尖脂肪称作膏,膏下自然无法进针,将心脏与膈膜之间称作肓,此处自然也无法进针。医缓来诊治后道:"病无法治了,病在肓之上,膏之下,不能用灸,针刺不到,药力不达,不能治了。"景公听得与自己梦境一致,叹道:"真乃良医!"便赠予医缓丰厚的礼物让他回去。成语"病入膏肓"便由此而来。过了一段时间,新麦已割,景公便想吃新麦,让管理藉田之人献麦,厨师烹饪。眼见新麦便可到口,景公感到依旧能行动自如,并无大碍,便认为桑田巫人所言不实,咒君将死,让人召来桑田巫人,将新麦所蒸之食拿给他看,然后杀了他。景公正要进新麦之食,突然腹胀,便去厕所,跌入厕所而死。晋景公之病,当是心脏病,从其发作突然来看,或许死于心肌梗死。巧的是这天早晨,一个宦官梦见背着景公登天。等到中午,正是他将景公从厕所背出,于是就以他为景公殉葬。

景公薨时,晋国已立新君,是为晋厉公。这年秋天,鲁成公赴晋国朝见晋厉公。晋厉公留下鲁成公,让他为晋景公送葬。直到冬天,葬晋景公,诸侯均未送葬,只有鲁成公送葬。鲁国人认为这是耻辱,因此《春秋》不予记载,隐讳成公之耻。

晋国本就因为命鲁国等国将齐国返还诸国的田地重新划归齐国,导致诸侯离心,如今又强留鲁成公为晋景公送葬,更导致鲁国不满。本来,诸侯丧葬,当通告其他诸侯国,由各诸侯国派遣大夫吊唁,派遣卿参加葬礼,晋侯虽为侯伯,也并无硬要诸侯参加葬礼的道理。当然,晋国硬留鲁成公,还有教训之意,因为鲁成公在接到晋景公将汶阳之田划归齐国之命后,对晋国之命不满,有意与楚国通好。晋国恃强的诸多行为,虽然使得鲁国等国不敢公然背叛晋国,却不能如当初齐桓公、晋文公那样获得诸侯之心。此后各诸侯国之间结盟、背盟如同儿戏,全凭各国一时之需,盟约完全成为诸侯国自保或求和的权宜之计。

## 第九十六章　王卿争政晋臣争田，鲁宋联姻晋楚结盟

春秋时期，诸侯之间，王卿之间，诸侯与其卿大夫之间，卿大夫之间，诸多关系，如果以一个字来概括，便是"争"，争权、争位、争名、争利。因为周天子实力日衰，于是诸侯争霸，因为卿大夫势力日重，于是卿大夫之间相互倾轧。如孟子所言，"春秋无义战"，春秋亦无正义之争，绝大多数争斗虽然以王命或礼义为号召，实则均为利益之争。

据《左传》记载，周简王六年，王室又发生王卿争夺执政权的事件。周公楚厌恶周惠王、周襄王后裔族人咄咄逼人，又在与伯舆争夺执政权中失败，他非常气愤，于是出走。周公楚到了阳樊，周简王派刘康公请他回来，于鄩邑盟誓然后入王城。但是周公楚于王城只逗留了三天，便再次出走，逃往晋国。对于王卿、公族之间的争斗，明白事理的周天子只能四下安抚、调和，以求朝廷安定。

恰在此时，晋国的郤至又与周室争夺鄇邑田地。鄇邑是温邑的别邑，其地位于今河南省武陟县西南。周简王无力解决纷争，便命刘康公、单襄公赴晋国诉讼，让侯伯决断。郤至为郤克族侄，郤至道："温邑一直是郤氏封邑，所以我不敢丢失。"刘康公、单襄公道："昔日周朝克商，分封诸侯。苏忿生为司寇，温邑为其封邑，苏忿生与檀伯达均封于大河附近。周襄王年间，苏氏背叛襄王，投奔狄人，后又与狄人不和，狄人攻打温邑，襄王不救，因此灭其温国，苏氏逃亡卫国。后襄王为慰劳晋文公，将温邑赐予文公，晋国狐氏狐溱曾为温邑大夫，后温邑又为晋国阳氏阳处父采邑，然后才轮到你。如果追究温邑归属，则它为天子属官封邑，你怎能得到？"晋厉公于是令郤至不要再争。

晋国数度南征郑、楚，所赖乃中原诸侯听命于晋。如今因晋景公对齐国与诸侯田地之争处置失当，鲁国、卫国等中原诸侯多有不满，渐生离心，于是给了西方秦国及晋国周边狄人以侵扰晋国的机会。周简王四年，秦国与白狄便攻打晋国。虽然秦国与白狄此番进攻对晋国没有造成多大损害，但晋国南渡大河用兵，需要一个稳定的后方，因此晋国准备与秦国媾和。

## 第九十六章　王卿争政晋臣争田，鲁宋联姻晋楚结盟

晋厉公与秦桓公约定于晋地令狐邑会面结盟。令狐邑位于今山西省临猗县西。晋厉公先行到达，未失主人之礼。而秦桓公来到大河之滨，却不肯东渡大河。秦桓公住于王城，派遣大夫史颗东渡大河与晋厉公盟誓。王城于大河之西，今陕西省大荔县东。晋国又派遣大夫郤犨与秦桓公于河西盟誓。士燮道："如此结盟有何益处？斋戒盟誓，为表诚信。双方至于会盟地点，乃诚信之始。开始便不信守时间地点，岂有诚信可言？"果真，秦桓公回去之后便背弃了与晋国的友好盟约。

在争斗不断的春秋时代，也有一些君臣致力于睦邻外交，营造对本国比较有利的邦交环境。宋国右师华元在外交上便可谓长袖善舞。终《左传》记载，鲁、宋之间互访交往极少。但华元执政期间，却两度出使鲁国。周定王二十年，宋共公二年，即公元前587年，华元出使访问鲁国，以结宋、鲁之好。宋共公六年，华元又赴鲁国，为宋共公聘娶鲁成公之姊。华元更大的外交成就是促成了晋楚结盟。华元曾于楚国为人质，却结交了楚国令尹子重。晋国为侯伯，华元又与晋国正卿栾书交好。华元看到，周简王四年，晋国通过放回楚国俘虏钟仪向楚国示好，楚国立即派遣大宰公子辰拜访晋国，第二年春，晋国又派遣大夫籴茷回访楚国，晋楚两国都有和好之意。他又打听到，楚国对籴茷的回复是允诺与晋国结盟。于是，他便动身前往楚国，又前往晋国，促成两国结好。晋、楚不再展开拉锯战，夹在两个大国之间的中原诸侯国日子便会好过得多。

《左传》不仅记载了宋国华元促成鲁宋联姻之事，亦记载了联姻的一些细节，并记载鲁国公室对此姻缘十分满意。鲁、宋定下婚约以后，根据婚礼，宋国派遣公孙寿赴鲁国下聘礼，第二年鲁国派遣季孙行父送共姬出嫁。季孙行父回国后，鲁成公设宴慰劳。季孙行父于宴会上赋《大雅·韩奕》之第五章，意为鲁国为公主找到了可靠舒心的归宿，公主生活安乐，且享誉良好。此时共姬之母穆姜于厢房出来，向季孙行父再拜道："大夫勤敬，不忘先君，不忘嗣君，不忘未亡之人，先君可得告慰。因此再拜大夫之勤勉。"使他们得到安慰的，便是季孙行父的勤劳公事。

在华元的促成下，周简王七年，即公元前579年，这年夏天，晋国与楚国在宋地结盟。晋国派遣士燮赴盟，楚国派遣公子罢、许偃赴盟。结盟地点于宋都西门之外。《左传》特别记载了盟约的内容：今后晋、楚之间，不动刀兵，同好同恶，同恤灾难，救援凶患。若有危害楚国者，晋国必伐；若有危害晋国

· 377 ·

者，楚国必伐。使者往来，道路无阻；协调不和，讨伐背叛。有违此盟，明神必诛，颠覆其师，不保其国。晋国又召郑成公赴晋国，郑重告知其晋、楚结盟。

晋国郤至亦参加结盟，之后又赴楚国访问。楚共王设享礼招待，公子侧作为外交礼仪之相，于堂下之室悬挂钟鼓。郤至将要登堂，室中先奏钟镈，又击鼓磬，郤至慌乱，急忙退走。因为奏金之乐，本为天子享侯伯之乐，春秋时亦用于诸侯相见之乐。故而郤至不敢在奏此音乐时登堂，以免僭越礼制。此种安排当是公子侧有意为之，郤至如在奏金之乐中登堂，则为僭越，而如果退下，虽不越礼制，却又无法按时登堂拜见楚王，亦为失礼。公子侧是想让郤至进退失据，于气势上压倒郤至。

见郤至退回后，公子侧向郤至道："天色已暮，寡君在等待，你请进吧！"郤至道："贵君不忘先君之好，泽及下臣，赐以大礼，又加钟磬。若今后上天降福，两国国君相见，又用何礼？下臣不敢当。"公子侧则道："若上天降福，两国国君相见，无非弓矢相赠，焉用奏乐？寡君等待，你请进吧！"郤至据礼回道："如以箭矢相待，乃祸中之大祸，岂能言福？天下太平，诸侯完成天子使命，闲暇之时相互朝见，因此有享、宴之礼。享礼设酒食而不食，用以训导恭敬节俭，宴礼设酒食而饮用，用以表示慈爱恩惠。恭敬节俭是为推行礼制，而慈爱恩惠是为广布德政。德政以礼制推行，民众因此得以休养生息。诸侯以下百官承命，日作夜息，此乃公侯用以保护民众之措施，因此《诗》云，'赳赳武夫，公侯干城'。（《周南·兔罝》）而天下动乱，诸侯贪婪，侵掠争夺，无所顾忌，为争寸土，耗尽民力，驱民死地；收买武士，作为心腹、股肱、爪牙。因此《诗》云，'赳赳武夫，公侯腹心'。（同前）天下有道，诸侯们能为百姓民众，而控制其腹心。天下无道，诸侯们便奴役民众，并以武夫作为爪牙。今天听你所言，乃动乱之道，不可以为法则。然而你是主人，郤至岂敢不从？"于是郤至登堂入室，面见楚王。

郤至回国后，将此情形告诉士燮。士燮道："楚国无礼，必定食言，两国离开大战之日不远了。"

这年冬天，楚国公子罢赴晋国访问，晋厉公与公子罢于晋国赤棘盟约。虽然这两年中晋、楚多次往来，但的确如士燮预料，三年之后，楚国便背弃晋、楚之盟，北伐中原。此是后话。

## 第九十七章　为臣不敬卿士取祸，晋厉绝秦诸侯联军

　　周简王八年，即公元前578年，新年伊始，晋厉公便派遣郤克之子郤锜赴鲁国请求其出兵，因为近几年狄人一直趁机侵扰晋国，且秦国背盟对晋国形成威胁。虽然晋为侯伯，但晋国向鲁国借兵，乃晋国有求于鲁国，郤锜当恭谨从事。然而郤锜却既不恭敬行事，也不严肃认真。据《左传》记载，孟献子仲孙蔑道："郤氏即将灭亡！礼仪，如身体躯干；恭敬，为立身之基。郤子没有根基。而且作为嗣卿，数代重臣，受命请求鲁国出兵，乃为保卫国家，但郤锜怠惰不敬，乃是轻置君命，怎能不亡？"

　　臣子凡能长久居于高位而不败者，当如单襄公所言，恪守"敬、恪、恭、俭"的为臣之道。其实，敬、恪、恭、俭，能守其一，便能守其四。不敬之人，自然不会恭谨俭朴，而不俭之人，其恭敬谨慎亦会打折扣。同年三月，鲁成公赴京师。叔孙侨如想要得到周王赏赐，请求作为先遣出使。据《国语·周语》记载，叔孙侨如先见周大夫王孙说，与之交谈。事后王孙说向周简王道："鲁国叔孙氏之来，必定另有所图。他进献礼薄而言语阿谀，必为其自请出使。如他自请出使，定想得到赏赐。鲁国执政畏其强横，因此尽管不愿，也只得派他出使。其相貌上宽下尖，易犯他人。君王不要赏赐于他。若贪婪又欺凌下属之人来朝，愿望得以满足，乃为不赏善行，况且财物未必能满足其欲望。因此圣人慎重施舍，慎以喜怒取予，不一味宽惠，亦不一味严断，只据德义赏罚。"简王赞同王孙说之言，派人私下向鲁国询问，果然为叔孙侨如自请出使。于是简王只命以对普通外交行人之礼招待。当孟献子仲孙蔑随同鲁成公来朝拜周简王时，王孙说又与其交谈，向简王称赞仲孙蔑懂礼谦让。于是简王对仲孙蔑重加赏赐。由此可见，刻意追求者，因其刻意，功利之心表露于外，往往被人看轻，而心存敬畏者，因其有所敬畏，因而恭敬俭朴，往往受人敬重。

　　鲁成公此次与诸侯朝见周简王，是为随同刘康公、成肃公一道，会合晋厉公讨伐秦国。据《左传》记载，成肃公于祭祀社神接受祭肉时不敬。刘康公

道："我闻，人得天地中和之气而生，即所谓命。因此有动作、礼义、威仪之准则，以定其命。有能力者保养中和之气与礼义准则，以此求福，无能力者损耗中和之气，败坏礼义准则，足以取祸。因此君子勤于守礼，小人尽其能力。勤于守礼莫过于恭敬，尽其能力莫过于敦厚笃实。恭敬在于供奉神灵，笃实在于安分尽职。国之大事，在祀与戎。祭祀要以礼分祭肉，举兵要以礼受祭肉，均为与神灵交往之大礼。如今成子表现怠惰不恭，不保其中和之气与礼义之则，便是丢弃其命。此次出征，恐其不回！"果真，未出夏季，成肃公便死于晋国瑕邑。

晋国与秦国于两年前结盟，但秦国很快背弃盟约，伙同白狄对晋国不利，因此晋国才联合诸侯讨伐秦国。晋厉公作为侯伯，为于礼义上不授人口实，派遣魏锜之子魏相赴秦国断绝外交关系。《左传》全文记载了晋国的外交照会：

"昔日我先君献公与贵国先君穆公友好，勠力同心，以盟誓宣明此意，以婚姻加深两国关系。上天降祸晋国，使我文公流亡齐国，惠公寄居秦国。不幸献公去世，穆公不忘旧德，使我惠公能回晋国供奉先祖之庙。但穆公又未能成就重大功勋，曾攻打我国，因此有韩原之战。后穆公心中懊悔，因此成全我文公入主晋国，此乃穆公之功。我文公亲披甲胄，跋山涉水，逾越险阻，征服东方诸侯，使虞、夏、商、周后裔均尊重秦国，亦为报答秦国旧恩。郑国侵犯天子边境，文公率领诸侯会同贵国军队共同包围郑国。后秦国大夫不与寡君商议，擅自与郑国盟约。诸侯痛恨秦国自行其是，将与秦国决一胜负。文公唯恐有伤秦国，绥靖诸侯，使秦军顺利回国，此乃我国有大功于秦国。

"不幸我文公去世，贵国穆公不善，无视文公之丧，弃我襄公，犯我殽地，断我友邦，伐我城邑，灭我滑国，离我同姓，乱我同盟，颠覆我国。我襄公未忘秦君旧勋，又惧社稷覆灭，因此有殽地一战。但我襄公仍愿与穆公求和。然而穆公不听，反而亲楚谋晋。天意佑我，楚成殒命，穆公因此不能得志于我国。穆公、襄公去世，康公、灵公即位。康公，乃我穆姬所出，却想损害我公室，颠覆我社稷，鼓动我内奸，动摇我边疆，我国忍无可忍，因此才有令狐之战。康公依旧不肯改悔，又侵我河曲，伐我涑川，俘我人民，割我羁马，我国忍无可忍，因此才有河曲之战。秦国东边道路不通，是因贵国康公与我国断绝友好。

"待贵君继位，我君景公无日不向西翘首以待：秦国或将抚恤我国。而贵君却不惠顾我国，不与我国结盟，却利用我国狄难之时，入侵我国河县，焚我

## 第九十七章 为臣不敬卿士取祸，晋厉绝秦诸侯联军

箕邑、郜邑，抢割我国庄稼，屠戮我国边民，我国因此于辅氏自卫。贵君有悔战祸蔓延，欲求福于先君献公与穆公，派遣伯车前来命令我景公道：'我与你重修旧好，抛弃怨恨，重修旧德，以追前勋。'盟誓未成，景公去世，寡君因此与秦国有令狐之会。然而贵君又不怀善德，背弃盟誓。白狄与贵君同处雍州，为贵君仇敌，却是我姻亲。贵君派人前来命令道：'你我联合讨伐狄人。'寡君不敢顾及姻亲，畏惧贵君之威，便下令将士攻打狄人。但贵君又对狄人道：'晋国将要攻伐你们。'狄人虽然接受贵国说辞，却厌恶此种做法，因此告知我国。楚君亦厌恶贵君反复无常，亦来告知道：'秦国背弃令狐之盟，而来向我国求盟，秦君派遣使者对寡君言道："我们向昊天上帝，向秦国三位先公穆公、康公、共公，向楚国三位先王成王、穆王、庄王发誓，余虽与晋往来，但余唯利是图。"不谷厌恶秦君反复无常，因此将此事昭告天下，以惩戒言行不一之人。'楚君既将秦国背信之事昭告天下，诸侯得闻，自然对秦国行为痛心疾首，自然亲近寡人。如今寡人率领诸侯听命于秦，只为修好。秦君若能惠顾诸侯，体恤寡人，赐予结盟，乃寡人之愿，自然安抚诸侯而退，岂敢为乱？贵君若不布施大恩大惠，寡人不才，不能退诸侯之师。事情尽告执政，请执政考虑如何有利。"

晋国致秦国的外交照会有理有据，晋国自然也向各诸侯国同时照会。结果，秦桓公的失信行为为各诸侯国广为知晓。秦桓公既与晋厉公于令狐结盟，又召狄人与楚人，想引导他们进攻晋国，这种行为实际上帮助了晋国。中原各诸侯国惧怕南方楚国、西方秦国于西北戎狄扰乱中原，因此又与晋国修好。

晋国联合诸侯联军讨伐秦国，栾书率领中军，荀庚为副；士燮率领上军，郤锜为副；韩厥率领下军，荀䓨为副；赵旃率领新军，郤至为副。郤毅御车，栾鍼为车右。鲁国仲孙蔑道："晋国将士上下一心，军队必定建立大功。"鲁成公、齐灵公、宋共公、卫定公、郑成公、曹宣公、邾国与滕国国君均亲自率军伐秦。

联军攻入秦国，与秦国军队战于麻隧。麻隧位于今陕西省泾阳县境内。此战秦军大败，诸侯之师俘虏了秦国成差和女父。军队渡过泾水，到达侯丽然后回师，侯丽亦于泾阳县境内。于是联军于秦国新楚邑迎接晋厉公。新楚邑或于联军回师途中。此次诸侯联军伐秦获胜，然而曹宣公不幸薨于回军途中。

· 381 ·

## 第九十八章　曹成杀嫡子臧辞立，郑室再乱卫国种祸

曹宣公薨于诸侯联军伐秦回师之时，即周简王八年，公元前578年。曹宣公与多年前的许穆公一样，均薨于诸侯联军出师征伐途中，即死于王事。当年许穆公追随齐桓公征伐，薨于军中，死后葬仪规格得以提升两级，极尽哀荣。但据《左传》记载，曹宣公却无此幸运，还因薨于国外，给曹国公室带来不幸。曹国发生了公子负刍杀嫡自立事件。曹宣公薨于国外，或许因宣公太子年幼，因此曹国大臣们让宣公庶子公子负刍协助太子留守国都，而让宣公庶子公子欣时去迎回宣公灵柩。公子负刍便借负责留守之便，杀宣公太子，自立为国君，即为曹成公。诸侯得知曹国公子负刍杀嫡自立，请求侯伯率联军讨伐曹国。晋国因为诸侯联军刚刚伐秦，军队疲劳，便请求各路诸侯暂时回师，待以后再行讨伐曹国。

公子欣时，字子臧，因此史书记载称子臧。公子欣时将曹宣公灵柩迎回曹国，曹国臣子或许因国不可无君，已奉曹成公为君，于是，曹国于当年冬季安葬了曹宣公。葬礼完毕，公子欣时对宣公已尽儿臣孝道，不准备侍奉杀嫡自立的庶兄负刍，因此准备出逃，国人也都准备跟随他逃亡。曹成公感到了众叛亲离的恐惧，于是派人找到公子欣时，承认自己杀嫡自立有罪，恳请公子欣时不要出走。或许公子欣时不愿曹国就此陷于内乱，更加疲弱，便返回国都。为使曹成公放心，公子欣时还将自己的采邑交给曹成公，以示自己不留后路。

虽然曹国国内还算平稳，但各国诸侯却没有承认曹成公。时隔一年，周简王十年春，晋厉公于戚邑召集会盟，鲁成公、卫献公、郑成公、曹成公、宋世子成、齐国国佐以及邾国大夫参加了会盟。曹成公之罪不当延及曹国臣民，因此晋厉公仅拘捕了曹成公，送往京师，请周天子处置，而不再兴师伐曹。

诸侯们认为曹宣公庶子公子欣时贤良，一致决定让公子欣时进见周天子，立他为曹国国君。公子欣时辞道："《前志》有曰，'圣达节，次守节，下失节'。为君之事非我之节。我虽不能如圣人达节，又岂敢失节？"于是他逃往宋国。所谓达节，乃进退自如，皆合节义；所谓守节，乃消极自保，不失操守；

·382·

## 第九十八章 曹成杀嫡子臧辞立，郑室再乱卫国种祸

所谓失节，乃贪图名利，不守节义。公子欣时自谓不能做到进退皆合道义，当做到洁身自好，不失操守，因此固辞君位。公子欣时比较仁义，也比较有自知之明，或许他认为宣公后裔已损一嫡支，如果他接受诸侯推举被立为新君，则杀嫡自立的公子负刍必不能活，宣公后裔便会再损一庶支，宣公后裔便会零落，或许他认为他既无法接受沾染鲜血的君位，也无法胜任国君责任，因此他只能选择退避。

晋厉公将曹成公拘送京师后，曹成公便一直被拘禁在京师。周简王十一年秋，曹国臣子向晋厉公请求道："自从我先君宣公去世，太子不立，国人均相互询问如何是好，因为忧患尚未消除。去岁诸侯讨伐寡君，又使镇抚曹国社稷的公子臧逃亡国外。诸侯此举是在大举灭曹。莫非先君宣公有罪？但如有罪，则贵君当不允许他参加诸侯会盟。贵君只有不失德、刑，才能为诸侯之伯，岂能唯独抛弃敝国？谨于私下向贵君陈情。"

一个月后，曹国臣子再次向晋国求情。晋厉公派遣使者赴宋国向公子欣时道："请你回国，寡人便送回你们国君。"于是公子欣时回国，曹成公也得以回国。晋厉公让公子欣时回国，当是为牵制曹成公。但公子欣时回国，只是为了能让曹成公回国，他回国后，将他的封邑与卿位全部交出，不再任职。此举或许是为不使曹国臣民分裂，或许也是为了自保。于是曹成公重新主政。

在曹国因曹成公杀嫡自立引发一系列事件时，郑国也发生了一起公族内乱。周简王四年时，郑国公族曾发生过一次内乱。当时晋国因郑国亲楚而将郑成公扣留在晋国，郑国公孙申提出计谋，郑国佯装另立新君，使晋国扣留郑君无意义。但公子班借机立成公庶兄公子繻为国君。后郑国人杀公子繻，立郑成公太子髡顽为君，公子班逃亡许国。之后郑国贿赂晋国，并向诸侯求和结盟，于是晋国放回郑成公。郑成公回国之后，便杀了谋划者公孙申及其弟公孙禽。

时隔四年，郑国公族又发生内乱。周简王八年，已经从许国回到郑国訾邑的公子班从訾邑率人入都，请求参拜宗庙。或许因受阻拦，公子班未能进入宗庙，于是杀穆公之子子印、子羽，驻扎于街市。过了一天，穆公之子子驷率领都城之人于宗庙盟誓，然后追赶公子班的人马，烧了公子班的营帐，杀了公子班与其弟公子骓，并公子班之子公孙叔、公子骓之子公孙知。《左传》并未记载事情的起因，不知为何公子班与其弟率全家自赴死路，引发公族的血腥互杀。

春秋乱世，各国有各国的麻烦，而且往往由于侯伯的介入而增加麻烦。

周简王九年春，卫定公赴晋国朝见侯伯，晋厉公强请卫定公见卫国的孙林父。孙林父为孙良夫之子，为卫定公所厌恶，因此于周简王二年时逃往晋国，并将自己封地戚邑奉送晋国。当年卫定公赴晋朝拜，晋景公表示不图卫国土地，将戚邑归还卫国。但孙林父自此留居晋国。或许孙林父离开卫国多年，想要回国，或许晋厉公想让孙林父回卫国，因此趁卫定公赴晋朝见之机，晋厉公让卫定公见孙林父。卫定公自然不同意见出逃的臣子，不愿再让他回国，以免生出事端。但卫定公回国之后，晋厉公派郤犨送孙林父回卫国去见定公。卫定公还想推辞。夫人定姜道："不可推辞。他是先君宗卿之后，又有大国为他讲情，如不答应，卫国有灭国之虞。虽然国君厌恶他，但总比亡国要好。国君只能忍耐！为安定万民而赦免宗卿，难道不好吗？"于是卫定公接见了孙林父，并且恢复了他的职位与采邑。

卫定公设享礼招待郤犨。郤犨封于苦成，因此称之为苦成叔。苦成位于今山西省运城市东北。卫定公举行享礼时，宁惠子宁殖为相。郤犨非常傲慢。事后宁殖道："苦成叔将亡其家！古代举行享礼，为观察威仪，省察祸福，因此《诗》云，'兕觥其觩，旨酒思柔。彼交匪敖，万福来求'。如今郤夫子傲慢，乃取祸之道！"宁殖所引之诗出自《小雅·桑扈》，乃宴饮之诗，且寓教于乐。意为犀角之杯弯弯，美酒柔和香甜。不骄不傲，万福齐全。宁殖引此诗，表明古代教化，寓教于日常生活，只有不骄不躁，才能保全子嗣与福禄。此后晋国郤氏被灭，证明了宁殖的预言。

卫定公病重，嘱托孔成子孔烝、宁惠子宁殖立敬姒之子衎作为太子，是为卫献公。孔烝为孔达之子，宁殖为宁相之子。年底，卫定公薨。夫人姜氏哭丧之时，见太子并不悲哀，于是不思饮食，叹气道："此人不仅将会败亡卫国，而且必然先毁灭我这个未亡人。呜呼！上天降祸卫国，使我不能以鱄来主持国家。"鱄为衎之弟，或许因鱄对姜氏比较尊敬，言行得体，姜氏看好鱄，曾企图立鱄为嗣。大夫们听闻姜氏之言，均怕卫国公室生变，无不恐惧。

此时孙林父已回归卫国，但他不敢将其贵重器物置于国都家中，而放于采邑戚邑，因戚邑靠近晋国。他尽其所能与晋国大夫们结好，为自己留有后路。十数年后，卫国君臣矛盾激化，导致卫献公出逃齐国，此是后话。

## 第九十九章　楚背晋盟宋室纷争，许迁国都三郤乱晋

由于郑国倒向以晋国为首的中原诸侯联盟，又出兵伐许，威胁到楚国的势力范围，楚国准备出兵伐郑。据《左传》记载，周简王十年，即公元前576年，这年夏季，楚国准备北伐，楚共王之弟公子贞道："我国新近与晋国结盟，就此背盟，恐怕不好！"楚共王的叔父、楚国司马公子侧则道："敌情有利于我，当然可以出兵，在乎什么结盟？"此时申叔时已老，居于其封地申邑，闻公子侧此言，道："子反必定无法免祸。信用乃用于守礼，守礼乃用于保身，信、礼皆无，岂能免祸？"公子侧字子反。果然，一年之后，公子侧便因兵败被迫自杀。此是后话。

楚共王听信公子侧之言，率军入侵郑国。楚国此次出兵，是为向晋国为首的中原诸侯联盟示威，因此楚军并没有攻打郑国国都新郑，而是一路北上，直抵大河之滨的暴隧。暴隧原为周室所封暴辛公的采邑，后归于郑国，位于今河南省原阳县西。楚军抵达暴隧后，沿济水向东，入侵卫国，抵达卫邑首止。济水为今天的黄河。首止靠近郑国与宋国，在今天河南省睢县东南。楚军北伐线路入侵郑、卫两国，相当于绕郑国大半圈。郑国自然不甘心楚国如此向郑国示威，于是派遣子罕讨伐楚国，以报复楚国向郑国用兵。子罕率领郑国军队并不敢深入楚地，而是攻下了楚国方城之北的新石。新石位于今河南省叶县境内。子罕占领新石，或许是想威胁截断楚军南归的退路，迫使楚军早日收兵。

楚国与晋国结盟不满三年，便向中原诸侯发动战争，无疑是无视晋楚之盟，不给中原侯伯晋君面子。晋国中军主帅栾书主张出兵报复楚国，韩厥劝道："不用我国出兵，让楚君劳民征伐，这样便会加重他的罪过，楚国民众将会背叛他。他劳民伤财，失去民众，靠谁为他征战？"于是晋国没有出兵。

周简王十年夏，宋共公薨。此时，华元为右师，鱼石为左师，荡泽为司马，华喜为司徒，公孙师为司城，向为人为大司寇，鳞朱为少司寇，向带为太宰，鱼府为少宰。华元为戴公之后，戴公之孙华父督之曾孙，华御事之子。鱼石为桓公之后、襄公庶长兄公子目夷之曾孙，目夷字子鱼，因此后世以鱼为

氏。荡泽为桓公之子公子荡之后,因此以荡为氏,荡泽为荡意诸之子。华喜亦为戴公之后,华父督之玄孙。公孙师为庄公之孙。向为人为桓公后裔,向带亦为桓公后裔。鳞朱为桓公玄孙。鱼府亦为桓公之后。共公之薨,使得宋国的这些公族之后又起内乱。

司马荡泽掌握军事大权,他为削弱公室,杀宋共公之子公子肥。华元叹道:"我为右师,教导国君与臣子,乃师之职守。可是如今公室地位下降,我却不能拨乱反正,扶助公室,我罪甚大。我既然不能尽到职责,岂敢因得宠牟取私利?"于是华元出奔晋国,因为他与晋国上卿栾书交好。

上述掌握宋国命运的大臣,两位华氏——华元与华喜均为戴公之后;司城公孙师为庄公之后;左师鱼石、司马荡泽、大司寇向为人、少司寇鳞朱、太宰向带、少宰鱼府均为桓公之后。左师鱼石或许想息事宁人,因此想要阻止华元出奔。鱼府道:"若右师回来,必然讨伐荡泽,桓族子孙将会被灭。"鱼石则道:"若右师能够回来,虽然允许他讨伐桓族,他也必不敢为。况且华右师屡建大功,国人亲附于他。如不请他回国,恐怕激起民愤,如此桓族于宋国将会绝祀。右师若讨伐荡氏,尚有向戌在。桓族即便被灭,也只灭部分。"不论鱼石是否说服了鱼府,最终是鱼石亲赴大河之滨阻止华元赴晋。华元要求讨伐荡泽,鱼石应允。于是华元回都,派遣司徒华喜、司城公孙师率领国人讨伐荡氏,杀荡泽。《春秋》记载"宋杀其大夫山",直书其名,乃因荡泽背叛公族。

眼见华元深得国人之心,讨伐荡氏如摧枯拉朽,桓族的鱼石、鱼府、向为人、向带与鳞朱心中畏惧,纷纷离开都邑,迁居睢水之滨。华元派人劝阻他们,没有结果。于是华元亲自去劝,他们依旧不肯回都。但等到华元独自走后,几人又感到不安。鱼府道:"现在不从右师之命,以后我等便不能回都了。右师眼睛转动很快,说起话来很急,貌似劝我等回都,其实口不对心。若他确实没有想让我们回去,现在他便会疾驰而去。"他们登山一望,华元果然疾驰而去。于是他们五人赶忙驱车追赶华元,但华元已经派人掘开睢水堤防,阻止他们涉河,又命人关闭城门,命守军登上城墙,以防他们攻城。五人眼见在宋国将没有好下场,左师鱼石、大小司寇向为人与鳞朱、大小宰向带与鱼府便都逃亡楚国。如此,华元便顺理成章撤销他们的职务,以向戌为左师、老佐为司马、乐裔为司寇,安定国内。老佐为戴公五世孙,乐裔亦为戴公之后。于是华元于重臣中扩张了戴族势力,而桓族势力于宋国只存向戌一支。

## 第九十九章　楚背晋盟宋室纷争，许迁国都三郤乱晋

由于许国一直追随楚国，郑国对楚国不满，便将怨气转向许国。许灵公畏惧郑国的压力，向楚国要求将国都迁至楚地。得到楚国允许，楚国公子申便帮助许灵公将国都迁至叶城，彻底成为楚国附庸。叶城位于今河南省叶县西南。而许国原来都于鈤任，位于今河南省许昌市东。许国迁都叶城后，原来许都鈤任便为郑国占有。

本来在楚、郑互伐时，晋国中军主帅栾书在韩厥劝告下没有出兵，使得晋国能够暂时休养生息，但晋国郤氏却引发了晋国内乱。起因是三郤即郤锜、郤犨、郤至陷害伯宗，向晋厉公进谗言，导致伯宗被杀，并且连累到栾弗忌。伯宗之子伯州犁逃亡楚国。

伯宗曾为晋景公出谋划策，很受景公信赖，因此晋国梁山崩，景公立即想到要召伯宗咨询。或许因他敢于直言，或许他恃景公信赖而多言，于厉公朝不为厉公所喜，并为朝臣嫉恨，因此招来杀身之祸。伯宗每次上朝，其妻必定戒他"盗憎主人，民恶其上"。意思是，强盗因为主人的防范而憎恨他，民众因为在上位者的约束而憎恨他们，伯宗地位甚高，又好直言，必会遭难。但伯宗却没有改变自己的言行习惯。

据《国语·晋语》记载，一天伯宗退朝后，面带喜色回到家中。其妻问道："你面带喜色，是何原因？"伯宗答道："我在朝堂发言，大夫们都称赞我像阳子（阳处父）那样机智。"其妻道："阳子华而不实，能言善辩而无谋略，因此遭杀身之祸。以阳子喻你，有何值得高兴？"伯宗道："改日我设宴请大夫们一起饮酒，与他们交谈，你不妨一听。"其妻应诺。待宴会结束，其妻道："那些大夫确实不如你。但人们从来不能拥戴才智在其上的贤者，灾难必会降临于你！你何不尽快物色一人来训导与保护儿子伯州犁！"于是伯宗找到毕阳托付其子。伯宗遇害，毕阳便将伯州犁护送至楚国。但《国语》记载与《左传》有所不同，《国语》记载伯宗乃为栾弗忌之难所牵连。

《左传》记载了韩厥的评论："郤氏恐不能免祸！善人乃天地之纲纪，多次加害善人，只会自取灭亡。"果然，两年之后，三郤被杀。

## 第一〇〇章　郑人伐宋侯伯出兵，楚师援郑晋楚争锋

郑国子罕率师攻占楚国新石，郑国的强硬，倒使楚国软了下来。据《左传》记载，周简王十一年，即公元前575年，楚共王从武城派遣公子成用汝阴之田向郑国求和。武城位于今河南省南阳市北，汝阴之田应于楚国方城之北，汝水之南，位于今河南省郏县与叶县一带。或许楚共王去年出师北伐尚未回都，抑或因失新石再次北上。郑国见到实际利益，便背叛与晋国为首的中原诸侯之盟，倒向楚国，派遣子驷赴武城与楚共王结盟。子驷即公子騑。

郑国既然与楚国结盟，便派子罕向东进犯宋国。子罕即公子喜。宋国派遣戴公后裔将鉏、乐惧于汋陂防御，击败子罕率领的郑军。宋军退驻夫渠，因打胜仗，自恃强大，不加戒备，于是给了郑军以袭击的机会。子罕率郑军于汋陵打败了宋军，并俘房了将鉏、乐惧。汋陂、夫渠、汋陵均当在今天河南省商丘市宁陵县境内。

郑国背叛以晋国为首的中原诸侯联盟，晋国将要伐郑，因郑国侵宋危及卫国边境，卫献公率先发兵讨伐郑国。卫献公因率先出兵，并不冒进，率军抵达鸣雁。鸣雁位于卫、宋边境，睢水之北，即今天河南省杞县北。如此，卫献公进可以攻，退可以守。

晋厉公准备讨伐郑国。范文子士燮道："若我君志向得逞，诸侯皆将背叛，晋有外患，国内危机却可缓和。若只是郑国背叛，晋国国内忧患指日可待。"士燮当是指晋厉公极好逞强，又不能居安思危，如果强要向诸侯发号施令，诸侯必定皆叛，厉公或许尚能警醒；如果只是郑国背叛，厉公必定出兵与郑、楚作战，晋国民众便不能休养生息。栾武子栾书则道："不能在我们这代失去霸主之位，定要讨伐郑国。"此言正合厉公心思，于是晋国发兵讨郑。栾书率中军，士燮为副；郤锜率上军，荀偃为副；韩厥率下军；郤犫将新军，郤至为副。荀罃为下军副帅，留守国内。郤犫先后赴卫国与齐国，请求两国出兵。栾黡则前往鲁国请求出兵。鲁国孟献子仲孙蔑道："晋国胜券在握了。"

郑国人闻晋国出兵，便派遣使者报告楚国，姚句耳作为随从同行。楚共

## 第一〇〇章 郑人伐宋侯伯出兵，楚师援郑晋楚争锋

王决定救援郑国，以司马子反（公子侧）率中军，令尹子重（公子婴齐）率左军，右尹子辛（公子壬夫）率右军。路过申邑，公子侧进见申叔时，问道："此次出兵将会怎样？"申叔时答道："德、刑、祥、义、礼、信，战之器也。德以施惠，刑以正邪，祥以事神，义以建利，礼以顺时，信以守物。民生厚而德正，用利而事节，时顺而物成，上下和睦，周旋不逆，求无不具，各知其极。"申叔时认为出师征战，必须恪守德、刑、祥、义、礼、信六种德行，并且他强调注重民生，行事有度，不违时令，上下和睦，政事俱顺，国用充足，各守其责。申叔时引《周颂·思文》章句道："立我烝民，莫匪尔极。"他指出，正因为文王为万民建立准则，所以明神降福，时无灾害，民生丰厚，民众和顺。民众无不尽力服从命令，致死不辞，因此战必能胜。如今楚国对内抛弃民众，不顾民生，不守农时，不惜疲民；对外断绝友好，贪利不义，亵渎盟约，自食其言。民众不知执政信用何在，进退皆会得罪。人人忧愁，谁能以死相从？申叔时最后对公子侧道："你勉励而行吧！我再也见不到你了！"意为公子侧必定兵败身死。

随同出使楚国的姚句耳先回郑国，子驷询问楚军情况，他回答道："楚军行军迅速，但经过险要之地便军容不整。行动太快便会考虑不周，军容不整便会没有行列。考虑不周，没有行列，如何能战？楚国恐怕不能依靠了！"

五月，晋军渡河。闻楚军将至，士燮不欲开战，道："我军假若逃避楚师，则可缓和晋国忧患。会合诸侯，非我所能，当留待能者。我们群臣能够和睦事君，便已足矣。"栾书则道："绝不能退兵。"

六月，晋、楚两军于鄢陵相遇。士燮仍不欲开战。郤至道："韩地之战，惠公战败；箕邑之战，先轸战死；邲邑之战，荀伯又败，这些均为晋国耻辱。您也了解先君之事。如今我们逃避楚军，乃增加耻辱。"士燮道："先君屡次作战，有其原因。秦国、狄人、齐国、楚国都非常强大，我们如不尽力，子孙将被削弱。如今三强已服，敌人仅楚国而已。唯有圣人能内外无患。如非圣人，外部安定，必有内忧，何不将楚国作为外部的威胁呢？"但晋军其余将领仍决定与楚军一战。

月末，楚军于清晨逼近晋军，陈兵列阵。晋军军吏感到忧虑，因为受楚军压迫，晋军排兵布阵的空间已经不足。士燮之子士匄快步上前道："填井平灶，于军营列阵，将行列间距离放宽。晋、楚两国均为天授，有何可忧？"士燮操戈驱逐其子，道："国之存亡，乃为天意，孩童何知？"士匄当是年方弱

冠，因此受到士燮叱责。但士匄如此年轻，能于危机之时有此见识，乃难得人才。栾书道："楚军轻佻，我们加固营垒，固守三日，楚军必退。乘其退兵，我们出击，定可获胜。"郤至道："楚军有六处空子，我们不可失去机会。其一，率领中军的司马子反与令尹子重两卿不和；其二，楚王用旧日军士，或老或猾；其三，郑国军队列阵不齐；其四，蛮人军队没有列阵；其五，楚军列阵不避讳月末；其六，列阵喧哗，合阵更加喧哗。整体观之，楚军、郑军、蛮军彼此观望，没有斗志，且老兵未必强，月末布阵又犯天忌，因此我们定能战胜他们。"

战前，楚共王登楼车瞭望晋军，令尹子重命太宰伯州犁侍立于共王身后。伯州犁为晋臣伯宗之子，伯宗为三郤诬陷被杀，伯州犁便逃亡楚国，楚国任其为太宰。因伯州犁了解晋军情况，因此让他随同楚共王观察晋军。楚共王问道："晋军兵车向左右驰骋，是做什么？"伯州犁答道："召集将校。"共王道："将校们均集合于中军了。"伯州犁道："是为共同谋议。"共王道："帐幕张开了。"伯州犁道："此乃于先君神主前卜卦。"共王道："帐幕撤除了。"伯州犁道："将要发布命令了。"共王道："甚为喧哗，且尘土飞扬。"伯州犁道："准备填井平灶列阵。"共王道："将校们都登上了战车，将校与车右又拿着兵器下车了。"伯州犁道："此乃将士们聆听宣布号令。"共王道："他们将出战吗？"伯州犁道："尚未可知。"共王道："将校们又登上了战车，将校与车右又都下来了。"伯州犁道："此为战前祈祷。"

在伯州犁将晋军情况报告楚共王时，苗贲皇在晋厉公身旁，也将楚军情况报告给晋厉公，并为晋厉公出谋划策。苗贲皇为楚国斗椒之子，楚国灭若敖氏，苗贲皇逃亡晋国，晋国以苗邑封之，因此以苗为氏。晋国将校们道："楚军有杰出人士，且兵多将广，不可抵挡。"苗贲皇向晋厉公道："楚军精兵，只是中军王族。请将我军精兵分别攻打他们左右军，再集中三军兵力攻打楚王中军，定可大败楚军。"晋厉公让太史筮卦。太史道："吉。卦象为'复'。爻辞曰'南国蹙，射其元王，中厥目'。国家局促，国王受伤，岂能不败？"晋厉公听了苗贲皇之言，又见筮卦为吉，便决定出战。

晋军营前有泥沼，晋军都或左或右避开泥沼。步毅为晋厉公车御，栾鍼为车右。栾书、士燮率领其氏族队伍在左右护卫厉公。晋厉公战车陷入泥沼，栾书欲将晋厉公让到自己的战车上。由于在君前，臣子之间都直呼其名，故栾书之子栾鍼道："栾书退下！国有大事，怎能一人独揽？况且侵犯他人职权，乃为冒犯；抛弃自己职责，乃为怠慢；离开自己所司，乃为乱局。此三件罪，绝

## 第一○○章 郑人伐宋侯伯出兵，楚师援郑晋楚争锋

不可犯。"于是栾鍼下车将厉公战车掀出泥沼。可见栾鍼不仅力气极大，且很有见识，防止了其父犯错。因为栾书职责不仅在于护卫厉公，还要号令中军，值此之际不应擅离职守，自乱阵脚；使厉公之车脱离泥沼，乃车御步毅与车右栾鍼的职责，二人俱在，他人便不应越俎代庖。

楚国彭名为楚共王车御，潘党为车右。战前，潘尪之子潘党与养由基将皮甲套于木桩上，发箭穿透皮甲七层。他们将被射穿的皮甲拿给楚共王看，并道："君王有如此臣下，何惧征战？"楚共王怒道："休得夸口！不然明日作战，你们将死于此艺。"结果是养由基救了楚共王。交战之前，晋国魏锜梦见自己射月，射中月亮后却退入淤泥。他请人占卜，占卜者道："姬姓为日，异姓为月，月必是楚王。射中楚王，却退入淤泥，当会战死。"两军交战，魏锜果真射中楚共王的眼睛。楚共王召唤养由基，给他两支利箭，让他射魏锜。养由基射中魏锜项颈，魏锜伏于弓套而死。养由基以剩下箭支向楚共王复命。

郤至于战斗中三次遇到楚共王亲兵。郤至见到楚共王时，必定下车，脱下头盔，快步向前，以示尊敬。楚共王派工尹襄送郤至一张弓，并问候道："身着橙色皮裤者，乃君子也！见不谷而快步。战事激烈，未受伤吧？"郤至见到工尹襄，脱下头盔接受问候，回复道："贵君之外臣郤至追随寡君征战，托君之福，参与披甲之列，不敢拜受楚君慰问，谨向楚君报告外臣并未受伤，楚君惠顾，实不敢当。由于战事在身，谨向使者致意。"郤至向使者抱拳俯首，三次致意，之后退走。

郑国石首为郑成公车御，唐苟为车右。晋国韩厥追赶郑成公，韩厥的车御杜溷罗问道："是否快追？郑君车御屡屡回头，注意力不在马上，我们可以追上。"韩厥道："不可再次羞辱一国之君。"于是停止追赶。郤至追赶郑成公，其车右茀翰胡道："我们可以另派轻车从小路迎击，我们在后追赶，便可将他俘虏。"郤至道："伤害国君将遭惩罚。"于是也停止了追赶。郑成公车御石首道："昔日卫懿公因不去其旗帜，所以败于荥泽。"于是郑成公便命将旗帜收入袋中。唐苟对石首道："你在君侧，战败当一心保护国君。我不如你，你带国君先走，我留下御敌。"最终唐苟战死。

楚军被晋军压迫于险阻之地，叔山冉对养由基道："虽然国君有令，命你不射，但为了国家，你定要射箭。"于是养由基便一射再射，中箭之人均死。叔山冉举起晋卒投向敌人，正中战车，折断其车前横木。于是晋军停止追击，只俘虏了楚国公子筏。

栾鍼见到楚国令尹子重之旌旗，请命道："楚人均道那面旌旗为子重之麾，那辆战车当是子重之车。当初微臣出使楚国，子重问晋国勇武如何体现，微臣回答道，众旅有序。子重又问道，还有什么？微臣答道，从容以待。如今两国交战，不派遣使者下战书，不可谓有序；临战事不讲信用，不可谓从容。请国君派人代我为子重敬酒。"栾鍼此举兼有下书守信之意。晋厉公应允，于是派遣使者执酒器奉酒，至子重处，向子重道："寡君命栾鍼持矛为车右，因此不能犒赏您的随从，特派我前来代他敬酒。"子重道："栾夫子在楚国时曾与我有一番言谈，送酒定是为此。他的记忆力很强。"子重接酒饮毕，让使者返回，一面重新击鼓进军。战斗自早晨开始，直到黄昏尚未结束。

楚国司马子反命军吏视察将士伤情，补充步卒与车兵，修缮盔甲与兵器，察看战车与马匹。将士鸡鸣用餐，唯命是听。晋军将士见楚军有条不紊，因而担忧。苗贲皇通告全军道："检阅战车，补充士卒，厉兵秣马，整顿军阵，饱餐一顿，再次祈祷，明日再战！"之后，苗贲皇让军校故意放松对楚国战俘的看管，使之逃走。楚共王听逃回士卒报告晋军情况，召司马子反商议。因毂阳竖献酒予子反，子反酒醉，不能进见。楚共王道："天要败楚！余不能再等。"于是连夜逃走。

苗贲皇虚张声势之计得逞，晋军便得以进入楚军军营，连续三日饱食楚军留下的粮食。士燮站在厉公兵车前，谏道："国君幼弱，臣子们不才，如何能如此松懈？国君定要戒骄！《周书》曰，'惟命不于常'。命运无常，惟有德之人可保天命。"可见范文子士燮事君之谨慎。

楚军回师至于瑕邑，楚共王或许既恨自己仓促回师，又恨司马子反醉酒误事，便派人对子反道："先大夫子玉使军队覆灭，当时成王不在军中。如今兵败你无过错，乃不谷之罪。"子反闻言再拜稽首道："君赐臣死，死且不朽。臣下士兵败逃，乃臣之罪。"此时令尹子重见共王提及子玉兵败之事，便派人对子反道："当初使军队覆灭之人，其结果你也知道。何不考虑一下！"其意是逼子反自尽。子反自然明白，即便最终楚共王免他一死，令尹子重也不会放过他，他也无颜再立足于朝与令尹子重一争高下，因此答道："即便没有先大夫自杀谢罪之先例，大夫令侧去死，侧岂敢贪生而陷于不义？侧使国君之师败亡，岂敢忘记以死谢罪？"楚共王得知子反之言，便派人前去阻止他自尽，然而使者未到，子反已经自尽。此轮晋楚争锋以楚国之败告终。

# 第一〇一章　轧内结外叔孙被逐，以下盖上郤氏夸功

　　据《左传》记载，晋国伐郑，曾派遣使者向卫国、齐国、鲁国告援。在晋国与楚国交战的当天，距离郑国最远的齐国由国佐、高无咎率领的军队便与晋国军队会合，卫献公虽然早已出兵，却待于边境，鲁成公则刚刚率军开拔。

　　鲁成公之所以姗姗来迟，与其宫廷不宁有关。鲁国叔孙侨如与成公之母穆姜私通，想要借助穆姜除掉仲孙蔑与季孙行父二人，以夺取仲孙、季孙两个氏族的财产。鲁成公将要率军出征，穆姜借送成公之时，要求成公驱逐仲孙蔑与季孙行父二人。鲁成公自然不能在将要亲征之前处置国家重臣，给国家带来动荡不安，于是将晋国危难告诉穆姜，向穆姜请求道："请您等我回来再听从您的命令。"穆姜见成公不听命于她，非常气愤，此时，恰巧成公庶弟公子偃与公子鉏快步走过，穆姜便指着二人道："你若不同意驱逐仲孙、季孙二人，哀家便可以立公子偃或公子鉏为国君！"于是鲁成公便止于坏隤，安排加强宫室守卫，加强国都戒备，设置国内各地守卫，并让孟献子仲孙蔑留守宫廷，以保在其亲征期间鲁国不出内乱。坏隤位于今山东省曲阜市境内。鲁成公将国内诸事安排妥当后，让季孙行父与自己同行，率军离开鲁国，因此迟到。

　　晋楚之战楚国战败，郑国却未伤元气，因此郑国并未顺服晋国。于是，这年秋天，晋厉公与鲁成公、齐灵公、卫献公、宋国华元及邾国国君于宋国沙随集会，商议讨伐郑国。沙随位于今河南省宁陵县境内。当时晋国郤犨任新军主帅，同时为公族大夫，主持东方诸侯的事务。叔孙侨如因鲁成公不肯驱逐仲孙氏与季孙氏，对成公怀恨，派人贿赂郤犨，向郤犨道："鲁侯所以迟到，是于坏隤等待晋、楚两国交战胜负消息，准备顺从获胜者。"郤犨接受贿赂后，便向晋厉公毁谤鲁成公，晋厉公便没有接见鲁成公。

　　鲁成公回国之后，准备会同诸侯讨伐郑国，穆姜又像上次一样命令成公驱逐仲孙蔑与季孙行父。成公又如上次出征前一样布置一番。诸侯联军驻扎于郑国西部，鲁国军队不敢经过郑国去与诸侯联军会合，于是驻扎于郑国东部的督扬。督扬在今天河南省新郑市东。鲁卿公孙婴齐为鲁文公之孙，鲁国大夫，他

派叔孙豹请求晋军前来接应，自己为晋军准备饭食。公孙婴齐为表恭敬，四天没有进食，等待晋军，直至晋国使者到来，请晋使进食后，公孙婴齐方才进食。

之后，诸侯联军迁移于制田驻扎。制田亦位于今新郑市境内。晋国智武子荀罃为下军副帅，率领诸侯联军攻打陈国，抵达鸣鹿。鸣鹿位于今河南省鹿邑县西。由此，诸侯联军又南下攻打蔡国。晋国之所以借讨伐郑国之机攻打陈、蔡，乃因陈、蔡两国长期倒向楚国阵营，如今楚国兵败，晋师已逼近郑国国都新郑，便顺便南下教训陈、蔡两国。荀罃率军南下后，诸侯联军又迁至颍上驻扎。颍上位于新郑之西，颍水岸边。诸侯联军围绕郑国国都新郑，忽东忽西侵扰郑邑，自然使郑国十分恼怒。郑国于晋、楚之战前，便从姚句耳汇报的楚国军情，得知楚国不能依靠，因此郑国必然要自强。如今见诸侯联军频繁移师，既疲又骄，于是郑国子罕便发动夜袭，结果宋国、齐国、卫国军队溃败。

鲁国军队因其将帅谨慎，并未折损。但国内叔孙侨如仍不断酝酿内部倾轧。趁季孙行父出使晋国之际，叔孙侨如派人向郤犨道："鲁国有季孙氏、仲孙氏，就像晋国有栾氏、范氏一样，政令便由他们所出。如今他们谋划道，晋国政出多门，不能统一，我们鲁国不能再服从晋国了。我们宁可事奉齐国或楚国，即便亡国，也不要追随晋国了。如果要鲁国实现你们晋国的意志，便请滞留季孙行父，将他杀掉，我于国内杀死仲孙蔑。如此，我们鲁国事奉晋国，便再无二心。鲁国没有二心，其余小国必定会服从晋国。不然，季孙行父回国，必然使鲁国背叛晋国。"于是郤犨便怂恿晋厉公派人于苕丘拘捕了季孙行父。据《公羊传》记载，晋国拘捕季孙行父，乃因鲁成公未及时赶赴诸侯集会，晋厉公要拘留鲁成公，季孙行父将成公迟到责任揽于自己身上，代成公被拘。

鲁成公回国后，不回都城，而于郓邑等待季孙行父。郓邑位于今山东省郓城县东。鲁成公派遣子叔声伯即公孙婴齐向晋厉公请求放回季孙行父。公孙婴齐为子叔氏，谥"声"，因此史称子叔声伯。郤犨拉拢公孙婴齐道："如果鲁国除掉仲孙蔑，我们滞留季孙行父，我可迫使鲁国将政权交付于您，并且对待您比对待鲁国公室还亲近。"公孙婴齐回答道："叔孙侨如的情况，您必已得知。如果除掉蔑与行父，乃侯伯彻底抛弃鲁国，加罪寡君。若晋国不弃鲁国，能为鲁国向周公祈福，使寡君得以事奉晋君，则仲孙、叔孙二人，乃鲁国社稷之臣，如果早晨除掉他们，鲁国必定至晚间便会灭亡。鲁国靠近晋国之仇敌，鲁国灭亡便会使晋国仇敌壮大，此时晋国再治理东部诸侯，还能来得及吗？"公孙婴齐所言鲁国靠近晋国的仇敌，是指鲁国毗邻齐国，齐国一直在试图取代晋国的侯伯地位。但郤犨依旧想使公孙婴齐为晋国所用，又道："我可为您请求封邑。"公孙婴齐答道："婴齐乃鲁国小臣，岂敢依仗大国求取厚禄？我奉寡君之命请求释放季孙，如蒙贵国应允，您的恩赐足矣，夫复何求？"

晋国士燮认为晋国扣留鲁国季孙行父不妥，向栾书道："季孙于鲁国，辅佐过两代国君。其妾不穿丝绸，马不吃粮食，难道不是忠臣吗？若相信奸佞而抛弃忠良，怎能治理诸侯？子叔婴齐奉君命出使，为国家谋划不怀私心，为自己考虑却不忘国君，没有二心。如果拒绝他的请求，乃抛弃善人。请您仔细思量。"于是晋厉公与执政栾书允许与鲁国和好，赦免季孙行父。

叔孙侨如阴谋失败，同年十月，鲁成公驱逐叔孙侨如，并与大夫们盟誓。叔孙侨如逃亡齐国。鲁国放逐叔孙侨如之后，季孙行父赴晋国与郤犨于扈邑盟誓。回国之后，季孙行父或因公子偃参与了叔孙侨如的阴谋，因而杀了公子偃，又将叔孙侨如之弟叔孙豹从齐国召回，立他继承鲁国叔孙氏一支。

叔孙侨如来到齐国后，齐灵公之母声孟子又与其私通。声孟子要以叔孙侨如为上卿，使他地位介于高氏、国氏之间。高氏、国氏乃齐国世袭上卿，当初周王以上卿礼仪招待管仲，管仲以齐国有高氏、国氏两位上卿而辞。管仲在齐国为相，却始终未位及上卿。如今声孟子却想以叔孙侨如为上卿。叔孙侨如于鲁国阴谋失败后，倒是有了一些反省，道："我不能再次犯罪。"于是他逃亡卫国，或因其在鲁国的地位，也得以位居上下卿之间。

《左传》与《国语》都记载了晋国于鄢陵打败楚国后，晋厉公派遣郤至向周简王献捷之事。《国语·周语》记载更为详细。在行献捷之礼前，周大夫王叔简公设宴招待郤至，宾主互赠厚礼，杯盏交错，言谈相悦。

来日，王叔简公于朝堂之上称赞郤至。郤至又去见王卿召桓公，与之交谈。召桓公事后向单襄公道："王叔称誉郤至，认为他必定能做晋国宰相。能为晋国之相，必得诸侯拥护。因此王叔劝我等公卿对晋君加以引导，于晋国扶植郤至。如今郤子来见我，言道晋国胜楚，乃他之谋。他言道，倘若非他，晋将不战。他道，楚有五个失败因素：其一为楚国背弃由宋国促成的晋楚盟约；其二为楚子德薄，郑国不从，则以土地贿赂郑国；其三为弃优秀臣子申叔不用，而用幼弱的子反；其四为设立卿士却不用其言；其五为虽有东夷与郑国追随，三方军阵不齐。晋有五个获胜因素：其一，与楚国开战理由正当；其二，得内外民心；其三，将帅得力；其四，军容整肃；其五，与诸侯和睦。以五胜伐五败，还要躲避，非大丈夫。栾（书）、范（士燮）不愿与楚军开战，是在他强烈要求下迫使他们同意开战的。战而胜之，乃他一己之力。而且栾、范等缺乏谋略，他则有三大功劳，勇而有礼，以仁为本。三次追逐楚军，乃勇；遇楚君必定下车快步上前，乃礼；能俘郑伯而放过他，乃仁。若以他主持晋国政事，楚、越等国定会来朝。"

召桓公又向单襄公道："我对他道，'你确实贤明。然而晋国荐拔其正卿，当按照位次，恐怕晋国政事还轮不到由你主持。'他则对我道，'岂有位次之说？先大夫荀伯（荀林父）自下军副帅升为正卿主政，赵宣子（赵盾）没有军功也升为正卿主政，如今的栾伯（栾书）亦自下军之帅升为正卿。就此三人而言，我之才能只有超过他们，无有不及。我以新军副帅升为正卿主持政事，有何不可？我一定要设法达到目的。'上述乃他所言，您以为如何？"

单襄公道："人言刀架于颈而不自知，便是指郤至这种人！君子不抬高自己，并非要谦让，而是厌恶掩盖他人之长的行为。人之本性，皆欲高出于他人，因此事实上一个人无法掩盖他人之长。要想掩盖他人之长，他人会更求高出于人，所以圣人崇尚礼让。谚语曰，'兽恶其网，民恶其上'。《书》曰，"民可近也，而不可上也"。（逸书）《诗》曰，'恺悌君子，求福不回'。（《大雅·旱麓》）如今郤至位于七卿之下，而想凌驾于他们之上，是要掩盖七人之长，必会遭到七人怨恨。被小人怨恨，犹难承受，何况遭到众卿怨恨？晋楚交战，晋国战胜，乃上天憎恶楚国，因此让晋国向其示警。然而郤至却偷天之功以为己力，岂非很难？偷天之功不祥，凌驾他人不义，不祥则天弃，不义则民叛。况且郤至岂有三件功劳？为义而死谓之勇，奉义守法谓之礼，累积义行、建立丰功谓之仁。伪装行仁乃偷仁，伪装行礼乃无耻，伪装行勇乃为贼。战，以消灭敌人为上，和，以求同顺义为上。违背作战准则擅自释放郑君，是为贼；放弃刚毅果敢去对楚君行礼，是为耻；背叛国家利益去亲近敌人，是为偷仁。郤至有此三项奸伪之行，而欲求取代上卿，离上卿执政之位无疑甚远。据我观之，他刀已加颈，不会长久。王叔亦难免祸难。《泰誓》曰，'民之所欲，天必从之'。王叔想支持郤至，岂能不随其获咎？"果然，郤至回国，第二年便被杀。王叔简公与伯舆争政，因失败而逃亡晋国。

《左传》记载单襄公对大夫们道："温季（郤至曾封于温邑）将自取灭亡！其地位在七人之下，却想超过此七人。怨之所聚，乱之本也。多怨为祸患之阶，何以据有官位？《夏书》曰'怨岂在明？不见是图'。是谓在细微之处亦须谨慎。如今温季使怨恨已在明处，岂可长久？"

# 春秋史话 下

余灵灵 罗旻 著

中国书籍出版社

图书在版编目（CIP）数据

春秋史话 / 余灵灵, 罗旻著. —— 北京：中国书籍出版社, 2024.2

ISBN 978-7-5068-9182-0

Ⅰ.①春… Ⅱ.①余… ②罗… Ⅲ.①中国历史—春秋时代—通俗读物 Ⅳ.①K225.09

中国版本图书馆CIP数据核字（2022）第165032号

## 春秋史话（下）

余灵灵 罗旻 著

| 责任编辑 | 王志刚 |
|---|---|
| 责任印制 | 孙马飞 马 芝 |
| 封面设计 | 东方美迪 |
| 出版发行 | 中国书籍出版社 |
| 地　　址 | 北京市丰台区三路居路97号（邮编：100073） |
| 电　　话 | （010）52257143（总编室）（010）52257153（发行部） |
| 电子邮箱 | chinabp@vip.sina.com |
| 经　　销 | 全国新华书店 |
| 印　　刷 | 北京睿和名扬印刷有限公司 |
| 开　　本 | 710毫米×1000毫米　1/16 |
| 字　　数 | 852千字 |
| 印　　张 | 50.75 |
| 版　　次 | 2024年2月第1版　2024年2月第1次印刷 |
| 书　　号 | ISBN 978-7-5068-9182-0 |
| 定　　价 | 158.00元（上、下） |

版权所有　翻印必究

## 第一〇二章　郑国侵晋诸侯伐郑，臣子乱齐晋厉自乱

周简王十二年（公元前574）春，备战多时的郑国以子驷（公子骓）率军入侵晋国的虚、滑两邑。虚邑位于今河南省偃师市境内，滑邑位于今巩义市西。卫国近年与晋国交好，因此每次都率先援助晋国。此次卫国派遣北宫括救援晋国。卫国采取攻郑救晋的方法，绕过郑都新郑，抵达郑国南部的高氏邑，使郑国有南顾之忧。高氏邑位于河南省禹州市西南。

据《左传》记载，在卫国出兵之后，晋厉公会同王卿尹武公、单襄公，诸侯鲁成公、齐灵公、宋平公、卫献公、曹成公以及邾国人，组成诸侯联军讨伐郑国。王师与诸侯联军自郑国的戏童集结出发，沿洧水进军，长驱南下，一直抵达郑国东南部的曲洧。戏童位于河南省巩义市东南；曲洧则位于扶沟县西南。

郑国侵晋招致诸侯联军讨伐，郑国只好向楚国求援，派太子髡顽与大夫侯獳赴楚国为人质，换取楚国公子成、公子寅帮助郑国戍守。

中原诸侯面对楚国及其同盟郑国等国的同进同退，于柯陵会盟，重温两年前的戚邑之盟。柯陵位于郑国西部，或于今天新密市境内。楚国令尹子重率军北上，援救郑国，抵达首止驻扎。首止位于郑国东部，邻近宋、卫、曹数国边境，今河南省睢县一带。于是诸侯联军退兵。入冬之后，晋厉公会同单襄公、鲁成公、宋平公、卫献公、曹成公与邾人率联军包围郑国。楚国派遣公子申救援郑国，驻扎于楚、郑边界的汝水之滨，大约在今河南省平顶山市襄城县一带。诸侯联军再次退兵。

鲁国公孙婴齐跟随成公伐郑，梦见涉过洹水。洹水即河南省安阳市安阳河。他梦见涉水时有人将琼瑰给他吃，哭出泪水均为琼瑰，洒满怀中。琼瑰乃一种仅次于玉的美石。他于梦中歌唱道，"济洹之水，赠我以琼瑰。归乎归乎，琼瑰盈吾怀乎！"公孙婴齐自认此梦不吉，因为古时君王死，口中含玉珠，卿大夫死，口中含美石之珠。待到回到鲁国，到达曲阜之南的狸脤，公孙婴齐或认为此行无事，便行占卜。他道："我畏惧死亡，因此不敢占卜。如

今属下众多,且跟随我已有三年,当无妨碍了。"但就在他向左右将此事说破后,当晚便身亡。或许他恐惧之时,事事小心,而当他释怀之后,饮食过度,导致身亡。

齐灵公虽然追随晋国,加入中原诸侯联盟,由外部保齐国安宁,却不能安定国内。齐灵公之母声孟子是个纵欲之人,去年鲁国叔孙侨如逃至齐国,声孟子便与其私通,还想使叔孙侨如位列上卿,结果侨如因不敢以外国罪臣居于高位而逃往卫国。声孟子又与齐国大夫庆克私通。庆克男扮女装,穿女人出行之斗篷,与女人一起坐车辇进入宫中。鲍叔牙曾孙鲍牵见后,将此事禀告国武子国佐,国佐召见庆克询问此事。庆克便闭门在家,久不入宫,遣人向声孟子道:"国子责我。"声孟子怒,便设计陷害国佐。诸侯联军首次伐郑时,齐灵公亲征并与诸侯会盟,国佐为灵公之相,伴随灵公出征并参加会盟,高无咎、鲍牵留守。待灵公与国佐回国,军队将要抵达都城时,高无咎与鲍牵关闭城门,检查旅客,以防不测。声孟子诬陷道:"高、鲍二人打算拒绝国君回国,立公子角,国佐亦知此事。"或许灵公轻信其母之言,或许灵公无奈,这年秋天,灵公下令砍去鲍牵双脚,驱逐高无咎。高无咎逃亡莒国,其子高弱以其采邑卢邑反叛齐国。卢邑位于今山东省济南市长清区。齐灵公派人至鲁国召回鲍牵之弟鲍国,立其继承鲍氏官爵。当初,鲍国离开鲍氏至鲁国做鲁惠公五世孙施孝叔之家臣。施氏占卜家宰人选,匡句须吉。施氏家宰当有百户之邑。施氏授予匡句须采邑,任他为宰,匡句须将职位与采邑让予鲍国。施孝叔道:"占卜认为你吉。"匡句须答道:"能为忠良,吉孰大焉?"鲍国为施氏之宰,忠于职守,因此齐国将其召回继承鲍氏官爵。

齐灵公驱逐高无咎,惩罚鲍牵之后,以崔杼为大夫,派庆克辅佐他,率领军队包围高弱所据的卢邑。此时国佐正率领军队与诸侯包围郑国,因齐国发生内乱,便请求回国,抵达包围卢邑的军队。国佐杀了庆克,据谷邑背叛齐国。谷邑在今山东省平阴县东阿镇。最终,齐灵公与国佐于徐关盟誓,恢复他官爵。年底卢邑人降。齐灵公派国佐之子国胜向晋国报告齐难,因不放心国氏一族,让国胜于清邑待命,分离国氏父子。清邑在今山东省聊城市西南。国佐于来年被齐灵公派人杀死。

齐国内乱之时,晋国也发生内乱。晋厉公奢侈,自然便有很多受宠佞臣。范文子士燮因看到厉公不可救药,自鄢陵之战回国后,便让其祝宗为其求死。士燮道:"国君骄佚,而又胜敌,此乃上天增其疾病,晋国祸事将至。爱我之人唯有咒我，使我速死，以免罹难，乃范氏之福。"士燮于六月卒，谥文子。

的确如士燮所虑，晋厉公自鄢陵之战胜利班师，更加骄横，想将朝臣大换血，去掉现有卿大夫，换上他左右宠信之人胥童、夷阳五、长鱼矫等。厉公宠信之人矛头首先对准郤氏。

胥童为胥克之子，当初郤缺执政时，因胥克患蛊疾神志错乱而被撤销下军副帅之职，于是胥童怨恨郤氏，转向厉公献媚，成为厉公宠臣。郤锜夺夷阳五之田，夷阳五憎恨郤氏，也向厉公献媚，得到厉公宠信。郤犨与长鱼矫争夺田地，借助兵权将长鱼矫铐住，与其父母妻子同缚在一个车辕上。之后，长鱼矫也向厉公献媚，得到厉公宠信。

非但厉公宠臣憎恨郤氏，上卿栾书亦怨恨郤至，因为郤至不听自己主张，而打败了楚军。或许栾书忌恨郤至在战胜楚军之后狂妄自大，因此想要撤销郤至职位。栾书让楚国公子茷向厉公道："此次战役，实为郤至招来，他遣人向寡君言道，东方齐、鲁、卫三国之军未至，晋军统帅未全部出动，此战晋国必败，他可乘机拥立孙周事奉寡君。"厉公将楚国公子茷之言告诉栾书，栾书道："或许便是如此。不然，他会不顾生死，接受敌方赠弓？国君何不派他赴成周献捷，以考察他言行？"郤至赴成周献捷，栾书让孙周见他。晋厉公派人暗中窥探，证实郤至与孙周交往，于是厉公也憎恨郤至。

郤至还有一事惹恼厉公。一次厉公田猎，与嫔妃们一起射猎且一同饮酒，然后才让大夫们射猎，竟然将妇人置于大夫们之上。郤至奉献野猪，寺人孟张夺走野猪，郤至本就恼怒，便射死了孟张。寺人为厉公内侍，射死寺人，自然有驳厉公颜面，厉公怒道："季子欺余！"

厉公准备发难以置换朝臣，胥童道："必要先以三郤开刀。郤氏族大，积怨甚多。除去大族，有利于公室；讨伐多怨者，能够得众。"厉公道："好。"郤氏闻厉公与胥童君臣之谋，各有不同反应。郤锜想要攻打厉公，他道："即便我们必死，国君也必定危殆。"郤至则道："人所以立，乃有信、智、勇。信不叛君，智不害民，勇不作乱。失此三者，谁能从我？既然必死，何必增怨？国君之臣，国君杀之，又能奈何？我若有罪，我死已晚。君杀无辜，将失其民，欲得安定，岂有可能？听天由命吧！况且我等受君之禄，因此聚党。有党而与君争命，罪莫大焉！"可见郤至临危尚能遵守礼制，有其为人臣的底线。他自视具有仁、礼、勇三德，亦确有所据。

这年底，胥童、夷阳五率领八百甲士准备进攻郤氏，长鱼矫请求不要兴师动众，而以阴谋杀郤氏。厉公派另一宠臣清沸魋去帮助他们。长鱼矫与清沸魋两人执戈，相互拉扯，装作争讼。三郤于台榭与他们商议解决问题，长鱼矫乘机用戈将郤锜与郤犨刺死于座位上。郤至道："不能无罪被杀。"于是快步逃走。长鱼矫追上郤至，用戈杀死了他。然后长鱼矫等将三郤之尸陈于朝廷。

胥童带领甲士于朝中劫持了栾书、荀偃。长鱼矫道："不杀此二人，君必有忧。"厉公道："一日之中，三卿陈尸朝上，余不忍再增死臣。"长鱼矫答道："君不忍人，人将忍君。臣闻，祸乱在外为奸，在内为轨。以德御奸，以刑御轨。君不教而诛，不可谓德；臣逼君而不加讨伐，不可谓刑。德、刑不立，奸、轨并至，臣请求离去。"于是长鱼矫逃往狄人之地。厉公派人向栾书和荀偃道："寡人讨伐郤氏，郤氏已经伏罪。请大夫不要将受劫一事当作耻辱，各复其位。"栾书与荀偃再拜叩首道："君讨有罪，免臣一死，乃君之恩惠。我们两人即便是死，也不敢忘记国君恩德。"谢罢，两人各回府邸。厉公杀郤氏之后，以胥童为卿，却不知君臣死期将至。

## 第一〇三章  君臣罹难咎由自取，悼公继位再霸诸侯

晋厉公除去三郤等大臣，另行组阁后，居然离开都城去匠丽氏处游玩。这恰好给了栾书与荀偃以机会。《左传》与《国语》均记载了此事。栾书与荀偃囚禁厉公后，召士匄，士匄推辞不至，召韩厥，韩厥推辞道："弑君以求威，非我所能为。弑君求威不仁，行事不成不智，即便得其利亦得其恶名，不可行也。昔日我于赵氏家中长大，孟姬诬陷赵氏，晋侯与栾氏、郤氏皆攻赵氏，独我不肯出兵攻打赵氏。古人有言，耕牛虽老，无人敢于做主杀之。何况弑君？你等不能事君，召韩厥何用？"荀偃见韩厥推辞，想要兴兵攻伐韩厥，栾书道："不能攻打韩厥。其行为果敢，言辞据理。据理则众人从之，果敢则事无不成。侵犯循理之人不祥，攻伐果敢之人不胜。以果敢之行行循理之事，人不能犯。我们虽想攻他，却不能取胜！"于是，栾书、荀偃派程滑弑厉公于匠丽氏，然后葬于翼城东门之外，仅以一乘马车陪葬。据《周礼》葬制，被弑之君，不葬于族墓。胥童亦为栾书与荀偃所杀。

关于晋厉公与三郤之下场，王卿单襄公早有预见。诸侯集会时，鲁成公见单襄公，谈到晋侯责难鲁国，郤犫又于晋侯面前诬陷自己。单襄公道："君何患焉？晋将有乱，晋君与三郤将罹祸患。"鲁成公问道："您道'晋将有乱'，请问是根据天道占卜得知，还是根据人事推知？"单襄公道："我非乐师、太史，焉知天道？我观晋君神态，听三郤言谈而知。君子以目光定举止，考察如何行止才能得体，步履跟随目光，观其神态便可知其内心。晋侯眼望远方，步履高抬，目光不关注举止，步履不跟随目光，其心中必有他念。目光与举止不相配合，怎能长久？与诸侯会盟，乃民之大事，由此可察兴亡。国家无祸，国君于集会时，步言视听，必定无可指责，由此可知其德行。目望远处，不知所宜；步履高抬，必失其德；言谈反复，必失信用；滥听滥信，必失名声。目光当关注举止，步履当体现德行，言谈当证以行动，耳闻当辨明事物，此四者不可不谨慎。四者失其二便会带来祸患，全部丧失则国家亦亡。晋侯目光与步履不合，失其二，故将有灾祸上身。"

单襄公继续道："郤氏一族乃晋国宠臣，三人为卿，五人为大夫，如此大族应当自警。位高容易招人颠覆，禄重容易遭到祸患。如今郤伯言语冒犯，郤叔言谈迂回，郤季自我吹嘘。言语冒犯则欺凌他人，谈吐迂回则妄诬他人，自我吹嘘则掩人之美。郤氏有宠，加之有三怨，谁能容忍？齐国国子也将受牵累。他居于淫乱之国，言谈毫无顾忌，列举他人过错，此乃招怨之根本。我闻，有德之国与不修德之国为邻，必受其福。如今鲁国受晋国逼迫而与齐国为邻，齐、晋有祸，鲁君当可称霸，君患在无德，何患晋国？叔孙侨如利而不义，助长骄奢淫逸，何不将其放逐？"鲁成公听了单襄公之言，回国后便放逐了叔孙侨如。晋国君臣之命运，均恰如单襄公所预料。

栾书与荀偃弑杀厉公之后，派遣荀罃与士鲂赴京师迎回孙周，准备立其为国君。孙周为晋襄公重孙，此时只有十四岁。他有一兄长弱智，不辨菽麦，因此不能立为国君。荀罃为荀首之子，士鲂为士会之子。荀罃与士鲂迎孙周回国后，大夫们于清原迎接孙周。清原位于山西省稷山县东南。孙周虽然年轻，却很有主张，他向群臣道："孤家不愿到此，但事已至此，岂非天意？群臣立君，是为有所号令，立而不从，何用国君？几位是否拥戴于我，均当于今日决定。此后便当恭从君命，取得神灵福佑。"大夫们答道："此乃群臣之愿，岂敢不唯命是听。"于是，孙周与众大夫盟誓，继而朝拜曲沃武公之庙，正式即位，是为晋悼公。悼公即位后，便驱逐不臣者七人，以立新君之威。

《国语·周语》记载了单襄公对孙周的考察。孙周在京师侍奉单襄公。他站立端正，目不斜视，非礼不听，言无不实。言敬必及法天，言忠必及诚心，言信必及自身，言仁必及他人，言义必及利人，言智必及处事，言勇必及节制，言教必及明辨，言孝必及鬼神，言惠必及和睦，言让必及对方。晋有忧患为之忧戚，晋有喜庆为之怡悦。

单襄公病重，召其子单顷公告之："定要善待晋周，他将来必会得到晋国。其品行可谓'文'，文能经纬天地，能得天地庇佑。天地赐福，小则得国，大可得天下。敬乃文之体现，忠乃文之核心，信乃文之践行，仁乃文之博爱，义乃文之规范，智乃文之载体，勇乃文之统帅，教乃文之普及，孝乃文之根本，惠乃文之普施，让乃文之应用。效法天道能敬，遵从本心能忠，思诚修身能信，兼爱百姓能仁，规范利益能义，因时处事能智，帅义而为能勇，明辨是非能教，敬事鬼神能孝，慈爱和睦能惠，推己及人能让。此十一项优点，晋周均具备。他还有四行：站立端正，乃正；目不斜视，乃端；非礼不听，乃定；

言无不实,乃慎。正乃德之道,端乃德之信,定乃德之终,慎乃德之守。守终固纯,道正事信,乃昭明美德。慎、定、端、正,成德之助。晋周休戚与晋国同,乃不忘本,具备文德又辅以四行,自然能够得国。"

单襄公又道:"晋成公回国继位时,曾闻晋国筮了一卦,得'乾'之'否',即乾下乾上变为坤下乾上。卦辞道,'配而不终,君三出焉'。所谓配,言君位配天,所谓不终,言子孙不能长保为君。乾上不变,乃天子不变,下变为坤,三爻三变,则意味晋君之位三变,将有三位晋君自周回国继位。成公为第一位回国继位之君,第三位不知为谁,而第二位定是晋周。且我闻成公出生时,其母梦见神以墨涂其臀,并向其母道,使其有晋国,三传之后,将君位给予骓之孙。因此为其取名'黑臀'。如今成公已传两代。襄公名骓,晋周为其孙。晋周具有孝敬谦恭之美德,将来有国之人,非其为谁?你定要趁早善待晋周,他将当国。"单顷公允诺。果真如单襄公所言,晋周得为国君。

《国语·鲁语》记载了鲁国君臣对晋厉公被弑事件的看法。鲁国边关防守官员将晋厉公被弑消息报告鲁成公,鲁成公正在朝上。成公问道:"臣弑其君,谁之过错?"大夫们无人回答。太史克道:"乃君之过。君临臣民,威严甚大。丧失威严,至于被杀,积错乃多。况且为君,当治理民众,纠正民众中邪恶者。倘若国君放纵私心邪念,放弃治理民事,不察民间邪恶,便会使邪恶增多。倘若以邪恶措施君临百姓,便会败坏政事以致不救。不能专用善政,则不能号令民众,不去体恤民生艰苦,要国君做甚?夏桀出逃南巢,商纣死于朝歌,厉王流放于彘邑,幽王身亡于戏山,皆因积错失威。国君如养民之川泽,民如川中群鱼,君行民从,善恶均由国君,民众怎能决定?"

据《左传》记载,晋悼公即位后,任命百官,赐予财物,免除民众对国家的欠债,惠及鳏寡,起用被黜,扶持贫困,救援灾害,禁止淫邪,薄敛赋税,赦免有罪,节约器用,使民以时,欲不犯时。以魏相、士鲂、魏颉、赵武为卿,荀家、荀会、栾黡、韩无忌为公族大夫,让他们教育卿大夫子弟恭敬、节俭、孝顺、友爱。以士渥浊(士贞伯)为太傅,修订范武子(士会)之法;以右行辛为司空,修订士蔿之法。以栾纠为车御,统御掌马之官,训导御者懂得道义。以荀宾为车右,掌管六卿车右,教导勇力之士备选。将佐之车无固定车御,设立军尉兼管此事。以祁奚(祁黄羊)为中军尉,羊舌职为副,管理并训练军队;魏绛为司马,执掌军法;张老为元侯,主管探察外情。铎遏寇为上军尉,籍偃为其司马,训练步兵车兵,协调一致,服从命令。以程郑为乘马御,总管马车，训练马官懂礼。凡各部门长官，均为百姓赞扬之人。举拔之人皆称其职，为官之人不改常规，爵位量德而授，下不凌上，民无谤言。因此晋悼公再次称霸于诸侯。

齐国国佐亦如单襄公所预言，死于非命。在晋国君臣被杀的同时，齐国国佐亦被杀。由于庆克与声孟子私通为高无咎与鲍牵所指责，声孟子诬陷二人，导致鲍牵被刖，高无咎逃亡。之后国佐杀庆克，并以封邑反叛，虽然此事以灵公与国佐盟誓告一段落，但君臣裂痕已无法弥补。灵公派华免用戈将国佐杀死于内宫前堂，其他人逃入夫人宫中。这是由于国佐弃置君命、专权杀人、据谷邑而叛的缘故。灵公又让清邑人杀国佐之子国胜。国胜之弟国弱逃亡鲁国。灵公以庆封为大夫，庆佐为司寇。不久以后，齐灵公让国弱回国，让他继承国氏爵位，因为国氏乃齐国世袭上卿。此举合于礼制。

## 第一〇四章　郑楚侵宋晋下彭城，诸侯筑城郑背楚盟

郑成公或许是因当年被晋国拘禁，胸中一直有一口怨气、恶气，需要向外宣泄。周简王十二年春郑国向晋国挑战，攻打晋国都邑，由于有楚国的后援，郑国并未吃大亏。此后，郑国对外自然更加强硬。据《左传》记载，周简王十三年夏，即公元前573年，郑成公又率军攻入宋国，直抵宋都西北之门曹门外。之后，郑国便与楚共王军队汇合，攻取了宋国朝郏。朝郏或于今天河南省夏邑县。楚、郑两国又派遣楚国公子壬夫、郑国皇辰渡过睢水，入侵城郜，攻取幽丘。城郜与幽丘均于今天江苏省徐州市境内。此后，两支兵马共同攻取彭城，即今天的徐州市。楚国让逃往楚国的宋国桓氏后裔鱼石、向为人、鳞朱、向带、鱼府五人入主彭城，并留下三百辆战车帮助戍守。之后，楚、郑收兵回国。

楚国支持宋国逃亡之人，并为之攻取属于宋国的彭城，令宋国人担忧。宋国大夫西鉏吾则道："有何可忧？若楚国人与我们同好同恶，以德待我，我们本来可以事奉他们，不怀二心。但楚国贪得无厌，将我国作为他们边邑也不能满足他们欲望。他们收留我们憎恨之人，以之辅政，挑拨离间，本就为害我国。而如今他们推崇诸侯叛臣，给予他们土地，阻塞各国之间交通，使乱臣快意，而使顺从他们的国家离心；他们为害诸侯，使吴国、晋国恐惧。他们如此行事，到处树敌，其实对我们倒益处很多，并非我国忧患。况且，我们事奉晋国是为什么？晋国必然会安抚我们。"

宋国自然不能允许其东部重邑彭城落入他人之手，便派遣司马老佐与司徒华喜包围彭城。老佐死，并未攻下彭城。楚令尹子重率军救援彭城，且攻打宋国。于是宋国华元赴晋国告急。此时晋国已非栾书执政，而是韩厥执政。韩厥道："想要得到众人拥戴，必要先为他们付出辛劳。我们成就霸业，安定诸侯疆界，便从宋国开始。"于是，晋悼公率军亲征，驻扎于台谷，以救援宋国。晋军于彭城附近的靡角之谷与楚军相遇，楚军退走。

晋国欲为宋国夺回彭城，派遣士鲂前往鲁国请求出兵支援。此时鲁成公已

薨，继位的鲁襄公午尚在幼年，鲁国执政为季文子季孙行父。季孙行父向臧武仲臧孙纥询问出兵之数。臧孙纥为臧孙许之子，袭鲁卿与司寇之职。臧孙纥回答道："去岁讨伐郑国之战，乃知伯（荀罃）前来请求出兵支援，知伯为下军副帅。如今彘季（士鲂）亦为下军副帅，因此出兵之数，如讨伐郑国时一样即可。事奉大国，我们不仅要依使者爵位高低决定出兵之数，而且要有所增加以示尊敬。此乃礼制要求。"于是季孙行父便根据臧孙纥所言，派兵支援晋国攻打彭城。

年底，晋悼公会同宋平公、卫献公、邾国国君、鲁国孟献子仲孙蔑、齐国大夫崔杼于宋邑虚打会盟，谋划救援宋国。虚打位于今天河南省新乡市延津县东，封丘县西北。宋平公向诸侯致谢，并请求诸侯联军包围彭城。逢鲁成公葬礼，鲁国仲孙蔑向各国诸侯请求回国参加成公葬仪，以全君臣之礼。各国诸侯暂时罢兵。

第二年，周简王十四年春，晋国栾书之子栾黡、鲁国仲孙蔑、宋国华元、卫国宁殖以及曹国、莒国、邾国、滕国、薛国大夫共同率诸侯联军包围彭城，讨伐鱼石为首的五大夫。面对诸侯联军的压力，彭城投降晋国。晋悼公将彭城归还宋国，而将宋国五大夫带回晋国，安置于大河北岸的瓠丘。瓠丘位于今山西省垣曲县东南黄河之滨。

因齐国没有派人出兵与各路诸侯联军在彭城会合，晋国出兵讨伐齐国。齐国顺服，派遣太子光赴晋国为人质。

晋国号召救援宋国，得到多国响应，最终有九国出兵攻伐彭城，晋国于救援宋国过程中重新立威。于是，同年五月，晋国趁势由中军主、副帅韩厥、荀偃率军讨伐郑国，直逼郑都新郑，攻入外城，又于洧水边打败郑国步兵。此时，东方各诸侯国的军队均驻扎于郑地鄫邑，等待晋军。鄫邑位于今河南省商丘市西。晋军胜郑之后，便率领驻于鄫地的诸侯联军入侵楚国焦邑、夷邑与陈国。晋悼公、卫献公驻扎于卫地戚邑，作为后援。焦邑在今安徽省亳州市，夷邑于亳州市城父镇；戚邑于今河南省濮阳市戚城村。

楚国派遣公子壬夫救援郑国，亦是自救，公子壬夫率师攻打宋国吕邑和留邑。郑国公子然亦攻打宋国，攻取犬丘。吕邑位于今江苏省徐州市铜山区吕梁村，留邑位于今江苏省沛县东南；犬丘位于今河南省永城市西北。楚救郑侵宋之时，或许诸侯联军已经回师，因此《左传》未载有楚军与联军之战。

从《春秋》记载来看，此时中原诸侯之间的关系重新密切起来，重新形

· 406 ·

成了以晋国为核心，鲁国、卫国、宋国为骨干的较为紧密的联盟。周简王十四年，鲁襄公即位之后，邾国国君便赴鲁国朝见襄公；同年冬天，卫国公孙剽、晋国荀罃均赴鲁国访问。第二年，鲁襄公派遣叔孙豹代他访问宋国。据《左传》记载，诸侯即位，小国朝见，大国访问，以继续双方之好，表示结盟诚信，交换对天下大事的看法，弥合双方之间的嫌隙，为重要的外交礼仪。《春秋》记载的诸侯国互访，表明中原这几个诸侯国正处于关系密切的时期，各国并未因为鲁襄公仅为幼童，而轻视鲁国与鲁君。相比鲁国新君即位后的诸侯互访，《春秋》记载的"天王崩"与"葬简王"，《左传》未作任何关注。据《春秋》记载，从周简王薨到简王下葬，其间只有五个月，据周礼，天子薨当七个月后下葬，简王的丧葬显然不合礼制。这说明周王朝因政治、经济与军事上日益衰落，已经怠于或难于恪守礼制。周王室的衰败，使《左传》的关注点亦不在周王室。

第二年，即周灵王泄心元年，公元前571年，这年春天，楚国命令郑国再次攻打宋国。后郑成公病，子驷（公子骈）向郑成公建议向晋国求和，顺服于晋国，以摆脱楚国对郑国的役使。但郑成公道："楚君为了郑国，丢掉了一只眼睛，他不是为保别人，正是为保寡人！若背叛楚国，乃放弃外援，背弃誓言，谁会亲近于我国？使寡人不背弃楚国，不背弃誓言，只有靠你们了。"入夏之后，郑成公薨，子罕（公子喜）执政，子驷行政，子国（公子发）为司马。

因郑国伐宋，晋、宋、卫三国出兵伐郑。郑国大夫均主张与晋国媾和，子驷则道："先君遗命未尝更改。"由于郑国不与晋国媾和，于是同年七月，晋国荀罃、鲁国仲孙蔑、宋国华元、卫国孙林父、曹国与邾国大夫于晋国戚邑集会，商讨征服郑国之策。仲孙蔑道："请于虎牢筑城以逼迫郑国。"荀罃道："好。鄢邑会盟，您也听到了齐国崔子之言。如今他不来赴会，滕国、薛国、小邾国也都不来，都是由于齐国之故。寡君所忧不仅是郑国啊！罃准备回国向寡君报告筑城之议，并请齐国同意。如得齐国允许，将告诸诸侯，此乃您之功劳。如不得齐国允许，战火乃齐国点燃。您之建议，乃诸侯之福，岂独寡君有赖于此城？"荀罃暗示，齐国崔杼于鄢邑会盟多有对晋国不满之言，因此晋侯所虑不仅是郑国，还有齐国。他准备当面征询齐国态度。荀罃明言，齐国应允，则功劳在鲁国仲孙氏，齐国不允，便是与中原诸侯为敌，因为虎牢筑城可以压制郑国，稳定中原。

荀䓨之措施果然有效，逼迫齐国不得不与中原诸侯联盟保持一致。这年冬天，中原各国再次于戚邑集会，除上述晋国、鲁国、宋国、卫国、曹国卿大夫外，齐国崔杼，滕国、薛国、小邾国大夫均到会。于是诸侯联军于虎牢筑城。虎牢原为郑国之邑，为郑国西北要塞，后为晋国所取。诸侯于此筑城，给了郑国以很大压力。郑国迫于西北部的压力，为其安全计，只得背弃郑成公之命，请求与晋国为首的中原诸侯媾和，臣服于晋国。这是郑国又一次背叛楚国。

## 第一〇五章　联吴抗楚中原扩盟，荐贤守职君臣强晋

周灵王二年，即公元前570年，楚国令尹子重率军进攻吴国。楚国之所以向东用兵，一方面，可能是因以晋国为首的中原诸侯联盟得以巩固，郑国受到压力有倒向晋国一方之势态，楚国向北拓展阻力增大，因而向东用兵以求安定东方；另一方面，可能是由于楚国刚刚杀其司马公子申，需要以对外用兵稳定国内。公子申为楚国司马，十数年中救蔡、救郑，帮助许国迁都，于对外用兵方面对楚国有所贡献，正因为他对楚国周边的附庸国有所帮助，也接受了这些小国的贿赂，实力增强，又继公子侧（子反）之后成为司马，便不将令尹子重与其他大臣放在眼里，于是招来杀身之祸。

据《左传》记载，令尹子重为东征能够获胜，特意于出征之前通过演习挑选将士。于是这支由令尹亲率的精兵一路势如破竹，攻克鸠兹，抵达衡山。鸠兹位于今安徽省芜湖市东南，衡山位于今安徽省当涂县东。军队驻扎衡山后，子重派遣邓廖率领车兵三百人、步兵三千人向吴国都城进军。吴军设伏，由中间拦截楚军，大败楚军，俘虏邓廖。楚国逃回的车兵仅八十人，逃回的步兵仅三百人。于是楚国退兵。

或许因楚军攻下吴国鸠兹、衡山，斩获颇多，或许因令尹子重此次为代君征伐，要将此次东征美化为大获全胜，回国后，令尹子重又代君还告太庙，书记功劳。但就在子重庆功的第三日，吴国军队便攻打楚国，攻取了驾邑。驾邑位于今安徽省无为县境。驾邑为富饶之邑，邓廖为楚国良将。因此时之君子认为，子重此战得不偿失。楚国上下因此责备子重。子重心中不快，心病发作而亡。

由于郑国受到中原诸侯威慑，因而对晋国表示顺服。于是晋悼公准备召集诸侯，巩固联盟。近些年鲁国追随晋国较紧。鲁襄公继位尚值幼年，但依据礼制，其守孝期满，当赴晋国朝见侯伯。因此鲁襄公以仲孙蔑相礼，赴晋国朝拜晋悼公，并与晋国结盟。仲孙蔑相鲁襄公行稽首之礼。知䓨道："上有天子，贵君敬行稽首之礼，寡君不敢承受。"仲孙蔑道："敝国地处东海与贵国之间，靠

近仇敌，寡君仰望贵君扶助，敢不稽首？"仲孙蔑借机向晋国君臣表达了鲁国决意唯晋国马首是瞻，并提醒晋国提防齐国。

此时的齐国灵公在位。由灵公之谥，可知灵公之世，只是"乱而不损""不勤成名"，或许灵公还好鬼神之事。其母声孟子先后与鲁国逃亡之臣叔孙侨如、齐国大夫庆克通奸，且欲干预卿大夫官秩，或许对灵公有不好的影响。灵公宠信臣子夙沙卫，以致夙沙卫能够左右灵公言行。东夷之国莱国经常不顺服中原诸侯。周灵王元年，齐灵公率军讨伐莱国。莱国派人向夙沙卫行贿，送他精壮的牛马各一百匹。于是夙沙卫便劝说灵公罢兵回国。宠臣贪图贿赂，国君朝令夕改，君臣皆不以国事为重，齐国内政外交之混乱可想而知。但齐国君臣一直以东方大国自居，不愿顺服晋国，且不愿与鲁、卫、宋、郑等国平起平坐，因此经常自外于中原诸侯联盟。

晋国当然知道齐国并非真心顺服晋国，或又因鲁国君臣之言，故而于周灵王二年，派遣士匄赴齐国向齐灵公道："寡君派匄前来，乃因近年各国之间多有纠纷，又对不虞之事无所戒备，寡君愿请几位兄弟诸侯相见，商讨解决各国间的不和，请齐君光临。寡君派匄前来请求结盟。"齐灵公本想不应，但又难于表示不愿，便于临淄耏水之滨与士匄盟誓。晋国又向吴国派遣使者，向吴国示好，请吴国参加会盟。

这年六月，晋悼公会同王卿单顷公，诸侯鲁襄公、宋平公、卫献公、郑僖公、莒国国君、邾国国君、齐国世子光于鸡泽会盟。鸡泽位于今天河北省邯郸市永年县。晋悼公特地派遣荀会至淮水边迎接吴国国君，但吴君却未来赴会。

出人意料的是陈成公派大夫袁侨赴会，请求允许陈国参加中原诸侯会盟。陈国一向投靠楚国，此次主动要求投向晋国阵营，乃是因为楚国子辛为令尹后，对其周边小国多有侵害，索求无厌，使陈国感到不堪负担。于是陈成公派遣袁侨赴中原诸侯会盟，请求与中原诸侯修好。晋悼公派和组父将陈国请求修好之事遍告诸侯。同年秋天，各国大夫与陈国袁侨会盟。

晋悼公不仅处置外事得当，处理内政与人事也很得当，因此晋国臣子亦能仿效昔日贤臣榜样，秉公行事。大夫祁奚，字黄羊，担任中军尉。祁黄羊请求告老致仕，晋悼公问他推荐谁来接替其职务。祁黄羊推荐解狐。解狐与祁黄羊曾有私仇，但祁黄羊却举贤不避仇。晋悼公准备任命解狐，然而未待悼公任命，解狐去世。于是晋悼公又征询祁黄羊意见，祁黄羊推荐儿子祁午。《国语·晋语》记载了祁黄羊之言。祁黄羊道："人言道，'择臣莫若君，择子莫若父'。祁午少年时，顺从听命，出游必告所向，居留必得其所，好学而不嬉戏。待其青年时，博闻强记，遵从父命，守志不淫。待其及冠，平和孝敬，处事仁爱，大事镇定，品行正直，不改初衷，非义不行，非令不举。如临军事，其贤于臣。臣荐所能，请君选择。"祁黄羊尚未离职，其副职羊舌职死。悼公又征询祁黄羊的意见以谁接任，祁黄羊举荐羊舌职之子羊舌赤。于是，悼公任命祁午为中军尉，羊舌赤为副。果然，终悼公、平公两任国君，祁午于其职守未有任何纰漏。

据《左传》记载，时之君子评论道："祁奚能举善任之人。其举荐仇人，并非谄媚；举荐其子，并非营私；举荐副职，不为结党。《商书》曰，'无偏无党，王道荡荡'。所言便是祁奚这样的人。解狐得其举，祁午得其位，伯华（羊舌赤）得其官，举荐一职，成全三人，乃祁奚能举贤之故。唯有善人，才能推举同类。《诗》云，'惟其有之，是以似之'。（《小雅·裳裳者华》）唯有善人，才有善良子嗣，便是言祁奚这样的人。"

晋悼公于鸡泽召集诸侯集会之时，其弟公子扬干于曲梁驱车乱行，扰乱了晋军行列。中军司马魏绛便下令杀了公子扬干的车御。悼公未及弱冠，毕竟年轻气盛，恼怒之下，对新任副中军尉羊舌赤道："我会合诸侯，乃以此为荣。如今扬干受辱，还有何辱比此更大？必杀魏绛，不得迟疑！"羊舌赤回答道："绛一心为公，事君不避危难，有罪不逃刑罚，他或许会来自请处罚，何劳国君发令？"话音刚落，魏绛到来，将紧急奏事之书交付御仆，便准备抽剑自刎。士鲂、张老劝止了他。悼公读其上书，书曰："昔日国君缺乏臣仆，以臣为司马。臣闻，军队以服从为能武，从军以宁死不犯军纪为诚敬。国君会合诸侯，臣岂敢不敬？岂敢不执行军纪军法？若国君之军不武，将领不敬，罪莫大焉。臣畏惧犯不敬之大罪，连累扬干不得逃罪。臣不能事先训导，以致动用斧钺，犯下重罪，岂敢不前来请罪而激怒国君？特请回国由司寇判决死刑。"悼公读完魏绛奏事，不及穿鞋，赤脚而出，向魏绛道："寡人之言，乃出于对兄弟之爱；你杀扬干车御，乃按军法从事。寡人有弟，未能教导，使犯军令，乃寡人之过。你不要再加重寡人之过。请答应寡人的请求！"晋悼公认为魏绛能用刑罚治理百姓，回国之后，便于太庙设宴招待魏绛，任他为新军副帅。以张老为中军司马，士富接替张老为侯奄，负责侦察。

据《国语·晋语》记载，悼公曾想以张老为新军副帅，张老推辞道："臣不如魏绛。魏绛其智能担任高官，其仁能不忘国家，其勇能果决奖惩，其学能承先启后。若居卿位，内外必平。鸡丘之会，能秉公执法，言辞通情达理，国君不能不赏。"悼公数次任命，张老固辞，于是悼公任命魏绛为新军副帅，任命张老为司马。

正因为悼公能够纳谏用人，臣子们能够忠心为国，因此晋国再次呈现君臣同心重振霸业的局面。

# 第一〇六章　尊秩守序鲁臣论礼，抚戎来远晋卿谏君

由于陈国背叛楚国投向以晋国为首的中原诸侯联盟，周灵王二年冬，楚国派公子何忌率军侵陈，但陈国没有顺服楚国。周灵王三年春，楚军依旧驻扎于繁阳。繁阳于河南省新蔡县北。楚国见陈国没有顺服之意，准备再次进攻陈国。恰于此时，陈成公薨。楚军得知陈国国丧，便停止进攻。此乃合乎礼制之举。据《左传》记载，鲁国臧孙纥听闻陈国态度，评论道："陈国不服从楚国，必定灭亡。大国遵守礼制，他国仍旧不从，不遵礼制对大国尚且会遭到祸难，何况小国？"

鲁国则比较注重礼仪。周灵王三年夏，鲁国派遣叔孙豹赴晋国访问，以回报荀罃之前来访。《左传》与《国语》均记载了叔孙豹懂礼守礼的言行。晋悼公设享礼款待，乐工以钟镈演奏《肆夏》之三，叔孙豹没有答拜。乐工又奏唱《文王》之三，即《诗·大雅》中《文王》《大明》《绵》，叔孙豹又未答拜。乐工再奏唱《鹿鸣》之三，即《诗·小雅》之首《鹿鸣》《四牡》《皇皇者华》，每歌一曲，叔孙豹便起身拜谢，三曲歌罢，叔孙豹三次答拜。韩献子韩厥派外交行人子员问叔孙豹道："您奉君命光临敝国，敝国以先君之礼并以乐歌敬献于您。您舍大乐不拜而三拜细歌，请问是何礼仪？"叔孙豹答道："《三夏》乃天子招待侯伯所奏，使臣不敢与闻。《文王》乃两国国君相见之乐，使臣不敢接受。《鹿鸣》乃贵君用以褒奖寡君，岂敢不拜？《四牡》乃贵君用以慰劳使臣，岂敢不再拜？《皇皇者华》乃贵君告诫使臣必向忠信之人讨教，'必咨于周'。臣闻，访问善人为咨，咨询亲者为询，咨询礼仪为度，咨询事情为诹，咨询困难为谋。使臣知咨，咨之于亲，咨度礼仪，咨诹事情，咨谋困难。臣学得五种善行，岂敢不再拜？"叔孙豹为使臣，既不僭越，又不失礼，可谓知礼。

鲁国宣、成两朝执政季文子季孙行父亦是知礼守礼。据《国语·鲁语》记载，他非常克己节俭，家中之妾不穿丝质衣裳，家中之马不喂粮食。仲孙蔑之子仲孙它劝道："您为鲁国上卿，已为两朝之相，妾不衣帛，马不食粟，别人

会以为您吝啬，而且有失国家颜面。"季孙行父道："我也愿享荣华富贵。但国人的父兄食粗粮穿陋衣之人很多，因此我不敢奢侈。他人父兄衣食不丰，而我却打扮侍妾，以粮喂马，岂是辅佐国君之人所当为？况且我闻以德为荣可为国增光，未闻以侍妾与马匹为国增光。"之后，季孙行父将此事告知仲孙它之父仲孙蔑。孟献子仲孙蔑为此将仲孙它囚禁七天。此后，仲孙它妾穿粗布，马食稗草。季孙行父知道后称赞道："知错能改，人中俊杰。"于是举荐仲孙它为上大夫。可见季孙行父、仲孙氏父子均为谋国懂礼之人。

但《左传》也记载了季孙行父几件并非守礼之事。周灵王元年，鲁成公夫人齐姜薨。季孙行父将宣公夫人穆姜为自己准备的内棺与颂琴为齐姜所用。穆姜为齐姜之婆母。穆姜因与叔孙侨如通奸，叔孙侨如被逐之后，穆姜失势。时之君子评论道："此举非礼。礼不能逆。媳妇当孝养婆母，亏待婆母而善待媳妇，乃为大逆。《诗》云，'其惟哲人，告之话言，顺德之行'。（《大雅·抑》）季孙此事上不明智。且穆姜为今君祖母，《诗》云，'为酒为醴，烝畀祖妣，以洽百礼，降福孔偕'。（《周颂·丰年》）只有礼仪周全，才能福报周遍。"

周灵王三年秋，鲁成公之妾定姒去世。定姒为襄公之母。襄公年幼，由执政上卿主持事务。季孙行父未按夫人之礼操办定姒丧礼，不于祖庙停棺，不用内棺，不行虞祭。但母以子贵，既然襄公继位，其母便当尊为夫人。大匠庆具体操办定姒后事，对季孙行父道："您为正卿，小君丧礼不完满，是让国君不能妥善为母送终。国君长大后，会怪罪何人？"季孙行父曾在蒲圃东门外为自己种植六棵楸树备用，匠庆请求以之为定姒做棺椁，季孙行父道："简略些即可。"但匠庆还是使用了蒲圃楸木，季孙也未制止。时之君子评论道：《志》所谓"多行无礼，必自及也"。便是指如此行事。据《春秋》记载，定姒自薨至葬不及一月，却又言"葬我小君定姒"，可知其丧葬名实不尽相符。

但季孙行父确实克己节俭。一年之后，季孙行父卒。根据周礼，大夫入殓，国君当亲自到场。于是鲁襄公莅临季孙行父家中。季氏家中非但妾不穿丝，马不食粟，其家宰搜集家中器物作为陪葬时，家中居然没有收藏铜器玉器，一切生活用具只有一份，并无多余。时之君子评论道："辅佐三朝国君，而无私人积蓄，其忠心可嘉！"

鲁国臣子还能据礼在外交事务中为鲁国力争有利结果。周灵王三年冬，鲁襄公赴晋国听命。晋悼公设享礼招待襄公，襄公请求将鄫国作为鲁国的附庸国，晋悼公不答应。仲孙蔑便向晋国君臣表达了如下三层意思。一是鲁国与仇敌为邻，然而愿意始终事奉晋国，从来不误晋君之令。二是晋国并未向鄫国收缴贡赋，却常对鲁国有所命令，各国负担并不公平。三是鲁国国土狭小，生怕因供奉欠缺而获罪，因此希望借助鄫国之力。于是晋悼公允诺了鲁襄公的请求。

这年春天，由于陈成公薨，楚国停止攻打陈国，但陈国没有领情，因此入夏之后，楚国派遣彭名入侵陈国。楚国又命邻近陈国的顿国伺机侵扰陈国。顿国为姬姓之国，位于河南省项城市西。此次陈国决心依靠中原诸侯，继续与楚国对抗，因此在冬天出兵包围了顿国。

但晋国是否有能力保护陈国呢？当陈国决定与楚国决裂投靠晋国时，执政韩厥便感到担忧，他在朝会上道：“当年文王率领背叛商朝之国去事奉商纣，乃知道时机未到。如今我们却相反，楚国实力强盛，我们却领袖诸侯对抗楚国，实在很难！”

晋国不仅要考虑楚国的压力，还要顾虑周边戎狄的挑衅。恰在此时，戎人却为晋国带来了睦邻的机会。山戎无终国国君嘉父派遣臣子孟乐来到晋国。无终国或在山西省北部山区。孟乐请托魏绛疏通，贡献虎豹之皮，请求晋国与各戎人部落讲和。晋悼公道：“戎狄没有亲近之国，生性贪婪，我们不如讨伐他们。”魏绛则道：“诸侯顺服不久，陈国新近来和，均将观察我国行为。我若有德，则与我和睦；否则，便背离我们。向戎人用兵，则楚国攻陈，我必不能救，这是抛弃陈国。中原诸国定会叛我。戎人不过为禽兽，绝不能因得戎人而失华夏！”

魏绛向晋悼公引述了《夏训》的历史故事，以说明得人心之重要。大禹之孙太康淫荡失国，其弟仲康软弱无能，仲康死后，其子相立，有夏氏衰落。后羿自鉏迁至穷石，号有穷氏，依靠夏民取得夏朝政权。后羿沉溺于狩猎，不用贤臣，而用寒浞。寒浞为寒国之谄媚子弟，寒国国君伯明氏知其奸佞，弃之不用，被后羿收留，得到重用。寒浞媚于后羿妻妾，贿赂后羿之臣，欺骗愚弄民众，怂恿后羿以田猎为乐，最终使朝廷内外均顺从于他。后羿田猎归来，被其家众将他杀而烹之，又杀其子。寒浞占据了后羿的王国和后羿的妻妾，生子浇与豷。他对民众不施恩德，让其子率兵，灭斟灌与斟寻氏。后羿之臣子靡自有鬲氏处召集斟灌与斟寻两国遗民，剿灭寒浞，立相之遗腹子少康。少康灭浇于过邑，少康之子后杼灭豷于戈邑。有穷氏因丧失民心而灭亡。

魏绛又讲述了周朝立国的故事。殷纣之臣辛甲曾向纣王提过七十五次谏言，纣王皆不听，于是辛甲离商赴周。周朝以辛甲为太史，辛甲便命令百官箴谏天子过失。《虞人之箴》中言道，"茫茫禹迹，画为九州，经启九道。民有寝、庙，兽有茂草，各有攸处，德用不扰。在帝夷羿，冒于原兽，忘其国恤，而思其麀牡。武不可重，用不恢于夏家。兽臣司原，敢告仆夫"。意思是，夏禹足迹辽远，划定九州，开通大道。生民有屋，死者有庙，兽有茂草，各得其所，各因天性，互不干扰。后羿居位，贪于田猎，忘怀忧国，只思鹿鸟。武不可黩，黩武亡夏。臣司田猎，仅以此告。魏绛道："《虞箴》如是言，岂可不引以为戒？"当时晋悼公喜欢田猎，因此魏绛特别言及《虞箴》。

晋悼公听罢问道："最好莫过于与戎人讲和吗？"魏绛答道："与戎人媾和有五利：其一，戎狄逐水草而居，看重财货，看轻土地，其地可买。其二，戎不犯境，安居边野，不扰农事，国用可足。其三，戎狄事晋，四邻震动，诸侯畏威。其四，以德抚戎，将士不劳，甲兵不损。其五，鉴于后羿，以德为政，来远抚近。国君当慎重图谋！"晋悼公便派遣魏绛与各部落戎人结盟，于是晋国百姓得以休养生息。

## 第一〇七章　鲁获附庸得失参半，陈叛楚盟进退两难

鲁国想将周边小国变为自己的附庸，以获取小国供奉，但如此鲁国也必将担负起保护这些小国的责任，因此鲁国扩大附庸国范围的措施有得有失。不出一年，麻烦便来了。就在鲁国刚将鄫国揽入自己麾下的同一年，周灵王三年，即公元前569年，刚刚入冬，邾国与莒国便联合出兵攻打鄫国，鄫国向鲁国求救，鲁国不得不救。邾国位于今天山东省邹城市东南，莒国位于今天莒县，鄫国位于今天山东省兰陵县。

鲁国派遣臧孙纥救援鄫国，深入邾国之后，很快在狐骀败于邾、莒联军。狐骀位于今山东省滕州市东南狐山下。鲁国士兵战死不少，鲁国人去接回阵亡将士时都以麻系发，类似后世披麻戴孝。鲁国自此有以麻系发吊丧的习俗。国人讽刺道："臧之狐裘，败我于狐骀。我君小子，侏儒是使。侏儒侏儒，使我败于邾。"或许因臧孙纥个子矮，因此国人称之为侏儒。鲁国战败，说明鲁国军队战斗力不强，居然不能战胜周边的两个小国。

鲁国虽然武力不足以保护其附庸国，但鲁国开始并不想放弃鄫国这个附庸国，鄫国也为自保而更加靠近鲁国。第二年夏，鲁国派遣叔孙豹与鄫国太子巫赴晋国觐见悼公，以确定鄫国对鲁国的归属关系。《春秋》记载，"叔孙豹、鄫太子巫如晋"，是将鄫国太子巫比作鲁国大夫。然而很快，叔孙豹便提出，鲁国以鄫国为附庸对鲁国不利，因为鲁国没有兵力保护鄫国，因此让鄫国大夫直接参加诸侯会盟，直接听命于侯伯。于是不到一年，鄫国便摆脱了与鲁国的附庸关系。

但鲁国紧跟晋国、扩大附庸国范围的举措也为鲁国带来了利益，这就是周边国家开始改善与鲁国的关系。自从鲁国紧跟晋国，与鲁国相邻的卫国便主动与鲁国拉近关系。鲁襄公继位，尽管襄公只是幼儿，卫国也不失礼节地派遣使者访问鲁国。而在鲁国以鄫国为附庸后的第二年，周灵王五年秋，滕成公便前来朝见鲁襄公。滕国位于今天山东省滕州市西南。滕国曾于鲁隐公、桓公、文公世朝拜鲁国，之后便无记载，已有近五十年未来朝鲁。如今虽然襄公年幼，

然而滕成公来朝，说明鲁国对周边国家影响力增强。

鲁国并非只是依靠追随晋国，等待东方小国向其靠拢，鲁国也主动试图睦邻，搞好与周边小国的关系。周灵王五年冬，鲁国派遣叔孙豹赴鄫国访问，重修两国友好关系。鲁国的努力得到了回报，周围国家开始主动与鲁国修好。周灵王六年春，郯国国君首次来朝。郯国位于今天山东省郯城县境内。这年夏天，小邾国穆公来朝，小邾国位于今天山东省滕州市东北，小邾国穆公也是首次来朝。这些均为鲁国这几年外交的成功。

晋国得到了几乎所有中原诸侯的拥护，起码是表面顺从，于是与楚国交恶的吴国也主动派遣使者请求加入中原诸侯联盟。周灵王四年夏，吴君寿梦派遣大夫寿越赴晋国，一方面解释没有参加鸡泽会盟的原因并且向晋国道歉，更重要的一方面是请求与中原诸侯结好。对于吴国前来请求结盟，晋国自然愿意，晋悼公准备专门为吴国请求结盟会合诸侯。晋悼公让鲁国、卫国使者先会见吴国使者，并告知会期。于是鲁国的仲孙蔑、卫国的孙林父便赴淮水南岸的善道与吴国使者相会，以示中原诸侯之诚意。善道位于今江苏省盱眙县东北。

九月，晋悼公召集诸侯会盟，鲁襄公、宋平公、陈哀公、卫献公、郑僖公、曹成公、莒国国君、邾国国君、滕成公、薛国国君、齐国世子光、吴国大夫与鄫国大夫参加了戚邑会盟，主要是为吴国入盟。在此次会盟上，晋悼公命令诸侯出兵帮助陈国戍守。正是在此次会盟上，鲁国叔孙豹提出让鄫国大夫代表独立国家身份参加会盟，让鄫国直接听命于侯伯。这样，鲁国对鄫国便不再单独负有保护责任。

脱离了鲁国保护的鄫国无力自保，无力自立于中原诸侯之林。鄫国以为贿赂了周边大国，便可以高枕无忧，疏于防范，不知自强，于是于周灵王五年，公元前567年，为莒国所灭。为此，晋国讨伐鲁国，责问鲁国为何听任鄫国灭亡。但实际上，鲁国兵力仅能自保，况且鄫国已摆脱了鲁国附庸国的身份。鲁国君臣为向侯伯晋悼公做出交代，派遣季孙宿赴晋国听候晋悼公命令。季孙宿谥"武"，史称季武子，为季文子季孙行父之子。

以晋国为首的中原诸侯联盟震慑了郑国，从楚国阵营拉走了郑国，并使楚国阵营的陈国也投向了晋国，如今又吸引了远在东南的吴国，中原诸侯联盟可谓风生水起，这自然大大刺激了楚国。在中原诸侯于戚邑会盟之后，楚国便讨伐陈国，质问陈国为何背叛楚国。陈国回答道："因为楚国令尹子辛欲壑难填，陈国难以满足。"于是楚共王便下令杀了令尹子辛。时之君子评论道：

## 第一〇七章 鲁获附庸得失参半，陈叛楚盟进退两难

楚共王此事用刑不当。时之君子引《诗》云："周道挺挺，我心扃扃。讲事不令，集人来定。"此为逸诗，意为大道笔直，我心明察。谋事不成，当召集贤人决定。楚共王不能明察，没有信用，谋事不成，泄愤杀人，要想成事，自然困难。时之君子又引《夏书》道："成允成功。"此为逸书，意思为诚信然后方能成功。

楚国杀令尹子辛后，以公子贞为令尹，公子贞字子囊。晋国范宣子士匄道："我们将失去陈国。楚人以子囊为令尹，定会改变前令尹子辛的做法，很快讨伐背叛楚国的陈国。陈国靠近楚国，百姓时时迫于兵戎，能不倒向楚国吗？保护陈国，非我所能；放弃陈国，我们主动。"

但陈国既然已与中原诸侯结盟，晋悼公已下令中原诸侯帮助陈国戍守，因此入冬之后，诸侯已派兵在陈国戍守。楚令尹子囊进攻陈国。晋悼公、鲁襄公、宋平公、卫献公、郑僖公、曹成公、莒国国君、邾国国君、滕国国君、薛国国君与齐国世子光于城棣会合，准备救援陈国。城棣于今天河南省原阳县北，对于位于淮阳市的陈国而言，救援确实要赶些路程。此次中原联军还算救援及时，陈国躲过一劫。

楚国自然不会放弃争夺陈国，周灵王六年，楚令尹子襄再次包围陈国，于是中原诸侯联盟再次救陈。晋悼公、鲁襄公、宋平公、陈哀公、卫献公、曹成公、莒国国君、邾国国君于郑国境内鄬邑会合，以救援陈国。鄬邑大约位于今河南省鲁山县境内。

中原诸侯联盟没有放弃陈国，但陈国却不能君臣同心，因此显得进退彷徨。陈哀公在臣子陪同下赴郑国参加中原诸侯会盟，并且会议已经决定诸侯联军救陈。但陈国国内臣民都惧怕楚国，又怕中原诸侯联军远水不救近火。便有人谋通楚国，逼迫陈哀公投降楚国。大夫庆虎、庆寅私下派人沟通楚国，向令尹子囊道："我们让陈侯之弟公子黄前去和谈，你们乘机拘留下他，我们便可让陈侯归顺楚国。"这对楚国无任何损失，楚国人自然乐于按照庆虎二人谋划办事。之后，庆虎、庆寅便派人赴鄬邑报告陈哀公道："楚人俘获了公子黄。国君若不回来，群臣不忍社稷宗庙被毁，不得已，可能会另有所图。"二庆的意思是，国内大臣怕楚国因陈国投向晋国一怒之下灭掉陈国，如果陈侯不肯改弦易辙，他们便准备另立顺从楚国的新君。陈哀公迫于国内压力，不敢不回国稳定局面，但诸侯会盟已经决定发兵救陈，陈哀公又不好向晋悼公以及各国诸侯开口，于是只得不辞而别，逃回陈国。此举乃是陈国君臣自弃于中原诸侯联盟。

· 419 ·

## 第一〇八章 一再进逼齐国灭莱，两面讨好郑臣惹祸

齐国一直不甘顺服于晋国，经常不听晋侯命令。据《左传》记载，周简王十四年，晋国率中原诸侯国讨伐宋国，齐国既不参与会盟，也不出兵，招致晋国讨伐齐国。此事以齐国太子光质于晋告终。自此齐国不能不听晋国号令，且也不敢再觊觎紧随晋国的鲁、卫等中原诸侯国的土地。于是，齐国便将目光转向不属于诸侯联盟，被视作东夷的莱国。周灵王元年，齐灵公攻打莱国。莱国都城位于潍坊市东。莱国派遣大夫正舆子将精壮牛马各百匹赠予齐灵公宠臣夙沙卫，夙沙卫于齐灵公处为莱国求情，于是齐国退兵。

周灵王元年，鲁国成公夫人齐姜薨，齐灵公让姜姓出嫁之妇与姜姓大夫之妇全部赴鲁国为齐姜送葬，并召莱国国君亦赴鲁国送葬。齐灵公召莱君，或是因莱君夫人为姜姓，抑或因刚刚放弃攻伐莱国，便将莱国当作附庸国指使。莱国国君自然不能将自己等同于齐国大夫，因此并未听命于齐灵公。于是，齐国大夫晏弱便于齐国东部边境东阳修城，以逼迫莱国。东阳位于今山东省临朐县东。几年之后，齐国再次修缮东阳城，是为再次警告莱国。但是，莱国或许认为只要贿赂齐国大夫，便可免于齐国用兵，而不思自强，不思严防，最终导致覆灭的命运。

周灵王四年四月，晏弱再次修缮东阳城，屯兵东阳，随后包围莱国都城。冻土已化，齐国军队便在莱国都城四周堆起土山，紧靠莱都女墙，前后围城一年之久。莱国或许一直试图以贿赂的方法再次使齐国退兵，但眼见齐国不放弃围城，于是以齐国逃亡之臣王湫、莱国大夫正舆子与棠邑之人迎战齐军，结果被齐国军队打得大败，齐国军队随即攻入莱国都城。莱共公逃至棠邑，棠邑在潍坊市南。正舆子、王湫逃至莒国，被莒国人所杀。齐国大臣陈无宇将莱国宗庙宝器献于齐国宗庙。晏弱继续挥师包围莱国棠邑，于同年年底灭莱，将莱国民众迁至郳邑，郳邑在莱州市境内。齐国又派遣高厚、崔杼主持划分莱国土地，以分封齐国卿大夫。莱国不是姬姓之国，属东夷之国，对于齐国灭莱，晋国并无表示。

## 第一〇八章 一再进逼齐国灭莱，两面讨好郑臣惹祸

远在东海之滨的齐国是比较幸运的，其周边没有大国强国，因此处于进可攻、退可守的主动地位。相比齐国，处于中原的郑国除了东周初年郑庄公时代强大外，便一直处于南北大国交错攻击之下，先是齐、楚，后是晋、楚，郑国于南北大国之间饱受夹板之苦。非但如此，郑国国内还发生内乱，以至于国力更弱，国无良才。

郑僖公髡顽继位已有数年。郑僖公为太子时，于周简王十一年与子罕（公子喜）同赴晋国，对子罕没有礼貌。后又与子丰同赴楚国，对子丰亦无礼貌。子罕与子丰为穆公之子，较僖公长两辈，僖公如此对待两位公子，两人自然心中不快。郑僖公即位元年，即周灵王二年，僖公赴晋国朝见，子丰想要向晋国提出控告，让侯伯废僖公另立郑君，子罕加以劝阻。周灵王六年，诸侯将于郑国鄬邑会盟，子驷（公子騑）为僖公之相，僖公又对子驷无礼貌。左右侍者看不过去，向僖公进谏，但僖公不听，侍者再谏，僖公居然杀了进谏侍者。如此蛮横无理的昏君，自然遭人憎恨。待郑僖公到达鄬邑，子驷派人夜里毒杀僖公，而以疟疾致死讣告诸侯。僖公之子嘉只有五岁，郑国群臣立他为君，是为郑简公。

子驷弑君，新君幼弱，郑国大权落于其手，郑国公子们自然不会善罢甘休，他们谋划杀子驷。但子驷执政多年，既然敢于弑君，自能掌控局面。他早已洞悉公子们的计划，遂先下手为强，寻找借口，于周灵王七年夏，杀子狐、子熙、子侯、子丁，子狐之子孙击、孙恶逃亡卫国。

或许是为在国内外立威，随即郑国子国、子耳入侵蔡国，俘虏了蔡国司马公子燮。郑国上下都很高兴，唯独子产不随声附和。子产道："小国无文德而有武功，祸莫大焉。蔡乃楚国属国，楚人前来讨伐，我们能够抗拒吗？顺从楚国，晋国军队必会到来。晋、楚两国伐郑，自今往后郑国至少四、五年内不得安宁。"子产即公孙侨，为子国之子，此时尚未及冠。子国对其怒道："你知道什么！国有出兵之令，且有正卿主事，童子置喙，将会被杀！"其实郑国臣子确实不如子产看得深远，事情的发展也正如子产所言，郑国夹在晋、楚之间，不得安宁。

郑国战胜蔡国之后，便向侯伯晋悼公邀功。这年夏天，晋悼公于邢丘召集诸侯，邢丘于今天河南省温县境内。晋悼公给各国规定进贡财物的数量，鲁国季孙宿、齐国高厚、宋国向戌、卫国宁殖、邾国大夫与会。刚刚继位的五龄幼童郑简公在郑国执政的安排下，于此次会上献伐蔡之捷。

郑国的举动惹恼了楚国。周灵王七年冬，楚国令尹子囊伐郑，讨伐郑国入侵蔡国。楚国前来讨伐，郑国大臣便分化为两派。以子驷为首，子国、子耳等主张顺从楚国，而子孔、子蟜、子展等人则主张等待晋国救援。子驷道："《周诗》有云，'俟河之清，人寿几何？兆云询多，职竞作罗'。（逸诗）人生有限，不待大河水清；占卜过多，乃为自身结网。谋议过多，人多不从，事乃不成。如今国民危急，姑且从楚，以解民难。晋军到来，我亦顺从。奉送财货，以待来者，乃小国之道。牺牲玉帛，待于南北边境，待强者而护百姓。如此，敌人不能祸害，民众不会疲病，岂非较好的选择？"

子展则道："小国用以事奉大国者，乃信。小国无信，兵祸日至，亡国在即。自鸡泽之盟，至邢丘之盟，六年之内，晋国与诸侯五次会盟，如今我国却要背盟，虽有楚国援救我国，能有何用？楚国亲近我国非为结好，而是想以我国作为楚国边邑，因此我们不能顺从楚国。我们不如等待晋国救援。晋君贤明，四军完备，八卿和睦，必不弃郑。楚师远征，粮秣将尽，必将速归，我又何患？我闻，所仗莫如守信。我们严防固守，等待楚军疲惫，依仗信守盟誓，以待晋军救援，有何不可？"

子驷恃其执政地位道："《诗》云，'谋夫孔多，是用不集。发言盈庭，谁敢执其咎？如匪行迈谋，是用不得于道'。（《小雅·小旻》）谋者甚多，事情不成。满朝均言，错将谁担？边行边与路人谋，则始终不知所从。请顺从楚国，驷来承担责任。"

于是郑国与楚国媾和，同时派遣大夫王子伯骈代郑君向晋国报告道："侯伯命令敝国，修缮兵车，提醒将士，以讨动乱。蔡国不遵从侯伯之命，敝国臣民不敢贪图安逸，尽我军力，讨伐蔡国，俘虏司马燮，献于邢丘。如今楚国前来讨伐，质问我国为何对蔡国用兵。楚军焚我郊外房舍，攻我都邑城郭。敝国民众，夫妇男女，不事休息，互相救援。国家将倾，控告无门。死亡之民，不是父兄，便是子弟。人人愁痛，不知所庇。国民艰难困苦，只得接受楚国盟约。孤与几名臣子不能禁止，亦不敢不报告侯伯。"

既然郑国首鼠两端，晋国也不客气，中军主帅荀罃派行人子员回答道："贵君听命于楚国，不派行人告知寡君，即顺从楚国。贵君之愿，谁敢违背？寡君准备率领诸侯与你们在城下相见。请贵君慎重考虑。"晋国执政是向郑国宣告，晋国将率中原诸侯伐郑。

周灵王八年十月，晋悼公会同鲁襄公、宋平公、卫献公、曹成公、莒国国君、邾国国君、滕国国君、薛国国君、杞国国君、小邾国国君、齐国太子光率领诸侯联军伐郑。晋国中军帅荀罃与士匄与鲁国季孙宿、齐国崔杼、宋国皇郧率领军队进攻郑都东门鄟门；上军帅荀偃、韩起与卫国北宫括、曹国与邾国大夫率领军队进攻郑都西门师之梁门；下军帅栾黡、士鲂与滕国、薛国大夫率领军队进攻郑都北门；新军帅赵武、魏绛与杞国、郳国大夫率军队砍伐路边栗树。诸侯联军攻郑都未下，数日之后，联军驻扎于氾水之滨，晋悼公传令于各路诸侯道："修缮兵器，备好干粮，送回老幼，伤病住于虎牢，赦免犯错之人，包围郑国。"

郑人见诸侯联军并不退兵，而要长期围困郑国，自然害怕，便派人求和。荀偃道："包围郑国，等待楚国救援，即与楚国交战。不然，郑国不可能真正顺服我国。"荀罃道："可以答应与郑国结盟，然后我们退兵，楚国必定讨伐郑国，便可使楚军疲劳。我们将四军分为三部分，加上诸侯的精锐部队，迎击楚军，我们三部分军队轮流作战，不会困乏，而楚军不能休整，便不能持久。这样比围城待与楚国决战有利。决战必有伤亡，不能图一时之快，致使尸骨遍野，不能用这种方法与敌争胜。需要劳烦军队之时还在后面。君子劳心，小人劳力，乃先王之训。我们当先用计谋，后用武力。"诸侯们都不想打仗，便允许郑国讲和。

十一月，晋悼公率中原诸侯于戏邑会盟，戏邑位于今天河南省巩义市东南。郑国六卿公子騑（子驷）、公子发（子国）、公子嘉（子孔）、公孙辄（子耳）、公孙虿（子蟜）、公孙舍之（子展）以及大夫、卿之嫡子，都跟随郑简公赴会。晋国士庄子士弱书写盟辞道："自今盟誓之后，郑国如不唯晋命是听，或有异志，有如此盟！"公子騑快步上前道："上天降祸郑国，让我国夹于两个大国之间。大国不布仁德，而以兵戎要挟，让我国鬼神不得祭祀，人民不能享受土地物产，男女辛苦羸弱，投诉无门。自今既已盟誓，郑国如果不服从有礼且强大、能够保护郑国民众者，敢有异志，亦如此盟！"荀偃见公子騑所言模棱两可，对郑国没有约束，便道："这篇盟辞必须修改！"公孙舍之道："已将盟约昭告神灵。如盟约可改，大国亦可背叛。"荀罃对荀偃道："我们德行欠缺，用盟约要挟别人，合乎礼制吗？不合礼制，何以主持会盟？姑且结盟退兵，修养德行，休整军队，然后再来，最终必然得到郑国，何必定在今天？我们德行欠缺，民众将抛弃我们，岂止郑国不从？如能休养民力，和众睦邻，远人将至，何赖郑国一国？"于是与郑国结盟后回师。

晋国未能使郑国真正顺从，一个多月后，又率领诸侯联军讨伐郑国，攻打郑国东、西、北三面城门，并于阴阪渡河，入侵郑国。诸侯联军驻扎于阴口，之后回师。阴阪为洧水渡口，于今天河南省新郑市西北；阴口于阴阪北。子孔道："我们可以追击晋军，晋军长久在外，因而疲劳，且有归心，我们定可战胜他们。"子展则制止道："不可追击。"的确，郑国只能自保，不可再激怒诸侯。

楚国见郑国投靠晋国，楚共王便率兵攻打郑国。子驷准备与楚国媾和，子孔与子蟜道："与晋国歃血盟誓，口中之血未干，便背弃之，行吗？"子驷与子展道："我们誓词本就有言'唯强是从'，如今楚军到来，晋国不救，则楚国便强。盟誓之言，岂敢违背？且要挟之下的盟誓无诚信可言，明神不会降临。只有诚信之盟神才降临。信为言之符瑞，善之主体，因此明神降临。要挟之盟不洁，明神不降，可以背弃。"于是郑国与楚国媾和。恰逢楚庄王夫人去世，楚共王未能安定郑国便匆忙回国。

郑国多年来便是如此，朝晋暮楚，投机于两个大国之间，以求自保。但如此恰恰也得罪于两个大国，因此不得安宁。

# 第一○九章　宋逢天灾鲁遇人丧，齐无良相晋有贤臣

周灵王八年，即公元前564年，宋平公十二年，这年春天，宋国发生火灾。《左传》详细记述了宋国的救灾活动。此时乐喜为司城，并执掌政权。乐喜，字子罕，虽为司城，于宋国六卿中排位第五，但如右师、左师等才能不足，排位在后者亦可以执政。

乐喜派大夫伯氏管理城中街巷，于火所未蔓延之地，拆除小屋以隔离火势，以泥土涂抹大屋以防火，沿街摆放畚箕与铲等运土工具，用以汲水的绳索与瓦罐，以及盛水器具，估量劳力强弱分派任务，储蓄救火用水，堆积灭火泥土，巡查城郭，修缮防守兵器，标明火势趋向。乐喜派华元之子司徒华臣调集常备劳役，华臣又令隧正调集郊区劳力，奔赴火灾地点。乐喜又派华元之子右师华阅管理属下，督促属下各尽其职；派左师向戌管理左师属下，督促属下各尽其职。乐喜再派司寇乐遄准备刑具，督促属下各尽其职。乐喜还派司马皇郧，令管马之人提供马匹，工正备好兵车，整备甲兵，守卫武器库。乐喜还派太宰西鉏吾保护国库，又命司宫、巷伯于宫内外警戒。左师、右师还命令四乡乡正祭祀群神，祝宗杀马祭祀四城，并于宋都西门之外祭祀远祖盘庚。宋国火灾如此兴师动众，可见火灾面积之大，灾情之重。当是因冬春气候干燥，木器易燃，因此火灾形成规模。

据后来考古发掘，周代宋都东垣长近二千九百米，南垣长三千六百米，西垣长三千零五十米，北垣长三千二百五十米，周长十三公里，都城面积十几平方公里，相当于现存明代于此所建归德府城的十倍。夯土筑成的城墙剖面为梯形，高十米左右，最宽处有三十多米，有五处城墙缺口。可见两三千年前的宋都规模。据史料记载，宋都有内外两重城墙，内城为宫城，外城为廓。宫城内有宫殿建筑与衙署建筑，外城墙与宫城之间为居民生活区、商业区和手工业区，除粮坊、油坊等作坊外，还有丝麻织品、木器、漆器、玉器、陶器、鞋帽等制作各种货物的作坊，人口约在十万人以上。由此可见，以土木建筑为主的都城一旦有大的火灾，确实一时难以扑灭，需要调动方方面面人力物力救

灾。

宋都火灾的消息很快为各国所知。晋悼公向士弱询问道:"我闻,由宋国火灾可知天道,是何缘故?"士弱答道:"古代掌火之官火正,或祭祀大火星,或祭祀鹑火,于此间行火种或烧窑之事,之后禁火。尧帝火正阏伯居于商丘,祭祀大火星,并用大火星移动确定时节。相土沿用此法。阏伯与相土为商之先祖。所以商代以大火星为祭祀的主星。商人观察其祸乱预兆,必始于火,因此逐步明确天道。"晋悼公道:"可以肯定吗?"士弱答道:"在于国家治乱之道。国乱而无兆,则不可预知。"晋国君臣之所以关心宋国火灾,当是看宋国是否会一蹶不振,晋悼公作为侯伯,自然要筹谋——一旦宋国败亡,如何平衡中原各诸侯国势力,巩固并扩张自己的势力范围。

在宋国遭受天火之后,同年夏天,鲁国遭逢国丧。成公之母、襄公祖母穆姜薨于东宫。当初穆姜与叔孙侨如通奸,欲除仲孙、季孙二氏,成公不听母命,穆姜威胁要废成公而另立国君。或许因母子反目,因此穆姜迁居别宫。开始进住别宫时,筮卦得"艮"之"随",即"艮"卦六爻中五爻皆变,唯独第二爻不变,于是变为"随"卦。太史道:"此谓'艮'之'随','随'乃随人而行,为出走之象。您当速速离开。"穆姜道:"不必!《周易》中言'随,元、亨、利、贞,无咎'。元为身体之首,身体之长;亨即享,为嘉礼中主宾相会;利为义之表现,为公利之总和;贞乃为信,为行事之本。体仁便足以居于人上,嘉享便足以协调礼仪,利物便足以体现道义,贞信便足以任事。的确,所言不欺。虽得'随'卦,亦无祸患。如今我为女子,参与乱政。本居下位,又无仁德,不可谓元;不安社稷,不可谓亨;作而害身,不可谓利;寡而艳饰,不可谓贞。具备上述四德,得'随'卦可无咎。我四德俱无,岂合'随'卦?我有恶德,岂能无咎?必死于此,不得出矣。"穆姜晚年知悔,闭门思过,死于别宫。鲁国按照夫人之礼安葬了穆姜。

相比鲁国穆姜死前有所悔悟,也有一些贵族高官却死到临头尚不知自省。齐国太子光与上卿高厚即因不能守礼,祸及自身。据《左传》记载,周灵王九年春,晋悼公率领鲁襄公、宋平公、卫献公、曹成公、莒国国君、邾国国君、滕国国君、薛国国君、杞国国君、齐国世子光,远赴楚国柤邑,与吴国国君寿梦相会,为巩固与吴国的联盟。柤邑位于今天江苏省邳州市。在如此重要场合,齐国高厚为太子光之相,却言行不敬。晋国士弱道:"高子相太子会诸侯,是要保卫社稷,但齐太子与高子均言行不敬,是弃社稷于不顾,将难免于祸。"果然，二人最终皆死于非命。

晋国继齐国成为侯伯之国后，一直人才济济。周灵王七年，晋国士匄赴鲁国答拜襄公朝晋，并通告鲁国晋侯准备召集诸侯伐郑。

鲁襄公设宴招待士匄，士匄赋《摽有梅》。《摽有梅》为《国风·召南》中诗，诗云："摽有梅，其实七兮！求我庶士，迨其吉兮！‖摽有梅，其实三兮！求我庶士，迨其今兮！‖摽有梅，顷筐塈之！求我庶士，迨其谓之！"意为树上之梅尚有七成，有心追求我的小伙子，不要耽误良辰。树上之梅只剩三成，有心追求我的小伙子，于今切莫再等。梅子成筐成箕，有心追求我的小伙子，赶紧开口莫迟疑。士匄赋此诗之意，乃让鲁国追随晋国出兵，不要迟疑。

季孙宿为襄公之相，就士匄所赋之诗答道："敢不及时！以草木为喻，寡君之于晋君，晋君为果实，寡君为气味。欣然承命，何有间隔？"之后季孙宿赋《角弓》。《角弓》为《小雅》诗篇，诗第一章云："骍骍角弓，翩其反矣。兄弟昏姻，无胥远矣。"意为弓弦调和，有张有弛，同姓异姓兄弟，不要相互疏离。意指晋国与鲁国乃同姓兄弟，相互不要疏远。

士匄即将告退，季孙宿又赋《彤弓》。《彤弓》为《小雅》诗篇，彤弓为天子赏赐有功诸侯之红漆之弓，诗第一章云："彤弓弨兮，受言藏之。我有嘉宾，中心贶之。钟鼓既设，一朝飨之。"意为红漆雕弓，藏于庙中。我有嘉宾，衷心赞美之。陈设钟鼓，一朝飨之。二、三两章基本重复第一章之意。季孙宿赋此诗之意可理解为称颂晋文公曾受天子赐予彤弓，如今晋国嘉宾来访，鲁国君臣心中赞美，特备宴乐宴请嘉宾。士匄道："城濮之战，我先君文公于衡雍献功，襄王赐予彤弓，以为子孙收藏。匄为先君守官后裔，敢不承命相助寡君？"

春秋时期宾主赋诗表达己意，言辞宛转，却寓有深意，不失为有礼有节的外交表达方式。此后，季孙宿又赴晋国，回报士匄之访。

鲁国季孙宿也是懂礼的贤臣。周灵王八年联军伐郑之后，鲁襄公送晋悼公回国，晋悼公为鲁襄公在河边设宴。宴会上，晋悼公问起襄公年龄。季孙宿答道："沙随会盟之年，寡君出生。"晋悼公道："十二年了，是谓一终，岁星已经运行一周。国君当十五岁生子，必须举行冠礼然后生子，乃合于礼仪。鲁君可行冠礼了。大夫何不准备举行冠礼之用具？"季孙宿答道："国君举行冠礼，必行灌享之礼，并以金石之乐为节，于祖先宗庙举行。如今寡君正于路途，冠礼器具不能齐备，请到兄弟之国后借用这些设备。"晋悼公同意。于是襄公回国途中，抵达卫国，于卫成公之庙举行冠礼，借用钟磬，此乃合于礼制。鲁国君臣不待回国，便借卫国宗庙举行冠礼，可见鲁国君臣不折不扣地遵从晋侯之言。

周灵王八年晋国是饥荒之年，晋国全军出动率领诸侯联军伐郑，实在有伤晋国元气。因此晋悼公回国后，与众臣计议与民休息。魏绛请求广布恩德，将积聚之财借贷于民。晋悼公准此提议。自晋侯以下，凡有积财，全都出贷。于是国内货无积滞，民无困乏，山林川泽之利与民共享，民众亦不贪得无厌。并且，公室卿大夫祈祷时，以裘皮丝帛代替牺牲，款待宾客只用一头牲畜，平时更不增添新器用，车马服饰亦只求够用。这些措施推行一年，国事有了节度。此后晋国三次出兵，楚国均不能与晋国争强。

晋国不仅人才济济，且臣子均有谦让之德。周灵王六年，晋国执政韩献子韩厥见后继有人，便自觉告老，并不恋栈。其长子无忌有残疾，当晋悼公准备以他继承卿位时，他推辞道："《诗》云'岂不夙夜，谓行多露'（《国风·召南·行露》），又云'弗躬弗亲，庶民弗信'（《小雅·节南山》）。"他表达的意思是，岂不愿意朝夕伴君，奈何身有残疾不能多行，不能躬亲行事，便不能取信于民。他继续道："无忌不才，理当辞让，请立吾弟起。起与贤人田苏出游，田苏赞其好仁。"他又引诗云："靖共而位，好是正直。神之听之，介而景福。"（《小雅·小明》），意为恭谨居于职位，爱好正直之人，鬼神自能听闻，助其享有洪福。他道："爱民为德，正直为正，矫枉为直，三者合一乃为仁。因此鬼神听之，洪福佑之。立起，岂不恰当？"晋悼公于是立起为卿。悼公认为无忌仁让，于是以无忌为公族大夫。

晋国新军主帅赵武，为赵盾之孙，赵朔之子。其叔父赵同、赵括罹难之时，他随其母赵庄姬居于宫中，得存赵氏一脉。据《国语·晋语》记载，他青年时期便得众多前辈赞许与教导。行冠礼之后，赵武去见栾武子栾书，栾书道："好啊！昔日我为你父庄子之副，他外表很美，却华而不实，请你定要务实。"赵武去见中行宣子荀庚，荀庚道："好啊！可惜我老了，不能见证你的成就。"赵武去见范文子士燮，士燮道："你当警惕。贤者受宠，更当自警，智慧不足，方会恃宠而骄。振兴社稷之国君奖赏谏臣，贪图安逸之国君惩罚谏臣。我闻古之圣王，推行德政，听讽于民，使盲人乐师诵读前代箴谏，使公卿列士献时政民风之诗，以免自己受到蒙蔽，并采风于市井传言，辨吉凶于民谣，考察百官事功于朝廷，询问毁誉于道路，纠正邪蔽，自警警人。先王最痛恨的便是骄傲。"赵武去见韩献子韩厥，韩厥道："戒骄戒躁，乃真正成人。自成人开始便要亲近善者。开始便亲近善者，善者再推荐善者，不善之人便无从接近。开始便亲近不善之人，不善之人又引见不善之人，善者便无从接近。如同草木生长，各以类聚。人之有冠，如同宫室有墙屋，要去除污秽，保持清洁，除此之外，岂有他求？"赵武去见智武子荀罃，荀罃道："继续努力吧！作为成子（赵衰）、宣子（赵盾）后代，年龄大了仍为大夫，岂非耻辱？成子之文才，宣子之忠心，岂可忘怀？成子以前朝典章辅佐文公，以前代法令而终至执政，岂能不称其文！宣子于襄公、灵公时尽心谏诤，因谏诤被灵公所恶，依旧冒死进谏，岂能不称其忠！你努力吧，有宣子之忠，加上成子之文，定能事奉国君成就一番事业。"但赵武去见郤氏一族，郤氏却不鼓励赵武。郤锜道："好啊！但是年轻人不如老年人之处很多。"郤犨道："年少为官者很多，让我如何安置？"郤至道："你有所不如，可以退而求其次。"赵武去见张老，把众卿之言告诉了他。张老道："很好，听从栾伯之言，可以获益；听从范叔教诲，可有大德；听从韩子告诫，可以笃志。人事具备，能否成事，在你志向。至于三郤之言，不足称述。智子之言很对，先人恩泽庇护于你。"正因为晋国大多卿大夫能教诲提携年轻人，因此晋国得以人才辈出。

· 429 ·

## 第一一○章　秦楚伐晋诸侯会吴，偪阳灭国侯伯封宋

自秦桓公晚年败于晋国之后，秦国多年不曾染指中原。如今已是秦景公十三年，即周灵王八年，公元前564年。这一年，据《左传》记载，晋国准备率领诸侯讨伐投向楚国的郑国，而晋国国内已出现饥荒现象。秦景公趁晋国饥荒之年，准备对晋国用兵。于是秦景公派遣士雃向楚国请求出兵支援。

士雃向楚共王转达了秦景公的请求后，楚共王便答应出兵。令尹子囊向楚共王谏言道："不可轻易应允出兵助秦。目前我们不能与晋国争霸。晋君量才用人，举拔人才，无所遗漏，任命官员，不改政令。其卿能让位于贤，其大夫不失职守，其士努力教导百姓，其庶人致力于农事，其商、工及皂、隶皆无意改变职业。韩厥告老致仕，知罃继任执政；范匄比中行偃年轻，位居中行偃之上，为中军副帅；韩起比栾黡年轻，而栾黡、士鲂举荐他位于自己之上，为上军副帅。魏绛功劳很多，认为赵武贤能，甘愿为他之副。国君明察，臣子忠诚，上位谦让，士民尽力。于此之时，晋不可敌，顺事他们才行。请君王慎重考虑！"楚共王则道："寡人已经答允，虽然楚国不如晋国，也一定要出兵。"于是楚共王率师驻扎武城，以支援秦国。武城位于今河南省南阳市北。

秦国有了楚国的援助，便入侵晋国。而晋国因是荒年，又在向中原用兵，主要将帅均在准备伐郑，粮草财用不足，不能两面用兵，因此对秦国只是防守，未予以反击。

在西方的秦又开始染指中原时，东南的吴国开始向中原靠拢。晋悼公为表示对吴国加入中原诸侯联盟的尊重与欢迎，于周灵王九年春，会同鲁襄公、宋平公、卫献公、曹成公、莒国国君、邾国国君、滕国国君、薛国国君、杞国国君、小邾国国君、齐国太子光赴柤邑会见吴国国君寿梦。柤邑位于今天江苏省邳州市西北。晋悼公率十多位中原诸侯到接近吴国之地会见吴君，可见其隆重。

既然兴师动众来到此地，荀偃与士匄便建议讨伐偪阳，将此邑作为宋国贤臣向戌的封邑。因为这些年来，宋国最为坚定不移地追随晋国，即便在鲁国动

第一一〇章　秦楚伐晋诸侯会吴，偪阳灭国侯伯封宋

摇之时，宋国还一直听从晋国命令。晋国臣子认为宋国向戌贤明，应当赏赐，因此主张攻下偪阳，用以封赏向戌。偪阳为妘姓小国，祝融之后，距离祖邑约五十里，位于今山东省枣庄市台儿庄区。荀罃不同意攻打偪阳，向晋悼公道："偪阳城小却坚固，城小，胜之不武；坚固，不胜将落下笑柄。"但荀偃等人坚持用兵。于是晋悼公同意攻打偪阳。

诸侯联军包围偪阳后，却不能立即攻克城池。鲁国孟孙氏家臣秦堇父以人力拉装备车到达后，偪阳人或许看到诸侯联军准备安营扎寨长期围困，或许看到载物车中有攻城设备，于是打开城门迎战，诸侯联军将士乘机向城内进攻。偪阳守城之人赶紧将闸门放下，郰邑大夫叔梁纥双手托门，使得攻入城中的将士能逃将出来。此叔梁纥便是孔子之父。鲁人狄虒弥将载物大车轮子卸下立起，蒙上皮甲，作为大盾，左手执盾，右手执戟，领兵一队，准备攻城。仲孙蔑道："此乃《诗》之所谓'有力如虎'之人。"他所引诗，见诸《邶风·简兮》。偪阳守城之人挂下布匹，或是作为引诱，秦堇父拉着布匹登城，将到墙垛，守城人便将布匹割断，秦堇父坠落于地。守城人又将布挂下来，秦堇父醒来重新爬上。如此反复三次，守城之人钦佩秦堇父勇气，便退下不再引诱他攻城。秦堇父以所断布匹为带，于联军中展示三日，以激励将士。秦堇父的勇敢之举，被鲁国全军上下看在眼里，仲孙蔑十分欣赏秦堇父，回国之后，便让秦堇父为车右。秦堇父之子秦商，字丕兹，后为孔子七十二弟子之一。

由于偪阳城池坚固，诸侯联军久攻不下。于是荀偃、士匄请示荀罃道："雨季将至，恐怕届时无法回师，请下令班师。"荀罃自然恼怒。当初他不同意攻打偪阳，便是怕诸侯之师不能攻下偪阳小国，徒留笑柄，正是荀偃、士匄力主要打。如今他们又主张撤兵，无疑是向秦、楚等敌对国家示弱，这将影响晋国作为盟主的威望。荀罃愤怒地将弩机掷向他们，弩机从两人之间飞过，荀罃道："你二人将攻下偪阳、封赏向戌两事办成之后，再来禀报。本来我恐将帅意见不一扰乱军令，因此顺从你们。你们既已劳烦国君，邀集诸侯，兴师动众，牵引老夫来到此地，却无强力进攻，又想归罪于我，向他人道，是我下令退兵，否则偪阳可克。我已老朽，还能再次承担罪责吗？七日攻城不下，必取你等首级！"由于荀罃督促，并下死令，于是荀偃、士匄不再依靠攻城之车，亲身冒着城上箭、石反击，率领步兵攻打偪阳，终于在四天之后灭了偪阳。

晋悼公将偪阳封给向戌。向戌辞谢道："若国君定要镇抚宋国，以偪阳扩大寡君疆土，我国群臣便可安心，有何恩赐比此更大？若专门赐予外臣，则成

为外臣发动诸侯联军为自己求得封地，有何罪过比此更大？外臣冒死以请。"晋国不可能管理偪阳这样远离本土的飞地，于是晋悼公便将偪阳封予宋平公。攻打偪阳本就为封宋臣，其他诸侯国自然没有异议。

宋平公得到偪阳城池土地，在晋国回师途中，自然要尽地主之谊，设享礼礼遇晋悼公。宋平公于楚丘设宴招待晋悼公。楚丘位于宋、曹边境，或位于今山东省曹县境内。宋平公请于享礼上用乐舞《桑林》。桑林为商汤祈雨之处。据唐代李善注南朝《昭明文选》中所引《淮南子》，商汤灭夏之后，恰逢连续五年大旱，根据占卜，必须以人祭祀，上天方会降雨。商汤不忍用人祭祀，说道："本是为民祈雨，当以自身为牺牲。"于是商汤命人堆起柴堆，剪掉头发与指甲，沐浴净身，坐于柴堆之上，欲自焚祭天。方才举火，天降大雨。因此殷商将此地当作纪念商汤的圣地，又制作《桑林》乐舞，作为天子举行礼仪活动时所用乐舞。宋国为殷商后裔，因而沿用殷商乐舞。对于宋平公要于享礼用乐舞《桑林》，荀䓨辞谢，认为不应用天子乐舞。荀偃、士匄则道："诸侯中宋国用殷商之礼，鲁国用周天子之礼，因此各国可于宋、鲁观礼。鲁国将周王禘乐，用于宾礼与祭礼。宋国将《桑林》乐舞用于宾礼，有何不可？"

乐舞开始，乐师手举旄夏之旗率乐队上场。殷商文化重视鬼神，或许最初用于祭祀的乐舞表演，需要乐师装神弄鬼，因此乐师所举雉羽旌旗应当比较骇人。抑或《桑林》乐舞不仅为纪念商汤，还祭祀桑林之神。据《淮南子·说林训》，"黄帝生阴阳，上骈生耳目，桑林生臂手"，桑林乃使人生出手臂之神，因此或许造型特异。总之乐舞《桑林》使晋悼公感到有些恐怖，便退入厢房。于是宋国人去掉旌旗，以乐舞伴随结束享礼。晋悼公回国途中，刚刚过河到达晋国著雍，便生病了。著雍在今天河南省原阳县西。晋悼公命人占卜，卜兆出现桑林之神。荀偃、士匄想要回宋都祈祷于桑林神庙，荀䓨不同意，道："我曾辞谢不用《桑林》乐舞之礼，宋国依旧要用。如有鬼神，灾祸亦当加于他们身上。"或许荀䓨此言有心理暗示效用，不久晋悼公病愈。于是晋军将偪阳国君带回晋国，献于晋武公之庙，将偪阳国君称为夷人俘虏。晋悼公又请周朝内史选择偪阳国君近亲之外的妘姓宗族后裔，居住到晋国霍邑，以继妘姓之嗣。霍邑于今天山西省霍州市。灭国不灭姓氏，是合于礼制的。

# 第一一一章　楚郑伐宋诸侯伐郑，郑国内乱王卿争权

　　晋侯将诸侯联军攻下的偪阳封予宋平公，宋国在得到利益的同时也招来了灾祸。据《左传》记载，同年夏天，即周灵王九年，公元前563年，夏，楚国与郑国便联手出兵攻打宋国。楚国派遣楚庄王之子、楚共王之弟令尹子襄率军攻打宋国，郑国派遣郑穆公之孙子耳率军攻打宋国，两国军队于訾毋驻扎会师。訾毋为宋地，或在今天河南省鹿邑县境内。两国军队自訾毋出发围困宋国都邑，并攻打都邑桐门。

　　楚、郑联军攻打宋国，首先发兵救援宋国的是卫国，卫献公亲自率军驻扎于卫国南部的襄牛，一方面为宋国后援并等待中原各路诸侯，一方面威慑郑国。于是楚国命令郑国出兵攻打卫国。郑国子展道："我们必须进攻卫国。否则，便是不听楚国号令。得罪了晋国，又得罪楚国，郑国怎么办？"子骊则道："国疲民乏，怎能再次兴兵？"子展道："我们若同时得罪两个大国，必定灭亡。即便国疲民乏，不是依旧比亡国好吗？"大夫们都认为子展之言很有道理，便按照楚国命令派遣皇戌之子皇耳攻打卫国。

　　郑、卫交兵，郑国因勉强攻卫，因此一战即退。卫国执政孙林父占卜是否要追逐郑国军队，将卜兆献予献公之母、定公夫人定姜。定姜看了龟卜之兆，问其爻辞如何，孙林父答道："兆如山陵，有夫出征，而丧其雄。"定姜道："征伐者丧其首领，有利于抵御敌人。请大夫谋划。"于是孙林父遣军追逐郑国军队，孙林父之子孙蒯于犬丘俘虏了郑国将领皇耳。

　　楚国不甘心北伐无果，郑国既受楚国胁迫，也不甘心失败，于是两国于秋季再次北伐。此次楚国令尹子襄、郑国子耳的联军绕过宋国攻打鲁国西部边境，不仅向鲁国，也向卫国与中原诸侯示威。之后两国联军回师，又包围并攻克了宋国萧邑。萧邑位于今天安徽省萧县北。九月，子耳再回师入侵宋国北部边境。

　　此次楚、郑联手，连续威胁了鲁、卫、宋三国，并占领了宋国南部的萧邑，应当说是得胜班师，但鲁国执政仲孙蔑并不认为郑国获利。仲孙蔑道：

"郑国恐有灾祸！郑国兵戎相争已经过度。周王室尚且不堪以兵戎相争，何况郑国？郑国的灾祸，恐怕会落在三位执政身上！"仲孙蔑所言郑国的三位执政，乃子驷、子国与子耳。郑简公尚不满十岁，自然是执政的卿大夫主持国事。

楚、郑联军耀武扬威地绕宋国一周，攻打鲁国、宋国，威胁卫国，自然招来中原诸侯联手征讨。在晋悼公率领下，鲁襄公、宋平公、卫献公、曹成公、莒国国君、邾国国君、齐世子光、滕国国君、薛国国君、杞国国君、小邾国国君均亲自率军，组成诸侯联军攻打郑国。军队驻扎于郑国的牛首。牛首位于今天河南省开封市通许县东北。此处《春秋》将齐世子光列于滕国等国国君之前，是因崔杼相世子光先到。

这边诸侯联军准备伐郑，那边郑国却起了内乱。郑国执政子驷与大夫尉止曾经不和。于是，在郑国将要抵御诸侯军队之时，子驷利用手中权力削减尉止率领的兵车数目，并寻找理由道："你战车多，不合礼制。"尉止俘虏敌人，立下战功，子驷又以礼制名义不让尉止献俘，将尉止功劳归于自己名下。子驷不仅得罪了尉止，还得罪了其他氏族。他以经纬田界、疏通沟渠为名，使得司氏、堵氏、侯氏、子师氏均损失了土地。于是这五个氏族不得志的人聚集起来，依靠两年前公族之乱时被子驷所杀的子狐、子熙、子侯、子丁之党羽发动叛乱。十月的一天早晨，尉止、司臣、侯晋、堵女父、子师仆率领叛乱分子攻打西宫朝廷，杀死了执政子驷、司马子国、司空子耳，将郑简公劫持到北宫。司徒子孔事先获知，因此未死。《春秋》记载为"盗杀郑公子騑、公子发、公孙辄"，是因为没有大夫参与叛乱。

公子騑（子驷）之子公孙夏，字子西，闻讯而出，家中未设戒备。他收敛了父亲尸身，便去追赶叛乱分子，而叛乱分子躲入北宫。子西回家召集兵丁，但因他未设戒备，家臣婢妾多数逃走，器物大多丢失。公子发（子国）之子公孙侨，字子产，得知叛乱，便设置门卫，分派职守，关闭府库，谨慎收藏，完善守备，集合兵丁，列队出兵，并出动兵车十七辆。子产亦先收敛父亲尸身，然后攻打北宫叛乱分子。公孙虿，字子蟜，率领国人帮助子产，杀了尉止、子师仆，最后只有侯晋逃亡到晋国，堵女父、司臣、尉止之子尉翩、司臣之子司齐逃亡到宋国，其余叛乱分子全部被杀。

叛乱平定之后，子孔执政，制定盟书，规定官员各守其位，听取执政号令。或许因盟书削减了卿大夫们的权力，大夫、各司官员与诸卿嫡子不服。子孔准备对不服从者加以诛杀。子产劝阻子孔,并请子孔焚毁盟书。子孔不同意,道:"制作盟书,是为安定国家,因众人怨愤,便焚毁盟书,此乃众人为政,治国岂不难哉?"子产道:"众怒难犯,专欲难成。合两难以安定国家,乃危险之道。不如焚毁盟书,安定众人,您得以执政,众人得以安定,难道不好吗?专欲无成,犯众兴祸。定要听我之言!"子孔最终听取了子产的意见,于仓门之外焚毁盟书,于是众人怨愤得以平息。

郑国内乱之时,诸侯联军占据并戍守虎牢城,晋军又于梧邑与制邑加筑城墙,由士鲂、魏绛戍守。晋国准备以将虎牢归还郑国为条件,使郑国感到消除了北部威胁,能够安心与诸侯联军媾和。但晋国于虎牢附近梧邑与制邑又另筑两座小城,以牵制郑国。郑国内乱方止,国民疲惫,国力不支,只能与晋国为首的诸侯联军媾和。

此时楚国已经派遣令尹子囊救援郑国。诸侯联军既与郑国媾和,便准备南下抵御楚国军队,绕郑国国都往南,到达阳陵。阳陵位于今河南省许昌市西北。但楚国并不打算退兵。荀罃想让诸侯联军退兵,他道:"现在我们逃避楚军,楚军必定骄傲,楚军骄傲,则我们便可与他们决战。"栾黡则道:"逃避楚军,乃晋军之耻辱。况且晋国已经会合诸侯,更增加了耻辱。不如决一死战。我将单独进军。"于是率领军队向南推进,与楚军隔颍水相向驻扎。

郑国大夫子蟜道:"诸侯联军既然已经完成退兵准备,必定不会与楚军决战。我们顺从晋国,他们将退兵,不顺从晋国,他们也将退兵。诸侯联军退兵,楚军必会包围我们。既然无论我们是否顺从晋国,诸侯联军都将退兵,不如我们顺从楚国,让楚国也退兵。"于是子蟜夜渡颍水,与楚国结盟。郑国出尔反尔,栾黡便要讨伐郑国,荀罃不同意。荀罃道:"我们不能抵御楚军,又不能保护郑国,因此郑国无罪。不如将郑国的怨恨转嫁于楚国,我们回师。现在我们攻打郑国军队,楚国必会救援他们。战而不胜,贻笑诸侯。并无必胜信心,不如还师。"于是诸侯联军撤至郑国之北,为报复郑国出尔反尔,也为不枉联合诸侯出兵,联军侵掠了郑国北部边境,然后回师。楚军亦回。

诸侯间战乱频繁,周王朝也内乱不断。周灵王九年,王朝又发生王卿争权事件,王叔陈生与伯舆争夺执政。周灵王帮助伯舆。王叔陈生又怒又惧,于是出逃。王叔陈生抵达河滨,周灵王又复其官位,杀史狡以取悦王叔陈生。但王叔陈生不回王城,居于河滨。晋悼公派士匄调解王室争端,王叔与伯舆互讼。王叔家宰与伯舆的大夫瑕禽于周王朝廷上争辩,士匄听取他们互讼。王叔家宰道："柴门小户之人皆欲凌驾于上位之人，为上者岂不难哉？"瑕禽道："昔日平王东迁，我等七姓追随天子，为天子备齐祭祀所用牺牲与器具，得到天子信赖，平王以赤牛为牺牲，与七姓盟约道：'世世无失职。'若是柴门小户，岂能够东迁安家？且天子又怎能信赖我等七姓？自从王叔把持朝政，政事以贿赂完成，刑罚由宠臣所出。有司官员，不胜其富，我等怎能不沦落为柴门小户？请执事思之！下位之人有理亦屈，则何谓公正？"士匄道："天子所助者，寡君亦助之；天子不助者，寡君亦不助。"他让王叔氏与伯舆对证，王叔不能提供重要证词，逃往晋国。周灵王便以单靖公为卿士辅佐王室。士匄以周王之是非为是非，或是表现尊王，或是由于伯舆等七姓在王城势力强大，因为伯舆于十几年前与周公楚争夺权力，同样以周公楚出奔晋国告终。既然伯舆及其一党势力强大，晋国自然也不想得罪他们，乐得以尊王为理由解决王卿之间的争斗。

# 第一一二章　鲁作三军三分公室，郑倚两方两面得罪

周灵王十年，即公元前562年，乃鲁襄公十一年。据《左传》记载，这年春天，季武子季孙宿提议鲁国新编三军编制。季孙宿为季孙行父之子。襄公幼年继位，执政之权一直在季孙氏、叔孙氏手中，因此季孙宿直接向司马叔孙穆子叔孙豹道："请编三军，三家各掌一军。"季孙宿所言各掌一军，是指三桓孟孙氏、叔孙氏、季孙氏三家各掌一军。此时叔孙豹不仅世袭司马之职，还于季孙行父去世后行执政之职，因为季孙宿毕竟年少，但季孙氏世袭鲁国上卿，执政之权早晚要归季孙氏。因此叔孙豹向季孙宿道："执政之权早晚将归于你，你一人独掌军、政之权，恐怕不行。"据《国语》记载，叔孙豹还讲出了一番大道理："天子六军，由王卿率领，以征讨失德诸侯。大诸侯国拥有三军，由卿统帅，听天子之令出征。诸侯有卿而无三军，由卿率领武士辅佐大诸侯国。伯、子、男以下小国有大夫无卿，出兵车甲士跟随诸侯征战。因此上能正下，下无奸恶。如今鲁国只是小国，处于大国齐、楚之间，即便修缮兵甲，缴纳贡赋，顺从大国，尚恐被讨，若是建立大国才能拥有的三军，激怒大国，恐怕不好。"

但季孙宿坚决请求新编三军，叔孙豹见季孙宿早晚要编制三军，只得让步，便想以盟约制约季孙氏，于是向季孙宿道："那么盟约吧！"于是孟孙、叔孙、季孙三氏便于僖公庙中盟约，又于五父之衢行诅咒仪式。五父之衢为鲁都城外朝向东南方向的大道。行此仪式，当是划定三家各自的权力范围，盟誓互不相侵。

此年正月，鲁国便新编三军，将公室军队划归三氏，一家执掌一军。三家各自取消原有私家车兵，编入三军。季孙氏在其所封城邑推行如下措施：服兵役之家免除征税，不服兵役之家加倍征税，以此鼓励从军，保证兵源。孟孙氏将其私家军队之一半编入自己所统帅的军队继续服役，所留基本为青壮子弟。而叔孙氏则将其私家军队全部编入自己统帅的一军，否则他便不放弃其私家军队。

鲁国"三桓"三分公室，表明公室权力削弱，卿大夫势力增强。在春秋舞台上，非但天子成为暗弱的背景，诸侯也开始退入舞台暗处，或沦为牵线人偶，各国执掌权力的卿大夫们开始在舞台中央活跃。

郑国也早已由其卿大夫掌握实权。郑国继续处于晋、楚拉锯战的刃口之下，卿大夫们忧虑晋国与楚国对郑国的压力，相互谋道："不顺从晋国，国家几近灭亡。如今楚国弱于晋国，而晋国并不以我国为当务之急，若能让晋国以我国为当务之急，楚国将会逃避。如能使晋军强力攻我，楚国不敢抵挡晋国，我们便可巩固与晋国的同盟。"子展道："挑衅宋国，诸侯必至，于是我们便与他们结盟。楚军到来，我们再顺从楚国，这样晋国便会愤怒至极。若晋国频繁来攻，楚国不能助我，我们就可巩固与晋国之盟。"子展的提议其实是一个两面挑衅而不可能两面讨好的办法，然而郑国大夫们却都对此计划表示赞同。于是，郑国派遣边境守官向宋国挑衅。宋国向戌入侵郑国，俘获甚多。子展道："我们可以出师伐宋了。若我们进攻宋国，诸侯联军便会奋力进攻我国。我们便服从晋国之命，同时报告楚国。楚军到来，我们便与之结盟，再重重贿赂晋军，如此可以免祸。"这样一个肇祸的计划，沿袭了当初子驷两面讨好的思路。当初郑国便得到了两面不讨好的结果，如今重蹈其辙，自然依旧是两面得罪。

郑国子展率军攻打宋国，果然招来诸侯联军伐郑。齐国太子光、宋国向戌率先抵达郑国都城，驻军东门之外。当晚，晋国荀罃抵达郑国西郊，东侵如今隶属于郑国的许国旧地。随后卫国孙林父攻打郑国北部边境。之后，诸侯于郑国之都新郑之北的北林会师，驻军向邑。北林位于今天河南省中牟县西南，向邑或位于尉氏县西南。然后诸侯联军转向西北，驻扎于琐邑。琐邑位于今天河南省新郑市北。最后诸侯之师包围新郑，陈兵于郑都南门之外，并派军队渡过大河支流济隧，接应后续援兵。郑国卿大夫们畏惧，便同诸侯联军媾和。

七月，中原诸侯于亳城会盟。亳城位于今天河南省荥阳市东南。晋悼公、鲁襄公、卫献公、曹成公、齐太子光、莒国国君、邾国国君、滕国国君、薛国国君、杞国国君、小邾国国君与盟。范宣子士匄道："盟辞不慎，必失诸侯。诸侯疲于征伐而无功，岂能不生二心？"于是诸侯盟誓之盟书明确写道："凡我同盟，不得将粮食囤积居奇，不得垄断山川利益，不得庇护他国罪人，不得收留奸恶之人。要相互救恤灾荒，平定祸患，统一善恶标准，共同辅助王室。有犯此令，司慎、司盟之神，名山、名川之神，天神及群祀，先王、先公，七姓十二国之祖，明神共察，共同诛戮，使其失去民众，丧君灭族，并灭其国。"盟书所言七姓，乃晋、鲁、卫、曹、滕之姬姓，齐国之姜姓，宋国之子姓，邾国与小邾国之曹姓，莒国之己姓，杞国之姒姓，薛国之任姓。

由于中原诸侯会盟，郑国又倒向中原诸侯联盟，于是楚国令尹子囊向秦国请求出兵支援，共同讨伐郑国。秦国派遣右大夫詹率领军队追随楚共王，由楚共王亲自率军进攻郑国。见楚军到来，郑简公亲自迎接楚国军队，转而率军进攻宋国。

中原诸侯遵循盟约，同进同退，于是诸侯联军再次进攻郑国。郑国派遣郑卿良霄、太宰石㚟赴楚国，向楚国报告，郑国准备顺从晋国。良霄为子耳之子，世袭司空之职。两位使者代郑简公言道："孤因社稷之故，不能感念国君之恩。国君或可以玉帛与晋国言好，否则，便以武力震慑他们，此为孤家之愿。"郑国如此随风而倒，楚国君臣自然愤怒，便囚禁了良霄与石㚟。

诸侯联军陈兵于郑国东门之外。于是郑国派遣王子伯骈求和。晋国同意郑国之请，派遣赵武入郑都与郑简公盟约。之后，郑国又派遣子展出城与晋悼公盟约。双方盟约之后，参加亳邑会盟的中原诸侯又于萧鱼集会。萧鱼位于今河南省原阳县西南。会后赦免郑国俘虏，礼遇送回。联军又收回侦察与巡逻之兵，并禁止掠夺郑国财物。晋悼公命羊舌肸通告诸侯。鲁襄公派臧孙纥回答道："凡我同盟，小国有罪，大国征讨，稍有所得，鲜有不加赦免。寡君闻命。"

郑国送与晋悼公重礼，包括三名乐师师悝、师触、师蠲；用于攻击的广车、用于防守的軘车各十五辆，配备甲兵，与其他战车共一百辆；歌钟两套，及与之配套的镈和磬；女乐两佾十六人。

晋悼公回国之后，将乐队的一半，即歌钟一套、女乐八人，赐予魏绛，向魏绛道："你教寡人和戎狄，正诸夏，八年之中，九合诸侯，恰如乐器之和，无所不谐，寡人请你一起享受歌乐之乐。"悼公所谓八年九合诸侯，指周灵王四年，晋悼公会合诸侯于戚邑、城棣；周灵王六年，会合诸侯于鄢邑；周灵王七年，会合诸侯于邢丘；周灵王八年，会合诸侯于戏邑；周灵王九年，会合诸侯于柤邑，又会合诸侯于虎牢；周灵王十年，会合诸侯盟于亳城，又会合诸侯于萧鱼。

魏绛辞谢道："和戎狄，乃国家之福。八年之中，九合诸侯，诸侯无二，乃国君之威，军队将帅之功劳，臣有何力？然而臣希望君王安于快乐，而又思其目标。《诗》云，'乐只君子，殿天子之邦。乐只君子，福禄攸同。便蕃左右，亦是帅从'。（《小雅·采菽》）乐以安德，义以行德，礼以广德，信以守德，仁以勉德，然后可以安定邦国，同享福禄，招徕远人，此即是乐。《书》曰，'居安思危'。（逸书）思则有备，有备无患。谨以此言规谏国君。"晋悼公道："你的教导，敢不承命！没有你，寡人无以对待戎狄，不能渡过大河。赏赐，乃国家典章，藏于盟府，不可废除。你还是接受赏赐吧！"魏绛从此开始享有金石之乐。大夫立功受赏，祭祀用金石之乐，均为合乎礼制之举。

的确，不能居安思危，必有祸事到来。就在晋国接受郑国重礼的同一年末，晋国便为秦国痛击。秦国应楚国之请，派遣庶长鲍、庶长武领兵伐晋救郑。庶长鲍率先攻入晋国境内，晋国士鲂率军抵御，认为秦军人少，不加防备。数日之后，庶长武于辅氏渡河，辅氏在今天陕西省大荔县东。庶长武与鲍夹击晋军，秦军与晋军于栎邑交战，晋军大败。栎邑于今天山西省永济市西南。晋军之败是士鲂轻敌之故。

# 第一一三章　鲁君守礼周王求后，晋臣辞让楚共谦谥

在礼坏乐崩的春秋时代，相对而言，具有礼仪之邦名声的鲁国于外交上是比较守礼的。在武卫方面，鲁国一般是出于自保，或出于反击。例如，周灵王十一年春，不知为何，莒国攻打鲁国东部边境，包围台邑。台邑位于今天山东省临沂市费县东南。季孙宿率兵救援台邑。之后，季孙宿乘势攻入莒国郓邑，掠取郓邑之钟，回国改铸为鲁襄公的盘器。郓邑是鲁国与莒国长期争夺之邑，其最初归属不详，之前曾为鲁国所有，后为莒国所有。此次鲁国为报复莒国，便入侵郓邑掠取其钟。郓邑位于今山东省临沂市沂水县东北。《左传》记载此事，并不以为此举不妥，便是因为莒国攻鲁在先。又如第二年夏，鲁国轻取邿国。邿国为妊姓小国，本为鲁国附庸国，不知为何一分为三，爆发内乱，于是鲁国派兵救援邿国，轻而易举得到了邿国。邿国位于今天山东省济宁市微山县。此举亦是邿国有乱在前，鲁国取邿国于后。

于外交方面，鲁国更是礼仪周全。周灵王十一年秋，吴王寿梦薨，鲁襄公便按照周礼于文王之庙哭吊吴王。根据周礼，逢诸侯之丧，其余诸侯除派遣使者吊丧之外，还要在其国内亲自吊丧。国内吊丧之地据诸侯之间血缘亲疏不同而异。异姓诸侯之丧，诸侯于城外向其国方向哭吊；同姓诸侯之丧，诸侯于宗庙哭吊；同宗诸侯之丧，诸侯于祖庙即始封君之庙哭吊；同族诸侯之丧，即同一高祖子孙之丧，诸侯于父庙哭吊。鲁国之祖为周公，吴国之祖为太伯，同为姬姓之国，因此鲁襄公赴宗庙文王之庙哭吊吴王。若是同宗邢、凡、蒋、茅、胙、祭各国有国丧，则鲁君于周公之庙哭吊。

这年夏天，晋国曾派遣士匄到鲁国拜谢鲁国出兵助晋。晋国虽为侯伯，有权召集诸侯代天子征伐，但每次率诸侯征伐之后，晋国都要派遣使者分别拜谢诸侯的援助，这是礼制的要求。这年冬天，鲁襄公便赴晋国朝见侯伯，并回拜士匄访鲁。第二年春，鲁襄公回国之后，孟献子仲孙蔑于宗庙记载襄公赴晋之事功，亦为礼制要求。可见鲁国礼仪周全。

鲁襄公不仅恪守礼仪，也能纳谏守礼。周灵王十二年，本来襄公准备下令

于防邑筑城，臧武仲臧孙纥请求待农事完毕之后动工，襄公纳谏。于是于冬季在防邑筑城。此防邑为鲁国东防，位于今天费县东北。此举合乎时令，遵守礼制规定。

周礼不仅于丧礼等有严格规定，于婚嫁亦有严格规定。姬姓王朝与姜姓齐国历来通婚，周灵王已到成婚年龄，因此于周灵王十一年向齐国求娶王后。齐灵公向晏桓子晏弱询问如何答复，晏弱回答道："先王礼辞载有应答方式。天子向诸侯求娶王后，诸侯应当回答，有夫人所生嫡女若干人，姜妇所生之女若干人。若无女而有姊妹，当回答，有先君某公遗女若干人；若无姊妹而有姑母，亦当回答，有先君某公遗女若干人。"于是齐灵公应允婚事，周灵王派遣阴里与齐灵公口头约定婚事。

由此可见，周王娶王后，与娶哪一女子无关，而与娶哪一异姓诸侯之女有关。故而如异姓诸侯无待嫁之女，则可娶其待嫁之姊妹，如亦无姊妹，可娶其待嫁之姑母。周礼关于周王与诸侯婚事的规定，是为保证天子与诸侯利益，婚姻之盟实为利益同盟。

春秋时代虽为争斗时代，但也依旧有有德之人，谦虚辞让，处事公道。晋国臣子便有出以公心、谦虚辞让的传统美德。范宣子士匄便继承了其父范文子士燮、其祖范武子士会公忠体国的传统，守礼谦让。晋卿荀罃、士鲂卒，卿位空缺。晋悼公于绵上狩猎并训练军队，因中军主帅荀罃已卒，便任命士匄率领中军。士匄本为中军副帅，率领中军并无不可，但他道："伯游（荀偃）比我年长。昔日臣子熟悉知伯（荀罃），因此辅佐于他，并非因我贤能而得为副帅。请让我追随伯游吧！"于是悼公任命荀偃为中军主帅，士匄仍为中军副帅。悼公又任命韩起为上军主帅，韩起辞让，认为应任命赵武。韩宣子韩起为韩献子韩厥之子，亦有其父之风，公忠体国。赵文子赵武乃赵宣子赵盾之孙，赵庄子赵朔之子，德才俱备。悼公又任命栾黡为上军主帅，栾黡推辞道："臣不如韩起。韩起愿意赵武上位，国君可听其建议。"于是悼公任命赵武为上军主帅，仍以韩起为副帅；任命栾黡为下军主帅，魏绛为副帅。新军无帅，悼公感到难选其人，便让新军校吏率领属下，服从下军号令。此举合乎礼制。由于晋国卿大夫能够公忠谦让，举国上下和谐，中原诸侯因此顺服晋国，均能与晋国和睦相处。

时之君子评论道："谦让乃是礼之主体。范宣子谦让，在其下位之人便均能谦让。栾黡即使专横，也不敢违和。晋国因此安定，数世受益，便由于取法于善。一人法善，百姓和睦，岂可不尽力于此？《书》曰，'一人有庆，兆民赖之，其宁惟永'。(《尚书·吕刑》)所言便是上有善举，万民受益，国祚绵延。周朝之兴，其《诗》云，'仪刑文王，万邦作孚'。(《大雅·文王》)便言效法善举，能取信万邦。周朝之衰，其《诗》云，'大夫不均，我从事独贤'(《小雅·北山》)，便是不谦。治世，君子崇尚贤能，谦让下属，小人努力，事奉其上，因此上下有礼，奸恶远黜，便由于不争之故。不争乃是美德。乱世，君子夸耀功劳，凌驾于小人之上，小人夸耀技能，凌驾于君子之上，因此上下无礼，暴乱并生，便由于争相自以为是。自以为是乃是昏德。国家败坏，常由于此。"

春秋时代不仅有谦恭之臣，亦有谦恭之君。楚共王病重，向卿大夫道："不谷不德，少主社稷。十岁丧先君庄王，不谷未及习太师太保之教，便承受国君福禄，因此缺乏德行。不谷亡师于鄢陵，使国家受辱，使大夫担忧，败事尚多。若能借卿大夫们之福，保全首领得以善终，便只剩身后之事，但求得于父庙中追随先君，请谥'灵'或'厉'，请卿大夫们选择。"因为"灵"与"厉"均为恶谥，因此卿大夫们无人回答。共王五次命令，卿大夫们这才应承。根据《逸周书·谥法解》，"死而志成曰灵，乱而不损曰灵，极知鬼神曰灵，不勤成名曰灵，死见神能曰灵，好祭鬼神曰灵""杀戮无辜曰厉"，或许楚共王认为自己不能治理好国家，不能见贤思齐，因此求谥为"灵"；或许他还为自己申饬司马公子侧导致其自杀，下令杀司马公子申、令尹公子壬夫即子辛，感到后悔，因此求谥为"厉"。几位大臣虽然有错，但确实罪不至死。可见楚共王临终前确实能够反省自身。

楚共王薨。令尹子囊与众大夫商议谥号。大夫们道："已有君命。"子囊道："君命用'共'，怎可不用？君临赫赫楚国，安抚蛮夷，广征南海，使之从属于诸夏，而又知己之过，岂可不谓'共'？请谥为'共'。"子囊虽擅改君命，但大夫们也均未感到不妥，因为楚共王确实有不少功绩，于是大夫们听从子囊建议，谥为"共王"。"共"即为"恭"。

吴国不据中原礼制行事，趁楚国国丧入侵楚国。楚国以大夫养由基为前锋先行御敌，司马公子午率大队兵马继之而行。公子午，字子庚。养由基向公子午道："吴国乘我国丧，以为我们不能出兵拒敌，必定轻视我们，不加戒备。您设三批伏兵，待我引诱他们。"公子午听从建议，于庸浦设伏。庸浦于今天安徽省无为县南长江北岸。两军交战，吴军大败，吴国公子党被俘。时之君子认为吴国不善，《诗》云，"不吊昊天，乱靡有定"。(《小雅·节南山》)上天认为不善，因此有祸。

楚国两面受敌，又有国丧，自然急于改善周边关系。此时，被扣留的郑卿良霄、太宰石㚟尚在楚国。石㚟对令尹子囊道："楚先王为征伐卜卦五年，岁岁重复吉兆，便行出兵；若有一年卜兆不吉，便增修德行，再行占卜。如今楚国不能自强，别国使者有何罪过？你们滞留郑国一刚愎之卿，相当于除去对郑君之制约，反而使得郑国上下和睦，同怨楚国，并使其巩固与晋国之盟，滞留郑卿又有何用？放其回郑，因其有辱使命，郑君必废其位，于是他便会怨其君而恨众大夫，郑国君臣不睦，相互牵制，岂非更有利于楚国？"令尹子囊听从石㚟之言，便将良霄放归郑国。日后良霄果然成为郑国之患，此是后话。

# 第一一四章　士匄纳言季札辞立，联军渡泾晋臣分歧

作为中原霸主的晋国，其君臣对待各诸侯国虽有远近之分，但总体尚守公道。据《左传》记载，周灵王十三年春，即公元前559年，吴国派遣使者赴中原诸国报告被楚国战败，于是晋国召集诸侯于向邑集会，晋国士匄、鲁国季孙宿、子叔齐子、齐国崔杼、宋国华阅、仲江、卫国北宫括、郑国公孙虿及曹国、莒国、邾国、滕国、薛国、杞国、小邾国与吴国大夫皆与会。向邑当为郑地，位于今天河南省尉氏县西南。吴国虽然为晋国阵营中对付楚国的一支重要力量，因为有吴国牵制楚国，楚国便不能专务北伐，但士匄依旧严肃地指出，吴国趁楚国国丧攻打楚国，乃不合礼制，不守道德之举，因此拒绝为吴人谋划伐楚之事。此次集会，晋国还逮捕了莒国公子务娄，因莒国与楚国有使者往来。从士匄指责吴国不守礼制与道德来看，晋国不欲出师而名不正，或许各诸侯国亦不欲攻打楚国。

戎君驹支虽非华夏诸侯，但诸戎一直追随晋国参与战事，因此亦来与会并朝晋。或许有人向晋国士匄道说戎君驹支的不是，士匄准备于朝上拘捕戎君驹支。士匄在朝上向驹支道："过来，姜戎氏！昔日秦人追逐你祖上吾离于瓜州，你祖吾离披蓑衣、戴草帽前来归附我先君。我先君惠公田地不多，却与你祖分食。如今诸侯事奉我君不如昔日，乃因泄露机密，盖由你之故。明晨之事，你不要与会。若与会，将要捉拿于你！"戎君驹支答道："昔日秦人依仗人众，贪图土地，逐我诸戎。晋惠公宣明大德，谓我诸戎乃四岳后裔，不可抛弃。赐予我们南部边境之地——那里是狐狸居住、豺狼嚎叫之地。我诸戎剪除荆棘，驱逐狐狸豺狼，成为先君不侵不叛之臣，至今亦无二心。昔日晋文公与秦人伐郑，秦国私下与郑国结盟，并派兵帮助郑国戍守，因此有殽地之战。晋军抵御秦军，戎人追随晋国与秦国对抗，秦军不能全师而还，实我诸戎之力。譬如捕鹿，晋人执角，诸戎拖其后腿，与晋人一起将它扑倒。戎人为何不能免罪？自殽役以来，晋之战役，我诸戎无不按时参加，追随执政，如同支援殽役一般，岂敢背离？如今难道不是晋国将帅确有过失，以使诸侯生出二心，反加

罪我诸戎？我诸戎饮食衣服与华夏不同，财礼不通，言语不通，岂能为恶？不与集会，亦无所谓。"言罢，驹支赋《青蝇》一诗，然后告退。《青蝇》诗云："营营青蝇，止于樊。恺悌君子，无信谗言。‖营营青蝇，止于棘。谗人罔极，交乱四国。‖营营青蝇，止于榛。谗人罔极，构我二人。"该诗以青蝇喻谗人，搅乱四方，构陷好人，奉劝君子不要听信谗言。士匄听驹支陈述并赋诗后，向驹支道歉，并让他与会，以示不听谗言。

晋国不但处事比较公平，而且能够尊重守礼之国，守礼之君臣。鲁国的子叔齐子作为季孙宿之助手与会，或许因其懂礼守制，外交表现上佳，自此晋国减轻了鲁国供奉数量，并且更加敬重鲁国的使臣。

吴国趁楚国国丧进犯楚国，此时吴王之丧方才一年。吴王寿梦薨于周灵王十一年秋，而吴国于第二年秋便出兵伐楚。吴国如此急于出兵伐楚，或许是因为吴国新君急于立威。吴王寿梦共有四子，长子诸樊，次子余祭，三子余眛，四子季札。季札贤良，寿梦欲立季札为嗣君，季札辞让不受，于是寿梦立长子诸樊为嗣君。诸樊服孝期满，除去丧服，便欲让位于季札。季札辞道："曹宣公卒，诸侯与曹国臣民认为曹成公杀嫡自立为不义，欲立子臧为君。子臧离开曹国，于是诸侯与曹人计划不成，成全了曹成公。君子评论子臧'能守节'。君乃合法嗣君，谁敢冒犯？拥有国家，非我节操。札虽不才，愿意追随子臧，不失节操。"诸樊与臣民坚持要立季札，季札便抛弃家产，去郊野耕田，以示不能秉政。于是诸樊与国人不再勉强于他。诸樊让位予季札辞立，表明吴国国内政局安定，为吴国崛起奠定了基础。

三年前秦国曾应楚国请求出兵攻打晋国，由于晋国主帅士匄轻敌，晋军大败。两年中，晋国荀罃、士鲂先后去世，卿位空缺，悼公重新调整了将帅人选，并训练检阅了军队，同时又召集诸侯，处理了东方诸国事宜。如今楚国新君即位，又与吴国交兵，无暇北顾，晋悼公便趁此机会率领诸侯联军讨伐秦国，以报秦国出兵攻打晋国之仇。

晋悼公于境内等待，命六卿率领诸侯联军向秦国进军。军队由晋国荀偃率领，鲁国叔孙豹、齐国崔杼、宋国华阅与仲江、卫国北宫括、郑国公孙虿及曹国、莒国、邾国、滕国、薛国、杞国、小邾国等国大夫均率领本国军队随同征讨秦国。联军抵达泾水，或许因悼公与各国诸侯并未亲自挂帅，各国均只派遣卿或大夫随同晋国六卿率领军队征伐秦国，诸侯军队便有些不听指挥，不肯渡河。《左传》与《国语》均记载此事，《国语·鲁语》记载更为详细。晋国羊舌肸去见鲁国叔孙豹，道："诸侯均言秦国对侯伯不恭，因而追随侯伯之师加以讨伐。如今至泾水却止步不前，如何辅佐伐秦之事？"叔孙豹赋诗《匏有苦叶》首章："匏有苦叶，济有深涉。深则厉，浅则揭。"匏为一种大葫芦，可助漂浮。诗言渡口水深，可借匏渡河，渡口水浅，可蹚水而过。赋诗之后，叔孙豹对羊舌肸道："豹之从事，只知《匏有苦叶》，不知其他。"羊舌肸退出以后便召见舟虞与司马，向他们道："苦匏于人不可食用，只能用于渡河。鲁国叔孙赋《匏有苦叶》，定会渡河。你们准备船只，开辟道路，不得有误，误事者军法从事！"果真，鲁国军队与莒国军队率先渡河。

郑国司马公孙虿见诸侯不积极渡河，便去见卫卿北宫括，道："与人结盟又不坚定，最令人厌恶，将来国家怎么办？"北宫括深表赞同。于是两人去见诸侯军队将帅，劝他们渡河。诸侯联军渡过泾水驻扎下来。秦人于泾水上游投毒，联军很多人中毒死去。郑国司马公孙虿率领郑国军队向前推进，其他国家的军队跟上，抵达秦地棫林，在今陕西省泾阳县泾水西南。诸侯联军伐秦，除鲁国叔孙豹、郑国公孙虿行动积极外，卫国北宫括行动差强人意，而齐国崔杼、宋国华阅与仲江则十分消极，以致《春秋》不书其姓名。诸侯国之卿参与政治外交与军事活动，当书其姓名，《春秋》不书卿之姓名，乃是一种贬斥。

诸侯联军已深入秦地，秦国仍不肯讲和。荀偃命令道："鸡鸣套车，填井平灶，唯我马首是瞻！"栾黡认为即便中军主帅也不能不征询其他将帅意见自作主张，深表不服，道："晋国之命，从不如此。我之马首欲往东。"于是栾黡回国，下军亦随之回国。左史问下军副帅魏绛道："不待中行伯（荀偃）之命吗？"魏绛道："中行伯命我们追随主帅，栾伯乃我下军主帅，我将跟从他。追随主帅，便是服从中行伯。"荀偃道："我之命令的确越职，悔之不及，多留兵马只会被秦军俘虏。"于是下令全军撤回。晋国人称此次战役为"迁延之役"，因进军拖延、将帅不和，因而无功而返。

栾鍼道："此次战役，是为报栎邑战败之仇。再战无功，乃晋国之耻。我兄弟二人在军中居将帅之位，岂能不觉耻辱？"于是与士匄之子士鞅冲入秦军阵中。栾鍼战死，士鞅得返。栾鍼为栾黡之弟，栾黡车右。或许栾鍼耻于其兄的退兵行为，为雪栾氏之耻，宁可战死。但栾黡却将其弟之死归罪于士鞅。栾黡对士匄道："吾弟不欲前往，乃你子召去。吾弟战死，你子得归，是你子杀了吾弟！你不将他驱逐，我也要将他杀死。"栾黡蛮横，士鞅为避祸而逃亡秦国。

秦景公问士鞅道："晋国大夫家族谁将先亡？"士鞅答道："当是栾氏。"秦景公问道："因其骄横吗？"士鞅答道："是。栾黡骄横太甚，但其本人犹可免祸，祸事会落在其子栾盈身上。"秦景公又问道："为何？"士鞅答道："栾黡之父栾武子（栾书），其恩德存留民众之中。晋人思念栾武子，就像周人思念召公一样，召公曾于甘棠树下断案，周人思念召公，因此爱及甘棠，勿剪勿伐，晋人思念栾武子，自然念及其子。栾黡死，栾盈之善未能惠及他人，栾武子德泽又逐渐湮没，而对栾黡的怨恨实在明显，因此栾氏之亡将在此时。"秦景公认为士鞅之言为智者之言，便为士鞅向晋国求情。晋国后来恢复了士鞅的职位。可见秦晋之间，不论国君还是臣子，都有难以剪断的恩仇。

# 第一一五章　君臣乱卫卫献出亡，吴人败楚楚康安民

周灵王十三年，即公元前559年，卫国因卫献公对臣子无礼，激怒臣子，导致内乱。《左传》对卫国内乱之事记载甚详。一天，卫献公约孙文子孙林父、宁惠子宁殖共同进餐，两人皆穿朝服于朝上等待。日头偏西，卫献公却不召见，仍于园囿中张弓射雁。于是两人来到园囿见献公，献公却视而不见。献公本就未穿朝服，与他们说话时不摘狩猎时所戴皮帽，不合君臣相见之礼，亦即对身着朝服的臣子不敬。孙林父与宁殖非常生气。之后孙林父便去了其采邑戚邑。

孙林父之子孙蒯入朝请命，卫献公请孙蒯饮酒，让太师歌《小雅·巧言》之末章。诗末章云："彼何人斯？居河之麋。无拳无勇，职为乱阶。既微且尰，尔勇伊何？为犹将多，尔居徒几何？"意为那是何人，居于河畔，无力无勇，却酿祸端。生疮浮肿，岂可为勇？诡计多端，党同几员？太师为乐官之长，知道歌此诗会加深君臣矛盾，因此推辞不歌。乐工师曹则主动请歌。献公有一宠妾，曾让师曹教她弹琴，师曹鞭打过她。献公怒，令人鞭打师曹三百。此时师曹想利用歌诗激怒孙蒯，报复献公。献公有意侮辱孙林父，因此便让师曹歌诗。

孙蒯回去告诉其父孙林父。孙林父道："国君忌恨于我，如不抢先下手，必死于他手中。"于是孙林父将家众集于戚邑，率众进入国都。路上遇见蘧伯玉，孙林父道："国君暴虐，你也知道。我恐社稷倾覆，该当如何？"孙林父之意乃邀蘧伯玉共同举事。蘧伯玉答道："国君控制国家，臣子岂敢冒犯？即便冒犯国君，改立新君，岂能确保新君善于旧君？"蘧伯玉知道祸乱将起，于最近的关口出国避祸。

孙林父为孙良夫之子，两代均为卫国执政，自有对抗献公的资本。卫献公见无法掌控局势，只得派子蟜、子伯、子皮三位公子赴丘宫与孙林父盟誓。孙林父决计不与献公和解，杀了几位公子。四月，献公之弟子展逃亡齐国，献公逃至鄄邑，即山东省菏泽市鄄城县北。献公再派子行向孙林父请求和解，孙林

· 449 ·

父又杀子行。献公只得逃往母舅家齐国。孙林父率人追赶，于阿泽将献公亲兵击败，鄄邑人逮捕了献公的败兵。阿泽位于今山东省聊城市阳谷县东。

追逐卫献公之人有一对师徒庾公差与尹公佗，尹公佗曾向庾公差学射箭。为卫献公驾车的是公孙丁，庾公差曾向公孙丁学射箭。庾公差道："如射，是背弃老师；不射，将被诛戮。射合乎礼吗？"他抽箭射向夹住中间两匹马的曲木，调转车头不再追赶。尹公佗道："你因他为你师，所以射軥不射人与马，我与他关系则远。"于是尹公佗回车追赶。公孙丁将马缰递予献公，转身向尹公佗射去，射穿了他的臂膀。或许公孙丁顾及庾公差，才只射了尹公佗的臂膀。

献公母弟公子鱄跟随献公出亡。到达边境，卫献公派祝宗向先祖报告即将出亡，同时报告自己无罪。其嫡母定姜道："如果并无神灵，便无须报告；如果确有神灵，便不能欺骗。明明有罪，为何报告无罪？不与大臣相谋而与小臣相谋，乃第一宗罪。先君以世卿孙氏、宁氏为师保，而你却轻蔑他们，乃第二宗罪。我侍奉先君梳洗，你却待我如婢妾，乃第三宗罪。请祝宗仅告逃亡，毋告无罪。"

鲁襄公得知卫献公出亡，派厚成叔赴卫国慰问，也为探知预后。厚成叔名瘠。他向卫臣们道："得知卫君不镇抚社稷，而外出他国，寡君特遣瘠来慰问。我们是同盟之国，寡君派我私下对大夫们言，为君不善，为臣不明，君不仁恕，臣不尽责，积怨甚久，如今一旦发泄，将待如何？"卫国派太叔仪答道："臣子们无能，得罪于寡君。寡君并不惩处臣等，而是抛弃臣等，致使贵君忧虑。贵君不忘先君之好，慰问并体恤臣等，谨拜谢贵君之慰问，再拜谢贵君之体恤。"厚成叔回国复命后，向臧武仲臧孙纥道："卫君必会回国。有太叔仪留守，有同胞兄弟鱄与他出亡。有人安抚国内，有人经营国外，岂会不归？"

鲁国或因判断卫献公必能返国，因此又派臧孙纥赴卫献公于齐国寓居的郲邑慰问献公。郲邑便是齐国所灭之莱国都城。卫献公对臧孙纥言语粗暴。臧孙纥退出后向左右道："卫献公不能回国了。他言语污秽，虽逃亡在外，仍不知悔改，又如何复国？"卫公子展、公子鱄得知臧孙纥的评论，请见臧孙纥，与其谈话通情达理。臧孙纥又对左右道："卫君定能回国。公子展与公子鱄，一人拉他，一人推他，想不回国亦不行。"以后卫献公回国，确实均赖臣子之力。献公本人非但粗暴，且非常贪婪，回国时，居然还将齐国郲邑粮食带回国去。

## 第一一五章　君臣乱卫卫献出亡，吴人败楚楚康安民

卫国右宰穀先本来追随卫献公出亡，后又逃回卫国。卫国人要杀他，他辩解道："最初追随国君，并非我之本意。我乃狐裘羔袖之辈，不得不听命于君。"最终卫国人赦免了他。卫国臣民立穆公之孙公孙剽为国君，以孙林父、宁殖为辅臣，听命于诸侯联盟。

晋悼公闻卫君出亡后道："卫国臣民逼走国君，不是太过分了吗？"随侍的乐师师旷答道："或许是卫君实在过分。明君赏善罚恶，养民如子。民之奉君，如爱父母，如敬神明，岂能逼走国君？君者，神明之主，万民之望。若使民匮乏，使神失祀，百姓绝望，何必有君？留之作甚？天生万民而为之立君，乃让君牧民，让万民不失天性。立君之后，又为他立相，让师保辅佐他，使他言行有度。因此天子有公，诸侯有卿，卿有侧室，大夫有旁宗，士有朋友，庶人、工、商、皂、隶、牧、圉各有所亲，互相帮助。有善则赏，有过则匡，有患则救，有错则改。自天子以下各有父兄子弟来观察补救其行政之过失。太史作书，乐师作诗，乐工诵谏，大夫规劝，士人传言，庶人指摘，商旅议论于市，百工献艺以谏。所以《夏书》曰，'遒人以木铎徇于路，官师相规，工执艺事以谏'。（逸书）正月孟春，路人皆可谏言。天之爱民无微不至，岂容一人任意妄为，纵其淫欲，而弃万民于不顾？断然不会如此。"此言无疑代表当时有识之士敬天保民的政治思想。

后晋悼公又向荀偃询问如何处置卫国之事。荀偃道："不如因循现状，安定卫国。如今卫国有君，讨伐卫国，未必能够如愿，而且烦劳诸侯。《史佚书》有言，'因重而抚之'。重不可移，当行安抚。卫国有君，不便轻动。《仲虺之诰》曾道，'亡者侮之，乱者取之。推亡、固存，国之道也'。衰亡之国可欺侮，动乱之国可轻取。推翻衰亡之国，巩固现存之国，乃国之常道。国君当安定卫国，等待时机。"这年冬天，晋国士匄于戚邑与鲁国季孙宿、宋国华阅、卫国孙林父、郑国公孙虿、莒国及邾国大夫集会，承认卫国现状，以安定卫国。

据《左传》记载，晋国向秦国用兵回师之后，便取消了新军，此举一是合于礼制，周礼规定天子六军，大国不超过天子之军半数。二是适应人事，荀罃之子荀朔生子荀盈后死，荀盈年方六龄，荀罃又亡；士鲂之子彘裘亦幼，均无法承袭卿位。三是可以减轻国家与民众负担。

晋国缩小军队编制，也看准了楚国一时不可能向北用兵。前一年，吴国趁楚国国丧，兴兵伐楚，却被楚军于庸浦大败吴军。这年秋季，新继位的楚康王

· 451 ·

命令尹子囊出兵伐吴，一为报仇，二为继续打击吴国。子囊率师至于棠邑，在江苏省南京市六合区西北。吴军只是坚守，拒不出战。楚军不能久处于外，便班师回国。令尹子囊率军殿后，警戒不足，被吴军从皋舟险道拦腰截击，楚军前后不能相救，大败而归。楚国公子宜穀被吴军俘虏。皋舟险道或在南京市浦口区长江西岸一带。

令尹子囊回国后不久身亡。他托付继任者公子午道："定要修筑郢城。"时之君子认为："子囊可谓忠心。国君薨时，不忘为君美谥；自己临死，不忘保卫社稷。岂能不谓之忠？忠乃民之所望。《诗》云，'行归于周，万民所望'。（《小雅·都人士》）遵循周礼，乃民之所望，忠心乃民之所望。"

令尹子襄死后，楚康王以公子午为令尹，公子罢戎为右尹，蔿子冯为大司马，公子橐师为右司马，公子成为左司马，屈到为莫敖，公子追舒为箴尹，屈荡为连尹，养由基为宫厩尹，以安定国人。时之君子认为，楚康王能够合理安排官职。任用职官，乃国家当务之急。能够合理选用人才，民众便无觊觎之心。《诗》云，"嗟我怀人，寘彼周行"，其意便是将心中所念之人置于当道。天子与公、侯、伯、子、男，及甸、采、卫的大夫，各居各位，便是贤能当道。楚康王谥"康"，据《逸周书·谥法解》，"安乐抚民曰康"，康王当较注重楚国民生。

## 第一一六章　齐鲁相争邾莒从齐，宋臣效贤晋平立威

自周灵王求取齐国公主为王后以来，灵王便信赖齐国。据《左传》载，周灵王十三年，即公元前559年，灵王大婚之前，派刘定公赐命齐灵公道："昔日伯舅太公佐我先王，股肱周室，保护万民。周室世代祭祀太师，以为东海各国表率。周室之不败，所赖乃伯舅。如今余命令你，孜孜不倦遵循舅氏常法，继承尔祖，不辱先人。敬之慎之，无废朕命！"

周王室与齐国的亲近，也给了齐国以依靠，齐国原本只是表面顺从晋国，有了天子赐命，齐国更对晋国起了二心。起因是周灵王十三年，晋国范宣子士匄曾向齐国借了装饰仪仗的羽毛与牛尾，而后没有归还，齐国便开始疏远晋国。周灵王十三年冬，晋国士匄于卫国孙林父采邑戚邑召集诸侯国大夫集会，商讨安定卫国事务，鲁国季孙宿、宋国华阅、卫国孙林父、郑国公孙虿、莒国大夫、邾国大夫均参加会议，齐国却未派人与会。戚邑位于今天河南省濮阳市。

齐国与鲁国本有矛盾，有了周王作为依靠，齐国对鲁国又开始强硬，齐鲁边境战争不断。周灵王十四年夏，齐灵公亲自率军包围鲁国成邑，鲁襄公亲自率军救援成邑。之后，鲁国派遣季孙宿、叔孙豹修筑成邑外城，以防御齐国进攻。成邑位于今天山东省泰安市宁阳县东。这年秋天，大约是在齐国挑唆下，邾国派兵攻打鲁国南部边境。鲁国不堪两面受敌，便派遣使者向晋国告援。晋国本来准备发兵会合诸侯讨伐邾国与莒国，因为莒国前两年也曾攻打过鲁国，晋国准备一并教训这两个小国。因晋悼公病，遂未成行。

第二年春，晋国安葬晋悼公，其子彪继位，是为晋平公。晋悼公去世时不到三十岁，因此谥"悼"，由此可知晋平公继位时不过十多岁。晋国国君虽然年少，却有悼公留下的一批臣子辅佐。晋平公以羊舌肸（叔向）为太傅，张老之子张君臣为中军司马，祁奚、韩襄、栾盈、士鞅为公族大夫，虞丘书为车御。根据惯例，公族大夫之职授予卿之嫡子。韩襄为韩无忌之子，栾盈为栾魇之子，士鞅为士匄之子。晋平公除去丧服，任命大臣之后，于曲沃祖庙祭祀，

· 453 ·

并布置国都守备,之后便沿河而下,于晋地溴梁会合诸侯。溴梁位于今天河南省济源市西北。鲁襄公、宋平公、卫殇公、郑简公、曹成公、莒犁比公、邾宣公、薛国国君、杞国国君、小邾国国君均参加了集会。齐灵公既然疏远晋国,便不再赴晋国召集的集会,但齐国表面上未与晋国决裂,因此齐灵公派遣齐卿高厚前来赴会。此次诸侯集会,晋国命令各诸侯国退还侵占别国之田,并将邾宣公与莒犁比公捉拿回晋国,这不仅是因为这两个小国近两年侵扰鲁国,更因为他们不经盟主同意便私下与楚国通使。

之后,晋平公于温邑宴请诸侯,让各国大夫们献舞,晋平公道:"所歌之诗要与舞相配。"齐国高厚所歌之诗与所配之舞不合,平公与晋国大臣均对高厚的失礼举止十分不满。荀偃怒道:"诸侯果有二心。"晋平公让各国大夫们与高厚盟誓,忠于盟主,结果高厚逃盟回国。于是晋国荀偃、鲁国叔孙豹、宋国向戌、卫国宁殖、郑国公孙虿、小邾国大夫共同盟誓道:"共同讨伐不忠于盟主之人。"至此齐国彻底得罪了晋国。

齐灵公既然得罪了晋国与鲁国,索性得罪到底。周灵王十五年秋,齐灵公再次率军包围鲁国成邑。仲孙蔑之子孟速拦击齐军。齐灵公或许惧怕孟速勇猛,因此道:"此人好勇,我们撤围,成就其名吧。"于是孟速将齐、鲁之间狭隘的要道海陉阻断,之后班师回朝。海陉或在今天山东省泰安市宁阳县西北。

齐国一再挑衅鲁国,鲁国自然要向晋国求助。这年底,叔孙豹赴晋国拜访晋国君臣,向晋国提出齐国伐鲁之事。晋臣向叔孙豹道:"寡君尚未举行禘祭将悼公神位安置于太庙,晋国民众也未得休息,因此敝国尚不能救援鲁国。否则,我们岂敢忘记盟国。"叔孙豹道:"齐人每日于敝国国土发泄愤恨,敝国因此郑重请求贵国援助。敝国危急,朝不保夕,引颈西望,相互询问,晋军何日到来?待贵国执事空闲,敝国恐已灭亡。"叔孙豹请见执政荀偃,赋诗《圻父》。《圻父》一诗见于《小雅》,诗意为谴责司马不守职责,陷百姓于困苦。荀偃答道:"偃知罪矣,岂敢不从执事体恤万民,而让鲁国至此地步。"叔孙豹又请见士匄,赋《鸿雁》一诗末章。《鸿雁》一诗亦见于《小雅》。末章云,"鸿雁于飞,哀鸣嗷嗷。维此哲人,谓我劬劳。维彼愚人,谓我宣骄"。意为鲁国若鸿雁哀鸣嗷嗷,唯贤哲之人知我辛劳,唯愚人以为我骄傲。士匄道:"匄在,岂敢使鲁国不安?"

齐国既然未于鲁国得逞,周灵王十六年,齐灵公再次兴兵攻打鲁国。或许因成邑修筑了外城,齐国改变了进攻方向,一路由齐灵公率领进攻鲁国北部的桃邑，包围桃邑。桃邑在济宁市泗水县东。另一路由齐卿高厚率领，进攻鲁国东部的防邑，防邑在临沂市费县东。防邑为臧氏采邑，结果齐军将臧孙纥包围在防邑。鲁襄公派遣军队出阳关接应臧孙纥，接应部队驻扎于旅松。旅松当于曲阜与费县之间。叔梁纥与臧孙纥之弟臧孙畴、臧孙贾率领甲兵三百人，夜袭齐军，将臧孙纥送至旅松，然后三人返回防邑，坚持防守。鲁国三百甲士能于齐国包围的防邑出而复返，说明齐国军队战斗力不强。齐卿高厚曾于一年前不顾君命，逃离晋国召集的会议，可见是胆小之人。眼见鲁国防邑内有强有力的守军，外有援兵，于是高厚便率军撤离。

但高厚之所以敢于回国复命，是因他攻打防邑并非一无所获，齐国军队俘虏了臧孙氏族人臧坚。齐灵公得知俘虏了臧氏族人，便派寺人夙沙卫去吊慰臧坚，并让夙沙卫告诉臧坚道："你无须死。"臧坚稽首道："谨拜谢君命。齐君虽然赐我不死，却有意派刑余之人吊慰士人。"寺人即宦官，以宦官传达君命，在当时被认为是不敬之举。臧坚认为齐国君臣的举动是对士的侮辱，因此以木桩刺进伤口而死。

这年冬天，邾国为齐国所怂恿，又派遣军队进攻鲁国南部边境。邾国与莒国之所以敢与鲁国为敌，可能是因晋国对他们鞭长莫及，而齐鲁这两个邻近的大国，齐国强于鲁国，因此他们便追随齐国。

除齐国及其莒国、邾国与鲁国结怨外，其他中原诸侯国都与鲁国保持友好往来。周灵王十四年，宋国向戌到鲁国访问，重温过去的友好盟约。向戌或许听说过仲孙蔑持家俭朴，待其到仲孙蔑府上拜访时，却看到仲孙蔑房屋修饰华丽。于是向戌向仲孙蔑道："您恭俭善名在外，府上却如此华美，令人失望。"仲孙蔑道："此乃我赴晋国时，兄长所为。毁此装饰，必有所劳，且不敢言兄长有过。"向戌能向仲孙蔑直言，说明向戌与仲孙蔑相知较深。仲孙蔑为鲁国贤明之臣，向戌为宋国贤明之臣。

宋国不仅有向戌这样的贤大夫，还有乐喜这样的贤卿。乐喜字子罕，为宋国司城。当初郑国尉氏、司氏叛乱，后叛乱分子堵女父、尉翩、司臣、司齐逃亡宋国，如今已有数年。郑国子西之父子驷、伯有之父子耳、子产之父子国均于叛乱中被杀。周灵王十四年，子西、伯有、子产终于说动宋国君臣，以一百六十匹良马与乐师师茷、师慧贿赂宋国，并以子驷之子公孙黑为质，让宋国将堵女父、尉翩、司臣、司齐交予郑国。宋国司城子罕认为司臣良善，便放走司臣，将司臣托付予鲁国季孙宿，由季孙宿将司臣安置于鲁国卞邑。而将堵女父、尉翩、司齐交予郑国，结果郑国人将此三人剁成肉酱。

师慧来到宋国，经过宋国朝廷，打算小便。相扶他的人道："这里是朝廷。"师慧道："此地无人啊。"相扶他的人道："朝廷怎会无人？"师慧道："定是无人！如果有人，岂会不去结交郑国千乘之国的宰相，而要换取演唱淫乐的盲人？定是朝廷无人之故。"师慧之意是，宋国当主动送回郑国叛徒，以结交郑国执政。宋卿子罕闻师慧之言，固请宋平公派人将乐师送回郑国。

宋国有人得到美玉，献予子罕，子罕不受。献玉之人道："玉工看过，以为宝物，因此才敢进献。"子罕道："我以不贪为宝，你以美玉为宝。若你将美玉予我，则我二人皆失其宝，不如各保其宝。"献玉之人稽首道："小人怀璧，不可能经过乡里而不被害，将它送予您亦是用以免死。"子罕将献玉之人留居自己的领地，让玉工为其琢玉，将玉出售，使献玉之人富有，然后让其返乡。

宋国的皇国父为太宰，于秋收时要为宋平公建造楼台，自然妨碍了秋收。子罕向平公请求待农事完毕再建造楼台，平公不允。筑城之人歌道："泽门中的白皮肤，使我难免劳役苦。城邑中的黑脸汉，对我体贴我心甘。"皇国父皮肤皙白，居于泽门，子罕皮肤较黑，居于城内，故役夫有此歌谣。子罕闻知，亲自执鞭，监督筑城，鞭打怠惰之人，道："我辈小人皆有房屋以避燥湿寒暑。国君要建一座楼台，不能很快建成，你们是如何当的差？"于是再无人歌谣。有人问他为何如此，子罕道："区区宋国，民间对大臣有诅咒，有歌颂，乃祸乱之根本。"为了向民众表示君臣一致，不使国内外有隙可乘，子罕不惜自污，这便是他的为臣之道。

当然，宋国也不乏为乱之臣。周灵王十六年，宋国右师华阅死，司徒华臣认为华阅之子皋比力量单薄，便雇佣贼人杀了皋比家宰华吴。六个贼人用剑将华吴杀死于卢门合左师向戌屋后。向戌非常恐惧，道："老夫无罪。"贼人道："皋比私自与吴国往来。"贼人还囚禁了华吴之妻，向她道："将玉璧交出来！"宋平公得闻此事，道："华臣不仅对待同宗残暴，且搅乱宋国政令，定要将他驱逐！"向戌道："华臣亦为六卿之一。大臣不顺，乃国家之耻。不如将此事掩盖便罢。"于是宋平公未加罪于华臣。但向戌非常厌恶华臣，为自己做了一根短鞭，每当经过华臣门口，必定快马加鞭。冬天，国人追赶疯狗。疯狗窜入华臣家中，于是国人追入华臣家中。华臣心虚，见国人入宅，非常恐惧，便逃亡陈国。

晋平公继位之后，会诸侯于溴梁，拘禁莒国、邾国国君；宴诸侯于温邑，斥责齐国国卿高厚，立威于诸侯。或许见楚国有东部吴国之患后，力量削弱，因此大约二十年前南迁都城依附于楚国的许国灵公，于此时向晋国提出北迁都城的请求，以便依附于晋国。晋国与诸侯商议，允许许国北迁都城，但许国大夫却不同意，因此许国迁都之事作罢。晋国君臣自然不允许许国出尔反尔，于是让各国诸侯回国，晋国单独出兵讨伐许国。

但并非所有诸侯均听从晋国安排回国，几个主要国家都参与了伐许行动。郑国公孙虿听得晋国将要伐许，便辅佐郑简公追随诸侯联军。鲁国襄公与叔孙豹虽然回国，却留下子叔齐子会同晋国荀偃伐许。卫国宁殖与宋国大夫也参与伐许。这年夏季，联军先后驻扎于许国棫林与函氏，此两地均位于今河南省叶县北。

趁楚国无力北顾，晋国荀偃、栾黡乘伐许顺利之势，继续率军南下讨伐楚国，报复数年前晋国救宋却败于楚国的杨梁之战。楚国公子格率师抵御，与晋师战于湛坂。湛坂位于今天河南省平顶山市区北部。此战楚军大败，晋军遂又侵袭楚国方城之北，回师再次讨伐许国，得胜班师。此次晋国军队讨伐许国，攻打楚国，得胜而回，自然有助于晋平公于诸侯中立威。

## 第一一七章 联军伐齐荀偃遂愿，鲁臣纪功臧纥谏言

周灵王十七年，即公元前555年，齐国再次出兵攻打鲁国北部边境，于是晋国召集诸侯联军讨伐齐国。此次晋国之所以号召伐齐，一是由于鲁国数次向晋国告急，二是齐国君臣不与诸侯会盟，不仅得罪于侯伯也得罪于诸侯。但晋国号召伐齐或许也有晋国执政荀偃的推动。

据《左传》记载，荀偃于伐齐之前，曾梦见与晋厉公互讼，没有胜诉。晋厉公以戈击他，他的头掉到面前，他跪下将头置于颈上，双手捧头退走，遇见梗阳巫皋。几日之后，荀偃于路上遇见巫皋，便告诉他自己的梦境。巫皋居然亦做同样之梦。巫皋道："今年您必定会死。若东方有事，必能如愿。"荀偃许诺。荀偃当年派人弑杀厉公，自然是其挥之不去的阴影，因有此梦。荀偃或想，既然自己难免一死，巫皋断言东方之事必能如愿，便促成东征作为自己执政的圆满终结。

晋平公率师伐齐，将要渡河时，荀偃以朱丝系玉珏祷告道："齐君姜环，怙恃其险，依仗人众，抛弃友好，违背盟约，欺凌百姓。陪臣晋彪，将率诸侯，前往讨伐；官臣荀偃，追随前后。如能成就其功，不使神灵蒙羞，官臣偃不敢再次渡河。惟神灵制裁。"祷告之后将玉珏沉入大河。荀偃祷告时称晋平公为陪臣，是因为周天子对河神称臣，作为周天子之臣的诸侯便应当时河神称"陪臣"。

晋平公会合诸侯于鲁国济水之畔，鲁襄公、宋平公、卫殇公、郑简公、曹成公、莒君、邾君、滕君、薛君、杞君、小邾国君均亲自率军赴会。诸侯重温溴梁之盟，随后共同伐齐。这是中原诸侯最为同心协力的一次举动。齐灵公率军于齐国平阴抵御诸侯联军，并于平阴之南的防门挖壕据守，壕沟宽达一里。防门为齐国西南要地，位于济南市长清区。防门之北为济水，即今天的黄河，防门之东乃泰山山脉。防门虽为要地，却无险可守，因此才要挖壕据守。夙沙卫向齐灵公建议道："如不能战，不如扼守险要。"但齐灵公不听建议。诸侯军队进攻防门，齐国士兵战死众多。晋国范宣子士匄向齐国大夫子家道："我了

第一一七章　联军伐齐荀偃遂愿，鲁臣纪功臧纥谏言

解您，岂敢隐瞒实情？鲁国、莒国均请求率战车千乘从他们国家一向西北、一向东北攻打齐国都城，我们已经同意。如果攻入齐都，贵君必将失去国家。你们还不早作图谋！"子家把士匄之言告诉灵公，灵公十分恐惧。晏婴闻后道："君本无勇，又闻此言，必不能久。"

齐灵公登巫山观望晋国军队。巫山于济南市长清区。晋国将帅知齐国必会派人于巫山眺望晋军动静，因此派司马排除山川之险，即便联军不到之地，也稀疏树起旌旗，以示列阵之广；又命兵车左边射手为真人，右边持盾者设置假人，因为进军途中巫山于左侧；又命军队行进时以大旗为前导，后面兵车拖树枝在后，致使尘土飞扬，如有千军万马。果然，齐灵公见到之后，便离开军队逃回都城临淄。齐军失去统帅，于是全军夜遁。未待探马来报，晋军中便有很多人判断出齐军已经逃遁。师旷向晋平公道："乌鸦之声欢快，齐军恐已逃遁。"晋国大夫邢伯向荀偃道："有马匹渐远之声，齐军恐已逃遁。"羊舌肸亦向晋平公道："城上有乌鸦，齐军或已逃遁。"

诸侯联军进入平阴，追赶齐国军队。齐国军队于小路奔逃，夙沙卫用大车阻塞山中小路，作为殿后。殖绰、郭最道："您为齐军殿后，乃齐国之耻辱。您先走吧！"于是二人代夙沙卫殿后。夙沙卫又杀马匹于狭隘山路上阻塞道路。晋国州绰追上前来，以箭射殖绰，州绰发了两箭，射中殖绰两肩，两箭夹住殖绰项颈。州绰道："停下不跑，你尚可成为俘虏；再不停下，我会向你心口射箭。"殖绰道："你要发誓。"州绰道："有太阳为证！"于是殖绰、郭最不再逃跑，州绰解下弓弦将殖绰双手反绑身后，其车右具丙也放下兵器将郭最捆绑，但他们并未解除二人盔甲，只将二人双手反绑，让他们坐于中军战鼓之下。

晋国军队自然不能放过齐国人马，而鲁国与卫国也乘胜请求攻打险要之地。之后，荀偃、士匄率中军率先攻下京兹，京兹于肥城市；数日之后，魏绛、栾盈率下军攻下邿邑，邿邑于济南市平阴县；只有赵武、韩起率上军包围卢邑，没有攻克，卢邑于济南市长清区。京兹、邿邑、卢邑均于泰山山脉。半月之后，诸侯联军追至临近齐都临淄的秦周，齐人并未准备投降。于是，诸侯联军除准备攻城外，开始劫掠齐国财物。联军砍伐临淄西门雍门外的萩木。士匄之子士鞅进攻雍门，其车御追喜以戈于雍门中杀死一狗。鲁国仲孙速砍下檀木，准备为鲁襄公制作一张琴。联军把对他们无用或无法带走的东西焚毁，第二天烧毁了雍门与临淄西侧、南侧的外城。晋国刘难、士弱又率领诸侯联军放

· 459 ·

火烧毁了南门外申池边上之竹木。见齐国仍未准备求降，数日后，联军又放火烧毁临淄东侧、北侧的外城。士鞅率军攻打临淄北门扬门。州绰攻打东门东闾，因道路狭窄，左边骖马不能前进，州绰之车在门里盘桓许久，却未受伤，可见齐国已无战斗力。

齐灵公驾车准备逃往邮棠。邮棠位于潍坊市坊子区，原为莱国之邑，齐国灭莱，邮棠成为齐国城邑。此时太子光与大夫郭荣拉住齐灵公车乘的马缰，道："诸侯联军进军迅速，奋勇抢先，是为劫掠财物，当无滞留之意，或将很快退兵，国君何惧之有？且社稷之主不可轻动，轻易放弃都城，便会失去民众。国君定要等待！"齐灵公准备驾车撞将过去，太子光抽剑砍断马鞅，马车不能前行，齐灵公无法逃走。数日之后，诸侯联军东侵及潍水，南犯至沂水，齐国土地均遭劫掠。

正如齐太子光与大夫郭荣所预见，诸侯联军大肆劫掠，踌躇满志之后，便止于沂水之滨。之后，各路诸侯军马返回济水之滨的祝柯集结会盟，祝柯于济南市槐荫区。盟誓的主要内容为"大毋侵小"。随后诸侯各自退兵。晋国拘拿了邾悼公，因为邾国曾攻打鲁国。晋国在回师途中驻扎于泗上，划定鲁、邾边界，将漷水以西之田归于鲁国。泗上于济宁市泗水之滨，漷水为枣庄市境内的水系。

晋平公于伐齐胜利后先行回国。鲁襄公于蒲圃设享礼招待晋国六卿，赐予他们三命之服，赐予军尉、司马、司空、舆尉、候奄一命之服。还赠予执政荀偃五匹锦缎，加之玉璧，并四匹良马，特别赠予他吴王寿梦之铜鼎。

晋军回师途中，荀偃颈后长了对口疮，后又生痈疽于头部。渡河到达著雍之后，病情加重，眼睛突出。先行回国的大夫们便又赶回著雍。士匄求见，荀偃不见。晋平公派人问荀偃以谁为继承人，荀偃回答道："郑女所出荀吴可以承嗣。"荀偃去世，双目不闭，口却紧闭，以致家人无法于其口中置入含珠。古人认为，死者口中含珠，可以辟邪。死不瞑目，是有遗愿无人应承。士匄盥洗之后抚尸道："我事奉荀吴，岂敢不像事奉您！"然而荀偃依旧没有闭目。栾盈道："是为齐国之事未竟全功吗？"于是抚尸道："您死之后，如不以齐国之事告成，河神将弃！"于是荀偃合上双目，紧闭之口松开，接受含珠。士匄出去后道："我以私心度人实是浅薄，荀夫子乃真正的大丈夫！"

鲁国得到漷水以西之田，鲁国上卿季孙宿赴晋国拜谢侯伯出兵主持公道。晋平公设享礼招待。士匄主政，赋《黍苗》一诗。其首章云："芃芃黍苗，阴雨膏之。悠悠南行，召伯劳之。"于是季孙宿站起来，再拜稽首道："小国仰仗大国，如同百谷仰仗雨露。常有雨露滋润，天下将会和睦，岂独敝国受惠？"季孙宿赋《六月》一诗作答。《六月》一诗，乃歌颂宣王之臣尹吉甫北伐之功，季孙宿是将晋平公比作尹吉甫，来歌颂侯伯。

　　季孙宿回国之后，将从齐国得到的兵器筑造成钟，并以铭文记载鲁君武功。臧孙纥对季孙宿道："此举不合礼制。铭文，记载天子善德，记载诸侯顺时而动的成功，记载大夫值得称道之武功。如今铭文记载武功，则为下等武功；记载成功，则为借助旁人之力的成功；记载顺时而动，实则妨碍民众甚多，何以为铭？况且，大国攻伐小国，取其所得，制作礼器，铭记功业，以示子孙，乃昭明德行，惩罚无礼。而我们是借助旁人拯救自身，又如何铭记？况且小国侥幸战胜大国，铸钟铭功，只能激怒敌人，此乃亡国之道！"臧孙纥认为，鲁国借助晋国与联军之力战胜齐国，得到邿国土地，均不足以纪功，且纪功还会激怒齐国。可见鲁国尚有明智之臣，鲁国君臣能够谨慎保国。

## 第一一八章　子孔乱郑灵公乱齐，诸侯和齐陈蔡自乱

据《左传》记载，周灵王十七年，即公元前555年，正当郑简公追随晋平公及中原诸侯伐齐之时，郑国执政子孔却在酝酿叛晋联楚，除去其他卿大夫，独掌权力。子孔乃郑穆公之子，当为郑简公叔祖。郑简公继位时只有五岁，如今也只有十六岁，郑国实权自然掌握在执政子孔手中。或许子孔不满郑国其他宗室后裔掣肘，想要除去诸大夫，然而他于国内力量不足，便准备借助楚国军队来除掉异己。子孔派人联络楚国令尹子庚（公子午），子庚没有答应。楚康王此时已继位五年，五年之中只有败绩，无所建树。当他闻知郑国执政有意结交楚国后，派杨宜向子庚道："国人认为不穀主持社稷而不出师，死后便不能使用先君礼仪。不穀即位，于今五年，兵马不出，国人或许以为不穀只图安逸而忘却先君大业。请大夫图谋，该当如何？"令尹子庚叹道："君王或许认为我贪图安逸，其实我是为有利社稷。"于是子庚接见郑国子孔的使者。之后，子庚向楚康王稽首回禀道："诸侯睦于晋国，臣请尝试出兵。若可行，君王跟进。若不可行，臣即收兵而退，可以无害，君王亦不受辱。"

楚国令尹子庚率领军队于汾邑集结，准备出战。汾邑位于今河南省许昌市襄城县。当时郑国司马子蟜（公孙虿）、大夫伯有（良霄）、子张（公孙黑肱）跟随郑简公伐齐，执政子孔（公子嘉）、大夫子展（公孙舍之）、子西（公孙夏）留守。子展为子罕之子，子西为子驷之子，子展与子西两人知道子孔阴谋，便加强守备。子孔不敢与楚军会合。

楚国因康王想要振奋军旅，因此令尹子庚出兵阵容强大。楚军中军驻扎鱼陵，右师于上棘筑城，然后涉过颍水，驻扎于旃然。鱼陵于今天河南省平顶山市鱼陵山，上棘于今天河南省许昌市禹州市西北，旃然当于禹州市境内颍河之北。司马蒍子冯、公子格率领精锐之师侵入费滑、胥靡、献于、雍梁，向右绕过梅山，入侵郑国西北部，到达虫牢折返。这支部队或许便是楚军左师，因为楚国尚左。费滑、胥靡、献于、雍梁等地当于今天河南禹州市、新密市、新郑市境内，梅山即今天新郑市西北的梅山，虫牢于当时的大河东南，在今天黄

第一一八章　子孔乱郑灵公乱齐，诸侯和齐陈蔡自乱

河之北封丘县境内，可见楚国精锐之师侵扰了郑国大半。令尹子庚率军攻打郑都新郑外城之纯门，于城下驻扎两晚后退兵。楚军回军于鱼齿山下湛水涉水，鱼齿山即鱼陵。此时为周历十二月，约为今天农历十月，楚国军队遇到大雨，士兵大多冻伤，杂役之人几乎全部冻死。此次楚国出兵虽有收获，但损失亦不小。

晋国召集的诸侯联军伐齐尚未回师，便听得楚国出兵伐郑，晋国君臣自然有些担心。此时师旷道："无害。我屡次歌北方乐曲，又歌南方乐曲。南方乐调不强，多象征死亡之声。楚国必定无功而返。"董叔道："如今岁星过娵訾，因此天道行于西北。南方军队不合天时，必定无功。"羊舌肸道："决定胜负在于国君之德行。"果真，楚国出兵北伐没有得逞，郑国子孔则非但没有得逞，反而遭祸。

子孔执政多年，国人患其专政。于是第二年，有人提出追查八年前西宫之难与去年楚军攻打纯门之难，追究子孔罪责。当年西宫之乱，尉止、司臣、侯晋、堵女父、子师仆率贼人作乱，杀执政子驷、司马子国、司空子耳，独司徒子孔事先得知有人作乱，因此躲过祸乱。但既然子孔事先得知，却未救子驷、子国、子耳等人，独自避难，事后继子驷执政，难免让人怀疑其不救子驷等人的居心。而去年楚军来伐，郑人或许也已知道子孔为其内应。于是郑人提出追究子孔之罪。子孔率领私人甲士与子革、子良氏之甲士来保护自己。子展、子西一直防备并监视子孔动向，如今国人站在他们一边，他们便率领国人讨伐子孔，将他杀死，并将他家产另行分配。子然与子孔，均为郑穆公之妾宋子之子；士子孔，为郑穆公之妾圭妫之子。圭妫位次于宋子之下，但二人相亲，因此两子孔亦相亲。郑僖公四年，子然死；郑简公元年，士子孔死。时任司徒的子孔帮助子然之子子革、士子孔之子子良两家，三家亲如一家，因此此次均遭祸事。于是子革、子良出逃楚国。子革当了楚国右尹。郑国人讨伐子孔之后，让子展执政，子西听政，并立子产为卿。郑国之乱就此平息。

郑人之所以反对子孔，与支持和赞赏公孙虿有关。公孙虿，字子蟜，谥桓子。在国人讨伐子孔之前，这年四月，公孙虿卒，郑国向晋国大夫发出讣告。士匄向晋平公道："公孙虿于伐秦之时劝诸侯之师渡河有功。"于是晋平公向周灵王请求表彰。六月，周灵王追赐公孙虿大辂，用于葬礼。这既是对公孙虿个人的褒奖，也表明周王室与晋侯伯不忘郑人之功。郑国人自然会因此亲近周室与晋国而疏远楚国。或许因此更引发了国人对子孔亲楚的不满，以致支持郑国

· 463 ·

大夫清算子孔亲楚背晋之举。

齐国在被诸侯联军打败之后，内部更加混乱，这混乱是由齐灵公造成的。当初齐灵公娶鲁国颜懿姬为夫人，没有生子，颜懿姬侄女鬷声姬为媵侍，生光，齐灵公便将光立为太子。颜懿姬与鬷声姬皆为姬姓，一为颜氏之女，一为鬷氏之女，均为鲁国公族庶支。之后，齐灵公又娶宋女仲子、戎子为妾，戎子受到灵公宠爱。仲子生公子牙后，将公子牙托付于戎子。戎子向灵公请求立公子牙为太子，灵公应允。仲子或许本来只想为公子牙谋得一个较好的爵位，闻知灵公要立公子牙为太子，便向灵公道："不可。废弃常规，不祥；触犯诸侯，难成。太子光已立多年，参与外交，得列于诸侯之列。如今无故废他，此乃专擅而看轻诸侯，此事断难成功，预后不祥。国君定会后悔。"由此看来，仲子深明事理。然而灵公则道："一切在我。"于是灵公命太子光迁居东部边境，以高厚为公子牙师傅，立牙为太子，并以夙沙卫做少傅。

周灵王十八年，齐灵公二十八年，齐灵公病，崔杼悄悄将太子光接回，趁灵公病危，复立光为太子。太子光杀了戎子，将尸首陈于朝廷。此举不合礼制。周礼对妇女没有专设刑罚，即便用刑，也不能于朝上或街市施刑。可见太子光亦非良善之辈。

齐灵公薨，太子光即位，是为齐庄公。齐庄公与崔杼自然要肃清公子牙、高厚等势力。首先自然是要除去对庄公的威胁，即一度成为太子的公子牙。齐庄公派人于句渎之丘逮捕了公子牙。庄公认为，是夙沙卫使自己被废，便搜捕夙沙卫。夙沙卫逃至高唐邑，据高唐邑反叛，高唐邑位于今山东省禹城市境内。但对于崔杼而言，主要是要除掉国卿高厚，以便自己能够掌控齐国政权。这年八月，崔杼于临淄城外的洒蓝杀了高厚，兼并了高厚财货与采邑。之后，齐庄公派遣庆封率军包围高唐邑，但并未攻克高唐邑。于是十一月间，齐庄公亲自率军包围高唐邑。庄公见夙沙卫在城墙上，便高声呼他。夙沙卫下城，隔护城河见庄公。庄公问夙沙卫防守状况，夙沙卫对齐庄公道："并无防备。"齐庄公向夙沙卫作揖，或许是答谢夙沙卫昔日侍奉之恩，夙沙卫还礼后又登上城墙。闻齐军将要攻城，夙沙卫便让高唐邑人饱餐一顿，以图高唐邑人能奋力守城。入夜，殖绰、工偻会縋下城去，打开城门迎齐军进城，齐国士兵将夙沙卫剁成肉酱。

齐灵公之薨虽然引发了内乱，却避免了一场外来进攻。晋国士匄因应承荀偃遗志，要完成震慑齐国以镇抚东方诸侯之大业，因此与卫国孙林父率军入侵齐国，到达谷邑，闻齐国国丧，便回师国内。此举合于礼制。谷邑位于今山东省平阴县东阿镇。齐国因内乱，实力自然削弱，又感念晋国遵守礼制，并未攻打齐国，因此派人赴晋军求和，于高唐邑附近的大隧结盟。

追随晋国因而获胜并得利的鲁国惧怕齐国报复，因此重新修筑西城外城，以防备齐国。在齐国与晋国媾和之后，鲁国又派遣叔孙豹于齐国的柯邑会见晋国士匄。柯邑位于今山东省阳谷县境。叔孙豹请见羊舌肸，赋《载驰》第四章。诗云："我行其野，芃芃其麦。控于大邦，谁因谁极？"意思着重后两句，向大国求助，谁能依靠，谁能来援？羊舌肸道："肸岂敢不承命！"叔孙豹回国后道："齐国并未停止觊觎我国，我国不能不怀戒惧。"于是鲁国又加固武城。武城位于今山东省济宁市嘉祥县境内。

战胜齐国，诸侯盟约，对和解诸侯国之间的矛盾并约束诸国，有一定作用。周灵王十九年春，鲁国与莒国媾和，仲孙速于鲁国向邑与莒国大夫盟誓，便是因为十八年春诸侯联盟的祝柯之盟（亦称督扬之盟）。这年夏天，为与齐国新君媾和，晋平公于澶渊又一次召集诸侯会盟。鲁襄公、齐庄公、宋平公、卫殇公、郑简公、曹武公、莒国国君、邾国国君、滕国国君、薛国国君、杞国国君、小邾国国君参加会盟。澶渊于今天河南省濮阳市西北。

然而，也有国家却企图利用诸侯联盟频繁举兵、诸侯与大夫频繁集会之机，对邻国加以挑衅。邾国漷水之西土地被划归鲁国后，伺机报复鲁国，或许以为鲁国频繁参加诸侯征伐与会盟，既无力量又有约束，或许不会反击，于是于周灵王十九年数次侵略鲁国。邾国于盟约之后向鲁国挑衅，先输了理，鲁国实力又强于邾国，没有了齐国的威胁，自然不怕邾国，于是周灵王十九年秋，仲孙速率兵伐邾，以为报复。

晋齐媾和之后，中原诸侯联盟表面上比过去更加强大，因此使得多年追随楚国的蔡国也有人想脱离楚国控制，投靠以晋国为首的中原诸侯联盟。蔡国在数十年前的蔡文公时代，曾试图与晋国媾和，当时蔡文公道："先君曾参与践土之盟，晋国乃兄弟之邦，不能弃晋。"然而蔡文公亦畏惧楚国，因此没有实现与晋国结盟的愿望。周灵王十九年，蔡国司马公子燮想使蔡国摆脱楚国控制，归顺以晋国为首的中原诸侯联盟，然而其谋划不成，反为国人所杀。其弟公子履或许怕牵连族人，因此并不逃往晋国，而是逃亡楚国。

蔡国司马公子燮之事还牵连了陈国陈哀公之弟公子黄。陈卿庆虎、庆寅为陈桓公五世孙，感到公子黄威胁他们的权位，于是借公子燮之事，向楚国诉讼道："公子黄乃与蔡国司马同谋。"于是楚国出兵陈国，要镇抚陈国。陈国的公子黄与蔡国的公子履一样，选择了出奔楚国。公子黄出逃之前，于国都大声呼道："庆氏无道，谋求专政，轻蔑国君，去其亲属，五年不亡，是无天理！"

果然，三年之后，陈国庆氏被杀。周灵王二十二年，陈哀公赴楚，陈国公子黄于楚国对庆虎与庆寅提出诉讼。楚国为安定陈国，召见二庆。庆虎、庆寅二人知前途未卜，不敢前往，而让庆乐前往。楚国或许一是因为要安抚陈哀公兄弟，二是因为二庆没有听命，因此杀了庆乐。庆虎、庆寅见楚国不再默许他们的行为，而他们已经控制了陈国，便据守陈国背叛楚国。这年夏季，楚国派遣莫敖屈建帮助陈哀公包围陈国。陈国为抵抗楚国兵马修筑城墙。古时修筑城墙先立夹板，中间填土，夯实之后撤掉夹板，便成土城。陈国修筑城墙时，夹板固定不牢，坠落下来，庆氏见筑城工程进展缓慢，气急败坏，杀了负责固定夹板的服役筑城之人。于是服役筑城之人互相传言，约定各自杀死役夫之长，之后又杀庆虎、庆寅。陈哀公回国收拾局面，楚国将公子黄亦送回陈国。时之君子评论庆氏道：行为不义，不可放纵。因此《书》曰，"惟命不于常"。（《康诰》）即言善有善报，恶有恶报。以后陈国再次清算庆氏族人，此为后话。

# 第一一九章　丧失底线咎由自取，常怀敬戒善恶有报

各国君臣的品德不仅常常影响这些国家的内政外交，也常常决定着自身命运。君臣没有底线，没有敬畏之心，所谓君不君、臣不臣，便常常自败家国。正所谓人在做，天在看。《左传》记载了各国君臣的表现，说明了史书所载他们生前身后之名均与其德行相关。

卫国孙氏权倾朝野。孙氏为卫武公之后，世袭卫国爵位，孙良夫于卫成公、卫定公时为卫国执政，孙良夫之子孙林父又袭卿位，世代位高权重。作为卫国宗亲，股肱之臣，本当受到国君礼敬，然而卫献公时，献公对孙林父与宁殖不尊重。在十分注重礼仪的时代，献公召见重臣不仅不守时，而且穿戴随意，表现出对大臣的不尊重；而且在君臣宴乐场合，又使乐工演奏侮辱孙林父之诗歌，导致孙林父与献公决裂。孙林父与宁殖联手，逼献公逃亡国外，立卫穆公之孙为卫君。正是因卫献公为君不尊，导致为臣不敬，失去君位。孙林父能逼走献公，杀死卫国数位公子，另立新君，可见其在卫国权势之大。卫献公因对孙林父不满，表露于形色，导致君位不保，无疑是咎由自取。

卫国君无君行，也导致臣无臣道。孙林父之子孙蒯便依仗家族势力，为所欲为。周灵王十六年春，孙蒯依仗其父权势，不仅于卫国为所欲为，竟然于春季越境来到曹国狩猎，深入曹地，饮马于重丘，毁掉重丘汲水之瓶。重丘在今天山东省菏泽市巨野县西南。重丘原为一小国，后被曹国兼并，成为曹国城邑。重丘之人关起城门，防备孙蒯，并骂道："你父亲赶走国君，为恶已甚。你不为家族将遭报应而担忧，还有心思来此田猎？"孙蒯遭人闭门辱骂，十分气恼，回国之后，便于夏天与石买共同率兵攻打曹国，占领重丘。为此，曹国求助于侯伯，向晋君提出诉讼。第二年，晋国将石买拘于长子，将孙蒯拘于纯留。长子于今天山西省长子县西，纯留于今天山西省屯留县南。孙蒯之所以敢于为所欲为，自然与其父孙林父家教不严有关。父子均不守为臣的行为规范，自然功名利禄不可长保。后孙林父因与宁氏争权，导致卫献公复辟，孙氏被逐，家族就此败落，此是后话。

与孙蒯联手的石买家族亦无善果。周灵王十八年，石买死，其子石恶并不悲哀。所谓父慈子孝，石恶对其父之死无动于衷，是石买教育的失败，是石恶品性的表露。卫卿孔成子孔烝鉏对此评论道："此谓断了根本，石氏必不能保其宗族。"果然，十余年后，石恶出亡。此亦是后话。

　　卫国权臣中，只有宁殖考虑自己身后之名，有所悔悟。周灵王十九年，宁殖病重，向其子宁喜道："我得罪于国君，悔之莫及。我之名字必会记载于诸侯简册，上面记载道，孙林父、宁殖逼走国君。将来国君回国，你要掩盖此事。如能遮盖，则是吾子。若是不能，我为鬼神，宁愿饥馁，不受你之祭祀。"宁喜应承之后，宁殖便撒手人寰。宁殖有所悔悟，并非检讨自己不守为臣之道，而是怕于历史上留下恶名。由此亦可见重名的政治道德对卿大夫的约束作用。然而既然诸侯简册会记载此事，宁殖当知，宁喜即便能一时掩盖其逼走国君之事，也掩不住天下悠悠之口。由《左传》记载便可知，孙林父、宁殖逼走国君之记载，显然见著于当时的史册。

　　自齐楚争锋、晋楚争霸以来，郑国便一直处于南北拉锯的锯口之上。无所依赖的郑国虽然君臣都缺乏硬气，却不乏向善之臣。周灵王二十一年九月，郑国公孙黑肱病重。公孙黑肱，字子张，既称公孙，当为郑国先君庶支。公孙黑肱病后，便将封邑归还郑简公，并向家宰、宗人交代后事。家宰为家臣群吏之长，而宗人主管宗族礼仪。公孙黑肱告诉家宰与宗人，立其子段为嗣，并让家宰在他死后减省家臣，让宗人主持祭祀从简。公孙黑肱交代宗人，他死后四时的平常祭祀，只需用一头羊，只有盛祭方用少牢。而根据周礼，大夫常祀便当用少牢，即用一猪一羊。公孙黑肱还命令只留足以供给祭祀的土地与人口，其余土地人口全部归还简公。他向家人讲了他归还土地人口、俭省祭祀的用心："吾闻，生于乱世，位尊而能守贫，不向民众索取，便能延缓家族败亡。"他嘱咐家人在他死后，要恭敬事奉国君大臣。生存之道，在于常怀敬戒之心，而不在于追求富贵。公孙黑肱安排好后事之后不数日，便病重身亡。时之君子评论道："《诗》曰，'慎尔侯度，用戒不虞'（《诗·大雅·抑》），谨慎恪守公侯法度，以防不测，或许郑国子张便是如此！"

　　然而郑国亦有不知自警自戒之贵族，公孙虿之子游眅便是如此。游眅，字子明，却一点没有明智之举。他出行，遇到迎亲之人，游眅见色起意，夺人之妻，并留宿于该邑。结果，该女之夫率人攻打游眅，杀掉游眅，带走妻子。游眅虽是公子王孙，但同为公子王孙的子展却为了郑国国君与宗室的名誉与利益，非但不同情游眅，还清理宗室，废了游眅之子良，立游眅之弟游吉继承公孙虿之嗣。子展向郑简公道："国卿乃国君之副，万民之主，不可苟且。请务必舍弃子明之流。"清理宗室之后，子展又还民间以公道，派人寻找携妻逃亡之人，让他们回归乡里。最后，子展还教导游氏族人不要心怀怨恨，不要再提此事，他告诫游氏族人道："追究子明之死，实乃彰其恶行。"子展处置此事，为宗室君亲立下了戒规，也让百姓看到了公道。正是由于有公孙黑肱与子展这样的臣子，郑国才能于晋、楚两个大国的夹缝中求得生存。此后郑国还出现了子产这样的名臣，名垂青史，此是后话。

鲁国司寇臧武仲臧孙纥曾对鲁国执政季武子季孙宿有一段谏言，道出了国君、执政等在上之人必须心诚并言行合乎法度，言行皆可昭于天下，才可以治人。周灵王二十年，邾国大夫庶其投奔鲁国，将其封地漆邑、闾丘送予鲁国。漆邑位于今山东省济宁市邹城市东北，闾丘于其附近。季孙宿作主将鲁襄公的姑姑嫁予庶其。跟随庶其前来投奔鲁国之人均有赏赐。此后鲁国盗贼始多。季孙宿责问司寇臧孙纥为何不缉拿盗贼，臧孙纥道："你不能指责于我，我无法剪除盗贼。"季孙宿道："我为执政，责问缉拿盗贼之事，何故不可问责于你？你为司寇，职责所在，为何不能除去盗贼之患？"臧孙纥答道："您招来外盗，赠以大礼，又如何能制止内盗？您为正卿，招来外盗，而让我去消除内盗，如何可能？庶其盗窃邾国城邑投奔我国，您将鲁国公主下嫁于他，还赠送他城邑，跟随他的人也均有赏赐。如果大盗赠以国君之姑及其大邑，次盗赠予牧场马匹，小贼赠予衣裳佩剑，无疑是赏赐盗贼！既然赏赐，又要剪除，岂非很难？我闻，在上位者须洗涤其心，以诚待人，规范言行，昭示诚信，然后可以治理民众。上之所为，民之所归。如此，上所不为，民若为之，因此加刑，不敢不惩。上之所为，民亦为之，势所必然，如何可禁？《夏书》曰，'念兹在兹，释兹在兹，名言兹在兹，允出兹在兹，惟帝念功'，即言心念所在，当是行为所在，心念所舍，当是行为所弃，所名所言之所在，当是行为所在，所允所禁之所在，当是行为规范，天子惟念此纪功。在上位者必须注重自己的言行诚信，言行一致，建立诚信，才可言纪功。"

臧孙纥所言，为周代社会对国君与执政的要求，既然规范出于国君与执政，则他们的信念言行必将影响臣民，所谓上行下效。若国君与执政表里不一，言行不一，便无法使臣民相信社会的法度与道德规范，社会便会失范，社会秩序便会混乱。在诸侯林立的春秋时代，推崇国君与执政的道德表率作用，以死后谥号盖棺评定国君与执政的功绩，便是为了规范国君与执政的言行。虽然这只是软约束，但在重礼制、重名分、重血缘世袭和社会等级的春秋社会，还是具有相当约束力的。因为恶名不仅会使国家人才流失，统治不稳，祸及统治者自身，还会殃及子孙。正因如此，中国传统社会才以记言记行来制约国君，维持统治稳定，从而维护社会稳定。

## 第一二〇章　身死言立文仲不朽，智临德上臧纥出亡

鲁国是礼仪之邦，因此一些大臣毕生追求，便是效仿圣人，立德立言。叔孙豹便是如此。叔孙豹致力于以臧文仲臧孙辰为仿效榜样，认为臧文仲是"死且不朽"者。据《左传》记载，周灵王二十三年春，叔孙豹出使晋国，范宣子士匄以礼相迎。交谈期间，士匄问道："古人有言曰'死而不朽'，所言何谓？匄之先祖，从虞舜以上为陶唐氏，在夏朝为御龙氏，在商朝为豕韦氏，在周朝为唐杜氏，如今晋为侯伯，匄之祖为范氏。'死而不朽'，或许便言如此。"叔孙豹道："以豹所闻，此谓世禄，并非不朽。鲁国有一位先大夫臧文仲，虽然身死，其言不废，所谓不朽，或当如此。豹闻，'太上有立德，其次有立功，其次有立言'。其德、其功、其言，虽久不废，此谓不朽。若保姓立氏，世代袭职，能守宗庙，不绝祭祀，各国均有此种情况。此为福大禄大，却不可谓之不朽。"即死且不朽是垂范千秋的功德与言论。

然而，臧文仲之孙臧武仲臧孙纥，比之先祖却有所欠缺。臧孙纥才智不逊其祖，也曾兢兢业业为国事操劳。一次，臧孙纥出使晋国，路过御邑时遇雨，便去拜访御邑大夫御叔。此时御叔正在封邑中准备饮酒，闻臧孙纥到来，向左右道："圣人何用？我正准备饮酒作乐，而臧氏却冒雨而行，圣哲何用？"结果御叔为他的言行不慎而付出了代价。叔孙豹闻御叔言行，道："御叔不配出使，反而傲对使者，乃为国家蠹虫。"于是下令将御邑赋税增加一倍。臧孙纥还数次向国君与执政提出明德守礼的谏言，可谓明智尊礼。

但臧孙纥后来常将其聪明才智用于不当之处。鲁国季武子季孙宿没有嫡子，公弥年长，但季孙宿喜欢次子纥，欲立纥为嗣。他与家臣申丰商议道："弥与纥，我都喜欢，我想择才而立。"申丰知其想要弃长立幼，因此并不回话，快步退下。回到家中，申丰便开始准备举家出走，因为他怕弃长立幼将来导致麻烦。过了数日，季孙宿又问申丰立嗣之事。申丰答道："若主公弃长立幼，我已备车，将举家远行。"于是季孙宿不再与申丰提及弃长立幼之事。

过不多久，季孙宿又去与臧孙纥商议。臧孙纥道："请我喝酒，我为您立

次子纥。"于是季孙宿招待大夫们宴饮,以臧孙纥为上宾。主人向宾客献酒完毕,臧孙纥命于北面尊者之位铺上双层席子,并命换上洁净的酒杯。古人均席地而坐,铺席层数代表地位高低,公侯铺三层席,大夫铺双层席。臧孙纥又使人召唤季孙宿之子纥,并亲自下阶迎接。臧孙纥世袭鲁国司寇,又为季孙宿上宾,因此大夫们见状便都随之起身。待宾主应酬之后,臧孙纥才使人召唤公弥,让他与其他宾客按年齿序座。臧孙纥此举非常突兀,连季孙宿都感到不安,恐生意外,惊惧失色。好在公弥当场并无作色拂袖等失礼表现。

事后,季孙宿为安抚长子公弥,以其为马正,主管军赋。马正为大夫之司马。公弥心怀怨恨,不欲履职。同为公族之后的闵子马去见公弥,向他道:"不要如此。祸福无门,唯人所召。为人之子,当患不孝,不患无位。敬行父命,事情难道不会发生变化吗?若能孝敬,富贵或许可倍于今日之季氏;奸邪不轨,祸患或许会倍于下民。"公弥深以为然,便朝夕恭敬请安,谨慎恪守职责。季孙宿非常高兴,让公弥招待自己宴饮,自己携带宴饮器具前往,之后将器具全部留给公弥。公弥因此致富,后为鲁襄公左宰。

臧孙纥之智谋,既是他的优点,也是他的缺点。别人或许喜欢他的多智,或许讨厌他的多智。因此他成在多智,也败在多智。季孙宿喜欢臧孙纥,然而孟庄子仲孙速却厌恶臧孙纥。负责为仲孙速养马御车的丰点,喜欢仲孙速的庶子羯,向羯道:"听我之言,你必定能成为孟氏之嗣。"起初羯并无此意,但经丰点反复劝诱,羯便听从丰点之言。仲孙速病重,丰点去向公弥道:"如能助羯得立,便可报臧氏之仇。"于是公弥向季孙宿道:"仲孙氏孺子秩本当为孟氏之嗣。然而如您能够助羯得立,则可显示季氏比臧氏有力。"孺子乃对嗣子之称。当初臧孙纥助立季孙纥时,季孙公弥尚无孺子名分,而如今仲孙秩已有孺子名分,如果季孙宿能助仲孙羯得立为嗣,而废孺子秩,则季孙氏影响力便可盖过臧孙氏。

然而季孙宿却不应允此种有违仲孙速本意之举。仲孙速去世后,季孙公弥事奉其次子羯立于门口接受宾客吊唁,表明羯为嗣子。然而,其父季孙宿到孟氏家中吊唁,却不理会公弥的安排,哭吊之后,出门呼道:"秩何在?"公弥答道:"羯在此。"季孙宿依旧称孟秩为孺子,且道:"孺子年长。"公弥则道:"何来年长之说?唯才是立。且立羯乃孟夫子之命。"在公弥的帮助下,孟羯得立,孟秩逃亡邾国。

臧孙纥亦来吊唁,入门恸哭,涕泪滂沱。出得门来,其御者道:"孟孙氏

第一二〇章　身死言立文仲不朽，智临德上臧纥出亡

厌恶您，您却对他之死如此悲痛。若季孙氏死，您当如何？"臧孙纥道："季孙氏爱我，乃无痛之疾。孟孙氏厌我，乃治病药石。无痛之疾不如使人痛苦之药石。药石可使我生，无痛之疾，其毒甚大。孟孙氏死，我的灭亡指日可待。"可见臧孙纥不只是在哭仲孙速，更是在哭自己。他已经预见到，自己必定难逃一劫。

臧孙纥一离开孟孙氏家，孟孙氏便关起门来，向季孙宿道："臧氏准备发起动乱，不让我等安葬先人。"季孙宿并不相信。臧孙纥得知消息后，加强了戒备。一个月之后，孟孙氏准备开掘墓道，有意向臧孙纥借用役夫。臧孙纥让正卒前往助役，自己则带领甲士前往视察。臧孙纥此举只是履行司寇职责，但或许孟孙氏添油加醋将臧孙纥之行报告给季孙宿。季孙宿以为臧孙纥要以武力生事，便下令攻打臧氏。臧孙纥只得护全自身，砍断都城鹿门横木，夺门而逃，出亡邾国。

当初，臧孙纥之父臧宣叔臧孙许娶铸国公主为妻。铸国为黄帝后裔，周武王克商后受封于铸，位于今山东省肥城市。铸国公主生臧贾与臧为后身亡，臧孙许又娶妻姪为继室，其为鲁宣公之妻穆姜之姊妹。继室所生臧孙纥，为穆姜所喜爱，从小育于鲁国宫中。于是臧孙许便立臧孙纥为嗣。此后臧贾、臧为离开鲁国，回到母舅之铸国。臧孙纥逃亡邾国后，派人赴铸国其兄臧贾处，并送去大龟，向其兄道："纥欠才智，以致失守宗庙，谨向兄长告罪。然而纥之罪，不至绝嗣，请兄长将大龟进献鲁君，请求立为臧氏之嗣，或许可行。"臧贾派人回复道："此乃家族之祸，并非弟之过错。贾将遵命而行。"臧贾再拜，接受大龟。然而臧贾或因淡泊，或因胆小，并未亲赴鲁国提出立嗣请求，而是让二弟臧为代他进献大龟并提出请求。臧为到鲁国献龟之后，并未为其兄请立，而是自请为臧氏之嗣。与此同时，臧孙纥回到自己封地防邑，派人向鲁襄公道："纥智虑不足，无能为害。纥不敢为自己请求，但求能保先人祭祀，不废文仲、宣叔两位先人功勋，纥岂敢再居防邑？"鲁襄公同意立臧为为臧氏之嗣，承袭臧氏职爵。臧孙纥则交还防邑，出亡齐国。追随臧孙纥之人问道："他们会将我们的罪行通告各国，让各盟国不接纳我们吗？"臧孙纥道："他们难以为辞。"

鲁国君臣确实准备照会各国。季孙宿召见掌管逃亡臣子的外史征询照会写法。外史答道："以往通告东门氏之罪曰，'毋或如东门遂不听公命，杀嫡立庶'。通告叔孙氏之罪曰，'毋或如叔孙侨如欲废国常，荡覆公室'。"季孙宿

道:"臧孙之罪不至于此。"孟椒道:"何不以他斩关夺门为辞?"于是鲁国通告臧氏之罪道:"毋或如臧孙纥干国之纪,犯门斩关。"臧孙纥闻后道:"国内确有人才!或许是孟椒所为。"孟椒为孟献子之孙子服惠伯,在鲁昭公时于史书留名。

臧孙纥逃至齐国,齐庄公一直以鲁国为敌,见臧孙纥来投,便准备封予他土地。臧孙纥得知后,去见庄公。庄公与他谈起攻打晋国之事,臧孙纥道:"国君战功虽多,却如老鼠一般。老鼠昼伏夜动,不于宗庙筑穴,乃因畏惧有人。如今国君闻晋国有乱,于是出兵攻之,待晋国安宁,又去事奉晋国,这不是老鼠行为又是什么?"齐庄公非常生气,便不封他田地。以臧孙纥之智,他在齐庄公面前如此放肆,当是预见到齐庄公执政不会长久,因此不欲齐庄公封他田地。

孔子评论臧孙纥道:"有智甚难。有臧武仲(纥)之智,而不容于鲁国,有其原因。他弃长立幼,做事不顺道理,行为不合恕道。《夏书》曰,'念兹在兹',便是教导要顺事理,行恕道。"

## 第一二一章　晋臣不和党同伐异，栾氏及祸根败枝亡

晋国执政士匄较之前辈贤臣有所不如，他偏听偏信，引发晋国官场几大家族不和，开启党同伐异的祸端。据《左传》记载，栾黡娶士匄之女为妻，生栾盈，字怀子。士鞅曾于数年前晋国败于秦国一战为栾黡所逼，一度逃亡秦国，因此怨恨栾氏。士鞅为士匄之子，栾盈为士匄外孙，两人不仅为甥舅关系，且同为公族大夫，却不能很好相处。栾黡去世，谥号桓子。之后栾黡之妻栾祁与家宰州宾私通。栾祁为士匄之女，士氏源出祁氏，故士匄之女嫁予栾黡后称栾祁。栾祁与州宾私通后，家产几乎全为州宾侵占。栾盈以此为患。栾祁怕栾盈讨伐，便向父亲士匄毁谤自己儿子栾盈，她向父亲士匄道："盈将发动叛乱，他认为范氏致死桓子，于晋国专权。盈道，'我父逐鞅，待鞅回国，外公对其不怒，反而宠信于他，使他与我任同样官职。我父死后，范氏益富，并于国中专权。我即便是死，也不能追随于范氏'。盈之计划如此，我怕他会伤害于您，不敢不言。"栾祁所言范氏，便是士氏，称士氏乃以祖上之职为氏，后称范氏乃以食邑为氏。士鞅因与栾盈不和，便为栾祁作证。栾盈好施舍，士多归附于他。士匄畏惧士人多归附于栾盈，自然相信栾祁之言。当时栾盈为下卿，士匄派他赴著邑筑城，就此驱逐了他。

《国语·晋语》则记载灭栾氏一党，乃晋平公与大夫阳毕所为。晋平公六年，即周灵王二十年，晋国大夫箕遗、黄渊、嘉父等因栾盈被逐而作乱，未获成功，被杀身死。随后晋平公驱逐了他们的同党。平公对大夫阳毕道："自穆侯至今，兵祸不止，民欲无厌，动乱不断。如此，民众将会背离，且会招致外寇，灾祸或将降及吾身，当如何是好？"平公所言晋穆侯，乃晋文侯与曲沃桓叔之父，晋国之乱起自曲沃桓叔。阳毕答道："祸乱之本尚在，枝叶愈茂，本根愈长，故而祸乱难息。如今当用大斧，斩去枝叶，断绝本根，祸可稍息。"

晋平公请阳毕为他谋划。阳毕道："首先当有明确的教令，明确教令在于树立权威，而权威当在君不在臣。国君选择世有功勋的贤人后代继承爵位，也要选择肆意妄为损君乱国者的后代加以去除，如此才能树立权威并使权威荫庇

后世。民众畏惧国君之威,而怀念国君之德,便可令行禁止。若民众服从,则民心可教。教导民心并知其好恶,谁会苟且偷生?若民众不苟且偷生,便不会思乱。栾氏欺罔晋国已久,栾书颠覆晋国大宗,弑杀厉公以增加栾氏权势。如果灭掉栾氏,民众便会畏惧国君权威;若重新起用瑕嘉、原轸、韩万、毕万后代,赏赐并复其爵位,民众便会怀念国君恩德。威权与怀柔各得其所,则国家安定;国君治国而国家安定,谁会依附作乱之人?"

晋平公想到栾氏功劳,犹豫道:"栾书立我先君,栾盈亦无罪行,怎么能灭栾氏?"阳毕道:"治国之人,不可行权宜之计,运用权力,不可因私恩隐蔽其罪。行权宜之计,则民众得不到训导;因私恩隐蔽其罪,则政事不能推行。政事不行,何以训导民众?民众不得训导,则等同于无君,因此权宜之计与私恩隐罪,会害国劳君。请国君慎重考虑。国君若爱栾盈,可公开逐其同党,用治国之理阐明其罪,严加规诫,让其离开,并加防备。若其妄图报复国君以逞其志,罪莫大焉,灭其宗族尚有不足。若其不敢报复,逃往远方,则贿赂所逃之国,请予以关照劝勉,以德报德,不亦可乎?"晋平公同意了阳毕的建议,驱逐作乱之党,并派遣祁午、阳毕赴曲沃驱逐栾盈。于是栾盈出奔楚国。平公对国人下令道:"自文公以来,凡对先君有功而其子孙没有爵位者,将授予官爵。能访得功勋后裔者给予奖赏。"

栾盈出逃,执政士匄下令栾氏家臣不得追随,追随栾氏,必当杀戮陈尸。但仍有栾氏之臣辛俞追随栾盈。晋国官吏拘捕辛俞,交付平公。平公问道:"国家有令,何故明知故犯?"辛俞答道:"陪臣一直遵从国家之令,岂敢违反国家之令。执政下令道,不要追随栾氏,要听从国君之令。明令臣等听从国君号令。臣闻国君有令,三代为大夫家臣,当事大夫若事君;两代为大夫家臣,当事大夫若事主。事君当为君死,事主当以勤勉,此亦国君明令。陪臣自祖父起,世代隶属栾氏,至陪臣已历三代,因此陪臣不敢不事栾氏如事君。如今执政下令道,不追随国君者必当杀戮,陪臣自然不敢背叛国君,烦劳司寇擒拿判罪。"平公听后,感到欣慰,命其留在晋国,辛俞不肯,平公又加重赏赐让其留下。辛俞辞道:"陪臣已经陈述理由,必当守志,有言必行,便是事君。若受赏赐,便改前志,乃不守前言。国君有问,陪臣陈辞,声音未落,便背其言,何以事君?"平公知道辛俞不改其志,便命将其遣送出国。

据《左传》记载,栾盈逃亡楚国为周灵王二十年秋。执政士匄不像平王那样优柔,而是果断杀伐。士匄杀与栾盈交好的大夫十人,为箕遗、黄渊、嘉父、司空靖、邴豫、董叔、邴师、申书、羊舌虎、叔罴,同时囚禁了伯华、叔向与籍偃。叔向为羊舌肸之字。有人对羊舌肸道:"您罹于罪,岂非不智?"羊舌肸道:"比于死亡如何?《诗》云,'优哉游哉,聊以卒岁'(逸书),便是智慧。"乐王鲋去见羊舌肸道:"我去为你请求免罪。"羊舌肸不答。乐王鲋退,羊舌肸不拜。羊舌肸手下之人都责备他,羊舌肸道:"只有祁奚才能救我。"家宰闻言,问道:"乐王鲋言于国君之事,无不实行,可他想请求赦免您,您却不答应。祁大夫所做不到之事,您道定要他办,这是为何?"羊舌肸道:"乐王鲋一切都顺从国君,如何能行?祁大夫外举不弃仇,内举不失亲,难道会遗忘我吗?《诗》云,'有觉德行,四国顺之'。(《大雅•抑》)有正直德行,四方之国都会归顺。祁夫子乃正直之人。"

晋平公向乐王鲋询问羊舌肸有何罪行,乐王鲋或因羊舌肸不领其情,因而落井下石,回答平公道:"不弃其亲虎,或为虎之同谋。"此时祁奚已经告老还家,得闻此事,乘传车去见士匄,向士匄道:"《诗》云,'惠我无疆,子孙保之'。(《周颂•烈文》)《书》曰,'圣有谟勋,明徵定保'。(逸书)谋而少过,诲人不倦,叔向便是如此。他为社稷柱石,即使其十世子孙有过,亦应赦免,以此勉励有才之人。如今不赦免于他,乃抛弃社稷,此举难道不会使人困惑吗?鲧被诛戮而禹成其功;伊尹放逐太甲又为其相,太甲终无怨色;管叔、蔡叔被戮,而周公辅佐成王。叔向怎会为虎而抛弃社稷?您做善事,谁敢不努力?为何要多杀人?"士匄听后,赞许其言,便与祁奚共坐一辆车子,去见晋平公,进言赦免羊舌肸。之后祁奚并不去见羊舌肸,而是径直回家,羊舌肸也不去答谢祁奚,而是直接上朝。可见祁奚与羊舌肸心意相通,无须虚言。

羊舌肸之母为羊舌职嫡夫人。当初,羊舌肸之母嫉妒羊舌虎之母貌美,不让她为丈夫侍寝。儿子们都劝谏母亲。夫人道:"深山大泽,实生龙蛇。此女美貌,我怕她诞生龙蛇,祸害你们。羊舌家族凋敝,国多宠臣,不善之人从中挑拨,岂非难处?我岂独惜自身?"于是她同意此女侍寝,生羊舌虎。羊舌虎貌美,有勇有力,为栾盈宠信。及至栾盈之难,羊舌氏一族随之遭难。幸得祁奚进谏,羊舌肸才幸免于难。

栾盈逃亡途中,经过成周,王畿西部边境之人劫其财物。栾盈向周王室负责受理过往宾客申诉的官员道:"天子陪臣盈,得罪于天子守土之臣晋君,为逃此罪,又得罪于天子郊甸之民,陪臣已无处可逃,冒死上言。昔日陪臣书(栾书)效力王室,幸得天子恩惠。书子黡不能保全其父功劳。天子若不弃书之功,在逃陪臣盈尚有处可逃;天子若弃书之功,而思黡之罪,则盈为戮余之人,将回国就死于刑狱之官,不敢再至王畿。陪臣冒死上言,唯听天子之命。"周灵王道:"尤而效之,其又甚焉。晋君处置失当,本王不应苟同。"于是,周灵王命司徒禁止甸民劫掠栾氏,将所掠财物归还栾盈,并派遣迎送宾客之人将栾盈送出轘辕。轘辕山路险阻,为今天河南省洛阳市偃师区轩辕山。

栾盈先逃亡楚国,之后又逃亡齐国。晋国本以楚国为敌,多年来一直致力于拉拢吴国,以孤立楚国。周灵王二十二年,晋平公要将公主嫁予吴王,进一步拉近晋吴关系。齐国见晋国与吴国交好,一方面以齐女作为陪嫁媵妾,与晋、吴两国交好,另一方面,暗地里借机扰乱晋国。据《左传》记载,此时栾盈在齐国,齐庄公让析归父为晋国送媵妾时,以篷车载栾盈及其随从之士潜回晋国安置于曲沃,或许想以栾盈为齐国内应,扶持栾盈以控制晋国。曲沃为栾氏封邑,栾盈夜见曲沃大夫胥午,告知实情。胥午道:"不可。天之所废,谁能兴之?您必定难免一死。并非我惜命,而是明知事情不能成功。"栾盈道:"虽然如此,来您此处即便是死,我不后悔。我不为上天所佑,错不在您。"胥午最终应允了栾盈请求,将栾盈藏匿起来,之后请曲沃士人饮酒。乐曲奏起,胥午道:"如今若是寻得栾氏少主,该当如何?"士人均答道:"寻得少主,为之而死,虽死犹生。"众人皆叹,亦有哭泣者。众人举杯互敬之时,胥午再度提及寻找栾盈的话题。众人皆道:"寻到少主,怎可怀有二心!"于是栾盈现身,遍拜众人。

栾盈原为下军副帅,下军主帅为魏舒。魏舒非常偏爱栾盈。于是年四月,栾盈率领曲沃兵马,依靠魏舒,公然进入晋都绛城。此时,晋国赵氏对栾氏怀有怨恨,因为当初赵庄姬向晋景公诬陷赵同与赵括,栾书与郤至曾为赵庄姬作证,赵同、赵括因此被杀。荀氏一支中行氏因伐秦之役怨恨栾氏,当时栾黡不从荀偃之命,导致战役之败。而士氏又与荀氏结亲,且荀偃为中军主帅时,士匄为中军副帅,相处甚好。荀氏一支荀罃之子荀盈年少,听从于荀偃。而荀氏另一支程郑则为晋平公宠信。因此晋国大臣中,只有魏氏与下军的七舆大夫帮助栾盈。

栾盈进入绛城之时,乐王鲋陪坐于士匄身旁。有人报告道:"栾氏来了。"士匄听后十分恐惧。乐王鲋道:"您事奉国君避至别宫固宫,必定不会有危险。且不说怨恨栾氏之人很多,单凭您一直主持国政,而栾氏则从国外回来,您在位有势,有利条件甚多。有利有权,又掌赏罚,有何可惧?栾氏所得,仅为魏氏。而魏氏可用强力争取过来。平乱在于有权,您不要懈怠!"

此时因悼公夫人之兄杞孝公薨,悼公夫人为之服丧。但晋平公却不遵礼制,并未撤乐。恰遇栾盈入都之乱,乐王鲋便让士匄着黑色帽服,系黑色腰带,伪作悼公夫人,与两位妇人乘车去平公宫中,陪侍平公前往固宫。士鞅去迎魏舒,魏舒步兵成列,将士登车,正准备去迎接栾盈兵马。士鞅快步上前道:"栾氏率领叛乱分子进入国都,鞅之父与诸大臣均在国君固宫,遣鞅来迎接于您,鞅请求为您之骖乘。"言罢手挽车绥跃上魏舒之车,右手抚剑,左手挽绥,下令驱车出列。御者请问所往何处,士鞅道:"赴国君处。"士匄下阶迎接魏舒,执魏舒之手,以栾氏之曲沃城邑贿赂魏舒。

栾盈有一力士名叫督戎,勇武有力,为晋人所惧。平公有一官奴名为斐豹,因犯罪被没为奴。斐豹之名与其罪行以红字记载于简册,谓之丹书。斐豹向士匄道:"如果焚此丹书,我去杀死督戎。"士匄非常高兴,道:"若你杀督戎,我当为你请求国君焚毁丹书,日月可鉴!"于是让斐豹出宫,随后关闭宫门。督戎追踪斐豹,斐豹翻入矮墙,伏身以待督戎。督戎翻墙而入,斐豹自其身后猛击,杀死督戎。

士匄命其随从藏于固宫高台之后,栾盈登上宫门。士匄向士鞅道:"若栾氏之箭射到国君之屋,你便要死于国事!"士鞅持剑率领步兵迎战,栾盈败退。士鞅跃上兵车,追击栾盈。遇到栾氏族人栾乐,士鞅道:"乐,切勿再战!我若战死,定向天帝控告于你!"栾乐以箭射士鞅,没有射中,又搭箭于弦,却因车轮辗轧槐根而翻车。士兵用戟钩他,断其手臂,栾乐身亡。栾鲂受伤,栾盈逃回曲沃,被国人包围。入秋之后,晋国兵马攻克曲沃,杀尽栾氏宗族党羽。栾鲂逃亡宋国。栾氏被灭之后,晋国终平公之世再无内乱。

## 第一二二章　灵王阻水太子论史，单公敬让权向言德

据《国语·周语》记载，周灵王二十二年，或许因当年雨水多，汇合于王城南的两条河流谷水与洛水争流，本来洛水宽阔，自西南向东北流经王城，谷水较细，于王城西转向南汇入洛水。如今谷水水流激增，毁坏王城西南，将要淹及王宫。周灵王打算堵截谷水，使之改道。太子晋劝谏道："不可阻塞河流。我闻古之执政者，不堕山陵，不填沼泽，不阻河流，不决湖泊。山陵乃土之积聚，沼泽为万物所出，河流乃地气宣发，湖泊为水流汇集。天地相成，于高山聚合，而使万物归于低处。川谷疏导天地之气，陂塘滋润万物生长。因此山陵不崩，物有所归，地气不滞，亦不散乱，于是万民生有财用，死有所葬。既无夭折、疾病之忧，也无饥寒、匮乏之患，因此上下和睦，以备不虞。古代圣王因此十分谨慎，不逆天地之气。"

太子晋列举历史经验教训道："昔日共工违背此道，耽于淫乐，欲壅塞百川，堕山填泽，为害天下。皇天不予赐福，庶民不助，祸乱并兴，共工因此而亡。有虞氏之时，崇国诸侯鲧放纵欲望，遂蹈共工覆辙，尧于羽山诛灭了他。其继任者禹知鲧无度，改变其法，效法天地，类比万物，为民立极，不伤众生。共工昆季后裔四岳辅佐于禹，封崇九州高山，疏通九州河流，陂障九州湖泊，蓄养九州沼泽，平整九州原野，安居九州百姓，贯通四海交通。因此，天无反常气候，地无反时果木，水无沉滞壅塞，火无扬焰天灾，神无淫厉之行，民无淫乱之心，时无错乱之季，物无害生之属。遵循大禹之功，顺应天道法则，建立不世功勋，方合上帝之心。皇天嘉奖，赐予天下，赐姓为姒，意为有福，氏曰有夏，意为殷富天下，表彰他能以善福保民，生育万物。皇天分封四岳，命为侯伯，表率诸侯。赐姓为姜，炎帝之姓，氏曰有吕，以国为氏，吕为膂，即脊柱两旁之肌肉，以此表彰他们为禹之股肱脊膂，蓄养万物，使民富足。此一王四伯，岂因皇天眷宠，均为亡国之君后裔，因能行善取义，故能遗泽后裔，世代得守宗庙。"

太子晋继续道："如今有夏虽衰，夏之后裔杞、鄫二国犹在；四岳之后

## 第一二二章 灵王阻水太子论史，单公敬让叔向言德

申、吕虽衰，其族裔齐、许二国犹在。唯有大功，可命姓封国，祭祀山川社稷，以至于拥有天下。至于后来失去天下，必是滋长了怠慢淫乱之心，以致姓氏灭亡，一蹶不振，祭祀无主，子孙为奴。亡国者岂为无宠，均为炎黄后裔。只因不遵循天地之道，不顺四时之序，不度民神之需，不法生物之则，因此灭亡绝后，于今不得祭祀。得天下者，必有忠信之心，效法天地，顺时而动，和于民神，遵循物理，故贤明成事，功德昭显，赐姓受氏，得有善名。若遵循先王遗训，解读礼制刑法，考查废兴历史，便可知其所以然。兴者必有夏、吕之功，亡者必有共、鲧之败。今日我们执政，或有违背天道，扰乱二水之神，致使争流，妨害王宫，王图掩饰，恐怕不可。"

太子晋又引古谚与《诗》劝谏道："人言道，'无过乱人之门'，以免惹事；又道，'佐（馋）者尝焉，佐斗者伤焉'。帮厨得尝，助斗受伤。又道'祸不好，不能为祸'。不好财色，不会惹祸。《诗》云，'四牡骙骙，旟旐有翩。乱生不夷，靡国不泯'。（《大雅·桑柔》二章）四马战车奔驰，彩色旌旗飘扬。不平引发战乱，无国免于遭殃。又云，'民之贪乱，宁为荼毒'。（《桑柔》十一章）民之好乱，因荼毒难当。见乱而不知戒惧，则受害必多，试图壅饰，乃欲盖弥彰。民有怨乱，尚不可遏，何况神灵有怨？父王为防河流激斗而修葺王宫，犹如掩饰灾祸，助人争斗，岂非彰显灾祸，导致受伤？自我先祖厉王、宣王、幽王、平王四代招致天祸，灾祸至今不绝。如今我们又去扩大灾祸，恐祸及子孙，王室更加衰微，如何是好？"

太子晋又历数周朝先王功过："自后稷播种百谷、平息水灾饥荒以来，至文王、武王、成王、康王才基本安定民众。自后稷开始安民，经历十五王，至文王时才开始平定天下，至十八王才达到天下安定，可见多么艰难！厉王开始变更先王法典，至今已历十四王。"太子晋所言十五王，为后稷、不窋、鞠、公刘、庆节、皇仆、差弗、毁隃、公非、高圉、亚圉、公叔祖类、太王、王季、文王，十八王加武王、成王、康王；所言十四王，为厉王、宣王、幽王、平王、桓王、庄王、僖王、惠王、襄王、顷王、匡王、定王、简王与在位的灵王。太子晋继续道："之前十五王修德方能平定天下，难道如今十五王不够招致灾祸吗？我日夜戒惧，自问道，要如何修德，才能光大王室，以迎上天降福。如今父王又要助长祸乱，如何使得？父王不以九黎、三苗之王及夏桀、商纣为鉴，他们上不效天，下不法地，中不和民，不顺时令，不敬神灵，抛弃效天、法地、和民、顺时、敬神五项法则，因而被人夷平宗庙，焚毁礼器，子孙

· 481 ·

为奴，累及万民。这是他们未研读先哲善德之典之故。如能效法此五项法则，便能获得天地赐福，仰赖万民之力，子孙绵厚，善名流传。此皆为天子所知。上天宠眷之人的子孙，可能沦为农夫，乃因其欲扰乱百姓；耕田之人，或能登上社稷之坛，乃因其欲安抚百姓。没有例外。《诗》云，'殷鉴不远，在夏后之世'。（《大雅·荡》）何必修葺王宫？或许会招致祸乱。揣测天意，修葺王宫，此举不祥；类比万物，此举不义；依据民情，此举不仁；参照时令，此举不顺；咨询古训，此举不正；观之《诗》《书》与民间宪言，均为亡国之君所为。上下参议，并无成例，请父王三思！大事不遵天象，小事不遵《诗》《书》，上不合天道，下不合地利，中不合民法，非时而动，必无约束。行为无约束，乃为害之道。"

但周灵王不听太子劝谏，最终堵塞了河道。太子晋虽然很有见识，可惜天不假年，早卒而不得立。周景王贵继位，朝廷多宠臣，祸乱由此生。景王薨后，王室大乱。至周定王瑜时，王室更加衰微。

虽然王室衰微，但在数百年礼制道德熏陶下，周王朝不乏模范臣子。据《国语·周语》记载，晋国羊舌肸曾访问周室，向王室大夫分送礼物，单靖公也收到一份。于是单靖公宴请羊舌肸，俭朴又恭敬，宴乐之礼，馈赠之物，均参照位分高于他的人，不僭越亦不失礼。宴席之上，不论私交，送行之时，不越城郊，言必引《昊天有成命》。《昊天有成命》一诗出于《周颂》，赞颂文、武、成王敬天保民。

羊舌肸向送行的单氏家宰道："真是奇怪！我闻，一姓统治不会再兴。但有臣如单子，周或许又要兴盛。前代史官尹佚曾言，'动莫若敬，居莫若俭，德莫若让，事莫若咨'。单子待我以礼，四德俱备。宫室不高，器物不饰，乃俭；敬戒修身，内外兼顾，乃敬；宴饮赠品，不逾其上，乃让；宾礼之事，依上而行，乃咨。加之无私，自重，必能避怨。居俭动敬，德让事咨，并能避怨，使之辅政，岂能不兴？"

羊舌肸继续道："单子所言《昊天有成命》，乃颂盛德。诗云，'昊天有成命，二后受之。成王不敢康，夙夜基命宥密。於，缉熙！亶厥心，肆其靖之'。此为成就王业之德。成就王业，乃能昭明文德，威扬武功。阐述成就王业之命，尊称昊天，乃敬其至高无上。文、武两王接受天命，是因有推功揽过之德。成王不敢安于享乐，以警百官。'夙夜'表恭，'基'表开始，'命'表诚信，'宥'表宽厚，'密'表安宁，'缉'表光明，'熙'表光大；'亶'表仁厚,'肆'表稳固,'靖'表安定。诗之开始,表敬上让德,并警百官;诗之中段,表其恭俭、诚信、宽厚,乃为安民;末句表其宽厚其心,维护安宁。全诗始于德让,中于宽信,终于安定,因此成其王命。单子俭朴恭敬,谦让咨询,与先王美德相应。单子一代若不兴盛,子孙必能蕃衍,后世终将不忘。《诗》云,'其类维何?室家之壶。君子万年,永锡祚胤'。(《大雅·既醉》)'类'乃不辱前贤,'壶'乃教导民众,万年乃美名永传,祚胤乃子孙繁衍。单子朝夕不忘成就王业之美德,可谓不辱前贤;保有明德,辅佐王室,可谓教导民众。若能仿效善德善行,使民众敦厚淳朴,必有贤名,子嗣绵延,则单子定能得此福佑。即便单子未获此福祚,其子孙必会得到,而不会由他族获得。"

然而,在礼制崩溃的春秋中期,即便单子这样的贤德之臣,也只能独善其身,已经不可能挽救东周王朝的衰败命运。

## 第一二三章　刚愎自用齐庄伐晋，陪臣作乱崔杼弑君

齐灵公薨后，太子光即位，是为齐庄公。齐庄公乃不明事理又刚愎自用之人。据《左传》记载，其为太子时，周灵王九年，在诸侯集会时便表现不敬；其继位之后，周灵王二十年，侯伯晋平公召集诸侯时，又表现不恭。当时羊舌肸便道其必然难免于祸。羊舌肸道："朝见为常规礼仪，礼仪为行政之车，政事乃国君身体之守。怠慢礼仪，国君便会有失政事；政事有失，便难于立身，因此会生动乱。"

周灵王二十一年秋，晋国出亡之臣栾盈从楚国至齐国。周灵王二十年栾盈出逃路过王畿时，周灵王念当年栾书功勋，礼送栾盈出王畿，晋平公却于同年冬天召集中原诸侯于商任集会，命与会诸侯不得接受栾盈入境。鲁襄公、齐庄公、宋平公、卫殇公、郑简公、曹武公、莒君、邾君均参与集会。如今栾盈至齐，晏婴提醒齐庄公道："去岁晋侯于商任召集诸侯集会，鲁、宋、卫、郑、曹、莒、邾等国国君与会，国君亦与会。当时诸国均接受晋国禁锢栾氏之命。如今我们接纳栾氏，准备如何任用？相对晋国，齐为小国。小国侍奉大国唯有守信。失去信用，不能立身立国。请国君慎重考虑。"然而齐庄公不听晏婴谏言。晏婴告退之后，向陈文子陈须无道："为君当守信，为臣当恭敬。忠、信、笃、敬，上下皆同，乃天地之道。君不守信，乃是自弃，不能长久。"须无为陈厉公之子公子完之后，此时为齐国大夫。

栾盈出逃后，受栾氏之难牵连的知起、中行喜、州绰、邢蒯四大夫便逃往齐国。乐王鲋向士匄道："为何不召回州绰、邢蒯？他们乃勇士。"士匄道："他们乃栾氏之勇士，我如何能得到他们？"乐王鲋道："您若像栾氏那样待他们，他们便会成为您的勇士。"但士匄并未召回州绰、邢蒯二大夫。

州绰等晋国四大夫逃亡齐国后，齐庄公以他们为齐国大夫。齐庄公或许一方面以得到州绰等勇武大夫为骄傲，一方面又要向州绰等人炫耀齐国人才济济，一日庄公在朝上，指着殖绰、郭最等齐国勇武大夫，向州绰等人道："他们乃寡人之雄鸡。"此时，齐庄公忘记了，当年晋国率诸侯联军讨伐齐国，州

绰作为晋国将领，曾俘获过齐国的殖绰、郭最。州绰道："国君认为他们是雄鸡，谁敢不认他们是雄鸡？然而微臣不才，于平阴之战中，却比二位雄鸡先鸣。"

齐庄公准备设置勇士之爵，宴饮勇武之大夫。殖绰、郭最作为齐国大将，自然想要参与竞争。州绰作为投奔齐国的新人，自认勇武，亦想竞争此爵。州绰向齐庄公道："当初东闾之战，臣左骖受迫，盘桓于城门之内，进退不能，致使臣得以数清城门上铜钉之数。臣是否可以参与竞爵？"当年晋国与诸侯联军攻至齐国都城外城，率军攻入东门的正是州绰，因城门狭窄，骖马被阻，因此被迫于城门中盘桓。齐庄公道："当日你乃为晋君而战。"州绰道："臣虽为新臣，却远胜于绰、最两位，如以禽兽为喻，臣已食其肉而寝其皮矣。"州绰确实勇武，然而齐庄公似乎并未很好地使用州绰等新臣。

齐庄公趁晋国内乱之机准备伐晋。周灵王二十二年，即公元前550年，这年秋天，齐庄公发兵攻打卫国，以打通进攻晋国之路。齐庄公以王孙挥为先锋，榖荣为王孙挥之车御，召扬为车右；以莒恒为第二先锋，成秩为莒恒车御，申鲜虞之子傅挚为车右。庄公自己以曹开为车御，以晏父戎为车右。齐庄公的副车由邢公乘御，以上之登为车御，卢蒲癸为车右；左翼由襄罢师率领，牢成为车御，狼蘧疏为车右；右翼由侯朝率领，商子车为车御，桓跳为车右；后军由夏之御寇率领，商子游为车御，崔如为车右，加上驷乘烛庸之越，四人共乘一车。齐国大军浩浩荡荡，准备伐卫之后，随即伐晋。

出兵之前，晏平仲晏婴劝谏道："国君恃勇，以伐盟主。若不成，乃国家之福。德行不备，侥幸成功，忧患必会降临国君之身。"崔武子崔杼亦劝谏道："不能出兵。臣闻，小国趁大国之乱进攻大国，必受其咎。请国君慎重考虑。"齐庄公不听两人进谏。陈须无去见崔杼，问道："国君不听谏言，该当如何？"崔杼道："我对国君尽言厉害，国君不听。既将晋国作为盟主，又试图从晋国祸乱获利，此乃自取其咎。群臣若被逼急，岂能顾及国君？你姑且罢手此事。"陈须无退出向左右道："崔子作死！指责国君行为过分，而其言行比国君行为有过之而无不及。他将不得善终。道义方面超过国君，尚且要自谦自抑，何况恶行超过国君，岂能不知自制？"

齐庄公进攻卫国之后，进而进攻晋国，占领朝歌。朝歌位于河南省淇县境内。之后齐军兵分两路，一路攻入孟门，孟门于辉县西，太行八陉之白陉；一路登上大行，即沁阳市西北，太行八陉之一的太行陉。孟门与大行的失守，说明晋国确因内乱而军力削弱。晋国失去东南门户，齐国军队便长驱直入，直至荧庭,荧庭位于山西省翼城县东南。齐国军队已经逼近晋都,距晋都不过百里。齐军于荧庭封晋军尸体建筑京观,以表武功。同时派军队戍守郫邵,当是作为支援。郫邵位于河南省济源市邵原镇。齐军又于少水封晋军尸体筑成大坟,以报复平阴战役。少水为今天之沁水。之后齐军得意班师。晋国赵胜率领东阳军队追赶齐军。东阳泛指晋国太行以东之地。此时,叔孙豹率领救援晋国的鲁国军队到达,驻扎在雍榆。雍榆于今天河南省浚县西南。晋鲁两军夹击齐军,赵胜俘虏了晏婴之子晏氂,多少挽回些晋国的颜面。

齐庄公从晋国回师,不入国都,径直袭击莒国。庄公指挥军队攻打莒邑且于,大腿受伤,于是退兵。第二天,庄公准备再战,约定军队于莒邑寿舒集合。大夫杞殖、华还车载甲士夜入且于隧道,宿于莒都郊外。且于与寿舒均于莒县境内。第二天,杞殖与华还于邻近莒都之邑蒲侯氏与莒君所率军队相遇。齐军人少,但莒君试图避免作战,因此允诺他们不死,而且以重礼贿赂,向他们道:"请与贵国结盟。"华还答道:"贪图财货,放弃君命,乃君之所恶。昨日傍晚受命,今日未至正午,便抛弃君命,何以事君?"于是莒君亲自击鼓,追击齐军,杀死杞殖。最终莒国与齐国讲和。杞殖,字梁,因此亦称"杞梁"。

齐庄公回国之后,于郊外遇到杞殖之妻,派人向她吊唁。杞殖之妻辞道:"殖若有罪,岂敢劳国君派人吊唁?殖如能免罪,尚有先人旧庐,妾身不受郊吊。"杞殖之妻之所以不接受郊吊,是因为根据周礼,吊唁大夫,当赴其居所,于郊野吊唁大夫可视作不敬,只有庶人才接受郊野吊唁。于是齐庄公亲赴杞殖家中吊唁。由此可见,齐庄公尊重战死之臣。或许这是庄公出征卫、晋取胜的原因之一。

第二年,因齐国犯晋,鲁国派遣孟孝伯仲孙羯帅军入侵齐国。于是周灵王二十四年春,齐国崔杼率军攻打鲁国北部边境,报复仲孙羯率军入侵齐国。鲁襄公担心鲁国不敌,派人向晋国报告。鲁国大夫孟公绰道:"崔子怀有大志,其志不在讨伐我国,定会很快回师,何必忧虑?他攻打我国并不劫掠,征用民力并不严苛,与往日不同。"正如孟公绰所言,最终齐军空手而归。崔杼欲获得民心,确有大事要图。

齐国棠邑大夫之妻,乃东郭偃之姐,而东郭偃为崔杼家臣。棠邑大夫死后,东郭偃为崔杼御车,前往棠邑吊唁。崔杼见棠姜貌美,便让东郭偃为他将棠姜娶回。东郭偃道:"男女同姓不婚。您为太公之子丁公的后代,臣为桓公的后代,同为姜姓,不可婚配。"崔杼筮卦,得到"困"之"大过"。"困"卦为坎下兑上,"大过"为巽下兑上,"困"之"大过",乃第三爻阴爻变为阳爻。太史们都说此乃吉卦。因为"困"卦坎下兑上,兑为少女,坎为中男,少女配中男,乃吉卦。崔杼又将此卦给陈须无看,须无道:"坎变为巽,坎为中男,巽为风,乃丈夫从风;兑仍在上,下则中男变为风,变风则妻子陨落,不可娶之。且'困'之变爻六三爻辞曰,'困于石,据于蒺藜,入于其宫,不见其妻,凶'。为石所困,不能成功;据守蒺丛,必受其伤;走进房舍,不见其妻,言无归宿,自然为凶。"崔杼则道:"她是寡妇,有何妨碍?其先夫已当此凶兆。"于是崔杼娶了棠姜。

齐庄公亦贪图棠姜美貌,与之私通,经常出入崔杼家中。庄公将崔杼之冠赐予他人。侍者提醒道:"不可以崔子之冠为赏赐。"庄公则道:"崔子之冠与他人何异?"崔杼由此怀恨庄公。庄公乘晋国内乱攻打晋国,崔杼道:"晋国必会报复。"因此崔杼图谋弑杀庄公取悦晋国。庄公鞭打侍人贾举,又亲近贾举,给崔杼以弑杀庄公的机会。

这年五月,莒国国君因且于战役之故,赴齐国朝见媾和,齐庄公于北城设享礼招待。崔杼推托有病,不视政事。根据礼制,大臣重病,国君当亲临视疾。庄公前去慰问崔杼,趁机追逐棠姜。姜氏入于内室,与崔杼一起从侧门出去。庄公击柱而歌。侍人贾举禁止庄公侍从入内,自己进去关上大门。崔杼所埋伏的甲士群起攻击庄公,庄公登上高台,请求免死,又请求盟誓,保证不追究此事,众甲士都不允。最后,庄公请求准许他于太庙自尽,但众甲士依旧不允。众甲士道:"国君之臣崔杼病重,不能上朝听命。此处靠近宫廷,陪臣们只知搜捕淫乱之人,不知有其他命令。"庄公试图翻墙逃走,被射中大腿,坠于墙内,众甲士弑杀庄公。崔杼弑君,株连甚多,庄公宠臣贾举、州绰、邴师、公孙敖、封具、铎父、襄伊、偻堙均被杀死。祝佗父赴高唐祭祀,回国都复命,尚未解冠,便为崔杼所杀。申蒯为管理渔业监收渔税之官,退回家中,对家宰道:"带上我的妻儿出逃吧,我准备死于国事。"家宰道:"我若逃亡,有悖您的事君之义。"于是与申蒯一起自杀。崔杼又于平阴杀死鬷蔑。卢蒲癸逃亡晋国,王何逃亡莒国。

晏子立于崔氏门外,侍从问道:"是要从君而死吗?"晏子道:"乃我一人之君吗?我当从他而死吗?"侍从又问:"那么逃亡吗?"晏子道:"乃我之罪吗?我需要逃亡吗?"侍从再问:"那么回去吗?"晏子道:"国君已死,归于何处?君临民众,岂是凌驾民众之上?而是应当主持社稷。为君之臣,岂是为了食君俸禄？而是应当保养社稷。因此，国君为社稷而死，则臣当为之而死；国君为社稷而逃亡，则臣当随之逃亡。而若国君为己而死，为己逃亡，非其宠溺之人，谁能承担责任？况且是他人立君而又弑君，我又怎能为之而死，为之逃亡？但我又能回到何处？"崔氏开门，晏子遂入，伏于庄公尸身痛哭，哭毕起身，再三跺脚而出。有人向崔杼道："定要杀掉他！"崔杼则道："晏子众望所归，释放晏子，可得民心。"

崔杼弑杀庄公后，立庄公异母之弟杵臼为国君，是为景公。当初，鲁国叔孙侨如奔齐，齐国叔孙氏还将叔孙侨如之女献予齐灵公。此女受灵公宠爱，生景公。崔杼扶立景公之后，自任宰相，以庆封为左相，与国人于太公之庙盟誓道："不服从崔氏、庆氏者……"盟誓尚未道完，晏子仰天叹道："婴若不与忠君利国者为伍，上帝必诛！"于是歃血。数日之后，景公与大夫及莒国国君盟誓。

齐国太史记录道："崔杼弑其君。"崔杼杀了太史。古代职官为世袭，太史之弟袭太史之职后，继续如实纪录，崔杼又连杀太史之弟二人。太史第三位弟弟又照样书记，崔杼无奈，没有再杀。南史氏听闻连续几位太史均被杀戮，便手持书写"崔杼弑其君"的竹简前往朝廷，准备继续太史未尽之责。得知新任太史已经如实记载事实后，才放心地转而回家。在君不君、臣不臣的乱世，齐国史官记言记行，依旧恪守秉笔直书的职业道德，不惜血洒朝堂，前赴后继。正因为士大夫的这种精神，才于乱世中传承了一种秉笔直言的道德传统。

闾丘婴以车帷包裹妻子，置于车上，与申鲜虞乘车出逃。申鲜虞将闾丘婴之妻推下车，道："国君昏昧不能匡正，国君危急不能救驾，国君被难不能殉死，却知藏匿亲爱之人，谁会接纳我们？"行至弇中，即淄博市临淄区西南，有两山之间三百里狭道，二人准备在此过夜，闾丘婴道："崔氏、庆氏可能在追我们。"申鲜虞道："以一对一，有谁能让我们惧怕？"于是二人便头枕马缰而睡。第二天清晨，他们先喂饱马，然后自己进食，套上马车继续赶路。走出弇中，申鲜虞对闾丘婴道："加快速度，崔氏、庆氏人多，无法抵挡。"二人快马加鞭逃至鲁国。崔杼之乱，使齐国失去不少臣子。

崔杼既然弑杀庄公，便是不以庄公为君。因此崔杼将庄公棺椁置于北城外城，十几天后便葬于士孙之里。庄公葬仪也只按照大夫规格，用四把长柄之扇，而未按照诸侯规格，用六把长柄之扇，亦不按大丧规矩清道，送葬之车也未按照诸侯规格，只用七辆普通之车，并且不列甲兵。崔杼弑杀其君，并诛戮驱逐众臣子，乃刻薄狠毒之人，最终其家族皆不得善果，此是后话。

## 第一二四章　君臣暗弱楚师无功，将士大度晋军逞威

楚国自庄王后，君臣能力有所下降，国力也随之下降，共王尚能携庄王之势，及至康王，可借之势与可食之本便所剩无几。楚国明白之人对此状况看在眼里，便求明哲保身，而不求功名事业。据《左传》记载，周灵王二十年夏，楚国令尹子庚去世。楚康王准备以蒍子冯为令尹。蒍子冯与申叔豫商议。申叔豫为申叔时之孙，当与其祖申叔时一样，有贤明智慧之名。申叔豫对蒍子冯道："如今国多宠臣，君王幼弱，国事不可为。"于是蒍子冯便以有病推辞。时为暑天，蒍子冯掘地为室，置冰床下，身穿棉袍，又着裘袍，少食而卧。楚康王派医者诊视，医者报告道："极度瘦弱，但气血正常。"于是楚康王便打消了任命蒍子冯之念，而任命公子追舒为令尹。公子追舒，字子南。

令尹子南或许是个不知收敛之人，结果一年之后便为楚国君臣所杀。令尹子南宠信一名叫观起的人，观起虽为官吏，却是庶人身份。按照周礼规定，庶人只能以一匹马驾车，且车马不得装饰。观起却有上百匹驾辕之马，远远超过普通官吏所能拥有的财富与权势。令尹子南一宠信官吏尚且如此，可见子南权势之炽。令尹子南权势如此，自然令国君与其他大臣忧惧，于是楚康王打算讨伐子南。子南之子弃疾乃楚康王御士，侍奉康王十分尽心。楚康王见到弃疾，便会想到要诛伐子南，必定累及弃疾，心中不忍，默默流泪。弃疾问道："君王三次于微臣面前流泪，敢问谁之罪过？"康王向弃疾交底道："令尹不善，你所知之。国家将要讨伐他，你不逃吗？"弃疾答道："父亲被戮而儿子留居，国君怎能继续任用？但泄露君命而加重刑罚，微臣亦不当为。"在忠君与全孝之间，弃疾感到两难，最终他没有向父亲通风报信。楚康王将子南杀于朝廷，将观起车裂，陈尸于国之四方示众。

子南被杀之后，家臣向弃疾道："我们去朝廷将令尹尸体运回吧。"弃疾道："要按礼制规定，看几位大臣如何处置。"根据周朝制度，诛于朝、弃于市者，当陈尸三日，以儆效尤。因此没有国君与执政之命，弃疾不敢命家仆收尸。三日之后，弃疾向康王请求收敛父亲尸体，康王应允。弃疾安葬其父之

后，随从们问道："是否出走？"弃疾道："我参与杀父之谋，杀父之人，何处可往？"随从们道："那么依旧为楚君之臣？"弃疾又道："抛弃父亲，事奉仇人，我不忍如此。"弃疾自认忠孝两难，去留无路，于是自缢而死。

处死令尹子南之后，楚康王再次任命薳子冯为令尹，公子齮为司马，屈建为莫敖。比之子南宠信观起，薳子冯有过之而无不及。薳子冯所宠信者有八人，均为庶人出身，且不在官，然而均有财有势，有许多驾辕之马。一日上朝，薳子冯见到申叔豫，便走过去与申叔豫招呼，但申叔豫并不答应，转身退走。薳子冯从后面追赶申叔豫，申叔豫则避入人群中。薳子冯依旧追赶，申叔豫便转身回家。薳子冯见申叔豫回避自己，心知事情不妙，便于退朝之后赴申叔豫家拜访，向申叔豫道："您在朝上三次回避于我，我心中惧怕，不敢不来见您。我有过错，您不妨指出，为何如此嫌弃于我？"申叔豫答道："我担心不能免罪，何敢与您言？"薳子冯道："是何缘故？"申叔豫答道："当初观起受子南宠信，子南获罪，观起车裂。我怎能不惧？"薳子冯听后心中惊惧，驾车回家路上，心不在焉，车不行正道。回家之后，薳子冯对那八个人道："我去见了申叔，申夫子便是所谓能生死人而肉白骨者。你等若有像申夫子一样了解我者，可以留下，否则请行。"辞退八人之后，薳子冯得到了楚康王的信任，避免了前任令尹子南的命运。但薳子冯任职时间也不长，不出三年便病死任上，此是后话。

楚康王既无知人之智，更无自知之明。在楚国君臣俱弱的情况下，不知修内政以自强，还四处出兵树敌。据《左传》记载，周灵王二十三年夏，楚康王出动水师攻打吴国。本来楚国水师顺流而下，是占据一定优势的，然而，由于多年不修军政，赏罚不明，军心涣散，因此出师不利，无功而返。

这年冬天，楚康王又向北用兵，并亲自挂帅。这是应齐国之请出兵伐郑救齐。齐庄公伐晋之后，害怕晋国报复，便想会见楚王，与楚国结盟。楚康王派薳启彊赴齐国访问，同时约定会见日期。齐国军队立社祭祀，举行检阅，请楚国客人观礼。陈须无道："齐国将遭兵祸。我曾听闻，兵不藏，必自害。"果然，入秋之后，齐庄公便闻晋国准备出兵伐齐。于是，齐庄公派遣陈无宇随薳启彊赴楚国，言明齐国将有战事，会见无法如期举行，同时请求楚国出兵援齐。崔杼率师送陈无宇与薳启彊，趁机进攻莒国，侵入莒国介根。介根于今天山东省胶州市西南。可见齐、莒矛盾并未消除。

晋平公于晋地夷仪召集诸侯集会，鲁襄公、宋平公、卫殇公、郑简公、曹武公、莒国国君、邾国国君、滕国国君、薛国国君、杞国国君、小邾国国君与会。夷仪位于今天河北省邢台市西。此次诸侯集会的目的是准备讨伐齐国。但由于大河发水，未能伐齐。

以晋国为首的诸侯联军伐齐未成，入冬之后，楚康王却依旧按照齐国请求率军进攻郑国，以救援齐国。楚国军队攻打郑都东门，随后驻军棘泽。棘泽或位于今天河南省长葛市双洎河国家湿地公园一带。诸侯联军伐齐不成，回师救郑。晋平公派遣张骼、辅跞向楚军单车挑战，因为郑国作战，便向郑国征求驾驭战车之人。郑国君臣占卜，卜得派遣公孙射犬为吉。公孙射犬食于宛邑，因此亦称宛射犬。子大叔告诫宛射犬道："对大国之人必须礼让，不能与他们比肩。"宛射犬答道："不论国之大小、兵多兵寡，我为车御，地位在车左与车右之上，此乃各国相同。"大叔道："并非如此。小山不生松柏乔木。"然而宛射犬听不进大叔告诫。张骼、辅跞当为晋国猛将，对郑国车御自然不会相让。两人坐于帷帐中，却让宛射犬坐于帐外。两人先行用餐，然后才让宛射犬用餐。之后，两人让宛射犬驾驭进攻的战车先行，自己却乘平时所乘的兵车，将要抵达楚营之时，才登上宛射犬驾驭的战车。两人不仅对宛射犬倨傲，更蔑视楚军，居然蹲居车后横木上弹琴。宛射犬本就心中不服，于是在兵车驶近楚营时，并不向二人招呼，便驱车疾驰。这时张骼、辅跞两人才从囊中拿出头盔戴上，待兵车驶入楚营，便跳下车，或抓起楚国士兵掷向其他楚国士兵，或将俘获的楚国士兵挟于腋下。宛射犬再次不向两人招呼，便独自驱车驰出楚营。张骼、辅跞二人见状跳回车上，抽弓搭箭，射向追兵。脱险之后，张、辅二人又蹲居车后横木上弹琴。他们向宛射犬道："公孙！同乘一车，便是兄弟，为何两次不打招呼？"宛射犬答道："开始一心想着冲入敌营，未及告知；之后心中害怕敌众我寡，不及等待。"二人笑道："公孙真是性急！"二人若非武艺高强，难免困于楚营；若非胆大心宽，难免追究宛射犬之责。可见晋国作为大国，将士不仅勇猛，而且大度，不失侯伯之国气魄，就此看来，楚国远远不如晋国。但楚康王还是顾及盟邦齐国的，他还师时派遣薳启疆护送陈无宇回齐国。

楚国两次出师非但无功，还差点招来兵祸。吴国因为楚国大兴舟师征伐吴国之故，招抚楚国属国舒鸠国，使舒鸠人背叛楚国。舒鸠国位于今天安徽省舒城县。楚康王陈兵于离舒鸠国都不远的荒浦，派沈尹寿与师祁犁前去谴责舒鸠君臣。舒鸠国君见楚国大军入境，便恭恭敬敬地迎接两位楚使，告诉他们并无叛楚投吴之事，又请求接受楚国盟约。沈尹寿与师祁犁回去向楚康王复命，楚康王仍想讨伐舒鸠。令尹蒍子冯道："不可讨伐。舒鸠国君告诉我们，他们并未背叛，同时请求接受盟约，而我们还要讨伐，此举成为讨伐无罪之国，于礼不合。姑且回师，与民休息，观其动作。若舒鸠国并无叛楚之行，我们便无须兴师。若舒鸠国背叛我们，我们讨伐他们，他们理亏心虚，我们则理直气壮，必能成功。"楚康王听了令尹之言，于是退兵。半年之中，楚国三次出兵，却劳师无功，可见楚国如今实力大不如前。

# 第一二五章　内政混乱晏婴韬晦，外交斡旋子产成名

晏子于齐国庄公在位时，曾多次向庄公提出规谏。据《左传》记载，齐庄公接纳晋国逃亡之臣栾盈时，晏子提出，相对于侯伯之国晋国，齐国为小国，小国侍奉大国应当谨慎守信，不能违背晋国与诸侯国之间的盟约。然而齐庄公不听晏子谏言。晏子退出后，曾向陈文子陈须无道："君临臣民，要守信用，为人臣子，要持恭敬。不论上下，均须守忠、信、笃、敬之道，此乃天道。国君抛弃天道，实为自弃，自弃不能长久。"

《晏子春秋·内篇·谏上》记载晏子谏庄公只恃勇力、不顾行义。当时勇武之士在国中肆无忌惮，公室贵戚无善言善行，庄公近臣亦不行进谏。晏子去见庄公，庄公自认为齐国以武力成为强国，不无得意地问道："古代有以勇力立世之国吗？"晏子答道："婴曾闻，轻死以践行礼义谓之勇，诛暴而不避强横谓之力。因此，勇力之立，是为行礼义。商汤、周武兴兵讨伐夏桀、商纣，不为谋逆，兼并夏、商，不为贪婪，乃行仁义，理所当然。诛暴不避强，伐罪不避众，乃勇力之行。古代为勇力者，为行礼义。如今，上无仁义之礼，下无伐罪诛暴之行，单凭勇力立于世上，若诸侯如此，则危及国家，大夫如此，则危及家族。昔日夏朝衰落，为有推侈、大戏之徒，殷商衰落，为有费仲、恶来之徒，他们足行千里，手裂兕虎，凭借气力，凌虐天下，威戮无罪，崇尚勇力，不顾礼义，因此桀、纣被灭，夏、商败亡。如今国君恃勇力发奋，不顾行义，勇力之士，肆无忌惮，以强力立身，行为淫暴，公室贵戚无善言善行，国君近臣不行进谏，均违反圣王之德，纵容灭国之行，以此企图立世长存，婴闻所未闻。"然而庄公听不进晏子谏言。

《晏子春秋·内篇·问上》记载了齐庄公与晏子的问答。齐庄公问道："扬威当世，收服天下，是否时运使然？"晏子答道："行为使然。"庄公问道："什么行为？"晏子答道："能爱邦内之民者，便能服境外不善之人；能重视士民死力效劳者，便能禁止暴虐国家的行为；能聆听并任用贤能者，便能威震诸侯；能安于仁义乐于利世者，便能收服天下。不能爱邦内之民者，不可能服境

外不善之人；轻视士民死力效劳者，不可能禁止暴虐国家的奸邪行为；不听谏言，傲视贤良者，不可能威震诸侯；背于仁义贪图名利者，不可能扬威当世。这就是收服天下之道。"齐庄公不听谏言，于是晏子退而不仕。

《问上》也记载了晏子谏齐庄公不可伐晋。庄公伐晋之前，曾问过晏子，晏子答道："不可伐晋。国君所得越多，欲望越大，欲望滋长，便更骄奢。因此，所得越多，欲望越大，便会带来危殆；滋长欲望，骄奢淫逸，便会陷于困境。如今国君任用勇力之士，去伐贤明之主，如不成功，乃国家之福，若成功，而无德行，必有祸患。"庄公听晏子之言，自然不悦，当即作色。于是晏子辞官，退隐回家，足不出户，谢绝宾客，乃至堂下生杂草，门外生荆棘。此亦晏子洁身自好、避祸保家之举措。

在齐庄公时期，晏子韬晦行事，不与庄公及权臣冲突。但在自己能够决定的事情上，晏子严格恪守人臣操守。这是晏子的一贯行事作风。据《左传》记载，其父晏桓子晏弱去世时，晏子身着粗麻丧服，头缠麻带，腰系苴带，手执竹杖，脚穿草鞋，食仅进粥，居于草棚，卧于芦席，枕于草上。家宰道："此非大夫的礼仪。"晏婴道："唯有卿才能称大夫，才能行大夫礼仪。"晏子恪守古代礼仪，以诸侯为天子之臣，以诸侯之卿为天子大夫，其父晏桓子并非齐卿，自非天子大夫，因此不行大夫之礼。孔子曾经评论晏婴道，"晏子可谓能远害矣"，一是因为"不以己是驳人之非"，一是"逊辞以避咎"。正因晏婴既智谋深远，又恭谨守礼，因此终能成就一番事业，成为春秋名臣。

与晏子基本同时期的郑国人子产，亦以处置内政外交而于历史上闻名。子产为郑穆公之孙，名侨，字子产，因此史称公孙侨，亦称子产。周灵王二十一年夏，晋国人命郑国人前去朝见。当时子产任郑国少正。少正为亚卿，辅佐执政。子产首先回答晋国使者，郑国对晋国并无失礼之处。子产道："晋国先君悼公九年，寡君于此时即位。即位八个月，我先大夫子骊便随同寡君朝见晋国执事，执事对寡君不加礼遇，寡君恐惧。"子产不称晋君而称执事，乃不明言晋君失礼。当时郑简公年方六岁，或许晋悼公因其年幼，没有以礼相待。子产提及此事，表明郑国并未失礼，而是晋国失礼在先。子产继续道："由于此行令寡君恐惧，因此寡君于二年六月朝见楚国，晋国于是有戏邑之战。"子产所言戏邑之战，乃晋国因郑国与楚国交好，因此联合中原诸侯出兵攻打郑国，因郑国求和，遂同意郑国与中原诸侯盟于戏邑。子产又道："楚国强大，并且对敝国有礼。敝国想要追随执事，又怕犯下大过，致使人言，晋国或许会认为我们对有礼之国不恭,因此我们不敢对楚国怀有二心。寡君四年三月,先大夫子蟜又跟随寡君赴楚国,观察他们是否于礼义有隙,授我口实。晋国于是有萧鱼之战。"子产所言萧鱼之战,为晋国于当年两次召集中原诸侯伐郑,最后以萧鱼会盟告终。子产继续道:"敝国邻近晋国,譬如草木,晋为草木,我为气味,岂敢不与晋同?楚国衰弱,寡君以我国土地的全部出产,加之宗庙重器,接受盟约,率领群臣跟随执事,直至年终。敝国对执事怀有二心而倾向楚国者,是敝国大夫子侯与石盂,寡君回国,即加以讨伐。湨梁会盟的第二年,子蟜告老,公孙夏跟随寡君朝见晋君,于尝祭之时参见晋君,参与助祭。两年之后,听说晋君将要平定东方,四月,寡君又朝见晋君,等待集会。即便寡君不赴晋国朝见,亦没有一年不派特使访问,没有一战不追随晋国。因大国政令无常,致使我国疲病,祸患常生,寡君无一日不在戒惧之中,岂敢忘掉自己朝觐职责?大国如安定敝国,我君朝夕觐见,何用命令?若不恤敝国忧患,反以为加罪敝国的口实,恐怕会使敝国不堪承命,弃敝国而成为仇敌。敝国惧怕此种后果,岂敢忘记晋君命令?一切托付执事,请执事深思。"子产此番言辞,既为陈情,又为辩护,软中带硬,不卑不亢。

晋国范宣子士匄主持政事,诸侯朝见晋国贡品负担很重。郑国国力不堪,深以此事为虑。周灵王二十三年二月,郑简公赴晋国朝觐,公孙夏随同前往。公孙夏为公子骓即子骈之子,字子西。子产托子西带信给士匄。信中道:"您治理晋国,四邻诸侯不闻执政美德,而闻执政重贡品,侨对此十分不解。侨闻,君子治理邦国家族,不患无财货,而患无善名。若诸侯的财货聚于晋国,则诸侯会对晋国怀有二心。若您也聚集财货,则晋国上下会对您怀有二心。诸侯对晋国怀有二心,则晋国受损。晋国上下对您怀有二心,则您家族受损。您为何如此糊涂!财货又有何用?善名,载德之车;德行,国家之基。有基础才不至损毁,难道不该重视基础吗?有德则乐,乐则能久。《诗》云,'乐只君子,邦家之基'(《小雅·南山有台》),便是有美德之谓。'上帝临女,无贰尔心'(《大雅·大明》),便是有善名之谓。恕道用以明德,善名载而行之,因此远人慕名而来,近人得到安宁。您愿意让人说您养育百姓,还是让人说您以民脂自肥?象因有牙而毁其身,便是由于象牙值钱!"

士匄阅读子产的信后,非但没有生气,反而心悦诚服地接受子产建议,减轻了各国贡赋。子产不仅帮助郑国减轻了贡赋负担,且使各诸侯国均受益,也帮助晋国笼络了诸侯之心。子产此举,可谓多方均赢之外交善举。

## 第一二六章　联军东进齐人求和，卫臣内应献公复位

晋平公于周灵王二十三年于夷仪会合诸侯，准备攻打齐国，报齐国入侵晋国之仇，却由于大河泛滥，未能如愿。据《左传》记载，周灵王二十四年，即公元前548年，晋平公再次渡过泮水，与鲁襄公、宋平公、卫殇公、郑简公、曹武公、莒国国君、邾国国君、滕国国君、薛国国君、杞国国君、小邾国国君于夷仪会合，进攻齐国，以报齐国攻打晋国的朝歌之役。而崔杼弑杀庄公正在此年。齐国人想以庄公被弑讨好晋国，一方面派隰鉏赴晋军请求讲和，一方面派庆封来到军中，将男女分开排列捆绑，以示降服。齐国还将宗庙礼器与乐器送予晋平公，并上自晋国六卿，军尉、司马与司空等五吏，三军十五个师的三十名师帅，三军之大夫，百官之正长即各部分负责之人，下至师旅的属官及留守的官员，都赠送财物。于是晋平公应允齐国媾和的请求。晋平公派遣羊舌肸知会诸侯。鲁襄公派子服惠伯回答道："晋君宽恕有罪，安定小国，此乃晋君恩惠。寡君闻命。"其实，追随晋国出兵的各国诸侯或许心中皆有所不满，因为齐国贿赂晋国君臣以求和，却未必同时贿赂其他诸侯与群臣。但诸侯们也只能如鲁襄公一样，听从晋平公命令。

晋平公慑服东方大国齐国之后，回师路上，准备解决卫献公的问题。此时卫献公出亡已有十多年，卫殇公继位也已经十一年，以晋国为首的各国诸侯早已接受卫殇公为卫国国君的既成事实，晋平公此时却派魏舒、宛没迎接卫献公，让卫国将夷仪给卫献公居住。夷仪位于今天山东省聊城市西南。晋平公帮助卫献公进入夷仪，实际上便帮助了卫献公复辟。夷仪曾为邢国都城，当年狄人攻打邢国，齐桓公出兵救援，迁邢国都城于夷仪，夷仪城邑当具相当规模。后卫国灭邢，夷仪成为卫国边境城邑。卫献公得到夷仪，便有了复辟的根据地。此时齐国崔杼扣留了卫献公的妻儿，想向卫国谋求五鹿之地。

据《左传》记载，卫献公进入夷仪之后，自然要谋求复位。当年他便派人向宁喜试探图谋复位之事，宁喜居然同意。太叔文子太叔仪闻得此讯，叹道："呜呼！《诗》之所谓'我躬不说，遑恤我后'（《诗·小雅·小弁》），一

身尚不被容,何暇顾及后代?宁子可谓不顾后代。难道可以应承此事的吗?自然是不能应承的!君子行为,定要考虑结果,考虑能够继续行事。《书》曰,'慎始而敬终,终以不困'。(逸书)《诗》云,'夙夜匪解,以事一人'。(《大雅·烝民》)如今宁子对待国君,甚至不如弈棋,又怎能免祸?弈棋之人举棋不定,尚且不能击败对手,何况设置国君谋事不定呢?宁子必定不能免祸!九世相传之卿族,一旦灭亡,实在可悲!"宁喜为卫武公九世孙,世代为卫卿。或许他同意卫献公复位,条件是卫国史册不再提其父宁殖与孙林父逼走献公之事,以完成其父嘱托。但宁氏为臣如此出尔反尔,显然是自招祸事,且不可能在史书上抹去其父宁殖的污点。

第二年,即周灵王二十五年,卫献公派其母弟鱄为自己谋求复位。鱄,字子鲜。子鲜不肯应允为献公谋求复位。他们之母敬姒强行命令子鲜去,子鲜答道:"国君不讲信用,臣弟害怕不能免祸。"敬姒道:"即便如此,为我之故,你必须去!"于是子鲜应允。卫献公所以要派子鲜去为自己谋求复位,是因为献公派人与宁喜商谈时,宁喜道:"定要子鲜在场,否则事情必定失败。"子鲜虽然是由于母亲敬姒而答应去为献公谋求复位,但他却并非受命于敬姒,而是受命于献公。他向宁氏传达献公的承诺道:"如能复位,由宁氏执政,寡人只主持祭祀。"

宁喜将献公之请告诉蘧瑗。蘧瑗字伯玉。蘧瑗自然知道驱逐国君之后再接纳国君,必然会遭到国君报复,因此道:"瑗未曾闻知国君出走,岂敢闻知国君复入?"于是蘧瑗立即起程,于最近处关隘出走他国。

宁喜又将献公之请告诉大夫右宰谷。右宰谷道:"不可。先是驱逐前一国君,如今又要除去当今国君,是得罪于两位国君,天下谁能容你?"宁喜道:"我于先父处受命,不能有违先父之愿。"右宰谷道:"我请求出使,前去观望一下。"于是右宰谷赴夷仪见献公。右宰谷回来后道:"国君避难在外已十二年,面无忧虑之色,言无宽容之语,言行依旧。若不停止其复位计划,我等死期指日可待。"宁喜则道:"有子鲜在。"右宰谷道:"子鲜在又有何用?至多他自己逃亡,又能为我等做什么?"宁喜道:"虽然如此,不能停止此计划。"

孙文子孙林父在封邑戚邑,其子孙嘉赴齐国访问,孙襄则留守都城家中,父子三人分处三地。周灵王二十五年二月,宁喜、右宰谷讨伐孙氏不胜,只伤了孙襄。宁喜见事情不成,退往郊外。孙襄伤重身死,孙氏阖家啼哭。都城之人报告宁喜,宁喜复入城中,攻克孙氏府邸。第二天,宁喜又弑杀卫殇公剽与太子角。《春秋》记载，"宁喜弑其君剽"，是言宁喜有罪。孙林父于戚邑得知事变，以戚邑为进身之礼，投靠晋国。《春秋》记载孙氏"入于戚以叛"，乃指责孙氏亦有罪。《左传》据春秋礼制，亦认为臣之俸禄，乃国君所予。将封地作为私有，以此与外邦周旋，其罪可诛。春秋时代的为臣之道，合于道义则进，不合道义则全身而退。

宁喜清除国中障碍后，卫献公复入都城，《春秋》记载"复归"，表示国人接纳于他。对于在国境迎接他的卫国大夫，卫献公拉着他们的手与他们言谈；对于在道路上迎接他的人，卫献公在车上向他们作揖；而对于在城门口迎接他的人，卫献公仅点头而已。卫献公到达宫中，便派人责备太叔仪道："寡人流亡在外，几位大夫使寡人早晚得闻卫国消息，唯独你对寡人不闻不问。古人有言，'非所怨，勿怨'。然则寡人怨恨于你。"但其实卫国能于献公出亡后继续赢得诸侯尊重，太叔仪功不可没。面对献公责难，太叔仪答道："臣知罪了。臣不才，不能牵马坠镫追随国君，此乃臣之罪一。国君出亡，新君居位，臣不能背叛新君，传递内外消息事奉国君，此乃臣之罪二。有此两罪，岂敢忘死？"于是太叔仪准备出亡，将从近处出关。但卫献公知道卫国政事需要人才，因此派人阻止了他。

卫献公复位之后，自然要清算孙林父。献公派兵入侵戚邑东部边境，戚邑在今天河南省濮阳市区。孙林父既然投奔晋国，自然便向晋国控告卫国。于是晋国派兵戍守茅氏，茅氏在今天濮阳市东南。殖绰本为齐国勇士，或许于齐国内乱时投奔卫国。如今殖绰率卫军进攻茅氏，杀晋国守兵三百人。孙林父之子孙蒯追赶殖绰，却又不敢攻击。孙林父指责其子道："你连厉鬼都不如！"于是孙蒯追逐卫军，在圉邑打败卫军，圉邑于今天濮阳市东北。雍鉏俘虏了殖绰。

孙林父再次向晋国诉讼卫献公。晋国为支持孙林父，召集诸侯伐卫。鲁襄公、宋卿向戌、郑卿良霄、曹国大夫与晋国执政赵武于澶渊会合，讨伐卫国。澶渊在濮阳市西。诸侯联军不仅巩固戚邑的防卫，还攻取了卫国西部边地懿氏六十邑划予孙林父，懿氏在今天安阳市内黄县东南。

卫献公见状只得与诸侯相会，以求媾和。晋国军队拘捕了宁喜、北宫遗，让女齐先押解二人回晋国。卫献公随后赴晋国求和。晋国将卫献公囚禁于主刑狱的大夫士弱处。

齐景公与郑简公赴晋国为卫献公说情，晋平公宴请他们。晋平公赋《大雅·嘉乐》一诗，此诗本为赞美周王，晋平公取其辞赞美两位国君，"嘉乐君子，显显令德。宜民宜人，受禄于天"。国弱相齐景公，赋《小雅·蓼萧》，"蓼彼萧斯，零露湑兮。既见君子，我心写兮""蓼彼萧斯，零露泥泥。既见君子，孔燕岂弟。宜兄宜弟，令德寿岂"。一方面，以露水表现承受晋国恩泽，一方面希望晋国与诸侯国保持兄弟之谊。子展相郑简公，赋《郑风·缁衣》，表示两国君臣亲赴晋国，自然回去后对晋国必有回报。于是，羊舌肸让晋平公拜谢两国国君，并道："寡君拜谢齐君安我先君宗祧，拜谢郑君对我国一心一意。"如此回答，有意将两国国君赋诗，均理解为仅涉及双方关系的话题，回避了涉及第三国即卫国的关系。这便是春秋时代赋诗的外交手段，主客双方均可断章取义，将己方之意以赋诗表达出来，委婉示意，而不伤双方颜面。

由于齐国君臣没有达到目的，国弱又让晏子私下向羊舌肸道："晋君曾向诸侯宣明其仁德，忧恤诸侯之患，补偿诸侯之缺，纠正诸侯违礼之举，治理诸侯国之乱，因此成为盟主。如今晋君为卫臣拘拿卫君，却待如何？"羊舌肸将晏子之言转告赵武，赵武又将此言转达晋平公。晋平公历数卫君之罪，让羊舌肸转告齐景公与郑简公。于是国弱又赋《辔之柔矣》（逸诗），以当用柔软之辔御刚烈之马，喻晋君当怀柔诸侯。子展又赋《郑风·将仲子兮》，取人言可畏之意，诗中有云"仲可怀也，人之多言，亦可畏也"。暗示即便卫君有罪，亦不当让人议论晋国为臣执君。最终，晋平公许诺放回卫献公。卫献公于年底回到卫国。

晋平公放回卫献公，一方面是由于齐景公、郑简公赴晋国为卫献公说情，一方面亦因卫国将卫姬送予晋平公。或许晋平公多半是因为得到卫姬，才放回卫献公的，同时卖给齐、郑两国一个人情。因此，时之君子认为晋平公失政。

宁喜回国之后，把持卫国朝政。虽然宁喜执政为献公允诺，但献公自然担心自己被架空，其他大臣肯定也有不满。大夫公孙免余请献公诛杀宁喜。卫献公道："如果没有宁子，寡人不能复位。寡人曾对他允诺'政由宁氏'。况且如今宁氏执政，寡人如此行事，或许不果，只得恶名，因此不可。"公孙免余答道："臣去杀他，国君只作不知。"于是公孙免余与公孙无地、公孙臣商议，让他们攻打宁氏。公孙无地与公孙臣非但没有攻下宁府，且均战死。献公闻后叹道："公孙臣无罪，他父子二人都为我而死！"因为公孙臣之父乃于献公出亡时为孙林父所杀。宁氏虽在卫国有其根基，但公孙免余并未罢手，于夏日再次攻打宁氏。或许宁喜疏于防范，此次公孙免余成功地杀死宁喜与右宰谷，陈尸朝上。此时石恶将要赴宋国与盟，受命之后自内庭出来，却见宁喜陈尸朝上，便小殓尸首，枕尸而哭。石恶想要将宁喜入殓，然后逃亡，又怕不能免祸，于是为自己寻找理由道："我已受命。"随即动身赴宋国。

献公母弟子鲜叹道："逐君者逃亡，纳君者被戮。赏罚没有章程，如何禁恶劝善？国君失信用，邦国无刑赏，岂非难以为继？而且是鱄让宁子这样做的，我将如何面对宁子！"于是子鲜逃往晋国。卫献公让人劝阻他，他不答应。到达大河，卫献公又派人劝阻他。他不让使者前行，面向大河发誓。此后子鲜寄居晋国木门，坐立都不面向卫国。木门大夫劝他出仕，他不同意，言道："出仕他国而不任事，乃是罪过；尽职任事，便等于昭告天下我之出亡过错在卫君。我能向谁诉说？我不能立于他国朝廷。"于是他终身不仕。数年之后，他死于献公之前，献公本不应为兄弟服丧，但献公或许感到亏欠子鲜，因此为他服丧。不久献公亦薨，至死未脱丧服。

卫献公为奖赏公孙免余，赐予他六十座城邑，公孙免余辞谢道："只有卿才可拥有百座城邑，臣已有六十个邑。下位之人拥有上位之人的禄邑，此为乱制。臣不敢与闻，更不敢享有。且宁子便因多邑而死，臣惧怕拥有百邑，死期将至。"卫献公定要赏赐，最后他接受了一半。卫献公任命他为少师，又以他为卿，他辞谢道："太叔仪没有二心，并能襄助大事，国君当以他为卿。"于是卫献公以太叔仪为卿。由于公孙免余能够谦让，卫国祸乱就此平息。

## 第一二七章　郑国伐陈子产献捷，楚师攻郑君臣退让

周灵王二十三年冬，陈国追随楚国伐郑救齐。据《左传》记载，陈国兵马所到之处，在离开时都将树木砍伐，水井填埋，因此郑国百姓非常痛恨。于是周灵王二十四年夏，郑国执政子展、亚卿子产率七百辆兵车攻打陈国。郑国兵马于夜里发动突袭，攻入陈国都城。陈哀公扶着太子偃师逃至墓地，遇到乘车的司马桓子，便向桓子道："扶寡人上车！"桓子道："我正要巡城。"桓子置哀公父子不顾，调转车头驰去。哀公父子又遇到大夫贾获驱车经过，车上载有其母与其妻，贾获见到哀公父子，便让其母、其妻下车，将车交予哀公。哀公道："让你母亲也上车吧！"贾获辞谢道："与妇人同乘不祥。"于是贾获与妻子扶着母亲逃奔墓地。最终哀公父子与贾获一家均免于难。

郑国军队入城之后，子展命令军队不得进入陈国宫室，并与子产亲自把守宫门。陈哀公见陈国公室非但免于荼毒，还受到郑国卿大夫的礼遇，便让司马桓子将宗庙礼器赠送给子展与子产。陈哀公自己穿上丧服，手捧社稷神主，让其侍从男女分列捆绑，同候于朝廷，以示陈国将亡，完全听凭郑国处置。子展按照战胜国之臣面见敌国国君之礼，手执系马绳索进见哀公，再拜稽首，奉杯置璧向哀公行礼。子产入朝，仅清点俘虏人数便行退出。郑国因率兵入陈国，恐惊扰社稷神灵，因此向陈国社稷神祝告祓除不祥。陈国既然以亡国之礼迎接郑国卿大夫，则郑国卿大夫又行重新授予陈国君臣以陈国军民土地之礼，司徒归还百姓，司马归还兵符，司空归还土地。郑国军队已经征服陈国，又表现守礼宽容，秋毫无犯，仪式完毕，即行班师。

同年秋天，郑国子产穿着军旅服饰，向晋国献捷。晋国本不同意郑国向陈国用兵，因此执政命士庄伯士弱责问子产："陈国何罪？"子产非常善于辞令，为证明郑国入侵陈国有理，他从历史开始阐述，道："昔日有虞氏虞阏父为周朝陶正，服事我们先王武王。先王嘉奖他善于制作器物，且为虞舜之后裔，故将长女太姬嫁予虞阏父之子胡公，封胡公于陈国，以表示对黄帝、尧、舜之敬意。因此陈国乃我周朝所出，至今仰赖周朝。陈桓公之死引发内乱，我先君庄

公立桓公之弟五父为君，蔡国想立蔡女所出为君，杀死五父。我国又与蔡人立桓公之子厉公，至于庄公、宣公，均为我们所立。夏氏（征舒）之乱，灵公被弑，成公流离，最终自我国返国。这些史实您都知道。如今陈国忘记周朝大德，不顾我国大恩，抛弃我朝姻亲，倚仗楚国人众，进逼凌辱敝国，尚不满足。我国因此于去年请求攻打陈国，但未得到贵国命令，反而有了陈国攻伐我国的东门之役。陈军所经道路，水井被填，树木被伐。敝国惧怕临敌怯战使太姬蒙羞，上天诱导敝国人心，启发敝国攻打陈国。陈国知罪，接受惩罚。因此我们敢于向侯伯献捷。"

士弱又责问道："郑国何故以大凌小？"子产答道："先王之命，唯罪是惩。昔日天子之地方圆千里，诸侯之地方圆百里，依次递减。如今大国之地方圆数千里，若非侵占小国，何以至此？"士弱又责问子产本人："为何身着军旅之服？"子产答道："我先君武公、庄公为平王、桓王卿士。城濮之役后，晋文公发布命令道：'各复旧职。'命我文公着军服辅佐天子，接受献战胜楚国之捷。如今我着军旅之服，乃不敢废弃王命之故。"士弱无语可诘，便向赵文子赵武复命。赵武道："他之所言顺理成章。若我们违背情理，将招致不祥。"于是晋国接受了郑国献捷。

子产以辞令使得晋国承认郑国出兵伐陈的合理性之后，于这年冬天，子展作为郑简公之相陪同简公赴晋国，拜谢晋国承认郑国伐陈之功。得到晋国首肯，郑卿子西再次出兵陈国，迫使陈国与郑国讲和。子西为公子骈之子公孙夏，字子西，袭卿位。

《左传》记载，孔子评论道："《志》有言，'言以足志，文以足言'。言语能够充分表达志向，文采能充分表达语意。不言，谁知其志？言无文采，不能远达。晋为侯伯，郑国却不得受命便入侵陈国，若非子产善于辞令，便不能献捷纪功。因此要谨慎使用辞令。"

郑国功成事遂，第二年春，郑简公赏赐伐陈有功之人。郑简公设享礼招待执政子展，赐予木制辂车与三命之服，然后赐予八座城邑。郑简公赐予子产次一级木制辂车与再命之服，然后赐予六座城邑。子产辞谢简公赐予的城邑，他道："自上而下，以两递减，乃礼制规定。臣子卿位列四，赏赐当以两递减。况且伐陈乃子展之功，臣不敢领受赏赐之礼，请求辞去赏赐城邑。"郑简公定要赏赐，于是子产接受了三座城邑。其实子产非但伐郑有功，且赴晋国申辩、献捷有功，功劳不在子展之下。因此郑国大夫公孙挥评论道："子产或许将为执政。其谦让而不失礼。"

郑国不仅有子产这样善于辞令的外交能臣，还有子展这样的执政。子展相郑简公赴晋国，于宴会上赋诗婉转表达郑国意图，不失礼仪。晋国羊舌肸因此感叹道："郑穆公之后七个氏族，罕氏当为后灭亡者，因为子展持身节俭，用心专一。"所谓郑国七穆，乃郑穆公后代当政的七族，即子展所属的罕氏，子西所属的驷氏，子产所属的国氏，伯有良霄所属的良氏，子大叔游吉所属的游氏，伯石公孙段所属的丰氏，子石印段所属的印氏。

郑简公从晋国回来，便派子西赴晋国访问，致答谢辞道："寡君前来烦劳执事，惧怕不免有罪，特派夏前来道歉。"子西名夏，因此自称夏。时之君子评论道："郑国善于事奉大国。"当然，有子展、子产这样贤明的卿大夫，郑简公自然于外交上不失礼义。

子产不仅贤良，而且非常明智。郑国靠拢晋国之后，自然引起楚国及其追随者不满。周灵王二十五年，许灵公赴楚国请求伐郑，许灵公道："楚国不兴兵，孤家不回国。"结果不出一月，许灵公薨于楚国。楚康王道："不伐郑国，何以求得诸侯？"于是于当年冬天，楚康王兴兵攻打郑国。

郑国上下均准备抵御楚国来犯。子产道："晋国与楚国即将讲和，天下诸侯即将和睦。楚王冒昧前来求战，不如让他得逞回国，晋楚媾和便容易了。小人本性，见有隙可乘便勇于向前，见祸乱将起便思浑水摸鱼，以满足其天性，追求名利，此非国家利益，怎可听从小人本性？"子产之意是不能顺从郑国主战之人，不能轻启战事。子展听子产之言，十分高兴，便不抵御楚军。楚军进入郑都南里，拆毁城墙；涉过洧水，进攻师之梁门。城上放下闸门，拒楚军于城外。结果楚军只俘虏了城外不及进城的九名郑国人。因郑国避战，最终楚军渡汜水回国。之后楚国帮助许国安葬许灵公，表示向许灵公与许国有所交代。

此时的郑国不仅有子展、子产这样贤明的卿大夫，士庶中亦有智者。然明便是其中之一。然明为鬷氏，名蔑。晋平公宠信荀氏别族之程郑，以他为下军副帅。郑国行人公孙挥赴晋国访问，程郑问他："敢问降职要何理由？"公孙挥不知程郑因何发问，不能应答，回国之后，请教然明。然明道："程郑将死，不然亦将出亡。富贵而知畏惧，畏惧而思降职，便能适得其位。欲适得其位，便要谦让，甘居人下，有何可问？既登高位，而求降职，乃明智之人，程郑并非如此之人。他或许有逃亡迹象？不然，他或许有心病，将会忧虑而死。"

第二年，晋国程郑死，子产开始认识然明。于是子产向然明请教政事。然明答道:"视民如子。见不仁者诛之,如鹰之逐雀。"子产非常高兴,将此言告诉子大叔,并道:"以前我只识蔑之外貌,如今我认识到他的内心。"后来,子大叔向子产请教政事,子产道:"政事如农事,日夜思之,思其始而成其终,朝夕践行。遵循所思,不敢妄行,如农事有田埂一样,不越其界。如此便会少有过错。"正因为郑国臣子慎于政事,因此郑国得以改变两面挨打的局面,立于中原诸侯之林。

# 第一二八章　吴楚相争吴王身死，楚秦联兵晋国服众

据《左传》记载，周灵王二十四年秋，因晋国与齐国媾和，晋国又一次召集诸侯于重丘会盟。重丘为曹国之邑，于今天山东省巨野县西南。此次会盟，参加夷仪集会的各国诸侯均与盟。

此时晋国为赵文子赵武主政，下令减轻诸侯贡赋，注重诸侯守礼。鲁国叔孙豹进见赵武时，赵武对叔孙豹道："自今以后，兵戈或可稍止。齐国的崔氏、庆氏新近当政，将会改善与各诸侯国的关系。我也了解楚国令尹。若依礼行事，修饰言辞，以安诸侯，兵戈可止。"

此时的楚国，蒍子冯已卒，屈建为令尹，屈荡为莫敖。楚国的关注点已不在北方，而在东方，因为东方的舒鸠人在吴国的不断怂恿下背叛了楚国。令尹屈建字子木。子木率兵进攻舒鸠，到达离城，吴国出兵救援舒鸠。子木率右师匆忙先行，子强、息桓、子捷、子骈、子盂则率左师后撤。吴国军队居于楚军左、右两师之间达七日之久，楚国左、右两师却难以呼应。子强与其余人商议道："日久将疲，疲将被俘，不如速战。我请以家兵前去诱敌，你们选择精兵，列阵以待。我胜则进，我败则视敌情而定，可免于被俘。不然，必为吴军所擒。"其余四将听从子强建议，五人以家兵先攻吴军，吴军败逃。吴军登山远望，见楚军并无后援，便回师迫近楚军。楚军精兵与家兵会合作战，吴军大败。楚军乘势包围舒鸠，舒鸠溃败，遂为楚国所灭。

楚国知吴国战败，不会善罢甘休，因此令尹子木命司马蒍掩治理军赋，检查武器装备。这年冬天，蒍掩忙于记载土地状况，度量山林之材，汇聚川泽所出，测量高山丘陵，标识盐碱之地，计算水淹之地，规划堰坝蓄水，治理堤间狭地，开放水草放牧，划分沃野井田，量入制定赋税，规定交纳兵车、马匹之赋税，规定提供车兵、步兵所用武器与甲盾之赋税。蒍掩调整军赋完成之后，交予令尹子木，此乃符合礼制之举。

年终将至，吴王诸樊率军伐楚，一为报复去年"舟师之役"，二为报复救舒失败。吴国军队进攻楚国巢邑。巢牛臣道："吴王勇猛却轻率，如果我们打开

城门，他会率先进门。我乘机射他，定能射死他。吴国国君战死，边境或可稍安。"守将听从了巢牛臣的意见，将城门打开。吴王果真率先奔至城门，巢牛臣躲在短墙后放箭，果真射死了吴王。吴国再次兵败。

楚国灭掉舒鸠，打败吴国，楚康王便要赏赐令尹子木。子木推辞道："此乃先大夫蒍子之功。"此时蒍子冯已死，楚康王便将赏赐给予其子蒍掩。令尹子木不仅处理公事公道，于家族处理私事亦恪守典制。据《国语·楚语》记载，子木之父屈到嗜食菱角，临终嘱咐宗宰祭祀必供菱角。待到祭祀时，宗宰要供奉菱角，子木则命撤掉菱角。宗宰道："此乃夫子所嘱。"子木道："不是如此。夫子秉持国政，其法典深入民心，藏于王府，上可以比先王，下可以训后世，即便不是楚国，诸侯也莫不称道。其祭典有言，国君享太牢，大夫享少牢，士有豚犬，庶人有鱼，至于笾豆脯醢则上下均有，略有差等。不供珍肴，不多供奉。夫子不以私欲违反国典。"于是祭祀便没用菱角。虽然如此小事，子木均能遵守典制。或许正是令尹子木行事公道，遵守典制，能够服众，楚国才能有实力重新崛起。

晋国在安定东方齐国，准备与南方楚国媾和的同时，也准备与西方秦国盟约。据《左传》记载，晋国派韩起赴秦国结盟，秦景公亦派遣其弟赴晋莅盟。周灵王二十五年春，秦景公之弟鍼再赴晋国商谈盟约之事。羊舌肸命人召唤行人子员前来商谈。行人子朱道："现在是我当班。"他向羊舌肸提了三次，羊舌肸却不答应。子朱怒道："职级相同，为何朝事不用我？"他手按佩剑跟在羊舌肸之后，有威胁之意。羊舌肸道："秦晋不和已久。今日之事，幸能成功，乃晋国依凭。如不成功，便会引发两国刀兵相见，士兵暴骨荒野。子员沟通两国君臣之语没有私心，你作沟通常夹带私意。不以正道事君之人，我不能用。"于是拂袖而出。他人见二人起争执，忙加以劝止。晋平公道："如今晋国不错，臣子争执都是大事。"师旷道："然而公室地位怕会下降。臣子不争忠心而争强力，不务德行而争是非，私欲过盛，公室地位岂能不降？"

虽然晋国执政赵武、大夫羊舌肸等都试图于外交上多方媾和，以保养晋国国力民力，然而或许并非君臣都能认同和平外交，另外，其他大国与晋国外交也都是暂时利益驱使，因此都在多方结交，争取邦国利益最大化，各国争夺仍不可避免。秦国在与晋国媾和的同时，也与楚国保持联盟关系。周灵王二十五年，秦国便派兵协助楚康王攻打吴国。

楚康王率楚、秦两国兵马抵达雩娄，探得吴国已有防备，于是退兵。雩娄位于今河南省固始县南。楚康王不愿劳师无功，便转而入侵郑国，抵达郑国城麇。郑国皇颉戍守城麇，出城与楚军交战，结果战败。楚国穿封戍俘虏了皇颉，公子围（王子围）与穿封戍争功，要伯州犁主持公正。伯州犁道："请问囚犯吧。"于是让皇颉立于帐前。伯州犁道："双方所争之人，乃是君子，怎会不明白？"他抬起手臂指道："那位是王子围，寡君尊贵的弟弟。"又放下手臂指道："此人乃穿封戍，楚国方城之外的县尹。他二人是谁俘虏了您？"皇颉道："颉遇王子，抵挡不住。"穿封戍怒，抽戈追逐王子围，没有追上。楚人将皇颉押回楚国。

秦国既然助楚国出兵，楚军获胜，自然也要分予秦国好处。郑国大夫印堇父与皇颉一起戍守城麇，因此也为楚人俘虏。楚人便将他献给了秦国。郑国人从印氏家族征集财物，准备通过外交途径向秦国请求赎回印堇父。子大叔为令正，主持书写文件，准备向秦国提出请求。子产道："这样不能使印堇父获释。秦国接受的是楚国所献俘虏，却与郑国交换财物，有损国家颜面，秦国不会如此行事。应当行文道，拜谢秦君帮助郑国，如果没有秦君恩惠，恐怕楚军尚在敝国城下。这才能使秦国释放堇父。"然而子大叔不听子产之言，动身赴秦，提出以财货交换堇父。果然，秦国不肯放人。于是郑国更换使者，重新备礼，按照子产之言行事，换得秦国释放印堇父。

晋国作为侯伯，其消弭兵戈的愿望经常面临考验。就在晋国与齐国媾和时，发生了齐国大夫乌余逃往晋国并以其封邑廪丘献予晋国之事。廪丘位于今山东省菏泽市郓城县。乌余一路还攻占了卫邑羊角。羊角于郓城县西北。然后又乘势侵袭鲁国高鱼邑。高鱼邑于郓城县北。时值大雨，乌余率兵丁从城墙排水口进入城中，来到高鱼兵器库，取出甲胄兵器装备兵丁，然后登城，占领高鱼。之后，乌余又攻占了宋国城邑。当时晋国范宣子士匄已死，诸侯皆不能惩治乌余。直到赵文子赵武执政，才惩治乌余。赵武向晋平公道："晋国作为盟主，诸侯相互侵略，便要出师讨伐，让侵略者归还侵夺他国之土地。如今乌余的城邑，均为侵夺得来，皆在讨伐之列，我们贪图这些城邑，便没有资格充当盟主。请将诸邑归还诸侯。"晋平公道："可以。谁可以作为使者？"赵武答道："胥梁带可以兵不血刃完成任务。"于是晋平公便派遣胥梁带前往归还各国土地。

周灵王二十六年春，胥梁带秘密策划，让失去城邑的齐国、卫国、鲁国、宋国都准备车兵步兵接收土地，行动必须隐秘。又不动声色地让乌余准备车兵步兵接受封地。乌余带领一干人众前往受封，胥梁带让诸侯使者假作将城邑封予乌余，乘乌余不备加以逮捕，并俘虏了乌余全部兵丁。胥梁带将乌余所夺城邑全部追回，归还各诸侯国。晋国如此行事，诸侯信服，于是中原诸侯与晋国和睦相处。

## 第一二九章 楚臣晋用声子谏言，守礼谦恭韩氏将兴

周灵王二十五年，即公元前547年，吴楚争斗的重要人物伍子胥的祖父伍举见诸历史记载。《左传》与《国语》都记载了伍子胥祖父伍举的故事。伍举之父伍参是楚国大夫，与蔡国太师子朝交好，伍举与子朝之子声子也交好。声子名归生，亦称公孙归生。伍举娶楚国王子牟之女，王子牟为申公，亦称申公子牟。王子牟于楚国获罪，逃亡晋国。楚人认为是伍举帮助王子牟逃亡，欲加罪伍举，于是伍举准备经郑国逃往晋国。蔡国声子正要赴晋国，于郑国郊外遇到伍举。二人铺草于地，声子招待伍举酒食并附赠玉璧。声子劝道："你且努力加餐，你我先父都会助你一臂之力，你可侍奉晋君，为诸侯盟主。"伍举道："侍奉侯伯非我所愿，即便我死，能将骨骸归葬楚国，便是死且不朽。"于是声子道："你且努力加餐，我定让你回国。"伍举再三拜谢，并将四乘之车送予声子，声子为使伍举相信其言，并不推辞。

宋国向戌与晋国执政赵武、楚国令尹子木均交好，因此准备居中调解晋、楚两国关系，蔡国声子亦参与此事。声子出使晋国后，来到楚国，进见令尹子木。子木道："你们蔡国虽与晋国同宗，然而亦是楚国之甥，晋国卿大夫与楚国卿大夫孰更贤明？"声子答道："晋卿不如楚卿，然而晋大夫贤，其大夫均为卿之材。如同杞木、梓木等良材，以及皮革等，均为楚国出产，却为晋国所用，楚国虽有人才，却不能用，而为晋国所用。"子木问道："他们难道没有同宗与姻亲吗？为何不用他们？"

声子借机长篇议论，为帮助伍举返回楚国进行铺垫。据《左传》记载，声子向子木道："虽然他们也用同宗与姻亲，但确实启用了许多楚国人才。归生闻，善于治理国家者，赏不过度，刑不滥用。赏赐过度，畏忌赏及恶人；滥用刑罚，畏忌涉及善人。若不幸赏罚过度，宁可赏赐过度，不得滥用刑罚。与其失去善人，宁可错赏恶人。若国无善人，则邦国随之受害。《诗》云，'人之云亡，邦国殄瘁'。(《大雅·瞻卬》)，民众出逃，国将衰亡，便言国无善人。故而《夏书》曰，'与其杀不辜，宁失不经'。(逸书)与其滥杀无辜，宁可不惩

恶人，便是畏惧失去善人。《商颂》曰，'不僭不滥，不敢怠皇。命于下国，封建厥福'。(《商颂·殷武》)不僭不滥，不敢懈怠，商汤因此获得上天赐福。古代治理万民之人，乐于赏赐而畏惧用刑，忧恤万民而不知疲倦。春、夏行赏，秋、冬行刑。将行赏时，必为之加膳，以多余膳食赏赐，因此知治者乐于赏赐。将行刑时，为之减膳，减膳亦需撤乐，因此知治者畏于用刑。晨起夜寐，朝夕临政，因此知治者体恤百姓。行赏、惩罚、恤民不倦，乃礼之大节。讲求礼仪便不会失败。如今楚国滥用刑罚，楚国大夫逃亡四方，成为他国谋臣，反过来危害楚国。楚国不可救药，便是因为楚国滥用刑罚。"

《左传》与《国语》均记载了声子列举的楚国滥用刑罚的例子。声子首先列举楚成王时，令尹子元蛊惑文公夫人，斗班杀令尹子元，逼走子元之子王孙启。声子道："当时有人向成王进谗言道，子元之子王孙启当与父同罪，导致王孙启投奔晋国。城濮之战，本来晋国已欲逃遁，王孙启向中军主帅先轸道，楚国之师，唯有令尹子玉主战，成王并不欲战，因此只出东宫兵马与西广兵马；并且追随楚国的诸侯，半数怀有二心；若敖亦不欲战，因此楚师必败，您又为何退兵？先轸听从王孙启之言，大败楚师。楚师之败实乃王孙启之力。"

声子又列举楚庄王时期楚晋绕角之战中楚国大夫析公臣助晋史实："昔日庄王弱冠，申公子仪父(斗克)为庄王太师，王子燮为庄王太傅，他们派遣太师潘崇、令尹子孔率师伐楚国东北方的群舒。王子燮与仪父罗列潘崇、子孔罪状，瓜分了二人的家产。待潘崇、子孔回师，王子燮与仪父又挟持庄王离开楚都来到庐邑。庐邑大夫庐戢黎杀王子燮与仪父，护送庄王回都。有人向庄王进谗言，道析公事先知道王子燮与仪父图谋叛乱。虽然庄王不以为然，析公仍然逃亡晋国，得到晋国重用。楚晋绕角之役，晋人将析公置于晋侯战车之后，作为主要谋士。本来晋师即将逃遁，析公道，楚军轻佻，易被撼动。若于夜间全军发动进攻，各队同时击鼓，楚军必然逃遁。晋人听从析公之谋，果真使楚军一夜溃败。晋国趁势入侵蔡国，袭击沈国，俘虏沈国国君，又于桑隧打败申邑与息邑军队，俘虏申丽，凯旋回国。于是郑国不敢顺从楚国。楚国丧失华夏，实乃析公使然。"

声子再列举楚共王时期楚晋彭城之役中楚国大夫雍子助晋的史实："雍子之父兄不容雍子，向楚王进谗言，楚王与众大夫不与调和，致使雍子逃亡晋国。晋人赐予其城邑，以他为谋臣。彭城之役，楚军与晋军于靡角之谷相遇，晋军本来已要逃遁,雍子制止了晋军后退。他向晋军发令道,老幼孤疾,皆可回国;兄弟二人,可归一人;精选步兵,检阅车兵;马匹喂足,士兵饱食;整军列阵,焚毁营帐,明日决战!他有意放松对楚军俘虏的看管,纵他们逃回。楚国将士得知晋军要与他们决一死战,军心动摇,连夜溃退。于是晋国攻下彭城,归于宋国。楚国因此失去东夷,令尹子辛死于其事,均为雍子所为。"

声子还列举了楚国申公巫臣助晋的史实。申公巫臣字子灵。声子道:"司马子反与申公子灵争夏姬,后子灵携夏姬逃晋,晋国封其邢邑。子灵成为晋国谋臣,帮助晋国抵御北狄。后因令尹子重、司马子反杀子灵一族,并分其家产,于是子灵以楚为仇,为晋国结交吴国,教吴人乘车、射御,并让其子狐庸为吴国行人,教吴国背叛楚国。之后吴国伐巢邑,攻克驾邑、棘邑,攻入州来,使得楚国军队疲于奔命,至今为患。这些都是子灵所为。"

声子还列举了楚晋鄢陵之役苗贲皇助晋的史实:"平定若敖斗椒叛乱之后,其子贲皇逃亡晋国,晋君封其苗邑,以为谋臣。鄢陵之役,楚军于清晨逼近晋军,晋军将要逃遁。苗贲皇建议道,楚军精锐在于中军王族,如填井平灶,排开阵势,栾(书)、范(士燮)所率之军引诱楚军,如此,中行氏(荀庚、荀罃)、二郤(郤锜、郤至)所率之军必能战胜楚国二穆(子重、子辛为楚穆王之后,故称"二穆"),然后我四军集中攻击楚军中军王族,必能战胜楚军。栾书等听从苗贲皇建议,结果楚军大败,共王受伤,楚军士气不振,子反因此而死。郑国背叛楚国,吴国兴于东方,楚国失去诸侯,皆为苗贲皇所为。"

令尹子木道:"夫子所言,均为事实。"声子道:"如今情况更甚于以往。椒举娶申公子牟之女,子牟得罪逃亡。君王与大夫们均对椒举道,实际上是你放他走的。椒举惧怕罹罪,逃亡郑国,引颈南望道,或许楚国可赦免于我。然而楚国无所举措。如今他到了晋国,晋君将封他以县,与晋国上大夫羊舌肸并列。若他要危害楚国,岂非祸患?"伍举封于楚国椒邑,因此声子称其椒举。

子木惧怕声子之言成为事实,问道:"如召他回国,他能回来吗?"声子道:"逃亡之人,若得生路,为何不来?"子木又问道:"若不来,又当如何?"声子答道:"椒举奉命于晋国,必为晋国奔走于诸侯之间。若贿赂东阳盗寇,杀掉椒举,岂非易行?不然,他或许不回。"子木道:"不可杀他。我为楚卿,贿赂盗寇杀戮晋国之臣,乃为不义。夫子为我召他回国,我加倍予他俸禄。"子

· 511 ·

木向康王进言让伍举复职，得到康王同意。于是声子便让伍举之子伍鸣去迎回伍举。

也是在这一年，《左传》记载了春秋时代晋国名臣韩宣子韩起访周之事。周灵王派人前来问明来意。韩起答道："晋国士起前来将贡品奉献予宰旅，别无他事。"韩起为晋国之卿，因觐见天子，故按礼自降称谓，自称为士。贡品原当献于太宰，太宰列于三公之后，位居六卿之首。韩起为尊太宰，言自己将贡品献于太宰家臣。周天子闻韩起之言，赞道："韩氏或许将于晋国昌盛！其辞令与过去一样谦恭。"果然，韩起继赵武之后执掌晋国近三十年，为韩氏一族奠定了坚实基础。后三家分晋，韩国得以成为战国七强之一，很大程度得益于此时。

# 第一三〇章　晋卿争田晋臣进谏，崔氏内乱崔杼身亡

自古有言，君子之泽，五世而斩。晋国卿大夫因守礼谦让，因此不少家族能够保持世卿世禄。上章所言韩氏家族便是如此。但即便守礼谦让的晋臣，他们之间亦不乏争斗。《国语·晋语》便记载了范宣子士匄与和大夫争田之事，亦记载了晋臣们的态度。

士匄与和大夫争夺田地，许久没有和解。士匄想攻打和大夫，询问羊舌肸之兄羊舌赤。羊舌赤，字伯华，为中军尉之佐。羊舌赤道："对外为军事，对内为政事。我主管军事，不敢越职。您若有意对外用兵，可召我询问。"羊舌赤以自己不敢与闻内政为推脱，实际上表示不支持的态度。

士匄问寄居于晋国的卫卿孙林父，孙林父道："我乃客居之人，侍奉于您，只是奉命做事。"孙林父的态度是，寄居之人，唯命是从。但并没有积极支持士匄争田之举。

士匄又问张老。张老，字孟，为中军司马。张老道："我于军事上辅佐您，非军事问题，则非我所知。"张老的态度与羊舌赤相同，以不闻内政为推脱，实际上亦不支持士匄争田。

士匄再问祁奚。祁奚，字黄羊，为公族大夫。祁奚道："公族中有不恭之人，公室中有奸邪之人，朝廷内有不当之事，大夫有贪婪之心，均为我之罪过。若作为国君之官依照您私意办事，怕您表面接受，内心以为非。"祁奚为公族大夫，掌管公族与卿大夫族子之事。因此他首先检讨自己教化管理工作有失职，导致朝臣有利益争夺，大夫起贪婪之心。同时他明确表示，攻伐和大夫为士匄私意，如果遵循执政私意行事，不仅自己失职，执政也会从内心鄙视这样的人。

士匄再问籍偃。籍偃为上军司马。籍偃道："我为张孟执掌刑法，每日听其命令，若是张夫子命令，岂有二话？但抛开夫子命令擅自行动，那便违反了您的命令。"籍偃表示，服从直接上司张老之命，便是服从执政，实则亦不以士匄私意为然。

· 513 ·

士匄最后问羊舌肸之弟羊舌鲋。羊舌鲋，字子鱼。羊舌鲋迎合道："待我为您杀他。"这是士匄所问的众大夫中唯一顺从士匄私意的回答，并且表示愿意将执政之意付诸行动。

晋国大夫们闻知执政士匄意欲攻打和大夫，纷纷前去进谏。羊舌肸去见士匄道："闻您与和大夫之争并未平息，问遍大夫们，仍无解决办法，何不去询问訾祏。訾祏正直而博学，正直能辨别是非，博学能前后比较，且他为您之家族老臣。我闻，国家有大事，必遵循常法，访于长者，然后行动。"

司马汝叔齐直言进谏士匄道："我闻您对和大夫非常恼怒，我不相信。诸侯对晋国均有二心，您不为此忧虑，反而恼怒和大夫，此非您之责任。"

祁奚之子祁午，继承祁奚之职，为中军尉。祁午请见士匄，进谏道："晋国乃诸侯盟主，您为晋国正卿，若能绥靖诸侯，使诸侯臣服并听命于晋国，晋国有谁能不听从于您，岂止和大夫？何不与他和好，以大德平息小怨？"

士匄听从羊舌肸之言，又咨询于訾祏。訾祏答道："昔时周宣王杀杜伯，杜伯之子隰叔逃避周难，来到晋国，生子舆（士蔿）。子舆充任士官，整肃朝纲，朝无奸官。子舆为司空，治理国家，国无败绩。传至范武子（士会），辅佐文公、襄公，为诸侯之伯，诸侯无二心。范武子为卿，辅佐成公、景公，军事无败绩。范武子为景公军师，官居太傅，端正刑法，汇集训典，国无奸民，后人法则，因此受封随、范二邑。至于范文子（士燮），结成晋、楚之盟，厚待兄弟之国，使各国之间不生嫌隙，因此受封郇、栎二邑。您承袭职爵，朝中无奸行，国内无邪民，无四方之患，无内外之忧，仰赖三位先辈之功享受禄位。如今国家无事，您却怨恨和大夫，若此时国君加宠于您，您将如何治理国事？"士匄听后心悦诚服，于是增加和大夫田地，并与之和好。虽然士匄曾一时与大夫争田，但能够不耻下问，虚心纳谏，不失为一代名臣。

虽然春秋时代自天子诸侯至卿大夫均实行嫡长继承的世卿世禄制度，但若臣子不修德行，激起君臣矛盾，乃至臣子之间、家族内部矛盾，或为国人千夫所指，其家族爵禄不及五世，便会败亡。齐国崔杼便是如此。崔杼原为齐国大夫，他先杀齐太傅高厚，立太子光为庄公，后又弑庄公立景公，并自立为右相。但好景不长，家族内讧，崔杼被杀。

据《左传》记载，崔杼嫡夫人生子崔成与崔强后病亡，崔杼继娶东郭姜（棠姜），生子崔明。东郭姜带来前夫之子棠无咎。棠无咎与东郭姜之弟东郭偃共同辅佐崔氏。崔成有病，崔杼废崔成孺子之位，立崔明为继承人。崔杼立

· 514 ·

幼子崔明，自然是因东郭姜的原因。崔成请于崔邑养老，崔杼应允。但东郭偃与棠无咎不肯让崔杼将崔邑给予崔成，他们道："崔邑乃宗庙所在，必须归于宗主。"崔成已失孺子之位，又不能得到崔氏封邑，与其弟崔强自然十分愤怒，谋划杀掉东郭偃与棠无咎二人。他们去与庆封商议。

庆封其人，曾参与崔杼同谋弑杀庄公。之后，崔杼为右相，庆封为左相。这年春天，庆封曾赴鲁国访问，乘坐华美之车。当时仲孙羯向叔孙豹道："庆季之车，真是非常漂亮！"叔孙豹道："豹闻古语道，'服美不称，必以恶终'。衣饰与人不相适应，必以恶果告终。车子漂亮又有何用？"叔孙豹设便宴招待庆封，庆封表现不敬。叔孙豹为他赋《鄘风·相鼠》一诗，诗云："相鼠有皮，人而无仪。人而无仪，不死何为？‖相鼠有齿，人而无止。人而无止，不死何俟？‖相鼠有体，人而无礼，人而无礼！胡不遄死？"叔孙豹明显在讽刺庆封，但庆封却不解其中之意。显然庆封追求荣华，并无底蕴。

崔成与崔强亦非有识之人，他们居然去与庆封谋划夺取崔氏家族权力之事。他们向庆封道："崔夫子为人，您当知道，只听从无咎与偃之言，即便父兄，均无法进言。我们非常害怕伤害夫子，因此特告知您。"庆封道："你们且退，容我谋划。"庆封将此事告诉卢蒲嫳。卢蒲嫳道："崔杼乃国君仇人。上天或将抛弃于他。他家内乱，您有何担心？崔氏削弱，可使庆氏强大。"于是庆封开始为自己谋划，削弱崔氏势力。数天之后，崔成与崔强又向庆封提及此事，庆封道："如想有利于崔夫子，定要除去无咎与偃。如有困难，我来帮助你们。"

崔成与崔强在崔氏朝廷将东郭偃与棠无咎杀死。崔杼又惊又怒，准备出逃，但侍从都已逃亡，求人驾车，无人可寻。崔杼只好让养马圉人套车，命寺人为御，驱车出逃。崔杼道："崔氏有福，祸及我身犹可，无及后人。"他去见庆封，庆封假意道："崔、庆一家。何人敢如此作为？请让我为您讨伐他们。"庆封命卢蒲嫳率领甲士攻打崔氏之宫，借机打垮崔氏。崔成与崔强命族人加筑宫墙，据墙上之堞防守，卢蒲嫳未能攻下。于是卢蒲嫳发动国人协助攻打崔氏之宫。国人怨恨崔氏弑君，为所欲为，便响应号召，攻打崔氏。最终卢蒲嫳灭了崔氏，杀了崔成与崔强，俘虏全族人口。崔杼之妻东郭姜自缢。卢蒲嫳彻底摧毁崔氏家族后，有意去向崔杼复命，并为崔杼驾车送他回家。崔杼回到崔氏之宫，见到妻儿均死，家族败亡，实际已是无家可归，于是自缢身亡。幼子崔明于夜里躲于崔氏墓地，第二天逃亡鲁国。崔氏因兄弟争权而败亡，庆封渔翁得利，成为齐国执政。

　　崔杼死后，崔氏族人将其收葬。齐景公继位安定齐国后，求崔杼之尸，准备戮尸，但未找到。鲁国叔孙豹道："定能找到。武王有十名治世之臣，崔杼有吗？没有十人，不足以葬。"果然，不久，崔氏家臣道："将崔杼大璧给我，我献出他的棺枢。"于是齐国找到了崔杼尸体。周灵王二十七年十二月，齐国人迁葬庄公，停枢于正室。用崔杼之棺曝崔杼之尸于市。国人都能认识，都道："此乃崔子。"齐国崔氏彻底败亡。

## 第一三一章　审时度势南北弭兵，因言察志郑卿赋诗

宋国向戌为宋国左师，位列仅次于六卿之首的右师之后，右师执政，左师听政。向戌的主要精力，在与诸侯间的外交，追随侯伯会盟与讨伐，因此得以结交各国重臣。由于向戌不仅襄助宋君追随侯伯会盟与征伐，而且致力于与鲁国等国的外交，在以晋国为首的中原诸侯中播下贤名。难得的是，向戌不仅与晋国执政赵武交好，还与楚国令尹子木交好。得知赵武有意消弭诸侯之间兵戈，便想出面调停，以博取更大的名声。于是他赴晋国，将他的想法告诉赵武。

据《左传》记载，赵武召集大夫们商议。韩起道："战争残害百姓，侵蚀财用，乃小国之大灾。想要弭兵，虽或不可能，定要应承。我们不应承，楚国将会应承，用以号召诸侯，则我国将失去盟主之位。"于是晋国应承向戌动议。向戌又赴楚国，楚国也表示同意。然而向戌到齐国，齐国君臣却不想应承。陈须无道："晋国、楚国均已应承，我们怎么能不应？人言消灭战争，而我们不应承，会使我国民众离心，又如何使用民众？"最终齐国亦做出允诺。向戌又派人告知秦国，秦国也表示同意。晋、楚、齐、秦皆知会其附庸的小国，于宋国会盟。

周灵王二十六年夏，各诸侯国于宋国召开弭兵之会。《左传》详细记述了各国赴宋的先后以及协议内容。五月二十七日，晋国赵武率先抵达宋国。二十九日，郑国大夫良霄亦到。六月一日，宋国设享礼招待赵武，羊舌肸为赵武之副。宋司马根据礼仪，将熟肉切块，置于盘中。六月二日，鲁国叔孙豹、齐国庆封、陈须无、卫国石恶皆于同日抵达。八日，作为赵武副手的荀盈到达宋国。十日，邾国悼公抵达宋国。十六日，楚国公子黑肱先于其令尹抵达宋国，与晋国达成协议。二十一日，宋国向戌赴陈国，与楚国令尹子木达成协议。子木言于向戌，请追随晋国与追随楚国的国家互相朝见，即追随晋国的国家朝见楚王，追随楚国的国家朝见晋君。二十二日，滕成公抵达宋国。二十四日，向戌向赵武复命。赵武自然不愿开中原诸侯朝见楚国的先例，因此道：

"晋、楚、齐、秦四国地位对等，晋国不能指挥齐国，如同楚国不能指挥秦国一样。楚君若能让秦君驾临敝国，寡君岂敢不向齐国固请齐君赴楚？"二十六日，向戌又将赵武意见转告子木，子木派传车请示楚康王。康王道："除齐国、秦国外，请其他国家互相朝见。"七月二日，向戌回国。当夜，赵武与楚国公子黑肱统一盟辞。四日，子木从陈国抵达宋国。陈国大夫孔奂、蔡国大夫公孙归生同日抵达，曹国与许国大夫亦抵达宋国。各国人马以篱笆为墙，以示互不相防。晋国驻于北端，楚国驻于南端。荀盈向赵武道："楚国气氛甚恶，恐会发生祸患。"赵武道："届时我们向左转圜，进入宋都，楚国能奈我何？"

五日，各诸侯国代表准备于宋都西门之外盟誓。楚人着皮甲于衣里。太宰伯州犁向令尹子木道："召集诸侯军队，却言行无信，或许不好？诸侯盼望楚国守信，因此前来顺服。若楚国言行无信，便是抛弃信用，便不能使诸侯顺服。"伯州犁坚请楚人褪甲。但令尹子木道："晋国与楚国相互无信已久，只要对我有利便是。只需得志，焉用有信？"伯州犁退出后向旁人道："令尹将死，不出三年。但求得志，抛弃信用，岂能得志？志以发言，言以出信，信以立志。三者统一，方能成事。抛弃信用，如何生存三年？"

赵武得知楚人内着皮甲，非常忧虑，将此事告知羊舌肸。羊舌肸道："此有何害？即便匹夫，有一事不守信用，尚且不可，难得善终。若召集诸侯之卿，做出失去诸侯信任之事，必定不能成功。食言之人，不足以困人，此非您之祸患。以信用召集别人，却继之虚伪，必然无人拥护，又怎能危害我们？而且我们依靠宋国，防守楚国，人人都能舍命。我们与宋军共同誓死抵抗，即便楚军增加一倍，我们依旧能够抗衡，您又有何可惧？况且事情不至此地步。以弭兵召集诸侯，而举兵来危害我们，我们便能号召更多诸侯。您不必担忧。"

据《国语·晋语》记载，楚军着甲是为袭击晋军，因为令尹子木有言："若尽灭晋军，除掉赵武，便可削弱晋国。"赵武得知之后，问羊舌肸当如何应对，羊舌肸道："您有何患？忠不可侵，信不可犯。忠出于衷心，信用以立身，忠信为厚德，忠信立身，便能固本，故而不可撼动。如今我国出于衷心安定诸侯，出于诚信邀集诸侯，荆楚迎接诸侯亦作如是承诺，因而诸侯来到此地。若楚国袭击我们，是背信弃义，违反初衷。背信必是死路，不忠则诸侯皆叛，荆楚又怎能害我？况且召集诸侯却背信弃义，诸侯怎会对它抱有希望？若荆楚如此行事，攻击我方，诸侯必定反叛楚国！您何畏死？若您死而可以巩固晋国盟主地位，又有何惧？"于是，此行诸侯以篱为守，就水草便利而居，不设哨卡壁垒，但楚人不敢妄动，乃因畏惧晋国信用。自此之后，晋平公之世，楚国再未扰乱北方。

据《左传》记载，各国盟誓之时，晋国与楚国开始争执歃血先后。晋人道："晋国本来就是诸侯盟主，从无先于晋国歃血者。"楚人则道："您道晋国与楚国地位相当，若晋国在先，则视楚国为弱国。况且，晋国与楚国轮换主持诸侯结盟已久，岂由晋国独主？"羊舌肸向赵武道："诸侯归服晋国，是因晋国德行，并非归顺晋国主盟。您重在德行，不在争先。况且诸侯会盟，小国本也有主盟者，将楚国看作小国主盟，不也可以吗？"于是晋国便让楚国先行歃血。《春秋》记载将晋国置于前面，乃因晋国讲信用。《国语》还记载羊舌肸列举了周成王与诸侯会盟之例："昔日成王于岐山之阳与诸侯会盟，楚国为荆蛮，他们束置苞茅用以缩酒，立木为表望祭山川，与东夷鲜卑一起守护盟誓之坛上下的火炬，因此未得参加会盟。如今要与他们更换作为主盟之人，唯有务德。您要注重务德，不必争歃血之先。只有务德，才能使楚国顺服。"于是赵武便让楚国令尹先行歃血。

据《左传》记载，盟约之前，季孙宿或许害怕晋、楚两国召集盟会之后，鲁国贡赋会由进贡给晋国一国，增加为进贡晋、楚两国，因此派人以鲁襄公名义对叔孙豹道："使我国列于邾国、滕国之列。这样，鲁国便可以减少进贡份额。"但齐国请求将邾国作为属国，宋国请求将滕国作为属国，作为属国，邾国、滕国皆不参加盟誓。叔孙豹道："邾国、滕国，为别人属国；我们鲁国乃诸侯国，为何要视作与他们一样？宋国、卫国，才与我们相当。"于是叔孙豹代表鲁国参加盟誓。

盟誓之后，六日，宋平公招待晋国与楚国大夫，赵武作为主宾坐首席，子木与他言谈，赵武不能对答，便让羊舌肸帮助对答，而子木亦不能与羊舌肸对答。如此，晋国执政虽显木讷，楚国令尹也未得志，最终晋国大夫更胜一筹。

九日，东道主宋平公与诸侯之大夫于宋都东北蒙门外盟誓。子木问赵武道："范武子之德如何？"范武子乃士会之谥。赵武答道："夫子治家得法，事无不可对国人言，其祝史言于鬼神皆诚信无愧。"子木回国后将此言告于楚康王。康王道："范武子真是高尚！能让神人欣慰，因此能辅佐五世国君作为盟主。"子木又向康王道："晋国的确适宜为诸侯之伯，有叔向辅佐晋卿，楚国则无与其相当之人，无法与晋国相争。"可见楚国君臣内心敬服晋国。由于楚国君臣愿意与晋国结好，于是晋国又派遣荀盈赴楚国结两国之盟。

诸侯会盟之后，于赵武回国之途，郑简公在垂陇设享礼招待赵武。垂陇位于今河南省荥阳东北。执政子展（公孙舍之）、卿伯有（良霄）、听政子西（公孙夏）、亚卿子产（公孙侨）、大夫子大叔（游吉）、两位子石（印段与公孙段）随从简公。赵武道："七子从君，乃我之荣耀。请七子各自赋诗，以成郑君恩赐，武亦可观七子志向。"

子展赋《草虫》一诗。此诗见于《国风·召南》。诗云："喓喓草虫，趯趯阜螽。未见君子，忧心忡忡。亦既见止，亦既觏止，我心则降。‖陟彼南山，言采其蕨。未见君子，忧心惙惙。亦既见止，亦既觏止，我心则说。‖陟彼南山，言采其薇。未见君子，我心伤悲。亦既见止，亦既觏止，我心则夷。"诗歌原本表现女子思念郎君，子展用以表现他见到晋国执政的欣喜心情，和对晋国执政的仰赖心境。赵武知其是为表现对晋国不离不弃的依赖之情，因此赞扬子展有忧国忧民之心，堪为执政，同时又自谦不足以为君子。赵武赞道："善哉，真乃民众之主！但武却不足以为君子。"

伯有赋《鹑之贲贲》一诗。此诗见于《国风·鄘风》。诗云："鹑之贲贲，鹊之彊彊。人之无良，我以为兄！‖鹊之彊彊，鹑之贲贲。人之无良，我以为君！"此诗本为讽刺卫国宣姜淫乱而作，伯有赋此诗，似乎若非讽刺本国君臣，便是讽刺晋国君臣，无论如何，不合宾主欢宴情境。赵武道："床笫之言不出门，何况于郊野？不可使人得闻此言。"赵武所谓床笫之言，是因此诗讽刺淫乱；赵武所谓不可使人得闻，亦表明君臣不和，不当对人言说。

子西赋《黍苗》第四章。此诗见于《小雅·鱼藻之什》，为周宣王时赞颂召伯之诗。诗云："肃肃谢功，召伯营之。烈烈征师，召伯成之。"子西赋此诗，自然是赞扬赵武功业。赵武谦虚道："有寡君在，武有何能？"

子产赋《隰桑》一诗。此诗见于《小雅·鱼藻之什》："隰桑有阿，其叶有难。既见君子，其乐如何。‖隰桑有阿，其叶有沃。既见君子，云何不乐。‖隰桑有阿，其叶有幽。既见君子，德音孔胶。‖心乎爱矣，遐不谓矣？中心藏之，何日忘之！"此诗原为男女情诗，收入《小雅》，诸侯卿大夫用于在交往场合表达对君子爱慕与侍奉之心。子产用以表达对赵武的敬爱之情，追随之心。赵武道："武请求接受它的最后一章。"或许赵武表示自己不忘今日郑国君臣之善意与热情，抑或赵武意指郑国君臣不要忘记自己诺言。

子大叔赋《野有蔓草》一诗。此诗见于《国风·郑风》。诗云："野有蔓草，零露漙兮。有美一人，清扬婉兮。邂逅相遇，适我愿兮。‖野有蔓草，零露瀼瀼。有美一人,婉如清扬。邂逅相遇,与子偕臧。"此诗表达遇见淑人,情投意合。子大叔用以表达郑国君臣得遇晋国贤明君臣的喜悦心情,也望与晋国能两情相悦。赵武道:"此乃大夫之恩惠。"意为感谢称赞,但愿两国和美。

印段赋《蟋蟀》一诗。此诗见于《国风·唐风》。诗云:"蟋蟀在堂,岁聿其莫。今我不乐,日月其除。无已大康,职思其居。好乐无荒,良士瞿瞿。‖蟋蟀在堂,岁聿其逝。今我不乐,日月其迈。无已大康,职思其外。好乐无荒,良士蹶蹶。‖蟋蟀在堂,役车其休。今我不乐,日月其慆。无以大康。职思其忧。好乐无荒,良士休休。"此诗劝人勤勉,不可过度行乐,不仅要做好本职,还要有忧患意识。赵武赞道:"善哉!乃保家之大夫!我等有望。"

公孙段赋《桑扈》一诗。此诗见于《小雅·甫田之什》。诗云:"交交桑扈,有莺其羽。君子乐胥,受天之祜。‖交交桑扈,有莺其领。君子乐胥,万邦之屏。‖之屏之翰,百辟为宪。不戢不难,受福不那。‖兕觥其觩,旨酒思柔。彼交匪敖,万福来求。"此诗赞美君子福禄与功业,又要求君子节制自身,避免倨傲。赵武道:"匪骄匪傲,福禄焉往?铭记此言,欲辞福禄,岂非不得?"

享礼结束后,赵武对羊舌肸道:"伯有将会被戮!诗以言志,其心志在于诬蔑其君,郑君必定怨恨。以此来邀宾客的荣宠,岂能长久?即便侥幸,亦必出亡。"羊舌肸道:"的确,他过于骄奢。所谓不及五年,便指如此之人。"赵武道:"其余诸人均可保持数世福禄。子展之族或许最后衰亡,他居于上位,却不忘自降。印氏其次,他乐而不荒。乐以安民,不过分使用民力,灭亡在后,有何不可?"果然,不出五年伯有被杀。

## 第一三二章　滥赏错罚宋平不明，朝觐奔丧鲁襄如楚

向戌弭兵之后，向宋平公请赏。据《左传》记载，向戌道："盟约既成，臣可免死，请赐免死之邑。"宋平公赐予向戌六十座城邑，向戌非常得意，便将行文出示给司城子罕。子罕道："凡诸侯小国，晋国、楚国所以用武力威慑，是为使他们畏惧，于是上下慈爱和睦，上下慈爱和睦，便能安定其国，事奉大国，因此得以生存。没有大国威慑，小国便会骄傲，骄傲便会发生祸乱，祸乱发生，必定被灭，因此亡国。天生五材，金、木、水、火、土，民需并用，缺一不可，谁又能消弭兵戈？兵戈使用年代久远，用以威慑不法，宣扬文德。圣人以兵而兴，乱贼以兵而亡。废兴之举、存亡之术、昏明之道，皆由用兵。您谋求去兵，岂非自欺欺人？以欺骗手法蒙蔽诸侯，罪莫大焉。此举即便不招致大规模讨伐，亦不为福，您反而以此求赏，岂非贪得无厌！"子罕拿过竹简，削去竹简上的文字，将竹简扔掉。于是向戌向平公辞去所赐之邑。

向氏族人或许因此要攻打司城子罕，向戌制止族人道："我将亡时，夫子救我，德莫大焉。怎可攻打？"时之君子评论道："'彼己之子，邦之司直。'所言便如乐喜（子罕）。'何以恤我，我其收之。'所言便如向戌。"前引诗句出于《郑风·羔裘》，言其杜绝不法；后引诗句出于《周颂·维天之命》变文，原为"假以溢我，我其收之"。意为何以赐我，我将受之。这里并非言向戌接受赏赐，而是称赞向戌能接受子罕意见。

向戌在外交方面长袖善舞，对于内事颇有计谋，乃至可以杀人于无形。当初，宋国大夫芮司徒生一女，肤色发红且汗毛极重，便将她弃于堤下。宋共公夫人的侍妾将她抱进宫廷，取名为弃。及其长大，异常美貌。一日，共公之子平公赴共公夫人处请安，共公夫人留他进餐。平公见弃，觉其美艳之极。共公夫人便将弃赐予平公为侍妾。弃颇受宠，生公子佐。公子佐面貌丑陋，但性情和顺。太子痤相貌堂堂，却内心狠毒。向戌对太子痤既怕又厌。寺人惠墙伊戾为太子内师，却不受宠信。一次楚客访晋，路过宋国。太子与楚客相识，请于郊野设宴招待，平公便派太子痤前往。伊戾请求跟随太子。平公道："他不

是讨厌你吗?"伊戾答道:"小人事奉君子,被厌恶不敢远离,被宠信亦不敢亲近,恭敬待命,岂敢有二心?纵然太子有人在外服务,却无人在身边服务,臣请前往。"平公便派他随行。到郊野后,伊戾挖坑,用牲,置盟书,伪作太子与楚客盟誓,又仔细检查了一遍。然后,伊戾驰马回报平公道:"太子将作乱,已与楚客盟誓。"宋平公感到不可思议,问道:"他为我子,夫复何求?"伊戾答道:"求迅速登位。"平公派人视察,确有盟誓痕迹。平公问夫人弃与左师向戌,弃与向戌自然乐得扳倒太子,便都道:"确实得闻此事。"宋平公囚禁了太子痤。太子痤知公子佐心地仁厚,因道:"唯有公子佐能救我。"太子痤派人去请公子佐向平公求情。太子痤向左右道:"日中不来,我便知必死。"向戌得知太子痤的言行后,便去与公子佐闲话,以拖延时间。公子佐性情温顺,自然不便在向戌拜访时抽身。过了中午,太子痤自缢而死。之后,公子佐被立为太子。宋平公后来得知太子痤并无结交楚人之罪,后悔莫及,将伊戾烹杀。而向戌则不动声色,便除掉了令他厌恶的太子痤。

向戌遇到平公夫人弃的遛马之人。或许遛马之人自恃身份提高,有些目中无人,于是向戌上前问他为何人。遛马之人道:"我乃君夫人家人。"向戌不以为然道:"孰为君夫人?我为何不知?"向戌所以敢于如此问话,当是为提醒平公夫人弃,公子佐能够坐上太子之位,弃才能母以子贵,成为国君夫人,而除掉太子痤与向戌的暗中帮助有关。遛马之人回去,将向戌之言报告夫人弃。夫人弃马上派人送给向戌锦缎与马匹,并先以玉为礼,对向戌道:"国君侍妾弃献于您。"于是,向戌改口称"君夫人",然后再拜稽首接受礼品。可见向戌为人处事尚知进退。

晋、楚弭兵之后,根据盟约,各诸侯国应当分别朝觐晋国与楚国。因此,周灵王二十七年夏,过去没有追随晋国的诸侯均赴晋国朝觐,包括齐景公、陈哀公、蔡景公、燕懿公、杞文公、胡国国君、沈国国君、白狄之君。

齐国并未参加在宋国举行的弭兵之会,因此,在齐景公准备赴晋国朝觐时,庆封道:"我国并未与盟,为何还要朝晋?"陈须无道:"先要朝觐晋国,然后贡奉财货,此为礼制要求。小国事奉大国,即便没有应召参与会盟,也要顺从大国意志,亦为礼制要求。我们虽然未参加会盟,岂敢背叛晋国?重丘之盟,不可忘记!您还是劝国君赴晋!"

亦是根据盟约,过去追随晋国的诸侯国君要朝见楚王。于是,周灵王二十七年冬,鲁襄公、宋平公、陈哀公、郑简公、许悼公赴楚国觐见。鲁襄公赴楚国之前，派遣仲孙羯赴晋国，告知鲁襄公因宋国之盟，将赴楚国朝觐，此为尊重晋国侯伯地位。鲁襄公路过郑国时，郑简公已赴楚国，宋卿伯有出城至黄崖慰劳鲁襄公一行。黄崖在今天河南省新郑市西北。伯有礼数不周，表现不敬。叔孙豹道："郑国不罪伯有，必受其害。恭敬才能成为民之主宰，抛弃恭敬之礼，如何继守祖宗家业？郑人不讨伐他，必然受其祸害。虽薄土水滨，路旁积水，所产浮萍水草，亦可用作祭品，虽女子主祭，亦是恭敬。恭敬岂能抛弃？"如叔孙豹所言，古人主敬，看重的是心怀虔诚，而不看重祭品贡品。虽然伯有的慰问品或许丰盛，但宾客更看重的是他的态度。亦如叔孙豹所言，伯有日后果然被杀，此乃后话。

鲁襄公一行到达汉水之滨，得知楚康王薨。鲁襄公便想回国。《左传》《国语》均记载了鲁国君臣的态度。大夫叔仲带道："我们此行，非为楚君一人，而是为楚国的名分与楚国的兵甲而来。如今楚君死，楚国名分未改，楚国军队未败，为何言返？"但其他大夫也想回国。子服椒道："君子有远虑，小人顾眼前。饥寒均不恤，孰能顾其后？不如暂且回去。"叔仲带道："你所以来，非为享受，而为国家利益，所以不辞劳苦，远道而来，听命楚国。我们并非因楚国仁义而来，而是畏惧其名分与军队。仁义之人，我们固然会恭贺其福禄，慰问其忧愁，何况我们畏惧之人？畏惧而往，闻丧而还，若依旧芈姓为嗣，难道不是芈姓主丧？如今楚国太子成年，原班执政大臣不改，我们为楚国先君而来，听闻其卒便回，难道说新君不如先君？楚国正要举丧，我们闻丧而回，难道不是轻慢楚国？楚国令尹侍君执政，难道允许在其任上有诸侯怀有二心？楚国君臣消灭侮辱他们之人，心情当比前任更为急迫，结下此仇，难道不是大仇？军队想洗雪侮辱，便不会懦弱，楚国执政又不怀二心，率大国之师威慑小国，孰能抵御？我们顺从国君造成国家祸患，不如违背国君使国家免难。况且君子三思而后行，你们三思了吗？若你们有抵御楚国的本领，有守卫国家的武备，我们当然可以回国；若没有，不如照赴楚国。"于是一行人马继续向楚国进发。叔孙豹道："叔仲带足以任事，仲孙椒则刚刚开始学习处置事务。"荣成伯道："深谋远虑之人乃忠诚之人。"

与鲁国君臣决计赴楚不同，宋国人得闻楚康王卒便行回国。向戌道："我们是为了一人而来，非为楚国而来。不恤臣民饥寒，难道要恤楚国？姑且回国与民休息，待楚国立新君再行防备。"于是宋平公一行回国。

鲁襄公赴楚国，正值楚国国丧。楚国人对鲁襄公非常不敬，竟然视鲁襄公为臣仆,让鲁襄公亲自为楚康王置放陪葬衣物。襄公对此感到忧虑。叔孙豹出主意道:"先行祓除不祥之祭,然后置放陪葬衣物,就如同朝见时贡奉钱币。"于是襄公让巫人用桃棒、笤帚先于棺柩上祓除不祥。楚人当时并未禁止襄公等人的举措。后楚人又感到后悔,因为以桃棒、笤帚祓殡,乃国君驾临臣子丧事之礼。可见鲁国毕竟为礼仪之邦,叔孙豹深通周礼,因此才能在楚人胁迫下,于楚王丧礼上为鲁襄公挽回颜面。

诸侯停灵柩五个月下葬,因此楚国至周景王元年四月才安葬康王。鲁襄公、陈哀公、郑简公、许悼公均参加送葬,至于楚都西门之外,各诸侯国的大夫们则均送至墓地。楚康王之子熊麇即位,是为郏敖。王子围为令尹。郑国行人子羽见楚王幼弱,令尹强势,因此评论道:"此谓之不当,令尹必然会取代楚君昌盛。因为松柏之下,其草不能繁殖。"

鲁襄公终于得以离楚返鲁,抵达楚国方城时,闻国内季孙宿占领卞邑。季孙宿派其大夫公冶于路途迎候并问候襄公。公冶出行后,季孙宿又派人追上公冶,将封印之书交予公冶呈予襄公。书中云:"闻守卞者将叛,臣率徒以讨之,既得之矣。敢告。"公冶事先不知所书内容,呈上书信之后便行告退。回到旅舍,公冶才知季孙宿攻取卞邑之事。鲁襄公怒道:"想要此邑,可与我言,借口卞邑反叛而取之,乃疏远于我。"鲁襄公担心季氏对自己不利,召见公冶问道:"我可以回国吗?"公冶答道:"国君拥有国家,谁敢违背国君?"鲁襄公赐予公冶卿大夫的冕服,公冶坚决推辞,最后勉强接受。鲁襄公依旧不敢回国,随行的荣成伯赋《邶风·式微》,诗云:"式微,式微,胡不归?微君之故,胡为乎中露!‖式微,式微,胡不归?微君之躬,胡为乎泥中!"荣成伯赋此诗,乃为劝襄公回国。于是襄公于五月回到鲁国。

据《国语》记载,季孙宿让公冶持书告鲁襄公道:"卞人将叛,臣讨之,既得之矣。"鲁襄公尚未决断如何回答,荣成伯代襄公让公冶回复季孙宿道:"你为鲁国股肱之臣,社稷之事,实由你主持。有利于你行政,岂止卞邑,其他城邑亦可由你处置。卞邑有罪,你去征讨,城邑本来隶属于你,又何必报告?"荣成伯话中句句暗含指责季孙宿专权之意。

鲁襄公曾想返回楚国借兵讨伐季孙宿。荣成伯道:"不可讨伐季氏。本来,君之于臣,权威甚大。如今,一国之君不能慑服其臣,不能号令其国,而要仰仗其他诸侯,诸侯岂会亲近于他?若请得楚军伐鲁,鲁国臣民当时既然并未反对季孙宿夺取卞城,定会听命于他,拼死抵御,城防必固。若楚国战胜鲁国，对姬姓王室与诸侯均无益处，对国君您更无益处。因为楚国必定会在鲁国安置楚国同姓，进一步征服东夷，排斥诸夏，称王天下。这样对您有何好处？楚国又会回报您什么？若楚国不能打败鲁国，则您以蛮夷之军讨伐本国不成，再想返回鲁国，定不获准。您不如将卞邑赐予季孙氏。今后季孙事君，不敢不改过。人醉而怒，醒而喜，又有何妨？国君还是回国吧！"于是鲁襄公回国。

公冶事后知道季孙宿派他问候襄公是借口，让他带信告知季孙氏已占领卞邑，迫使襄公承认既成事实，才是季孙宿的目的。回国之后，他便将其封邑归还季氏，从此不再入季孙氏之门。他道："欺骗国君，何必派我？"季孙宿与他见面，他与季孙宿交谈时和以前一样。季孙宿不与之相见，公冶始终不提及季孙氏。公冶病危，聚其家臣道："我死之后，不要用国君所赐冕服入殓，此并非因德而获之赏赐。并且，不要让季氏来安葬我。"可见公冶忠信之气节。

# 第一三三章　蔡无明主郑有能臣，齐逐庆氏君行赏赐

据《左传》记载，蔡景公从晋国回国途中路过郑国，郑简公设享礼招待，蔡景公却表现不敬。事后子产道："蔡侯恐不能免祸！以前经过此地，国君派子展赴东门外慰劳，蔡侯表现非常骄傲。我认为他还能改变。今日他回来，接受享礼而表现怠惰，可见是他本性。作为小国之君，事奉大国，反而怠惰骄傲，岂能有善终？若不能免祸，必是由于其子。蔡侯为君，淫乱而失父道。如此之人，常有来自儿子之祸。"果然，蔡景公后为其子弑杀。因为蔡景公为太子般从楚国娶妻，却又与儿媳私通，致使太子般弑父。太子般即后来继位的蔡灵公。

郑简公派游吉赴楚。游吉字大叔，公孙虿之子，为郑国六卿之一。抵达汉水，楚国人让游吉回去，楚国人道："宋国之盟，贵国国君亲自赴盟。如今却派大夫前来。寡君让大夫暂且回去，我国将派传车赴晋国询问，贵国派大夫前来楚国朝见，是否符合盟约规定，然后再告诉贵国。"游吉道："宋国之盟，贵君命令，须有利于小国，使小国安定社稷，镇抚民人，以礼仪承受天赐福禄。此乃贵君宪令，小国之望。寡君因此派吉奉上贡品。因岁有饥荒，只能献微薄贡品于执事。如今执事对吉令道，你如何有资格参与郑国政令？定要你们国君弃守封地，跋山涉水，披霜载露，来满足我君之意志。小国仰仗贵君，怎敢不唯命是听？然而这不符合盟书之言，有损贵君之德，且对执事不利，因此小国有所畏惧。否则，寡君怎敢畏惧劳苦？"

游吉回国向子展道："楚子将死。不修德政，而贪图诸侯奉己，以逞其志，岂能长久？《周易》有之，在'复'之'颐'，曰'迷复，凶'。楚子便是如此。"《周易》"复"卦，震下坤上，"颐"卦，震下艮上，"复"之"颐"，第六爻阴爻变阳爻，"复"卦第六爻爻辞为："迷复，凶，有灾眚。用行师，终有大败，以其国君凶，至于十年不克征。"游吉继续道："欲实现其愿望，却丢弃其根本，复归无所，是谓'迷复'，岂能无凶？我君可去，送葬而归，以让楚人快意。楚国没有十年时间，不能争霸诸侯。我们可以与民休息了。"善观天

象、精通术数的大夫裨灶道："今年周王与楚子将薨。岁星失位，而运行于明年之位，危害朱雀、鹑尾，周室与楚国当受其祸。"此年为周灵王二十七年。果然，周灵王、楚康王相继薨于年末。

九月，郑国派遣游吉赴晋，报告郑简公将按照宋国之盟赴楚国朝见。子产相郑简公赴楚，于楚都郊外并不筑坛，而是直接于平地设帷宫。掌管君臣临时住宿的官员道："昔日先大夫相先君赴各国，从未不筑坛。自昔至今一贯如此。如今不除草筑坛便设帷宫，似乎不可。"子产道："大国君臣赴小国，则筑坛；小国君臣赴大国，设帷宫便可，何用筑坛？侨闻，大国君臣赴小国有五种美德，宽宥其罪，赦免其过，救助其灾，赏其德刑，教其不及。小国不困，心悦诚服，因此大国筑坛以昭其功，宣告后人，无怠于德。小国君臣赴大国有五种卑微之行，文饰大国罪过，询问大国需求，奉行大国政令，供给大国贡品，服从大国命令。不然，大国便加重小国贡礼，用以祝贺大国之福，慰问大国之凶。这些皆为小国之祸，何用筑坛以招其祸？所以不筑坛，以告诫子孙，不要招祸便可。"子产让低调行事，不失为有理有节的外交。

齐国庆封执政之后，沉迷于田猎并且嗜酒，将政事交付其子庆舍，将其妻妾财宝迁于卢蒲嫳家中，还与卢蒲嫳交换妻妾，饮酒作乐。数日之后，官员们便改至卢蒲嫳家中朝见庆封。庆封下令，逃亡之人知道崔氏余党下落者，只需前来报告，便允许其回国。卢蒲嫳之兄卢蒲癸便如此归国。卢蒲癸成为庆舍宠臣，庆舍将女儿嫁予卢蒲癸。庆舍其余家臣对卢蒲癸道："男女同姓不婚，您却不避同宗，此乃为何？"卢蒲癸道："同宗不避我，我如何独避同宗？赋诗断章取义，我取所求便是，何须辨别是否同宗？"卢蒲癸又向庆舍请求让王何归国，两人都受庆舍宠信，庆舍让他们执戈充当近卫。

卿大夫于朝廷办公用餐，每日两鸡，厨师偷换成鸭。送餐之人得知，将肉拿掉，只送上肉汤。惠公之孙公孙灶，字子雅；公孙虿，字子尾，二人见汤中无肉，非常愤怒。庆封将两位公孙震怒之事告诉卢蒲嫳。卢蒲嫳听后，不屑道："他们譬如禽兽，我可食肉寝皮。"庆封试图假借景公名义杀二公孙，但他不敢独断行事，便派析归父将自己的意图告诉晏子。晏子道："婴之众人行不足以用，智不足以谋。但我绝不敢泄密，可以盟誓。"庆封道："您已出言，何用盟誓？"庆封又将自己意图告诉大夫北郭子车。子车道："人各有事君方式，此非我之所能。"陈须无对其子无宇道："祸事将要发生，我们能得到什么？"无宇答道："可于庄街得庆氏木材百车。"意为可得庆氏宅邸，亦即庆氏权势。陈

## 第一三三章 蔡无明主郑有能臣，齐逐庆氏君行赏赐

须无道："你能得而不失，慎而守之便可。"

卢蒲癸、王何皆奸佞小人，不知为何背叛了庆氏。他们暗地为进攻庆氏占卜，然后将卦像给庆舍看，对庆舍道："有人为攻打仇人占卜，谨献其卦象。"庆舍看卦象后道："能够攻克，见血。"却不知此卦乃为杀他而卜。十月，庆封赴莱地田猎，陈无宇随同前往。陈须无得知反对庆封之人要举事，便派人召回无宇。无宇向庆封求假道："无宇之母病危，请求允许回家探视。"庆封将卦象给无宇看，无宇道："此乃死兆。"说罢捧龟甲而泣。于是庆封准他回家。庆封族人庆嗣得闻此事，道："祸将发生。"他向庆封道："速归，祸乱必定发生于秋祭之时，即刻返回还来得及。"庆封不听庆嗣之言，亦无悔改之意。庆嗣道："如此便只能逃亡！侥幸还能逃往吴、越。"陈无宇渡河时，毁坏了渡船与桥梁，阻断了庆封归路。

庆舍之女卢蒲姜向其夫卢蒲癸道："有事而不告诉我，必然不能成功。"卢蒲癸便将攻打庆氏之事告诉了她。卢蒲姜道："庆舍刚愎自用，无人劝阻，或将不出。我去劝阻他。"卢蒲癸同意卢蒲姜之谋。十一月七日，于太公之庙举行秋祭，庆舍将莅临主祭。卢蒲姜告诉他有人要发动内乱，且劝他不要去主持祭祀。庆舍不听，道："谁敢发难？"遂赴太公之庙。麻婴代为受祭者，庆奊为上献。卢蒲癸、王何执戈，庆氏命甲士围住公庙。陈氏、鲍氏之养马人表演，庆氏之马容易受惊，甲士均解甲系马，饮酒看戏，来到鱼里。栾氏、高氏、陈氏、鲍氏私家兵丁便穿上庆氏之甲。公孙虿抽出槌子，击门三下，卢蒲癸从后边刺庆舍，王何则用戈击他，击落庆舍左臂。庆舍还能攀上庙椽，震动房梁，并掷俎、壶，击杀他人，但终因失血而死。卢蒲癸等人又杀庆绳、庆奊。齐景公十分恐惧，鲍国解释道："群臣乃为国君之故。"陈须无陪景公回宫，脱去祭服，陪同景公进入内宫。

庆封于回都路上得知动乱，于是率跟随其田猎的士兵攻打西门，没有攻下，转过来又攻打北门，攻下北门。入都之后，庆封又率军攻打内宫，没有攻下，陈兵街上，请求决战。但对方并不应战。庆封无奈，逃亡鲁国。庆封将其车献给季孙宿，车漆光亮，可比铜镜。鲁国大夫展庄叔见车后道："车很光鲜，人必憔悴，无怪乎会逃亡。"叔孙豹设便宴招待庆封，庆封遍祭诸神，此为不知礼仪之举。叔孙豹让乐工为他诵《茅鸱》（逸诗）一诗，讽刺不敬之人。其后，齐国派人前来谴责鲁国收留庆封，庆封便逃亡吴国。吴君夷末将朱方邑封予庆封，朱方邑在江苏省镇江市。庆封聚族而居，比以前更为富有。子

· 529 ·

服惠伯对叔孙豹道:"上天大约要让坏人富有,庆封又富了。"叔孙豹道:"善人富谓之赏,淫人富谓之殃。上天或许要降灾于他,让其聚族而被歼。"

崔氏之乱后,齐国公子鉏逃鲁,叔孙还逃燕,公子贾逃句渎之丘。如今庆氏逃亡,齐国便召回群公子,让返还封邑。景公加封晏子邶殿之郊六十座城邑,晏子不受。公孙虿道:"富贵乃人之所欲。为何您独不欲?"晏子答道:"庆氏之邑满足其欲,所以出亡。我之城邑不能满足欲望,加上邶殿,便能满足欲望。满足了欲望,离出亡便不远了。出亡在外,我便不能主宰一邑。不受邶殿,并非厌富,是恐失富。民众总想生活丰厚,器用充足,更要端正道德,限制私利。私利过度,便会败亡。我不敢贪多,便所谓限制私利。"齐景公赐予北郭佐六十邑,北郭佐接受了。赐予公孙灶城邑,他辞多受少。赐予公孙虿城邑,他接受之后又奉还景公。景公认为公孙虿忠诚,因此非常宠信公孙虿。景公为惩罚卢蒲嫳,将他放逐到齐国北部边境。

## 第一三四章　郑宋遇灾贤臣赈粮，出访鲁国季札观乐

据《春秋》记载，周灵王二十七年，即公元前545年，年初，鲁国一带无冰。《左传》记载鲁国大夫梓慎道："今年宋国与郑国恐怕会发生饥荒！岁星当在星纪，已至于玄枵。天时不正，将有灾荒，阴不敌阳。蛇乘龙，龙乃宋、郑之星，宋、郑必有饥荒。玄枵三宿，虚宿居中；枵，消耗之名。地虚而民耗，怎能不生饥荒？"

据《春秋》记载，这年八月，鲁国举行大雩，乃为求雨。可见鲁国有旱灾。宋、郑当亦因旱灾导致粮食歉收，引发严重的饥荒。并且，郑国的旱灾不仅影响当年，而且影响来年。

第二年是周景王元年，即公元前544年。此时郑简公因赴楚国朝觐尚在楚国，因此郑国上卿子展不能再离开郑国，遂派遣印段前往参加周灵王葬礼。伯有道："段年轻，不可任事。"子展道："与其无人前往，尽管段年轻，派人前往总比缺席要强。《诗》云，'王事靡盬，不遑启处'。（《小雅·采薇》）东西南北，谁敢宁居？我们要坚定地事奉晋国、楚国，捍卫王室。王事不可荒废，岂有必须上卿前往的常例？"于是郑国便派印段前去成周参加周王葬礼。

子展于这年初夏去世，其子罕虎继上卿位，罕虎，字子皮。此时尚未到麦收，青黄不接，百姓饥困。子皮以子展之命将存粮赠予国人，每户一钟，即今天的一石三。因此罕氏得到郑国民众拥护，作为上卿，一直掌握国政。

宋国司城子罕闻郑国出粮赈灾，道："郑国执政之行接近于善，为民众所仰望。"此时宋国也仍是饥荒之年，子罕向宋平公请求，将公室之粮借贷给百姓，并让大夫们也都出借粮食。子罕自家出借粮食不写契约，又以多余的粮食替无粮可出借的大夫出贷粮食，使宋国上下没有饥饿之民。

晋国羊舌肸闻得郑国与宋国度过荒年的措施后道："郑国罕氏，宋国乐氏，当为两国最后灭亡者。两氏或许都能长期执掌国政，因为民众归顺他们。乐氏为无粮出借的大夫出粮，行施舍而不将恩德归于自己，更为可贵。乐氏大约会与宋国盛衰同运！"

在中原几国全力应对天灾之时，南方吴国发生人祸。吴王余祭攻打越国，俘虏越人，用刑之后，以其为守门人，值守舟船。一日，吴王余祭视察舟船，守门人乘机用刀将余祭弑杀。吴王不该用刑余之人作为值守，不加防备，致使自己送命。吴国既与楚国、越国为敌，新君继位，便派遣余祭之弟季札出访中原各国，以沟通与中原诸侯的友好往来。

季札首先至鲁国访问。季札见叔孙豹，很有好感，便对叔孙豹推心置腹道："您或许会不得善终！您好善却不能正确地择人。我闻君子务在择人。您为鲁国宗卿，主持国政，不慎重举拔人才，又怎能承受其后果？因此必遭祸患！"可惜叔孙豹或许秉性使然，以致果然日后为人所害。

鲁国是周王室之外唯一保有虞、夏、商、周四代乐舞的诸侯国，因此季札请求观看四朝乐舞。鲁国君臣首先让乐工为他歌《周南》《召南》。季札道："美哉！始为王业奠基，然而犹未成功，民众虽劳不怨。"《周南》《召南》，表现周公旦、召公奭教化下的民风。此时虽然王业未尝巩固，但周王朝不仅广布德泽于其发祥的岐、丰之地，而且德泽还延及江汉流域，诗歌便是表达其时其地的民风民情。季札从诗歌中感到，民众劳作虽然辛苦，却心情舒畅。

为季札歌《邶风》《鄘风》《卫风》，季札道："美哉！既深且厚。忧患而不为之所困。我闻卫康叔、卫武公之德行如此，大约是《卫风》？"邶、鄘、卫均为卫地。周初，周公平叛之后，封其弟康叔于原来殷地，称卫，管辖殷商遗民。卫国自建国之始便有忧患意识。西周末年幽王之乱，卫武公助周平乱，勤勉执政，始终谨慎。季札认为，《邶》《鄘》《卫》诗歌有深厚底蕴，既有忧患意识，又有进取精神，当是继承了康叔、武公的传统。

为季札歌《王风》，季札道："美哉！有忧思而无恐惧，或为周室东迁后之乐歌？"有识的大夫们西到旧都，见故宫废墟尽生禾黍，难免生发故国忧思。《王风·黍离》中"知我者，谓我心忧，不知我者，谓我何求"？这孤独的贤明者之叹，自然深深打动了季札。

为季札歌《郑风》，季札道："美哉！但过于细腻琐碎，民众不堪承受。或许郑国将会先亡！"季札认为《郑风》音乐多表现男女之间琐碎之事与细腻情感，音乐过于纤细缠绵，长此以往，风化不振，政事疲惫，国运自然不长。

为季札歌《齐风》，季札道："美哉！声势浩大！大国之风！为东海诸国表率，当是太公之国？其国前途无量。"或许齐乐音韵宽广，表现力很强。

为季札歌《豳风》，季札道："美哉，浩浩荡荡！乐而不淫，当是周公东征之乐?"《豳风》乃西周初年的乐歌,既有朴素的生活气息,又有果决的杀伐之声,还有复杂的思绪情感,季札赞叹其广阔浩荡,欢乐有节,征伐有度。

为季札歌《秦风》,季札道:"此谓夏声。能夏则大,大之至也,当为周朝旧地之乐?"古代关西方言谓大为夏,因此夏指西方,亦指大。《秦风》其辞铺叙开阔,其乐高亢宽厚,可谓声情并茂,因此季札赞扬其宏大之至。

为季札歌《魏风》,季札道:"美哉!抑扬婉转!大而婉转,险而易行,以德辅助,则为明主。"《魏风》诗歌立意高远而言辞婉转,风俗政令看似繁难,实则易行。辅之以德,则能成就明主。魏为春秋晋国之地。

为季札歌《唐风》,季札道:"思虑深远!或是陶唐氏之遗民?不然,为何忧思深远?非善德之后裔,谁能如此?"古人公认唐尧德被后人,道德传统绵长,因此民风俭朴,具有忧患意识。唐亦为春秋晋国之地。

为季札歌《陈风》,季札道:"国无主人,岂能长久?"或许因为,《陈风》除表现男女之情,便是对君臣恶行的讽刺与指责,呈现出国家的末世景象。因此季札认为陈国不能长久。而从《郐风》以下的风歌,季札再无评论。

为季札歌《小雅》,季札道:"美哉!思而不贰,怨而不言,或许周德已衰,但犹有先王遗民。"周德之衰,当指厉王、幽王之苛政,或许亦指东周之不振,但能歌优雅,能咏讽谏,当依旧有文、武时代之遗风。为季札歌《大雅》,季札道:"广哉!光明和乐!乐曲悠扬而言辞正直,当是文王之德?"

为季札歌《颂》,季札道:"至矣哉!直而不倨,曲而不屈,迩而不逼,远而不携,迁而不淫,复而不厌,哀而不愁,乐而不荒,用而不匮,广而不宣,施而不费,取而不贪,处而不底,行而不流。五声和,八风平,节有度,守有序,盛德之所同也。"季札认为,三代颂歌,均为至善至美之声。

季札观看《象箾》《南籥》之舞,道:"美哉!犹有憾。"《象箾》《南籥》为歌颂文王之乐舞,文王奠定周朝基业,然而未成一统,因此有所遗憾。他观看《大武》之舞,道:"美哉!周代兴盛,便当如此!"《大武》为歌颂武王之乐舞,周朝由此崛起。他观看《韶濩》之舞,道:"圣人般弘大,犹有惭德,可见圣人之难。"《韶濩》乃歌颂商汤之乐舞,商汤伐桀,乃以下犯上,因此德有欠缺。他观看《大夏》之舞,道:"美哉!勤政为民,而不自以为有德,非禹,孰能为之?"他观看《韶箾》之舞,道:"德之至矣,甚为伟大!如天之无不覆盖,如地之无不承载。盛德之至,无以复加,观此止矣。若有他乐,亦不敢再闻。"《韶箾》乃歌颂虞舜之乐舞,古人认为尧舜之德乃至善之德，尧舜之治乃至善之治，因此得闻尧舜盛德，便可不闻其他。

季札的出访，是为吴国新君与诸侯通好。因此又赴齐国访问。季札对晏子很有好感，便对晏子推心置腹道："您快将封邑与权力归还国君。没有封邑与权力，才能免祸。齐国政权将有所归，未得所归，祸将不止。"于是晏子通过陈桓子无宇将政权与封邑交还景公，因而免于栾氏、高氏之难。高氏之难就发生于季札访齐的当年秋天。公孙虿、公孙灶将齐国大夫高止驱逐至北燕。因为高止好大喜功，归功于己，独断专行，故而招祸。高止之子高竖据卢邑反叛。卢邑位于今天山东省济南市长清区西南。大夫闾丘婴率军包围卢邑，高竖提出条件道："若使高氏于齐国祭祀不灭，我便献出卢邑。"于是齐国君臣立高敬仲高傒之后高酅（偃）继承高氏爵位，因为高敬仲乃齐国良臣。高竖献出卢邑，出亡晋国，晋国筑绵城安置了他。季札预言的齐国之祸很快成为事实。

季札赴郑国访问，见到子产，如同旧日相识。季札送给子产白色生绢大带，子产送给季札麻织衣裳。季札对子产道："郑国执政伯有奢侈，祸难将至！政权必将转至您手。您执政，要以礼谨慎处事。不然，郑国将败。"季札对郑国的预言亦于第二年成为了事实，伯有被杀，政归子产。

季札赴卫国访问，对蘧瑗、史狗、史鰌、公子荆、公叔发、公子朝均很有好感，道："卫国多君子，不会有祸患。"

季札从卫国赴晋国，准备宿于戚邑。闻得钟声，道："怪哉！我曾闻，发动变乱而又无德，必遭诛戮。孙夫子得罪国君因此居于此地，如燕子筑巢于帷幕，甚为危险，惧犹尚且不及，有何心情寻欢作乐？况且卫君停棺未葬，难道可以寻欢作乐吗？"于是不留宿戚邑。孙林父闻季札之言，终身不再听乐。

季札赴晋国，对赵文子赵武、韩宣子韩起、魏献子魏舒很有好感，道："晋国政权大约会集中于此三族！"他对羊舌肸亦有好感，临别时，向羊舌肸道："您努力吧！国君奢侈而多良臣，大夫皆富，政权将会由公室归于大夫。您好直言，定要三思，以免于难。"

## 第一三五章　晋平城杞鲁国离心，王室有乱宋廷受灾

周景王元年六月，晋平公召集诸侯为东方小国杞国筑城，引起诸侯不满。据《左传》记载，晋平公为杞国公主所生，所以有此举措。他派遣知悼子荀盈会合诸侯大夫为杞国筑城，鲁卿仲孙羯、齐卿高止、宋卿华定、卫卿太叔仪、郑卿公孙段及曹国、莒国、滕国、薛国、小邾国大夫均率本国役卒参加筑城。

郑国又派遣六卿之一子太叔游吉与大夫伯石前往。游吉见到卫太叔仪，与太叔仪议论此事。太叔仪道："让诸侯卿大夫为杞国筑城，太过分了！"游吉道："我们又能怎么办？晋国不忧恤周室衰微，反而为夏朝余孽筑城，其抛弃姬姓诸国，已是可知。抛弃姬姓诸国，谁又会归顺于他？我闻，弃同姓而近异姓，是谓离德。《诗》云：'协比其邻，婚姻孔云。'晋国不与同姓近亲，谁会与其亲近？"游吉所引之诗见《小雅·正月》，意为亲附近邻，姻亲才会更与之友好。游吉意谓，晋国不亲同姓，姻亲也不会与其亲近。

齐国派遣高止率役卒参与筑城，高止字子容。宋国派遣司徒华定参与筑城。二人进见荀盈，司马侯为荀盈相礼。客人走后，司马侯对荀盈道："此两人将不免于祸。子容专擅，司徒奢侈，皆亡家之人。"荀盈问道："二人将会如何？"司马侯答道："专擅者很快便会招祸，奢侈者会因其强大而亡。专擅者他人会取其性命，他祸在眼前。"果然，不出一年，高止便出亡燕国。二十年后，华定亦出亡。此为后话。

筑城之后，晋平公派遣范献子士鞅赴鲁国访问，拜谢助杞国筑城。鲁襄公设享礼招待，展庄叔执束帛酬宾。享礼之后，又行射礼。参加射礼须三对人。襄公公室之臣中能射者不够，便于大夫家臣中选取。家臣展暇、展王父为一对，公臣公巫召伯、仲颜庄叔为一对，鄫鼓父、党叔为一对。看来襄公公室之臣射者水平不如家臣，可见当时公室式微，权臣势力增大。

晋平公不仅命各诸侯国卿大夫为杞国筑城，又派遣司马侯赴鲁国督办鲁国归还杞国田地之事，但司马侯并未将鲁国取自杞国的田地全部归还杞国。平公之母、悼公夫人非常生气道："司马助杞国收田，先君如若有知，不会赞成

他如此行事。"晋平公将此话告知司马侯。司马侯道:"虞国、虢国、焦国、滑国、霍国、杨国、韩国、魏国,均为姬姓,均为晋国所灭,晋国因此成为大国。如若不侵小国,如何扩大疆土?武公、献公以来,兼并之国甚多,谁能规范?杞国为夏朝之后,况接近东夷。鲁国为周公之后,且于晋和睦。将杞国封予鲁国未尝不可,为何念念不忘杞国?鲁国对于晋国,贡品不乏,玩物时至,公卿大夫不断前来朝见,史官从未中断鲁国君臣来朝的记载,国库无一月不接受鲁国贡品。如此有何不可,何必损鲁国以肥杞国?若先君有知,让夫人这样做,又何用我老臣?"于是鲁、杞田地之争就此作罢。杞国得到田地后,杞文公亲赴鲁国盟誓,与鲁国交好。《春秋》记载"杞子来盟",称杞君为子,是看轻杞文公。

周景王二年二月,晋悼公夫人请为杞国筑城的役卒用餐。绛县有一人年长无子,自己服役,也去接受饭食。根据周礼规定,城邑中男子身高满七尺,即大约今天身高满一米六,六十岁以内,郊野男子身高满六尺,即大约今天身高满一米四,六十五岁以内,皆要服役。有人疑此老人年龄,问他年纪。老人道:"臣为小人,不知纪年。臣生之年,乃正月甲子日,已过四百四十五甲子日,最后一个甲子日至今正好二十天。"官吏赴朝廷询问,师旷道:"他生于鲁国的叔仲惠伯于承筐会见郤成子那年。这年,狄人进攻鲁国,叔孙庄叔于碱邑打败狄人,俘虏长狄侨如与虺、豹,都用作其子之名。此人当七十三岁。"史赵道:"亥字二首六身,下面两数同身数,便是其日数。"史赵所言乃古时亥字,上为两笔,因此道亥字二首,下为筹算六的摆法,因此道六身,下面两数同身数,仍为六。于是士文伯道:"那就是二万六千六百六十日。"可见古人筹算可做乘法,并可将筹算化作心算。

赵武问老人县大夫为谁,才知原来是自己属下。赵武召见老人道歉:"武无才能,担负国之要职,因晋国多忧患,而未能任用您,让您屈居甚久,此乃武之罪。武因无才而向您道歉。"于是任命老人为官,辅助行政。老人以年高辞谢。赵武便划拨土地,让他担任绛邑县师,主管一些民事。赵武又将原绛邑主持徭役事务的舆尉免职,因其不恤孤老。

当时鲁国有使臣正在晋国,回去将此事告诉大夫们。季孙宿道:"不可轻视晋国。有赵孟为正卿,有伯瑕(士文伯)为辅,有史赵、师旷可咨询,有叔向(羊舌肸)、女齐(司马侯)为国君师保,晋国朝廷多君子,岂能轻视?今后勉力事奉他们方可。"鲁国本来已对晋国离心,却因赵武对下谦虚、公正的

## 第一三五章　晋平城杞鲁国离心，王室有乱宋廷受灾

态度，复不敢轻视晋国。可以说，因晋国多正直能干之臣，才使平庸贪利的晋平公能平安一生。

周景王二年夏，王室有乱，景王错杀其弟。周灵王时代，灵王之弟儋季卒，其子儋括除去丧服之后，去觐见灵王，不知为何叹了口气。此时，单公子愆期为灵王侍从，恰好经过宫廷，听到儋括叹气，便道："呜呼！定是想要夺此王位！"于是单公进宫，将此情况报告灵王，并向灵王建议道："定要杀他！其父死，刚除丧服，已无悲戚，愿望甚大，四处张望，趾高气扬，心有他志。不杀，必为王室潜在之害。"灵王却道："你小子知道什么？"待灵王薨，儋括确实想干预朝政，欲立景王之弟、王子佞夫。但王子佞夫并不知情。儋括包围蒍邑，驱逐蒍邑大夫成愆。成愆逃亡周邑平畤。不数日，周大夫尹言多、刘毅、单蔑、甘过、巩成杀王子佞夫。王子瑕与儋括逃亡晋国。《春秋》记载"天王杀其弟佞夫"，乃因佞夫无罪，罪在景王。

周景王二年夏，有人在宋国太庙里大叫道："譆譆，出出。"有鸟于亳社鸣叫，其声似"譆譆"。之后，宋国发生火灾。共公夫人伯姬被烧死，是为等其傅姆来。《谷梁传》记载较为详细。伯姬之舍失火，左右曰："请夫人避火！"伯姬曰："妇人之义，傅母不在，宵不下堂。"左右又曰："请夫人避火！"伯姬曰："妇人之义，保母不在，宵不下堂。"遂被火吞噬。《公羊传》所记基本相同。宋灾，伯姬尚在。有司曰："火至，请出。"伯姬曰："不可。吾闻之，妇人夜出，不见傅母，不下堂。"傅至而母未至，遂逮于火而死。东汉今文经学家何休注《公羊传》曰："礼，后夫人必有傅母，所以辅正其行，卫其身也。选老大夫为傅，选老大夫妻为母。"据《左传》记载，时之君子认为："伯姬奉行乃未嫁女之守则，而非妇人之守则。未嫁女当等待傅姆，妇人可便宜行事。"

七月，鲁国派遣大夫叔弓赴宋国，参加宋共姬葬礼。据周朝礼仪制度，诸侯丧葬，大夫吊唁，卿参加葬礼；诸侯夫人丧葬，士吊唁，大夫参加葬礼。叔弓为鲁国大夫，参加宋共公夫人葬礼乃为高规格之礼。这一方面是由于宋共公夫人恪守礼仪而不幸身亡，一方面也因为她是鲁成公之妹，鲁襄公之姑母。不仅鲁国派遣大夫参加葬礼，各诸侯国亦因宋国火灾，派遣卿大夫集会，商议送予宋国财货。这年十月，晋国赵武、鲁国叔孙豹、齐国公孙虿、宋国向戌、卫国北宫佗、郑国罕虎及小邾国大夫于澶渊集会。可是，这兴师动众的集会无果而终，各诸侯国并未赠予宋国财货。

据《左传》记载，时之君子对此事评论道："为人处事定当谨慎守信！澶

渊集会，《春秋》不记载各国卿之名字，乃由于他们不守信用。诸侯上卿，集会商议却不守信用，实乃弃其荣宠地位与氏族之名。不守信用便是如此不可。《诗》云，'文王陟降，在帝左右'。（《大雅·文王》）便言要守信义。又云，'淑慎尔止，无载尔伪'。（逸诗）言行为要慎重，不要表现你的虚伪。这便是谴责不守信义。"《春秋》记载曰："晋人、齐人、宋人、卫人、郑人、曹人、莒人、邾人、滕人、薛人、杞人、小邾人会于澶渊，宋灾故。"乃谴责他们。不记鲁国大夫，乃为之隐讳。诸侯议事不果，主要责任当归于晋国赵武，可见赵武有其优柔寡断的弱点。

## 第一三六章　同室操戈郑臣内斗，中庸守礼子产当政

郑国子展去世后，良霄（伯有）以其资历，地位自然提升。据《左传》记载，周景王元年冬，即公元前542年，良霄派遣公孙子皙即公孙黑赴楚国，公孙黑推辞道："楚国与郑国方才交恶，现在派我赴楚，等于杀我。"良霄道："你家世代都为行人。"公孙黑为子驷之子，子驷曾为郑国执政，公孙黑自然不能忍受良霄的强迫命令，因此道："可则往，难则止，无所谓世代行人。"良霄强迫公孙黑前往楚国，公孙黑非常愤怒，准备攻打良霄氏族，大夫们为两人调解。年底，郑国大夫们在良霄家中盟誓。裨谌道："此次盟誓，能管多久？《诗》云，'君子屡盟，乱是用长'。（《小雅·巧言》）君子屡次盟誓，动乱因此增长。如今盟誓，乃滋长动乱，祸将不止，必定三年后方能平息。"然明道："政权会落入谁手？"裨谌道："善者代替不善者，乃是天命，政权怎能避开子产？若不越等级，按部就班本当子产执政。若择善而举，则子产为众人推崇。如今上天又为子产清除障碍，夺伯有魂魄，子西又卒，执政怎能避开子产？上天降祸于郑国已久，必使子产息祸，国家才可安定。不然，郑国将亡。"

郑国臣子不和之事当传至晋国。第二年春，子产相郑简公赴晋国，羊舌肸问起郑国政事。子产答道："今年当见分晓。驷氏、良氏正在争夺，不知能否调停。如能调停，我能得见，方才可知。"羊舌肸道："不是两氏已经和好？"子产答道："伯有奢侈而又刚愎，子皙好居人上，两人互不相让，虽然表面和好，依旧积怨甚多，不久便会爆发。"四月，郑简公回国之后，与其大夫们盟誓。时之君子因此知道郑国祸难尚未结束。因为不到半年，先是大夫们之间盟誓，又是国君召集大夫们盟誓，说明盟誓其实不能解决问题。

六月，子产赴陈国会盟，回来复命后，告诉大夫们："陈国将要灭亡，不可与之结好。陈国君臣只知积聚粮食，修缮城郭，只知恃此二者，而不安抚百姓。其君根基不固，公子奢侈，太子卑怯，大夫骄奢，政出多门，处于大国之间，岂能不亡？不出十年，陈国必亡。"果然，不出十年，陈国为楚国所灭。

此是后话。

良霄嗜酒，造地下室，夜间饮酒，击钟奏乐。因其现居执政地位，群卿大夫均来朝见。但朝见之人已来，宴乐尚未结束。朝见之人问道："公安在？"家臣答道："公于地下之室。"朝见之人便分散回去。不久良霄与群臣朝见郑简公，良霄又要派公孙黑赴楚。之后，良霄回家，又沉湎于酒。公孙黑率领驷氏甲士攻打良氏，放火烧毁其家。良霄为其家臣护送逃往雍梁。雍梁位于今河南省禹州市。酒醒之后，良霄才知发生何事，于是逃往许国。

郑国大夫们聚会商议如何处理良霄出亡事件。子皮道："《仲虺之诰》云，'乱者取之，亡者侮之。推亡、固存，国之利也'。罕氏、驷氏、丰氏本为兄弟，伯有骄奢，所以不免于难。"子皮之罕氏、子皙之驷氏、公孙段之丰氏三家，本为同母兄弟，良氏本就孤独，又因骄奢而犯众怒，因此无人同情。

公孙黑攻打良霄事件发生后，有人向子产建议道："您当靠拢耿直的子皙，帮助强大之罕、驷、丰氏。"子产道："难道他们是我同党？国之祸难，谁知如何终止？主持国政之人强且正直，祸难便不会发生。姑且安于我的处境。"于是，在良氏遇袭后的第二天，子产便将良氏家族死者加以安葬，并未与众大夫商议便出走。印段认同子产，因此跟他一起出走。子皮挽留子产。众大夫道："他不顺从我们，为何不让他走？"子皮道："夫子对死者有礼，何况对生者？"于是亲自劝阻子产。子产与印段均返回郑都，于公孙黑家中接受盟约。之后郑简公与卿大夫们于太庙盟约，与国人于师之梁门外盟约。

良霄闻郑人为对抗他盟约，非常愤怒。闻子皮甲士不攻打他，又非常高兴，向左右道："子皮助我。"于是良霄率领家丁从墓门排水洞进入，借助马师颉以襄库兵甲装备家丁，率领他们攻打旧北门。子西之子驷带率领国人讨伐良霄。良霄与驷带均为郑穆公曾孙，双方均召子产帮助。子产道："兄弟之间到此地步，我从上天所助。"即子产两不相帮，而看天意。最终，良霄死于羊市，子产为之着衣小敛，枕尸而哭，又大敛入棺，停放于街市旁其家臣之家，之后葬于斗城。斗城位于今河南省开封市通许县。驷氏见子产为良霄入殓，欲攻子产。子皮非常愤怒，道："礼乃国之支柱。杀有礼之人，祸莫大焉！"于是驷氏没有率众讨伐子产。

恰在此时，游吉自晋国返回，听闻发生祸难，便不入都城。游吉让其副手回都复命，自己逃亡晋国。驷带追赶他到酸枣，酸枣位于今天河南省延津县西南。游吉与驷带于延津盟誓，将两件玉圭沉河以表诚意。游吉又派遣公孙胼回国都与众大夫盟誓，之后游吉才回国。

据《左传》记载，十年之前，公孙挥与裨灶曾预言良霄之死。当初公孙蛮即子蟜死后，将要安葬，公孙挥与裨灶晨起商量丧事。路过良霄家时，见门上生莠草。公孙挥便道："其莠尚能存否？"以"莠"谐音伯有之"有"。当时岁星在十二星次的降娄，降娄中天，天色初明。裨灶指降娄道："尚可待岁星一周，然而不及岁星再到降娄位次。"果然，良霄被杀，岁星于娵訾，明年才能到达降娄。可见裨灶预言之准，亦可见良霄已长时间不得人心。

郑国大夫仆展追随良霄，与良霄同死于难。马师颉逃亡晋国，晋国封其为任邑大夫。鸡泽之会时，郑卿乐成逃亡楚国，后至晋国。马师颉便投靠于他，与他党同，事奉赵武，提出伐郑建议。由于有宋国之盟，赵武没有同意。郑国子皮以公孙鉏代替马师颉为马师。

良霄死后，子皮当政。子皮知子产贤明，因此将政权交予子产。子产辞道："国家狭小而邻近大国，公族庞大而宠信又多，无法治理。"子皮道："我当率领他们听您命令，谁敢犯您？愿您好好辅政。国不在小，小国能事大国，国家便可舒缓。"由此可见子皮之贤明。

子产执政，有事要公孙段办，便以城邑贿赂他。游吉道："国乃众人之国，为何独贿赂他？"子产道："无欲实难。满足其欲望，使其办事，取其成功。我不成其功，难道他人能成其功吗？为何要吝啬城邑，城邑又不会前往他处。"游吉道："四方邻国会如何议论？"子产道："此举并非与邻国背道而驰，而是相互顺从，四邻有何可责备于我？《郑书》有曰，'安定国家，必大焉先'。姑且安定大族，再看其归于何处。"不久，公孙段畏惧人言，将封邑归还于简公，但最终子产仍旧将城邑予他。良霄既死，简公让太史命公孙段为卿，公孙段辞谢。太史退后，公孙段则又请命于简公。简公再命其为卿，公孙段再次推辞，直至三命之后，才接受策书入朝拜谢。子产因公孙段虚伪邀荣，厌恶其为人，于是给予他高位，让他位居自己之下，实则是拉拢他，防止他干扰国政。

子产执政，使城市与乡村有所区别，上下各有职责，田地有界有沟，庐舍井井有条。卿大夫之忠诚俭朴者，均追随于他，得到他举拔；骄傲奢侈者，他皆使之去职。

穆公之后丰氏丰卷准备祭祀，请求田猎猎取祭品。子产不允，道："唯国君祭祀用新猎之兽，其他人大致足用即可。"丰卷十分愤怒，退而召集手下，欲攻击子产。子产逃往晋国，子皮阻止子产出走，驱逐了丰卷。丰卷逃往晋国。子产请求不要没收丰卷田地住宅，三年之后让丰卷回国复位，将他的田地住宅及三年中收益都返还给他。

子产从政一年，人们歌道："取我衣冠而褚之，取我田畴而伍之。孰杀子产，吾其与之。"是言子产储蓄财物，征收赋税，敛财于民，因此民皆曰其可杀。三年之后，人们又歌道："我有子弟，子产诲之；我有田畴，子产殖之。子产而死，谁其嗣之？"三年之后，人们由痛恨子产，改为赞扬子产鼓励乡校，诲人子弟，教民稼穑，增殖农牧，人们担心子产去世，无人替代，百姓会无法享受这些惠民政策。由此可见子产对郑国的贡献。

# 第一三七章　仿建楚宫襄公去世，不毁乡校子产理国

鲁襄公赴楚国觐见，恰逢楚康王之丧，因此于楚国逗留小半年。在楚国期间，襄公对楚宫建筑非常赞赏，或许便命人画了图样，回国后，于鲁国都城建造了一座楚式宫殿。据《左传》记载，叔孙豹道："《太誓》曰，'民之所欲，天必从之'。国君欲楚，因此建造楚宫。若不再赴楚，必死于此宫。"周景王三年，即公元前542年，这年六月，鲁襄公果真薨于楚宫。

叔仲带于襄公薨后窃取了襄公的大璧，让驾车之人置于怀中，然后又从驾车之人那里取走，因而得罪鲁国君臣。此后其子孙皆不得志于鲁国。这是襄公薨后的一个插曲。

襄公立时尚在幼年，薨时当不满四十，或许因无嫡子，因此未立太子。于是鲁臣拥立胡国公主敬归之子子野，住在季氏处。然而，尚未安葬襄公，子野便由于哀伤过度病亡。不数日，孟孝伯仲孙羯亦亡。

于是，鲁臣又拥立敬归之妹齐归之子公子裯为君。叔孙豹不欲立裯，道："太子死，有同母弟，则立母弟；无同母弟，则当立长；年龄相仿，则当立贤；贤义相当，则当占卜，此为古之常法。公子野并非嫡子，何必要立太子母娣之子？且公子裯居丧不哀，反有喜色，是谓不孝。不孝之人，鲜不为患。若立之，必为季氏之忧。"然而季武子季孙宿不听叔孙豹之言，依旧立裯。安葬襄公，公子裯三次更换丧服，新的丧服，衣襟很快变得非常脏，如同旧的一样。当时裯已十九岁，却童心依旧，时之君子因此知他不能善终。

古人非常注重丧礼。滕成公到鲁国参加襄公葬礼，本为守礼表现，但他表现怠惰，却涕泪很多。子服惠伯道："滕君将死。他在葬礼上表现怠惰，而哀痛过分，显出将死之兆，能不追随死者吗？"果然，三年之后，滕成公薨。

襄公薨的同一月，郑国子产相简公赴晋，晋平公因鲁国丧事，没有接见郑简公。于是，子产派人将晋国宾馆围墙全部拆毁，将郑国车马全部安置于宾馆周围。士文伯士匄因此责备子产道："敝国由于政刑不够完善，盗寇很多，但诸侯属官要前来朝见寡君，因此我们派遣官吏修缮宾馆，加高大门，增厚围

墙，为的是不使宾客担忧。如今您拆毁围墙，虽然您的随从能够戒备，但让他国宾客如何防备？因敝国为盟主，自当修缮庭院，加筑围墙，以待宾客。若拆毁，如何供应宾客所需？寡君派匄前来请问您为何拆墙。"士文伯士匄为范宣子士匄之族弟，二人同名同氏。

子产早已准备好应对之辞，他道："由于敝国狭小，介于大国之间，大国随时要求进贡，因此敝国不敢安居，尽量索取敝国财富，以便随时前来朝见。如今遇到执事不得空闲，未能得见；又不得命令，不知何时能见。我们不敢将财物献入府库，亦不敢让其日晒夜露。若献入府库，则它便成为国君府库之物，尚未经庭院陈列仪式，因此不敢输入府库。若日晒夜露，则恐时燥时湿腐朽蛀蠹，加重敝国罪过。我闻晋文公为盟主之时，宫室矮小，无可供观望之台榭，而将接待诸侯之宾馆修得非常宏伟，如同今日贵君寝宫一样，并对宾馆库房、马厩加以修缮。那时司空及时整修道路，泥瓦工按时粉刷墙壁，诸侯宾客到来，甸人点火于庭，仆人巡逻宾馆，车马有处安置，随从役卒有人替代，管车之人为车轴加油，打扫、放牧、养马之人各从其事。百官属吏各自陈列所管之物，以待宾客。文公不滞留宾客，不荒废公事，与宾客同忧同乐，安抚宾客，教其不知，恤其不足，宾至如归，无忧灾患，不畏盗寇，不患燥湿。如今晋国，铜鞮离宫绵延数里，而诸侯宾馆如同隶人所居。院门不容车进，车又不能越墙而入；盗贼公开行动，灾害不能防止。宾客进见无定时，接见之命不可知。若不拆毁围墙，便无处贮藏贡品，会加重敝国之罪。敢问执事，对我们有何命令？虽然晋君有鲁君丧事，敝国也同样忧心。如能奉上贡品，我们会将围墙修好，再行回国。此乃贵君恩惠，岂敢畏惧修墙的辛劳！"

士匄回去复命。赵武道："诚如所言，是我们失德，用隶人院舍接待诸侯，乃我之罪。"于是又派遣士匄向郑简公与子产表达歉意。

及至晋平公接见郑简公，礼敬有加，宴享甚丰，回赠更厚，礼送回国。随后，晋国重新建造诸侯宾馆。羊舌肸道："辞令之所以不可不修，便因如此！子产善于辞令，诸侯因他获利，为何不修辞令呢？《诗》云，'辞之辑矣，民之协矣；辞之绎矣，民之莫矣'。子产深知此理。"羊舌肸所引诗句，见《大雅·板》，意思为言辞和睦，民众融洽，言辞有理，民众安定。

子产为政，择能而任。冯简子能断大事；游吉外貌举止秀美，熟悉典章制度；公孙挥了解四方诸侯的政令，了解各国大夫族姓、职爵、贵贱、才干，又善于辞令；裨谌能出谋划策，但其谋划对郊野适用，对城邑不适用。于是，郑

## 第一三七章 仿建楚宫襄公去世，不毁乡校子产理国

国有外交事务，子产便向公孙挥咨询四方诸侯政令，且让他多准备各种外交辞令；有内政事务，便与裨谌一起坐车赴郊野，让他谋划事情是否可行，又将谋划结果告诉冯简子，让他决断。所有前期准备完成后，便交付游吉执行，应对宾客。所以子产为政少有败事。

在郑国国内，人们于乡校议论国事。然明向子产建议道："毁掉乡校如何？"子产道："为何要毁乡校？人们朝夕事情完毕，悠游于乡校，臧否政事。众人所善，我便行之；众人所恶，我则改之。众人议论，乃为我师。为何要毁掉乡校？我闻以忠善之行减少怨恨，未闻以权威之势防止怨恨。以权威之势当然能够很快制止议论，但如同防水患一样，大川决口，伤人必多，我不能救。不如开掘通道，加以疏导。不如让我得闻议论，以为己之药石。"然明道："我从今以后知您守信，确实值得追随。小人不才，若真能如此，当是郑国之福，岂唯对几位臣下有利？"孔子听闻子产之言，道："以是观之，人谓子产不仁，吾不信也。"子产不毁乡校，成为千古美谈。

子皮想让属下尹何治理自己的封邑。子产道："尹何年轻，不知能否胜任。"子皮道："此人谨慎善良，我喜爱他，他不会背叛我。让他前去学习一下，他会更知如何治事。"子产道："不可。人之爱人，必求有利于他。如今您之爱人，则以政事授他，这将如同此人不会用刀，而让他切割东西，多半他会伤到自己。您之爱人，伤之而已，谁敢求爱于您？您乃郑国栋梁，栋梁折断，椽将崩塌，我将被压，敢不尽言？您有锦缎，不会让人用来学裁缝。大官与大邑，乃自身的庇护所，反让学习之人操作，比起绸缎，成本岂不太高？我闻学而后从政，未闻以从政来学习。果真如此，定会有所伤害。譬如田猎，习惯射箭驾车，则能获得猎物，如果从未登车射御，只会担心翻车，何暇思获猎物？"子皮道："善哉！我不聪明。我闻君子智虑大事与远景，小人只知小事与眼前。我乃小人。衣服穿于我身，我知爱惜，慎重对待；大官与大邑乃自身庇所，我却疏远，并不重视。若非听您之言，我则不知。昔日我道，您治理郑国，我治理我家，您庇护郑国，我庇护自己，或许可以。今日才知我尚不足以庇护自己。自今日起，我要请求，虽我家事，也听从您的意见。"子产道："人之心思不同，如面孔不同，我岂敢让您的面孔像我的面孔？不过心中感觉危险，告知于您。"子皮认为子产忠诚，因此将政事交付给他，使他于郑国执政。

周景王三年十二月，卫国北宫文子北宫佗陪同卫襄公赴楚国，因诸侯于

宋国结盟，规定分别追随晋、楚两国的诸侯都要相互朝见楚、晋两国。卫襄公一行路经郑国，郑国印段赴棐林慰劳他们，依照访问礼仪，使用慰劳辞令。北宫佗也依礼进入郑国国都访问。公孙挥为行人，冯简子与游吉迎客。礼仪完毕，北宫佗对卫襄公道："郑国有礼，乃其数代福气，恐怕没有大国会去讨伐！《诗》云，'谁能执热，逝不以濯'。(《大雅·桑柔》)谁能耐热，而不沐浴。礼仪对于政事，如热天沐浴一样。沐浴可以消热，又有何担忧？"正如北宫佗所言，郑国卿大夫在子产的带领和任用下，各尽其职，遵守礼制，秩序井然，为郑国带来了稳定与安宁。

# 第一三八章　诸侯再盟令尹遭议，叔孙有难赵武求情

　　据《左传》记载，周景王四年春，楚国令尹公子围赴郑国访问，娶公孙段之女为妻。伍举为副使。楚国一行人准备进城入驻馆驿，郑人不喜楚人，因此派行人公孙挥婉辞，让他们住在城外。公子围下聘礼之后，准备率领兵丁前去丰氏家庙迎娶。子产担心楚国人马多会生事端，又派公孙挥婉辞拒绝道："敝国都邑狭小，不足以容纳您的随从，请让我们于城外筑坛，以为丰氏之庙，再听命于您，以成迎亲之礼。"这次公子围不再妥协，命楚国太宰伯州犁答道："贵君赐予我国大夫围恩惠，让丰氏之女嫁予我国大夫围。围于楚国摆设几筵，于庄王、共王之庙祭告于先王，然后前来迎娶。如在野外赐予妻室，不仅将贵君恩典置于草莽，亦让寡大夫不得列于诸卿行列。非但如此，还使围欺骗先君，将无法再列寡君群臣之首，恐怕无法回国复命。请大夫慎重考虑！"公孙挥道："小国无罪，恃大国而不设防，乃其罪过。小国欲恃大国安定自己，而大国却恐是包藏祸心来侵略小国！只怕小国失去依靠，诸侯因此戒备，且均怨恨大国，抗拒大国之命，使之不行。不然，敝国便是贵国馆驿，岂敢爱惜丰氏祖庙？"伍举知郑国有备，便请垂橐而入，即士兵不带兵器，只系携带兵器的空袋。郑国方才允许楚人入城迎亲。正月十五，公子围进入郑都迎亲。

　　郑国之行，令尹公子围不仅是为迎亲，还为赴诸侯之盟，以重温并巩固数年前宋国之盟。晋国赵武、楚国公子围、鲁国叔孙豹、齐国国弱、宋国向戌、卫国齐恶、陈国公子招、蔡国公孙归生、郑国罕虎、许国大夫、曹国大夫共同于郑国虢邑会盟。虢邑位于今天河南省荥阳市东北。

　　祁午对赵武道："宋国之盟，楚人先歃血，占晋国之先。如今楚国令尹不守信用，诸侯均知。您不戒备，恐怕又如在宋国一样。当时楚国令尹子木守信，为诸侯所称道，尚且准备内着皮甲，欺骗晋国，凌驾于我们之上，何况是众所周知不守信用之人？若楚国再次凌驾于晋国之上，乃晋国之耻辱。您襄助晋君作为盟主，已有七年。两次会合诸侯，三次会合大夫，使齐国、狄人归服，华夏东方安宁，重新与秦国修好，助杞国修筑城墙，军队不委顿，国家不

疲乏，百姓无诽谤，诸侯无怨言，天亦无大灾，皆赖您之力。我担心，您已有善名，而以耻辱告终。您不能不戒备。"

赵武道："武接受您的忠告。然而宋国之盟，子木有害人之心，武有爱人之心，楚国因此驾凌于晋国之上。如今武依旧此心，楚则不守信用，晋国非楚国所能伤害。武以信为本，循此而行。譬如农夫，除草培土，虽有一时饥馑，必然迎来丰年。况且我闻，能守信用便不为人下，或许我还未能做到守信。《诗》云，'不僭不贼，鲜不为则'。（《大雅·抑》）乃由于守信，坚持守信，能为人典范，便能不为人下。我之所难在于不能守信，楚国不足以成患。"果然，楚国公子围请用牺牲，宣读过去的盟约，然后置于牺牲之上，便结束盟誓。或许公子围想以此避免晋国先行歃血。但赵武既然坚持守信为本，并无争先之意，自然应允了楚国公子围。

盟誓之日为三月二十五日。楚公子围陈设国君服饰，并由一对执戈卫兵护卫在自己身旁。楚国令尹的排场引起各国大夫的议论。鲁国叔孙豹道："楚公子华美，像国君一样！"郑国子皮道："执戈之人靠前了。"因为根据周礼，国君出行，有一对执戈卫兵在前开道。执戈之人靠前，对令尹围来说在礼仪上僭越了。蔡国子家道："令尹在楚，已居楚王离宫蒲宫，有一对执戈卫士开道，有何不可？"楚国伯州犁道："敝国令尹仪仗，乃为此次出行辞行之时，向国君借用。"郑国行人公孙挥道："借后不会还了。"伯州犁道："您还是去担忧你们子晳违命作乱吧。"公孙挥道："楚王犹在，借而不还，您难道无忧吗？"齐国国弱道："我真替你们两位担心。"国弱所指，乃楚公子围与伯州犁。陈国公子招道："不怀忧虑如何成事？然两位如今不忧反乐。"卫国齐恶道："若有先知，有准备，即便有忧，又有何害？"宋国向戌道："大国发令，小国恭行，我知恭敬行事便是。"晋国乐王鲋道："《小旻》最后一章很好，我将遵循。"《小旻》一诗见《小雅·节南山之什》，最后一章云："不敢暴虎，不敢冯河。人知其一，莫知其他。战战兢兢，如临深渊，如履薄冰。"意味遇事不当冒险，而当"战战兢兢，如临深渊，如履薄冰"。

退出会场之后，公孙挥对子皮评论道："叔孙言辞确切而委婉，宋国左师言简而合礼，乐王鲋慈而恭敬，您与子家只言事实，均为可保数代爵禄之卿大夫。齐国、卫国、陈国大夫或许不能免难！国子替人担忧，子招乐人之忧，齐子认为虽忧无害。凡替人忧虑，乐人之忧，或以为虽忧无害，皆为取忧之道，忧必降临。《太誓》曰：'民之所欲，天必从之。'三位大夫有忧之兆，忧岂能不至？言以知物，或许便是言此。"

诸国卿大夫会盟之后尚未离开郑国，便传来鲁国季孙宿进攻莒国、占据郓邑的消息。莒人于虢邑会盟时向晋、楚两国报告，请求约束鲁国。楚国公子围向晋国赵武道："重温昔日盟约尚未结束，鲁国便攻打莒国，亵渎盟约，请诛杀鲁国使臣。"

乐王鲋辅佐赵武，他欲向叔孙豹索贿，以为叔孙豹向赵武讲情。他派人向叔孙豹要大带，叔孙豹未给。叔孙豹家臣梁其踁道："财物当用以护身，您为何吝惜？"叔孙豹道："诸侯集会，是为保卫国家。我以货物免祸，则鲁国必受讨伐。此乃为国招祸，岂是保卫国家？人之有墙，用以蔽恶。围墙有隙，谁之过错？保卫国家反使国家遭伐，我之罪过超过围墙有隙。虽然季孙有错，但鲁国何罪？叔孙出使，季孙守国，向来如此，我又怨谁？然而鲋来索贿，不答应他，此事不了。"于是叔孙豹召见使者，将自己衣裳撕下一片给他，并道："大带恐怕太窄。"

据《国语·晋语》记载，赵武向叔孙豹道："楚国令尹欲得楚国，并以诸侯为弱小。关于诸侯之事，令尹所求乃是能治诸侯，并非要为诸侯付出。令尹为人，刚愎自用，好自尊宠，如他治理，必加杀戮。你何不逃走？不然，不幸定会降临到你。"叔孙豹答道："豹受命于君，参加诸侯会盟，乃为护卫社稷。如若鲁国有罪，会盟使者逃遁，鲁国必不免遭受讨伐，我出使反成危害国家。如若我为诸侯所戮，对鲁国诛伐也就到此为止，必然不会再兴师问罪。请杀我吧。与自身犯罪被杀不同，由他人累及并不害义。如若可使国君平安，对国家有利，生死一心。"

赵武准备为叔孙豹向楚国令尹求情，乐王鲋因索贿未得，反被羞辱，因此竭力阻止赵武为叔孙豹求情。乐王鲋道："诸侯会盟尚未结束，鲁国便背叛盟约，如此盟约又有何用？不兴兵讨伐鲁国，又赦免鲁国受盟之人，晋国何以充任盟主？定要诛杀叔孙豹！"赵武道："有人不避以死保国，岂能不爱惜这样的人？如若臣子皆能如此体恤国家危难，则大国将不失威严，小国将不被欺凌。如若此道得行，可以为训，便不会有败亡之国。我闻，'善人在患，弗救不祥；恶人在位，不去亦不祥'。定要免叔孙之死！"

《左传》详细地记载了赵武为叔孙豹求情之辞。当赵武得知叔孙豹愿以死报国后，感叹道："临祸不忘国家，乃忠；知难不弃职守，乃信；为国不惜一死，乃贞；谋不离忠、信、贞，乃义。有此四者，岂可诛戮？"于是赵武坚决向公子围请求道："鲁虽有罪，但其执事不避祸难，畏惧贵国威严，恭敬从命。您若赦免于他，用以勉励楚臣，不是很好吗？如若您的官吏，于国内不避困难，于国外不避祸难，您还有何患？患之所生，在于困而不治，难而不守，因此有患。能做到敢于治理，不避危难，又有何患？不安定贤能之人，有谁会追随于您？鲁国叔孙豹可谓贤能之人，因此请求赦免于他，以安定贤能之人。您参加会盟，赦免有罪之国，奖励贤能之人，诸侯谁不欣然仰望楚国而归顺你们，谁不将远方的楚国看作近邻？国境城邑，一时属彼，一时属此，岂有恒定？三王五伯之政令，划定疆界，设置官员，树立界碑，著于典令，惩罚越境，尚且不能使国界一成不变。因此虞舜时代有征三苗之战，夏代有征观氏、有扈氏之战，商代有征有莘氏、邳氏之战，周代有征徐国、奄国之战。自从没有德善兼备的天子之后，诸侯竞争扩张，交替主盟，岂能一成不变？避免大祸而不计小错，便足以为盟主，何用管此小事？国土被削，何国不曾有？历来盟主，谁能治理？吴国、百濮有可乘之机，楚国执事岂会顾及盟约而不去攻打？莒国疆事，楚国不去过问为妥。不必烦劳诸侯兴师动众，难道不好吗？莒国、鲁国争执郓邑，为日甚久。只要对其国家没有大害，可以不必过问。免除诸侯烦劳，赦免从善之人，诸侯大臣便会竞相努力向善。请您慎重考虑一下。"由于赵武坚决向公子围请求，公子围最终应允，赦免了叔孙豹。

楚国公子围设宴招待赵武，赋《大明》首章。《大明》见于《大雅》，首章云："明明在下，赫赫在上。天难忱斯，不易维王。天位殷适，使不挟四方。"意为文王明德普照天下，其显赫与日月同辉；天命无常，为王不易。正是上天为殷立敌，使殷商失去天下。《大雅》诗乐，乃王者所用，公子围赋《大雅》，显然僭越。他借歌颂文王的诗句抬高自己，或许还有楚国当替代晋国为侯伯之意。

赵武赋《小宛》之二章。《小宛》见于《小雅》，诗云："人之齐圣，饮酒温克。彼昏不知，壹醉日富。各敬尔仪，天命不又。"意为圣贤饮酒，亦现温和。昏聩之人，每饮必醉。必当各自敬戒，因为天命不会再度降临。赵武或许针对公子围，告诫他要注重仪态，不可骄奢，要尊敬天命，保一方平安，否则天将不佑。

宴饮之后，赵武问羊舌肸道："令尹自以为王，将会如何？"羊舌肸答道："国君弱，令尹强，或可成功。虽可成功，却不得善终。"赵武问道："为何？"羊舌肸道："以强制弱，却心安理得，强而不义。不义而强，其亡必速。

《诗》云,'赫赫宗周,褒姒灭之',便因强而不义。令尹为王,必求聚合诸侯。晋国如今稍弱,诸侯亦会投靠楚国。他若得到诸侯,便会更加暴虐,民众不堪忍受,他又怎能善终?以强力获得君位,不义却能成功,必以不义为常道。以荒淫暴虐为常道,必不能长久!"

会盟之后,赵武、叔孙豹与曹国大夫进入郑都,郑简公同时设享礼招待他们。子皮事先去告知赵武,两人寒暄完毕,赵武赋《瓠叶》一诗。此诗见于《小雅》,诗云,"幡幡瓠叶,采之亨之。君子有酒,酌言尝之。‖有兔斯首,炮之燔之。君子有酒,酌言献之。‖有兔斯首,燔之炙之。君子有酒,酌言酢之。‖有兔斯首,燔之炮之。君子有酒,酌言酬之。"此诗为宴饮之诗,但食物却很简单,赵武当是顾及郑国作为东道主颇为破费,因此示意郑国君臣享礼无须丰盛。子皮将此事告知叔孙豹,同时告诉他赵武所赋之诗。叔孙豹道:"赵孟欲郑君行一献之礼,您应当听从于他。"子皮道:"敝国岂敢?"叔孙豹道:"人之所欲,有何不敢?"

待到举行享礼,赵武为主宾,因此郑国于东厢房准备了五献之礼的用具。根据周礼,天子公卿享礼九献,侯伯七献,子男五献,公侯伯之卿三献。郑国以赵武乃侯伯上卿,因此备五献之礼,高于公侯伯之卿。赵武辞谢,私下对子产道:"我已向贵国上卿请求一献。"于是郑国便行一献之礼。

享礼完毕开始饮宴,鲁国叔孙豹赋《鹊巢》一诗,此诗见《国风·召南》,诗云,"维鹊有巢,维鸠居之。之子于归,百两御之。‖维鹊有巢,维鸠方之。之子于归,百两将之。‖维鹊有巢,维鸠盈之。之子于归,百两成之。"此诗本为婚嫁之诗,叔孙豹赋此诗的意思当是:晋国筑巢,诸侯得安,因此诸侯当恭送晋国执政。赵武听后道:"武不敢当。"

叔孙豹又赋《采蘩》一诗,此诗亦见《国风·召南》,诗云:"于以采蘩?于沼于沚。于以用之?公侯之事。‖于以采蘩?于涧之中。于以用之?公侯之宫。‖被之僮僮,夙夜在公。被之祁祁,薄言还归。"诗歌言何处采蘩,在水之边,采之何用,公侯祭祀。叔孙豹赋此诗,其意当是,只要诚心诚意,勤劳王事,池沼薄土所生之物,亦可用于祭祀之礼。叔孙豹道:"小国献上薄礼,大国爱惜其用。小国岂敢不从大国之命?"

郑国上卿子皮赋《野有死麋》之末章,此诗亦见《国风·召南》,诗云:"舒而脱脱兮!无感我帨兮!无使尨也吠!"诗歌本为少女让少男不要粗鲁,子皮转意为晋卿不以非礼加于郑国,不扰郑国臣民,郑国君臣实感欣慰。

于是赵武赋《常棣》一诗作答。此诗见于《小雅》，诗云："常棣之华，鄂不韡韡。凡今之人，莫如兄弟。‖死丧之威，兄弟孔怀。原隰裒矣，兄弟求矣。‖脊令在原，兄弟急难。每有良朋，况也永叹。‖兄弟阋于墙，外御其侮。每有良朋，烝也无戎。‖丧乱既平，既安且宁。虽有兄弟，不如友生？‖傧尔笾豆，饮酒之饫。兄弟既具，和乐且孺。‖妻子好合，如鼓瑟琴。兄弟既翕，和乐且湛。‖宜尔室家，乐尔妻帑。是究是图，亶其然乎？"全诗歌颂兄弟患难之情，却担忧兄弟不能同享安宁，希望能够合家和睦，同享天伦。赵武赋罢道："我们兄弟亲密相安，可以不让犬吠。"子皮、叔孙豹与曹国大夫均起身下拜，举杯道："小国全仰仗您，方能免于获罪。"宴饮之时，满座饮酒其乐融融。然而赵武由宴会出来却叹道："我不得再见如此和美宴乐！"或许他已经感到自己身体不适，力不从心。

弭兵之盟乃华夏大事，因此于赵武回国途中，周景王派遣刘定公于颍邑慰劳赵武，将赵武安置于洛水之滨。面对洛水，刘定公感叹道："美哉！大禹之功！明德深远。非禹，我等或许均已为鱼。我与您能正襟危坐，治理百姓，安定诸侯，均赖大禹之功。您何不继承禹功、广佑百姓？"赵武答道："老夫唯恐获罪，岂能救济远方之民？我辈苟且度日，朝不谋夕，怎能虑及长远？"刘定公回京师后，向周景王报告道："谚语云，老年将增智慧，却增昏聩，或许便指如赵孟之人！身为晋国正卿，主持诸侯事务，反将自己等同于隶人，朝不谋夕，乃弃神、人。神怒而民叛，怎能长久？赵孟之寿不过今年。神怒，不享其祭祀。民叛，不为其做事。荒废祭祀与政事，如何得以过年？"果然，赵武卒于这年冬季。但赵武在处理诸侯事务中以和为主，起到了与民休息、安定华夏的作用，赵武谥"文子"，是对他功绩的肯定。

叔孙豹回国之后，曾夭为季孙宿驾车前去慰劳叔孙豹。季孙宿早晨来到叔孙豹家，但候至中午叔孙豹依旧不出来相见。曾夭对叔孙豹家臣曾阜道："我们从早晨等到中午，我们已经知罪。鲁臣从来以相忍为国。夫子于国外忍让，于国内却不能忍让，却是为何？"曾阜道："夫子数月在外，你们在此只是一朝，有何妨碍？商人欲求赢利，岂能讨厌闹市喧嚣？"曾阜又进去对叔孙豹道："应当出去见他了。"叔孙豹指着柱子道："虽然讨厌此柱，难道便能去掉？"便出去见季孙宿。可见鲁臣的确都能相忍为国。

# 第一三九章　大夫争女郑国又乱，秦君逐弟楚尹篡位

郑国刚刚将各国大夫送走，尚未得到休整，国内又发生了事端。据《左传》记载，郑国大夫徐吾犯之妹貌美，穆公之孙公孙楚已下聘礼。公孙楚，字子南。但公孙黑又强行派人送去聘礼。公孙黑，字子晳。两方均为公孙，徐吾犯都不敢得罪，便向子产求助。子产道："此乃国政不修，乃至大夫为女子相争。非您之患。令妹愿意嫁谁，由她决断。"于是徐吾犯请求两位公孙，让其妹自己选择。双方应承。徐吾氏女子择婿之日，公孙黑着装华丽，将彩礼放置堂上，便行告退。公孙楚则戎装而入，于堂前庭院中左右开弓展现射技，然后一跃，登车而去。徐吾犯之妹于房中观看二人举动，道："子晳确实美貌，然而子南则为大丈夫。丈夫当行大丈夫之事，妻子当守妻子之道，此所谓顺。"根据徐吾氏之女的意愿，她嫁予了公孙楚。公孙黑非常恼怒，于外衣里穿着甲胄去见公孙楚，想要杀公孙楚而取其妻。公孙楚知其意图，执戈追赶，至交叉路口，以戈击公孙黑。公孙黑受伤回去，向大夫们隐瞒他去找公孙楚的意图，而强调他为公孙楚所伤的事实，他道："我友好地去见他，不知他有异志，因而受伤。"

卿大夫们讨论如何对待此事。子产道："各有理由，年少而位低者有罪，罪在公孙楚。"于是子产命人捉拿公孙楚，列举其罪状道："国之大节有五，你均触犯。畏惧君威，服从政令，尊重贵者，事奉长者，奉养亲人，此五项乃治国之法。如今君处都城，你在都城动用兵器，乃不惧君威；触犯国家法纪，乃不从政令；子晳为上大夫，你为下大夫，而不肯居其下，乃不尊贵者；年少不敬，乃不事长者；用兵器击伤族兄，乃不养亲人。国君道，不忍杀你，逐至远方。你尽量速行，不要加重罪行！"此事本是公孙黑无理，郑国大夫们应当不可能听信公孙黑一面之词。子产如此处置，或许有其考虑。郑国君弱臣强，一方面，卿大夫如不安定，郑国必不安定，公孙黑为上大夫，颇有势力，如不安抚公孙黑，或许造成内乱；另一方面，由于君弱，更要强调君德君威，强调尊上尊长，消除以下犯上的威胁。子产压制公孙楚，当是权衡对国家之利弊。

这年五月，郑国放逐公孙楚至吴国。公孙楚为游氏，亦称游楚。让公孙楚起身前，子产征询游氏宗主游吉意见。游吉道："吉自身不保，岂能保族？楚之事，事干国政，非游氏私难。您为郑国考虑，利国即可行，有何疑虑？周公杀管叔，放逐蔡叔，岂为不爱兄弟？乃为巩固王室。吉若获罪，您也会执行刑罚，更不必顾虑游氏族人。"

六月，因公孙楚之乱，郑简公与卿大夫们于公孙段家盟誓。罕虎（子皮）、公孙侨（子产）、公孙段、印段、游吉、驷带又于郑国闺门外薰隧私下盟誓。公孙黑强要加入盟誓，让太史写下他名，称为"七子"。子产并不加以声讨。

但公孙黑并未因游楚被逐而满足，第二年，即周景王五年秋，公孙黑准备发动叛乱，欲除掉游吉，取而代之。但因去年之旧伤发作，没有实现其愿望。公孙黑为驷氏，此次驷氏畏惧祸及氏族，欲与卿大夫们杀公孙黑。子产正在郊外，闻得此事，怕不及返城，乘传车奔回。子产让官吏历数公孙黑之罪，道："伯有之乱乃你肇端，因大国之事，未讨伐于你。你贪心不足，国家不堪为你祸乱。你擅自攻打伯有，此乃罪一；与兄弟争夺妻子，此乃罪二；薰隧之盟，你假托君命，命太史为你署名，此乃罪三。有此三项死罪，怎能容忍？你不速死，大刑将至。"公孙黑再拜稽首，推托道："我命在旦夕，无须助天虐我。"子产道："人谁不死？凶人不得善终，此乃天命。做凶事，乃为凶人。不助上天，难道反助凶人？"公孙黑见不能免死，便请求让其子驷印担任褚师之职，管理市场。子产道："印若有才，国君将会任命。若无才，则早晚会追随于你。你不忧恤自己之罪，还作何请求？不速死，司寇将至。"于是公孙黑自缢。子产将其暴尸于周氏之衢，书其罪状于木板，将木板置于尸身上，以明其罪行，告诫国人。

各国均有内部矛盾。郑国平息内乱之时，秦国也在解决公族矛盾。秦国后子为秦桓公之子，秦景公之母弟。后子受秦桓公之宠，于秦景公即位时权势与景公相当，如同秦国两君并列。其母对后子道："若你不离开，恐怕会被遣放。"然而，直至秦景公三十六年，后子方才离开秦国赴晋国。他有车千辆，出行浩浩荡荡。《春秋》记载"秦伯之弟鍼出奔晋"，乃将罪责归于景公。但景公已容忍后子三十六年。

据《左传》记载，后子向晋平公进献财物，于大河搭建舟桥，并且每隔十里，停车若干辆，从秦都雍城绵延至晋都绛城。后子赴晋国后，设享礼宴请晋平公。古代享礼，先由主人向宾客敬酒，曰献；由宾客还礼，曰酢；再由主人酌酒自饮，劝宾客随饮，并以礼物赠予宾客，曰酬。完成献、酢、酬，称为一献。后子宴请晋平公，共返回八次取赠送之礼，亦即八献。司马侯问后子道："您的车辆都在此吗？"后子回答道："便是因为多。若少些，我何以会赴晋国，得见贵国君臣？"后子言他若不是车马家财多，不至于被逐出秦国。司马侯将后子之言告知晋平公，且道："秦公子必能归国。臣闻，君子能知其过。后子定有善谋。善谋，乃为天之所赞。"

后子进见赵武。赵武道："您大约何时回国？"后子答道："我惧怕国君遣放，因此滞留在此，准备新君即位后回国。"赵武道："秦君如何？"后子答道："无道。"赵武道："国将亡吗？"后子答道："为何会亡？一代国君无道，国不致灭。立国于天地之间，必有辅佐之人。没有数代荒淫之君，国不会亡。"赵武道："国君会短寿吗？"后子答道："会的。"赵武道："还有多久？"后子答道："我闻，国君无道而年谷丰熟，乃上天之助。不过五年。"赵武看着太阳之影道："朝夕不及，谁能等待五年？"后子出来，告诉身边之人："赵孟将死。主持民众之事，厌倦时光流逝，急于求成，还能有多久？"

秦景公之弟因避祸出国，楚国令尹却因夺位返都。令尹公子围派公子黑肱、伯州犁于犨、栎、郏三邑筑城。犨、郏本为郑邑，为楚国侵占。犨邑于今天河南省平顶山市鲁山县东南，栎邑于今天禹州市，郏邑于今天郏县。郑国人十分恐惧，子产却道："无妨。令尹将行大事，先要除去此两人。此祸不会波及郑国，又有何患？"

周景王四年冬，楚国公子围准备赴郑国访问，伍举为副。尚未出境，闻楚王有疾，公子围便返回国都，派遣伍举赴郑国。公子围回郢都之后，进宫探视楚王，以冠上缨穗将楚王勒死，又杀楚王两子王子幕与王子平夏。楚国右尹子干逃亡晋国，宫厩尹子皙逃亡郑国。公子围派人将太宰伯州犁杀死于郏邑，并将楚王葬于郏邑，称之为郏敖，没有谥号。之后，公子围派遣使者讣告郑国。伍举问使者关于王位继承人如何告知郑国，使者道："寡大夫围。"伍举更正道："共王之子围为长子，因此由其嗣位。"

子干逃亡晋国，追随者只有五乘车。此时晋国羊舌肸为太傅，使子干与秦公子后子食禄相同，均为百人口粮。因为晋国规定，大国之卿，一旅之田，一旅为五百人，因此田五百顷；上大夫，一卒之田，一卒为百人，因此田一百顷。两位公子于晋国均为上大夫，因此均食百顷田禄。赵武道："秦公子富。"

羊舌肸道："俸禄根据德行而定，德行相当，则根据年龄而定，年龄相当，则根据地位而定。各国公子来投，食禄据其国之大小而定，未闻根据财富来定。而且率车千乘离开其国，强势已甚。《诗》云：'不侮矜寡，不畏强御。'（《大雅·烝民》）秦、楚地位相当，公子食禄亦应相当。"后子辞道："我乃畏惧被国君驱逐，楚公子乃畏惧见疑于新君，因此皆来晋国，唯命是听。我已为晋臣，与楚客并列，或许不妥。《史佚书》有言，并非宾客，何用恭敬？"后子之意，楚公子干食禄当居己上，可谓懂礼谦让。

楚国公子围即位，是为楚灵王。灵王以薳罢为令尹，薳启彊为太宰。郑国游吉赴楚国参加郏敖葬礼，且拜访新君。回国后，游吉向子产道："准备会盟的行装吧！楚王骄奢，自我欣赏，必定要会合诸侯，我们时日不多便要赴会。"子产则道："没有数年，楚子不可能召集会盟。"果然，楚灵王并未马上召集诸侯会盟。从子产预言公子围要谋划大事，到预言灵王不会很快召集诸侯会盟，可见子产推断之准确。

# 第一四〇章　楚篡晋弱吴兴鲁守，莒乱滕丧燕逃齐衰

楚国令尹公子围有不臣之心，早已为各诸侯国有识之士看破。据《左传》记载，早在周景王二年春，楚国郏敖派遣蒍罢至鲁国访问，为楚国与鲁国通好。蒍罢，字子荡，时为楚卿。叔孙豹问道："令尹围为政如何？"蒍罢答道："我辈小人食禄听差，犹畏不能完成使命，不能免罪，怎能参与政事？"叔孙豹再三询问，蒍罢只是不答。蒍罢退后，叔孙豹向卿大夫们道："楚国令尹将举大事，子荡将协助于他。子荡是在隐瞒其国情。"

楚国大夫亦看出公子围的野心。周景王二年，公子围为立威，杀楚国大司马蒍掩，并吞取蒍掩家产。楚国大夫申无宇道："王子必不免祸。善人，乃国之主事。王子既为楚国之相，当培养善人，如今反倒暴虐他们，此为祸国之举。况且司马，乃令尹之佐，王之手足。绝民之主，去己之佐，断王之手足，危害国家，不祥莫大，怎能免祸？"

宋国之盟后，周景王三年，北宫文子北宫佗相卫襄公赴楚国朝见，见楚公子围之威仪，向襄公道："令尹威仪似国君，将有他志。虽能实现其志，却不能善终。《诗》云，'靡不有初，鲜克有终'。（《大雅·荡》）善终实难，令尹恐怕不能免祸。"卫襄公道："你如何知之？"北宫佗答道："《诗》云，'敬慎威仪，惟民之则'。（《大雅·抑》）令尹无威仪，民无所法则。民无法则，在民之上的人，不能善终。"卫襄公见楚国令尹威仪已同国君，北宫佗却道他无威仪，便又问道："何谓威仪？"北宫佗答道："有威而可畏谓之威，有仪而可效谓之仪。君有君的威仪，臣畏而爱之，仿效于君，因此国君能保有国家，善名长存。臣有臣的威仪，下民畏而爱之，因此能保其官职，保其家族。以下均是如此。因此上下能够互相巩固。《卫诗》云，'威仪棣棣，不可选也'。（《邶风·柏舟》）言威仪从容，各有其仪，君臣、上下、父子、兄弟、内外、大小皆有其威仪。《周诗》云，'朋友攸摄，摄以威仪'。（《大雅·既醉》）朋友相佐，便是佐以威仪。朋友之道定要以威仪相佐相训。《周书》列举文王之德曰，'大国畏其力，小国怀其德'，便是对文王畏而爱之。《诗》云，'不识不

知,顺帝之则'。(《大雅·皇矣》)是言文王行事并非有意为之,而是顺从天道。殷纣囚禁文王七年,诸侯皆陪他囚禁,殷纣惧怕诸侯联合,因而将文王放回,可谓诸侯爱文王。文王讨伐崇国,两次发兵,崇国降服为臣,蛮夷归服,可谓畏惧文王。文王之功,天下赞诵,歌之舞之,可谓以文王为则。文王之行,至今为法,可谓仿效文王之行。此乃文王具有威仪之故。因此君子在位可使人畏,施舍可使人爱,进退可使人法,周旋可使人则,容貌举止可观,为人处事可效,道德操行可令人效仿,声音气度可使人愉悦,动作有文德,言语有条理,以此君临天下,谓之有威仪。"北宫佗之所以言楚令尹无威仪,乃因公子围只会令人畏惧,不会令人敬爱。因此他断言楚令尹不得善终。

晋楚争霸,楚令尹的举止令各诸侯国注意,晋国作为侯伯,其执政的言行自然更令各国瞩目。赵武命将不久,亦为诸侯大夫所预言。周景王三年春,叔孙豹从澶渊会盟回国,见仲孙羯,向他道:"赵孟将死。他语言毫无远虑,不似万民之主。且年不满五十,便谆谆絮语,如八九十岁之人,恐不久于人世。如果赵孟死,为政者当是韩子。您何不向季孙氏建言,及早与韩子建立友好关系。韩子乃君子。晋君将会失去权柄,若不与韩子友善,让韩子早为鲁国做些准备,日后政在大夫,韩子懦弱,大夫多贪,求欲无厌,齐、楚不足以依靠,鲁国将陷入可怕的困境!"仲孙羯则道:"人生几何,谁不偷闲?朝不及夕,何用预先建立友好关系?"叔孙豹告辞后,向旁人道:"仲孙将死。我告诉他赵孟毫无远虑,但他比赵孟还要得过且过。"叔孙豹又与季孙宿讲晋国之事,季孙宿不听其建议。晋国赵武死后,公室地位下降,政权落入大夫们手中。韩宣子韩起执政,不为诸侯拥护。此为后话。

虽然晋国江河日下,但依旧为中原诸侯之伯,为对抗楚国之砥柱。吴国与楚国多次交兵,因此吴国逐渐靠拢以晋国为首的中原诸侯联盟。周景王三年,吴王派遣屈狐庸赴晋国访问,沟通吴、晋两国交往。赵武问道:"季子最终能立为国君吗?诸樊死于攻巢,阍人弑杀戴吴,上天似乎为季子开启了为君之门,如何?"屈狐庸答道:"季子不立。两位国王命当如此,并非为季子开启国君之门。天之所启,或许为现在的嗣君。他既有仁德,言行又合法度。德不失民,度不失事。民众亲附,政事有秩,或许上天为他开启国君之门。有吴国者,必此君之子孙,终吴国者,亦当为此君之子孙。季子,乃守节之人。虽可享有国家,也不愿立为国君。"屈狐庸所言不差,此后吴国一度强盛;但葬送吴国之人,亦为嗣君子孙。

## 第一四〇章 楚篡晋弱吴兴鲁守，莒乱滕丧燕逃齐衰

春秋时代，非但大国之间、大国内部不断争斗，小国之间、小国内部也频繁争斗。莒国犁比公生有两子：去疾与展舆。犁比公先立展舆，后又废他。犁比公暴虐，国人整日忧心忡忡。于是，周景王三年十一月，展舆倚靠国人攻打犁比公，弑杀犁比公，自立为君。去疾逃亡齐国，因为他乃齐女所生。展舆乃吴女所生。《春秋》记载道"莒人弑其君密州"，乃言罪在犁比公。

展舆忍心弑父，自非良善之辈。他即位之后，夺公室群公子之俸禄。于是，周景王四年秋，群公子派人将去疾从齐国召回。齐国的公子鉏送去疾回莒国，立为国君，展舆逃亡母家吴国。

乘莒国发生内乱，鲁国叔弓率领军队划定郓邑疆界。同时莒国务娄、瞀胡及公子灭明逃亡齐国，以莒国大庞邑与常仪靡邑奉送齐国。两个城邑在今天山东省莒县西北。时之君子评论道："莒展之不立，乃由于弃人！人岂可弃？《诗》云，'无竞维人'（《周颂·烈文》），唯有得人，才能强大。"

鲁国虽与莒国等国一直有疆界纠纷，但总体尚守礼制。周景王六年初，滕成公去世。五月，鲁昭公派遣叔弓赴滕国，参加滕成公葬礼，子服椒为副。到达滕国郊外，正是子服椒之父懿伯忌日，叔弓因此止步，不入滕国都城。此举乃为顾及子服椒。因他们作为鲁国使者入滕国，必须接受滕国赴郊外慰劳、安排住宿等仪式，子服椒逢父亲忌日，按照礼制，本该不做任何事情，以纪念父亲。但子服椒辞谢叔弓好意，道："公事只能考虑国家利益，不能考虑私家忌讳。椒请先入。"于是先入住宾馆。《左传》记载此事，当是赞扬鲁臣不以私事延误公事。

《左传》还记载了鲁臣对小国礼敬之事。同年，小邾国穆公赴鲁国朝见，季孙宿不想以诸侯之礼接待。叔孙豹道："不可。曹国、滕国与两个邾国不忘与我国友好，我们恭敬地迎接他们，尚畏其有二心，若不以礼接待友好国家国君，如何能迎来诸多友好国家呢？或许应当参照过去礼仪更加恭敬地接待为好。《志》曰，'能敬无灾'。又曰，'敬迎来者，天所福也'。"于是季孙宿听从了叔孙豹的建议。

相比起来，燕国君臣皆不守君臣之道，不守礼制。燕简公有许多嬖宠，为提携安置他所宠之人，居然想除去诸大夫，而立宠臣为大夫。燕国大夫们不甘心失去权位乃至性命，于周景王六年冬天，相互串联起来，杀死了简公外宠。简公失去外宠，心存畏惧，便逃亡齐国。《春秋》记载曰，"北燕伯款出奔齐"，乃言其有罪。

齐国助立莒国国君之后，莒国不仅成为齐国附庸，而且成为齐国囿园。周景王六年，齐景公于莒地田猎，卢蒲嫳进见，哭泣着请求道："我已老矣，须发如此短，还能做什么？"卢蒲嫳为庆封之党，被逐出境，想求得景公允诺，返回齐国。齐景公道："好。我会告诉两位执政。"回去之后，景公告诉公孙灶与公孙虿二人卢蒲嫳的请求。公孙虿想让卢蒲嫳官复原位，公孙灶不同意，道："他须发虽短，心计却长，他或许会寝我之皮。"于是这年九月，公孙灶将卢蒲嫳放逐北燕，驱逐到更远的地方。公孙灶远逐卢蒲嫳，解除了心头之患，却于此年冬天去世。大夫司马灶去见晏子道："齐国又失子雅。"晏婴道："的确可惜！其子子旗不能免祸，乐氏危哉！姜族削弱，妫氏将昌。惠公两孙刚强明白，尚可以维持姜氏，如今又丧失了一人，姜氏危哉！"诚如晏子所言，姜姓齐国日渐衰败，陈国公子完之后人于齐国势力日强，终于导致姜姓齐国改为陈氏齐国，此是后话。

# 第一四一章　晋平染疾医和论因，赵武身亡韩起出访

周景王四年，即公元前541年，据《左传》记载，这年五月，晋国中行穆子荀吴于大原打败山戎无终国以及众多狄人部落。此战之胜，胜在重用步兵。大战之前，魏舒道："他们为步兵，我们为车兵，两军相遇之地地形险要，他们若以十人攻打一辆战车，必能获胜。他们若将战车困于险地，又能战胜。因此请将我军全部改为步兵，从我开始。"于是晋军弃车不用，改为步兵行列，每五乘战车十五名将士改编为三伍。车兵改步兵，虽然人少，却是精兵。荀吴的宠臣不肯加入步兵行列，魏舒将其斩首示众。晋军摆成五种阵势，互相呼应，十人在前，二十五人于后，五人为右翼，十五人为左翼，五十人为前锋，以此诱敌。狄人见晋军人少，讥笑晋军，但未等狄人摆开阵势，晋军便压迫上前，最终大败狄人。或许狄人之前与晋军交战，晋军都用车战，此次晋军改用步兵列阵，狄人既不懂阵法，亦不知诱兵之计，依旧以过去一哄而上的作战方法，因此被晋军打败。

这一年，晋平公病，郑简公派子产赴晋国访问，并探视平公之病。羊舌肸拜访子产，问道："寡君之疾病，卜人曰'实沈、台骀为祟'，史官不知，请问此何神灵？"子产道："昔日高辛氏帝喾有二子，长为阏伯，次为实沈，居于林中，互不相容，日起干戈，相互征讨。帝尧即位后，认为他们不善，将阏伯迁至商丘，以心宿大火星为辰星定时节。商人因袭，因此大火星又称商星。又将实沈迁至大夏，以参宿定时节，唐人因袭，服事于夏、商。唐人的末世为唐叔虞，服事于殷商。当武王夫人邑姜怀太叔时，梦见天帝对她道，我为你子取名为虞，准备将唐国予他，托于参星，繁衍其子孙。太叔出生，有虞字纹在其掌心，因名为虞。成王灭唐，将唐封予太叔虞，因此参星为晋国之星。以此看来，实沈为参星之神。昔日金天氏帝少昊有嫡子名昧，为玄冥师，即水官，生允格、台骀。台骀能继承水官之业，疏通汾水、洮水，筑堤防泽，让民众住于高原。帝颛顼嘉奖于他，封于汾川，即汾水流域，沈、姒、蓐、黄四国为台骀之后，守其祭祀。如今晋国主宰汾水流域，灭此四国。由此看来，台骀为汾水

之神。然而此两神与晋君之病无关。山川之神，遇水旱瘟疫之灾祸，祭祀其以禳灾。日月星辰之神，遇雪霜风雨不合时令，祭祀其以禳灾。国君之身染病，则是出入、饮食、哀乐过度之故。山川、星辰之神又有何作为？侨闻，君子有四时，朝以听政，昼以访问，夕以修令，夜以安身。因此要有节制地散发血气，不使之有所壅塞而损伤身体。若心神不明，则百事昏乱。如今血气专用一处，人便生病。侨又闻，妻妾不能有同姓，不然子孙不蕃。如今贵君搜罗美人，不避同姓，因此有病。君子因此厌恶同姓妻妾。《志》曰，'买妾不知其姓，则卜之'。违此二者，古人所慎。男女辨姓，礼之大事。如今贵君宫中有四名姬姓之妾，或许贵君之病正因此故。若因此不蓄气血，不避同姓，病不可治。除却四妾犹可，否则必然生病。"羊舌肸道："善哉，肸未曾得闻，所言皆是。"

晋平公听羊舌肸汇报子产之言，道："子产真乃知识渊博之君子。"于是派人送给子产丰厚的礼物。

《左传》与《国语》均记载了晋平公向秦国求医之事。秦景公派遣医和为晋平公诊病。医和诊后道："病无法可医，亲近女色，如同中蛊。非由鬼神，亦非饮食，乃惑于女色，丧失心志。良臣将死，天命不佑。若君不死，亦失诸侯。"晋平公问道："女人不能亲近吗？"医和答道："需要节制。先王之乐，乃用以节制百事，故有五声之节，有快慢、本末相谐，中和五声，降于无声。五声皆降，不可再弹。此时再弹便有繁复手法与靡靡之音，扰人耳心，忘记平和，因此君子不听。凡事便如同音乐。凡事过度，必须舍弃，不要因此得病。君子近妻室，须以礼节制，不能困扰心智。天有六气，降生五味，发为五色，验为五声。六气为阴、阳、风、雨、晦、明，分为四时，序为五节，过则为灾，便生六疾。阴淫寒疾，阳淫热疾，风淫肢疾，雨淫腹疾，晦淫惑疾，明淫心疾。女子属阴，男阳用事，过度则生内热之疾，房事于夜，即晦暗之时，过度则生蛊惑之疾。如今国君不节制，不分昼夜，能不如此？"

医和出来，告知赵武。赵武问道："谁为良臣？"医和道："是您。您相晋国，于今八年，晋国无乱，诸侯无缺，可谓良臣。和闻，'直不辅曲，明不规暗，拱木不生危，松柏不生埤'。国之大臣，荣其宠禄，任其大节。有灾祸生，不能改正，必受其咎。如今，国君无节制，因生疾病，不能图谋社稷，岂有更大之祸？您不能禁此祸难，又不能自动引退，反而以执政八年内外无事为荣。我因此而言。"赵武问道："医道能医国吗？"医和道："上医医国，其次医人。"

赵武又问道："何谓之蛊？如何产生？"医和答道："沉迷惑乱所生。从文字看，皿中之虫为蛊。谷中飞虫亦为蛊。在《周易》中，女惑男，风落山谓之'蛊'。皆同类之物。"医和所言《周易》"蛊"卦，为巽下艮上，巽为长女，为风；艮为少男，为山。古人认为，长女少男，并不匹配，因谓之惑。山上树木风吹而落，因此乃病。赵武又问："国君尚有几年？"医和道："若诸侯臣服，晋无大事，则国君不知收敛，当不过三年。若诸侯反叛，国君收敛，亦不过十年。若延寿过十年，乃晋国之祸。"赵武对医和之言甚为信服，道："真乃良医。"赠予重礼，送其回国。

赵武其人相晋平公，或许多少沾染了平公的奢侈淫逸习气。据《国语》记载，赵武建造宫室，命人砍削房椽将其打磨。张老傍晚时赴赵武府邸，看到后不进见赵武便回。赵武知道后，乘车去见张老，道："我有不善，当告诉我，为何速速离去？"张老答道："天子宫室，砍削房椽将其打磨，再以密石细磨；诸侯宫室，房椽打磨；大夫之家，砍削不磨；士之房屋，只去枝梢。备物得宜，乃义；遵从等级，乃礼。如今您贵而忘义，富而忘礼，我怕不能免祸，如何敢言。"赵武回家后，命令不再打磨房椽。匠人建议全部改为砍削，赵武道："不必。为使后代看到，砍削者，乃仁者为之；打磨者，乃不仁者为之。"可见赵武能从善如流，且不饰己非。虽然平公淫逸，但晋臣中却不乏赵武、张老这样的贤臣。

十二月，晋国已行冬祭。或许因医和之言，或许感觉身体不适，赵武想于生前再次祭祖，便赴南阳，准备祭祀其祖赵衰。他于温邑家庙冬祭之后，不数日便身亡。郑简公赴晋国吊唁，赵氏辞谢，于是简公至雍邑便回。雍邑位于今河南省焦作市西南。

赵武死后，晋平公以韩起执政。周景王五年春，晋平公派遣韩起赴鲁国访问，同时告知其执政。韩起于鲁国太史处观览书籍，看到《易》《象》《鲁春秋》，道："《周礼》尽在鲁国，我今日方知周公之德与周之所以能够成就王业。"

鲁昭公设享礼招待韩起，季孙宿赋《绵》之末章。《绵》见于《大雅》，末章云："虞芮质厥成，文王蹶厥生。予曰有疏附，予曰有先后。予曰有奔奏，予曰有御侮！"是言虞、芮两国之争，为文王治理下周地的仁爱礼让之风所感，得以化解。赞美文王有教化之臣，能使疏远者变亲近；有礼制之臣，使臣民知先后之礼；有外交之臣，为国奔走；有御侮之臣，为国御敌。季孙宿当是借此赞美韩起为侯伯股肱之臣。

韩起赋《角弓》一诗。诗见《小雅》，诗首章云："骍骍角弓，翩其反矣。兄弟婚姻，无胥远矣。"言兄弟姻亲，不能疏远。季孙宿拜道："谨谢您亲近敝国，寡君有望。"于是季孙宿又赋《小雅·节南山》之末章，云："家父作诵，以究王讻。式讹尔心，以畜万邦。"意谓晋国作为侯伯，能感化诸侯，协和万邦。

享礼完毕，又于季孙宿家宴饮。季孙家有一株嘉木，韩起非常赞赏。季孙宿道："宿岂敢不精心培植此树，以不忘《角弓》一诗之意。"于是赋《甘棠》一诗。诗见《国风·召南》，诗云："蔽芾甘棠，勿剪勿伐，召伯所茇。‖蔽芾甘棠，勿剪勿败，召伯所憩。‖蔽芾甘棠，勿剪勿拜，召伯所说。"诗意为茂盛的棠梨树，不能损伤，因为它是召伯居住歇息的地方。表现百姓对召伯的敬仰。季孙宿借院中之树赋此诗，乃赞颂韩起具有召伯之风度品行。因此韩起忙辞谢道："起不敢当，起不及召公万一。"

韩起从鲁国赴齐国，为晋平公聘娶少姜，进献彩礼。之后，韩起又拜访齐国大夫公孙灶与公孙虿。齐惠公之孙公孙灶，字子雅，以其父之字乐为氏，乃齐国乐氏之祖；惠公之孙公孙虿，字子尾，以其父子高之字为氏，为高氏始祖。公孙灶与公孙虿曾于四年前联手，驱逐齐国上卿高止。两年前，公孙虿担忧大夫闾丘婴为害，便设计杀闾丘婴，派闾丘婴率兵攻打鲁国城邑阳州。鲁国质问齐国为何出兵，于是公孙虿借此杀闾丘婴，取悦鲁国。工偻洒、渻灶、孔虺、贾寅逃亡莒国。公孙虿又驱逐公室群公子，以防他们觊觎齐国政权。如今两位公孙均掌握着齐国实权，因此韩起要拜访两位。

韩起先见公孙灶。公孙灶或许想与晋国执政拉近关系，便召其子子旗，让他拜见韩起。韩起见子旗后道："非保家之主，无臣子品行。"韩起又去见公孙虿。公孙虿或许亦如公孙灶之想法，亦让其子彊拜见韩起。韩起对其评价如对子旗评价相同。或许因韩起直言不讳，不用外交的婉转辞令，抑或两位公孙氏族于齐国势力很大，眼见家族兴旺，因此齐国很多大夫均讥笑韩起。只有晏子相信韩起所言。晏子道："韩夫子乃君子。君子诚信，不会妄言。或许夫子有其识人之法。"果然，十年之后，齐国乐氏、高氏出亡，此为后话。

韩起离开齐国回国途中，又赴卫国访问。卫襄公设享礼招待。北宫文子北宫佗赋《淇奥》一诗，诗见《国风·卫风》，乃歌颂卫武公之仪容美德。北宫佗借此赞颂韩起。韩起亦赋《卫风》之诗《木瓜》，诗云："投我以木瓜，报之以琼琚。匪报也，永以为好也！‖投我以木桃，报之以琼瑶。匪报也，永以为好也！‖投我以木李，报之以琼玖。匪报也，永以为好也！"意为投桃报李，晋国当与卫国永远结好。

同年四月，晋国派遣公族大夫韩须赴齐国迎娶少姜。齐国派遣陈无宇送少姜至晋国。诸侯嫁娶，如嫁娶国君姊妹，则以上卿送迎，如嫁娶国君之女，则以下卿送迎，嫁予大国，虽国君之女亦以上卿送之。少姜为齐景公之妹，晋平公迎娶少姜，并非以少姜为夫人，因此迎送规格当低于上述迎娶夫人之规格。少姜有宠于晋平公，平公称她为少齐，不以其娘家之姓为称呼，而以其国名为称呼，抬高其地位，表示对她特别恩宠。平公认为陈无宇并非齐卿，以其送亲有蔑视晋国之嫌，令人于晋国中都抓住了陈无宇。少姜为陈无宇求情道："送亲之人地位同于迎亲之人。由于畏惧晋国，齐国有所变通，派上大夫送亲，因此才生混乱。"少姜的意思是，晋国仅派公族大夫迎亲，齐国已派上大夫送亲，已尊晋国为大国，这种不对等不应怪罪送亲的上大夫。然而晋平公尽管宠幸少姜，却没允诺少姜之请。

少姜属于无福之人，尽管平公宠幸，却于当年秋天身亡。鲁昭公要赴晋国吊唁，抵达河滨，晋平公派士文伯前来辞谢道："并非伉俪，不必亲临。"本来，即便诸侯嫡夫人丧，亦无他国诸侯吊丧之礼。鲁昭公或许想亲近讨好晋国，也讨好齐国，才有亲自吊唁之举。昭公回国，由季孙宿送去少姜下葬服饰。

少姜已死，太傅羊舌肸向晋平公谈及陈无宇道："他有何罪？国君派公族大夫迎亲，齐国派上大夫送亲，若还嫌齐国不恭，国君要求实在过分。我国不恭，反执齐使，刑罚过于偏颇，何以充任盟主？况且少姜曾经为他请求。"羊舌肸请平公看在死去的少姜情面，放过陈无宇。于是这年冬天，陈无宇得以返回齐国。

其间，鲁国派遣大夫叔弓赴晋国访问，回报韩起之访。晋平公派人赴郊外慰劳，叔弓辞谢道："寡君派弓前来续修旧好，坚持弓不能受迎宾之礼，只需将寡君之命转达于大国执事，便是敝国大幸，岂敢烦劳使者赴郊外慰劳？敬请辞谢。"平公派人请叔弓入住宾馆，叔弓辞谢道："寡君命下臣前来续修旧好，修好完成，便是下臣之福。岂敢入住宏伟的宾馆！"羊舌肸道："子叔子知礼！我闻，'忠信，礼之器也；卑让，礼之宗也'。言不忘国，乃忠信；先国后己，乃卑让。《诗》云，'敬慎威仪，以近有德'。（《大雅·生民》）夫子已近贤德。"由此可见，鲁国不乏贤臣。

## 第一四二章　晏婴论齐叔向论晋，君臣朝晋郑伯朝楚

据《左传》记载，周景王六年，齐景公九年，景公派遣晏婴赴晋国请求晋君继续纳齐女为妾。晏婴向晋国君臣道："寡君派婴前来致其心意曰，寡人愿朝夕不倦侍奉侯伯，然而国家多难，不能前来。先君嫡女有幸列于侯伯内宫，点亮寡人希望，她却无福，过早殒命，使寡人失望。侯伯若不忘先君之好，惠顾齐国，安抚寡人，为寡人向太公、丁公祈福，镇抚敝国，则敝国尚有先君嫡女及寡人姐妹若干人。侯伯若不弃敝国，请遣使慎重选择，作为嫔嫱，乃寡人之望。"韩起派羊舌肸回答道："此乃寡君之愿。寡君不能独自承担社稷之事，且如今未有伉俪，然而正在服丧期间，是以未敢请求再娶。如果贵君惠顾敝国，安抚晋国，赐予内主，则岂唯寡君，群臣均受贵君恩惠。"

订婚之后，晏婴接受宴请，羊舌肸陪宴，相谈甚欢。羊舌肸问道："齐国如何？"晏婴道："已到末世，我不知齐国是否会属于陈氏。国君抛弃了民众，民众如今多归附陈氏。陈氏放贷，以大量器出，小量器入，民众受益。他将山木运至市场，价格不高于山中；鱼、盐、蜃、蛤，价格不高于海滨。百姓之力若分为三份，两份要归国君，自己只能留一份维持衣食。国君仓储腐朽生虫，而国中老人却忍饥挨冻。民众贫困，盗贼增多，受刑之人，不可胜数，以致国内市场履贱踊贵。因民间疾苦，陈氏常予以厚赐。陈氏爱民如父母，民众归之如流水。可见陈氏先祖箕伯、直柄、虞遂、伯戏，随着胡公、太姬，其神魂已在齐国。"

羊舌肸道："我国公室，亦到末世。戎马不驾兵车，诸卿不率军队，车乘无御者与戎右，步卒无可任长官。道路饿殍之冢相望，都城嬖宠之家日富。民闻君命，如逃仇寇。栾、郤、胥、原、狐、续、庆、伯八氏本皆姬姓，前五族本为晋卿，后三族本为大夫，如今后人降为皂隶。政出私门，民无所依。国君只知以娱乐排遣忧患。《谗鼎之铭》曰：'昧旦丕显，后世犹怠'，朝乾夕惕，成就功业，后世尚会懈怠，何况不知改悔，岂能长久？"晏婴问羊舌肸道："您欲如何？"羊舌肸叹道："晋国公族将亡。肸闻，公室将卑，其宗族枝叶先落，

公室亦随之凋零。肸之同宗十一族,唯羊舌氏尚在。肸又无子,公室无度,幸得善终,岂得有祀?"

晏婴并非只是背后议论国君不是,他曾当面向景公进谏。当初景公向晏婴道:"你的住宅靠近闹市,低洼狭窄,喧嚣多尘,不能居住,请换至高处爽亮之宅。"晏婴辞谢道:"君之先臣居此,臣不足以继承父祖,居此已属奢侈。且小人靠近市场,朝夕可得所需,此为小人利益,岂敢麻烦司里建造新宅?"景公笑问:"你靠近市场,懂得物价贵贱吗?何物贵?何物贱?"晏婴答道:"假肢贵,鞋子贱。"景公因此减省刑罚。时之君子评论道:"仁人之言,其利广博!晏子一言,齐侯省刑。《诗》云,'君子如祉,乱庶遄已'(《小雅·巧言》),言君子如喜,祸乱速止,或许便是言此。"

晏子赴晋国时,景公为他新建了住宅。晏婴回国,新宅已经完工。晏子拜谢后,托陈无宇代为请求拆毁新宅,将邻里房屋恢复如初,让原住户迁回。晏婴道:"谚语曰,'非宅是卜,惟邻是卜'。几位已先卜为邻,违卜不祥。君子不做非礼之事,小人不做不祥之事,此乃古制,我岂敢违背?"

同年五月,晋平公派上卿韩起赴齐国迎娶齐国公主。公孙虿居然以他自己的女儿顶替景公之女。有人对韩起道:"子尾欺骗晋国,晋国为何接受?"韩起道:"我们想要得到齐国,反而疏远齐君宠臣,宠臣岂能来附?"

晋、楚争斗多年,如今虽然表面盟誓和好,其实依旧不两立。夹在中间的郑国依旧并不好过。周景王六年春,晏婴赴晋国之前,郑国游吉赴晋国为少姜送葬,晋国大夫梁丙与张趯见他。梁丙道:"您为此事专程而来,礼数过重了!"游吉道:"岂能由我?昔日文公、襄公称霸,事务不烦诸侯,诸侯三年一访,五年一朝觐,有事便集会,不睦就盟誓。国君薨,大夫吊唁,卿参加葬礼;夫人死,士吊唁,大夫送葬。如此晋国足以昭显礼仪。如今宠姬之丧,各诸侯国不敢依礼选择适当职位之人吊唁,礼数超过嫡夫人,尚且唯恐获罪,岂敢怕麻烦?少姜有宠而死,齐国必然继续送女前来。我又会前来祝贺,我将不止此行。"张趯道:"我如今得闻丧葬礼数。但自今往后您大约无须奔忙。晋国已到极点,能不衰退吗?晋国将会失去诸侯,届时诸侯欲求麻烦也不可得。"两位大夫告退后,游吉向左右道:"张趯明白事理,或许可列于君子之列。"

刚到四月,郑简公便又以公孙段为相,赴晋国朝见晋君。公孙段极为恭敬,平公将赐命道:"你父子丰有劳于晋国,我闻知后便不曾忘记。赐予你州邑土地,以酬你父旧勋。"公孙段再拜稽首接受策书。时之君子评论道:"礼仪，或许为人之迫切需要。伯石如此骄傲，一旦对晋国有礼，便得到福禄，何况始终有礼者？《诗》云，'人而无礼，胡不遄死'，或许便是言此。"州邑位于今河南省温县北，原为王室所有，桓王赐予郑国，后为晋国所有，曾为栾豹采邑，栾氏灭亡后，士匄、赵武、韩起均想得到此邑。赵武道："温邑，乃我之邑。"士匄与韩起则道："自郤称将州邑与温邑划分开来，自郤氏、赵氏、栾氏，已传三家。国家将一邑划分为二的情况，不仅温邑、州邑，谁还能按划分之前治理？"赵武感到惭愧，便放弃州邑。士匄与韩起又道："我们不能出言公正，而私自得利。"于是二人亦放弃州邑。待赵武执政，其子赵获道："如今我们可取州邑。"赵武怒道："退下！两位夫子之言，合于道义。违背道义，乃是取祸。我不能治好我的封邑，又焉用州邑，自取其祸？君子曰，'弗知实难'。不知祸从何处起，实难避祸，而知祸将从何处起，却不避祸，祸莫大焉。再有人提州邑，定将处死！"可见赵武明智。丰氏原来赴晋国，均住于韩氏家中。公孙段能得州邑，乃韩起为其请求。韩起实是为自己将来能够再得州邑。若州邑日后归还晋国，他便是自郑国手中而非自晋国赵氏、范氏手中取得此邑。可见韩起执政，私心重于赵武。

  七月，晋平公与齐国公主成亲，郑国因晋国派遣韩起前往齐国迎亲，便亦派上卿罕虎（子皮）赴晋国祝贺。罕虎向晋国请示道："楚人不时来质问敝国，为何不去朝见他们的新君。若敝国前往，则畏惧执事或许会指责寡君本来就有自外于晋国之心。而若不去朝见楚君，则宋国之盟又规定小国要去朝见。我们进退皆有罪。因此寡君派虎前来请示。"韩起派羊舌肸答道："贵君若心有寡君，赴楚何害？只是为履行宋国之盟。贵君若想到盟约，寡君便知可以免罪。贵君若心中没有寡君，虽然朝夕光临敝国，寡君亦会猜疑。贵君真心事晋，何必来告寡君。贵君可前往楚国。若心向寡君，在楚国便犹如在晋。"

  张趯派人对游吉道："自您回国，小人扫除先人旧房时道，您或许会来。如今却是子皮前来，小人非常失望。"游吉回复道："吉地位低下，不能前来，因为郑国要表现畏惧大国，尊敬晋君夫人。如您曾言，我今后无须奔忙了。"

  郑简公在得到晋国许可后，于当年十月以子产为相赴楚国朝见楚君。楚灵王设享礼招待郑简公，赋《小雅·吉日》一诗。这是一首描写西周宣王田猎全过程的诗。享礼结束后，子产便准备田猎用具，陪同楚灵王与郑简公赴江南云梦田猎。郑简公便是依靠子皮、子产等臣子，周旋于楚国、晋国两个大国之间，于夹缝中求生存。

## 第一四三章　晋允退让平公纳谏，楚合诸侯灵王骄纵

据《左传》记载，周景王七年春，即公元前538年，许悼公赴楚，为楚灵王强留，同时也强留了郑简公，让二位国君再次陪他赴江南田猎。楚灵王强留两国国君，主要是为使以晋国为首的诸侯联盟兑现宋国之盟的承诺，让诸侯在朝晋的同时朝楚。

楚灵王派伍举赴晋国请求允许楚国召集诸侯，让郑简公、许悼公在楚国等待。伍举向晋国君臣传达了楚灵王的意愿："寡君派举前来向贵君道，昔日承蒙贵君恩惠，赐盟于宋，曰晋、楚之从国交互朝见。因岁月多难，寡人愿与几位国君同欢，派举请您于闲暇之时听取寡人之请。您若无四方边境之患，望借您威望请诸侯一聚。"楚灵王的意图非常清楚，想请晋国为他召集诸侯会盟，而让楚国作为盟主。

晋平公自然不愿允诺。司马侯道："不可。楚王好大喜功，上天或许让其得志，增其劣迹，然后降罚，此未可知。或者让其得以善终，亦未可知。晋、楚均只能待天相助，不可相争。国君当允诺于他，修明德行，以待天命归宿。若楚王归于德，我国尚将事奉于他，何况诸侯？若楚王荒淫暴虐，楚人自会弃他，谁又能与我国争霸？"晋平公道："晋有三者，可免危殆，岂有匹敌？晋国地势险要，多产马匹，齐、楚多难。有此三者，晋国面向何方不能成功？"

司马侯答道："依仗地势险要，马匹众多，对邻国幸灾乐祸，三者恰会带来危殆。四岳、三涂、阳城、太室、荆山、中南，均为九州险地，从来不属一姓。"司马侯所言三涂，乃今天河南省嵩县西南伊水之北三涂山，名崖口，又名水门。阳城位于今河南省登封市东北分水岭山。太室即今河南省登封市嵩山。荆山位于今湖北省襄阳市一带。中南即今陕西省西安市终南山。这些地方历代有兴亡，并不属于一姓。司马侯继续道："冀州北部，产马之地，并无兴盛之国。恃险与马，不能巩固邦国，自古皆然。因此先王务修德音，以享神、人，未闻务险与马。邻国之难，不可幸灾乐祸。或许多难能够巩固国家，开辟疆土；或许无难导致丧失国家，失去疆土。为何要幸灾乐祸？齐有仲孙

（公孙无知）之难，而得桓公，至今齐国仰赖其余荫。晋有里克、丕郑之难，因获文公，以为盟主。卫、邢无难，敌国灭之。因此他人之难，不可幸灾乐祸。仗此三者，不修政德，救亡不及，怎能成功？您还是允诺楚王。殷纣淫乱暴虐，文王惠民温和。殷因此亡，周因此兴。岂在于争夺诸侯？"于是晋平公允诺楚使请求，派羊舌肸答道："寡君有社稷大事，所以不能按时觐见楚君。至于诸侯，本属贵君，何必再由晋国下令？"伍举又为灵王求婚，晋平公亦应允。

伍举赴晋之后，楚灵王问子产道："晋国会允许我会合诸侯吗？"子产道："会允许的。晋君贪图安逸，志向不在称霸诸侯。其卿大夫们多求多欲，不能匡正国君。宋国之盟言两国地位相当。若不允楚君，何须在宋盟约？"楚灵王道："诸侯会来吗？"子产道："必来。服从宋国之盟，博取国君欢心，不必再惧晋国，诸侯为何不来？不来之国，大约只有鲁、卫、曹、邾。曹国畏惧宋国，邾国畏惧鲁国，鲁国、卫国为齐国压迫，因而亲近晋国，因此不来。其余之国，乃君王威势所及，谁敢不来？"楚灵王道："我所要求无不可行？"子产答道："依靠他人以求得志，不可以行；与人同欲，则无所不成。"

这年夏天，诸侯赴楚国朝见，正如子产所料，鲁国、卫国、曹国、邾国未赴楚国朝见。曹国、邾国辞以国内不安，鲁昭公辞以祭祖，卫襄公辞以生病。郑简公于楚国申邑等待。六月十六日，楚灵王于申邑会合诸侯，蔡灵公、陈哀公、郑简公、许悼公、徐国国君、滕国国君、顿国国君、胡国国君、沈国国君、小邾国国君、宋国世子、淮夷之君均与会。伍举向灵王道："臣闻，诸侯只归服于有礼之人。如今君王始得诸侯，当慎于礼仪。能否成就霸业，在此集会是否成功。夏启有召集诸侯的钧台之享，商汤有诸侯会盟的景亳之命，周武有聚合诸侯的孟津之誓，成王有大举阅兵的岐阳之蒐，康王有接受朝觐的酆宫之朝，穆王有震慑东夷的涂山之会，齐桓有以礼退兵的召陵之师，晋文有大会诸侯的践土之盟。君王采用何种形式？宋国左师向戌、郑国执政子产在此，他们乃诸侯良臣，君王可向他们询问。"楚灵王道："我采用齐桓公的形式。"他派人向向戌与子产咨询礼仪。向戌道："小国学习礼仪，大国使用礼仪，敢不献言？"于是向戌献上公侯会合诸侯的六项礼仪。子产道："小国以事奉大国为职，岂敢不尽职守？"于是子产献上伯、子、男会进见公侯的六项礼仪。时之君子认为，左师向戌善于保守前代礼仪，子产善于辅佐小国。

楚灵王让伍举侍从在后，随时纠正错误。但直到礼仪结束，伍举没有纠正任何事情。灵王问其缘故,伍举答道:"六项礼仪我未曾见过,如何纠正?"

宋太子佐后到,楚灵王于武城田猎,很久不接见他。伍举认为此举失礼,便请灵王辞谢宋太子。楚灵王派使者前去道:"寡君正于武城有祭祀宗庙之大事,将献祭礼于宗庙,请于事后再见。"

楚灵王虽然因伍举谏言,耐着性子于诸侯集会时依据礼仪行事,但其本心并不尊重各国诸侯。他依旧任意妄为。徐国国君乃吴女所生,楚灵王认为他必有二心,因此于申邑将前来赴会的徐国国君拘捕。

对于楚灵王的骄纵表现,伍举谏道:"夏启、商汤、武王、成王、康王、穆王六王,齐桓、晋文二公所为,均向诸侯显示礼仪,诸侯因此听命。而夏桀举行仍邑之会,有缗氏背叛。商纣举行黎丘田猎,东夷背叛。幽王举行太室之盟,戎狄背叛。都因他们向诸侯表现骄纵,诸侯因此违命。如今君王过于骄纵,恐怕不会成功!"但楚灵王不听。

子产见向戌道:"我不担心楚国了。骄纵、刚愎,不听劝谏,其命运不过十年。"向戌道:"是的。没有十年骄纵,其恶不会远播。其恶远播,而后见弃。善亦如是,德行远播,而后能兴。"楚灵王的骄纵,反倒使得有识之士看到了希望。

同年七月,楚灵王率诸侯之师攻伐吴国,宋国太子佐、郑国简公先行回国,分别派遣宋卿华费遂与郑国大夫率领军队跟随灵王东征。灵王派遣屈申包围吴国朱方邑。朱方邑位于今天江苏省镇江市丹徒镇。齐国庆封逃亡吴国后,吴王将朱方邑赐予庆封。此时朱方为庆封封邑。楚国军队攻克朱方邑,俘获庆封,灭其全族。或许楚灵王想显示其讨伐吴国之举乃出于义举,因此要公开诛杀庆封。伍举道:"臣闻自身无瑕,方可诛戮他人。庆封因违逆君命,方才至此,他肯俯首受戮吗?若他不肯沉默,毁坏我王名声,传于诸侯,又会怎样?"灵王不听,让庆封背负斧钺,于诸侯军队巡行示众,并让他自己道:"不要像齐国庆封那样,弑其君,弱其孤,并强迫大夫们盟誓追随!"结果庆封喊道:"不要像楚共王庶子围,弑其君——其兄之子麇,取而代之,强迫诸侯盟誓追随!"于是楚灵王赶紧让人杀掉庆封。

楚灵王又以诸侯之师灭赖国。赖国位于今天湖北省随州市东北。赖国国君知无力守国,因此让人将其两手反绑,口衔玉璧,士皆袒背,抬棺跟随,来到楚国中军。楚灵王询问伍举赖国君臣之举,伍举答道:"当年先王成王攻克许国,许僖公便是如此。成王亲手为其解除捆绑,接受其玉璧,焚其棺材。"于是楚灵王听从伍举建议，照楚成王之举行事，将赖国臣民迁至鄢邑。鄢邑或位于今湖北省宜城市境。楚灵王想将许国迁至赖国，派斗韦龟与公子弃疾于赖国为许国筑城之后回国。

楚国大夫申无宇叹息道："楚国之祸于此开端。召集诸侯，诸侯便来，攻打他国，就能得胜，于边境筑城，诸侯没有争议，国君愿望均能如意，百姓还能安居吗？百姓不能安居，谁能承受？不堪忍受国君之命，乃是祸源。"

这年冬天，吴国攻打楚国，以报复楚国攻打朱方邑。吴国侵入棘邑、栎邑、麻邑。棘邑位于今河南省永城市西北，栎邑位于今河南省新蔡县西北，麻邑位于今湖北省麻城市。楚国沈尹射于夏汭疲于奔命，箴尹宜咎于钟离筑城，薳启彊于巢邑筑城，然丹于州来筑城。夏汭位于今安徽省淮南市西，淮水之西；钟离位于今安徽省凤阳县东；巢邑位于今安徽省寿县南；州来位于今安徽省凤台县。然而楚国东部地区有水害，无法筑城。于是大夫彭生终止士兵于赖邑筑城。楚灵王再启与吴国的争端，实为劳民伤财之举。

## 第一四四章　鲁国雨雹大夫论灾，穆子不终季孙得势

据《左传》记载，周景王七年春，鲁国冰雹成灾。季孙宿问其大夫申丰道："冰雹可防吗？"申丰道："圣人在上，便无冰雹。即使偶有，亦不成灾。古代日在北陆时节，即日在虚宿与危宿时，人们藏冰；西陆朝觌，即昴宿与毕宿于早晨出现，人们便将冰取出。"日在北陆，乃小寒、大寒节气，西陆朝觌，乃清明、谷雨节气。申丰道："藏冰之时，于深山穷谷，那里凝聚阴寒之气，于是于彼处取冰。出冰之时，朝中有禄位之人于迎宾、用膳、丧葬、祭祀时，可以用冰。藏冰之时，以黑毛公羊与黑色黍子祭祀司寒之神玄冥。取冰之时，以桃木为弓，荆棘为箭，用以禳灾。藏冰取冰均有时令。官居食肉之禄，皆可用冰。大夫与命妇死亡，可以冰镇小敛。祭祀司寒之神玄冥以藏冰，献羔祭祖之日（春分之日）始开冰室，国君先用，大火星现时（夏正三月）所取之冰分配完毕，自命夫命妇至于老弱病残，皆得分配用冰。山人取冰，县正运输，舆人接收，隶人藏冰。冰因寒风而固，又因春风而出。储藏之地周密，使用之人普遍，则冬无暖冬，夏无寒阴，春无凄风，秋无苦雨，雷电无击伤，霜雹不为灾，瘟疫不流行，民众不病夭。如今藏于川池之冰弃而不用，暴风不散因而草木凋零，迅雷不鸣而闪电伤人畜，冰雹成灾，谁能防止？《七月》之末章，便是藏冰之理。"《七月》见《国风·豳风》，末章云："二之日凿冰冲冲，三之日纳于凌阴。四之日其蚤，献羔祭韭。九月肃霜，十月涤场。朋酒斯飨，曰杀羔羊。跻彼公堂，称彼兕觥，万寿无疆。"周历与今天农历不同，以今天农历而言，便是十二月凿冰，正月纳入冰窖。二月祭祖用冰，献上韭菜与羊羔。申丰所谓藏冰不用，或指祭祀礼仪有缺，或指用冰不能惠及老弱病残。他认为，违背藏冰之道，因此天降雹灾。古人将天灾归因于治理不善的人祸，不失为规劝统治者的一种方式。

同年底，鲁国叔孙豹病亡。叔孙豹年轻时，其兄叔孙侨如继承叔孙氏职爵为鲁卿，与成公之母穆姜私通，想要除掉仲孙蔑与季孙行父二人，由叔孙一氏独掌鲁国政权。叔孙豹或感耻辱，或怕招祸，离家出走。叔孙豹到达鲁邑庚

宗，遇一女子让她弄些饭食，二人皆有意，于是私通。后女子哭送叔孙豹。叔孙豹到齐国后，娶齐卿国氏之女，生孟丙、仲壬。他曾做一梦，梦见天塌，自己不胜其重，回头见到一人，黑肤驼背，凹目猪口，便喊："牛，快来助我！"于是两人撑起了天。他道："要记住此人！"以后其兄叔孙侨如逃亡齐国，叔孙豹馈赠其兄。叔孙侨如道："鲁国因我们先人之故，将存我宗族，定会召你回国。若召你回国，你将如何？"叔孙豹答道："久有回国之愿。"

鲁国召叔孙豹回国继承叔孙氏职爵，此时叔孙侨如又与齐顷公夫人声孟子私通，因此叔孙豹不告而别。叔孙豹被立为鲁卿，于庚宗邑时与他有私情的女子来献野鸡。古代礼节，士执雉。叔孙豹便问其子情况。女子答道："儿子已经长大，能够捧雉跟随。"叔孙豹将其子招来一见，正为梦中之人。叔孙豹未问其名，便叫他"牛"，孩子答道："唯。"古代父亲召唤儿子，儿子当回答"唯"，"唯"比"诺"更为恭敬。此子是将叔孙豹当作父亲。叔孙豹以牛为竖，即为小臣。竖牛长大后叔孙豹便让他主管家政。叔孙豹在齐国时，齐国大夫公孙明与其友善。叔孙豹回国时未迎回齐国所娶的国姜，公孙明便娶她为妻。叔孙豹恼怒妻子改嫁，待两个儿子长大后才派人接回鲁国。

叔孙豹于丘蕕田猎时生病，竖牛便想搅乱叔孙氏家室，占为己有。他定要与孟丙盟誓，孟丙不同意。叔孙豹为孟丙铸钟，道："你尚未正式进入社交场合，要在首次宴请大夫们时落成此钟。"这表示叔孙豹准备立孟丙为嗣。孟丙准备好享礼，让竖牛请父亲定下日期。竖牛未告叔孙豹此事，却假传叔孙豹所定日期。待宾客到来，叔孙豹听到钟声，问竖牛何事。竖牛道："孟丙处有北边妇人之客。"暗指孟丙私会养父，且行鸣钟享礼，却不理会父亲。叔孙豹准备前去质问，被竖牛阻止。后叔孙豹派人拘拿孟丙，在外将他杀死。竖牛又强要与仲壬盟誓，仲壬不同意，竖牛便又陷害仲壬。仲壬与昭公卫士莱书在昭公宫中游玩，昭公赐他玉环。仲壬让竖牛送予父亲观赏。竖牛假言叔孙豹命仲壬佩戴玉环。竖牛又向叔孙豹道："让仲壬进见国君如何？"叔孙豹问道："为何？"竖牛道："您不让他进见，他却已经去见过，国君赠他玉环，他已佩在身。"叔孙豹以为仲壬觊觎嗣位，便将其逐出。仲壬逃亡齐国。叔孙豹病危时，命召仲壬回国，竖牛却不理。

叔孙豹病后，竖牛断绝其与家人的关系。叔孙氏之宰杜洩进见，叔孙豹告知自己又饥又渴，将戈交予杜洩，让他去杀死竖牛。杜洩答道："当初将他找来，如今为何又要除掉？"竖牛或许知道叔孙豹要除去自己，便对家中侍从道:"夫子病重,不想见人。"让侍从将食物放在厢房。竖牛不将食物送予叔孙豹,叔孙豹饥饿而死。竖牛立叔孙豹庶子昭子为叔孙氏宗主,自己为相,将叔孙氏大权握在自己手中。

鲁昭公派杜洩安葬叔孙豹,竖牛贿赂叔仲带与季氏家臣南遗,让他们于季孙宿处诋毁杜洩。杜洩准备用周王所赐辂车随葬,南遗向季孙宿道:"叔孙没有乘过辂车,葬礼怎能使用?况且正卿尚无辂车,亚卿却用以随葬,岂非不当?"季孙宿便让杜洩不用辂车随葬。杜洩道:"夫子受命于鲁国朝廷,赴天子处访问,天子念其先人功勋,赐予辂车。夫子回国复命,将辂车交予国君。国君不敢违逆王命,再次赐予他,并命三位官员记载此事。您为司徒,记载名位;夫子为司马,记载车服;孟孙为司空,记载功勋。如今夫子死而不用辂车,乃弃君命。记载尚在公府而不践行,乃废此三官之职。若天子命用车服,生不敢用,死不随葬,将用于何处?"季孙宿方才同意辂车随葬。

季孙宿谋划去掉中军。竖牛道:"夫子本来就要去掉中军。"意为叔孙豹本来便隔过正卿谋划国事。第二年春,季孙宿废中军。季氏于施氏家中谋划此事,而于臧氏家中达成协议。此次废除中军,将公室军队一分为四,季氏获得两军,叔孙氏、仲孙氏各得一军,全都改为服役或者征税,再向昭公交纳贡赋。表面上减轻了鲁昭公养兵的负担,实质上进一步削弱了公室的地位。季氏以书简的形式让杜洩向叔孙豹棺椁报告。杜洩道:"夫子正因不欲废中军,因此于僖公庙前盟誓,于五父之衢行诅咒。"他将简书投之于地,率人哭叔孙豹。

叔仲带对季孙宿道:"带受命于叔孙氏宗主,安葬不得寿终之人当从西门出。"季孙命杜洩执行。杜洩道:"卿之丧礼自朝门出,乃鲁国礼仪。您主持国政,未改礼制,却随意变更礼仪。群臣惧怕因非礼获死罪,因此不敢从命。"杜洩安葬叔孙豹后,便出亡楚国。

仲壬从齐国回鲁国,季孙宿欲立他为叔孙氏之嗣。南遗道:"叔孙氏强,季氏便弱。叔孙氏有内乱,您不参与,岂不更好?"南遗让国人助竖牛于府库攻打仲壬。司宫用箭射仲壬,中目而死。竖牛以东部边境三十城邑酬谢南遗。

叔孙豹两位嫡子皆死,叔孙昭子即叔孙氏宗主之位。他召集家族上下人等,道:"竖牛祸乱叔孙氏,搅乱顺序,杀嫡立庶,割裂封邑,以此逃罪,罪莫大焉。必速杀之!"竖牛惧怕,出奔齐国。孟丙、仲壬之子将他杀死于塞关之外,将其首级掷于宁风荆棘丛中。孔子评论道:"叔孙昭子不酬竖牛,非常难能。周任有言，'为政者不赏私劳，不罚私怨'。《诗》云，'有觉德行，四国顺之'。(《大雅·抑》)"

《左传》记载，叔孙豹出生时，其父庄叔得臣以《周易》筮卦，得到"明夷"之"谦"，明夷为离下坤上，初九阳爻变为阴爻，所得谦卦为艮下坤上。"明夷"初九爻辞为："明夷于飞，垂其翼。君子于行，三日不食，有攸往。主人有言。"楚丘解道："'明夷'之'谦'，明而未高，当在旦时，故曰嗣您之位。日之'谦'，离为日，为鸟，故曰'明夷于飞'。明而未高，故曰'垂其翼'。象征日之运动，故曰'君子于行'。旦位乃三，故曰'三日不食'。'离'为火，'艮'为山，火焚山，山败。'艮'于人为言，故曰'有攸往。主人有言'。世乱则谗言胜，必败于谗言。与'离'相耦者为'坤'，'坤'为牛，故曰'其名为牛'。谦则不足，飞不能翔；翼垂不高，展翼不广。因此当在您之后，继为亚卿。虽然有寿，却不得善终。"卜卦当确有此事，卜人断言或为后人假托。叔孙豹虽无善终，但不失为鲁国贤臣。

## 第一四五章　晋楚联姻薳氏进谏，子产改革郑筑刑鼎

楚灵王在诸侯面前表现骄纵，在臣子面前更肆无忌惮。据《左传》记载，他认为屈申对他怀有二心，倒向吴国，因此诛杀屈申，而以令尹子木之子屈生为莫敖。为巩固其在诸侯联盟中的地位，与晋国平分秋色，楚灵王与晋国联姻。他派遣令尹子荡与莫敖屈生赴晋国为他迎娶晋国公主。子荡与屈生路过郑国，郑简公亲自赴氾邑慰劳子荡，赴菟氏邑慰劳屈生，表现出对楚国的特别尊敬。氾邑位于今河南省许昌市襄城县南，菟氏邑位于今河南省开封市尉氏县西北。更令人诧异的是，晋平公居然亲自送女至邢丘。邢丘位于今天河南省温县东北。晋平公亲自送女出嫁，亦为特别尊敬楚国的表示。根据周礼，父母送女出嫁连堂都不下；诸侯嫁女，即便嫁予大国，亦以上卿送亲，断无由诸侯亲自送亲之礼。当然晋平公亲自送亲，或许也有其他考虑，他至邢丘之后，郑简公便以子产为相，赴邢丘觐见晋平公。

晋平公亲自送亲至晋国边境，接替平公送公主赴楚国的是晋国执政韩起，羊舌肸为副。郑国上卿子皮罕虎、上大夫子大叔游吉均前往索氏邑慰劳。索氏邑位于今河南省荥阳市北。游吉向羊舌肸道："楚王骄纵过分，您当有所准备。"羊舌肸道："骄纵过分，自取灾祸，岂能累及他人？若献上我们的财帛，谨慎保持我们的威仪，信守承诺，恭行礼仪，以敬开端，思虑后果，便可预期结果。顺从而不失自尊的礼仪风度，恭敬而不失晋国的大国威仪，以圣贤训辞为引导，以传统法典为准则，以先王故事为依据，以两国关系为尺度，楚王虽然骄纵，岂能奈何于我？"

晋国送亲一行人至楚国。楚灵王召集朝会，向臣子们道："晋国乃我国仇敌。只要我们得志，不必顾虑其他。如今他们来人，为上卿、上大夫。若我们让韩起为城门之守，让羊舌肸为内宫司宫，足以羞辱晋国，我们也能快意。可行？"骄纵凶残的灵王，居然能想出如此不顾外交礼仪、恶毒侮辱晋国的措施，楚国大夫们深感意外，却无人敢于劝止，只能沉默以对。最后薳启彊道："可以。若楚国有备，为何不可？羞辱普通之人尚且不可不作防备，何况羞辱

一国？因此圣王务行礼仪，不求羞辱他人。朝见有圭，享礼有璋，小国述职，大国巡狩。设置几案却坐不倚几，爵中酒满却享而不饮，宴饮有好货，设飨有陪鼎，入邦有郊劳，宾归有赠品，均为礼仪最高形式。国家败亡，因失常道，祸乱乃生。城濮战后，晋不备楚，因此败于邲役。邲役楚国得胜，此后不加防备，因此败于鄢役。自从鄢役以来，晋国不失防备，又加之以礼，重之以睦，致使楚国无法报复鄢地之战，因而前往求亲。既然楚晋成为姻亲，又想羞辱他们，以他们为仇寇，便要考虑我国防备如何，谁能担此责任？若我有防备晋国之人，羞辱他们可行。若没有防备晋国之人，君王要慎重考虑。晋国事我君，臣认为非常到位。我们要求诸侯朝见，诸侯群集而来；向晋请求联姻，晋君亲送公主，上卿与上大夫送至我国。若还要羞辱他们，君王恐怕需要有所防备。不然，我们怎能奈何晋国？韩起之下，有赵成、中行吴、魏舒、范鞅、知盈，五卿皆三军将佐；羊舌肸之下，有祁午、张趯、籍谈、女齐、梁丙、张骼、辅跞、苗贲皇，八大夫皆诸侯良臣。韩襄为公族大夫，韩须已能受命出使。箕襄、邢带、叔禽、叔椒、子羽，皆为韩起之族。韩氏征收七邑赋税，均为大县。羊舌氏四族，均为强盛之家。晋国如失去韩起、羊舌肸，其余五卿、八大夫辅佐韩起嫡子韩须、羊舌肸嫡子杨石，依靠两家九县，兵车九百乘，其余四十县，留守兵车四千，奋其勇武，泄其愤怒，以报奇耻大辱，兼有羊舌肸之兄伯华为其谋划，中行伯、魏舒率领军队，便能无往不胜。君王要以亲换怨，欲行无礼，以招仇寇，却又无所防备，使群臣前去迎敌，让群臣充当俘虏，如此能让君王快意，亦有何不可？"楚灵王听薳启疆对利害得失的分析，或许惊出一身冷汗，非常罕见地承认错误："此乃不谷之过，感谢大夫直言。"于是下令对韩起厚加礼遇。楚灵王又想以羊舌肸或许不知之事物为难于他，却没有难倒羊舌肸，于是对羊舌肸也厚加礼遇。韩起回国途中，郑简公至圉邑慰劳。韩起辞谢，言不敢见。外臣不敢有劳国君亲自迎送，此举合乎礼仪。

大国和睦，晋、楚联姻，给夹缝中的郑国带来内部治理的机遇。周景王七年，郑国子产制定丘赋制度，即所谓作丘赋。所谓丘，是古代区域单位，据《周礼·地官》，"四邑为丘"。作丘赋，便是以丘为单位，征收车、甲、兵器、粮秣等军赋。如同子产初执政时一样，其措施引发国内舆论的指责："其父已死于大街，自己还要当毒蝎之尾，在国内发号施令，国家将会如何？"大夫子宽将国人议论告知子产。子产道："何妨？苟利社稷，生死以之。我闻为善者不改其法度，故能有所成功。民众不可放纵，法度不可更改。《诗》云，

## 第一四五章 晋楚联姻蒍氏进谏，子产改革郑筑刑鼎

'礼义不愆，何恤于人言？'（逸诗）我于礼义无过，因此绝不改变。"

子产之父，字子国，公孙之后，以父亲的字为氏，因此子产为国氏。子宽道："国氏或许会先亡！君子制定法度凉薄，后果尚且为贪婪。若制定法度便接近贪婪，后果不堪设想！姬姓之国，蔡国与曹国、滕国大约会先亡，因为其迫近大国，且又失礼。郑国会先于卫国灭亡，因为它迫近大国，又失法度。行政不循法典，而由自己意志决定。则民众各有意志，岂能尊重执政？"

周景王九年三月，郑国将刑法铸于鼎上，史称铸刑鼎。于是刑罚规则均公布于众。羊舌肸派人给子产送去一封信道："本来我对您寄予希望，如今则不抱希望。昔日先王议事断罪，不制刑律，乃惧怕民众有争斗之心。但仍不能防止犯罪，因此以道义来防范，以政令来约束，以礼仪来推行，以诚信来守护，以仁义来养心。制定禄位，以勉励服从之人；严断刑罚，以威慑放纵之人。仍恐不能奏效，因此教诲民众要有中正之心，奖励民众的善行，教导民众从事职业，态度和悦地使用民众，怀敬畏之心对待民众，威严地驾驭民众，坚决地惩罚有罪。还要为管理民众访求圣哲之卿，明察之官，忠信之长，慈惠之师。在这种条件下民众才能供公室使用，而不致发生祸乱。民众知道刑律，便不再敬畏官长，普遍有争夺之心，各引法典为依据，希图侥幸获得成功，因此会不好治理。"羊舌肸又列举历史上的例子："'夏有乱政，而作《禹刑》；商有乱政，而作《汤刑》；周有乱政，而作《九刑》。'三律产生，皆于衰乱之世。如今您于郑国执政，重新划定田界，实行遭人诽谤的政策，制定三种刑书，铸刑法为鼎文，用此类方法安定百姓，岂不很难？《诗》云，'仪式刑文王之德，日靖四方'。（《周颂·我将》）又云，'仪刑文王，万邦作孚'。（《大雅·文王》）效仿文王之德，便能安定四方，万邦信服。如此，何必要刑法？民众知晓争夺之依据，将抛弃礼仪，引征刑书，刑鼎字句，皆为争端依据。刑案将会繁多，贿赂将会遍行。您这一世，郑国恐会衰败！肸闻，'国将亡，必多制'。或许便是言此。"子产复信道："正如您之所言，侨不才，不能顾及子孙，我乃挽救当世。我不能接受您的建议，却不忘您的箴言之惠！"

士文伯士匄道："大火星现，郑国或有火灾！大火星尚未出现，而郑国却以火铸造刑鼎，以引发争端的刑书集于鼎上。大火星象征有火，不是火灾象征何事？"果真如士文伯所言，六月，郑国发生火灾。火灾或许纯属天灾，或是不慎所致，因为当年中原干旱；抑或乃人为制造混乱，发泄对子产新政的不满。史书不载，已不可考。

# 第一四六章　楚师侵吴劳而无功，灵王筑台奢靡甚过

周景王八年，楚灵王娶晋国公主，晋平公亲自将女儿送至晋国边境，又派执政上卿韩起与上大夫羊舌肸送公主赴楚国成亲，可谓优礼有加。而在此之前，晋国已命中原诸侯朝见楚王，使楚灵王能够于楚国本土会合诸侯。楚灵王于北方踌躇满志，自然不忘要报复与楚国作对的吴国。据《左传》记载，这年十月，楚灵王召集蔡灵公、陈哀公、许悼公、顿国国君、沈国国君、徐国大夫、越国大夫，率领诸侯之师与东夷军队进攻吴国，以报复棘邑、栎邑、麻邑之败。薳射率繁扬之师与楚灵王在夏汭会师。繁扬于今天河南省新蔡县，夏汭位于今安徽省淮南市西，淮水之北。越国大夫常寿过率师与楚灵王在楚国琐邑会合。琐邑位于今安徽省霍邱县东。闻吴军出动，太宰薳启彊率师追踪吴军，匆忙之中未加设防，于是吴军于鹊岸打败楚军。鹊岸位于今安徽省芜湖市西至铜陵市北长江北岸。楚灵王乘驿车退至罗汭。罗汭位于今河南省罗山县境内。

吴王派其弟蹶由犒劳楚国军队。楚人将蹶由捉拿，准备用他之血祭鼓。楚灵王派人问道："你占卜来此吉利吗？"蹶由答道："吉。寡君闻贵君将向敝国用兵，以守龟占卜，命辞道，余立即遣人犒劳楚师，以观楚王怒气大小，余将有所准备。龟兆告吉，曰，得胜可知。贵君若欢颜迎接使臣，使敝国懈怠，忘记危险，我们被灭便指日可待。如今贵君雷霆震怒，虐执使臣，将以祭鼓，则敝国便知如何防备。敝国虽弱，若早日修缮城郭准备兵器，或许可以平息战争。无论外臣祸患或是平安，我们吴国均有准备，自可谓吉。且吴国为社稷占卜，岂为臣一人占卜？若臣以血祭鼓，敝国能知防备，抵御外敌，岂有更大吉事？国之守龟，何事不卜？一吉一凶，岂有一定之规？城濮之兆，其应验于邲役。如今我出使身死，自然不应龟兆，但应验之事当在之后。"楚灵王或许真怕吴国震怒，日后楚国必有报应，因此不杀蹶由。蹶由临危不惧，能靠言辞使自己免死，使楚王有所畏惧，或许正因他有如此才干，吴王才派遣他犒劳楚军，探知楚王底牌。

楚国军队于罗汭渡河，沈尹赤引兵与灵王会合，驻扎于莱山。薳射率繁扬

之师先入南怀，楚师在后。到达汝清，却无法攻入吴国。于是灵王便于坻箕之山阅兵。此举一是向吴国示威，二也是向国人交代。罗汭、莱山、南怀、汝清均在江淮之间，坻箕之山位于今安徽省巢湖市西南。此次灵王亲自率军伐吴，却由于吴国早已设防，楚军徒劳而返，只带回吴王之弟蹶由。灵王惧怕楚国撤军后吴国进攻，派沈尹射于巢邑待命，薳启彊于零娄待命，此为合于礼制的有备无患。巢邑在今天安徽省淮南市寿县东南，零娄在河南省信阳市固始县南。

楚国于东方不能胜吴，自然要巩固与北方诸国特别是晋国的关系。周景王九年夏，楚灵王派遣其弟公子弃疾赴晋国，答谢韩起送亲之行。公子去疾路过郑国，郑国上卿罕虎、亚卿公孙侨、上大夫游吉随从郑简公于梠邑慰劳。公子弃疾辞谢不见，因不敢劳国君亲临。郑简公坚请，公子弃疾才与郑简公一行相见。公子弃疾见郑简公，如同见楚王一样恭敬，并以驾车之马八匹作为外臣私人身份觐见之礼。公子弃疾见子皮，如同见楚国上卿，赠马六匹；见子产，赠马四匹；见子大叔，赠马两匹。公子弃疾一路上禁止割草放牧，采摘砍柴，不入农田，不伐树木，不摘菜果，不损房屋，不强行乞取。他与随行人员立誓道："如有犯令，君子撤职，小人降等。"因此他们一行一路寄宿没有暴行，主人均不以客人为患。往来皆是如此。郑国三卿见公子去疾如此德行，皆知公子去疾将来必能为楚国之主。

当初韩起赴楚国，楚人不郊迎。公子弃疾到达晋国境内，晋平公亦不想派人迎接。羊舌肸道："楚国邪僻，我们正派。为何效其邪僻？《诗》云，'尔之教矣，民胥效矣'。（《小雅·角弓》）便谓上行下效。我们根据自己准则便是，岂用效人邪僻？《书》曰，'圣作则'。（逸书）不以圣人为准则，难道效法邪僻之人？匹夫为善，民犹则之，何况国君？"晋平公闻言则喜，于是派人迎接公子弃疾。

公子弃疾出访，一路给诸侯大夫留下良好印象，以致郑卿均认为公子弃疾将会有国。而楚灵王则不仅作威作福，更由于其刚愎自用，喜怒无常，使得臣子人人自危，相互揽功推过。于外，诸侯不知所措，于内，上下不能同心。

周景王九年，徐王仪楚赴楚国访问，或许楚灵王认为徐国怀有二心，因此囚禁了徐王仪楚，后仪楚逃回徐国。楚灵王怕徐国背叛，便派薳洩攻打徐国。吴国派军队救援徐国。楚灵王又派令尹子荡率师进攻吴国，军队推至豫章一带，驻扎于乾谿。豫章在今天安徽省西部与河南省东南部交界地带，乾谿在今天安徽省亳州市。吴国军队于房钟打败令尹子荡军队，俘房宫厥尹弃疾。房钟位于今亳州市利辛县。令尹子荡兵败,将罪过归于薳洩,杀了薳洩。

楚灵王为令尹时,便骄纵奢侈,作威作福。一次,身为令尹的他以楚王所用旌旗田猎。旌旗旗杆插五色鸟羽,旗有飘带,即旒。不同等级飘带数目与长短均不同,周礼规定,天子之旌十二旒,长九仞。天子之旌插于车上,旒当拖于地。诸侯之旌九旒七仞,插于车上,旒当垂于车厢底部。卿大夫之旌则七旒五仞,插于车上,旒当将及车厢两旁横木。他却用了楚王的规制。楚国芋尹无宇砍断旌旒道:"一国两君,谁能忍受?"

楚灵王即位后,愈加骄奢,建造章华宫,将逃亡之人安置其中。芋尹无宇的守门人逃入章华宫。无宇要捉拿,管理宫室官员拒绝道:"于王宫拿人,其罪大矣。"于是擒住无宇去见灵王。灵王正准备饮酒,无宇申诉道:"天子治理天下,诸侯治理封疆,乃自古之制。封地之内,均为君土,食土之人,均为君臣。因此《诗》云,'普天之下,莫非王土;率土之滨,莫非王臣'。(《小雅·北山》)天有十时,人有十等。以下事上,上奉神明。因此王以公为臣,公以大夫为臣,大夫以士为臣,士以皂为臣,皂以舆为臣,舆以隶为臣,隶以僚为臣,僚以仆为臣,仆以台为臣。养马有圉,放牛有牧,各有所司。"无宇所言十等,士为卫士长,皂为有爵有员额限制之卫士,舆为无爵无员额限制之卫士,隶为罪人,僚为罪人充当苦役者,仆为三代为奴者,台乃罪人为奴者,罪人逃亡被擒,则为陪台。圉、牧等不在十等之内。十等中士自之下及圉、牧,当皆为王室、公室服务者。

无宇继续申辩道:"如今有官员道,你为何在王宫拿人?人逃至王宫,不在王宫拿人,又在何处捉拿?周文王之法曰,'有亡,荒阅',有逃亡者,当大搜捕,因此能得天下。我先君文王制定窝藏之罪,道,'盗所隐器,与盗同罪',因此将疆土拓展至汝水。若按照那些官员做法,便无处可捕逃亡之臣。听其逃亡,则无陪台。王事难道不会有所缺失?昔日武王列举商纣罪状布告诸侯曰,'纣为天下逋逃主,萃渊薮'。便言纣为天下逃亡之人的窝藏之主,聚集了天下逃亡之人,因此天下之人誓死讨伐。君王开始求聚合诸侯,却效法商纣,恐怕不可!如效仿两位文王之法,盗贼可捕。"楚灵王听了无宇一番言辞,道:"捉拿你的逃亡之臣走吧。我有一宠盗,尚无处可得。"于是赦免无宇。楚灵王赦免无宇,当并非听进其效法先王等谏言,而是想到自己也有逃奴不得擒获,因此同意大规模搜捕逃奴。

楚灵王所建章华宫,为一高台上的建筑。据《水经·沔水注》记载,"台高十丈，基广十五丈"，此当为北魏度量。北魏一尺略短于如今一尺，则台高近三十米，台基宽有四十多米，即其高相当于约十层楼，其宏伟规模可见。据《国语·楚语》记载，楚灵王建章华台后，与伍举登台，灵王赞道："楼台真壮美啊！"结果引来伍举长篇谏言。伍举道："臣闻国君以彰显功德为美，以安抚民众为乐，以听从有德为聪，以招徕远人为明。不闻以土木建筑崇高、雕镂精细为美，以金石匏竹之盛大喧嚣为乐；不闻以见多识广、淫于五色为明，以察音清浊为聪。先君庄王建造匏居台，高不过可观望国家吉凶之气，大不过容纳宴会陈设，用木材不妨碍国家守备，财用不烦劳官府聚敛，民众不误工作时令，官吏无须增加值守。宴请者宋公与郑伯，相礼为华元和驷騑；陪宴者有陈侯、蔡侯、许男与顿子，其大夫们各侍其君。先君以此除乱克敌，且不得罪诸侯。如今君王建造此台，国民疲惫，钱财告罄，民废时务，年谷不丰，百官忙碌，广征劳役，倾举国之力，用数年建成。君王愿诸侯来贺，共登高台，然而诸侯拒绝，无有来者。而后君王派太宰启疆去请鲁侯，以蜀邑之战威胁于他，他才勉强前来。君王以美貌少年佐宴，让美髯士人相礼，臣不知道此有何美。美者，对上下、内外、大小、远近皆无害，所以才美。若目观为美，财用渐匮，乃聚敛民财丰厚自己，却使百姓贫困，何以为美？国君当与民众共处，民众贫瘠，君怎能独肥？且私欲过多，则德义鲜少；德义不行，则近者愁离，远者违命。天子之尊贵，乃因他以公、侯为官长，以伯、子、男统率军队。天子享有美名，乃因他施美德于远近之人，使大小国家均得安定。若聚敛民利满足私欲，使民用耗竭，失去安乐，产生二心，则为恶已甚，安用眼睛观察？所以先王建造台榭，榭不过用以讲习军事，台不过用以观望气象。因此榭只需能用以检阅士卒，台只需能登高观望气象。其所在之处不侵占农田，其建造不使国家财用匮乏，其工程不扰乱正常政务，其用工不妨碍农时。因此台榭当建于贫瘠之地，用城防剩余木料，使官吏于闲暇时督促，在民众农闲时动工。《周诗》云，'经始灵台，经之营之。庶民攻之，不日成之。经始勿亟，庶民子来。王在灵囿，麀鹿攸伏'。（《大雅·灵台》）周公营造灵台，民众如同子孙一样前来效力；周王来到园囿，母鹿悠然卧伏。建造台榭，是为观察气象，操练军队，使民获利，未闻建造台榭，使民众匮乏。若您认为此台壮美，并且此事行得端正，则楚国危殆！"

骄奢的灵王自然听不进谏言。章华台建成之后，楚灵王不仅向臣子们炫耀，更想向诸侯炫耀，希望与诸侯一起举行落成典礼。然而如伍举所言，只有鲁昭公前往。据《左传》记载，是太宰薳启彊主动提出："臣能请到鲁侯。"于是薳启彊赴鲁国请昭公，代楚王言："昔日贵国先君成公命我先大夫婴齐道，吾不忘先君之好，使衡父赴楚国，镇抚社稷，安定民众。"薳启彊如此言说，是给鲁国君臣面子，因为鲁国衡父赴楚，乃因楚公子婴齐侵鲁，鲁国求和，以衡父赴楚为人质。薳启彊继续代楚王言道："婴齐于蜀邑受命。受命归来，不敢荒废，祭告于宗庙。我先君共王引颈北望，日思月盼，世代相传，至今已历四王。鲁国恩惠未至，唯襄公驾临我国丧事。孤与几名臣子心神不定，治理社稷尚不得空闲，无法时常怀念襄公恩德！如今贵君如能轻移贵步，与寡君会面，祈福于楚国，重申蜀邑之命，带来贵君恩惠，寡君受赐，岂敢再望蜀邑之事。敝国先君鬼神亦嘉许并依赖贵君光临，岂唯寡君？"薳启彊此言表明楚国一直期望鲁君朝楚，提醒鲁国不应当忘当初求和之心。薳启彊最后实为威胁，言道："君若不来，使臣请问贵君期望寡君何时启程赴鲁，寡君将捧财帛赴蜀邑进见贵君，以回报贵国先君成公恩赐。"

鲁昭公自然不得不去。昭公行前，梦见襄公为他出行祭祀路神。梓慎道："襄公赴楚，梦周公祭祀路神，之后出行。如今襄公祭祀路神，国君或许不去为好。"子服惠伯则道："要去！先君未曾去过楚国，因此周公祭祀路神引导于他。襄公已去过楚国，因此祭祀路神来引导国君。不去又待如何？"

周景王十年三月，鲁昭公赴楚。郑简公于郑国都城师之梁门慰劳昭公。仲孙貜为昭公之相，却不能相礼。昭公至楚，仲孙貜也不能对答郊劳之礼。仲孙貜为仲孙氏之后，却比之前辈逊色不少，更逊于季孙、叔孙二氏后人。

楚灵王于章华台设享礼招待鲁昭公，让美髯之人为相。灵王一时高兴，将大屈弓赠予昭公，以示友好。然而灵王随即后悔。薳启彊得知灵王后悔，便去见昭公。昭公向他提到楚王赠弓之事，薳启彊便起身拜贺。昭公问道："为何祝贺？"薳启彊答道："齐国、晋国、越国久欲得之，寡君未尝相送，而赠予国君。可见寡君器重鲁君。但请国君防备此三邻国，谨慎守住宝物。此等宝物，岂敢不贺？"昭公非常恐惧，便将弓还予楚灵王。可见，以楚灵王骄奢淫逸、刚愎自用、出尔反尔的性格，仍旧能够坐在王位，当是赖其大臣四下补缺，内外转圜，但楚灵王这种性格最终会导致他不得善终。

## 第一四七章　日食分野君卿殒命，梦筮相合卫国立嗣

鲁国昭公继位之后，便一如其父襄公，奔忙于晋、楚两个大国之间。据《左传》记载，周景王八年，昭公曾赴晋国朝觐，自郊迎之礼，朝聘之礼，直至晋国回赠之礼，从未有失礼仪。或许晋臣中有人议论鲁君不知礼，晋平公问司马侯道："鲁侯不也很懂礼吗？"司马侯答道："鲁侯岂知礼？"晋平公问道："为何言其不知礼？自郊劳至于回赠，皆无违背礼节，为何言其不知礼？"司马侯答道："此乃仪式，不可谓礼。礼，所以守其国家，行其政令，不失其民。如今鲁国政令出于私家，鲁君不能自掌；有子家羁，不能任用；触犯大国之盟，欺凌虐待小国；利用他人危难，不知自身之危。公室四分，民食于三桓之家，不食于公室。民心不在鲁君，鲁君却不考虑后果。作为国君，危难将及，却不虑其位。礼之本末即在于此，而他只习琐屑仪式。若言知礼，相距甚远。"时之君子认为，司马侯可谓知礼。

鲁昭公确实并非知礼。一年之前，莒国内乱，失去对鄫国控制，鲁国便顺势取了鄫国。这年夏天，莒国牟夷以牟娄及防、兹三邑来投鲁国。此三邑均在今天山东省潍坊市境内。莒国向晋国起诉，要求鲁国归还三邑。晋平公想扣留昭公。范献子士鞅道："不可。诸侯来朝，却将其拘禁，如同诱捕。讨伐不义，却不用兵，加以诱捕，此为怠政。担任盟主，犯诱捕、怠政两条，恐怕不可！请让其回国，有机会再以武力讨伐。"于是晋平公让鲁昭公回国。此后，莒国讨不到公道，便兴师前来攻打鲁国，自己却不设防备。鲁国派遣叔弓于蚡泉打败莒国军队，因为莒国军队尚未摆开阵势。蚡泉在今山东省临沂市沂南县境内。面对莒国这样的小国，鲁国足以恃强。

但鲁昭公确实于外交上不失礼仪。周景王九年正月，杞文公去世。鲁国派人前去以同盟之礼吊唁，此举合乎礼仪。也在此年春，鲁国又派遣大夫赴秦国，参加秦景公葬礼，亦合于礼仪。

这年夏天，鲁昭公派遣季孙宿赴晋国致谢，拜谢鲁国接受莒国之邑后晋国未加讨伐。此举说明鲁国君臣对于大国，更为礼仪周全。晋平公设享礼招待，

笾豆之数多于通常礼仪。季孙宿退下，派行人报告道："小国事奉大国，如能免于被讨，不敢再求赏赐。即便得赐，亦不过三献。如今笾豆有加，外臣不敢当，但恐为罪。"韩起道："寡君加礼，以致欢心。"季孙宿答道："寡君尚且不敢当，何况外臣乃君之皂隶，岂敢与闻多加赏赐？"季孙宿坚决请求撤去所加笾豆，然后行享宴之礼。晋国君臣皆认为季孙宿知礼，重赐予他财物。

周景王十年四月，中原地区有日全食。晋平公问士文伯道："谁会承当日食之祸？"士匄道："鲁国与卫国会遭凶险。卫国祸大，鲁国祸小。"晋平公问道："是何缘故？"士匄答道："日食于娵訾，为卫国分野，现于降娄，为鲁国分野。日食之祸，卫国承受，其余之祸，鲁国承受。卫君或有大咎，鲁国则由上卿承当。"果然，卫襄公卒于这年八月，季孙宿卒于十一月。晋平公又问士匄道："《诗》所谓'彼日而食，于何不臧'（《小雅·十月之交》），所言何意？"士匄答道："言国无善政。国无善政，不用善人，则自取谪贬于日月之灾，因而政事不可不谨慎处置。政事致力于三项便可，一曰择人，二曰因民，三曰从时。荐拔贤人，依靠民众，不违四时，便为善政。"

鲁昭公于晋、楚之间两面周旋，如今对楚国也十分有礼。周景王九年冬，鲁国因楚、吴之战楚国战败，派遣叔弓赴楚国访问，慰问战败。周景王十年，鲁昭公又应楚国之邀赴楚国进见。不论鲁国这些举动是主动或被动，晋国肯定不满。于是周景王十年，鲁昭公尚在楚国，晋国便重提鲁国与杞国边界争端，派人前往划定鲁国与杞国边界。

季孙宿欲将成邑交付杞国，成邑位于今山东省泰安市宁阳县境内。成邑为仲孙氏的城邑，仲孙氏之守、邑宰谢息不同意交付成邑。谢息道："人有言曰，'虽有挈瓶之知，守不假器，礼也'。虽然只有垂瓶汲水之小智，但守此器物，不与他人，乃礼。夫子追随国君赴楚，守臣却失守其邑，即使是您也会疑我不忠。"季孙宿道："国君在楚，于晋国而言便是罪过。不听从晋国，鲁国之罪便会加重，晋国军队必来讨伐，我无法抵御，因此不如将成邑给予杞国。待日后有可乘之机，再从杞国取回。我给你桃邑，若成邑重归我国，舍孟孙谁敢占有？如此孟孙所得两倍于成邑。鲁国无忧，孟孙增加封邑，你有何担忧？"谢息推辞道："桃邑无山。"季孙宿便给他莱山与柞山，谢息这才迁至桃邑。桃邑位于今山东省济宁市泗水县境内，莱、柞两山或位于今山东省泰安市境内。晋国为杞国取得了成邑。

周景王十年八月，卫襄公卒。晋国大夫向范献子士鞅道："卫国事奉晋国和顺，晋国不加礼遇，包庇其国贼孙氏，占领其土地戚邑，因此诸侯怀有二心。《诗》云，'鹡鸰在原，兄弟急难'。又云，'死丧之威，兄弟孔怀'。（《小雅·棠棣》）言兄弟有难，当相互救助，畏惧死丧，当相互怀念。兄弟不睦，不相亲善，何况远人，谁敢来归？如今不去卫国吊唁亡君，乃对嗣君不礼，卫国必然背叛我国，此种做法乃是与诸侯绝交。"士鞅将此言告知韩起。韩起深表赞同，便派士鞅前去卫国吊唁，同时将戚邑归还卫国。

卫国齐恶向周天子报丧，同时请求赐命。周景王派郕简公赴卫国吊唁，同时追命卫襄公道："叔父升天，在我先王左右，以辅佐事奉上帝。余岂敢忘高圉、亚圉？"高圉、亚圉乃黄帝后裔，殷商时代的贤诸侯，为姬周之先人。周景王意为不忘同姓先人，不忘贤诸侯。

卫襄公夫人姜氏无子，宠妾婤姶生孟絷。卫卿孔成子梦见康叔对他道："立元为君，我让羁之孙圉与史苟辅佐他。"史朝亦梦见康叔对他道："我将命你之子苟与孔烝鉏之曾孙圉辅佐元。"史朝见孔成子，告知所梦，两梦相合。羁为孔成子之之，圉其时当在襁褓，史苟为史朝之子。公子元生于晋国韩起执政后访问诸侯之年，即周景王五年，亦为婤姶所生。孟絷之脚或有残疾，不善行走。孔成子以《周易》筮卦，祝告道："元欲享国，主持社稷。"得到"屯"卦。"屯"为震下坎上。又祝告道："我欲立絷，望神应允。"得到"屯"之"比"。"比"为坤下坎上。孔成子将卦爻给史朝看。"屯"卦卦辞曰，"元亨，利建侯"。史朝道："'元亨'，又有何疑？"他将卦辞"元亨"，解释为公子元之元。孔成子道："'元'难道不是指年长吗？"史朝答道："康叔命立元，便可谓之长。孟絷非康叔所言之人，且有残疾不能列为宗主，因此不可谓长。且其爻辞曰，'利建侯'。长子嗣位若吉，何言建侯？既建，则所建当非原来之嗣。两筮皆云'利建侯'，您当建侯。康叔之命，两筮之告，梦筮相合，乃武王所经历，为何不从？"史朝所言武王经历，乃武王伐纣之前，所作《太誓》言道："朕梦协朕卜，袭于休祥，戎商必克。"史朝继续道："跛足者当闲居。公侯主持社稷，亲临祭祀，教养民众，事奉鬼神，参与朝觐，焉得闲居？各以所利，不亦可乎？"于是孔成子决定立元，是为灵公。年底卫国安葬卫襄公。

同年十一月，鲁国季武子季孙宿卒。据孔颖达《礼记正义·檀弓下》记载，季孙宿执政，时人畏之，入其门如入国君之门。蟜固则不脱丧服入见季孙宿，道："我所以着丧服而入，因丧服此道将亡。士人畏惧于您，入您之门皆脱丧服，故而此道将亡。"依照正礼，士唯入国君之门乃脱丧服，入大夫之

· 587 ·

门不当脱丧服。此时季孙宿重病卧床，道："你之所言，不亦善乎。若失礼显著，凡人皆知，若失礼细微，唯君子能明。今脱丧服失礼甚微，你能知之，乃是君子。"曾点仰慕蟜固正直，于季孙宿之丧依门而歌，表明不追随季孙宿，故无哀戚。

晋平公问士文伯道："吾所问日食之事应验。可以此为常规作推测吗？"士匄道："不可。六物不同，民心不一，事情不类，官员贤否不一，同始而异终，怎可以此为常规作推测？《诗》云，'或燕燕居息，或憔悴事国'（《小雅·北山》），有人舒适安居，有人为国操劳，同始异终如此。"晋平公问道："何谓六物？"士文伯答道："岁、时、日、月、星、辰。"晋平公道："多人曾告寡人何谓之辰，含义却不相同，究竟何谓之辰？"士匄答道："日月之会谓之辰，因此与日相配。"士匄的预言或为推测，或为偶然言中，或为后人附会，但当时各国均十分注意天象，以推测人事，却为普遍现象。

## 第一四八章　齐国伐燕子产息事，郑臣不宁陈哀自尽

周景王九年十一月，齐景公赴晋国，请求侯伯同意齐国讨伐北燕。据《左传》记载，晋国士文伯士匄相范献子士鞅赴大河之滨迎接齐景公，乃合于礼制。齐景公亲自向晋平公提出伐燕之请，晋平公自然应允。同年底，齐景公率军进攻北燕，要将燕简公送回北燕。燕简公乃因自身过错，于数年前出奔齐国。他当时居然欲去诸大夫，立其宠信之人为大夫，导致燕国大夫串联，杀了简公外宠，简公因此出亡。晏子向旁人道："我们不当送燕君回国。如今燕国有君，百姓并无二心。我们国君贪财，左右之人阿谀，行大事不讲信用，如此怎行？"

果然，齐国侵燕是为贪图钱财。第二年春，北燕与齐国讲和，此乃齐国的目的。齐景公驻扎北燕虢邑。虢邑位于今河北省任丘市西北。燕人求和道："敝国知罪，敢不从命？请以先君旧器谢罪。"齐国大夫公孙皙道："我们可以接受他们顺服，暂时退兵，待机再动。"二月，齐、燕两国盟于濡上。濡上位于今河北省雄安新区境内。燕国还将燕姬嫁予景公，赠送瑶瓮、玉柜、玉杯。齐国便未将燕简公送回燕国。

这年夏天，郑国子产赴晋国访问。晋平公病，韩起迎接宾客，私下与子产道："寡君卧病，至今已有三月，遍祭所有山川，病情有增无减。如今梦黄熊入于寝室之门，是何厉鬼？"子产答道："以贵君之英明，您为正卿，怎有厉鬼？昔日尧于羽山诛鲧，其神化为黄熊，入于羽渊。夏朝祭祀黄帝，郊祭天以鲧配享。殷、周郊祀，虽不以鲧配享，但其祭祀不废，列于群神。晋为盟主，或许并未祭祀于他。"于是韩起祭祀鲧。晋平公之病逐渐痊愈，将莒国所贡两座方鼎赏赐子产。

子产代公孙段之子丰施将当初韩起让晋平公赐予公孙段的州邑归还韩起，道："昔日贵君认为公孙段能够任事，因而赐予州邑之田。如今他不幸早逝，不能久享君德。其子不敢占有，亦不敢禀告国君，故而私下转予您。"韩起辞谢。子产道："古人有云，'其父析薪，其子弗克负荷'。其父辛苦所得，其子不

敢承受。丰施本就惧怕不能承受先人之禄，何况承受大国恩赐？即使您执政可以使他免罪，后人如有关于边界闲言，敝国得罪，丰氏会获大罪。您得州邑，可使敝国免罪，又是扶持丰氏。因此冒昧作此请求。"韩起接受州邑之后，不敢私有，报告平公。晋平公便将州邑赐予韩起。韩起因当初与赵武争田，有愧于占有州邑，便用州邑与宋国大夫乐大心交换原县。州邑在今天河南省温县境内，原县在今河南省济源市境内。

在子产致力于睦邻外交与改革内政之时，或许有人因不满，而于国人中制造混乱。国人以"伯有至矣"相互惊扰，四下奔跑，不知所往。因为上一年铸刑鼎之后，便有人言梦见伯有披甲而行，道："三月初二，我将杀驷带。明年正月二十七日，我将杀公孙段。"果然，去年三月初二，驷带卒，国人恐惧。转过年正月二十七日，公孙段卒。国人愈加恐惧。二月，子产立子孔之子公孙洩、伯有之子良止，安抚伯有之神。于是伯有之魂安宁，不再制造事端。游吉问子产是何原因。子产道："鬼有所归，乃不为厉鬼，我为其寻找归宿。"游吉道："立公孙洩为何？"子产道："为取悦国人。伯有与子孔生前不义，为鬼以逞其志，本不当祭祀，执政之人之所以违反礼义，乃为取悦民众。不取悦国人，民众不信执政。民众不信，便不会服从。"

子产赴晋国时，晋国中军副帅赵成问道："伯有还能为鬼？"子产道："能。人初死曰魄，阴为魄，阳为魂。衣食精美，则魂魄强，因此有精神至于神明。匹夫匹妇不得善终，魂魄犹能附于人，惑乱肆虐，何况良霄乃先君穆公后代，子良之孙，子耳之子，敝国之卿，三代从政。郑国虽不强大，或如谚曰'蕞尔国'，但三代为政，用物甚多，其汲取精华亦多，其氏族又大，其所依凭力量雄厚，然而不得善终，其能为鬼，不很自然吗？"

郑国子皮族人饮酒无度，因此结怨于马师氏。马师氏罕朔与子皮罕虎同属一族，且两人是叔伯兄弟，罕虎为公孙舍之之子，公孙舍之字子展；罕朔为公孙舍之之弟公孙之子。周景王十年，罕朔杀子皮氏之罕魋。罕朔与罕魋亦为叔伯兄弟。之后罕朔逃亡晋国。韩起向子产询问如何安置。子产道："寄居贵国之臣，容他逃死，还敢择何官职？卿离开本国，当居大夫之位；罪人据其罪行降等，此乃古制。朔于敝国，为亚大夫，其官职为马师。他获罪逃亡，随您安置。得免其死，恩惠甚大，岂敢求位？"韩起认为子产答复恰当，便让罕朔居下大夫之位。

郑国国内卿大夫不和，有子产这样的强势执政，郑国内政外交依旧平稳。

而陈国国内公族内斗，却使陈国加速衰败。陈哀公嫡夫人郑姬生悼太子偃师，二夫人生公子留，三夫人生公子胜。二夫人受宠，因此公子留亦得宠，哀公将他托付给司徒招与公子过。司徒招与公子过均为哀公之弟，可见哀公属意其子留。陈哀公长期患病，于是，在周景王十一年三月，公子招、公子过杀悼太子偃师，立公子留为太子。

或许陈哀公宠爱公子留，但并未想除去太子改立公子留。太子偃师之死，哀公或许无可奈何，或许心有不忍，或许深感内疚。哀公本在病中，加之公室之变，或许生无可恋，因此自缢身亡。干徵师赴楚国报丧，同时报告已立新君。公子胜则以公子招与公子过杀太子偃师，向楚国提出控告。于是，楚国捉拿并杀掉了干徵师。公子留逃亡郑国。《春秋》记载"陈侯之弟招杀陈世子偃师"，指罪在公子招，"楚人执陈行人干徵师杀之"，则表明罪不在行人干徵师。

楚国不支持公子留，陈国无大国支持，国内便无法安定。于是公子招归罪于公子过，杀公子过。楚国公子弃疾率军奉陈国悼太子偃师之子太孙吴包围陈国，宋国大夫戴恶亦率军与楚师会合。这年冬天，楚、宋联军灭亡陈国。掌管车乘之人袁克杀马毁玉为陈哀公殉葬。楚人本要杀他，他请求赦免，继而又请求方便。他入帐中，以麻束头而逃。

楚灵王派大夫穿封戌为陈公，称赞他道："城麇之役，曾与我争执，不行谄媚。"穿封戌侍奉灵王饮酒，灵王道："城麇之役，你若知寡人能登王位，大约会避让于我吧？"穿封戌答道："如果知君能至此，下臣必为郑敖冒死安定楚国。"可见穿封戌之正直不谄。

陈国之乱发生后，晋平公问史赵道："陈国或许就此灭亡？"史赵道："不至灭亡。"晋平公道："为何不至灭亡？"史赵答道："陈国为颛顼之后，岁星在鹑火之年，颛顼崩。陈国将会同样。如今岁星在箕宿、斗宿之间的天河，在析木之津，木乃能生，陈国还将复兴。且陈氏要于齐国取得政权，陈国才会灭亡。颛顼此支后裔，自幕至瞽瞍均未违背天命，舜又将德行光大，遂又继承其德，代代延续。至胡公不淫，周朝赐姓，让其祭祀虞帝。臣闻，盛德必享百世祭祀。虞之后世不满百代，其后继者将兴于齐国，其征兆已现。"

第二年夏，陈国发生火灾。郑国裨灶道："五年之后陈国将会重新受封，受封之后五十二年灭亡。"子产问其缘故。裨灶答道："陈国为颛顼之后，属水，楚国为祝融之后，属火。《周易》坎为水，为中女；离为火，为中男，因此火为水之配，陈国为楚国之配。如今大火星出现而陈国火灾，乃预示驱逐楚国而复建陈国。五行以五相配，因此当为五年。自今岁星五次至鹑火，共五十八年，陈国乃亡。楚国战胜并占有陈国，此乃天道。因此我断言陈国重新受封之后尚能享国五十二年。"后陈国命运恰如裨灶预言，此乃后话。

# 第一四九章　晋君失德难逃其命，良臣箴言可解纷争

《左传》记载了又一件怪事，周景王十一年春，即公元前534年，晋国魏榆石头讲话。魏榆位于今山西省晋中市榆次县。晋平公问师旷道："石头为何会言？"师旷答道："石不能言，当是有物依凭其言。否则，乃民众误听。臣又闻，'作事不时，怨讟动于民，则有非言之物而言'。如今宫室宏伟奢侈，民力凋敝，民生不保，怨谤并作。石头因言，岂不相宜？"当时，晋平公正在建造虒祁宫，羊舌肸得知师旷之言，道："子野之言真乃君子之言！君子之言，诚信有证，因此怨恨远离其身。小人之言，虚妄无证，因此怨恨祸及其身。《诗》云，'哀哉不能言，匪舌是出，唯躬是瘁。哿矣能言，巧言如流，俾躬处休。'便是此意。此宫殿落成，诸侯必叛，君必有咎，夫子已经知道。"羊舌肸所引之诗，出于《小雅·雨无正》，本意为任劳者不能言，能言者皆为巧言，因此能居高位。羊舌肸意则为，师旷代不能言者进谏，其言有证，其出如流。

虒祁之宫位于汾水之畔，《水经注》记载，"汾水西径虒祁宫北，横水有故梁，截汾水中，凡有三十柱，柱径五尺，裁与水平，盖晋平公之故梁也。物在水，故能持久而不败也"。直至南北朝时期，人们尚能见到虒祁宫楼台水榭有三十根水中立柱，柱径折算约一米二左右，其历经千年依旧立于水中，可见建造时规模与工程之浩大，亦可见春秋时代工匠们制作木建筑的防腐水平。

《左传》记载，虒祁宫落成之后，鲁国大夫叔弓赴晋国，祝贺虒祁宫落成。郑国游吉相郑简公亦前往晋国祝贺。晋国史赵见到游吉，道："大家互相欺骗实在过分！此为可吊唁之事，反而前来祝贺！"游吉道："我国如何能来吊唁？大概不仅我国来贺，天下都会来贺。"史赵与游吉都感到如此劳民伤财地建造宏伟的宫殿，并非国家之福，然而谏言无效，只能私下议论议论。

晋平公不仅不恤民力，劳民伤财建造离宫，亦不恤大臣，对股肱之臣无怜惜之心。周景王十二年，晋平公派遣荀盈赴齐国去接齐女，六月，荀盈于回程死于戏阳。戏阳位于今河南省内黄县北。家人将荀盈灵柩停于绛邑，尚未安葬。晋平公则在宫中饮酒作乐，并命乐人奏乐伴宴。负责膳食之官屠蒯快步走

进，请求帮助斟酒，平公应允，于是屠蒯斟酒给乐工，道："你为国君之耳，职责是让其聪敏。甲子、乙卯之日，乃为忌日，商纣、夏桀死于此两日，此间国君当撤销宴乐，乐工当停止演习，以为避讳。国君之卿佐，乃股肱之臣。折损股肱，国君痛心甚于忌日。你不报告国君，反而奏乐，乃为失聪。"屠蒯又斟酒给外宠嬖叔，道："你为国君之眼，职责是让其明亮。服饰以表礼仪，礼仪用以行事，事物各有其类，物类各有外貌。如今国君容貌，非哀思之时应有，你视而不见，乃目不明。"然后屠蒯斟酒自饮一杯，道："口味以助行气血，气血以充实意志，意志以确定语言，国君以语言发令。臣下职责调和口味，乐工与嬖叔失职，国君未出言下令治罪，乃臣之罪。"晋平公自知失礼，便命撤除酒乐。晋平公本来不满荀盈，欲废荀氏而立自己的外宠，如今荀盈卒，屠蒯谏，使平公改变了想法。八月，平公命荀盈之子荀跞为下军副帅。

周景王十三年正月，有客星出现于婺女宿。郑国裨灶对子产道："七月初三，晋君将死。如今岁星在玄枵，即在颛顼之虚，姜氏、任氏守其土地。婺女宿为玄枵三宿之首，婺女又为已嫁之女，有妖星出现于婺女，乃预告于邑姜。邑姜为齐太公之女，晋国首封之君唐叔之母，因此晋祸当告邑姜。二十八宿分布四方，因此天象以七记数；初三，乃殷代封于齐地之诸侯逢公登天之日，而有妖星出现，当主晋君将死。我以星象占卜而知。"

果然，七月初三，晋平公卒。郑简公赴晋国吊唁，抵达大河之滨，晋人以诸侯不相吊唁而辞谢，于是游吉赴晋国吊唁。九月，鲁国叔孙婼、齐国国弱、宋国华定、卫国北宫喜、郑国罕虎、许国、曹国、莒国、邾国、滕国、薛国、杞国、小邾国等国大夫均赴晋国，参加安葬平公的葬礼。

郑国子皮准备带财帛前往，朝见晋国新君。子产道："吊丧岂用财帛，带财帛必定要车百辆，百辆车必须要一千人。一千人赴晋，暂不能回，财帛必会用光。如此千人百车我国能出几趟，国家岂能不亡？"然而子皮坚决请求带财帛前往。

葬礼之后，诸侯大夫欲见新君。叔孙豹之子叔孙婼道："此举不合礼制。"众人不听。羊舌肸代晋君辞谢道："大夫送葬完毕，又命孤与诸卿大夫相见。孤于哀痛服丧期间，如以吉服相见，则丧礼未毕；如以丧服相见，则为再受吊唁，大夫们准备如何相见？"众大夫皆感确实无法求见。

子皮此行用尽财帛。回国后向子羽道："懂得道理不难，难在行动。国夫子懂得道理，我则不足。《书》曰，'欲败度，纵败礼'（逸书），便言如我之人。夫子懂得法度与礼义，我则纵欲，不能自我克制。"正因为上卿子皮能够不断反省自身，才为亚卿子产提供了展现执政才能的空间。

周景王十二年，周朝甘邑大夫与晋国阎邑大夫阎嘉争夺阎邑之田。两邑均位于今河南省洛阳市境内。晋国梁丙、张趯率领阴戎攻打颍邑，颍邑位于今河南省登封市境内。周景王派詹桓伯谴责晋国道："我朝自夏代因后稷之功，魏、骀、芮、岐、毕五国，皆为我朝西部领土。"魏国于今天汾水之南，黄河之北，山西省芮城县北；骀国位于今陕西省武功县西南；芮国位于今陕西省大荔县东；岐国位于今陕西省岐山县；毕国位于今陕西省咸阳市北。詹桓伯继续道："武王克商，蒲姑、商奄，成为我朝东部领土。巴国、濮国、楚国、邓国，乃我朝南部领土。肃慎、燕国、亳国，乃我朝北部领土。可见我朝封疆有多么辽远。"蒲姑位于今山东省滨州市博兴县东南；商奄位于今天山东省曲阜市东；巴国位于今重庆市境内；濮国与楚国均位于今湖北省荆州市境内；邓国位于今湖北省襄阳市境内；肃慎位于今我国东北一带；燕国位于今北京市附近；亳国或在山西、陕西省北部。

詹桓伯继续代周景王道："文王、武王、成王、康王封建母弟之国，用以护卫周室，亦为防止周室废败衰落。对于周室，岂能如同用罢的旧物，随意抛弃？先王让梼杌居于边远之地，抵御魑魅，因此允姓恶人居于瓜州。允姓便为阴戎之祖。伯父惠公自秦国回晋，诱导戎人前来，压迫我姬姓诸侯，入我王室郊甸，于是戎人占据王畿内外。戎人占有中原，谁之罪责？我先祖后稷教民稼穑，创建基业，如今为戎人割据，周室不亦难乎？望伯父慎重考虑。我于伯父，犹如衣之有冠冕，水木之有本源，民众之有谋主。伯父若裂冠毁冕，拔本塞源，抛弃谋主，戎狄心中更不会有余一人！"

羊舌肸对韩起道："文公称霸诸侯，尚不能改变旧制，请隧葬为襄王所拒，如今我们辅佐拥戴天子，应当更加恭敬。自文公以来，每代德行递减，损害、轻视王室，显示自身奢侈骄横，因此诸侯怀有二心，岂不正常？且王言理直气壮，您还是慎重考虑。"韩起认为羊舌肸言之有理，欣然接受其建议。

恰逢周景王有姻亲之丧，韩起派赵成赴王室吊唁，送上入殓衣裳，且归还阎邑之田，并遣返颍邑所俘之人。于是，周景王亦派宾滑执拿甘邑大夫襄以取悦晋国。晋国对甘邑大夫礼遇有加，并送其回周。周大夫与晋大夫争田之事就此平息，是因晋室有羊舌肸这样的贤明之臣。

## 第一五〇章　齐臣相争陈氏萌志，楚国围蔡灵王种祸

齐国随着公室衰落，卿大夫权力增大，卿大夫之间、卿大夫家族内部，争权夺利之事更为频繁发生。一些争夺随着有人退让而得到和解，一些争夺却愈演愈烈。

据《左传》记载，周景王十一年七月，齐国公孙虿卒，栾施想掌管公孙虿家政，于是杀公孙虿家宰梁婴。之后，又于八月驱逐齐国大夫子成、子工、子车。三人均为公室之后，公孙虿之党，子成乃顷公之子公子固，子工乃成公之弟公子铸，子车乃顷公之孙公孙捷。三人逃亡鲁国。栾施为公孙虿之子高彊立家宰。高彊字子良，栾施字子旗。高彊家臣道："孺子已经成人，子旗却要派人管我家事，是想兼并我们。"于是高彊授族人甲兵，准备攻打栾施。陈无宇与公孙虿亲近，也授族人甲兵，准备帮助高彊。有人报告栾施，栾施不信，又有数人来告。栾施准备去高彊家弄清原委，又路遇数人向他告知，于是栾施便转去陈氏家。陈无宇正要率族人出动，闻栾施来，便回房脱去戎服，换上便服迎接栾施。栾施试探陈无宇之意。陈无宇也试探道："听闻彊氏授族人甲兵，将要攻您，您可知此事？"栾施道："未曾得闻。"陈无宇又试探道："您何不亦授族人甲兵？无宇请追随于您。"栾施道："您何故如此？彊乃孺子，我教导他，犹恐他不能成功，又为他立家宰，若与他互攻，如何向先人交代？您何不去劝阻于他。《周书》曰，'惠不惠，茂不茂'（《尚书·康诰》），便言当施惠于并不感恩之人，勉励难以成功之人，这是康叔所以能宽宏大量成就事业之故。"陈无宇见栾施无兼并之意，叩首道："顷公、灵公将保佑您，望您惠及于我。"经陈氏居间调解，栾施与高彊和好如初。

栾氏与高氏两大氏族均为齐惠公之后，皆好酒。栾氏出于齐惠公之子公子坚一支，公子坚，字子栾，其子公孙灶，字子雅，公孙灶以父字为氏，成为栾氏之祖。其子栾施，字子旗，嗜酒，宠信内人。高氏出于齐惠公另一子公子祁，公子祁，字子高，其子公孙虿，字子尾，公孙虿以父字为氏，成为高氏之祖。其子高彊，字子良，亦好酒，宠信内人。

## 第一五〇章 齐臣相争陈氏萌志，楚国围蔡灵王种祸

栾氏与高氏均听信内人之言，多招怨恨。栾氏、高氏势力比陈氏、鲍氏强盛。齐国陈氏之祖为陈国厉公之子完，陈国太子被杀，公子完因与太子关系好而怕株连，逃亡齐国。他敬谢齐桓公封赏，于齐国为工正，世袭工正之职，至其重孙陈文子陈须无深受庄公宠信，当在此时，陈氏得以加官晋爵。须无之子陈桓子陈无宇于庄公四年支持庄公出兵伐卫、晋获胜，甚为得宠，庄公将女嫁予陈无宇。至景公年间，陈氏以大斗出、小斗入收买民心，陈氏势力进一步强大。鲍氏乃大禹之后，周初封大禹之后于杞国，杞国公子敬叔赴齐国出仕，受封鲍邑，其子孙便以封邑为氏。鲍叔牙便为敬叔之子，鲍氏于齐国世袭爵禄。

栾氏与高氏同为公族之后，或许排斥外来的陈氏与鲍氏，于是自然有人从中挑拨。周景王十三年夏，有人向陈无宇道："子良、子旗将要进攻陈氏、鲍氏。"同时将此消息告诉鲍氏。于是陈无宇把兵甲发予族人，去与鲍氏商议。路上陈无宇遇到高彊酒醉驰马。陈无宇至鲍国处，鲍国也已将甲兵发予族人。陈、鲍二人遣人侦察高彊、栾施二人行动，则二人都正准备饮酒。陈无宇道："传闻虽然不实，但他们得知我们下发甲兵，定会驱逐我们。趁其饮酒，我们抢先动手如何？"此时陈氏、鲍氏正处和睦时期，一拍即合，一起攻打栾氏、高氏。高彊受攻，便道："我们先得国君，陈氏、鲍氏能往何处？"便攻打齐景公宫室之虎门。

晏婴身穿朝服立于虎门之外，表示不参与兵戎之事。四个家族均召见他，他都不去。他的随从问道："帮助陈氏、鲍氏吗？"晏婴道："他们可有善处，值得帮助？"随从又问："帮助栾氏、高氏吗？"晏婴道："他们比陈氏、鲍氏强吗？"随从再问："那么我们回吧？"晏婴道："国君被攻，回哪里去？"齐景公召见他，他便入宫。景公占卜，派王黑以景公之旗率兵守卫，卦象显示为吉，王黑请求截旒三尺再用，以示尊君。两军战于稷门，栾氏、高氏兵败，于闹市又败。国人追逐他们，于城门鹿门再败两氏。栾施、高彊逃亡鲁国。于是陈氏、鲍氏分栾、高两氏家产。

晏婴对陈无宇道："定要将栾氏、高氏家产交予国君。谦让乃德之根本，谦让谓之美德。凡有血气之人，皆有争夺之心，因此利益不可强取，必须心存道义，乃能高于他人。义，乃利之根本。积聚利益会生冤孽。暂且不要积聚利益，只能让其慢慢滋长。"陈无宇听从晏婴劝告，将栾氏、高氏家产全都上交景公，并请于莒邑养老。

陈无宇召见当年公孙虿所驱逐的子山，私下准备帷幕、器用、随从衣履

等,并将棘邑还给子山。对子商亦如此,将封邑还给子商;对子周亦如此,将夫于邑给他。棘邑位于今山东省淄博市临淄区西北;夫于邑位于今山东省滨州市邹平县境内。陈无宇又安排子城、子公、公孙捷回国,并增加他们的俸禄。凡公子、公孙没有俸禄者,陈氏私下将自己城邑分给他们。而对国内贫困孤寡之人,则私下分予他们粮食。他道:"《诗》云,'陈锡载周'(《大雅·文王》)文王布陈赏赐给予他人,因此能创建周朝。桓公能施予诸侯,因此能成霸主。"可见陈无宇欲效仿文王、桓公,其志不在物质利益,而在获得人心,在邦国天下。

因陈无宇将陈、鲍两族家产上缴景公,景公便将莒邑旁的城邑赐予陈无宇,但陈无宇辞谢。景公之母穆孟姬为他求赐高唐邑,高唐邑位于今山东省禹城市境内。于是陈氏开始昌大。

鲁国叔孙婼自赴晋国吊唁后回国,大夫们都来进见,高彊此时已在鲁国,亦来进见,而后退出。叔孙婼对大夫们道:"为人之子不可不谨慎!昔日庆封逃亡,子尾接受很多城邑,只稍微奉还国君小部分,国君认为他忠诚,因而宠信于他。他临死之前,在公宫发病,坐辇回家,国君亲自推辇。但其子不能继承父业,故而至此。忠乃美德,其子不能继承,罪及自身,便因其不慎。丧失其父功勋,丢弃德行,致使宗庙无人祭祀,罪及其身,岂非祸事?《诗》曰,'不自我先,不自我后'(《小雅·正月》),忧患到来不在其前,不在其后,或许便是言此种情况。"

周景王十四年,景王向刘文公的大夫苌弘咨询天下大势,问道:"如今诸侯,哪家吉,哪家凶?"苌弘答道:"蔡国凶。今年乃蔡侯般弑君之岁,岁星在豕韦,已历岁星一个纪年。蔡国凶事不过今年。楚国将会拥有蔡国,然而此乃楚国积恶。待岁星至大梁,蔡国将复国,楚国将凶,此乃天道。"

就在苌弘根据天时预测蔡、楚国运前后,楚灵王出巡至申邑,在申邑召见蔡灵公。申邑在今天河南省南阳市北。蔡灵公将往,蔡国大夫道:"楚王贪婪,不讲信用,且恨蔡国。如今厚赠礼品,好言安抚,乃是引诱我们,不如不去。"蔡灵公不同意。三月,楚灵王于申邑埋伏甲士,设宴招待蔡灵公,诱灵公酒醉,拘捕灵公。四月,楚灵王杀蔡灵公,并杀跟随灵公赴楚的蔡国文武之士七十人。同时,楚国公子弃疾率军包围蔡国,蔡国都城位于今河南省驻马店市上蔡县。

楚、蔡反目,晋国执政韩起问羊舌肸道:"楚国能胜吗?"羊舌肸道:"能胜!蔡侯有弑君之罪,不得民心,上天将借楚国之手杀他,楚国为何不胜?然而胙闻，因不讲信用获利，此种事情不可能再次发生。当年楚君派公子弃疾事奉陈国太孙吴讨伐陈国，对太孙吴道：'楚国将助你安定陈国。'陈国人听从楚君命令，然而楚国却灭掉陈国，将陈国土地设置为楚国之县。如今，楚国又诱骗蔡君，而后杀之，包围蔡国，虽侥幸获胜，日后必受其咎，不能长久。夏桀曾战胜有缗氏，最终却丧失其国；商纣曾战胜东夷，最终却丢掉性命。楚国疆域比夏、商狭小，地位比夏、商低，却屡次比二王还要暴虐，岂能无祸？上天借助恶人，并非降福于他，而是增其凶恶而后降罚于他。比如天有金、木、水、火、土五材，人加以利用，材力用尽便行抛弃。因此楚国无可挽救，最终不能兴盛。"

楚国军队驻扎蔡国。晋国荀吴向韩起道："我们不能救陈，又不能救蔡，别人便不会来亲附。晋国无能亦已可知。为盟主而不恤亡国，何用盟主？"于是这年秋天，晋国于厥慭召集诸侯集会，商议救蔡之事。鲁国季孙意如、齐国国弱、宋国华亥、卫国北宫佗、郑国罕虎、曹国大夫、杞国大夫与会。厥慭为卫国之邑，或于今天河南省新乡县。

郑国罕虎（子皮）与会之前，子产道："此行不会走远。蔡国已不能救援。蔡国小而不顺服于大国，楚国大而不施德于小国，上天将抛弃蔡国，并使楚国积恶，恶贯满盈，然后施罚。蔡国必定灭亡。失去国君尚能守国的情况极为罕见。但三年之内，楚王或许有祸。岁星绕行一周，美与恶必有报应。楚王之恶将满一周。"

晋国召集诸侯集会之后，派大夫狐父赴楚国为蔡国求情，但楚灵王不允。同年冬天，楚师灭蔡，俘获蔡国太子带回楚国。楚灵王杀蔡国隐太子祭祀冈山。申无宇道："杀蔡国太子不祥。牛、羊、猪、犬、鸡五种牲畜大小贵贱不同，尚不能互相替代用于祭祀，何况用诸侯祭祀？王必后悔。"

楚灵王灭蔡之后，于陈地、蔡地、不羹分别筑城。陈国位于今河南省周口市一带，都城于周口市淮阳区；不羹为嬴姓小国，在河南省漯河市舞阳县境内，在灭蔡之前已经为楚国所灭。灵王任命公子弃疾为蔡公。灵王问申无宇道："弃疾在蔡地如何？"申无宇道："择子莫如父，择臣莫如君。当年郑庄公于栎邑筑城安置厉公，使昭公不能立为国君；齐桓公于谷邑筑城安置管仲，至今齐国得益。臣闻五类身居高位之人不当居于边境，即太子、母弟、宠公子、公孙、累世正卿；五类低位之人不当居于朝廷，即出身低贱、年少、疏远、新进与阶低者。亲近之人不在外，寄居之人不在内。如今公子弃疾在外，郑国然丹在朝,君王或要稍加戒备!"灵王道:"国都有高城,又能如何?"申无宇答道:"郑国京邑、栎邑最终致死昭公,是因栎邑蓄养了厉公;宋国萧邑、亳邑实际杀死了闵公之弟公子游,是因萧邑公室公子力量强大;齐国渠丘邑实际杀了公孙无知,或许渠丘曾为公孙无知的封邑;卫国蒲邑、戚邑驱逐了献公,是因蒲邑为宁殖封邑,戚邑为孙林父封邑。如此看来,五类位高之人居于边地于国有害。君王当知,末大本必折,尾大不掉。"楚灵王并未重视申无宇之言,使自己陷入绝境。

《左传》还记载了如下之事,周景王十二年二月,楚国公子弃疾将许国迁至夷邑,充实其邑,夷邑在今天安徽省亳州市城父镇。又增加州来邑淮北之土地予许国,由伍举将田授予许悼公。州来邑位于今安徽省淮南市凤台县。然丹将夷邑之人迁至陈县,以夷邑、濮邑之西之田补给陈县。又将方城外之人迁至原来许国之地。楚国如此大规模迁徙所辖之民,乃劳民伤财之举。此应当也是楚灵王之命令。

《国语·楚语》的记载与《左传》有所不同。楚灵王修筑陈、蔡、不羹的城墙,派子晳询问申无宇道:"中原诸侯只侍奉晋国,为何我不能使各国归顺?因为他们离晋国近而离我们远。如今我修筑三地城墙,其地皆可养千乘兵车,三地便可相当于晋国。加之楚国兵力,诸侯们该来归顺了吧?"申无宇答道:"典籍记载曰,国筑大城,未必有利。昔日郑国有京邑、栎邑,叔段依靠京邑给庄公带来忧患,庄公几乎不能胜他,而栎邑使子仪失位,厉公复立;卫国有蒲邑、戚邑,使献公出亡;宋国有萧邑、蒙邑,使昭公被弑;鲁国有弁邑、费邑,削弱了襄公势力;齐国有渠丘,公孙无知被杀;晋国有曲沃,使得栾盈能够接纳齐师作乱;秦国有征邑、衙邑,使桓公所宠的公子鍼压迫景公。这些事件于诸侯国均有记载,大邑均为不利。况且筑城犹如人体,有首领股肱,直至手指、毛发与血脉,大能调小,因此动而不劳。地有高低,天有阴晴,民有君臣,国有都鄙,此为古制。先王恐人不遵循古制,故而以德义制约,以服饰彰显,以礼仪推行,以名号分辨,以文字书写,以语言表达。失去古制,便改变了尊卑秩序。边境地区,乃国之尾,尾大不掉。譬如牛马,处暑既至,蚋虫既多,却不能摇动其尾,臣恐国家亦是如此。否则,这三座城岂能使诸侯不感到畏惧?"子晳将申无宇之言回禀灵王,灵王道:"此言可谓稍知天道,岂知治民之法?均为虚言。"右尹子革陪侍灵王,道:"民众乃上天所生,知天道,必知治民之道。其言当引起警惕!"然而楚灵王根本不听谏言。结果三年之后,陈人、蔡人及不羹人接纳公子弃疾,弑杀灵王。

## 第一五一章　宋元继位晋昭登基，鲁昭失礼公室愈卑

据《左传》记载，周景王十三年底，即公元前532年，宋平公卒，宋元公佐继位。宋平公谥"平"，根据谥法"治而清省曰平。执事有制曰平。布纲治纪曰平"。宋平公或许无过、守制，却亦无功。或许他并不关注国事，国事由臣子处置，他所宠信的是身边的寺人。

在周景王九年时，宋国便发生过寺人弄权之事。寺人柳深受宋平公宠信，太子佐则非常厌恶他。平公右师华合比向太子道："我派人杀了他。"寺人柳得知后，便设计诬陷华合比。他去北城外挖坑，杀牲，埋入伪造盟书。然后报告宋平公道："右师合比准备将逃亡在外之人召回，已于北外城与之盟誓。"宋平公派人查验，果然有被掩埋的牲畜与盟书。华合比之弟华亥一直想要取代其兄之位，便与寺人柳勾结，为他作证道："合比欲纳出亡之人，我早已得闻。"宋平公一怒之下，驱逐了华合比。华合比逃亡卫国。平公以华亥代替华合比为右师，华亥如愿以偿。华亥去见左师向戌，向戌道："你将来注定会逃亡。你既能陷害宗主，又会如何对待他人？他人又会如何对待你？《诗》云，'宗子维城，毋俾城坏，毋独斯畏'。（《大雅·板》）嫡长为城，勿使城坏，勿自孤立，以免心虚畏惧。你大概会有所畏惧吧！"

周景王十三年底，宋平公卒。寺人柳转而讨好太子佐。治丧之时，寺人柳于太子所处之位烧上炭火暖地，待太子将至，便撤去炭火，地上留下余温。无论太子站立还是跪、坐，都不会感觉到冷。寺人柳如此无微不至地伺候太子佐，太子佐不仅不再厌恶于他，而且逐渐离不开他。真所谓千穿万穿，马屁不穿。特别是具有极强依附性的寺人，自然对其主人极尽委屈，以求宠信。待到第二年春安葬平公完毕，寺人柳又得到了新君宠信。新君便是太子佐，是为宋元公。

宋元公继位之后，周景王十五年夏，宋国派遣华定赴鲁国访问，为新即位的宋元公与诸侯通好。鲁昭公设享礼招待。为华定赋《蓼萧》一诗。华定显然不懂，亦不赋诗作答。《蓼萧》见《小雅·南有嘉鱼之什》，诗云："蓼彼

萧斯，零露湑兮。既见君子，我心写兮。燕笑语兮，是以有誉处兮。‖蓼彼萧斯，零露瀼瀼。既见君子，为龙为光。其德不爽，寿考不忘。‖蓼彼萧斯，零露泥泥。既见君子，孔燕岂弟。宜兄宜弟，令德寿岂。‖蓼彼萧斯，零露浓浓。既见君子，鞗革忡忡。和鸾雍雍，万福攸同。"此诗为诸侯宴乐之诗，表达相互之间相见的喜悦与祝福。然而华定却不赋诗作答，显然失礼。事后叔孙婼道："将来他必会逃亡。宴乐欢愉，他并不感到享受与怀念；对于给予他的荣宠与光耀，他既不明白也不表白其心情；兄弟恺悌，欢乐和睦，此种美德他又不知；同福同禄他不作答，表明他不受，如此，他何以保持卿位？"果然，十年之后，华定逃亡楚国，此为后话。

于外交场合失礼之人，往往不是很快失势，便是很快病逝。周室公卿单成公便是如此。周室公卿单献公因寄居的客臣曲意逢迎，因此抛开亲族任用客臣。结果导致亲族不满，于周景王十年，单襄公、单顷公的后人杀单献公而立其弟单成公。单成公或许是懦弱之人，易被操纵，因此才被襄公、顷公族人扶助上位，以便操控。单成公非但懦弱，而且身体不佳。周景王十四年秋，单成公于戚邑会见晋国执政韩起，目光不能平视，而是一直向下，言语迟缓。事后羊舌肸道："单子大约将死。朝见有规定之位，会见有特定标志。衣服有领，衣带有结。会见之时，出言必使在座之人都能听清，表达必须条理清晰；目光不低于衣领衣带交结之处，以端正容貌。出言用以发令，容貌用以表态，言语仪容有失，便会造成过错。如今单子为天子百官之长，于会盟上宣告王命，目光不高于衣带，声音不超过数步，外貌不足以正容，言事不足以明理。不端正容貌，处世不恭；不宣明事理，他人不从。他已经失去保养身体之精气。"果真，这年底，单成公去世。

晋国平公麇后，昭公夷继位，周景王十五年夏，齐景公、卫灵公、郑定公赴晋国朝见新君。晋昭公设享礼招待诸侯，子产相郑定公，请求不参加享礼，因为郑简公卒于三月，郑定公丧服期未满，因此请求待丧满之后听命。晋昭公应允，因为此举合于礼仪。

晋昭公设宴招待齐景公，中行穆子荀吴为相。两位国君以箭投壶为乐，晋昭公先投，荀吴道："有酒如淮，有肉如丘。寡君中此，统帅诸侯。"晋昭公果然投中。齐景公举箭道："有酒如渑，有肉如陵。寡人中此，与君代兴。"齐景公亦中。士文伯士匄向荀吴道："您言辞有失。我们已经统帅诸侯，何用投壶，将投中当作光彩？齐君认为我君软弱，将不会再来朝见。"荀吴道："我军统帅强悍，士兵相争相勉，如同从前一样，齐国又能有何作为？"齐国大夫公孙傁或许听到齐景公所言，又听到晋臣议论，恐生变数，快步入室道："天色已晚，国君劳累，可以告退。"于是相齐景公告退。

鲁昭公本来亦赴晋国去朝见晋国新君，但抵达大河之滨，晋国却以两年前鲁国无理由攻取莒国郠邑为由辞谢。当年莒国曾向晋国提出诉讼，恰逢晋平公丧事，晋国未处置此事。郠邑在今山东省临沂市沂水县沂河之西。当年鲁国不仅攻取了莒国郠邑，而且回国于太庙献俘，并首次用人作牺牲祭祀亳社。亳社为商代立国之社，宋国为殷商之后，当然祭祀亳社。殷商有以人为牲和以人殉葬的习俗，周代基本废除。或许鲁国因地域文化也祭祀亳社，但不应当以俘虏作为人牲。

鲁国臧孙纥早已出亡齐国，得闻鲁国以人牲祭祀亳社，叹道："周公大概不会享用鲁国祭祀了！周公享用合于道义之祭祀，鲁国祭祀不合道义。《诗》云，'德音孔昭，视民不恌'。如今做法轻佻放荡之至，将人与牲畜同样使用，谁会赐福？"臧孙纥所引之诗，出于《小雅·鹿鸣》，意谓德教昭明，示于民众，使其不要轻佻放荡。鲁国做法非但轻佻，而且妄为之极，出亡的臧孙纥不忘祖国，因此有此哀叹。

鲁国于出兵莒国郠邑之前两年，即周景王十一年，曾于秋季举行全国性阅兵，东至鲁国边境根牟，根牟位于今山东省沂水县西，西南至于鲁宋边境，西北至于鲁卫边境，共动用兵车千乘。如此全国规模阅兵，虽然合乎礼制规定，但或许此次阅兵，乃强权之臣季孙宿去世后，季孙、叔孙、仲孙三氏各自展现自家拥兵实力之举。

鲁国攻取莒国郠邑，以人为牲祭祀亳社，均为失礼之举，且鲁国尚有其他失礼之举。周景王十四年五月，鲁昭公之母齐归去世。然而鲁国却依旧于比蒲举行盛大阅兵仪式。此举不合礼制。当然，或许此时实际掌握鲁国军权的季孙、叔孙、仲孙三氏，并不在乎鲁昭公有母丧在身。然而，鲁昭公似乎也不拿母丧当事。九月，安葬齐归时，鲁昭公并无哀戚之容。晋国来送葬之人，回去将此情此景告诉史赵。史赵道："昭公将来定会寄居郊外，不能享国。"侍从问其缘故，史赵道："鲁君乃归氏之子，不思其母，祖先不佑。"羊舌肸道："鲁国公室地位或许已经卑微。国君有大丧，国家不停止阅兵。君有三年丧期，却无一日哀戚。国不恤丧，不忌国君；君无戚容，君不顾亲。国人不畏国君，国君不念亲人，地位岂能不卑？或许将会失国。"

## 第一五二章　郑葬简公晋灭肥国，鲁有乱宰楚无明君

周景王十五年，即公元前530年，这年三月，郑简公卒。据《左传》记载，郑国为简公出殡，要清除道路障碍。清路至游氏祖庙，需要拆毁。游吉让其手下清道之人执工具而立，暂不拆庙，向他们道："若子产路过此地，问你们为何不拆，你等便道：不忍毁掉祖庙。然后答应他马上拆除。"子产果然让清道之人避开游氏祖庙。掌管公室墓地的司墓的房屋，亦有挡路。若拆房，简公之棺可于早晨下葬；不拆，简公之棺将绕道，于中午才能下葬。游吉保全了自家祖庙，却请求拆毁司墓的房屋，他道："延至中午，将使参加葬礼的诸侯国大夫们等待太久。"子产道："各国宾客能前来参加我国丧礼，岂会因迟至中午而畏难？无损于宾客，不危害民众，何故不为？"六月，郑国安葬郑简公，并未拆毁司墓人的房屋，简公之棺于中午下葬。时之君子认为子产于此事知礼。礼，乃无毁旁人，成全自己。

晋国新君继位，诸侯朝贺，齐景公却轻视晋昭公，竟言齐国要取而代之。或许为使诸侯顺服晋国新君，晋国君臣需要对外的胜利，因此晋国荀吴假作要去会合齐国军队，向白狄的鲜虞国借道，乘机进入鲜虞属国鼓国都城昔阳。昔阳或于今河北省石家庄市境内。秋八月，晋军灭鲜虞属国肥国，将肥国国君绵皋带回晋国。肥国或亦于今河北省石家庄市境内。鼓国当在其南。晋国灭亡肥国之后，又顺路进攻鲜虞。鲜虞国重蹈虞国唇亡齿寒的覆辙。

在晋国号令诸侯，四处征伐之时，周王室却更加衰微，王卿也一代不如一代。周朝大夫原伯绞异常残虐，他手下众臣成群逃离。周景王十五年夏，原邑众人驱逐原伯绞，立其弟公子跪寻。绞出亡周郊。

周卿甘简公无子，立其弟甘过为继承人。甘过准备驱逐甘成公、甘景公族人。成公、景公族人贿赂周卿刘献公，杀甘悼公过，立甘成公之孙鳅。后又杀太子之傅庚皮之子庚过，又于街市杀甘过之党周大夫瑕辛，再杀甘过之党的宫嬖绰、王孙没、刘州鸠、阴忌、老阳子。周朝王卿如此滥杀大夫，可见周王室之衰微，卿大夫之凶残。

## 第一五二章 郑葬简公晋灭肥国，鲁有乱宰楚无明君

各诸侯国公室与周王室一样逐步衰微，卿大夫之间的争斗日趋激烈。鲁国季孙意如成为季孙氏宗主之后，对季孙氏费邑之宰南蒯不加礼遇。南蒯对鲁国公室的公子慭道："我设法驱逐季氏，将其家产归于国君，您取代季孙氏之位，我则以费邑作为国君之臣。"按照南蒯的谋划，鲁昭公得到季孙氏家产，公子慭得到执政之位，南蒯得到季孙氏封邑费邑，并由季氏家臣升为国君之臣。公子慭同意此谋划。南蒯又将此谋划及其原因告诉叔仲穆子叔仲小。叔仲小乃叔仲带之子。

南蒯之所以拉拢叔仲小，是有原因的。当初季孙宿之子、季孙意如之父季孙纥死后，叔孙婼以再命为卿。叔孙婼伐莒获胜后，改受三命为卿。叔仲小欲离间季孙氏与叔孙氏两族的关系，向季孙意如道："叔孙氏获三命，超越其父辈兄辈，不合礼制。"季孙意如道："确实如此。"于是他让叔孙婼自我贬抑。叔孙婼道："叔孙氏家族有人祸，有竖牛杀嫡立庶之事，因此婼方能至此。若因人祸讨伐叔孙氏，则婼听命。若不废君命，则婼当有其位。"叔孙婼朝见鲁昭公，命官吏道："婼打算与季氏诉讼，书写讼词不要偏袒。"季孙意如畏惧诉讼，于是归罪于叔仲小。因此叔仲小便与南蒯、公子慭共同谋算季孙氏。公子慭向鲁昭公求告，跟随昭公赴晋国，欲求晋国出兵。然而晋国辞谢鲁昭公入晋。眼看得不到外援，南蒯畏惧不能战胜季孙氏，便以费邑反叛投齐。公子慭回国途中抵达卫国，闻知国内之乱，弃副使先行逃回国内，抵达城郊，听得南蒯以费邑投齐，便逃亡齐国。

南蒯将叛之时，有乡人或许知情，路过其家门口，叹道："忧愁啊，忧愁！深思而浅谋。身在季孙而志在他方，身为家臣却为君图谋，当自量其才可否！"南蒯曾泛卜吉凶，得"坤"之"比"，即坤下坤上，第五爻变阳爻，变为坤下坎上。第五爻爻辞道，"黄裳元吉"。南蒯认为大吉，将卦爻出示给子服惠伯，问道："将欲有事，如何？"惠伯道："我曾学《易》，忠信之事可以卜筮预测，不然必败。比卦外卦为'坎'，为险为强，内卦为'坤'，为温为顺，强于外而温顺于内，故忠；坤为水，坎为土，水土相合，以和行卜，故信。故曰'黄裳元吉'。黄，为中之色；裳，为下之服；元，为善之首。然而，心中不忠，与色不合；在下不恭，与裳不合；从事不善，与准则不合。内外和谐为忠，行事诚信为恭，培养上述三德为善，不具备三德，无法以卦辞预测。且《易》不可预测冒险之事，您欲何为？掩饰无用。中美为黄，上美为元，下美为裳，三者具备，可如筮言。如有或缺，卜筮虽吉，未必能吉。"南蒯赴费

邑前，请乡人饮酒。乡里有人歌道："我有苗圃，却生杞柳。从我者夫子，违我者鄙陋，背亲者可耻不可宥。罢了，罢了，非我党之朋友。"可见，上至大夫，下至乡人，均知南蒯意图不可能实现，并以各种方式明示或暗示于他，然而南蒯不知进退，致使自己无立足之地。

季孙意如或许一方面想向叔孙婼示好，一方面感到不好面对叔仲小，因此欲让叔孙婼驱逐叔仲小。叔仲小得知，不敢朝见。叔孙婼像其父叔孙豹一样，比较正直，不搞帮派，因此并未驱逐叔仲小，他命官吏转告叔仲小上朝准备处理政事，道："我不聚怨。"

南蒯既叛，第二年春，季孙意如派遣叔弓包围费邑。但叔弓非但没有攻下费邑，反被击败。季孙意如非常愤怒，下令但凡见到费邑人，便行拘捕。冶区夫谏道："不应如此。如果见到费邑之人，寒者衣之，饥者食之，充当其仁德之主，供应其匮乏之物，费人前来如同归家，南氏定会灭亡。民众将叛，谁会从他居于费邑？而若以威慑使他们忌惮，以愤怒使他们恐惧，民众困苦，便会背叛于您，此乃为南氏聚集民众。如同诸侯虐民道理相同，费人若无处归依，不亲近南氏，又能何往？"季孙意如认为冶区夫言之有理，便听从他的意见。季孙意如实行怀柔之策后，费人便逐渐背叛南氏。

南蒯准备反叛时，欲与费邑人盟誓，获得费邑官吏民众支持。费邑司徒老祁、虑癸既不愿参与反叛，也不敢与南蒯决裂，便伪装发病，派人请求南蒯道："臣愿盟誓，然而疾病发作。如托您之福得以不死，请待病势稍轻再与您盟誓。"南蒯允诺。后两人依靠民众均欲背叛南蒯，向南蒯提出集合民众一起盟誓。于是他们劫持南蒯道："群臣不忘季氏，但因畏惧于你，至今已有三年，一直听命于你。你如不慎重考虑，费人不忍背叛季氏，将不再畏惧于你。你在何处不能满足欲望？请允许我们为你送行。"南蒯请求等待五日。他匆匆收拾家财，逃亡齐国。南蒯于齐国侍奉景公饮酒，景公戏道："叛徒！"南蒯答道："臣是为壮大公室。"齐国大夫子韩晳道："家臣而欲壮大公室，罪莫大焉。"根据周朝等级制度，卿大夫家臣当对卿大夫尽忠，背叛卿大夫如同背叛国君。若卿大夫家臣越过卿大夫直接为国君谋事，亦是不忠，因为如此会动摇原本稳定的等级制度。因此子韩晳斥其罪莫大焉。鲁国司徒老祁、虑癸赴齐国收回费邑，齐景公便派鲍文子向鲁国归还费邑。鲁国费邑之乱就此平息。此为周景王十七年之事。

鲁国季孙氏家臣南蒯因利令智昏，为乱反叛，最终使自己不得不出亡。

## 第一五二章　郑葬简公晋灭肥国，鲁有乱宰楚无明君

楚国灵王则因恣肆暴戾，任意妄为，为自己挖掘了坟墓。楚国有人向灵王进成虎谗言。成虎为原令尹子玉之孙。楚国若敖之后有两大家族，斗氏与成氏，世代均占据楚国军政要职。令尹子玉名成得臣，为成氏一族。斗氏一族之斗椒于楚庄王时曾发动叛乱。此事已经过去七十余年。楚灵王居然借口成虎为若敖余党，杀了成虎。有人诬陷成虎之事，成虎已知，不知为何，却未出走，遂死于灵王刀下。灵王如此滥杀大臣，自然会使臣子因惧生恨。

周景王十五年，楚灵王十一年，灵王于州来狩猎，驻扎于颍尾。州来位于今安徽省淮南市凤台县，颍尾亦位于今淮南市颍水入淮处。灵王派遣荡侯、潘子、司马督、嚣尹午、陵尹喜率军包围徐国，以恫吓吴国。灵王自己驻扎乾溪，作为后援。乾溪位于今安徽省亳州市东南。大雪之天，楚灵王头戴皮帽，身穿秦国所赠羽衣，肩披翠羽披肩，脚蹬豹皮鞋，执鞭出行。仆从析父相随。右尹子革傍晚朝见，灵王除去冠带、披肩、放下鞭子，与他谈话。灵王道："昔日我先王熊绎与太公之子吕伋、卫康叔之子王孙牟、唐叔之子燮父、周公之子禽父，共同事奉康王，齐、晋、鲁、卫四国皆有宝器赏赐，唯独我国没有。如今我派人赴成周，请求赐鼎，周王会给我吗？"子革答道："当然！昔日我先王熊绎避于荆山，筚路蓝缕，以启草莽，跋山涉水，以事天子，以桃木为弓、枣木为箭侍奉王朝。齐国乃为天子之舅，晋与鲁、卫，乃为天子胞弟，因此楚国未得赏赐，而他们皆有。如今乃周朝与四方大诸侯国服事君王，他们将唯命是从，岂能爱惜其鼎？"灵王道："昔日我皇祖伯父昆吾，居住许国旧地，如今郑人贪其土地，而不与我。我若求取，郑国会给吗？"子革答道："当然！周朝不惜其鼎，郑国怎敢爱惜土地？"灵王又道："昔日诸侯认为我国偏远而畏惧晋国，如今我们大规模修筑陈、蔡与二不羹之城，赋税皆能养车千辆。你也有功劳。诸侯会畏惧我吗？"子革答道："当然畏惧！仅此四城，便足以使人畏惧，加之楚国原有之地，诸侯岂敢不畏惧君王？"

此时，工尹路请命道："君王命破圭玉以饰斧柄，请下令。"灵王便进去察看。析父对子革道："您为楚国希望。如今您与君王言，却如同君王的回声，将来国家会如何？"子革道："自当磨砺快刀，待君王出，将以利刃斩其妄念。"灵王复出，又与子革言。左史倚相快步走过，灵王道："此人乃良史，你要好生待他！他能读《三坟》《五典》《八索》《九丘》。"子革道："臣曾问他，昔日周穆王欲放纵私意，周行天下，欲让天下处处皆有其车辙马迹。祭公谋父作《祈招》一诗纠正穆王妄念，穆王因此善终于祇宫。臣问此诗，左史不知。

· 607 ·

若问更远之事,他焉能知?"灵王问:"你能知否?"子革答道:"能。其诗云,'祈招之愔愔,式昭德音。思我王度,式如玉,式如金。形民之力,而无醉饱之心'。此诗意为,平和祈福,昭明德音。我王气度,温润如玉,贵重如金。唯念养成民力,全无醉饱之心。"灵王闻此诗,向子革作揖,回入宫室,日不进食,夜不能寐,数日之间,不能自制。然而灵王悔悟已晚,他已经犯下了种种致命的错误。孔子对此评论道:"古也有志:'克己复礼,仁也。'信善哉!楚灵王若能如是,岂其辱于乾溪?"若楚灵王不问周鼎,不贪郑地,不犯吴国,不争霸主,不杀无辜,不辱诸侯,或许便不会自取其辱,不得善终。

《国语·楚语》记载,灵王暴虐,楚大夫白公子张多次进谏。灵王厌烦,对申公子亹道:"我想制止子张进谏,如何?"申公子亹道:"遵从谏言很难,制止谏言容易。若他再进谏,君王便道,余左手执鬼身,右手掌生死,各种箴谏,我尽闻知,岂需闻知他言?"

白公又来进谏,灵王按照申公子亹之言拒谏。白公答道:"昔日殷高宗武丁能够敬慎德行,通于神明,迁于河内,又迁于亳,沉默三年,思治国之道。卿士忧心,对武丁道,王以言出令,若不言,无所秉令。武丁于是书曰,'以余正四方,余恐德之不类,兹故不言'。武丁使人据他梦中之人画像,派人赴四方寻访贤人,得到傅说,升为上公,让其朝夕规谏。武丁道,若要动兵,以你砺金;若要渡河,以你为舟;若是天旱,以你为雨。启你心智,润沃我心。药力不足以使人眩晕,疾病不会痊愈;赤足不视地面,脚会受伤。如武丁之神明,圣虑深远,智慧超群,尚且道,'必交修余,无余弃也'。即要傅说经常纠正自己。如今君王或许不及武丁,却厌恶规谏,要治理好国家,岂非太难?齐桓、晋文,皆非嫡嗣,出奔流亡,不敢淫逸,心喜德音,以德有国。近臣进谏,远臣批评,众人诵诫,均用以告诫自身。因此他们即位之初,封疆不足百里,以后发展到方圆千里,会合诸侯,至今享有善名。桓公、文公均是如此,您不忧自身不及两位贤君,却要贪图安逸,恐怕不可?《周诗》有云,'弗躬弗亲,庶民弗信'。(《小雅·节南山》)不亲理政事,便不得民众信任。臣怕民众不信任君王,因此不敢不言。不然,我何必急于进谏因而获罪呢?"

灵王有些触动,道:"请再说一遍。不谷虽不能做到,但不谷愿让其入耳。"白公答道:"皆要赖君实行,故而言之。不然,巴浦之犀牛、牦牛、兕、象、角、牙可为耳瑱,岂愁用尽?岂用以规谏之词为耳瑱?"于是白公快步退下,回到家中,闭门不出。七个月后,发生了乾溪之乱,灵王死于动乱之中。

# 第一五三章　臣子复仇陈蔡复国，楚灵自缢平王登基

楚灵王肆意妄为由来已久。据《左传》，灵王为令尹时杀大司马蒍掩，占其家财。即位之后他更加为所欲为，对仇人毫不留情。他夺蒍掩同族蒍居之田，夺斗韦龟之封邑中犫，又夺韦龟之子成然封邑，而以其为郊尹治理郊外。成然曾事奉蔡公公子弃疾。灵王对他宠信之人亦弃若敝屣，蔡国蔡洧于楚国为官，有宠于灵王，灵王灭蔡，蔡洧之父死于蔡国，灵王则派蔡洧守国。对于来朝见的诸侯，他随意滞留，意在折辱。对诸侯大夫，他更毫无顾忌。他迁许国之民，以大夫许围为人质；申邑之会，他使越国大夫常寿过受辱。灵王四处树敌，蒍氏之族、蒍居、成然、蔡洧、许围，均为他不加礼遇之人。于是他们依靠丧失职爵之族，诱导越国大夫常寿过发动叛乱，包围固城，攻克息舟，筑城而居。固城与息舟当为楚国东部边邑。此为反抗灵王之先声。

前令尹子南宠臣观起被楚康王所杀时，其子观从在蔡国服侍大夫朝吴。观从欲报父仇，鼓动朝吴恢复蔡国，道："如今不复蔡国，蔡将永远灭亡。我请求尝试恢复蔡国。"朝吴自然同意，便以蔡公弃疾名义召楚灵王之弟公子比与公子黑肱。蔡公弃疾便是楚公子弃疾，灵王之幼弟，亦是公子比与公子黑肱之弟。当年灵王杀侄自立，公子比逃亡晋国，公子黑肱逃亡郑国。公子比字子干，公子黑肱字子晳。灵王灭蔡后，以公子弃疾为蔡公。公子比与公子黑肱抵达蔡都郊外，观从将真实原因告知二人，强迫他们盟誓，攻打蔡邑。蔡公弃疾正要用餐，见此情景，不明就里，赶忙逃避。观从让公子比入蔡邑，用餐、挖坑、杀牲、置盟书，之后迅速离开。然后，观从向蔡人道："蔡公准备送二位公子入楚国，确立他们的地位，已经盟誓，并准备率军前往。"蔡人聚集起来要捉观从。观从道："贼人已逃，蔡公已经召集军队，杀我又有何益？"蔡人便放了他。朝吴向众人道："你们若想为楚王而死，或者想逃亡，则当不听蔡公之命，等待事情成败而定。若求安定，则当襄助蔡公，成其愿望。况且违背上官，你等将往何处？"众人皆道："襄助蔡公！"蔡公弃疾便顺从了民意。于是众人拥戴蔡公弃疾，召回公子比、公子黑肱，于邓邑盟誓。楚国公子比、公子

黑肱、公子弃疾、成然与蔡国朝吴，赖陈人与蔡人复国之心，率领陈、蔡、不羹、许、叶等地军队，依靠蓳、许、蔡、成四族族人，进入楚国。到达郢都之郊，陈人、蔡人欲为陈、蔡造声势，请求筑造壁垒，树立陈、蔡旗帜。蔡公弃疾知道后道："我们要行动迅速，且役人已经疲劳，以藩篱为墙即可。"于是以藩篱围起军营。蔡公弃疾派遣楚国大夫须务牟与史猈先行入都，依靠太子近官杀太子禄与公子罢敌。公子比为王，公子黑肱为令尹，驻扎鱼陂，在今湖北省天门市西。公子弃疾为司马，先清除王宫，派遣观从随军赴乾溪，此时灵王在乾溪。观从向灵王的军队讲述情势，并道："先归顺者可以复其禄位资财，后归顺者将受割鼻之刑。"于是军队在訾梁便溃散，不再追随灵王。

灵王听到儿子们的死讯，撞于车下，道："别人爱其子，像余一样吗？"侍者说："更有甚者。"灵王道："余杀人子极多，人家岂能不杀余之子？"右尹子革道："请待于郊，听从国人选择。"灵王道："众怒不可犯。"子革道："可往大邑，请求诸侯出兵。"灵王道："诸侯皆叛矣。"子革道："可逃亡至诸侯处，请大国为君王安置。"灵王道："不再为王，自取其辱而已。"子革便独自回归楚都。芋尹无宇之子申亥道："我父屡犯王命，君王未加诛戮，恩莫大于此。我不忍抛弃君王，仍要追随他。"他寻找灵王，奉灵王回邑。夏五月，楚灵王或许见复位无望，在申亥家中自缢身亡。申亥以其两女殉葬。

观从建议公子比杀掉弃疾，公子比不忍下手，于是观从出走。此时国人不知灵王下落，都城经常有人夜里惊呼："君王进城了！"一天夜里，公子弃疾派人遍城呼道："君王进城了！"国人大惊。弃疾又派遣成然分别告诉公子比、公子黑肱道："君王到了，国人杀了您的司马，就要杀来了。您早拿定主意，可不受辱。众怒如水火，不可与之商议。"此时又有呼喊而来之人，成然道："众人来了！"公子比与公子黑肱惧怕受辱，便都自尽。于是公子弃疾顺利即位，改名为熊居，是为楚平王。楚平王以成然为令尹，成然字子旗。

楚平王将公子比安葬于訾地，称为訾敖。又杀一囚犯，让尸体穿戴君王服饰漂于汉水中，收尸安葬，以定人心。此后，芋尹申亥将灵王之棺所在报告平王，于是改葬灵王。

楚国国内骤变，灵王派出包围徐国的军队自然要撤回。或许楚军久驻于外，乍闻国内之乱，军心思归，未做防范，结果被吴国军队于豫章打败，荡侯、潘子、司马督、嚣尹午、陵尹喜五名将领被俘。

楚国灭亡蔡国时，灵王将许国、胡国、房国、申国之人迁于楚国内地。楚

## 第一五三章　臣子复仇陈蔡复国，楚灵自缢平王登基

平王开始重新收拾人心。他依靠陈、蔡人帮助登上王位，首先便恢复陈、蔡两国封土，让蔡国隐太子之子庐回蔡国继位，让陈国悼太子之子吴回陈国继位，这些举措均合乎礼制。他又恢复迁出之邑，赏赐有功之人，施舍民众，消除苛政，赦免罪人，举拔人才。平王召见观从，道："你所欲求，均可应允。"观从道："臣之先祖辅助开卜。"开卜为卜师之助手。平王便任命观从为卜尹，即卜师。平王派遣枝如子躬赴郑国访问，交还犨邑、栎邑土地。访问结束，枝如子躬却并未将交还两邑。郑人道："道路传闻，贵国要将犨邑、栎邑赐予寡君，敬请传命。"枝如子躬道："臣未闻有命。"他回国复命，平王问及犨、栎之事，枝如子躬除冠答道："臣之过错，违背王命，并未交还。"平王挽其手道："你不必谢罪！暂且回去，不谷有事，会告知你。"或许平王并不真心归还郑国两邑，枝如子躬当深得王心。

当年冬天，吴国灭亡州来，令尹子期请求伐吴。平王不允，道："我未安抚民众，未事奉鬼神，未修守备，未定国家，此时征用民力，战败后悔不及。州来在吴，犹如在楚。你姑且等待。"可见其韬略。

相比平王治国有方，灵王则恣肆放纵。当初，楚灵王占卜道："余希望得天下！"结果不吉。灵王掷龟甲于地，咒骂上天道："区区天下不肯予余，余必自取！"民众忧虑灵王贪得无厌，所以从乱如归。

《左传》记载了楚共王让山川神明择嗣之事。共王无嫡子，有宠子五人，不知立谁，便派人遍祭名山大川，请求神明决断，然后展示玉璧，道："正对玉璧下拜者，为神明所立。"他秘密将玉璧埋于祖庙堂前院中，让五子斋戒，按长幼次序入内下拜。康王脚跨玉璧，灵王肘加于玉璧之上，公子比、公子黑肱离璧均远。平王幼小，由人抱入，两次下拜都压于璧纽之上。因此，斗韦龟嘱托其子成然侍奉平王。

公子比自晋国回楚国时，韩起问羊舌肸道："子干或许能够成功？"羊舌肸答道："很难。"韩起道："他们憎恶楚王，同恶相求，又有何难？"羊舌肸答道："无人与其同好，谁又与其同恶？取国有五难：有宠而无人，有人而无主，有主而无谋，有谋而无民，有民而无德。子干在晋十三年，随从没有贤达之士，可谓无人。族人被灭，亲人背叛，可谓无主。轻举妄动，可谓无谋。一生为客，可谓无民。流亡在外，无人怀念，可谓无德。有此五难，还要弑杀旧君，谁能成功？享有楚国者，或是弃疾。弃疾统治陈、蔡两地，不行苛政，无有恶行；且神明有命，国民信任。芈姓有乱，必是季子得立，此乃楚国常例。弃疾

· 611 ·

有五利，得神保佑，拥有民众，具有美德，受宠显贵，符合常例。有此五利以去五难，谁能害他？子干官职不过右尹，宠贵不过庶子，以神所命，远离玉璧；民众不怀念，国内无亲附，将何以得立？"韩起道："齐桓公、晋文公不亦如此？"羊舌肸答道："齐桓公乃卫姬之子，有宠于僖公；有鲍叔牙、宾须无、隰朋为辅佐；有莒、卫为外援；有国氏、高氏为内应；从善如流，不纵私欲，施舍不倦，是以有国。我先君文公乃狐季姬之子，有宠于献公；好学而专心；年方十七，得士五人。有先大夫子余（赵衰）、子犯（狐偃）为心腹，有魏犨、贾佗为股肱，有齐、宋、秦、楚为外援，有栾氏、郤氏、狐氏、先氏为内应，流亡十九年，笃守其志。惠公、怀公抛弃民众，民众追随文公。献公无其他子嗣，上天佑晋，谁能代替文公？齐桓、晋文两君与子干不同。子干无施于民，无援于外，离晋无人相送，回楚无人相迎，怎能掌握楚国？"子干回国枉送性命，可见他确无成就大事的韬略。

# 第一五四章　晋会诸侯齐鲁顺服，盟约贡赋子产陈情

晋国建成虒祁宫后，诸侯前去朝见，回国后均对晋国怀有二心。虒祁宫壮观华丽的建筑，既是晋国的民脂民膏，亦有各诸侯国并非心甘情愿的供奉，侯伯如此挥霍天下之财，诸侯们如何能心悦诚服？

然而晋国并不检讨自身过失，仍想压服诸侯。鲁国占领莒国郠邑之后，莒国向侯伯晋国提起诉讼，因为正值晋平公丧事，晋国对莒国诉讼未做处置。如今，诸侯怀贰，晋国君臣十分清楚，羊舌肸道："我们必须向诸侯示威！"据《左传》，周景王十六年，即公元前529年，晋国策划率领诸侯讨伐鲁国。晋国召集诸侯集会，并通知了远在东南的吴国。这年秋天，晋昭公赴良邑会见吴王，因水路不通，吴王辞谢，于是昭公回国。吴王自吴都，即今天江苏省苏州市，赴良邑，在今天江苏省徐州市东，水路难行，陆路亦难行，因此吴王辞见。

七月底，晋国召集诸侯于邾国南部进行秋季演兵，规模浩大，仅兵车便有四千辆。之后，羊舌肸之弟羊舌鲋代理司马，于卫国平丘会合诸侯。平丘位于今河南省新乡市封丘县东。周景王派遣王卿刘献公赴会，晋昭公、鲁昭公、齐景公、宋元公、卫灵公、郑定公、曹武公、莒国国君、邾国国君、滕国国君、薛国国君、杞国国君、小邾国国君均参加集会。此次诸侯集会可谓规模盛大，中原地区诸侯基本均前来参会，可见诸侯虽然对晋国怀有二心，却不敢真正对抗侯伯。

郑国子产与游吉相郑定公参加集会，子产携带军旅帷幄、幕布各九张，游吉则各带四十张。后游吉后悔，每住宿一次，便减少一些帷、幕。等抵达会见之处，便剩帷、幕各九张，与子产一样。《左传》记载此事，或因子产节俭实用。游吉虽然见贤思齐，却难免浪费之嫌。

军队驻扎于卫国境内，羊舌鲋为向卫国索取贿赂，纵容手下乱砍滥伐。卫人派遣屠伯赠予羊舌肸鲜羹与一箧锦缎，并道："诸侯事奉晋国，不敢怀有二心，况且卫国在贵国檐下，岂敢怀有异志？如今砍柴之人与过去不同，请您阻

·613·

止他们。"羊舌肸接受羹汤,退回锦缎,道:"晋国有羊舌鲋,贪得无厌,亦将取祸。你们若以卫君之命赐他锦缎,事情便可了结。"屠伯照办之后,尚未退出羊舌鲋军营,羊舌鲋便已下令禁止乱砍滥伐。由此可见羊舌氏兄弟二人品性如此不同。

晋国要重温过去盟约,齐国不同意。晋昭公派遣羊舌肸询问刘献公道:"齐人不肯重温昔日之盟,如何处置?"刘献公答道:"盟以示信,国君有信,诸侯不怀二心,又有何患?告之以文辞,督之以武力,虽然齐国不同意,国君之功亦大。天子卿士请率王师,'元戎十乘,以先启行'(《小雅·六月》),若讨伐齐国,我愿为先行,听凭晋君决定。"羊舌肸将此言告诉齐国,道:"诸侯请求重温盟约,均已在此。只有贵君不以为有利。寡君在此向贵君请求。"齐人答道:"诸侯讨伐怀有二心之国,才需重温旧盟。若均能听命,何须重温旧盟?"羊舌肸道:"国家衰败,有事要做而无贡赋,则做事不能成为常态;有贡赋而无礼制,则常态会失序;有礼制而无威仪,虽上下有序却无恭敬;有威仪而不昭明,虽恭敬却不诚信。不昭明威仪则弃恭敬,各项事业终无结果,国家将败亡。因此昭明王制,使诸侯每年访问,以友好相处牢记其职责,每三年朝觐,于等级次序中演习礼仪,每六年诸侯集会,以示威仪;每十二年诸侯集会盟誓,以向神明昭示信义。这种制度自古无缺,存亡之道由此兴起。晋国依照先王礼制主持会盟,奉上盟誓牺牲,请诸侯盟誓,以求事情圆满。贵君则道,我早晚会废盟,如此又何必斋戒盟誓?请贵君慎重考虑,寡君听命。"齐人恐惧,答道:"小国虽作如是之言,但大国决断,小国岂敢不从?我们将恭敬前往,时间由贵君决定。"羊舌肸向晋昭公道:"诸侯与晋国有嫌隙,不能不向其示威。"于是八月初,晋国演兵,树立旌旗,不加飘带。次日又加飘带,以示晋国将要用兵。诸侯皆感畏惧。

平丘诸侯集会时,邾国与莒国再度向晋国提出诉讼:"鲁国经常攻打我们,我们国家几近灭亡。我们不能向晋国进贡,乃因鲁国之故。"于是晋昭公不接见鲁昭公,派羊舌肸前来辞道:"诸侯即将盟誓,寡君知道不能事奉贵君,贵君不必劳烦大驾。"子服惠伯答道:"贵君听信蛮夷诉讼,而拒绝兄弟之国,抛弃周公之后,亦只能听凭贵君。寡君闻命。"羊舌肸道:"寡君兵车四千辆在,即便以无道行事,亦必可畏,何况遵循道义,谁能抵挡?牛虽瘦,扑于猪身,岂怕猪不死?南蒯、子仲之忧,岂可忘记?若凭借晋国之众,率诸侯之师,仗邾、莒、杞、鄫之愤怒,讨伐鲁国之罪,再利用鲁国对南蒯、子仲之

## 第一五四章 晋会诸侯齐鲁顺服，盟约贡赋子产陈情

忧，晋国何求不胜？"鲁国畏惧晋国讨伐，便听命于晋国。

因齐国顺服，晋昭公便率领诸侯于平丘重温旧盟，命诸侯于中午抵达盟誓之坛。盟誓前一日朝见之后，子产命令外仆于盟誓之处搭起帐篷，游吉却让他们明天再去搭建。傍晚，子产得闻尚未搭帐篷，命人速去，结果盟誓之处已无处可搭帐篷。可见子产有先见之明。

盟誓之时，子产争执贡赋轻重次序，道："昔日天子根据班次决定贡赋轻重。位尊贡重，此乃周制。位卑而贡重者，乃天子畿内甸服者。郑伯为男爵，让郑国按照公侯标准贡赋，我们惧怕不能足数，请据位次削减。诸侯息兵，本当相互友好。然而使者催问贡赋，无月不至。贡赋无限度，小国往往有所欠缺，因此得罪。诸侯重温旧盟，乃为使小国得以生存。贡赋无限度，小国亡国可待。决定存亡之制，便在今天。"子产的请求或许得到一些诸侯大夫的支持，从中午开始争论，直至晚上，晋国方才允诺。盟誓之后，游吉责备子产道："晋国如率诸侯前来讨伐，郑国岂能轻易应对？"子产道："晋国政出多门，不能一心，偷安不及，何暇讨伐？不争便被人欺凌，何以为国？"

晋国既然拒绝鲁昭公与盟，鲁昭公便未参加盟誓。晋人拘捕季孙意如，以帷幕蒙盖住他，让狄人看守。鲁国大夫司铎射怀藏锦缎，手捧冰壶，匍匐近前。看守阻止，他便将锦缎送予看守，进去为季孙意如送上饮料。晋人后来便带季孙意如回晋。因季孙意如被扣，鲁昭公赴晋国试图修复两国关系。荀吴向韩起道："诸侯互相朝见，乃修旧好。如今扣押鲁国上卿，而会见鲁国国君，并非友好，不如辞谢。"于是派遣士文伯之子士弥牟于大河之滨辞谢。

季孙意如被扣晋国，跟随他前去的子服惠伯私下向荀吴道："鲁国一直事奉晋国，为何不如夷人小国？鲁国乃兄弟之邦，国土犹大，你们所定贡赋均能具备。若为夷人而抛弃鲁国，使之去事奉齐、楚，对晋国有何好处？亲近亲，结大国，赏供者，罚不供，所以为盟主。请您慎重考虑！谚语曰，'臣一主二'，鲁国难道无大国可侍奉？"荀吴将子服惠伯之言告诉韩起，且道："楚灭陈、蔡，我们不能救，反为夷人拘捕同宗，将要作甚？"晋国决定放季孙意如归鲁。子服惠伯道："寡君不知罪在何处，欲会合诸侯而被执其元老。若季孙有罪，可奉晋命而死。若季孙无罪，侯伯加恩赦免，却不告知诸侯，怎言赦免？请赐恩惠，于诸侯会盟时赦免。"韩起知道在诸侯集会时释放季孙，等于自认晋国有错，便问羊舌肸道："您能让季孙回国吗？"羊舌肸答道："不能。但鲋能。"韩起便派羊舌鲋去见季孙意如，道："鲋曾得罪晋君，才归顺鲁国，若

· 615 ·

非季武子之赐，便无今日。虽然老骨已归晋国，敢不为您尽心尽力？鮒听官吏所言，若您不回鲁国，晋国便将于西河建馆安置您，如何是好？"西河在今陕西省大荔县、华阴市一带。羊舌鮒边说边流泪，季孙意如惧怕，便回鲁国。但子服惠伯不走，仍待晋人礼送。据《春秋》，第二年春，"意如至自晋"。《左传》认为，《春秋》不言季孙氏，乃尊晋、罪己，合于礼制。

　　子产于回国途中听闻子皮死讯，哭道："我的事业到此为止！无人助我行善了。只有夫子了解我。"孔子认为子产此行足以成为国之柱石，引《诗》云，"乐只君子，邦家之基"。（《小雅·南山有台》）子产以事邦国为乐，会合诸侯，制定贡赋限度，合于礼制。

　　鲜虞人得知晋军全部出动赴诸侯会盟，便不在边境警戒，且不修治武备。晋国荀吴回师之时，得知鲜虞没有防备，便自著雍率上军侵袭鲜虞，抵达中人，驱冲锋之车与鲜虞人争逐，大获全胜，返回晋国。著雍与中人当位于今天河北省境内。晋国此次召集会盟，不仅挽回了一定的权威，且赢得了对鲜虞作战的胜利，达到了向诸侯示威的目的。

# 第一五五章　楚王安民莒国内乱，晋国克鼓天子乐忧

据《左传》记载，周景王十七年夏，楚平王派遣右尹子革于宗丘选拔操练楚国西部兵丁，且安抚当地民众。施舍贫贱，救助穷困，抚育孤幼，奉养老病，收容单身，赈济灾患，宽免孤寡赋税，赦免有罪之人，惩治奸恶之人，举拔埋没之才，礼敬新人，升迁旧人，奖励功勋，和睦亲族，任用贤良，物色官吏。平王又派遣屈罢于召陵选拔操练楚国东部兵丁，举措与西部相同。宗丘当在今天湖北省西部，召陵在今天河南省漯河市召陵区。平王致力于与四邻友好，让民众休养生息五年，然后用兵。平王举措皆合礼制。

楚平王在安抚民众、举拔人才、惩治奸恶、稳定社会之时，也不忘约束臣子。令尹子旗（成然）对平王有佐立之功，然而却不知节制，与养氏勾结，贪得无厌。平王为杜绝后患，于周景王十七年九月，杀斗成然，灭养氏一族，又让斗成然之子斗辛居于郧邑，为郧公，以示不忘斗氏昔日功勋。郧邑在今天湖北省孝感市安陆市境内。斗氏功勋主要不在斗成然的佐立之功，而在其祖斗谷於菟为楚令尹二十八年。

楚平王不仅安定国内，安抚归附楚国的诸侯国，对周边蛮夷也以绥靖为主，恩威并用。周景王十九年，得知蛮氏部落动乱，蛮子不讲信用，便派子革引诱戎蛮子嘉，杀掉子嘉，顺势占领蛮氏部落，此乃用威。不久，楚平王又立戎蛮子嘉之子，此举合于礼制，乃是用恩。楚平王此举在向周边地区逐渐渗透，却不引发战争，以保养楚国实力。

然而百密总有一疏，楚平王依旧不能驾驭全部人事政事。宠臣费无极妒忌蔡国大夫朝吴在蔡国的权势，欲除去朝吴，于是假意向朝吴道："君王唯独信您，因此将您安置于蔡国。您年长却位低，此乃耻辱。您定要求得上位，我助您申请。"费无极又对蔡国位在朝吴之上的人道："君王唯独信吴，因此将他安置于蔡国，您几位宠信比不上他，却居于其上，不是很难处吗？不慎重考虑，必遭祸难。"蔡臣妒忌朝吴，于周景王十八年夏，联合起来驱逐了朝吴，朝吴逃亡郑国。楚平王怒道："我独信吴，因此将他安置于蔡国。况且没有吴，我

无法登基。你为何要除去他？"费无极答道："臣岂不想留住吴？然而早知他心有异志。吴在蔡，蔡国必会很快脱离楚国。除去吴，便剪除了蔡国的翅膀。"费无极的这个理由，当能为楚平王接受。

大多数诸侯都不如楚平王能够操控国政，政权均操纵于亲族或权臣手中，因此内乱不断。周景王十七年八月，小国莒国便发生内乱。莒君著丘公卒，其子郊公并不悲哀。国人不服郊公，欲立著丘公之弟庚舆。莒国大夫蒲余侯厌恶公子意恢，与庚舆交好。郊公厌恶公子铎，与意恢交好。公子铎依靠蒲余侯并与之商议道："你杀意恢，我赶走国君，拥立庚舆。"蒲余侯应承。年底，蒲余侯兹夫杀莒公子意恢。莒郊公逃亡齐国。公子铎赴齐国迎庚舆，齐国隰党、公子鉏送行。庚舆得以立为莒君，乃因莒国割让田地贿赂齐国。

各国都有诸多争权夺利之事。晋国邢侯与雍子争夺鄐邑田地，邢侯为楚国申公巫臣之子，晋国封其于邢邑。雍子亦为楚人，客居晋国并受封于晋国。两人之间矛盾长时间未能化解。晋国理官士弥牟赴楚国，由羊舌鲋代理其职。韩起命他决断旧案。本来邢侯与雍子争田，罪在雍子。雍子将其女嫁于羊舌鲋，于是羊舌鲋便断邢侯有罪。邢侯非常愤怒，于朝上杀羊舌鲋与雍子。韩起问羊舌肸如何治他之罪。羊舌肸道："三人同罪，杀其生者，辱其死者便可。雍子自知其罪，用其女为贿赂买来胜诉；鲋出卖法律；邢侯擅自杀人，他们之罪相同。自己有罪而掠人美物为昏，贪婪败职为墨，杀人无忌为贼。《夏书》曰，'昏、墨、贼，杀'，此乃皋陶刑法，请遵皋陶刑法。"于是晋国杀邢侯，将雍子与羊舌鲋尸体陈于街市示众。

孔子高度称赞羊舌肸道："叔向，乃古之遗直。治国制刑，不庇其亲。历数叔鱼（羊舌鲋）之罪，不为之减刑。行事合乎道义，可谓正直！平丘之会，指出叔鱼索贿，以宽解卫国，晋国亦不为暴。让季孙回国，声言叔鱼能诈，以宽解鲁国，晋国亦不为虐。邢侯案件，斥责叔鱼贪婪，以正法典，晋国不为偏颇。三次所言，除掉三恶，加之三利。杀亲而名声更显，乃因其行义！"

晋国虽然时有卿大夫之间的纷争，但依旧有股肱之臣。周景王十八年秋，晋国荀吴率军进攻鲜虞，包围其属国白狄之鼓国。鼓国有人请求以城投晋，荀吴不允。左右之人道："不必劳师而可得城，为何不允？"荀吴道："我闻叔向曰，好恶不过度，民知如何行事，无事不成。若有人率我国城邑反叛，自然会为我们所恶，为何我们独好他人率城邑前来投奔？若赏赐我们所恶的反叛之举，对我们所好又当如何？若不加赏赐，便是失信，失信之人，何以保

## 第一五五章　楚王安民莒国内乱，晋国克鼓天子乐忧

护民众？因此，力所能胜则进，否则退，量力而行。我们不能想得到城邑便近奸邪，这样所失更多。"于是，荀吴让鼓国人杀了叛徒，并加强修缮防备。晋军包围鼓国达三月之久，鼓国有人请求投降。荀吴让鼓国人觐见，道："脸色尚好，不乏饮食，姑且去修缮你们的城墙。"军吏道："能取城而不取，劳民损兵，何以事君？"荀吴道："我便如此事君。得一城邑而教民懈怠，要此邑何用？得到城邑而换来懈怠，不如守旧保持勤谨。买来懈怠，不得善果；抛弃勤谨，不得吉祥。鼓人能事其君，我亦能事我君。符合道义，不出差错，好恶有度，既可得城邑，而民又知义，能拼死效命，不怀二心，不更好吗？"鼓人报告食已竭，力已尽，于是荀吴取城。荀吴攻下鼓国后，不杀一人，只将鼓子鸢鞮带回晋国。如此，荀吴既收服了白狄，又教育了晋国将士。

周景王十八年六月，周景王太子寿卒；八月，景王穆后崩。十二月，晋国荀跞赴成周参加穆后葬礼，籍谈为副使。葬礼已毕，除去丧服。周景王与荀跞宴饮，以鲁国所贡之壶作为酒尊。景王向荀跞道："伯氏，诸侯皆有礼器进贡王室，唯独晋国没有，这是为何？"荀跞或许不知如何作答，便向籍谈作揖，请他回答。籍谈答道："诸侯受封之时，皆于王室接受明德之器，以镇抚社稷，因此能将礼器进献天子。晋国地处深山，与戎狄为邻，而远离王室，王之福佑不至，平定戎狄不及，何以进献礼器？"景王向籍谈道："叔氏，你忘了吧？叔父唐叔，乃成王母弟，难道反而未得赏赐吗？密须之鼓与其大辂，为文王伐密须所得，乃文王田猎检阅军队所用；阙巩国铠甲，为武王用以克商之甲，均为唐叔接受，用来镇抚参督之墟，晋国之疆，因为境内有戎狄之人。其后襄王赐文公大辂、戎辂、斧钺、香酒、彤弓、虎贲，文公均受，并赐文公保有南阳之田，获得安抚与征伐东夏各国之权，这些不是所得赏赐又是什么？诸侯有功勋，王室不废赏赐，业绩载于史册，封田地以奉养，赠彝器来安抚，以车服来表彰，以旌旗来荣耀，使子孙不忘，此即所谓福。忘记这些福佑，叔父之心焉在？且昔日你高祖孙伯黡掌管晋国典籍，主持国家大事，因此称为籍氏。平王时辛有之次子董赴晋国，因此有董氏史官。你为司典之后，何故遗忘故事？"籍谈不能对答。他们告退之后，周景王道："籍谈或许不能荫庇后代了！数典而忘其祖。""数典忘祖"的成语便出于此。

籍谈回国后，将此对话告诉羊舌肸。羊舌肸道："天子或许不得善终！我闻，'所乐必卒焉'。所乐何事，必死于何事。如今天子以忧为乐，如因忧而卒，便不可谓善终。天子一年中有两次当服三年之丧，却与吊丧宾客饮宴，又

求礼器，以忧为乐，非常过分，且不合礼制。礼器乃为嘉奖功勋，而非为丧事。三年之丧，虽贵为天子，服丧仍须满期，此乃礼制要求。天子即便不能服丧满期，宴乐也实在过早，亦为非礼。礼乃天子之经纬。一次举动失此二礼，已无经纬可言。语言用以循典，典籍用以记载经纬。忘经纬而多言，列举经典又有何用？"从《左传》记载可见，周景王不仅不守礼制，而且十分贪财。

《左传》乐于记载各国君臣之间乃至他们与幕僚之间对于各种事件的判断、预测与评论，且经常记载关于神异事件的预测。据《左传》记载，周景王十八年春，鲁国将祭祀鲁武公，先行告诫百官斋戒。梓慎道："祭祀之日或有灾难。我看到红黑妖气，并非祭祀祥瑞，而是丧事之气。或许应在主持祭祀者身上！"二月祭祀，叔弓主祭，于奏籥之人进入时猝死。于是鲁人撤乐完成祭祀礼仪，此乃合乎礼义。

# 第一五六章　进退有度子产论理，郑卿赋诗韩起观志

周景王十九年，据《左传》记载，齐景公率师伐徐。二月，齐军抵达蒲隧。蒲隧位于今天江苏省徐州市睢宁县西南。徐国求和。徐国国君与郯人、莒人大夫会见齐景公，于蒲隧盟誓，徐国将甲父之鼎送予景公。甲父为古国，当在今天山东省境内。甲父不知何时被灭，国宝甲父之鼎流落徐国，徐国便以此贿赂齐国。鲁国叔孙婼得知此事，道："诸侯没有侯伯，乃小国之害！齐君无道，兴师伐远，与之集会，盟约而回，无人抵御，便因没有侯伯！《诗》云，'宗周既灭，靡所止戾。正大夫离居，莫知我肄'（《小雅·雨无正》），宗周已亡，无人除暴，执政大夫离位离心，无人知我辛劳。所言便是如此。"

郑国虽然夹在晋、楚两强之间为弱国，但于子产执政期间，却足以自立于中原诸侯之林。周景王十九年三月，晋国韩起赴郑国访问，郑定公设享礼招待。子产告诫道："在朝廷享礼有席位者，不可不恭！"宾客已至，子孔之孙孔张后至，他要立于宾客之中，司仪加以阻止，立于宾客之后，司仪又加阻止，不得已立于悬挂的钟、磬之间，手足无措，遭到晋国宾客讥笑。享礼结束，大夫富子向子产劝谏道："对待大国宾客，不可不慎。被其讥笑，岂不更会欺凌我国？我国处处有礼，他们尚且轻视我们。国家无礼，何以求荣？孔张失位，乃您之耻辱。"子产怒道："发令不当，出令不信，刑罚偏颇，放纵有罪，朝会不敬，命令不行，招致凌辱，劳民无功，获罪不知，此乃侨之耻辱。孔张，襄公兄长之孙，子孔之后，执政之嗣，受命出使，遍赴各国，国人尊敬，诸侯熟悉。他于朝中有职，于家中有庙，受国家爵禄，负国家军赋，丧事、祭祀皆有其职责，国君祭社，他可接受国君所赐祭肉，大夫祭社，他可致祭肉于国君，他可助君于宗庙祭祀，有其职位。他家数代在位，如今他忘记应处之位，侨为何要感到耻辱？邪辟之人将一切归罪于执政，等于指责先王无刑罚。你要指责我，最好以他事来指责我。"子产认为，他是以先王之法约束卿大夫，并无不当。

韩起有一对玉环中的一只，另一只在郑国商人手中。韩起向郑定公请求得

到那只玉环，子产道："此非官府之物，寡君不知。"游吉、公孙挥对子产道："韩子并无太多要求，我们对晋国也不能怀有二心。晋国与韩子均不可轻视。若恰巧有坏人挑拨两国关系，又有鬼神相助，或许煽起他们怒气，我们悔之何及？您为何爱惜一玉环，而取憎于大国？为何不寻来与他？"子产道："我并非轻慢晋国而有二心，而是为了始终事奉他们。不给玉环，恰为忠信之故。侨闻，君子不患无财，而患立为卿大夫而无美名。侨又闻，治国不患不能事奉大国、恩养小国，而患无礼制安定其位。大国之人命令小国，若一切要求均得满足，小国将如何不断供给？一次供给，下次不给，获罪更大。大国之求，不以礼驳斥，大国何时有过满足？我们将成为他们边境之邑，失去作为国家的地位。韩子奉命出使，而求玉环，贪婪过分，岂非是罪？献出一只玉环，引发两重罪过，我们失去国家之位，韩子成为贪婪之人，则献玉环又是为何？况且我们以玉环获罪，岂非不值？"

既然郑国官方不过问玉环之事，韩起便向商人购买玉环。成交之后，商人或许不满，因此道："必告君大夫！"韩起向子产请求道："前日我请求得到玉环，执政认为不合道义，因此不敢再次请求。如今我自商贾处购得，商人道，定要将此事告知执政，因此特向您请求成全。"子产答道："昔日我先君桓公与商人皆自宗周迁居而来，共同合作清理此地，砍去蓬蒿藜藿，友好共处。世代有盟，互相诚信。誓词曰，'尔无我叛，我无强贾，毋或匄夺。尔有利市宝贿，我勿与知'。商人不叛公室，公室不强买强卖，商人无需乞求，公室不会掠夺。商人有利市宝物，朝廷不加过问。我国依靠此誓，故能互相保护，以至今天。如今您友好光临敝国，而让我们强夺商人宝物，乃是教敝国背叛盟誓，未免不可！您得玉环，而失诸侯，您必定不为。若大国有令，要我们背弃盟誓，供应大国，视郑国为晋国边邑，则我们也不会答应。侨若献上玉环，对双方不知有何好处。谨敢私下向您陈情。"韩起退还玉环道："起虽不敏，岂敢因求玉而获贪婪、背盟二罪？谨退回玉环。"子产既维护了郑国尊严，也使韩起避免了恶名。

四月，郑国六卿于郊外为韩起饯行。韩起道："请诸位君子各赋诗一首，起亦可知郑国志向。"子皮之子子齹赋郑风之《野有蔓草》。诗云："野有蔓草，零露漙兮。有美一人，清扬婉兮。邂逅相遇，适我愿兮。‖野有蔓草，零露瀼瀼。有美一人，婉如清扬。邂逅相遇，与子偕臧。"子齹赋此诗，取义"邂逅相遇，适我愿兮""邂逅相遇，与子偕臧"，表示与晋卿交好并共同向善的愿望。此时子蠧父丧未满,因此韩起称其孺子,韩起道:"孺子善哉!吾有望矣。"

子产赋郑风之《羔裘》,诗云:"羔裘如濡,洵直且侯。彼其之子,舍命不渝。‖羔裘豹饰,孔武有力。彼其之子,邦之司直。‖羔裘晏兮,三英粲兮。彼其之子,邦之彦兮。"羔裘为卿大夫之朝服。子产以此诗赞美晋卿韩起为人正直,为国奔命,孔武有力,为国司法,乃国之良才。韩起谢道:"起不敢当。"

游吉赋郑风之《褰裳》,诗云:"子惠思我,褰裳涉溱。子不我思,岂无他人?狂童之狂也且!‖子惠思我,褰裳涉洧。子不我思,岂无他士?狂童之狂也且!"诗意为,子若思我,蹈水以奔,子不思我,岂无旁人?游吉取义于此。韩起道:"有起在,岂敢劳你去投旁人?"于是游吉拜谢晋国执政心中有郑。韩起道:"善哉,诗之所言极是!心中若无,岂能善终?"

子游为驷带之子驷偃,他赋郑风《风雨》,诗云:"风雨凄凄,鸡鸣喈喈。既见君子,云胡不夷。‖风雨潇潇,鸡鸣胶胶。既见君子,云胡不瘳。‖风雨如晦,鸡鸣不已。既见君子,云胡不喜。"诗意为表现风雨凄凄中见到君子,心中的安宁与欢喜。子游以此表达郑卿对韩起来访的心境。

子旗为公孙段之子丰施,他赋郑风《有女同车》,诗云:"有女同车,颜如舜华。将翱将翔,佩玉琼琚。彼美孟姜,洵美且都。‖有女同行,颜如舜英。将翱将翔,佩玉将将。彼美孟姜,德音不忘。"诗中表现对同车之人的赞美与自己难忘其人的心情,恰应饯行送别之情。

子柳为印段之子印癸,他赋郑风《萚兮》,诗云:"萚兮萚兮,风其吹女。叔兮伯兮,倡予和女。‖萚兮萚兮,风其漂女。叔兮伯兮,倡予要女。"诗歌表示愿与同宗兄弟有唱有和,借此表达郑国愿追随晋国的心情与愿望。

韩起听诸人赋诗之后非常高兴,道:"郑国很快便会昌盛!诸位君子以国君名义赏赐起,所赋之诗不出郑诗,皆表亲近友好。诸位均为数世宗主,我可以不必为两国关系担忧了。"于是韩起对六卿以马匹相赠,且赋《我将》一诗。此诗见于《周颂》,诗云:"我将我享,维羊维牛,维天其右之。仪式刑文王之典,日靖四方。伊嘏文王,既右飨之。我其夙夜,畏天之威,于时保之。"意为祈求上天保佑安定四方。于是子产拜谢,并让其余五卿拜谢,子产道:"您能平乱,敢不拜谢您的恩德!"韩起又私下见子产,赠送玉与马匹,并道:"您命起舍弃玉环,乃赐我金玉并免我一死,岂敢不奉上薄礼表达感谢!"

这年夏天，鲁昭公从晋国回到鲁国。《春秋》未记载鲁昭公赴晋，晋国扣留昭公之事，乃为昭公避讳。或许鲁昭公表示顺服，因此晋国释放了他。子服昭伯向季孙意如道："晋国公室或许将要卑微。晋国国君幼弱，六卿强大且骄奢，并将会因袭此种情况。习以为常，公室岂能不卑？"季孙意如道："你年轻，怎知国家大事？"入秋之后，晋昭公卒。十月，季孙意如赴晋国参加昭公丧礼，或许他感受到晋国现状，道："看来子服回之言可信，子服氏有了贤良的后嗣！"

这年秋天，鲁国因旱灾举行大雩祭。郑国亦是大旱，于是派遣屠击、祝款、竖柎祭祀于桑山。或许因要辟地筑坛，或许因施行巫咒，他们砍了山上树木，结果依旧无雨。子产道："于山祭祀，当养护山林，却砍其树木，其罪大矣。"于是褫夺他们封邑。或许子产知道，要风调雨顺，需要养护山林树木。郑国正是在子产的治理下，于内政外交方面均有较大成就。

# 第一五七章　鲁徕邾郯郯君论官，晋灭陆浑周朝渔利

据《左传》记载，周景王二十年春，小邾国穆公赴鲁国朝见，鲁昭公与之饮宴。季孙意如赋《采菽》一诗。此诗见于《小雅·鱼藻之什》，诗云："采菽采菽，筐之筥之。君子来朝，何锡予之？虽无予之？路车乘马。又何予之？玄衮及黼。‖觱沸槛泉，言采其芹。君子来朝，言观其旂。其旂淠淠，鸾声嘒嘒。载骖载驷，君子所届。‖赤芾在股，邪幅在下。彼交匪纾，天子所予。乐只君子，天子命之。乐只君子，福禄申之。‖维柞之枝，其叶蓬蓬。乐只君子，殿天子之邦。乐只君子，万福攸同。平平左右，亦是率从。‖汎汎杨舟，绋纚维之。乐只君子，天子葵之。乐只君子，福禄膍之。优哉游哉，亦是戾矣。"此诗为描写天子招待诸侯之诗，首章表现诸侯来朝，天子会准备赠品赐予诸侯；二章表现诸侯乘马来朝，旌旗渐近；三章表现诸侯懂礼，天子赐福；四章赞美诸侯镇抚四方，为天子股肱；末章赞美天子论功行赏，诸侯得福禄厚赐。季孙意如赋此诗，一方面是赞颂邾穆公君子来朝，谨守礼仪，将获得福佑，另一方面表示鲁国会有所赠赐，抬高了鲁昭公的地位，可谓赋一诗颂扬两位国君，表现其上卿的外交能力。

穆公作答，赋《菁菁者莪》。此诗见于《小雅·南有嘉鱼之什》，诗云："菁菁者莪，在彼中阿。既见君子，乐且有仪。‖菁菁者莪，在彼中沚。既见君子，我心则喜。‖菁菁者莪，在彼中陵。既见君子，锡我百朋。‖泛泛杨舟，载沉载浮。既见君子，我心则休。"表现见到君子仪表雍容，且赠送礼物，心中喜悦。季孙意如道："没有治理国家之人才，国家岂能长久？"季孙意如此言或许亦有双重意思，一是就诗意本身引申，君子为国之良才，为国君之财富，因此国君乐见君子，心中喜悦；一是讽刺邾穆公前来朝见是想获得依靠，获得赐予，然而自己国家若无良才，依靠他人是不可能保持国家长治久安的。古代外交赋诗，乃以婉转文雅之诗歌语言，或直抒情怀，或断章取义，表达自己的情感与见解；而解诗亦是如此，可以字面逢迎，也可以断章取义，总之不失为一种既高雅又高明的外交手段。

这年六月,中原地区发生日食。鲁国掌管祭祀的祝史请示使用何种祭品,叔孙婼道:"发生日食,天子不进盛餐,于社坛击鼓;诸侯于社祭祀祭品,于朝廷击鼓。此乃礼制。"季孙意如禁止如此,道:"不可。唯正阳之月,阴气未作,发生日食,才可击鼓、用祭品,此才为礼制。其他时间则不可如此。"太史道:"此月便是正阳之月。日过春分,未至夏至,日、月、星三辰有灾,于是百官素服,国君不盛餐,日食时分避开正寝,乐工击鼓,祝使用祭,史官以辞令自责消灾。因此《夏书》曰,'辰不集于房,瞽奏鼓,啬夫驰,庶人走'。日月不安居其舍,便须瞽师击鼓,检视之官驰车检视,庶人奔走。所言便是月朔情形。夏正四月,是谓孟夏。"然而季孙意如依旧不听。叔孙婼退出,道:"夫子将有异志,不尊国君了。"可见季孙意如恃才傲物,不尊重他人,凌驾于其他人包括国君之上。

这年秋季,郯国国君至鲁国朝见,昭公与之宴饮。郯国为少皞之后,鲁国所封之地为少皞之墟,于是叔孙婼问道:"少皞氏以鸟名为官名,是何缘故?"郯国国君道:"少皞乃我祖先,我知其事。昔日黄帝氏受命时有瑞云,因此以云记事,百官师长皆以云为名。炎帝氏受命时有瑞火,因此以火记事,百官师长皆以火为名。共工氏受命时有瑞水,因此以水记事,百官师长皆以水为名。太皞氏伏羲受命时有瑞龙,因此以龙记事,百官师长皆以龙为名。我高祖少皞挚即位,恰有凤鸟到来,因此以鸟记事,百官师长皆以鸟为名。凤鸟氏为历法之官;玄鸟氏为掌管春分、秋分之官;伯赵氏为掌管夏至、冬至之官;青鸟氏为掌管立春、立夏之官;丹鸟氏为掌管立秋、立冬之官;祝鸠氏为司徒;鴡鸠氏为司马;鸤鸠氏为司空;爽鸠氏为司寇;鹘鸠氏为司事。此五鸠,乃聚集民众之官。尚有五雉为五工之正,利器用、正度量,让民众所得平均。有九扈为九农正,制约百姓不使其淫逸。自颛顼以来,不能记述远古之事,因此记述近古之事,以民事命名民众长官,不能仿照远古行事。"孔子得知郯国国君能知古代官制,便进见郯国国君,向他学习官制。后孔子向别人道:"我闻,'天子失官,官学在四夷',此言可信。"

社会发展,人们依赖自然的程度逐渐减少,处理民事逐渐增多,因此职官名称、制度亦发生变化。古代以各种自然事物命名职官,反映了一定历史时期人们的认识。据说黄帝以云命名职官,春官为青云,夏官为缙云,秋官为白云,冬官为黑云,中官为黄云。炎帝以火命名职官,春官为大火,夏官为鹑火,秋官为西火,冬官为北火,中官为中火。共工以水命名职官,春官为东

## 第一五七章 鲁徕郯郯君论官，晋灭陆浑周朝渔利

水，夏官为南水，秋官为西水，冬官为北水，中官为中水。太皞以龙命名职官，春官为青龙氏，夏官为赤龙氏，秋官为白龙氏，冬官为黑龙氏，中官为黄龙氏。以鸟命名职官，认为凤鸟知天时，因此凤鸟氏为历法之官；玄鸟即燕子，春来秋去，因此玄鸟氏为掌管春分、秋分之官；伯劳夏秋高鸣，捕猎贮藏，至冬至止，因此伯劳氏为掌管夏至、冬至之官；青鸟即鸧鹥，立春始鸣至立夏止，因此青鸟氏为掌管立春、立夏之官；丹鸟即锦鸡，立秋来而立冬去，因此丹鸟氏为掌管立秋、立冬之官；祝鸠即鹁鸪，鸣于雨前雨后，因此祝鸠氏为司徒；雎鸠即王雎，姿态威武，因此雎鸠氏为司马；鸤鸠即布谷，于谷雨始鸣，夏至而止，督促平整水土，因此鸤鸠氏为司空；爽鸠即鹰，其性勇猛，因此爽鸠氏为司寇；鹘鸠即斑鸠，春来冬去，因此鹘鸠氏为司事。至于五雉，古人有将"五"解为方位，有解为五工，联系"利器用，正度量"之言，似当解为司木、陶、金、皮、色五工。或许古人以啄木鸟为司木之工，以用土筑巢或于土中为巢之鸟为司陶之工，以常磨砺其喙之鸟为司金之工，以用羽毛或兽皮筑巢之鸟为司皮之工，以颜色艳丽的锦鸡为司色之工，亦未可知。九扈为九农正，掌农桑之事，既庇护民众，亦制约民众。历史文献保留下来的古代职官名称，有些或确有其事，但有些或为后人根据后世官职所杜撰，但起码春秋时代，郯国保留以鸟名为职官之名的记忆，当属无疑。后人之解自然在许多地方符合前人命名职官之意，但肯定也加入了后人的理解与认识，并有许多牵强附会之处。

  鲁国或许是因为不能以武力逞强，因此更注重保守礼仪，使君臣皆可依旧沉湎于昨日的荣耀中。晋国作为春秋时代的侯伯，为保持自身霸主地位，必须注重武力。因此晋国在对诸侯镇抚并用时，还必须拓展晋国国土，以畜民养兵。周景王二十年，晋顷公派屠蒯赴周王朝，请求于洛水与三涂山祭祀。三涂山位于今河南省嵩山县西南。周王室掌管天文地理及术数的苌弘对刘献公道："客人容貌凶猛，并非为祭祀而来，或许为伐戎而来。陆浑氏与楚国和睦，晋国伐戎，必为此故。您当有所防备。"于是周室对戎加强戒备。九月，晋国荀吴率师自棘津涉水，让祭史先用牲祭祀洛水。陆浑戎人并无觉察，晋师已至。只用三日，便灭陆浑。讨伐他们的理由是他们心向楚国。陆浑国君逃亡楚国，部下逃亡甘鹿。甘鹿于洛阳市伊川县西北。周王朝因有所准备，因此俘虏了大批陆浑人。当初，韩起梦见晋文公携荀吴之手，将陆浑交付给他，因此让荀吴率师。荀吴回师之后，自然要于晋文公庙献俘。

周王室有苌弘这样的明智之臣，亦有昏乱之臣。周景王二十一年春季，周王朝毛得杀毛伯过，取而代之。苌弘道："毛得必亡。这天正是昆吾恶贯满盈之日，乃骄奢之故。毛得于天子之都骄奢行事，不亡何待？"果然，数年后毛得出亡楚国，此为后话。

周景王二十一年三月，曹国平公薨。至秋季，曹国安葬曹平公，各国派人以礼送葬。鲁国参加葬礼的大夫见周朝大夫原伯鲁，与之言谈，发现原伯鲁不好学习。回国之后，出使大夫将所见之事告诉闵子马。闵子马道："周朝恐有动乱。王畿之民必定多不好学，然后影响到当权之人。卿大夫们担心失去职禄，但不明事理，又曰，'可以无学，无学不害'。他们因不学无害，便不学习，政事苟且，得过且过，于是导致下位驾凌上位，上位怠惰衰败，岂能不乱？学习如同培植，不学将使草木叶落，原氏或许将要败亡！"果然，以后王室有乱，原氏败亡，此为后话。

# 第一五八章　异常天象四国火灾，谨循人道子产断事

据《左传》记载，周景王二十年冬，即公元前525年，彗星出现于大火星旁，彗尾之光西达银河。鲁国大夫申须道："彗星预示除旧布新。彗星扫除大火星，大火星再度出现必定布灾，各国恐怕会有火灾！"大夫梓慎道："去年我已见它，当是征兆。去年大火星黄昏出现时便见彗星，如今大火星出现时彗星更加明亮，必定于大火星消失时隐伏，二星同现已经很久，必主火灾。大火星黄昏出现，于夏正为三月，商正为四月，周正为五月。夏历与天象相应。若发生火灾，或将在宋、卫、陈、郑四国。宋国为大火星之分野；陈国为太皞之墟，太皞司木，木能生火；郑国为祝融之墟，祝融为火正，此三国均与火有关。彗星及天汉，天汉乃水。卫国为颛顼之墟，故为帝丘，其星为营室，即大水。水与火相配，因此卫国亦将承当火灾。火灾当于丙子日或壬午日发生。丙子日天干属阳之火，地支属阳之水，阳水不胜阳火，壬午日亦如此。若大火星消失而彗星隐伏，定会于壬午日发生火灾，其月份当不会超过大火星出现之月，即来年五月。"

郑国的裨灶也向执政子产道："宋、卫、陈、郑四国将于同日发生火灾。若我们用玉尊与圭勺祭神，郑国必定不会发生火灾。"裨灶如此建议，或许因尊可盛水，勺可舀水，用此祭神是希望神能助人消除火灾。但子产或许不信这种超出常规的淫祀，不肯动用这些礼器。

周景王二十一年五月，大火星始于黄昏出现。丙子日，起风。梓慎道："是谓融风，为火灾之始，七日之后，火灾将作！"融风为东北风，东北为木之始，而木生火，因此古人认为融风起会助长火势。果然，几天中风力逐渐增强，七天后风力达到极强。宋、卫、陈、郑四国均发生火灾。梓慎登上大庭氏之库观望，道："火灾降于宋、卫、陈、郑。"果然，数日之后，四国均至鲁国报告火灾。

郑国裨灶道："不采纳我之建言，郑国还会发生火灾。"郑人都请求子产采纳裨灶建言，子产依旧不允。游吉道："宝物乃用以保民。若有火灾，国家

殆亡。可以救亡，何惜宝物？"子产道："天道远，人道迩，非所及也，何以知之？灶焉知天道？"子产认为裨灶不过偶尔言中，依旧不允以礼器祭祀。后郑国也未再发生火灾。这一关于天道与人道的论述为孔子接受，成为后世儒家思想中的重要元素。

郑国火灾之前，大夫里析告诉子产道："将有大变，民众震动，国家危亡。那时我已身死，不能亲见。迁都，或许可以避免灾难？"子产道："即便可以，我一人不足以决定迁都之事。"发生火灾时，里析已死，尚未下葬，子产派三十人移走其棺，不使其葬身火中。

火灾之后，子产于东门辞别晋国公子、公孙，派遣司寇将新到的诸侯国客人送出，禁止来自诸侯国的旧客走出馆驿大门。此举或是为防火灾导致祸乱，致使各国宾客于街市遭难。子产派遣大夫子宽、子上巡察诸祭祀处所乃至太庙，子宽乃游吉之子游速；派遣开卜大夫公孙登迁走大龟；派遣祝史将宗庙神主石匣迁至周庙，并告先君。又派遣府人、库人各司其职，以防火灾；派遣大夫商成公责令司宫防备火灾，迁出先公宫女，安置于火烧不到之处；派遣司马、司寇列于火道，随时救火禁盗；派遣伍卒列队登城，加强守备。第二天，子产又派遣郊野司寇各自约束所征役人，让郊人帮助祝史，于国都之北筑坛，向水神玄冥、火神回禄祈祷，并于四城祈祷。又派人登记被烧房屋，减免其赋税，并给予建筑材料。再命举国之人哀哭三日宣泄悲伤，同时停止市场贸易。最后派遣行人向各诸侯国通报火灾。宋国与卫国亦作如是安排。四国火灾，独陈国不救火；各国均对四国表示慰问，独许国不表示慰问。可见陈国君臣不恤国民，许国君臣不礼诸侯。时之君子因此而知陈国、许国将先行灭亡。其后果然如此。

七月，郑国子产因火灾之故，大筑社坛，祭祀四方之神以求解除灾难，同时救治火灾损失，此举合于礼制。或许为振奋国人精神，子产又命精选士兵，准备举行盛大检阅。这就必须清理场地。游吉家庙在路南，住房在路北，庭院不大，清理场地需拆毁院墙。超过规定拆除的三天期限后，游吉让清除场地的仆役列于路南庙北，向他们道："子产经过此处，下令尽快拆除时，便动手拆除你们这边的建筑。"子产上朝，经过此处，发现院墙尚未拆除，非常愤怒。于是清除场地的役人便向南毁庙。子产发现役人正在拆毁游吉家庙，便让随从制止他们，命令道："拆除北边庭院。"或许游吉想保住宅院，同时将毁庙之举让子产承担，但子产及时发现，立刻命令不毁家庙，而毁住宅。

## 第一五八章　异常天象四国火灾，谨循人道子产断事

火灾发生时，子产登城颁发兵器。游吉道："晋国不会因我们颁发兵器，以为我们怀有二心，因而来讨伐我们吧？"子产道："我闻，小国忘守则危，何况有火灾！国家若要不被人轻视，必须有备。"不久，晋国边吏责备郑国道："郑国有灾，晋君、大夫不敢安居，占卜筮卦，四出祭祀名山大川，不敢吝啬牺牲玉帛。郑国有灾，乃寡君之忧。如今执事骤然颁发兵器，守兵登上城墙，将要向谁问罪？我国边人恐惧，不敢不告。"子产回答道："如您所言，敝国之灾，乃贵国国君之忧。敝国失政，上天降灾，又惧谗邪之人图谋敝国，引诱贪婪之人，加重敝国灾难，加重贵君忧虑。有幸国家不亡，颁发兵器之事尚可向贵国解释；不若幸亡国，贵君纵然忧虑，亦救之不及。郑国有他国之忧，只有企望晋国救助，既然事奉晋国，岂敢怀有二心？"郑国的确需要防范楚国，子产如此作答，晋国自然不能因此讨伐郑国。

周景王二十二年，郑国驷偃卒。驷偃娶晋国大夫之妹为妻，生丝，尚在少年。驷偃家族叔伯立驷偃之弟驷乞为继承人。子产憎恶驷乞为人，并且认为不合继承常法，不置可否。驷氏惧怕。后来，驷丝将情况告知其身为晋国大夫的舅父。这年冬天，晋国派人带礼物至郑国，询问立驷乞之故。驷氏惧怕，驷乞欲逃，子产不允；驷氏请以龟占卜，子产亦不给予。他答复晋人道："郑国不得上天庇佑，寡君数位臣子不幸疾病夭折。如今又丧我先大夫偃。其子年幼，其叔伯怕绝宗主，与族人商议，立年长亲子。寡君与几位卿大夫道，或许上天确实欲乱常法，亦未可知？谚语曰，'无过乱门'，民众尚怕经过乱处，何况上天所降之乱？如今大夫问其故，寡君不敢窥视天意，谁能确实知道天意？平丘会盟，贵君重温旧盟曰，'无或失职'。寡君的卿大夫去世，晋国大夫要专断其承嗣之位，是将我们当作边邑，郑国将如何为国？"子产辞谢晋人的礼物，但以礼回报晋国使者，晋国便不再过问此事。他虽厌恶驷乞，却以本国利益为重，拒绝晋国干涉郑国内政。

子产不畏惧权势，不迷信天象，不惧怕灾异，认定之理，绝不妥协。郑国火灾的第二年，又发生水灾。有龙在郑都时门之外的洧渊争斗，国人请求禳灾祭祀。子产不允，道："我们争斗，龙不观看，龙在争斗，我们为何要去看？向龙祭祀祈祷，则洧渊本是龙之所处，龙岂能去水？我无求于龙，龙亦无求于我。"再度制止国人淫祀。

然而天不佑郑，周景王二十三年，子产病。子产托付游吉道："我死之后，您必执政。唯有德者能以宽收服民众，其次莫如以猛征服民众。火性猛

烈，民众望而畏之，故很少有人死于火。水性懦弱，民众狎而玩之，故很多人死于水。故而宽政不易。"数月后子产病卒。

游吉执政后，不忍行猛政，奉行宽政。结果盗贼众多，啸聚于水泽，扰乱治安。游吉后悔道："我早从夫子之言，不至于此。"于是派遣徒兵攻打水泽盗贼，全部诛杀，盗贼遂减少。

孔子评论道："善哉！政宽则民慢，慢则纠之以猛。猛则民残，残则施之以宽。宽以济猛，猛以济宽，政是以和。《诗》曰：'民亦劳止，汔可小康。惠此中国，以绥四方。'施之以宽也。'毋从诡随，以谨无良。式遏寇虐，惨不畏明。'纠之以猛也。'柔远能迩，以定我王。'平之以和也。又曰：'不竞不絿，不刚不柔。布政优优，百禄是遒。'和之至也。"所引之诗，前者出自《大雅·民劳》首章，意为民众劳苦，但求小康，惠赐中国，安定四方；当勿纵诡诈附和之人，约束行为无良之人，遏止掠夺残暴之人，因其从不畏惧法度；要怀柔远近，才能安定我王。后者出自《商颂·长发》，意为既不争强也不松弛，既不刚猛也不柔弱。施政平和宽裕，才能使各种福禄齐聚。因此孔子闻子产卒，流泪道："古之遗爱也。"

## 第一五九章　平王信谗错杀伍奢，太子进药致死许君

据《左传》记载，周景王二十年冬，吴国伐楚。楚国阳匄为令尹，阳匄为楚穆王之后，字子瑕。他占卜战争胜负，结果不吉。司马公子鲂道："我国处上游，何故不吉？我国惯例，由司马命龟，占卜前告龟所卜之事。我请求由我重新占卜。"公子鲂，字子鱼，他重新命龟曰："鲂带领部属死战，楚军跟进，希望大获全胜。"占卜结果为吉。

吴楚战于长岸，在今安徽省马鞍山市当涂县西南天门山附近。公子鲂率部属战死，楚军跟进，大败吴军，缴获名为余皇的大船，派遣随国人与后到的军队看守，环绕此船挖沟，直至见到泉水，然后用炭将沟填满，列阵待命。吴国公子光请求将士们道："失去先王乘舟，岂唯光一人之罪，众人亦有罪。请借大家之力夺回，以免一死。"他派遣三人潜伏于舟侧，道："我呼余皇，你们便答应。"军队夜里跟进，公子光喊了三声，潜伏之人交替回应，被楚人杀死。公子光率领吴师跟进，楚军阵乱，吴军大败楚军，夺回大船。两国都损失不小。

楚国有了东部之忧，加上郑国完全投靠晋国，都减轻了楚对中原的威胁。楚平王首先着眼安定国内，对北方的策略以防守为主。周景王二十二年春，楚国工尹赤将阴戎迁移至下阴，令尹子瑕于郏邑筑城。下阴位于今天湖北省襄阳市老河口市西，汉水北岸；郏邑位于今天河南省平顶山市郏县。在此之前，楚国已经将许国迁至析邑，析邑在今天河南省南阳市西峡县。鲁国叔孙婼据此判断："楚国意图不在诸侯了！楚国仅为了保持自己国土的完整，维持其世系而已。"

楚平王想休养生息，恢复国力，再图大业，却因信任奸佞，为自己种下祸根。楚平王任蔡公时，鄾阳封人之女私奔于他，生太子建。平王即位，以伍奢为太子师，费无极为少师。费无极于太子处无宠，便欲向平王中伤太子。他向平王道："太子可以娶妻了。"但其时太子尚在少年。平王为太子聘秦国公主，费无极竭力赞美秦女美貌，劝平王自娶。周景王二十二年，楚国迎秦国公主嬴

氏为平王夫人。之后，平王派遣令尹子瑕赴秦国访问，拜谢秦国嫁女予楚国。

费无极又向楚平王道："晋国在中原，故能称霸诸侯，楚国地处偏僻，所以不能与之争霸。若大规模扩建城父之城，将太子安置于城父，与北方交通，君王再收服南方，便可得到天下。"城父又名夷邑，原为陈国城邑，后为楚国所有，是楚国东北的大邑，位于今安徽省亳州市城父镇。平王本就想复兴楚国，便扩建城父邑，让太子建居于此处。

这年夏天，平王又兴舟师伐濮，以图安定南方。濮为南夷之国。然后楚国于东部州来筑城，位于今天安徽省淮南市凤台县。楚国沈尹戌道："楚国必败。昔日吴灭州来，子旗请求攻打吴国。君王道，吾未安抚吾民。如今民众未安，筑州来城以挑衅吴国，岂能不败？"侍者道："君王施舍从不厌倦，与民休息五年，可谓安抚民众。"沈尹戌道："我闻安抚民众，当节用于内，树德于外，民众安乐，国无仇敌。如今宫室规模无度，民众时刻不安，疲劳至死，无人收敛，此非恤民之道。"可见楚平王在费无极怂恿下，开始征用民力，准备扩张。

此时吴王之弟蹶由尚被扣押在楚国。当初楚灵王伐吴，吴师获胜后想与楚国媾和，派蹶由犒劳楚师，楚灵王却要以其祭鼓，又将其带回楚国扣押十几年。令尹子瑕为蹶由向楚平王道："他有何罪？谚语所谓'室于怒市于色'，在家生气而上街给人脸色看，所言便是楚国。我们当舍弃前怨。"楚平王筑州来之城，是为了巩固东部疆域，并不想此时便与吴国动兵戈，便将蹶由放回吴国。

太子离开楚都后，费无极越发肆无忌惮。他向平王进谗言道："太子建与伍奢将以方城之外反叛，自认为能像宋、郑一样自成一国，且齐、晋都会扶助他们危害楚国，此事即将成功。"平王信了谗言，质问伍奢。伍奢答道："君王错了一次，后果已很严重，为何还听信谗言？"平王逮捕了伍奢，并派遣城父司马奋扬去杀太子。奋扬故意行动迟缓，派人知会太子逃走。周景王二十三年三月，太子建逃亡宋国。平王召回奋扬，奋扬自知有罪，让城父大夫押解自己回郢都。平王道："言出于余口，入于你耳，是谁告知建的？"奋扬答道："是臣告知。君王命我，事奉建要像事奉君王一样。微臣不才，不忍轻易改变初衷，奉行君王后命去杀太子，因此让他逃走。不久我便后悔，但已悔之不及。"平王道："你为何还敢回都？"奋扬答道："受命而未完成，再不回都，乃再次违命，无处可逃。"平王见其所言为实，并不逃罪，便赦免他道："回城父去，依旧履行司马之职。"

费无极见太子出亡，更向平王诬陷太子之师伍奢。他道："伍奢之子有才，若到吴国，必为楚国之忧，何不以赦免其父事为诱将其召回。不然，他们将为楚国之患。"平王便派人召他们道："你们回都，我将赦免你们的父亲。"伍奢长子伍尚为棠邑大夫，在今江苏省南京市六合区。伍尚对其弟伍员道："你赴吴国，我回都准备一死。我才智不及你，我能为父而死，你能为父报仇。闻赦免父亲之命，不能无人即刻奔回；亲人被杀戮，不能无人报仇雪恨。父亲不可抛弃，家族身后之名亦不可废。你当努力！你我二人各担其任。"于是伍尚独自回都。

楚平王命人杀了伍奢、伍尚父子。伍员逃亡吴国，向吴王僚进言讨伐楚国，对吴国有利。公子光向吴王僚道："因其宗族被戮，欲报其仇，不可从他之言。"伍员看出公子光将有异志，便寻求勇士，推荐鱄设诸到公子光身边。伍员自己则退居郊外种地，等待时机。

就在中原四国火灾，楚国巩固边防的同一年，即周景王二十一年，东部小国鄅国和邾国发生战争。鄅国妘姓，都城在今山东省临沂市鄅古城村。起因是鄅国国君巡视农耕状况，邾国军队趁机入侵鄅国。鄅人将要关闭城门，邾人羊罗揪住关闭城门之人的头发，将其制服，于是邾国军队进入鄅国都城，将鄅人全都俘虏回去。鄅国国君因巡视在外得以幸免。鄅君叹道："余无所归矣。"因其妻儿均被带往邾国，鄅君便追随至邾国。邾庄公将鄅君夫人归还鄅君，而将其女留下。

鄅君夫人乃宋国向戌之女，因此其兄弟向宁请求宋国出兵。第二年二月，宋元公率军伐邾，包围虫邑。虫邑位于今山东省济宁市东。三月，宋军攻占虫邑，将鄅国俘虏全部放回。这年夏天，邾国、郳国、徐国国君觐见宋元公，于虫邑会盟，达成和解协议。

这一两年间，华夏东部非但有小国之间互相侵犯，如邾国侵鄅，且有大国欺凌小国，如齐国伐莒。周景王二十二年秋，齐国高发率师伐莒，莒共公逃亡莒邑纪鄣，位于今山东省日照市岚山区。齐国又派遣陈无宇之子孙书进攻纪鄣。当初，莒国有一妇人，莒共公杀其丈夫，使她守寡。妇人年老，寄居纪鄣。她度量城墙高度纺线搓绳，待齐军到来，便将绳索扔出城外。齐人发现，便派士兵深夜攀绳登城。登上城墙者有六十人，之后绳断。齐国军队击鼓呐喊，城上之人亦齐声呐喊。莒共公感到恐惧，打开西门出逃。七月中旬，齐军占领纪鄣。

春秋乱世小国的命运总是悲惨的。许国一心投靠楚国，也成为楚国的弃子。周景王二十一年，楚国左尹王子胜向平王道："许国为郑国仇敌，又居于楚地，许国因此依仗我们，对郑国无礼。如今晋、郑和睦，郑国若得到晋国帮助进攻许国，楚国便会丧失土地。君王何不将许国迁出楚国疆域？许国不为楚国专有，而郑国正在推行善政，也就无理由向我国轻启战端。否则，许国会想要复国，郑国会说许国旧邑早已归属他们。楚国曾将许国迁至叶邑，此城对于楚国，是方城之外的屏障，不可轻视。我们不能小看郑国，让许国再居楚地，请君王慎重考虑！"平王便派遣王子胜将许国自夷邑迁至析邑。析邑位于今河南省南阳市西峡县。至此许国在春秋时代已经四次迁都。

许悼公便死于析邑，《春秋》与《左传》均载此事。周景王二十二年夏，许悼公患疟疾，五月某日，饮太子止所送之药后死去。太子止因此逃亡晋国。《春秋》载太子止"弑其君"。《左传》载时之君子评论道："事君尽心，但不可轻易进药。"此论当认为太子错在私自进药。根据礼制，三代为医者方可为国君行医。国君需要服药，臣子当先尝，双亲需要服药，儿子当先尝。不由医者进药，致死国君，虽无心亦属有过。也有人认为，疟疾不致人死，此乃太子有心弑父。无论如何，许君既死，太子有罪，因此《春秋》直言太子弑君。

# 第一六〇章　和而不同晏婴进谏，仰人鼻息蔡国日衰

据《左传》记载，齐景公患疥疮，后又患疟疾，经年未愈。各诸侯国派来问候的宾客集于齐国。景公宠臣梁丘据与裔款对景公道："我们侍奉鬼神已很丰厚，比先君有所增加。如今国君病重，诸侯忧虑，此为祝、史之罪。诸侯不知，或许认为我们不敬鬼神，国君何不诛戮祝固、史嚚，以谢宾客？"此言正合景公心思，景公便告知晏子。晏婴道："昔日宋国之盟，楚国屈建向赵武问范武子士会之德。赵武曰，夫子治家，有条有理，言及国事，尽心无私。其祝、史祭祀，陈述实际，内心无愧。因其家事无猜疑，因此祝、史无求于鬼神。屈建将此言告诉楚康王。康王道，神、人无怨，因此夫子能够辅佐五位国君为侯伯。"景公问道："据与款谓寡人能事鬼神，故欲诛祝、史，你出此言，是何缘故？"晏婴答道："有德之君，国事和宫室之事均不荒废，上下无怨，行为无违礼之事，其祝、史向鬼神陈情，内心无愧。因此鬼神享用祭品，国家得鬼神福佑，祝、史也受福佑。祝、史往往有福长寿，因为他们是诚信之君的使者，向鬼神所言皆确保忠信。他们若遇到淫逸之君，国事与宫室之事偏颇邪恶，上下怨恨，行为邪辟，纵欲贪心，建造高台深池，日夜钟筦歌舞，不养民力，掠夺民财，铸成过错，不恤后人。加之暴虐放纵，肆意行动，不守法度，无所顾忌，不思怨谤，不惮鬼神。以致神怒民怨，仍无改悔之心。其祝、史陈说实情，是向鬼神言国君之罪；而掩饰过错，专言美事，又是矫诈妄言，欺瞒神明。因此祝、史进退无辞，只能以虚辞求媚于鬼神，所以鬼神不享其祭品，降下祸难，祝、史也会遭难。他们所以会昏昧疾病乃至夭折，乃因为他们为暴君之使者，祈祷之言欺瞒鬼神。"景公问道："当如何是好？"晏婴答道："不可为也。如今山林之树木，由守山林的衡鹿看守；湖泽之芦苇，由守湖泽的舟鲛看守；草泽之柴禾，由虞侯看守；海中之盐、蛤，由祈望看守。山川之利，均有守官，不与民共享。偏远之人，苦于苛政；近都关卡，横征暴敛；世袭大夫，强买货物。政令无准则，征敛无节制，国君每日更替居住，淫乐不止。宫内宠妾，掠夺于市，朝廷宠臣，假传君命。在上位之人追求满足色声香味玩物

等私欲，民众不能满足供给便将被治罪。民众困苦，夫妻皆咒。即便祝、史祝祷有益，民众诅咒亦有损。聊邑、摄邑以东，姑水、尤水以西，人口众多。虽然祝、史善于祝祷，岂能胜过亿兆人之诅咒？国君若要诛戮祝、史，要修养德行然后方可。"齐景公闻言深以为是，命有司行宽政，毁关卡，废禁令，薄征敛，免除民众所欠赋税。晏婴的谏言，既救下了祝、史，也在一定程度上有利于民众。

周景王二十三年十二月，齐景公于沛泽田猎，以弓招唤虞人，虞人没有前来。景公派人捉拿他，虞人辩解道："昔日先君田猎，以赤旗招大夫，以弓招士，以皮冠招虞人。臣不见皮冠，因此不敢进见。"景公于是释放虞人。孔子道："守道不如守官。"遵守道义不如遵守本职。时之君子认为孔子此言为是。

景公自田猎之地回都，晏婴于遄台侍奉景公，梁丘据驱车到来。齐景公道："惟据与我相和！"晏婴借此谏道："据不过同于君，焉得为和？"景公道："和与同不一样吗？"晏子答道："当然不一样。和如羹汤，用水、火、醋、酱、盐、梅烹调鱼肉，用柴草烧煮，厨工调味，使味道适中，味淡加料，味浓加水。君子食之，以平和其心气。君臣之间，亦是如此。国君认为可行之举而有不可行之处，臣子指出其不可行之处加以纠正，使可行之举更加完善；国君认为不可行之举而有可行之处，臣子指出其可行之处加以肯定，因此政事治平不违礼制，民众没有争斗之心。故而《诗》云，'亦有和羹，既戒既平。鬷嘏无言，时靡有争'。"诗见于《商颂·烈祖》，意为亦有和羹，告诫厨工，将味调匀，神灵来享，无所指责，朝野之中，皆无所争。

晏婴继续道："先王之济五味、和五声也，以平其心，成其政也。声亦如味，一气，二体，三类，四物，五声，六律，七音，八风，九歌，以相成也；清浊，大小，短长，疾徐，哀乐，刚柔，迟速，高下，出入，周疏，以互济也。君子听之，以平其心。心平，德和。故《诗》曰'德音不瑕'。"晏婴以五味之匀、五声之和比喻处理政事。先王调和五味，协和五声，平静心境，成就政事。晏婴进一步解释音乐之所以有平静心境、和谐身心之功效。声音亦如气味，一气，乃指声以气动，声须气行；二体，乃指与乐相配之二舞，即执羽籥之文舞，执干戚之武舞；三类，乃指诗之风、雅、颂；四物，乃指四方之物，以成金、石、丝、竹、匏、土、革、木八音之器物；五声，乃指宫、商、角、徵、羽五声；六律，乃黄钟、大蔟、姑洗、蕤宾、夷则、无射，阳声为律，阴声为吕，以分别清浊、高下；七音，乃宫、商、角、徵、羽、变宫、变徵，即今天的音阶；八风，乃八方之风，古籍记载为帝颛顼令飞龙作效八风之音；九歌，乃歌颂六府三事之九功，所谓六府，乃水、火、金、木、土、谷，所谓三事，乃正德、利用、厚生。晏婴认为，声有清浊、大小、短长、疾缓、哀乐、刚柔、迟速、高下、出入、疏密，相辅相成，才能使人养心静气，仁德平和。

晏婴又道："如今据并非如此。国君认为可行，据亦认为可行。国君认为不可行，据亦认为不可行。若以水调水，谁能得其甘味？若琴瑟唯有一声，谁能喜闻其乐？同之不可，道理便是如此。"

景公宴饮，十分高兴，转而叹道："若自古无死，其乐将会如何！"晏婴答道："若自古无死，今之欢乐便为古人之欢乐，国君如何能得到欢乐？昔日少皞司寇爽鸠氏始居此地，虞、夏之时，则为诸侯季蒴沿袭，殷代则为诸侯逄伯陵、蒲姑氏沿袭，之后为太公沿袭。若自古无死，如今当为爽鸠氏之欢乐，并非能如国君所愿。"齐景公安于宴饮，并非有为之君，但他尚能容许臣子进谏，亦无过分劣迹。

周景王二十三年初，鲁国梓慎登台望气时，曾预言蔡国有大丧。果然蔡平公薨于此年十一月。但蔡国祸事还不止于国君之丧。第二年三月，蔡国安葬平公。太子朱在葬礼上没有立于太子应立的尊贵之位，而是按照长幼序列立于群公子之中。鲁国大夫送葬后回国，进见叔孙婼，将太子未居尊位之事告诉叔孙婼。叔孙婼叹道："蔡国或许将亡！若不亡，此君亦必定不得善终。《诗》云，'不解于位，民之攸塈'。"诗见于《大雅·嘉乐》，意为不懈于位，百姓才能休养生息。叔孙婼道："蔡侯刚刚即位，便站于卑位，今后便会随之而卑。"

果然，这年底，蔡侯朱便逃亡楚国。费无极得到蔡平公之弟东国的贿赂，威胁蔡人道："朱不听命于楚国，楚王将立东国为蔡君。若不顺从楚王，楚国必定会包围蔡国。"蔡人惧怕楚国，便驱逐朱而立东国。朱向楚国提出诉讼，楚平王准备讨伐蔡国。费无极道："蔡平侯与楚国有盟约，因此封他为楚君，其子有二心，因此废他。灵王杀蔡灵公隐太子友，君王杀灵王，隐太子之子东国与君王有共同的仇人，定会十分感谢君王恩德。如今立他为蔡君，有何不可？且废、立之权在于君王，蔡国才能不生二心。"于是东国得立，是为蔡悼公。

叔孙婼还有其余明智判断。周景王二十四年秋发生日食。鲁昭公问梓慎道："日食预示何事？为何种祸福？"梓慎答道："冬至、夏至，春分、秋分，发生日食，不为灾祸。春分、秋分时，日月运行为同道；夏至、冬至时，日月运行为相交。其他月份发生日食便有灾难,日食为阳气不胜阴气,所以经常发生水灾。"叔辄因日食而忧心号哭。叔孙婼道:"叔辄将死,所哭非其当哭之事。"果然,八月叔辄卒。

这年夏天,晋国士鞅赴鲁国访问,叔孙婼主持接待。季孙意如存心使叔孙婼得罪于晋国,因此让官吏以齐国鲍国归还费邑时的礼节招待士鞅。士鞅怒道:"鲍国地位低,其国小,如今让我接受招待鲍国所用的七牢之礼,乃轻视敝国。我将向寡君报告。"鲁人恐惧,于是增加四牢,使用十一牢。所谓牢礼,是周代天子与诸侯以牛、羊、猪三牲宴饮宾客之礼,七牢乃为牛、羊、猪各七头,是天子宴请诸侯之礼,鲁国使用七牢之礼已为僭越,使用十一牢更是逾越礼制的行为。可见当时鲁国为讨好大国,已经不顾周朝礼制。其后,或许鲁国还怕得罪了晋国执政,因此鲁昭公于年底赴晋国进见,抵达大河之滨,正逢鼓国背叛晋国,晋国准备讨伐鲜虞,因此晋国辞谢鲁昭公访问。

# 第一六一章　华向发难作乱宋国，卫臣泄愤累及灵公

据《左传》记载，周景王二十三年，即公元前522年，年初的冬至日，鲁国梓慎登台望气。根据周代历法，以仲冬之月为正月，因此冬至日在年初。梓慎望气之后道："今年宋国有乱，国家几乎灭亡，三年后方能平定。蔡国将有大丧。"叔孙婼道："既然如此，应是戴族华氏、桓族向氏，他们奢侈、无礼太甚，当为动乱之渊。"

宋元公并非明君。宋元公不讲信用，私心很重，厌恶华氏、向氏。华定、华亥恐元公诛杀，与向宁谋划道："逃亡比死强，是否先下手？"于是华亥装病，引诱群公子。凡公子探病，便将其扣押。六月九日，华氏、向氏杀公子寅、公子御戎、公子朱、公子固、公孙援、公孙丁，拘押向胜、向行于谷仓。这些公子、大夫均为元公亲信。宋元公赴华氏处请求释放他们，华氏不允，反而欲乘机劫持元公。之后，华氏以太子栾与其母弟公子辰、公子地为人质。元公亦拘获华亥之子无慼，向宁之子罗，华定之子启，与华氏盟誓，以三子作人质。

宋国华氏、向氏之乱，宋国八位大夫公子城、公孙忌、乐舍、司马彊、向宜、向郑、楚建、郳甲均逃亡郑国。其中公子城为平公之子，乐舍为乐喜之孙，向宜、向郑为向戌之子，楚建为楚平王之太子建，郳申为小邾国穆公之子。八大夫党徒与华氏族众战于宋地鬼阎，公子城等被打败。公子城逃亡晋国。

华亥与其妻子，必盥洗干净，伺候作为人质的公子们用餐完毕，然后自己用餐。元公与夫人每天必到华氏处，待三位公子用餐完毕才回。华亥深以为患，欲将太子、公子送回。向宁道："正因国君无信，因此将其子为人质。若将其子送回，我们之死指日可待。"元公向大司马华费遂请求，准备攻打华氏。华费遂答道："臣不敢惜死，只怕欲除忧患，反使忧患滋长，因为太子尚在他们之手。臣因此畏惧，岂敢不听命令？"元公道："儿子生死乃命中注定，余不忍他们受辱。"十月，宋元公杀华氏、向氏人质，开始攻打两族。华氏、向氏逃亡陈国，华登逃亡吴国。向宁欲杀太子，华亥道："触犯国君出逃，又杀其子，谁会接纳我们？况且放归他们可算有功。"于是华亥派遣其庶兄少司

寇华䝙送公子们回国，他向华䝙道："您已年老，不能逃亡他国去为人臣。以三位公子为质，定能免罪。"华䝙将公子们送回宫中，将要出宫门，元公仓促见他，执其手道："余知你无罪，回家去吧，复你官职。"

在宋国内乱的同时，卫国亦发生内乱。卫灵公之兄公孟絷轻慢司寇齐豹，夺其司寇官职与封邑鄄邑。鄄邑位于今山东省鄄城县旧城。如有官役，公孟絷便让齐豹回去处理，没有官役，公孟絷便自己占取鄄邑收获。公孟絷厌恶北宫喜、褚师圃，想要除去他们。公子朝与襄公夫人、灵公嫡母宣姜私通，畏惧灵公处置，欲借势作乱。于是齐豹、北宫喜、褚师圃、公子朝勾结作乱。

当初，齐豹向公孟絷推荐宗鲁，以为骖乘。齐豹将作乱，对宗鲁道："公孟不善，你当知道，不要与他一起乘车，我将杀他。"宗鲁答道："我由您而事奉公孟，您介绍我有良好名声，因此公孟亲近于我。他之不善，我亦知道，但因此差事对己有利，不能离去，此乃我之过错。如今闻难而逃，乃使您之言不可相信。您行您的事，我为公孟死，我不会泄露此事，以使您能成功。我死于公孟，或许亦可对得起你们双方。"

六月底，卫灵公于卫国平寿邑，公孟絷于盖获之门外祭祀，齐豹于门外设置帷帐，埋伏甲士。齐豹派祝蛙将戈藏于柴车里挡在城门口，派一辆车跟随公孟出城，派华齐驾驭公孟之车，宗鲁为骖乘。抵达曲门，齐豹以戈击公孟，宗鲁用背部遮护公孟，大臂因此折断，戈击中公孟肩膀。于是齐豹将两人一起杀死。

卫灵公闻得动乱消息，驱车从阅门入都。庆比为灵公车御，公南楚为骖乘，以华寅乘坐副车。车乘抵达宫室，鸿骃魋也坐上灵公之车。灵公装载宝物后出宫，褚师子申于十字路口遇到灵公，便跟随灵公。经过齐氏处，让华寅肉袒，表示不避刀斧，并以车盖遮蔽空当。齐氏以箭射灵公，射中公南楚之背，灵公得以逃出国都。华寅关闭城门，阻止齐氏人马追击，随后越过城墙，追随灵公。灵公赴死鸟邑。析朱鉏夜里从城墙排水沟逃出，徒步追随灵公。

齐景公派遣公孙青赴卫国访问。公孙青已出国境，闻得卫国发生动乱，派人回国请示关于访问事宜。齐景公道："卫侯仍在境内，便依旧为卫国国君。"于是公孙青奉命行事，跟随卫灵公至死鸟邑。公孙青请行访问礼仪，卫灵公派人辞道："逃亡之人无能，失守社稷，流亡草莽，无法让您行贵君之命。"公孙青道："寡君于朝上命下臣，要卑微地亲自侍奉卫君。臣不敢违命。"卫灵公道："贵君若顾及先君之好，光照敝国，镇抚我国，则当在宗庙。"因为行访问礼仪当在宗庙，于是公孙青不得行访问礼仪。卫灵公请求见公孙青。公孙青不得已，只好用自己的良马作为觐见之礼。这是因为没有行访问礼仪，因此不敢以外臣身份见卫灵公。卫灵公将公孙青所送之马作为驾车之马。公孙青准备于夜里担任卫灵公的警戒，卫灵公派人道："亡人之忧，不能波及于您，草莽之中，不足以劳烦您。谨敢辞谢。"公孙青道："寡君之下臣，便是贵君之牧人。若不得在外任警戒之差役，便是心目没有寡君。臣惧不能免罪，请求以此免死。"于是亲自执铎，整夜与卫国守备一起值守。由于齐景公依旧承认卫灵公为卫君，因此公孙青对卫灵公不失礼仪。

齐氏家宰渠子召北宫喜。北宫喜家宰不知密谋之事，或许因为看到齐氏叛乱，因此用计谋杀死渠子，乘机攻打齐氏，消灭了齐氏。北宫喜或许因此背弃了反叛同盟，开始试图与灵公达成协议。六月底，卫灵公回到国都，与北宫喜于彭水盟誓。第二天又与国人盟誓，齐氏之乱得以平息。八月下旬，公子朝、褚师圃、子玉霄、子高鲂逃亡晋国。闰八月，卫国杀宣姜，因其与公子朝同谋。灵公赐予北宫喜谥号为"贞子"，赐予析朱鉏谥号为"成子"，且将齐氏墓地赐予他们。据《逸周书·谥法解》，"贞"与"成"皆为美谥，"清白守节曰贞。大虑克就曰贞。不隐无克曰贞"。"贞"的谥号赞扬北宫喜清白守节，以正成事，坦荡无私。"安民立政曰成"。"成"的谥号赞扬析朱鉏安民立政。虽然谥号一般为死后之谥，但当时亦有生前定谥号之事。

因齐国使者于卫国动乱之时恭奉卫君，事后卫灵公向齐国报告国内安定，同时赞扬公孙青有礼。齐景公将饮酒，遍赐诸大夫道："此乃诸位教导的结果。"苑何忌辞不受赐，道："因青受赏，必因青受罚。《康诰》曰，父子兄弟，罪不相及，何况群臣之间？臣岂敢贪受国君赏赐冒犯先王？"可见齐国虽然日渐衰落，知礼之臣，却不止一两位。

鲁人琴张闻宗鲁死，将去吊唁。孔子道："齐豹为盗，孟絷被害，皆由宗鲁之故，你为何要去吊唁？君子不食奸人之禄，不受谋乱之事，不因利益为恶所扰，不以奸邪对待他人，不掩饰不义之事，不为非礼之举。"琴张或许认为宗鲁能死于义，因此准备前往吊唁，而孔子认为，宗鲁之举，恰为不义之举，因利益原因，食奸人之禄，已是不能守义，又隐瞒齐豹作乱之谋，导致孟絷被杀，更是不义之举。齐豹因无人劝谏，成为国之大盗；孟絷虽有恶行，但罪不至死，却死于非命，均因宗鲁之故。可见对于何为守礼，何为义举，一般人的理解，与孔子的理解并不相同。

## 第一六二章　宋国内乱华氏奔楚，邾鲁纷争叔孙守节

宋国司马华费遂生有三子，华貙、华多僚、华登。华貙为少司马，华多僚为元公御士。据《左传》记载，华多僚深得宋元公宠信，他与华貙不和，便于元公面前诬陷华貙道："华貙欲接纳逃亡之人。"元公不愿处置华貙，道："司马因我之故，已使其子登逃亡吴国。吾之死与亡皆命中注定，不能让其子再亡命国外。"华多僚道："国君若爱惜司马，则早晚会出亡失国。貙能逃死，岂惧远走？"元公便召见司马的侍者宜僚，赐他饮酒，并让他转告司马驱逐华貙。司马华费遂得知元公疑惧华貙，叹道："定是多僚所为。我有逆子，国君宠信，我不能杀，我又不死，又有君命，还能如何？"便与元公商议驱逐华貙，准备让他赴孟诸田猎，然后逐他出亡。元公赐宜僚饮酒，厚赠予他，且赏赐随行之人。华费遂亦厚赠宜僚，并赏随从。华貙家臣张匄感到奇怪，道："赏赐必有缘故。"他让华貙以剑逼问宜僚，宜僚便将事情缘由和盘托出。张匄欲杀多僚，华貙道："司马年老，登之出亡，已伤其心，若杀多僚，更伤其心，不如逃亡。"华貙准备再见父亲一面，随后出亡，恰遇多僚为司马驾车上朝。张匄愤怒难制，与华貙及其家臣任、郑翩杀死多僚，劫持司马反叛。不数日，华氏、向氏出亡之人回国。乐大心、丰愆、华牼于横邑抵御叛者。华氏居于卢门，率领南里之人反叛。宋国公室修缮旧城与桑林之门，用以据守。

周景王二十四年十月，华登率领吴军救援华氏，齐国乌枝鸣帮助宋国戍守。厨邑大夫濮道："《军志》有言，'先人有夺人之心，后人有待其衰'。何不乘其疲劳且尚未安定进攻？若援军进入南里，军心已定，华氏人众，我们后悔莫及。"乌枝鸣听从濮的建议，齐国与宋国军队于鸿口击败吴军，俘虏其两名将领公子苦雓与偃州员。然而华登援救华氏心切，居然率领吴军余部击败宋军。宋元公想要出亡，大夫濮道："我乃效力小人，可为国君死难，但不能护送国君逃亡，请国君暂且等待。"他巡行全军高叫道："挥舞旗帜者，乃国君战士。"于是众人挥舞旗帜追随于他。元公自扬门上见到此种情况，下城巡视，向将士们道："国亡君死，乃你等耻辱，岂独孤一人之罪？"齐国乌枝鸣建议道：

"兵力不足,不如一起死拼;一起死拼,不如撤去守备,引诱敌方。敌方兵器众多,建议我军皆用剑作战。"乌枝鸣是想麻痹敌人,短兵相接,以勇取胜。元公听从其建议。结果华氏败走,宋军、齐军追赶,大夫濮以裙包裹砍下的人头,扛在肩上,四处奔走道:"华登已死!"最终宋、齐两国军队在新里打败华氏。翟偻新居住在新里,双方交战,他便脱下铠甲,归附元公。华姓居住在公里,归附元公。

十一月,出奔晋国的公子城带领晋军到来,曹国大夫翰胡会合晋国中军元帅荀吴、齐国大夫苑何忌、卫国公子朝救援宋国。诸侯联军与华氏战于赭丘。华氏一党郑翩要为鹳阵,其车御却要为鹅阵。鹳阵乃效仿鹳群,善于旋飞;鹅阵乃效仿雁行,有行有列。华氏主将为吕邑封人华豹,干犨为车御,张匄为车右。对方阵营子禄为公子城车御,庄堇为车右。两车相遇,公子城退回。华豹指名道姓挑战公子城,公子城非常愤怒,转回迎战。公子城正要搭箭,华豹已经拉满弓弦。公子城为宋平公之子,他叫道:"平公之灵,尚保佑我!"华豹射出之箭,穿过公子城与其车御子禄之间。公子城又要搭箭,华豹又已开弓。公子城道:"不让我动手,真卑鄙!"于是华豹将箭抽下,给了公子城以机会。公子城一箭射去,将华豹射死。车右张匄抽出一丈二尺可击可锤之殳下车迎战,公子城一箭射去,射中张匄之腿,张匄匍匐以殳击断公子城之车轸。公子城又射一箭,射死张匄。车御干犨请求给自己一箭,公子城道:"我替你向国君说情。"干犨答道:"不与同乘战死,是犯军中大法。犯法而听从于你,国君留我何用?快给我一箭!"公子城便将他射死。宋军与诸侯联军大败华氏,包围南里。华亥捶胸长叹,见华貙道:"我们成了晋国栾氏了!"华貙道:"不要吓我,幸犹不死。"华亥派遣华登赴楚国求援,华貙率领战车十五辆,步兵七十人突围而出,于睢水用饭,哭送华登,之后返回南里。楚国薳越率领军队打算迎接华氏,太宰犯谏道:"诸侯中唯有宋国臣子依旧事奉国君,其余各国均是陪臣执国政。宋国君臣争夺,我们抛开国君而帮助臣子,恐怕不好!"楚平王道:"你说迟了,我已答应华氏。"

第二年春,楚国薳越派人向宋国道:"寡君闻贵君有不善之臣,成为贵君之忧,恐成宗庙之羞,寡君请求接受不善之臣,为贵君诛之。"宋元公答道:"孤无能,不能取得同宗父兄辈欢心,因此造成贵君之忧。谨拜谢贵君之命。寡人与群臣作战,若贵君定要助臣,寡人亦只能唯命是听。人有言曰,'唯乱门之无过'。贵君如保护敝国,不袒护不忠之人,不奖励作乱之人,乃孤之愿望。

请贵君仔细斟酌。"楚国担心袒护华氏陷楚国于不义，不敢强求。诸侯派往宋国戍守之将商议道："若华氏知困，以死相拼，楚国耻于解救无功，迅速出兵，对我们不利。不如让华氏出亡，以成就楚国之功，华氏也不能再为宋国之患。救援宋国，除其祸害，夫复何求？"于是诸侯守将们坚决请求宋国放华氏出走。宋国华亥、向宁、华定、华貙、华登、皇奄伤、省臧、士平逃亡楚国。宋元公以公孙忌为大司马，边卬为大司徒，乐祁为司城，仲几为左师，乐大心为右师，乐輓为大司寇，以安定国人。

宋国内乱平定之后，晋国荀吴巡视东阳。东阳乃太行之东属于晋国之大片土地。数年前，晋国占领鼓国，先于宗庙献捷，后又让鼓国国君回国。鼓国国君回国后又叛晋而复为鲜虞属国。荀吴派军队伪装籴米之人，负甲息于昔阳门外，乘机袭击鼓国，灭了鼓国，将鼓国国君鸢鞮带回晋国，而派遣晋国大夫涉佗镇守鼓邑。

晋国虽然国力下降，依旧率师平定诸侯国之乱，裁判各国纷争。周景王二十六年，邾人于翼邑筑城。翼邑于山东省临沂市费县西南。邾人准备从离姑那条路回都，离姑在枣庄市山亭区东北。如此，他们将经过鲁国武城邑，武城邑在济宁市境内。邾国大夫公孙锄道："鲁国将会抗拒我们。"于是邾人想绕过武城，依山南行回邾邑。邾国大夫徐锄、丘弱、茅地道："山道低洼，遇雨将会无法出山，乃不归之路。"最终邾人取道离姑。因邾国军队不曾向鲁国借道，武城人出兵阻断道路，又斩伐邾人退路两旁树木，却不将树木砍断。待邾国军队经过，武城人推倒树木，歼灭了邾国军队，俘虏了徐锄、丘弱、茅地。

邾国向晋国控诉，晋国派人声讨鲁国。叔孙婼赴晋国，晋国将其扣押，让他与邾国大夫坐讼曲直。叔孙婼道："诸侯国之卿，相当于小国之君，此乃周制。邾为夷人。寡君任命的副使大夫子服回在，请他担任此事。我不敢废除周制。"邾国国君亦来到晋国，晋国为维护邾国，执政韩起准备将叔孙婼交给邾人。叔孙婼得知后，撤去随从，不带武器，前去朝见晋君。士弥牟对韩起道："您的计谋不好，将叔孙交给其仇人，叔孙必死。鲁国失去叔孙，必定会灭亡邾国。邾君失国，将回何处？届时您悔之不及。所谓盟主，职责是讨伐违命之国，若互相执人，焉用盟主？"于是韩起让叔孙婼与子服回各住一馆，将他们扣押。士弥牟为叔孙婼驾车，从者四人，有意经过邾人宾馆，使邾人见到晋国执叔孙婼。然后让邾国国君回国。士弥牟向叔孙婼道："柴草供应困难，侍者辛苦，准备让您住到别邑。"晋人让他住于箕邑，而让子服回住于他邑。箕邑位于今山西省临汾市蒲县东北。

　　士鞅向叔孙婼索贿，假意派人请求送他冠带。叔孙婼佯作不知，让人以士鞅之冠为样，照样送他两顶，道："尽在这里。"鲁国派遣申丰带着财货赴晋国，叔孙婼不欲贿赂晋人，遂召见申丰，不令其外出。晋国吏人向叔孙婼讨要其善吠之犬，叔孙婼不给。待将回国之时，他杀了此犬与吏人同食。叔孙婼所居之地，尽管只住一日，必定修缮墙、屋，离开之时房舍如初，没有毁损，可见其外交风度。

　　直至来年，晋国才释放叔孙婼。晋国士弥牟赴箕邑迎叔孙婼。叔孙婼不知其来意，便让家臣梁其踁埋伏于门内，道："我朝左看并咳嗽，你就将他杀死。我朝右看并笑笑，便不要动手。"叔孙婼见士弥牟，士弥牟道："因寡君为盟主，故而将您久留敝国。敝国所备礼物不丰，送予您的随从，而派弥牟来送您回国。"于是叔孙婼非但没有贿赂晋国，还接受了礼物回国。

## 第一六三章　发行重币贱物害民，铸造大钟劳民伤财

周景王二十一年，景王准备铸造大钱。据《国语·周语》记载，王卿单穆公谏道："不可。古时天灾降临，于是度量财币，权衡其轻重，以拯救民众。民众患币轻物贵，则铸重币，于是以重币权衡轻币流通，如以母权子，民众得益。若民众不堪币重物贱，则多铸轻币，亦不废重币，于是以轻币权衡重币流通，如以子权母。无论币轻币重，皆有利于民众。如今吾王废轻币而铸重币，民众丧失资产，岂不匮乏？若民众匮乏，吾王亦将匮乏，吾王匮乏，则将重敛于民。民众无法负担，将会逃亡，此乃离散民心之举。国家必须防备灾难，有灾难需要救灾，二者不能相互替代。可以预先防范而不加准备，乃懈怠；民众未感币轻物重而改铸重币，乃招灾。周王朝已经羸弱，上天还不断降灾，吾王又离散民心以助长灾难，岂非不可？应当与民众和睦相处却使之离心，应当防备灾难却去招来灾难，则如何经纬国家？治国无经纬，何以下达政令？民众不从政令，乃执政之患，是以圣人在民众中树立恩德，以消除民众不从政令之患。《夏书》曰，'关石和钧，王府则有'。（逸书）关税与度量均平，王室库藏才能充盈。《诗》亦有云，'瞻彼旱麓，榛楛济济。恺悌君子，干禄恺悌'。（《大雅·旱麓》）正因大山之麓，树木茂盛，是故和乐君子，和乐求禄。若山林匮竭，林木散亡，草泽干涸，民力凋敝，农田荒芜，财用匮乏，君子忧患不暇，岂有和乐可言？况且废轻币以铸重币，竭尽民众财用来充实王家府库，如同阻塞河流之源以为水池，不日便会干涸。若民众离散，财用匮乏，灾害降临，却无防备，吾王将如何处置？周室官员对于防备灾难，怠慢荒废之处甚多，如今又夺取民财，助长灾难，乃抛弃善政，隔阂民众。吾王必须慎重考虑！"然而周景王不听劝谏，下令铸造大钱。

周景王晚年搜刮民财，用以寻欢作乐。据《国语》记载，周景王二十三年，景王准备铸无射律编钟，并欲以林钟律覆盖它。无射为十二律中六阳律之最高者，林钟为六阴律之偏高者。单穆公谏道："不可。铸重币夺民资财，又铸大钟用物过度，将使财用难以为继。若积蓄丧失，难以为继，资财如何增

殖？钟乃用以奏金合乐，若无射律被林钟律覆盖，则耳不能辨。钟声为使耳能听，耳不能听，并非效法钟声。犹如目所不见，不可施加于目。目之所察的度量衡，不过数尺之间；目之所察的颜色，不过数丈之间。耳之分辨的和声，在清音与浊音之间；其辨清、浊之音，不过一人能力所及。是故先王制钟，大不过钧法，重不过一石。音律与度、量、衡因钟而定，大小度、量、衡器用由钟而生，因此圣人制钟十分慎重。如今吾王铸钟，耳无法辨其清浊，大小不合钧石制度，钟声不成和声，制度不成标准，既无益于音乐，又耗费民财，有何用处？"

单穆公继续道："乐音不过使耳能听，美物不过使目能观。若听乐震耳，观美目眩，其患莫大。耳目乃心之枢机，故必听和谐之音，视正当之物。听和谐之音则耳聪，视正当之物则目明。耳聪则能听善言，目明则能昭仁德。听善言昭仁德，则能思虑纯正。以言德教化民众，民众心悦诚服，则众心归顺。君王得到民心，树立仁义导向，是以事无不成，求无不得，才能求乐。耳听和谐之声，口出美善之言，以为法令，颁布于民众，以度、量规范，民众便会全心全意、不知怠倦地服从。心想事成，乃乐之至。口尝味，耳纳声，声、味生精气。气在口为言，在目为明。出言诚信才能号令民众，目能明察才能观时而行。号令民众才能修成政事，观时而动才能增殖财富。修成政事，增加财富，乃乐之至。若视听不和，耳聋目眩，则入口之味不会转为精气，不成精气则神气涣散，神气涣散则身心不和。于是有狂悖之言，有眩惑之见，有错乱之令，有罪恶之度。出令不信，刑政混乱，动不顺时，民无依据，不知所从，各有离心。君王失去民众，政事不成，所求不获，又如何能乐？三年之中，做两件离散民心之器，国家或许已经危殆！"

然而景王不听劝谏，向司乐之官，即伶官州鸠询问。伶州鸠答道："臣之职责不知政事。臣闻，琴瑟宜宫声，乐钟宜羽声，磬石宜角声，笙竹取其声音调和，其声宏不越宫声，声细不越羽声。宫声宏，故为主，次第协调，乃至羽声。圣人保乐而惜财，以财置备器用，又以音乐察风土民情，增殖资财。因此质重的乐器演细声，质轻的乐器演奏宏声。因而乐钟演奏羽调，磬石演奏角调，瓦丝演奏宫调，笙竹各取其调，革木则无清浊之变。施政如同奏乐，奏乐要和谐，和谐要均平。声以和乐，律以平声。奏乐以金石发动五声，以丝竹婉转而行，以诗句表达志向，以声歌咏唱诗歌，以芦笙宣发声调，以埙缶辅助音乐，以革木规范节拍。各种乐器正常发挥，所奏之乐便合中道，中道之声汇集便为正声，五声和谐便为中和，高音低音不相干扰便为平和。如此，以金铸钟，以石磨磬，系之丝木为琴瑟，钻孔匏竹为笙箫，以鼓声为节奏，以顺八方之风。"伶州鸠所言八风，正西曰兑，为金，为阊阖风；西北曰乾，为石，为不周；正北曰坎，为革，为广莫；东北曰艮，为匏，为融风；正东曰震，为竹，为明庶；东南曰巽，为木，为清明；正南曰离，为丝，为景风；西南曰坤，为瓦，为凉风。

伶州鸠继续道："如此，阴气不滞，阳气不散，阴阳有序，风雨时至，福祉频降，民众和利，物备而乐成，上下不疲，故曰乐正。如今无射细声越其主律，妨害正声，用金过度，妨害资财，正声受妨害，资财匮乏，又妨害正乐。无射细声不闻，为林钟宏声所覆，耳不能辨，乃非和谐；无射之声为林钟所覆，细微迂远，乃非均平。妨害正声，耗费资财，其乐不和，其声不平，超出乐官所能负责。有和谐均平之声，则有繁殖之财。因此诗歌宣导中庸之德，咏唱中正之声，德音无失，神人共享，神因此而宁，民众因此而顺。若耗费财物，疲惫民力，放纵淫心，所听不和，无所法则，则无益于教化，离散民众，激怒神明，非臣所敢与闻。"

据《国语》记载，伶州鸠还详细回答了景王关于钟律的问题。州鸠答道："钟律用以确立标准，度声之高低清浊。古代神瞽合中和之声，制定音乐，确定律吕，和合钟声，百官循之为法。以天、地、人为三纲，以六律平声，成十二音律，此乃天道。"州鸠之所以如此解释声律的确定，是因为古人以干支纪年，以甲、乙、丙、丁、戊、己、庚、辛、壬、癸为天干，以子、丑、寅、卯、辰、巳、午、未、申、酉、戌、亥为地支，天干地支相配，以六十为一周，一周中有六甲，因此以六为天之数，一周中有五子，因此以五为地之数，六、五相加为十一，因此以十一为天地之数，而六恰为天地中数。

州鸠又解释了为何将六律首律称为黄钟，是因为黄乃中色。古人将金、木、水、火、土五行与方位、颜色等相配。东方为木，为青色；南方为火，为红色；西方为金，为白色；北方为水，为黑色；中央为土，为黄色。州鸠认为，因此古人将定音的律吕称为黄钟，用以宣养六气、九德。所谓六气，乃阴、阳、风、雨、晦、明；所谓九德，乃九功之德，而九功乃水、火、金、木、土、谷、正德、利用、厚生。

州鸠继续道："六律次第排列，二曰太蔟，言大聚阳气，以奏金辅助阳气上升，散发积滞；三曰姑洗，言洁净洗濯，洁净万物，以享神鬼，以迎宾客；

· 650 ·

## 第一六三章　发行重币贱物害民，铸造大钟劳民伤财

四曰蕤宾，言阴气为主，和柔于下，阳气茂盛，生长于上，如同怀柔宾客，因此可礼行酬酢，安宁神人；五曰夷则，言万物既成，可为法则，歌咏九功，稳定民心；六曰无射，言阳气上扬，阴气收敛，可以弘扬先哲美德，为民立仪。阳律之间，又有六吕，以宣扬沉伏，消除散越。元间曰大吕，阴系于阳，以助阳气宣发，成黄钟之功；二间曰夹钟，以导出四时的细微之气；三间曰仲吕，阳气宣发于外，阴气闭藏，以助乾阳成功；四间曰林钟，阴气凝聚，以平和审视百事，使之无不敬恪尽职，以成其功；五间曰南吕，阴气辅助阳气，以助万物之成；六间曰应钟，阴气应和阳气，万物聚成，百器俱备，均和器用，以备周而复行。六律六吕不改常规，便无奸邪发生。角、徵、羽之细声，以钟声相和，而不以镈（小钟）声相和，乃因两细不相和，因此以钟声为节，昭显其宏大；宫、商之宏声，以镈声相和，而不以钟声相和，乃因两大不相和，以突显镈声之细。大声昭明，细声和鸣，乃和合之道。平和才能持久，持久才能纯正和谐，纯正和谐才能完善，终能完善，有可复奏，才能成乐，使政事有成，因此先王重视律吕，以平和风气。"

景王又问道："五声加变宫、变商，为何有此七律？"州鸠答道："昔日武王伐殷，岁星在鹑火星次，月在天驷，即房宿，日在析木之津，即在析木星次的银河，日月之会交于斗柄，即北斗七星中玉衡、开阳、摇光三星，辰星现于天鼋，即玄枵星次。辰星、日及日月之交，均于北方，此为水德之王颛顼所立、帝喾所代的方位。姬氏出自天鼋，天鼋为齐之分野，太姜为王季之母。日在析木之次，有建星与牵牛，皆为水宿，况且为太姜之侄、伯陵后裔逢公所依之神。岁星所在，则为我周地分野。月之所在，则有辰马农祥之象，为我太祖后稷所经营。武王欲合岁、月、日、星、辰五位，依凭天鼋、析木、岁星三星所在之分野，建立功业。自鹑火至天驷有七宿，地支自午至子同于七。凡人、神以数相合，以声昭明，数合而声和，然后人、神能相应协同。因此以七同其数，以律和其声，于是有七律。武王于二月癸亥夜列阵，列阵未毕，上天降雨，乃天、地、神、人相应。于日月交会时列阵完毕。日月交会于斗柄，斗柄在戌位，故而武王先以夷则律为宫声，命名其乐为羽，用以庇护民众，使之能合法度。其后，武王又以黄钟律为宫声，陈兵于商郊牧野，命名其乐为厉，用以激励六军。克商之后，武王又以太蔟为宫声，于商都颁布命令，昭显文德，声讨纣王之罪，称之为宣，以宣扬三王之德。返回故土嬴内，则以无射律为宫声，发布政令，施惠百姓，所以称之为嬴治，以怀柔宽容民众。"

· 651 ·

然而景王不听伶州鸠关于音律和谐的劝谏，依旧铸造大钟。景王二十四年，大钟铸成，乐工报告音律和谐。景王向州鸠道："钟律果然能够和谐。"州鸠答道："未可知其必定和谐。"景王问道："为何？"州鸠道："君王制作乐器，民众和乐，则为和谐。如今劳民伤财，民众无不怨恨，臣不知如何能和谐。民众皆好，鲜有不成；民众皆恶，鲜有不废。因此谚曰，'众心成城，众口铄金'。三年之中，耗费钱财之事做了两件，恐怕至少一件要废。"景王道："你老耄昏惑，知道什么？"

据《左传》记载，州鸠道："天子或许会因心疾而死！乐乃天子所主；音乃乐之载体；而钟乃发音之器。天子考察风俗，作乐以行教化，以器聚声，以声载乐。小乐器发声不过细，大乐器发音不过宏，则与物和谐。事物和谐，嘉乐完成。因此和谐之声入于耳而藏于心，心安则乐。过细之声不能周遍，过宏之声不能忍受，心便不得安宁，心不安则会生病。如今钟声过宏，王心不堪忍受，岂能长久？"果然，一年之后周景王薨，并引发王室内乱。此为后话。此套编钟流传于世，至隋朝开皇年间，被认为是不祥之器，因而被毁。

东夷之国君臣更缺乏礼仪教化。莒国乃己姓之国，为东夷之国中最强者。莒国国君庚舆为人残暴，喜好使剑，铸造新剑，必以人试剑。国人自然以之为患。外交方面，莒君亦处置失措。周景王二十五年春，齐国大夫北郭启领兵进攻莒国。莒君庚舆准备迎战，大夫苑羊牧之谏道："齐国将帅地位低下，所求不多，不如讨好于他。大国不能激怒。"莒君庚舆喜剑好武，不听劝谏，于寿余打败齐军。于是齐景公亲自率军进攻莒国，莒君庚舆不能抵挡，只好求和。齐国大夫司马灶赴莒国莅盟，莒君庚舆赴齐国莅盟，于齐国稷门之外盟誓。因莒君好战，莒国人非常厌恶其国君。

第二年，莒君庚舆便准备背叛齐国。此举必将招致兵祸。于是莒国大夫乌存率领国人驱逐了庚舆。庚舆将要出亡，听闻乌存执殳立于路旁，恐其杀己。苑羊牧之道："国君且过！乌存以勇力闻名即可，何必以弑君成名？"于是庚舆逃亡鲁国。齐人将著丘公之子，即十年前逃亡齐国的郊公送回莒国即位，使莒国依旧成为齐国附庸。

# 第一六四章　王朝内乱周室二分，吴楚相争平王失策

景王之死造成了王室内乱。据《左传》记载，景王庶长子王子朝，子朝师傅宾起，均受景王宠信，景王与宾起喜爱王子朝，欲立其为太子。刘献公刘挚庶子伯蚠，事奉单穆公单旗，厌恶宾起为人，愿去杀他；又厌恶王子朝之言，认为他背礼作乱，愿除去他。一次，宾起赴郊外，见雄鸡自断其尾。他问左右雄鸡为何自断其尾，侍者道："它怕充作牺牲。"宾起赶紧回城报告景王，并且道："雄鸡羽毛鲜艳，或许会惧怕被用作牺牲，人的羽翼丰满则不同。牺牲乃为人所用，羽毛鲜艳，确实怕为他人之牺牲；然而如不被用作牺牲，羽毛丰满，对己又有何害？"景王对宾起所言未作回答。

周景王二十五年四月，景王于北山田猎，让公卿们跟随。或许此时景王做出了决断，要立王子朝为嗣，因此准备杀单穆公、刘献公，为王子朝清除障碍。然而景王心脏有病，未等他杀掉大臣，自己便猝死于荣锜氏处。数日之后，刘挚死，无嫡子，单献公立刘蚠。五月刘蚠进见周悼王，乘势攻击宾起，将他杀死，并与王子们于单氏处盟誓。

安葬周景王时，王子朝依仗旧官与百工中失去官职之人与灵王、景王之族发动叛乱，率领郊邑、要邑、饯邑兵丁驱逐刘蚠。郊邑位于今河南省洛阳市偃师区佃庄镇，要邑位于今河南省洛阳市新安县西北，饯邑或与以上两地相距不远。刘蚠逃亡扬邑，扬邑位于今河南省洛阳市东。单穆公于庄宫迎悼王回自己家中。王子朝同党王子还夜间又将悼王带回庄宫。于是单穆公出奔。王子还与召庄公谋划道："不杀单旗，不算胜利。我们邀他再次盟誓，他必定会来，就此可以除去他。违背盟誓战胜敌人之事很多。"召庄公听从王子还之言。樊顷子道："此言不妥，如此必定不能成功。"王子还挟持悼王追赶单穆公，到达辕辕岭，位于今河南省洛阳市偃师区东南轩辕山，大张旗鼓与单旗和刘蚠盟誓，之后返回，并杀挚荒讨好单穆公。刘蚠回刘邑，单旗得知王子还阴谋，于是出亡。逃至平畤，众王子追赶他，单旗杀灵王、景王之族的王子还、王子姑、王子发、王子弱、王子鬷、王子延、王子定、王子稠，于是，王子朝逃亡京邑，

京邑亦在洛阳市境内。单旗攻打京邑，京邑人逃亡山中。于是刘蚠回到王城。之后巩简公败于京邑，甘平公亦败。

鲁国叔鞅在参加景王葬礼后自京师回国，说起王室内乱，鲁国大夫闵马父道："王子朝必定不能获胜。他所亲附之人，均为上天所废之人。"闵马父所谓上天所废之人，乃言这些人均为失去官职之人。

单旗因巩简公、甘平公之败，准备向晋国告急。七月，单旗保护悼王至平畤，又至圃车，住于皇邑，皇邑在今河南省巩义市境内。刘蚠则回刘邑，刘邑于洛阳市偃师区缑氏镇。单旗派王子处守卫王城，对抗王子朝，并与百工于平王之庙盟誓，保卫王城。王子朝党羽鄩肸攻打皇邑，战败被俘。单旗派人将鄩肸解送王城，于王城街市烧死，以示对叛乱之徒的惩处。八月，司徒丑率领悼王军队败于前城邑，前城邑于今天洛阳市伊川县境内。此后百工反叛，攻打单氏之宫，为单旗所败。随后单旗反攻，攻打东圉，东圉于今洛阳市偃师区西南。十月，晋国派遣籍谈、荀跞率领九州之戎与焦邑、瑕邑、温邑、原邑军队，将悼王送回王城。单旗、刘蚠率领王师于郊邑战败，前城邑拥护王子朝的人打败陆浑之戎。可见王子朝势力不小。十一月，悼王猛卒。《春秋》不记载"崩"，乃因悼王既未正式继位，死后亦未行天子葬礼。随后悼王猛之母弟王子匄继位，是为周敬王，居于子旅氏之邑。

这年底，晋国籍谈、荀跞、贾辛、司马督分别率军驻扎平阴邑、侯氏邑、溪泉邑及社邑。平阴邑位于今河南省洛阳市孟津区北，侯氏邑于偃师区缑氏镇，溪泉位于今河南巩义市东南。周王军队驻扎于氾邑、解邑、任人邑。氾邑于巩义市，解邑、任人邑位于今河南省洛阳市东。之后，晋国大夫箕遗、乐徵、右行诡率军渡伊、洛两河，占领前城邑，军队驻扎于前城邑东南，王师驻扎于京楚邑。晋国军队攻打京邑，破坏京邑西南城墙。

第二年，即周敬王元年正月，王师、晋师包围郊邑。第二天，郊邑、鄩邑之人便放弃抵抗，溃散逃命。晋师驻扎于平阴邑，王师驻扎于泽邑。周敬王派人向晋军报告内乱稍平，情势好转。于是晋军回国。晋国军队本是应单旗请求出兵勤王，或许周敬王惧怕晋国势大，或许认为内乱已经平息，因此向晋国报告内乱稍平，示意晋国可以撤军。

四月，单旗攻取訾邑，刘蚠攻取墙人邑、直人邑。訾邑位于今河南省巩义市西南，墙人邑与直人邑位于今河南省新安县境内。周敬王君臣似乎击退了叛乱的王子朝军队，然而之后的形势却对周敬王不利。六月，王子朝入尹邑。尹邑位于今河南省洛阳市宜阳西北。之后尹文公尹圉诱杀刘盆族人刘佗。单旗自阪道、刘盆自尹道出兵攻打尹邑。单旗先至，然而战败，刘盆见单旗兵败，自行回师。支持王子朝的周朝卿士召伯奂、南宫极率领成周军队戍守尹邑。单旗兵败之后，与刘盆、樊齐一起拥周敬王赴刘邑。之后王子朝便入王城，驻扎于左巷。七月，周大夫鄩罗送王子朝至庄宫，尹辛于唐邑打败刘盆的军队，又于鄩邑击败刘盆。尹辛占取西闱，进攻蒯邑，蒯邑人溃败。唐邑、寻邑、西闱、蒯邑均位于今河南省洛阳市境内。

眼见王子朝的势力扩张，却因这年八月周王畿地震使得形势又发生变化。支持王子朝的周卿南宫极因为地震被房屋倒塌压死。或许地震使得人们对王子朝的势力产生疑惧，因此阻止了王子朝势力的扩张。苌弘对刘盆道："您努力吧！眼见您父亲的意愿可以实现。周室灭亡之时，泾水、渭水、洛水三川一带发生地震。如今西王子朝之大臣亦被震死，此乃上天弃他。东王子匄必然大胜。"虽然史书以周敬王在位纪年，然而分为东王与西王却持续了一段时间。

周敬王二年正月，召简公与南宫极之子南宫嚚引甘桓公进见王子朝。刘盆对苌弘道："甘氏又投奔王子朝了。"苌弘答道："有何妨害？同德在于义。武王《泰誓》曰，'纣有亿兆夷人，亦有离德；余有乱臣十人，同心同德'。纣王虽拥有广大夷人，却与他离心离德；武王只有能臣十人，却与他同心同德。此乃周朝兴起之原因。您当务德，不患无人。"王子朝得到部分周卿拥戴辅佐，来到邬邑。

因王室内乱未平，三月，晋顷公派士弥牟赴王城询问周朝内乱之事。士弥牟立于王城北门乾祭门上，询问国人立君之意见。根据周礼，国家危难、国家迁都、国乱立君，此三件大事应当征询国民意见。士弥牟之举符合周礼。因民意支持周敬王，晋人便拒绝了王子朝，不接纳其使者。于是王子朝再次诉诸武力。六月，王子朝军队进攻周敬王的瑕邑与杏邑，两邑守军皆溃败。东、西两王并立成为既成事实。

此时郑定公赴晋国，游吉为相，见士鞅。士鞅道："王室之事该当如何？"游吉答道："老夫不能忧恤自己国家，怎敢虑及王室之事？然而人亦有言，寡妇不忧纬线短缺而忧宗周陨落，乃恐祸及自身。如今王室确实动荡不安，我们小国十分畏惧。然而大国之忧，我等何知？或许您当及早谋划。《诗》云，'瓶之罄矣，惟罍之耻'。(《小雅·蓼莪》)瓶中酒罄，乃罍中无酒。王室不宁，乃晋国之耻。"士鞅惧怕天下指责，便与韩起谋划，决定第二年召集诸侯集会，解决王室内乱。

这年十月，王子朝将成周宝珪沉于大河，向河神祈福。第二天，船工于河中得此宝珪。周敬王大夫阴不佞率领温邑之人向南攻击王子朝，拘捕得玉之人，将玉取回。据《左传》记载，阴不佞准备将玉卖掉，玉却成为石块，因而无法卖出。王室安定之后，阴不佞将宝珪献予敬王，敬王便将东訾邑赐予他。东訾邑在今河南省巩义市境内。阴不佞卖玉，玉变为石之事，自然属于演义。《左传》还记载，第二年十月，王子朝之党尹文公率军涉过洛水，焚烧周敬王占据的东訾邑，攻城却未取胜。或许《左传》记载此事，乃为说明宝珪可佑护王室。

与周室内乱的同时，南方吴、楚又起争端。周敬王元年夏，吴人进攻楚国州来邑，楚国司马薳越率领楚军及顿国、胡国、沈国、蔡国、陈国等国军队来救州来邑。州来邑位于今安徽省淮南市凤台县。吴人于钟离邑抵御楚军与诸侯联军。钟离邑于今天安徽省滁州市凤阳县古城村。楚国令尹子瑕死，楚军士气尽丧。吴国公子光道："虽然诸侯追随楚国者甚众，却均为小国，他们惧怕楚国，不得已追随楚国前来。我闻，威胜于情，虽小必成。胡国、沈国国君年轻狂躁，陈国大夫嚚虽壮却顽固，顿国与许国、蔡国憎恨楚国政令。如今楚国令尹死，军队士气尽丧。况且楚国将帅地位低下，国君多有宠臣，必然政令不一。七国同伙而不同心，将帅地位低下，不能整齐号令，不能树立威信，因此楚军可以打败。若分兵先攻胡国、沈国与陈国军队，他们必然首先奔逃。三国败退，诸侯联军必定军心动摇。诸侯联军混乱，楚军必然大溃败。我建议，让先遣军队放松戒备，不立军威，以诱敌军，后继军队则巩固军阵，整顿师旅，以备决战。"吴王听从公子光的建议，与楚军于鸡父交战，鸡父位于今河南省信阳市固始县境内。吴王以三千罪犯先攻胡国、沈国和陈国军队，三国军队见吴国军队军容不整，争相攻打并俘虏吴人，自乱阵营。却不知吴国以三军紧随先遣队之后，中军跟随吴王，公子光率领右军，公子掩余率领左军。趁胡、沈、陈三国军队阵营混乱，吴国三军开始进攻。三国军队随即败退，胡、沈两国国君与陈国大夫均为吴军俘虏。吴军释放胡国、沈国俘虏，让他们奔至许国、蔡国与顿国军中，四下叫道："吾君已死！"吴军则擂鼓呐喊跟进。结果许、蔡、顿三国军队不战而逃，楚军尚未列阵，便全军溃败，将士亡命奔逃。《春秋》记载道"胡子髡、沈子逞灭，获陈夏嚚"，对国君与臣子使用不同文辞，乃国君为社稷之主，君俘国灭。《春秋》不记交战，乃因楚国并未列阵。

楚国太子建被废之后，其母居于郹邑，郹邑于今河南省新蔡县境。她或许因怨恨楚王，因此招来吴人，并为他们打开城门。十月，吴国太子诸樊进入郹邑，将楚国夫人与其宝器带回吴国。楚国司马薳越追赶不及，准备自杀，众人道："请伐吴国，或许能侥幸取胜。"薳越道："若楚师再败，我等死且有罪。失去国君夫人，乃楚国耻辱，不可无人为此而死。"于是薳越自缢于薳澨。

楚国令尹子瑕死后，囊瓦为令尹，于郢都增修城墙。囊瓦，字子常。沈尹戌道："子常必会丢掉郢都。若不能保卫，增修城墙无益。古代天子德及远方，守在四夷；如今天子位卑，守在诸侯。诸侯守在四邻；诸侯位卑，守在四方边境。谨慎防守边境，结交四邻，使民众安居乐业，春夏秋三时农事成功。民无内忧，又无外患，国都焉用增修城垣？如今令尹惧怕吴国，于郢都增修城墙，所守甚小。诸侯位卑尚守四境，如今楚国却只守都城，岂能不亡？昔日梁国国君于宫旁挖沟，民众溃散。民众抛弃君上，国家不亡，更有何待？划定疆界，修治田地，巩固边垒，亲近民众，明确部伍，以诚待邻，慎择官守，守其礼仪，不僭不贪，不懦不霸，完备防御，以防意外，又有何畏？《诗》云，'无念尔祖，聿修厥德'。我们当思念祖先，修其美德。若敖、蚡冒至于文王、武王，地不过方圆百里，慎守边境，尚且不筑都城。如今楚国地方千里，反而于郢都修城，岂非难于安宁？"

周敬王二年冬，楚平王以舟师侵略吴国疆域。沈尹戌道："此行楚国必定丢失城邑。不安抚民众，而采取劳民之举。激怒本未用兵的吴国，加速其出动，吴军接踵而至，楚疆却无防备，城邑岂能不失？"

吴国的敌国越国派遣大夫胥犴在豫章江畔慰劳楚平王，越国公子仓赠送楚平王一艘大船。公子仓与大夫寿梦还率军跟从楚平王。此次楚国出师，似乎并未与吴国交战，楚平王只是抵达圉阳后，便行回师。圉阳尚未离开楚境。正如沈尹戌所言，平王此举惊动了吴军，吴军紧随楚军而至，然而楚国边境守军却无防备，吴军便灭巢邑与钟离而回。沈尹戌道："丢失郢都自此开端。君王一举便失去驻守巢邑与钟离邑的两位大夫，如此只需数次，难道不会使吴国兵临郢都？《诗》云，'谁生厉阶，至今为梗'（《大雅·桑柔》），谁生祸阶，至今为害，所言或许便如君王！"

或许楚平王为安定边境，于第二年底，派遣薳射于州屈筑城，让原本居于州屈的茄邑人回去居住。州屈或言于今天安徽省凤阳县西，或言于湖北省应城

· 657 ·

市伍家山。又于丘皇筑城，迁訾邑人前去居住。丘皇于今天河南省信阳市境。平王又遣熊相禖于巢邑筑外城，巢邑于今天安徽省寿县东南；遣季然于卷邑筑外城，卷邑于今天河南省叶县境内。郑国游吉得闻此事，道："楚王将死。使民不安居其土，民众必忧，忧将延及君王之身。楚王将不长久。"楚平王果然薨于第二年秋。

# 第一六五章　诸侯集会赵鞅问礼，鸲鹆来巢鲁昭出奔

《春秋》记载周敬王二年，即公元前518年，五月初一，发生日食。据《左传》记载，鲁国梓慎道："将有水灾。"叔孙婼则道："将有旱灾。日过春分，阳气尚不胜阴气，一旦胜过阴气，岂能不过，岂能不旱？阳气迟迟不胜，便将积聚。"果然，这年秋八月，鲁国发生旱灾，因此举行大雩祭。叔孙婼的预言或许有其经验依据，也反映了古代人关于阴阳的辩证思想。

周敬王三年春，叔孙婼赴宋国访问。右师乐大心见他。乐大心居于桐门，因此亦称桐门右师。两人言谈之中，乐大心轻视宋国大夫，并认为司城乐祁亦缺德少才。司城氏乃乐氏之大宗，时居司城之位。之后，叔孙婼向其手下道："右师或将出亡！君子贵其身，而后能及人，是以有礼。如今此人卑其大夫而贱其宗族，此乃贱其自身，岂能有礼？无礼必亡。"

叔孙婼此行当是为鲁国季孙意如迎娶宋国公主。宋元公设享礼招待叔孙婼，赋《新宫》一诗。此或云为逸诗，亦有云即《小雅·斯干》，总之为赞美宫室之诗，亦表现对女子归所的满意，并祝愿其子孙满堂。叔孙婼赋《车辖》一诗。诗见《小雅·甫田之什》，表现思得贤女，以配君子，为赞美新娘之意。宋元公对叔孙婼十分欣赏，第二日继续宴饮，宋元公让叔孙婼坐于右手边，而非坐于宾座。二人言谈之中皆落泪。乐祁襄助宴礼，退下向旁人道："今年国君与叔孙或许皆会死。我闻，'哀乐而乐哀，皆丧心也'。悲哀时乐或乐时悲哀，均为丧失心志。心为精华，是谓魂魄。魂魄已去，怎能长久？"果然，宋元公与叔孙婼均死于这年冬天。

鲁国季孙宿之幼子季公若，其同母之姊为小邾国君夫人，生宋元公夫人，元公夫人生女。叔孙婼赴宋国为季孙意如行聘并迎娶的便是此女。季公若随同前往，却私下告诉元公夫人曹氏不要答应亲事，因为鲁国正准备驱逐季孙意如。元公夫人将此事告诉元公，元公又将此事告诉乐祁，乐祁道："嫁予他。若鲁国要驱逐季孙氏，则鲁君必将逃亡。政权掌握在季氏手中经文子行父、武子宿，至今已是三代，鲁国自宣公，经成公、襄公，至今国君丧失权柄已经四

公。失去民心而能得逞之人，尚未有过。鲁君要依靠季孙氏镇抚其民。《诗》云，'人之云亡，心之忧矣'。(《大雅·瞻卬》）人才丧失，乃心中之忧。鲁君已经失民心，其志向岂能得逞？静待天命犹可，有所举动必有大难。"

周敬王三年夏，晋国赵鞅与鲁国叔诣、宋国乐大心、卫国北宫喜、郑国游吉、曹国、邾国、滕国、薛国、小邾国大夫们于黄父集会，商议安定王室。黄父位于今山西省临汾市翼城县境内。赵鞅命令诸侯的大夫们向周敬王输送粮食，并准备戍守将士，他道："明年将送天子回都。"

游吉觐见赵鞅。赵鞅为赵武之孙。赵鞅向他询问揖让、周旋之礼。游吉答道："此为仪，并非礼。"赵鞅问道："敢问，何谓之礼？"游吉答道："吉曾闻先大夫子产曰，'夫礼，天之经也，地之义也，民之行也'。即礼为天地之规范，民众践行之法则。效法上天之明，依靠大地本性，产生六气，应用五行。气为五味，发为五色，彰显为五声。过则昏乱，民失其性。因此制定礼制以使民奉行：制定马、牛、羊、鸡、犬、豕六畜，牛、羊、豕、犬、鸡五牲，牛、羊、豕三牺之制，以承五味；制定龙、山、华虫、火、宗彝、藻、粉米、黼、黻九种文采，青、白、赤、黑、玄、黄六种色彩，文、章、黼、黻、绣五种华章，以承五色；制定九歌、八风、七音、六律，以承五声。确定君臣上下关系，效法地义；确定夫妇外内关系，以效法阴阳；确定父子、兄弟、姑姊、甥舅、婚媾、姻娅关系，以效法上苍之明；确定政事法令、民治之功、教化之行，以遵循四时之务；确定刑罚威狱，使民畏忌，以效法雷电杀戮；确定温慈惠和之措施，以效法上天生殖长育。民有好恶、喜怒、哀乐，生于六气，因此要审慎效法，适度类比，以节制六志。哀有哭泣，乐有歌舞，喜有施舍，怒有战斗；喜生于好，怒生于恶。因此要行动审慎，出令有信，以祸福赏罚，制约死生。生乃人之所好；死乃人之所恶。所好则乐，所恶则哀。哀乐不失于礼，便能与天地之性相协同，故能长久。"赵鞅感叹道："礼真是极其伟大！"游吉答道："礼，上下之纲纪，天地之经纬，万民赖以生存，是以先王尊礼。人能委屈性情而遵从礼制者，便是完人。"赵鞅道："鞅请终身遵守此言。"

与赵鞅愿终身守礼不同，宋国右师乐大心无视礼制规范。他反对赵鞅辅助王室的决议，道："我国不应为天子输送粮食。我国乃殷商之后，于周朝为客，为何指使客人送粮？"晋国士弥牟道："自践土之盟以来，宋国哪次战役不曾参加，哪次结盟不曾参加？盟辞道'同恤王室'，您怎能避免担负责任？您奉君命，参与大事，宋国背盟，恐怕不可！"乐大心不敢回答，便接受了书写宋

## 第一六五章 诸侯集会赵鞅问礼，鸜鹆来巢鲁昭出奔

国当输粮的简札，然后告退。士弥牟向赵鞅道："宋国右师必会逃亡。奉君命出使，而欲背弃盟约，触犯盟主，不祥莫大！"若干年后，乐大心果然出亡。

周敬王三年，鲁昭公二十五年，即公元前517年，《春秋》于这年记载："有鸜鹆来巢。"鸜鹆俗称八哥。据《左传》记载，鲁国大夫师己道："怪哉！我闻文公、成公之世，童谣有云，'鸜之鹆之，公出辱之。鸜鹆之羽，公在外野，往馈之马。鸜鹆跦跦，公在乾侯，征褰与襦。鸜鹆之巢，远哉遥遥，裯父丧劳，宋父以骄。鸜鹆鸜鹆，往歌来哭'。原本有此童谣，如今鸜鹆来筑巢，恐将发生祸难！"童谣意为，鸜鹆鸜鹆，公出将辱。鸜鹆之羽，公在郊野，去赠其马。鸜鹆跳跃，公在乾侯，征求衣裤。鸜鹆之巢，远哉遥遥，裯父死于外，宋父则骄。鸜鹆鸜鹆，去时歌唱回时哭。昭公名裯，定公名宋，昭公之弟，继昭公为君。此童谣当是预言昭公出亡，死于外地，定公代昭公为鲁君。《春秋》还记载了这年秋天，鲁国进行两次大雩祭，是因旱灾严重。

《左传》还记载了鲁国臣子之间、君臣之间的争斗，季孙意如多方招致怨恨。当初，季公鸟娶齐国鲍文子之女为妻，生有一子。季公鸟为季孙意如之庶叔父。季公鸟死，其弟季公若同族公思展及季公鸟家臣申夜姑共同管理其家事。季公鸟之妻季姒与饔官檀私通，季姒害怕通奸之事被季公若发现，便让她的侍女打自己，然后让大夫秦遄之妻、季公鸟之妹秦姬看其伤痕，诬陷道："公若让我侍寝，我不答应，他便打我。"季姒又向季孙宿之孙公甫靖诉说道："展与夜姑要挟于我。"秦姬将季姒之言告诉公甫靖之弟公之。公之与公甫又将季姒之言告诉了季孙意如，季孙意如便将公思展拘于卞邑，并捉拿夜姑，准备杀他。季公若悲哀地哭泣道："杀他，等于杀我。"季公若准备向季孙意如为夜姑求情。季孙意如让小吏阻其进门，日至中午，季公若不得入内请求。官吏接受处理夜姑之命后，公之催促其速杀夜姑。季公若因此怨恨季孙意如。

季氏、郈氏斗鸡。季氏给鸡头套上小铠甲，郈氏给鸡装上薄金属爪。季氏之鸡斗败，季孙意如怒，侵占郈氏之地扩建自己宫室，并责备郈氏。因此郈昭伯亦怨恨季孙意如。

臧孙赐的叔伯兄弟臧会于臧氏处诬陷他人，逃于季氏处。臧氏设法将其捉拿。季孙意如怒，拘捕臧氏家宰。

鲁君将于襄公庙中举行祭祀，跳万舞者只有两人，多数人去季氏处舞万舞。可见季氏权势熏天。臧孙赐道："此是国君在先君之庙，却不能酬报先君之功。"大夫们于是均怨恨季孙意如。

· 661 ·

季公若向鲁昭公之子公为献弓,并与之外出射箭,谋划除去季孙意如。公为告知其弟公果、公贲。公果、公贲派昭公侍从僚柤报告昭公。昭公已就寝,听得僚柤之言,拿起戈来要击僚柤,僚柤逃走。昭公叫道:"捉住他!"但或许昭公并不是真正恼怒,因此并未正式下令捉拿僚柤。但僚柤畏惧,不敢出门,数月不去进见昭公。见昭公并未真正恼怒僚柤,公果、公贲又派僚柤再次向昭公示意。昭公又执戈吓唬僚柤,僚柤再次逃走。之后,公果、公贲再派僚柤向昭公请示除去季孙意如,昭公道:"此非小人当言之事。"于是公果自己去向昭公进言。昭公将此事告诉臧孙赐。臧孙赐认为此事难以成功。昭公又告诉郈孙,郈孙认为可行,怂恿昭公驱逐季孙氏。昭公再告诉子家羁。子家羁谥号懿伯。子家羁道:"谗人让国君行侥幸之事,事如不成,君担恶名。此事断不可为。鲁国已有数代国君舍弃民众,如今要想成事,没有把握。况且政在季氏之手,恐怕难以图谋除他。"昭公让子家羁退下,子家羁告辞道:"臣已闻命,如泄漏此言,臣不得好死。"为避嫌疑,子家羁留宿宫中。

叔孙婼或是为避嫌避乱,去了阚邑。阚邑位于今天山东省汶上县南旺镇北。昭公居于贮藏财货的府库长府。九月,昭公授意讨伐季氏,于季氏门口杀死公之,攻将进去。季孙意如登台请求道:"国君并未调查臣之罪过,便派遣有司以武力讨伐下臣,臣请俟于沂水之滨待国君察罪。"昭公不允。季孙意如请求囚于费邑,费邑乃季氏采邑,昭公怕放虎归山,自然不允。季孙意如又请求带五乘车马出亡,昭公亦不允。子家羁道:"国君或许应当答应!政出季氏已经很久,贫困民众多赖季氏为生,其党徒甚众。日落奸起,并非可知。众怒不可积,积怨不能平,便会日益增大,民众便会产生反叛之心,生有二心,又与季氏有共同要求,便会纠集会合,届时国君必会后悔!"然而昭公不听劝谏。况且郈孙还怂恿道:"定要杀了季孙。"

叔孙氏之司马鬷戾得知季氏遭到围攻,问其手下道:"该当如何?"无人应答。他又道:"我乃家臣,不敢虑及国事。有季氏与无季氏,哪种情况对我有利?"众人皆道:"无季氏,便无叔孙氏。"鬷戾道:"那便去救他!"于是率领手下前往,攻陷包围圈的西北角,入援季孙氏。此时围攻季氏的昭公士兵正脱下盔甲,手捧箭筒之盖,用来饮水,鬷戾将他们驱逐。

昭公派郈孙迎接仲孙何忌。仲孙氏正在观望,派人登其宫室西北之楼,瞭望季氏家中情况。家臣看到叔孙氏之旗,便将此情况报告仲孙氏。于是仲孙氏捉拿了郈孙,将他杀死在南门之西,随后出兵攻击昭公军队。子家羁眼见事情

## 第一六五章 诸侯集会赵鞅问礼，鸜鹆来巢鲁昭出奔

不能成功，便向昭公道："让臣子们伪装此举乃是劫持国君而为，让臣子们背负罪名出逃，国君便可留下。意如今后事奉国君，不敢不改变态度。"昭公道："我不能忍受季孙氏之僭越欺辱。"于是与臧孙赐赴祖墓辞别祖宗，谋划逃亡之事，随后出亡。

十一月，鲁昭公避往齐国，居于阳州邑。阳州邑位于今山东省东平县西北。齐景公准备于平阴邑对昭公表示慰问，平阴邑位于今山东省济南市长清区西南。然而鲁昭公已经过了平阴邑，抵达野井邑，迎候齐景公。野井邑位于今山东省济南市西北。于是齐景公于野井邑向昭公表示慰问。《左传》认为，《春秋》记载"公孙于齐，次于阳州。齐侯唁公于野井"，合于礼制。将有求于人，则先居于人下，此乃合乎礼制之事。齐景公向鲁昭公表示歉意："此乃寡人过错。寡人让官吏于平阴邑等待，便是为靠近平阳邑。"齐景公又道："自莒国疆界以西，寡人奉送贵君千社，二万五千户，待命于君。寡人将以敝国军赋追随贵君，唯命是听。贵君之忧，便是寡人之忧。"鲁昭公甚喜，子家羁则道："天赐福禄，将不再降临国君之身。即便天佑国君，亦不会超过周公。天赐国君鲁国足矣。如今国君失去鲁国，而以千社为齐国之臣，谁会为国君复位？况且齐君无信，不如早赴晋国。"然而昭公不听子家羁之言。

臧孙赐率领追随昭公之人将要盟誓，盟书曰："勠力一心，好恶同之。信罪之有无，缱绻从公，无通外内！"即要求众人勠力同心，好恶一致，明确留居有罪，从者无罪，坚决追随国君，不可交通外党。臧孙赐以昭公名义将盟书出示子家羁，子家羁道："如此，我不能盟誓。羁无才能，不能与您几位同心，而是认为留居者、从者皆有罪。我或许会与国内外进行商谈，并且想离开国君奔走各国，以求成事。您几位愿意出亡国外，不想回国复国君之位，我岂能与您等同好同恶？陷君于难，还有更大的罪行吗？沟通内外，离君奔走，国君便可快些返国，为何不可沟通内外？出亡寄居，又何言守国？"于是子家羁未与盟誓。

当初，臧孙赐赴晋国，其堂弟臧会窃其宝龟偻句，用以占卜或信或不信，结果不信为吉。臧氏家宰将赴晋国照应臧孙赐起居，臧会请求代家宰而行。臧孙赐问家中情况，臧会全部作答。问到妻子与母弟叔孙，则不作答。再三问他，依旧不答。等臧孙赐回国抵达郊外，臧会前去迎接。臧孙赐又问此事，臧会依旧不答。臧孙赐抵达鲁都，并未回家，而是住于他处，观察家中情形，并无异常。臧孙赐拘拿臧会，将要杀他，臧会逃往郈邑。郈邑大夫郈鲂假以他为

贾正，权衡货物常价。臧会去季氏处送郈邑帐策，臧孙赐派遣五人执戈与楯，埋伏于桐汝里门。臧会自季孙氏家出，他们便去追赶，臧会转身逃走，于季氏中门之外被擒。季孙意如怒道："为何携带武器入我家门？"于是拘留臧孙赐的家宰。季氏、臧氏因此互有恶感。待臧孙赐追随昭公出亡后，季孙意如便立臧会为臧氏之嗣。臧会道："偻句并未欺骗于我。"

叔孙婼自阚邑回都见季孙意如。季孙意如行稽颡之礼，五体投地。此为凶事之拜，表示其逐君有罪。他问叔孙婼道："您要我如何？"叔孙婼道："人谁不死？您为逃死，以逐君成名，子孙不忘，不亦悲伤？我能将您如何？"季孙意如道："若使意如得以事奉国君，您便是所谓生死人而肉白骨。"

叔孙婼赴齐国追随昭公，将季孙意如之言报告昭公。子家羁命将凡在昭公宾馆者全部拘留，以防泄密。昭公与叔孙婼于帷幄中密谈。叔孙婼道："臣愿回国安定民众，并将国君送回国内。"昭公手下准备杀死叔孙婼，不使昭公回国，因此埋伏于叔孙婼所经路途。左师展将此情形报告昭公。昭公便让叔孙婼取道铸邑回国。铸邑位于今山东省肥城市南。

但季孙意如却产生异志，不欲昭公回国。叔孙婼既耻于党同季孙意如，又愧于无法迎回国君，于是于十月初于正寝斋戒，让叔孙氏祝宗为他求死。数日之后，叔孙婼身亡。左师展准备单乘载昭公回国，昭公手下将其逮捕。昭公手下欲阻止昭公回国，当是怕他们将来会没有好的结果。于是，昭公滞留国外。

鲁国之乱自然牵动诸侯关注。宋国多年来一直追随晋国，并与鲁国交好。十一月，宋元公准备为鲁昭公之事赴晋国，请求晋国送鲁昭公回国。尚未成行，元公梦见太子栾于宗庙即位，自己与父亲宋平公穿朝服辅佐于他。次日早晨，元公召见六卿，道："寡人不才，不能事奉父辈兄辈，致使华氏、向氏出亡，造成你等忧虑，此乃寡人之罪。若托诸位之福，能得善终，棺木衬板等物，请逊于先君。"仲几答道："国君若因社稷之故，私减宴乐饮食，群臣不敢与闻。若涉及宋国迎生送死法度，先君有制，群臣将誓死遵守，不敢违背。若臣等失职，刑罚不赦。臣等不愿因刑受死，只能违背君命。"宋元公交代了后事，便动身赴晋国。不数日，死于曲棘。曲棘位于今河南省民权县境内。第二年，宋国臣子依据宋国葬礼，如同安葬先君一样，安葬元公。

· 664 ·

# 第一六六章　齐鲁交战鲁乱未息，敬王复位子朝奔楚

鲁国内乱，昭公出亡齐国，齐景公表现十分热情，或因他看到了齐国重新逞强的希望。据《左传》记载，周敬王三年底，齐景公以助鲁昭公为名，包围鲁国郓邑。第二年正月，齐国攻取了郓邑。三月，鲁昭公从齐国抵达郓邑。郓邑位于今山东省临沂市沂水县高桥镇附近。

这年夏天，齐景公准备将鲁昭公送回鲁国都城，命令不得接受鲁国财物。然而齐、鲁双方臣子却在私下进行交易，各取所需。鲁国季孙意如家臣申丰跟从女贾，用两匹锦缎紧束在一起，形如瑱圭，藏于怀中，来到齐军，找到梁丘据的家臣高。梁丘据，字子犹，乃景公宠臣。他们向高道："如果能贿赂子犹，我们扶您当高氏宗主，并赠您粮食五千庾。"五千庾粮食相当于今天二百四十石。高见财眼开，向梁丘据道："鲁国人购买了很多锦缎，百匹一堆，由于道路不通，先送来两匹。"梁丘据收下季氏家臣的礼物，便对齐景公道："群臣对鲁君不肯尽力，并非不能奉行君命。据要对国君献上自己的疑惑。宋元公为鲁君赴晋国，死于曲棘；叔孙昭子请求让鲁君复位，无疾而死。不知是上天抛弃鲁国，还是鲁君得罪于鬼神，因此才到这步田地？国君不如于棘邑等待，派群臣随鲁君占卜，预测对鲁作战能否获胜。若可成功，待军事有成，国君前往，便能无敌。若不成，国君不必亲往。"景公听从梁丘据之言，派公子鉏率师跟随昭公前往鲁国。

成邑大夫公孙朝对季孙意如道："宗庙所在之都，乃用以保卫国家，请让我来抵抗齐军。"季孙意如应允。成邑本为仲孙氏邑，位于今山东省泰安市宁阳县北。公孙朝为仲孙氏之臣，或恐季氏见疑，主动请求送上人质。季孙意如不允，道："信你足矣。"公孙朝通告齐军道："仲孙氏，乃鲁国破落之户。他们使用成邑民力物力过甚，我们不堪忍受，请归顺齐国，以便休养生息。"或因成邑要降，齐军未设防备，于是公孙朝指挥成邑军民进攻于淄水饮马的齐军，并向齐军道："我须欺上瞒下。"鲁国准备充分之后，公孙朝又向齐国报告道："我无法压服手下。"公孙朝以诈降为鲁国赢得了防守的时间。

鲁国设防之后，迎战齐军，与齐军战于炊鼻。炊鼻或位于今山东省宁阳县东。齐国顷公之孙子渊氏子渊捷追赶鲁国大夫野洩，以箭射野洩，箭自扼制马匹的横木穿过车辕，箭头尚射进盾脊三寸。野洩放箭射子渊捷之马，射断马颈皮带，马倒地而死。子渊捷因此换乘。鲁人误认他为叔孙氏司马鬷戾，因而助他。子渊捷并不趁机，而是叫道："我乃齐人。"鲁人将攻子渊捷，子渊捷一箭射去，射死鲁人。御者道："请您再射。"子渊捷道："鲁军人众，可威慑他们，但不能激怒他们。"齐国大夫子囊带追赶野洩，大声叱骂。野洩道："两军作战，并无私怨，我若回骂，便成私怨，我与你以战分高下。"子囊带依旧叱骂，于是野洩回骂。季氏家臣冉竖用箭射陈开，射中其手，弓箭落地，陈开大骂。陈开为陈无宇长子，字子彊。冉竖报告季孙意如："有一皮肤白皙、须眉浓黑之君子，很会骂人。"季孙意如道："定是子彊，不能抵挡吗？"冉竖答道："既谓之君子，怎敢抵挡？"鲁国林雍不愿为颜鸣车右，因而跳下车乘。齐国大夫苑何忌不杀林雍，只割其耳，颜鸣要将林雍带走。苑何忌之御者道："向下看！"颜鸣便看林雍的脚。原来苑何忌斩断林雍一足。林雍用另一条腿跳上其他战车逃回。颜鸣或许未见此事，不愿抛下林雍，三次冲入齐军，大喊道："林雍来乘！"鲁人如此奋勇，齐军当并未占到便宜，因此昭公并未能如愿返国。这年秋天，齐景公与鲁昭公、莒国国君、邾国国君、杞悼公于鄟陵盟约，谋划送昭公回国。鄟陵位于今山东省临沂市郯城县东北。

周敬王四年四月，王卿单旗再次赴晋国告急。五月，刘蚠的军队于尸氏打败王子朝的王城军队。尸氏位于今河南省洛阳市偃师区。但十天之后，王城军队与刘氏军队战于施谷，刘军大败。施谷位于今河南省洛阳市偃师区南。

七月，刘蚠奉周敬王离开刘氏之邑，驻扎于渠邑。王子朝军队放火烧了刘氏之邑。敬王又先后住于褚氏、萑谷、胥靡，之后来到滑邑。刘氏之邑、褚氏、萑谷、滑邑均位于今河南省洛阳市偃师区，胥靡位于今河南省洛阳市巩义市西南。晋国知跞、赵鞅率师迎接敬王，派女宽镇守阙塞。阙塞位于今河南省洛阳市南龙门山。

有了晋国军队勤王，这年十月，周敬王于滑邑起兵。数日后来到郊邑，驻扎尸邑。郊邑为王子朝之邑。十一月，晋军攻克巩邑，本来追随王子朝的召伯盈驱逐了王子朝。王子朝与召氏族人、毛伯得、尹氏固、南宫嚚携带周朝典籍逃亡楚国，阴忌逃亡莒邑叛变。召伯盈于尸邑迎接敬王，并与刘蚠、单旗盟誓。周敬王军队到达圉泽，驻扎堤上。圉泽位于偃师区西南。之后，周敬王重返成周，于襄王之庙盟誓。晋军派成公般戍守成周，大军回国。十二月，周敬王入住庄宫。

王子朝逃亡楚国后，派遣使者向诸侯通报。《左传》全文记载了王子朝的通报："昔日武王克殷，成王安定四方，康王与民休息，分封同母兄弟，以为周朝屏障，并道，我不敢独享文、武之功，亦考虑后代一旦迷败倾覆，陷入危难，可以有人救助。至于夷王，身患恶疾，诸侯莫不遍祭境内名山大川，为夷王祈祷。至于厉王，乖戾暴虐，万民弗忍，置王于彘地。诸侯离其职位，参与王朝政事。宣王有识，然后诸侯奉还王位。至于幽王，天不佑周，幽王昏乱，因失王位。携王触犯天命，诸侯废之，建立王嗣，迁都郏鄏。此乃因兄弟能致力于王室。"王子朝所言郏鄏，即今天的河南省洛阳市。

王子朝继续通报道："至于惠王，天不安周，王子颓生出祸心，延及叔带。惠王、襄王避难，离开王都。此时晋、郑驱黜不端之人，安定王室。此乃因兄弟能遵循先王之命。定王六年，秦国降妖，预言周朝或许会有口上长髭之王，能恪尽职分，诸侯顺服，两代谨守职分。此后，王室或许有人觊觎王位，诸侯不为王室谋划，王室遭乱。至于灵王，生而有髭，神奇圣明，无恶于诸侯。灵王、景王均能善始善终。如今王室动乱，单旗、刘狄搅乱天下，专行逆举，所谓'先王（继位）何常之有？唯余心所命，其谁敢讨之？'他们率领不善之人，行乱于王室。他们侵欲无厌，贪求无度，亵渎鬼神，轻慢刑法，违背盟约，傲视礼制，诬蔑先王。晋国无道，佐助他们，毫无准则。如今不谷颠沛流离，逃窜荆蛮，未有归所。若有一、两位兄弟甥舅顺从天道，不助狡猾，遵从先王之命，不要加速上天惩罚，去我忧虑，为我图谋，我愿足矣。不谷谨向诸位表露腹心与先王之命，望诸侯深思。昔日先王之命曰：'王后无嫡，则择立长。年均以德，德均以卜。'王不立爱，公卿无私，此乃古制。穆后与太子寿早逝，单氏、刘氏赞立幼少，违犯先王之命。望诸仲叔季诸侯深思。"

王子朝的通报，以立长为依据，完全以正统自居。鲁国闵马父闻王子朝之辞令，道："文辞用以行礼。子朝违背景王之命，疏远晋国大国，一心想做天子，无礼甚矣，文辞何用？"闵马父认为，景王既然立王子猛为太子，其卒后立其弟为王是礼制，因此王子朝无由发难。

齐景公本想借鲁国内乱有所作为，不料周敬王四年冬，齐国出现彗星。齐景公要派人祭祀禳灾。晏婴谏道："禳灾无益，乃自欺之举。天道不可怀疑，天命不会有差，岂能禳灾以避？且天有彗星，用以扫除污秽。君无秽德，又有何可禳？若德行污秽，禳之何补？《诗》云，'惟此文王，小心翼翼。昭事上帝，聿怀多福。厥德不回，以受方国'。(《大雅·大明》)君无违德，四方之国将归顺齐国，何患彗星？《诗》云，'我无所监，夏后及商。用乱之故，民卒流亡'。(逸诗)周之所鉴，唯有夏商，以乱之故，百姓流亡。若背德，天下将乱，民将流亡，祝史所为，无济于事。"齐景公闻言悦服，不再禳灾。

齐景公坐在厅堂向晏婴叹道："美哉，此室！日后谁会占有它？"晏婴道："敢问君为何意？"景公道："我认为将归于有德行之人。"晏婴道："如君所言，或许为陈氏！陈氏虽无大德，然而有施于民。从田中征税时用小的量器，向百姓施舍时用大的量器。国君厚敛，陈氏厚施，民众自然归附于他。国君后世若稍有怠惰，则国将归于陈氏。"景公道："是啊！该当如何？"晏婴答道："唯有遵守礼制可以防止。礼制规定，家族施舍不能及国，民不迁徙，农不迁移，工商不改行，士不失职，官不怠慢，大夫不贪公利。"景公道："是啊！我不能做到。我今后始知要以礼制治国。"

# 第一六七章　吴国伐楚鱄诸刺僚，士鞅贪贿鲁君受辱

周敬王四年九月，楚平王卒。据《左传》记载，令尹子常欲立平王庶长子子西，因道："太子壬年幼，其母并非元妃，且原本是为王子建所聘娶。子西年长，品性良善。立长顺于情理，立善国家得治。立王顺，国家治，岂能不为？"子西怒道："此乃扰乱国家，彰显君王之恶。太子之母乃秦国公主，国有外援，不可轻慢。王有嫡嗣，不可废嫡。彰显君恶，招来仇敌，轻废嫡嗣，国将不祥，我将蒙受恶名。即便以天下贿赂于我，我亦不从。楚国当做什么？必杀令尹。"令尹子常畏惧，于是立壬，是为昭王。可见子西确实品行端正，不越礼制。

周敬王五年春，吴王僚欲借楚国国丧之机进攻楚国，派遣公子掩余、公子烛庸率军包围潜邑，并派遣延州来季子即季札赴中原各国访问。潜邑位于今安徽省六安市金寨县与霍山县一带。季子赴晋国访问，观察诸侯态度。楚国荛尹然、王尹麇率师救援潜邑，左司马沈尹戌率都邑亲兵与楚王亲兵增援，与吴军于穷邑相遇。穷邑亦位于今六安市境内。令尹子常率领水军至沙汭而还，沙汭在今安徽省蚌埠市境内。左尹郤宛、工尹寿率师抵达潜邑。此时吴军已被几路楚军牵制，无法退兵。

几位公子均不在都城，公子光感到是其夺取王位的机会，因道："此乃机会，不可错失。"他向鱄设诸道："中原国家有言，'不索何获？'我乃王嗣，我欲索求。事若成功，季子虽回，亦不能废我。"鱄设诸道："我可弑君。但我有老母、幼子，我若去后，他们当如何？"公子光道："我便是你的替身，我会代你赡养。"

四月，公子光于地下室埋伏甲士，宴请吴王僚。吴王僚让自己的甲士坐于庭前道路两旁，直至大门。大门、台阶、户内、座席之上，均为吴王亲随，持剑护卫吴王。进献菜肴之人于门外赤身露体换上衣裳，膝行而入，持剑之人以剑相挟持，剑刃及身，如此上前献上菜肴。公子光伪装腿脚有病，退回地下室内，鱄诸将剑置于鱼肚，献鱼时抽剑猛刺吴王，两旁吴王亲兵短剑同时交叉刺

进鱄诸胸膛，但鱄诸依旧弑杀了吴王。公子光继位，是为吴王阖庐。封鱄诸之子为卿。

季札回国之后，面对既成事实，叹道："若先君祭祀不废，民众宗主不废，社稷有人事奉，国家没有颠覆，他为我君，我敢怨谁？我只能哀怜死者，事奉生者，以待天命。乱非由我生，谁立为国君，我便服从谁，此乃先人之道。"他赴吴王僚墓前复命，哭祭，然后回归原位，等待新君命令。原本受命在外的公子掩余逃奔徐国，公子烛庸逃奔钟吾国，钟吾国都在江苏省徐州市新沂市钟吾村。

楚军闻吴国动乱，并未乘势攻击，而是收兵回国。这是因为楚国郤宛认为不应乘乱进攻。楚国郤宛，字子恶，为人正直和善，令国人喜欢。鄢将师为右领，与费无极勾结，憎恨郤宛。令尹子常贪求贿赂，相信谗言，费无极便设法诬陷郤宛。费无极对子常道："子恶欲请您饮酒。"又对郤宛道："令尹欲赴您家中饮酒。"郤宛道："我乃贱人，不足以让令尹光临。令尹若一定要来，恩惠已甚。我无以酬献，该当如何？"费无极道："令尹喜欢甲兵，拿出你的甲兵，我来挑选。"于是费无极从郤宛所呈甲兵中选取五副盔甲，五种兵器，道："置于门口，令尹到来，定会观看，你随他观看，酬献予他。"待宴会之日，郤宛便将盔甲兵器置于门旁帐中。费无极去对令尹子常道："我几乎害您。子恶将对您不利，他已经将盔甲兵器置于门口。您一定不能去！况且此次救潜之役，楚国本可得志于吴国，子恶接受贿赂，误导群帅，让他们退兵，曰'乘乱不祥'。吴国乘我国丧事进攻，我们乘他们内乱，难道不可？"子常听了费无极之言，派人到郤氏处查看，门口帐中确有盔甲兵器。于是令尹子常不去郤家，召鄢将师将情况告诉他。鄢将师下令攻打郤氏，并放火焚烧其家。郤宛闻讯，自杀身死。国人怀念郤宛，不肯放火，鄢将师下令道："不烧郤家，与之同罪。"但是有人拿走草席，有人抽走稻草，都去扔掉，并没有烧毁郤家。最后令尹派人烧了郤家，尽灭郤氏族人、乡党，并杀前令尹阳匄之子阳令终与其弟完和佗，又杀大夫晋陈及其子弟。晋陈族人呼吁国人道："鄢氏、费氏以君王自居，专权祸国，削弱孤立王室，蒙蔽君王与令尹，为自己牟利。令尹相信他们，国将不国！"民情讻讻，子常非常担忧。

郤宛遇难，国内怨言从未停止，卿大夫们均对令尹子常有所指责。沈尹戍对子常道："左尹宛与中厩尹令终，无人认为他们有罪，而您杀了他们，招致毁誉，至今不息。戍很疑惑，您以杀人招致毁誉，而不考虑补救措施，不令

## 第一六七章 吴国伐楚鱄诸刺僚，士鞅贪贿鲁君受辱

人奇怪吗？无极乃楚国谗人，民众皆知。促使朝吴出亡吴国，逼走蔡侯朱，诬陷太子建，杀害连尹奢（伍奢），遮蔽君王耳目。不然，以平王温惠恭俭，超过成王、庄王，所以不得诸侯拥戴，乃因接近无极。如今又杀三位无辜之人，招致极大毁誉，几乎牵涉到您。您不思对策，国家还用您作甚？鄢将师假传您的命令，灭三人之族。此三族均为国之良材，在位并无过错。如今吴国新立国君，边境日益紧张。楚国若有战事，您恐怕会有危险！智者去除谗人，使自己安宁，如今您喜欢谗人，使自己处于危境。您简直太昏庸了！"令尹子常道："此乃我之罪过，岂敢不深思良策！"九月，令尹子常杀费无极与鄢将师，尽灭其族，以取悦国人。于是怨谤乃止。

吴、楚内乱分别平息，而鲁国之乱尚未平息，鲁昭公尚未回国复位。周敬王五年秋，晋国士鞅、宋国乐祁犁、卫国北宫喜、曹国、邾国、滕国大夫于扈邑集会，一方面，晋国下令各诸侯国派兵戍守成周，另一方面，诸侯商议送昭公返国复位。宋国、卫国均认为昭公返国对自己有利，因此坚决请求晋国主持此事。士鞅于季孙意如处得到贿赂，因此向宋国乐祁犁与卫国北宫喜道："季孙尚未知其罪在何处，鲁君便讨伐他。他向鲁君请求囚禁、请求出亡，都得不到鲁君允诺；鲁君又不能攻克季氏之邑，便自行出亡。没有防备之人，岂能赶走国君？因此鲁君并非季氏逐出。季氏得以保守职位，乃上天救他。他还平息了鲁君手下之怒，启发了叔孙氏迎回鲁君之心。不然，讨伐季氏的鲁君士兵岂能脱甲执筲悠游于鲁？叔孙氏惧怕祸水泛滥，与季氏站在一起，是为天道。鲁君请求齐国帮助，三年没有成功。季氏深得民众拥护，且有淮夷亲附，国内有十年之备，国外有齐国、楚国之援，有上天襄赞，有民众帮助，有坚守决心，有诸侯的权势，但季氏未敢自立，亦未另立新君，对待鲁君如同鲁君在国内一样，并无失礼。因此鞅认为此事难办。二位均为谋国之人，欲送鲁君返国，亦为我之愿望，我便随同二位去包围鲁国。事情不成，我便请死。"乐祁犁与北宫喜闻士鞅之言，均有畏惧之心，便都推辞。士鞅以此告知小国，并答复晋君此事难办。于是，诸侯集会，只对戍守成周一事达成协议。年底，晋国大夫籍秦将诸侯戍卒送至成周，鲁国以国有祸难为由并未派兵。

晋国既然没有出面帮助鲁昭公，季孙意如自然胆壮。同年秋天，仲孙何忌与季氏家臣阳虎进攻昭公所居的郓邑，郓邑之人准备迎战。子家羁道："天命不在国君，早已无可怀疑，使国君逃亡者，定是这些主战之人。天既降祸，自己求福，不亦难乎？犹有鬼神，此战必败。呜呼！已经无望！或许我等将死于

此地！"昭公见形势不妙，便派子家羁赴晋国求告。昭公手下败于且知，其地靠近郓邑。

这年冬天，昭公再赴齐国，齐景公准备设享礼招待。子家羁道："每日朝夕立于齐国朝廷，何须再设享礼？饮酒便罢。"于是景公真就不设享礼，直接请昭公饮酒，让宰臣向昭公敬酒，自己却请求退席，道："请夫人出见。"让宰臣向昭公敬酒，而不亲自敬酒，是不将昭公当作身份对等者；离席而去，请夫人出见，更不尊重昭公。子家羁见状，奉昭公退出。可见昭公已经难以再依靠齐国。

周敬王六年春，鲁昭公再赴晋国求援。昭公一行将至晋国之邑乾侯，位于今河北省邯郸市成安县东南。子家羁道："国君有求于晋国，却安居于齐国，晋国岂会同情国君？我们于边境等待为好。"昭公不听，入晋国后，遣人请求迎接。晋顷公道："上天降祸鲁国，贵君滞留国外，不派一名使者来报告寡人，却安于甥舅之国，难道要寡人派人赴齐国迎接贵君？"晋国让昭公回到鲁国边境，然后派人迎至乾侯，未迎至晋国都城。鲁昭公不能自重，便得不到他国尊重。此后数年间，他只能于鲁国郓邑与晋国乾侯之间往返居住，至死未能回国复位。

## 第一六八章　祁杨灭族晋风日坏，魏氏守德晋铸刑鼎

　　《左传》不仅记载了晋国执政士鞅受贿之事，还记载了诸多晋国风气败坏之事。晋国祁盈家臣祁胜与邬臧两人互相交换妻子。这种淫逸无度、有悖人伦之行为被祁氏宗主祁盈知晓，准备拘捕他们。祁盈向司马叔游询问应当如何处置，叔游道："《郑书》有言，'恶直丑正，实蕃有徒'。忌恨正直之人甚多。无道之人在位，您当忧虑如何免祸。《诗》云，'民之多辟，无自立辟'。（《大雅·板》）民多邪辟，您不要再陷入邪辟之事。暂不抓人，如何？"叔游当是认为，如今晋国整个社会风气败坏，正直之人容易被人构陷，因此首先应当独善其身，以求自保。祁盈或许认为，此乃自家私事，作为宗主完全有权处置，与朝廷何人在位无关，亦与他人无涉，因此反问道："祁氏自家私事，与国事何关？"祁盈不听司马叔游劝告，命人拘捕了祁胜与邬臧。

　　饱暖思淫逸，祁胜二人能淫逸无度，必于财物方面有所恃。事发之后，祁胜便贿赂荀跞。荀跞为荀盈之子，位列六卿，甚得晋顷公宠信。或许荀跞恰好与祁盈有过节，借此向晋顷公进谗言。结果晋顷公下令逮捕祁盈。史书不载晋顷公逮捕祁盈的理由，但罪名应当不轻。祁盈家臣或许认为祁盈已无生路，便商议道："主人与臣下一同被杀，宁可让主人听到胜与臧的死讯，使他快意。"于是家臣私自杀此二人。或许此举更激怒了顷公，周敬王六年六月，晋顷公杀祁盈与杨食我。杨食我乃羊舌肸之子，因羊舌肸食邑为杨邑，因此称杨食我。《左传》记载，杨食我为祁盈之党，助祁盈作乱，因此顷公杀他，并灭祁氏、羊舌氏二族。而二人如何作乱乃至被灭族，史书不载。

　　据《左传》所记，当初，羊舌肸欲娶申公巫臣之女为妻，其母却欲为他娶母家亲戚。羊舌肸道："父多媵妾，而我庶兄弟则少，可见舅家女儿不易生育，我当引以为鉴。"其母道："子灵（申公巫臣）之妻致死三位丈夫，子蛮、御叔与巫臣，致死一位国君陈灵公，一个儿子夏徵舒，并使陈国亡国，还使两卿宁与行父出亡，岂可不以为鉴？我闻，'甚美必有甚恶'。夏姬乃郑穆公少妃姚子之女，子貉之妹。子貉早死无后，上天将美貌集中于夏姬之身，必将为其

身旁之人带来大难。昔日有仍氏生女，头发乌黑浓密，光可鉴人，漂亮异常，名曰'玄妻'。乐正后夔娶她为妻，所生伯封，却有猪心，贪得无厌，暴戾无度，谓之'封豕'。有穷氏后羿灭封豕，夔因此无人祭祀。况且，夏、商、周三代之亡，晋国恭太子申生被废，皆因美色。你为何不引为借鉴，还要娶这样的女人？美女足以使人改变志向。若不是德义双全之人，娶得美女必定招致祸难。"羊舌肸闻言恐惧，不敢娶巫臣之女为妻。但晋平公或许为拉拢巫臣为晋国服务，或许认为是成就美满姻缘，强迫羊舌肸娶了此女。杨食我出生时，羊舌肸之嫂去向婆母报告道："弟媳生男。"羊舌肸之母正要去看婴儿，走到堂前，恰闻婴儿哭声，便转身返回，不见此儿。她道："此豺狼之声。狼子野心。不是此子，无人会葬送羊舌氏。"果然，羊舌氏亡于杨食我。

然而，晋国尚有贤德之臣。据《左传》记载，周敬王六年秋，晋国执政韩宣子韩起卒，魏献子魏舒执政。因祁氏、羊舌氏已经灭族，于是魏舒将祁氏之田分为七县，分别为邬县，位于今山西省晋中市介休市东北邬城店村；祁县，位于今晋中市祁县祁城村；平陵县，位于今吕梁市文水县大陵庄村；梗阳县，位于今太原市清徐县境；涂水县，位于今晋中市榆次区境内；马首县，位于今晋中市寿阳县马首村；盂县，位于今太原市阳曲县大盂镇。魏舒又将羊舌氏之田分为三县，分别为铜鞮县，位于今长治市沁县古城村；平阳县，位于今临汾市尧都区金殿镇；杨氏县，位于今临汾市洪洞县范村东。魏舒以司马弥牟为邬大夫，贾辛为祁大夫，司马乌为平陵大夫，魏戊为梗阳大夫，知徐吾为涂水大夫，韩固为马首大夫，孟丙为盂大夫，乐霄为铜鞮大夫，赵朝为平阳大夫，僚安为杨氏大夫。魏舒提出，贾辛、司马曾为王室出力，理当举拔；知徐吾、赵朝、韩固、魏戊，为卿之非嫡长子中不失本职、能保家业之人，可以分封。知徐吾为知氏之后，赵朝为赵胜曾孙，韩固为韩起之孙，魏戊为魏氏之后。另外四个人，皆因贤能为众人推举，魏舒乃先授其职，然后接见，以示并非私相授受。可以说，魏舒此举顾及方方面面，提拔为王室、公室效力之人，理所当然；分封世家非嫡长子，乃稳定统治集团、平稳执政的需要；荐拔贤能，使士庶阶层有晋升之望，亦为稳定政权基础之需要。

魏舒对大夫成鱄道："我将一县授予魏戊，旁人会以为我偏私吗？"成鱄答道："怎么会呢？戊之为人，远不忘国君，近不逼同僚，居利思义，处难守纯，有保持礼义之心，而无违犯礼义之行，授之以县，岂有不可？昔日武王克商，广有天下，其兄弟有国者十五人，姬姓有国者四十人，皆举拔亲族。举拔无他，唯善所在，无论亲疏。《诗》云，'惟此文王，帝度其心。莫其德音，其德克明。克明克类，克长克君。王此大国，克顺克比。比于文王，其德靡悔。既受帝祉，施于子孙'。(《大雅·皇矣》)惟有文王，上帝度其内心，布其德音，其德在明。明辨是非，明断善恶，能为师长，能为君王。为大国王，能服四方。至于文王，其德光明。上帝福佑，延及子孙。所谓'度'，便是心能制义，所谓'莫'，便是德正行和，'明'，便是照临四方，'类'，便是普施无私，'长'，便是教诲不倦，'君'，便是赏善而刑罚威严，'顺'，便是慈和以使人归服，'比'，便是择善而从，'文'，便是经纬天地。保此九种德行，做事便无过失，因此承袭天禄，子孙赖以繁衍。如今您行举拔，已近文王之德，将影响深远。"

《左传》记载了魏戊的为人，证明魏舒举拔得当。周敬王六年冬，梗阳有人诉讼，魏戊不能判断，便将案件上报执政魏舒。诉讼双方中的大宗以女乐贿赂魏舒，魏舒准备接受。魏戊或因自己为魏舒晚辈，不好向魏舒进言，便对大夫阎没、女宽道："主人以不受贿赂闻名诸侯，若收受梗阳女乐，受贿甚大。您二位定要劝谏！"两位大夫皆允诺。退朝之后，两人于魏舒庭院等候。饭食送进，魏舒召两位大夫共同进餐。待饮食摆上，两人数次叹息。用餐之后，魏舒请二人坐。魏舒道："我从叔伯处听得，'唯食忘忧'。你二人于进食之间数次叹息，所为何事？"两人异口同声："有人赐酒于我二人，因此未尝晚餐。饭食刚至，恐其不足，因此叹气；进食至半，责备自己道，难道将军让我等进餐而会食物不足？因此再叹；饮食完毕，愿以小人之腹为君子之心，适可而止。"魏舒听出话外之音，便辞掉梗阳人的贿赂。由此可见，魏舒举拔魏戊，并非私相授受，确实出以公心，而魏戊让人进谏魏舒，不因事攀附，亦是出以公心，无愧于其职责。

贾辛将赴其县，进见魏舒。魏舒让他过来，对他道："昔日叔向赴郑国，鬷蔑貌丑，欲观察叔向，遂与收拾器具之人前去，立于堂下，开口很有礼貌。叔向正要饮酒，闻鬷蔑之言，道，定是鬷明！于是叔向走下堂来，携其手上堂，向鬷蔑道，过去贾国大夫貌丑，娶妻却美，其妻三年不言不笑。贾国大夫为妻子御车至皋泽，射猎野鸡，射中之后，其妻才笑着开口。贾国大夫道，人不能无才能，我若不能射箭，你就一直不言不笑！如今，你相貌不扬，如再不言，我几乎错过了你。因此人不能不言。于是叔向与鬷蔑两人就此如同故交一样。如今你为王室出力，我因此举拔你。你动身吧！保持恭敬，不要堕损你的功勋。"

孔子得闻魏舒举拔县令之事,认为合于道义。孔子道:"近不失亲,远不失举,可谓义矣。"又闻魏舒命贾辛,认为体现忠诚。孔子道:"《诗》曰'永言配命,自求多福'(《大雅·文王》),忠也。魏子之举也义,其命也忠,其长有后于晋国乎!"永合天命,自求多福,乃忠。举拔之事合于道义,面命属下体现忠诚,因此其后代可在晋国长享福禄。

第二年秋,有龙现于晋都绛邑郊外。魏舒问太史蔡墨道:"我闻,虫类中龙最智慧,因其不能被人活捉。龙有智慧,是否可信?"蔡墨道:"实是人不够智慧,并非龙确实智慧。古人养龙,因此国有豢龙氏、御龙氏。"魏舒道:"此二氏,我亦闻之,但不知其来历,此二氏来历如何?"蔡墨答道:"昔日有鬷国国君叔安,有后裔名董父,极喜欢龙,能了解龙的嗜好与之饮食,龙多归其所在,于是他便驯服饲养龙,以服事帝舜。帝舜赐姓为董,氏为豢龙,封于鬷川,鬷夷氏便是他的后代。因此帝舜氏时代有畜龙者。至于夏代国君孔甲,顺从天帝,天帝赐其以龙驾车,大河、汉水各有龙两条,各为一雌一雄。孔甲不能饲养龙,又未找到豢龙氏。陶唐氏已经衰落,后裔中有刘累,向豢龙氏学习驯龙,以事孔甲,能够饲养这几条龙。孔甲嘉奖于他,赐氏御龙,用他取代豕韦后代。一雌龙死,刘累偷偷做成肉酱献给孔甲吃。孔甲食后,又让刘累再找来食用。刘累害怕,迁至鲁县,范氏便是其后裔。"鲁县在今天河南省鲁山县东北。魏舒问道:"如今为何没有饲养龙者?"蔡墨回答道:"凡物皆有管理之官,官吏修治管理方法,朝夕思考其方法。一旦失职,便会丧命。官吏久居其职,所管之物便会归顺。如果官吏泯灭它们,其物便会隐伏不现,抑郁湮灭不能繁育。因此有执掌五行之官,称为五官,授其姓氏,封为上公,祭祀贵神。社稷之神、五行之神,便由五官尊奉祭祀。木官之长是为木正,称为句芒,火官之长是为火正,称为祝融,金官之长是为金正,称为蓐收,水官之长是为水正,称为玄冥,土官之长是为土正,称为后土。龙,乃水中之物,水官被废,因此不能擒获活龙。不然,《周易》有言,乾之姤,乾卦乾下乾上,姤卦巽下乾上,初九有变,爻辞因曰'潜龙勿用';乾之同人,同人之卦,离下乾上,九二有变,爻辞因曰'见龙在田';乾之大有,大有之卦,乾下离上,九五有变,爻辞因曰'飞龙在天';乾之夬,夬卦乾下兑上,上九有变,爻辞因曰'亢龙有悔';乾之坤,坤卦坤上坤下,六爻皆变,爻辞因曰'见群龙无首,吉';坤之剥,剥卦坤下艮上,上六有变,爻辞因曰'龙战于野'。若不是朝夕见龙，谁能描述其状？"魏舒道："社稷与五行祭祀之官，为哪代帝王所任命？"蔡墨答道："少皞氏有四位叔父，名重、该、修、熙，能够管理金、木与水。少皞以重为句芒掌木，以该为蓐收掌金，以修与熙为玄冥掌水，世代不失职守，以助少昊成功，因少昊之邑在穷桑，因此亦称穷桑氏，此四人掌管三种祭祀。颛顼氏有子名犁，为祝融掌火；共工氏有子名句龙，为后土掌土，此二人掌管两种祭祀。后土为社，田正为稷。有烈山氏之子名柱，为稷，自夏代以上祭祀他。周朝之弃亦为稷，自商以来祭祀他。"太史蔡墨对上古祭祀社稷五行由来的详细叙述，为我们今天留下了珍贵史料。

《左传》还记载了周敬王七年冬晋国的一件大事，便是铸刑鼎。赵鞅、荀寅率领军队于汝水之滨筑城，向晋国民众征收一鼓之铁，用以筑造刑鼎。鼓为古代量器之名，一鼓为四石，一石为四钧，一钧为三十斤。则一鼓为当时的四百八十斤。春秋时代各国度量衡不同，但各国的一斤，均少于今天的一斤。刑鼎所铸为范宣子士匄所制定的刑书。这是在公元前536年子产于郑国铸刑鼎二十多年之后，史书记载的第二个国家铸刑鼎。晋国于汝水之滨筑城，其地原为陆浑戎之地。晋国铸造刑鼎，当一是因社会变动，矛盾增多，二是因地域扩大，管理困难，为加强治理，因而需要统一颁布法律。

孔子主张维护三代礼制，反对改革制度与法律。对于晋国铸造刑鼎，他评论道："晋国或许将亡！因其失去法度。晋国应该遵守唐叔所授法度，用以规范民众，卿大夫按位次维护等级，民众因此才能尊敬贵人，贵人因此才能保守家业。贵贱等级不乱，便是所谓法度。晋文公因此设立掌管职位之官，在被庐重修唐叔之法，成为盟主。如今废弃此法，铸造刑鼎，民众皆知鼎上条文，放弃礼义，征询法律，何以尊敬贵人？贵人何业可守？贵贱无序，如何治理国家？况且宣子之刑书，乃为夷地阅兵所制定，数易中军主帅，为晋国乱制，如何能以之为法？"不仅孔子，当时保守者大有人在。晋国蔡墨亦道："范氏、中行氏或许将亡！中行寅为下卿，而违反上令，擅铸刑鼎，以为国法，为法之罪人。再加范氏，复用其法，彰显其咎，因此亦将灭亡。或许还要牵连赵氏，因为赵孟参与。然而赵孟不得已，如若修德，尚可免祸。"当时铸刑鼎意味着变法，越是对古代文化熟悉之人，越是反对变法。然而后来居上，或是因为缺少传统规范的限制，因而有所创新。

# 第一六九章　鲁昭失位薨于乾侯，吴王侵楚问计伍员

据《左传》记载，周敬王七年春，鲁昭公自晋国边境乾侯回国，居于郓邑。齐景公派遣高张慰问昭公，称昭公为主君。春秋时代，卿大夫家臣称卿大夫为主为君，高张称鲁昭公为主君，乃将鲁昭公当作卿大夫对待。鲁国子家羁道："齐国轻视国君，国君恭敬，却受其辱。"于是昭公又赴乾侯，依附晋国。

鲁昭公久居在外，行为举止愈发失却诸侯风度。季孙意如每年买马，都准备好随行买马之人的衣服鞋子，并将马匹送至乾侯。而昭公则拘捕送马之人，将马卖掉。于是季孙意如不再送马至乾侯。

卫灵公前来给鲁昭公献其驾车之马，名叫启服。然而马匹坠入坑中而死。昭公准备为马制作棺材。子家羁道："随从之人生病，请让他们把马吃了。"于是用破旧帷幕裹马埋葬。

鲁昭公将羔羊皮裘赐予儿子公衍，派遣他将旱灾时做祈祷之用的龙纹玉献予齐景公。公衍将羔羊皮裘一同献予景公。景公非常高兴，便将阳谷封赐公衍。阳谷位于今山东省泰安市东平县境内。当初公衍、公为出生之前，他们的母亲一同出居产房，因为当时礼制规定产妇当出宫待产。公衍先出生，公为之母向公衍之母道："我们一起出居待产，请一同去报喜。"公衍之母答应了。三天之后，公为出生。公为之母派人先去报告，于是公为便成为兄长。公为名务人。昭公心中喜得阳谷，又想到是公为与公若谋划要驱逐季氏，引发季氏为自保，反使昭公出亡，便道："乃务人惹此祸事。"再联想起二子出生的往事，又道："出生在后而为兄长，欺世已久。"于是昭公罢黜公为，而以公衍为太子。

鲁昭公久居乾侯，既不能见容于晋国、齐国，又不能见容于国内卿大夫。周敬王九年春，晋国定公元年，晋定公准备派兵送昭公回国。士鞅道："若召见季孙而其不来，则其确实有不臣之心，然后加以讨伐，如何？"于是晋定公派人召见季孙意如。士鞅私下派人告诉季孙道："您一定要来，我保您无咎。"季孙意如于晋国适历与晋国荀跞会面。荀跞道："寡君派遣跞对您言道，何故逼迫国君出亡？有君不事，周朝有规定之刑。请您慎重考虑！"季孙意如头戴

练冠即粗布帽，身着麻衣，赤脚而行，伏地答道："事君，臣求之不得，岂敢逃避刑罚？国君若认为臣子有罪，请将臣囚于费邑，以等国君审查，臣唯君命是听。若因先人之故，不绝季氏后嗣，而赐臣一死，臣虽死不忘国君之恩。若不杀臣，亦不驱臣出亡，乃国君恩惠。若能跟随国君回国，则本乃臣之愿望，岂敢怀有异心？"

四月，季孙意如跟随荀跞赴乾侯。子家羁向鲁昭公道："国君当与他一起回国。难道不能忍受一次羞耻，反而要忍受终身羞耻吗？"昭公应承。追随昭公的众人则道："只在国君一言，国君定要驱逐季孙！"荀跞以晋定公名义慰问昭公，且道："寡君派跞以君命谴责意如，意如不敢逃避死罪，请国君回国吧！"昭公道："贵君惠顾先君之好，施恩于逃亡之人，准备让寡人回国洒扫宗庙，事奉先君，则寡人不能见那人。我若能见那人，将为河神所弃！"荀跞掩耳走开，道："寡君深恐获罪，岂敢预闻鲁国之难！臣请回复寡君。"荀跞退出之后，向季孙意如道："贵君怒气未消，您姑且回去主持国事。"子家羁道："国君驾一车进入季孙之军，季孙必定会奉国君一同回国。"昭公想从子家羁之言，但随从之人胁迫昭公，因此昭公未能回国。

或许鲁昭公因未能回国耿耿于怀，加之饮食起居不如宫中，第二年即周敬王十年，鲁昭公三十二年，年底，鲁昭公病。昭公或许自感会一病不起，便遍赐随行大夫，大夫们不受。昭公赏赐子家羁一对祭祀之器玉虎，一只玉环，一块玉璧，精细之服，子家羁全部接受。于是大夫们也都接受了赏赐。昭公卒，子家羁将昭公赏赐之物还给管理昭公府库之人，道："我之所以接受赏赐，是不敢违背君命。"于是大夫们也都归还了赏赐之物。

晋国赵鞅问太史蔡墨道："季氏逼走国君，而民众却顺服于他，诸侯皆与之交往，如今国君死于外，也无人归罪于他，这是为何？"蔡墨回答道："事物有成对出现，有成三出现，有成五出现，有主有辅。故而天有日、月、星三辰，地有金、木、水、火、土五行，身有左右，人有配偶，王有公，诸侯有卿，都有主辅。天生季氏，以辅鲁侯，为日已久。民众顺服，不亦宜乎？鲁君世代放纵安逸，季氏世代修德勤勉，以致民众忘记国君。国君虽死于外，有谁怜悯？侍奉社稷并无固定之人，君臣并无固定地位，自古便是如此。因此《诗》云，'高岸为谷，深谷为陵'。（《小雅·十月之交》）虞、夏、商三代子孙，如今成为庶民，此为您之所知。《易》卦中，雷乘乾，'震'卦在'乾'卦之上，曰'大壮'，此为天道。昔日成季友，为桓公之季子，文姜之爱子。始孕便卜，卜人告知'生有嘉闻，其名曰友，为公室辅'。季友出生，如卜人所言，有'友'字在其手掌，因此命名。其于鲁国立鲁僖公，建立大功，受封于费，为鲁国上卿。至于文子行父、武子宿，世代增其业绩，不废旧日功勋。鲁文公卒，东门遂杀嫡立庶，鲁君此时失去国柄，政权落于季氏手中，至此已历四君。民不知君，国君何以能掌国柄？因此为君要谨慎地对待器物与名位，不可假借他人。"

周敬王十一年夏，叔孙婼之子叔孙不敢赴乾侯迎接昭公灵柩。季孙意如道："子家子屡次与我谈话，未尝不合我心。我想让他参与政事，你一定要留住他，并且凡事咨询于他。"然而子家羁为避叔孙不敢，改变哭丧时间。叔孙不敢请见子家羁，子家羁辞道："羁未拜见于卿，便从君出国。君薨之前，并未命我见你，羁不敢擅见。"叔孙不敢派人告诉子家羁道："是公衍、公为使得群臣不得事奉国君，若公子宋主持社稷，则为群臣之愿。凡从君出走者，谁可回国，均将由您决定。子家氏在鲁没有继承人，季孙愿与您共同执政。这些均为季孙之愿，派不敢前来奉告。"子家羁道："若商议立国君之事，则有卿士、大夫与占卜守龟在，羁不敢与闻。若从君之人，则表面从君出走者，可以回国；与季氏结仇而出国者，可以任其出走。至于羁，则国君知我出，却不知我回，羁将逃亡。"昭公灵柩到达坏隤邑，公子宋先入国都，跟随昭公之人皆自坏隤邑各自出奔。季孙意如最终没有留住子家羁。

六月，昭公灵柩到达鲁都。之后，公子宋即位，是为鲁定公。季孙意如派遣劳役至鲁国群公墓地阚公氏，准备在那里挖沟，不使昭公与群公共处一域。大夫荣驾鹅道："国君在世不能事奉国君，国君死后又将他与祖先隔离，是为彰显您自身过失吗？即使您狠心如此，必有后人以此为耻。"于是季孙意如便不再坚持将昭公与群公隔绝。季孙意如问荣驾鹅道："我要为国君制定谥号，以让子孙知道。"荣驾鹅道："国君在世不能事奉国君，死后又给予恶谥，是为自我表白吗？有何用处？"于是季孙意如打消了给昭公制定恶谥的想法。昭公谥"昭"，据《逸周书·谥法解》，"昭德有劳曰昭，容仪恭美曰昭，圣闻周达曰昭"，"昭"并非恶谥。

七月，季孙意如将昭公安葬于墓道之南，而群公皆葬于墓道之北。虽然无沟，仍离群公墓葬较远。孔子为司寇时，于昭公坟墓外挖沟，使昭公之墓合并入群公墓区。可见古代对于丧葬形式的重视。

古代诸侯丧葬不仅是为国君盖棺论定、决定日后朝政的内政大事，亦是衡

## 第一六九章 鲁昭失位薨于乾侯，吴王侵楚问计伍员

量一国在邦交中地位的外交大事。《左传》记载了晋顷公丧葬期间的一件外交事件。周敬王八年六月，晋顷公薨，至八月下葬。郑国游吉前往吊唁并送葬。魏舒派遣士弥牟质问游吉道："悼公之丧，子西来吊，子蟜送葬。如今你一人兼之，是何缘故？"因为按照春秋丧礼，葬礼重于丧礼，送葬之人身份地位当高于吊丧之人。游吉答道："诸侯所以归服晋君，乃因晋国有礼。所谓礼，便是小国事奉大国，大国爱护小国。小国事奉大国，在恭于时事，承大国之命；大国爱护小国，在于体恤小国所无。敝国居于大国之间，既供奉大国贡品，又参与大国战备以防不虞之患，岂能忘记恭于丧礼？先王之制，诸侯之丧，士吊丧，大夫送葬；唯有朝会、访问、军事才派遣卿。晋国之丧，恰逢敝国闲暇无事，先君曾来亲自送葬。如敝国不得闲暇，即便士、大夫或许亦难于派遣。大国之惠，会嘉许小国超乎常礼，而不责备小国礼数不周，只需明白小国真情，但求具备礼仪，不必礼数周全，便可认为合于礼制。灵王之丧，我先君简公在楚国，我先大夫印段前往送葬，他乃敝国下卿。天子之官并未责备我国，乃体恤敝国所无。如今大夫质问于我，为何不从过去礼数？敝国过去礼数有重有省，不知当从何旧礼。从其重礼，则寡君年幼，因此不能恭奉葬礼。从其减省，则吉已在此。请大夫斟酌！"游吉回答合情合理，晋人不能再行质问。

　　此时在南方，吴王阖庐，即当初的吴公子光，虽然已经坐定吴国王位，却仍不放心其余逃亡公子，他让徐国人逮捕公子掩余，让钟吾人逮捕公子烛庸，于是两位公子逃亡楚国。楚昭王封其土地，定其居所，并派监马尹大心迎接吴国公子，让他们居住于养邑，又派莠尹然、左司马沈尹戌修筑养城，并将城父和胡邑土地封予他们，准备用他们威胁吴国。养邑于今天河南省周口市沈丘县东北，城父于安徽省亳州市城父镇，胡邑于安徽省阜阳市。子西劝谏昭王道："吴光新近得国，亲其民众，视民如子，与民众同甘共苦，是准备使用民众。我们与吴国边疆修好，使其柔服，犹恐吴军到来，如今我们却助吴王仇人强大，加重吴王之怒，恐怕不可！吴国乃是周朝后裔，被弃于海滨，不与姬姓诸国交通，如今开始强大，可比肩于中原诸国。吴光又很有见识，意欲效仿太王、王季等先王。不知上天将使他为虐，抑或让他灭亡吴国，而使异姓之国扩大土地，抑或将最终保佑吴国？其结果不久可知。我们何不姑且安定我邦鬼神，安定我国族姓，以待其结果，岂用自己辛劳？"然而楚昭王不听子西谏言。

　　公子掩余与公子烛庸逃亡楚国，吴王阖庐即吴王光非常震怒。这年冬天，

吴王先逮捕了钟国国君,又攻打徐国,截住山上之水,用以水淹徐国。《左传》记载的此事,为我国历史上最早的以水攻城的记载。不过数日,吴国灭亡徐国。徐国国君章禹断其头发,表示遵从吴国习俗,携夫人迎接吴王。吴王表示慰问,之后送他离境,并让徐君近臣跟随离境。于是徐君逃亡楚国。楚国沈尹戌率师救援徐国,却不及救亡。楚国便于夷邑筑城,让徐国国君居住。夷邑即城父,位于今安徽省亳州市城父镇。

眼见楚国成为自己敌人的庇护所,吴王阖庐准备向楚国宣战。阖庐问伍员道:"当初你建议攻打楚国,余知其可,但恐他们派余前去,使余不能成国内之事,也不愿他人占余伐楚之功。如今余将自获此功。伐楚当如何?"伍员答道:"楚国执政人多,相互不和,无人敢于承担责任。若以三师先后突然袭击楚国,一师至楚,楚国必会全军出战。楚国出兵,我们便退;楚军回师,我们便进,楚军必定会疲于奔命。我们以三师轮番袭扰,使之疲惫,并以多种方法使其失误。待他们疲惫之后,我们以三师继续进攻,必获大胜。"吴王阖庐听从伍员建议,楚国自此开始疲病。

周敬王九年秋,吴王阖庐开始大规模向楚国用兵。吴军侵袭楚国,攻伐夷邑,又侵略楚国潜邑、六邑。潜邑与六邑均位于今安徽省六安市境内。楚国沈尹戌率师救援潜邑,吴军退回。楚师将潜邑之人迁至南岗,然后回师。南岗位于今安徽省六安市霍山县境内。楚师退回,吴军又包围弦邑,弦邑在今河南省信阳市光山县境内。楚国左司马戌、右司马稽率师救援弦邑,抵达豫章,吴军退回。自此开始,吴王阖庐开始使用伍子胥之计谋。

据《左传》记载,这年十二月发生日食。日食这天凌晨,晋国中军主帅赵鞅梦见童子赤身裸体随歌之节拍起舞。天亮之后,赵鞅请太史蔡墨占梦,问道:"我做此梦,今天恰有日食,是何缘故?"史墨答道:"六年后的此月,吴国将入楚国郢都,然而最终不能取胜。吴国进入郢都必是庚辰日,日月在辰尾之时。庚午日,日有所缺,然而火能克金,因而吴国最终不能取胜。"此一预言或为后人附会,如今已不可详解。

# 第一七〇章　吴越交兵晋史预言，成周筑城宋薛龃龉

周敬王十年，即公元前510年，《春秋》记载"夏，吴伐越"。据《左传》所言，此为吴国开始对越国用兵。晋国太史蔡墨预言道："不用四十年，越国或许便会占有吴国！越国得岁星照临，此时吴国进攻越国，必受岁星降灾。"据郑玄注《周礼》所记星之分野，"今其存可言者，十二次之分也。星纪，吴、越也；玄枵，齐也；娵訾，卫也；降娄，鲁也；大梁，赵也；实沈，晋也；鹑首，秦也；鹑火，周也；鹑尾，楚也；寿星，郑也；大火，宋也；析木，燕也"。顾炎武《日知录》解《左传》道："吴、越虽同星纪，而所入星度不同，故岁独在越。"此为后人为圆《左传》记载所作解释。

自周王室王子朝之乱后，周敬王除掉了一批王子朝的党羽。周敬王七年三月，京师杀召伯盈、尹氏固及原伯鲁之子，皆王子朝之党。尹固原本于周敬王四年与王子朝逃奔楚国，却于路途折返复归。有一妇人于成周郊外遇到他，责备他道："居于国内怂恿他人为祸，逃亡在外又数日便回，如此反复之人，岂能活过三年？"果然，尹固没有躲过被杀的命运。周敬王七年夏季，王子朝之党王子赵车见伯盈等被杀，逃往鄸邑，以鄸邑反叛，但被阴不佞打败。周敬王虽然剪除了部分王子朝党羽，然而王城中尚有一些倾向于王子朝的亲贵，不可能全部除去。因此周敬王迁都成周，成周于洛阳市东。

因成周狭小，周敬王十年秋，敬王派遣富辛与石张赴晋国，请求加筑成周城墙。据《国语·周语》记载，此举为听从王卿刘卷与大夫苌弘之建议。《左传》亦详细记载了此事。富辛与石张赴晋传达天子之言道："上天降祸于周，使我宗室兄弟皆有乱心，成为伯父之忧。我的甥舅之国亦不得安宁，至今已有十年。诸侯勤王戍守已有五年。余一人无日忘记伯父与诸侯功勋。余忧心忡忡如农夫之盼望收成，等待收割。伯父如能施大恩，重建文侯、文公功业，缓解周室之忧，祈求文王、武王福佑，巩固盟主地位，远播善名，此乃余一人之大愿。昔日成王会合诸侯于成周筑城，以为东都，尊崇文治。如今我欲向成王求取福佑，增修成周之城，使戍守士卒不再辛劳，诸侯得以安宁，远远屏蔽蛮

贼，皆赖晋国之力。我将此事委托于伯父，让伯父重新考虑，使余一人不致召怨于百姓，使伯父有光荣功勋。先王也会酬谢伯父。"

士鞅向执政魏舒道："与其戍守成周，不如筑其城墙。天子已言修筑城墙，免除戍守，即便日后有事，晋国可不参与。服从王命，舒缓诸侯压力，晋国无忧，不务此事，又待何事？"魏舒道："如此甚好。"于是派遣韩起之孙韩不信赴周朝，韩不信，字伯音。韩不信赴周道："天子有命，敢不奉承以告诸侯，工程迟速，工程分配，均听天子之命。"这样，晋国于周王及诸侯处均能讨好，且在工程量分配上也不会招怨。

据《国语·周语》记载，卫国大夫彪傒恰至成周，得闻此事，见单旗道："苌、刘或许会不得善终。周诗有云，'天之所支，不可坏也。其所坏，亦不可支也'。"彪傒所引，乃站立行礼时所歌，意为上天支持，不可毁坏；上天所毁，亦不可支持。彪傒道："昔日武王克商，而作此诗，作为饫歌，名之为《支》，以遗后人，永远借鉴。站立成礼为饫，昭明大节而已，典章歌乐乃少。站立行礼，日日警惕，欲教育民众为戒。既是如此，《支》之所言，必完全领会天地所为，不然，不足以留于后人。如今苌、刘欲支持天之所坏，岂非很难？自幽王被上天剥夺其聪明，使其迷乱弃德，耽于淫逸，失其百姓，周室毁坏已久。他们想要补救，几近不可能。水火之害，犹不可救，何况上天降祸？谚语曰，'从善如登，从恶如崩'。自古从善难如登山，从恶则如崩塌。昔日孔甲乱大禹之法，四世而亡。玄王契勤修德行，振兴殷商，十四世而兴；帝甲扰乱商汤之法，七世而亡。后稷勤修德行，振兴周族，十五世而兴；幽王乱政，至今已有十四世，得守府藏，天禄已多，怎可兴之？周朝本如高山、大川与广泽，故能生出良材；幽王将其毁坏为丘陵、粪土与沟渎，岂能产生俊杰？"

单旗道："二人孰之咎大？"彪傒道："苌叔必会很快遭殃，因为他要以天道修补人事。天道引导可行而除却不可行，苌叔反其道而行之，诳惑刘子，必有三殃：一是违背天意，二是不循常道，三是诳惑他人。周若无咎，苌叔必为之戮。即便晋国魏子也将受到牵累。若得到天降福禄，恐怕其自身不能幸免。至于刘氏，则必会殃及子孙。公卿大夫抛弃常法，从其私欲，以取巧加重天灾，劳烦百姓为己树名，其罪大矣。"

据《左传》记载，这年冬季，晋国的魏舒、韩不信赴京师，于狄泉会合诸侯的大夫，重温周景王十六年平丘之盟，且命令增筑成周之城。诸侯大夫集会盟约时，魏舒面朝南，居于国君之位。于是卫国彪傒道："魏子必有大咎。卿居君位，颁布重大命令，逾越名分，并非他所能任。《诗》云，'敬天之怒，不敢戏豫。敬天之渝，不敢驰驱'（《大雅·板》），上天震怒，不可游戏；上天有变，不敢驰纵。何况逾越位分处置重大事件？"

随后，士弥牟设计营造成周城墙方案，计量总长，度量高矮、厚薄，计算沟渠深度，考察取用土方数量，计议运输远近，预算工程日期，计算人工，考虑材用，计划所需粮食，以命令诸侯遣人服役。根据国之大小分配赋役与工程，书写明白，付予诸侯大夫，最后报予王卿刘卷。工程由晋国韩不信根据既定方案监工。

周敬王十一年初，晋国魏舒于狄泉会合诸侯大夫，准备修筑成周城墙。魏舒代天子大夫行事。卫国彪傒道："将为天子筑城，却居于主位命令诸侯，不合道义。大事违背道义，必有大咎。晋国若要不失诸侯，魏子恐怕不能免祸！"此行魏舒将事情交予韩不信与原寿过，自己去大陆泽田猎，放火烧荒，死于归途。士鞅取消了魏舒的柏木之椁，因魏舒尚未复命便去田猎。据《国语·周语》记载，建议筑城的王卿刘卷与大夫苌弘均如彪傒所言，不得善终。日后晋国范氏、中行氏作乱，周朝大夫苌弘参与此事，晋人向周朝问罪，周敬王二十八年，苌弘被杀。周定王时，刘氏被灭族。此均为后话。

鲁国由仲孙何忌率人参与筑城工程，设版筑夯土。宋国大夫仲几不接受工程任务，道："让滕国、薛国、郳国为我们服役。"薛国位于今天山东省藤县南。薛国宰臣道："宋国无道，阻绝我们小国与周朝关系，曾拉我们倒向楚国，所以我们常常服从宋国。晋文公主持践土之盟，言道'凡我同盟，各复旧职'。如今我们或者遵从践土之盟，或者服从宋国，我们唯命是听。"仲几道："践土之盟便是你等要从宋国。"薛国宰臣道："薛国皇祖奚仲居于薛地，为夏朝车正，奚仲迁于邳邑，仲虺居于薛地，为商汤左相。若恢复旧职，将接受天子官禄，何故要为诸侯服役？"仲几道："三代之事各不相同，薛国焉能举前朝旧职？即便以前朝而论，宋国为微子之后，殷商王室后裔，你们为宋国服役，亦是你们职责。"士弥牟道："晋国执政者为新人，你且接受工程任务，我去查看旧时档案。"仲几道："即使您忘记，山川鬼神难道会忘记吗？"士弥牟怒，对韩不信道："薛国以人为证，宋国以鬼为证。宋国之罪大矣。而且他自己无言以对，却用鬼神向我施压，此乃欺骗我们。'启宠纳侮'，或许便言如此。过去对宋国太纵容了。定要惩罚仲几。"于是士弥牟拘捕仲几回国，之后又将他送至京师。

　　修筑城墙的工程三十天便完成，于是让诸侯戍卒回国。齐国高张迟到，未与诸侯国共同筑城。晋国女叔宽道："周朝苌弘、齐国高张皆将不免于难。苌叔违背上天，高子违背人意。天之所坏，不可支持；众之所为，不可违犯。"苌弘、高张日后果然遭难，苌弘被杀，高张出亡，此为后话。

## 第一七一章　楚相贪婪蔡唐离心，晋臣索贿会盟不果

自楚昭王继位之后，楚国与吴国之间每年都发生战争。据《左传》记载，楚昭王十年，即公元前508年，楚、吴之间又发生了战争。起因是桐国背叛楚国。桐国位于安徽省桐城市北。吴王阖庐趁此机会，派舒鸠氏诱骗楚国。舒鸠早在周灵王二十三年，即公元前549年，背叛楚国，于周灵王二十四年为楚国所灭，因此舒鸠氏与楚国有仇。吴王对舒鸠氏道："设法使楚国调动军队兵临吴国，使楚国以为吴国害怕楚国，会进攻桐国以取媚楚国。这样就可使楚国对吴国不再忌惮。"

楚国果真上当。同年秋季，楚国令尹囊瓦率师伐吴，驻扎于豫章。吴国让战船出现在豫章，伪装将要帮楚国攻打桐国，暗中派遣军队于巢邑集结。到了十月，吴军于豫章攻打楚军，打败楚军，之后便包围并攻下巢邑，俘虏了楚国守巢大夫公子繁。

楚国与吴国交战败多胜少，然而楚王不明，令尹贪财，使得原本一直依附楚的蔡国、唐国等不堪忍受楚国压力与楚国令尹索贿，背叛楚国投向以晋国为首的中原诸侯联盟，于是楚国开始两面受敌。

蔡国背叛楚国起因于蔡昭公被楚国令尹扣留三年。蔡昭公本为讨好楚王，制作两块玉佩、两件裘衣赴楚国，将一块玉佩与一件裘衣献予楚昭王。昭王穿上裘衣佩上玉佩，设享礼招待蔡昭公。蔡昭公穿了另一件裘衣，佩戴了另一块玉佩。楚国令尹囊瓦，字子常，想要蔡昭公的裘衣玉佩，蔡昭公没有给他，于是子常将蔡昭公扣留于楚国三年。

唐成公也被楚国令尹子常勒索。唐成公赴楚，有两匹骏马，名肃爽马。子常想要马，唐成公没有给他，于是子常亦将唐成公扣留于楚三年。唐国有人赴楚国盗马献于子常。于是子常送回唐成公。盗马之人回国后自己请囚，道："国君因玩马之故，使自身陷于困顿，且抛弃了国家。"群臣均愿助盗马之人赔偿两匹一样的骏马。唐侯道："此乃寡人之过。你等不要惩罚自己！"于是对助其回国之人均予以赏赐。

蔡国人闻唐成公得以回国之后，坚决请求照样办理，将玉佩献给子常。子常上朝后，命有司道："蔡侯所以久居楚国，乃因你等不供给饯别礼品。明日再不具备礼品，就要处死你们。"于是蔡昭公得以回国。蔡昭公抵达汉水，将玉沉入水中，道："余若再渡汉水往南，有如此玉！"此后蔡昭公赴晋国，以其子元为人质，请求发兵楚国。

楚国令尹贪婪使得蔡、唐二国产生二心，晋国大臣索贿也使得晋国失去诸侯之心。周敬王十四年春，王卿刘卷于召陵会合诸侯，谋划讨伐楚国。晋定公、鲁定公、宋景公、蔡昭公、卫灵公、陈惠公、郑献公、许君、曹隐公、莒君、邾君、顿君、胡君、滕君、薛君、杞君、小邾君、齐卿国夏与会。然而晋国却由于大臣索贿而失去诸侯之心。

晋国荀寅向蔡昭公求取财货，蔡国没有应允。荀寅便向晋国执政士鞅道："国家处于危难之时，诸侯均怀有二心，此时攻击敌人，岂不困难？天降大涝，疟疾盛行，中山鲜虞不臣服，此时抛弃与楚国的旧盟而招来怨恨，无损于楚，而失中山。不如婉辞蔡侯。我们自从方城之战以来，未能于楚国得志，只是劳民伤财。"于是晋国婉辞蔡昭公。晋国大臣向郑国借用羽旄，郑国便借予晋人。第二天，晋国人将羽旄装饰于旗杆上参加集会。晋人如此行事，自然失去诸侯之心。

在此之前，晋国遭受鲜虞人打击。周敬王十三年秋，鲜虞人曾于平中打败晋国军队，并俘虏了晋国观虎。观虎自恃勇敢，单打独斗，不料兵败被俘，使晋国于鲜虞人前恃强不成，反成示弱。

或许正因为诸侯大夫看到晋国的衰败，预见到晋国已经难以号令诸侯，因此会议之前，卫国大夫子行敬子对卫灵公道："会议难以求同，会争论不休，不能决议。或许应让祝佗跟随与会。"太祝佗，字子鱼，能言善辩，因此卫灵公深表赞同。祝佗辞道："臣竭尽全力，继承先人之职，犹恐不称职而获罪，若从事第二种职务，恐获大罪。况太祝之职，乃社稷微臣。社稷不动，太祝不出国境，此为官制。国君率军出征，祭社，衅鼓，太祝奉社主随行，于是出境。若朝会等嘉事，国君出行有一师两千五百人随行，卿出行有一旅五百人随行，并无臣之职事。"但卫灵公命他前往。

祝佗果然不负卫国君臣之望，为卫国争得了应有的地位。抵达皋鼬后，诸侯即将盟誓。皋鼬位于今河南省漯河市临颍县南。召集者安排诸侯歃血次序时，王卿刘卷与晋国君臣准备将蔡国安排在卫国之前。卫灵公派祝佗私下去见苌弘。祝佗问苌弘道:"道路传闻,将蔡国安排于卫国之前歃血,是否属实?"苌弘道:"确实如此。蔡国始封之君蔡叔,乃卫国始封之君康叔之兄,蔡国位次先于卫国,有何不可?"祝佗道:"以先王标准看,应当尚德。昔日武王克商,成王安定天下,选择明德之人,封邦建国,为周室藩屏。周公辅佐王室,治理天下,与周朝亲厚,天子赐予鲁国始封之君大辂、大旂,为天子母弟待遇,还赐予夏后氏之大璜,乃天子之器,又赐予封父国之良弓,并将殷民六族条氏、徐氏、萧氏、索氏、长勺氏、尾勺氏划归鲁公管理,让六族各率大宗,集合其余小宗,并率其所属隶人,服从周公之命,由此听命于周朝。此六族因此职事鲁国,以昭显周公明德。武王还赐予鲁国土地附庸、太祝、宗人、太卜、太史,服饰、典册、百官、各种器物,治理商奄之民,以《伯禽》之诰作为告诫,封于少皞之墟。武王赐予康叔大辂、少帛之旗、赤色之旗、各式旌旗以及大吕之钟,分予殷民七族,陶氏、施氏、繁氏、锜氏、樊氏、饥氏、终葵氏,封其疆界,自武父以南到圃田北界均封予卫国,取有阎氏之土地供奉天子,取相土之东都,为天子东巡之用。成王授予周公幼弟聃季土地,授予陶叔民众,以《康诰》告诫他们,封于殷墟。两国开始皆因袭商政,后按照周朝制度治理疆土。成王赐予唐叔大辂,密须国之鼓,阙巩之铠甲,沽洗之钟,分予陶唐氏之余民怀姓九宗,充当五官之长,以《唐诰》告诫于他,封于夏墟。唐叔开始因袭夏政,后以戎人制度治理疆土。"

祝佗总结道:"周公、康叔、唐叔三人,均为天子母弟,拥有美德,因此分赐土地器物昭显他们的德行。文王、武王、成王、康王,其兄长甚多,不获此类分封赏赐,便因为先王不以年龄为首选。管叔、蔡叔启动商人,谋划侵犯王室,天子因此杀管叔而放逐蔡叔,给蔡叔七乘车辆,七十随从。蔡叔之子蔡仲改其父之行,择善而从,于是周公举拔他作为自己卿士,并推荐于天子,天子命其为蔡侯。任命书道,'王曰:胡!无若尔考之违王命也!'由此观之,怎能让蔡国先于卫国歃血?武王母弟八人,周公为太宰,康叔为司寇,聃季为司空,而其余五位弟弟均无官职,难道是以年龄为首选吗?曹国首封之君为文王之子,晋国首封之君为武王之子。曹国为伯爵居于甸服,可见并非以年龄为首选。如今以年齿排序,违反先王遗制。晋文公召集践土之盟,卫成公不在场,夷叔乃其母弟,尚且列于蔡国之前。践土之盟盟书云,'王若曰,晋重、鲁申、卫武、蔡甲午、郑捷、齐潘、宋王臣、莒期'(即晋文公、鲁僖公、卫叔武、蔡庄公、郑文公、齐昭公、宋成公、莒国国君),此简如今藏于周府,可以查看。您想恢复文、武之道，而不端正德行，岂能如愿？"苌弘将此番议论告诉刘卷，于是他们与士鞅商议决定，盟誓之时让卫侯在蔡侯之前歃血。

郑国善于外交之臣游吉自召陵回国途中去世。晋国赵鞅吊丧，非常悲痛，道："黄父会见之时，夫子对我讲了九句话，'无始乱，无怙富，无恃宠，无违同，无敖礼，无骄能，无复怒，无谋非德，无犯非义'。这的确可以奉为处理国政与外交的准则。"然而恰是由于晋国大臣贪财，所谋非德非义，因此使得晋国失去诸侯之心，会盟徒具形式，并无效果。

## 第一七二章　吴蔡兴兵楚昭出亡，随国庇楚包胥求秦

沈国位于今天河南省驻马店市平舆县，始封之君为周公曾孙。沈国在春秋时期长期依附于楚国，不参与中原诸侯会盟。据《左传》记载，召陵之会，沈国又未参加，于是晋国命令蔡国讨伐沈国。周敬王十四年夏，即公元前506年，蔡国灭亡沈国。

这年秋季，楚国因沈国被灭之故，包围蔡国。伍员作为吴国外交行人，与蔡国谋划攻打楚国。当年因费无极向楚国令尹子常进谗言，令尹下令焚烧在楚国名声极好的郤宛府邸，致使郤宛自杀，伯氏之族逃往国外。如今伯州犁之孙伯嚭为吴国太宰，亦在谋划对付楚国。楚国自昭王即位之后，没有一年不与吴国交战，于是蔡昭侯便依仗吴国，以其子乾与大夫之子赴吴国作为人质。

这年冬天，蔡昭侯、吴王阖庐、唐成公联合攻打楚国。他们将船停于淮水转弯之滨，自豫章与楚军隔汉水对峙。豫章东起今天安徽省六安市，西至湖北省随州市应山县与河南省信阳市一带，淮河南岸。楚国左司马沈尹戌对令尹子常道："您沿汉水与他们上下周旋，不要让他们渡河，我动用方城之外全部人马毁掉他们的船只，回师之时再阻塞淮水以东隘道大隧、直辕、冥阨。此时，您渡过汉水进攻他们，我自后面夹击，必能大败敌军。"大隧、直辕、冥阨在今河南省信阳市至应山县一带。谋定之后，左司马戌便率军出发。

楚国武城大夫黑对令尹子常道："吴人战车为纯木制造，我国战车于木板外以胶筋包裹皮革，雨天不能持久，不如速战速决。"大夫史皇对令尹子常道："楚人厌恶于您而喜欢司马。若司马于淮水毁掉吴国战船，阻塞城口，胜利返回，是他以一人之力战胜吴军。您定要速战速决。不然，不能免祸。"大夫黑建议速战是出于天气原因，而大夫史皇建议速战又投合令尹子常自私狭隘心理，于是令尹子常决定速战。他不待司马戌完成夹击部署，便渡过汉水，自小别山至大别山列阵，与吴、蔡联军决战。小别山位于今河南省信阳市光山县与湖北省黄冈市之间。楚军与吴军三战，令尹子常知楚军不能战胜，便想逃走。史皇道："平安之时，您求掌握政事；国家有难，您想逃避，能逃何处？您定

要拼死一战，以尽行摆脱以前的罪过。"

十一月，吴、楚两军于柏举列阵。柏举位于今天湖北省黄冈市麻城市东北。吴王阖庐之弟夫概王早晨请示阖庐道："楚国令尹不仁，其部下没有死战之决心。我们抢先进攻，他们士兵必会奔逃。然后我们大军跟上，必能获胜。"阖庐不允。夫槩王道："所谓'臣义而行，不待命'，或许便是言此！今天我拼死作战，我们便可攻入郢都。"于是夫概王率领所属五千人，抢先攻打子常军队。子常的士兵四下奔逃，楚军乱了阵脚，吴军大败楚军。子常逃亡郑国。史皇率领子常所率兵车战死。吴军追赶楚军，抵达清发水，准备发动攻击。清发水位于今湖北省孝感市安陆市境，为汉水支流。夫概王道："困兽犹斗，何况人呢？若楚军知其不免一死，拼死决战，必会打败我军。若让楚军先渡河者知其能够逃脱，后边楚军羡慕先渡河者，便会丧失斗志。待楚军半数渡河，我们就可发动攻击。"吴军听从夫概王的建议，再次打败楚军。楚军正在做饭，吴军赶到，楚军弃食奔逃。吴军吃罢楚军之饭，继续追击，又于雍澨打败楚军。雍澨位于今湖北省京山县西南。经过五次交战，吴军追至楚国郢都。郢都在今湖北省荆州市境内。

楚昭王携其妹季芈畀我逃出郢都，涉睢水西逃。睢水为今之沮漳河，位于今湖北省宜昌市东北。鍼尹固与楚昭王同船，楚昭王派他驱赶象群，于象尾点燃火捻，冲击吴军。然而，楚军已无斗志。月底，吴军便攻入郢都，按照尊卑次序入住楚国宫室。据《吴越春秋》记载，吴王阖闾以楚昭王夫人为妻，伍子胥、孙武、白喜等人亦以令尹子常、司马戌等人的夫人为妻，以羞辱楚国君臣。而《左传》并无此类记载。《左传》只记载吴王阖庐之子子山住进令尹府邸，夫槩王或许自认功劳最大，想要住令尹府邸，因而攻击子山，子山害怕，离开令尹府邸，于是夫槩王入住。

楚国左司马戌到达息邑，在今天河南省息县西南。或许此时他得知令尹子常欲速战而导致兵败，便行回师，于雍澨打败吴军，但他自己也负了伤。雍澨于今天湖北省荆门市京山县境内。当初，司马戌曾为阖庐之臣，后投楚国，因此把被吴军俘虏看作耻辱。他对部下道："谁能不让吴国人得到我的身首？"吴人句卑道："微臣卑贱，可否担此责任？"司马戌道："我过去竟未看重你，你当然可担此任！"司马戌三战皆负伤，道："我不行了。"句卑展开衣裳，割下司马戌之头颅包裹起来，并藏好尸体，而将司马戌之头颅带走。这样吴军便无法确认司马戌的尸身。

## 第一七二章 吴蔡兴兵楚昭出亡,随国庇楚包胥求秦

楚昭王涉过睢水,后又渡过大江,进入云梦泽。昭王入睡后,遭到强盗攻击,强盗以戈击昭王,王孙由于用背去挡,被击中肩膀。楚昭王逃至郧邑。郧邑在今天湖北省安陆市境内。大夫钟建背着季芈跟随昭王。王孙由于渐渐苏醒过来,亦追随而往。郧公名斗辛,其弟名斗怀,为斗成然之子。斗怀准备杀死昭王。他道:"平王杀吾父,我杀其子,有何不可?"斗辛道:"国君讨伐臣属,谁敢仇恨国君?君命代表天意。死于天命,以谁为仇?《诗》云,'柔亦不茹,刚亦不吐。不侮矜寡,不畏彊御'。(《大雅·烝民》)不欺弱者,不畏强者,只有仁者能够做到。恃强凌弱,非勇;乘人之危,非仁;犯灭宗之罪,将废祭祀,非孝;动无善名,非智。你定要如此,我会杀你。"于是斗辛与其弟斗巢护卫昭王逃奔随国。

吴国军队追赶楚昭王。随国为姬姓之国,因此吴王派人对随国国君道:"周朝子孙封于汉水一带者,均为楚国所灭。上天之意,降罚楚国,您却藏匿楚王。周室何罪?您若顾全报答周室,惠及寡人,以成天意,乃贵君之恩惠。汉阳田地,皆归君有。"楚王住于随国宫殿之北,吴军列于随国宫殿之南。楚昭王之兄公子结,字子期,相貌酷似昭王,逃至昭王处。他穿上昭王服饰,道:"将我交予吴军,君王定可免祸。"随人占卜,交出子期不吉,便辞吴王道:"随国偏僻狭小,紧邻楚国,确实是楚国保全了我国。随、楚世代均有盟誓,至今未改。若楚有危难,我们便抛弃他们,我们又有何面目事奉吴王?吴王所患并非楚王一人,若能安定楚国,我们怎敢不听命于吴王?"吴军见随国言之有理,态度坚决,便行退兵。鑢金最初为子期家臣,曾与随人有约定,不将楚王交予吴国,并欲使子期亦逃脱灾难。楚昭王召见于他,他辞道:"不敢因君王处于危难,臣与随国有约,因此便谋求私利。"昭王割破子期胸口取血,以示诚心,与随君盟誓。

当初,伍员与楚国大夫申包胥为友。伍员逃亡之时,对申包胥道:"我定要颠覆楚国。"申包胥道:"你努力吧!你能颠覆楚国,我必能复兴楚国。"楚昭王在随国避难时,申包胥便赴秦国请求援兵。申包胥对秦哀公道:"吴国贪婪如野猪,残忍如长蛇,数度吞食上国,暴虐楚国。寡君失守社稷,避于草莽,派遣下臣告急道,夷人禀性贪得无厌,如若吴国占领楚国,成为秦国之邻,将为秦国边境祸患。乘吴国尚未定楚,国君可与吴国平分楚国。如若楚国就此灭亡,土地便为国君之土地。如若仰仗国君威福存恤楚国社稷,楚国将世代事奉秦君。"秦哀公派人辞申包胥道:"寡人知你之意。你姑且在馆驿歇息,我们计

· 693 ·

议之后再答复你。"申包胥道:"寡君逃亡草莽,居无定所,下臣何敢歇息?"申包胥于是靠秦庭院墙站立而哭,哭声日夜不绝,七日不食不饮。秦哀公被其感动,为之赋《无衣》一诗。诗云:"岂曰无衣?与子同袍。王于兴师,修我戈矛。与子同仇!‖岂曰无衣?与子同泽。王于兴师,修我矛戟。与子偕作!‖岂曰无衣?与子同裳。王于兴师,修我甲兵。与子偕行!"秦哀公表示"与子同仇""与子偕作""与子偕行",申包胥便行九顿首之礼。顿首即叩头至地,自古并无九顿首之礼,三顿首之礼已为重礼。申包胥求救心切,为表达感激之情,因此行九叩首之礼。于是,秦国出师救援楚国。

## 第一七三章　秦国出兵楚昭回都，三桓衰落阳虎篡权

据《左传》记载，周敬王十五年，即公元前505年，因楚国战乱，王子朝被杀，此时王子朝受庇于楚国已经十多年了。如今楚国战乱，楚国君臣已经无暇顾及王子朝，所谓覆巢之下，安有完卵。

蔡国自蔡昭公被囚楚国三年，便与楚国决裂，倒向以晋国为首的中原诸侯阵营。蔡国受晋国之命，讨伐不参加中原诸侯会盟的沈国，导致楚国救沈，包围蔡国。蔡国因被楚国包围，没得收成，国民无粮。周敬王十五年夏，鲁国怜悯蔡国民众无粮，况且蔡国又因执行晋国命令导致楚国报复，于是将粮食送至蔡国，以救急难。

春秋后期，各诸侯国之间在力量对比方面此消彼长，相互制约。周敬王十五年夏，因吴国倾举国之师侵楚，国内空虚，于是越国趁机入侵吴国，以报复吴国。

吴国占领楚国也并不顺利，楚臣申包胥请得秦军救援，带领秦军抵达楚国之时，吴军尚未能平定楚国。秦国由子蒲、子虎率领兵车五百乘救援楚国。子蒲道："我不知吴军战术。"于是让楚军先与吴军交战。秦军于稷邑与楚军会合，于沂邑大败夫概王之师。吴军于柏举俘虏了楚国大夫蘧射，蘧射之子率败兵追随子西，于军祥打败吴军。稷邑位于今河南省南阳市桐柏县境内，沂邑位于今河南省驻马店市正阳县境内，军祥位于今湖北省随州市西南。同年秋天，楚国子期与秦国子蒲联兵灭亡唐国。唐国位于今湖北省随州市唐县镇。

九月，夫概王回国，自立为王，史书称其为夫概王，便是因他此时称王。夫概王与吴王阖庐战，毕竟阖庐经营多年，夫概王战败，逃亡楚国，其后为棠溪氏。棠溪位于今河南省驻马店市西平县西南冶炉城。

吴军于雍澨打败反攻的楚军，雍澨位于今湖北省荆门市京山县西南。之后秦军又打败吴军。吴军驻扎于麇邑，楚国司马子期准备以火攻打吴军，令尹子西则道："前年就曾与吴军战于麇邑，至今楚军父兄亲人尸骨暴露在野，不能收敛，如今又要焚烧，此举不可。"子期道："国家将亡，死者若有知，何以享

往日祭祀？岂怕焚毁尸骨？"于是楚军火烧吴军，继而进攻，吴军败退，两军又于公壻之溪交战。公壻之溪或于今天襄阳市东。最终吴军大败，吴王回国。吴军本来俘虏了楚国大夫闉舆罢。闉舆罢请求先赴吴国，乘机逃回楚国。叶公诸梁之弟后臧与其母在吴国，后臧抛弃母亲逃回楚国。叶公因后臧不孝，此后一直不用正眼看他。

  楚国军队在秦军帮助下基本恢复了楚国的安定，于是楚昭王回到郢都。当初，斗辛闻吴军将帅争夺楚国宫室，道："我闻，'不让则不和，不和不可以远征'。吴人于楚国相争，必会有乱，发生动乱，必会撤军，焉能平定楚国？如今吴国确实未能安定楚国，主要不在兵力对比，而在于内部不和。"夫槩王先与吴王阖庐之子争夺楚国令尹府邸，后与阖庐争夺王位，吴国内部的这些争斗，无疑都削弱了吴国的力量。

  楚昭王逃亡随国之时，将于成曰涉河。楚国大夫蓝尹亹用船渡妻儿过河，而不将船让给楚昭王。楚国安定之后，楚昭王欲杀蓝尹亹。子西道："子常便因只记旧怨，因而败亡，君王为何效仿于他？"楚昭王道："你说得对。让亹官复原职，我也以此记住以往过失。"看来楚昭王虽然年轻，但甚是明理。

  楚昭王回郢都之后，赏赐楚难中的有功之臣斗辛、王孙由于、王孙圉、钟建、斗巢、申包胥、王孙贾、宋木、斗怀。子西道："请不要赏赐斗怀！"因为当初斗怀曾欲不利于昭王。楚昭王却道："大德可以消除小怨，合乎正道。"申包胥不愿受赏，道："我乃为君，而非为自身。国君既已安定，我又何求？况且我恨前令尹子旗，难道要学子旗贪得无厌吗？"于是申包胥为逃赏赐而隐居。楚昭王准备将季芈出嫁，季芈辞道："作为女子，未嫁之前当远离男人。可钟建曾背过我。"于是楚昭王将她嫁予钟建，封钟建为乐尹，即司乐大夫。

  楚昭王于随国时，子西仿制昭王车驾与服饰，号召并保护溃散之人，于脾洩邑建都。得闻昭王所在，便去追随昭王。楚昭王派遣王孙由于在麇邑筑城，王孙由于回来复命。令尹子西问城墙高度与厚度，王孙由于不知。子西道："你如自知不能，便应推辞。不知城墙高度与厚度，如何知城之大小？"王孙由于答道："我曾固辞，是您让我去的。人人均有其所能，有其不能。君王于云梦泽遇到强盗，是我挡住了强盗之戈，伤疤犹在！"王孙由于脱去衣服，袒露背部给子西看，并道："此乃我之所能。而于脾洩建立行都，亦为我所不能。"

  楚国驱逐了入侵楚国的吴军，吴国自然不肯善罢甘休。周敬王十六年四

## 第一七三章　秦国出兵楚昭回都，三桓衰落阳虎篡权

月，吴国太子终累打败楚国舟师，俘虏楚国舟师之帅潘子臣、小惟子与七名大夫。楚人大为恐惧，害怕亡国。随后，子期所率陆军又于繁扬战败。繁扬于今天河南省新蔡县北。但令尹子西却对楚国之败感到高兴，因为他知道外强中干的楚国，只有被置之死地，才能有新的生机。他道："如今楚国可以治理了。"于是他说服昭王迁郢都至鄀邑。鄀邑于今天湖北省荆门市钟祥市北。令尹子西由此开始改革楚国政治，以安定楚国。

春秋中期以后，各诸侯国君权都早已衰落，各国都不可避免地形成卿大夫柄国的局面。而到了春秋后期，各诸侯国的权柄已经由卿大夫手中，开始向卿大夫家臣手中转移。就财富、权力与权利在社会各等级成员之间上下流动而言，这固然是一种社会的进步，开始突破血缘关系基础上的封邦建国制度，然而，对固有的社会等级秩序的突破，财富、权力与权利的向下流动与转移，引发了人的欲望膨胀，带来了更多的阴谋与争斗。《左传》便记载了鲁国权柄由"三桓"向其家臣转移的一些事件。原为季孙氏家臣的阳虎，其权力便在季孙意如去世后迅速增大。

周敬王十五年六月，季孙意如巡视其封地东野，回都途中，卒于房邑。季孙氏家臣阳虎准备以鲁国宝玉玙璠随葬，因鲁昭公出亡时，季孙意如曾佩戴玙璠祭祀鲁国宗庙。但负责收藏宝玉的季孙氏家臣仲梁怀不给，道："'改步改玉'，既然不行国君之步，便不能佩戴国君之宝玉。"古人佩玉，乃为节制步幅与步速，鲁定公立后，季孙意如便不再代国君祭祀，不再佩戴国君之玉。因此仲梁怀认为不能以国君的玙璠随葬。阳虎想要驱逐仲梁怀，将此事告诉公山不狃。公山不狃道："他如此行事，是为主人不越礼制，您有何怨？"安葬季孙意如之后，意如之子季孙斯巡视东野，抵达费邑。费宰子洩迎于郊外并加以慰劳，季孙斯对他表示礼敬。子洩又慰劳仲梁怀，仲梁怀对其态度轻慢。子洩非常愤怒，他或许知阳虎企图驱逐仲梁怀，因此问阳虎道："您能将其驱逐吗？"

九月，阳虎囚禁季孙斯与其堂弟公父歜，并驱逐了仲梁怀。十月，阳虎杀季氏一族之公何藐。之后，阳虎与季孙斯于稷门之内盟誓，行大诅咒。阳虎使季孙斯成为名义上的季氏宗主，而驱逐公父歜与季孙意如的姑夫秦遄。两人均逃亡齐国。

周敬王十六年春，郑国灭亡许国。郑国与许国结怨已久，如今楚国战败，不能救援许国，郑国便趁机灭了许国。或许鲁国的阳虎要趁机扩大自己在各诸侯国的影响，因此促使鲁定公发兵侵郑，因为晋国要讨伐郑国，攻打胥靡，胥

麇在今天河南省郑州市巩义市西南。

这年二月，鲁国发兵侵袭郑国，夺取匡邑。匡邑于今天河南省长垣县匡城。鲁国出兵之时未向卫国借路，回师之时，阳虎让季桓子季孙斯、孟懿子仲孙何忌自卫国国都南门入，自东门出，驻扎于卫都东门之外豚泽。鲁国军队出入卫国，视卫国君臣为无物，使得卫灵公非常愤怒，便派弥子瑕追赶鲁国军队。

卫国公叔发已老，听说此事之后，坐上辇车让人推去见卫灵公。他向卫灵公道："尤人而效之，非礼也。当初鲁昭公之难，国君准备以文公之舒鼎、成公之宝龟、定公之鞶鉴悬赏，若有人能送昭公回国，便可选用一件宝器。国君还言，诸侯若为鲁公担忧，卫国公子与几位臣下之子，尽可送去作为人质，以求使鲁君返国。此事群臣皆知。此乃卫国有恩于鲁国。如今，国君却欲因小忿，盖过旧日对鲁国之恩，岂非不当？文王妃大姒之子，唯有周公、康叔相互和睦，如今却要效法小人，放弃两国和睦，岂非上小人之当？小人阳虎，上天乃欲增加其罪，使他灭亡，国君姑且等待，如何？"于是卫灵公停止出兵伐鲁。

这年夏天，季孙斯赴晋国，献攻打郑国之俘虏。阳虎强行让仲孙何忌前去回报晋国夫人之礼，因为仲孙何忌已经完全听命于阳虎。晋君同时设享礼招待季孙斯与仲孙何忌。仲孙何忌立于房外，对士鞅道："阳虎若不能再居于鲁国，卸职而来晋国，晋国必让其为中军司马，有先君见证！"士鞅道："寡君设置官职，将选择适当人选，鞅如何能参与其间？"事后士鞅对赵鞅道："鲁国已以阳虎为患。孟孙见此预兆，认为阳虎定会来晋，因此竭力为他请求，以期求得晋国禄位。"由《左传》记载可见，阳虎于鲁国权势甚大，但他也在为自身谋取后路。此后，阳虎又与鲁定公及三桓于周社盟誓，与国人于亳社盟誓，并于五父之衢行诅咒仪式。

郑国之所以敢于不听晋国号令私自灭掉许国，一是已无南方楚国之忧，二是与王子朝于周朝的势力有联系。王子朝被杀之后，王子朝之党的儋翩率王子朝手下依仗郑国，准备发动叛乱，郑国则于此时攻打周室的冯邑、滑邑、胥靡邑、负黍邑、狐人邑、阙外邑。冯邑位于今河南省郑州市荥阳市境内，滑邑位于今河南省洛阳市偃师区境内，负黍邑位于今河南省郑州市登封市境内，狐人邑位于今河南省许昌市长葛市境内，阙外邑位于今河南省洛阳市伊川县境内。六月，晋国阎没戍守成周，并且修筑胥靡之城。

## 第一七三章　秦国出兵楚昭回都，三桓衰落阳虎篡权

这年秋天，眼见中原混乱，宋国大夫乐祁对宋景公道："诸侯国中间唯有我国一心事奉晋国，如今使者不去，晋国恐会怨恨我们。"乐祁又将此言告诉其家宰陈寅。陈寅道："国君定会让您赴晋。"过了数日，宋景公对乐祁道："寡人对你之言深感欣慰，你定要赴晋！"乐祁领命准备动身，家宰陈寅道："您立继承人后再行动身，使我家族不会灭亡。同时亦使国君知道，我们是知难而行。"乐祁便让其子溷拜见景公，立为嗣子，然后动身。晋国赵鞅迎接乐祁，与之在绵上饮酒，乐祁献六十面杨木盾牌予赵鞅。事后陈寅道："昔日我们事奉范氏，如今您事奉赵氏，又有进献。您是以杨木盾牌招来祸患，事已至此，不可挽救。然而您出使晋国而死，子孙必于宋国得志。"果然如陈寅所料，乐祁进献赵鞅杨木盾牌，导致范氏士鞅不满。士鞅对晋定公道："奉国君之命越疆出使，尚未完成使命便私自饮酒，乃不尊两国国君，不能不加以讨伐。"于是晋国拘捕了乐祁。果然乐祁最终未能回到宋国。

由于晋国已经不能号令诸侯，因此到这年底，周朝动乱仍未平息，于是周敬王迁居姑莸，以避儋翩之乱。姑莸当在今天的河南省洛阳市境内。

## 第一七四章　晋失诸侯齐鲁互攻，鲁有乱臣三桓受挫

据《左传》记载，周敬王十七年春，即公元前503年，周朝儋翩进入仪栗邑，公开反叛。此是东周王朝仅存的七邑之一。王子朝虽死，周室动乱仍在继续。这年四月，王卿单武公与刘桓公于穷谷打败了尹氏，因尹氏党同儋翩作乱。直至冬天，单武公、刘桓公才从庆氏处迎接周敬王。晋国籍秦率军护送周敬王回到王城，住在公族党氏之家，然后赴庄王之庙祭拜，以告慰祖宗。

周敬王十八年春，单武公率军攻打谷城，刘桓公率军攻打仪栗。后单武公又率军攻打简城，刘桓公率军攻打盂邑，以扫清王子朝余党。

晋国不能号召诸侯，扶助王室，或许使得齐国看到了机会。齐国或许想睦邻结盟，以图取晋国而代之，重温霸主之梦。因此，周敬王十七年春，齐国便归还鲁国的郓邑与阳关。阳虎或许因要暂时避开鲁国权力中心，抑或有其他考虑，赴郓邑与阳关主持政事。

周敬王十七年秋，齐景公、郑献公于咸邑盟誓，并于卫国召集诸侯。咸邑位于今河南省濮阳市境内。卫灵公想要背叛晋国，与齐、郑结盟，大夫们认为不可。卫灵公派北宫结赴齐国，私下又派人告诉齐景公道："请拘捕结，然后侵袭我国。"卫灵公试图以此迫使卫国大夫们同意与齐国结盟。齐景公听从卫灵公之言，于是两国在琐邑结盟，琐邑约在今河南省新郑市东北。

齐国与郑、卫结盟之后，派遣国夏攻打鲁国。鲁国出兵抵抗。阳虎虽能左右鲁国国政，但无卿之名分，因此为季孙斯车御，公敛处父为仲孙何忌车御，他们准备趁夜色袭击齐军。齐军得知消息，故作懈怠，设伏以待。公敛处父或许感觉到事情不对，对阳虎道："虎，你不考虑如此引发的祸患，必定不得好死。"苦夷道："虎，你若使他们两位陷入祸难，不等有司判决，我必杀你。"阳虎惧怕，于是撤兵。

周敬王十八年春，鲁定公亲自率军入侵齐国，攻打阳州城门。阳州位于今山东省泰安市东平县西北。《左传》记述了鲁国将士的征战细节。鲁国将士或有准备，因此并不紧张。武士们皆坐成行列，道："颜高硬弓须有一百八十斤

力气开弓！"于是众人取来传看。阳州人出战，颜高夺人弱弓准备射箭，齐国子鉏攻击颜高，颜高与另一人都被击倒在地。颜高倒卧在地，向子鉏放箭，射中面颊，子鉏身死。鲁人颜息射人射中眉毛，退下来道："我没本事，我本来想射他眼睛。"鲁国军队撤退，冉猛假装脚上受伤，撤退在前，其兄冉会高呼道："猛来殿后！"不知冉会是为冉猛先逃遮掩，还是以冉猛先逃为耻。

鲁定公入侵齐国后，又攻打廪丘外城。廪丘位于今山东省菏泽市鄄城县东北。廪丘守将放火焚烧鲁国攻城冲车，鲁国有人将麻布短衣沾湿灭火，攻破外城，并毁坏城郭。守将出战，鲁军奔逃。阳虎佯作不见冉猛，用激将法道："冉猛在此，定能打败他们。"冉猛听后，便追逐廪丘士兵，见无人跟进，便伪装从车上摔下。廪丘人见冉猛坠车也不上前攻击。阳虎道："看来都很客气。"如此之战，结果可想而知。

齐、郑、卫均已对晋国怀有二心。赵鞅对晋定公道："诸侯之中唯有宋国事奉晋国，我们好生迎接宋国使者，尚恐他们不来，如今拘留宋国使者，将会断绝诸侯与晋国的关系。"晋定公准备送回乐祁，士鞅道："已经扣留他三年，无故放回，宋国必然背叛晋国。"士鞅私下对乐祁道："寡君恐怕宋君不再侍奉寡君，因此不让您回国，您姑且让溷来代替您。"乐祁将士鞅之言告知陈寅。陈寅道："宋国将会叛晋，召溷前来，是弃孺子之举，不如您且留于晋国。"后乐祁动身回国，死于太行山。士鞅道："宋国必定叛晋，不如扣留其尸体与宋国求和。"于是晋国将乐祁尸体留于州邑，州邑在今河南省温县境内。

周敬王十八年夏，为报复鲁定公攻打齐国，齐国国夏、高张进攻鲁国西部边境。此时晋国确实感到了诸侯离心的危机，因此救援鲁国十分积极，士鞅、赵鞅、荀寅均率师救援鲁国。然而齐国军队并未攻入鲁国，知有晋国援军，便自行退去。鲁定公于瓦邑会见晋国将士，瓦邑位于今河南省安阳市滑县瓦岗寨乡。士鞅手执羔羊，赵鞅、荀寅手执大雁进见鲁君。于是鲁国开始以执羔羊为尊敬之礼。

晋军回国途中，准备与卫灵公于卫邑鄟泽盟誓。因卫灵公此前背晋即齐，赵鞅欲羞辱卫灵公，准备派遣大夫与卫灵公盟誓。赵鞅问道："谁敢与卫君盟誓？"大夫涉佗、成何道："我们能与他盟誓。"卫人请他二人执牛耳。因为盟誓之时，由地位卑者执牛耳，而由地位尊者监督。成何道："卫国不过与我国温邑、原邑大小相仿，焉得视为诸侯？"将要歃血，涉佗推开卫灵公之手，血洒及腕。卫灵公非常愤怒，卫国大夫王孙贾快步上前道："盟誓乃为明礼，谁敢不奉行礼仪而受此盟约？"王孙贾是在指责晋国大夫行为非礼。

卫灵公受此侮辱，想背叛晋国，又担心大夫们反对。王孙贾便让卫灵公住于郊外，不回都城。卫灵公将受晋人侮辱之事告诉大夫们，并以退为进道："寡人有辱社稷，或许当改卜其他公子继承君位，寡人愿意服从。"大夫们皆道："此乃卫国之祸，岂是国君过错？"卫灵公道："尚有他患。晋人对寡人道，'必以而子与大夫之子为质'。"大夫们道："有益社稷，若公子赴晋，群臣之子敢不牵马坠镫前往？"人质将要动身时，王孙贾道："若卫国有难，工匠商人未尝不为卫国祸患，要让他们全都随行方可。"卫灵公将此言告诉大夫们，让工商全部准备随行。定了起程日期，卫灵公让国人们前来朝见，让王孙贾问国人道："若卫国背叛晋国，晋国三番五次讨伐，会危及社稷到何种程度？"国人不愿赴晋国为质，都道："三番五次伐我，我国尚能作战。"王孙贾道："应当先背叛晋国，真到危及卫国后再遣送人质也为时不晚。"于是卫国叛晋。晋国请求重新结盟，卫国不同意。

晋国为重新震慑诸侯，自然要对首先背叛晋国的郑国进行报复，况且郑国攻打周王室城邑，使得晋国有了理由。周敬王十八年秋，晋国士鞅会同周朝卿士成桓公今入侵郑国，包围虫牢，以报复周敬王十六年郑国大规模攻打王室城邑。虫牢位于今河南省新乡市封丘县北。晋国又于回师之际侵袭卫国，以报复卫国背盟。鲁国也于九月入侵卫国。

但鲁国国内并不平静。季孙意如之子、季孙斯之弟季寤，季孙斯族子公鉏极，与公山不狃三人，于季孙斯处皆不得志，叔孙辄于叔孙州仇处不受宠信，叔仲志于鲁国不得志，于是此五人投靠阳虎。阳虎欲去三桓，以季寤取代季孙斯，以叔孙辄取代叔孙州仇，自己取代仲孙何忌。十月鲁国举行祭祀典礼，依次祭祀鲁国先君。二日，于僖公庙合祭先君。阳虎与五人商议，准备三日于蒲圃设宴招待季孙斯时将他杀死，命令都邑兵车于四日到来听令，向仲孙氏与叔孙氏发难。

成邑之宰公敛处父问仲孙何忌："季氏命兵车听令，是何缘故？"仲孙何忌道："我未得闻。"处父道："那就是叛乱了！定会涉及您，当预先准备。"于是二人约定，于三日后发兵救援仲孙氏。

在季孙斯赴享礼的路上，阳虎驱车在前，林楚为季孙斯车御，掌管山泽园囿的虞人手持铍、盾，于两旁护卫，阳虎族弟阳越殿后。将至蒲圃，季孙斯或许发现阳虎阴谋，因此突然对林楚道："你的先人皆为季氏良臣，你当继承他们。"林楚道："主人言之已迟。阳虎执政，鲁国上下服从，违之者死，死也无益于主人。"季孙斯道："岂会已迟？你能带我赴孟氏处吗？"林楚答道："我不敢惜死，所惧不能使主人免难。"季孙斯道："去吧！"此时仲孙氏选三百强壮隶人，借为仲孙氏之弟公期在门外建造房屋为名，聚集在仲孙氏住宅附近。林楚策马，来到大路便飞奔起来。阳越用箭射他，没有射中。季孙斯得以逃脱。仲孙氏建造房屋之人将大门关上。有人从门缝用箭射阳越，将其射死。阳虎劫持鲁定公与叔孙州仇，攻打仲孙氏。公敛处父率领成邑之人从上东门进入都城，与阳氏战于南门之内，不能战胜。又于城内棘下交战，打败阳氏。阳虎脱去铠甲，进入鲁国宫廷，取宝玉、大弓出奔。于五父之衢睡下之后，又让人做饭。随从道："追兵或许将至。"阳虎道："鲁人闻我出奔，正喜于可以缓死，岂有空暇追我？"随从叫道："哎呀，快点套车，公敛阳来了！"公敛处父请求追赶阳虎，仲孙何忌不允。公敛处父欲杀季孙斯，仲孙何忌有所畏惧，便将季孙斯送回。阳虎与季寤等人阴谋未得逞，季寤只得出奔。阳虎入于讙邑、阳关，公开反叛。鲁国三桓得以保持其地位，但已无昔日风光。

## 第一七五章　齐晋交战齐鲁会盟，晋卫互攻鲁齐交好

周敬王十九年，即公元前501年，阳虎将鲁国宝玉、大弓送回。《春秋》记载"得宝玉、大弓"。《左传》说明，因为宝玉、大弓为器物。凡获器物曰"得"，得人与生物曰"获"。

六月，鲁国讨伐阳虎，进攻阳关。阳虎派人烧了阳关莱门。趁鲁军惊骇之际，阳虎突围出逃齐国。阳虎请求齐景公出兵攻打鲁国，道："只需用兵三次，必能攻取鲁国。"齐景公准备答应阳虎。鲍文子鲍国谏道："臣曾于鲁国大夫施氏处为家臣，以臣之见，鲁国不可攻取。鲁国上下依旧协调，百姓依旧和睦，能够事奉大国，又无天灾，如何攻取？阳虎欲劳齐师，齐国军队疲惫，大臣多死伤，他便可以于齐国施展阴谋。阳虎本来受宠于季孙氏，却准备杀死季孙，不利于鲁国，因此不容于鲁国，于是他来讨好我国，以求容身。阳虎亲富而不亲仁，国君何处要用如此之人？国君比季氏富有，齐国比鲁国强大，因此阳虎欲倾覆齐国。如今鲁国免除了阳虎为害，国君却接受了他，岂非祸害？"于是景公拘捕阳虎，准备将他囚禁于齐国东部。阳虎伪装愿赴东部，景公便将他囚禁于齐国西部边境。这便遂了阳虎之愿。阳虎将当地邑人之车全部借来，刻其车轴，束之以麻，然后归还，以防齐国人追赶。他在自己的车上装上衣物，躺在衣物中逃走。齐人依旧捉住了阳虎，囚于齐国。但他又一次躺在装衣物的车中逃走，逃往宋国，又至晋国，投奔赵氏。因赵鞅接纳了阳虎，孔子道："赵氏或许会世代有乱！"

齐国既然想重温霸主之梦，便要拉拢诸侯。周敬王十九年秋，齐景公以为卫国雪耻之名义，率军攻打晋国夷仪。夷仪在今天山东省聊城市境内。《左传》除记述大事之外，还记述了齐国士兵于战前战后及战争中的言行。齐人敝无存之父准备为他娶妻，他却推辞，让与其弟。他道："此次出战，如能不死，得以回乡，必娶高氏、国氏之女。"作为平民，要娶上卿之女，自然必须有极大的功劳。攻打夷仪之时，敝无存抢先登城，想从城门冲出，结果战死于城门檐下。东郭书亦抢先登城，犁弥跟随其后，道："您抢先向左，我抢先

向右，让登城之人都上来后再一起下城。"于是东郭书登城向左，犁弥则抢先从右边下城，夺了破城之功。战斗结束，东郭书与犁弥一起休息，犁弥道："是我先登上城墙的。"东郭书收起盔甲道："上次你让我向左，使我为难，如今又与我争功，又使我为难！"犁弥笑道："我跟着你，如骖马追随服马，哪能抢先？"

战后，齐景公赏赐犁弥，犁弥辞道："有人先登城，臣不过跟随于他，他头戴白色发巾，身披狸皮斗篷。"齐景公问他所描述之人是否东郭书，他道："正是那位夫子。"他又向东郭书道："我将赏赐转赠于你。"齐景公转赐东郭书，东郭书辞道："他为客臣。"于是景公赏赐犁弥。

齐国军队尚在夷仪时，齐景公对夷仪人道："得到敝无存遗体之人，五户均免劳役。"于是众人找到了敝无存之遗体。齐景公于找回其遗体后便为其穿衣，小敛之时又为其穿衣，大敛之时再为其穿衣，并赐予犀皮装饰的高贵之车与长柄盖伞，作为殉葬之品，并且先将灵柩送回齐国。挽车之人跪行，全军哭吊，齐景公三次亲自推车。敝无存生前虽未得娶国卿之女，死后却受到高于国卿之待遇。齐景公如此行事，齐国战胜晋国便不足为奇。

晋国有千乘兵车于中牟。中牟位于今河南鹤壁市境内。卫灵公准备赴五氏会见齐景公。五氏位于今河北省邯郸市境内。卫灵公命占卜经过中牟会如何，结果龟甲焦煳，不成其兆。卫灵公道："看来可以。卫国兵车能挡其五百兵车，寡人可挡其五百兵车，势均力敌。"于是卫灵公途经中牟。中牟人欲攻打卫师，卫国褚师圃逃亡在中牟，道："卫国虽小，国君在军中，不可能战胜他们。齐国军队攻下夷仪，滋长了骄傲情绪，其主帅又地位低贱。晋、齐两军相遇，必可打败他们，不如追逐齐军。"于是晋国以兵车进攻齐军，将齐军打败。因卫国与齐国结盟，齐景公将齐国西部边界的禚邑、媚邑、杏邑划予卫国。禚邑当于今天山东省德州市齐河县境内，媚邑位于今山东省德州市禹城市境内，杏邑位于今山东省聊城市东阿县与茌平县一带。

或许齐国与郑国、卫国结盟之后，欲改善与鲁国关系，以孤立晋国；抑或鲁国见齐国与卫国结盟，对鲁国不利，因而欲缓和与齐国关系，总是双方均有求和愿望，因此于周敬王二十年春，齐国与鲁国讲和。

这年夏天，鲁定公与齐景公于齐鲁之交的祝其邑会晤，孔丘为鲁定公相。鲁国历来重周礼，鲁君之相均为鲁卿担任，孔丘以庶姓为相，甚为特殊。有人认为此为孔子曾任鲁卿的证明。此时孔子已名声在外，犁弥对齐景公道："孔丘知礼而无勇，若派莱邑之人以武力劫持鲁侯，必可如愿。"齐景公听从犁弥之言。然而孔丘并非只是懂礼，亦有智勇，他护卫定公撤退，并命令道："士兵们拿起武器，抵御来犯之人！"同时向齐国君臣道："两国国君友好会见，而让边远夷俘武力扰乱，此非齐君对待诸侯的态度！远人不谋夏，夷人不乱华，俘虏不干预盟誓，武力不能带来友好。盟誓必将告神，犯神不祥，以德行而言为失义，以待人而言为失礼，齐君必不会如此。"齐景公闻孔丘之言，便让莱人退避。

将要盟誓，齐国人于盟书上加书曰："齐师出境而不以甲车三百乘从我者，有如此盟！"孔丘让大夫兹无还揖对道："而不反我汶阳之田，吾以共命者，亦如之！"孔子于盟誓前加上此言，是为逼齐国归还鲁国的汶阳之田。

盟誓之后，齐景公准备设享礼招待鲁定公。孔丘对梁丘据道："齐国、鲁国均有旧典，您为何不曾闻知？事既已成，又设享礼，是烦劳执事。况且牺尊、象尊不出国门，钟磬嘉乐不奏于野外。享礼则须备全此类器物，否则不合礼仪。若不备，则如同以秕稗行享礼，无足轻重。用秕稗以待，有辱国君；违背礼仪，有损名声。您当慎重考虑！享礼，乃用以昭明德行。不能昭德，不如不享。"于是齐君未设享礼。

或许因鲁定公与齐景公会面时，定公之相孔子言行有理有据，齐国不敢再小觑鲁国，于是两国国君会面之后，齐国便派人前来归还阳虎献予齐国的郓邑、讙邑、龟阴邑的田地，郓邑位于今山东省临沂市境内沂河之北，讙邑与龟阴邑位于今山东省泰安市境内汶水之北。

在齐国因睦邻而为霸一方之时，晋国为保持霸主权威，向背叛自己的卫国报复。周敬王二十年夏，晋国赵鞅包围卫国，报复齐国为卫国攻取夷仪之役。当初，卫灵公曾率军于寒氏攻打邯郸午，寒氏即后来的五氏。邯郸本为卫邑，后属晋国，邯郸午为晋国大夫、邯郸之宰。卫灵公率军攻破邯郸城西北角，派兵据守。坚持至夜晚，邯郸守军溃散。此次晋国赵鞅率军包围卫国，邯郸午率手下七十人进攻卫国西门，于城门口杀死卫人，道："此乃报复寒氏之役。"涉佗道："夫子确实勇武。然而我往，卫人必不敢开城门。"于是他率领手下七十人，清晨便攻打城门，他们走向城门左、右两边，如木桩一样直立。待到中午，卫人依旧不开城门，于是涉佗引人退回。可见涉佗十分勇武。

晋军虽然围困卫国都城，却不能破城，因此退兵。晋人责问卫国背叛原因，卫人答道："乃因涉佗、成何。"因为当年涉佗、成何与卫灵公盟誓，折辱了卫灵公。于是晋人逮捕涉佗，以此向卫国求和。卫人不允。晋人杀涉佗，成何逃亡燕国。看来涉佗只是匹夫之勇，并未得赵鞅重视。时之君子曰："二人弃礼，然其罪轻重不同。《诗》云'人而无礼，胡不遄死？'涉佗之死亦来之甚速。"晋国此次出兵，并未慑服卫国，可见晋国军力大不如前。

鲁国阳虎之乱平息之后，又有侯犯以郈邑叛乱，郈邑位于今山东省泰安市东平县境内。当初，叔孙不敢欲立叔孙州仇为嗣，大夫公若藐坚决劝阻道："不可。"但叔孙不敢依旧立了叔孙州仇，之后身亡。叔孙家臣公南曾让贼射杀叔孙州仇，却未能杀他。公南为马正。公若为郈宰。叔孙州仇得立之后，派郈邑马正侯犯杀公若，未能除公若。侯犯之圉人道："我拿剑经过郈邑之廷，公若必问是谁之剑。我告诉他是您的，公若必要观看。我装作固陋不懂礼节，将剑尖递予他，便可杀他。"侯犯同意圉人之法。公若见圉人将剑尖朝向自己，便道："你欲将我当吴王吗？"圉人随即上前杀了公若。侯犯杀公若后，一不做二不休，以郈邑反叛。叔孙州仇、仲孙何忌包围郈邑，却未攻克。

周敬王二十年秋，叔孙州仇与仲孙何忌两人会合齐国军队再次包围郈邑，仍未攻克。叔孙州仇对郈邑掌管工匠之工师驷赤道："郈邑不仅为叔孙氏之忧，且为社稷之患，将如何办？"驷赤道："臣之职业在《扬之水》末章之四言上。"《扬之水》见《国风·唐风》，末章后两句为，"我闻有命，不敢以告人"。驷赤意为，我已知主人之命，我将暗中行事。于是叔孙州仇向他行稽首之礼。

驷赤去向侯犯道："处于齐、鲁两国之间而无所事奉，必定不行。您何不请求事奉齐国以统治郈邑之民？不然，民众将会叛变。"侯犯听从其言。侯犯与齐国沟通，齐国派使者前来。驷赤与他手下的郈邑人便借此在郈邑人中散布道："侯犯准备将郈邑与齐国交换，齐国准备迁走郈邑之民。"民众听到这一消息，非常惧怕。驷赤又对侯犯道："众人意见与您不同。与其与郈人拼死纠缠，不如将郈邑与齐邑交换，所得之邑岂非等同郈邑？且可舒缓矛盾，何必非郈邑不居？齐人想借此逼迫鲁国，必然加倍给您土地。而且，何不多备盔甲，置于门里，以防意外？"侯犯称是。于是他多备盔甲置于门里。侯犯请求与齐国交换城邑，齐国派遣官员察看郈邑。当齐国官员将要到达时，驷赤派人遍走全城呼喊道："齐国军队到了！"郈人十分惊骇，便取侯犯所备盔甲武装自己，并包围侯犯。驷赤伪作要为侯犯射这些郈人，侯犯阻止了他，道："设法让我免难。"侯犯请求出走，众人答应。驷赤先赴齐国宿邑，侯犯殿后。侯犯每出一道门，郈人便关上此门。至于外城之门，众人拦住侯犯道："您带着叔孙氏盔甲出逃，有司若因此要治我等之罪，我等害怕被杀。"驷赤道："叔孙氏之盔甲有标记，我不敢带出。"侯犯便对驷赤道："你留下来同他们清点盔甲之数。"于是驷赤留下，迎接鲁人至郈邑。侯犯逃亡齐国。齐国将郈邑地图与户籍归还给了鲁国，以示友好。

鲁国接收郈邑之后，为向齐国致谢，叔孙州仇赴齐国访问。齐景公设享礼招待，并道："子叔孙，若郈邑在贵国其他边境，寡人何知他国是否会取？郈邑恰好与敝邑交界，因此才敢帮助贵君分忧。"景公意在使鲁国君臣感恩于齐国。叔孙州仇答道："收回郈邑，并非寡君愿望。我们为疆土安全侍奉贵君，岂敢以家臣所犯之事而劳贵君执事？不善之臣，天下共恶，国君难道以讨伐恶人作为对寡君的恩赐？"叔孙州仇如此回答，景公自然无言以对。叔孙州仇虽然心胸狭窄，指使人杀死大夫公若，引发郈邑侯犯反叛，但其不失为能臣，在外交上维护了鲁国的尊严。

# 第一七六章　郑政不稳郑杀邓析，宋国内乱鲁堕三都

周敬王十九年，即公元前501年，据《左传》记载，郑国执政驷歂杀大夫邓析，却使用邓析制定的《竹刑》。驷歂，字子然，继游吉之后为郑国执政。郑国子产铸刑鼎之后，邓析不满子产刑鼎的刑律条文，私自编制刑律，书于竹简，故曰《竹刑》。时之君子认为，驷歂于此事情上并不中正。若对国家有利之人，不可指责其邪恶。《静女》之诗三章，取其彤管；《竿旄》之诗云"何以告之"，取其忠诚。因此用人之道，不弃其人。《诗》云："蔽芾甘棠，勿剪勿伐，召伯所茇。"思念其人，尚爱其树，况用其道，而不恤其人？子然无以勉励贤能。

《静女》一诗见于《国风·邶风》，为男女约会之诗。此诗之所以用于教化，乃取其二章有"贻我彤管"之句。古代彤管为朱漆笔杆之笔，为后妃女史记事所用，既记后妃奉君日期，亦记后妃之过。赠送彤管，代表规劝。《竿旄》一诗见于《国风·鄘风》，赞美贤大夫与仁人君子，在野君子开诚布公向贤大夫献策，表现忠心。《甘棠》一诗见于《国风·召南》，表现民众因思念召伯，格外爱护当年召伯于其下憩息办公的甘棠树。君子认为，既用邓析之法，便不应杀邓析。

当然，古时亦有人认为邓析的所作所为该杀。《吕氏春秋》认为，"言者以谕意也。言意相离，凶也。乱国之俗，甚多流言，而不顾其实，务以相毁，务以相誉，毁誉成党，众口熏天，贤不肖不分。以此治国，贤主犹惑之也，又况乎不肖者乎？"据《吕氏春秋》所载，当时郑国一些人到处悬挂所书之文，发表各种意见，于是子产下令禁止，邓析则总能从子产命令中寻找漏洞应对。子产命令层出不穷，邓析应对方法也层出不穷。如此，民众对于可与不可无法分辨。可与不可无法辨别，用以赏罚，惩罚越重，乱象越重。《吕氏春秋》评论道，此乃治理国家的禁忌。善辩却不合道理乃伪，有智却不合道理乃诈。诈伪之人，先王所诛。因为道理乃是非之根本。邓析便是诈伪之人。

《吕氏春秋》记载了这样一件事：洧水发水，郑国一富人溺水而亡，有人

得到死者遗体。富人家请求赎回遗体，那人要价很高。富人家将此情况告诉邓析，邓析道："安心等待，那人必定无处去卖。"得到遗体之人担心富家不肯来赎，将自己担心告诉邓析，邓析答道："安心等待，这家必定无处去赎。"《吕氏春秋》评论道，毁伤忠臣之人便类似邓析。无功便诋毁其无功不得民心，有功又诋毁其有功收取民心。比干、苌弘因此而死，箕子、商容因此而穷，周公、召公因此见疑，范蠡、子胥因此漂泊，生死、存亡、安危，均由此毁谤而生。

《吕氏春秋》还记载，子产治理郑国，邓析极力刁难。邓析与有狱讼之人约定，大讼要一袭上衣，小讼要短衣短裤。郑国奉上衣裤学习狱讼之人不可胜数。于是以非为是，以是为非，是非无度，可与不可每日在变。诉讼想胜便胜，想让人获罪便能让人获罪。因此郑国大乱，民众喧哗。子产患之，于是杀掉邓析并陈尸示众，此后民心乃服，是非乃定，法律乃行。可见《吕氏春秋》作者认为邓析该杀。但据《左传》，邓析并非子产所杀，而是驷歂所杀。

《荀子·非十二子》批判邓析道："不法先王，不是礼义，而好治怪说，玩琦辞，甚察而不惠，辩而无用，多事而寡功，不可以为治纲纪；然而其持之有故，其言之成理，足以欺惑愚众。"荀子将邓析与惠施归于一类，可见邓析乃春秋战国名家鼻祖。邓析于当时不容于执政，当并非因其名辩，而是因其以辩论干扰法令与行政。

春秋时期早已礼坏乐崩，商业发达的郑国在子产铸刑鼎公布法令之后，民间利益诉讼应当很多，名辩思想与论辩术不过是应时而生。名辩思想与论辩术的积极作用，在于揭露礼制的不合理之处，揭露现实中的名实不副，然而名辩思想注重揭露而不注重建设，因此为维持秩序的统治者不容。其实统治者集团本身的贪腐颓废，蝇营狗苟，比之民间名辩与诉讼，更促成礼坏乐崩的局面。

宋国的内乱，足以表明统治集团内部的争斗与堕落。周敬王十九年春，宋景公派乐大心赴晋国结盟，并迎回乐祁灵柩。乐大心伪装有病，推辞不往。宋景公便派向巢前往。乐祁之子溷要求族父乐大心赴晋国迎回其父灵柩。他向乐大心道："我犹着丧服，而您却击钟作乐，为何如此？"乐大心道："因为丧事并不在此。"此后，乐大心向旁人道："自己身着丧服却生出孩子，我为何要舍弃钟乐？"乐溷得知后，便向宋景公诬告道："右师将不利于宋国。他不肯赴晋国，是准备作乱。不然，为何诈病？"于是宋景公驱逐乐大心。乐氏家族叔侄于道德方面，乃五十步与百步之差，却因叔侄争斗，助长了日后宋国内乱。

## 第一七六章 郑政不稳郑杀邓析，宋国内乱鲁堕三都

宋景公庶弟公子地宠信蘬富猎，将家产分为十一份，将五份给予蘬富猎。公子地有四匹白马，宋景公所宠的司马桓魋想要这四匹马。景公命人将马牵来，在马尾、马鬣上涂上红色，赐予司马桓魋。公子地派其手下打了桓魋，夺回马匹。桓魋惧怕，准备逃亡，景公关上宫门，对桓魋哭泣，竭力挽留，哭肿双目。景公留下桓魋，轮到公子地胆怯了。景公同母弟公子辰对公子地道："你将家产分给猎，唯独看不起魋，也有偏颇。你平日事君有礼，至多不过出境，国君必会挽留你。"于是公子地逃往陈国，但景公没有挽留他。公子辰为公子地求情，景公不听。公子辰道："此乃我诓骗了兄长。我率国人出国，国君又与谁处？"周敬王二十年冬，公子辰与仲佗、石彄亦出亡陈国。

周敬王二十一年春，公子辰与仲佗、石彄、公子地进入宋国萧邑，据萧邑反叛。这年秋天，乐大心亦追随公子辰等反叛，此股势力成为宋国大患。《左传》认为，此为景公宠信司马桓魋之故。而景公兄弟反目，宠臣相争，究其原因，不过是宠信之争，财物之争。

在各诸侯国礼崩乐坏的趋势下，鲁国却因孔子师徒的影响，实行了一些恢复周礼的举措。周敬王二十二年，即公元前498年，鲁国堕三都便是一大举措。此时孔子为鲁国司寇，其弟子子路，字仲由，为季氏宰臣。子路准备遵循周礼，毁掉三桓采邑的城墙。根据周礼规定，天子之城、诸侯之城、诸侯国卿大夫之城，其规模均有制度标准，以防止诸侯及其卿大夫扩充实力，据城反叛。鲁国三桓数代当政，各自经营自己采邑，其邑城规模远远超出礼制规定。后三桓权力逐渐为家宰所控制，造成所谓陪臣执国命的局面，还使得三桓家臣得以依据三桓之邑反叛。值此之时，坚定地奉行孔子恢复周礼思想与实践的子路，在成为季氏宰臣后，说服季氏堕毁三桓超大规模采邑的城墙。当时季孙氏、叔孙氏能够听从子路之言，并非从遵守礼制出发，而是从现实祸患着眼。季孙氏之费邑，曾为南蒯据以反叛，令季孙氏费力劳神；叔孙氏之郈邑，曾为侯犯据以反叛，鲁国军队两次围攻，却不能攻克。采邑之城规模宏大，不仅成为鲁国公室之患，亦成为三桓自身之患。因此季孙氏与叔孙氏同意堕城，以防采邑守臣尾大不掉。

叔孙氏率先堕郈邑城垣。季氏也准备堕费邑城垣，费宰公山不狃、叔孙氏之弟叔孙辄已经在费邑经营多时，不愿堕城，便乘国都空虚，率费人袭击鲁国国都。鲁定公与季孙氏、叔孙氏、仲孙氏三人躲进季氏宫室，登上武子之台。费人进攻，没有攻下。费人已经攻到附近，鲁定公已经无处可退。此时孔

· 711 ·

子为鲁国司寇，命令大夫申句须、乐颀下武子之台，反攻费邑人，最终打败费邑人。国人乘胜追击，又于姑蔑战胜费邑人。公山不狃、叔孙辄逃亡齐国。于是季孙氏堕费邑之城。

季孙氏、叔孙氏之采邑堕城，仲孙氏自然也必须堕成邑之城。成邑之宰公敛处父对仲孙氏道："堕成邑之城，齐人必可直抵国都北门。况且成邑乃孟氏之保障，没有成邑，便无孟氏。您佯作不知，我不堕城。"

仲孙氏不堕成邑之城，自然为鲁定公与其余二氏不满。周敬王二十二年底，鲁定公亲自率军包围成邑，然而并未攻克成邑。可见三桓经营之采邑十分坚固，易守难攻。这正是鲁定公不放心的原因，也是仲孙氏得以自保的原因。三桓采邑超规模的城墙，对于三桓而言，是双刃之剑，既可用于自保，亦可能为家臣所制，被其所伤；对于鲁定公而言，也有其两面性，既是国君的心病，但也是鲁国的屏障。

# 第一七七章　权臣相斗晋国内乱，卫妃淫乱太子出奔

齐国与卫国、郑国结盟之后，又与鲁国和好，进而于周敬王二十二年齐鲁两国国君于齐国黄邑结盟，并且，或许是在齐国调停下，周敬王二十一年，鲁国与郑国也放弃多年怨恨结盟。如此，齐国便将中原几个大诸侯国拉拢在一起对抗晋国。据《左传》记载，周敬王二十三年春，即公元前497年，齐景公、卫灵公驻扎于垂葭，共同派遣军队攻打晋国。垂葭位于今山东省菏泽市巨野县西南。军队将要渡河，两国大夫们皆曰不可，邴意兹则道："有何不可？以精兵攻打河内，晋国传车定需数日才能抵达绛都。绛都兵马没有三个月不能渡河，届时我军已经东渡回师了。"于是齐景公、卫灵公决定进攻河内。河内原为卫国之地，后卫国渡河南迁，河内成为晋国领地。河内位于今河南省新乡市卫辉市境内。

齐景公因对诸大夫不同意伐晋不满，遍收诸大夫车乘，只为邴意兹留下车乘。齐景公想与卫灵公同乘一车，设下了一个计谋。他与灵公一起饮宴时，已吩咐侍者将车套好，并备好铠甲。然后景公指使人报告道："晋军到了！"景公便向卫灵公道："等到贵君车子备好，寡人请代您驾驭。"卫灵公兵车盔甲皆未备好，于是景公便披甲请卫灵公一起登自己的车，驱车向前，以显示自己勇武。此时又有人报告道："并无晋军。"于是景公将车停下。景公自导自演的这一幕，无非想证明自己的勇武善战。

此时的晋国对外已无霸主气象，因为国内卿大夫们汲汲于自身私利，因而争斗不断。这年春，晋国赵鞅向邯郸午道："将卫国进贡的五百家人户还给我，我要将他们安置在晋阳。"赵鞅所言卫国所贡五百家，乃周敬王二十年，赵鞅率军围困卫国之时，卫国人为求和而贡五百家予晋国，当时赵鞅将其安排于邯郸。如今赵鞅做好安排，要将这五百家迁至他的采邑晋阳。邯郸午应承下来后，回去告诉他的父老兄长。族中父兄们皆道："不可。卫国乃用此五百家来帮助我们邯郸，如迁至晋阳，便断绝了与卫国的友好往来。不如用侵袭齐国的办法来解决。"按照父老们的意见，侵袭齐国，必遭齐国报复，可以此为

由，迁此五百家去晋阳。如此对赵鞅与卫国双方均不得罪。邯郸午照长老们的办法，骚扰齐国，然后将卫国的五百家迁至晋阳。赵鞅或许因邯郸午触怒齐国，或许因邯郸午移民迟缓，总之他非常愤怒，召邯郸午前来，囚禁于晋阳。赵鞅让邯郸午的随从解除佩剑而入，邯郸午家臣涉宾不肯。赵鞅派人告诉邯郸人道："我要对午进行惩罚，你等可以按你们愿望立继承人。"之后赵鞅杀邯郸午。邯郸午之子赵稷、家臣涉宾率领邯郸人反叛晋国。

周敬王二十三年夏，晋国上军司马籍秦包围邯郸。邯郸午乃荀寅外甥，荀寅与士吉射为姻亲，彼此和睦，因此非但不参与包围邯郸，反而准备攻击赵鞅。赵鞅之臣董安于听到消息，报告赵鞅道："是否先作准备？"赵鞅道："晋有法令，发动祸乱之人处死。我们后发制人即可。"董安于担心祸乱发动会危及民众，因此道："与其危害民众，宁可我一人赴死。请以我向上下有所交代。"赵鞅不允。七月，士吉射、荀寅联合攻打赵氏之宫，赵鞅逃往晋阳，晋人遂包围晋阳。士吉射、荀寅之举，或许得到了晋定公的允许，否则二人不可能率晋人包围赵鞅。

士皋夷为士吉射侧室之子，不受士吉射宠信，欲于氏族中发动叛乱。大夫梁婴父受荀跞宠信，荀跞欲以他为卿。韩不信与荀寅交恶，魏舒之孙魏曼多与士吉射交恶。于是，士皋夷、梁婴父、荀跞、韩不信、魏曼多五人谋划，准备驱逐荀寅，以梁婴父代之；驱逐士吉射，以士皋夷代之。荀跞对晋定公道："国君命令大臣，发动祸乱之人处死，盟书沉于大河。如今范氏、中行氏、赵氏三大臣发动祸乱，唯独驱逐鞅，处罚不公。请将他们全部驱逐。"这年十一月，荀跞、韩不信、魏曼多奉晋定公讨伐范氏吉射、中行氏寅，却未获胜。

士吉射、荀寅准备攻打定公。齐国高强逃亡晋国已经数十年，向二人道："久病成良医。请二位听我一言。唯有攻打国君不可，民众不会赞成。我便是因为攻打国君，是以流亡在此。知氏、韩氏、魏氏三家不睦，可将其全部战胜。战胜他们，国君还能倚靠谁？而如果先攻打国君，便会促使他们三家和睦。"但士、荀二人不听劝告，率兵攻打定公。国人均帮助定公，二人战败，知、韩、魏三家亦跟随攻打他们。于是荀寅、士吉射逃往朝歌。韩氏、魏氏替赵氏向定公求情，定公应允，于是赵鞅于年底回到晋都绛邑，于定公宫廷盟誓。

梁婴父十分厌恶董安于，向荀跞道："不杀安于，让他始终于赵氏处主政，赵氏必得晋国，何不以其先发难而谴责赵氏？"于是荀跞派人告诉赵鞅道：

## 第一七七章 权臣相斗晋国内乱，卫妃淫乱太子出奔

"范氏、中行氏虽然确实为乱，但是安于挑起事端，因此当视作安于参与作乱。晋有法令，发动祸乱之人处死。范氏、中行氏已经伏罪，谨此奉告。"赵鞅为此感到忧虑。董安于道："我死而晋国安宁，赵氏安定，我何用生？人谁不死？我死已晚。"于是自缢而死。赵鞅将他暴尸街市，派人告于荀跞："主人命将罪人安于陈尸街市，他已伏罪。谨此奉告。"于是荀跞与赵鞅盟誓，赵氏得以安定。赵鞅将董安于陪祀在宗庙里。

因士吉射、荀寅逃至朝歌，晋国派军队包围朝歌。齐景公、鲁定公、卫灵公于脾邑与上梁之间会面，谋划救援士吉射与荀寅。晋国大夫析成鲋、小王桃甲为士吉射、荀寅之党，率领狄师袭击晋国，于绛都交战，不胜而回。析成鲋逃亡成周，小王桃甲逃至朝歌。这年秋天，齐景公、宋景公又于洮邑会面，亦为了救援士吉射与荀寅。

然而，未等以齐国为首的诸侯派兵救援范氏、中行氏，这年底，晋国军队便于潞邑打败士吉射与荀寅的军队，俘虏籍秦、高强。又于百泉打败郑国军队与士吉射的军队。晋国内乱暂时平息。

在卫灵公与鲁定公、齐景公会面谋求救援晋国范氏与中行氏时，卫国国内却在滋长内乱因素，其原因乃君臣皆贪求财富。当初，卫国公叔文子于上朝之时，请求设享礼招待灵公，希望灵公驾临其家。退朝之后，见到史䲡，将此事告诉他。史䲡道："您必会招来祸患！您富有而国君贪婪，或许您会引祸上身。"公叔文子道："的确如此。我未先告知你，是我的过错。国君已经应允，当如何处置？"史䲡道："无妨。您谨执臣礼，可以免祸。富有而能谨守臣道，必免于难。无论尊卑，均是如此。您之子戌，过于骄傲，或将出亡。富而不骄之人很少，我只见到您一位。骄而不亡之人，尚未见过。戌必在其列。"果然，公叔文子死后，卫灵公开始厌恶公叔戌，便是因他富有。公叔戌不知收敛，还准备除去灵公夫人南子的党羽。夫人南子向卫灵公控告道："戌将作乱。"于是，周敬王二十四年春，卫灵公驱逐公叔戌及其党羽，公叔戌逃亡鲁国，赵阳逃亡宋国。这年夏天，卫国北宫结又因公叔戌之故逃亡鲁国。

虽然公叔戌既富又骄，自酿其祸，但卫灵公夫人南子亦非守礼之人。南子貌美，有宠于卫灵公，卫灵公为了夫人南子，召见宋国美男子公子朝，于洮邑会见。据说南子在娘家时，曾与公子朝通奸。但或许卫灵公并不在乎这些，因为据说灵公也与三位夫人同浴淫乱。据《左传》记载，卫国太子蒯聩奉命将盂邑献给齐国，路过宋国郊野。野人歌道："既定尔娄猪，盍归吾艾豭？"既已满

· 715 ·

足了你们的母猪，何不归还我们漂亮的公猪？卫太子羞愤难当，对家臣戏阳速道："跟我觐见夫人，夫人见我，我回头看你，你便将她杀死。"戏阳速允诺。于是太子便去觐见夫人南子。南子接见了太子，太子回顾三次，戏阳速不肯向前。南子见太子与戏阳速脸色均有异，哭着逃走，道："蒯聩要杀我。"卫灵公执南子之手共登高台。太子杀南子不成，逃亡宋国。卫灵公将太子党羽尽行驱逐，公孟彄逃亡郑国，又自郑国逃亡齐国。

太子告诉旁人道："是戏阳速给我惹祸。"戏阳速告诉旁人道："是太子使我遭祸。太子无道，派我杀其母。我不答应，他便会杀我。若我杀死夫人，他便会归罪于我。因此我只能应承于他，但不去做，以此暂免一死。谚语曰，'民保于信'，我以道义为信。"或许戏阳速所言，基本上是实情。

# 第一七八章　朝会失礼鲁国死君，世仇得复夫差逞志

周敬王二十五年春，鲁定公十五年，公元前495年，邾隐公赴鲁国朝见。孔子弟子子贡观礼。子贡乃卫国人，姓端木名赐。据《史记》记载，子贡受业于孔子后，曾问孔子"赐何人也"？孔子道："汝器也。"子贡又问："何器也？"孔子道："瑚琏也。"瑚琏为宗庙贵重之器。可见孔子虽然认为子贡达不到圣贤人格，却为可堪大用之器。

据《左传》记载，两国国君行礼之时，邾隐公执玉，将玉高举，头向上仰；鲁定公则卑身受玉，头向下俯。子贡道："以礼观之，两位国君皆将死亡。礼乃生死存亡之体，左右、周旋、进退、俯仰，均取之于礼。朝会、祭祀、丧葬、征战，均观之于礼。如今两位国君相互朝见，均不合法度，两位国君心中已不存礼。行嘉礼而不得礼之本体，岂能长久？高与仰，乃骄；卑与俯，乃惰。骄则近乱，惰则近病。我君为主，或许会先死！"果然，五月，鲁定公薨。孔子道："赐不幸言中。此事使赐成为多言之人。"此后，邾隐公又前来奔丧。

七月，定公夫人姒氏卒。《春秋》未称她为夫人。《左传》解释，不称夫人是因未发讣告，且未陪祀祖姑之庙。作为定公夫人，哀公之母，不知为何不发讣告，不陪祀祖姑之庙，史书不载。

据《春秋》记载，八月有日食。据天文学推算，此为公元前495年7月22日之日全食。九月，鲁国安葬鲁定公，滕国国君前来参加葬仪。因为有雨，于第二天完成葬礼，此为符合礼仪之举。同月又安葬定姒。《春秋》不称其为小君，因为未按夫人葬礼安葬。

此前一年，即周敬王二十四年五月，吴王阖庐薨，吴王阖庐即吴公子光，谋杀吴王僚后自立为王。此前，吴王率军攻打越国。据《史记·越王勾践世家》，越国为大禹苗裔，帝少康封其庶子于会稽，以守大禹之祀。越人文身断发，筚路蓝缕，建立都邑，传二十余世，至于允常。允常与吴王阖庐之间常有争战。此时允常卒，其子勾践立，是为越王。

周敬王二十四年五月，吴王阖庐再次攻打越国，越王勾践发兵抵御吴军，于檇李列阵。檇李位于今浙江省嘉兴市桐乡市境内。勾践见吴军军阵严整，派遣死士前去捉拿吴军士兵，然而吴军军阵依旧不动。勾践亦为治军高手。据《墨子·兼爱下》记载，越王勾践好勇，训练士兵三年，认为不知效果如何，便焚烧舟船，击鼓命士兵前进，士兵前仆后继，蹈水火而死者不可胜数。据《左传》记载，此次勾践见死士不足以撼动吴军，便派遣军中罪犯排成三行，均将剑置于颈上，致辞道："两国交兵，臣犯军令。于君王阵前表现无能，不敢逃避刑罚，谨将首级献予君王。"于是都自刎而死。吴军或许看得心惊肉跳，越王乘机下令进攻，大败吴军。灵姑浮以戈击吴王阖庐，阖庐脚趾受伤。阖庐退兵，死于陉邑，距檇李仅七里。

吴王阖庐死后，嗣子夫差立。夫差派人立于庭院，只要夫差出入，此人必对他道："夫差！尔忘越王之杀尔父乎？"夫差自己便迅速肯定地答道："唯！不敢忘！"三年之后，夫差便向越国复仇。

周敬王二十六年春，吴王夫差于夫椒打败越军，以复檇李兵败、阖庐受伤致死之仇。夫椒位于今浙江省绍兴市越城区北。吴军乘势攻入越国都城。越王率披甲持盾士兵五千人踞守会稽山，派遣大夫文种通过吴国太宰嚭向吴王求和。

《国语·越语》详细记载了越国向吴国求和的过程。当时，越王勾践兵败，退守于会稽山上，向三军传令道："凡我父老兄弟、同姓宗室，有能助寡人谋划退吴兵者，我愿与他共同管理越国政事。"大夫文种上前答道："我闻经商之人，夏天便备皮货，冬天便备麻布，旱季便备舟船，雨季便备车辆，以待物资匮乏之时。作为国君，平时虽无四方之忧，但不可不培养与选拔谋臣与武将。如今君王退守会稽山上，方才想到寻求谋臣，岂非为时太晚？"勾践道："能够得闻大夫高论，岂会太迟？"于是勾践执文种之手与其商议。

君臣商议之后，勾践便派文种向吴国求和。文种向吴国君臣道："寡君勾践无人可遣，因此派下臣种前来，不敢希求敝国之愿达于天王之听，只是私下告知贵国小吏，寡君之师已不值得吴王亲自来伐，敝国愿以金玉、美女奉献予吴王，以勾践之女为吴王侍女，以越国大夫之女为吴国大夫侍女，以越国文武之士之女为吴国士人侍女。越国宝器尽献予吴，寡君率越国士卒，随从吴王军队，听从调遣。若贵国认为越国罪不可恕，则我国将焚毁宗庙，携妻率子，生死同命，沉金玉于江中，不留分毫。我国披甲之士五千人将拼死抵抗，以一敌二，吴王便有披甲之士万人侍奉，难道不会伤及君王所爱部下吗？贵国与其杀掉这些越人，不如得到越国臣服，试想怎样更为有利？"

越国还精心修饰美女八人献予吴太宰嚭，道："您若赦免越国之罪，尚有更美的女子进献予您。"太宰嚭劝谏吴王道："嚭闻古代讨伐别国，降服它即可。如今越国已服，夫复何求？"于是吴王允许媾和。

据《左传》记载，伍子胥力劝谏吴王灭越。他道："不可与越国媾和。臣闻，'树德莫如滋，去疾莫如尽'。昔日有过国国君浇杀斟灌而攻打斟鄩，灭夏启之孙后相，相妻后缗有孕，自城墙下水道逃出，逃回娘家有仍国，生少康。少康为有仍国牧正，对浇怀恨又戒备。浇派其臣椒寻找少康，少康逃奔有虞国，为有虞国庖正，避免受浇之害。有虞国君虞思为姚姓，将两女嫁他，封在纶邑。少康拥有方十里之田，有五百人众。他广布恩德，并开始谋划恢复夏国。他收拢夏人，安抚官员，派遣臣子女艾入浇处为间谍，派儿子季杼引诱浇弟豷。之后他灭过国、戈国，复兴禹业。于是祭祀天帝，以夏朝祖先配祀，恢复夏朝统治。如今吴国不如过国，而越国大于少康封邑，上天或许会使越国壮大，若允许越国讲和，将来制服越国岂非很难？勾践能亲和他人，广施恩惠，施恩不会失去人心，亲和人皆愿意为其效劳。越国与我国土地相连，却世代为仇。此时我们胜而不取，准备让它继续存在，乃违背天意，助长仇寇，日后悔之不及。姬姓衰微，为时不远。我国居于蛮夷之间，而助长仇寇，以此求取霸业，必不可行。"然而吴王夫差不听其劝，与越国媾和。伍子胥向旁人道："越国用十年时间繁衍积聚，用十年时间教化训练，二十年后，吴国宫殿或为池沼。"

吴王夫差攻下越国之后，又开始清算先君时代与陈国结下的旧怨。周敬王二十六年八月，吴国侵袭陈国。起因是十二年前，吴国攻入楚国后，派人召陈怀公。陈怀公召集国人征询意见，道："欲亲楚国者站到右边，欲亲吴国者站到左边。陈人有田者，从田之所在，无田者，从亲族乡党。"逢滑正对怀公上前，道："臣闻，国家之兴由于福德，国家之亡由于祸殃。如今吴国未有福德，楚国未有大祸，楚国不能抛弃，吴国不能追随。晋国为盟主，我们以晋国为理由辞谢吴国，如何？"怀公道："楚国被吴国打败，国君逃亡，岂非大祸？"逢滑答道："诸侯国此种情况甚多，为何一定不能复国？小国尚能复国，何况大国？臣闻，国家之兴，视民如伤，此为福德；国家之亡，以民为土芥，此为祸殃。楚虽无德，亦不视民如草芥，刈杀其民。吴国敝于战争，暴骨如莽草，未见其德。上天或许在教训楚国，而吴国之祸，不久将至。"怀公听从逢滑建议未赴吴国之召。如今吴国入侵陈国，乃为报复陈国。

吴军入侵陈国，楚国大夫们皆怀恐惧，道："阖庐能用其民，于柏举打败我们。如今闻其嗣君更加厉害，我们将如何应对？"令尹子西道："你等只当忧虑你们不相和睦，无需以吴国为患。昔日阖庐食不二味，居不重席，居室建于平地而不起高坛，器物不漆朱漆不雕花纹，宫室不筑亭台楼阁，舟车不饰繁复装饰，衣服用具，取其实用，不取费靡。阖庐居于国内，天灾瘟疫，亲自巡行，安抚孤寡，资助贫困。在军队中，煮熟食物，人人得分，自己才用，所尝珍稀，士兵皆有。阖庐常恤其民，与之同甘共苦，因此民不怕疲劳，死不旷职。而我国先大夫子常行事与之相反，所以吴国能败我国。今闻夫差，居有楼台池沼，宿有妃嫱嫔妾，即使一天在外，所欲之物必要具备，喜好之物必要携带；积聚珍异，以享乐为务；视民如仇，日日驱使。夫差如此，必先自败，岂能败我？"日后，吴王夫差果然败于其骄奢淫逸，此为后话。

## 第一七九章　楚国伐蔡蔡国迁吴，齐卫援范晋郑交战

楚国虽然于周敬王十四年时差点为吴国所灭，郢都为吴国所占，昭王被迫出亡，但俗话说，瘦死的骆驼比马大，经过十多年休养生息，楚国恢复了元气。据《左传》记载，周敬王二十六年，即公元前494年，楚昭王率军包围蔡国国都，报复蔡国、吴国、唐国联兵伐楚的柏举之役。在距离蔡国都城一里之处，楚国以版筑方式修筑围城，宽一丈，高二丈。役夫屯驻九昼夜，与令尹子西预计一样，完成包围。蔡国人见楚国无意退兵，于是男女分别排列捆绑，全城出降。楚昭王命蔡国迁移至江水、汝水之间，之后回师楚国。蔡昭公派人向吴国请求，将蔡国迁至吴国疆域。

在楚国报复蔡国之前，楚国便先灭了顿国、胡国两国。周敬王二十四年，即公元前496年，二月，顿国国君牂想要事奉晋国，因此背叛楚国，并断绝与陈国的友好关系。顿国为姬姓小国，位于今河南省周口市项城市西南南顿镇，一直受制于楚国。或许顿国国君想回归以姬姓为主的中原诸侯大家庭，以为楚国一蹶不振，便背楚绝陈。但顿国国君选错了时机，此时晋国内乱，无暇他顾；楚国复原，正想重新立威，于是很快灭了顿国。

第二年，即周敬王二十五年，楚国又灭了胡国。胡国在今天安徽省阜阳市。当年吴国攻入楚国时，胡国国君将楚国靠近胡国城邑的民众全部俘虏。楚国安定之后，胡国国君豹又不事奉楚国。他道："国之存亡自有天命，为何要事奉楚国？只能是增加开销而已。"楚国重新立威时，便于灭顿一年之后的二月，灭亡胡国。

周敬王二十七年冬，吴国的洩庸赴蔡国纳聘，将一些军队混入蔡国。待吴军全部进入蔡都，众人方知吴军已至。原来，蔡昭公怕蔡国大夫与国人不愿迁都吴国，因此与吴国暗中交通，待吴国军队全部进入新蔡后，才将迁吴之事告诉诸大夫，并杀了不欲迁吴的公子驷以取悦吴国。蔡昭公赴先君坟墓哭告，然后将坟墓迁走，蔡国重器均迁至州来。

周敬王二十九年春，蔡昭公准备赴吴国。诸大夫恐昭公又要迁都，尾随昭

公亲信公孙翙追赶昭公，并以箭射昭公，昭公中箭，逃入民居而死。公孙翙持两箭守于门口，众人不敢进。大臣文之锴后至，道："并排如墙一样推进，他至多只能杀死两人。"文之锴执弓走在前面，公孙翙射他，射中肘部。文之锴上前杀了公孙翙，并因此驱逐公孙辰，杀公孙姓、公孙盱。蔡国大夫们不愿迁都，当是因自身利益均在原来的都城及其周边。

据《史记》记载，楚国伐蔡，蔡昭公向吴国告急。吴国因蔡国距离吴国远，要求蔡国迁都，以便日后吴国易于相救。蔡昭公私下应允了吴国要求，未与大夫们商议。吴国救蔡之后，将蔡都迁至州来。周敬王二十八年，蔡昭公将要朝觐吴王，蔡国大夫们怕其又要迁都，便令贼人利杀昭公，然后再杀利以向世人交代。随后立昭公之子朔，是为蔡成公。

周敬王二十九年夏，楚国攻克反叛楚国的蛮夷夷虎。在稳定周边之后，楚国便谋划向北方蛮戎之地扩张。左司马眅、申公寿余、叶公诸梁将蔡人聚集于负函，将方城外之人聚集于缯关，道："吴国将溯江而上，进入郢都，大家要奔走听命。"负函于今天河南省信阳市境内，缯关位于今南阳市方城县境内。一夜之后，第二天楚人突然率蔡人与方城外之人袭梁国与霍国。梁国位于今河南省汝州市西，霍国于梁国西南。单浮余率军包围霍国之西的蛮氏，蛮氏溃散。蛮王赤逃亡晋国阴邑。楚国司马征召丰邑、析邑之人与狄戎从军，兵临上洛。左师驻扎于菟和，右师驻扎于仓野。丰邑在今天河南省南阳市淅川县境内，析邑在西峡县境内，上洛、菟和与仓野均在今天陕西省商洛市境内。司马派人对阴邑晋国受命大夫士蔑道："晋国与楚国有盟约，同好同恶。若此盟不废，乃寡君之愿。不然，我们将打通少习山听取晋国之命。"阴邑原为陆浑之戎所居，后为晋国所有，为晋国于河南之险。少习山于今天陕西省商洛市东南，扼守秦岭东部南北交通要道。士蔑请示赵鞅，赵鞅道："晋国范氏、中行氏之乱不宁，岂能与楚国交恶？速将蛮人交付他们！"士蔑召集九州之戎，欺骗戎蛮，将分予蛮王土地并筑城，但要为此事占卜。蛮王前来听卜，士蔑便逮捕了蛮王与其五大夫，赴三户交予楚军。三户于今天淅川县西南。楚司马亦伪作给蛮王城邑并建立宗主，引诱其遗民，全部俘虏回去。

楚国重新崛起时，晋国内乱未平，中原地区郑国与宋国又起冲突。周敬王二十年时，宋国公子地得罪宋景公及其宠臣，因而投奔郑国。周敬王二十五年时，郑国罕达率师于宋国老丘打败宋军，欲将公子地安置于此处。老丘位于今河南省开封市东南。于是，齐景公、卫灵公来到蓬挚，谋求救援宋国。齐景公于近些年一直不甘寂寞，频繁往来于中原各国。

周敬王二十六年四月，齐景公、卫灵公又率军救援邯郸，包围五鹿，因为晋国赵稷于邯郸叛晋，晋国出兵攻打邯郸。五鹿位于今河北省邯郸市大名县境内。之后，齐景公、卫灵公又于乾侯会面，为救援晋国士吉射。乾侯位于今河北省邯郸市成安县境内。齐国、卫国、鲁国军队以及鲜虞人联合进攻晋国，占取棘蒲。棘蒲位于今河北省石家庄市赵县境内。

齐国、卫国、鲁国援助晋国士吉射，自然激怒晋国赵鞅。这年十一月，赵鞅率军攻打朝歌的士吉射，试图平息内乱之源，然而依旧未能彻底打败士吉射。

周敬王二十七年八月，齐国运送粮食给士吉射，由郑国罕达、驷弘押送。士吉射出行迎接他们，而赵鞅则出兵攻击他们。两军于戚邑相遇。阳虎向赵鞅道："我们车少，要把将帅之旗插于车上，与罕、驷兵车对阵。罕、驷会跟在其兵车之后，我亦率军跟进，他们见我容貌，必有恐惧之心。那时前后夹击，必可大败他们。"赵鞅听从阳虎之计。占卜战斗吉凶，龟甲焦不成兆。大夫乐丁道："《诗》云，'爰始爰谋，爰契我龟'。计谋既成，相信前兆便可。"前兆乃吉兆，因此赵鞅便下决心。赵鞅起誓道："范氏、中行氏违背天命，滥杀百姓，欲于晋国专权并灭亡国君。寡君恃郑国保护自己，如今郑国无道，弃君助臣，我等顺从天命，服从君令，效法德义，消除耻辱，便在此行。胜敌者，上大夫受县，下大夫受郡，士授田千亩，庶人工商得以进仕，隶圉可免为隶身份。鞅实无罪，请国君考虑。若战败有罪，愿受绞缢诛戮，以三寸棺木，不设衬版外椁，素车朴马，不入族墓，罚为下卿。"

将要开战，邮无恤为赵鞅车御，卫国太子蒯聩为车右。登上铁丘，望见郑军人数众多，卫太子蒯聩惧怕，掉下战车。邮无恤将挽以登车之索带递予蒯聩，让他上车，道："像个女人。"赵鞅巡视队伍，道："毕万乃是匹夫，七战皆俘获敌人，后拥有车马百乘，于家中善终。诸位努力！未必就会死于敌手。"繁羽为赵罗车御，宋勇为车右。赵罗为赵武重孙，勇气不足，于是用绳将他捆于车上。军吏询问原因，车御答道："疟疾发作，因而躺下。"卫太子祷告："曾孙蒯聩谨报告皇祖文王、烈祖康叔、文祖襄公，郑胜（郑声公）搅乱常道，晋午（晋定公）处于危难，不能平定祸乱，派遣赵鞅讨伐。聩不敢安逸，居于持矛之列，祈祷保佑不要断筋，不要折骨，不要伤面，以成大事，不使三位祖先蒙羞。不敢私请求生，不敢爱惜佩玉。"

两军交战，郑人击中赵鞅肩膀，赵鞅倒于车中，郑人缴获其蠭旗。卫太子蒯聩用戈救援赵鞅。最终郑军败逃，晋军俘虏了温邑大夫赵罗。卫太子率军再次进攻，郑军大败，缴获齐国援助士吉射的一千车粮食。赵鞅喜道："够了。"赵鞅之臣傅傁道："虽然打败郑国，犹有知氏在，忧患尚未消除。"

当初，周人给予范氏田地，家臣公孙龙为范氏收税，赵氏抓住公孙龙献给赵鞅。官吏请求杀公孙龙。赵鞅道："他为主人，又有何罪？"制止官吏杀他，并且赐他田地。铁丘一战，公孙龙率领手下五百人夜攻郑军，于罕达帐下取回蠭旗，献给赵鞅，道："请允许我以此报答主人恩德。"

晋军追逐郑军，郑军罕达、驷弘、公孙林殿后，射击追军，前锋士兵多战死，赵鞅道："不能轻视小国。"战后，赵鞅不无得意地自夸道："我伏在弓袋上吐了血，但鼓声不衰，今日我功劳最大。"卫太子蒯聩道："我救您于车上，退敌于车下，我乃车右中功劳最大者。"邮无恤道："我御车时骖马之带将断，而我能制约它，我乃车御中功劳最大者。"恐人不信，他向车上装了点木材，骖马两带齐断。

晋国虽然战胜郑国运粮之师，截获齐国粮食千车，却依旧未能平息内乱，也未能震慑齐、卫等国。周敬王二十八年春，齐国国夏、卫国石曼姑率师包围晋国戚邑，因卫太子蒯聩居于戚邑。戚邑人向中山鲜虞人求援。

赵鞅未能平息晋国内乱，迁怒于周朝。因为周朝世卿刘氏与晋国范氏世代通婚，因此周朝亲近范氏。赵鞅责难周朝与晋国叛臣交通。苌弘一直事奉刘卷，周王朝迫于晋国压力，于六月杀苌弘。苌弘成为赵鞅泄愤、周朝免责的牺牲品。

同年十月，晋国赵鞅再次率军包围朝歌，军队驻扎于朝歌之南。荀寅被围朝歌城内，便让守军反攻南门外城的晋军，将晋军兵力吸引到南门，又让其手下从北门入城救援，自己从北门突围，逃往邯郸。同年十一月，赵鞅因厌恶范氏，杀士皋夷。士皋夷不仅未能取代其兄士吉射，还招来杀身之祸。

周敬王二十九年七月，齐国陈乞、弦施、卫国宁跪救援士吉射。两国之师包围五鹿。九月，赵鞅包围邯郸。十一月，邯郸投降，荀寅逃亡鲜虞，赵稷逃奔临邑。十二月，齐国弦施迎接赵稷，并毁临邑之城。临邑位于今河北省石家庄市高邑县西南。齐国国夏攻打晋国，攻取邢邑、任邑、栾邑、鄗邑、逆畤邑、阴人邑、盂邑、壶口邑，会合鲜虞将荀寅送入柏人邑。邢邑位于今河北省邢台市、任邑位于任县内、栾邑位于赵县境内、鄗邑位于柏乡县境内，逆畤邑位于今河北省保定市顺平县境内，壶口邑位于今山西省长治市黎城县境内，柏人邑位于今河北省邢台市隆尧县境内。周敬王三十年春，晋军包围柏人邑，荀寅、士吉射终于失去了在晋国的立足地，逃奔齐国。

当初，范氏家臣王生厌恶张柳朔，向士吉射建议，让张柳朔为柏人邑之宰。士吉射道："此人不是你仇人吗？"王生答道："私仇不涉公事，喜好不废过错，厌恶不除善良，此为道义之规，臣岂敢违背？"待士吉射离开柏人邑时，张柳朔对其子道："你跟随主人，努力吧！我留下死守，王生将死难大节授我，我不能不讲信用。"张柳朔战死在柏人邑。可见王生与张柳朔均为诚信之人。

周敬王三十年夏，赵鞅因卫国帮助范氏，因而进攻卫国，包围卫国中牟。中牟在今天河南省鹤壁市境内。周敬王三十一年春，晋国赵鞅率师进攻鲜虞，亦是惩治鲜虞帮助范氏作乱。自此，历时近十年的晋国内乱终于平息。

## 第一八〇章　卫子辞嗣齐景遗祸，鲁国火灾季孙害嫡

　　卫国太子蒯聩出亡之后，灵公再无嫡子。据《左传》记载，一日，灵公于郊外游玩，公子郢为他御车。公子郢，字子南，为灵公庶子。卫灵公道："我无嫡子，将立你为嗣。"公子郢不答。数日后，卫灵公又对公子郢表示要立他为嗣，公子郢答道："郢不足以侍奉社稷，请国君重新考虑。君夫人在堂，卿、大夫、士在下，国君未与之商议，我若接受，有辱君命。"

　　周敬王二十七年，即公元前493年，夏，卫灵公薨。夫人道："命公子郢为太子，此乃君命。"公子郢答道："郢不同于其他公子，且国君死前郢一直侍奉，若有此言，郢必闻之。郢未闻国君有此言。况尚有出亡者之子辄在。"公子郢所言出亡者之子辄，乃当初太子蒯聩出亡，留在卫国的儿子，为灵公嫡孙。由于公子郢力辞，于是卫夫人与群臣立辄，是为卫出公。

　　这年六月，晋国赵鞅将卫国太子蒯聩送至戚邑。夜间迷路，阳虎道："右边为大河，渡河往南，必可至戚邑。"阳虎怕戚邑人拒绝太子蒯聩入城，便让太子脱帽，八人穿着丧服，伪装因卫国国丧，自卫国前来迎接太子。通报守邑之人后，哭着入城，便居于戚邑。据《史记》记载，是卫国发兵拒绝蒯聩，蒯聩不得入卫，才居于戚邑。

　　齐国景公亦无嫡子。齐景公对待立嗣的态度不像其他国君。齐景公嫡夫人燕姬曾生有一子，尚未成年便死。鬻姒所生之子荼受宠于景公。大夫们恐荼被立为太子，便问齐景公道："国君年齿已长，未有太子，该当如何？"齐景公道："你等若有忧虑，便会生出疾病，姑且寻欢作乐，何必忧国将无君？"周敬王三十年夏，齐景公病，让国夏、高张立荼为太子，将其余公子安置于莱邑。这年秋天，齐景公薨。十月，公子嘉、公子驹、公子黔逃亡卫国，公子鉏、公子阳生逃亡鲁国。莱邑人歌道："景公死乎不与埋，三军之事乎不与谋，师乎师乎，何党之乎？"群公子不敢参加景公丧礼，纷纷出逃，军队之事无人主持，军队与民众不知所从，预示齐国内乱将起。

　　公子荼立为齐君，史称安孺子。齐国陈乞伪装恭事高氏、国氏，每逢上

朝，必为他们车右。每次单独跟随二人时，必会言及诸大夫道："彼等傲慢，将不听命于您。彼等言，君幼，高氏、国氏挟之，必逼迫我们，何不除去他们？他们图谋对您不利，您要早谋对策！若要应对，莫如尽数灭之，犹豫不决，实为下策。"每次来到朝廷，在大庭广众面前，他便会私下对高、国二氏道："彼等为虎狼，若见我在您身边，迟早杀我，请允许我位于诸大夫之列。"在诸大夫面前，他又道："国、高两人要为祸了！他们依仗立君之功，图谋对你们不利，他们道，国之多难，乃由贵宠，尽去贵宠，国君才能安定。他们二人既已谋定，何不乘其尚未付诸实行，我等抢先发难？待他们动手，悔之不及。"陈乞两面挑拨，双方愈加对立，于是诸大夫听从陈乞之言。

周敬王三十一年六月下旬，陈乞、鲍牧与诸大夫率领甲士进入齐君宫中。高张闻讯，与国夏坐车赴齐侯之宫。双方战于庄街，高氏、国氏败。国人们追赶他们，于是国夏逃亡莒国，又与高张、晏圉、弦施逃亡鲁国。八月，齐国邴意兹亦逃亡鲁国。

佐立安孺子荼的重臣均已逃亡，陈乞派人召公子阳生回国。阳生驾车去见南郭且于，即齐公子鉏。公子阳生道："我曾献马予季孙氏，却未列入其上乘之马，故而准备再献此马，请与我一起乘车试试。"出莱门后，公子阳生将陈乞派人召他回国之事告诉南郭且于。阳生家臣阚止知道后，或恐出意外，便于城外等待。公子阳生道："事情发展如何尚不可知，你且回去，与壬一起。"壬为阳生之子。公子阳生遣回阚止，自己动身，趁夜色来到齐国，然而国人均已知晓。陈乞让自己之妾照顾阳生，又让阳生跟随送食物之人进入齐君宫殿。

十月下旬，齐国立阳生为君。阳生将要与诸大夫盟誓，鲍牧酒醉前往。其管车之臣鲍点道："此谁之命？"陈乞道："受鲍子之命。"因见鲍牧酒醉，因此当面向鲍牧道："此为您的命令！"鲍牧并非真正酒醉，借酒意斥责道："你忘记先君曾为孺子牛而折齿之事吗？如今要背叛先君吗？"公子阳生稽首道："您是尊奉道义行事之人。若我可为君，不必驱逐一大夫。若我不可为君，亦不必驱逐一公子。合于道义便进，不合道义便退，岂敢不唯您是从？废立不乱，便是我的愿望。"或许鲍牧见公子阳生处事稳妥，孺子荼幼弱不堪大任，加之陈乞等人已造成既成事实，因此道："你们谁非先君之子？"于是接受盟誓。公子阳生得立，是为齐悼公。悼公让景公之妾胡姬带安孺子赴赖邑居住，而将孺子之母鬻姒送至他处，杀景公嬖臣王申，拘江说，将王豹囚于句窦之丘，消除了对自己的威胁。

之后，齐悼公派朱毛向陈乞道："非您，我不及此。然而国君与器物不同，不可有二。器二不匮，君二多难，谨告于您。"陈乞不答而泣，道："国君不信群臣吗？齐国有饥荒之困，又有兵戈之忧，年幼国君不得要领，因此才求长君，大约长君亦当能容忍臣等！不然，孺子荼又有何罪，至于被废？"朱毛向悼公复命，悼公后悔失言。朱毛道："国君大事征求陈子意见，小事可自己决定。"悼公派朱毛将孺子荼迁至骀邑，未到骀邑，便将他杀于野外，葬于殳冒淳，彻底消除了孺子的威胁。齐景公立其宠爱的幼子，结果反害了幼子性命。

鲁国正卿季桓子季孙斯也因其遗命，害了幼子性命。周敬王二十八年，即公元前492年，秋天，季孙斯病，命其宠臣正常道："不要从我而死！若南孺子生男，则将我之言告国君、卿大夫，立此子为嗣；若生女，则可立肥。"肥为庶子，然而南孺子亦并非嫡夫人，因此季孙斯才留下如此遗命。季孙斯死后，其子肥即卿位，是为季康子。葬礼完毕，季康子上朝。此时南氏生男，正常用车载此男送至朝廷，报告道："夫子有遗言，命臣曰，南氏生男，则告国君与大夫，立之为嗣。如今生男，谨此报告。"正常知道康子继位已成事实，季孙斯遗命不会有结果，因此报告季孙斯遗命之后，便逃亡卫国。康子向鲁哀公请求退位，哀公派遣大夫共刘去察看南氏所生婴儿，有人已将婴儿杀死。于是哀公命讨伐杀人凶手，并召见正常，但正常不肯回国。季孙斯为官一世，当知权力诱人。若他不留遗命，或许尚能保全其遗腹子一命。他的遗命，不仅害其宠臣逃亡，且害其幼子性命。

《左传》还记载了这年五月鲁国司铎官署发生火灾之事。司铎官署位于宫城之内，火势很大，越过鲁国宫廷，桓公之庙、僖公之庙均被烧毁。救火之人均道："看好府库。"孔子弟子南宫敬叔司理典籍，他到来后，命令管理朝廷典籍之人取出国君所阅之书，于宫中等待，南宫敬叔道："典籍交付于你，你若失职，必死。"仲孙氏子服景伯到来后，命令宰人取出礼书，于宫中待命。不尽职守，将按规定惩罚。命掌马之人备好车马，掌车之人为车轴涂好油脂，百官坚守岗位，府库加强戒备，掌管馆舍之人保障供应。命人用湿帷幕覆盖火场附近建筑，备好救火器材。又命以湿物将宫廷覆盖，自太庙开始，由内至外依次覆盖。又帮助人力物力不足之人。不听命令者，按规定处罚，不予赦免。公父文伯到来，命掌马之人为君车套马。季孙斯到来，为哀公驾车立于大门之外，命救火者受伤，便停止救火，财物可再造，人命不可再生。又命将文献收藏起来，道："旧日典章不能丢失。"富父槐到来，道："没有灭火准备而让百官仓促办事，犹如让人拾起地上汤水。"于是开始拆除火道上干枯易燃之物，围绕宫廷四周开辟火道，以隔火势。由《左传》关于救火的详尽描述来看，鲁国文职重典籍，卿大夫重职守，执政重人命，鲁臣救火措施并无不当。

此时孔子正在陈国，闻知鲁国发生火灾，道："或许是桓公、僖公之庙吧！"孔子之所以作如此判断，是因桓公、僖公庙之存在，乃是违背周朝礼制的。据《礼记·王制》所载周制，"天子七庙，三昭三穆，与太祖之庙而七。诸侯五庙二昭二穆，与太祖之庙而五。大夫三庙，一昭一穆，与太祖之庙而三。士一庙。庶人祭于寝"。鲁桓公为哀公八世祖，僖公为哀公六世祖，诸侯五庙，则桓公、僖公之庙当已毁。或许因历代执政季孙氏、叔孙氏、仲孙氏均为桓公之后，因此桓公之庙一直不毁。孔子显然认为保留桓、僖二庙有违礼制，认为火灾乃上天示警，因此有此判断。

# 第一八一章　不禳不祀楚昭明理，绝地天通大夫论道

据《左传》记载，周敬王三十一年春，公元前489年，吴国重提陈怀公不应吴王之召的旧怨，再次攻打陈国。楚昭王道："先君与陈国有盟约，不可不救。"于是楚昭王亲自率军救援陈国，驻扎于城父。

七月，楚昭王占卜与吴交战，结果不吉。占卜退兵，结果亦不吉。楚昭王道："至多一死。若楚军再次失败，不如死；弃盟、避仇，亦不如死。同是一死，或许当死于仇敌！"昭王命其弟公子申即子西继承王位，公子申不同意；又命公子结即子期继承王位，公子结也不同意；再命公子启即子闾继承王位，公子启五次推辞，最终同意。即将开战，昭王得病。昭王依旧率军进攻大冥，死于城父。子闾道："君王舍其子而让位，群臣岂敢忘记君王？当初服从君王之命，乃为顺从；如今立君王之子，亦为顺从。"于是与子西、子期商议，秘密转移军队，封闭道路，迎越国公主之子章，立为楚王，然后退兵回国。

这一年有云如一群赤鸟，夹日飞翔三天。楚昭王派人询问周朝太史。周太史道："或许应在楚王身上！若禳祭，可以移至令尹、司马身上。"楚昭王道："除腹心之疾，而置于股肱，有何益处？不谷无大过，上天能让我夭折吗？有罪受罚，怎能迁移？"于是不行禳祭。

昭王初病，占卜之人道："河神作祟。"大夫们请求于郊外祭祀。昭王道："三代规定的祭祀制度，祭祀不超本国山川。江、汉、睢、漳，为楚国祭祀之川，河不在楚。祸福到来，不过此地之神。不谷虽不德，不会得罪河神。"于是不祭。

孔子评论道："楚昭王知大道矣。其不失国也，宜哉！《夏书》曰：'惟彼陶唐，帅彼天常，有此冀方。今失其行，乱其纪纲，乃灭而亡。'又曰：'允出兹在兹。'由己律常，可矣。"孔子所引《夏书》，均为逸书。前者称赞陶唐氏遵循天道，拥有华夏；夏桀扰乱纲常，因此失国；后者意谓种瓜得瓜种豆得豆。孔子认为昭王深明天道，可保楚国不衰。

## 第一八一章 不禳不祀楚昭明理，绝地天通大夫论道

楚昭王能知大道，当与其注重典籍学问有关。《国语·楚语》记载楚昭王向大夫观射父请道："《周书·吕刑》所谓颛顼掌天地之臣重与黎使天地不通，乃是为何？若二人不绝天地，民将能登天吗？"

观射父向昭王论述了"绝地天通"："并非谓此。古代民与神并不混杂。民众中精神执着、恭敬中正之人，其智与德义并重，其圣能光明远播，其明能洞察一切，其聪能通达四方，如此，神明便会降临于他，男子曰觋，女子曰巫。他们安排众神祭位主次，规定祭祀所用牺牲与器服，并让先圣后代能有圣明，懂得山川名位、高祖神主、宗庙事务、昭穆次序，做到庄敬勤勉、礼节适宜、威仪适度、容貌庄重、中正诚信、祭服洁净，用恭敬神明之人为太祝。使望族之后懂得四季生长、牺牲物种、玉帛种类、采服礼仪、祭器大小、尊卑主次、应居之位、坛场处所、上下神灵、姓氏出处，并用遵循旧典之人为宗伯。便有掌管天、地、神、民、物之官，是谓五官，各司其职，不相杂乱。民众因此有忠信，神灵因此有明德，民众恭敬而不渎神，因此神灵降福，灾祸不至，财用不匮。至少皞氏衰落，蚩尤之徒黎氏九人扰乱德政，民神混杂，不辨名实。人人祭祀，家家为巫，没有诚信。民众亵渎盟誓，没有敬畏之心，穷于祭祀，而不获福报。神对民间法则习以为常，无法要求祭祀洁净。结果嘉物不降，民众无物祭祀；灾祸频繁，民生受到损失。颛顼继位，命南正重主管司天之事，使诸神各得其分；命火正黎主管土地之事，使民众各得其分。于是恢复原有秩序，民神不再互相侵犯，便是所谓绝地天通。高辛氏末年，三苗继承九黎凶德，尧则培育了重、黎之后，是为羲氏、和氏，不忘先人事业，再度主司天地之事。直至夏、商两朝，重、黎两氏世代主司天地之事，别其位次。周朝程伯休父为其后裔，周宣王时，失去了掌管天地之事的官位，而为司马氏。休父后代神化其祖，以此向民众显威，言重氏能举天，黎氏能抑地。逢幽王乱世，无人能够控制他们。不然，天地形成后不复改变，如何能接近呢？"

神人不相杂的上古阶段，民众与神灵不能直接沟通，因此对神灵及与神灵沟通之人怀有敬畏，社会处于严格有序的等级阶段。后民众自以为能直接与神灵沟通，于是索求无度。结果一是为索求福报，将财物大部分奉献于神灵，导致自身匮乏，二是过度奉神，导致生产凋敝。古代圣贤正是看到淫祀泛滥，因此再度"绝地天通"。楚昭王当是接受了"绝地天通"的思想，因此不禳不祀，注重修德。

《国语·楚语》还记载了观射父论祭祀牺牲之事。司马子期祭祀楚平王，

将祭祀牛肉送予昭王，昭王问观射父道："祭祀用何牲畜？"观射父答道："祭祀用牲比国君于朔望之日盛馔要多。天子盛馔用牛、羊、猪齐全之太牢，祭祀则供奉三份太牢；诸侯盛馔仅用一牛，祭祀则供奉太牢；卿盛馔用一羊、一猪之少牢，祭祀则供奉牛；大夫盛馔用一猪，祭祀则供奉少牢；士盛馔用烤整鱼，祭祀则供奉一猪；庶人食菜，祭祀则供奉鱼。尊卑有序，民众不敢轻慢。"

关于祭祀所用牲畜大小，观射父道："郊禘祭祀上天并以祖先配享，所用之牲，其角不超过蚕茧、栗子大小；秋冬祭所用之牲，其角长不超一握。"昭王道："太小了吧？"观射父答道："神以精明降临万民，只求祭品齐备洁净，不求硕大。因此先王祭祀，以纯心一颗，玉、帛二精，牛、羊、猪三牲，四时之谷物，五色之华采，声音之六律，天、地、民与四时之务七件大事，金、石、土、革、丝、木、匏、竹之八音，九州助祭，择干支十日与十二时辰之吉日良辰请神享祀，率接受赐氏之百姓、千品、万官、亿丑、兆民，以九州之田的出产，供奉神灵，明德以昭孝敬，和声以入神听，遍告神灵来降，享受吉庆。以毛表示物色，以血表明新鲜，诚敬地拔毛取血以献，表示诚敬洁净。然而敬神之牲，豢养时日长不过三月，短不过十日，否则民力不堪。"

昭王或许认为祭祀耗费民力，或许怜悯幼小牲畜，问道："祭祀不可以废除吗？"观射父道："祭祀用以昭示孝道，使民蕃衍，安抚国家，安定百姓，不可废除。民众放纵便会堕落，堕落便会颓废，久废便不能振作，万物便不能蕃衍。不从上令，不殖万物，便不能封邦建国。因此古代先王日祭祖、考，月享曾祖、高祖，四时祭祀二祧即功高的远祖，每年于郊坛祭祀天神。诸侯不行日祭，而行月享，卿、大夫不行月享，只于四时祭祀，士与庶人则每年祭祀一次。天子普遍祭祀群神万物，诸侯祭祀天地、日月星三辰以及封国的山川，卿、大夫祭祀礼仪规定的五祀与自己的祖先，士、庶只祭祀自己祖先。日月交会于苍龙七宿尾宿时，地气收敛，天气晴朗，嘉物收藏，群神频降。国于此时行秋冬祭祀，家于此时行秋冬祭祀，百姓夫妇们选择良辰，供奉祭牲，敬献黍稷，洒扫清洁，穿着祭服，滤清酒醴，率领子弟，举行祭祀，宗祝虔诚，顺颂敬辞，隆重祭祖，阖家敬肃，如神亲临。并于此时会合州、乡朋友姻亲，亲近兄弟亲戚。弥合嫌隙，消除怨恨，和睦友好，加强团结，安定上下，巩固族姓。君上以祭祀教育百姓虔诚，民众以祭祀表示诚信事上。天子祭天郊禘，必要亲自射杀牲畜，王后必要亲自春米盛入祭器。诸侯祭祀宗庙，必要亲自射牛、宰羊、杀猪，夫人必要亲自春米盛入祭器。何况其下之人，谁敢不战战兢兢，事奉百神？天子亲自舂米用以祭天，王后亲自缫丝做成祭服，自公卿以下至于庶人，谁敢不严肃恭敬致力于事奉神灵？民众要依靠祭祀来维系，怎能废除祭祀？"这里论述的是祭祀这种仪式化行为的必要性。

昭王又问道："所谓一纯、二精、七事，所指为何？"观射父答道："圣王端正冠冕，不违衷心，率领群臣以精致物品亲临祭祀，神前没有邪念，此谓一纯。玉、帛称为二精。天、地、民与四时之务称为七事。"昭王再问道："所谓百姓、千品、万官、亿类和兆民经入畡数，又指何事？"观射父道："民众之上官有上百。王公子弟能述职守职为官，以事功被赐姓氏者，因称百姓。上官的僚属，十倍于百官，因称千品。管理天、地、神、民、物五事之官，其僚属当有上万，因称万官。职有十类，各有上万僚属，因称亿丑。天子管辖九州之地，养活兆众，征收赋税，以养万官。"观射父所谓亿，乃今天的十万。而古代所谓兆，即今天的一百万，是最大之数量单位。

楚昭王谥"昭"，当是褒扬他"昭德有劳""圣闻周达"。

# 第一八二章　畏强凌弱鲁吴结盟，尊制诫子季妇守礼

周敬王三十二年，即公元前488年，夏，鲁哀公于鄫邑会见吴王夫差。鄫邑位于今山东省临沂市兰陵县鄫城村。据《左传》记载，吴人前来要求鲁国设百牢之宴，即牛、羊、猪各百头。子服景伯答道："先王未有如此行事。"吴人道："宋国便享我百牢，鲁国不能低于宋国。且鲁国享晋国大夫曾超过十牢，设十一牢，为吴王设百牢，有何不可？"子服景伯道："晋国范鞅贪婪而弃礼，以大国势力威胁敝国，所以敝国享以十一牢。贵君若循礼命令诸侯，则有定数。若亦弃礼，则为过分。周朝称王天下，制定礼制，所用物品数不过十二，因十二为天之大数。如今吴国要抛弃周礼，定要百牢，也听凭执事。"吴人不听。子服景伯道："吴国将亡，弃天之数而违背周礼。如果不给，必加害我国。"于是鲁国享以百牢。

鲁哀公赴鄫邑会见吴王，季康子季孙肥留守都城。吴国太宰嚭于鄫邑，派人召见季孙肥，季孙肥派子贡前往推辞。太宰嚭道："两国国君均远程跋涉，而大夫却不出都城，是何礼仪？"子贡答道："岂是为礼，乃惧怕大国。大国不以礼命令诸侯，大国既不尊礼，小国无法估量后果。寡君既已奉命前来，其老臣岂敢再抛下国家不守？吴太伯周衣周冠以行周礼，仲雍承嗣，断发文身，为裸体之饰，岂合周礼？有其缘故而已。"

鲁哀公君臣从鄫邑回都后，季孙肥认为吴国没有能力不利于鲁国，于是想要攻打邾国，设宴招待大夫们一同商议。子服景伯道："小国以信事奉大国，大国以仁保护小国。违背大国，乃是不信；攻打小国，乃是不仁。城邑保护民众，德行保护城邑。抛弃信与仁两种德行，国家将危，如何保城保民？"仲孙何忌亦意欲伐邾，向诸大夫道："诸位以为如何？哪种意见为上？我将接受。"大夫们答道："大禹于涂山会合诸侯，执玉帛赴会者万国。如今存者，不过数十。便因大国不养育小国，小国不事奉大国。明知必有危险，何故不言？鲁国德行不比邾国更高，而以人众兵临邾国，岂能行得通？"宴会不欢而散。

最终，鲁国执政依旧坚持伐邾，于同年秋天，出兵攻打邾国。鲁国军队到

## 第一八二章 畏强凌弱鲁吴结盟，尊制诫子季妇守礼

达邾国外城范门时，尚闻邾国乐钟之声，可见邾国毫无防备。大夫们劝谏邾隐公，隐公不听。大夫茅夷鸿请求向吴国告援，邾隐公不允，道："鲁国巡夜击木之声，邾国均可听到，吴国相距两千里，没有三个月军队不至，如何救得我们？况且国内力量难道不足以拒鲁？"茅夷鸿因邾隐公不听劝谏，率茅邑之人反叛。茅邑位于今山东省济宁市鱼台县境内。于是鲁国军队便攻入邾国国都，驻扎邾国宫廷。鲁国军队白日抢劫，邾人守于绎山。绎山位于今山东省济宁市邹城市峄山镇。鲁军又于夜里劫掠后撤回，将邾隐公带回，献于亳社，囚于负瑕。负瑕位于今山东省济宁市兖州区。

茅夷鸿以五匹帛四张熟牛皮去请求吴国救援，道："鲁国以为晋国衰弱，吴国遥远，倚仗人多，背弃与君王之盟，鄙视君王，欺凌小国。邾国并非爱惜自身，而惧君王威信不立。君王威信不立，乃小国之忧。若夏日于鄫衍盟誓，秋日便背弃盟约，鲁国得其所求，并无阻力，四方诸侯何以事奉君王？况且鲁国兵车八百乘，为君王之副，但未必忠于君王，而邾国兵车六百乘，为君王属下，绝对忠于君王。难道君王要将属下送予副手？请君王慎重考虑！"于是吴王听从茅夷鸿之言。

周敬王三十三年春，吴国为邾国之故，准备攻打鲁国。吴王询问鲁国逃亡吴国之臣叔孙辄。叔孙辄或许一直想借吴国之力报复鲁国，因此答道："鲁国有名而无实，讨伐鲁国，必能得志。"叔孙辄退下后将此事告诉公山不狃。公山不狃道："此举非礼。君子离国，不往敌国。于鲁国未尽臣礼，又为吴国效力，去攻打鲁国，不如去死。倘若吴国委任伐鲁之职，必须回避。况且离国出行，不应因有所怨恨而祸害故乡。如今您因小怨而欲颠覆祖国，岂非很难？若派您引路先行，定要推辞。君王将会派我去。"叔孙辄闻公山不狃之言，悔恨不已。吴王又问公山不狃。公山不狃答道："鲁国平时虽无可靠盟国，危急之时却必有愿与之同仇敌忾抗敌之国。诸侯将会救援鲁国，君王不能得志。晋国与齐国、楚国会帮助它，于是吴国便有四个敌国。鲁国乃齐国与晋国之唇，唇亡齿寒，君王所知，他们为何不救？"

然而，吴王既定伐鲁，非但不听公山不狃之言，还让公山不狃引路先行。三月，吴国出兵伐鲁。公山不狃故意引导从险路进军，经过武城。武城位于今山东省临沂市平邑县境内。当初，武城有人于吴国境内种田，还曾拘捕浸泡营草的鄫人，道："为何弄脏我水？"因此，等待吴军到来，被拘捕过的鄫人便引导吴军攻打武城，吴军攻克城邑。吴国大夫王犯曾在鲁国为武城宰，孔子弟子

澹台子羽之父与王犯友好。鲁国人不知是鄅人引导吴军攻克武城,均以为王犯所为,且与澹台子羽有关,国人皆惧。仲孙何忌问景伯道:"应当如何应对?"景伯答道:"吴军来犯,便与之战,又有何患?况且乃鲁国伐邾,招吴入侵,又能如何?"吴国军队又攻克东阳,继续前进,驻扎于五梧。第二天,驻扎于蚕室。东阳位于今山东省临沂市费县西南,五梧、蚕室均位于今山东省平邑县境内。鲁国大夫公宾庚、公甲叔子与吴军战于夷邑,夷邑吴军得叔子和析朱鉏之尸体,献予吴王。吴王道:"此乃同一兵车之人。可见鲁国人能为国赴死,看来鲁国不可觊觎。"第二天,吴军宿于庚宗,随后驻扎泗水之滨。鲁国大夫微虎欲夜袭吴王住处,私自命其手下七百人于帐前设置障碍练习翻越,最后挑选三百人,孔子弟子有若也在三百人中。三百人行至稷门之内,有人对季孙肥道:"如此不足以危害吴国,反使国士死于非命,不如制止他们。"季孙肥便下令停止前往。吴王闻知鲁国曾准备派遣死士夜袭,不敢安睡,一夜三迁。

吴王见非但无法战胜鲁国,还要防备人偷袭,便向鲁国求和。鲁、吴两国将要订立盟约,子服景伯道:"昔日楚军包围宋国,宋人易子而食,析骸而爨,尚且未订城下之盟。我们尚未亏损,而订城下之盟,此为弃国之举。吴军轻率,远离本土,不能持久,即将退兵,请稍等待。"执政不听景伯之言,于是景伯背负盟书,来到鲁国莱门。鲁国请吴国让景伯去吴国,吴国应允,鲁国又要求吴国以王子姑曹为质,吴国不欲应允,于是双方停止交换人质。吴人盟约后回国。

《国语·鲁语》关于公父文伯之母有不少记载,从中可见鲁国家庭生活之礼仪,孔子对她知礼、明智有很高评价。公父文伯乃鲁国大夫公父歜,为季孙氏之后。其母敬姜,为季孙肥的叔祖母。季孙肥继卿位后,曾请教于敬姜道:"您有话告诫我吧。"敬姜道:"我不过年老,何以告诫。"季孙肥道:"虽然如此,肥愿听您教诲。"敬姜道:"我已故婆母道,君子能够勤劳,贵而不骄,便能永保后嗣。"孔子弟子卜商,字子夏,得闻敬姜之言后道:"善哉!商曾闻,'古之嫁者,不及舅姑,谓之不幸'。"古人把女子出嫁,公婆早亡,看作不幸,是因为妇人无法向公婆学习。

季孙肥每去看望她,她开着居室之门与其交谈,彼此不越门槛。祭祀悼子,季孙肥参加祭礼,向主人献祭肉时,敬姜不亲手接受,祭祀完毕,敬姜不与季孙肥一起宴饮。宗臣不在,敬姜不参加再祭,祭祀完毕稍微饮酒便退,以防失态。孔子闻知,认为敬姜恪守男女之礼。

## 第一八二章 畏强凌弱鲁吴结盟，尊制诫子季妇守礼

敬姜还恪守公私之礼。一天，敬姜去季氏家中，季孙肥正在自家朝堂办事，与她招呼，她不答应。季孙肥跟随她来到居室门外，她不言而入。季孙肥辞退其家臣，进入居室见敬姜道："肥不得您的教诲，是否得罪？"敬姜道："你难道不闻，天子与诸侯于外朝处理民事，于内朝处理祭神之事；自卿以下，在外朝处理本职工作，在内朝处理家事；居室之内，妇人操持。君臣上下均是如此。外朝，你要处理职官之事；内朝，你要治理家族之事，皆非我敢出言之地。"可见敬姜恪守礼制，亦可见古人公私职责、场所分明。

敬姜还注重待人接物之礼。一次，公父歜宴请南宫敬叔，尊露睹父为上宾。南宫敬叔为仲孙何忌之弟，露睹父为鲁国大夫。进鳖之时，鳖小，露睹父非常生气。宾主相互礼让食鳖，露睹父辞道："待鳖长大以后我再来吃。"于是退席。敬姜得闻，怒道："我已故公公有言，'祭养尸，飨养上宾'。燕飨之礼，以上宾为重，吝啬鳖做什么，使上宾动怒？"于是将公父歜从家中驱逐。五天之后，鲁国大夫们前来说情，敬姜才同意公父歜回家。

敬姜平时在家亦恪守礼制。一天公父歜退朝回家，向母亲请安，敬姜正在搓麻线。公父歜道："如我们之家，主人还要搓麻线，恐怕会惹季孙不满，以为歜不能侍奉好母亲。"敬姜叹道："鲁国或许将亡！以如你这样的童蒙之人为官。难道你不曾闻知天道人道吗？坐下，听我告诉你。昔日圣王治理万民，择贫瘠土地安置他们，劳民用民，故而能长期主宰天下。民众辛劳，便会思节俭，思节俭便生善心。而如果民众安逸，便会淫荡，淫荡便会忘善，忘善便会生恶心。沃土之民不能成器，便是因为安逸；瘠土之民无不向义，便是因为勤劳。因此天子于春分时穿五彩礼服朝拜日神，与三公九卿熟习地生五谷之德。中午考查政事与百官职事，师尹安排众士、州牧、国相顺序处理民事。秋分时天子穿三彩礼服祭祀月神，与太史、司天文之官观察天显征兆。日落以后监督内宫女官，让她们将禘祀和郊祀祭品整洁备好，而后安寝。诸侯早晨办理天子命令，白天考察封国事务，傍晚检查常法执行情况，夜间警戒百官，使其不敢怠慢，然后安寝。卿大夫早晨审察本职，白天商议日常公事，傍晚按顺序检查工作，夜间处理家事，而后安寝。士人早上接受任务，白天讲习，傍晚复习，夜间检查言行有无过失，而后安寝。自庶人以下，日出而作，日落而息，无日怠惰。王后亲自编织王冠所用丝带，公侯夫人除此之外还要编织冠带，卿之妻子要亲自编织束身所用黑色腰带，大夫之妻亲自做祭祀礼服，列士之妻子既做祭服，又做朝服，自下士以下，妻子都要给丈夫做衣服。春分社祭时要分配农

· 737 ·

桑劳作之事，冬祭之时要献上五谷布帛，男女献其功绩，不得懈怠，此为古制。君子劳心，小人劳力，乃先王之训。自上至下，谁敢放纵心志而不用劳力？如今我乃寡妇，你仅为大夫，朝夕工作，犹恐忘记先人功业，如有怠惰，如何避罪？我希望你朝夕都提醒我，一定不要毁败先人之业。你如今却道，为何不求安逸。以此态度来担任国君官职，我真担心你父穆伯会断绝后嗣！"孔子闻敬姜之言，道："弟子们当牢记此言！季氏妇人不图淫逸。"

敬姜打算为公父歜娶妻，为此宴请主管礼乐的家臣，并赋《绿衣》第三章。诗见《国风·邶风》，诗云："绿兮丝兮，女所治兮。我思古人，俾无訧兮。"意为所娶之女，当能相夫佐姑，使家人减少过失。家臣于是请占卜之人卜女方族姓。师亥闻知后道："善哉！商议男女婚娶之宴，不必请宗臣到场；自家商量娶妇，不与他姓商议。如此谋划婚事不违礼节，以诗昭意。诗乃表明心意，歌乃用以咏诗。以赋诗来促成婚事，以歌来咏它，合于礼制。"

公父歜先于其母敬姜去世，敬姜告诫其妾道："我闻，宠爱妻妾之人，女人为他而死；关心国事之人，士为他而死。如今我子夭折，我不允许他有宠爱妻妾之名。你们几人供奉亡夫祭祀仪式，请不要因悲伤面黄肌瘦，不要无声流泪，不要捶胸悲哀，不要愁容满面，丧服要按照礼制要求而降一等，不要提高丧服等级。要遵守礼仪，安静祭祀，如此才能昭明我子公忠体国之德。"孔子闻后道："姑娘见识不及妇人，男童见识不及丈夫。公父氏之妇真乃明智！要彰显其子美德。"

敬姜朝哭亡夫穆伯，暮哭亡子文伯。孔子闻后道："季氏之妇可谓知礼矣。爱而无私，上下有章。"从《国语》记载，我们可见古人日常礼仪生活之一斑。

# 第一八三章　宋国灭曹齐悼被弑，郑臣取祸晋国伐齐

晋国虽已处于诸侯离心、霸权不再的境地，却也有诸侯国依旧尊其为侯伯，不仅听从晋国号令，而且主动为晋国效力。据《左传》记载，周敬王三十二年春，即公元前488年，因为郑国背叛晋国之故，宋国发兵入侵郑国。有宋国支持，晋军便可对不服从晋国且与其作对的诸侯国假以颜色。于宋军入侵郑国的同时，晋国入侵卫国，讨伐卫国不服从晋国。

同年秋天，宋国军队又包围曹国。郑国子思道："宋国若占有曹国，乃郑国之患，不可不救。"于是郑军救曹侵宋。

当初，曹国有人曾经做了这样一个梦，梦见一群君子立于国社墙外，商议灭亡曹国。曹叔振铎请求等待公孙彊，众君子应允。此人早晨起来，便去寻找公孙彊，然而曹国并无此人。做梦之人告诫其子道："我死以后，你如闻公孙彊执政，定要离开曹国。"

曹阳继曹靖公之位，或因死后无谥号，因此史称曹伯阳。曹伯阳即位之后，喜欢猎鸟。曹国郊野之人公孙彊也喜欢猎鸟，得到白雁，献给曹伯阳，并向曹伯阳讲述猎鸟技巧，曹伯阳对他非常喜欢。曹伯阳又向公孙彊询问国政之事，公孙彊应对得体，曹伯阳更加看重于他。公孙彊有宠于曹伯阳，曹伯阳以他为司城，执掌国政。做梦人之子于是离开曹国。

公孙彊向曹伯阳谈论称霸策略，取悦曹伯阳，曹伯阳听从其言，居然不自量力，背叛晋国，侵犯宋国。曹伯阳此举招致宋国人攻打曹国，而晋国自然也不救援。宋国退兵之后，公孙彊于曹国都城郊外建造五个城邑，名黍丘、揖丘、大城、钟邑、邘邑，护卫曹都。曹都位于今山东省菏泽市定陶区。

周敬王三十三年春，宋景公再次攻打曹国，本欲撤兵，宋国大夫褚师子肥殿后。曹人或许依仗郊外筑有五邑，藐视宋军，辱骂褚师子肥，于是子肥驻足不走，以致宋国全军等待褚师子肥的后军。宋景公得知曹人辱骂褚师子肥，非常愤怒，命令回师攻打曹国，于是灭亡曹国，俘虏曹伯阳与司城公孙彊回国，杀了二人。曹本小国，不自量力，叛侯伯，侵邻国，于春秋诸侯国相互征伐之

乱世，自然招致灭顶之灾。

曹伯阳因自不量力而导致灭国，齐悼公则因出尔反尔为自己埋祸。当年齐景公薨，国夏、高张遵照景公遗命，立孺子荼为齐君，齐国群公子均出奔在外。当时的公子阳生出奔鲁国。或许季孙肥看好公子阳生，因此将其妹许配阳生。后阳生继位，是为齐悼公。齐悼公即位后，便派人迎她赴齐。季孙肥之叔父季魴侯与季孙肥之妹私通，其妹向季孙肥道出实情，季孙肥不敢将她送至齐国。齐悼公非常愤怒。周敬王三十三年五月，齐悼公派遣鲍牧率军进攻鲁国，占取讙邑与阐邑。讙邑位于今山东省泰安市肥城市境内，阐邑位于今山东省泰安市宁阳县境内。

齐悼公在继位之前言行谨慎，因此能坐上齐君宝座。但他成为国君后，却逐渐暴露其轻信多疑、残忍暴戾、出尔反尔的恶劣品质。有人向他诬陷景公之妾胡姬为安孺子同党。六月，齐悼公杀胡姬。安孺子不过婴儿，胡姬不过侍妾，他们本身其实不可能对悼公形成威胁，然而悼公为消除后患，派人将他们全都杀了。

齐悼公向鲁国用兵之后，派人赴吴国请求援兵，用以攻打鲁国。理由当是鲁国背弃与吴国之盟，攻打邾国。鲁国畏惧齐国与吴国联手，因此送回邾隐公，以向吴国示好。邾隐公依旧行事昏庸，不称吴王之意。吴王派太宰嚭谴责于他，将他囚于楼台，并以荆棘为篱。吴王命令邾国大夫们事奉太子革执政，是为邾桓公。

鲁国又派人赴齐国，向齐国求和。于是，齐国不等吴国援兵，与鲁国媾和。九月，鲁国派遣臧宾如赴齐国莅盟。齐国闾丘明则赴鲁国莅盟，并迎季姬回齐。齐悼公对季姬非常宠爱。这年底，齐国将讙邑与阐邑归还鲁国，便因悼公宠爱季姬之故。

齐国鲍牧本不欲立公子阳生，如今悼公已立，他却依旧在众公子中煽风点火。他分别对公子们道："使得你有马千乘如何？"意思是让他们中之人成为国君。有公子将他此言告诉悼公。齐悼公对鲍牧道："有人进你谗言，你姑且居于潞邑，以待查明实情。若有此事，你分一半家产出国，若无此事，便让你回原封邑。"鲍牧退下后，悼公让他带三分之一家产出走。行至半路，又只准他带走两车的财物。抵达潞邑后，将他捆绑进去，随后便杀了他。潞邑当离齐国都城不远。

因齐悼公宠爱季姬，与鲁国修好，因此于周敬王三十四年春，齐悼公派遣

## 第一八三章 宋国灭曹齐悼被弑，郑臣取祸晋国伐齐

公孟绰赴吴国请辞吴国援兵。吴王非常不满，道："去岁寡人闻命出兵，如今又改其命，寡人不知所从，准备亲赴贵国听命。"吴王意为将亲自率军赴齐国讨要说法。

齐悼公对他人对他国如此出尔反尔，自然使得臣子深感难于侍奉，且为国家招致兵祸。周敬王三十五年春，吴王夫差会同鲁哀公、邾隐公和郯国国君联军伐齐，驻军于齐都南郊。此时，齐国人杀了悼公，向联军报告，以取悦吴王。吴王得讯，或许为折服中原诸侯，或许为使齐国放松警惕，因此按照诸侯相会闻丧之礼，于军门之外哭吊三日。但另一方面，吴国大夫徐承却率吴国舟师，试图从海上侵入齐国。但舟师为齐国所败，于是吴国退兵回国。

郑国近些年因晋、楚之间争夺停止，因而得以安宁。但郑国君臣不思富国强兵，以求自立自保，其卿大夫多是各自敛财。郑国驷秦只是下大夫，却富有而奢侈，常常于庭院中陈列卿所使用的车马服饰。郑人厌恶他，便将他杀了。子产之子子思道："《诗》云，'不解于位，民之攸墍'。（《大雅·假乐》）百官不懈，民得安宁。鲜见不守其职而能久居其位者。《商颂》曰，'不僭不滥，不敢怠皇，命以多福'。（《商颂·殷武》）不僭不差，不溢不满，不敢懈怠，不敢偷闲，天赐多福。"子思认为，驷秦淫于奢侈，怠于职守，因此天人不佑，自取其祸。

郑国还有权臣妄行，不仅为自己招来祸难，还为郑国招来祸患。郑国罕达的宠臣许瑕求取封邑，罕达无地可封，许瑕便请求取于他国，罕达为满足宠臣，居然答应为他出兵掠地。因宋国曾攻打郑国，周敬王三十四年春，郑国派军队包围宋国雍丘。宋国皇瑗反包围郑军，每日迁移军营，挖沟筑堡，合围郑军，断其粮草。郑军见进退不得，士兵皆哭。罕达率军前去救援，为宋师大败，宋军于雍丘全歼郑军，唯具有一技之长者郑张与郑罗留得性命，被宋人带回。雍丘位于今河南省开封市杞县。

入夏之后，宋景公又亲自率军攻打郑国。宋国本来一直追随晋国，并为郑国叛晋而攻打郑国，如今又因郑国先行挑衅，包围宋国雍丘，宋国出兵郑国也事出有因。然而或许因郑国以财物贿赂晋国请求晋国出兵救援，晋国准备出兵援郑。

晋国赵鞅为援郑占卜，遇水适火卦象，于是向史赵、史墨、史龟询问卦象吉凶。史龟道："此谓阳气下沉，可以兴兵，利伐姜姓之国，不利伐子姓商裔。伐齐则可，伐宋不吉。"史墨道："盈为水名，子为水之方位。名位相

当，不可触犯。炎帝为火师，姜姓为炎帝之后。水胜火，可以伐姜姓。"史赵道："卦象谓如川之满，不可游也。郑国有罪，不可救也。救郑不吉，不知其他。"阳虎以《周易》筮卦，得"泰"之"需"，泰卦乾下坤上，需卦乾下坎上，六五为变爻。泰之六五爻曰："帝乙归妹，以祉，元吉。"帝乙为商纣之父，阴爻居中，如帝王嫁妹，得如其愿，福禄双全。阳虎因此道："宋国正于吉利之时，不可与之为敌。微子启乃帝乙长子。宋国与郑国，乃甥舅之国。祉乃爵禄。若帝乙长子嫁妹而有吉禄，我们安得有吉？"于是赵鞅决定不去救援郑国。

或许因卜卦曰利于讨伐姜姓之国，而齐国多年来又一直与晋国作对，因此第二年，即周敬王三十五年夏，赵鞅率军攻打齐国。大夫请求占卜，赵鞅道："我曾卜卦，因此才对齐国出兵，此事不能再次令龟，多卜乃亵渎神龟，况且再卜不会再得吉兆。出兵！"于是晋国攻取了齐国犁邑与辕邑，并毁高唐外城，直侵至赖邑而回师。犁邑位于今山东省德州市临邑县西，辕邑与高唐于禹城市境内，赖邑位于今山东省济南市章丘区。晋国伐齐果然应验了所卜之卦。

# 第一八四章　吴开邗沟艾陵败齐，越豢吴人子胥殒命

吴王想称霸诸侯，问鼎中原，然而路途遥远，保障困难，为解决江北驻军保障与向北交通运输，吴国动用人力物力，于周敬王三十四年，即公元前486年，在江北修筑邗城，并于邗城旁开挖深沟，《左传》记载为"城邗，沟通江、淮"。邗城位于今江苏省扬州市西北，邗沟南起扬州市长江之北，北至江苏省淮安市清江浦区，全长三百六十里。如此工程当不是短期完成的，全部完成或于周敬王三十四年，因为这年冬天，吴王派人赴鲁国，告诫鲁国当与吴国同时出兵，攻打齐国。

便有了周敬王三十五年春，吴王夫差、鲁哀公、邾隐公与郯国国君联合出兵攻打齐国南部边境之举。此次吴国举兵，因齐国人弑杀悼公，取悦吴王，吴军回国而告终。但是有了邗沟方便交通，这年秋季，吴王又派人赴鲁国，通告鲁国明年再次出兵攻打齐国。

周敬王三十六年春，尚未等吴国出兵，齐国先出兵伐鲁，以报复鲁国与吴国联合攻打齐国的郧邑之战。齐国率军之人为国书、高无㔻，军队抵达清邑。清邑于齐国南部，即今天山东省济南市长清区。孔子弟子冉求为季孙氏家宰，季孙肥问冉求道："齐军驻扎清邑，必是为讨伐鲁国，该当如何？"冉求道："季孙、叔孙、仲孙三位中一位留守，两位跟随国君于边境御敌。"季孙肥道："或许做不到。"冉求道："那就不赴边境，于境内近郊抵御。"但叔孙氏与仲孙氏皆不同意。冉求道："若二子不同意，则国君不出。您一人率师，背城而战，卿大夫均率属下出战，不参加战斗者便不为鲁臣。鲁国卿大夫兵车总数比齐国来犯兵车多，即使您一家兵车也多于来犯齐军，您有何患？他们两位不想作战，也很自然，因为政权掌握在季氏手中。您担当国政，齐军伐鲁而鲁国不能战，鲁国将不能列于诸侯行列，乃您之耻辱。"季孙肥让冉求随他上朝，在宫外等待。叔孙州仇招冉求问如何应战。冉求答道："君子有远虑，小人何以知？"仲孙何忌定要他回答，他答道："小人量才、量力而言。"冉求之言似是自谦不敢轻易置喙，实则亦指叔孙、仲孙二氏不足与言。叔孙州仇道："此乃指责我

不成大丈夫。"于是回去检阅部队，准备出战。仲孙何忌让儿子仲孙彘率领右师，颜羽为车御，邴洩为车右。冉求率左师，管周父为车御，孔子弟子樊迟为车右。樊迟名须，字子迟。季孙肥道："须尚年轻。"冉求道："他能用命。"季孙氏共有甲士七千人，冉求以老幼守宫，率三百名武城人为自己亲兵，驻扎南门雩门之外。五天之后，仲孙氏的右军才跟进。鲁昭公之子公为见到守城之人掉泪道："徭役繁重，赋税又多，上不能谋，士不能死，何以治民？我作如此之言，怎敢不效命！"

鲁军与齐军战于郊外。齐军从稷曲进攻鲁军，鲁军不敢过沟迎战。樊迟向冉求道："并非不能，而是不相信你，请将号令申明三次，然后带头越沟。"冉求依言而行，所率左师皆跟随越沟，冲入齐军阵营。

鲁国仲孙氏所率右军开始奔逃，齐军追赶，齐国大夫陈瓘、陈庄涉过泗水。仲孙氏族人孟之侧最后入城，抽箭鞭马，道："我在最后并非勇敢，而是马不肯行。"伍长林不狃之伍卒问："逃吗？"不狃道："我不如谁？"伍卒又问："留下来抗敌？"不狃道："我亦不足为贤。"他缓步而行，被齐军杀死。

冉求所率鲁军左师砍齐军甲士首级八十，齐军不能整齐军队。入夜，探子报告道："齐人已逃。"冉求再三请求追击，季孙肥不允。仲孙彘对他人道："我不如颜羽，而强于邴洩。子羽敏锐欲战，我虽不欲战，却并未出言避战，邴洩却道策马快逃。"公为与其宠僮汪锜同乘一车，一起战死，汪锜尚未成年，鲁军将他与成人一样殡殓。孔子道："能执干戈以卫社稷，不当以夭折对待。"冉求所率左师以矛攻击，所以能攻入齐军阵中。孔子称赞道："此为义举。"齐军入侵，鲁国郊战。周敬王三十六年五月，鲁哀公一为报复齐国，二因应承吴国，鲁哀公便率军会合吴王进攻齐国，即历史上有名的艾陵之战。

艾陵位于今山东省淄博市淄川区。五月，吴、鲁联军攻克博邑，之后抵达嬴邑。博邑位于今山东省泰安市东南，嬴邑位于今山东省济南市莱芜区。吴国中军跟随吴王，大夫胥门巢率上军，大夫王子姑曹率下军，大夫展如率右军，鲁哀公与季孙、叔孙、仲孙三氏均在军中。或许鲁军与吴军混编。齐国国书率中军，高无㔻率上军，宗楼率下军。陈乞对其弟陈书道："你若战死，我必得志。"宗子阳与闾丘明相互勉励，不畏战死。桑掩胥为国书车御。公孙夏道："此二人必将战死。"即将开战，公孙夏命其手下唱挽歌《虞殡》，陈逆命其手下准备好含玉，皆表必死之心。公孙挥命其手下："每人准备八尺之绳，吴人发短，可缚其首级。"东郭书道："三战必死，此为我的第三战。"于是派人将

## 第一八四章 吴开邗沟艾陵败齐，越豢吴人子胥殒命

琴赠予弦多，道："我再也见不到您了。"陈书道："此行，我将只闻鼓声，不闻金声。"东郭书与陈书亦作必死准备，唯独公孙挥对胜利充满信心。

五月底，两军战于艾陵。即将开战时，吴王向叔孙州仇喊话道："你任何职？"叔孙州仇道："司马。"吴王赐其铠甲与剑，道："敬奉君事，不得废命。"叔孙州仇不知如何回答，因为君赐臣剑，是欲其死，叔孙不知吴王何意。子贡上前道："州仇受甲从君。"于是代叔孙拜受。交战结果，吴国展如所率右军败齐国高无㔻的上军，齐国国书所率中军败吴国胥门巢所率上军，吴王亲率中军助胥门巢，大败齐军。国书、公孙夏、闾丘明、陈书、东郭书皆战死，吴国缴获革车八百乘，得甲士首级三千，献予鲁哀公。

鲁哀公派太史固送回国书首级，置于新的竹箱中，衬垫黑、红两色丝绸，并加丝带，上置一信，书道："天若不识不衷，何以使下国？"意为上天知道齐国不正，因此使小国得胜。鲁国季孙氏深知物盈必毁，况且鲁国相比齐国，乃是小国。因此战胜齐国之后，季孙肥便命令整顿防务，道："小国战胜大国，乃是祸患，齐国不日会来报复鲁国。"或许齐国损兵折将，又顾虑吴国出兵，因此齐国并未向鲁国用兵。

战前，吴王曾派伍子胥赴齐国。伍子胥将其子托付给齐国鲍氏，为王孙氏。战后吴王闻知伍子胥将其子托付齐国，派人将属镂剑赐予伍子胥，让其自杀。伍子胥临死道："在我墓上种植檟树，檟木可以成材。吴国或许将亡！"三年之后，吴国始弱。物盈必毁，此乃天道。

战前，越王勾践率其下属朝见吴王，对吴王及臣子皆有馈赠。吴人皆喜，惟伍子胥感到恐惧，道："此举为豢养吴人，如同豢养牺牲，并非爱之，而将杀之！"他向吴王夫差进谏道："越国于我国，为心腹之疾，处于一地，欲占有我国。他们顺服，是为实现其欲望，不如我们抢先动手。我们得志于齐国，便如得到石田，不可耕作，无可使用。我们不亡越国，吴国将会被灭。从未有人让医者治病，而让其保留病根。《盘庚之诰》曰，'其有颠越不共，则劓殄无遗育，无俾易种于兹邑'。若有狂乱背命者，全部割绝，不留后患，不让其种延育于此地。商朝所以能兴。如今君王反其道而行，用此种方法谋求大业，岂非困难？"然而吴王不听劝谏。便有了吴、鲁联兵伐齐的艾陵之战。

《国语·吴语》详细记载了伍子胥之死。吴王夫差伐齐回国后，责问伍子胥道："昔日先王仁德圣明，上达天听。譬如农夫并排耕作，先王与你共同割除四方蓬蒿，讨伐楚国立下威名，此为大夫之力。如今大夫已老，却不肯安于

· 745 ·

恬静安逸，居家则心生恶念，出外则怪罪于我，扰乱法度，妄作妖言。如今上天降福吴国，齐军归顺。孤家岂敢居功，乃先王之钟鼓，神灵之佑助。我将此消息告知于你。"

伍子胥解下佩剑答道："昔日历代先王皆有辅弼之臣，以决疑虑，因此没有陷入大难。如今君王抛弃老臣，而与孩童合谋，并道王命不得违背。不违王命，恰违天道。不违王命，乃败亡之阶。天之所弃，必先予其小的惊喜，而留下大的忧患。君王若伐齐不得逞志，因此王心觉悟，吴国尚可继嗣。我们先王所得，必有成功条件；及其失败，亦自有失败原因。成功条件便是始终任用能人获得援助以保功业，不失时机挽救危局。如今君王没有成功条件，而上天屡次赐福，说明吴国国运已经不长。我不忍心称病避难，见到君王被越人所擒。员请求先死！"于是自杀。临死前道："将我双眼悬于国都东门，以见越人之入，吴国之亡。"吴王怒道："孤家不让大夫得见！"遂派人将伍子胥之尸装入皮袋，投入大江。吴王不听谏言，最终导致灭国，此为后话。

# 第一八五章　卫臣谋私孔子回国，吴晋会盟歃血争先

据《左传》记载，周敬王三十四年，公元前486年，楚惠王三年，楚国因陈国投靠吴国而攻打陈国。第二年冬，楚国司马子期率军再次伐陈。吴国派遣州来季子救援陈国。季子对楚国司马子期道："两国国君不务德行，以武力争夺诸侯，最终伤害几国之民，民有何罪？我请求撤退，以成就您的名声，请您致力于务德安民。"于是季子撤兵。

陈国处于吴、楚两国夹缝之中，生存不易，然而陈国君臣非但没有远虑，亦无近识，只知盘剥民众，以逞私欲。陈国司徒辕颇对封邑之田悉数征收赋税，为闵公嫁女之用，剩余钱财又为自己铸造钟鼎等重器。司徒掌教化，司徒自身如此，可见陈国官场之风。辕颇行为引发国人不满，周敬王三十六年，公元前484年，国人驱逐了他，他出亡郑国。道路饥渴，族人辕咺奉上米酒、小米饭、腌肉。辕颇惊喜地问："为何如此丰盛？"辕咺答道："我早知会有如此结果，钟鼎铸成，便开始准备食物。"辕颇道："当初为何不谏？"辕咺答道："畏惧被您驱逐。"

春秋末世，各国君臣大多丧失志向，贪财好色，卫国臣子亦是如此。这年冬天，卫国太叔疾逃亡宋国。当初，太叔疾娶宋国公子朝之女。公子朝为出名的美男，其女当也十分美貌。随嫁的妹妹为媵妾，非常受太叔疾的宠爱。后公子朝逃亡，卫卿孔文子孔圉让太叔疾休掉娶自宋国的妻妾，将自己女儿嫁予他。太叔疾派随从引诱前妻之妹，将她安置于犁邑，为她建造一座庭院，待其如妻。孔圉非常恼怒，想攻打太叔疾，此时孔子在卫国，加以劝阻。孔圉便夺回女儿。太叔疾又于外州与一女子通奸，外州人夺其车献予朝廷，以示其行为不轨。太叔疾不为其行为淫乱感到羞耻，而因家中之妻被夺、外州之车被夺而感到羞耻，因此出亡。卫国立其弟太叔遗为继承人，孔圉又将女儿孔姞嫁予太叔遗为妻。太叔疾在宋国为向魋家臣，将珍珠献予向魋，向魋便将城鉏邑赠予太叔疾。宋景公朝向魋索取珍珠，向魋不给，得罪景公。后来，向魋出亡，太叔疾失其所恃，城鉏人便攻打太叔疾。卫庄公让他回到卫国，居于巢邑，最终死

· 747 ·

于巢邑。由此可见，不仅卫臣不堪，宋国君臣亦是贪财之辈。

太叔疾为太叔申之子。当初，晋悼公之子憖逃亡卫国，让他女儿御车一同打猎。未嫁之女驾车田猎，实为罕见。太叔申留住憖父女饮酒，聘其女为妻，生太叔疾。可见太叔疾之父母便行为放纵。太叔疾继位后，以其甥夏戊为大夫。太叔疾出亡之后，卫国削夏戊之职爵。

孔圉将围攻太叔疾时，征求孔子意见，孔子道："祭祀之事，我曾学过；甲兵之事，我未曾知。"孔子命人御车而行，道："鸟能择木，木岂能择鸟？"孔圉立刻阻止道："圉岂敢谋私，乃为防止卫国之难。"孔子欲留，恰逢鲁人送来礼金请他回国，孔子便回鲁国。

孔子回鲁国后，依旧对执政者不满。季孙肥设想按田亩征收田赋，派冉求征求孔子意见。孔子道："丘不识此。"冉求再三请问道："您为国家老臣，执政在等待您的意见，您为何不言？"孔子不作正式答复，私下对冉求道："君子行政，当以礼制为准则，厚施薄敛，行事取中道。若不据礼制，贪图财利，虽征田赋，终将不足。季孙氏若要依法而行，则有周公典籍可以法则，若要苟且行事，则不必征询意见。"最终季孙肥不听孔子之言，于周敬王三十七年，即公元前483年，在鲁国开始推行按田亩征田赋的制度。

所谓田赋，不同于税，是国家征收的养兵资财，平时薄赋，甚至对贫病家庭免征，战时按标准征收。据《国语·鲁语》记载，孔子反对季孙氏以田出赋时具体阐述了古制标准，"先王根据土地肥瘠分配土地，根据劳力强弱征收田赋，且根据土地远近调整田赋。征收商税按照商人利润收入，并估量其财产多寡调整税收。征派劳役根据男丁数目，有老幼之家减轻徭役。鳏、寡、孤、疾之家，有战事时征收田赋，无战事便免除田赋。有战事之年，一井之田，收六百四十斛谷子，二百四十斗草料，十六斗米，不能超此标准。先王认为如此田赋乃足。"当时，根据男丁年龄授田，二十岁授田五十亩，三十岁授田一百亩，六十岁将土地退还。近郊征收成的十分之一为田赋，远郊征收成的二十分之三为田赋，甸、稍、县征收田赋不超过十二分之一。官有公室不征赋税，园圃征二十分之一田赋，漆林征二十分之五田赋。季孙氏的田赋法，所征肯定高于古制，因此孔子认为是不恤民众。

周敬王三十七年五月，公元前483年，鲁昭公夫人孟子卒。据《左传》记载，昭公娶吴国公主为妻，吴国为同姓之国，有违同姓不婚之古制，因此《春秋》隐其妻之姓，而称孟子。鲁国未发讣告，因此不称夫人，不言薨。安葬

## 第一八五章 卫臣谋私孔子回国，吴晋会盟歃血争先

之后，亦未返祖庙哭告，因此不书葬小君。孔子参加吊唁，到季氏处，季氏不去冠，于是孔子除掉丧服而拜。因为古代丧礼当去冠，丧礼主人拜，宾客不答拜。季氏不守礼，孔子亦不按丧礼礼仪。

孔子虽然对季孙氏许多做法不以为然，然而只要季孙氏询问之事不违礼制，孔子便一一解答。周敬王三十七年十二月，鲁国发生蝗灾。蝗灾一般发生于夏、秋季节，在周历多为八、九月份，至迟十月。周历十二月，相当于今天农历十月，也已入冬季。季孙肥就此向孔子咨询。孔子道："丘闻，大火星伏，诸虫蛰伏。如今大火星犹经过西方天空，此为司历官之过错。"孔子的意思是，司历官计算错了月份。

同年，鲁哀公嫡母去世，恰逢哀公赴吴国橐皋会见吴国太宰嚭。橐皋于合肥市巢湖市境内。吴王派太宰嚭请求重温鄫邑之盟。哀公不愿，派子贡答道："盟誓，乃用以巩固信用，因此以心制约，以玉帛尊奉，以誓言结盟，以神明约束。寡君认为，已有盟约，不可更改。若犹可更改，每日盟誓，又有何用？如今您要重温旧盟，若可重温，亦可转寒。"于是吴国没有坚持重温旧盟。

同年夏天，吴国召卫国参加诸侯集会。当初，卫国杀吴国外交行人且姚，因而惧怕吴国，卫国君臣便与大夫子羽商议。子羽道："吴国无道，无非将羞辱我君。不如不去。"大夫子木道："吴国无道，必加害于人。吴虽无道，不得人心，却足以危害卫国。国君应当赴会！大树倒毙，无所不击；名犬发狂，无所不噬，何况大国？"

于是同年秋天，卫出公赴郧邑会见吴人。郧邑于江苏省如皋市境内。鲁哀公、卫出公、宋国皇瑗私下盟誓，因为三国都惧怕吴国。卫国因有鲁、宋作为同盟，便婉辞与吴国盟誓。吴人便派人包围了卫出公的馆舍。子服景伯对子贡道："诸侯会见，事情既毕，侯伯便应向来宾致礼，地主之国便应馈赠粮草，互相辞别。如今吴国不致礼于卫，反而围住卫君馆舍，您何不去见吴国太宰，为卫国讲情？"子贡请给他五匹锦缎，去见吴国太宰。谈到卫国之事，太宰嚭道："寡君愿意侍奉卫君，然而卫君来迟，寡君惧怕诸侯仿效，因此要将他留下。"子贡道："卫君前来，必与其臣子商议，臣子有的同意他来，有的不同意他来，因此来迟。同意他来之人，实是您的朋友；不同意他来之人，实是您的仇敌。若拘禁卫君，乃毁友而抬举仇敌。况且会合诸侯却拘留卫君，谁会不惧？毁损朋友，抬举仇敌，又让诸侯惧怕，或许难于称霸！"于是太宰嚭释放卫出公。卫出公回国，效仿夷语说话，当时公孙弥牟尚幼，道："国君必

不能免祸，或许会死于夷地！被夷人拘禁反倒喜欢夷语，必会跟从夷人。"果然，后卫出公死于越国。

周敬王三十八年夏，即公元前482年，单平公、晋定公、吴王夫差、鲁哀公于黄池集会。据《国语·吴语》，吴国掘深沟通至商（宋）、鲁之间，北连沂水，西连济水，会晋公于黄池。则吴王当又将邗沟向北开通，黄池当于河南省封丘县南，济水故道南岸。可见吴王一直不失争霸雄心。

七月，与会诸侯将要盟誓，吴国与晋国争执歃血先后。吴人道："于周室中，我们为长。"晋人道："于姬姓中，我为侯伯。"赵鞅因晋国为侯伯，事关晋国面子，因此绝不忍让。他呼唤晋国大夫司马寅道："天色已晚，大事未成，我们二臣之罪。架起金鼓，整顿队列，我二人誓死决战，先后次序便可决定。"司马寅道："姑且允许我赴吴营观察一下。"司马寅回来道："肉食之人当无晦暗面色。如今吴王面色晦暗，或其国家被敌人战胜？抑或太子早夭？夷人不沉着，不能忍耐，我们暂且等等。"据《左传》记载，结果吴人让晋人先歃血。而《国语》记载则是另一个版本。

# 第一八六章 吴王争霸霸权虚置，越国侵吴吴越媾和

据《国语·吴语》，吴、晋两国争先歃血未见分晓，吴国边境传车来报告越国侵吴。吴王闻言色变，便召集大夫谋划应对措施。吴王问道："越国不守道义，背弃盟约。如今我们离国路途遥远，不与晋国会盟而归，或与晋国会盟，以晋君为先，怎样有利？"大夫王孙雒道："面临危及，不及序齿，雒冒昧先作答。我认为两者均不利。不与晋国会盟，将彰显越国力量，国内民众会因惧怕不知所从；齐、宋、徐、夷会认为吴国已败，会从沟渠两旁夹击我们，我们生还无望。而会盟以晋国为先，晋国执掌侯伯权柄凌驾我国之上，将以侯伯之礼朝见天子，而我们没有时间等待朝见天子。因此定要会盟并争先歃血。"

吴王走到王孙雒面前问道："争先歃血，如何可图？"王孙雒答道："君王不要犹豫，我们回国路途遥远，不会再有其他出路，只有决断才能成功。"王孙雒遍揖诸大夫道："危事不能转危为安，死事不能逃死求生，则无睿智。凡民皆恶死而欲富贵长寿。晋军离本国近，有退却余地，我们远离本国，无以退却，晋国怎会与我国进行危险较量？今晚定要向晋国挑战，增强我军斗志。请君王激励将士，振奋士气，以高位与财富来勉励将士，以刑戮惩罚懈怠之人，使将士们不畏死亡。如此，晋国将会不战而以我为先，我们掌握侯伯之柄后，以年成不好为由，不苛责诸侯贡赋，让他们先行回国，诸侯们定会高兴。待他们回国，君王便可安心，日紧日慢，稳步回国。定要许诺尽力之人，得封于江淮一带，我们便能安全回国。"吴王允其建议。

于是吴王在黄昏时发布命令，厉兵秣马。中夜时分下令军士执兵器，披铠甲，系马舌，士卒百人成行，共列一百行。每行排头均为士，抱铎不使之振，执士兵名册，竖起幡旗，持犀皮盾牌。每十行由一名下大夫率领，竖起旌旗，携带战鼓，怀揣兵书，手握鼓槌。每百行由一名将军率领，车上竖起日月旗，支起战鼓，怀揣兵书，手握鼓槌。万人组成一个方阵，皆穿白裳，举白旂，披白甲，挎白翎箭，远看如一片白茅花。吴王亲自执钺，车上竖起白色军旗，立于方阵中间。左、右军如中军一样披挂列阵，左军着红，远看如一片火焰，右

军着黑，远看一片墨色。鸡鸣列阵既定，距晋军只有一里。天色未明，吴王执槌，亲自鸣钟、擂鼓、击钲、振铎，三军一齐欢呼，声动天地。

晋军大骇，不敢出应，围绕军营加强戒备，派晋国司马董褐问道："两国国君商定偃兵修好，以中午为期，如今大国违约，造访敝国军营，请问乱期乱序是何缘故？"吴王亲自答道："天子有令，周室衰微，贡献不入，无以告祭天地鬼神，无以救援姬姓。于是有人或徒步或传车来告。孤家日夜兼程，匍匐来见晋君。如今晋君不忧王室不安，不去征伐戎、狄、楚、秦等国，不循长幼之礼，攻伐同姓之国。孤家想保我先君班爵，不敢超越先君，也不能不及先君。如今会盟日期迫近，恐事之不成，为诸侯耻笑。孤家侍奉晋君，或者不奉晋君，便取决于今日！你作为使者不必远行，孤家便亲自听命于你们军营之外。"

董褐将要返回，吴王呼唤左吏道："执少司马兹与五名王士前来，跪于王前。"六人前来，自刎于董褐面前以谢客。意在显示其威。

董褐向晋君复命后，对赵鞅道："臣观察吴王气色，似有大忧患，小则宠妾、嫡子死，大则越国攻入吴国。困境之人残暴，不可与之决战。执政还是允他先歃血为盟主。然不能无条件应允他。"赵鞅允诺。

于是晋国令董褐复命道："寡君不敢陈兵，遣褐复命曰，方才贵君所言，周室既卑，诸侯不行朝贡，失礼于天子，因请贵君收服诸侯，事奉天子。孤家接近天子，无所逃罪。天子不断责备我国道，昔日吴国伯父从不失礼，四时必率诸侯朝见余一人。如今伯父有蛮、荆之忧，不续先君朝觐之礼，因而天子命孤家以礼辅佐周太宰，协同兄弟之国朝觐天子，以消天子之忧。如今贵君威加东海，僭越之名天子已闻。天子策命授圭，一贯称吴君为伯，不称吴王。诸侯因此不敢事奉吴国。诸侯无二君，周室无两王，贵君若不卑天子，以吴公自称，孤家岂敢不顺从君命之先后次序！"吴王允诺。于是吴国退兵，吴王与诸侯们入幕帐举行会盟。吴王先歃血，晋侯其次。这便是黄池之会。

吴王夫差自黄池会盟回国，派遣王孙苟向周天子报功道："昔日楚人不遵礼制，不承担天子贡赋，疏远我等兄弟之国。我先君阖闾不能容忍他们的行为，披甲佩剑，拔刀振铎，与楚昭王于中原柏举激战。上天赐福吴国，楚军大败，昭王出逃，吴军攻入楚国郢都。先君集合楚国百官，修楚国社稷祭祀。因为先君兄弟不睦，夫王于国内作乱，先君因此回国。如今齐侯壬不吸取楚国教训，亦不承担天子贡赋，疏远我等兄弟之国。夫差不能容忍这种行为，披甲佩剑，拔刀振铎，沿汶水北上，讨伐齐国博邑，不避日晒雨淋，于艾陵与齐军交战。上天赐福吴国，齐军败退。夫差岂敢自夸，实乃文王、武王赐福吴国。回国之后，不及一年，余沿江溯淮，挖掘长沟，抵于宋、鲁之间，以通兄弟之国。夫差事成，冒昧派苟向您手下官员禀报。"

周王答道："苟，伯父令你前来，表明继续事奉余一人，余自然嘉勉于他。昔日周室逢天之降祸，遭民之不祥，余心岂忘忧恤，不仅患四方不安，亦患王室不宁。如今伯父曰，'勠力同德'。伯父若能如此，乃余一人之大福。愿伯父能健康长寿，秉德广施！"

而据《左传》记载，黄池之会吴王因越国入侵吴国，夫差急于回国，因而在歃血先后上不再坚持，而让晋君先歃血。黄池会后，吴王为显示其主导作用，派使者知会鲁国，要带鲁哀公见晋定公。子服景伯对使者道："天子会合诸侯，则侯伯率领诸侯进见于王；侯伯会合诸侯，则诸侯率子爵、男爵进见侯伯。自天子以下，朝见时所用玉帛不同，因此敝邑进贡于吴国，比进贡于晋国丰厚，而无不及，是将吴君作为侯伯。如今诸侯会合，贵君准备率寡君进见晋君，则以晋君为侯伯，敝国则为子、男身份，为此敝国将改变职贡。敝国原按八百乘兵车之军赋进贡贵国，若为子、男身份，则将按邾国兵车军赋之一半进贡吴国，而按邾国兵车军赋之数来贡奉晋国。贵君以侯伯身份召集诸侯，而以诸侯身份结束会见，有何益处？"于是此事作罢。

不久吴王后悔，准备囚禁景伯。景伯道："我已于鲁国立继承人，欲带两乘车与六名随从，何时动身唯命是听。"吴人要将景伯带回吴国，到达户牖，即河南省开封市兰考县境内。景伯对太宰道："鲁国将于十月第一个辛日祭祀上帝、先王，最后一个辛日祭毕。我世代均于祭祀中任职，自襄公以来，从未改变。若我不参加祭祀，祝宗将告鬼神道，乃吴国不使子服与祭。当然我已立嗣，我不回国，将由嗣子袭职。但是，嗣子袭职，我便成为庶人，吴国既然认为鲁国不恭，却只拘捕七名卑贱之人，对鲁国无损。"太宰嚭对吴王道："既然对鲁国无损，又使吴国蒙恶名，不如放他回去。"于是吴王便放回景伯。

吴军在黄池期间，吴国大夫申叔仪向鲁国大夫公孙有山氏要粮。申叔仪道："佩玉坠兮，余无所系之。旨酒一盛兮，余与粗服老翁睨兮。"意为我有佩玉，无处可系；有酒一杯，只可与老翁斜视。公孙有山答道："稻粱则无，粗粮则有。若登山而呼有无秕糠，则可告有。"二人原本相识，或为相互玩笑，或有讥讽之意。

吴王率吴国军队于黄池期间，六月中旬，越王率军兵分两路攻打吴国，越国大夫畴无余、讴阳自南进攻，先抵达吴国国都郊区。此时吴国国都已经于梅里迁至姑苏，梅里于无锡市梅村镇，姑苏于苏州市，为吴王阖庐登基后营建。吴国太子友、王子地、王孙弥庸、寿於姚自泓水上观察越军。弥庸之父被越国所杀，他见到姑蔑人所举之旗，道："那是我父亲之旗。我不能见仇人而不杀。"太子友道："战而不胜，将会亡国，请等待吴王回师。"弥庸不同意，集合五千部属出战，王子地助他。两军交战，弥庸俘虏畴无余，王子地俘虏讴阳。越王勾践率军到达，王子地主持防守。第二天，两军再次交战，越军大败吴军，俘虏太子友、王孙弥庸、寿於姚，并于第二天进入吴都。吴人向吴王报告战败。吴王深恐诸侯闻此消息，亲自将七名报信之人杀于帐中。

越国侵入吴都，吴国战败，太子被俘，兵力受损，士气低迷，因此无力向越国复仇。越国偷袭得胜，亦不愿在吴国兵力尚未大损之时与吴国决战。双方都有罢兵愿望，于是这年冬天，吴国与越国媾和。

# 第一八七章　二宰相争齐陈弑君，君臣反目向魋反叛

　　周敬王三十九年，鲁哀公十四年，公元前481年，这年春天，鲁哀公于鲁西大野泽狩猎。据《左传》记载，叔孙氏车御子鉏商猎获一只麒麟，不识何物，认为不祥，赐予管理山林之虞人。孔子看后道，此乃麒麟。然后收下。据《公羊传》记载，孔子道，"吾道穷矣"。古人认为，麒麟乃仁兽，为圣王之嘉瑞。《诗经·周南》中最后一首诗《麟之趾》便以麒麟比拟君子："麟之趾，振振公子，于嗟麟兮。‖麟之定，振振公姓，于嗟麟兮。‖麟之角，振振公族，于嗟麟兮。"麒麟有蹄不用来踢，有额不用来顶，有角不用来抵触，有君子一样淳厚的德行。孔子感叹周道衰微，不可再兴，时无明主，无人识人识货，因此嘉瑞出反被捕获，于是绝笔不再书写《春秋》。孔子不再书写《春秋》，或许也与下一事件有关，即齐国陈氏弑杀简公。继齐悼公之后，齐国于五年之内又弑杀了一位国君。孔子请求鲁哀公发兵讨伐陈氏，哀公不允，因此孔子对周朝天下和鲁国政事彻底失望。

　　齐简公壬为悼公之子，其母为鲁国季孙氏之女，因此幼年曾于鲁国居住。悼公返回齐国继位之前，考虑到前途莫测，因此让阚止留下陪伴并照顾简公，阚止由此受到简公宠信。阚止字子我。待简公即位，以阚止为执政。陈成子恒惧怕阚止，于上朝之时屡次看他。简公御者鞅对简公道："陈氏、阚氏不能共事，国君当选择一位。"齐简公不听。

　　阚止晚上进见齐简公，正遇陈逆杀人，阚止便将其逮捕。陈氏族人让陈逆诈病，送去米汁，并备酒肉。陈逆请看守吃喝，趁看守酒醉将其杀死，然后逃走。阚止怕陈逆报复，于陈氏宗主家与陈氏盟誓。

　　当初，陈氏族人陈豹想当阚止家臣，让大夫公孙推荐自己。不久陈豹有丧事，公孙便未言此事。陈豹服丧期满，公孙对阚止道："有一陈豹，身高背驼，眼睛向上，事奉君子必让人满意，欲为您家臣。我担心他人品不好，因此没有马上向您推荐。"阚止道："又有何害？如何用他取决于我。"于是让陈豹当家臣。后来，阚止与他谈论政事，因其言入耳，于是宠信陈豹。阚止对陈豹

道:"我将陈氏全部驱逐,立你为嗣,如何?"陈豹答道:"我为陈氏族中远支,况且陈氏不服从您者不过数人,为何要将其全部驱逐?"陈豹将阚止之言告诉陈氏,陈逆对陈恒道:"阚止得国君信任,不先下手,必会祸及于您。"

五月中旬,陈恒兄弟八人乘四辆车赴齐简公宫里。阚止帷幄中出来迎接他们,陈恒兄弟进去后,将阚止关于门外。宫中侍者抵御他们,陈逆杀了侍者。齐简公正与后宫女子于檀台饮酒,陈恒让简公迁到寝宫。简公认为他们叛乱,执戈要击他们。陈氏同党太史子余道:"他们并非要对国君不利,而是要为国君除害。"陈恒因简公发怒,出居府库,闻简公犹怒,准备逃亡,道:"何处无君?"陈逆则拔剑道:"懦弱迟疑,会害大事。您若出走,谁不可为陈氏宗主?您若出走,我必杀您,有历代宗主为证!"于是陈恒留下。

阚止回去,召集部下,攻打宫城小门大门,均未获胜,于是出逃。陈氏追赶,阚止于弇中山里迷路,来到陈氏之邑丰丘。丰丘人拘捕了他,报告陈恒,将他杀死于外城城关。陈恒准备杀阚止家臣大陆子方,陈逆为他求情,于是得以赦免。大陆子方以简公名义于路上截到一车,来到耏邑,陈氏之人发现他欲奔鲁,便逼他向东。出齐国都城雍门后,陈豹将车给他,他不接受,道:"逆为我求情,豹给我车,我与他们有私。我事奉阚子而与其仇人有私,怎能与鲁国、卫国士人相见?"最终,他逃亡卫国。

陈恒于舒州拘捕齐简公。简公悔道:"我若早听御鞅之言,不至于此。"六月,陈氏于舒州弑杀简公。孔子得知消息后,斋戒三日,再三请求鲁哀公发兵攻打齐国。哀公道:"鲁国为齐国削弱已久,攻打齐国,又能将齐国如何?"孔子答道:"陈恒弑君,齐国不服从他的民众有一半。以鲁国之众加上齐国民众之一半,定可战胜陈氏。"哀公道:"你去向季孙说。"孔子告辞,退下向旁人道:"我因曾经列于大夫之末,因此不敢不言。"孔子自此对各国政事完全失望。

宋国也发生了君臣反目的内乱。宋国向氏为宋桓公之后,到宋景公时,向氏成为显赫家族,向巢为左师,向魋为司马,最终因向魋的自我膨胀而失去了在宋国的立足之地。宋国并非善于征战的国家,向巢与向魋也并没有表现出军事才能,然而因得国君宠信,都身居高位。

春秋时代,虽然各诸侯国对土地与人口需求不断增长,但人口与城邑并不十分密集,地处中原的宋国与郑国之间居然尚有未开垦之地,即弥作、顷丘、玉畅、嵒、戈、锡,或均在开封市境内。当初郑国子产为与宋国讲和,曾言郑国放弃这些地方。等到宋平公、宋元公之子孙因国内矛盾从萧邑逃亡郑国后，郑国为他们于喦、戈、锡地筑城居住。如此宋国当然有理由收回这片土地。周敬王三十七年，即公元前483年，九月，宋国向巢率领军队进攻郑国，攻占锡邑，杀宋元公之孙，并包围喦邑。郑国既然在这片土地出人出力筑城，自然认为这片土地属于郑国，因此于同年十二月，郑国罕达救援喦邑，反包围宋军。第二年春，宋国向魋前来救援宋国军队，罕达派人通告全军："俘获桓魋者有赏。"向魋逃回宋国，郑军于喦邑全歼宋军，杀了宋国大夫成讙、郜延。可见向巢、向魋并无军事才干，然而这并不妨碍宋景公宠信向氏。

但是，随着向魋势力增大，危害到宋景公的利益。于是宋景公让母亲宴请向魋，准备乘机加以讨伐。然而向魋先谋算景公，请用向氏靠邑交换景公的薄邑，届时借请景公赴薄而为乱。薄邑即亳，曾为商汤都城，在今山东省菏泽市曹县阎店楼镇附近。景公道："不可，薄邑乃祖庙所在。"景公惧怕向魋，将靠邑周边七个城邑赐予向魋。向魋请求设享礼答谢景公。他以日中作为期限，要求私家兵丁全都前往享礼处。景公得知之后，对司马子仲道："我将魋养育大了，如今他却要加害于我，请立刻救我。"司马子仲道："有臣不顺，神之所恶，何况人乎？敢不承命。不得左师同意不可行事，请以君命召左师。"

左师向巢为向魋之兄，每次进食，均要击钟。听到钟声，宋景公道："夫子将进餐。"左师进餐之后，又奏乐。宋景公道："现在可去。"司马子仲便乘车前往，对向巢道："猎场之人来报，逢泽有只麋鹿。国君道，魋未来，我与左师一起田猎，如何？国君又认为因田猎之事召您不妥，我便道，我试着私下告知他。国君想快些去田猎，因此以车接您。"于是向巢与司马子仲同乘一车来到宫中。景公将召他的原因告诉向巢，向巢惊惧下拜，不能起身。司马子仲道："国君与他盟誓。"宋景公道："绝不使你遭难，上有天，下有先君，皆可为证。"向巢道："魋行不恭，宋国之患。敢不唯命是听。"司马子仲请得兵符，用以命令部下攻打向魋。其父兄与旧家臣皆道："不可。"其新家臣均道："服从国君之命。"于是司马子仲率兵攻打向魋。向魋之弟子颀纵马奔告向魋。向魋欲入城攻打景公，其弟子车劝阻道："不能事奉国君，又要攻打国君，民众不会亲附于你，只能找死。"于是向魋进入曹邑，公开反叛。曹邑原为曹国都城，宋国灭曹，曹邑成为宋国城邑。

六月，宋景公派左师向巢攻打向魋，左师不能取胜，又不敢回都城，想让景公遣一名大夫为人质再回都城。此事不成，向巢便入曹邑，欲以曹人为质，用以自保。向魋道："不可。既不能事奉国君，又得罪于民众，将要如何？"于是向巢释放人质。曹邑人背叛了向氏。向魋逃往卫国，向巢逃往鲁国。景公派人留向巢道："寡人与你有誓言，不能断绝向氏祭祀。"向巢辞道："臣之罪大，国君尽灭桓氏亦可。若以先臣之故，使向氏有后，便是国君恩惠。我则不能再回宋国。"

向魋之弟司马牛将封邑与玉圭交还景公，去了齐国。向魋逃亡卫国，卫国公族公文氏攻打他，向他索取夏后氏之玉璜。夏后氏之璜，是无双之宝，为武王分封之时赐予鲁国的国宝，不知向魋从何得来。向魋将其他玉璜交予公文氏，又逃亡齐国。陈恒在齐国当政，以向魋为次卿。司马牛本在齐国已经获得封邑，因向魋到来，司马牛将封邑交还齐国，表示不愿与其兄向魋同朝为臣，转赴吴国。但吴人厌恶司马牛，于是他又回到宋国。晋国赵鞅召他前去，齐国陈恒亦召他前去，然而司马牛却死于鲁国外城门外，阮氏将他葬于丘舆。司马牛或许比较认同鲁国君臣，认为鲁国可以作为他的栖身之所。

# 第一八八章　陈臣不辱鲁臣折齐，卫国内乱子路丧生

据《左传》记载，周敬王四十年夏，即公元前480年，楚国令尹子西、司马子期率军攻打吴国，到达桐汭，在今天安徽省宣城市广德市境内。陈国背叛楚国之后一直依附于吴国，楚国伐吴，陈闵公派公孙贞子赴吴国慰问。公孙贞子一行抵达良邑，贞子卒。良邑位于今江苏省徐州市新沂市西南。或许陈国使者一行准备由泗水经邗沟赴吴。因使者一行人已经出国，因此一路前行，及至吴都，准备将死者运进吴都。吴王派遣太宰嚭慰劳陈国使者，且辞道："因雨水较多，恐大水泛滥损及大夫尸身，增加寡君忧虑，寡君谨辞。"副使芋尹盖答道："寡君闻楚国无道，屡次伐吴，灭吴之民，寡君派盖列于使臣之列，慰问贵君的下级官吏。不幸使臣殒命，逝于良邑。我们耗费时日供奉财物，日夜赶路。如今贵君命令迎接使臣，却不让使臣之尸入国门，是将寡君之命弃于草莽。且臣闻，'事死如事生，礼也'。因此于朝访过程中使臣死去，有主人尊尸之礼；亦有受访之国发生丧事的礼仪。如不奉尸完成使命，如同遇到受访之国发生丧事，使者便自行回国一样，岂非不可！以礼制约民众，尚且有人逾越，如今大夫却谓，使者既死，就地弃之，岂非抛弃礼义，何以为诸侯之主？先民有言，'无秽虐士'，不得以死者为秽。我奉使臣之尸完成使命，是为使寡君之命能达于贵君之听，即使坠入深渊，亦为天命，并非贵君与渡津之人的过错。"于是吴人迎接陈国使者一行入国。陈国虽为小国，却有如此不辱使命之能臣，或许亦是陈国能于大国夹缝中生存的原因之一。

周敬王四十年秋，齐国陈恒之兄陈瓘赴楚国，路经卫国。此时子路恰从鲁国赴卫国，路上遇见陈瓘，子路道："上天或许以陈氏为斧，既断送齐国公室，又为他人作嫁衣，如今尚不可知；或许齐国最终由陈氏享有，如今亦不可知。若陈氏能够与鲁国保持友好，以等待时机，有何不可？何必与鲁国为恶？"陈瓘道："的确如此。我接受你的建议。请派人告知吾弟。"

这年冬天，鲁国与齐国媾和。鲁国派遣子服景伯赴齐国，子贡为副使，见成邑之宰公孙宿。公孙宿于年初刚以成邑叛鲁投齐。事情起因于成邑人与邑

宰仲孙氏的矛盾。仲孙何忌孺子仲孙彘准备于成邑养马，成邑之宰公孙宿不接受，道："孟孙因成邑百姓贫困，不在此处养马。"仲孙彘很愤怒，便率兵丁袭击成邑，却没能攻入，于是返回。成邑之宰派人前去仲孙氏府上，仲孙彘鞭打来人泄愤。周敬王三十九年八月，孟懿子仲孙何忌死，成邑人前去奔丧，仲孙彘不准他们入内。成邑人除去衣冠，哭于大路，表示愿供驱使，仲孙彘不允。成邑人非常害怕，不敢回成邑。第二年春，成邑宰公孙宿率城邑人背叛仲孙氏而投靠齐国。仲孙彘率人攻打成邑，没有攻下，于是就在输邑筑城。

子服景伯见公孙宿，对他道："人都臣服于人，又都有叛人之心，如今齐人虽然为你服役，岂能没有二心？你为周公后代，享受巨大利益，居然还想做不义之事，况且并不能获利，而失掉祖国，何必如此？"公孙宿道："是啊！可惜当初未曾听到此言。"

陈恒于宾馆会见鲁国使者，陈恒道："寡君派恒告曰，寡人愿事奉贵君如同事奉卫君。"景伯向子贡作揖，请他上前答话。子贡道："此亦寡君之愿。昔日晋人伐卫，齐国为卫国之故，出兵伐晋国冠氏邑，丧失兵车五百乘。因给予卫国土地，从济水以西，禚邑、媚邑、杏邑以南，划五百社归卫。但吴国将战乱加于敝国，齐国却乘敝国之难，占取瓘邑和阐邑，寡君因此寒心。若能像对待卫君那样对待我君，自然为我君之愿。"陈恒无言以对，于是将成邑归还鲁国。公孙宿将其兵甲转至齐国嬴邑。鲁国因有子贡这样善于外交之陪臣，因此虽处衰世，尚能借助外交稳定国内。

卫国君臣皆常淫乱，又因淫乱导致内乱。当初卫国孔文子孔圉娶太子蒯聩之姐，生孔悝。孔氏之仆浑良夫高大貌美，孔圉死后，与孔姬私通。太子蒯聩在戚邑，孔姬派浑良夫前往。太子蒯聩对他道："如能让我回国继位，赐你大夫冠服、车乘，并赦免你死罪三次。"此时的卫国国君卫出公辄为蒯聩之子，蒯聩乃要从儿子手中夺回君位。浑良夫与太子蒯聩盟誓，回国后向孔姬请求设法让太子蒯聩回国继位。

当年底，浑良夫与太子蒯聩回国，居于孔氏宅外菜园。天黑之后，两人以头巾蒙头，伪装妇人，由寺人罗为他们驾车，来到孔氏家中。孔氏家宰栾宁盘问，寺人罗称他们为姻亲家中婢妾，于是得入，至孔姬处。用餐之后，孔姬执戈先行，太子蒯聩与五人身披铠甲，推车载猪，跟随在后。他们将孔悝逼至墙边，强迫他盟誓，随后将他劫持登台。栾宁正要饮酒，肉未烤熟，闻有动乱，派人告诉子路，并召人驾车，于车上边饮酒边食肉，事奉卫出公逃亡鲁国。

## 第一八八章　陈臣不辱鲁臣折齐，卫国内乱子路丧生

子路本在鲁国季孙氏手下为宰，周敬王三十九年春天，小邾国大夫射逃亡鲁国，献上句绎邑，道："派子路与我约定，可以不用盟誓。"可见子路守信名声在外。鲁国准备派子路前往，但子路推辞不肯前去。季孙肥派冉有对子路道："鲁国作为千乘之国，射不信鲁国盟誓，而信你之言，不辱没你。"子路答道："鲁国若与小邾国发生战事，我不问缘由，可战死城下。然而邾大夫射不守臣道，若与他约定，是肯定他不守臣道为义，我不能行此事。"可见子路秉承直道，不为不义。或许季孙氏不再继续聘任子路，或许子路不愿侍奉季孙氏，周敬王四十年底之时，子路已在卫国为孔悝邑宰。

子路正要入卫都，遇到卫国大夫子羔。子羔名高柴，亦为孔子弟子。子羔正要出奔，向子路道："城门已闭。"子路得知国中生变，便要去救孔悝，因此道："我去看一下。"子羔道："来不及了，你去只会祸及于你！"子路道："食其俸禄，不避其难。"子羔出奔，子路则入城。到达孔氏家门，孔悝之臣公孙敢守于门口，道："不要进去，已无可为。"子路道："你是公孙？你在孔府谋利，却躲避孔府之难。我则不然，食其俸禄，必救其难。"有人从门里出来，子路乘机进去，道："太子劫持孔悝何用？即便杀他，也必定有人继他之业。"又道："太子无勇，如果放火烧台，烧至一半，他必会释放孔叔。"太子蒯聩闻言，非常惧怕，让石乞、盂黡下台与子路搏斗，子路因半途闻变而来救主，未着甲胄，二人之戈击中子路，斩断子路冠带。子路道："君子死，冠不能除。"于是子路为结冠带，死于敌手。孔子闻卫国发生动乱，便道："柴会回来，由则会死。"可见孔子深知弟子秉性。

孔悝被迫立蒯聩为君，是为卫庄公。庄公认为原有大臣将危害于他，欲全部驱逐，先对司徒瞒成道："寡人在外患难许久，亦欲请你尝尝其中滋味。"瞒成回去告诉褚师比，二人想兴兵攻打庄公，未能如愿。于是第二年春，二人逃亡宋国。

周敬王四十一年春，卫庄公派遣鄢胁向周王报告道："聩得罪君父、君母，逃窜于晋国。晋国因王室之故，不弃兄弟，将聩安置于戚邑。上天开恩，聩得以继嗣，保守封地。因此派遣下臣胁谨向执事报告。"周敬王派单平公答道："胁以嘉命来告余一人，请回告叔父，余嘉许你继承先世，复你禄位。要恭敬行事，方能得到上天赐福。不恭不敬，上天不佑，悔之莫及！"

这年六月，卫庄公于平阳招待孔悝饮酒，重重酬谢于他。因卫庄公重酬孔悝，卫国大夫均送礼于孔悝。君臣酒醉，庄公让人送孔悝回府邸，半夜又让

他回封邑。孔悝以车载孔姬离开平阳，到达西门，派副车回西圃宗庙取神主石函。子伯季子原为孔氏家臣，新近升为庄公之臣，向庄公请求去追赶孔悝，路遇孔府载神主石函之人，便将他杀死，而乘坐其车追赶孔悝。副车许久不至，孔悝又遣许公为回去迎接神主石函，许公为路遇子伯季子，道："和不仁之人争强，战无不胜。"许公为看不起背主之人，便让子伯季子先射，季子射了三箭，都落在离许公为很远之处。许公为射季子，一箭将他射死。有人以子伯季子之车子跟随许公为，于袋中得孔氏神主石函。孔悝奉神主石函逃亡宋国。庄公先盟于孔悝，又宴请孔悝，再驱逐孔悝，且派人追杀，或许是因怕孔悝既能立他，也能废他，但既与孔悝盟誓，又要追杀，有失国君气度。不过庄公能为夺君权驱逐儿子，驱逐臣子自然更不在话下。

# 第一八九章　难得安生卫庄被弑，不堕尊严楚臣论宝

卫庄公蒯聩继位之后，或许一直不得安心。据《左传》记载，周敬王四十一年冬，庄公让人占梦。庄公宠臣曾向太叔遗要酒，太叔遗未给，此人便与占梦卜人勾结，向庄公报告道："君有大臣于西南角，不驱逐他，恐有危害。"因太叔遗住处在都城西南，于是庄公驱逐太叔遗。太叔遗逃亡晋国。

卫庄公对浑良夫道："我继承先君之位，而未得到先君宝器，该当如何？"浑良夫让执烛之人出去，自己代他执烛，秘密向庄公道："太子疾与逃亡之君辄，皆为国君之子，可召辄回国，量才而用。如若无才，可以废他，宝器可得。"仆从偷听到浑良夫与卫庄公的密谋，密告太子疾。太子疾怕自己储君地位动摇，命五人以车载猪跟随自己，劫持庄公，强迫庄公盟誓，保证他的储君地位，并且请庄公杀浑良夫。庄公道："我曾与他盟誓，免他死罪三次。"太子疾道："请于免其三次死罪之后，他再犯罪，便杀掉他。"庄公允诺。

第二年春，卫庄公于藉圃建造木屋，以虎纹为饰。建成之后，要寻访一位有善名者，与其在里边用第一餐。太子疾请召浑良夫。浑良夫乘坐两匹公马所驾之车，身穿紫衣狐裘。到来之后，敞开裘袍，未解佩剑，便来用餐。太子疾派人将浑良夫拿下，列举其三条罪状："紫衣为高贵者的服色，此其一；袒裘乃不敬，此其二；带剑见国君，此其三。"于是杀浑良夫。

卫国安定之后，晋国赵鞅派使者向卫国君臣道："贵君在晋，乃我做主。现请贵君或太子前来晋国朝见晋君，以免我之罪。不然，寡君恐会以为我授意贵君不来朝见。"卫庄公以国内有难加以推辞。太子则使人于晋国使者面前诽谤庄公。可见卫国庄公与太子之间矛盾很深。

因卫庄公不赴晋国，周敬王四十二年，公元前478年六月，赵鞅率军包围卫国。齐国国观、陈瓘救援卫国，俘虏晋国单车挑战之人。陈瓘让被俘者穿上本来服饰，然后见他，向他道："国子掌握齐国政权，命令我道，不要回避晋军，我岂敢不从？否则岂敢劳烦于您？"于是陈瓘释放被俘之人。赵鞅道："我曾占卜伐卫，未曾占卜与齐国战。"借此理由撤军回国。

卫庄公从儿子手中夺取王位后，或许内心一直不得安宁。一天，他居于北宫，梦见一人登上昆吾之观，披头散发，朝北叫道："登此昆吾墟，绵绵生有瓜。余为浑良夫，向天诉无辜。"卫庄公梦醒之后亲自筮卦，胥弥赦占卦道："无害。"卫庄公封胥弥赦城邑，他弃而不受，逃亡宋国。卫庄公知其未言实情，再次占卜，爻辞曰："如鱼窥尾，衡流而方羊。裔焉大国，灭之将亡。阖门塞窦，乃自后踰。"意为，如水中之鱼，过劳尾赤，横穿急流，彷徨不安。邻近大国，灭之将亡。闭门塞洞，自后越墙。显然，筮卦对卫国不利。

周敬王四十二年十月，晋国再次攻打卫国，攻入外城。将要进入内城时，赵鞅道："停止前进！叔向有言，'怙乱灭国者无后'。恃他国之乱而将其灭亡，将会绝嗣。"卫国人见晋国军队已入外城，便驱逐庄公，与晋国讲和。晋国人立卫襄公之孙子般师为君，然后回国。

晋国撤军之后，同年十一月，卫庄公从齐国鄄邑回国，般师出走。当初，卫庄公登城远望，见到戎州。庄公问是何处，有人告知是戎人之邑。庄公道："我乃姬姓，岂容戎人？"于是派人平掉戎州。庄公驱使匠人建造楼台，长久不让匠人休息。庄公不仅对下人苛刻，还曾想驱逐国卿石圃。庄公四处树敌，因此他尚未驱逐石圃，石圃便率先发难。庄公回国不久，石圃便依靠匠人攻打庄公。庄公关门求饶，石圃不允。庄公越过北墙，摔断股骨，恰应了占卜"自后越墙"的预言。戎州人趁势攻打庄公，太子疾、公子青越墙追随庄公，戎州人将他们杀死。庄公逃至戎州己氏处。当初，庄公从城上看到己氏之妻头发很美，派人将其头发剪下，作为自己夫人吕姜的假发。此时庄公到己氏之家，将玉璧给己氏道："救我之命，给你玉璧。"己氏道："杀你之后，玉璧焉往？"于是弑杀庄公，得到玉璧。

卫庄公被弑，卫人让公孙般师回国，立他为君。但齐国再次介入卫国之乱，十二月，齐军伐卫，卫国内乱未已，因此请求媾和。齐国一直与晋国对立，自然不能让晋国所立的公孙般师坐稳卫君宝座，于是齐人立公子起为卫君，拘捕公孙般师回国，将公孙般师安置于齐国潞邑。然而卫国内乱并未真正平定，此为后话。

自楚国、晋国分别与吴国对立后，晋、楚之间相对友好。据《国语·楚语》记载，楚国曾派遣大夫王孙圉赴晋国访问。晋定公设宴招待，赵鞅佩玉为相。古人佩玉，乃为节制步速步幅。赵鞅使佩玉叮咚有声，所谓鸣玉以相，或许可看作一种炫耀。赵鞅曾闻楚国有白珩，是为珍宝，因问王孙圉道："楚国白珩尚在吗?"王孙圉答道:"是的。"赵鞅道:"它作为楚国珍宝,有几代了?"白珩乃佩玉上部的横玉,楚国白珩之所以出名,因其曾为楚国先王喜爱。

　　王孙圉答道:"楚国未曾将其当作珍宝。楚国所宝贵的,有观射父,他擅长辞令,善于与诸侯国交往,使诸侯不得诋毁寡君,使楚国不失尊严。又有左史倚相,能叙述圣王典籍,懂得万物秩序,朝夕向寡君提供善恶成败的教训,使寡君不忘先王之业;又能取悦于天地鬼神,顺应并引导其好恶,使神灵对楚国无生怨恨之意。又有大泽名云连徒洲,为金、木、竹、箭所生之地。又有龟甲、珍珠、兽角、象齿、虎豹之皮、犀牛之革、鸟羽和牦牛尾,可供兵赋,以防不测。有可提供币帛之处,用来赠献来访诸侯。若诸侯爱好这些器物,加之辞令引导,且有不虞之备,又得天神保佑,寡君便可避免得罪于诸侯,而国家、民众亦可得以保全。因此这些才是楚国的珍宝。至于白珩,只是先王玩物,有何值得宝贵?况且圉闻,国之珍宝,不过六种。圣贤之人能裁断百物,用以辅佐治理国家,因此将其视作珍宝;祭祀之玉足以庇荫嘉谷,使无水旱之灾,因此将其视作珍宝;龟甲足以昭明善恶凶吉,因此将其视作珍宝;珍珠足以预防火灾,因此将其视作珍宝;金属足以抵御兵乱,因此将其视作珍宝;山林湖泽足以提供财用,因此将其视作珍宝。至于叮咚作响的美玉,楚国虽为蛮夷之邦,亦不将其视作珍宝。"王孙圉之答,显然高于晋国执政之问,可见楚国长期与晋、吴争雄,除国力雄厚外,不乏熟习历史典籍、深明治国之道又善于外交的能臣。

　　《国语·楚语》还记载了楚国另一位贤明之臣。楚惠王将梁邑赐予平王之孙、司马子期之子鲁阳文子。梁邑于汝水之阴,今天河南省洛阳市汝阳县境内。鲁阳文子辞道:"梁邑险要,又位于边境,我担忧难保没有怀二之心的子孙。事奉君王得志,得志便会逼迫君王,逼迫君王便会因惧怕诛戮而生叛心。得志却不逼迫君王,怨恨却不怀有二心,臣自身虽然能够保证,但不知子孙能否做到。纵然臣能得善终,尚惧子孙恃梁邑之险,行背叛之事,而断绝臣之祭祀。"惠王道:"您的仁爱,不忘子孙,施及楚国,我怎敢不顺从于您。"于是惠王将鲁阳之地赐予他,因称鲁阳公,谥"文子"。鲁阳虽然仍在楚国方城之外,地理位置却相对靠南,且不处于交通要塞,在今天河南省平顶山市鲁山县尧山一带。

# 第一九〇章　孔子逝世鲁哀致诔，孙胜乱国叶公定楚

周敬王四十一年，即公元前479年，这年四月，孔丘卒。据《左传》记载，鲁哀公致悼词道："旻天不吊，不慭遗一老，俾屏余一人以在位，茕茕余在疚。呜呼哀哉尼父！无自律。"哀公意为："上天不善，不肯暂留国老，让其保我在位，使我茕茕孑立，疚心疾首。呜呼哀哉，尼父！我丧尼父，无以为法。"子贡道："国君恐怕不能于鲁国善终！夫子言曰，'礼失则昏，名失则愆'。失志为昏，失所为愆。夫子生而不用，夫子死而诔之，乃不合礼制；国君自称余一人，不合名分。国君礼与名均失，将失其神志，失其居所。"古代君王自称余一人，多为面对祖先神灵和天下民众时的自谦称谓，与在面对兵祸和各种不祥之事时称孤道寡之类自贬自抑的称谓类似。哀公自称余一人，不合君臣名分。果然，鲁哀公最终不得其死，此为后话。

左传《春秋》经的记载，截至孔子去世，即周敬王四十一年，鲁哀公十六年，公元前479年；终鲁哀公之世，《左传》只有传，没有《春秋》经。《公羊传》与《谷梁传》则结束于周敬王三十九年，鲁哀公十四年，"十有四年春，西狩获麟"，因为孔子编春秋至此绝笔。据《孔子家语·辨物》记载，"叔孙氏之车士曰子鉏商，采薪于大野，获麟焉，折其前左足载而归。叔孙以为不祥，弃之于郭外，使人告于孔子曰：'有麕而角者，何也？'孔子往视之，曰'麟也。胡为来哉？胡为来哉？'反袂拭面，涕泣沾衿。叔孙闻之，然后取之。子贡问曰：'夫子何泣尔？'孔子曰：'麟之至，为明王也。出非其时而害，吾是以伤焉。'"据《孔丛子·记问》："叔孙氏之车子曰锄商，樵于野而获兽焉。众莫之识，以为不祥，弃之五父之衢。冉有告夫子曰：'鉏身而肉角，岂天之妖乎？'夫子曰：'今何在？吾将观焉。'遂往。谓其御高柴曰：'若求之言，其必麟乎。'到视之，果信。言偃问曰：'飞者宗凤，走者宗麟，为其难致也。敢问今见，其谁应之？'子曰：'天子布德，将致太平，则麟、凤、龟、龙先为之祥。今宗周将灭，天下无主，孰为来哉？'遂泣曰：'予之于人，犹麟之于兽也。麟出而死，吾道穷矣。'乃歌曰：'唐虞世兮麟凤游，今非其时吾何求？麟

兮麟兮我心忧。'"孔子由麒麟在野世人不识,哀叹自身如麒麟一样不为世人所识,他的理想不可能在世上推行,因此绝笔不再编写褒贬历史人物与事件的鲁史《春秋》。

周敬王四十一年是楚惠王十年,这一年楚国发生内乱。内乱是由楚太子建之子胜挑起的。当初楚平王之子太子建遭到平王宠臣费无极的诬陷,从楚国边城城父逃亡宋国。后逢宋国华氏之乱,太子建又避往郑国。郑国待太子建很好。太子建后又赴晋国,与晋人谋划里外夹攻袭击郑国,为此太子建要求再回郑国。郑国待他如同以前一样。晋人派间谍与太子建联系,回晋国前向太子建告辞,并约定晋军入袭郑国的日期。因太子建在郑国封给他的私邑待人凶残,其邑人告发了他。郑国执政派人追查,发现了晋国间谍,于是郑国杀太子建。

太子建之子名胜,因太子建之事,避居吴国。楚国令尹子西是楚平王的庶弟,当初楚平王薨,昭王年幼,大臣们要立他为楚王,他力辞王位,后为楚国令尹。他心存仁念,或许认为当初太子建是被陷害逃亡国外的,王孙胜毕竟为平王之后,不应使他流亡国外,更不应使他留居敌对之国吴国,因此欲将他召回楚国。叶公诸梁谏道:"我闻胜不仅狡诈,且好作乱,岂非祸害?"子西道:"我则闻胜诚信勇敢,不为不利之事。可以将他安置于楚国边境,让他守卫边防。"叶公诸梁道:"合于仁道谓之信,遵循道义谓之勇。我闻胜务求实践诺言,访求死士,或许怀有私心?出不仁不义之言而务求践行,并非为信;行非义之事而不惧赴死,并非为勇。将来您必会后悔。"但子西不听叶公诸梁之言,将胜召回楚国,让他居于与吴国接壤之处白县,封为白公。白县于今天河南省信阳市息县境内。

《国语·楚语》记载叶公谏言更为详细。叶公认为不应召胜回国,即便安置边境也不妥。叶公道:"王孙胜为人,诚而不信,爱而不仁,诈而不智,毅而不勇,直而不正,周而不淑。他可践行诺言,然并非行忠信之道,且不虑自身利害;他外表爱人,内无仁心,不谋长远,因此不仁;他以阴谋并非以智慧胜人,因而不智;他凶狠强行,违反道义,因而不义;他以揭人短处为直,不顾隐讳,因而不正;他言辞周全,却抛弃德行,因而不淑。此六种德行,他均徒有其表而无其实,怎能任用?况且,其父因楚国而被杀,他固执己见,心地不纯。若其狭隘偏执,不忘旧怨,不以纯洁之心修正其德,便会只思报怨。如此,其爱人足以得人,其讲信足以践行诺言,其狡诈足以谋事,其直而不隐足以号召众人,其言辞周全足以掩盖恶行,其内心不纯足以使他为恶,加之其不仁，奉行其不义，无事不成。导致王孙胜怨恨之人，如费无极之徒，今皆不在。若召其回国而他不能受宠，只会加速他的怨怒。而若宠他，他会贪得无厌，并能获得人心，他见到更大利益，会以不仁之心助长私欲，常思旧怨激发复仇之心，一旦国家有争端，他必不安分。届时非您承受祸患，还会是谁？他会常思旧怨，欲得大宠，行动起来会得人助，复仇泄愤亦有谋术，若果真用他，祸害指日可待。我爱您与司马子期，故而不敢不言。"

然而子西道："以德安抚，使其忘怨。余善待他，他会安宁。"叶公道："不然。我闻，唯仁者可对其好，对其不好，予其高位，予其低位。对仁者好，他不会逼迫上位，对其不好，他不会怀怨，身处高位，他不会骄傲，身处低位，他不会忧惧。不仁之人则不然。对其好，他会凌逼他人，对其不好，他会抱怨怀恨，予其高位，他会骄傲，予其低位，他会忧惧。骄傲便会有贪欲，忧惧便会怀恨，贪欲、憎恨、抱怨、凌逼，便会产生诈谋。您将如何？若召其回国而安置于下位，他将忧戚恐惧；对于其上者，他将愤怒怨恨。其诈谋之心，无法安宁。有一种不义德行，犹会败坏国家，如今其一身兼有五六种不义德行，而您必欲用他，岂非很难？我闻国家将败，必用奸人，嗜好病味，或许便指您这样的人？谁能无灾病？然而能者会及早消除。因旧怨而导致灭宗庙，乃国之灾病，锁住关隘，设置篱笆，处处设防，尚恐其来到，因此须日日警惕。若召其前来，死期将至。人有言曰，'狼子野心，怨贼之人也'。他又怎会有善心？若您不信我，何不将若敖氏与子干、子皙族人也寻来亲近？为何要任用公孙胜，如此，还能安定多久？昔日齐国驺马繻杀胡公靖，将尸体抛入具水，邴歜、阎职于竹林弑杀懿公，晋国长鱼矫于台榭杀三郄，鲁国圉人荦于住所杀太子般，是何缘故，岂非均因旧怨？这些均为您所闻。人求多闻成败教训，以为借鉴。如今您闻而弃之，犹如蒙耳。我不厌其烦向您谏言，全是为您，于我何益？我自会避祸。"子西笑道："您贬低王孙胜有些过分。"子西不听叶公之谏，封公子胜为白公。于是叶公推病闲居于蔡邑。

据《左传》，白公胜回国之后，为报父仇，请求出兵攻打郑国，令尹子西道："楚国内政尚未纳入正轨。不然，我也不会忘记复仇。"稍晚，白公胜又请求伐郑，子西允诺。楚国尚未出兵，晋国攻打郑国。令尹子西为拉拢郑国，出兵救郑，并与郑国结盟。白公胜非常气愤，道："郑人在此，仇人就在身旁。"他将令尹子西亦看作仇人。

白公胜亲自磨剑，子期之子平见到，问道："王孙为何亲自砺剑？"白公

## 第一九〇章 孔子逝世鲁哀致诔，孙胜乱国叶公定楚

胜道："胜以直爽著称，若不告诉你，岂能谓直？我要杀你父亲。"因为子期与子西同朝为臣，配合默契，白公胜将子期也看作仇人。平将白公胜之言报告子西。子西道："胜如禽卵，我以羽翼覆盖将其养大。在楚国，我死之后，令尹、司马，非他担任，还能属谁？"白公胜闻子西之言，道："令尹真是狂妄！他若得善终，我誓不为人。"子西并未察觉白公胜复仇之心。白公胜对手下石乞道："王与二卿，共用五百人对付便可。"石乞道："无处可寻此五百人。"又道："街市之南有名叫熊宜僚者，若得到他，可抵五百人。"石乞随白公胜去见熊宜僚，与他谈话投机，石乞便将要办之事告诉熊宜僚，但熊宜僚却拒绝了。石乞将剑架于熊宜僚颈上，宜僚纹丝不动。白公胜道："他乃不为利诱、不怕威胁、不泄人言之人，我们走吧。"

周敬王四十一年，吴军攻打楚国慎邑。慎邑于今天安徽省阜阳市颍上县西北。白公胜打败了吴国军队，这给了他向令尹子西复仇的机会。他请求将缴获的兵器装备献于朝廷，楚惠王同意了，他便乘机发动叛乱。七月，白公胜公然于朝上杀令尹子西、司马子期，并劫持惠王。子西十分惭愧不听叶公之言，因此以袖遮面而死。子期道："我一直以勇力事奉君王，不可有始无终。"他拔起一株樟树，杀死若干敌人，力战而死。石乞道："当焚烧府库，弑杀君王。不然，无济于事。"白公胜道："不可。弑杀君王不祥，焚毁府库失去积聚，有何可守？"石乞道："拥有楚国，治理民众，敬奉神灵，可得吉祥，也会有积聚，又有何患？"白公胜不听石乞之言。

叶公诸梁居于蔡国旧都新蔡，因蔡国已迁都吴国州来。方城外之人均言："您可进兵郢都平乱。"叶公道："我闻，犯险侥幸者，贪得无厌，处事不公，民众必然离心。"得知白公胜杀了自齐国赴楚、为楚国阴邑大夫的管仲后代管修，于是叶公率兵进入郢都。据《国语·楚语》记载，叶公道："我恨子西不听我言，然而我感谢他治理楚国，楚国能够恢复先王之业，乃因子西。因小怨而忘大德，乃我不义，因此我要入都杀死白公。"

据《左传》记载，白公胜欲以平王之子启为王。王子启，字子闾。子闾不允，白公胜便以武力劫持他。子闾道："王孙若要安定楚国，匡正王室，而后加以庇护，此乃启之愿望，敢不听从？若要专擅谋利，颠覆王室，不顾楚国，启宁死不从。"白公胜便杀了子闾，挟持惠王到高府。石乞守护高府之门。大夫圉公阳于宫墙上打开一洞，背惠王赴昭王夫人宫中。

叶公诸梁此时抵达郢都北门，有人遇到他，问道："您为何不戴头盔？国

· 769 ·

人盼您若盼望慈父慈母，而若盗贼之箭伤您，便断绝了民众之望。您为何不戴头盔？"于是叶公戴上头盔进城。又遇到一人道："您为何戴上头盔？国人盼您好像盼望丰收，日日期冀，若见您面，便能安心。民众便知不再有生命危险，人人便有奋战之心，民众正准备簇拥您于都城巡行，您却掩面断绝民望，岂非过分？"叶公便又脱下头盔。遇到箴尹固率其部属，准备相助白公胜。叶公道："若非子西、子期，楚国早已不成国家。弃德从贼，便可保全自身吗？"于是箴尹固便追随叶公。叶公派他与国人攻打白公胜。白公胜逃至山上自缢。其手下将其尸身藏匿。叶公生擒石乞，追问白公胜之尸首。石乞答道："我知其尸所在，但白公让我不言。"叶公道："你若不告，便将烹你。"石乞道："此事成则为卿，不成则烹，本是应有的结果，又有何害？"于是叶公下令烹石乞。白公胜之弟王孙燕逃亡吴邑頯黄。頯黄或在今天安徽省宣城市境。

叶公身兼令尹、司马二职，待国家安定之后，便告老致仕。楚惠王与叶公为让惠王之弟子良为令尹而占卜。沈尹朱道："吉。超出其期望。"叶公道："以王子相国，将来当如何？"数日之后，改占卜子西之子宁为令尹。宁字子国。最终以子西之子宁为令尹，以子期之子宽为司马。叶公自己终老叶县。

楚国白公胜之乱，令尹、司马被杀，自然元气大伤，陈国便依仗数年积蓄的粮草，侵略楚国。周敬王四十二年夏，楚国安定之后，准备夺取陈国之麦。楚惠王向太师子谷与叶公诸梁询问统帅军队的人选，子谷道："右领差车和左史老皆辅佐过令尹、司马攻打陈国，或许可派遣他们。"叶公诸梁道："此二人皆为俘虏，民众轻慢他们，怕不听从命令。"子谷道："观丁父，乃鄀国俘虏，我武王以他率领军队，因此攻克州国、蓼国，征服随国、唐国，并驯服群蛮。彭仲爽，乃申国俘虏，我文王以他为令尹，使申国、息国成为我国之县，使陈国、蔡国前来朝见，开疆拓土直达汝水。只要能够胜任，又有何贱？"叶公道："天命不容置疑。已故令尹对陈国有恨，天若亡陈，必将其功赐予令尹之子，君王何不任命于他？臣惧右领与左史为俘卑贱，又无美德。"楚惠王为选统帅占卜，用武城尹公孙朝为吉。公孙朝为子西之子。于是楚惠王派他率军夺取陈国麦子。陈人抵抗，然而战败。公孙朝包围陈国，于七月率师灭亡陈国。陈国于大国夹缝中生存，陈闵公却不安分，想趁楚国内乱报复楚国，最终结果自然是自取灭亡。

# 第一九一章　齐盟邾鲁晋国制齐，楚防周边越国犯楚

据《左传》记载，周敬王四十二年，即公元前478年，冬，鲁哀公于蒙邑会见齐平公并且结盟，孟武伯仲孙彘相礼。蒙邑位于今山东省临沂市蒙阴县境内。齐平公为齐简公之弟，齐简公被陈恒弑杀后，齐国人立齐简公之弟骜，是为齐平公。齐、鲁两君相见之时，齐平公向鲁哀公行稽首礼，而鲁哀公仅行拜礼。诸侯双方地位平等，相见时当行相同之礼。因此齐人非常愤怒。仲孙彘道："非见天子，寡君无处稽首。"仲孙彘问高柴道："诸侯结盟，谁执牛耳？"高柴道："鄫衍之盟，执牛耳者为吴国公子姑曹；发阳之盟，执牛耳者为卫国石魋。"仲孙彘便道："然则这次便是我。"古礼歃血盟誓，主盟者莅盟，位低者执牛耳。仲孙彘之意为，我执牛耳，鲁国自然是尊重齐国为大国。

自从晋国卿大夫逐渐丧失其前辈的公忠体国、谦让自律之风，相互之间争斗不断，晋国的国力军力开始衰落。齐国君臣一直不服晋国的侯伯地位，因此长期以来跃跃欲试挑战晋国的权威。此时南方楚国因有吴国的威胁，无暇北顾；中原郑国、卫国因连年受到晋国出兵威胁，早怀二心，于是齐国更想试图夺回侯伯之位。周元王仁元年，即公元前475年春，齐国派使者赴鲁国等国知会各国，齐国准备召集诸侯集会。夏季，齐国于齐国廪丘邑主持诸侯集会，商议攻打晋国，名义上是为郑国讨回公道，因为五年前晋国曾攻打郑国。然而郑国人却向诸侯辞谢，不欲诸侯联军攻打晋国。或许郑国君臣明白，以郑国的力量，不足以与晋国对抗，如果此次依靠诸侯联军战胜晋国，将来第一个遭到晋国报复的，必定是郑国。远在东方的齐国为争夺侯伯之位与晋国开战，最终受害的，是夹在两国之间的卫、郑等国。既然郑国不同意诸侯联军帮助他们讨伐晋国，诸侯之师便于秋季各自回国。

齐国对于中原诸侯依旧缺乏号召力，便将目光继续集中于周边国家。鲁国不大不小，又有声望，是齐国首先要征服的国家，鲁国能唯齐国马首是瞻，既可以满足齐国君臣的虚荣，又可以影响其他诸侯国。

周元王二年秋，即公元前474年，齐平公召集鲁哀公与邾隐公于齐地顾

邑结盟。齐国人一直对上次鲁哀公未对齐平公行稽首礼耿耿于怀,因此作歌曰:"鲁人之皋,数年不觉,使我高蹈。唯其儒书,以为二国忧。"意为鲁人之咎,数年不自觉,足以使我们暴跳。拘泥儒家之书,不行稽首之礼,造成两国烦忧。鲁国君臣为使齐国人释怀,此次鲁哀公先到阳谷。阳谷为齐国靠近鲁国边境的城邑,在今山东省泰安市东平县境内。齐国闾丘息道:"劳烦贵君亲临,慰劳寡君军队,臣下将以驿车向寡君报告。等驿车报告后返回,贵君未免太辛苦。由于仆人们没有准备好宾馆,请于敝国舟道邑暂设行馆。"面对刁难,鲁国君臣辞谢道:"岂敢烦劳贵国之仆?"最终鲁国君臣依旧赴盟,稳定了齐鲁关系。

鲁国一般都实行和睦邦交。周元王四年,即公元前472年,宋元公夫人卒。宋元公夫人为小邾国公主,宋景公之母。宋景公已经在位四十五年,元公夫人当属高寿。鲁国执政季孙肥派其家宰冉有前去吊唁并送葬,向宋国致意道:"敝国有社稷大事,肥公务繁忙,不得赴贵国执绋送葬,特派求前往,跟随贵国仆役,为元公夫人送葬。并让他代言道,肥作为远房之甥,有若干先人所留马匹,现派求献予夫人家宰,或许尚能与夫人马饰相称。"即以若干马匹为宋元公夫人葬礼或陪葬之用。

周元王元年,晋国执政赵鞅卒,其子赵无恤继承卿位。而由荀瑶执政。荀瑶为荀跞之子,荀氏亦称智氏,因为荀林父之弟荀首在晋成公时受封于智邑,因此后世以智为氏,荀瑶亦称智瑶或智伯。

齐国觊觎侯伯地位,躁动不安,晋国自然要打击齐国,重新确立自己的权威。周元王四年六月,荀瑶率军攻打齐国,齐国高无㔻率军抵御。荀瑶在观察齐军阵营时,其马受惊,荀瑶便索性驱马向前。他道:"齐人已见我之旗帜,如不向前,或许会道我胆怯而回。"于是他驱马直抵齐军营垒,然后才策马返回。可见荀瑶是大胆果决之人。

作战之前,晋国大夫长武子请求占卜。荀瑶道:"国君已告天子,并且于宗庙用守龟占卜过,卦象为吉,我又何须占卜?况且齐人占取我国英丘,国君命令瑶,并非要炫耀武力,而是为了治理英丘。义正词严讨伐有罪足矣,何必占卜?"六月下旬,晋、齐两军战于犁丘,齐军大败,荀瑶亲自擒拿齐大夫颜庚。犁丘位于今山东省德州市境内。

晋出公准备乘荀瑶对齐国作战胜利,亲自率军讨伐齐国,以使齐国能够臣服于晋国。周元王五年四月,公元前471年,晋出公派人赴鲁国,请求鲁国出兵帮助晋国讨伐齐国,使者道:"昔日臧文仲(臧孙辰)借楚国之军讨伐齐国,占取谷邑;臧宣叔(臧孙许)借晋国之军讨伐齐国,占取汶阳。寡君欲向贵国先祖周公求福,亦欲借助贵国臧氏威灵。"于是,鲁国派遣臧石率军与晋军会合,攻取齐国廪丘。廪丘位于今山东省菏泽市郓城县境内。晋国军吏下令修缮兵器,准备继续前进。齐国大夫莱章判断道:"如今晋君位卑,晋国政治暴虐,去年已经胜敌,现今又取廪丘,上天所赐已多,如何再能前进?无非大言炎炎。晋军很快将要班师。"果然,晋军很快回师。晋人以活牛慰劳臧石,太史向他表致歉道:"因寡君在军,用牲不合礼仪制度,谨此表示歉意。"

鲁哀公与群臣在鲁国外交上摇摆于齐、晋之间。鲁国与齐国结盟是迫不得已,因为齐国是强邻,鲁国对晋国则只要礼数周全,无需防备晋国。哀公君臣如此摇摆于两个大国之间,似乎对鲁国并无切身危害,然而鲁哀公在立嗣问题上的摇摆,却给其自身与鲁国都带来危害。

哀公庶子公子荆之母受宠,哀公欲立她为夫人,让宗人衅夏行立夫人衅宗庙、衅礼器之礼。衅夏答道:"无此礼仪。"哀公怒道:"你为宗司,立夫人,乃国之大礼,为何没有?"衅夏答道:"周公与武公娶薛国公主为妻,孝公、惠公娶宋国公主为妻,桓公以下娶齐国公主为妻,如此礼节均有。而若以妾为夫人,则本无此礼。"但哀公仍然立其为夫人,且立荆为太子。国人由此开始对哀公产生恶评。

南方的楚国多年不曾北窥,不仅因有东方吴国牵制,还有西方巴人扰乱。周敬王四十三年,巴人进攻楚国,包围鄾邑。鄾邑位于今湖北省襄阳市东北。楚国公孙宁曾经问卜,大夫观瞻道:"您志向能遂。"因而公孙宁得以受命为右司马。巴军到来,楚国要占卜统帅人选。楚惠王道:"宁已如愿,岂用再卜?"便派他领兵出征。公孙宁请求任命副手,惠王道:"寝尹、工尹,均是为先君效力之人。"寝尹吴曾为保护昭王,以背部受敌兵戈;工尹曾为保护昭王,于象尾捆绑可燃物冲击吴军,均有保护昭王之功。于是以二人为副帅。这年三月,楚国公孙宁、吴由于、薳固于鄾邑击败巴军。于是楚惠王将析邑作为公孙宁的封邑。析邑位于今河南省南阳市境内。时之君子评论道:"惠王知人之志。《夏书》曰,'官占唯能蔽志,昆命于元龟'。卜筮之官要能判断人的志向,然后才能命龟。便是指此。《志》曰,'圣人不烦卜筮',惠王或许便是如此。"

非但巴人侵扰楚国,东方越国势力增强,也开始侵犯楚国。周敬王四十四年春，越国为使吴国对越国不加防备，将进攻矛头西指楚国。楚国公子庆、公孙宽率军抵御越军，并随后追击越军至越地冥邑，追赶不上，于是回师。冥邑位于今江西省上饶市鄱阳县境内。于是，同年秋天，楚国派遣沈诸梁进攻东夷，报复越国。最终三夷之人与楚军于敖邑结盟。敖邑当于今浙江省境内。然而此时的越国，其兵锋已势不可挡，但其兵锋真正所指并非楚国，而是同处一域的吴国。

# 第一九二章　审时度势范蠡谋事，虚心纳谏勾践复国

当年越王勾践兵败，越国几乎灭国，乃因勾践不听范蠡劝谏。据《国语·越语》记载，越王勾践即位后的第三年，即周敬王二十六年，即公元前494年，勾践便欲伐吴。范蠡进谏道："国家之事，强大之时要保持国力盈盛，危机之时要能安定局面，平时要妥善处理政事。"勾践问道："如何做到此三点？"范蠡答道："保持国力盈盛当效法天道，盈而不溢；安定局面当获取人心，谦逊礼贤；妥善处事当顺应地道，不可用强。君王不问，蠡不敢言。天道盈而不溢，盛而不骄，劳而不自夸其功。圣人顺时行事，是谓守时。天时不至，不能进攻敌国；敌国不乱，不要发动事端。如今君王未待国力充盈，便欲向外扩张；未待国家强盛，便已自泰自骄；没有辛勤劳作，便已自夸有功；未待天时到来，便欲发动进攻；未待对方人祸，便欲挑起事端。如此会有逆天道，失去人和。君王如若行此，必将危害国家，损害自身。"勾践不听范蠡谏言。

范蠡再进谏道："尚勇争夺，违背仁德；兵者为不祥之器；战争为最后手段。逆德挑起事端，终会反被人害。淫佚之事，上帝所禁，首发战端，将会不利。"勾践则道："不要再进妄言，我意已决！"越王兴兵伐吴，战于五湖，不能克敌，退守会稽山上，向吴国求和。

《国语·越语》记载的求和经过与《吴语》记载有所不同。《越语》记载，越王于会稽山召见范蠡问道："我未从你之言，以至于此，如何是好？"范蠡答道："君王难道忘了吗？保持国力盈盛当效法天道，安定局面当获取人心，妥善处事当顺应地道。"勾践问道："获取人心，当如何行事？"范蠡答道："以谦卑言辞，行尊崇礼节，携珍宝女乐，尊吴王名号。如若吴国不允媾和，君王只能交出权柄与府库，亲自前往听命于吴王。"勾践道："可以。"于是派遣大夫文种赴吴国求和道："越国愿以士人之女送予贵国之士为侍女，大夫之女送予贵国大夫为侍女，并献上国家重器。"吴王不允。文种回国商议后再去求和道："越王愿意将国库钥匙交付吴国，亲赴贵国，听凭吴王处置。"吴王应

允。勾践对范蠡道："你替我看守国家。"范蠡道："境内治理百姓之事，蠡不如种。境外应对敌国当机立断，种不如蠡。"于是勾践命文种留守，自己与范蠡赴吴国为臣仆。勾践赴吴国之前，对国人道："寡人不知国力不足，与大国结仇，使百姓尸骨暴露于原野，此乃寡人之罪，请允许寡人改正。"于是命人埋葬死者，慰问伤者，养育生者，吊唁丧事，祝贺喜事，礼送往者，欢迎来者，去民所恶，补民不足。之后，勾践赴吴国，卑躬屈膝事奉吴王夫差，亲自于夫差马前为他开路，并以越国三百士人至吴国为奴。

三年之后，吴王让勾践君臣回国。回到越国，勾践便向范蠡请教道："如何妥善处理政事？"范蠡答道："处理政事当顺应地道。唯有大地能包容万物，不偏不倚，不失时令。大地生育万物，包畜禽兽，然后享受生养万物之名，获得万物所归之利。美物恶物，各有所宜，使之皆成，以养众生。时令不至，不可强生，时机不到，不可强成。自然处事，以观天下，因时制宜，以定社稷。农桑并重，除害防灾，开辟田地，不旷百业，充实府库，富足百姓。天时会有反复，人事会有间隙，只有知晓天地常规，才能获得天下成利。若吴国人事尚无间隙，天时尚未有利越国，君王当安抚并教育民众，等待时机。"

勾践道："不谷之国家，便是蠡之国家，请你好好谋划！"范蠡答道："封疆之内，百姓之事，三时之务，教民乐成，不扰民事，不逆天时，使五谷丰登，人口繁衍，君臣上下皆能如愿，此类事情蠡不如种。国境以外，应对敌国，决断大事，顺应变化，柔而不屈，强而不刚，赏罚决断，以为常法。人之生死，取决于天地之刑，天地之刑又据人之善恶，因此圣人亦据天地之刑。人自行事，天地据其善恶显现征兆，圣人据天地征兆赏善罚恶，因此战胜敌人，敌人不能报复，夺取土地，敌国不能夺回，军事取胜于外，福泽滋生于国，用力甚少而名声卓著，此类事情，种亦不如蠡。"于是勾践便令文种治理内政。

越国国土，南至句无，今浙江省诸暨市境内，北至御儿，今浙江省嘉兴市境内，东至于鄞，今浙江省宁波市鄞州区，西至姑蔑，即太湖，方圆百里。勾践召集父老兄弟立誓道："寡人闻，古之贤君，四方之民归之，若水之归下。如今寡人无能，但要率领你等夫妇蕃育子女。"勾践下令，壮年男子不准娶老妇，老年男子不准娶壮妻。女子十七岁不出嫁，其父母有罪；男子二十岁不娶妻，其父母有罪。分娩者报告，公家派医者守护。生男赏两壶酒，一条狗；生女赏两壶酒，一头猪；生三胞胎，公家提供乳母；生双胞胎，公家供给食物。嫡子死，免其父三年徭役；庶子死，免其父三月徭役。地方长官定要亲自哭葬，如同对待自己儿子。命令鳏夫、寡妇、残疾、贫病之家，由公家录用其子。对贤达之士，修整其居所，赐予其美服，供给其粮食，使其致力于行义。四方前来之士，必于宗庙以礼接待。勾践乘坐装载膏粱之船出行，流浪少年，皆予饮食，并问其名。勾践本人非亲种之粮不食，非夫人所织之衣不服。国家十年不收赋税，使民众家中皆有三年余粮。

勾践自吴国回国的第四年，召见范蠡问道："先王去世，不谷即位。吾年既少，未有定性，出则沉迷田猎，入则沉溺饮酒，不图百姓之事，唯知舟车悠游。上天降祸越国，备受吴国挟制。吴人对不谷，折辱过甚。我如今与你图谋吴国，是否可行？"范蠡答道："尚不可行。蠡闻，上天不成全之时，当守天时，强求不祥，天时到了，不能成功，亦会有祸，将会失德败名，出逃死亡。上天有夺、有予、有不予，君王切勿过早图谋。吴国迟早是君王的吴国，若过早图谋，事态反而难以预料。"勾践听从了范蠡的忠告。

过了一年，勾践再召范蠡问道："吾曾与你图谋吴国，你道未可。如今吴王沉湎声色，不顾百姓，扰乱民事，违背天时，轻信谗言，喜爱倡优，疏远辅弼，圣人不出，忠臣厌倦，其余之人曲意逢迎，是非不分，上下偷安。我们可图谋吴国了吗？"范蠡道："人事方面已可，上天尚未降兆，请君王姑且等待。"勾践又听从了范蠡的忠告。又过了一年，勾践召见范蠡问道："吾曾与你图谋吴国，你道未可。如今申胥屡谏吴王，吴王怒而杀之。我们可图谋吴国了吗？"范蠡道："逆气已经萌生，天地之兆未显，若即行征伐，事情不会成功，越国反会受害。请君王姑且等待。"勾践再次听从了范蠡的忠告。

又过了一年，勾践召见范蠡问道："吾曾与你图谋吴国，你道未可。如今吴国稻、蟹不留其种，我们可图谋吴国了吗？"范蠡答道："天象已现，人心未失，请君王姑且等待。"勾践怒道："天道果然如此吗？或许你欺骗不谷？我与你谈人事，你以天时应对我；如今天时已至，你又以人事应对我，这是为何？"范蠡答道："君王勿怪。人事必将与天地相合，方能成功。吴国发生天灾，民众戒惧，君臣上下皆知本国资财不足以支撑长久，将会同心协力，拼死作战，因此伐吴危险。君王暂且驰骋田猎，但不要真正沉湎田猎；宫中作乐，但不要真正沉湎酒色；与大夫宴饮，但不要忘记国家政事。以田猎宴饮迷惑吴国。如此，吴国上层会不修其德，驱使民众竭尽其力满足上层的贪欲，民众怨恨政府，又不得收成，我们便可顺应天地之罚诛灭吴国。"

这年九月，勾践又召见范蠡问道："谚语有曰，'觥饭不及壶飧'，等待盛

· 777 ·

宴，不如素餐。将至岁末，该当如何？"范蠡道："君王不问，臣亦将请君王伐吴。臣闻，捕捉时机，如同救火，如同追捕逃犯，急速奔走，尚恐不及。"勾践道："好！"于是兴兵伐吴，驻军五湖。

吴人闻知越军兵临，出兵挑战越国军队，一日之内往返五次。勾践准备应战。范蠡进谏道："我们于朝廷祖庙已经谋划好，来到原野便忘却计谋，或许不可？君王姑且不要应战。臣闻，'得时无怠，时不再来，天予不取，反为之灾'。不能掌握进退变化，将来必会懊悔。天道固然变化，谋划之事却不能随便改变。"勾践便没有应战。范蠡道："臣闻古之善用兵者，常有进退，效法四时，不违天道，知天命之数而止。天道皇皇，日月为常，天道昭显，便当效法，日月晦暗，便当隐遁。阳极而阴，阴极而阳，日落再升，月盈又缺。古之善用兵者，遵循天地之常，与之俱行。后发用阴，厚重固密；先发用阳，轻快猛烈；敌近则柔，示之以弱；敌远则刚，携威而临。然而后发不能过于滞重荫蔽，先发不能过于刚猛显耀。用兵无定式，当随机而断。敌方以强来御，其阳气不衰，尚未可克。敌方挑战，当坚守不战。若准备出战，必乘敌方遭到天地之灾，且要看其民众饥饱劳逸。要待敌方阳气耗尽，我方阴气盛满，才能克敌制胜。进攻之时，当刚强迅捷，防守之时，当从容重固。敌方阳气未尽，不可轻取，敌方阴气未尽，不可逼迫。布阵之法，右翼为牝，固密以受敌之攻，左翼为牡，迅猛以攻敌方，早晚有备，不失时机，顺应天道，周旋无穷。如今敌方来势刚猛迅捷，请君王姑且等待。"于是勾践未与吴军交战。

越国的父老兄弟向勾践请求道："昔日夫差在各国诸侯面前使您蒙受耻辱，如今我们请求报复吴国！"勾践辞道："昔日之战，乃寡人之罪。寡人岂能让你们与寡人共同承担罪责与耻辱，姑且不用言战。"父老们又请求道："越国境内，民众爱君如爱父母。儿子思报父母之仇，臣子思报国君之仇，岂有敢不尽力之人？请再与吴国决战。"

勾践应允了父老请求，向越国民众发誓道："寡人闻，古之贤君，不担心其民众不足，而担心本人意志不坚，品行不足，不念建功，临难苟且。夫差有着水犀皮甲之士兵十万三千人，夫差不担心自己意志品行，而依旧担心军队不足。如今寡人将助天灭吴。我不欲士兵逞匹夫之勇，而望师旅同进同退。进则思赏，退则思刑，如此才能有赏。进不效命，退不知耻，如此便会有罚。"越军出动之时，国人彼此勉励，父兄勉励子弟，妻子勉励丈夫，均道："有如此之君，谁不效死？"越军于囿邑、没邑两败吴军，最后于吴都郊外三败吴军。

## 第一九二章 审时度势范蠡谋事，虚心纳谏勾践复国

越王勾践出兵围困吴国三年，吴军终于溃败。吴王率其臣子逃至吴都阊门之外的姑苏台，派遣王孙雒向越国求和道："昔日上天降祸于吴，使不谷于会稽得罪贵国。如今越王或许图谋不谷，不谷请求恢复会稽之和。"或许勾践想到吴王曾免其一死，因此有些不忍，想要应允吴国讲和。范蠡进谏道："臣闻，圣人成其功，乃因顺应天时。得天时而不成其功，天命便会反转。天时转变为期不远，五年反复。危败之小凶五年可见，灭亡之大凶或许时间较长。前人有言，'伐柯者其则不远'。伐树制作斧柄，仿效手中斧柄就是。如今君王当断不断，或许忘记了会稽之事？"于是勾践不允吴国媾和。

吴国王孙雒回报之后，复来求和，辞令愈加谦卑，礼节愈加恭敬，勾践又欲应允。范蠡进谏道："君王难道忘记了，使我们早朝晚罢、辛勤国事，岂非吴国？与我们争夺三江五湖之利者，岂非吴国？我们谋划十年，却一朝尽弃前功，岂能甘心？君王暂且不要应允，事情很快便会有望。"勾践道："我欲不允，然而难以答复吴国使者，请你去回复。"范蠡一手拿鼓，一手握槌，答复吴国使者道："昔日上天降祸越国，使越国受制于吴国，而吴国却不接受。如今上天相反，使越国报复吴国。吾王怎敢不听天命，而听吴王之命？"王孙雒道："范子，先人有言曰，'无助天为虐，助天为虐者不祥'。如今吴国稻蟹不遗种，您还助天为虐，不忌讳不祥吗？"范蠡道："王孙子，昔日我先君于周朝不及子爵，因此居于东海之滨，与鼋龟鱼鳖同处，与虾蟆为邻。余虽面貌如人，实则禽兽，岂知巧辩之言？"王孙雒要求向越王告辞。范蠡道："君王已委托于执事之人。您请回，以免执事之人得罪于您。"王孙雒告辞回国。范蠡不向越王勾践报告，击鼓兴兵跟随吴国使者之后，追至姑苏吴宫，灭了吴国。

越王勾践灭吴之后返回五湖，范蠡向勾践告辞："君王继续努力，臣不再回越国了。"勾践问道："不谷不明白你为何如此？"范蠡答道："臣闻，为人臣者，君忧臣劳，君辱臣死。昔日君王会稽受辱，臣所以不死，乃为复仇。如今大事已成，蠡请受会稽之罚。"勾践道："若有人不掩你之恶，不扬你之美，我将让他于越国死无葬身之地。你听我言，我要与你共享越国。你若不听我言，将被处死，并将杀你妻子。"范蠡答道："我已得闻王命。君王可以执行法令，臣则按照我的意愿行动。"于是乘轻舟游于五湖，无人知其去向。勾践命金工以铜铸成范蠡之像，每日礼拜，每十日令大夫们朝拜，将会稽山四周三百里划为范蠡封地，有敢侵占者，将让其于越国死无葬身之地。

然而，越国灭吴之事，《左传》与《国语》记载有所不同。

## 第一九三章　发动全民勾践备战，告祭伍员夫差自尽

据《左传》记载，周敬王四十二年三月，即公元前476年，越王勾践率军伐吴，吴王夫差率军于笠泽抵御，双方于笠泽两岸列阵。笠泽便是今天的江苏苏州吴淞江。越王组织左、右两支伍卒，令其夜间或左或右先后鼓噪推进。吴国军队只能分兵抵御。于是勾践率领三军偷渡，击鼓进攻吴国中军。吴军大乱，败于越军。自此，越国开始报复吴国。

吴国战败以后，吴国公子庆忌屡次劝谏吴王夫差。周元王元年，即公元前475年，吴国公子庆忌再次劝谏夫差道："若不改政令，定会亡国。"夫差不听庆忌进谏，庆忌彻底失望，于是离开国都，居于吴地艾邑。艾邑或于今天江西省修水县，可见当时吴国领土面积不容小觑。庆忌后又赴楚国。这年秋冬，庆忌得闻越国将要伐吴，便请求回国与越国媾和，于是回国。他想除掉不忠于吴国之人，取悦越国。其实，不忠于吴国之人，本就是取悦越国、谋求私利之人，且这些人在吴国已尾大不掉。庆忌回国之后，不仅没有除去他想除掉之人，反因自不量力，遭国人杀害。

同年十一月，越国军队包围吴国。此时晋国赵无恤正服其父赵简子赵鞅之丧，饮食已经削减，闻知吴国被围，于是命比居丧时的饮食又降一等。家臣楚隆问道："三年之丧，亲情已极，您又降等，或许另有缘故？"赵无恤道："黄池之会，先主与吴王盟誓，曰，'好恶同之'。如今越国包围吴国，作为继承人，我想不废旧盟，然而敌越救吴，非晋国力所能及，我因此降低饮食等级。"楚隆道："当让吴王知道您的举措，如何？"赵无恤道："可以做到吗？"楚隆道："请允许我尝试一下。"于是，楚隆前往吴国。楚隆先至越军处，道："吴国多次冒犯上国，闻贵君亲自讨伐，诸夏之人莫不欣喜，唯恐贵君意志不能实现，请让我进城看看吴军情况。"勾践应允。楚隆入吴国都城，向吴王夫差道："寡君宰臣无恤派遣陪臣隆前来，谨为他来道歉。黄池之会，贵君与先臣志父（赵鞅）参加会盟，誓曰'好恶同之'。如今贵君处于危难，无恤不敢畏惧辛劳，然而救吴非晋国力所能及，因此派遣陪臣向贵君告罪。"吴王夫差稽首道："寡

人不才，不能事奉越国，因而让贵大夫忧虑，谨此拜谢。"夫差赐予楚隆一竹盒珍珠，让他送予赵无恤。吴王道："勾践一直搅扰寡人，寡人将不得善终。"又自嘲道："我乃溺水之人，却依旧有不急之问，史黯何以成为君子？"史黯即晋国太史蔡墨。楚隆答道："黯于朝上不为人所恶，致仕后无人诽谤。"吴王道："当之无愧！"可见吴王明知大势已去，却不失外交风度。

越国包围吴国都城之后，掌控了东南局势，于是开始与中原诸侯交往，试图称霸中原。周元王二年夏，越国开始派遣使者赴鲁国。越国也确实开始干预中原小诸侯国的事务。周元王三年四月，邾隐公自齐国赴越国向越国求助。事情起因在周敬王三十三年，邾隐公先后得罪鲁国与吴国，后吴国拘禁了邾隐公。周敬王三十五年，邾隐公先投奔鲁国，随后因其为齐国之甥，又投奔齐国。自邾隐公为吴国拘禁后，邾国臣子立其子革继位，是为邾桓公。如今见到越国得势，邾隐公赴越国求告道："吴国无道，执父立子。"越王勾践为树立权威，派兵护送邾隐公回国。结果邾国太子革又逃亡越国避难。可见越国当时颇具实力。

周元王三年十一月二十七日，越国灭吴。越王勾践请吴王赴甬东居住。甬东于今天浙江省舟山市定海区。吴王辞道："孤家已老，焉能事君？"于是自缢身亡。越人将其尸体送回。

《国语·吴语》记载越国灭吴，又有所不同。吴王夫差从黄池回国后，使民众休养生息，不加戒备。越国大夫文种倡议道："我以为吴王将会侵略我国，如今他罢兵不戒，想使我们忘记仇恨，我们不可因此懈怠。昔日臣曾卜问上天，天若弃吴，必与我和，疲敝其民，夺其粮食，我们将安受吴国残余。如今吴国民众疲病，连年饥荒，市无糙米，仓廪皆空，民众必会迁至东海之滨以蚌蛤求生。上天之兆已现，民众怨愤可见，我无需再卜。君王若起兵伐吴，可争得有利时机，不让吴国有所悔改。吴国边远地区兵员，回家未归，吴王将以不应战为耻，必定不待远兵归队，只以国都现有军队与我军作战。倘若事情有幸能从我愿，我们便可攻入吴国，吴国边远地区兵员即便赶到，也无法与其军队会合作战，我们可用御儿之地民众阻挡他们。"御儿于今天浙江省嘉兴市桐乡市境内。文种继续道："吴王若怒而再战，便只有兵败出亡。若不战求和，君王便可安然获取厚利、争得名誉，放其回国。"勾践非常赞许文种之谋，大规模集合军队，准备伐吴。

楚国大夫申包胥出使越国，越王勾践问他："吴国不道，试图毁我社稷宗庙，夷为平地，使我祖先不得祭祀。我欲求上天裁判越国与吴国是非，车马、兵甲、士兵均已备齐，尚未启用。请问作战还要具备什么条件？"申包胥推辞不知。勾践再三动问，申包胥答道："吴国乃良善之国，能获取诸侯国贡赋。请问君王凭借什么与吴国开战？"勾践道："凡杯中之酒，盘中之肉，盒中之饭，孤家从不敢不与周围之人分享。孤家不求味美饮食，不求尽情声乐，只求报复吴国。我愿凭此一战。"申包胥道："善则善矣，然而未可以战。"勾践道："越国之中，我慰问病者，埋葬死者，敬养老人，爱护儿童，抚养孤儿，访问贫苦，只求报复吴国。我愿凭此一战。"申包胥道："善则善矣，然而未可以战。"勾践道："越国之中，我宽以待民，视民如子，以忠惠善待他们。我修订法令，放宽刑罚，施民所欲，去民所恶，赞扬其善，制止其恶，只求报复吴国。我愿凭此一战。"申包胥道："善则善矣，然而未可以战。"勾践道："越国之中，我不敛富人资财，施予贫者衣食，补救其不足，征缴其有余，使贫富皆获利，只求报复吴国。我愿凭此一战。"申包胥道："善则善矣，然而未可以战。"勾践道："越国南有楚国，西有晋国，北有齐国，每年四季，我均向他们贡献财币、玉帛、童男童女，以表顺服，未尝间断。只求报复吴国。我愿凭此一战。"申包胥道："善哉，无以复加，然而犹未可以战。战争，智为首，仁次之，勇又次之。不智，则不知民之所求，不能衡量双方力量对比；不仁，则不能与三军将士共饥劳；不勇，则不能决疑以定大计。"勾践称是。

于是越王勾践召见五位大夫道："吴国不道，试图毁我社稷宗庙，夷为平地，使我祖先不得祭祀。我欲求上天裁判越国与吴国是非，车马、兵甲、士兵均已备齐，尚未启用。我请问楚国申包胥，他已给我忠告。我想咨询诸位大夫，请问作战还要具备什么条件？勾践望诸位大夫皆言实情，不要曲意逢迎，孤将因此决断举大事。"大夫舌庸上前答道："或许赏无遗漏乃战胜的条件？"勾践道："奖赏乃通行之法。"大夫苦成上前答道："或许罚无遗漏乃战胜的条件？"勾践道："严罚能使士兵勇猛。"大夫文种上前答道："或许辨别旗帜颜色标记乃战胜的条件？"勾践道："如此士兵能辨明阵法。"大夫范蠡上前答道："或许慎重守备乃战胜的条件？"勾践道："如此能进退裕如。"大夫皋如上前答道："或许慎重以金鼓之声号令乃战胜的条件？"勾践道："如此，各方条件当皆具备。"于是勾践命令有司向国人传达命令道："从军者皆赴国门外集合。"勾践命令国人道："有下情上达者，皆请报告。报告不实，将受惩罚，五日之内，定要慎重考虑，超过五日，告亦无用。"

## 第一九三章　发动全民勾践备战，告祭伍员夫差自尽

勾践入后宫命令夫人。勾践背向屏风而立，夫人面向屏风。勾践道："自今以后，后宫内务不出宫门，朝廷政事不入宫门。内宫蒙羞，是你之责；政事差池，是我之责。我见你在此为止。"勾践于是离开后宫。夫人送王，不出屏风，关上左侧之门，填之以土，以示不出；摘掉首饰，侧席而坐，不再洒扫，以示怀忧。越王出宫后来到朝堂之外，背檐而立，大夫面向檐下。勾践命令道："土地分配不均，土地不得开垦，国家内政差错，乃你们之责；军士不能拼死作战，有辱于外敌，乃我之责。自今以后，国政不干预军政，军政不干预国政，我见你们于此为止。"勾践离开朝堂，大夫们送他，不出屋檐，关上左侧之门，填之以土，以示不出；侧席而坐，不再洒扫，以示怀忧。

越王勾践赴郊外之坛，击鼓号令出征。来到军营，斩杀有罪之人，巡行示众。勾践告诫道："不准以金玉饰物贿赂。"第二天到达新的营地，斩杀有罪之人，巡行示众，告诫道："不准不服从军令。"第三天到达新的营地，斩杀有罪之人，巡行示众，告诫道："不准不效命王事。"第四天军队到达御儿，斩杀有罪之人，巡行示众，告诫道："不准淫逸放纵。"

越王命有司向全军通告："家中有父母老人而无兄弟者，报告上来。"勾践亲自对他们道："我有重要战事，你们有父母老人，为我而死，你们的父母将无人养老送终，你们对我礼敬过重。请你们回去，为父母养老送终。今后国家有事，我再与你们商议。"第二天，勾践又命有司向全军通告："家中有兄弟四、五人皆在军者，报告上来。"勾践亲自对他们道："我有重要战事，你们兄弟四五人皆在军队，战事不捷，便会全部战死。你们兄弟选一人回家。"第三天，勾践又命有司向全军通告："有双目昏花者，报告上来。"勾践亲自对他们道："我有重要战事，你们双目有病，可以回家。今后国家有事，再与你们商议。"第四天，勾践又命有司向全军通告："筋骨不健不能胜任甲兵者，智力低下不能听懂命令者，可以回家，不必报告。"第五天，全军上下和睦，斩杀有罪之人，巡行示众，告诫道："不准意志不坚。"于是人人有决死之心。勾践又命有司向全军通告："有让回而不回者，让留而不安心者，命令前进而不前进者，命令撤退而不撤退者，命令向左而不向左者，命令向右而不向右者，一律处死，妻子官卖。"

此时吴王夫差发兵抵御，驻扎于淞江北岸。越王勾践的军队驻扎于淞江南岸。勾践将军队分为左、右两军，以其亲近的有志之士六千人组成中军。第二天，将于江上进行舟战，黄昏时分，勾践命左军衔枚溯江而上五里待命；又命

令右军衔枚沿江而下五里待命。中夜时分，命令左、右两军同时击鼓渡江，于江中待命。吴军闻声大骇，道："越军分为两支，将要夹击我军。"不等天明，吴军亦将军队分为两部分，准备抵御越军。勾践命令中军衔枚偷渡，不鼓不噪，袭击吴军。吴军大败。越国左军、右军乘机渡江包抄，于没邑再败吴军，最终于吴都郊外彻底打败吴军。吴军三战三败，越军攻入吴都，包围姑苏台。

夫差终于恐惧，派人求和道："昔日不谷顺服于越君，越君向我求和，愿越国男女服从于我。孤碍于越国先君与我友好，畏惧天降不祥，不敢绝越国宗庙祭祀，应允贵君求和，以至于今。如今孤行不道，得罪于贵君，君王亲临敝国。孤冒昧请和，吴国男女服从贵君驱使。"勾践道："昔日上天将越国赐予吴国，吴国不受。如今上天将吴国赐予越国，孤岂敢不听天命，而听贵君之命？"勾践不允吴国求和，派人向吴王道："上天将吴国赐予越国，孤不敢不受。人生不长，吴王或许不当轻生。人生在世，乃为寓居，人生几何？寡人准备将吴王安置于甬句之东，以三百对夫妇，随同侍奉，颐养天年。"夫差辞道："天既降祸于吴国，不前不后，正于孤身，失宗庙社稷。凡吴国土地人民，越国已经占有，孤如何面对天下？"夫差临死之前，派人告祭伍子胥道："假使死者无知无觉便罢；假使死者有知，我有何面目见你！"于是自杀。

越国灭吴之后，又北上征服中原数国。宋、郑、鲁、卫、陈、蔡等国国君均执圭朝越。越国所以能够称霸一方，乃因勾践能谦虚待下，集中群臣智谋。

以上便是《国语·吴语》对越国灭吴过程的记载。

# 第一九四章　君臣反目卫侯出亡，景公辞世宋昭得立

卫国在庄公被弑之后，周敬王四十三年，公元前477年，卫卿石圃又驱逐了卫君起，卫君起逃亡齐国。卫出公自齐返回卫国，又驱逐权臣石圃，恢复石魋与太叔遗的职爵。这一过程史书没有详细记载。

《左传》详细记载的是周元王六年，即公元前470年卫出公出亡之事。卫出公与大夫们在灵台宴饮，褚师比穿袜入席。古人席地而坐，自然不可穿靴，但亦不可着袜，当赤足入座。褚师比穿袜入席，为君前失礼，卫出公非常恼怒。褚师比解释道："臣脚上有疾，恐国君见到，将会作呕，因此不敢脱袜。"卫出公愈加生气。大夫们均为褚师比辩解，卫出公依旧不同意褚师比如此入席。于是褚师比告退。卫出公一手叉腰，一手指褚师比道："定要斩你之足！"褚师比听到出公此言，与司寇亥一起乘车，道："今日侥幸，他日我能逃亡亦是幸运。"

当初卫出公回国时，夺了南氏封邑，并剥夺了司寇亥官职。卫出公还曾派侍者将公文要的车推入池塘。之前卫国人剪灭夏丁氏，将其家财赐予彭封弥子。彭封弥子请出公宴饮，将夏戊之女献于出公。出公宠爱此女，以为夫人。夏氏之弟夏期，为太叔疾姊妹之孙，幼年养在宫中，卫出公以他为司徒。后夫人宠衰，夏期因而获罪。卫出公为建造灵台等楼台亭阁，长期役使匠人们，引发匠人不满。卫出公宠信优伶狡，居然派遣狡去与大臣拳弥盟誓。以伶人与大臣盟誓，是对大臣的侮辱，然而卫出公却又很亲信拳弥。可见卫出公为肆意妄为之人。

卫出公引发臣子们的怨愤之情，或许尚不自觉。褚师比、南氏即公孙弥牟、公文要、司寇亥、司徒期，这些受到出公伤害的臣子，试图利用匠人们与拳弥来发动叛乱。他们派遣拳弥进入宫中，作为内应，其余人手执锋利兵器，没有兵器之人则执斧，自太子疾宫中呐喊而出，攻击出公。大夫鄄子士请求抵御，拳弥执其手道："您固然勇敢，不惧战死，但国君将会如何？您不见先君结局吗？国君何处不能逞志，何必在此？且国君亦曾出奔在外，难道今后

便无返国机会？如今众怒难犯，动乱平息后，便可以离间他们。"于是卫出公君臣出亡。他们将往蒲邑。蒲邑近晋，位于今河南省新乡市长垣县境内。拳弥道："晋国不讲信用，不可赴晋。"他们将往鄄邑。鄄邑近齐，位于今山东省菏泽市鄄城县境内。拳弥又道："齐国与晋国争夺我国，不可赴齐。"他们将往泠邑。泠邑近鲁，拳弥又道："鲁国弱小，不足以亲附，请赴城鉏，可以联系越国，越国有能干之君。"于是一行人前往城鉏。城鉏近宋，位于今河南省安阳市滑县境内。拳弥向众人道："卫国盗贼行径不可预知，请速离卫，我为先行。"他便独自载着财宝逃回到卫都。

卫出公不甘心孤独出亡，聚集散兵游勇，依赖祝史挥作为内应，侵袭卫都。卫国人以为祸患。公文要得知祝史挥为出公内应，去见公孙弥牟，请求驱逐祝史挥。公孙弥牟道："祝史无罪。"公文要道："祝史挥专利妄为，若见国君将返，必为先导。若逐他，他定出南门，前往国君处。越国新近笼络了各诸侯国，国君定会请求越国出兵。"祝史挥正在朝上，公孙弥牟与公文要派遣官吏将祝史挥一家遣送出都。祝史挥在城外留居两宿，试图回都，却不被接纳。五日后他投奔出公，深受宠信。出公派遣他前往越国请求援兵。

卫出公向越国求援得到越王勾践的积极回应。周元王七年五月，勾践派遣大夫皋如、舌庸率军，会同鲁国叔孙舒、宋国乐茷送卫出公回国。公孙弥牟见越国联合诸侯帮助出公，便想接纳出公，平息事态。公文要道："国君刚愎暴虐，稍待时日，他必定残害民众，届时民众便会投靠于您。"果然，联军侵略外州，大肆劫掠。卫军抵御联军，却被联军击败。卫出公命人掘褚师比之父褚师定子之墓，焚毁棺材。

公孙弥牟派遣大夫王孙齐私下去见皋如道："您是要大举灭卫，还是只送回国君？"皋如道："寡君之命无他，只是送回卫君。"公孙弥牟召集众臣道："国君借助蛮夷前来攻伐，国家几乎接近灭亡，还请接纳他回都。"众臣均道："不能接纳。"公孙弥牟又道："若我出亡而有益于卫国，请让我自北门出亡。"众臣道："不要出亡。"于是众臣服从了公孙弥牟。公孙弥牟重重贿赂越人，命国人大开内外城门，城上严加守卫，迎接出公入都。出公见此情状，不敢入城。护送出公的越人得到贿赂，且见卫国已经应承迎接出公，便退兵回国。

卫出公不敢回都，联军又已撤军，卫国群臣便立灵公之子黔为君，是为悼公。公孙弥牟为相。卫国将卫出公居住的城鉏交付越国。卫出公返国不成，迁怒于夏期，道："均期所为。"命令对夫人有怨者均可报复。此时司徒夏期为卫

## 第一九四章 君臣反目卫侯出亡，景公辞世宋昭得立

悼公使臣，赴越国访问，出公命人于路途攻击，劫取出访财物。司徒期将出公行径报告越王，越王命令司徒期将财物取回，于是司徒期率人将财物夺回。出公十分恼怒，命人杀死太子，因为太子乃夏氏之子、司徒期之甥。可见卫出公毫无人性。

卫出公自城鉏派人问候并送弓于子贡，并让使者问他是否能返国。子贡稽首受弓，答道："此为臣所不知。"子贡私下对使者道："昔日成公流亡陈国，宁武子、孙庄子为宛濮之盟，之后成公返国。献公流亡齐国，子鲜、子展为夷仪之盟，之后献公返国。如今卫君流亡在外，国内并无献公时代的亲信，在外亦无成公时代的大臣，因此我不知贵君如何返国。《诗》云，'无竞惟人，四方其顺之'。（《周颂·烈文》）能得人才则强，四方自会顺服。如能得人，四方将奉其为主，得国又有何难？"正如子贡所言，卫出公无由返国，最终客死越国。

鲁国哀公亦因君臣矛盾最终客死越国。周元王六年六月，哀公自越国返回鲁国，季孙肥、仲孙彘赴鲁都之南五梧邑迎接哀公。郭重为哀公仆从，先去面见两卿，回禀哀公道："二人不敬之言甚多，国君当追究到底。"哀公于五梧设宴，仲孙彘祝酒。仲孙彘厌恶郭重，便向郭重道："你为何如此肥胖？"季孙肥道："请罚彘饮酒！鲁国邻近仇敌，臣等因此免于远行，不能追随国君左右。重此行随君奔波操劳，彘他却道重此行长胖！"这既可理解为玩笑之言，亦可理解为讥讽之言——鲁国大事只有三桓能担。哀公本就不满三桓专权，指桑骂槐道："食言甚多，岂能不肥？"暗指三桓屡次不对哀公履行诺言。"食言自肥"成语便出自此。自此哀公与卿大夫们相互更增恶感。

宋国公室亦不得安宁。宋景公无子，将宋元公之孙公孙周之子得与启养于宫中，但尚未立继承人。当时右师皇缓、大司马皇非我、司徒皇怀、左师灵不缓、司城乐茷、大司寇乐朱鉏六卿三族共同听政，通过大尹上达国君。大尹经常瞒上欺下，令国人憎恶。乐茷想除大尹，灵不缓道："听之任之，使其恶贯满盈。权势重而无根基，岂能不败？"

周元王七年十月，宋景公于空泽游玩时薨。大尹密不讣告，出动空泽甲士千人奉尸回都。他以有战事为由请六卿入宫。六卿入宫，大尹命甲士劫持他们，道："国君病重，请诸位盟誓。"于是诸卿于国君退朝休息的小寝盟誓："不做对公室不利之事！"大尹立启为新君。乐茷向国人宣布道："大尹蛊惑国君，专权好利，如今国君无疾而死，大尹藏匿国君遗体，此举不可能有其他原因，

乃因国君为大尹所弑。"

此时，养在宫中的公孙周另外一子得，梦见启头在北面，睡于都城东门卢门之外，自己变作乌鸦凌驾其上，嘴置于南门之上，尾置于北门桐门之上。三代葬制，死者头朝北，谓之"北首"。得梦启"北首"，乃为死象。得醒来之后，向左右道："我得美梦，定能得立！"

大尹与人谋议道："我未参加盟誓，他们是否会驱逐我？我要再与他们盟誓！"便让太祝制作盟书。太祝襄将盟书内容告诉了大司马皇非我。皇非我与司城乐茷、门尹乐得、左师灵不缓谋划道："民众亲附我们，我们当将其驱逐！"于是回封邑武装兵丁巡行国都，宣布道："大尹蛊惑国君，凌虐公室。与我们同心之人，当为救君之人！"国人皆道："我等加入你们！"大尹也派人巡行，宣布道："戴氏、皇氏将对公室不利，与我同心之人，都能发财！"国人道："你与对公室不利之人同罪！"戴氏、皇氏之族想要攻伐大尹所立之启，乐得道："不可。大尹因欺凌国君而有罪，我等若攻伐新君，罪将更甚。"六卿只向国人宣布大尹之罪，不动用武力，国人见大尹诬陷戴氏、皇氏，便将罪责加于大尹。大尹奉启逃亡楚国。于是国人立得为君。司城乐茷为上卿，与六卿盟誓道："三族共掌国政，不得互相加害！"

# 第一九五章　徒劳奔走哀公辞世，盛极而衰知氏灭亡

据《左传》记载，周贞定王元年，即公元前468年，越王派遣舌庸赴鲁国访问，并与鲁国商谈归还邾国土地，以驺上作为鲁、邾两国边界。二月，越国与鲁国于平阳盟誓，季康子季孙肥、叔孙文子叔孙舒、孟武伯仲孙彘三人随哀公赴盟。越国一直被中原诸侯视作蛮夷，季孙肥对与越国盟誓感到耻辱，道："若子贡在，我们不至于此！"仲孙彘道："是的。为何不召他来？"季孙肥道："是要召他前来。"叔孙舒道："早该用他！日后再不能忘记可用之人。"

季孙肥或许本来身体欠佳，加之随哀公奔波，又心情不好，四月下旬病亡。哀公虽然亲赴吊唁，却礼仪欠缺，降等对待。这不仅是对季孙氏不尊重，也是对其他臣子的不尊重，自然导致"三桓"不满。

哀公赴陵坂游玩，在孟氏之衢遇到仲孙彘。他问仲孙彘道："请问，我会死吗？"仲孙彘答道："臣无法得知。"哀公再三询问，仲孙彘始终不答。哀公更加认定"三桓"会对公室不利，想借助越国攻伐鲁国，除掉"三桓"。周贞定王元年八月，鲁哀公二十七年，哀公赴公孙有陉氏处，又自公孙有陉氏处出居邾国，最后赴越国。哀公此举无疑是与"三桓"决裂。哀公出走之后，国人便拘捕了公孙有陉氏。

哀公之所以认为越国能有助于他，或是因为他与越国太子交好。周元王二年，即公元前474年，越国在打败吴国之后，有意争霸中原，因此于这年五月，派遣使者访问鲁国，这是越国首次与鲁国发生外交交往。周元王四年秋，公元前472年，鲁国首次派遣使者叔青访问越国。越国因要涉足中原，很快又派遣使者诸鞅回访。越国需要鲁国，或想与礼仪之邦交往来洗刷自身蛮夷之邦的名声；鲁国需要越国，主要是鲁哀公想借助外力清除国内的"三桓"势力。因此周元王五年，即公元前471年，哀公亲赴越国。哀公与越国太子适郢相处很好，以至于太子适郢要将女儿嫁予哀公，且要多给哀公土地。公孙有陉派人将此情况告诉季孙肥。季孙肥或许怕哀公援引外援，因此要制止鲁、越联姻。季孙肥派人贿赂吴国太宰嚭，让他从中破坏，使鲁、越联姻之事作罢。

此次哀公出奔越国，正是认为越国能够帮助自己。然而哀公越国之行并没有得到他预期的结果，于周贞定王二年又回到鲁国，未至都城便身亡。其子宁继位，是为鲁悼公。

在鲁国公室日衰的同时，称霸中原一百数十年的晋国公室也日益衰败，权力逐渐为知氏掌控。但物极必反，盛极而衰，知氏亦是如此。

据《左传》记载，周贞定王元年，晋国的知襄子荀瑶率师讨伐郑国，驻扎于桐丘。桐丘位于今河南省许昌市鄢陵县东南。郑国驷弘向齐国求救。齐国准备发兵时，陈成子陈恒告知为国战死者之子，分别于三日内朝见国君。陈恒以士的待遇对待这些人，给予两匹马的车，并给予策书。比如，他召见颜涿聚之子晋，向他道："隰地之战，你父战死。因国家多难，未能抚恤。如今国君将此邑策书予你，穿上朝服、驾上车子，前往朝拜，不要废弃你父功劳。"陈恒此举既为国君更为自己收买了人心，激发了从军者的报效之心。随后，齐国发兵救郑。齐军军纪甚严，到达留舒，离谷邑只有七里，谷邑人竟没有察觉。谷邑位于今山东省济南市平阴县东阿镇，留舒指相邻的聊城市东阿县境内。到达濮水，天降大雨，无法渡河。郑国子思求告道：晋军就在敝国城下，因此我国告急。如今贵军不行，恐将救援不及。陈恒身披雨衣，以戈为杖，立于山坡，有马不行，便牵拉鞭打。荀瑶得知陈恒如此率军，便收兵回国，道："我为讨伐郑国卜卦，却未卜与齐国作战。"他派人向陈恒道："大夫陈子，出自陈国。陈国绝祀，郑国之罪，因此寡君派瑶调查陈国灭亡之事，并问大夫是否同情陈国？若陈国倾覆于您有利，与瑶何干？"陈恒怒道："经常欺凌他人者，均无善终，知伯岂能长久？"

晋国中行文子荀寅正流亡在齐国，他向陈恒道："有来自晋军之人告诉我，晋军将出动轻车千辆，压迫齐师军门，可全歼齐军。"陈恒道："寡君命我，寡者勿追，众者勿畏。晋军虽有千乘兵车，我岂敢避敌？我会将您之言报告寡君。"荀寅道："我至今方知我为何会逃亡在外。君子谋事，对起始、进程与结果皆要考虑，然后向上报告。而今我对此三方面均不通晓，便向上报告，岂非不可行？"

周贞定王六年，即公元前463年，荀瑶率师围郑，尚未到达之时，郑国驷弘道："知伯刚愎而好胜，我们及早示弱，晋军便会退走。"于是守于城外南里。荀瑶攻入南里，继续攻打郑都桔秩之门。郑人俘虏了晋国之士鄘魁垒，以卿位诱其投降，鄘魁垒不允，郑人便塞其口杀死了他。晋军攻打城门，荀

## 第一九五章 徒劳奔走哀公辞世，盛极而衰知氏灭亡

瑶对赵襄子赵无恤道："攻进去！"赵无恤道："您是主人，主人在此，我岂能先入。"荀瑶道："你相貌丑陋，又缺乏勇气，如何能成为嗣子？"赵无恤答道："因为我能忍受耻辱，对赵氏宗族也无害！"赵无恤因此憎恨荀瑶。

据《国语·晋语》记载，当初知宣子荀申要立其子荀瑶为嗣子，荀果道："不如立宵。"荀申道："宵刚愎凶狠。"荀果道："宵之狠在其表面，瑶之狠在其内心。表面凶狠并不为害，内心凶狠败坏国家。瑶胜于他人之处有五，不及他人之处有一。他的五项长处是，发美身高，射御力足，通晓技艺，善于言辞，刚毅果敢。但他却非常不仁。以其五项长处欺凌他人，行不仁之事，谁能容他？若立瑶为嗣子，知氏宗族必会灭亡。"荀申不听荀果之言。于是荀果便去管理姓氏的太史处申请将自己一支改为辅氏。知氏灭亡，唯辅果一支得以保全。

荀瑶依仗权势，侮辱其他大臣。荀瑶从卫国回国，与韩康子韩虎、魏桓子魏驹三位晋卿于蓝台宴饮，荀瑶居然戏弄韩虎，侮辱魏驹之相段规。大夫荀伯国得知后，谏道："主人若不防备，祸难必降。"荀瑶道："祸难由我，我不发难，谁敢作难？"荀伯国道："或许不是如此。郤氏因曾欺凌长鱼矫，后遭灭族；赵氏因二兄不容与庄姬通奸之弟，遭庄姬向景公进谗言，导致二兄被杀；栾盈以其母与人通奸为患，为其母诬告，导致被灭；范氏、中行氏因范皋夷的不满，最终范氏、中行氏被灭。这些均为主人所知。《夏书》有曰，'一人三失，怨岂在明？不见是图'。数次结怨于人，怨恨岂在明处，未现于明面而已。《周书》有曰，'怨不在大，亦不在小'。怨大未必一定招祸，怨小未必不会招祸。如今主人一次宴会羞辱人家主人与家宰，却又不加防备，岂非不可？蚊、蚁、蜂、蝎皆能害人，何况卿、相？"然而荀瑶不听劝谏。五年之后，荀瑶有晋阳之难。段规首先发难，于军中杀了荀瑶。

周贞定王六年，荀瑶向赵无恤讨要土地，赵无恤不给，荀瑶便率韩、魏两氏一起攻打赵氏，包围赵氏封邑晋阳。晋阳被围之前，赵无恤准备出走，问左右道："我当往何处？"侍从道："长子距离近，且城墙厚实完整。"赵无恤道："那里民众耗尽精力修筑城墙，又要他们拼死防守，谁能与我同心？"侍从道："邯郸仓库殷实。"赵无恤道："榨取民脂民膏充实仓库，又要役使他们性命，谁能与我同心？还是去晋阳吧！那是先主嘱托之地，尹铎待民宽厚，民众必能和睦同心。"于是赵无恤一行出奔晋阳。晋军包围晋阳，掘汾水灌城，百姓炉灶淹没，生出青蛙，然而民众却无叛意。

当初，赵无恤之父赵简子赵鞅派遣家臣尹铎治理晋阳，尹铎问道："是为收赋税，还是为作保障？"赵鞅道："要作为保障！"于是尹铎治理晋阳，不是增加晋阳户口，而是减少晋阳户口，使得晋阳民众精优，税收减少。赵鞅告诫儿子无恤道："晋国有难，不要因尹铎治下人口少，税收少，不要因晋阳距离远，就一定要以晋阳为最后的保障。"最后晋阳确实成为赵氏最后的堡垒，可见赵鞅与尹铎老谋深算。赵无恤依靠晋阳军民死守三年，暗中派人联合魏驹、韩虎，说服他们共讨荀瑶，最终灭亡知氏。此事发生在鲁哀公之后的鲁悼公四年。

《左传》结束于鲁哀公二十七年，即公元前468年，是年鲁哀公出走越国。《左传》并未记载鲁哀公于第二年回国后去世，却在末尾记载了鲁悼公四年晋国知氏灭亡，当是为突显日后瓜分晋国的赵、魏、韩三家。三家分晋是战国时代开端的标志性事件。

# 尾　声　名存实亡诸侯谢幕，实至名归权卿登台

　　春秋战国之交，诸侯灭国之举频发，诸侯国权臣势力日盛，然而因《春秋》绝笔，《左传》亦不再作传。由于后世秦始皇焚书坑儒，秦以前史料仅靠后世出土的残存，使后人不得确知这一段历史。自周贞定王之后的春秋时代历史，我们只能从晋代出土、后人整理的《竹书纪年》，以及后人整理的各种遗存史书中，得知概貌。

　　西方的秦国，于休养生息多年后，开始于秦厉公时期，向北方、西方和南方拓展，主要目标是消灭戎人之国或驱逐戎人，待到后方逐渐稳固之后，便将目标转向东方，开始与新生的魏国进行争夺。

　　东方的齐国，自齐国陈成子陈恒弑杀简公后，齐君便完全成为傀儡，政权操纵于陈氏手中。陈恒向齐平公道："德施人之所欲，君其行之；刑罚人之所恶，臣请行之。"似乎是将推恩之举归于平公，而自荐充当整肃臣民的恶人，实则是将生杀之权操于自己手中。数年之间，他将齐国大族尽数诛戮驱逐，使陈氏于齐国独大，又利用执政地位周旋于各诸侯国之间，为日后的陈齐取代姜齐奠定了基础。

　　南方的楚国，因东方吴国被越国所灭，越国又致力于经营北方，因此解除了东方之危。在楚惠王期间，楚国经过多年休养生息，积聚起国力。据《竹书纪年》，周贞定王二十二年，"楚灭蔡"，二十四年，"楚灭杞"，此为楚惠王四十二年与四十四年，公元前447年和公元前445年。之后，周考王十年，楚简王元年，公元前431年，"楚灭莒"。

　　东南的越国，在灭吴之后，国力强大，开始向北方发展。至周威烈王十一年，越王朱句三十四年，公元前415年，"於越灭滕"。周威烈王十二年，"於越子朱勾伐郯，以郯子鸪归"，灭了郯国。

　　《竹书纪年》作为战国时期魏国史官编写的编年史，自然以记叙春秋晋国的事件和魏国的事件为多。《竹书纪年》中有多条晋国境内自然灾害，预示着晋国的衰败。据《竹书纪年》，周元王六年，公元前470年，"晋浍绝于梁。

丹水三日绝不流"。浍水为晋国发祥之地的一条主要河流，源出晋国绛都（冀邑）之东的山中，西流经晋国新都新田，于梁地汇入黄河。丹水当为晋国境内的丹水，出自今天山西省高平市北，南流汇入少水，再入黄河。浍水、丹水绝流，或许是因为当时晋东南大旱，在古人看来，自然是不祥之兆。据宋代刘恕《通鉴外纪》，周贞定王三年，即公元前466年，晋国地震七日，台舍皆坏，人多死。这自然是上天降灾。又据《竹书纪年》，周贞定王六年，即公元前463年，"晋河绝于扈"。扈邑为晋国南阳之地，在今天河南省新乡市原阳县的黄河古道南岸。周贞定王十二年，"河水赤三日"。今天看来，或许是晋国境内黄河因红色水藻泛滥所致，但古人自然认为是大河的一种警告。周威烈王三年，"晋大旱，地生盐"，五年"晋丹水出，反洁"。即丹水本当与少水合流汇入黄河，却于出山间之后反流入洁水。这也是一种异象。而更大的不祥之兆，据宋吕祖谦汇集古籍记载，是周威烈王十三年，"晋河岸崩，壅龙门，至于底柱"。

  《竹书纪年》记载，周考王元年，晋敬公十二年，"魏文侯立"。在此之前，周定王十六年，公元前453年，赵、魏、韩三家联合灭知瑶，便已形成赵、魏、韩三家分晋的局面，晋君已成摆设。据《竹书纪年》周威烈王六年，公元前晋国大夫秦嬴弑杀幽公，魏文侯立幽公之子止，即晋烈公。周威烈王七年，"韩武子都平阳"。周威烈王期间，魏文侯西攻秦国，取秦国河西之地，北伐中山国，灭中山国，东征宋国，并与赵、韩联合败齐国。至周威烈王十八年，赵、魏、韩三家奉王命伐齐，攻入齐国长城。眼看三家声威日炽，周威烈王二十三年，即公元前403年，"王命晋卿魏氏、赵氏、韩氏为诸侯"。赵、魏、韩正式列入诸侯行列。宋代司马光编著的《资治通鉴》，便以此年为开端。部分史家或以公元前453年三家灭晋为战国历史之始，或以公元前403年三家分晋得到周王确认，作为战国历史的开端，亦有以《春秋》记事结束后，取周元王元年作为战国历史的开端。

# 后　记

　　本书是一部试图梳理春秋历史的，较具严肃性的通俗读物。全书以杨伯峻先生《春秋左传注》为主脉，纳入《国语》绝大部分内容及《公羊传》《谷梁传》《史记》《竹书纪年》等史书记载与注释，融入《诗经》《周礼》《礼记》乃至《论语》等早期经典中蕴涵的历史、文化、思想元素，且与新世纪前后的考古材料相融汇，根据作者的理解编排构架，采取章回体白话形式，尽量再现春秋时代社会历史变迁概貌，梳理传统文化的由来与积淀，并呈传统文化的精华与糟粕，以期读者能够看到：一种文化的优点与缺点往往同时呈现在历史事件与人物性格之中，或言一种文化的优点或即是这种文化的缺点，一个人的优点或即是一个人的缺点。在今天文化的反思、继承与发展中，应当特别重视价值评价上基本的公正性与层次的包容性。中华文化之所以能够传承数千年，主要便是因其文化中的中庸与包容特点。

　　全书基于对不同古籍经典中碎片化事件的梳理与整合而成稿，能够保证所涉史料的可查证性。在格局构架方面，不取主要按时间脉络编排，也不取主要突出重点人物，而是一定程度上吸纳通俗演义的章法，形成主题相对集中的章回体史话，在构架方面根据启承需要及相关内容相对集中的需要，予以一定整合，适度添加作者的理解与推论，并偶尔添加作者对事件因果或人物取向的评判，但在语言表达方面与史料内容亦有明确区分，以保证历史叙述的严谨性。

　　本书作者分别为哲学专业与文学专业出身，日常阅读对此领域均有一定涉猎，撰写本书既是出于个人兴趣，力图探索使学者书斋内容与业余文史爱好者阅读理解相结合的创作方式；也期望在架空时空、戏说历史的创作盛行于世的今天，能够推出一部较为严谨的春秋史通俗读本，以对历史文化的传承略尽绵薄之力。

# 参考书目

《春秋左传注》杨伯峻编著，中华书局2009年10月，第1版。
《春秋公羊传译注》刘尚慈译著，中华书局2010年5月，第1版。
《春秋谷梁传注疏》李学勤主编，北京大学出版社1999年12月，第1版。
《周礼注疏》李学勤主编，北京大学出版社1999年12月，第1版。
《礼记正义》李学勤主编，北京大学出版社1999年12月，第1版。
《毛诗正义》李学勤主编，北京大学出版社1999年12月，第1版。
《诗经原始》〔清〕方玉润撰，中华书局2012年12月，第1版。
《史记》，中华书局1959年9月，第1版。
《国语》〔吴〕韦昭注，上海古籍出版社2008年12月，第1版。
《水经注》〔北魏〕郦道元著，时代文艺出版社2001年11月，第1版。
《中国历史地图集》谭其骧主编，中国地图出版社1982年10月，第1版。
《春秋列国地理图志》黄鸣著，文物出版社2017年8月，第1版。